Apache HTTP Server
Vollständige Übersetzung der offiziellen Dokumentation

The Apache HTTP Server Documentation Team

Apache HTTP Server
Vollständige Übersetzung der offiziellen Dokumentation

Übersetzung aus dem
Amerikanischen
von Jobst Giesecke

Bibliografische Information Der Deutschen Bibliothek –
Die Deutsche Bibliothek verzeichnet diese Publikation in der
Deutschen Nationalbibliografie; detaillierte bibliografische
Daten sind im Internet über <http://dnb.ddb.de> abrufbar.

ISBN 3-8266-1393-7
1. Auflage 2004

Alle Rechte, auch die der Übersetzung, vorbehalten. Kein Teil des Werkes darf in irgendeiner Form (Druck, Fotokopie, Mikrofilm oder einem anderen Verfahren) ohne schriftliche Genehmigung des Verlages reproduziert oder unter Verwendung elektronischer Systeme verarbeitet, vervielfältigt oder verbreitet werden. Der Verlag übernimmt keine Gewähr für die Funktion einzelner Programme oder von Teilen derselben. Insbesondere übernimmt er keinerlei Haftung für eventuelle aus dem Gebrauch resultierende Folgeschäden.

Die Wiedergabe von Gebrauchsnamen, Handelsnamen, Warenbezeichnungen usw. in diesem Werk berechtigt auch ohne besondere Kennzeichnung nicht zu der Annahme, dass solche Namen im Sinne der Warenzeichen- und Markenschutz-Gesetzgebung als frei zu betrachten wären und daher von jedermann benutzt werden dürften.

Original Englisch language edition text and art copyright
© Copyright 1999 - 2004, The Apache Software Foundation
  Licensed under the Apache License, Version 2.0

Printed in Germany

Lektorat: Sabine Schulz, Gunar Jehle
Sprachkorrektorat: Petra Heubach-Erdmann
Fachkorrektorat: Michael Seeboerger-Weichselbaum
Satz und Layout: G&U e.Publishing Services GmbH, Flensburg
Druck: Lego Print, Lavis

Inhaltsverzeichnis

1	**Hinweise zur Version**	23
1.1	Upgrade von 1.3 auf 2.0	23
1.1.1	Änderungen der Konfiguration bei der Kompilierung	23
1.1.2	Änderungen der Laufzeit-Konfiguration	23
1.1.3	Sonstige Änderungen	25
1.1.4	Module von Drittanbietern	25
1.2	Übersicht über die neuen Apache 2.0-Funktionen	25
1.2.1	Core-Erweiterungen	25
1.2.2	Modul-Erweiterungen	27
2	**Bedienung des Apache HTTP Servers**	29
2.1	Kompilieren und Installieren	29
2.1.1	Überblick für die Ungeduldigen	29
2.1.2	Anforderungen	30
2.1.3	Download	30
2.1.4	Auspacken	31
2.1.5	Den Codebaum konfigurieren	32
2.1.6	Erstellen	36
2.1.7	Installieren	36
2.1.8	Anpassen	37
2.1.9	Testen	37
2.1.10	Upgrade	37
2.2	Apache starten	38
2.2.1	Wie der Apache startet	38
2.2.2	Fehler während des Hochfahrens	39
2.2.3	Beim Bootvorgang starten	39
2.2.4	Weitere Informationen	39
2.3	Beenden und Neustarten	39
2.3.1	Einleitung	40
2.3.2	Beenden	40
2.3.3	Unterbrechungsfreier Neustart	40
2.3.4	Neustarten	42
2.3.5	Anhang: Signale und Race Conditions	42
2.4	Konfigurationsdateien	43
2.4.1	Die Konfigurationsdateien	43
2.4.2	Syntax der Konfigurationsdateien	43
2.4.3	Module	43
2.4.4	Gültigkeitsbereiche von Direktiven	44
2.4.5	.htaccess-Dateien	44

2.5	Konfigurationsabschnitte	45
2.5.1	Containertypen der Konfigurationsabschnitte	45
2.5.2	Dateisystem und Webbereich	46
2.5.3	Virtuelle Hosts	49
2.5.4	Proxy	49
2.5.5	Welche Direktiven sind zulässig?	49
2.5.6	Abschnitte vermischen	49
2.6	Server-Konfiguration	51
2.6.1	Server-Identität	51
2.6.2	Position von Dateien im Dateisystem	51
2.6.3	Die Nutzung von Ressourcen einschränken	52
2.7	Log-Dateien	52
2.7.1	Sicherheit	52
2.7.2	Fehlerprotokoll	52
2.7.3	Zugriffsprotokoll	53
2.7.4	Protokollwechsel	57
2.7.5	Protokolle in Pipes schreiben	58
2.7.6	Virtuelle Hosts	59
2.7.7	Andere Log-Dateien	59
2.8	URLs dem Dateisystem zuordnen	60
2.8.1	Verwandte Module und Direktiven	60
2.8.2	DocumentRoot	60
2.8.3	Dateien außerhalb der DocumentRoot	60
2.8.4	Benutzerverzeichnisse	61
2.8.5	URL-Umleitung	61
2.8.6	Reversiver Proxy	62
2.8.7	Rewriting Engine	62
2.8.8	Datei nicht gefunden	63
2.9	Sicherheitshinweise	63
2.9.1	Bleiben Sie auf dem aktuellen Stand	63
2.9.2	Berechtigungen für ServerRoot-Verzeichnisse	64
2.9.3	Server Side Includes	64
2.9.4	CGI im Allgemeinen	65
2.9.5	CGI-Skripte ohne ScriptAlias-Anweisung	65
2.9.6	CGI-Skripte mit ScriptAlias-Anweisung	66
2.9.7	Andere Quellen dynamischer Inhalte	66
2.9.8	Die Systemeinstellungen schützen	66
2.9.9	Serverdateien standardmäßig schützen	66
2.9.10	Die Protokolle überwachen	67
2.10	Dynamic Shared Object (DSO)	68
2.10.1	Implementierung	68
2.10.2	Verwendung im Überblick	68
2.10.3	Hintergrund	69
2.10.4	Pro und Kontra	71
2.11	Content Negotiation	72
2.11.1	Zur Content Negotiation	72

2.11.2	Die Content Negotiation des Apache	73
2.11.3	Die Verhandlungsmethoden	75
2.11.4	Manipulierte Qualitätswerte	77
2.11.5	Erweiterungen für die transparente Content Negotiation	78
2.11.6	Anmerkungen zu Hyperlinks und Namenskonventionen	78
2.11.7	Anmerkungen zum Caching	79
2.11.8	Weitere Informationen	80
2.12	Individuelle Fehlermeldungen	80
2.12.1	Verhalten	80
2.12.2	Konfiguration	81
2.12.3	Individuelle Fehlermeldungen und Umleitungen	81
2.13	Konfiguration der von Apache verwendeten Adressen und Ports	82
2.13.1	Zusammenfassung	82
2.13.2	Besondere IPv6-Anforderungen	83
2.13.3	Wie dies bei virtuellen Hosts funktioniert	84
2.14	Multi-Processing-Module (MPMs)	84
2.14.1	Einführung	84
2.14.2	Ein MPM auswählen	85
2.14.3	MPM-Standardauswahl	85
2.15	Umgebungsvariablen	86
2.15.1	Umgebungsvariablen setzen	86
2.15.2	Verwendung von Umgebungsvariablen	87
2.15.3	Umgebungsvariablen für spezielle Zwecke	88
2.15.4	Beispiel	90
2.16	Handler	91
2.16.1	Was ist ein Handler?	91
2.16.2	Beispiele	92
2.16.3	Hinweis für Programmierer	92
2.17	Filter	92
2.18	Der suEXEC-Wrapper	93
2.18.1	Vorbemerkungen	93
2.18.2	Das suEXEC-Sicherheitsmodell	94
2.18.3	Konfiguration & Installation	96
2.18.4	suEXEC aktivieren & deaktivieren	98
2.18.5	suEXEC benutzen	99
2.18.6	Debugging	99
2.18.7	Warnungen & Beispiele	99
2.19	Apache-Tuning	100
2.19.1	Aspekte der Hardware und des Betriebssystems	100
2.19.2	Aspekte der Laufzeitkonfiguration	103
2.19.3	Beim Kompilieren zu berücksichtigende Aspekte	107
2.19.4	Anhang: Ausführliche Analyse eines Trace	114
2.20	URL-Manipulationen	116
2.20.1	mod_rewrite – Einführung	116
2.20.2	Praktische Lösungen	117

2.20.3	URL-Layout	117
2.20.4	Inhalts-Handling	129
2.20.5	Zugriffseinschränkungen	140
2.20.6	Außerdem	143

3 Virtuelle Hosts … 145

3.1	Apache-Dokumentation zu virtuellen Hosts	145
3.1.1	Unterstützung von VHosts	145
3.1.2	Konfigurationsdirektiven	145
3.2	Unterstützung namensbasierter VHosts	146
3.2.1	Namensbasierte und IP-basierte VHosts im Vergleich	146
3.2.2	Die Verwendung von namensbasierten VHosts	147
3.2.3	Kompatibilität mit älteren Browsern	148
3.3	IP-basierter VHost-Support	149
3.3.1	Systemvoraussetzungen	149
3.3.2	Wie der Apache eingerichtet wird	149
3.3.3	Mehrere Daemons einrichten	150
3.3.4	Einen einzelnen Daemon mit VHosts einrichten	150
3.4	Dynamisch konfiguriertes virtuelles Massen-Hosting	151
3.4.1	Motivation	151
3.4.2	Überblick	152
3.4.3	Einfache dynamische VHosts	152
3.4.4	Ein System mit virtuellen Homepages	153
3.4.5	Effizienteres IP-basiertes virtuelles Hosting	154
3.4.6	Ältere Versionen des Apache benutzen	155
3.4.7	Einfache dynamische VHosts mit mod_rewrite	155
3.4.8	Ein Homepage-System mit mod_rewrite	156
3.4.9	Eine separate VHost-Konfigurationsdatei verwenden	157
3.5	Beispiele für VHosts in typischen Installationen	157
3.5.1	Mehrere namensbasierte Websites unter einer IP-Adresse	158
3.5.2	Namensbasierte Hosts über mehrere IP-Adressen	159
3.5.3	Den gleichen Inhalt über unterschiedliche IP-Adressen liefern	160
3.5.4	Unterschiedliche Sites über unterschiedliche Ports	161
3.5.5	IP-basiertes virtuelles Hosting	161
3.5.6	Gemischte Port-basierte und IP-basierte Hosts	162
3.5.7	Gemischte namensbasierte und IP-basierte VHosts	163
3.5.8	_default_ VHosts	163
3.5.9	Umwandlung eines namensbasierten VHosts in einen IP-basierten VHost	165
3.5.10	Die ServerPath-Direktive	165
3.6	Tiefer gehende Erörterung der Zuweisung VHosts	167
3.6.1	Auswertung der Konfigurationsdatei	167
3.6.2	Zuweisung von VHosts	169
3.6.3	Tipps	171
3.7	Obergrenzen für Dateideskriptoren	172
3.7.1	Log-Dateien zerlegen	172

3.8	DNS-Probleme	173
3.8.1	Ein einfaches Beispiel	173
3.8.2	Denial-of-Service	174
3.8.3	Die Adresse des Hauptservers	175
3.8.4	Tipps zur Vermeidung dieser Probleme	175
3.8.5	Aussichten	175
4	**SSL/TLS-Verschlüsselung des Apache**	**177**
4.1	Starke SSL/TLS-Verschlüsselung: Eine Einführung	177
4.1.1	Kryptografische Techniken	177
4.1.2	Zertifikate	179
4.1.3	Secure Sockets Layer (SSL)	182
4.1.4	Literaturhinweise	187
4.2	Starke SSL/TLS-Verschlüsselung: Praxis	187
4.2.1	Verschlüsselungsalgorithmen und starke Verschlüsselung	188
4.2.2	Client-Authentifizierung und Zugriffskontrolle	189
4.3	Starke SSL/TLS-Verschlüsselung: Häufig gestellte Fragen (FAQs)	193
4.3.1	Das Modul	193
4.3.2	Zur Installation	194
4.3.3	Konfiguration	195
4.3.4	Zertifikate	197
4.3.5	Das SSL-Protokoll	203
4.3.6	Support	207
5	**Praxis/Anleitungen**	**211**
5.1	Authentifizierung, Autorisierung und Zugriffskontrolle	211
5.1.1	Verwandte Module und Direktiven	211
5.1.2	Einführung	211
5.1.3	Voraussetzungen	211
5.1.4	Einrichtung	212
5.1.5	Mehrere Benutzer zulassen	213
5.1.6	Mögliche Probleme	214
5.1.7	Welche Möglichkeiten stehen noch zur Verfügung?	214
5.1.8	Weitere Informationen	215
5.2	Dynamische Inhalte mit CGI	216
5.2.1	Einführung	216
5.2.2	Den Apache für CGI einrichten	216
5.2.3	Ein CGI-Programm schreiben	217
5.2.4	Wenn es nicht funktioniert	218
5.2.5	Was im Hintergrund abläuft	220
5.2.6	CGI-Module und Bibliotheken	221
5.2.7	Weitere Informationen	221
5.3	Server Side Includes	222
5.3.1	Einführung	222
5.3.2	Was sind Server Side Includes?	222
5.3.3	Den Server für SSI konfigurieren	222

5.3.4	Die wichtigsten SSI-Direktiven	224
5.3.5	Weitere Beispiele	224
5.3.6	Was lässt sich noch einrichten?	225
5.3.7	Befehle ausführen	226
5.3.8	Weiterführende SSI-Techniken	226
5.3.9	Schlussfolgerung	228
5.4	.htaccess-Dateien	228
5.4.1	Was .htaccess-Dateien sind und wie sie verwendet werden	228
5.4.2	Wann .htaccess-Dateien verwendet werden	229
5.4.3	Wie Direktiven angewendet werden	231
5.4.4	Beispiel: Authentifizierung	231
5.4.5	Beispiel: Server Side Includes	232
5.4.6	CGI-Beispiel	232
5.4.7	Fehlersuche	232
5.5	Webverzeichnisse für Benutzer	233
5.5.1	Benutzer-Webverzeichnisse	233
5.5.2	Den Dateipfad mit UserDir setzen	233
5.5.3	Die Benutzer dieser Möglichkeit einschränken	234
5.5.4	Ein CGI-Verzeichnis für jeden Benutzer	234
5.5.5	Benutzern das Ändern der Konfiguration erlauben	234
5.6	Apache Tutorials	234
5.6.1	Installation & Erste Schritte	235
5.6.2	Grundkonfiguration	235
5.6.3	Sicherheit	235
5.6.4	Protokollierung	236
5.6.5	CGI und SSI	236
5.6.6	Andere Themen	237
6	**Plattform-spezifische Anmerkungen**	**239**
6.1	Apache unter Microsoft Windows	239
6.1.1	Anforderungen an das Betriebssystem	239
6.1.2	Apache für Windows herunterladen	239
6.1.3	Apache für Windows installieren	240
6.1.4	Apache für Windows anpassen	241
6.1.5	Den Apache als Dienst ausführen	242
6.1.6	Den Apache als Konsolenanwendung ausführen	246
6.1.7	Die Installation testen	248
6.2	Apache für Microsoft Windows kompilieren	249
6.2.1	Anforderungen an das Betriebssystem	249
6.2.2	Die Einrichtung über die Befehlszeile	251
6.2.3	Die Einrichtung mit der Microsoft-Entwicklungsumgebung	251
6.2.4	Projektkomponenten	252
6.3	Apache unter Novell NetWare	254
6.3.1	Anforderungen an das Betriebssystem	255
6.3.2	Apache für NetWare	255
6.3.3	Apache für NetWare installieren	255

6.3.4	Apache für NetWare ausführen	256
6.3.5	Apache für NetWare konfigurieren	258
6.3.6	Apache für NetWare kompilieren	260
6.4	Ein Hochleistungs-Webserver auf HPUX	262
6.4.1	HP-UX Tuning Tipps	262
6.5	Der EBCDIC-Port des Apache	263
6.5.1	Überblick über den EBCDIC-Port des Apache	263
6.5.2	Zielsetzungen	264
6.5.3	Technische Lösung	264
6.5.4	Anmerkungen zur Portierung	264
6.5.5	Anmerkungen zum Speichern von Dokumenten	266
6.5.6	Der Status der Apache-Module	266
6.5.7	Status von Modulen anderer Hersteller	268
7	**Server- und Hilfsprogramme**	**269**
7.1	Übersicht	269
7.2	httpd – Apache Hypertext Transfer Protocol-Server	270
7.2.1	Synopsis	270
7.2.2	Optionen	270
7.3	ab – Das Apache-Benchmark-Programm	272
7.3.1	Synopsis	272
7.3.2	Optionen	272
7.3.3	Bugs	275
7.4	apachectl – Das Apache HTTP Server Control Interface	275
7.4.1	Synopsis	276
7.4.2	Optionen	276
7.5	apxs – Das APache eXtenSion Tool	277
7.5.1	Synopsis	278
7.5.2	Optionen	278
7.5.3	Beispiele	280
7.6	configure – Das Konfigurationsskript	282
7.6.1	Synopsis	282
7.6.2	Optionen	282
7.6.3	Umgebungsvariablen	296
7.7	dbmmanage – Dateien für die Benutzerauthentifizierung im DBM-Format	297
7.7.1	Synopsis	297
7.7.2	Optionen	297
7.7.3	Bugs	299
7.8	htdigest – Erzeugen und Aktualisieren von Passwortdateien für die Digest-Authentifizierung	299
7.8.1	Synopsis	300
7.8.2	Optionen	300
7.9	htpasswd – Dateien für die Basic-Authentifizierung verwalten	300
7.9.1	Synopsis	301

7.9.2	Optionen	301
7.9.3	Rückgabewerte	302
7.9.4	Beispiele	302
7.9.5	Sicherheitsüberlegungen	303
7.9.6	Einschränkungen	303
7.10	logresolve – Auflösung von Hostnamen in IP-Adressen aus Log-Dateien	303
7.10.1	Synopsis	303
7.10.2	Optionen	303
7.11	rotatelogs – Protokollierung im Rotationsverfahren	304
7.11.1	Synopsis	304
7.11.2	Optionen	304
7.11.3	Portabilität	305
7.12	suexec – Benutzerwechsel vor Ausführung externer Programme	305
7.12.1	Synopsis	306
7.12.2	Optionen	306
7.13	Andere Programme	306
7.13.1	log_server_status	306
7.13.2	split-logfile	306
8	**Weitere Apache-Dokumentationen**	**307**
8.1	International angepasste Server-Fehlermeldungen	307
8.1.1	Einführung	307
8.1.2	Ein ErrorDocument-Verzeichnis einrichten	308
8.1.3	Proxy-Fehlermeldungen anpassen	312
8.1.4	HTML-Listing für das vorgestellte Beispiel	313
8.2	Verbindungen im FIN_WAIT_2-Zustand und der Apache-Server	315
8.2.1	Warum kommt es dazu?	316
8.2.2	Was kann dagegen unternommen werden?	317
8.2.3	Anhang	319
8.3	Bekannte Client-Probleme	320
8.3.1	Nachgestelltes CRLF bei POSTs	321
8.3.2	Unterbrochenes KeepAlive	321
8.3.3	Falsche Interpretation von HTTP/1.1 in Antworten	321
8.3.4	Anfragen benutzen HTTP/1.1, aber für Antworten muss HTTP/1.0 verwendet werden	322
8.3.5	Grenzprobleme beim Header-Parsing	322
8.3.6	Mehrteilige Antworten und Abgrenzungen in Anführungszeichen	322
8.3.7	Byte-Bereichsantworten	323
8.3.8	Der Set-Cookie-Header lässt sich nicht vermischen	323
8.3.9	Expires-Header und GIF89A-Animationen	323
8.3.10	POST ohne Content-Length	324
8.3.11	JDK-1.2-Betas verlieren Teile der Antwort	324
8.3.12	Ein Content-Type-Wechsel wird nach erneutem Laden nicht bemerkt	324
8.3.13	Probleme mit MSIE-Cookies mit dem Ablaufjahr 2000	324
8.3.14	Lynx fordert fälschlicherweise eine transparente Content Negotiation	324
8.3.15	Der MSIE 4.0 behandelt Vary-Antwort-Header falsch	325

8.4		Deskriptoren und Apache	325
8.4.1		BSDI 2.0	326
8.4.2		FreeBSD 2.2, BSDI 2.1+	326
8.4.3		Linux	326
8.4.4		Solaris bis Version 2.5.1	326
8.4.5		AIX	327
8.4.6		SCO OpenServer	327
8.4.7		Compaq Tru64 UNIX/Digital UNIX/OSF	327
8.4.8		Andere	327
8.5		PATH_INFO – Änderungen in der CGI-Umgebung	328
8.5.1		Das Problem	328
8.5.2		Die Lösung	328
8.5.3		Kompatibilität zu älteren Servern	329
8.6		Wichtige Standards	329
8.6.1		HTTP-Empfehlungen	329
8.6.2		HTML-Empfehlungen	330
8.6.3		Authentifizierung	330
8.6.4		Sprach-/Ländercodes	330
9		**Apache-MPMs und -Module**	**333**
9.1		Begriffserklärungen zu den Modulbeschreibungen	333
9.1.1		Beschreibung	333
9.1.2		Status	333
9.1.3		Quelldatei	334
9.1.4		Modulbezeichner	334
9.1.5		Kompatibilität	334
9.2		In den Beschreibungen der Direktiven verwendete Begriffe	334
9.2.1		Beschreibung	334
9.2.2		Syntax	334
9.2.3		Voreinstellung	336
9.2.4		Kontext	336
9.2.5		Override	336
9.2.6		Status	337
9.2.7		Modul	337
9.2.8		Kompatibilität	338
9.3		Apache Kern-Funktionen: Das Modul core	338
9.4		Apache-MPMs	379
9.4.1		Allgemeine Direktiven der Apache-MPMs	379
9.4.2		MPM beos	393
9.4.3		MPM leader	394
9.4.4		MPM netware	394
9.4.5		MPM os2	395
9.4.6		MPM perchild	396
9.4.7		MPM prefork	399
9.4.8		MPM threadpool	400
9.4.9		MPM winnt	401
9.4.10		MPM worker	401

9.5	Die einzelnen Apache Module	403
9.5.1	mod_access	403
9.5.2	mod_actions	407
9.5.3	mod_alias	408
9.5.4	mod_asis	412
9.5.5	mod_auth	413
9.5.6	mod_auth_anon	416
9.5.7	mod_auth_dbm	419
9.5.8	mod_auth_digest	422
9.5.9	mod_auth_ldap	425
9.5.10	mod_autoindex	436
9.5.11	mod_cache	447
9.5.12	mod_cern_meta	452
9.5.13	mod_cgi	453
9.5.14	mod_cgid	456
9.5.15	mod_charset_lite	457
9.5.16	mod_dav	459
9.5.17	mod_dav_fs	462
9.5.18	mod_deflate	463
9.5.19	mod_dir	468
9.5.20	mod_disk_cache	469
9.5.21	mod_echo	471
9.5.22	mod_env	472
9.5.23	mod_example	473
9.5.24	mod_expires	474
9.5.25	mod_ext_filter	476
9.5.26	mod_file_cache	481
9.5.27	mod_headers	484
9.5.28	mod_imap	488
9.5.29	mod_include	493
9.5.30	mod_info	504
9.5.31	mod_isapi	505
9.5.32	mod_ldap	509
9.5.33	mod_log_config	514
9.5.34	mod_log_forensic	519
9.5.35	mod_logio	521
9.5.36	mod_mem_cache	521
9.5.37	mod_mime	524
9.5.38	mod_mime_magic	537
9.5.39	mod_negotiation	540
9.5.40	mod_nw_ssl	543
9.5.41	mod_proxy	544
9.5.42	mod_proxy_connect	557
9.5.43	mod_proxy_ftp	558
9.5.44	mod_proxy_http	558
9.5.45	mod_rewrite	559
9.5.46	mod_setenvif	582
9.5.47	mod_so	585

9.5.48	mod_speling	587
9.5.49	mod_ssl	588
9.5.50	mod_status	613
9.5.51	mod_suexec	614
9.5.52	mod_unique_id	615
9.5.53	mod_userdir	618
9.5.54	mod_usertrack	619
9.5.55	mod_vhost_alias	621
10	**Dokumentation für Entwickler**	**627**
10.1	Themen	627
10.2	Externe Ressourcen	627
10.3	Apache 1.3 API	627
10.3.1	Grundkonzepte	628
10.3.2	Wie Handler funktionieren	631
10.3.3	Ressourcenzuweisung und Ressourcenpools	636
10.3.4	Konfiguration, Befehle usw.	641
10.4	Debugging der Speicherzuweisung in der APR	647
10.4.1	Verfügbare Debugging-Optionen	647
10.4.2	Zulässige Kombinationen	648
10.4.3	Aktivieren der Debugging-Optionen	649
10.5	Apache 2.0 dokumentieren	650
10.5.1	Kurze Beschreibung	650
10.6	Apache-2.0-Hook-Funktionen	651
10.6.1	Eine Hook-Funktion erstellen	651
10.6.2	Den Hook einklinken	652
10.7	Apache-1.3-Module für Apache 2.0 umwandeln	654
10.7.1	Die einfacheren Änderungen	654
10.7.2	Die schwierigeren Änderungen	655
10.8	Anfragebearbeitung durch den Apache 2.0	659
10.8.1	Der Zyklus der Anfragebearbeitung	659
10.8.2	Die Phase der Anfrageanalyse	659
10.8.3	Die Vorbereitungsphase	661
10.8.4	Die Handler-Phase	661
10.9	Wie Filter unter Apache 2.0 funktionieren	662
10.9.1	Filtertypen	662
10.9.2	Wie werden Filter eingefügt?	663
10.9.3	Asis	664
10.9.4	Erläuterungen	664
10.10	Thread-Sicherheit unter Apache 2.0	665
10.10.1	Globale und statische Variablen	665
10.10.2	errno	665
10.10.3	Problematische Standardfunktionen	666
10.10.4	Verbreitete Bibliotheken anderer Hersteller	666
10.10.5	Liste der Bibliotheken	667

11		Support und Fehlermeldungen	669
11.1		Support	669
11.1.1		Was bei Problemen zu tun ist	669
11.1.2		Wer bietet Unterstützung?	670
11.2		Kurz: Fehlermeldungen	671
11.2.1		Invalid argument: core_output_filter: writing data to the network	671
11.2.2		AcceptEx Failed	671
11.2.3		Premature end of script headers	671
A		Glossar	673
B		Alphabetische Kurzreferenz der Direktiven	679
C		Apache-Lizenz	713
		Stichwortverzeichnis	717

Vorwort

Als sich im Februar 1995 acht Leute unter dem Namen Apache Group zusammen schlossen, hätten sie sich sicherlich nicht träumen lassen, was aus diesem Projekt einmal werden würde, oder dass es einmal dieses Buch geben würde. Auf relativ unspektakuläre Weise wurde im April 1995 die erste Version des Apache-Webservers veröffentlicht. War diese Version des Apache noch sehr stark an den NCSA HTTP Server angelehnt, so wurden nach und nach Änderungen und Erweiterungen vorgenommen, die den Apache zu dem gemacht haben, was er heute ist.

Einer der Grundsteine für den Siegeszug war die Entwicklung der Modultechnologie, die es ermöglichte, auf relativ einfache Weise zusätzliche Funktionalitäten in den Apache zu integrieren. Das PHP- und Perl-Modul sind hier die bekanntesten Vertreter dieser Technologie. Die Nutzer- und Entwicklergemeinschaft des Apache vergrößerte sich rasch und nach weniger als einem Jahr war der Apache zum meistgenutzten Webserver im Internet geworden. Ein weiterer wichtiger Faktor für die Verbreitung war auch die Open-Source-Lizenz unter der der Apache zur Verfügung gestellt wird. Im Gegensatz zu anderen Open-Source-Lizenzen ist die Apache-Lizenz eine sehr freizügige und vorallem keine virale Lizenz. Viele Hersteller kommerzieller Produkte setzen deshalb bei der Wahl des Webservers auf den Apache. Apple, Fujitsu-Siemens, Hewlett-Packard, IBM, Oracle - um nur einige zu nennen - gehören zu den Firmen, die auf die eine oder andere Weise den Apache in ihrer Produktpalette verwenden. Und nicht zuletzt ist der Apache Bestandteil nahezu jeder Linux-Distribution.

Waren es in den ersten Monaten nach der Veröffentlichung nur einige hundert Websites, so sind es mittlerweile viele Millionen Websites, die mit dem Apache Webserver betrieben werden. Und so führt der Apache nun seit mehr als acht Jahren den Webservermarkt an. Die Ziele der Apache Group waren es, einen Webserver zur Verfügung zu stellen, der gleichermaßen privaten wie auch kommerziellen Ansprüchen genügt. Er musste einerseits flexibel und robust sein, aber auch entsprechend Leistung und Sicherheit bieten. Und nicht zuletzt war auch die Konformität zu den HTTP-Spezifikationen ein wichtiger Faktor bei der Entwicklung. Diese Ziele haben sich über die Jahre hinweg nicht geändert, jedoch hat sich einiges hinter den Kulissen des Apache getan. Im März 1999 entschlossen sich die 22 Mitglieder der Apache Group die Apache Software Foundation (ASF) zu gründen, eine gemeinnützige Organisation mit Sitz in den USA. Zum Apache-Projekt sind im Laufe der Zeit mehr als 20 weitere Open-Source-Projekte hinzugekommen und aus den 22 Gründungsmitgliedern sind mittlerweile über 130 Mitglieder geworden. Die Anzahl der Committer, d.h. Entwickler, die Zugriff auf die Quellcodes der Apache-Projekte haben, hat sich über die Jahre auf knapp 1000 erhöht. Aus dem losen Zusammenschluss von acht Leuten als Apache Group hat sich eine Organisation entwickelt, die zahlreiche Open-Source-Projekte betreibt. Das Apache-Projekt ist letztlich nur noch ein Projekt unter vielen, wenn auch immer noch eins der wichtigsten.

Wichtig für die Nutzer des Apache ist seine Flexibilität. Es ist einer seiner großen Vorzüge, aber auch in gewisser Weise ein Nachteil. Um einen Apache richtig zu konfigurieren und an die eigenen Bedürfnisse anpassen zu können, muss ein Webmaster mit den zahlreichen

Funktionalitäten und Modulen vertraut sein. Bei mehr als 220 Konfigurationsanweisungen verliert hier auch ein Apache-Entwickler ohne eine gute Dokumentation schnell mal den Durchblick. Der Apache ist letztlich nicht dazu entwickelt worden, einen davon abzuhalten dumme Sachen mit ihm zu machen, denn dies würde einen auch davon abhalten schlaue Sachen mit ihm zu machen.

Bereits 1996 erschien das erste Buch zum Apache. War das erste Buch noch in Englisch, so wurden im Laufe der Jahre mehr als 50 verschiedene Bücher in verschiedenen Sprachen über den Apache veröffentlicht. Gelegentlich wird einigen der Autoren vorgehalten, dass sie ja eigentlich nur die Original-Dokumentation des Apache in abgeänderter Form genutzt bzw. übersetzt hätten. Und genau das kann man auch diesem Buch vorwerfen, denn es handelt sich eben genau um die Übersetzung der Original Apache-Dokumentation. Recht früh erkannte der mitp-Verlag, dass es einen Markt für deutschsprachige Apache-Bücher gibt und Anfang 1997 erschien dann auch bei mitp das erste deutschsprachige Buch zum Apache. Mit diesem Buch setzt der Verlag diesen Weg fort und veröffentlicht eine Übersetzung der offiziellen Apache-Dokumentation und damit überhaupt zum ersten Mal die Apache-Dokumentation in Buchform.

Jobst Giesecke hat mit dieser Übersetzung hervorragende Arbeit geleistet und ich hoffe, dass auch Sie mit Hilfe dieses Buches hervorragende Arbeit mit dem Apache leisten werden. Wenn Sie mit dem Apache arbeiten, bedenken Sie, dass all dies erst möglich wurde durch die zahlreichen Leute, die in ihrer Freizeit an der Entwicklung des Apache mitgearbeitet haben und ihre Arbeit in Form von Open-Source-Software jedem frei zugänglich machen. Wie die Zukunft des Apache und der Apache Software Foundation aussieht, kann niemand vorhersehen. Aber letztlich liegt diese Zukunft in den Händen der Apache-Gemeinde und damit auch in Ihren Händen.

München, im Juni 2004

Lars Eilebrecht, lars@apache.org

Mitglied der Apache Software Foundation

Einleitung

Der Apache Webserver der Apache Software Foundation ist der meist verbreitete Webserver der Welt. Laut der Erhebung von Netcraft (http://www.netcraft.com) hat der Apache-Webserver eine Verbreitung von 67% bei allen Webservern (Stand: Mai 2004). Auf dem zweiten Rang liegt mit 21,5 % weit abgeschlagen der Microsoft Internet Information Server (IIS). Viele Web-Hoster setzen auf Apache und hosten die Web-Präsenzen mit diesem Webserver. Zuverlässigkeit, Stabilität, Sicherheit und Flexibilität zeichnen den Server aus. Zum Erfolg des Apache hat zusätzlich beigetragen, das dieser kostenlos und dessen Sourcecode ebenso frei erhältlich ist. Dadurch kann dieser angepasst, Sicherheitslücken schnell aufgespürt und geschlossen werden. Drittanbieter können Erweiterungen entwickeln und die Kompatibilität ihrer Module durch die große Open-Source-Community testen lassen.

Der Administrator findet in Apache das ideale Werkzeug für Web-Präsenzen im Internet und Intranet. Die umfangreichen Konfigurationsmöglichkeiten machen Apache zu einem sehr guten Werkzeug. URL-Manipulationen, verschlüsselte Übertragungen via SSL, virtuelle Hosts, Massenhosting und die Flexibilität durch Module sind wichtige Aspkete, die der Administrator zu schätzen weiß.

Dieses Buch ist eine Übersetzung der englischsprachigen Originaldokumentation der Apache Software Foundation (http://httpd.apache.org/docs-2.0/sitemap.html). Die Übersetzung behält die Struktur und den Flair der Originaldokumentation bei, es wurden keine Änderungen vorgenommen. Die Online-Dokumentation befindet sich wie der Webserver selbst im stetigen Fluss. Dieses Buch deckt die Versionsnummern von Apache bis einschließlich 2.0.49 ab. Für Änderungen nach dieser Versionsnummer verweisen wir auf die Online-Dokumentation der Apache Software Foundation.

Dieses Buch bietet keine Einführung in HTML, PHP, Perl sowie CGI. Diese Themenbereiche kommen natürlich sehr stark bei dem Betrieb des Apache-Webservers zum Tragen. Dieses Wissen müssen wir für dieses Buch voraussetzen und das Erlernen dieser Themen bleibt anderen Büchern vorbehalten.

Immer wenn Sie dieses Icon sehen, beachten Sie bitte folgendes:

> Die offizielle Dokumentation wurde von der Apache Software Foundation noch nicht in allen Punkten für die Version 2.0 des Apache HTTP Servers aktualisiert, so dass einige Informationen möglicherweise nicht mehr relevant sind. Die betreffenden Stellen im Buch haben wir mit einem Ausrufezeichen am Textrand markiert, gehen Sie also vorsichtig mit diesen Textstellen um.

Listings

Bitte beachten Sie, dass bei einigen Listings der Fall auftreten kann, dass eine Listingzeile manuell in die nächste Zeile umbrochen wird. Diese Listings sollten beim Apache dennoch in eine Zeile notiert werden ohne manuellen Umbruch. Der manuelle Umbruch ist hier lediglich durch den begrenzten Satzspiegel bedingt und sollte nicht so übernommen werden. Solche ungewollten Umbrüche finden Sie auf den Seiten 53, 56, 67, 69, 72, 156, 278, 312 - 315, 401, 429, 430, 4 85, 491, 652.

Beispiel

```
[Wed Oct 11 14:32:52 2000] [error] [client 127.0.0.1] client denied by
server configuration: /export/home/live/ap/htdocs/test
```

Aufbau des Buches

Das Buch besteht aus zwölf Kapiteln:

Kapitel 1: Hinweise zur Version

Dieses Kapitel befasst sich insbesondere mit den Neuerungen der Apache-Version 2.0.x gegenüber 1.3.x. Hinweise für eine Migration von Apache 1.3 zu Apache 2 werden ausführlich erläutert.

Kapitel 2: Bedienung des Apache HTTP Servers

Das Kapitel beschäftigt sich mit der Kompilierung, der Installation und dem Start des Servers. Die grundlegende Bedienung des Servers in Form der Konfiguration, der Fehlermeldungen, der Log-Dateien und des Apache-Tunings steht hier im Mittelpunkt. Tipps zur Sicherheit, zu den DSOs und MPMs runden das Kapitel ab.

Kapitel 3: Virtuelle Hosts

Das dritte Kapitel befasst sich mit dem Einsatz von virtuellen Hosts unter Apache. Die genaue Konfiguration, der Einsatz und die Wartung werden beschrieben.

Kapitel 4: SSL/TLS-Verschlüsselung des Apache

Moderne Web-Präsenzen, die über einen Webshop verfügen, benötigen eine verschlüsselte Übertragung der Daten mit Hilfe des SSL-Protokolls. In diesem Kapitel wird erläutert, wie SSL innerhalb von Apache eingesetzt und konfiguriert wird.

Kapitel 5: Praxis/Anleitungen

Dieses Kapitel enthält praktische Anleitungen für den täglichen Einsatz. Dazu gehört die ausführliche Beschreibung der Benutzerauthentifizierung, die Arbeit mit CGI und SSI, sowie der Einsatz der .htaccess-Datei.

Kapitel 6: Plattform-spezifische Anmerkungen

Dieses Kapitel stellt eine Erweiterung des Kapitels 2 dar und befasst sich mit der Installation und dem Kompilieren von Apache unter Windows, NetWare und HP-UX.

Kapitel 7: Server- und Hilfsprogramme

Neben dem reinen Webserver enthält Apache mehrere Hilfsprogramme, die für die tägliche Arbeit benötigt werden. Dieses Kapitel beschreibt die Schalter und Optionen, die beim Start des Apache und der Hilfsprogramme verwendet werden können.

Kapitel 8: Weitere Apache-Dokumentationen

Speziellere Apache-Probleme werden in diesem Kapitel behandelt. Dazu gehört der FIN_WAIT2-Status, das Anpassen von Fehlermeldungen und bekannte Probleme in der Zusammenarbeit mit bestimmten Webbrowsern.

Kapitel 9: Apache-Module

Dieses Kapitel enthält eine Auflistung sämtlicher Module für den Webserver, die mit Apache ausgeliefert werden. Jedes Modul und dessen Direktiven werden ausführlich referenziert und mit praktischen Anweisungen beschrieben.

Kapitel 10: Dokumentation für Entwickler

Dieses Kapitel beinhaltet eine Beschreibung der Apache-API, der Filter und der Modul-Programmierung. Ein Augenmerk liegt auch auf der Migration von Modulen auf Apache 2.0, die für die Vorgängerversion 1.3.x geschrieben wurden.

Kapitel 11: Support und Fehlermeldungen

Dieses Kapitel befasst sich mit häufig gestellten Fragen und Problemen beim Einsatz des Apache-Servers.

Kapitel 1

Hinweise zur Version

1.1 Upgrade von 1.3 auf 2.0

Dieses Dokument dient der Unterstützung beim Upgrade. Es enthält die entscheidenden Informationen für bisherige Apache-Nutzer. Diese sind als kurze Anmerkungen gedacht. Weitere Informationen finden Sie entweder in *Abschnitt 1.2 »Übersicht über die neuen Apache 2.0-Funktionen«* oder in den change-Dateien im Verzeichnis src der Apache-Distribution.

1.1.1 Änderungen der Konfiguration bei der Kompilierung

- Der Apache benutzt jetzt ein autoconf- und libtool-System zur *Konfiguration des Erstellungsverfahrens*. Die Verwendung dieses Systems ist ähnlich, aber nicht identisch mit dem APACI-System des Apache 1.3.
- Zusätzlich zu der üblichen Auswahl von Modulen, die kompiliert werden sollen, wurde der Hauptteil der Request-Verarbeitung im Apache 2.0 in die *Multi-Processing-Module* (MPMs) verschoben.

1.1.2 Änderungen der Laufzeit-Konfiguration

- Viele Anweisungen aus dem Serverkern des Apache 1.3 sind jetzt in den MPMs enthalten. Wenn Sie ein Serververhalten wünschen, das demjenigen des Apache 1.3 möglichst ähnlich ist, sollten Sie das prefork-MPM auswählen. Andere MPMs verwenden abweichende Anweisungen für die Prozess-Erstellung und Request-Verarbeitung.
- Das Modul mod_proxy wurde umgearbeitet, um es auf den Stand von HTTP/1.1 zu bringen. Eine der bedeutendsten Änderungen ist die Platzierung der Proxy-Zugriffskontrolle innerhalb eines Proxy-Blocks, statt innerhalb eines <Directory proxy:>-Blocks.
- Die Behandlung von PATH_INFO (hinter dem tatsächlichen Dateinamen angefügte Pfadangaben) wurde für einige Module geändert. Module, die bisher als Handler implementiert waren, jetzt aber als Filter implementiert sind, akzeptieren möglicherweise keine Anfragen mit PATH_INFO mehr. Filter wie INCLUDES oder PHP sind gleich oben im Core-Handler implementiert und weisen deshalb Anfragen mit PATH_INFO ab. Sie können die AcceptPathInfo-Direktive verwenden, um den Core-Handler zu zwingen, Anfragen mit PATH_INFO zu akzeptieren, und dadurch die Fähigkeit wiederherstellen, PATH_INFO in Server Side Includes zu benutzen.
- Die CacheNegotiatedDocs-Direktive hat jetzt das Argument an (on) oder aus (off). Die vorhandenen Anweisungen CacheNegotiatedDocs sollten durch CacheNegotiatedDocs on ersetzt werden.

- Die ErrorDocument-Direktive verwendet kein Anführungszeichen mehr am Anfang des Arguments, um eine Textnachricht anzuzeigen. Stattdessen sollten Sie die Nachricht in doppelte Anführungszeichen einschließen. Zum Beispiel sollten existierende Angaben wie

  ```
  ErrorDocument 403 "Eine Nachricht
  ```

  durch

  ```
  ErrorDocument 403 "Eine Nachricht"
  ```

  ersetzt werden. Solange das zweite Argument keine gültige URL oder kein Pfadname ist, wird es als Textnachricht behandelt.

- Die Direktiven AccessConfig und ResourceConfig sind entfallen. Diese Direktiven können durch die Include-Direktive ersetzt werden, die eine äquivalente Funktionalität besitzt. Wenn Sie die Vorgabewerte dieser Direktiven verwendet haben, ohne sie in die Konfigurationsdateien einzufügen, müssen Sie möglicherweise Include conf/access.conf und Include conf/srm.conf zu Ihrer httpd.conf-Datei hinzufügen. Um sicherzustellen, dass der Apache die Konfigurationsdateien in der gleichen Reihenfolge liest, wie sie von den älteren Direktiven impliziert wurde, sollten die Include-Direktiven ans Ende der httpd.conf gestellt werden, wobei die Direktive für srm.conf derjenigen für access.conf vorangeht.

- Die Direktiven BindAddress und Port sind entfallen. Eine äquivalente Funktionalität wird von der flexibleren Direktive Listen bereitgestellt.

- Im Apache 1.3 wurde die Port-Direktive außerdem dazu verwendet, die Portnummer für selbstreferenzierende URLs festzulegen. Die neue ServerName-Syntax stellt das Apache-2.0-Äquivalent dar: Sie wurde dahingehend verändert, sowohl den Hostnamen *als auch* die Portnummer für selbstreferenzierende URLs in einer Direktive angeben zu können.

- Die ServerType-Direktive entfällt. Die Methode zum Bedienen der Anfragen wird nun durch die Auswahl des MPM ermittelt. Derzeit ist kein MPM dafür bestimmt, von inetd gestartet zu werden.

- Die Module mod_log_agent und mod_log_referer, die die Direktiven AgentLog, RefererLog und RefererIgnore bereitgestellt hatten, wurden entfernt. Durch Verwendung der Direktive CustomLog aus mod_log_config sind die Agent- und Refererlogs auch weiterhin verfügbar.

- Die Direktiven AddModule und ClearModuleList sind entfallen. Diese Direktiven wurden benutzt, um sicherzustellen, dass die Module in der richtigen Reihenfolge aktiviert werden können. Das neue API von Apache 2.0 erlaubt es Modulen, ihre Reihenfolge explizit anzugeben und macht diese Direktiven damit überflüssig.

- Die Direktive FancyIndexing wurde entfernt. Die gleiche Funktionalität ist nun mit der Option FancyIndexing der Direktive IndexOptions verfügbar.

- Die von mod_negotiation bereitgestellte Content Negotiation-Technik der MultiViews führt nun eine strengere Dateierkennung durch. Es wird ausschließlich unter den *aushandelbaren* Dateien gewählt. Das bisherige Verhalten kann jedoch mit der Direktive MultiViewsMatch wiederhergestellt werden.

1.1.3 Sonstige Änderungen

- Das Modul mod_auth_digest, das im Apache 1.3 experimentellen Status hatte, ist nun ein Standardmodul.
- Das Modul mod_mmap_static, das im Apache 1.3 experimentellen Status hatte, wurde durch das Modul mod_file_cache ersetzt.
- Die Distribution wurde komplett reorganisiert und enthält kein unabhängiges src-Verzeichnis mehr. Stattdessen wurden die Quellcodes logisch unterhalb des Hauptverzeichnisses der Distribution angeordnet. Installationen des kompilierten Servers sollten in ein separates Verzeichnis erfolgen.

1.1.4 Module von Drittanbietern

An den API des Apache 2.0 wurden umfassende Änderungen vorgenommen. Bestehende Module, die für das Apache-1.3-API entwickelt wurden, werden *nicht* ohne Modifikationen mit der Version 2.0 des Apache zusammenarbeiten. Details sind in *Kapitel 10 »Dokumentation für Entwickler«* beschrieben.

1.2 Übersicht über die neuen Apache 2.0-Funktionen

Dieses Dokument beschreibt einige der wichtigsten Änderungen des Apache HTTP Servers 2.0 gegenüber der Version 1.3.

Siehe auch: *1.1 »Upgrade von 1.3 auf 2.0«*

1.2.1 Core-Erweiterungen

UNIX-Threading

Auf UNIX-Systemen mit Unterstützung für POSIX-Threads kann Apache jetzt in einem Multi-Process, Multi-Threaded Hybrid-Mode gestartet werden. Dies verbessert die Skalierbarkeit für viele, jedoch nicht unbedingt für alle Konfigurationen.

Neues Build-System

Das Build-System wurde auf der Basis von autoconf und libtool komplett neu geschrieben. Dadurch wird das Apache-Konfigurationssystem dem vieler anderer Packages ähnlicher.

Multi-Protokoll-Unterstützung

Apache stellt jetzt die notwendige Grundfunktionalität für die Unterstützung mehrerer Protokolle bereit. mod_echo wurde hierfür als Beispiel geschrieben.

Bessere Unterstützung von Nicht-UNIX-Plattformen

Apache 2.0 ist auf anderen Plattformen wie BeOS, OS/2 und Windows schneller und stabiler. Mit der Einführung von Plattform-spezifischen *Multi-Processing-Modulen* (MPMs) und der Apache Portable Runtime (APR) sind diese Plattformen jetzt in ihrem nativen API implementiert, wodurch die Verwendung der häufig fehlerbehafteten und schlecht funktionierenden POSIX-Emulation-Layer vermieden wird.

Neues Apache-API

Das API für Module hat sich in 2.0 stark verändert. Die meisten der Sortierungs- oder Prioritätsprobleme von Modulen bei 1.3 sollten nun verschwunden sein. In 2.0 wird vieles davon automatisch durchgeführt. Die Modulsortierung wird jetzt über einen Pre-Hook vorgenommen, um mehr Flexibilität zu bieten. Außerdem wurden neue API-Aufrufe hinzugefügt, die zusätzliche Modulfähigkeiten zur Verfügung stellen, ohne den Apache-Kernel anpassen zu müssen.

IPv6-Unterstützung

Auf Systemen, bei denen die zugrunde liegende Apache Portable Runtime-Bibliothek IPv6 unterstützt wird, bekommt Apache standardmäßig IPv6 Listening Sockets. Zusätzlich unterstützen die Konfigurationsanweisungen `Listen`, `NameVirtualHost` und `VirtualHost` numerische IPv6-Adressangaben (z.B. "`Listen [fe80::1]:8080`").

Filterung

Apache-Module können jetzt als Filter entwickelt und zur Filterung des ein- und ausgehenden Datenstroms des Servers eingesetzt werden. Hierdurch kann beispielsweise die Ausgabe von CGI-Skripten durch den `INCLUDES`-Filter von `mod_include` bearbeitet werden und so Server-Side Include-Anweisungen ausgeführt werden. Das Modul `mod_ext_filter` erlaubt externen Programmen in der gleichen Weise als Filter zu agieren, wie CGI-Programme als Eingabe dienen können.

Mehrsprachige Fehlermeldungen

Fehlermeldungen, die an den Browser gehen, stehen jetzt als SSI-Dokumente in verschiedenen Sprachen zur Verfügung. Sie können bei Bedarf durch den Administrator angepasst werden, um ein einheitliches Design zu erreichen.

Vereinfachte Konfiguration

Viele der irritierenden Konfigurationsanweisungen wurden vereinfacht. Die oft für Verwirrung sorgenden `Port`- und `BindAddress`-Anweisungen wurden entfernt. Zum Setzen von IP-Adressen und Portnummern wird jetzt ausschließlich die Direktive `Listen` benutzt. Der Servername und die Portnummer für die Weiterleitungen und zur Erkennung virtueller Server werden über die Direktive `ServerName` konfiguriert.

Native Windows NT Unicode-Unterstützung

Apache 2.0 unter Windows NT benutzt jetzt utf-8 für alle Dateinamen-Kodierungen. Diese werden direkt auf das zugrunde liegende Unicode-Dateisystem abgebildet, wodurch eine Unterstützung für mehrere Sprachen für alle Windows NT-basierten Installationen, inklusive Windows 2000 und Windows XP, zur Verfügung steht. *Diese Unterstützung ist nicht für Windows 95, 98 oder Me verfügbar. Hier wird weiterhin die jeweils lokale Codepage des Rechners für den Zugriff auf das Dateisystem verwendet.*

Aktualisierte Bibliothek für reguläre Ausdrücke

Apache 2.0 enthält die »Perl Compatible Regular Expression Library« (PCRE) (siehe http://www.pcre.org/). Bei der Auswertung aller regulären Ausdrücke wird nun die leistungsfähigere Syntax von Perl 5 verwendet.

1.2.2 Modul-Erweiterungen

mod_ssl

Neues Modul in Apache 2.0. Dieses Modul ist ein Interface zu den von OpenSSL bereitgestellten SSL/TLS-Verschlüsselungsprotokollen.

mod_dav

Neues Modul in Apache 2.0. Dieses Modul implementiert die HTTP Distributed Authoring and Versioning-Spezifikation (DAV) zur Erzeugung und Pflege von Web-Inhalten.

mod_deflate

Neues Modul in Apache 2.0. Dieses Modul erlaubt es Browsern, die dies unterstützen, eine Komprimierung des Inhaltes vor der Auslieferung anzufordern, um so Netzwerk-Bandbreite zu sparen.

mod_auth_ldap

Neues Modul in Apache 2.0.41. Diese Modul ermöglicht die Verwendung einer LDAP-Datenbank zur Speicherung von Berechtigungsdaten für die HTTP-Basic-Authentication. Das Begleitmodul mod_ldap stellt einen Verbindungs-Pool und die Pufferung von Abfrageergebnissen zur Verfügung.

mod_auth_digest

Zusätzliche Unterstützung für prozessübergreifendes Session-Caching mittels Shared-Memory.

mod_charset_lite

Neues Modul in Apache 2.0. Dieses experimentelle Modul erlaubt Zeichensatz-Übersetzungen oder -Umschlüsselung.

mod_file_cache

Neues Modul in Apache 2.0. Dieses Modul beinhaltet die Funktionalität von mod_mmap_static aus Apache 1.3 sowie einige weitere Caching-Funktionen.

mod_headers

Dieses Modul ist in Apache 2.0 deutlich flexibler geworden. Es kann jetzt die von mod_proxy genutzten Request-Header manipulieren und es ist möglich, Response-Header auf Basis von definierten Bedingungen zu verändern.

mod_proxy

Das Proxy-Modul wurde komplett neu geschrieben, um die Möglichkeiten der neuen Filter-Funktionalität auszuschöpfen und um einen zuverlässigen Proxy zu haben, der den HTTP/1.1-Spezifikationen entspricht. Neue Proxy-Konfigurationsabschnitte bieten eine besser lesbare (und intern schnellere) Kontrolle der vermittelten Seiten. Die überladenen <Directory "proxy:...">-Konfigurationen werden nicht mehr unterstützt. Das Modul ist nun in mehrere Module unterteilt, die jeweils ein bestimmtes Übertragungsprotokoll unterstützen, wie proxy_connect, proxy_ftp und proxy_http.

mod_negotiation

Mit der neuen Konfigurationsanweisung `ForceLanguagePriority` kann sichergestellt werden, dass ein Client auf jeden Fall ein einzelnes Dokument anstatt einer NOT ACCEPTABLE- oder MULTIPLE CHOICES-Antwort bekommt. Zusätzlich wurden die Negotiation- und Multiview-Algorithmen angepasst, um einheitlichere Ergebnisse zu liefern. Außerdem wird ein neues Type-Map-Format bereitgestellt, das Dokumenteninhalte direkt enthalten kann.

mod_autoindex

Automatisch erzeugte Verzeichnisindexe können zur besseren Übersichtlichkeit durch HTML-Tabellen dargestellt werden. Genauere Sortierungen, wie Sortierung nach Versionsnummer und Wildcard-Filterung des Verzeichnisindex werden unterstützt.

mod_include

Neue Anweisungen erlauben es, die Standard-Start- und End-Tags von SSI-Elementen zu ändern. Zudem können die Standardformate für Fehlermeldungen und Zeitangaben nun ebenfalls in der Serverkonfiguration festgelegt werden. Auf die Ergebnisse der Auswertung und Gruppierung von regulären Ausdrücken (jetzt auf Basis der Perl-Syntax für reguläre Ausdrücke) kann über die `mod_include`-Variablen $0 bis $9 zugegriffen werden.

mod_auth_dbm

DBM-ähnliche Datenbanken werden jetzt durch die Konfigurationsanweisung `AuthDBMType` unterstützt.

Kapitel 2

Bedienung des Apache HTTP Servers

2.1 Kompilieren und Installieren

Dieses Dokument umfasst nur die Kompilierung und Installation des Apache auf UNIX und UNIX-ähnlichen Systemen. Für die Kompilierung und Installation unter Windows lesen Sie bitte den *Abschnitt 6.1 »Apache unter Microsoft Windows«*. Für andere Plattformen schlagen Sie bitte im *Kapitel 6 »Plattform-spezifische Anmerkungen«* nach.

Die Konfigurations- und Installationsumgebung des Apache 2.0 hat sich seit dem Apache 1.3 komplett verändert. Der Apache 1.3 benutzt einen speziellen Satz von Skripten, um eine einfache Installation zu ermöglichen. Der Apache 2.0 dagegen verwendet nun die Skripte `libtool` und `autoconf`, um eine Umgebung zu schaffen, die der vieler anderer Open-Source-Projekte ähnlich sieht.

Wenn Sie von einer Unterversion auf die nächste aktualisieren (z.B. von 2.0.50 auf 2.0.51), lesen Sie bitte den *Abschnitt 2.1.10 »Upgrade«*.

Siehe auch: *2.2 »Apache starten«*, *2.3 »Beenden und Neustarten«*

2.1.1 Überblick für die Ungeduldigen

Download	`$ lynx http://httpd.apache.org/download.cgi`
Auspacken	`$ gzip -d httpd-2_1_NN.tar.gz` `$ tar xvf httpd-2_1_NN.tar`
Kompilieren	`$ make`
Installieren	`$ make install`
Anpassen	`$ vi PREFIX/conf/httpd.conf`
Testen	`$ PREFIX/bin/apachectl start`

NN muss durch die Nummer der Unterversion ersetzt werden und PREFIX durch den Verzeichnispfad, in dem der Server installiert werden soll. Wird PREFIX nicht angegeben, wird die Voreinstellung `/usr/local/apache2` verwendet.

In den folgenden Abschnitten wird beginnend mit den Anforderungen für die Kompilierung und Installation des Apache HTTPD jeder Abschnitt des Kompilierungs- und Installationsvorganges genauer beschrieben.

2.1.2 Anforderungen

Folgende Anforderungen gelten für die Erstellung des Apache:

Festplattenbedarf

Stellen Sie sicher, dass Sie kurzzeitig mindestens 50 MByte freien Festplattenplatz zur Verfügung haben. Nach der Installation belegt der Apache ungefähr 10 MByte Plattenplatz. Der tatsächliche Platzbedarf variiert in Abhängigkeit von den gewählten Konfigurationseinstellungen und Modulen von Drittanbietern.

ANSI-C-Compiler und Generierungswerkzeuge

Stellen Sie sicher, dass Sie einen ANSI-C-Compiler installiert haben. Empfohlen wird der GNU C Compiler (GCC) (http://www.gnu.org/software/gcc/gcc.html) der Free Software Foundation (FSF) der Version 2.7.2 (http://www.gnu.org/). Wenn Sie den GCC nicht besitzen, stellen Sie zumindest sicher, dass der Compiler Ihres Anbieters ANSI-kompatibel ist. Außerdem muss Ihr Suchpfad die wichtigen Generierungswerkzeuge wie make enthalten.

Zeitgenauigkeit bewahren

Elemente des HTTP-Protokolls werden in Form einer Tageszeit ausgedrückt. Darum sollten Sie jetzt prüfen, ob Ihr System die Fähigkeit zurzeitsynchronisation besitzt, und diese gegebenenfalls installieren. Üblicherweise werden hierfür die Programme ntpdate oder xntpd verwendet, die auf dem Network Time Protocol (NTP) basieren. Nähere Informationen über NTP-Software und öffentliche Zeitserver finden Sie in der Usenet-Newsgroup comp.protocols.time.ntp und auf der NTP-Homepage (http://www.eecis.udel.edu/~ntp/).

Perl 5 [OPTIONAL]

Für einige Pflegeprogramme wie *apxs* oder *dbmmanage* (die in Perl geschrieben sind) wird der Perl 5 Interpreter benötigt (die Versionen ab 5.003 sind ausreichend). Wenn kein derartiger Interpreter vom configure-Skript gefunden werden kann, macht das jedoch nichts. Selbstverständlich können Sie den Apache 2.0 auch so generieren und installieren. Lediglich diese Pflegeskripte können dann nicht verwendet werden. Wenn Sie mehrere Perl-Interpreter installiert haben (vielleicht Perl 4 durch Ihren Händler und Perl 5 durch Sie selbst), dann ist die Verwendung der --with-perl Option empfehlenswert, um sicherzustellen, dass der richtige Interpreter von ./configure ausgewählt wird.

2.1.3 Download

Der Apache kann von der Apache-HTTP-Server-Downloadseite (http://httpd.apache.org/download.cgi heruntergeladen werden, auf der verschiedene Spiegelserver angegeben sind. Sie finden hier die jeweils aktuelle stabile Version.

Nach dem Download, insbesondere, wenn ein Spiegelserver benutzt wurde, müssen Sie überprüfen, ob Sie eine vollständige, nicht modifizierte Version des Apache HTTP Servers erhalten haben. Dies kann durch Prüfen des heruntergeladenen Tarballs gegen die PGP-Signatur erreicht werden. Dies ist wiederum ein Zweischrittverfahren. Zuerst müssen Sie die KEYS-Datei ebenfalls von der Apache-Distributionsseite beziehen (http://www.apache.org/dist/httpd/KEYS. (Um sicherzustellen, dass die KEYS-Datei selbst nicht verändert wurde, ist es sinnvoll, eine Datei aus einer früheren Distribution des Apache zu verwenden oder den Schlüssel von einem öffentlichen Schlüsselserver zu importieren.) Die Schlüssel werden mit einem der folgenden Befehle (abhängig von Ihrer PGP-Version) zu Ihrem persönlichen Schlüsselring hinzugefügt:

```
$ pgp < KEYS
```

Oder:

```
$ gpg --import KEYS
```

Der nächste Schritt ist das Testen des Tarballs gegen die PGP-Signatur, die immer von der Apache-Originalseite bezogen werden sollte (`http://httpd.apache.org/download.cgi`). Den Link zur Signaturdatei finden Sie hinter dem jeweiligen Download-Link oder im entsprechenden Verzeichnis auf der Apache-Distributionsseite (`http://www.apache.org/dist/httpd/`). Sie hat den gleichen Dateinamen wie der Tarball, aber zusätzlich die Endung `.asc`. Nun können Sie die Distribution mit einem der folgenden Befehle (wiederum abhängig von Ihrer PGP-Version) prüfen:

```
$ pgp httpd-2_1_NN.tar.gz.asc
```

Oder

```
$ gpg --verify httpd-2_1_NN.tar.gz.asc
```

Sie sollten eine Meldung wie

```
Good signature from user "Martin Kraemer <martin@apache.org>".
```

erhalten.

Abhängig von den Vertrauensbeziehungen in Ihrem Schlüsselring können Sie auch eine Meldung erhalten, die besagt, dass die Beziehungen zwischen dem Schlüssel und dem Unterzeichner des Schlüssels nicht verifiziert werden können. Solange Sie der Authentizität der KEYS-Datei vertrauen, ist dies kein Problem.

2.1.4 Auspacken

Das Auspacken des Quellcodes aus dem Apache-HTTPD-Tarball besteht aus einfachem Dekomprimieren und Entpacken:

```
$ gzip -d httpd-2_1_NN.tar.gz
$ tar xvf httpd-2_1_NN.tar
```

Damit wird unterhalb des aktuellen Verzeichnisses ein neues Verzeichnis erstellt, das den Quellcode für die Distribution enthält. Sie sollten mit `cd` in dieses Verzeichnis wechseln, bevor Sie mit der Kompilierung des Servers weitermachen.

2.1.5 Den Codebaum konfigurieren

Der nächste Schritt ist die Konfiguration des Apache-Codebaumes für Ihre spezielle Plattform und Ihre persönlichen Bedürfnisse. Dies wird mit dem Skript `configure` durchgeführt, das im Hauptverzeichnis der Distribution enthalten ist. (Entwickler, die die CVS-Version des Apache-Codebaumes herunterladen, müssen `autoconf` und `libtool` installiert haben und `buildconf` ausführen, bevor sie mit den nächsten Schritten fortfahren können. Dies wird bei offiziellen Releases nicht notwendig sein.)

Um den Codebaum mit den Standardeinstellungen zu konfigurieren, geben Sie einfach `./configure` ein. Zur Änderung dieser Voreinstellungen akzeptiert `configure` eine Reihe von Variablen und Optionen in der Befehlszeile. Umgebungsvariablen werden üblicherweise vor den `./configure`-Befehl gesetzt, während andere Optionen danach gesetzt werden. Die wichtigste Option ist der vorangestellte Ablageort, unter dem der Apache später installiert wird, denn der Apache muss auf diesen Ablageort eingestellt werden, um korrekt zu arbeiten. Es gibt jedoch noch eine Reihe weiterer Optionen für Ihre persönlichen Wünsche.

Um einen kurzen Eindruck zu gewinnen, welche Möglichkeiten Sie haben, folgt ein typisches Beispiel, das den Apache mit einem speziellen Compiler und Compilerflags für das Installationsverzeichnis /sk/pkg/apache sowie die beiden zusätzlichen Module mod_rewrite und mod_speling für späteres Laden durch den DSO-Mechanismus kompiliert:

```
$ CC="pgcc" CFLAGS="-O2" \
./configure --prefix=/sw/pkg/apache \
--enable-rewrite=shared \
--enable-speling=shared
```

`configure` benötigt nach dem Start mehrere Minuten, um die Verfügbarkeit von Features auf Ihrem System zu prüfen und um ein Makefile zu generieren, das später zur Kompilierung des Servers benutzt wird.

Die Konfigurationsflags für den Apache werden am einfachsten mit dem Aufruf `./configure --help` ermittelt. Es folgt eine kurze Beschreibung der meisten Argumente und Umgebungsvariablen.

Umgebungsvariablen

Das Skript `autoconf` benutzt während des Generierungsvorgangs verschiedene Umgebungsvariablen für die Konfiguration der Generierungsumgebung. Im Allgemeinen verändern diese Variablen die für die Erstellung des Apache verwendete Methode und nicht die endgültigen Eigenschaften des Servers. Diese Variablen können vor dem Aufruf von `configure` in der Umgebung gesetzt werden, doch es ist normalerweise einfacher, sie wie im obigen Beispiel in der `configure`-Befehlszeile anzugeben.

CC=...

Der Name des C-Compiler-Kommandos.

CPPFLAGS=...

Verschiedene C-Präprozessor- und Compileroptionen.

`CFLAGS=...`

Debug- und Optimierungsoptionen für den C-Compiler.

`LDFLAGS=...`

Verschiedene Optionen, die an den Linker durchgereicht werden.

`LIBS=...`

Informationen über die Verzeichnisse mit den Bibliotheken (-L und -1 Optionen), die an den Linker durchgereicht werden.

`INCLUDES=...`

Suchverzeichnisse für Header-Dateien (-I*Verzeichnis*).

`TARGET=... [Default: apache]`

Name der lauffähigen Datei, die erstellt wird.

`NOTEST_CPPFLAGS=...`

`NOTEST_CFLAGS=...`

`NOTEST_LDFLAGS=...`

`NOTEST_LIBS=...`

Diese Variablen haben die gleiche Funktion wie ihre Namensvettern ohne `NOTEST`. Diese Variablen werden jedoch nur auf den Generierungsprozess angewendet, nachdem `autoconf` seine Feature-Tests durchgeführt hat. Dies erlaubt die Einbeziehung von Flags, die während des Feature-Tests Probleme bereiten würden, aber für die endgültige Kompilierung verwendet werden müssen.

`SHLIB_PATH=...`

Eine Option, die den Pfad zu Libraries angibt, die sich Compiler und Linker teilen.

Ausgabeoptionen für autoconf

`--help`

Gibt die Nutzungsinformationen einschließlich aller verfügbaren Optionen aus, ohne jedoch tatsächlich etwas zu konfigurieren.

`--quiet`

Verhindert die Ausgabe der üblichen `checking...`-Nachrichten.

`--verbose`

Gibt während des Konfigurationsprozesses weitergehende Informationen aus, einschließlich der Namen aller untersuchter Dateien.

Pfadangaben

Gegenwärtig gibt es zwei Möglichkeiten, die Pfade zu konfigurieren, in denen der Apache seine Dateien installiert. Bei der ersten können Sie ein Verzeichnis angeben und den Apache veranlassen, sich selbst unterhalb dieses Verzeichnisses in seinen voreingestellten Verzeichnissen zu installieren.

--prefix=PREFIX [Default: /usr/local/apache2]

Gibt das Verzeichnis an, in dem die Apache-Dateien installiert werden.

Es kann angegeben werden, dass Architektur-abhängige Dateien in einem anderen Verzeichnis abgelegt werden sollen.

--exec-prefix=EPREFIX [Default: PREFIX]

Gibt das Verzeichnis an, in dem Architektur-abhängige Dateien abgelegt werden.

Die zweite und flexiblere Möglichkeit, den Installationspfad für den Apache einzustellen, bietet die Datei config.layout. Wenn Sie diese Variante benutzen, können Sie den Ablageort für jeden Dateityp innerhalb der Apache-Installation separat angeben. Die Datei config.layout enthält verschiedene Konfigurationsbeispiele. Sie können auch anhand der Beispiele Ihre eigene individuelle Konfiguration erstellen. Die verschiedenen Layouts in dieser Datei sind in <Layout FOO>...</Layout>-Abschnitte gruppiert und werden mit Namen wie FOO bezeichnet.

--enable-layout=LAYOUT

Verwendet das genannte Layout aus der Datei config.layout, um die Installationspfade genau anzugeben.

Module

Der Apache ist ein modularer Server. Nur die grundlegendste Funktionalität ist im Kernel enthalten. Erweiternde Eigenschaften stehen über verschiedene Module zur Verfügung. Während des Konfigurationsprozesses müssen Sie auswählen, welche Module für die Verwendung mit dem Server kompiliert werden sollen. Module mit dem Status »Base« sind standardmäßig enthalten und müssen ausdrücklich deaktiviert werden (z.B. mod_userdir), wenn Sie sie nicht verwenden möchten. Module mit einem anderen Status (z.B. mod_expires) müssen ausdrücklich aktiviert werden, wenn Sie sie verwenden möchten.

Es gibt zwei Möglichkeiten, Module zu kompilieren und mit dem Apache zu benutzen. Module können *statisch kompiliert* werden, was bedeutet, dass sie permanent in den Apache-Kernel eingebunden sind. Wenn Ihr Betriebssystem Dynamic Shared Objects (DSOs = dynamisch eingebundene Bibliotheken) unterstützt und autoconf diese Unterstützung erkennen kann, können Module alternativ *dynamisch kompiliert* werden. DSO-Module werden vom ausführbaren Apache getrennt gespeichert und können vom Server unter Verwendung der Direktiven für die Laufzeitkonfiguration, die von mod_so bereitgestellt werden, ein- oder ausgeschlossen werden. mod_so wird automatisch dem Server hinzugefügt, sobald ein dynamisches Modul in die Kompilierung einbezogen wird. Wenn Sie Ihren Server für das Laden von DSOs tauglich machen wollen, ohne jedoch ein dynamisches Modul zu kompilieren, können Sie dies explizit mit --enable-so angeben.

`--enable-MODUL[=shared]`

Kompiliert das angegebene *MODUL* und bindet es ein. Das Kennzeichen *MODUL* ist der Modul-Bezeichner aus der Dokumentation zum jeweiligen Modul, jedoch ohne den Namensteil `_module`. Um ein Modul als DSO zu kompilieren, fügen Sie die Option `=shared` hinzu.

`--disable-MODUL`

Entfernt das *MODUL*, das andernfalls kompiliert und eingebunden werden würde.

`--enable-modules=MODUL-LISTE`

Kompiliert die Module aus der durch Leerzeichen getrennten *MODUL-LISTE* und bindet sie ein.

`--enable-mods-shared=MODUL-LISTE`

Kompiliert die Module aus der durch Leerzeichen getrennten *MODUL-LISTE* als dynamisch ladbare DSO-Module und bindet sie ein.

Die *MODUL-LISTE* in den Optionen `--enable-modules` und `--enable-mods-shared` ist üblicherweise eine durch Leerzeichen getrennte Liste von Modul-Bezeichnern. Die Module `mod_dav` und `mod_info` können beispielsweise wie folgt aktiviert werden:

```
./configure --enable-dav --enable-info
```

Oder äquivalent:

```
./configure --enable-modules="dav info"
```

Zusätzlich können die speziellen Schlüsselwörter `all` oder `most` benutzt werden, um alle oder die meisten der Module in einem Schritt hinzuzufügen. Sie können Module, die Sie nicht benutzen möchten, mit der Option `--disable-MODUL` entfernen. Um beispielsweise alle Module mit Ausnahme von `mod_info` als DSOs einzubinden, können Sie

```
./configure --enable-mods-shared=all --disable-info
```

verwenden.

Zusätzlich zu den standardmäßigen Modulen fügt der Apache 2.0 auch eine Auswahl von Multi-Processing-Modulen (MPMs) hinzu. In den Kompilierungsprozess muss nur ein einziges MPM eingebunden werden. Die für jede Plattform voreingestellten MPMs werden im *Abschnitt 2.14 »Multi-Processing-Module (MPMs)«* aufgeführt. Sie können mit der `configure`-Kommandozeile überschrieben werden.

`--with-mpm=NAME`

Wählt das MPM *NAME*.

Um ein MPM mit dem Namen `mpm_name` zu aktivieren, verwenden Sie:

```
./configure --with-mpm=mpm_name
```

DBM

Verschiedene Apache-Features, darunter mod_authn_dbm und RewriteMap aus mod_rewrite, verwenden einfache Datenbanken mit Schlüsseln und Werten für eine schnelle Suche nach Informationen. Der Apache-Quellcode enthält SDBM, so dass diese Datenbank immer verfügbar ist. Wenn Sie einen anderen Datenbanktyp benutzen möchten, können Sie die folgenden configure-Optionen dazu verwenden:

--with-gdbm[=Pfad]

--with-ndbm[=Pfad]

--with-berkeley-db[=Pfad]

Wenn kein *Pfad* angegeben wird, sucht der Apache in den normalen Suchpfaden nach den Include- und Bibliotheksdateien. Eine explizite *Pfad*-Angabe veranlasst den Apache, unter *Pfad* /lib und *Pfad* /include nach relevanten Dateien zu suchen. Letztlich kann *Pfad* auch die speziellen Include- und Bibliothekspfade durch Doppelpunkt getrennt auflisten.

Suexec

Der Apache enthält das Hilfsprogramm suexec, das für die Ausführung benutzereigener CGI-Programme verwendet werden kann. Wird suexec jedoch unsachgemäß konfiguriert, kann es schwere Sicherheitsprobleme verursachen. Deshalb sollten Sie die Dokumentation im *Kapitel 7 »Server- und Hilfsprogramme«* sorgfältig lesen und beachten, bevor Sie diese Möglichkeit implementieren.

2.1.6 Erstellen

Nun können Sie die verschiedenen Teile, die das Apache-Paket bilden, mit folgendem Befehl erstellen:

```
$ make
```

Seien Sie bitte geduldig, denn eine Basiskonfiguration benötigt auf einem Pentium III/Linux 2.2.-System ungefähr drei Minuten. Dies kann aber abhängig von Ihrer Hardware und der Anzahl der Module, die Sie aktiviert haben, sehr stark variieren.

2.1.7 Installieren

Installieren Sie abschließend das Paket unter dem konfigurierten Installations-*PREFIX* (siehe *Seite 34*: Option --prefix) durch Aufrufen von:

```
$ make install
```

Beim Upgrade wird die Installation Ihrer Konfigurationsdateien oder Dokumente nicht überschrieben.

2.1.8 Anpassen

Als Nächstes können Sie Ihren Apache HTTP Server anpassen, indem Sie die Konfigurationsdateien unterhalb von `PREFIX/conf/` editieren.

```
$ vi PREFIX/conf/httpd.conf
```

Werfen Sie auch einen Blick in das Apache-Handbuch, dessen aktuellste Version einschließlich einer kompletten Referenz der verfügbaren Konfigurationsanweisungen Sie unter der Adresse http://httpd.apache.org/docs-2.1/ finden.

2.1.9 Testen

Sie können nun Ihren Apache HTTP Server starten, indem Sie einfach

```
$ PREFIX/bin/apachectl start
```

ausführen.

Danach sollten Sie Ihr erstes Dokument unter der URL http://localhost/ anfordern können. Die Webseite, die Sie sehen, ist in der `DocumentRoot` abgelegt (üblicherweise `PREFIX/htdocs/`). Mit folgendem Befehl stoppen Sie den Server wieder:

```
$ PREFIX/bin/apachectl stop
```

2.1.10 Upgrade

Der erste Schritt beim Aktualisieren besteht darin, die Versionsankündigung sowie die CHANGES-Datei in der Quelltextdistribution zu lesen, um Änderungen zu finden, die Ihr System möglicherweise betreffen. Wenn Sie einen größeren Versionssprung durchführen (z.B. vom 1.3 auf 2.0 oder von 2.0 auf 2.2), wird es wahrscheinlich auch größere Unterschiede in der Kompilier- und Laufzeitkonfiguration geben, die manuelle Nacharbeiten erfordern. Außerdem müssen alle Module aktualisiert werden, um den Änderungen des Modul-API gerecht zu werden.

Die Aktualisierung einer Unterversion auf eine andere (z.B. von 2.0.55 auf 2.0.57) ist einfacher. `make install` überschreibt keine der bereits existierenden Dokumente, Log- und Konfigurationsdateien. Außerdem bemühen sich die Entwickler, inkompatible Änderungen der `configure`-Optionen, der Laufzeitkonfiguration sowie des Modul-API zu vermeiden. In den meisten Fällen sollten Sie in der Lage sein, den gleichen `configure`-Befehl, die gleiche Konfiguration und die gleichen Module wieder zu verwenden. (Das gilt erst seit Version 2.0.41 – frühere Versionen enthielten noch inkompatible Änderungen.)

Wenn Sie den Quellcode von Ihrer letzten Installation aufgehoben haben, ist ein Upgrade sogar noch einfacher. Die Datei `config.nice` im Wurzelverzeichnis des alten Quelltextbaums enthält den genauen `configure`-Befehl, der verwendet wurde, um den Quellcode zu konfigurieren. Um jetzt von einer Version auf die nächste zu aktualisieren, kopieren Sie einfach die `config.nice` in das Verzeichnis der neuen Version, passen sie bei Bedarf an, und führen Sie sie aus:

```
$ ./config.nice
$ make
$ make install
$ PREFIX/bin/apachectl stop
$ PREFIX/bin/apachectl start
```

> **Hinweis**
>
> Sie sollten jede neue Version immer in Ihrer Umgebung testen, bevor Sie sie produktiv schalten. Beispielsweise können Sie die neue Version neben der alten installieren, indem Sie ein anderes --prefix und einen anderen Port wählen (durch Anpassen der Listen-Direktive). So können Sie auf eventuelle Inkompatibilitäten testen, bevor Sie endgültig die neue Version verwenden.

2.2 Apache starten

Unter Windows läuft der Apache üblicherweise als Dienst (Windows NT, 2000 und XP) oder als Konsolenanwendung (Windows 9x und Me). Für Einzelheiten lesen Sie bitte den Abschnitt 6.1 »Apache unter Microsoft Windows« aus dem Kapitel 6 »Plattform-spezifische Anmerkungen«.

Unter UNIX wird das httpd-Programm als Daemon ausgeführt, der im Hintergrund fortlaufend aktiv ist, um Anfragen zu bearbeiten. Dieses Dokument beschreibt, wie httpd aufgerufen wird.

Siehe auch: 2.3 »Beenden und Neustarten«, »httpd«, Seite 269, »apachectl«, Seite 269

2.2.1 Wie der Apache startet

Wenn die in der Konfigurationsdatei angegebene Listen-Anweisung auf die Voreinstellung 80 gesetzt ist (oder auf einen anderen Port unterhalb von 1024), dann müssen Sie root-Rechte besitzen, um den Apache starten zu können. Nur dann kann er sich an diesen privilegierten Port binden. Sobald der Server gestartet ist und einige vorbereitende Aktionen wie das Öffnen der Log-Dateien ausgeführt hat, startet er mehrere Kindprozesse, welche die Arbeit erledigen: das Lauschen auf und Beantworten von Client-Anfragen. Der Haupthttpd-Prozess läuft unter dem Benutzer root weiter, die Kindprozesse jedoch werden unter weniger privilegierten Benutzerkennungen ausgeführt. Dies wird von dem ausgewählten Multi-Processing-Modul gesteuert.

Zum Starten des httpd-Programms wird das Steuerskript apachectl empfohlen. Dieses Skript setzt verschiedene Umgebungsvariablen, die für die korrekte Funktion von httpd unter bestimmten Betriebssystemen notwendig sind und startet dann das httpd-Programm. apachectl reicht alle Befehlszeilenargumente durch, so dass alle httpd-Optionen auch mit apachectl verwendet werden können. Um das korrekte Verzeichnis des httpd-Programms sowie Befehlszeilenargumente anzugeben, die Sie *immer* verwenden möchten, können Sie auch das Skript apachectl direkt editieren und die am Anfang stehende Variable HTTPD ändern.

Beim Start sucht und liest das httpd-Programm zuerst die Konfigurationsdatei httpd.conf. Das Verzeichnis dieser Datei wird beim Kompilieren festgelegt. Es kann aber auch mit der Befehlszeilenoption -f während der Laufzeit angegeben werden:

```
/usr/local/apache2/bin/apachectl -f /usr/local/apache2/conf/httpd.conf
```

Treten beim Start keine Probleme auf, trennt sich der Server vom Terminal ab und die Eingabeaufforderung wird sofort wieder angezeigt. Dies zeigt an, dass der Server hochgefahren ist und läuft. Sie können nun Ihren Browser benutzen, um eine Verbindung zum Server herzustellen und sich die Testseite aus dem `DocumentRoot`-Verzeichnis oder die lokale Kopie der Dokumentation, die mit dieser Seite verknüpft ist, anzeigen lassen.

2.2.2 Fehler während des Hochfahrens

Stellt der Apache während des Hochfahrens einen schweren Fehler fest, schreibt er entweder eine Nachricht, die das Problem näher schildert, auf die Konsole oder ins Fehlerprotokoll `ErrorLog` und beendet sich selbst. Eine der häufigsten Fehlermeldungen ist `Unable to bind to Port ...` (»Kann nicht an Port ... binden«). Auslöser dieser Meldung ist normalerweise

- der Versuch, den Server an einem privilegierten Port zu starten, während man nicht als Benutzer `root` angemeldet ist
- oder der Versuch, den Server zu starten, wenn bereits eine andere Instanz des Apache oder ein anderer Webserver an den gleichen Port gebunden ist.

Weitere Anleitungen zur Fehlerbehebung finden Sie im *Kapitel 11 »Support und Fehlermeldungen«*.

2.2.3 Beim Bootvorgang starten

Wenn Sie möchten, dass Ihr Server direkt nach einem System-Neustart weiterläuft, sollten Sie den Startdateien Ihres Systems einen `apachectl`-Aufruf hinzufügen (üblicherweise die Datei `rc.local` oder eine Datei aus einem `rc.N`-Verzeichnis). Dadurch wird der Apache unter dem Benutzer `root` gestartet. Stellen Sie zuvor jedoch sicher, dass die Konfigurationen für die Sicherheit und Zugriffsbeschränkungen richtig vorgenommen wurden.

Das `apachectl`-Skript ist dafür ausgelegt, wie ein Standard-SysV-init-Skript zu arbeiten. Es akzeptiert die Argumente `start`, `restart`, `stop` und übersetzt sie in die entsprechenden Signale für `httpd`. Daher kann `apachectl` häufig mit dem entsprechenden `init`-Verzeichnis verknüpft werden. Überprüfen Sie bitte auf jeden Fall die genauen Anforderungen Ihres Systems.

2.2.4 Weitere Informationen

Weitere Informationen zu den Befehlszeilenoptionen für `httpd` und das Skript `apachectl` sowie für andere Hilfsprogramme, die dem Server beigefügt sind, finden Sie im *Kapitel 7 »Server- und Hilfsprogramme«* oder in der Dokumentation aller in der Apache-Distribution enthaltenen Module und der von ihnen bereitgestellten Direktiven.

2.3 Beenden und Neustarten

Dieser Abschnitt beschreibt das Beenden und Neustarten des Apache auf UNIX-ähnlichen Systemen. Anwender von Windows NT, Windows 2000 und Windows XP finden im *Abschnitt 6.1.5 »Den Apache als Dienst ausführen«* und Anwender von Windows 9x oder Me im *Abschnitt 6.1.6 »Den Apache als Konsolenanwendung ausführen«* aus dem *Kapitel 6 »Plattformspezifische Anmerkungen«* weitere Informationen zur Handhabung des Apache auf diesen Systemen.

Siehe auch: *»httpd«, Seite 269, »apachectl«, Seite 269*

2.3.1 Einleitung

Um den Apache zu stoppen oder neu zu starten, müssen Sie ein Signal an den laufenden `httpd`-Prozess senden. Es gibt zwei Möglichkeiten, diese Signale zu senden. Zum einen können Sie mit dem UNIX-Befehl `kill` den Prozessen direkt Signale senden. Sie werden feststellen, dass auf Ihrem System mehrere `httpd`-Programme laufen. Sie sollten jedoch nicht jedem dieser Prozesse ein Signal senden, sondern nur dem Elternprozess, dessen PID in der mit `PidFile` angegebenen Datei steht. Es sollte niemals notwendig sein, einem anderen Prozess als dem Elternprozess, ein Signal zu senden. Es gibt drei Signale, die Sie an den Elternprozess senden können: TERM, HUP und USR1, die nachfolgend beschrieben werden.

Mit einem Befehl wie dem folgenden senden Sie dem Elternprozess ein Signal:

```
kill -TERM `cat /usr/local/apache2/logs/httpd.pid`
```

Die zweite Möglichkeit, dem `httpd`-Prozess ein Signal zu senden, ist die Verwendung der `-k`-Befehlszeilenoptionen `stop`, `restart` und `graceful`, die später beschrieben werden. Dies sind zwar Argumente des Programms `httpd`, es wird jedoch empfohlen, sie über das Steuerskript `apachectl` zu senden, das sie an `httpd` durchreicht.

Nachdem Sie `httpd` ein Signal geschickt haben, können Sie dessen Fortschritt beobachten, indem Sie eingeben:

```
tail -f /usr/local/apache2/logs/error_log
```

Passen Sie diese Beispiele Ihren `ServerRoot`- und `PidFile`-Einstellungen an.

2.3.2 Beenden

Signal: TERM

```
apachectl -k stop
```

Werden die Signale TERM oder `stop` an den Elternprozess gesendet, versucht dieser sofort, alle seine Kindprozesse zu beenden. Bis alle Kindprozesse komplett beendet sind, können einige Sekunden vergehen; der Elternprozess beendet sich anschließend selbst. Alle gerade bearbeiteten Anfragen werden abgebrochen und keine weiteren Anfragen mehr bedient.

2.3.3 Unterbrechungsfreier Neustart

Signal USR1

```
apachectl -k graceful
```

Die Signale USR1 oder `graceful` veranlassen den Elternprozess, die Kindprozesse *anzuweisen*, sich nach Abschluss ihrer momentan bearbeiteten Anfrage zu beenden (oder sich sofort zu beenden, wenn sie gerade keine Anfrage bedienen). Der Elternprozess liest die Konfigurationsdateien erneut ein und öffnet seine Log-Dateien neu. Stirbt ein Kindprozess, ersetzt der Elternprozess ihn durch einen Kindprozess der neuen Konfigurations-*Generation*. Dieser beginnt sofort damit, neue Anfragen zu bedienen.

> **Hinweis**
>
> Auf bestimmten Plattformen, die kein USR1-Signal für einen unterbrechungsfreien Neustart zulassen, kann ein alternatives Signal verwendet werden (wie z.B. WINCH). Der Befehl `apachectl graceful` sendet das jeweils richtige Signal für Ihre Plattform.

Der Code beachtet stets die MPM-Direktiven zur Prozesssteuerung, so dass die Anzahl der Prozesse und Threads, die zur Bedienung der Clients bereitstehen, während des Neustarts auf die entsprechenden Werte gesetzt werden. Außerdem wird die Direktive `StartServers` auf folgende Art und Weise interpretiert: Wenn nach einer Sekunde nicht mindestens die Anzahl der mit `StartServers` angegebenen neuen Kindprozesse erstellt wurden, dann werden zur Beschleunigung des Durchsatzes weitere erzeugt. Auf diese Weise versucht der Code sowohl die Anzahl der Kinder der Serverlast anzupassen als auch Ihre Wünsche hinsichtlich des Parameters `StartServers` zu berücksichtigen.

Benutzer des Moduls `mod_status` werden feststellen, dass die Serverstatistiken **nicht** auf null zurückgesetzt werden, wenn ein USR1-Signal gesendet wurde. Der Code wurde so geschrieben, dass die Zeit, in der der Server nicht in der Lage ist, neue Anfragen zu bedienen (diese werden vom Betriebssystem in eine Warteschlange gestellt, so dass sie auf keinen Fall verloren gehen), minimiert wird und gleichzeitig Ihre Parameter zur Feinabstimmung berücksichtigt werden. Um dies zu erreichen, muss die *Statustabelle* (Scoreboard) erhalten bleiben, mit der alle Kinder über mehrere Generationen verfolgt werden.

> **Hinweis**
>
> Enthält die Konfigurationsdatei beim Auslösen eines Neustarts Fehler, dann wird der Elternprozess nicht neu gestartet, sondern mit einem Fehler beendet. Im Falle eines unterbrechungsfreien Neustarts laufen die Kindprozesse nach dem Beenden weiter. (Die Kindprozesse erledigen ihre letzten Aufgaben, bevor sie »rücksichtsvoll beendet« werden.) Das bereitet Probleme beim Neustart, denn der Server ist nicht in der Lage, sich an die Ports zu binden, auf die er reagieren soll. Bevor Sie einen Neustart durchführen, können Sie die Syntax der Konfigurationsdateien mit dem Befehlszeilenargument -t überprüfen (mehr hierzu finden Sie im *Abschnitt 7.2 »httpd – Apache Hypertext Transfer Protocol-Server« des Kapitels 7 »Server- und Hilfsprogramme«*). Das garantiert allerdings nicht, dass der Server korrekt starten wird. Um sowohl die Syntax als auch die Semantik der Konfigurationsdateien zu prüfen, können Sie versuchen, httpd unter einem anderen Benutzer als dem root-Benutzer zu starten. Treten dabei keine Fehler auf, versucht der Server, seine Sockets und Log-Dateien zu öffnen, und schlägt fehl, weil er nicht vom Benutzer root ausgeführt wird (oder weil sich der gegenwärtig laufende httpd-Prozess bereits an diese Ports gebunden hat). Schlägt er aus einem anderen Grund fehl, dann liegt wahrscheinlich ein Konfigurationsfehler vor. Dieser Fehler sollte behoben werden, bevor der unterbrechungsfreie Neustart ausgelöst wird.

Das Statusmodul kennzeichnet außerdem diejenigen Kinder mit einem G, die noch immer Anfragen bedienen, die gestartet wurden, bevor ein unterbrechungsfreier Neustart veranlasst wurde.

Derzeit kann ein Log-Rotationsskript mit dem Signal USR1 nicht sicher feststellen, ob alle Kinder beendet sind, die in ein vor dem Neustart geöffnetes Protokoll schreiben. Sie sollten nach dem Senden des Signals USR1 eine angemessene Zeitspanne warten, bevor Sie auf das alte Protokoll zugreifen. Benötigen beispielsweise die meisten Zugriffe von Benutzern mit niedriger Bandbreite weniger als zehn Minuten für eine vollständige Antwort, dann sollten Sie 15 Minuten warten, bevor Sie auf das alte Protokoll zugreifen.

2.3.4 Neustarten

Signal: HUP

```
apachectl -k restart
```

Das Senden des Signals HUP oder restart veranlasst den Elternprozess, wie bei TERM alle seine Kinder zu beenden. Der Elternprozess beendet sich jedoch nicht. Er liest seine Konfigurationsdateien neu ein und öffnet alle Log-Dateien erneut. Dann erzeugt er einen neuen Satz Kindprozesse und setzt die Bedienung von Anfragen fort.

Benutzer des Moduls mod_status werden feststellen, dass die Serverstatistiken auf null gesetzt werden, wenn ein HUP-Signal gesendet wurde.

> **Hinweis**
>
> Enthält Ihre Konfigurationsdatei einen Fehler, während Sie einen Neustart auslösen, wird der Elternprozess nicht neu gestartet, sondern der Versuch mit einem Fehler beendet. Wie Sie das vermeiden können, wurde weiter oben bereits beschrieben.

2.3.5 Anhang: Signale und Race Conditions

Vor der Version 1.2b9 des Apache gab es verschiedene Race Conditions, die den Neustart und die Signale beeinflusst haben. (Eine Wettkampfsituation entsteht bei Zeitabhängigkeiten; wenn etwas zum falschen Zeitpunkt eintritt, kommt es zu einem nicht erwarteten Verhalten.) Bei Architekturen mit dem »richtigen« Funktionsumfang wurden so viele dieser Situationen wie möglich eliminiert. Dennoch ist zu beachten, dass bei bestimmten Architekturen immer noch solche Wettkampfsituationen entstehen können.

Bei Architekturen, die ein ScoreBoardFile auf der Festplatte verwenden, besteht die Gefahr, dass die Statustabelle beschädigt wird. Das kann zu Fehlern wie »bind: Address already in use« (»bind: Adresse wird bereits verwendet«, nach einem HUP-Signal) oder »long lost child came home!« (»Der verlorene Sohn ist heimgekehrt«, nach einem USR1-Signal) führen. Ersteres ist ein schwerer Fehler, während Letzteres lediglich bewirkt, dass der Server einen Eintrag in der Statustabelle verliert. Daher kann es ratsam sein, unterbrechungsfreie Neustarts zusammen mit einem gelegentlichen harten Neustart zu verwenden. Diese Probleme lassen sich nur sehr schwer umgehen, aber glücklicherweise benötigen die meisten Architekturen keine Statustabelle in Form einer Datei. Hinweise zu den einzelnen Architekturen finden Sie im *Abschnitt 9.4.1 »Allgemeine Direktiven der Apache-MPMs«* und dort im Unterabschnitt *»ScoreBoardFile«, Seite 388*.

Bei allen Architekturen kommt es bei jedem Kindprozess zu einer kleinen Wettkampfsituation bezüglich der zweiten und der nachfolgenden Anfragen über eine persistente HTTP-Verbindung (KeepAlive). Der Prozess kann nach dem Lesen der Anfragezeile, aber vor dem Lesen der Anfrage-Header enden. Es gibt eine Korrektur, die für die Version 1.2 jedoch zu spät kam. Theoretisch sollte es keine Probleme geben, da der KeepAlive-Client infolge von

Netzwerk-Latenzzeiten und Auszeiten des Servers mit derartigen Ereignissen rechnen sollte. In der Praxis scheint keiner von beiden beeinflusst zu werden – in einem Testfall wurde der Server zwanzig Mal pro Sekunde neu gestartet, während Clients Anfragen gestellt haben, ohne beschädigte Bilder oder leere Dokumente zu erhalten.

2.4 Konfigurationsdateien

In den folgenden Abschnitten werden die Konfigurationsdateien des Apache HTTP Servers beschrieben.

2.4.1 Die Konfigurationsdateien

Referenzierte Module:	`mod_mime`	
Referenzierte Direktiven:	`IfDefine`	`Include`
	`TypesConfig`	

Der Apache-Server wird über Direktiven konfiguriert, die in einfachem Textformat in Konfigurationsdateien stehen. Die wichtigste Konfigurationsdatei ist normalerweise die Datei `httpd.conf`. Das Verzeichnis der Datei wird beim Kompilieren angegeben, kann aber mit der Befehlszeilenoption `-f` überschrieben werden. Mit der Direktive `Include` können Konfigurationsdateien hinzugefügt werden, wobei bei mehreren Konfigurationsdateien Wildcards verwendet werden können. Die folgenden Direktiven können in jede dieser Konfigurationsdateien gesetzt werden. Änderungen in den Hauptkonfigurationsdateien werden vom Apache nur beim Start oder Neustart erkannt.

Außerdem liest der Server eine Datei mit MIME-Typen, deren Name mit der `TypesConfig`-Direktive angegeben wird. Standardmäßig lautet die Bezeichnung `mime.types`.

2.4.2 Syntax der Konfigurationsdateien

Apache-Konfigurationsdateien enthalten eine Direktive pro Zeile. Mit einem Backslash \ am Ende einer Zeile wird angezeigt, dass die Direktive in der nächsten Zeile fortgesetzt wird. Zwischen dem Backslash und dem Ende der Zeile dürfen keine anderen Zeichen oder Whitespaces stehen.

Bei den Bezeichnungen in den Konfigurationsdateien wird Groß- und Kleinschreibung unterschieden, bei Argumenten spielt sie häufig keine Rolle. Zeilen, die mit einem Doppelkreuz (#) beginnen, werden als Kommentare betrachtet und ignoriert. Kommentare dürfen *nicht* nach einer Direktive in der selben Zeile stehen. Leerzeilen und Whitespaces vor einer Direktive werden ignoriert, so dass die Direktiven mit Einrückungen übersichtlicher gestaltet werden können.

Mit dem Befehl `apachectl configtest` oder der Befehlszeilenoption `-t` kann die Syntax der Konfigurationsdateien ohne einen Serverstart auf Fehler überprüft werden.

2.4.3 Module

Referenzierte Module:	`mod_so`	
Referenzierte Direktiven:	`IfModule`	`LoadModule`

Der Apache ist ein modularer Server. Das bedeutet, dass der Server-Kernel nur die wichtigsten Grundfunktionen enthält. Erweiterte Möglichkeiten stehen über die Module zur Verfügung, die in den Apache geladen werden können. Standardmäßig wird beim Kompilieren eine Grundmenge von Modulen in den Server eingebunden. Wird der Server für das dynamische Laden von Modulen kompiliert, können Module separat kompiliert und jederzeit mit der Direktive LoadModule hinzugefügt werden. Andernfalls muss der Apache neu kompiliert werden, um Module zu entfernen oder hinzuzufügen. Konfigurationsdirektiven können in Abhängigkeit vom Vorhandensein eines bestimmten Moduls eingebunden werden, wenn sie in einen IfModule-Block gesetzt werden.

Mit der Befehlszeilenoption -l können Sie sich anzeigen lassen, welche Module zurzeit in den Server eingebunden sind.

2.4.4 Gültigkeitsbereiche von Direktiven

Referenzierte Direktiven: Directory   DirectoryMatch
Files   FilesMatch
Location   LocationMatch
VirtualHost

Direktiven, die in den Hauptkonfigurationsdateien stehen, gelten für den gesamten Server. Möchten Sie die Konfiguration nur für einen Teil des Servers ändern, können Sie ihren Gültigkeitsbereich dadurch einschränken, dass Sie sie in die Abschnitte Directory, DirectoryMatch, Files, FilesMatch, Location und LocationMatch setzen. Diese Abschnitte schränken die Anwendung der in ihnen angegebenen Direktiven auf bestimmte Bereiche des Dateisystems oder der URLs ein. Sie können auch verschachtelt werden, was eine sehr feine Abstimmung der Konfiguration ermöglicht.

Der Apache kann viele unterschiedliche Websites gleichzeitig bedienen. Diesen Vorgang nennt man *virtuelles Hosting*. Der Gültigkeitsbereich von Direktiven kann auch dadurch eingeschränkt werden, dass sie in VirtualHost-Abschnitte gesetzt werden. Sie gelten dann nur für Anfragen an diese spezielle Website.

Zwar können die meisten Direktiven in allen Abschnitten gesetzt werden, einige Direktiven sind aber nicht in jedem Kontext sinnvoll. Direktiven, die die Prozesserzeugung steuern, können beispielsweise nur im Kontext des Hauptservers gesetzt werden. Welche Direktiven in welchen Kontext gesetzt werden können, können Sie dem *Abschnitt 9.2.4 »Kontext«* der Direktivenbeschreibung entnehmen. Weitere Informationen folgen im *Abschnitt 2.5 »Konfigurationsabschnitte«*.

2.4.5 .htaccess-Dateien

Referenzierte Direktiven: AccessFileName   AllowOverride

Der Apache ermöglicht über spezielle Dateien im Web-Verzeichnisbaum eine dezentrale Verwaltung der Konfiguration. Normalerweise tragen diese Dateien die Bezeichnung .htaccess. Mit der Direktive AccessFileName kann aber auch eine andere Bezeichnung angegeben werden. Die Direktiven in den .htaccess-Dateien werden auf die Verzeichnisse (einschließlich aller Unterverzeichnisse) angewendet, in denen sie sich befinden. Die .htaccess-Dateien halten sich an die gleiche Syntax wie die Hauptkonfigurationsdateien. Da diese Dateien bei jeder Anfrage gelesen werden müssen, wirken sich Änderungen in diesen Dateien sofort aus.

Welche Direktiven in .htaccess-Dateien stehen können, entnehmen Sie dem Hinweis »Kontext« in der Direktivenbeschreibung. Der Administrator kann mit der AllowOverride-Direktive in den Hauptkonfigurationsdateien weiter steuern, welche Direktiven in .htaccess-Dateien stehen dürfen.

Weitere Informationen zu .htaccess-Dateien finden Sie im *Kapitel 5 »Praxis/Anleitungen«* im *Abschnitt 5.4 ».htaccess-Dateien«*.

2.5 Konfigurationsabschnitte

Die Direktiven in den Konfigurationsdateien können sich auf den gesamten Server oder nur auf bestimmte Verzeichnisse, Dateien, Hosts oder URLs beziehen. In den folgenden Abschnitten wird beschrieben, wie mit den Containern der Konfigurationsabschnitte oder .htaccess-Dateien der Gültigkeitsbereich anderer Konfigurationsdirektiven geändert wird.

2.5.1 Containertypen der Konfigurationsabschnitte

Referenzierte Module:	core	mod_proxy
Referenzierte Direktiven:	Directory	DirectoryMatch
	Files	FilesMatch
	IfDefine	IfModule
	Location	LocationMatch
	Proxy	ProxyMatch
	VirtualHost	

Es gibt zwei Grundtypen von Containern, von denen die meisten für jede Anfrage ausgewertet werden. Die enthaltenen Direktiven werden nur für die Anfragen angewendet, für die der Container zuständig ist. Die Container <IfDefine> und <IfModule> werden dagegen nur beim Server-Start und beim Neustart ausgewertet. Sind ihre Bedingungen beim Start erfüllt, werden die enthaltenen Direktiven für alle Anfragen angewendet. Sind sie nicht erfüllt, werden sie ignoriert.

Der <IfDefine>-Container enthält Direktiven, die nur angewendet werden, wenn ein entsprechender Parameter in der httpd-Befehlszeile angegeben wird. Bei der folgenden Konfiguration werden beispielsweise alle Anfragen nur dann zu einer anderen Site umgeleitet, wenn der Server mit den Befehl httpd -DClosedForNow gestartet wird:

```
<IfDefine ClosedForNow>
Redirect / http://otherserver.example.com/
</IfDefine>
```

Die Direktiven aus dem Container <IfModule> werden nur angewendet, wenn ein bestimmtes Modul für den Server geladen wurde. Das Modul muss statisch oder dynamisch kompiliert sein und die Zeile mit der LoadModule-Direktive muss in der Konfigurationsdatei davor stehen. Diese Direktive sollte nur benutzt werden, wenn die Konfigurationsdatei unabhängig davon funktionieren muss, ob bestimmte Module installiert sind. Sie sollte keine Direktiven enthalten, die immer funktionieren müssen, weil sie nützliche Fehlermeldungen über fehlende Module unterdrücken kann.

im Folgenden Beispiel wird die `MimeMagicFiles`-Direktive nur angewendet, wenn `mod_mime_magic` zur Verfügung steht.

```
<IfModule mod_mime_magic.c>
MimeMagicFile conf/magic
</IfModule>
```

In den Containern `<IfDefine>` und `<IfModule>` können negative Bedingungen angewendet werden, wenn ein !-Zeichen vorangestellt wird. Außerdem können diese Abschnitte verschachtelt werden, um weiterreichende Einschränkungen zu erreichen.

2.5.2 Dateisystem und Webbereich

Die am häufigsten benutzten Konfigurationsabschnitte sind diejenigen, die die Konfiguration bestimmter Bereiche des Dateisystems oder des Webbereichs ändern. Dabei ist der Unterschied zwischen diesen beiden Bereichen wichtig. Das Dateisystem ist das Abbild der Festplatte, wie es das Betriebssystem sieht. Bei einer Standardinstallation befindet sich der Apache-Server beispielsweise im Verzeichnis `/usr/local/apache2` des UNIX-Dateisystems oder im Verzeichnis `C:/Program Files/Apache Group/Apache2` des Windows-Dateisystems. (Beachten Sie, dass auch unter Windows immer einfache Schrägstriche als Trennzeichen im Pfad benutzt werden sollten.) Der Webbereich ist im Gegensatz dazu die vom Webserver dargebotene Ansicht der Site, wie sie der Client sieht. Der Pfad `/dir/` im Webbereich entspricht daher bei einer standardmäßigen Apache-Installation unter UNIX dem Pfad `/usr/local/apache2/htdocs/dir/` des Dateisystems. Der Webbereich muss direkt dem Dateisystem zugeordnet werden, da Webseiten dynamisch über Datenbanken oder andere Bereiche erzeugt werden können.

Dateisystem-Container

Die Direktiven aus den Abschnitten `<Directory>` und `<Files>` sowie ihre `Match`-Entsprechungen werden auf Teile des Dateisystems angewendet. Direktiven eines `<Directory>`-Abschnitts gelten für das genannte Verzeichnis im Dateisystem sowie für alle seine Unterverzeichnisse. Der gleiche Effekt kann mit `.htaccess`-Dateien erreicht werden. In der folgenden Konfiguration stehen beispielsweise die Verzeichnisindexe für das Verzeichnis `/var/web/dir1` und alle seine Unterverzeichnisse zur Verfügung.

```
<Directory /var/web/dir1>
Options +Indexes
</Directory>
```

Die `<Files>`-Direktiven gelten für jede Datei mit dem angegebenen Namen, unabhängig davon, in welchem Verzeichnis sie sich befindet. Die folgenden Konfigurationsdirektiven aus dem Hauptabschnitt der Konfigurationsdatei verweigern beispielsweise den Zugriff auf jede Datei mit der Bezeichnung `private.html`. Dabei spielt es keine Rolle, wo sie sich befindet.

```
<Files private.html>
Order allow,deny
```

```
Deny from all
</Files>
```

Um Dateien aus einem bestimmten Bereich des Dateisystems anzusprechen, können `<Files>`- und `<Directory>`-Abschnitte kombiniert werden. So verweigert zum Beispiel die folgende Konfiguration den Zugriff auf die Dateien /var/web/dir1/private.html, /var/web/dir1/subdir2/private.html, /var/web/dir1/subdir3/private.html sowie auf alle anderen Instanzen von private.html, die sich im Bereich des Verzeichnisses /var/web/dir1/ befinden.

```
<Directory /var/web/dir1>
<Files private.html>
Order allow,deny
Deny from all
</Files>
</Directory>
```

Webbereichs-Container

Die Direktiven der `<Location>`-Abschnitte und ihre Match-Entsprechungen ändern dagegen die Konfiguration für Inhalte im Webbereich. Die folgende Konfiguration verhindert beispielsweise jeden URL-Pfad, der mit /private beginnt. Insbesondere betrifft er Anfragen nach http://yoursite.example.com/private, http://yoursite.example.com/private123 und http://yoursite.example.com/private/dir/file.html sowie andere Anfragen, die mit /private beginnen.

```
<Location /private>
Order Allow,Deny
Deny from all
</Location>
```

Eine Direktive aus dem `<Location>`-Abschnitt muss nichts mit dem Dateisystem zu tun haben. Das folgende Beispiel zeigt, wie eine bestimmte URL einem internen Apache-Handler des Moduls mod_status zugewiesen wird. Eine Datei mit der Bezeichnung server-status muss im Dateisystem nicht vorhanden sein.

```
<Location /server-status>
SetHandler server-status
</Location>
```

Wildcards und reguläre Ausdrücke

Die Direktiven aus den `<Directory>`-, `<Files>`- und `<Location>`-Abschnitten können Wildcards im C-Stil enthalten. Das Zeichen *stimmt mit jeder Zeichenfolge überein, das Fragezeichen (?) steht für ein einzelnes Zeichen und [seq] steht für jedes Zeichen aus *seq*. Der Schrägstrich (/) stimmt mit keiner Wildcard überein, er muss explizit angegeben werden.

Werden noch anpassungsfähigere Vergleiche benötigt, gibt es für jede Direktive im Container eine Match-Entsprechung: `<DirectoryMatch>`, `<FilesMatch>` und `<LocationMatch>`. Sie lassen Perl-kompatible reguläre Ausdrücke bei Vergleichen zu. Im Abschnitt »Abschnitte vermischen« erfahren Sie, wie Abschnitte mit regulären Ausdrücken die Anwendung von Direktiven verändern.

Ein reiner Wildcard-Abschnitt, der die Konfiguration aller Benutzerverzeichnisse ändert, könnte folgendermaßen aussehen:

```
<Directory /home/*/public_html>
Options Indexes
</Directory>
```

Konfigurationsabschnitte mit regulären Ausdrücken können den Zugriff auf verschiedene Arten von Bilddateien mit einer Anweisung verwehren:

```
<FilesMatch \.(?i:gif|jpe?g|png)$>
Order allow,deny
Deny from all
</FilesMatch>
```

Was wann verwendet wird

Die Entscheidung für Dateisystem- oder Webbereichs-Container fällt relativ leicht. Werden Direktiven auf Objekte im Dateisystem angewendet, werden immer `<Directory>`- oder `<Files>`-Abschnitte benutzt. Werden Direktiven auf Objekte außerhalb des Dateisystems angewendet (zum Beispiel auf eine von einer Datenbank erzeugte Webseite), dann werden `<Location>`-Abschnitte benutzt.

Es ist wichtig, niemals einen `<Location>`-Abschnitt zu verwenden, wenn der Zugriff auf Objekte im Dateisystem eingeschränkt werden soll, weil viele unterschiedliche Positionen im Webbereich (URLs) dem gleichen Bereich des Dateisystems zugeordnet und die Einschränkungen umgangen werden können. Ein Beispiel:

```
<Location /dir/>
Order allow,deny
Deny from all
</Location>
```

Bei einer Anfrage nach http://yoursite.example.com/dir/ funktioniert das. Was geschieht aber, wenn das Dateisystem Groß- und Kleinschreibung unterscheidet? In dem Fall kann die Einschränkung durch Anforderung von http://yoursite.example.com/DIR/ leicht umgangen werden. Die `<Directory>`-Direktive wird dagegen auf jeden Inhalt aus diesem Bereich angewendet, unabhängig davon, welche Bezeichnung er hat. (Eine Ausnahme bilden Dateisystem-Links. Mit symbolischen Links kann das gleiche Verzeichnis an mehreren Stellen im Dateisystem positioniert werden. Die `<Directory>`-Direktive folgt dem symbolischen Link, ohne den Pfadnamen zurückzusetzen. Für die höchste Sicherheitsstufe sollten symbolische Links daher mit der entsprechenden Options-Direktive deaktiviert werden.)

Dateisysteme, bei denen Groß- und Kleinschreibung unterschieden wird, sind aber nicht das einzige Problem. Es gibt viele Möglichkeiten, mehrere Webbereiche der gleichen Position im Dateisystem zuzuordnen. Deshalb sollte möglichst immer der Dateisystem-Container benutzt werden. Eine Ausnahme von dieser Regel gibt es allerdings. Die Lösung, Einschränkungen in einen `<Location />`-Abschnitt zu setzen, ist absolut sicher, weil dieser Abschnitt unabhängig von der URL auf alle Anfragen angewendet wird.

2.5.3 Virtuelle Hosts

Der `<VirtualHost>`-Abschnitt enthält Direktiven für bestimmte Hosts. Das ist nützlich, wenn ein Rechner mehrere Hosts mit unterschiedlichen Konfigurationen beherbergt. Weitere Informationen finden Sie im *Kapitel 3 »Virtuelle Hosts«*.

2.5.4 Proxy

Die Abschnitte `<Proxy>` und `<ProxyMatch>` enthalten Konfigurationsdirektiven, die nur für Sites gelten, auf die mit der angegebenen URL über den Proxy-Server des Moduls `mod_proxy` zugegriffen wird. Die folgende Konfiguration verhindert beispielsweise, dass über den Proxy-Server auf die Website `cnn.com` zugegriffen wird:

```
<Proxy http://cnn.com/*>
Order allow,deny
Deny from all
</Proxy>
```

2.5.5 Welche Direktiven sind zulässig?

Darüber, welche Direktiven in welchen Konfigurationsabschnitten zulässig sind, informieren die Hinweise zum »Kontext« der Direktive. Alles, was in `<Directory>`-Abschnitten zulässig ist, ist syntaktisch auch in den Abschnitten `<DirectoryMatch>`, `<Files>`, `<FilesMatch>`, `<Location>`, `<LocationMatch>`, `<Proxy>` und `<ProxyMatch>` erlaubt. Allerdings mit einigen Ausnahmen:

- Die `AllowOverride`-Direktive funktioniert nur in `<Directory>`-Abschnitten.
- Die Optionen `FollowSymLinks` und `SymLinksIfOwnerMatch` funktionieren nur in `<Directory>`-Abschnitten oder in `.htaccess`-Dateien.
- Die `Options`-Direktive kann nicht in den Abschnitten `<Files>` und `<FilesMatch>` benutzt werden.

2.5.6 Abschnitte vermischen

Die Konfigurationsabschnitte werden in einer ganz bestimmten Reihenfolge angewendet. Da es wichtige Auswirkungen haben kann, wann Konfigurationsdirektiven interpretiert werden, ist es wichtig zu wissen, wie dieser Vorgang abläuft.

Die Reihenfolge ist folgende:

1. `<Directory>` (mit Ausnahme regulärer Ausdrücke) und `.htaccess` simultan (falls zulässig, werden Anweisungen in `<Directory>` durch Anweisungen in der Datei `.htaccess` überschrieben)

2. `<DirectoryMatch>` (und `<Directory ~>`)
3. `<Files>` und `<FilesMatch>` simultan
4. `<Location>` und `<LocationMatch>` simultan

Jede Gruppe wird getrennt vom `<Directory>`-Abschnitt in der Reihenfolge ihres Auftretens in den Konfigurationsdateien bearbeitet. Die `<Directory>`-Abschnitte (Gruppe 1 oben) werden beginnend mit der kürzesten Komponente bearbeitet. `<Directory /var/web/dir>` wird beispielsweise vor `<Directory/var/web/dir/subdir>` bearbeitet. Gelten mehrere `<Directory>`-Abschnitte für das gleiche Verzeichnis, werden sie in der Reihenfolge der Konfigurationsdatei bearbeitet. Konfigurationen über die Include-Direktive werden behandelt, als befänden sie sich in der einschließenden Datei an der Position der Include-Direktive.

Abschnitte innerhalb von `<VirtualHost>`-Abschnitten werden *nach* den entsprechenden Abschnitten außerhalb der Definition des virtuellen Hosts behandelt. Auf diese Weise können virtuelle Hosts die Hauptserverkonfiguration überschreiben.

Wird die Anfrage von mod_proxy bedient, nimmt der Proxy-Abschnitt in der Verarbeitungsreihenfolge die Stelle des `<Directory>`-Abschnitts ein.

> **Technischer Hinweis**
>
> Vor der Umwandlungsphase (in der die Direktiven Alias und DocumentRoot für die Zuordnung von URLs benutzt werden) wird eine `<Location>` / `<LocationMatch>`-Sequenz durchgeführt. Die Ergebnisse dieser Sequenz werden vollständig verworfen, nachdem die Umwandlungsphase abgeschlossen wurde.

Beispiele

Es folgt ein konstruiertes Beispiel, das die Reihenfolge der Vermischung zeigt. Werden alle Direktiven für die Anfrage angewendet, geschieht dies in der Reihenfolge A > B > C > D > E.

```
<Location />
E
</Location>

<Files f.html>
D
</Files>

<VirtualHost *>
<Directory /a/b>
B
</Directory>
</VirtualHost>

<DirectoryMatch "^.*b$">
C
</DirectoryMatch>
```

```
<Directory /a/b>
A
</Directory>
```

In dem nächsten, etwas konkreteren Beispiel befinden sich zwar alle Zugriffsbeschränkungen in `<Directory>`-Abschnitten, der `<Location>`-Abschnitt wird aber als letzter ausgewertet und erlaubt uneingeschränkten Zugriff auf den Server. Beim Vermischen ist die Reihenfolge also äußerst wichtig!

```
<Location />
Order deny,allow
Allow from all
</Location>

# Hoppla! Dieser <Directory>-Abschnitt bleibt wirkungslos
<Directory />
Order allow,deny
Allow from all
Deny from badguy.example.com
</Directory>
```

2.6 Server-Konfiguration

In den folgenden Abschnitten werden einige Direktiven des Moduls core beschrieben, die Grundoperationen des Servers durchführen.

2.6.1 Server-Identität

Referenzierte Direktiven:	ServerName	ServerAdmin
	ServerSignature	ServerTokens
	UseCanonicalName	

Die Direktiven `ServerAdmin` und `ServerTokens` steuern, welche Server-Informationen angezeigt werden. Die `ServerTokens`-Direktive setzt den Wert des HTTP-Antwort-Header-Feldes des Servers.

Mit den Direktiven `ServerName` und `UseCanonicalName` wird festgelegt, wie selbstreferenzierende URLs konstruiert werden. Wenn beispielsweise ein Client ein Verzeichnis anfordert, aber den Schrägstrich im Verzeichnisnamen weglässt, muss der Apache den Client zur vollständigen Adresse mit dem Schrägstrich umleiten, damit der Client den relativen Verweis im Dokument richtig auflösen kann.

2.6.2 Position von Dateien im Dateisystem

Referenzierte Direktiven:	CoreDumpDirectory	DocumentRoot
	ErrorLog	LockFile
	PidFile	ScoreBoardFile
	ServerRoot	

Diese Direktiven legen die Verzeichnisse der unterschiedlichen Dateien fest, die der Apache für eine korrekte Funktionsweise benötigt. Beginnt der angegebene Pfadname nicht mit einem Schrägstrich (/), befinden sich die Dateien relativ zur ServerRoot. Vorsicht ist bei der Positionierung von Dateien in Pfaden geboten, in denen andere Benutzer als der root-Benutzer Schreibrechte haben. Weitere Einzelheiten hierzu finden Sie im *Abschnitt 2.9 »Sicherheitshinweise«*.

2.6.3 Die Nutzung von Ressourcen einschränken

Referenzierte Direktiven: LimitRequestBody LimitRequestFields
LimitRequestFieldsize LimitRequestLine
RLimitCPU RLimitMEM
RLimitNPROC ThreadStackSize

Mit den LimitRequest*-Direktiven werden die Ressourcen limitiert, die der Apache beim Lesen der Client-Anfragen nutzt. Durch Einschränkung dieser Werte können bestimmte Denial-of-Service-Attacken eingedämmt werden.

Mit den RLimit*-Direktiven können die Ressourcen eingeschränkt werden, die vom Kindprozess abgezweigte Prozesse nutzen können. Insbesondere werden hiermit die Ressourcen kontrolliert, die von CGI-Skripten und SSI-exec-Befehlen verwendet werden.

Mit der ThreadStackSize-Direktive wird unter Netware die Stack-Größe kontrolliert.

2.7 Log-Dateien

Um einen Webserver effektiv verwalten zu können, ist die Aufzeichnung der Aktivitäten und Leistungsmerkmale des Servers sowie der aufgetretenen Probleme erforderlich. Der Apache-Server bietet hierfür umfangreiche und flexible Möglichkeiten. Im Folgenden wird beschrieben, wie die Protokollierung konfiguriert wird und was die Aufzeichnungen enthalten.

2.7.1 Sicherheit

Jeder, der in dem Verzeichnis Schreibrechte besitzt, in das der Apache die Log-Dateien schreibt, kann Zugriff auf die uid (in der Regel root) erhalten, unter der der Server gestartet wurde. Seien Sie sich deshalb über die Konsequenzen im Klaren, wenn sie jemandem Schreibrechte zuweisen. Weitere Einzelheiten hierzu finden Sie im *Abschnitt 2.9 »Sicherheitshinweise«*.

Darüber hinaus können Log-Dateien direkt vom Client übergebene Informationen enthalten. Böswillige Clients können daher Steuerzeichen in Log-Dateien schreiben, so dass Vorsicht beim Umgang mit den Rohdaten geboten ist.

2.7.2 Fehlerprotokoll

Referenzierte Direktiven: ErrorLog LogLevel

Das Fehlerprotokoll des Servers, dessen Name und Verzeichnis, das mit der ErrorLog-Direktive gesetzt wird, ist die wichtigste Log-Datei. In diese Datei schreibt der Apache bei der Bearbeitung der Anfragen Fehlermeldungen und Diagnosen. An dieser Stelle muss als Erstes gesucht werden, wenn beim Server-Start oder -Betrieb Probleme auftreten, weil sich hier oft Details finden, die zeigen, wo der Fehler liegt und wie er behoben werden kann.

Das Fehlerprotokoll wird in der Regel in eine Datei geschrieben (unter UNIX normalerweise in die Datei `error_log` und unter Windows und OS/2 in die Datei `error.log`). Unter UNIX kann der Server die Fehler auch an `syslog` senden oder in eine Pipe schreiben.

Das Format des Fehlerprotokolls ist relativ formlos und deskriptiv. Bestimmte Elemente sind in fast allen Fehlerprotokolleinträgen zu finden. Eine typische Fehlermeldung sieht folgendermaßen aus:

```
[Wed Oct 11 14:32:52 2000] [error] [client 127.0.0.1] client denied by
server configuration: /export/home/live/ap/htdocs/test
```

Am Beginn stehen Datum und Uhrzeit der Meldung. Das zweite Element nennt den Schweregrad des Fehlers. Über den Schweregrad wird mit der Direktive `LogLevel` gesteuert, welche Fehler in das Fehlerprotokoll eingetragen werden. An dritter Stelle steht die IP-Adresse des Clients, der den Fehler ausgelöst hat. Anschließend folgt die Fehlermeldung. In diesem Beispiel besagt sie, dass dem Client aufgrund der Konfiguration der Zugriff verweigert wurde. Der Server nennt den Dateipfad des Dateisystems (nicht den Web-Pfad) für das angeforderte Dokument.

Das Fehlerprotokoll kann sehr viele unterschiedliche Meldungen enthalten, die aber in der Regel dem aufgeführten Beispiel ähneln. Das Protokoll enthält auch Fehlerausgaben von CGI-Skripten. Jede von einem CGI-Skript nach `stderr` geschriebene Nachricht wird direkt in das Fehlerprotokoll eingetragen.

Eine Anpassung des Fehlerprotokolls durch Hinzufügen oder Ausklammern von Nachrichten ist nicht möglich. Fehlerprotokolleinträge für bestimmte Anfragen werden aber auch in das Zugriffsprotokoll aufgenommen. Das oben angeführte Beispiel entspricht einem Eintrag in das Zugriffsprotokoll mit dem Statuscode 403. Da das Zugriffsprotokoll konfigurierbar ist, lassen sich in dieser Log-Datei mehr Hinweise auf Fehlerursachen aufzeichnen.

In einer Testphase ist es oft sinnvoll, das Fehlerprotokoll kontinuierlich zu überwachen. Unter UNIX verwenden Sie hierfür folgenden Befehl:

```
tail -f error_log
```

2.7.3 Zugriffsprotokoll

Referenzierte Module:	`mod_log_config`	`mod_setenvif`
Referenzierte Direktiven:	`CustomLog`	`LogFormat`
	`SetEnvIf`	

Im Zugriffsprotokoll des Servers werden alle verarbeiteten Anfragen aufgezeichnet. Das Verzeichnis und der Inhalt des Zugriffsprotokolls werden mit der `CustomLog`-Direktive gesteuert. Mit der `LogFormat`-Direktive kann die Auswahl der Inhalte für die Protokolle vereinfacht werden. Im Folgenden Abschnitt wird beschrieben, wie der Server für das Aufzeichnen der Informationen im Zugriffsprotokoll konfiguriert wird.

Das ist aber nur der erste Schritt für die Protokollverwaltung. Im nächsten Schritt müssen diese Informationen analysiert werden, um aussagekräftige Statistiken anlegen zu können.

Die Protokollanalyse geht über den Rahmen dieser Erörterung hinaus und ist eigentlich auch nicht Aufgabe des Webservers. Weitere Informationen hierzu und zu Programmen, die Protokollanalysen durchführen, finden Sie unter folgenden Adressen: http://dmoz.org/Computers/Software/Internet/Site_Management/Log_analysis Open Directory oder http://dir.yahoo.com/Computers_and_Internet/Software/Internet/World_Wide_Web/Servers/Log_Analysis_Tools.

Ältere Apache-Versionen verwenden andere Module und Direktiven zur Steuerung der Zugriffsprotokollierung, zum Beispiel die Module mod_log_referer und mod_log_agent sowie die Direktive TransferLog. Die CustomLog-Direktive fasst die Funktionalität dieser älteren Direktiven zusammen.

Das Format des Zugriffsprotokolls ist weitgehend konfigurierbar. Es wird mit einem Format-String ähnlich dem der C-Funktion printf(1) angegeben. In den nächsten Abschnitten folgen einige Beispiele. Eine vollständige Liste der Parameter des Format-Strings finden Sie in der Beschreibung des Moduls mod_log_config.

Das allgemeine Protokollformat

Eine typische Konfiguration des Zugriffsprotokolls kann wie folgt aussehen:

```
LogFormat "%h %l %u %t \"%r\" %>s %b" common
CustomLog logs/access_log common
```

Hier wird die *Kurzbezeichnung* common für den Format-String angegeben. Er besteht aus %-Anweisungen für die jeweiligen Informationen. Auch Literale, die direkt in die Ausgabe geschrieben werden, können angegeben werden. Den Anführungszeichen (") wird als Escape-Zeichen ein Backslash vorangestellt, damit sie nicht als Ende des Format-Strings interpretiert werden. Der Format-String kann auch Steuerzeichen wie \n für einen Zeilenvorschub und \t für einen Tabulatorsprung enthalten.

Mit der Direktive CustomLog wird eine neue Log-Datei mit dem angegebenen *Kurznamen* eingerichtet. Der Dateiname für das Zugriffsprotokoll wird relativ zur ServerRoot interpretiert, wenn er nicht mit einem Schrägstrich beginnt.

Bei der oben angegebenen Konfiguration erfolgen die Protokolleinträge im so genannten Common Log-Format (CLF). Dieses Standardformat kann von vielen unterschiedlichen Webservern erzeugt und von vielen Analyseprogrammen gelesen werden. Ein CLF-Eintrag in eine Log-Datei kann wie folgt aussehen:

```
127.0.0.1 - frank [10/Oct/2000:13:55:36 -0700] "GET/apache_pb.gif HTTP/1.0" 200 2326
```

Jedes Element dieses Eintrags wird im Folgenden beschrieben.

127.0.0.1 (%h)

Dies ist die IP-Adresse des Clients (Remote-Host), der die Anfrage an den Server gerichtet hat. Wurde HostnameLookups auf On gesetzt, versucht der Server, den Hostnamen zu ermitteln und trägt ihn anstelle der IP-Adresse ein. Von einer solchen Konfiguration ist aber abzuraten, weil sie den Server stark verlangsamen kann. Besser ist es, eine Nachbearbeitung mit `logresolve` vorzunehmen, um die Hostnamen zu bestimmen. Die hier angegebene IP-Adresse entspricht nicht unbedingt der Adresse des Rechners, an dem der Benutzer sitzt. Liegt zwischen ihm und dem Server ein Proxy-Server, dann wird es sich vielmehr um die Adresse des Proxy-Servers handeln.

- (%l)

Der Bindestrich gibt an, dass die angeforderten Informationen nicht zur Verfügung stehen. In diesem Beispiel steht die RFC-1413-Identität des Clients nicht zur Verfügung, die mit `identd` festgelegt wird. Diese Angabe ist äußerst unzuverlässig und sollte daher nur in gut überwachten internen Netzwerken benutzt werden. Der Apache verwendet diese Angabe nur, wenn die Direktive `IdentityCheck` auf `On` gesetzt ist.

frank (%u)

Die von der HTTP-Authentifizierung ermittelte User-ID der Person, die das Dokument angefordert hat. Der gleiche Wert wird normalerweise CGI-Skripten mit der Umgebungsvariablen `REMOTE_USER` übergeben. Hat die Anfrage den Statuscode 401 (siehe unten), sollten Sie diesem Wert trauen, weil der Benutzer noch nicht authentifiziert wurde. Ist das Dokument nicht mit einem Passwort geschützt, lautet dieser Eintrag wie im letzten Fall -.

[10/Oct/2000:13:55:36 -0700] (%t)

Der Zeitpunkt, zu dem der Server die Bearbeitung der Anfrage abgeschlossen hat. Das Format ist:

`[day/month/year:hour:minute:second zone]`

```
day = 2 Ziffern
month = 3 Buchstaben
year = 4 Ziffern
hour = 2 Ziffern
minute = 2 Ziffern
second = 2 Ziffern
zone = (`+' | `-') 4 Ziffern
```

Mit der Anweisung `%{format}t` im Format-String kann die Zeit auch in einem anderen Format angegeben werden, wobei `format` sich auf den Stil der C-Funktion `strftime(3)` bezieht.

"GET /apache_pb.gif HTTP/1.0" (\"%r\")

Die Anforderungszeile des Clients wird in doppelte Anführungszeichen gesetzt. Sie enthält viele nützliche Informationen. Sie zeigt, dass der Client mit der GET-Methode die Ressource `/apache_pb.gif` angefordert und das Protokoll HTTP/1.0 benutzt hat. Einzelne Bestandteile der Anfragezeile können auch gesondert protokolliert werden. Mit dem Format-String `%m %U%q %H` werden beispielsweise Methode, Pfad, Abfragezeichenfolge und Protokoll aufgezeichnet.

200 (%>s)

Dies ist der Statuscode, den der Server an den Client sendet. Diese Information ist sehr nützlich, weil sie zeigt, ob die Anfrage erfolgreich beantwortet (Codes, die mit 2 beginnen) oder umgeleitet (Codes mit 3) und ob ein Fehler beim Client (Codes mit 4) oder beim Server (Codes mit 5) ausgelöst wurde. Eine vollständige Liste der Statuscodes finden Sie in der HTTP-Spezifikation (RFC2616 Abschnitt 10) unter der Adresse http://www.w3.org/Protocols/rfc2616/rfc2616.txt.

2326 (%b)

Der letzte Eintrag gibt die Größe des an den Client gesendeten Objekts ohne die Header an. Wurde dem Client nichts zugesendet, ist der Wert -. Soll in diesem Fall 0 eingetragen werden, dann benutzen Sie stattdessen %B.

Das kombinierte Protokollformat

Ein ebenfalls häufig verwendeter Format-String ist das so genannte *kombinierte Protokollformat*. Es kann wie folgt verwendet werden.

```
LogFormat "%h %l %u %t \"%r\" %>s %b \"%{Referer}i\" \"%{User-agent}i\"" combined
CustomLog log/access_log combined
```

Dieses Format unterscheidet sich nur durch zwei zusätzliche Felder vom Common Log-Format. Die beiden zusätzlichen Felder benutzen die %{*header*}i-Anweisung, wobei *header* ein beliebiger HTTP-Anfrage-Header sein kann. Das Zugriffsprotokoll sieht bei diesem Format so aus:

```
127.0.0.1 - frank [10/Oct/2000:13:55:36 -0700] "GET /apache_pb.gif HTTP/1
.0" 200 2326 "http://www.example.com/start.html" "Mozilla/4.08 [en] (Win9
8; I ;Nav)"
```

Die zusätzlichen Felder sind:

"http://www.example.com/start.html" (\"%{Referer}i\")

Der HTTP-Anfrage-Header Referer gibt die Site an, auf die der Client verwiesen wurde. (Das sollte die Seite sein, die mit /apache_pb.gif verknüpft ist oder in die es eingebunden ist).

"Mozilla/4.08 [en] (Win98; I ;Nav)" (\"%{User-agent}i\")

Der HTTP-Anfrage-Header User-agent. Das sind die Angaben, die der Client-Browser über sich selbst macht.

Mehrere Zugriffsprotokolle

Mit mehreren CustomLog-Direktiven in der Konfigurationsdatei können mehrere Zugriffsprotokolle eingerichtet werden. Mit der folgenden Direktive werden beispielsweise drei Zugriffsprotokolle eingerichtet. Das erste enthält die grundlegenden CLF-Informationen, während das zweite und dritte Verweis- und Browserinformationen enthalten. Die beiden letzten CustomLog-Zeilen zeigen, wie die Log-Dateien angegeben werden, die die HTTP-Header-Felder Referer und User-Agent enthalten.

```
LogFormat "%h %l %u %t \"%r\" %>s %b" common
CustomLog logs/access_log common
CustomLog logs/referer_log "%{Referer}i -> %U"
CustomLog logs/agent_log "%{User-agent}i"
```

Das Beispiel zeigt auch, dass kein Kurzname mit der `LogFormat`-Direktive angegeben werden muss. Das Protokollformat kann vielmehr direkt in der `CustomLog`-Direktive angegeben werden.

Bedingte Protokollierung

Manchmal kann es sinnvoll sein, bestimmte Einträge aufgrund der Merkmale der Client-Anfrage in den Zugriffsprotokollen zu unterdrücken. Dafür eignen sich Umgebungsvariablen. Zuerst muss eine Umgebungsvariable gesetzt werden, die anzeigt, dass die Anfrage bestimmte Bedingungen erfüllt. Dies geschieht normalerweise mit der Anweisung `SetEnvIf`. Anschließend werden je nach der Umgebungsvariablen mit der `env=`-Klausel der `CustomLog`-Direktive Anfragen ein- oder ausgeschlossen. Einige Beispiele:

```
# Anfragen der Loop-Back-Schnittstelle kennzeichnen
SetEnvIf Remote_Addr "127\.0\.0\.1" dontlog
# Anfragen nach der Datei robots.txt kennzeichnen
SetEnvIf Request_URI "^/robots\.txt$" dontlog
# Den Rest protokollieren
CustomLog logs/access_log common env=!dontlog
```

Im nächsten Beispiel werden Anfragen nach englischsprachigen und anderssprachigen Dokumenten in unterschiedlichen Log-Dateien aufgezeichnet.

```
SetEnvIf Accept-Language "en" english
CustomLog logs/english_log common env=english
CustomLog logs/non_english_log common env=!english
```

Die bedingte Protokollierung ist sehr vielseitig und flexibel, sie ist aber nicht die einzige Möglichkeit, zu steuern, was in den Protokollen aufgezeichnet wird. Häufig sind Protokolle nützlicher, wenn sie einen kompletten Ablauf der Serveraktivitäten wiedergeben. Dabei ist es meist einfacher, eine Nachbereitung der Log-Dateien vorzunehmen, bei der nicht zu berücksichtigende Anfragen entfernt werden.

2.7.4 Protokollwechsel

Selbst bei nur durchschnittlich ausgelasteten Servern wächst der Umfang der Log-Dateien sehr schnell an. Das Zugriffsprotokoll nimmt in der Regel mit 10.000 Anfragen um 1 MByte zu. Dementsprechend müssen die Log-Dateien regelmäßig ausgewechselt oder gelöscht werden. Während der Ausführung des Servers ist das nicht möglich, weil der Apache weiter in die alte Datei schreibt, so lange sie geöffnet ist. Der Server muss neu gestartet werden, nachdem die Log-Dateien verschoben oder gelöscht wurden, damit er neue Log-Dateien öffnen kann.

Mit einem so genannten *rücksichtsvollen* Neustart kann der Server angewiesen werden, neue Log-Dateien zu öffnen, ohne dass dabei vorhandene oder schwebende Client-Verbindungen unterbrochen werden. Dabei muss der Server aber weiterhin in die alten Log-Dateien schreiben, so lange er die noch anstehenden Anfragen bearbeitet. Nach dem Neustart muss deshalb einen Moment gewartet werden, bevor auf die alten Daten zugegriffen werden kann. Ein typisches Verfahren ist es, die Dateien zu wechseln und die alten zu komprimieren, um Platz zu sparen:

```
mv access_log access_log.old
mv error_log error_log.old
apachectl graceful
sleep 600
gzip access_log.old error_log.old
```

Eine weitere Möglichkeit zum Wechsel von Log-Dateien sind die Pipes, die im nächsten Abschnitt behandelt werden.

2.7.5 Protokolle in Pipes schreiben

Der Apache kann Fehler- und Zugriffsprotokolle über Pipes an andere Prozesse weiterreichen. Auf diese Weise können die Möglichkeiten für die Protokollierung erweitert werden, ohne dass dem Hauptserver Code hinzugefügt werden muss. Um Protokolle in eine Pipe zu schreiben, wird einfach nach dem Dateinamen ein Pipe-Zeichen (|) gesetzt und danach das Programm angegeben, das die Protokolleinträge über die Standardeingabe entgegennehmen soll. Der Apache beginnt den Vorgang mit dem Server-Start und nimmt ihn wieder auf, wenn der Server abgestürzt war, weshalb dieses Verfahren auch als zuverlässig bewertet wird.

Die Pipe-Prozesse für die Protokollierung werden vom übergeordneten `httpd`-Prozess gestartet. Sie erben die User-ID dieses Prozesses, was bedeutet, dass Programme für die Protokollierung normalerweise unter dem Benutzer `root` ausgeführt werden. Deshalb ist es wichtig, diese Programme einfach und sicher zu gestalten.

Bei Verwendung von Pipes ist ein Wechsel der Log-Dateien ohne einen Neustart des Servers möglich. Hierfür wird das Apache-Programm `rotatelogs` benutzt. Mit der folgenden Anweisung können die Log-Dateien beispielsweise alle 24 Stunden gewechselt werden:

```
CustomLog "|/usr/local/apache/bin/rotatelogs /var/log/access_log 86400" common
```

Der gesamte Befehl für die Pipe wird in Anführungszeichen gesetzt. Diese Beispiele für das Zugriffsprotokoll sind auch auf das Fehlerprotokoll übertragbar.

Von Drittherstellern wird noch das Programm `cronolog` für den Wechsel der Log-Dateien angeboten.

Ähnlich wie die bedingte Protokollierung sind die in Pipes umgelenkten Protokolle eine leistungsfähige Lösung, die nur verwendet werden sollte, wenn eine einfachere Lösung wie die Offline-Nachbereitung nicht möglich ist.

2.7.6 Virtuelle Hosts

Bei Ausführung eines Servers mit vielen VHosts gibt es zahlreiche Möglichkeiten für den Umgang mit Log-Dateien. Zum einen kann die Protokollierung genauso wie bei einem einzelnen Host erfolgen. Werden die Protokolldirektiven außerhalb der `<VirtualHost>`-Abschnitte im Kontext des Hauptservers gesetzt, können alle Anfragen im gleichen Zugriffs- und Fehlerprotokoll aufgezeichnet werden. Allerdings ist es so schwieriger, Statistiken für die einzelnen VHosts zusammenzustellen.

Werden die Direktiven `CustomLog` oder `ErrorLog` in einem `<VirtualHost>`-Abschnitt gesetzt, werden alle Anfragen oder Fehler dieses VHosts in der angegebenen Datei aufgezeichnet. Bei VHosts ohne entsprechende Direktiven erfolgt die Aufzeichnung weiterhin im Protokoll des Hauptservers. Dieses Verfahren eignet sich bei einer kleinen Anzahl VHosts, mit zunehmender Hostanzahl wird jedoch die Verwaltung schwieriger. Ferner können häufiger Probleme durch fehlende Dateideskriptoren entstehen.

Für das Zugriffsprotokoll gibt es einen geeigneten Kompromiss. Werden dem Format-String die entsprechenden Informationen über den VHost hinzugefügt, können alle Hosts in der gleichen Datei protokolliert und diese später in einzelne Dateien zerlegt werden. Ein Beispiel:

```
LogFormat "%v %l %u %t \"%r\" %>s %b" comonvhost
CustomLog logs/access_log comonvhost
```

Mit der %v-Anweisung wird der Name des VHosts, der die Anfrage bedient, ebenfalls protokolliert. Mit einem Programm wie `split-logfile` kann das Zugriffsprotokoll dann nachbereitet werden, um es in eine Datei pro VHost zu zerlegen.

2.7.7 Andere Log-Dateien

Referenzierte Module:	mod_cgi	mod_rewrite
Referenzierte Direktiven:	PidFile	RewriteLog
	RewriteLogLevel	ScriptLog
	ScriptLogBuffer	ScriptLogLength

PidFile

Beim Start speichert der Apache die Prozess-ID des übergeordneten `httpd`-Prozesses in der Datei `logs/httpd.pid`. Dieser Dateiname kann mit der `PidFile`-Direktive geändert werden. Die Prozess-ID ist für den Administrator zum Neustarten und Beenden des Daemons durch Senden von Signalen an den übergeordneten Prozess gedacht. Unter Windows wird stattdessen die Befehlszeilenoption -k benutzt. Weitere Informationen finden Sie im *Abschnitt 2.3 »Beenden und Neustarten«*.

ScriptLog

Um das Debugging zu erleichtern, kann mit der `ScriptLog`-Direktive die Eingabe für und die Ausgabe von CGI-Skripten aufgezeichnet werden. Das sollte allerdings nur für Testzwecke benutzt werden und nicht für Server im realen Einsatz. Weitere Informationen hierzu finden Sie in der Beschreibung des Moduls *»mod_cgi«, Seite 453*.

RewriteLog

Bei Nutzung der leistungsfähigen und umfangreichen Eigenschaften von mod_rewrite ist es fast immer erforderlich, mit Hilfe des RewriteLog-Protokolls das Debugging zu erleichtern. Diese Log-Datei liefert eine detaillierte Analyse der Umwandlung von Anfragen durch die Rewriting Engine. Der Grad der Detaillierung wird mit der RewriteLogLevel-Direktive gesteuert.

2.8 URLs dem Dateisystem zuordnen

In diesem Abschnitt wird erklärt, wie der Apache-Server anhand der URL einer Anfrage die Position einer zu versendenden Datei im Dateisystem ermittelt.

2.8.1 Verwandte Module und Direktiven

Referenzierte Module:	mod_alias	mod_proxy
	mod_rewrite	mod_userdir
	mod_speling	mod_vhost_alias
Referenzierte Direktiven:	Alias	AliasMatch
	CheckSpelling	DocumentRoot
	ErrorDocument	Options
	ProxyPass	ProxyPassReverse
	Redirect	RedirectMatch
	RewriteCond	RewriteMatch
	ScriptAlias	ScriptAliasMatch
	UserDir	

2.8.2 DocumentRoot

Um zu entscheiden, welche Datei auf eine Anfrage hin gesendet wird, nimmt der Apache standardmäßig den URL-Pfad der Anfrage (der Teil der URL, der auf den Hostnamen und den Port folgt) und setzt ihn an das Ende der in den Konfigurationsdateien angegebenen DocumentRoot. Daher bilden die Dateien und Verzeichnisse unterhalb der DocumentRoot den Zweig des Dokumentbaums, der vom Web aus sichtbar ist.

Beim virtuellen Hosting, wozu der Apache auch in der Lage ist, nimmt der Server Anfragen für mehrere Hosts entgegen. In diesem Fall kann für jeden virtuellen Host eine andere DocumentRoot-Direktive angegeben werden. Alternativ kann mit den Direktiven des Moduls mod_vhost_alias dynamisch die entsprechende Position festgelegt werden, von der aus der über die IP-Adresse oder den Hostnamen angeforderte Inhalt geliefert wird.

2.8.3 Dateien außerhalb der DocumentRoot

Häufig gibt es Situationen, in denen der Zugriff aus dem Web in Teilen des Dateisystems zulässig sein muss, die sich nicht direkt unter der DocumentRoot befinden. Hierfür bietet der Apache unterschiedliche Möglichkeiten an. Unter UNIX können symbolische Links andere Teile des Dateisystems der DocumentRoot zuordnen. Aus Sicherheitsgründen folgt der Apache symbolischen Links nur, wenn die Options-Einstellungen für die entsprechenden Verzeichnisse die Anweisung FollowSymLinks oder SymLinksIfOwnerMatch enthalten.

Alternativ kann mit der Alias-Direktive jeder Teil des Dateisystems dem Web-Bereich zugeordnet werden. Zum Beispiel:

```
Alias /docs /var/web
```

Die URL http://www.example.com/docs/dir/file.html wird über /var/web/dir/file.html bedient. Die ScriptAlias-Direktive funktioniert ähnlich, aber mit dem Nebeneffekt, dass alle Dateien des Verzeichnisses als CGI-Skripte betrachtet werden.

Wird noch mehr Flexibilität benötigt, dann können Sie mit den Direktiven AliasMatch und ScriptAliasMatch umfangreiche Vergleiche regulärerer Ausdrücke und Ersetzungen durchführen. Zum Beispiel:

```
ScriptAliasMatch ^/~([a-zA-Z0-9]+)/cgi-bin/(.+) /home/$1/cgi-bin/$2
```

Eine Anfrage nach http://example.com/~user/cgi-bin/script.cgi wird dem Pfad /home/user/cgi-bin/script.cgi zugeordnet und die Datei als CGI-Skript behandelt.

2.8.4 Benutzerverzeichnisse

Unter UNIX konnte das Stammverzeichnis eines bestimmten Benutzers schon immer mit ~user/ angesprochen werden. Das Modul mod_userdir dehnt diese Idee auf das Web aus und erlaubt den Zugriff auf die Dateien aus dem Stammverzeichnis eines Benutzers mit URLs wie der folgenden:

```
http://www.example.com/~user/file.html
```

Aus Sicherheitsgründen ist es nicht angebracht, direkten Zugriff auf das Stammverzeichnis eines Benutzers über das Web zu gewähren. Daher gibt die UserDir-Direktive ein Verzeichnis unterhalb des Stammverzeichnisses des Benutzers an, in dem sich Web-Dateien befinden. Bei der Standardeinstellung UserDir public_html verweist die oben angeführte URL auf ein Verzeichnis wie /home/user/public_html/file.html aus dem Stammverzeichnis /home/user/, wie es in der Datei /etc/passwd angegeben wird.

Es gibt auch zahlreiche andere Varianten der UserDir-Direktive, die bei Systemen benutzt werden können, bei denen die Datei /etc/passwd kein Stammverzeichnis angibt.

Das Symbol ~ (das im Web oft mit %7e codiert wird) ist etwas unhandlich und daher bietet mod_userdir auch eine andere Möglichkeit zur Darstellung des Stammverzeichnisses. Ist das Stammverzeichnis jedoch ganz regulär strukturiert, kann auch mit der AliasMatch-Direktive der gewünschte Effekt erreicht werden. Mit der folgenden AliasMatch-Direktive kann beispielsweise http://www.example.com/upages/user/file.html dem Verzeichnis /home/user/public_html/file.html zugeordnet werden:

```
AliasMatch ^/upages/([a-zA-Z0-9]+)/?(.*) /home/$1/public_html/$2
```

2.8.5 URL-Umleitung

Die oben vorgestellten Konfigurationsdirektiven weisen den Apache an, Inhalte von einer bestimmten Position im Dateisystem an den Client auszuliefern. Manchmal ist es sinnvoller, vom Client eine neue Anfrage mit einer neuen URL anzufordern, anstatt ihn darüber zu informieren, dass sich der angeforderte Inhalt an anderer Position befindet. Dieser Vorgang wird *Umleitung* genannt und von der `Redirect`-Direktive implementiert. Wird beispielsweise der Inhalt des Verzeichnisses /foo/ unter `DocumentRoot` in das neue Verzeichnis /bar/ verschoben, können die Clients wie folgt angewiesen werden, den Inhalt von der neuen Position anzufordern:

```
Redirect permanent /foo/ http://www.example.com/bar/
```

Damit wird jeder URL-Pfad, der mit /foo/ beginnt, zum gleichen URL-Pfad der Site www.example.com durch /bar/ ersetzt. Clients können zu beliebigen Servern umgeleitet werden, nicht jedoch innerhalb des ursprünglich angegebenen Servers.

Mit der `RedirectMatch`-Direktive lassen sich schwierigere Umschreibungen vornehmen. Mit der folgenden Konfiguration können zum Beispiel Anfragen für die Homepage der Site zu einer anderen Site umgeleitet werden, während alle übrigen Anfragen davon unberührt bleiben:

```
RedirectMatch permanent ^/$ http://www.example.com/startpage.html
```

Alternativ können alle Seiten einer Site temporär auf eine bestimmte Seite einer anderen Site umgeleitet werden:

```
RedirectMatch temp .* http://othersite.example.com/startpage.html
```

2.8.6 Reversiver Proxy

Apache lässt es auch zu, entfernte Dokumente in den URL-Bereich des lokalen Servers zu übernehmen. Dieses Verfahren wird *reversiver Proxy* genannt, weil der Webserver wie ein Proxy-Server handelt, wenn er die Dokumente von einem entfernten Server holt und an den Client ausliefert. Das unterscheidet sich vom Verhalten eines regulären Proxy-Servers, weil es dem Client so erscheint, als stammen die Dokumente vom reversiven Proxy-Server.

Fordert der Client im Folgenden Beispiel Dokumente aus dem Verzeichnis /foo/ an, holt der Server diese Dokumente aus dem Verzeichnis /bar/ des Servers internal.example.com und liefert sie an den Client aus, als kämen sie vom lokalen Server.

```
ProxyPass /foo/ http://internal.example.com/bar/
ProxyPassReverse /foo/ http://internal.example.com/bar/
```

Die `ProxyPass`-Direktive weist den Server an, die entsprechenden Dokumente zu holen, während die Direktive `ProxyPassReverse` die Umleitungen vornimmt, so dass sie auf das entsprechende Verzeichnis auf dem lokalen Server verweisen. Dabei ist aber zu beachten, dass Links in den Dokumenten nicht umgeschrieben werden. Jeder absolute Link für internal.example.com führt daher dazu, dass der Client den Proxy-Server hinter sich lässt und direkt von internal.example.com anfordert.

2.8.7 Rewriting Engine

Sind noch komplexere Ersetzungen erforderlich, dann ist die Rewriting Engine des Moduls mod_rewrite hilfreich. Die Direktiven dieses Moduls nutzen die Charakteristika der Anfrage wie zum Beispiel den Browsertyp oder die Ausgangs-IP-Adresse für die Entscheidung, woher die Inhalte zu holen sind. Außerdem kann `mod_rewrite` mit Hilfe externer Datenbankdateien oder Programme feststellen, wie eine Anfrage zu behandeln ist. Die Rewriting Engine kann alle drei beschriebenen Arten der Zuordnung vornehmen: interne Umleitungen (Alias), externe Umleitungen und Proxy-Umleitungen. Im *Abschnitt 2.20 »URL-Manipulationen«* werden unter »Sonstiges« viele praktische Beispiel für den Einsatz von `mod_rewrite` behandelt.

2.8.8 Datei nicht gefunden

Es werden unvermeidlich URLs angefordert, für die keine passende Datei im Dateisystem zu finden ist. Dazu kann es aus mehreren Gründen kommen. Manchmal können Dokumente in andere Verzeichnisse verschoben worden sein. In diesem Fall sollte eine URL-Umleitung die Clients über den neuen Standort der Ressource informieren, damit die alten Lesezeichen und Links weiterhin funktionieren.

Eine andere häufige Ursache sind Tippfehler bei der Eingabe von URLs oder HTML-Links im Browser. Hier soll das Apache-Modul `mod_speling` Abhilfe schaffen. Wird dieses Modul aktiviert, werden Fehlermeldungen über nicht gefundene Dateien abgefangen und nach einer Ressource mit ähnlicher Bezeichnung gesucht. Wird eine entsprechende Datei gefunden, sendet `mod_speling` eine HTTP-Umleitung an den Client, die über die korrekte Position informiert. Werden mehrere Bezeichnungen gefunden, die »nahe dran liegen«, wird eine Liste der Alternativen an den Client gesendet.

Besonders nützlich ist, dass beim Vergleich der Namen Groß- und Kleinschreibung unberücksichtigt bleiben. Das kann bei Betriebssystemen wie UNIX hilfreich sein, wo sich die Benutzer über die Bedeutung der Groß- und Kleinschreibung bei URLs nicht bewusst sind. Außer für gelegentliche URL-Korrekturen sollte `mod_speling` aber nicht eingesetzt werden, weil der Server bei jeder fehlerhaften Anfrage mit einer URL-Umleitung und einer neuen Anfrage vom Client belastet wird.

Schlagen alle Versuche fehl, den Inhalt zu finden, gibt der Apache eine Fehlerseite mit dem HTTP-Statuscode 404 (»Datei nicht gefunden«) zurück. Das Erscheinungsbild dieser Seite wird mit der `ErrorDocument`-Direktive gesteuert und kann den eigenen Bedürfnissen angepasst werden (siehe *»Individuelle Fehlermeldungen«, Seite 80*).

2.9 Sicherheitshinweise

Tipps und Hinweise zu Sicherheitsaspekten beim Einrichten eines Webservers. Einige Vorschläge sind allgemeiner Art, andere beziehen sich speziell auf den Apache-Server.

2.9.1 Bleiben Sie auf dem aktuellen Stand

Der Apache HTTP-Server hat bezüglich der Sicherheit einen guten Leumund und die Entwicklergemeinschaft sorgt sich sehr um Sicherheitsbelange. Einige Probleme – größere oder kleinere – werden aber unvermeidlich erst einige Zeit nach der Veröffentlichung einer Version deutlich. Deshalb müssen Updates unbedingt beachtet werden. Wenn Sie Ihre Version des HTTP-Servers direkt von Apache erhalten haben, sollten Sie sich für die Apache HTTP Server Announcements List anmelden (http://httpd.apache.org/lists.html#http-announce), um über neue Versionen und Sicherheits-Updates informiert zu werden. Ähnliche Dienste werden auch von anderen Distributoren der Apache-Software angeboten.

Die Gefährdung eines Webservers hat in der Regel ihre Ursache nicht im HTTP-Servercode. Meist stammt sie von Problemen in ergänzendem Code, in CGI-Skripten oder im zugrunde liegenden Betriebssystem. Daher müssen die Probleme im Auge behalten und die gesamte Software des Systems auf aktuellem Stand gehalten werden.

2.9.2 Berechtigungen für ServerRoot-Verzeichnisse

Unter normalen Bedingungen wird der Apache unter dem Benutzer root gestartet und es wird zu dem mit der Direktive User definierten Benutzer gewechselt, um Anfragen zu bedienen. Wie bei jedem vom Benutzer root ausgeführten Befehl ist darauf zu achten, dass er vor Veränderungen durch andere Benutzer geschützt ist. Nicht nur die Dateien selbst müssen für root mit Schreibrechten versehen sein, sondern auch die Verzeichnisse sowie alle übergeordneten Verzeichnisse. Befindet sich die ServerRoot beispielsweise im Verzeichnis /usr/local/apache, dann sollte dieses Verzeichnis mit folgenden Befehlen zur root gemacht werden:

```
mkdir /usr/local/apache
cd /usr/local/apache
mkdir bin conf logs
chown 0 . bin conf logs
chgrp 0 . bin conf logs
chmod 755 . bin conf logs
```

Es wird davon ausgegangen, dass /, /usr und /usr/local nur vom Benutzer root modifiziert werden dürfen. Bei der Installation des ausführbaren Programms httpd sollte ebenfalls darauf geachtet werden, dass es entsprechend geschützt ist:

```
cp httpd /usr/local/apache/bin
chown 0 /usr/local/apache/bin/httpd
chgrp 0 /usr/local/apache/bin/httpd
chmod 511 /usr/local/apache/bin/httpd
```

Sie können ein Verzeichnis htdocs anlegen, das von anderen Benutzern modifiziert werden kann (root führt keine Dateien aus diesem Verzeichnis aus und sollte dort auch keine Datei ablegen).

Wird zugelassen, dass andere Benutzer Dateien verändern, die entweder von root ausgeführt oder geschrieben werden, dann ist der root-Benutzer des Systems gefährdet. Beispielsweise könnte jemand die binäre httpd-Datei austauschen, so dass beim nächsten Start irgendein Code ausgeführt wird. Kann von anderen als dem Benutzer root in das Protokollverzeichnis geschrieben werden, könnte eine Log-Datei mit einem symbolischen Link zu einer anderen Systemdatei versehen werden, so dass root die Datei möglicherweise mit irgendwelchen Daten überschreibt. Darf von anderen Benutzern in die Log-Dateien selbst geschrieben werden, könnte jemand das Protokoll mit falschen Daten überschreiben.

2.9.3 Server Side Includes

Server Side Includes (SSI) stellen den Serveradministrator vor zahlreiche mögliche Sicherheitsrisiken.

Das erste Risiko ist die erhöhte Belastung des Servers. Alle SSI-fähigen Dateien müssen vom Apache analysiert werden, unabhängig davon, ob sie SSI-Direktiven enthalten oder nicht. Die zusätzliche Belastung ist gering, in einer Umgebung mit einem gemeinsam genutzten Server ist sie jedoch signifikant.

Bei SSI-Dateien bestehen generell die gleichen Risiken wie bei CGI-Skripten. Bei Verwendung des `exec cmd`-Elements können SSI-fähige Dateien jedes CGI-Skript oder Programm mit den Berechtigungen des Benutzers und der Gruppe ausführen, unter denen der Apache ausgeführt wird (wie in der Datei `httpd.conf` konfiguriert).

Die Sicherheit von SSI-Dateien lässt sich verbessern, ohne dass dabei auf ihre Vorteile verzichtet werden muss.

Um den Schaden auszuschließen, den eine unberechenbare SSI-Datei anrichten kann, kann der Serveradministrator `suexec` (wie im *Abschnitt 2.9.4 »CGI im Allgemeinen«* beschrieben) aktivieren.

Die Aktivierung von SSI für Dateien mit den Erweiterungen `.html` oder `.htm` kann gefährlich sein. Das gilt insbesondere in einer gemeinsam genutzten Umgebung oder bei hohem Datenaufkommen. SSI-fähige Dateien sollten eine eigene Erweiterung wie beispielsweise das konventionelle `.shtml` haben. Damit wird die Serverbelastung auf ein Minimum beschränkt und das Risikomanagement wird erleichtert.

Eine andere Lösung ist die Deaktivierung der Möglichkeit, Skripte und Programme über SSI-Seiten auszuführen. Hierfür wird in der `Options`-Direktive `Includes` durch `IncludesNOEXEC` ersetzt. Die Benutzer können dann aber immer noch `<--#include virtual="..." -->` benutzen, um CGI-Skripte auszuführen, wenn sich diese Skripte in den mit der `ScriptAlias`-Direktive dafür vorgesehenen Verzeichnissen befinden.

2.9.4 CGI im Allgemeinen

Prinzipiell gilt, dass Sie dem Verfasser von CGI-Skripten und Programmen und seiner Fähigkeit, potenzielle Sicherheitslücken zu stopfen, vertrauen müssen. CGI-Skripte können im System mit den Berechtigungen des Webserver-Benutzers beliebige Befehle ausführen und daher extrem gefährlich werden, wenn sie nicht sorgfältig geprüft werden.

Alle CGI-Skripte werden unter demselben Benutzer ausgeführt und können daher (versehentlich oder absichtlich) mit anderen Skripten in Konflikt geraten. Kann Benutzer A beispielsweise Benutzer B nicht ausstehen, dann schreibt er ein Skript, um die CGI-Datenbank von Benutzer B zu zerstören. `suEXEC` ist ein Programm, das es ermöglicht, dass Skripte unter anderen Benutzern ausgeführt werden. Es ist seit der Version 1.2 Bestandteil der Apache-Distribution und wird von speziellen Hooks des Apache-Servercodes aufgerufen. Eine beliebte Alternative ist `CGIWrap`.

2.9.5 CGI-Skripte ohne ScriptAlias-Anweisung

Die Ausführung von CGI-Skripten aus einem beliebigen Verzeichnis sollte nur in Betracht gezogen werden, wenn

- Sie darauf vertrauen, dass die Benutzer keine Skripte schreiben, die absichtlich oder versehentlich das System angreifen.
- Sie die Sicherheit der Site in anderen Bereichen als so angreifbar einschätzen, dass eine weitere Sicherheitslücke auch nichts mehr ausmacht.
- Sie keine Benutzer haben und niemand Ihren Server besucht.

2.9.6 CGI-Skripte mit ScriptAlias-Anweisung

Die Einschränkung der Ausführbarkeit von CGI-Skripten auf spezielle Verzeichnisse lässt dem Administrator die Kontrolle darüber, was sich in diesen Verzeichnissen befindet. Das ist zwangsläufig sicherer als die Ausführung von CGI-Skripten aus allen Verzeichnissen, allerdings nur, wenn die Benutzer mit Schreibrechten in diesen Verzeichnissen vertrauenswürdig sind oder der Administrator bereit ist, jedes neue CGI-Skript oder CGI-Programm auf mögliche Sicherheitslöcher hin zu überprüfen.

Für die meisten Sites wird diese Möglichkeit vorgezogen.

2.9.7 Andere Quellen dynamischer Inhalte

Eingebettete Skriptoptionen, die als Teil des Servers selbst ausgeführt werden, wie mod_php, mod_perl, mod_tcl und mod_python ist werden unter der Identität des Servers selbst ausgeführt (mehr hierzu finden Sie in der Beschreibung der User-Direktive, *Seite 392*) und deshalb können Skripte solcher Scripting Engines auf alles zugreifen, worauf der Serverbenutzer zugreifen kann. Scripting Engines können Einschränkungen auferlegen, es ist aber sicherer, davon Abstand zu nehmen.

2.9.8 Die Systemeinstellungen schützen

Um wirklich sicher zu sein, müssen die Benutzer daran gehindert werden, .htaccess-Dateien einzurichten, die konfigurierte Sicherheitseigenschaften außer Kraft setzen können. Eine Möglichkeit, wie dies verhindert werden kann, ist folgender Eintrag in der Server-Konfigurationsdatei:

```
<Directory />
    AllowOverride None
</Directory>
```

Das verhindert die Verwendung von .htaccess-Dateien in allen Verzeichnissen, abgesehen von denen, für die diese Möglichkeit speziell aktiviert wird.

2.9.9 Serverdateien standardmäßig schützen

Eine häufig missverstandene Eigenschaft des Apache-Servers ist der Standardzugriff. Wenn der Server den Weg zu einer Datei über normale URL-Regeln findet, kann er sie dem Client zur Verfügung stellen:

```
# cd /; ln -s / public_html
Accessing http://localhost/~root/
```

Das erlaubt den Clients, sich durch das gesamte Dateisystem zu bewegen. Mit folgendem Block in der Server-Konfigurationsdatei lässt sich das verhindern:

```
<Directory />
    Order Deny,Allow
    Deny from all
</Directory>
```

Damit wird der Standardzugriff auf Positionen im Dateisystem unterbunden. Fügen Sie die entsprechenden `Directory`-Blöcke ein, um nur den Zugriff auf die gewünschten Bereiche zu erlauben. Zum Beispiel:

```
<Directory /usr/users/*/public_html>
    Order Deny,Allow
    Allow from all
</Directory>
<Directory /usr/local/httpd>
    Order Deny,Allow
    Allow from all
</Directory>
```

Schenken Sie den Direktiven `Location` und `Directory` besondere Aufmerksamkeit. Selbst wenn `<Directory />` den Zugriff verweigert, kann eine `<Location />`-Direktive das aufheben.

Seien Sie auch vorsichtig im Umgang mit der `UserDir`-Direktive. Wird sie auf etwas wie `./` gesetzt, hat das den gleichen Effekt für den `root`-Benutzer wie im ersten oben aufgeführten Beispiel. Setzen Sie Apache 1.3 oder eine spätere Version ein, wird unbedingt empfohlen, folgende Zeilen in die Server-Konfigurationsdateien einzufügen:

```
UserDir disabled root
```

2.9.10 Die Protokolle überwachen

Um immer aktuell darüber informiert zu sein, was auf Ihrem Server vor sich geht, müssen Sie die Log-Dateien überprüfen. Auch wenn sie nur berichten, was bereits passiert ist, zeigen sie Ihnen doch, welchen Angriffen der Server unterworfen war, und Sie können überprüfen, ob die erforderlichen Sicherheitsmaßnahmen getroffen wurden.

Einige Beispiele:

```
grep -c "/jsp/source.jsp?/jsp/ /jsp/source.jsp??" access_log
grep "client denied" error_log | tail -n 10
```

Im ersten Beispiel wird eine Liste mit der Anzahl der Angriffe zur Ausnutzung der Apache Tomcat Source.JSP Malformed Request Information Disclosure Vulnerability angezeigt (siehe http://online.securityfocus.com/bid/4876/info/), im zweiten Beispiel werden die letzten zehn abgelehnten Clients aufgeführt:

```
[Thu Jul 11 17:18:39 2002] [error] [client foo.bar.com] client denied by
server configuration: /usr/local/apache/htdocs/.htpasswd
```

Die Log-Dateien geben nur wieder, was tatsächlich passiert ist. Hätte der Client auf die `.htpasswd`-Datei zugreifen können, wäre Folgendes im Zugriffsprotokoll zu lesen gewesen:

```
foo.bar.com - - [12/Jul/2002:01:59:13 +0200] "GET /.htpasswd HTTP/1.1"
```

In diesem Fall wurde wahrscheinlich der folgende Abschnitt in der Server-Konfigurationsdatei als Kommentar gekennzeichnet:

```
<Files ~ "^\.ht">
Order allow,deny
Deny from all
</Files>
```

2.10 Dynamic Shared Object (DSO)

Der Apache-Server ist ein modulares Programm, bei dem der Administrator die Funktionalität des Servers durch die Auswahl von Modulen zusammenstellen kann. Die Module können dann beim Aufbau des Servers statisch zur binären Datei httpd kompiliert werden. Alternativ können Module als Dynamic Shared Objects (DSOs) kompiliert werden, die neben der binären Hauptdatei httpd vorhanden sind. DSO-Module können beim Aufbau des Servers oder später kompiliert und mit dem Apache Extension Tool (apxs) hinzugefügt werden.

In den folgenden Abschnitten wird beschrieben, wie DSO-Module benutzt werden und welche Theorie dahintersteht.

2.10.1 Implementierung

Referenzierte Module: mod_so

Referenzierte Direktiven: LoadModule

Die DSO-Unterstützung zum Laden einzelner Apache-Module basiert auf dem Modul mod_so, das statisch in den Apache-Kernel kompiliert werden muss. Neben core ist es das einzige Modul, das selbst kein DSO-Objekt sein kann. Alle übrigen Apache-Module können als DSOs kompiliert und die DSO-Fassung in der Konfiguration über die Option --enable-module=shared aktiviert werden (siehe »Kompilieren und Installieren«, Seite 29). Nachdem ein Modul mod_foo.so als DSO kompiliert wurde, kann es mit dem Befehl LoadModule des Moduls mod_so in der Datei httpd.conf beim Serverstart oder Neustart geladen werden.

Mit dem neuen Programm apxs (*APache eXtenSion*) wird das Erzeugen von DSO-Dateien für Apache-Module (insbesondere für Module von Fremdherstellern) vereinfacht. Mit diesem Programm können DSOs *außerhalb* des Apache-Quellbaums eingerichtet werden. Die Idee ist einfach: Bei der Installation des Apache werden mit der Prozedur make install die Apache-C-Header-Dateien installiert und die plattformabhängigen Compiler- und Linker-Optionen für die Einrichtung der DSO-Dateien mit dem Programm apxs gesetzt. Der Benutzer kann dann mit apxs seine Modulquelldateien kompilieren, ohne sich um die plattformabhängigen Compiler- und Linker-Optionen für die DSO-Unterstützung kümmern zu müssen.

2.10.2 Verwendung im Überblick

Es folgt ein kurzer Überblick über die DSO-Unterstützung durch den Apache 2.0:

1. So wird ein *mitgeliefertes* Apache-Modul (z.B. das Modul mod_foo.c) als eigenes DSO mod_foo.so eingerichtet und installiert:

   ```
   $ ./configure --prefix=/path/to/install --enable-foo=shared
   $ make install
   ```

2. So wird ein Apache-Modul (z.B. das Modul mod_foo.c) eines Fremdherstellers als eigenes DSO mod_foo.so eingerichtet und installliert:

   ```
   $ ./configure --add-module=module_type:/path/to/3rdparty/mod_foo.c --enable-foo=shared
   $ make install
   ```

3. Konfiguration des Apache für die *spätere Installation* von DSOs:

   ```
   $ ./configure --enable-so
   $ make install
   ```

4. Einrichtung und Installation eines Apache-Moduls (z.B. mod_foo.c) als eigenes DSO mod_foo.so *außerhalb* des Quellcodebaums des Apache mit apxs:

   ```
   $ cd /path/to/3rdparty
   $ apxs -c mod_foo.c
   $ apxs -i -a -n foo mod_foo.la
   ```

Jedes einmal kompilierte DSO-Modul muss mit der Direktive LoadModule aus der Datei httpd.conf geladen werden, damit der Apache es aktiviert.

2.10.3 Hintergrund

Bei modernen UNIX-Varianten gibt es normalerweise einen komplizierten Mechanismus zum Binden und Laden von *Dynamic Shared Objects* (DSOs), der die Möglichkeit bietet, ein in einem speziellen Format bereitgestelltes Stück Programmcode während der Laufzeit in den Adressraum eines ausführbaren Programms zu laden.

Für das Laden gibt es normalerweise zwei Möglichkeiten: automatisch beim Start eines Programms durch ein Systemprogramm mit der Bezeichnung ld.so oder manuell aus dem ausführenden Programm heraus über eine Programmschnittstelle zum UNIX-Lader über die Systemaufrufe dlopen() und dlsym().

Im ersten Fall werden die DSOs normalerweise als *Shared Libraries* oder *DSO-Bibliotheken* bezeichnet und tragen die Bezeichnung libfoo.so oder libfoo.so.1.2. Sie befinden sich in einem Systemverzeichnis (normalerweise im Verzeichnis /usr/lib) und die Verknüpfung zum ausführbaren Programm wird beim Einrichten mit der Option -lfoo für den Linker-Aufruf hergestellt. Dadurch wird die Verknüpfung zum ausführbaren Programm fest codiert, so dass der UNIX-Lader beim Programmstart die Datei libfoo.so im Verzeichnis /usr/lib, in mit Linker-Optionen wie -R fest codierten Pfaden oder in über die Umgebungsvariable LD_LIBRARY_PATH angegebenen Pfaden findet. Anschließend löst er (noch nicht aufgelöste) Symbole des ausführbaren Programms auf, die sich in der DSO-Datei befinden.

Auf Symbole in ausführbaren Programmen wird in DSOs normalerweise nicht verwiesen (weil es sich um allgemein wiederverwendbaren Code handelt) und daher müssen keine weiteren Auflösungen durchgeführt werden. Das ausführbare Programm muss selbst nichts unternehmen, um die Symbole aus der DSO-Datei benutzen zu können, da die Auflösung vollständig vom UNIX-Lader durchgeführt wird. (Der Code zum Aufruf von ld.so ist Bestandteil des Laufzeitstarts und wird in jedes ausführbare Programm eingebunden, das nicht statisch gebunden wurde). Der Vorteil des dynamischen Ladens allgemeinen Bibliothekscodes ist offensichtlich: Der Bibliothekscode muss nur einmal in einer Systembibliothek wie libc.so gespeichert werden, was den Festplattenbedarf der Programme reduziert.

Im zweiten Fall spricht man von *Shared Objects* oder *DSO-Dateien*, die mit einer beliebigen Dateinamenerweiterung gekennzeichnet werden können (üblich ist die Bezeichnung foo.so). Diese Dateien befinden sich normalerweise in einem programmspezifischen Verzeichnis, ohne dass automatisch eine Verbindung zum ausführbaren Programm hergestellt wird. Vielmehr lädt das Programm die DSO-Datei während der Ausführung mit dlopen() in seinen Adressbereich. Zu diesem Zeitpunkt werden keine Symbole der DSO-Datei für das Programm aufgelöst. Stattdessen löst der UNIX-Lader alle (noch nicht aufgelösten) Symbole aus der DSO-Datei, die zu den exportierten Symbolen des Programms und den bereits geladenen DSO-Bibliotheken gehören (insbesondere aus der allgegenwärtigen libc.so) automatisch auf. Auf diese Weise erhält das DSO-Objekt Kenntnis von den Symbolen des Programms, als wäre es zuvor statisch mit ihm gebunden worden.

Um die Vorteile des API des DSO-Objekts nutzen zu können, muss das Programm schließlich noch die speziellen Symbole aus der DSO-Datei mit der Funktion dlsym() für die spätere Verwendung auflösen. Anders ausgedrückt, muss das ausführbare Programm jedes benötigte Symbol manuell auflösen, um es benutzen zu können. Der Vorteil einer solchen Vorgehensweise liegt darin, dass optionale Programmteile so lange nicht geladen werden müssen (und auch keinen Speicherplatz belegen), wie sie vom Programm nicht benötigt werden. Wenn sie benötigt werden, können sie dynamisch geladen werden, um die Grundfunktionalität des Programms zu erweitern.

Dieser DSO-Mechanismus mag recht einfach erscheinen, ein Schritt ist jedoch schwierig, nämlich das Auflösen der Symbole aus dem ausführbaren Programm für das DSO-Objekt, wenn die DSO-Datei ein Programm erweitert (die zweite Variante). Dieses »reversive Auflösen« der DSO-Symbole aus einem ausführbaren Programm widerspricht dem Bibliotheksgedanken (wonach die Bibliothek nichts von den Programmen weiß, von denen sie benutzt wird). Darüber hinaus ist es weder unter allen Betriebssystemen durchführbar noch standardisiert. In der Praxis werden die globalen Symbole des ausführbaren Programms häufig nicht reexportiert und stehen daher für ein DSO-Objekt nicht zur Verfügung. Das Hauptproblem besteht darin, den Linker zu zwingen, alle globalen Symbole zu exportieren, wenn der DSO-Mechanismus für die Erweiterung eines Programms während der Ausführungszeit benutzt werden soll.

In der Regel werden die DSO-Bibliotheken benutzt, weil sie dem entsprechen, wofür der DSO-Mechanismus entwickelt wurde und weshalb er für fast alle Arten von Bibliotheken des Betriebssystems benutzt wird. Die Verwendung von DSO-Dateien zur Erweiterung eines Programms wird dagegen nicht häufig benutzt.

Seit 1998 gibt es nur wenige Software-Pakete, die den DSO-Mechanismus für die Erweiterung der Programmfunktionalität während der Laufzeit benutzen: Perl 5 (über seinen XS-

Mechanismus und das DynaLoader-Modul), Netscape Server usw. Seit der Version 1.3 gehört auch der Apache dazu, weil er bereits ein Modulkonzept zur Erweiterung der Funktionalität und intern eine ähnliche Herangehensweise zum Einbinden externer Module in die Kernfunktionalität des Apache verwendet. Der Apache ist daher prädestiniert für den Einsatz des DSO-Mechanismus zum Laden der Module während der Laufzeit.

2.10.4 Pro und Kontra

Die oben beschriebenen DSO-Eigenschaften haben folgende Vorteile:

- Das Server-Paket ist flexibler, weil der eigentliche Serverprozess während der Laufzeit über Direktiven des Moduls `LoadModule` aus der Datei `httpd.conf` anstatt über `configure`-Optionen beim Einrichten zusammengestellt werden kann. Auf diese Weise ist es beispielsweise möglich, unterschiedliche Serverinstanzen (Standard- und SSL-Version, minimale und erweiterte Version [mod_perl, PHP3] usw.) mit nur einer Apache-Installation auszuführen.
- Das Server-Paket kann auch nach der Installation mit Modulen anderer Hersteller erweitert werden. Dies ist zumindest für die Vertreiber und Nutzer von Herstellerpaketen ein großer Vorteil, die ein Apache-Kernpaket mit zusätzlichen Erweiterungspaketen wie PHP3, ‚mod_perl, `mod_fastcgi` *usw.* zusammenstellen können.
- Der Umgang mit Modulprototypen wird vereinfacht, weil mit der Kombination von DSO und `apxs` sowohl innerhalb als auch außerhalb des Quellcodebaumes des Apache gearbeitet werden kann. Der Befehl `apxs -i` gefolgt von einem `apachectl restart` reicht aus, um eine neue Version eines gerade entwickelten Moduls in den laufenden Server einzubinden.

Der DSO-Mechanismus hat folgende Nachteile:

- Er kann nicht unter jedem Betriebssystem benutzt werden, weil nicht alle das dynamische Laden von Code in den Adressraum eines Programms zulassen.
- Der Server ist infolge der erforderlichen Symbolauflösungen durch den UNIX-Lader beim Start ungefähr 20% langsamer.
- Der Server ist unter einigen Betriebssystemen auf Grund des positionsunabhängigen Codes in der Ausführung um zirka 5% langsamer, weil dieser Code manchmal komplizierte Assemblertricks für die relative Adressierung erfordert, was bei einer absoluten Adressierung nicht der Fall ist.
- Da DSO-Module nicht unter allen Betriebssystemen mit DSO-basierten Bibliotheken gebunden werden können (`ld -lfoo`) (unter auf `a.out` basierenden Systemen steht die Funktionalität in der Regel nicht zur Verfügung, während das bei auf ELF basierenden Systemen der Fall ist), kann der DSO-Mechanismus nicht für alle Modularten benutzt werden. Anders ausgedrückt, stehen als DSO-Dateien kompilierten Modulen nur Symbole des Apache-Kernels, der C-Bibliothek (`libc`) und aller anderen dynamischen oder statischen Bibliotheken des Apache-Kernels oder aus statischen Bibliotheksarchiven (`libfoo.a`) mit positionsunabhängigem Code zur Verfügung. Die einzige Möglichkeit, anderen Code zu benutzen, besteht entweder darin, dafür zu sorgen, dass der Apache-Kernel selbst bereits einen Verweis darauf enthält, oder den Code über einen `dlopen()`-Aufruf selbst zu laden.

2.11 Content Negotiation

Der Apache-Server unterstützt die Content Negotiation, wie sie in der HTTP/1.1-Spezifikation beschrieben wird. Er kann anhand der vom Browser angegebenen Präferenzen für den Medientyp, die Sprachen, den Zeichensatz und die Verschlüsselung die beste Darstellungsform für eine Ressource wählen. Außerdem implementiert er eine Reihe von Eigenschaften für ein intelligenteres Handling bei Browser-Anfragen mit unvollständigen Angaben zum Inhaltstyp.

Für die Content Negotiation ist das standardmäßig kompilierte Modul mod_negotiation zuständig.

2.11.1 Zur Content Negotiation

Eine Ressource kann in unterschiedlichen Darstellungsarten vorliegen, beispielsweise in verschiedenen Sprachen und/oder Medientypen. Damit die entsprechende Auswahl getroffen werden kann, kann dem Benutzer eine Indexseite mit den Optionen angezeigt werden. Häufig kann der Server die Auswahl aber auch automatisch treffen. Das ist möglich, weil der Browser mit seiner Anfrage Header zur bevorzugten Darstellungsform senden kann. So kann der Browser beispielsweise angeben, dass er die Informationen am liebsten in Französisch oder falls das nicht möglich ist, auf Englisch angezeigt bekommen möchte. Mit folgendem Header kann der Browser französische Dokumente anfordern:

```
Accept-Language: fr
```

Diese Präferenzen werden nur berücksichtigt, wenn eine Auswahl in unterschiedlichen Sprachen vorhanden ist.

Um ein etwas ausführlicheres Beispiel zu zeigen, wurde der Browser im Folgenden so konfiguriert, dass er Französisch und Englisch akzeptiert. Ferner akzeptiert er unterschiedliche Medientypen, wobei er HTML gegenüber einfachem Text oder anderen Textformaten vorzieht. Außerdem zieht er die Formate GIF oder JPEG anderen Bildformaten gegenüber vor, lässt aber als letzten Ausweg auch andere Formate zu:

```
Accept-Language: fr; q=1.0, en; q=0.5
Accept: text/html; q=1.0, text/*; q=0.8, image/gif; q=0.6, image/jpeg; q=0
.6, image/*; q=0.5, */*; q=0.1
```

Der Apache unterstützt eine servergesteuerte Content Negotiation, wie sie in der HTTP/1.1-Spezifikation beschrieben wird. Er unterstützt die Anfrage-Header Accept, Accept-Language, Accept-Charset und Accept-Encoding ohne Einschränkungen. Ferner unterstützt er die so genannte transparente Content Negotiation, bei der es sich um eine experimentelle Variante nach RFC 2295 und RFC 2296 handelt. Die in diesen RFCs definierte »Feature Negotiation« wird nicht unterstützt.

Eine *Ressource* ist eine Entität, die über einen URI (RFC 2396) identifiziert wird. Ein HTTP-Server wie der Apache gewährt innerhalb seines Namensraums Zugriff auf *Repräsentationen* der Ressource(n), wobei es sich bei jeder Repräsentation um eine Sequenz von Bytes eines definierten Medientyps, Zeichensatzes, einer Verschlüsselung usw. handelt. Jede Ressource kann zu jedem Zeitpunkt mit keiner, einer oder mehreren Repräsentationen verknüpft werden. Stehen mehrere Repräsentationen zur Verfügung, wird die Ressource als *aushandelbar* (englisch *negotiable*) und jede der Repräsentationen wird als *Variante* bezeichnet. Die unterschiedlichen Varianten einer aushandelbaren Ressource legen die *Dimensionen* der Verhandlung fest.

2.11.2 Die Content Negotiation des Apache

Für das Aushandeln der von einer Ressource zu sendenden Repräsentation benötigt der Server Informationen über die einzelnen Varianten, die er auf zwei Wegen erhalten kann:

- Über eine Type-Map-Datei (eine *.var-Datei), die die Dateien mit den Varianten aufführt, oder mit einer
- MultiView-Suche, bei der der Server einen Vergleich mit einem Dateinamensmuster vornimmt und unter den Ergebnissen auswählt.

Verwendung einer Type-Map-Datei

Eine Type-Map-Datei ist ein Dokument, das mit dem Handler `type-map` verknüpft ist (entspricht bei älteren Apache-Versionen dem MIME-Typ `application/x-type-map`). Um diese Möglichkeit nutzen zu können, muss in der Konfiguration ein Handler eingerichtet werden, der das Dateisuffix als `type-map` definiert. Das geschieht in der Serverkonfigurationsdatei wie folgt:

```
AddHandler type-map .var
```

Type-Map-Dateien sollten den gleichen Namen wie die Ressource haben, die sie beschreiben, und für jede verfügbare Variante einen Eintrag enthalten. Diese Einträge sind zusammenhängende Zeilen mit HTTP-Format-Headern. Die Einträge für die unterschiedlichen Varianten werden durch Leerzeichen voneinander getrennt. Leerzeilen sind nicht zulässig. Es entspricht der Konvention, eine Map-Datei mit einem Eintrag für die kombinierte Entität als Ganzes zu beginnen (was jedoch nicht erforderlich ist und auch ignoriert wird). im Folgenden Beispiel für eine Map-Datei (`foo.var`) wird eine Ressource mit der Bezeichnung foo im gleichen Verzeichnis mit den verschiedenen Varianten platziert.

```
URI: foo

URI: foo.en.html
Content-type: text/html
Content-language: en

URI: foo.fr.de.html
Content-type: text/html;charset=iso-8859-2
Content-language: fr, de
```

Dabei ist zu beachten, dass eine Type-Map-Datei Vorrang vor der Dateinamenerweiterung hat, auch wenn MultiViews aktiviert sind. Besitzen die Varianten unterschiedliche Qualitäten, kann das mit dem Parameter qs für den Medientyp angegeben werden (für JPEG, GIF oder ASCII-Art):

```
URI: foo

URI: foo.jpeg
Content-type: image/jpeg; qs=0.8

URI: foo.gif
Content-type: image/gif; qs=0.5

URI: foo.txt
Content-type: text/plain; qs=0.01
```

Die qs-Werte können zwischen 0.000 und 1.000 liegen. Eine Variante mit dem Wert 0.000 wird niemals ausgewählt. Varianten ohne qs-Parameter erhalten automatisch den Faktor 1.0. Dieser Wert gibt die relative *Qualität* einer Variante im Vergleich zu anderen Varianten an, wobei die Darstellungsmöglichkeiten des Clients unberücksichtigt bleiben. Eine JPEG-Datei besitzt beispielsweise in der Regel eine höhere Qualität für die Darstellung eines Fotos als eine ASCII-Datei. Handelt es sich bei der darzustellenden Ressource jedoch um reine ASCII-Darstellung, dann hat das ASCII-Format eine bessere Qualität als eine JPEG-Darstellung. Der qs-Wert ist also je nach der Art der Ressource spezifisch für eine bestimmte Variante.

Eine vollständige Liste der Header finden Sie in der Beschreibung der Direktive mod_negotation im *Abschnitt »Type-Maps«, Seite 540*.

MultiViews

MultiViews sind eine Option auf Verzeichnisebene, das heißt, sie können mit einer Options-Direktive in den Abschnitten <Directory>, <Location> oder <Files> in der Datei httpd.conf oder (wenn AllowOverride korrekt gesetzt ist) in den .htaccess-Dateien aktiviert werden. Beachten Sie, dass die Aktivierung von MultiViews nicht mit Options All erfolgen kann, sondern ausdrücklich angegeben werden muss.

MultiViews bewirken Folgendes: Erhält der Server eine Anfrage nach /some/dir/foo, während für /some/dir die Option MultiViews aktiviert wurde, und /some/dir/foo existiert *nicht*, dann sucht der Server im Verzeichnis nach Dateien mit der Bezeichnung foo.* und simuliert auf diese Art eine Type-Map, die alle diese Dateien aufführt, denen der gleiche Medientyp und die gleiche Inhaltsverschlüsselung zugewiesen wird, als hätte der Client eine von ihnen mit Namen angefordert. Der Server wählt die Übereinstimmung aus, die der Anfrage des Clients am nächsten kommt.

MultiViews können auch für die Suche nach der mit der DirectoryIndex-Direktive angegebenen Datei benutzt werden, wenn der Server versucht, ein Verzeichnis zu indexieren. Steht in den Konfigurationsdateien

```
DirectoryIndex index
```

kann der Server zwischen index.html und index.html3 unterscheiden, falls beide vorhanden sind. Ist keine von beiden vorhanden, dafür aber die Datei index.cgi, dann führt der Server sie aus.

Besitzt keine der im Verzeichnis gefundenen Dateien eine von `mod_mime` erkannte Dateinamenerweiterung, mit der Zeichensatz, Inhaltstyp, Sprache oder Verschlüsselung bestimmt werden können, hängt das Ergebnis von den Einstellungen der `MultiViewsMatch`-Direktive ab. Diese Direktive legt fest, welche Handler, Filter und anderen Dinge bei der MultiViews Negotiation berücksichtigt werden.

2.11.3 Die Verhandlungsmethoden

Nachdem der Apache entweder aus einer Type-Map-Datei oder über die Dateien im Verzeichnis eine Liste der Varianten für eine Ressource ermittelt hat, ruft er eine von zwei Methoden auf, um zu entscheiden, welche die geeignetste Variante ist. Um die Content Negotiation nutzen zu können, müssen Sie die Details der tatsächlich durchgeführten Verhandlungen nicht kennen, die für den Interessierten im verbleibenden Teil dieses Dokuments aber beschrieben werden.

Es gibt zwei Verhandlungsmethoden:

1. Im Normalfall wird die servergesteuerte Verhandlung mit dem Apache-Algorithmus verwendet, auf den im weiteren Verlauf noch genauer eingegangen wird. Wird dieser Algorithmus benutzt, kann der Apache manchmal den Qualitätsfaktor einer bestimmten Dimension beeinflussen, um ein besseres Ergebnis zu erzielen. Wie dies geschieht, wird weiter unter erläutert.

2. Die transparente Content Negotiation wird verwendet, wenn der Browser sie über einen im RFC 2295 beschriebenen Mechanismus verlangt. Bei dieser Verhandlungsmethode hat der Browser die vollständige Kontrolle über die Entscheidung, welche die geeignetste Variante ist. Das Ergebnis hängt daher von den speziellen Algorithmen ab, die der Browser benutzt. Im Verlauf der transparenten Verhandlung kann der Browser den Apache auffordern, den im RFC 2296 definierten Remote Variant Selection Algorithm (RSVA/1.0) zu verwenden.

Dimensionen der Verhandlung

Dimension	Anmerkungen
Medientyp	Der Browser gibt im Header-Feld Accept Präferenzen für den Medientyp an. Jede Angabe kann einen Qualitätsfaktor besitzen. Auch die Variantenbeschreibung kann einen Qualitätsfaktor besitzen (der Parameter "qs").
Sprache	Mit dem Header-Feld Accept-Language gibt der Browser Präferenzen für die Sprache an. Jede Angabe kann einen Qualitätsfaktor besitzen. Varianten können keiner, einer oder mehreren Sprachen zugeordnet werden.
Verschlüsselung	Im Header-Feld Accept-Encoding gibt der Browser Präferenzen für die Verschlüsselung an. Jede Angabe kann einen Qualitätsfaktor besitzen.
Zeichensatz	Im Header-Feld Accept-Charset gibt der Browser seine Präferenzen für den Zeichensatz an. Jede Angabe kann einen Qualitätsfaktor besitzen. Die Varianten können als Parameter des Medientyps einen Zeichensatz angeben.

Der Apache-Verhandlungsalgorithmus

Der Apache wählt mit dem folgenden Algorithmus die geeignetste Variante aus (falls es eine gibt), die an den Browser gesendet wird. Dieser Algorithmus kann nicht weiter konfiguriert werden. Er funktioniert folgendermaßen:

1. Für jede Verhandlungsdimension wird das entsprechende *Accept**-Header-Feld überprüft und jeder Variante eine Qualität zugewiesen. Geht aus dem *Accept**-Header für eine Dimension hervor, dass diese Variante nicht akzeptabel ist, wird sie ausgeschlossen. Bleiben keine Varianten übrig, wird mit Schritt 4 fortgefahren.
2. Über ein Eliminierungsverfahren wird die geeignetste Variante ausgewählt. Jeder der folgenden Tests wird der Reihe nach durchgeführt. Die bei den Tests nicht gewählten Varianten werden ausgeschlossen. Bleibt nach einem Test eine Variante übrig, wird sie als die geeignetste ausgewählt und mit Schritt 3 fortgesetzt. Bleiben mehrere Varianten übrig, wird der nächste Test durchgeführt.
3. Der Qualitätsfaktor aus dem `Accept`-Header wird mit dem Qualitätsfaktor dieser Varianten für den Medientyp multipliziert und die Variante mit dem höchsten Wert ausgewählt.
4. Die Varianten mit dem höchsten Qualitätsfaktor für die Sprache werden ausgewählt.
5. Anhand der Reihenfolge der Angaben im `Accept-Language`-Header (falls vorhanden) oder über die Reihenfolge in der `LanguagePriority`-Direktive (falls vorhanden) werden die Varianten mit der geeignetsten Übereinstimmung für die Sprache bestimmt.
6. Die Varianten mit der höchsten Präferenz für den Medientyp werden ausgewählt (über den Parameter, mit dem die Version des `text/html`-Medientyps angegeben wird).
7. Anhand der `Accept-Charset`-Header-Zeile werden die Varianten für den Zeichensatz ermittelt. Der Zeichensatz ISO-8859-1 ist akzeptabel, wenn er nicht explizit ausgeschlossen wird. Varianten mit dem Medientyp `text/*` ohne explizite Verknüpfung mit einem bestimmten Zeichensatz werden als ISO-8859-1 interpretiert.
8. Auswahl der Varianten, deren Zeichensatzparameter *nicht* ISO-8859-1 sind. Gibt es solche Varianten nicht, werden alle ausgewählt.
9. Auswahl der Varianten mit der geeignetsten Verschlüsselung. Gibt es Varianten mit einer für den Browser akzeptablen Verschlüsselung, werden nur diese Varianten ausgewählt. Liegt eine Mischung aus verschlüsselten und nicht verschlüsselten Varianten vor, werden nur die nicht verschlüsselten gewählt. Sind alle Varianten entweder verschlüsselt oder nicht verschlüsselt, werden alle ausgewählt.
10. Auswahl der Varianten mit dem geringsten Inhaltsumfang.
11. Auswahl der ersten Variante der verbleibenden Varianten. Das ist entweder die erste aus der Type-Map-Datei oder, wenn Varianten über das Verzeichnis ermittelt wurden, diejenige, deren Dateiname bei einer Sortierung nach dem ASCII-Code an erster Stelle steht.
12. Der Algorithmus hat jetzt die »geeignetste« Variante ermittelt und gibt sie als Antwort zurück. Der HTTP-Antwort-Header `Vary` wird gesetzt, um die Dimensionen der Verhandlung anzuzeigen (diese Informationen können vom Browser und für das Caching benutzt werden).
13. Wird dieser Punkt erreicht, wurde keine Variante ausgewählt (weil keine für den Browser akzeptabel war). Der zurückgegebene Status 406 und ein HTML-Dokument mit den verfügbaren Varianten signalisieren, dass keine Repräsentation aus der Liste akzeptabel war. Der HTTP-Header `Vary` wird ebenfalls gesetzt, um die Dimensionen der Varianz anzuzeigen.

2.11.4 Manipulierte Qualitätswerte

Der Apache korrigiert manchmal die Qualitätswerte, was scheinbar im Gegensatz zur strikten Interpretation durch den oben beschriebenen Algorithmus steht. Dadurch soll der Algorithmus bessere Ergebnisse für die Browser liefern, die keine vollständigen oder korrekten Informationen senden. Einige der beliebtesten Browser senden Accept-Header mit Informationen, die zu einer Auswahl der falschen Variante führen könnten. Sendet ein Browser vollständige und korrekte Informationen, werden diese Korrekturen nicht durchgeführt.

Medientypen und Wildcards

Der Accept-Header gibt Präferenzen für Medientypen an. Dabei können auch Wildcards verwendet werden, zum Beispiel image/* oder */*, wobei das Sternchen für eine beliebige Zeichenfolge steht:

```
Accept: image/*, */*
```

Dieser Header gibt an, dass nur mit image/ beginnende Typen akzeptiert werden. Manche Browser senden routinemäßig zusätzlich zu den explizit genannten Typen noch Typen mit Wildcards:

```
Accept: text/html, text/plain, image/gif, image/jpeg, */*
```

Damit soll ausgedrückt werden, dass die explizit angegebenen Typen vorgezogen werden, andere Darstellungen aber, falls verfügbar, ebenfalls akzeptiert werden. Mit expliziten Qualitätsangaben soll etwas anderes ausgedrückt werden:

```
Accept: text/html, text/plain, image/gif, image/jpeg, */*; q=0.01
```

Die expliziten Typen werden ohne Qualitätsfaktor angegeben und übernehmen daher den Vorgabewert 1.0 (höchster Wert). Die Wildcard-Angabe */* erhält die niedrige Stufe von 0.01, so dass andere Typen nur zurückgegeben werden, wenn keine Variante mit einem explizit aufgeführten Typ übereinstimmt.

Enthält der Accept-Header *keinen* Qualitätsfaktor, setzt ihn der Apache für */* (falls vorhanden) auf 0.01, um das gewünschte Verhalten zu erreichen. Den Wert für Wildcards der Form type/* setzt er auf 0.02 (damit sie gegenüber der Form */* vorgezogen werden). Enthält ein Medientyp im Accept-Header einen Qualitätsfaktor, werden diese Werte *nicht* berücksichtigt, so dass Anfragen von Browsern, die diese explizite Angabe machen, wie erwartet funktionieren.

Ausnahmen bei der Aushandlung der Sprache

Mit der Apache-Version 2.0 wurde der Algorithmus um einige Ausnahmen erweitert, damit es einen Ausweg gibt, falls keine Sprache ausgehandelt werden konnte.

Sendet ein Client eine Anfrage und der Server findet keine Seite, die mit dem Header Accept-Language des Browsers übereinstimmt, erhält der Client entweder die Meldung No Acceptable Variant oder eine Multiple Choices-Seite. Um diese Fehlermeldungen zu vermeiden, kann der Apache so konfiguriert werden, dass der Accept-Language-Header in diesen Fällen ignoriert und ein Dokument gesendet wird, das nicht exakt der Anforderung des Clients entspricht. Mit der `ForceLanguagePriority`-Direktive können diese Fehlermeldungen überschrieben und die Einschätzung des Servers durch die `LanguagePriority`-Direktive überschrieben werden.

Der Server versucht auch einen Vergleich mit Sprachuntergruppen durchzuführen, wenn keine Übereinstimmung gefunden wird. Fordert ein Client beispielsweise Dokumente in der Sprache en-GB (für Englisch/Großbritannien) an, muss der Server nach dem HTTP/1.1-Standard normalerweise eine Übereinstimmung mit en ablehnen. (In der Regel dürfte es sich hier um einen Konfigurationsfehler handeln, denn es ist sehr unwahrscheinlich, dass jemand zwar die britische Variante, aber nicht englisch im Allgemeinen versteht. Leider sind viele Clients standardmäßig so konfiguriert.) Gibt es keine Übereinstimmung mit einer anderen Sprache und steht der Server vor der Alternative, eine Fehlermeldung (No Acceptable Variants) zu senden oder auf die Direktive `LanguagePriority` zurückzugreifen, ignoriert er die Untergruppierung GB. Implizit übernimmt der Server die übergeordnete Sprache mit einem niedrigen Qualitätswert in die Liste der vom Client akzeptierten Sprachen. Enthält die Client-Anfrage aber die Angabe en-GB; qs=0.9, fr; qs=0.8 und verfügt der Server über Dokumente mit der Angabe en und fr, dann wird das französische Dokument gesendet. Das muss geschehen, um die Übereinstimmung mit der HTTP/1.1-Spezifikation zu erhalten und um effektiv mit korrekt konfigurierten Clients arbeiten zu können.

Um darüber hinaus erweiterte Verfahren (wie Cookies oder spezielle URL-Pfade) für die Bestimmung der bevorzugten Sprache des Benutzers verwenden zu können, nutzt das Modul `mod_negotiation` seit der Apache-Version 2.0.47 die Umgebungsvariable prefer-language. Ist sie vorhanden und enthält sie ein entsprechendes Sprach-Tag, versucht `mod_negotiation` eine entsprechende Variante zu finden. Wird eine solche Variante nicht gefunden, wird die Verhandlung normal fortgesetzt.

Beispiel

```
SetEnvIf Cookie "language=en" prefer-language=en
```

2.11.5 Erweiterungen für die transparente Content Negotiation

Der Apache erweitert die transparente Content Negotiation (RFC 2295) wie folgt: In der Variantenliste wird ein neues {encoding..}-Element zur Angabe von Varianten eingeführt, die nur bei einer bestimmten Verschlüsselung zur Verfügung stehen. Die Implementierung des Remote Variant Selection Algorithm (RVSA/1.0-Algorithmus in RFC 2296) wird so erweitert, dass verschlüsselte Varianten in der Liste erkannt und als mögliche Varianten benutzt werden, wenn deren Verschlüsselung gemäß Accept-Encoding-Header akzeptabel sind. Die RVSA/1.0-Implementierung rundet berechnete Qualitätsfaktoren nicht auf fünf Dezimalstellen ab, bevor die Variante ausgewählt wird.

2.11.6 Anmerkungen zu Hyperlinks und Namenskonventionen

Bei der Aushandlung der Sprache können Sie zwischen verschiedenen Namenskonventionen auswählen, weil Dateinamen mehr als eine Erweiterung haben können und ihre Reihenfolge normalerweise keine Bedeutung hat (mehr hierzu finden Sie in der `mod_mime`-Dokumentation).

Eine normale Datei hat eine MIME-Typerweiterung (z.B. html), vielleicht auch eine Verschlüsselungserweiterung (z.B. gz) und selbstverständlich eine Spracherweiterung (z.B. en), wenn es unterschiedliche Sprachvarianten dieser Datei gibt.

Beispiel:
- foo.en.html
- foo.html.en
- foo.en.html.gz

Es folgen einige weitere Beispiele für Dateinamen mit zulässigen und unzulässigen Hyperlinks:

Dateiname	Zulässiger Hyperlink	Unzulässiger Hyperlink
foo.html.en	foo foo.html	-
foo.en.html	foo	foo.html
foo.html.en.gz	foo foo.html	foo.gz foo.html.gz
foo.en.html.gz	foo	foo.html foo.html.gz foo.gz
foo.gz.html.en	foo foo.gz foo.gz.html	foo.html
foo.html.gz.en	foo foo.html foo.html.gz	foo.gz

Beim Blick auf diese Tabelle werden Sie bemerken, dass der Name immer ohne Erweiterungen in einem Hyperlink benutzt werden kann (z.B. `foo`). Das hat den Vorteil, dass der Dokument- oder Dateityp verborgen bleibt und später geändert werden kann, z.B. von `html` in `shtml` oder `cgi`, ohne dass die Hyperlinks geändert werden müssen.

Wenn Sie weiterhin einen MIME-Typ in den Hyperlinks angeben möchten (z.B. `foo.html`), müssen die Sprach- und eventuelle Verschlüsselungsangaben rechts von der MIME-Typerweiterung stehen (z.B. `foo.html.en`).

2.11.7 Anmerkungen zum Caching

Wird die Repräsentation eines Dokuments im Cache abgelegt, dann wird sie der URL der Anfrage zugeordnet. Wird diese URL das nächste Mal angefordert, kann die zwischengespeicherte Version benutzt werden. Ist die Ressource aber für den Server verhandelbar, ist es möglich, dass nur die erste angeforderte Variante zwischengespeichert wurde und diese der zweiten Anforderung nicht mehr entspricht. Deshalb kennzeichnet der Apache in der Regel alle Antworten, die als Ergebnis einer Content Negotiation gesendet werden, als nicht für die Zwischenspeicherung durch den HTTP/1.0-Client geeignet. Darüber hinaus unterstützt der Apache aber auch HTTP-Eigenschaften, die eine Zwischenspeicherung von ausgehandelten Antworten erlauben.

Bei Anfragen von HTTP/1.0-kompatiblen Clients (Browser oder Cache) kann mit der Direktive `CacheNegotiatedDocs` das Zwischenspeichern von Antworten zugelassen werden, die Gegenstand einer Verhandlung waren. Diese Direktive kann in der Serverkonfiguration oder der Konfiguration des VHosts angegeben werden und übernimmt keine Argumente. Sie hat keine Auswirkungen auf Anfragen von HTTP/1.1-Clients.

Für HTTP/1.1-Clients sendet der Apache den HTTP-Header `Vary`, um die Verhandlungsdimensionen der Antworten anzuzeigen. Der Zwischenspeicher kann anhand dieser Informationen feststellen, ob eine spätere Anfrage mit der lokalen Kopie bedient werden kann. Wird die Umgebungsvariable `force-no-vary` gesetzt, benutzt der Zwischenspeicher unabhängig von den Verhandlungsdimensionen die lokale Kopie.

2.11.8 Weitere Informationen

Weitere Informationen zur Content Negotiation finden Sie in den *Language Negotiation Notes* von Alan J. Flavell (`http://ppewww.ph.gla.ac.uk/~flavell/www/lang-neg.html`). Dieses Dokument wurde noch nicht bezüglich der Änderungen für Apache 2.0 aktualisiert.

2.12 Individuelle Fehlermeldungen

Der Webmaster kann mit zusätzlichen Funktionen die Antworten des Apache bei Fehlern oder beim Auftreten von Problemen konfigurieren.

Es können individuelle Antworten festgelegt werden, für den Fall, dass der Server Fehler oder Probleme erkennt.

Wird ein Skript mit der Fehlermeldung `500 Server Error` abgebrochen, kann diese Meldung entweder durch einen aussagekräftigeren Text oder durch eine Umleitung zu einer anderen URL (lokal oder extern) ersetzt werden.

2.12.1 Verhalten

Altes Verhalten

Ein HTTPD 1.3 NSCA-Server würde eine herkömmliche Fehlermeldung liefern, die für den Benutzer oft nichts sagend ist und keine Möglichkeit bietet, die Ursachen zu protokollieren.

Neues Verhalten

Der Server kann aufgefordert werden:
1. einen anderen Text anstelle der fest codierten NCSA-Meldungen anzuzeigen oder
2. eine Umleitung zu einer lokalen URL vorzunehmen oder
3. eine Umleitung zu einer externen URL vorzunehmen.

Die Umleitung zu einer anderen URL kann sinnvoll sein, allerdings nur, wenn Informationen übergeben werden können, mit denen dann der Fehler oder das Problem erklärt und/oder protokolliert werden kann.

Hierfür definiert der Apache neue Umgebungsvariablen, die mit CGI-Variablen vergleichbar sind:

```
REDIRECT_HTTP_ACCEPT=*/*, image/gif, image/x-xbitmap, image/jpeg
REDIRECT_HTTP_USER_AGENT=Mozilla/1.1b2 (X11; I; HP-UX A.09.05 9000/712)
REDIRECT_PATH=.:/bin:/usr/local/bin:/etc
REDIRECT_QUERY_STRING=
REDIRECT_REMOTE_ADDR=121.345.78.123
REDIRECT_REMOTE_HOST=ooh.ahhh.com
REDIRECT_SERVER_NAME=crash.bang.edu
REDIRECT_SERVER_PORT=80
REDIRECT_SERVER_SOFTWARE=Apache/0.8.15
REDIRECT_URL=/cgi-bin/buggy.pl
```

Beachten Sie das Präfix REDIRECT_.

Mindestens REDIRECT_URL und REDIRECT_QUERY_STRING werden der neuen URL übergeben (vorausgesetzt es handelt sich um ein CGI-Skript oder ein CGI-Include). Die anderen Variablen sind nur vorhanden, wenn sie vor dem Auftreten des Fehlers oder Problems bereits vorhanden waren. *Keine* von ihnen wird gesetzt, wenn die Direktive ErrorDocument eine *externe* Umleitung angibt (alles, was mit einem Schemennamen wie http: beginnt, selbst wenn auf den gleichen Host wie den Server verwiesen wird).

2.12.2 Konfiguration

Die Verwendung von ErrorDocument für .htaccess-Dateien ist aktiviert, wenn AllowOverride entsprechend gesetzt ist.

Beispiele:

```
ErrorDocument 500 /cgi-bin/crash-recover
ErrorDocument 500 "Sorry, our script crashed. Oh dear"
ErrorDocument 500 http://xxx/
ErrorDocument 404 /Lame_excuses/not_found.html
ErrorDocument 401 /Subscription/how_to_subscribe.html
```

Die Syntax ist:

```
ErrorDocument <3-digit-code> <action>
```

Folgende Aktionen können durchgeführt werden:
1. Es wird Text angezeigt. Dem Text werden doppelte Anführungszeichen (") vorangestellt. Alles was folgt, wird angezeigt. Beachten Sie, dass das Anführungszeichen " nicht angezeigt wird.
2. Umleitung zu einer externen URL.
3. Umleitung zu einer internen URL.

2.12.3 Individuelle Fehlermeldungen und Umleitungen

Das Verhalten des Apache bei umgeleiteten URLs wurde so modifiziert, dass zusätzliche Umgebungsvariablen für ein Skript oder Server-Include vorhanden sind.

Altes Verhalten

Für ein umgeleitetes Skript wurden standardmäßige CGI-Variablen zur Verfügung gestellt. Ein Hinweis, woher die Umleitung kam, wurde nicht geliefert.

Neues Verhalten

Es wird ein Stapel neuer Umgebungsvariablen für ein umgeleitetes Skript bereitgestellt. Jede Variable hat das Präfix REDIRECT_. Die REDIRECT_-Umgebungsvariablen werden aus den CGI-Umgebungsvariablen erzeugt, die vor der Umleitung vorhanden waren. Sie erhalten das Präfix REDIRECT_, das heißt, aus HTTP_USER_AGENT wird REDIRECT_HTTP_USER_AGENT. Neben diesen neuen Variablen definiert der Apache REDIRECT_URL und REDIRECT_STATUS, damit das Skript seine Herkunft zurückverfolgen kann. Sowohl die ursprüngliche URL als auch die Umleitungs-URL können im Zugriffsprotokoll aufgezeichnet werden.

Gibt ErrorDocument eine lokale Umleitung zu einem CGI-Skript an, dann sollte das Skript das Header-Feld Status in seinen Ausgaben enthalten, damit ein Verfolgen des ganzen Wegs zurück zum Client, der den Fehler ausgelöst hat, gewährleistet ist. Ein Perl Error Document-Skript kann beispielsweise folgende Anweisungen enthalten:

```
...
print "Content-type: text/html\n";
printf "Status: %s Condition Intercepted\n", $ENV{"REDIRECT_STATUS"};
...
```

Soll das Skript einen bestimmten Fehler behandeln, beispielsweise 404 Not Found, kann es statt dessen den entsprechenden Code und Text verwenden.

Beachten Sie, dass das Skript einen entsprechenden Status-Header senden *muss* (z.B. 302 Found), wenn die Antwort einen Location-Header enthält (um eine Umleitung seitens des Clients auszulösen), sonst hat der Location:-Header unter Umständen keine Wirkung.

2.13 Konfiguration der von Apache verwendeten Adressen und Ports

Apache für bestimmte Ports und Adressen konfigurieren.

Siehe auch: *3 »Virtuelle Hosts«, 3.8 »DNS-Probleme«*

2.13.1 Zusammenfassung

Referenzierte Module:	core	mpm_common
Referenzierte Direktiven:	VirtualHost	Listen

Beim Start wird der Apache an einen bestimmten Port und eine Adresse des lokalen Rechners gebunden und wartet auf eingehende Anforderungen. Standardmäßig werden alle Adressen des Rechners überwacht. Es müssen aber bestimmte Ports oder nur ausgewählte Adressen oder eine Kombination von beidem überwacht werden. Häufig wird eine Kombination mit der <VirtualHost>-Direktive vorgenommen, die festlegt, wie Apache auf die unterschiedlichen IP-Adressen, Host-Namen und Ports reagiert.

Die `Listen`-Direktive weist den Server an, eingehende Anforderungen nur für den angegebenen Port oder die angegebene Adresse oder für eine Kombination aus Adresse und Port anzunehmen. Wird in der `Listen`-Direktive nur eine Port-Nummer angegeben, überwacht der Server den angegebenen Port für alle Schnittstellen. Werden eine IP-Adresse und ein Port angegeben, dann überwacht der Server den angegebenen Port und die Schnittstelle. Mehrere zu überwachende Adressen und Ports können mit mehreren `Listen`-Direktiven angegeben werden. Der Server reagiert auf alle Anforderungen, die an die aufgeführten Adressen und Ports gerichtet sind.

Nach den beiden folgenden Direktiven akzeptiert der Server Verbindungen für Port 80 und Port 8000:

```
Listen 80 Listen 8000
```

Die folgenden Anweisungen veranlassen den Server, Verbindungen für zwei angegebene Schnittstellen und Port-Nummern anzunehmen:

```
Listen 192.170.2.1:80
Listen 192.170.2.5:8000
```

IPv6-Adressen müssen in eckigen Klammern angegeben werden:

```
Listen [fe80::a00:20ff:fea7:ccea]:80
```

2.13.2 Besondere IPv6-Anforderungen

Eine zunehmende Anzahl von Plattformen implementiert IPv6, und APR (Apache Portable Runtime) unterstützt IPv6 für die meisten dieser Plattformen, so dass Apache IPv6-Sockets zuordnen und Anforderungen über IPv6 bearbeiten kann.

Komplikationen können sich für den Apache-Administrator aus der Frage ergeben, ob ein IPv6-Socket sowohl IPv4- als auch IPv6-Verbindungen bedienen kann. Bei IPv4-Verbindungen mit einem IPv6-Socket werden IPv4 angepasste IPv6-Adressen verwendet, die zwar standardmäßig für die meisten Plattformen zulässig sind, was jedoch nicht für FreeBSD, NetBSD und OpenBSD gilt, damit die systemübergreifende Richtlinie dieser Plattformen nicht verletzt wird. Allerdings lässt sich dieses Verhalten für den Apache auch bei solchen Systemen mit einem speziellen Konfigurationsparameter ändern, bei denen diese standardmäßig nicht zulässig sind.

Bei einigen Plattformen wie zum Beispiel Linux und Tru64 können IPv6 und IPv4 *nur dann* benutzt werden, wenn zugeordnete Adressen verwendet werden. Soll Apache IPv4- und IPv6-Verbindungen mit einem Minimum an Sockets bedienen, was IPv4 zugeordnete IPv6-Adressen verlangt, dann müssen Sie die Konfigurationsoption `--enable-v4-mapped` angeben.

`--enable-v4-mapped` ist die Standardvorgabe für alle Plattformen mit Ausnahme von FreeBSD, NetBSD und OpenBSD, was sich beim Erstellen auf den Apache auswirkt.

Soll der Apache ausschließlich IPv4-Verbindungen bedienen, unabhängig davon, was die jeweilige Plattform und APR unterstützt, dann geben Sie mit allen Listen-Direktiven eine IPv4-Adresse an. Zum Beispiel:

```
Listen 0.0.0.0:80
Listen 192.170.2.1:80
```

Soll der Apache IPv4- und IPv6-Verbindungen mit eigenen Sockets bedienen und wird dies von der Plattform unterstützt (IPv4 zugeordnete Adressen werden deaktiviert), dann geben Sie die Konfigurationsoption `--disable-v4-mapped` an. Dies ist die Standardvorgabe für FreeBSD, NetBSD und OpenBSD.

2.13.3 Wie dies bei virtuellen Hosts funktioniert

Mit der `Listen`-Direktive werden keine virtuellen Hosts implementiert, sondern dem Hauptsever wird lediglich mitgeteilt, welche Adressen und Ports er überwachen soll. Ohne die Verwendung von `<VirtualHost>`-Direktiven reagiert der Server auf alle akzeptierten Anforderungen gleich. Mit der Direktive `<VirtualHost>` kann jedoch ein anderes Verhalten für eine oder mehrere Adressen und Ports festgelegt werden. Um einen virtuellen Host zu implementieren, muss der Server erst angewiesen werden, die zu verwendende Adresse und den Port zu überwachen. Dafür muss ein `<VirtualHost>`-Abschnitt für eine bestimmte Adresse und einen Port eingerichtet werden, um das Verhalten dieses virtuellen Hosts festzulegen. Wird die `<VirtualHost>`-Direktive für eine Adresse und einen Port angegeben, den der Server nicht überwacht, dann ist kein Zugriff möglich.

2.14 Multi-Processing-Module (MPMs)

In den folgenden Abschnitten wird beschrieben, was Multi-Processing-Module sind und wie sie benutzt werden.

2.14.1 Einführung

Der Apache-Server wurde als leistungsfähiger und flexibler Webserver entworfen, der unter sehr vielen Betriebssystemen eingesetzt werden kann. Unterschiedliche Betriebssysteme und Umgebungen verlangen oft unterschiedliche Eigenschaften oder implementieren die gleiche Eigenschaft auf andere Art effektiver. Mit seinem modularen Design war der Apache immer schon in verschiedenen Umgebungen einsetzbar. Dieses Design überlässt dem Webmaster die Entscheidung über die Servereigenschaften durch Auswahl der beim Kompilieren oder zur Ausführungszeit zu ladenden Module.

Der Apache 2.0 erweitert dieses modulare Design für die grundlegendsten Funktionen eines Webservers. Der Server wird mit einer Auswahl von Multi-Processing-Modulen (MPMs) ausgeliefert, die für die Bindung der Netzwerk-Ports an den Rechner, das Akzeptieren von Anfragen und die Zuteilung der Anfragen zu Kindprozessen verantwortlich sind.

Die Ausdehnung des modularen Designs auf Serverebene bietet zwei wichtige Vorteile:

- Der Apache kann eine Vielzahl von Betriebssystemen besser und effektiver unterstützen. Insbesondere die Windows-Version des Apache ist jetzt wesentlich effizienter, da das Modul `mpm_winnt` native Netzwerkeigenschaften an Stelle der POSIX-Schicht des Apache 1.3 nutzen kann. Dieser Vorteil gilt auch für andere Betriebssysteme, die spezielle MPMs implementieren.

- Der Server lässt sich den individuellen Bedürfnissen für eine bestimmte Site besser anpassen. Sites, die ein hohes Maß an Skalierbarkeit benötigen, können ein Thread-

MPM wie den worker wählen, während Sites, für die Stabilität oder Kompatibilität zu älterer Software im Vordergrund stehen, sich für das Modul prefork entscheiden können. Darüber hinaus stehen spezielle Eigenschaften wie die Bedienung unterschiedlicher Hosts unter unterschiedlichen User-IDs (perchild) zur Verfügung.

Auf Benutzerebene unterscheiden sich die MPMs kaum voneinander. Der Hauptunterschied besteht darin, dass nur ein einziges MPM in den Server geladen werden muss. Folgende MPMs stehen zur Verfügung:

- beos
- mpm_common
- leader
- mpm_netware
- mpmt_os2
- perchild
- prefork
- threadpool
- mpm_winnt
- worker

2.14.2 Ein MPM auswählen

MPMs müssen während der Konfiguration ausgewählt und beim Kompilieren in den Server eingebunden werden. Die Compiler können eine Reihe der Funktionen optimieren, wenn Threads verwendet werden, was aber nur möglich ist, wenn sie wissen, dass Threads benutzt werden. Da einige MPMs unter UNIX Threads verwenden und andere nicht, sind die Leistungen des Apache immer besser, wenn das MPM beim Konfigurieren ausgewählt und in den Apache integriert wird.

Das gewünschte MPM wird mit dem Argument --with-mpm= NAME in der Datei ./configure ausgewählt. Der NAME ist die Bezeichnung des gewünschten MPM.

Wurde der Server kompiliert, kann mit dem Befehl ./httpd -l festgestellt werden, welches MPM gewählt wurde. Dieser Befehl zeigt eine Liste aller in den Server kompilierten Module an.

2.14.3 MPM-Standardauswahl

Die folgende Tabelle führt die standardmäßigen MPMs der verschiedenen Betriebssysteme auf. Die angegebenen MPMs werden ausgewählt, wenn beim Kompilieren keine andere Auswahl getroffen wird.

BeOS	beos
Netware	mpm_netware
OS/2	mpmt_os2
UNIX	prefork
Windows	mpm_winnt

2.15 Umgebungsvariablen

Der Apache-Server speichert Informationen in so genannten *Umgebungsvariablen*. Mit diesen Informationen können verschiedene Operationen wie die Protokollierung oder Zugriffskontrolle gesteuert werden. Die Variablen dienen auch der Kommunikation mit externen Programmen wie zum Beispiel CGI-Skripte. im Folgenden werden die unterschiedlichen Möglichkeiten zur Manipulation und Verwendung dieser Variablen beschrieben.

Diese Variablen werden zwar als *Umgebungsvariablen* bezeichnet, sie sind aber nicht das Gleiche wie die Umgebungsvariablen des Betriebssystems, denn sie werden in einer internen Apache-Struktur gespeichert und manipuliert. Zu Umgebungsvariablen des Betriebssystems werden sie nur bei Übergabe an CGI- und Server-Side-Include-Skripte. Soll die Umgebung des Betriebssystems, unter dem der Server selbst ausgeführt wird, manipuliert werden, dann müssen Sie den standardmäßigen Manipulationsmechanismus der Shell des Betriebssystems benutzen.

2.15.1 Umgebungsvariablen setzen

Referenzierte Module: mod_env   mod_rewrite
                               mod_setenvif   mod_unique_id

Referenzierte Direktiven: BrowserMatch   BrowserMatchNoCase
                               PassEnv   RewriteRule
                               SetEnv   SetEnvIf
                               SetEnvIfNoCase   UnsetEnv

Einfache Manipulationen der Umgebung

Am einfachsten wird eine Umgebungsvariable mit der SetEnv-Direktive gesetzt. Variablen können auch mit der PassEnv-Direktive von der Shell übergeben werden, die den Server gestartet hat.

Bedingtes Setzen von Variablen pro Anfrage

Ein flexibleres Setzen der Umgebungsvariablen ist mit den Direktiven des Moduls mod_setenvif mit Bedingungen möglich, die auf Eigenschaften der einzelnen Anfragen basieren. Eine Variable kann beispielsweise nur dann gesetzt werden, wenn die Anfrage von einem bestimmten Browsertyp kommt oder wenn ein bestimmter Referer-Header vorhanden ist. Noch mehr Möglichkeiten bietet die Direktive RewriteRule des Moduls mod_rewrite, bei der die Umgebungsvariablen mit der [E=...]-Option gesetzt werden.

Eindeutige Bezeichner

Das Modul mod_unique_id schließlich setzt die Umgebungsvariable UNIQUE_ID für jede Anfrage unter sehr speziellen Bedingungen auf einen garantiert für allen Anfragen eindeutigen Wert.

CGI-Standardvariablen

Neben den in der Apache-Konfiguration gesetzten und den von der Shell übergebenen Umgebungsvariablen verfügen die CGI-Skripte und SSI-Seiten über eine Reihe von Umgebungsvariablen mit Meta-Informationen zur Anfrage, wie dies von der CGI-Spezifikation gefordert wird.

Negative Aspekte

- Die CGI-Standardvariablen können mit den Manipulationsbefehlen für die Umgebung überschrieben oder geändert werden.
- Werden CGI-Skripte mit `suexec` gestartet, wird die Umgebung bis auf einige *sichere* Variablen bereinigt, bevor CGI-Skripte gestartet werden. Die Liste der *sicheren* Variablen wird beim Kompilieren in der Datei `suexec.c` definiert.
- Aus Portabilitätsgründen dürfen die Namen der Umgebungsvariablen nur Buchstaben, Zahlen und Unterstriche enthalten. Ferner darf das erste Zeichen keine Zahl sein. Zeichen, die dieser Konvention nicht entsprechen, werden bei der Übergabe an CGI-Skripte und SSI-Seiten durch Unterstriche ersetzt.

2.15.2 Verwendung von Umgebungsvariablen

Referenzierte Module:	mod_authz_host	mod_cgi
	mod_ext_filter	mod_headers
	mod_include	mod_log_config
	mod_rewrite	
Referenzierte Direktiven:	Allow	CustomLog
	Deny	ExtFilterDefine
	Header	LogFormat
	RewriteCond	RewriteRule

CGI-Skripte

Umgebungsvariablen werden in erster Linie für die Kommunikation mit CGI-Skripten verwendet. Wie bereits erwähnt wurde, gehören zu der den CGI-Skripten übergebenen Umgebung neben den Variablen, die in der Apache-Konfiguration gesetzt wurden, Meta-Informationen über die Anfrage. Einzelheiten hierzu finden Sie im *Abschnitt 5.2 »Dynamische Inhalte mit CGI«*.

SSI-Seiten

Von den `INCLUDES`-Filtern des Moduls `mod_include` verarbeitete SSI-Dokumente können Umgebungsvariablen mit dem `echo`-Element ausgeben und die Umgebungsvariablen können Elemente für die Flusskontrolle benutzen, um Teile einer Seite in Abhängigkeit von der Anfrage zu gestalten. Der Apache versorgt SSI-Seiten wie oben beschrieben ebenfalls mit den standardmäßigen CGI-Umgebungsvariablen. Weitere Einzelheiten hierzu finden Sie im *Kapitel 5 »Praxis/Anleitungen«* in der *»Einführung in Server Side Includes«, Seite 211*.

Zugriffskontrolle

Der Zugriff auf den Server kann mit den Direktiven `allow from env=` und `deny from env=` über den Wert der Umgebungsvariablen gesteuert werden. In Verbindung mit der Direktive `SetEnvIf` ermöglicht das eine flexible Kontrolle über den Serverzugriff anhand der Merkmale des Clients. Beispielsweise kann mit diesen Direktiven der Zugriff über bestimmte Browser verweigert werden.

Bedingte Protokollierung

Umgebungsvariablen können mit der Option %e der LogFormat-Direktive im Zugriffsprotokoll aufgezeichnet werden. Außerdem kann die Entscheidung darüber, ob Anfragen protokolliert werden, vom Wert einer Umgebungsvariablen abhängig gemacht werden, wenn die bedingte Variante der CustomLog-Direktive benutzt wird. In Kombination mit SetEnvIf ist so eine flexible Steuerung der protokollierten Anfragen möglich. Es kann beispielsweise festgelegt werden, dass Anfragen nach Dateien mit der Endung .gif nicht protokolliert werden, oder es können nur Anfragen von Clients außerhalb des eigenen Subnets aufgezeichnet werden.

Bedingte Antwort-Header

Die Header-Direktive kann anhand des Vorhandenseins oder Fehlens einer Umgebungsvariablen feststellen, ob ein bestimmter HTTP-Header mit der Antwort an den Client gesendet wird. Auf diese Weise kann beispielsweise ein solcher Antwort-Header nur dann gesendet werden, wenn ein entsprechender Header mit der Anfrage vom Client entgegengenommen wurde.

Aktivierung externer Filter

Externe Filter, die mit der ExtFilterDefine-Direktive des Moduls mod_ext_filter konfiguriert wurden, können mit den Optionen disableenv= und enableenv= in Abhängigkeit von einer Umgebungsvariablen aktiviert werden.

URL-Manipulationen

Mit der Variante %{ENV:...} des *Teststrings* der Direktive RewriteCond des Moduls mod_rewrite können Entscheidungen in Abhängigkeit von Umgebungsvariablen getroffen werden. Dabei ist zu beachten, dass die Variablen, auf die mod_rewrite ohne das Präfix ENV: zugreifen kann, keine Umgebungsvariablen, sondern Variablen speziell für mod_rewrite sind, auf die von anderen Modulen nicht zugegriffen werden kann.

2.15.3 Umgebungsvariablen für spezielle Zwecke

Probleme bei der Zusammenarbeit haben zur Einführung spezieller Mechanismen geführt, die das Verhalten des Apache bei der Kommunikation mit bestimmten Clients beeinflussen. Um diese Mechanismen so flexibel wie möglich zu gestalten, werden hierfür normalerweise mit BrowserMatch Umgebungsvariablen definiert (SetEnv und PassEnv können ebenfalls verwendet werden).

downgrade-1.0

Die Anfrage wird in jedem Fall als HTTP/1.0-Anfrage behandelt.

force-no-vary

Vorhandene Vary-Felder werden aus dem Antwort-Header entfernt, bevor er an den Client gesendet wird. Einige Clients interpretieren dieses Feld nicht korrekt, so dass bestimmte Probleme durch Setzen dieser Variablen vermieden werden können. In Verbindung mit dieser Variablen muss auch force-response-1.0 gesetzt werden.

force-response-1.0

Diese Variable verlangt eine HTTP/1.0-Antwort an Clients, die eine HTTP/1.0-Anfrage stellen. Ursprünglich wurde diese Variable als Reaktion auf ein Problem mit den AOL-Proxies eingerichtet. Einige HTTP/1.0-Clients haben nicht korrekt geantwortet, wenn eine HTTP/1.1-Antwort einging. Mit dieser Option kann der Fehler behoben werden.

gzip-only-text/html

Erhält diese Variable den Wert 1, wird der Ausgabefilter DEFLATE des Moduls mod_deflate für andere Inhaltstypen als text/html deaktiviert. Bei Verwendung statisch komprimierter Dateien wertet mod_negotiation diese Variable ebenfalls aus (nicht nur für gzip-Komprimierungen, sondern auch für alle abweichenden).

no-gzip

Wird diese Variable gesetzt, wird der DEFLATE-Filter des Moduls mod_deflate abgeschaltet und mod_negotiation verweigert die Auslieferung komprimierter Ressourcen.

nokeepalive

Deaktiviert die Option KeepAlive.

prefer-language

Diese Variable beeinflusst das Verhalten von mod_negotiation. Enthält sie ein Sprach-Tag (zum Beispiel en, ja oder x-klingon), versucht mod_negotiation eine Variante in dieser Sprache auszuliefern. Ist eine solche Variante nicht vorhanden, wird der normale Ablauf der Content Negotiation eingehalten.

redirect-carefully

Diese Variable verlangt vom Server mehr Vorsicht beim Versenden einer Umleitung an den Client. Sie wird benutzt, wenn bekannt ist, dass ein Client Schwierigkeiten mit Umleitungen hat. Implementiert wurde diese Variable ursprünglich in Reaktion auf ein Problem mit der WebFolders-Software von Microsoft, die Schwierigkeiten bei Umleitungen von Verzeichnisressourcen mit DAV-Methoden hatte.

suppress-error-charset

Verfügbar ab Version 2.0.40

Führt der Apache als Reaktion auf eine Client-Anfrage eine Umleitung durch, dann enthält die Antwort einen anzuzeigenden aktuellen Hinweis, falls der Client der Umleitung nicht automatisch folgen kann oder dies nicht tut. Entsprechend dem verwendeten Zeichensatz gibt der Apache gewöhnlich ISO-8859-1 an.

Erfolgt die Umleitung jedoch zu einer Seite, die einen anderen Zeichensatz verwendet, versuchen bestimmte Browser-Versionen den Zeichensatz der Umleitung anstatt den der aktuellen Seite zu benutzen. Auf diese Weise wird eine Sprache wie Griechisch möglicherweise nicht korrekt dargestellt.

Wird diese Umgebungsvariable gesetzt, lässt der Apache den Zeichensatz für den Umleitungshinweis fort, so dass diese Browser dann den korrekten Zeichensatz für die Seite benutzen.

2.15.4 Beispiel

Das Protokollverhalten bei nicht ordnungsgemäßen Clients ändern

Fügen Sie die folgenden Zeilen in die Datei httpd.conf ein, um bekannte Client-Probleme zu beheben.

```
#
# Die folgenden Direktiven verändern das normale HTTP-Antwortverhalten.
# Die erste deaktiviert Keepalives für Netscape 2.x und Browser, die ihn nachbilden.
# Die Browser-Implementierungen haben bekannte Probleme. Die zweite
# ist für den Microsoft Internet Explorer 4.0b2 gedacht, dessen
# HTTP/1.1-Implementierung fehlerhaft ist und Keepalives bei 301- und
# 302-Antworten nicht korrekt (Umleitungen) unterstützt.
#
BrowserMatch "Mozilla/2" nokeepalive
BrowserMatch "MSIE 4\.0b2;" nokeepalive downgrade-1.0 force-response-1.0
```

```
#
# Die nächste Direktive deaktiviert HTTP/1.1-Antworten an Browser, die sich
# nicht an die HTTP/1.0-Spezifikation halten und nicht in der Lage sind,
# eine einfache HTTP/1.1-Antwort zu verstehen.
#
BrowserMatch "RealPlayer 4\.0" force-response-1.0
BrowserMatch "Java/1\.0" force-response-1.0
BrowserMatch "JDK/1\.0" force-response-1.0
```

Keine Anfragen nach Bildern im Zugriffsprotokoll vermerken

Dieses Beispiel verhindert die Aufzeichnung von Anfragen nach Bildern im Zugriffsprotokoll. Es lässt sich einfach verändern, um die Protokollierung bestimmter Verzeichnisse oder von Anfragen bestimmter Hosts zu vermeiden.

```
SetEnvIf Request_URI \.gif image-request
SetEnvIf Request_URI \.jpg image-request
SetEnvIf Request_URI \.png image-request
CustomLog logs/access_log common env=!image-request
```

»Bilderdiebstahl« verhindern

Dieses Beispiel zeigt, wie Sie verhindern können, dass Fremde ihre Seiten mit Bildern von Ihrem Server schmücken. Diese Konfiguration ist nicht unbedingt zu empfehlen, ist aber in beschränktem Umfang funktionsfähig. Es wird davon ausgegangen, dass sich alle Bilder im Verzeichnis /web/images befinden.

```
SetEnvIf Referer "^http://www.example.com/" local_referal
# Browser ohne Referer-Feld zulassen
SetEnvIf Referer "^$" local_referal
<Directory /web/images>
    Order Deny,Allow
    Deny from all
    Allow from env=local_referal
</Directory>
```

Weitere Informationen hierzu finden Sie unter dem Titel »Keeping Your Images from Adorning Other Sites« auf der Seite http://apachetoday.com/news_story.php3?ltsn=2000-06-14-002-01-PS.

2.16 Handler

In den folgenden Abschnitten wird die Verwendung der Apache-Handler beschrieben.

2.16.1 Was ist ein Handler?

Referenzierte Module:	mod_actions	mod_asis
	mod_cgi	mod_imap
	mod_info	mod_mime
	mod_negotiation	mod_status
Referenzierte Direktiven:	Action	AddHandler
	RemoveHandler	SetHandler

Ein *Handler* ist eine interne Apache-Darstellung der beim Aufruf einer Datei auszuführenden Aktion. Im Allgemeinen besitzen Dateien implizite Handler, die auf dem Dateityp basieren. Normalerweise werden alle Dateien einfach vom Server bedient, bestimmte Dateitypen werden aber gesondert *behandelt*.

Mit der Apache-Version 1.1 wurde die Möglichkeit zur Verwendung von Handlern explizit eingeführt. Basierend auf der Dateinamenerweiterung oder der Position im Dateisystem können Handler ohne Bezug auf den Dateityp angegeben werden. Das ist vorteilhaft, weil es eine elegantere Lösung ist und weil sowohl ein Typ **als auch** ein Handler mit einer Datei verknüpft werden können. (Siehe auch unter *»Dateien mit mehreren Erweiterungen«, Seite 525* in der Beschreibung des Moduls *»mod_mime«, Seite 524*.)

Handler können in den Server oder ein Modul integriert werden oder sie können mit der Action-Direktive hinzugefügt werden. Die Standarddistribution enthält folgende Handler:

- **default-handler**: Die Datei wird mit der Routine default_handler() gesendet, die der standardmäßige Handler für statische Inhalte ist (Kernel).
- **send-as-is**: Die Datei wird, wie sie ist, mit HTTP-Headern gesendet (mod_asis).
- **cgi-script**: Die Datei wird als CGI-Skript behandelt (mod_cgi).
- **imap-file**: Die Datei wird als Imagemap-Regeldatei behandelt (mod_imap).
- **server-info**: Die Konfigurationsinformationen des Servers werden ermittelt (mod_info).

- **server-status**: Der Serverstatus-Bericht wird abgefragt (mod_status).
- **type-map**: Die Datei wird als Type-Map-Datei für die Content Negotiation behandelt (mod_negotiation).

2.16.2 Beispiele

Statische Inhalte mit einem CGI-Skript modifizieren

Die folgenden Direktiven sorgen dafür, dass bei Anfragen nach Dateien mit der Erweiterung .html das CGI-Skript footer.pl gestartet wird.

```
Action add-footer /cgi-bin/footer.pl
AddHandler add-footer .html
```

Das CGI-Skript ist dann für das Senden des ursprünglich angeforderten Dokuments (auf das die Umgebungsvariable PATH_TRANSLATED verweist) und für eventuelle Modifikationen und Ergänzungen verantwortlich.

Dateien mit HTTP-Headern

Die folgenden Direktiven aktivieren den send-as-is-Handler, der für Dateien mit eigenen HTTP-Headern benutzt wird. Alle Dateien im Verzeichnis /web/htdocs/asis/ werden unabhängig von ihrer Dateinamenerweiterung vom send-as-is-Handler verarbeitet.

```
<Directory /web/htdocs/asis>
SetHandler send-as-is
</Directory>
```

2.16.3 Hinweis für Programmierer

Um die Handler-Eigenschaften zu implementieren, wurde das Apache-API mit einer Erweiterung versehen, die Programmierer nutzen können. Der Struktur request_rec wurde ein neuer Datensatz hinzugefügt:

```
char *handler
```

Soll ein Modul einen Handler benutzen, muss für r->handler lediglich vor der invoke_handler-Phase der Anfrage der Name des Handlers gesetzt werden. Handler werden wie zuvor implementiert, abgesehen davon, dass der Handler-Name anstelle eines Inhaltstyps benutzt wird. Gemäß Konvention werden in Handler-Namen Gedankenstriche und keine Schrägstriche benutzt, damit sie nicht in den Namensraum des Medientyps eindringen können.

2.17 Filter

Dieser Abschnitt beschreibt die Verwendung von Filtern.

Referenzierte Module: mod_deflate   mod_ext_filter
                              mod_include

Referenzierte Direktiven:	`AddInputFilter`	`AddOutputFilter`
	`RemoveInputFilter`	`RemoveOutputFilter`
	`ExtFilterDefine`	`ExtFilterOptions`
	`SetInputFilter`	`SetOutputFilter`

Ein *Filter* ist ein Prozess, der auf Daten angewendet wird, die vom Server gesendet oder empfangen werden. Vom Server empfangene Client-Daten werden von *Input-Filtern* und vom Server an den Client gesendete Daten von *Output-Filtern* verarbeitet. Für die Daten können mehrere Filter angewendet werden, wobei die Reihenfolge der Filter angegeben werden kann.

Mit Filtern werden vom Apache intern Funktionen wie das Chunking (das Zerlegen von Informationen in Bits) und Byte-Bereichs-Handling durchgeführt. Außerdem können Module Filter zur Verfügung stellen, die während der Ausführung von Konfigurationsdirektiven ausgewählt werden können. Die für Daten anzuwendenden Filter können mit den Direktiven `SetInputFilter`, `SetOutputFilter`, `AddInputFilter`, `AddOutputFilter`, `RemoveInputFilter` und `RemoveOutputFilter` manipuliert werden.

Die Apache-Distribution beinhaltet zurzeit folgende vom Benutzer auszuwählende Filter:

- SSI-Verarbeitung durch **mod_include**
- Komprimierung der Ausgabe vor dem Versenden an den Client mit mod_deflate.
- Mit dem Modul mod_ext_filter können externe Programme als Filter definiert werden.

2.18 Der suEXEC-Wrapper

Dank des suEXEC-Wrappers können Apache-Benutzer CGI- und SSI-Programme unter anderen IDs als der des aufrufenden Webservers ausführen. Normalerweise werden CGI- oder SSI-Programme unter der User-ID des Webservers ausgeführt.

Der korrekte Einsatz dieser Möglichkeit kann die Sicherheitsrisiken beträchtlich vermindern, die sich daraus ergeben können, dass Benutzern die Entwicklung und Ausführung eigener CGI- oder SSI-Programme erlaubt wird. Bei einer fehlerhaften Konfiguration können sich jedoch viele Probleme ergeben und es können größere Sicherheitslücken auftreten. Wenn Sie keine Erfahrung mit `setuid root`-Programmen und den damit verbundenen Sicherheitsrisiken haben, wird von der Verwendung von suEXEC dringend abgeraten.

2.18.1 Vorbemerkungen

Vorab sind noch einige generelle Anmerkungen notwendig.

Es wird vorausgesetzt, dass Sie ein UNIX-Betriebssystem benutzen, dass `setuid`- und `setgid`-Operationen durchführen kann. Davon wird in allen Beispielen ausgegangen. Andere Betriebssysteme, die suEXEC unterstützen, können in der Konfiguration abweichen.

Zum Zweiten wird davon ausgegangen, dass Sie mit den Grundkonzepten der Computersicherheit und der Administration vertraut sind. Hierzu gehören die `setuid/setgid`-Operationen sowie die unterschiedlichen Effekte, die sie auf Ihrem System und für Ihre Sicherheitsstufe auslösen können.

Zum Dritten wird davon ausgegangen, dass Sie eine unveränderte Version des suEXEC-Code benutzen. Der gesamte suEXEC-Code wurde sowohl von den Entwicklern als auch von zahlreichen Beta-Testern sorgfältig geprüft und getestet. Es wurden alle Vorsichtsmaßnahmen getroffen, um eine einfache aber gründlich gesicherte Codebasis zu schaffen. Veränderungen am Code können zu unerwarteten Problemen und neuen Sicherheitsrisiken führen. Es wird dringend davon abgeraten, Veränderungen am suEXEC-Code vorzunehmen, wenn Sie sich nicht bestens mit den Eigenheiten der Sicherheitsprogrammierung auskennen und nicht bereit sind, sich mit der Apache Group zu beraten.

Viertens und letztens hat sich die Apache Group dazu entschlossen, suEXEC nicht zum Bestandteil der Standardinstallation des Apache zu machen, denn die suEXEC-Konfiguration verlangt vom Administrator äußerste Aufmerksamkeit hinsichtlich vieler Details. Wenn alle erforderlichen Überlegungen zu den unterschiedlichen Einstellungen angestellt wurden, mag sich der Administrator entschließen, suEXEC mit dem normalen Verfahren zu installieren. Die Werte für die Einstellungen müssen gut bedacht und korrekt angegeben werden, um die Systemsicherheit während der Benutzung der suEXEC-Funktionalität nicht zu gefährden. Dieser komplizierte Ablauf soll die Gruppe derer, die suEXEC installieren, auf diejenigen beschränken, die vorsichtig und erfahren genug sind, um sie zu verwenden.

2.18.2 Das suEXEC-Sicherheitsmodell

Vor Beginn der Installation und Konfiguration von suEXEC soll zuerst erörtert werden, was für ein Sicherheitsmodell implementiert wird. Auf diese Weise wird verständlicher, was genau innerhalb von suEXEC abläuft und welche Vorsichtsmaßnahmen zur Sicherung des Systems getroffen werden.

suEXEC basiert auf einem setuid-Wrapper, der vom Apache-Hauptserver aufgerufen wird. Dieser Wrapper wird bei einer HTTP-Anfrage nach einem CGI- oder SSI-Programm aufgerufen, für das der Administrator eine andere User-ID als die des Hauptservers vorgeschrieben hat. Einer solchen Anfrage stellt der Apache den suEXEC-Wrapper mit dem Programmnamen und der User- und Group-ID zur Verfügung, unter denen das Programm ausgeführt wird.

Der Wrapper führt dann Folgendes durch, um Erfolg oder Fehlschlag zu ermitteln. Wird eine der Bedingungen nicht erfüllt, protokolliert das Programm den Fehlschlag und wird mit einem Fehler beendet, andernfalls wird es fortgesetzt:

1. **Führt der Benutzer diesen Wrapper als zulässiger Benutzer dieses Systems aus?**

    Damit wird sichergestellt, dass es sich tatsächlich um einen Systembenutzer handelt.

2. **Wurde der Wrapper mit der korrekten Anzahl der Argumente aufgerufen?**

    Der Wrapper wird nur ausgeführt, wenn die korrekte Anzahl von Argumenten angegeben wurde. Das korrekte Format der Argumente ist dem Server bekannt. Erhält der Wrapper nicht die korrekte Anzahl von Argumenten, dann liegt entweder ein Hack vor oder es stimmt etwas mit dem suEXEC-Teil des binären Apache nicht.

3. **Darf dieser zulässige Benutzer den Wrapper ausführen?**

    Nur ein Benutzer (der Apache-Benutzer) darf dieses Programm ausführen.

4. **Liegen unsichere Verweise für das CGI- oder SSI-Programm vor?**

    Enthält der Pfad zum CGI- oder SSI-Programm einen vorangestellten Backslash / oder zwei Punkte .. als Rückverweis? Das ist nicht zulässig, CGI- oder SSI-Programm müssen sich in der DocumentRoot von suEXEC befinden (siehe --with-suexec-docroot=*DIR* weiter unten).

5. **Ist der Name des anfordernden Benutzers gültig?**

   Existiert der Benutzer?

6. **Ist der Name der anfordernden Gruppe gültig?**

   Existiert die Gruppe?

7. **Handelt es sich bei dem anfordernden Benutzer nicht um den Superuser?**

   zurzeit erlaubt suEXEC dem Benutzer *root* nicht die Ausführung von CGI- oder SSI-Programmen.

8. **Liegt die anfordernde User-ID oberhalb der niedrigsten ID-Nummer?**

   Die niedrigste User-ID wird während der Konfiguration angegeben. Damit kann die niedrigste User-ID angegeben werden, mit der ein CGI- oder SSI-Programm ausgeführt werden darf. Auf diese Weise können Systemkonten blockiert werden.

9. **Handelt es sich bei der anfordernden Gruppe nicht um die Gruppe Superuser?**

   zurzeit erlaubt suEXEC der Gruppe *root* nicht die Ausführung von CGI- oder SSI-Programmen.

10. **Liegt die anfordernde Group-ID oberhalb der niedrigsten ID-Nummer?**

    Die niedrigste Group-ID wird während der Konfiguration angegeben. Damit kann die niedrigste Group-ID angegeben werden, mit der ein CGI- oder SSI-Programm ausgeführt werden darf. Auf diese Weise können Systemgruppen blockiert werden.

11. **Kann der Wrapper erfolgreich die Identität des anfordernden Benutzers und der Gruppe annehmen?**

    Hier wird das Programm über `setuid` zum anfordernden Benutzer und über `setgid` zur anfordernden Gruppe. Die Gruppenzugriffsliste wird auch mit allen Gruppen initialisiert, deren Mitglied der Benutzer ist.

12. **Kann in das Verzeichnis des CGI- oder SSI-Programms gewechselt werden?**

    Existiert es nicht, kann es keine Dateien enthalten, und kann nicht in das Verzeichnis gewechselt werden, existiert es möglicherweise nicht.

13. **Liegt das Verzeichnis im Apache-Webbereich?**

    Wenn die Anfrage einem regulären Teil des Servers gilt: Liegt das angeforderte Verzeichnis innerhalb der `DocumentRoot` von suEXEC? Wenn die Anfrage einem Benutzerverzeichnis gilt: Liegt das angeforderte Verzeichnis innerhalb des für suEXEC konfigurierten Benutzerverzeichnisses (siehe *2.18.3 »Konfiguration & Installation«*)?

14. **Darf sonst niemand in das Verzeichnis schreiben?**

    Das Verzeichnis soll nicht für andere geöffnet werden. Nur der Eigentümer darf den Verzeichnisinhalt ändern.

15. **Existiert das CGI- oder SSI-Programm?**

    Ist es nicht vorhanden, kann es auch nicht ausgeführt werden.

16. **Hat sonst niemand Schreibrechte für das CGI- oder SSI-Programm?**

    Nur der Eigentümer darf das CGI- oder SSI-Programm ändern.

17. **Handelt es sich bei dem CGI- oder SSI-Programm nicht um `setuid` oder `setgid`?**

Es dürfen keine Programme ausgeführt werden, die die User- oder Group-ID wieder ändern.

18. **Stimmen Benutzer und Gruppe mit der des Programms überein?**

    Ist der Benutzer Eigentümer der Datei?

19. **Lässt sich die Prozessumgebung problemlos bereinigen, um sichere Operationen zu gewährleisten?**

    suEXEC bereinigt die Prozessumgebung durch Einrichtung eines sicheren Ausführungspfades (der während der Konfiguration definiert wird) sowie durch ausschließliches Weiterreichen der Variablen, deren Namen in der Liste der sicheren Umgebung aufgeführt werden (ebenfalls während der Konfiguration erzeugt).

20. **Ist das CGI- oder SSI-Programm problemlos zu erhalten und auszuführen?**

    An dieser Stelle endet suEXEC und das CGI- oder SSI-Programm beginnt.

Dies ist das Standardverfahren nach dem Sicherheitsmodell des suEXEC-Wrappers. Es ist ein wenig stringent und kann dem CGI- oder SSI-Design neue Einschränkungen und Vorgaben auferlegen, es wurde jedoch umsichtig und schrittweise vor dem Hintergrund der Sicherheitsbedürfnisse entwickelt.

Weitere Informationen darüber, inwieweit dieses Sicherheitsmodell Ihre Möglichkeiten bei der Serverkonfiguration einschränken kann und wie Sicherheitsrisiken mit einer korrekten suEXEC-Konfiguration vermieden werden können, finden Sie unten im *Abschnitt 2.18.7 »Warnungen & Beispiele«*.

2.18.3 Konfiguration & Installation

Konfigurationsoptionen für suEXEC

--enable-suexec

Mit dieser Option wird der suEXEC-Wrapper aktiviert, der standardmäßig nicht installiert wird. Mit der Option --enable-suexec muss mindestens einmal die Option --with-suexec-xxxxx angegeben werden, damit das APACI die Anweisung akzeptiert.

--with-suexec-bin=Pfad

Der Pfad zur binären suexec-Datei muss aus Sicherheitsgründen fest codiert werden. Mit dieser Option wird der Standardpfad überschrieben, z.B. --with-suexec-bin=/usr/sbin/suexec

--with-suexec-caller=User-ID

Der Benutzername, unter dem der Apache normalerweise ausgeführt wird. Nur von diesem Benutzer darf das Programm ausgeführt werden.

--with-suexec-userdir=Verzeichnis

Das Unterverzeichnis des Stammverzeichnisses, in dem suEXEC zulässig ist. Alle ausführbaren Dateien aus diesem Verzeichnis können von suEXEC unter diesem Benutzer ausgeführt werden und sollten deshalb »sichere« Programme sein. Verwenden Sie eine »einfache« `UserDir`-Direktive (ohne *), sollte hier der gleiche Wert gesetzt werden. suEXEC funktioniert nicht korrekt, wenn die `UserDir`-Direktive auf ein Verzeichnis verweist, das nicht mit dem Stammverzeichnis des Benutzers übereinstimmt (wie es in der Passwortdatei angegeben wird). Die Vorgabe ist `public_html`.

Gibt es virtuelle Hosts mit jeweils unterschiedlichen `UserDir`-Direktiven, dann müssen sie sich alle in einem übergeordneten Verzeichnis befinden. Geben Sie den Namen dieses übergeordneten Verzeichnisses mit dieser Option an. *Wird diese Definition nicht korrekt durchgeführt, funktionieren CGI-Anfragen mit ~userdir nicht!*

`--with-suexec-docroot=Verzeichnis`

Gleiche Angabe wie bei der `DocumentRoot`-Anweisung für den Server. Dies ist neben dem Benutzerverzeichnis die einzige Hierarchie, die für suEXEC benutzt werden kann. Das Standardverzeichnis ist der Wert von `--datadir` mit dem Suffix `/htdocs`. Wird beispielsweise `--datadir=/home/apache` definiert, dann wird das Verzeichnis `/home/apache/htdocs` als Verzeichnis für die Dokumente des suEXEC-Wrappers genommen.

`--with-suexec-uidmin=User-ID`

Legt die niedrigste User-ID für den suEXEC-Benutzer fest. Bei den meisten Systemen liegt dieser Wert bei 500 oder 100. 100 ist die Voreinstellung.

`--with-suexec-gidmin=Group-ID`

Legt die niedrigste Group-ID für den suEXEC-Benutzer fest. Bei den meisten Systemen liegt dieser Wert bei 500 oder 100. 100 ist die Voreinstellung.

`--with-suexec-logfile=Datei`

Angabe der Protokolldatei für alle suEXEC-Transaktionen und Fehlermeldungen (für die Überwachung und das Debugging). Standardmäßig heißt die Protokolldatei `suexec_log` und befindet sich im regulären Verzeichnis für die Protokolldateien (`--logfiledir`).

`--with-suexec-safepath=Pfad`

Legt eine sichere Pfadumgebung für die Übergabe an CGI-Programme fest. Die Voreinstellung ist `/usr/local/bin:/usr/bin:/bin`.

Die suEXEC-Konfiguration überprüfen

Bevor Sie den suEXEC-Wrapper kompilieren und installieren, können Sie die Konfiguration mit der `--layout`-Option testen.

Die Ausgabe:

```
suEXEC setup:
suexec binary: /usr/local/apache2/sbin/suexec
document root: /usr/local/apache2/share/htdocs
userdir suffix: public_html
logfile: /usr/local/apache2/var/log/suexec_log
safe path: /usr/local/bin:/usr/bin:/bin
```

```
caller ID: www
minimum user ID: 100
minimum group ID: 100
```

Den suEXEC-Wrapper kompilieren und installieren

Wurde die suEXEC-Eigenschaft mit der `--enable-suexec`-Option aktiviert, wird die binäre suexec-Datei zusammen mit dem Apache automatisch aufgebaut, wenn Sie den `make`-Befehl ausführen.

Wurden alle Komponenten eingerichtet, können Sie sie mit dem Befehl `make install` installieren. Die ausführbare suexec-Datei wird in dem mit der `--sbindir`-Option angegebenen Verzeichnis installiert. Das Standardverzeichnis ist `/usr/local/apache2/sbin/suexec`.

Bitte beachten Sie, dass Sie *root-Rechte* für diese Installation benötigen. Damit der Wrapper die User-ID setzen kann, muss er mit *root* als Eigentümer installiert werden und das `setuserid`-Bit für den Dateimodus muss gesetzt werden.

Wasserdichte Berechtigungen

Der suEXEC-Wrapper überprüft zwar, ob der Aufrufende der mit der Option `--with-suexec-caller` angegebene Benutzer ist, es ist aber dennoch möglich, dass ein von suEXEC benutzter System- oder Bibliotheksaufruf vor dieser Überprüfung auf Ihrem System ausgenutzt werden kann. Um das zu verhindern und weil es generell angebracht ist, sollten Sie über die Dateirechte sicherstellen, dass nur die Gruppe, die den Apache ausführt, suEXEC ausführen kann.

Ist Ihr Webserver beispielsweise wie folgt konfiguriert:

```
User www
Group webgroup
```

und wird suexec im Verzeichnis `/usr/local/apache2/sbin/suexec` installiert, sollten Sie folgende Befehle ausführen:

```
chgrp webgroup /usr/local/apache2/bin/suexec
chmod 4750 /usr/local/apache2/bin/suexec
```

Damit wird sichergestellt, dass nur die Gruppe, die den Apache ausführt, den suEXEC-Wrapper ausführen kann.

2.18.4 suEXEC aktivieren & deaktivieren

Beim Start sucht der Apache in dem mit der `--sbindir`-Option angegebenen Verzeichnis nach der Datei suexec (Voreinstellung ist das Verzeichnis `/usr/local/apache/sbin/suexec`). Findet er dort einen korrekt konfigurierten suEXEC-Wrapper, wird folgende Meldung in das Fehlerprotokoll geschrieben:

```
[notice] suEXEC mechanism enabled (Wrapper: /path/to/suexec)
```

Erscheint diese Meldung beim Server-Start nicht, findet der Server das Wrapper-Programm wahrscheinlich nicht im erwarteten Verzeichnis oder das Programm wurde nicht mit `setuid root` installiert.

Soll der suEXEC-Mechanismus zum ersten Mal aktiviert werden und wird bereits ein Apache-Server ausgeführt, muss der Prozess gestoppt und der Server neu gestartet werden. Ein Neustart mit einem einfachen HUP- oder USR1-Signal reicht nicht aus.

Soll suEXEC deaktiviert werden, sollte der Server gestoppt und neu gestartet werden, nachdem die suexec-Datei entfernt wurde.

2.18.5 suEXEC benutzen

Virtuelle Hosts:

Eine Möglichkeit ist die Verwendung des suEXEC-Wrapper über die SuexecUserGroup-Direktive in den <VirtualHost>-Definitionen. Wird diese Direktive auf andere Werte als die User-ID des Hauptservers gesetzt, werden alle Anfragen nach CGI-Ressourcen unter dem *Benutzer* und der *Guppe* ausgeführt, die für diesen virtuellen Host definiert wurden. Wird diese Direktive in einem <VirtualHost>-Abschnitt nicht angegeben, wird die User-ID des Hauptservers genommen.

Benutzerverzeichnisse:

Der suEXEC-Wrapper kann CGI-Programme auch unter dem Benutzer ausführen, an den die Anfrage gerichtet ist. Dies geschieht mit dem Zeichen ~, das der User-ID vorangestellt wird, für die die Ausführung erfolgen soll. Damit das funktioniert, muss die CGI-Ausführung für den Benutzer aktiviert sein und das Skript muss der oben beschriebenen strengen Sicherheitsüberprüfung gerecht werden.

2.18.6 Debugging

Der suEXEC-Wrapper protokolliert Transaktionen in der mit der Option --with-suexec-logfile angegebenen Datei. Überprüfen Sie mit einem Blick in diese Datei und in das Fehlerprotokoll, ob Sie den Wrapper korrekt installiert haben und wo eventuell Fehler auftreten.

2.18.7 Warnungen & Beispiele

Achtung! Dieser Abschnitt ist möglicherweise zum Zeitpunkt der Drucklegung dieses Buches nicht vollständig. Den aktuellen Stand finden Sie in der Online-Dokumentaion der Apache Group http://httpd.apache.org/docs-2.1/suexec.html.

In Verbindung mit dem Wrapper gibt es nur einige wenige interessante Punkte, die Einschränkungen für die Serverkonfiguration bedeuten können. Bitte lesen Sie diese Hinweise, bevor Sie einen Bug-Report bezüglich suEXEC verschicken.

- Einschränkungen für die Hierarchie

  Aus Sicherheits- und Effizienzgründen müssen alle suEXEC-Anfragen bei Anfragen an virtuelle Hosts sich auf ein Dokumentverzeichnis oberster Ebene oder bei Anfragen nach Benutzerverzeichnissen auf ein Dokumentverzeichnis des Benutzers auf oberster Ebene beziehen. Sind beispielsweise vier virtuelle Hosts konfiguriert, müssen die Dokumentverzeichnisse der virtuellen Hosts so strukturiert sein, dass sie zum Dokumentverzeichnis der Dokumenthierarchie des Hauptservers gehören, damit suEXEC für die virtuellen Hosts genutzt werden kann.

- Die Umgebungsvariable PATH

Eine Änderung dieser Variablen kann gefährlich sein. Sorgen Sie dafür, dass es sich bei jedem angegebenen Pfad um ein *vertrautes* Verzeichnis handelt, damit niemand ein Trojanisches Pferd in ihnen ausführen kann.

- Änderungen am `suEXEC`-Code

  Es sei noch einmal darauf hingewiesen, dass Änderungen am `suEXEC`-Code *schwerwiegende Folgen* nach sich ziehen können, wenn sie nicht mit der erforderlichen Kompetenz durchgeführt werden.

2.19 Apache-Tuning

Apache 2.0 ist ein Allzweck-Webserver, der entworfen wurde, um ein ausgewogenes Maß an Flexibilität, Portierbarkeit und Leistungsfähigkeit zu bieten. Obwohl Apache 2.0 nicht speziell darauf ausgelegt wurde, neue Benchmark-Höchstwerte zu erreichen, ist er dennoch in der Lage, in vielen praktischen Einsatzfällen eine hohe Performance zu liefern.

Im Vergleich mit der Apache-Version 1.3 enthält er viele zusätzliche Optimierungen, die den Durchsatz und die Skalierbarkeit erhöhen. Die meisten dieser Verbesserungen sind standardmäßig aktiviert. Für die Laufzeit- und Compilerkonfiguration gibt es aber Auswahlmöglichkeiten, die sich spürbar auf die Leistungen auswirken. Im Folgenden werden die Konfigurationsoptionen beschrieben, mit denen der Administrator eine Feinabstimmung bei der Apache-2.0-Installation vornehmen kann. Einige dieser Konfigurationsoptionen ermöglichen dem `httpd`-Server eine bessere Ausnutzung der Möglichkeiten der Hardware und des Betriebssystems, während es andere dem Administrator erlauben, auf Kosten von Funktionalität zusätzliche Geschwindigkeit zu erzielen.

2.19.1 Aspekte der Hardware und des Betriebssystems

Der zentrale Hardware-Aspekt für die Webserver-Leistung ist der Arbeitsspeicher. Ein Webserver sollte niemals dazu gezwungen sein, Hauptspeicherinhalte auf langsamere Speichermedien auslagern zu müssen, weil dies die Wartezeit für jede Anfrage in einen Bereich verschiebt, den der Benutzer nicht mehr als »hinreichend schnell« empfinden wird. Der Anwender klickt dann auf STOP und danach auf NEU LADEN, wodurch er die Serverbelastung noch erhöht. Sie können – und sollten – die Einstellung der Direktive `MaxClients` so wählen, dass Ihr Server nicht so viele Kindprozesse startet und dadurch beginnt, zu swappen. Das kann auf einfache Weise geschehen: Ermitteln Sie über die Prozessliste oder mit Hilfe eines Programms wie `top` die Größe des durchschnittlichen Apache-Prozesses und teilen Sie die Größe des verfügbaren RAM durch diesen Wert (wobei Sie etwas Platz für andere Prozesse übrig lassen sollten).

Der Rest ist banal: Sorgen Sie für eine ausreichend schnelle CPU, eine ausreichend schnelle Netzwerkkarte und hinreichend schnelle Festplatten. Was »ausreichend schnell« bedeutet, muss in der Praxis ausprobiert werden.

Die Auswahl des Betriebssystems ist meistenteils eine Frage lokaler Gegebenheiten. Einige Richtlinien haben sich aber als grundsätzlich nützlich erwiesen:

Verwenden Sie die letzte stabile Version und die entsprechenden Patches des Betriebssystems Ihrer Wahl. Bei vielen Betriebssystemen wurden die TCP-Stacks und Thread-Bibliotheken in den letzten Jahren deutlich verbessert.

up ...

... up ... update

Nutzen Sie den UPDATE-SERVICE des mitp-Teams bei vmi-Buch. Registrieren Sie sich JETZT!

Unsere Bücher sind mit großer Sorgfalt erstellt. Wir sind stets darauf bedacht, Sie mit den aktuellsten Inhalten zu versorgen, weil wir wissen, dass Sie gerade darauf großen Wert legen. Unsere Bücher geben den top-aktuellen Wissens- und Praxisstand wieder.

Um Sie auch über das vorliegende Buch hinaus regelmäßig über die relevanten Entwicklungen am IT-Markt zu informieren, haben wir einen besonderen Leser-Service eingeführt.

Lassen Sie sich professionell, zuverlässig und fundiert auf den neuesten Stand bringen. **Registrieren Sie sich jetzt auf www.mitp.de** oder **www.vmi-buch.de** und Sie erhalten zukünftig einen E-Mail-Newsletter mit Hinweisen auf Aktivitäten des Verlages wie zum Beispiel unsere aktuellen, kostenlosen Downloads.

Ihr Team von mitp

Wenn das Betriebssystem einen `sendfile(2)`-Systemaufruf unterstützt, dann sorgen Sie dafür, dass die Version und/oder die Patches für dessen Aktivierung installiert sind. (Für Linux bedeutet das beispielsweise die Linux-Version 2.4 oder spätere Versionen. Frühe Solaris-8-Versionen benötigen möglicherweise ein Patch.) Bei Betriebssystemen, wo der Systemaufruf zur Verfügung steht, ermöglicht er dem Apache-2-Server eine schnellere Auslieferung statischer Inhalte bei einer niedrigeren CPU-Belastung.

2.19.2 Aspekte der Laufzeitkonfiguration

Referenzierte Module:	`mod_dir`	`mpm_common`
	`mod_status`	
Referenzierte Direktiven:	`AllowOverride`	`DirectoryIndex`
	`HostnameLookups`	`EnableMMAP`
	`EnableSendfile`	`KeepAliveTimeout`
	`MaxSpareServers`	`MinSpareServers`
	`Options`	`StartServers`

Suche nach Hostnamen und andere DNS-Aspekte

Vor der Apache-Version 1.3 war die `HostnameLookups`-Direktive standardmäßig auf `On` gesetzt. Das führt zu zusätzlicher Wartezeit für jede Anfrage, weil eine DNS-Suche durchgeführt werden muss, bevor die Anfrage abgeschlossen werden kann. Bei der Apache-Version 1.3 wird standardmäßig der Wert `Off` gesetzt. Falls Sie in Ihren Log-Dateien eine Auflösung von IP-Adressen in Hostnamen benötigen, dann verwenden Sie dafür das Programm `logresolve` der Apache-Distribution, eines der zahlreichen verfügbaren Programme zur Auswertung von Log-Dateien.

Es ist zu empfehlen, diese Form der Nachbereitung der Log-Dateien auf einem anderen Rechner als dem eigentlichen Webserver durchzuführen, damit sie sich nicht auf die Leistungsfähigkeit des Servers auswirkt.

Wird eine der Anweisungen `Allow from domain` oder `Deny from domain` verwendet (Verwendung eines Host- oder Domänennamens anstelle einer IP-Adresse), dann ist eine doppelt reversive DNS-Suche erforderlich (eine reversive gefolgt von einer vorwärts gerichteten Suche, um sicherzustellen, dass die reversive Suche nicht getäuscht wird). Um keine Leistungseinbußen hinnehmen zu müssen, sollten daher bei diesen Direktiven möglichst immer IP-Adressen anstatt Namen verwendet werden.

Die Direktiven können auch auf einen Bereich beschränkt werden, beispielsweise auf einen `<Location /server-status>`-Abschnitt. In diesem Fall werden die DNS-Suchen nur für Anfragen durchgeführt, für die die Kriterien zutreffen. Im folgenden Beispiel werden die Suchen außer für `.html`- und `.cgi`-Dateien deaktiviert:

```
HostnameLookups off
<Files ~ "\.(html|cgi)$">
    HostnameLookups on
</Files>
```

Aber abgesehen von dieser Möglichkeit: Falls Sie DNS-Namen nur in einigen wenigen CGI-Anwendungen benötigen, sollten Sie in Erwägung ziehen, den `gethostbyname`-Aufruf (nur) in denjenigen CGIs durchzuführen, die ihn benötigen.

FollowSymLinks und SymLinksIfOwnerMatch

Überall dort innerhalb Ihres URL-Raums, wo Sie a) die Option Options FollowSymLinks nicht gesetzt oder b) die Option Options SymLinksIfOwnerMatch gesetzt haben, wird Apache zusätzliche Systemaufrufe benötigen, um eine Prüfung auf symbolische Links durchzuführen (jeweils einen Aufruf für jede Komponente des Dateinamens). Ein Beispiel:

```
DocumentRoot /www/htdocs
<Directory />
    Options SymLinksIfOwnerMatch
</Directory>
```

Erfolgt eine Anfrage nach dem URI /index.html, ruft der Apache lstat(2) für /www, /www/htdocs und /www/htdocs/index.html auf. Die Ergebnisse dieser Aufrufe werden nicht zwischengespeichert; deshalb sind sie bei jeder weiteren Anforderung erneut erforderlich. Soll wirklich eine Überprüfung der symbolischen Links stattfinden, kann dies auch wie folgt geschehen:

```
DocumentRoot /www/htdocs
<Directory />
    Options FollowSymLinks
</Directory>

<Directory /www/htdocs>
    Options -FollowSymLinks +SymLinksIfOwnerMatch
</Directory>
```

Das verhindert zumindest zusätzliche Überprüfungen für den Pfad DocumentRoot. Gibt es Alias- oder RewriteRule-Pfade außerhalb der DocumentRoot, müssen die entsprechenden Abschnitte hinzugefügt werden. Für höchste Leistung ohne Überprüfung der symbolischen Links sollte immer FollowSymLinks und niemals SymLinksIfOwnerMatch gesetzt werden.

AllowOverride

Wird im URL-Raum das Überschreiben erlaubt (normalerweise in den .htaccess-Dateien), versucht der Apache für jede Komponente des Dateinamens, eine entsprechende (d.h. in dem Verzeichnis des bis dahin gebildeten Pfadnamens liegende) .htaccess-Datei zu öffnen. Bei der Anweisung

```
DocumentRoot /www/htdocs
<Directory />
    AllowOverride all
</Directory>
```

und einer Anfrage nach dem URI /index.html versucht der Apache, die Dateien /.htaccess, /www/.htaccess und /www/htdocs/.htaccess zu öffnen. Die Lösung des Problems ist ähnlich wie für Options FollowSymLinks. Für höchste Leistung sollte überall im Dateisystem AllowOverride None verwendet werden.

Content Negotiation

Falls möglich, sollte eine Content Negotiation vermieden werden, wenn alle Möglichkeiten zur Leistungssteigerung ausgeschöpft werden sollen. Allerdings überwiegen in der Praxis die Vorteile der Content Negotiation gegenüber den Leistungseinbußen. Aber es gibt eine Situation, in denen der Server beschleunigt werden kann, ohne dabei auf Funktionalität verzichten zu müssen. Anstatt Wildcards wie

```
DirectoryIndex index
```

zu benutzen, sollten Sie eine vollständige Optionsliste verwenden:

```
DirectoryIndex index.cgi index.pl index.shtml index.html
```

wobei Sie den häufigsten Fall an erster Stelle angeben sollten.

Beachten Sie auch, dass das explizite Anlegen einer Typemap-Datei bessere Leistungen ermöglicht als die Verwendung von MultiViews, weil die erforderlichen Informationen durch Lesen einer einzigen Datei ermittelt werden können, anstatt das Verzeichnis nach Dateien durchsuchen zu müssen.

Falls Ihre Site (unbedingt) Content Negotiation benötigt, sollten Typemap-Dateien anstelle der Direktive `Options MultiViews` benutzt werden. In der Beschreibung der Content Negotiation werden die Methoden des Aushandelns und die Anweisungen zum Erzeugen von Typemap-Dateien ausführlich behandelt.

Speicherzuordnungen

In Situationen, in denen der Apache 2.0 auch den Inhalt einer auszuliefernden Datei betrachten muss (beispielsweise bei der Server-Side-Include-Verarbeitung), nimmt er normalerweise eine Speicherabbildung des Inhalts der Datei vor, wenn das Betriebssystem eine Form der Funktion `mmap(2)` unterstützt.

Bei einigen Betriebssystemen steigert die Speicherzuordnung die Leistung. Manchmal kann sie aber auch die Leistung mindern oder gar die Stabilität des Servers gefährden:

Bei einigen Betriebssystemen ist `mmap` bei wachsender Anzahl von CPUs nicht so gut skalierbar wie `read(2)`. Bei Solaris-Servern mit mehreren Prozessoren liefert der Apache 2.0 beispielsweise manchmal vom Server analysierte Dateien schneller aus, wenn `mmap` deaktiviert ist.

Wird eine Speicherzuordnung für eine in einem eingebundenen NFS-Dateisystem befindliche Datei vorgenommen und ein Prozess eines anderen NFS-Client-Rechners löscht oder verkürzt die Datei, kann Ihr Prozess einen Busfehler erzeugen, wenn er das nächste Mal versucht, auf den Inhalt der zugeordneten Datei zuzugreifen.

Bei Installationen, wo eine dieser Möglichkeiten zutrifft, sollte die Speicherzuordnung ausgelieferter Dateien mit `EnableMMAP off` deaktiviert werden. (Hinweis: Diese Direktive kann auf Verzeichnisebene überschrieben werden.)

Sendfile

In Situationen, in denen der Apache 2.0 den Inhalt der auszuliefernden Datei ignorieren kann (beispielsweise bei der Auslieferung des Inhalts statischer Dateien), wird normalerweise die `sendfile`-Unterstützung des Servers genutzt, wenn das Betriebssystem die `sendfile(2)`-Operation unterstützt.

Bei den meisten Betriebssystem verbessert die Verwendung von `sendfile` die Leistungen, weil separate Lese- und Sendemechanismen wegfallen. In bestimmten Fällen kann die Verwendung von `sendfile` jedoch die Stabilität des `httpd`-Programms gefährden:

Bei manchen Betriebssystem ist die `sendfile`-Unterstützung fehlerhaft, was vom Build-System nicht erkannt wurde, insbesondere, wenn die ausführbaren Programmdateien auf einem anderen Rechner erstellt und auf einen Rechner mit fehlerhafter `sendfile`-Unterstützung übernommen wurden.

Bei eingebundenen NFS-Dateien ist der Kernel möglicherweise nicht in der Lage, die Netzwerkdatei über den eigenen Zwischenspeicher zuverlässig zu bedienen.

Trifft einer dieser Umstände zu, sollte `sendfile` mit der Anweisung `EnableSendfile off` die Auslieferung von Dateiinhalten deaktivieren. (Hinweis: Diese Direktive kann auf Verzeichnisebene überschrieben werden.)

Prozesserzeugung

Vor der Apache-Version 1.3 hatten die Einstellungen der Direktiven `MinSpareServers`, `MaxSpareServers` und `StartServers` drastische Auswirkungen auf die Ergebnisse von Vergleichstests. Insbesondere benötigte der Apache eine »Anfahrzeit«, um eine ausreichende Anzahl von Kindprozessen für die Bewältigung der anfallenden Last zu erreichen. Nach der Initialisierung der mit `StartServers` angegebenen Anzahl von Prozessen wurde nur ein Kindprozess pro Sekunde erzeugt, um die mit `MinSpareServers` angegebene Anzahl zu erreichen. Bei der Voreinstellung von 5 für `StartServers` und bei 100 gleichzeitig zugreifenden Clients dauerte es 95 Sekunden, bis genug Kindprozesse gestartet waren. Das funktioniert in der Praxis, weil im normalen Betrieb nicht häufig Neustarts durchgeführt werden. Bei einem Vergleichstest, der sich nur über zehn Minuten erstreckt, führt das aber zu mageren Ergebnissen.

Mit der Anzahl von einem Kindprozess pro Sekunde sollte vermieden werden, dass der Server in der Startphase mit diesem Vorgang überlastet wird. Wenn der Rechner damit beschäftigt ist, neue Kindprozesse zu starten, kann er andere Anfragen nicht bedienen. Aber die starken Auswirkungen auf die Leistung machte eine Abhilfe erforderlich. Mit der Apache-Version 1.3 trat der Sekundentakt etwas in den Hintergrund. Jetzt wird zuerst ein Prozess gestartet, eine Sekunde gewartet und dann werden zwei Prozesse gestartet. Nach einer weiteren Sekunde werden vier Prozesse gestartet usw., bis 32 Kindprozesse pro Sekunde gestartet werden. Ist der mit `MinSpareServers` angegebene Wert erreicht, wird der Vorgang abgebrochen.

Das Antwortverhalten dieses Verfahrens scheint so gut zu sein, dass es meist unnötig ist, die Einstellungen für `MinSpareServers`, `MaxSpareServers` und `StartServers` zu verändern. Werden mehr als vier Kindprozesse pro Sekunde gestartet, wird eine Meldung ins Fehlerprotokoll geschrieben. Taucht diese Meldung wiederholt auf, müssen die Einstellungen eventuell geändert werden. Die Ausgaben von `mod_status` kann hier als Orientierung dienen.

In Verbindung mit der Prozesserzeugung steht die Prozessbeendigung, die durch die `MaxRequestsPerChild`-Einstellung ausgelöst wird. Die Standardeinstellung liegt bei 0 und bedeutet, dass es keine Obergrenze für die Anzahl der von einem Kindprozess bedienten Anfragen gibt. Liegt der Wert sehr niedrig, beispielsweise bei 30, dann werden Sie ihn möglicherweise deutlich erhöhen wollen. Unter SunOS oder einer alten Version von Solaris sollte die Grenze bei zirka 10000 liegen, um Speicherlöcher zu vermeiden.

Werden Keep-Alives verwendet, sind die Kindprozesse damit beschäftigt, nichts anderes zu tun, als auf Anfragen über die bereits geöffnete Verbindung zu warten. Die Voreinstellung für `KeepAliveTimeout` mit 15 Sekunden versucht, diesen Effekt zu mildern. Hier muss zwischen Netzwerkbandbreite und Serverressourcen abgewogen werden. Auf keinen Fall sollte der Wert bei über 60 Sekunden liegen, da sonst die meisten Vorteile verloren gehen (siehe http://www.research.digital.com/wrl/techreports/abstracts/95.4.html).

2.19.3 Beim Kompilieren zu berücksichtigende Aspekte

Auswahl eines MPM

Apache 2.x unterstützt die Auswahl mehrerer so genannter Multi-Processing-Module (MPMs). Ber der Übersetzung des Apache muss ein MPM ausgewählt werden. Für einige Betriebssysteme gibt es spezielle MPMs: `beos`, `mpm_netware`, `mpmt_os2` und `mpm_winnt`. Für allgemeine UNIX-Systeme gibt es mehrere MPMs, unter denen gewählt werden kann. Die Auswahl des MPM kann sich auf Geschwindigkeit und Anpassungsfähigkeit des Servers auswirken:

- Das `worker`-MPM verwendet mehrere Kindprozesse mit jeweils vielen Threads. Jeder Thread bedient gleichzeitig eine Verbindung. Das Modul eignet sich gut für Server mit viel Datenverkehr, weil es weniger Arbeitsspeicher beansprucht als `prefork`.
- Das `prefork`-MPM benutzt mehrere Kindprozesse mit jeweils einem Thread. Jeder Prozess bedient gleichzeitig eine Verbindung. Bei vielen Systemen ist dieses MPM hinsichtlich der Geschwindigkeit mit dem MPM `worker` vergleichbar, es beansprucht aber mehr Speicherplatz. Die geringe Thread-Anzahl ist in manchen Situationen vorteilhaft, insbesondere bei nicht Thread-sicheren Modulen anderer Hersteller. Außerdem ist die Fehlersuche bei Betriebssystemen mit schlechter Unterstützung für die Thread-Fehlersuche einfacher.

Weitere Informationen zu diesen und anderen MPMs finden Sie im *Abschnitt 2.14 »Multi-Processing-Module (MPMs)«*.

Module

Da die Speicherauslastung ein wichtiger Aspekt für die Leistungsfähigkeit ist, sollten Sie bestrebt sein, aktuell nicht benutzte Module zu eliminieren. Wenn die Module als DSOs eingerichtet wurden, muss lediglich die entsprechende `LoadModule`-Direktive für dieses Modul auskommentiert werden. Dies erlaubt Ihnen, mit dem Entfernen von Modulen zu experimentieren und zu kontrollieren, ob Ihre Seite ohne diese Module noch funktioniert.

Wurden Module dagegen statisch in den binären Apache-Server eingebunden, muss der Server erneut kompiliert werden, wenn Sie unerwünschte Module entfernen wollen.

In diesem Zusammenhang stellt sich natürlich die Frage, welche Module überhaupt benötigt werden und welche nicht. Die Antwort variiert selbstverständlich von Website zu Website. Eine *minimale* Modulliste enthält in der Regel die Module `mod_mime`, `mod_dir` und `mod_log_config`, wobei Letzteres optional ist, da eine Website auch ohne Fehlerprotokollierung funktionsfähig ist. Dies wird allerdings nicht empfohlen.

Unteilbare Operationen

Einige Module wie z.B. mod_cache und neuere Entwicklungs-Builds des MPM worker benutzen das unteilbare API der Apache Portable Runtime (APR). Dieses API stellt unteilbare Operationen zur Verfügung, mit denen eine einfache Thread-Synchronisation möglich ist.

Standardmäßig implementiert die APR diese Operationen mit dem effizientesten Mechanismus des jeweiligen Betriebssystems. Viele moderne CPUs verfügen beispielsweise in der Hardware über die Kernfunktion Compare-and-Swap (CAS). Bei anderen Betriebssystemen verwendet die APR standardmäßig eine langsamere, Mutex-basierte Implementierung des unteilbaren API, um die Kompatibilität zu älteren CPU-Modellen zu gewährleisten, denen solche Anweisungen fehlen. Wird der Apache für eines dieser Betriebssysteme bei gleichzeitigem Einsatz neuerer CPUs eingerichtet, können Sie zur Übersetzungszeit eine schnellere Implementierung für die unteilbaren Operationen auswählen. Dies geschieht beim Kompilieren mit der Option --enable-nonportable-atomics:

```
./buildconf
./configure --with-mpm=worker --enable-nonportable-atomics=yes
```

Die Option --enable-nonportable-atomics ist für folgende Betriebssysteme relevant:

- Solaris auf SPARC
- Standardmäßig verwendet die APR unter Solaris/SPARC Mutex-basierte unteilbare Operationen. Bei Angabe der Option --enable-nonportable-atomics erzeugt die APR jedoch Code, der einen SPARC v8plus-Opcode für schnelle Compare-and-Swap-Operationen auf Hardware-Basis verwendet. Wird der Apache mit dieser Option konfiguriert, sind die unteilbaren Operationen effektiver (geringere CPU-Auslastung und mehr gleichzeitige Zugriffe), das ausführbare Programm läuft aber nur mit UltraSPARC-CPUs.
- Linux auf x86
- Standardmäßig verwendet die APR unter Linux auf x86 Mutex-basierte unteilbare Operationen. Bei Angabe der Option --enable-nonportable-atomics erzeugt die APR jedoch Code, der einen 486-Opcode für schnelle Compare-and-Swap-Operationen auf Hardware-Basis verwendet. Das Ergebnis sind effizientere unteilbare Operationen, das ausführbare Programm läuft aber nur mit 486er CPUs oder Folgemodellen (nicht mit 3 86er CPUs).

mod_status und ExtendedStatus On

Wird beim Kompilieren und Ausführen des Apache-Servers mod_status eingebunden und gleichzeitig ExtendedStatus On gesetzt, dann führt der Apache bei jeder Anfrage zwei Aufrufe von gettimeofday(2) oder times(2) (je nach Betriebssystem) sowie mehrere zusätzliche Aufrufe von time(2) (vor 1.3) durch. Das geschieht zur Protokollierung von Zeitangaben im Statusreport. Um beste Leistungen zu erzielen, sollte ExtendedStatus auf off gesetzt werden (was der Voreinstellung entspricht).

accept-Serialisierung – Mehrere Sockets

Dieser Abschnitt befasst sich mit einem Mangel des Socket-API von UNIX. Überwacht der Webserver mit mehreren Listen-Anweisungen mehrere Ports oder Adressen, dann verwendet der Apache select(2), um jedes Socket auf eine bereite Verbindung hin zu überprüfen. select(2) zeigt an, ob für ein Socket *null* oder *wenigstens eine* wartende Verbindung vorliegt.

Das Apache-Modell enthält mehrere Kindprozesse, wobei alle nicht beschäftigten Prozesse gleichzeitig auf neue Verbindungen abfragen. Eine naive Implementierung sieht etwa folgendermaßen aus (diese Beispiele entsprechen nicht dem Code, sie dienen lediglich der Veranschaulichung):

```
for (;;) {
   for (;;) {
      fd_set accept_fds;

      FD_ZERO (&accept_fds);
      for (i = first_socket; i <= last_socket; ++i) {
         FD_SET (i, &accept_fds);
      }
      rc = select (last_socket+1, &accept_fds, NULL, NULL, NULL);
      if (rc < 1) continue;
      new_connection = -1;
      for (i = first_socket; i <= last_socket; ++i) {
         if (FD_ISSET (i, &accept_fds)) {
            new_connection = accept (i, NULL, NULL);
            if (new_connection != -1) break;
         }
      }
      if (new_connection != -1) break;
   }
   process the new_connection;
}
```

Bei dieser naiven Implementierung besteht die ernsthafte Gefahr, dass sich der Server in nutzlosen Berechnungen erschöpft. Mehrere Kindprozesse führen diese Schleife gleichzeitig aus, so dass auch mehrere Prozesse von `select` blockiert werden, wenn sie gerade keine Anfrage bearbeiten. Alle diese blockierten Kindprozesse werden reaktiviert und kehren von `select` zurück, wenn eine einzige Anfrage an einem beliebigen Socket erscheint (die Anzahl der Kindprozesse, die reaktiviert werden, hängt vom Betriebssystem und der Zeitplanung ab). Jeder betritt die Schleife und versucht, die Verbindung zu akzeptieren (`accept`). Aber nur ein Prozess hat Erfolg (vorausgesetzt, nur eine Verbindung ist bereit), der Rest wird von `accept` *blockiert*. Dieses blockiert diese Kindprozesse tatsächlich derartig, dass sie nur noch Anforderungen von diesem einen Socket und keinem (der vielen) anderen bedienen können. Sie sitzen dort fest, bis genügend neue Anfragen für dieses Socket erscheinen, um sie alle zu reaktivieren. Dieses Problem wurde im PR#467 (http://bugs.apache.org/index/full/467) zum ersten Mal dokumentiert. Es bieten sich mindestens zwei Lösungen an.

Zum einen kann die Blockade durch die Sockets ausgeschlossen werden. In diesem Fall blockiert `accept` die Kindprozesse nicht und sie dürfen sofort fortfahren. Dadurch wird aber CPU-Zeit vergeudet. Angenommen, Sie haben zehn unbeschäftigte Kindprozesse für `select` und nur eine eingehende Verbindung. Dann werden neun dieser Prozesse aktiviert und sie versuchen alle die Verbindung zu akzeptieren (`accept`), schlagen fehl und stehen wieder bei `select`, ohne etwas zu verrichten. Zwischenzeitlich hat keiner dieser neun Prozesse Anfragen bedient, die über andere Sockets eingehen. Insgesamt scheint dies keine glückliche Lösung zu sein, es sei denn, es gibt so viele wartende CPUs (in einem Multiprozessor-Rechner), wie es wartende Kindprozesse gibt, was eine sehr unwahrscheinliche Situation ist.

Bei der zweiten Lösung, die der Apache benutzt, wird der Eintritt in die innere Schleife serialisiert. Die Schleife sieht folgendermaßen aus (die Unterschiede sind hervorgehoben):

```
for (;;) {
  accept_mutex_on ();
  for (;;) {
    fd_set accept_fds;

    FD_ZERO (&accept_fds);
    for (i = first_socket; i <= last_socket; ++i) {
      FD_SET (i, &accept_fds);
    }
    rc = select (last_socket+1, &accept_fds, NULL, NULL, NULL);
    if (rc < 1) continue;
    new_connection = -1;
    for (i = first_socket; i <= last_socket; ++i) {
      if (FD_ISSET (i, &accept_fds)) {
        new_connection = accept (i, NULL, NULL);
        if (new_connection != -1) break;
      }
    }
    if (new_connection != -1) break;
  }
  accept_mutex_off ();
  process the new_connection;
}
```

Die Funktionen `accept_mutex_on` und `accept_mutex_off` implementieren eine wechselseitig ausschließende Semaphore. Nur ein Kindprozess kann jeweils den Mutex zu einem gegebenen Zeitpunkt besitzen. Für die Implementierung der Mutexe stehen mehrere Möglichkeiten zur Verfügung. Die Auswahl ist in der Datei `src/conf.h` (bei Version 1.3) oder in der Datei `src/include/ap_config.h` (ab Version 1.3) definiert. Bei einigen Architekturen wurde keine Auswahl getroffen, so dass bei ihnen die Verwendung mehrerer `Listen`-Anweisungen nicht sicher ist.

Mit der Direktive `AcceptMutex` kann die gewählte Mutex-Implementierung während der Laufzeit geändert werden.

AcceptMutex flock

Diese Methode verwendet den `flock(2)`-Systemaufruf, um eine Sperrdatei zu blockieren (ihr Name wird mit der `LockFile`-Direktive definiert).

AcceptMutex fcntl

Diese Methode verwendet den `fcntl(2)`-Systemaufruf, um eine Sperrdatei zu blockieren (ihr Name wird mit der `LockFile`-Direktive definiert).

AcceptMutex sysvsem

(Ab Version 1.3) Diese Methode verwendet Semaphoren im SysV-Stil, um den Mutex zu implementieren. Semaphoren im SysV-Stil haben leider unangenehme Nebeneffekte. Zum einen ist es möglich, dass der Apache beendet wird, ohne dass die Semaphore vorher zurückgesetzt wird (siehe auch `ipcs(8)`-Man-Page). Zum anderen ermöglicht das Semaphoren-API Denial-of-Service-Attacken durch CGI-Skripte, die unter der gleichen User-ID wie der Webserver ausgeführt werden (das heißt, alle CGI-Skripte, wenn nicht etwas ähnliches wie `suexec` oder `cgiwrapper` benutzt wird). Aus diesen Gründen wird diese Methode außer auf IRIX (wo die beiden zuvor genannten bei den meisten IRIX-Rechnern unverhältnismäßig aufwändig sind) von keiner anderen Architektur benutzt.

AcceptMutex pthread

(Ab Version 1.3) Diese Methode verwendet POSIX-Mutexe und sollte bei jeder Architektur funktionieren, die die vollständige POSIX-Thread-Spezifikation implementiert. Allerdings scheint sie nur unter Solaris (ab Version 2.5) zu funktionieren und auch dort nur bei bestimmten Konfigurationen. Wenn mit dieser Methode experimentiert wird, sollte darauf geachtet werden, ob der Server hängt und nicht mehr reagiert. Bei Servern mit ausschließlich statischen Inhalten kann sie gut funktionieren.

AcceptMutex posixsem

(Ab Version 2.0) Diese Methode verwendet POSIX-Semaphoren. Die Semaphoreneigentümerschaft wird nicht wiederhergestellt, wenn ein Thread, der während des Prozesses den Mutex besitzt, einen Segmentfehler verursacht, was zum Hängen des Webservers führt.

Verwendet ein System eine hier nicht aufgeführte Methode für die Serialisierung, dann kann es sinnvoll sein, die APR um den entsprechenden Code zu erweitern.

Eine weitere Lösung, die aber niemals implementiert wurde, ist eine partielle Serialisierung der Schleife, was bedeutet, dass nur eine bestimmte Anzahl von Prozessen hineingelassen wird. Das ist nur für Multiprozessor-Rechner interessant, wo mehrere Kindprozesse gleichzeitig ausgeführt werden können und die Serialisierung die volle Bandbreite eigentlich nicht ausnutzt. Dies ist ein mögliches Feld für zukünftige Bemühungen, wobei die Priorität niedrig ist, da hochgradig parallele Webserver nicht die Norm sind.

Idealerweise sollten Sie auf die Verwendung mehrfacher `Listen`-Anweisungen verzichten, wenn gute Leistungen im Vordergrund stehen. Damit ist das Thema aber noch nicht abgeschlossen.

accept-Serialisierung – Einzelnes Socket

Die oben beschriebenen Verfahren eignen sich hervorragend für Server mit mehreren Sockets, aber wie sieht es bei Servern mit einem einzigen Socket aus? Rein theoretisch sollte keines der genannten Probleme auftreten, da alle Kindprozesse nur bis zum Ankommen der nächsten Verbindung in `accept(2)` blockiert werden können. In der Praxis verbirgt sich aber dahinter fast das gleiche Verhalten, wie es für die nicht blockierende Lösung beschrieben wurde. Bei der Art und Weise, wie die meisten TCP-Stacks implementiert sind, aktiviert der Kernel nämlich alle in `accept` blockierten Prozesse, wenn eine einzige Verbindung ankommt. Einer dieser Prozesse übernimmt die Verbindung und kehrt in den Benutzerbereich zurück, während die übrigen im Kernel zirkulieren und sich selbst wieder »schlafen legen«, wenn sie bemerken, dass für sie keine zu bearbeitende Verbindung vorliegt. Dieses Zirkulieren ist im Anwendercode nicht zu erkennen, findet aber trotzdem statt und kann zum gleichen leistungsmindernden Verhalten führen wie die nicht blockierende Lösung bei mehreren Sockets.

Es hat sich herausgestellt, dass viele Systeme sich gutmütiger verhalten, wenn auch im Fall eines einzelnen Sockets eine Serialisierung vorgenommen wird. Dies entspricht in der Tat fast in allen Fällen dem Standardverhalten des Apache. Versuche unter Linux (Version 2.0.30 auf einem Rechner mit Dual Pentium pro 166 128Mb RAM) haben gezeigt, dass die Serialisierung im Fall des einzelnen Sockets zu einer Abnahme der Anfragen pro Sekunde von weniger 3% gegenüber der nicht serialisierten Variante geführt haben. Beim nicht serialisierten einzelnen Socket kamen aber pro Anfrage 100 ms Wartezeit hinzu. Bei DFÜ-Verbindungen ist diese Verzögerung höchstwahrscheinlich vernachlässigbar, also lediglich in schnellen LANs tatsächlich ein Problem. Wenn Sie die Serialisierung für den Betrieb mit nur einem Socket außer Kraft setzen wollen, können Sie die symbolische Konstante `SINGLE_LISTEN_UNSERIALIZED_ACCEPT` definieren; in diesem Fall werden Server mit nur einem Socket nicht serialisieren.

Schleichender Verbindungsabbau

Wie in Abschnitt 8 des Beitrags `http://www.ics.uci.edu/pub/ietf/http/draft-ietf-http-connection-00.txt` erörtert wird, muss ein HTTP-Server für eine *zuverlässige* Implementierung des Protokolls jede Richtung der Kommunikation unabhängig voneinander beenden (denn eine TCP-Verbindung ist bidirektional, wobei die beiden Teile voneinander unabhängig sind). Diese Tatsache wird von anderen Servern häufig übersehen, vom Apache wird sie aber seit der Version 1.2 korrekt implementiert.

Als diese Fähigkeit in Apache eingebaut wurde, sorgte sie aufgrund einer Kurzsichtigkeit (bei der gewählten Implementierung) für eine Reihe von Problemen auf verschiedenen UNIX-Versionen. Die TCP-Spezifikation verlangt nicht, dass der Zustand `FIN_WAIT_2` nur zeitlich begrenzt existieren darf, sie schließt dies jedoch auch nicht aus. Bei Systemen ohne Timeout-Mechanismus verursachte der Apache 1.2 ein ewiges Hängen vieler Sockets im `FIN_WAIT_2`-Status. In vielen Fällen kann das durch ein Upgrade mit den aktuellen TCP/IP-Patches des Herstellers behoben werden. Bei Fällen, in denen der Hersteller nie entsprechende Patches freigegeben hat (beispielsweise SunOS4 – wobei Leute mit einer Source-Lizenz die entsprechenden Patches selbst durchführen können), haben wir uns entschieden, dieses Feature zu deaktivieren.

Es gibt zwei Möglichkeiten, dies zu bewirken. Eine davon ist die (Verwendung der) Socket-Option `SO_LINGER`. Leider wurde sie für die meisten TCP/IP-Stacks niemals korrekt implementiert. Selbst bei Stacks mit einer korrekten Implementierung (z.B. Linux 2.0.31) erweist sich dieses Verfahren als aufwändiger (CPU-Zeit) als die nachfolgend beschriebene Lösung.

Zum größten Teil findet sich diese Apache-Implementierung in der Funktion `lingering_close` (in der Datei `http_main.c`). Sie sieht ungefähr so aus:

```
void lingering_close (int s)
{
```

```
   char junk_buffer[2048];

   /* shutdown the sending side */
   shutdown (s, 1);

   signal (SIGALRM, lingering_death);
   alarm (30);

   for (;;) {
     select (s for reading, 2 second timeout);
     if (error) break;
     if (s is ready for reading) {
       if (read (s, junk_buffer, sizeof (junk_buffer)) <= 0) {
         break;
       }
       /* just toss away whatever is here */
     }
   }

   close (s);
}
```

Dadurch entsteht natürlicherweise ein gewisser Aufwand beim Beenden einer Verbindung, der jedoch für eine zuverlässige Implementierung unverzichtbar ist. Mit der zunehmenden Verbreitung von HTTP/1.1 und der (damit verbundenen) Persistenz aller Verbindungen amortisiert sich dieser Aufwand mit zunehmender Menge von Anfragen. Wenn Sie mit dem Feuer spielen und dieses Feature deaktieren wollen, können Sie die Konstante NO_LING-CLOSE definieren, aber davon wird grundsätzlich abgeraten. Je mehr die HTTP/1.1-Verbindungen zum Standard werden, um so unverzichtbarer wird lingering_close (und Pipeline-Verbindungen sind schneller und sollten unterstützt werden, siehe http://www.w3.org/Protocols/HTTP/Performance/Pipeline.html).

Scoreboard-Datei

Die Apache-Prozesse und Kindprozesse kommunizieren über das so genannte *Scoreboard* miteinander. Dieses sollte idealerweise im Shared Memory implementiert werden. Für diejenigen Betriebssysteme, zu denen wir selbst entweder Zugang haben oder für die uns eine detaillierte Portierung vorliegt, wird es normalerweise im Shared Memory implementiert. Bei den übrigen wird standardmäßig eine Datei auf der Festplatte verwendet. Eine solche Datei ist nicht nur langsam, sie ist auch unzuverlässiger. Überprüfen Sie die Datei src/main/conf.h Ihres Systems und suchen Sie nach den Definitionen USE_MMAP_SCOREBOARD oder USE_SHMGET_SCOREBOARD. Die Definition einer dieser beiden Konstanten (sowie des entsprechenden ihrer beiden Gegenstücke HAVE_MMAP bzw. HAVE_SHMGET) bewirkt die Aktivierung des mitgelieferten Shared-Memory-Codes. Besitzt Ihr System einen andern Typ von Shared Memory, dann müssen Sie die Datei http_main.c bearbeiten und die entsprechenden Hooks hinzufügen, um ihn im Apache verwenden zu können.

> **Historische Anmerkung**
>
> Die Portierung von Apache nach Linux verwendete erst seit der Version 1.2 Shared Memory. Diese Nachlässigkeit führte zu einem mangelhaften und unzuverlässigen Verhalten früherer Versionen von Apache für Linux.

DYNAMIC_MODULE_LIMIT

Sollten Sie nicht vorhaben, dynamisch nachladbare Module zu verwenden (was vermutlich der Fall sein wird, wenn Sie diese Zeilen lesen und versuchen, das letzte bisschen Performance aus Ihrem Server herauszukitzeln), dann sollten Sie bei der Übersetzung des Servers -DDYNAMIC_MODULE_LIMIT=0 angeben. Dies spart RAM, der sonst nur für die Unterstützung dynamisch geladener Module reserviert werden müsste.

2.19.4 Anhang: Ausführliche Analyse eines Trace

Nachfolgend sehen Sie einen Trace der Systemaufrufe von Apache 2.0.38 unter Verwendung des Worker-MPM unter Solaris 8. Dieser Trace wurde durch das Kommando truss -l -p httpd_child_pid erzeugt.

```
truss -l -p httpd_child_pid.
```

Die Option -l weist das Programm truss an, die ID des LWP (Lightweight Process – die Solaris-Variante eines Threads auf Kernelebene) zu protokollieren, der den Systemaufruf durchführt.

Für andere Betriebssysteme gibt es entsprechende Programme wie zum Beispiel strace, ktrace oder par. Sie produzieren alle ähnliche Ausgaben.

Bei diesem Trace hat ein Client eine 10 KByte große statische Datei vom Hauptprogramm httpd angefordert. Traces nicht statischer Anfragen oder Anfragen mit Content Negotiation sehen ganz anders (und manchmal auch sehr unschön) aus.

```
/67:    accept(3, 0x00200BEC, 0x00200C0C, 1) (sleeping...)
/67:    accept(3, 0x00200BEC, 0x00200C0C, 1) = 9
```

In diesem Trace wird der Listener-Thread in LWP #67 ausgeführt.

> **Hinweis**
>
> Beachten Sie die fehlende accept(2)-Serialisierung. Bei diesem speziellen Betriebssystem verwendet das worker-MPM standardmäßig die nicht serialisierte Variante, wenn nicht mehrere Ports überwacht werden.

```
/65:    lwp_park(0x00000000, 0) = 0
/67:    lwp_unpark(65, 1) = 0
```

Beim Akzeptieren einer Verbindung aktiviert der listener-Thread einen worker-Thread für die Verarbeitung der Anfrage. In diesem Trace ist der worker-Thread für die Anfrage LWP #65 zugeordnet.

2.19 | Apache-Tuning

```
/65:    getsockname(9, 0x00200BA4, 0x00200BC4, 1) = 0
```

Um die virtuellen Hosts implementieren zu können, muss der Apache die lokale Socket-Adresse kennen, über die diese Verbindung akzeptiert wurde. In vielen Situationen kann dieser Aufruf unterbleiben (wenn beispielsweise keine virtuellen Hosts vorhanden sind oder wenn Listen-Direktiven benutzt werden, die keine Adressen mit Wildcards haben). Bisher wurde jedoch kein Versuch unternommen, Optimierungen in dieser Hinsicht durchzuführen.

```
/65:    brk(0x002170E8) = 0
/65:    brk(0x002190E8) = 0
```

Die brk(2)-Aufrufe allokieren Speicher im Heap. Solche Aufrufe sind in einem Systemaufruf selten zu beobachten, weil das httpd-Programm für die Verarbeitung der meisten Anfragen eigene Speicherallokatoren verwendet (apr_pool und apr_bucket_alloc). In diesem Trace wurde das Programm httpd gerade gestartet, deshalb muss es malloc(3) aufrufen, um die Speicherblöcke zu erhalten, aus denen es die eigenen Speicherallokatoren erzeugt.

```
/65:    fcntl(9, F_GETFL, 0x00000000) = 2
/65:    fstat64(9, 0xFAF7B818) = 0
/65:    getsockopt(9, 65535, 8192, 0xFAF7B918, 0xFAF7B910, 2190656) = 0
/65:    fstat64(9, 0xFAF7B818) = 0
/65:    getsockopt(9, 65535, 8192, 0xFAF7B918, 0xFAF7B914, 2190656) = 0
/65:    setsockopt(9, 65535, 8192, 0xFAF7B918, 4, 2190656) = 0
/65:    fcntl(9, F_SETFL, 0x00000082) = 0
```

Als Nächstes setzt der worker-Thread die Verbindung zum Client (Dateideskriptor 9) in den nicht blockierenden Modus. Die setsockopt(2)- und getsockopt(2)-Aufrufe sind ein Nebeneffekt davon, wie libc von Solaris fcntl(2) für Sockets handhabt.

```
/65:    read(9, " G E T / 1 0 k . h t m".., 8000) = 97
```

Der worker-Thread liest die Anfrage des Clients.

```
/65:    stat("/var/httpd/apache/httpd-8999/htdocs/10k.html", 0xFAF7B978) = 0
/65:    open("/var/httpd/apache/httpd-8999/htdocs/10k.html", O_RDONLY) = 10
```

Dieses httpd-Programm wurde mit Options FollowSymLinks und AllowOverride None konfiguriert. Daher ist es für jedes Verzeichnis im Pfad zur angeforderten Datei weder erforderlich, einen lstat(2)-Aufruf durchzuführen (um auf symbolische Links zu testen), noch es nach auf die Existenz einer .htaccess-Datei zu prüfen. Es wird lediglich stat(2) aufgerufen, um zu überprüfen, dass: 1. die Datei existiert und 2. es eine reguläre Datei und kein Verzeichnis ist.

```
/65:    sendfilev(0, 9, 0x00200F90, 2, 0xFAF7B53C) = 10269
```

In diesem Beispiel ist das httpd-Programm in der Lage, den HTTP-Antwort-Header und die angeforderte Datei mit einem einzigen sendfilev(2)-Systemaufruf zu versenden. Die

Sendfile-Semantik variiert bei den unterschiedlichen Betriebssystemen. Bei einigen muss vor dem Aufruf von `sendfile(2)` ein `write(2)`- oder ein `writev(2)`-Aufruf erfolgen, um die Header zu senden.

```
/65:    write(4, " 1 2 7 . 0 . 0 . 1 - "..,  78) = 78
```

Diesen `write(2)`-Aufruf zeichnet die Anfrage im Zugriffsprotokoll auf. Beachten Sie, dass in diesem Trace unter anderem kein `time(2)`-Aufruf auftaucht. Anders als Apache 1.3 verwendet Apache 2.0 `gettimeofday(3)`, um die Zeit zu ermitteln. Einige Betriebssysteme wie Linux oder Solaris besitzen eine optimierte Implementierung von `gettimeofday`, die nicht soviel zusätzlichen Aufwand wie ein normaler Systemaufruf erfordert.

```
/65:    shutdown(9, 1, 1) = 0
/65:    poll(0xFAF7B980, 1, 2000) = 1
/65:    read(9, 0xFAF7BC20, 512)= 0
/65:    close(9)= 0
```

Der worker-Thread schließt die Verbindung mit `lingering_close`.

```
/65:    close(10) = 0 /65:lwp_park(0x00000000, 0) (sleeping...)
```

Am Ende schließt der worker-Thread die Datei, die er gerade ausgeliefert hat, und blockiert, bis der Listener ihm eine andere Verbindung zuweist.

```
/67:    accept(3, 0x001FEB74, 0x001FEB94, 1) (sleeping...)
```

In der Zwischenzeit ist der Listener-Thread in der Lage, eine andere Verbindung anzunehmen, wenn er diese Verbindung einem worker-Thread zugeteilt hat (aufgrund der Kontrollflusslogik des worker-MPM, das den Listener bremst, wenn die verfügbaren worker-Threads alle beschäftigt sind). Auch wenn das in diesem Trace nicht ersichtlich ist, kann der nächste `accept(2)`-Aufruf parallel mit der Behandlung der gerade vom worker-Thread akzeptierten Verbindung durchgeführt werden (was normalerweise bei starker Belastung auch geschieht).

2.20 URL-Manipulationen

Diese Ausführungen[1] ergänzen die Beschreibung des Moduls `mod_rewrite`. Sie erläutern, wie mit diesem Apache-Modul typische URL-Probleme gelöst werden können, mit denen ein Webmaster in der alltäglichen Praxis konfrontiert wird. Detaillierte Beschreibungen erklären, wie jedes einzelne Problem durch Konfiguration eines entsprechenden URL-Rewriting-Regelsatzes behoben werden kann.

2.20.1 mod_rewrite – Einführung

Das Apache-Modul `mod_rewrite` ist ein »Alleskönner«. Dieses ausgeklügelte Modul bietet leistungsstarke Möglichkeiten für alle Arten von URL-Manipulationen. Im Gegenzug muss

---

1. Erstfassung von Ralf S. Engelschall, Dezember 1997

man jedoch ein hohes Maß an Komplexität in Kauf nehmen, denn mod_rewrite ist für den Neuling weder leicht verständlich noch einfach in der Verwendung. Selbst Apache-Experten entdecken zuweilen neue Situationen, in denen mod_rewrite helfen kann.

Beim ersten Einsatz von mod_rewrite kann es Ihnen passieren, dass Sie sich selbst eine Grube graben, die Sie von der weiteren Verwendung des Moduls abhält, oder Sie schwören bis ans Ende Ihrer Tage auf dessen Stärke. Diese Ausführungen sollen dem Leser einige erste Erfolgserlebnisse verschaffen, indem fertige Lösungen vorgestellt werden, um so den ersten Fall zu vermeiden.

2.20.2 Praktische Lösungen

Es folgen zahlreiche praktische Beispiele, die speziell entwickelt oder von anderen übernommen wurden. Sie sollen die ungeahnten Möglichkeiten für URL-Manipulationen demonstrieren.

> **Warnung**
>
> Je nach der vorliegenden Server-Konfiguration kann es erforderlich sein, geringfügige Veränderungen an den Beispielen vorzunehmen, beispielsweise das [PT]-Flag hinzuzufügen, wenn zusätzlich die Module mod_alias und mod_userdir verwendet werden, o.Ä. Gegebenenfalls muss ein Regelsatz für den .htaccess-Kontext anstatt für den Serverkontext umgeschrieben werden. Versuchen Sie immer zu verstehen, was ein bestimmter Regelsatz wirklich auslöst, bevor Sie ihn verwenden. So vermeiden Sie Probleme.

2.20.3 URL-Layout

Vorschriftsmäßige URLs

Beschreibung:

Bei einigen Webservern gibt es mehrere URLs für eine Ressource. Normalerweise sind dies die vorschriftsmäßigen URLs (die tatsächlich benutzt und weitergereicht werden sollten) und die Abkürzungen, internen URLs usw. Unabhängig davon, welche URL für die Anfrage des Benutzers benutzt wird, sollte dieser nur die vorschriftsmäßigen URLs sehen.

Lösung:

Dies wird mit einer externen HTTP-Umleitung für alle nicht vorschriftsmäßigen URLs in der Browseransicht und für alle nachfolgenden Anfragen behoben. Im Beispiel wird /~user durch das vorschriftsmäßige /u/user ersetzt und ein fehlender nachgestellter Schrägstrich für /u/user ergänzt.

```
RewriteRule    ^/~([^/]+)/?(.*)      /u/$1/$2      [R]
RewriteRule    ^/([uge])/([^/]+)$    /$1/$2/       [R]
```

Vorschriftsmäßige Hostnamen

Lösung:

```
RewriteCond %{HTTP_HOST}     !^fully\.qualified\.domain\.name [NC]
RewriteCond %{HTTP_HOST}     !^$
RewriteCond %{SERVER_PORT}   !^80$
RewriteRule ^/(.*)           http://fully.qualified.domain.name:%{SERVER_PORT}/$1 [L,R]
RewriteCond %{HTTP_HOST}     !^fully\.qualified\.domain\.name [NC]
RewriteCond %{HTTP_HOST}     !^$
RewriteRule ^/(.*)           http://fully.qualified.domain.name/$1 [L,R]
```

Verschobene DocumentRoot

Beschreibung:

Normalerweise bezieht sich die DocumentRoot des Webservers direkt auf die URL /. Häufig sind diese Daten aber nicht von höchster Priorität, sondern vielleicht nur eine Einheit aus einer Menge von Datenpools. Bei Intranet-Sites kann es beispielsweise /e/www/ (die Homepage für WWW), /e/sww/ (die Homepage für das Intranet) usw. geben. Da die Daten der DocumentRoot sich immer unter /e/www/ befinden, muss sichergestellt werden, dass alle Inline-Bilder und anderen Dinge aus dem Datenpool mit nachfolgenden Anfragen funktionieren.

Lösung:

Die URL / wird einfach nach /e/www/ umgeleitet. Das mag zwar trivial erscheinen, ist es aber nur wegen des Moduls mod_rewrite. Denn der übliche alte Mechanismus der URL-*Aliase* (siehe mod_alias und verwandte Module) nahm nur einen Abgleich des *Präfix* vor. Damit ist eine solche Umleitung nicht möglich, weil DocumentRoot ein Präfix für alle URLs ist. Mit mod_rewrite wird es wirklich einfach:

```
RewriteEngine on
RewriteRule    ^/$ /e/www/ [R]
```

Nachgestellter Schrägstrich

Beschreibung:

Jeder Webmaster kann ein Lied vom Problem mit dem URLs nachgestellten Schrägstrich bei Verzeichnisverweisen singen. Fehlen sie, stellt der Server einen Fehler fest, weil bei Angabe von /~quux/foo an Stelle von /~quux/foo/ der Server nach einer *Datei* namens foo sucht. Da es sich aber um ein Verzeichnis handelt, meldet er einen Fehler. In den meisten Situationen versucht er selbst, den Fehler zu beheben, manchmal muss dieser Mechanismus jedoch emuliert werden, beispielsweise wenn sehr viele komplizierte URL-Manipulationen für CGI-Skripte usw. durchgeführt wurden.

Lösung:

Gelöst wird dieses subtile Problem dadurch, dass der Server den Schrägstrich automatisch hinzufügt. Soll dies korrekt geschehen, muss eine externe Umleitung verwendet werden, damit der Browser nachfolgende Bilder usw. korrekt anfordert. Mit einer internen Umleitung würde das nur für die Verzeichnisseite funktionieren, jedoch fehlschlagen, wenn in diese Seite Bilder mit relativen URLs eingebunden würden, weil der Browser ein Inline-Objekt anfordern würde. Eine Anfrage nach image.gif in /~quux/foo/index.html würde ohne externe Umleitung beispielsweise zu /~quux/image.gif!

Der Trick wird wie folgt realisiert:

```
RewriteEngine on
RewriteBase   /~quux/
RewriteRule   ^foo$ foo/ [R]
```

Wem das zu umständlich ist, der kann auch Folgendes in die oberste .htaccess-Datei des Stammverzeichnisses setzen. Allerdings ist damit ein wenig zusätzlicher Rechenaufwand verbunden.

```
RewriteEngine on
RewriteBase   /~quux/
RewriteCond   %{REQUEST_FILENAME} -d
RewriteRule   ^(.+[^/])$           $1/   [R]
```

Webcluster durch homogenes URL-Layout

Beschreibung:

Es soll ein homogenes und konsistentes URL-Layout für alle WWW-Server eines Intranet-Webclusters erzeugt werden, das heißt, alle URLs (per Definition Server-lokal und daher Server-abhängig!) werden Server-*unabhängig*. Erreicht werden soll ein konsistentes Server-unabhängiges Layout für den WWW-Namespace: Keine URL darf einen physisch korrekten Zielserver enthalten. Der Cluster selbst soll automatisch zum physischen Ziel geleiten.

Lösung:

Zum einen stammt das Wissen über die Zielserver aus (verteilten) externen Maps mit Informationen zu den Benutzern, Gruppen und Entitäten. Sie haben das Format:

```
Benutzer1   Server_von_Benutzer1
Benutzer2   Server_von_Benutzer2
    :             :
```

Sie werden in die Dateien map.xxx-zum-host geschrieben. Zum anderen müssen alle Server angewiesen werden, URLs folgender Form

```
/u/Benutzer/Pfad
/g/Gruppe/Pfad
/e/Entität/Pfad
```

nach

```
http://physischer-Host/u/Benutzer/Pfad
http://physischer-Host/g/Gruppe/Pfad
http://physischer-Host/e/Entität/Pfad
```

umzuleiten, wenn die URL kein lokal zulässiger Server ist. Der folgende Regelsatz bewerkstelligt dies mit Hilfe der Map-Dateien (vorausgesetzt, server0 ist ein Standardserver, der benutzt wird, wenn ein Benutzer keine Eintragung im Map besitzt):

```
RewriteEngine on

RewriteMap      user-to-host        txt:/path/to/map.user-to-host
RewriteMap      group-to-host       txt:/path/to/map.group-to-host
RewriteMap      entity-to-host      txt:/path/to/map.entity-to-host

RewriteRule ^/u/([^/]+)/?(.*)  http://${user-to-host:$1|server0}/u/$1/$2
RewriteRule ^/g/([^/]+)/?(.*)  http://${group-to-host:$1|server0}/g/$1/$2
RewriteRule ^/e/([^/]+)/?(.*)  http://${entity-to-host:$1|server0}/e/$1/$2

RewriteRule ^/([uge])/([^/]+)                /?$/$1/$2/.www/
RewriteRule ^/([uge])/([^/]+)/([^.]+.+)      /$1/$2/.www/$3\
```

Stammverzeichnisse auf unterschiedliche Webserver verschieben

Beschreibung:

Viele Webmaster suchten nach einer Lösung für folgende Situation: Alle Stammverzeichnisse auf einem Webserver sollten auf einen anderen Webserver umgeleitet werden. Normalerweise ist das erforderlich, wenn ein neuer Webserver als Ersatz für einen alten eingerichtet werden soll.

Lösung:

Die Lösung ist mit mod_rewrite trivial. Auf dem alten Webserver werden alle /~user/Pfad-URLs nach http://NeuerServer/~user/Pfad umgeleitet.

```
RewriteEngine on
RewriteRule ^/~(.+)  http://NeuerServer/~$1 [R,L]
```

Strukturierte Stammverzeichnisse

Beschreibung:

Sites mit Tausenden von Benutzern verwenden häufig ein strukturiertes Stammverzeichnis-Layout, das heißt, jedes Stammverzeichnis befindet sich in einem Unterverzeichnis, das beispielsweise mit dem ersten Buchstaben des Benutzernamens beginnt. /~foo/Pfad ist /home/f/foo/.www/Pfad und /~bar/Pfad ist /home/b/bar/.www/Pfad.

Lösung:

Mit folgendem Regelsatz wird die Tilde in den URLs gemäß dem oben beschriebenen Layout expandiert.

```
RewriteEngine on
RewriteRule ^/~(([a-z])[a-z0-9]+)(.*)  /home/$2/$1/.www$3
```

Reorganisation des Dateisystems

Beschreibung:

Das nächste Beispiel ist sehr extrem: Eine Anwendung macht im Verzeichniskontext starken Gebrauch von `RewriteRules`, um eine elegante Erscheinung im Web zu erreichen, ohne dass die Datenstruktur davon berührt oder dem angepasst wird. Zum Hintergrund: *net.sw* ist ein Archiv mit einer vom Autor seit 1992 angelegten Sammlung frei verfügbarer UNIX-Softwarepakete, die in einer tiefen Verzeichnishierarchie gespeichert sind:

```
drwxrwxr-x    2 netsw    users    512 Aug  3 18:39 Audio/
drwxrwxr-x    2 netsw    users    512 Jul  9 14:37 Benchmark/
drwxrwxr-x   12 netsw    users    512 Jul  9 00:34 Crypto/
drwxrwxr-x    5 netsw    users    512 Jul  9 00:41 Database/
drwxrwxr-x    4 netsw    users    512 Jul 30 19:25 Dicts/
drwxrwxr-x   10 netsw    users    512 Jul  9 01:54 Graphic/
drwxrwxr-x    5 netsw    users    512 Jul  9 01:58 Hackers/
drwxrwxr-x    8 netsw    users    512 Jul  9 03:19 InfoSys/
drwxrwxr-x    3 netsw    users    512 Jul  9 03:21 Math/
drwxrwxr-x    3 netsw    users    512 Jul  9 03:24 Misc/
drwxrwxr-x    9 netsw    users    512 Aug  1 16:33 Network/
drwxrwxr-x    2 netsw    users    512 Jul  9 05:53 Office/
drwxrwxr-x    7 netsw    users    512 Jul  9 09:24 SoftEng/
drwxrwxr-x    7 netsw    users    512 Jul  9 12:17 System/
drwxrwxr-x   12 netsw    users    512 Aug  3 20:15 Typesetting/
drwxrwxr-x   10 netsw    users    512 Jul  9 14:08 X11/
```

Im Juli 1996 sollte das Archiv über eine passende Web-Schnittstelle veröffentlicht werden. »Passend« bedeutet in diesem Zusammenhang, dass ein unmittelbares Durchsuchen der Verzeichnishierarchie möglich sein sollte, ohne dass irgendwelche Veränderungen an der Hierarchie vorgenommen oder CGI-Skripte an die Spitze der Hierarchie gestellt werden sollten. Grund dafür war die Tatsache, dass diese Struktur später auch über FTP zugänglich und daher frei von Web- oder CGI-Elementen sein sollte.

Lösung:

Die Lösung besteht aus zwei Teilen: Der erste ist eine Reihe von CGI-Skripten, die alle Seiten auf allen Verzeichnisebenen im Vorbeigehen erzeugen. Sie werden im Verzeichnis /e/ netsw/.www/ wie folgt platziert:

Kapitel 2
Bedienung des Apache HTTP Servers

```
-rw-r--r--    1 netsw    users        1318 Aug  1 18:10  .wwwacl
drwxr-xr-x   18 netsw    users         512 Aug  5 15:51  DATA/
-rw-rw-rw-    1 netsw    users      372982 Aug  5 16:35  LOGFILE
-rw-r--r--    1 netsw    users         659 Aug  4 09:27  TODO
-rw-r--r--    1 netsw    users        5697 Aug  1 18:01  netsw-about.html
-rwxr-xr-x    1 netsw    users         579 Aug  2 10:33  netsw-access.pl
-rwxr-xr-x    1 netsw    users        1532 Aug  1 17:35  netsw-changes.cgi
-rwxr-xr-x    1 netsw    users        2866 Aug  5 14:49  netsw-home.cgi
drwxr-xr-x    2 netsw    users         512 Jul  8 23:47  netsw-img/
-rwxr-xr-x    1 netsw    users       24050 Aug  5 15:49  netsw-lsdir.cgi
-rwxr-xr-x    1 netsw    users        1589 Aug  3 18:43  netsw-search.cgi
-rwxr-xr-x    1 netsw    users        1885 Aug  1 17:41  netsw-tree.cgi
-rw-r--r--    1 netsw    users         234 Jul 30 16:35  netsw-unlimit.lst
```

Das Unterverzeichnis DATA/ enthält die oben aufgeführte Verzeichnisstruktur, d.h. die tatsächlichen *net.sw*-Elemente, und wird automatisch in gewissen Zeitabständen über rdist aktualisiert. Der zweite Teil stellt das Problem dar: Wie werden diese beiden Strukturen zu einem eleganten URL-Baum miteinander verknüpft? Das Verzeichnis DATA/ soll vor dem Benutzer verborgen bleiben, während die entsprechenden CGI-Skripte für die unterschiedlichen URLs ausgeführt werden. So sieht die Lösung aus: Zuerst werden folgende Zeilen in die Konfigurationsdatei für den Verzeichniskontext in der DocumentRoot des Servers eingefügt, um die angegebene URL /net.sw/ in den internen Pfad /e/netsw umzuwandeln:

```
RewriteRule    ^net.sw$       net.sw/       [R]
RewriteRule    ^net.sw/(.*)$  e/netsw/$1
```

Die erste Regel ist für Anfragen bestimmt, denen der nachgestellte Schrägstrich fehlt. Die zweite Regel ist für die eigentliche Arbeit zuständig. Anschließend folgt die Konfiguration, die in der Konfigurationsdatei des Verzeichniskontextes /e/netsw/.www/.wwwacl bleibt:

```
Options        ExecCGI FollowSymLinks Includes MultiViews

RewriteEngine on

# Erreichbar über den Präfix/net.sw/
RewriteBase    /net.sw/

# Umschreiben des Stammverzeichnisses für das
# CGI-Skript
RewriteRule    ^$                      netsw-home.cgi [L]
RewriteRule    ^index\.html$           netsw-home.cgi [L]

# Unterverzeichnisse entfernen, wenn
# der Browser über Verzeichnisseiten anfragt.
```

2.20 | URL-Manipulationen

```
RewriteRule      ^.+/(netsw-[^/]+/.+)$           $1                      [L]

# Das Umschreiben für lokale Dateien aufheben
RewriteRule      ^netsw-home\.cgi.*              -                       [L]
RewriteRule      ^netsw-changes\.cgi.*           -                       [L]
RewriteRule      ^netsw-search\.cgi.*            -                       [L]
RewriteRule      ^netsw-tree\.cgi$               -                       [L]
RewriteRule      ^netsw-about\.html$             -                       [L]
RewriteRule      ^netsw-img/.*$                  -                       [L]

# Alles Übrige ist ein Unterverzeichnis, das von einem
# anderen CGI-Skript behandelt wird.
RewriteRule      !^netsw-lsdir\.cgi.*            -                       [C]
RewriteRule      (.*)                            netsw-lsdir.cgi/$1
```

Hinweise zur Interpretation:

1. Beachten Sie, dass der vordere Teil das L-Flag (last) und kein Substitutionsfeld ('-') enthält.
2. Beachten Sie das !-Zeichen (nicht) und das C-Flag (Kette) in der ersten Regel im letzten Teil.
3. Beachten Sie das Muster zum universellen Abfangen in der letzten Regel.

NCSA-Bild-Map für mod_imap

Beschreibung:

Beim Wechsel vom NCSA-Webserver zum moderneren Apache-Webserver wird vielfach ein eleganter Übergang gewünscht. Seiten, die das alte NCSA-imagemap-Programm verwenden, sollen unter Apache mit dem modernen mod_imap funktionieren. Leider gibt es sehr viele Hyperlinks, die über /cgi-bin/imagemap/path/to/page.map auf das imagemap-Programm verweisen, was unter Apache /path/to/page.map lauten muss.

Lösung:

Mit einer globalen Regel wird das Präfix ganz nebenbei für alle Anfragen entfernt:

```
RewriteEngine on
RewriteRule      ^/cgi-bin/imagemap(.*)    $1     [PT]
```

Seiten in mehreren Verzeichnissen suchen

Beschreibung:

Manchmal muss der Webserver in mehreren Verzeichnissen nach Seiten suchen. Multi-Views oder andere Verfahren können in diesem Fall nicht helfen.

Lösung:

Mit einem expliziten Regelsatz wird in den Verzeichnissen nach den Dateien gesucht.

```
RewriteEngine on

#    Zuerst wird wie gewohnt gesucht
#    ...und falls nicht gefunden, abgebrochen:
RewriteCond              /your/docroot/dir1/%{REQUEST_FILENAME}  -f
RewriteRule     ^(.+)    /your/docroot/dir1/$1    [L]

#    Als Zweites wird in pub/... gesucht
#    ...und falls nicht gefunden, abgebrochen:
RewriteCond              /your/docroot/dir2/%{REQUEST_FILENAME}  -f
RewriteRule     ^(.+)    /your/docroot/dir2/$1    [L]

#    Andernfalls folgen andere Alias- oder ScriptAlias-Direktiven
#    usw.
RewriteRule     ^(.+)    -    [PT]
```

Umgebungsvariablen nach URL-Teilen setzen

Beschreibung:

Statusinformationen werden zwischen Anfragen aufbewahrt und mit der URL verschlüsselt. Dafür soll aber kein CGI-Wrapper für alle Seiten eingesetzt werden, der lediglich diese Informationen entnimmt.

Lösung:

Mit einer Manipulationsregel werden die Statusinformationen herausgelöst und in einer Umgebungsvariablen gespeichert, die später über XSSI oder CGI dereferenziert werden kann. Auf diese Weise wird die URL /foo/S=java/bar/ in /foo/bar/ umgewandelt und die Umgebungsvariable STATUS auf den Wert java gesetzt.

```
RewriteEngine on
RewriteRule    ^(.*)/S=([^/]+)/(.*)    $1/$3 [E=STATUS:$2]
```

Virtuelle Benutzer-Hosts

Beschreibung:

Angenommen, es soll www.**username**.host.domain.com für die Homepage von username über DNS A-Records für den gleichen Rechner bereitgestellt werden, ohne dass der Rechner über virtuelle Hosts verfügt.

Lösung:

Für HTTP/1.0-Anfragen gibt es keine Lösung, aber für HTTP/1.1-Anfragen mit einem
Host:-Header kann mit folgendem Regelsatz http://www.username.host.com/Pfad
intern in /home/username/Pfad umgeschrieben werden:

```
RewriteEngine on
RewriteCond    %{HTTP_HOST}                  ^www\.[^.]+\.host\.com$
RewriteRule    ^(.+)                         %{HTTP_HOST}$1              [C]
RewriteRule    ^www\.([^.]+)\.host\.com(.*)  /home/$1$2
```

Stammverzeichnisse für Fremde umleiten

Beschreibung:

Stammverzeichnis-URLs sollen zum Webserver www.somewhere.com umgeleitet werden,
wenn der anfragende Benutzer nicht zur gleichen lokalen Domäne ourdomain.com gehört.
Das ist manchmal im virtuellen Host-Kontext notwendig.

Lösung:

Lediglich eine Manipulationsbedingung:

```
RewriteEngine on
RewriteCond    %{REMOTE_HOST}   !^.+\.ourdomain\.com$
RewriteRule    ^(/~.+)          http://www.somewhere.com/$1 [R,L]
```

Fehlgeschlagene URLs zu anderen Webservern umleiten

Beschreibung:

Eine häufig gestellte Frage zu URL-Manipulationen bezieht sich auf die Umleitung fehlgeschlagener Anfragen an Webserver A an den Webserver B. Normalerweise geschieht dies über ErrorDocument-CGI-Skripte in Perl, aber es gibt auch eine mod_rewrite-Lösung. Allerdings ist sie nicht so schnell wie ein ErrorDocument-CGI-Skript.

Lösung:

Die erste Lösung hat die besseren Leistungen, bietet aber weniger Flexibilität und ist weniger fehlersicher:

```
RewriteEngine on
RewriteCond    /your/docroot/%{REQUEST_FILENAME}  !-f
RewriteRule    ^(.+)                              http://webserverB.dom/$1
```

Sie funktioniert nur für Seiten innerhalb der DocumentRoot. Zwar können weitere Bedingungen hinzugefügt werden (z.B. für Stammverzeichnisse usw.), es gibt jedoch noch eine bessere Variante:

```
RewriteEngine on
RewriteCond    %{REQUEST_URI}      !-U
RewriteRule    ^(.+)               http://webserverB.dom/$1
```

Hier wird die Möglichkeit zur Vorabsuche einer URL von mod_rewrite genutzt, was für alle Arten von URLs funktioniert und sicher ist. Diese Variante belastet allerdings den Webserver stärker, weil für jede Anfrage eine weitere interne Unteranfrage erforderlich ist. Wird der Webserver mit einer leistungsstarken CPU ausgeführt, kann diese Variante gewählt werden. Bei einem langsamen Rechner sollte die erste Methode oder besser ein ErrorDocument-CGI-Skript vorgezogen werden.

Erweiterte Umleitung

Beschreibung:

Manchmal ist bei Umleitungen mehr Kontrolle hinsichtlich der Zeichenersetzung in URLs erforderlich. Normalerweise ersetzt die Escape-Funktion des Apache-Kernels auch Anker, das heißt URLs wie url#anchor. Bei Umleitungen mit mod_rewrite kann das nicht unmittelbar genutzt werden, weil die uri_escape()-Funktion des Apache auch das #-Zeichen ersetzen würde. Wie kann eine solche URL umgeleitet werden?

Lösung:

Als Ausweg dient ein NPH-CGI-Skript, das die Umleitung selbst durchführt, da keine Ersetzung erfolgt (NPH = non-parseable headers). Zuerst wird das neue URL-Schema xredirect: mit der folgenden Zeile in der Konfiguration des Serverkontexts eingeführt (es sollte sich um eine der letzten Rewrite-Regeln handeln):

```
RewriteRule ^xredirect:(.+) /path/to/nph-xredirect.cgi/$1 \
                            [T=application/x-httpd-cgi,L]
```

Alle URLs mit dem Präfix xredirect: werden an das Programm nph-xredirect.cgi weitergereicht. Dieses Programm sieht folgendermaßen aus:

```
#!/Perl-Pfad
##
## nph-xredirect.cgi -- NPH/CGI-Skript für erweiterte Umleitungen
## Copyright (c) 1997 Ralf S. Engelschall, All Rights Reserved.
##

$| = 1;
$url = $ENV{'PATH_INFO'};

print "HTTP/1.0 302 Moved Temporarily\n";
print "Server: $ENV{'SERVER_SOFTWARE'}\n";
print "Location: $url\n";
print "Content-type: text/html\n";
```

```
print "\n";
print "<html>\n";
print "<head>\n";
print "<title>302 Moved Temporarily (EXTENDED)</title>\n";
print "</head>\n";
print "<body>\n";
print "<h1>Moved Temporarily (EXTENDED)</h1>\n";
print "The document has moved <a HREF=\"$url\">here</a>.<p>\n";
print "</body>\n"; print "</html>\n";

##EOF##
```

Mit diesem Programm können alle URL-Schemata umgeleitet werden, einschließlich derjenigen, die von mod_rewrite nicht unmittelbar akzeptiert werden. Mit der nächsten Zeile kann beispielsweise eine Umleitung nach news:newsgroup erfolgen:

```
RewriteRule ^anyurl xredirect:news:newsgroup
```

> **Hinweis**
>
> Die Regel darf nicht mit den Flags [R] oder [R,L] versehen werden, weil xredirect: später von der speziellen Regel für das Weiterreichen expandiert werden muss.

Archivzugriffs-Multiplexer

Beschreibung:

Kennen Sie das CPAN (Comprehensive Perl Archive Network) (http://www.perl.com/CPAN)? Dies ist eine Umleitung zu einem von mehreren über die Welt verteilten FTP-Servern mit einem CPAN-Mirror, der sich in ungefährer Nähe des anfragenden Clients befindet. In diesem Zusammenhang kann von einem FTP-Zugriffs-Multiplexing-Service gesprochen werden, der mit CGI-Skripten arbeitet. Wie lässt sich so etwas mit mod_rewrite implementieren?

Lösung:

Zum Ersten ist anzumerken, dass ab der Version 3.0.0 mod_rewrite auch das ftp:-Schema für Umleitungen verwenden kann. Zum anderen kann die Annäherung an den Standort über ein RewriteMap über die oberste Domäne des Clients erfolgen. Mit einem komplizierten verketteten Regelsatz kann diese oberste Domäne als Schlüssel für das Multiplexing-Map verwendet werden.

```
RewriteEngine  on
RewriteMap     multiplex              txt:/path/to/map.cxan
RewriteRule    ^/CxAN/(.*)            %{REMOTE_HOST}::$1                      [C]
RewriteRule    ^.+\.([a-zA-Z]+)::(.*)$ ${multiplex:$1|ftp.default.dom}$2      [R,L]
```

```
##
## map.cxan -- Multiplexing-Map für CxAN
##

de              ftp://ftp.cxan.de/CxAN/
uk              ftp://ftp.cxan.uk/CxAN/
com             ftp://ftp.cxan.com/CxAN/ :


##EOF##
```

Zeitabhängige URL-Manipulationen

Beschreibung:

Bei zeitabhängigen Inhalten verwenden viele Webmaster weiterhin CGI-Skripte, die beispielsweise zu speziellen Seiten umleiten. Wie kann dies mit mod_rewrite geschehen?

Lösung:

Für Manipulationsbedingungen gibt es viele Variablen mit der Bezeichnung TIME_xxx. In Verbindung mit dem speziellen lexikografischen Vergleichsmustern <STRING, >STRING und =STRING lassen sich zeitabhängige Umleitungen durchführen:

```
RewriteEngine on
RewriteCond    %{TIME_HOUR}%{TIME_MIN} >0700
RewriteCond    %{TIME_HOUR}%{TIME_MIN} <1900
RewriteRule    ^foo\.html$ foo.day.html
RewriteRule    ^foo\.html$ foo.night.html
```

Hiermit wird der Inhalt von foo.day.html unter der URL foo.html von 07:00-19:00 Uhr und während der übrigen Zeit der Inhalt von foo.night.html bereitgestellt. Eine ganz nette Möglichkeit für die Homepage...

Abwärtskompatibilität für die Migration von YYYY auf XXXX

Beschreibung:

Wie können URLs nach dem Übergang von Dokument.YYYY zum Dokument.XXXX abwärtskompatibel bleiben (noch virtuell vorhanden sein), beispielsweise nach der Umwandlung von .html- in .phtml-Dateien?

Lösung:

Der Name wird einfach in den Basisnamen umgeschrieben und das Vorhandensein der neuen Dateinamenerweiterung überprüft. Ist sie vorhanden, wird dieser Name genommen, andernfalls wird die URL wieder in den ursprünglichen Zustand zurückversetzt.

```
#     Regelsatz für Abwärtskompatibilität
#     Umschreiben von document.html zu document.phtml,
#     wenn (und nur dann) das document.phtml vorhanden
#     und document.html nicht mehr vorhanden ist.
RewriteEngine on
RewriteBase    /~quux/
#     Basisname ermitteln und berücksichtigen:
RewriteRule    ^(.*)\.html$                    $1              [C,E=WasHTML:yes]
#     Falls vorhanden zu document.phtml umschreiben
RewriteCond    %{REQUEST_FILENAME}.phtml       -f
RewriteRule    ^(.*)$ $1.phtml                                 [S=1]
#     Andernfalls Rückverwandlung des Basisnamens
RewriteCond    %{ENV:WasHTML}                  ^yes$
RewriteRule    ^(.*)$ $1.html
```

2.20.4 Inhalts-Handling

Aus alt mach neu (intern)

Beschreibung:

Angenommen, eine Seite wurde kürzlich von foo.html in bar.html umbenannt und aus Gründen der Abwärtskompatibilität soll die alte URL weiter zur Verfügung stehen. Die Benutzer der alten URL sollen nicht einmal bemerken, dass die Seite umbenannt wurde.

Lösung:

Die alte URL wird intern mit der folgenden Regel in die neue umgeschrieben:

```
RewriteEngine on
RewriteBase    /~quux/
RewriteRule    ^foo\.html$ bar.html
```

Aus alt mach neu (extern)

Beschreibung:

Nehmen wir noch einmal an, eine Seite wurde kürzlich von foo.html in bar.html umbenannt und aus Gründen der Abwärtskompatibilität soll die alte URL weiter zur Verfügung stehen. Diesmal sollen die Benutzer der alten URL darauf hingewiesen werden, dass es eine neue URL gibt. Im Browser soll also die neue Adresse angezeigt werden.

Lösung:

Es wird eine HTTP-Umleitung zur neuen URL erzwungen, die zu einer Änderung in der Adressanzeige des Browsers führt und somit für den Benutzer sichtbar ist:

```
RewriteEngine  on
RewriteBase    /~quux/
RewriteRule    ^foo\.html$  bar.html  [R]
```

Browserabhängiger Inhalt

Beschreibung:

Zumindest bei Seiten auf oberster Ebene ist es manchmal wichtig, den Inhalt in Abhängigkeit vom Browser optimal darzustellen. Das bedeutet, dass die aktuellste Version der Netscape-Varianten, eine minimale Version der Lynx-Browser und eine durchschnittliche Version aller übrigen Browser berücksichtigt werden muss.

Lösung:

Die Content Negotiation kann nicht benutzt werden, weil die Browser ihren Typ nicht in der Form angeben. Stattdessen muss der HTTP-Header User-Agent berücksichtigt werden. Die folgende Bedingung bewirkt bei einem HTTP-Header User-Agent, der mit Mozilla/3 beginnt, dass die Seite foo.html zu foo.NS.html umgeschrieben und die Manipulation abgebrochen wird. Handelt es sich um den Lynx- oder Mozilla-Browser der Version 1 oder 2, wird die URL zu foo.20.html. Alle übrigen Browser erhalten die Seite foo.32.html. Dies geschieht mit folgendem Regelsatz:

```
RewriteCond %{HTTP_USER_AGENT}    ^Mozilla/3.*
RewriteRule ^foo\.html$           foo.NS.html      [L]

RewriteCond %{HTTP_USER_AGENT}    ^Lynx/.*                          [OR]
RewriteCond %{HTTP_USER_AGENT}    ^Mozilla/[12].*
RewriteRule ^foo\.html$           foo.20.html      [L]

RewriteRule ^foo\.html$           foo.32.html      [L]
```

Dynamischer Mirror

Beschreibung:

Wenn Sie ansprechende Webseiten anderer Hosts in den eigenen Namespace stellen möchten, dann würden Sie für FTP-Server das Programm mirror verwenden, das eine aktuelle Kopie der entfernten Daten auf dem eigenen Server unterhält. Bei einem Webserver kann hierfür das Programm webcopy benutzt werden, das über HTTP in ähnlicher Weise funktioniert. Beide Verfahren haben jedoch einen Nachteil: Die lokale Kopie ist nur aktuell, wenn das Programm häufig ausgeführt wurde. Günstiger wäre es, wenn die Spiegelung nicht statisch und explizit vorgenommen würde, sondern wenn die Daten bei Bedarf automatisch dynamisch aktualisiert würden.

Lösung:

Um dies zu erreichen, wird die entfernte Webseite oder auch der gesamte Webbereich dem eigenen Namespace mit der *Proxy Throughput*-Eigenschaft zugeordnet ([P]-Flag):

```
RewriteEngine  on
RewriteBase    /~quux/
RewriteRule    ^hotsheet/(.*)$  http://www.tstimpreso.com/hotsheet/$1 [P]
```

```
RewriteEngine  on
RewriteBase    /~quux/
RewriteRule    ^usa-news\.html$ http://www.quux-corp.com/news/index.html [P]
```

Reversiver dynamischer Mirror

Lösung:

```
RewriteEngine  on
RewriteCond    /mirror/of/remotesite/$1                      -U
RewriteRule    ^http://www\.remotesite\.com/(.*)$ /mirror/of/remotesite/$1
```

Fehlende Daten im Intranet suchen

Beschreibung:

Dies ist eine trickreiche Lösung für einen virtuellen, firmeninternen (externen) Internet-Webserver (www.quux-corp.dom), wobei die Daten tatsächlich auf einem (internen) Intranet-Webserver (www2.quux-corp.dom) unterhalten werden, der von einer Firewall geschützt wird. Der Trick ist, dass die vom externen Webserver angeforderten Daten auf dem internen Server sofort zu finden sind.

Lösung:

Zuerst muss sichergestellt werden, dass der interne Webserver geschützt ist und dass nur der externe Webserver Daten auf ihm suchen darf. Bei einer Firewall mit Paketfilterung könnte beispielsweise folgender Regelsatz formuliert werden:

```
ALLOW Host www.quux-corp.dom Port >1024 --> Host www2.quux-corp.dom Port 80
DENY  Host * Port *                     --> Host www2.quux-corp.dom Port 80
```

Sie müssen lediglich eine Anpassung für Ihre Konfiguration vornehmen. Als Nächstes können die mod_rewrite-Regeln eingerichtet werden, die die fehlenden Daten im Hintergrund über den Proxy anfordern:

```
RewriteRule  ^/~([^/]+)/?(.*)           /home/$1/.www/$2
RewriteCond  %{REQUEST_FILENAME}        !-f
RewriteCond  %{REQUEST_FILENAME}        !-d
RewriteRule  ^/home/([^/]+)/.www/?(.*)  http://www2.quux-corp.dom/~$1/pub/$2 [P]
```

Lastverteilung

Beschreibung:

Es soll die Last des Servers www.foo.com auf die Server www[0-5].foo.com (insgesamt sechs Server) verteilt werden.

Lösung:

Dieses Problem lässt sich auf mehrere Arten lösen. Hier soll zuerst eine allgemein bekannte auf DNS basierende Lösung und anschließend eine speziellere mit mod_rewrite vorgestellt werden:

1. **DNS-Rundruf**

    Die einfachste Methode für die Lastverteilung ist die DNS-Eigenschaft des Rundrufs für BIND. In diesem Fall werden www[0-9].foo.com wie gewöhnlich für DNS A(dress)-Datensätze konfiguriert:

    ```
    www0    IN    A    1.2.3.1
    www1    IN    A    1.2.3.2
    www2    IN    A    1.2.3.3
    www3    IN    A    1.2.3.4
    www4    IN    A    1.2.3.5
    www5    IN    A    1.2.3.6
    ```

    Anschließend wird folgender Eintrag hinzugefügt:

    ```
    www
            IN    CNAME www0.foo.com.
            IN    CNAME www1.foo.com.
            IN    CNAME www2.foo.com.
            IN    CNAME www3.foo.com.
            IN    CNAME www4.foo.com.
            IN    CNAME www5.foo.com.
            IN    CNAME www6.foo.com.
    ```

    Das scheint auf den ersten Blick falsch zu sein, entspricht aber einer beabsichtigten Eigenschaft von BIND, die so benutzt werden kann. Wenn jetzt www.foo.com aufgelöst wird, liefert BIND www0-www6, allerdings jeweils in einer leicht veränderten, rotierenden Reihenfolge. Auf diese Weise werden die Clients auf die unterschiedlichen Server verteilt. Hierbei handelt es sich nicht um ein perfektes Lastverteilungssystem, Name-Servern im Netz zwischengespeichert, so dass die nachfolgenden Anfragen eines Clients, der www.foo.com für einen bestimmten wwwN.foo.com-Server aufgelöst hat, ebenfalls an diesen bestimmten Server wwwN.foo.com gehen. Im Endergebnis stört das aber nicht, weil die Gesamtsumme aller Anfragen auf die unterschiedlichen Webserver verteilt wird.

2. **DNS-Lastverteilung**

   Eine raffinierte, auf DNS basierende Methode der Lastverteilung ist die Verwendung des Programms lbnamed, das Sie unter der Adresse http://www.stanford.edu/~schemers/docs/lbnamed/lbnamed.html finden können. Es handelt sich um ein Perl-5-Programm mit einigen Hilfsprogrammen, das eine reale Lastverteilung für DNS ermöglicht.

3. **Proxy-Weiterverteilung**

   Bei dieser Variante wird mod_rewrite und die Möglichkeit des Weiterreichens durch den Proxy genutzt. Zuerst wird www0.foo.com mit einem einzigen DNS-Eintrag zum dedizierten www.foo.com-Server gemacht:

```
www     IN    CNAME www0.foo.com.
```

Anschließend wird www0.foo.com in einen ausschließlichen Proxy-Server umgewandelt, das heißt, dieser Rechner wird so konfiguriert, dass alle eingehenden URLs durch den internen Proxy an einen der übrigen fünf Server (www1-www5) weitergereicht werden. Dazu wird zuerst ein Regelsatz eingerichtet, der für alle URLs das Lastausgleichsskript lb.pl zu Rate zieht.

```
RewriteEngine on
RewriteMap    lb       prg:/path/to/lb.pl
RewriteRule   ^/(.+)$  ${lb:$1}                [P,L]
```

Anschließend wird das Skript lb.pl verfasst:

```perl
#!/Pfad zu Perl
##
##    lb.pl -- Lastverteilung
##

$| = 1;

$name   = "www";        # die Hostnamensbasis
$first  = 1;            # der erste Server(hier nicht 0, weil er selbst 0 ist)
$last   = 5;            # der letzte Server im Ring
$domain = "foo.dom";    # der Domänenname

$cnt = 0;
while (<STDIN>) {
   $cnt = (($cnt+1) % ($last+1-$first));
   $server = sprintf("%s%d.%s", $name, $cnt+$first, $domain);
   print "http://$server/$_";

}

##EOF##
```

> **Hinweis**
>
> Ein letzter Hinweis dazu, warum das sinnvoll ist. Es scheint doch so, als sei www0.foo.com nach wie vor überlastet? Die Antwort ist ja, er ist es aber nur mit dem einfachen Durchreichen der Anfragen! Die gesamte SSI-, CGI-, ePerl-Verarbeitung usw. wird vollständig von den anderen Rechnern übernommen, was der entscheidende Punkt ist.

4. **Hardware/TCP-Verteilung**

   Auch eine Hardware-Lösung steht zur Verfügung. Die Firma Cisco produziert den LocalDirector, der eine Lastverteilung auf TCP/IP-Ebene durchführt. Eigentlich handelt es sich hier um eine Lösung auf Gateway-Ebene vor einem Webcluster, eine sehr teure, aber auch sehr leistungsfähige Lösung.

Neuer MIME-Typ, neuer Service

Beschreibung:

Im Internet gibt es eine Reihe guter CGI-Programme, allerdings ist ihr Einsatz mühsam, so dass sie häufig nicht benutzt werden. Selbst die Action-Handler-Eigenschaft für MIME-Typen des Apache eignet sich nur, wenn die CGI-Programme keine speziellen URLs als Eingabe benötigen (PATH_INFO und QUERY_STRINGS). Zuerst soll ein neuer Dateityp mit der Erweiterung .scgi (für sicheres CGI) eingerichtet werden, der vom bekannten cgiwrap-Programm verarbeitet wird. Das Problem besteht dabei darin, dass bei Verwendung eines homogenen URL-Layouts (siehe oben) eine Datei innerhalb des Stammverzeichnisses des Benutzers die URL /u/user/foo/bar.scgi hat. cgiwrap benötigt die URL aber in der Form /~user/foo/bar.scgi/. Die folgende Regel löst das Problem:

```
RewriteRule ^/[uge]/([^/]+)/\.www/(.+)\.scgi(.*) ...
... /internal/cgi/user/cgiwrap/~$1/$2.scgi$3 [NS,T=application/x-http-cgi]
```

Oder angenommen, es gibt noch zwei geeignetere Programm: wwwlog (zeigt die Datei access.log für einen URL-Unterzweig an) und wwwidx (führt Glimpse für einen URL-Unterzweig aus). Diese Programme benötigen den URL-Bereich, damit sie wissen, mit welchem Bereich sie arbeiten müssen. Das ist normalerweise umständlich, weil sie immer noch aus diesen Bereichen angefordert werden. Normalerweise würde das Programm swwidx aus /u/user/foo/ über einen Hyperlink zu

```
/internal/cgi/user/swwidx?i=/u/user/foo/
```

ausgeführt, was unschön ist, weil *sowohl* die Position des Bereichs *als auch* die CGI-Position im Hyperlink fest codiert werden muss. Muss der Bereich reorganisiert werden, wird viel Zeit für die Anpassung der verschiedenen Hyperlinks benötigt.

Lösung:

Als Lösung bietet sich ein spezielles neues URL-Format an, das automatisch zum korrekten CGI-Aufruf führt:

```
RewriteRule ^/([uge])/([^/]+)(/?.*)/\* /internal/cgi/user/wwwidx?i=/$1/$2$3/
RewriteRule ^/([uge])/([^/]+)(/?.*):log /internal/cgi/user/wwwlog?f=/$1/$2$3
```

Der Hyperlink für die Suche in `/u/user/foo/` lautet jetzt

```
HREF="*"
```

was intern automatisch in

```
/internal/cgi/user/wwwidx?i=/u/user/foo/
```

umgewandelt wird. Das gleiche Verfahren führt zu einem Aufruf des `wwwlog`-Programms, wenn der Hyperlink `:log` verwendet wird.

Von statisch zu dynamisch

Beschreibung:

Wie kann die statische Seite `foo.html` in die dynamische Variante `foo.cgi` umgewandelt werden, ohne dass der Browser beziehungsweise der Benutzer etwas bemerkt?

Lösung:

Die URL zum CGI-Skript wird einfach umgeschrieben und der korrekte MIME-Typ erzwungen, so dass es als CGI-Skript ausgeführt wird. Dadurch führt die Anfrage nach `/~quux/foo.html` intern zum Aufruf von `/~quux/foo.cgi`.

```
RewriteEngine on
RewriteBase    /~quux/
RewriteRule    ^foo\.html$ foo.cgi [T=application/x-httpd-cgi]
```

Inhaltsregeneration im Vorübergehen

Beschreibung:

Die folgende Lösung mutet esoterisch an: Dynamisch erzeugte, aber statisch bediente Seiten, das heißt, Seiten sollen als rein statische ausgeliefert (aus dem Dateisystem gelesen und weitergereicht) werden, müssen aber dynamisch vom Webserver erzeugt werden, falls sie fehlen. So können mit CGI erzeugte Seiten statisch ausgeliefert werden, es sei denn, Sie (oder ein `cron`-Job) entfernen den statischen Inhalt. In diesem Fall wird der Inhalt aktualisiert.

Lösung:

Dies geschieht mit folgendem Regelsatz:

```
RewriteCond %{REQUEST_FILENAME}   !-s
RewriteRule ^page\.html           $page.cgi [T=application/x-httpd-cgi,L]
```

Eine Anfrage nach `page.html` führt zu einer internen Ausführung des entsprechenden `page.cgi`-Skripts, wenn `page.html` noch fehlt oder die Dateigröße null hat. Der Trick dabei ist, dass `page.cgi` ein normales CGI-Skript ist, das seine Ausgabe nicht nur in `STDOUT`, sondern auch in die Datei `page.html` schreibt. Wurde es einmal ausgeführt, versendet der Server die Datei `page.html`. Soll eine Aktualisierung durchgeführt werden, muss die Datei `page.html` nur entfernt werden (was normalerweise mit einem `cron`-Job geschieht).

Dokumente mit automatischer Aktualisierung

Beschreibung:

Wäre es nicht schön, wenn während des Erstellens einer umfangreichen Webseite der Webbrowser automatisch die Seite aktualisieren würde, wenn eine neue Version mit dem Editor verfasst wurde? Unmöglich?

Lösung:

Mit einer Kombination der MIME-Multipart-Eigenschaft, der Webserver-NPH-Eigenschaft und den Möglichkeiten für die URL-Manipulation mit mod_rewrite ist das zu realisieren. Zuerst wird eine neue URL-Eigenschaft eingerichtet: Durch Hinzufügen von :refresh zu einer beliebigen URL wird bei jeder Aktualisierung im Dateisystem auch eine Aktualisierung des Dokuments ausgelöst.

```
RewriteRule ^(/[uge]/[^/]+/?.*):refresh /internal/cgi/apache/nph-refresh?f=$1
```

Anschließend wird die URL referenziert:

```
/u/foo/bar/page.html:refresh
```

Dies führt zum internen Aufruf der URL:

```
/internal/cgi/apache/nph-refresh?f=/u/foo/bar/page.html
```

Nun fehlt nur noch das NPH-CGI-Skript, dessen Programmierung (wie an solchen Stellen im Buch oft üblich) hier nicht dem Leser zur Übung überlassen werden soll ;-):

```perl
#!/sw/bin/perl
##
##  nph-refresh -- NPH/CGI-Skript für das automatische Aktualisieren von Seiten
##  Copyright (c) 1997 Ralf S. Engelschall, All Rights Reserved.
##
$| = 1;

#   Die QUERY_STRING-Variable aufspalten
@pairs = split(/&/, $ENV{'QUERY_STRING'});
foreach $pair (@pairs) {
    ($name, $value) = split(/=/, $pair);
    $name =~ tr/A-Z/a-z/;
    $name = 'QS_' . $name;
    $value =~ s/%([a-fA-F0-9][a-fA-F0-9])/pack("C", hex($1))/eg;
    eval "\$$name = \"$value\"";
}
$QS_s = 1 if ($QS_s eq '');
$QS_n = 3600 if ($QS_n eq '');
```

```perl
if ($QS_f eq '') {
    print "HTTP/1.0 200 OK\n";
    print "Content-type: text/html\n\n";
    print "&lt;b&gt;ERROR&lt;/b&gt;: No file given\n";
    exit(0);
}
if (! -f $QS_f) {
    print "HTTP/1.0 200 OK\n";
    print "Content-type: text/html\n\n";
    print "&lt;b&gt;ERROR&lt;/b&gt;: File $QS_f not found\n";
    exit(0);
}

sub print_http_headers_multipart_begin {
    print "HTTP/1.0 200 OK\n";
    $bound = "ThisRandomString12345";
    print "Content-type: multipart/x-mixed-replace;boundary=$bound\n";
    &print_http_headers_multipart_next;
}

sub print_http_headers_multipart_next {
    print "\n--$bound\n";
}

sub print_http_headers_multipart_end {
    print "\n--$bound--\n";
}

sub displayhtml {
    local($buffer) = @_;
    $len = length($buffer);
    print "Content-type: text/html\n";
    print "Content-length: $len\n\n";
    print $buffer;
}

sub readfile {
    local($file) = @_;
    local(*FP, $size, $buffer, $bytes);
    ($x, $x, $x, $x, $x, $x, $x, $size) = stat($file);
    $size = sprintf("%d", $size);
    open(FP, "&lt;$file");
    $bytes = sysread(FP, $buffer, $size);
```

```perl
        close(FP);
        return $buffer;
}

$buffer = &readfile($QS_f);
&print_http_headers_multipart_begin;
&displayhtml($buffer);

sub mystat {
    local($file) = $_[0];
    local($time);

    ($x, $x, $x, $x, $x, $x, $x, $x, $x, $mtime) = stat($file);
    return $mtime;
}

$mtimeL = &mystat($QS_f);
$mtime = $mtime;
for ($n = 0; $n &lt; $QS_n; $n++) {
    while (1) {
        $mtime = &mystat($QS_f);
        if ($mtime ne $mtimeL) {
            $mtimeL = $mtime;
            sleep(2);
            $buffer = &readfile($QS_f);
            &print_http_headers_multipart_next;
            &displayhtml($buffer);
            sleep(5);
            $mtimeL = &mystat($QS_f);
            last;
        }
        sleep($QS_s);
    }
}

&print_http_headers_multipart_end;

exit(0);

##EOF##
```

Virtuelle Hosts in großer Anzahl

Beschreibung:

Die VirtualHost-Direktive des Apache ist praktisch und funktioniert gut, wenn es sich um einige Dutzend virtueller Hosts handelt. Für einen Service-Provider, der Hunderte von virtuellen Hosts bedienen muss, ist sie nicht die geeignete Lösung.

Lösung:

Als Lösung wird die entfernte Webpage oder auch der komplette Webbereich mit der *Proxy Throughput*-Eigenschaft ([P]-Flag) dem eigenen Namespace zugeordnet:

```
##
##   vhost.map
##
www.vhost1.dom:80  /path/to/docroot/vhost1
www.vhost2.dom:80  /path/to/docroot/vhost2
      :
www.vhostN.dom:80  /path/to/docroot/vhostN
```

```
##
##   httpd.conf
##
      :
#    Verwendung der vorschriftsmäßigen Hostnamen bei Umleitungen usw.
UseCanonicalName on

      :
#    Einfügen des virtuellen Hosts vor dem CLF-Format
CustomLog /path/to/access_log "%{VHOST}e %h %l %u %t \"%r\" %>s %b"
      :

#    Aktivieren der Rewriting-Engine des Hauptservers
RewriteEngine on

#    Zwei Maps definieren: eines für die Reparatur der URL und eines, das
#    die verfügbaren virtuellen Hosts mit ihrer entsprechenden
#    DocumentRoot definiert.
RewriteMap      lowercase           int:tolower
RewriteMap      vhost               txt:/path/to/vhost.map

#    Die eigentliche Zuordnung der virtuellen Hosts mit einer
#    einzigen umfangreichen und komplizierten Regel:
#
```

```
#    1. Keine Zuordnung für allgemeine Positionen
RewriteCond    %{REQUEST_URL}        !^/commonurl1/.*
RewriteCond    %{REQUEST_URL}        !^/commonurl2/.*
:
RewriteCond    %{REQUEST_URL}        !^/commonurlN/.*
#
#    2. Für einen Host-Header sorgen, weil die Herangehensweise
#       zurzeit nur das virtuelle Hosting
#       über diesen Header zulässt.
RewriteCond    %{HTTP_HOST}          !^$
#
#    3. Hostname in Kleinschreibung
RewriteCond    ${lowercase:%{HTTP_HOST}|NONE}   ^(.+)$
#
#    4. Suche nach diesem Hostnamen in vhost.map, nur
#       aufzeichnen, wenn es sich um einen Pfad handelt
#       (und um keinen der oben aufgeführten)
RewriteCond    ${vhost:%1}           ^(/.*)$
#
#    5. Die URL kann der docroot-Position zugeordnet werden
#       und der virtuelle Host für Protokollzwecke aufgezeichnet werden
RewriteRule    ^/(.*)$     %1/$1     [E=VHOST:${lowercase:%{HTTP_HOST}}]
:
```

2.20.5 Zugriffseinschränkungen

Robots blockieren

Beschreibung:

Wie können lästige Robots vom Durchsuchen der Seiten eines bestimmten Webbereichs abgehalten werden? Eine Datei /robots.txt mit Einträgen aus dem »Robot Exclusion Protocol« reicht hierfür in der Regel nicht aus.

Lösung:

Ein Regelsatz verbietet die URLs des Webbereichs /~quux/foo/arc/ (möglicherweise ein sehr tief mit Verzeichnissen gegliederter Bereich, der durch den Robot-Durchlauf den Server stark belasten würde). Es soll nur der Zugriff eines bestimmten Robot unterbunden werden, so dass es nicht ausreicht, nur den Host auszuschließen, der den Robot ausführt. Dadurch würden gleichzeitig Benutzer von diesem Host ausgegrenzt. Auch zur Lösung dieses Problems wird der HTTP-Header User-Agent benutzt.

```
RewriteCond %{HTTP_USER_AGENT}    ^NameOfBadRobot.*
RewriteCond %{REMOTE_ADDR}        ^123\.45\.67\.[8-9]$
RewriteRule ^/~quux/foo/arc/.+    -       [F]
```

2.20 | URL-Manipulationen

Gesperrte Inline-Bilder

Beschreibung:

Angenommen, unter http://www.quux-corp.de/~quux/ befinden sich einige Seiten mit Inline-GIF-Bildern, die so schön sind, dass andere sie über Hyperlinks direkt in ihre Seiten einbinden. Das soll unterbunden werden, weil es den Server unnötig belastet.

Lösung:

Ein Einbinden der Bilder lässt sich zwar nicht hundertprozentig verhindern, es können aber die Fälle unterbunden werden, in denen der Browser einen HTTP_REFERER-Header sendet.

```
RewriteCond %{HTTP_REFERER}   !^$
RewriteCond %{HTTP_REFERER}   !^http://www.quux-corp.de/~quux/.*$      [NC]
RewriteRule .*\.gif$          -                                        [F]
RewriteCond %{HTTP_REFERER}              !^$
RewriteCond %{HTTP_REFERER}              !.*/foo-with-gif\.html$
RewriteRule ^inlined-in-foo\.gif$  -                                   [F]
```

Einen Host ablehnen

Beschreibung:

Wie kann eine Liste extern konfigurierter Hosts von der Benutzung des Servers abgehalten werden?

Lösung:

Ab Apache-Version 1.3b6:

```
RewriteEngine on
RewriteMap    hosts-deny txt:/path/to/hosts.deny
RewriteCond   ${hosts-deny:%{REMOTE_HOST}|NOT-FOUND} !=NOT-FOUND [OR]
RewriteCond   ${hosts-deny:%{REMOTE_ADDR}|NOT-FOUND} !=NOT-FOUND
RewriteRule   ^/.* - [F]
```

Ab Apache-Version 1.3b6:

```
RewriteEngine on
RewriteMap    hosts-deny txt:/path/to/hosts.deny
RewriteRule   ^/(.*)$ ${hosts-deny:%{REMOTE_HOST}|NOT-FOUND}/$1
RewriteRule   !^NOT-FOUND/.* - [F]
RewriteRule   ^NOT-FOUND/(.*)$ ${hosts-deny:%{REMOTE_ADDR}|NOT-FOUND}/$1
RewriteRule   !^NOT-FOUND/.* - [F]
RewriteRule   ^NOT-FOUND/(.*)$ /$1
```

```
##
## hosts.deny
##
## ACHTUNG! Dies ist ein Map, keine Liste, auch wenn es als
##           solche behandelt wird. mod_rewrite durchsucht sie nach
##           Schlüssel-/Wertepaaren, so dass mindestens ein
##           Dummy-Wert "-" für jeden Eintrag vorhanden sein muss.
##
193.102.180.41 -
bsdti1.sdm.de -
192.76.162.40 -
```

Proxies ablehnen

Beschreibung:

Wie kann ein bestimmter Host oder auch ein Benutzer eines speziellen Hosts daran gehindert werden, den Apache-Proxy zu benutzen?

Lösung:

Zuerst muss sichergestellt werden, dass beim Kompilieren des Apache-Webservers die mod_rewrite-Direktive in der Konfigurationsdatei nach der mod_proxy-Direktive steht. Auf diese Weise wird es *vor* mod_proxy aufgerufen. Anschließend wird die Bedingung und die Regel für eine vom Host abhängige Ablehnung...

```
RewriteCond %{REMOTE_HOST}  ^badhost\.mydomain\.com$
RewriteRule !^http://[^/.]\.mydomain.com.* - [F]
```

...und für die von user@host-abhängige Ablehnung formuliert:

```
RewriteCond %{REMOTE_IDENT}@%{REMOTE_HOST}  ^badguy@badhost\.mydomain\.com$
RewriteRule !^http://[^/.]\.mydomain.com.* - [F]
```

Spezielle Authentifizierungsvariante

Beschreibung:

In manchen Situationen ist eine sehr spezielle Authentifizierung erforderlich, bei der beispielsweise eine Reihe explizit eingerichteter Benutzer überprüft wird. Nur diese Benutzer erhalten ohne explizite Eingabeaufforderung (die bei der Authentifizierung mit dem Modul mod_auth_basic angezeigt würde) Zugriff.

Lösung:

Mit Hilfe einer Liste von Manipulationsbedingungen werden alle bis auf die gewünschten Benutzer ausgeschlossen:

```
RewriteCond %{REMOTE_IDENT}@%{REMOTE_HOST}  !^friend1@client1.quux-corp\.com$
RewriteCond %{REMOTE_IDENT}@%{REMOTE_HOST}  !^friend2@client2.quux-corp\.com$
RewriteCond %{REMOTE_IDENT}@%{REMOTE_HOST}  !^friend3@client3.quux-corp\.com$
RewriteRule ^/~quux/only-for-friends/ - [F]
```

Ablehung in Abhängigkeit von der verweisenden URL

Beschreibung:

Wie lassen sich auf flexible Weise basierend auf dem HTTP-Header `Referer` Ablehnungen für beliebig viele Seiten vornehmen?

Lösung:

Dies kann mit folgendem Regelsatz...

```
RewriteMap deflector txt:/path/to/deflector.map

RewriteCond %{HTTP_REFERER} !=""
RewriteCond ${deflector:%{HTTP_REFERER}} ^-$
RewriteRule ^.* %{HTTP_REFERER} [R,L]

RewriteCond %{HTTP_REFERER} !=""
RewriteCond ${deflector:%{HTTP_REFERER}|NOT-FOUND} !=NOT-FOUND
RewriteRule ^.* ${deflector:%{HTTP_REFERER}} [R,L]
```

...und in Verbindung mit dem entsprechenden Map geschehen:

```
##
## deflector.map
##

http://www.badguys.com/bad/index.html     -
http://www.badguys.com/bad/index2.html    -
http://www.badguys.com/bad/index3.html    http://somewhere.com/
```

Die Anfrage wird automatisch an die anfragende Seite (wenn im Map - als Wert steht) oder an eine bestimmte URL (wenn sie im Map als zweites Argument angegeben wird) zurückgeleitet.

2.20.6 Außerdem

Externe Rewriting-Engine

Beschreibung:

Eine häufig gestellte Frage lautet: Wie lässt sich das Problem mit FOO/BAR/QUUX/usw. lösen? `mod_rewrite` scheint sich hierfür nicht anzubieten...

Lösung:

Die Lösung ist eine externe `RewriteMap`-Direktive, das heißt ein Programm, das wie `Rewrite Map` agiert. Es wird einmal beim Start des Apache ausgeführt und erhält die angeforderten URLs über `STDIN` und gibt die resultierende (meist umgeschriebene) URL über `STDOUT` aus (gleiche Reihenfolge).

```
RewriteEngine  on
RewriteMap     quux-map           prg:/path/to/map.quux.pl
RewriteRule    ^/~quux/(.*)$      /~quux/${quux-map:$1}
```

```perl
#!Pfad zu Perl

#   Gepufferte I/O deaktivieren, um
#   Endlosschleifen zu vermeiden.
$| = 1;

#   URLs Zeile für Zeile über stdin lesen und
#   die Substitutions-URL für stdout erzeugen
while (<>) {
    s|^foo/|bar/|;
    print $_;
}
```

Dieses Beispiel soll nur der Anschauung dienen. Es schreibt einfach alle URLs der Form `/~quux/foo/...` in `/~quux/bar/...` um. Im Prinzip kann alles Mögliche definiert werden. Solche Maps können zwar vom einfachen Benutzer *verwendet* aber nur vom Systemadministrator *definiert* werden.

Kapitel 3

Virtuelle Hosts

3.1 Apache-Dokumentation zu virtuellen Hosts

Der Begriff *VHost* bezieht sich auf die Praxis, mehr als eine Domain (z.B. www.company1.com und www.company2.com) auf einer einzigen Maschine zu betreiben. VHosts können auf IP-Adressen basieren, was bedeutet, dass jedes Webangebot eine andere IP-Adresse besitzt, oder auf Namen basieren, was bedeutet, dass unter jeder IP-Adresse Hosts mit mehreren Namen ausgeführt werden. Die Tatsache, dass sie auf dem gleichen Server laufen, ist für den Endbenutzer nicht erkennbar.

Der Apache war einer der ersten Server, der IP-basierte VHosts von Haus aus direkt unterstützt hat. Seit Version 1.1 unterstützt der Apache sowohl IP-basierte als auch namensbasierte VHosts (vhosts). Letzteres wird zuweilen auch *Host-basiert* oder *non-IP-Virtual-Host* genannt.

Nachfolgend finden Sie eine Liste von Dokumenten, die alle Details der Unterstützung von VHosts ab Apache-Version 1.3 beschreiben.

Siehe auch: »mod_vhost_alias«, Seite 621, 3.2 »Unterstützung namensbasierter VHosts«, 3.3 »IP-basierter VHost-Support«, 3.5 »Beispiele für VHosts in typischen Installationen«, 3.7 »Obergrenzen für Dateideskriptoren«, 3.4 »Dynamisch konfiguriertes virtuelles Massen-Hosting«, 3.6 »Tiefer gehende Erörterung der Zuweisung VHosts«

3.1.1 Unterstützung von VHosts

- Namensbasierte VHosts (mehr als ein Webangebot pro IP-Adresse)
- IP-basierte VHosts (eine IP-Adresse für jedes Webangebot)
- Beispiele für VHosts in typischen Installationen
- Datei-Deskriptor-Begrenzungen (oder *zu viele Protokolldateien*)
- Dynamisch konfiguriertes virtuelles Massen-Hosting
- Tiefer gehende Erörterung der Zuweisung VHosts

3.1.2 Konfigurationsdirektiven

- `<VirtualHost>`
- `NameVirtualHost`
- `ServerName`
- `ServerAlias`
- `ServerPath`

Bei der Suche nach Fehlern in der Konfiguration der VHosts kann die Apache-Befehlszeilenoption -S hilfreich sein. Geben Sie dazu den folgenden Befehl ein:

```
/usr/local/apache2/bin/httpd -S
```

Es wird das Ergebnis der Analyse der Konfigurationsdatei durch den Apache angezeigt. Eine sorgfältige Überprüfung der IP-Adressen und Servernamen kann helfen, Konfigurationsfehler aufzudecken. (Weitere Informationen zu den BefehlEWszeilenoptionen finden Sie im *Kapitel 7 »Server- und Hilfsprogramme«* in der Beschreibung des Programms *»httpd – Apache Hypertext Transfer Protocol-Server«, Seite 270*.)

3.2 Unterstützung namensbasierter VHosts

Das Dokument beschreibt, wann und wie namensbasierte VHosts zu verwenden sind.

Siehe auch: *3.3 »IP-basierter VHost-Support«, 3.6 »Tiefer gehende Erörterung der Zuweisung VHosts«, 3.4 »Dynamisch konfiguriertes virtuelles Massen-Hosting«, 3.5 »Beispiele für VHosts in typischen Installationen«, 3.5.10 »Die ServerPath-Direktive«*

3.2.1 Namensbasierte und IP-basierte VHosts im Vergleich

IP-basierte VHosts verwenden die IP-Adresse der Verbindung, um den korrekten VHost für die Bedienung einer Anfrage zu ermitteln. Folglich wird eine IP-Adresse für jeden VHost benötigt. Bei der Verwendung von namensbasierten VHosts verlässt sich der Server darauf, dass der Client den Hostnamen als Bestandteil der HTTP-Header angibt. Durch diese Technik können sich mehrere Hosts die gleiche IP-Adresse teilen.

Die Verwendung von namensbasierten VHosts ist gewöhnlich einfacher. Sie müssen lediglich Ihren DNS-Server darauf einstellen, jeden Hostnamen auf die richtige IP-Adresse abzubilden, und dann den Apache HTTP Server so konfigurieren, dass er die verschiedenen Hostnamen erkennt. Namensbasierte VHosts verringern auch den Bedarf an ohnehin knappen IP-Adressen. Daher sollten Sie namensbasierte VHosts verwenden, sofern kein besonderer Grund dafür vorliegt, IP-basierte VHosts zu wählen. Mögliche Gründe für die Verwendung IP-basierter VHosts sind:

- Einige ältere Clients sind nicht kompatibel zu namensbasierten VHosts. Damit namensbasierte VHosts funktionieren, muss der Client den HTTP-Host-Header senden. Dies ist bei HTTP/1.1 vorgeschrieben und für alle modernen HTTP/1.0-Browser als Erweiterung implementiert. Wenn Sie Unterstützung für veraltete Clients benötigen und dennoch namensbasierte VHosts verwenden, dann finden Sie eine mögliche Lösung dafür am Ende dieses Abschnitts.

- Namensbasierte VHosts können aufgrund der Eigenart des SSL-Protokolls nicht mit SSL-gesicherten Servern verwendet werden.

- Einige Betriebssysteme und Netzwerkanlagen setzen Techniken zum Bandbreiten-Management ein, die nicht zwischen Hosts unterscheiden können, wenn diese keine unterschiedlichen IP-Adressen besitzen.

3.2.2 Die Verwendung von namensbasierten VHosts

Referenzierte Module: core

Referenzierte Direktiven: DocumentRoot   NameVirtualHost
ServerAlias   ServerName
ServerPath   VirtualHost

Um namensbasierte VHosts zu verwenden, müssen Sie die IP-Adresse (und möglicherweise den Port) des Servers benennen, über die Anfragen für die Hosts entgegengenommen werden. Dies wird mit der Direktive NameVirtualHost eingestellt. Im Normalfall, wenn alle IP-Adressen des Server verwendet werden sollen, können Sie * als Argument für NameVirtualHost verwenden. Beachten Sie, dass die Angabe einer IP-Adresse in einer NameVirtualHost-Anweisung den Server nicht automatisch an dieser Adresse lauschen lässt. Lesen Sie bitte den *Abschnitt 2.13 »Konfiguration der von Apache verwendeten Adressen und Ports«* für weitere Details. Zusätzlich muss jede hier angegebene IP-Adresse einer Netzwerkkarte des Servers zugeordnet sein.

Im nächsten Schritt wird ein <VirtualHost>-Block für jeden einzelnen Host erstellt, den Sie bedienen wollen. Das Argument der Direktive <VirtualHost> sollte das gleiche wie das der NameVirtualHost-Anweisung (d.h. eine IP-Adresse oder * für alle Adressen) sein. Innerhalb jedes <VirtualHost>-Blocks benötigen Sie zumindestens eine ServerName-Direktive, um zu bestimmen, welcher Host bedient wird, und eine DocumentRoot-Anweisung, um anzugeben, wo im Dateisystem der Inhalt des Hosts abgelegt ist.

> **Der Hauptserver verschwindet**
>
> Wenn Sie VHosts zu einem bestehenden Webserver hinzufügen, müssen Sie auch einen <VirtualHost>-Block für den bestehenden Host und bisherigen Hauptserver erstellen. Die Direktiven ServerName und DocumentRoot für diesen VHost sollten die gleichen sein wie die globalen ServerName- und DocumentRoot-Direktiven. Führen Sie diesen VHost als ersten in der Konfigurationsdatei auf, so dass er als Standard-Host fungiert.

Wenn Sie z.B. die Domain www.domain.tld bedienen und den VHost www.otherdomain.tld hinzufügen möchten, der auf die gleiche IP-Adresse zeigt, dann fügen Sie der Datei httpd.conf einfach Folgendes hinzu:

```
NameVirtualHost *

<VirtualHost *>
  ServerName www.domain.tld
  ServerAlias domain.tld *.domain.tld
  DocumentRoot /www/domain
</VirtualHost>

<VirtualHost *>
  ServerName www.otherdomain.tld
  DocumentRoot /www/otherdomain
</VirtualHost>
```

Sie können anstelle des * bei den beiden Anweisungen `NameVirtualHost` und `<VirtualHost>` alternativ eine eindeutige IP-Adresse angeben. Das kann man beispielsweise machen, um mehrere namensbasierte VHosts auf einer IP-Adresse und entweder IP-basierte oder ein anderes Set von namensbasierten VHosts über eine andere Adresse zu betreiben.

Viele Server wollen unter mehr als einem Namen erreichbar sein. Dies ermöglicht die Direktive `ServerAlias`, die innerhalb des `VirtualHost`-Abschnittes angegeben wird. Die ServerAlias-Anweisung im ersten `<VirtualHost>`-Block oben zeigt zum Beispiel an, dass die aufgeführten Namen alternative Namen sind, die man verwenden kann, um die gleiche Website zu erreichen:

```
ServerAlias domain.tld *.domain.tld
```

Anfragen für alle Hosts der Domain `domain.tld` werden vom VHost `www.domain.tld` bedient. Anstelle entsprechender Namen können die Platzhalter * und ? verwendet werden. Natürlich können Sie nicht einfach Namen erfinden und diese mit `ServerName` oder `ServerAlias` angeben, Sie müssen zunächst Ihren DNS-Server so konfigurieren, dass er diese Namen auf die mit Ihrem Server verknüpfte IP-Adresse abbildet.

Außerdem können Sie die Konfiguration der VHosts mittels Angabe weiterer Direktiven innerhalb der `<VirtualHost>`-Container feineinstellen. Die meisten Direktiven können in diesen Containern angegeben werden und verändern dann ausschließlich die Konfiguration des entsprechenden VHosts. Überprüfen Sie die Angaben zum Kontext einer Direktive, um herauszufinden, ob sie zulässig ist. Im *Hauptserver-Kontext* definierte Konfigurationsanweisungen (außerhalb der `<VirtualHost>`-Container) werden nur dann angewendet, wenn sie nicht durch Einstellungen des VHosts außer Kraft gesetzt wurden.

Wenn eine Anfrage eintrifft, prüft der Server zuerst, ob sie eine IP-Adresse verwendet, die der `NameVirtualHost`-Anweisung entspricht. Ist dies der Fall, dann sieht er sich jeden `<VirtualHost>`-Abschnitt mit einer passenden IP-Adresse an und versucht den einen zu finden, dessen `ServerName`- oder `ServerAlias`-Direktive mit dem gewünschten Hostnamen übereinstimmt. Findet er einen, dann verwendet er die Konfiguration dieses Servers. Wird kein passender VHost gefunden, dann wird *der erste angegebene VHost* verwendet, dessen IP-Adresse passt.

Die Folge davon ist, dass der erste aufgeführte VHost der *Standard*-Virtual-Host ist. Die `DocumentRoot`-Anweisung des *Hauptservers* wird *niemals* verwendet, wenn eine IP-Adresse mit einer `NameVirtualHost`-Anweisung übereinstimmt. Wenn Sie eine spezielle Konfiguration für Anfragen angeben möchten, die keinem bestimmten VHost entsprechen, packen Sie diese Konfiguration einfach in einen `<VirtualHost>`-Container und führen diesen als erste in der Konfigurationsdatei auf.

3.2.3 Kompatibilität mit älteren Browsern

Wie zuvor erwähnt, gibt es einige Clients, die nicht die notwendigen Daten senden, die namensbasierte VHosts für eine korrekte Funktion benötigen. Diesen Clients werden stets die Seiten des ersten für diese IP-Adresse aufgeführten VHosts gesendet werden (des primären namensbasierten VHosts).

> **Was bedeutet »älter«?**
>
> Wenn wir von »älter« sprechen, meinen wir tatsächlich »alt«. Es ist sehr unwahrscheinlich, dass einer dieser Browser heutzutage noch im Einsatz ist. Alle aktuellen Browser-Versionen senden den `Host`-Header, so wie er für namensbasierte VHosts benötigt wird.

Die Direktive `ServerPath` eignet sich als mögliche Behelfskonstruktion, obgleich sie etwas schwerfällig ist:

Beispielkonfiguration:

```
NameVirtualHost 111.22.33.44

<VirtualHost 111.22.33.44>
ServerName www.domain.tld
ServerPath /domain
DocumentRoot /web/domain
</VirtualHost>
```

Das bedeutet, dass eine Anfrage für einen mit `/domain` beginnenden URI von dem VHost www.domain.tld bedient wird. Dadurch sind die Seiten unter http://www.domain.tld/domain/ für alle Clients abrufbar, wenngleich Clients, die den Header `Host:` senden, auch über http://www.domain.tld/ auf sie zugreifen können.

Legen Sie auf der Seite Ihres primären VHosts einen Link zu http://www.domain.tld/domain/, um die Behelfslösung verfügbar zu machen. Bei den Seiten der VHosts müssen dann entweder ausschließlich relative Links (z.B. `file.html` oder `../icons/image.gif`) oder Links verwendet werden, die das einleitende `/domain/` enthalten (z.B. http://www.domain.tld/domain/misc/file.html oder `/domain/misc/file.html`).

Dies erfordert etwas Disziplin, die Befolgung dieser Richtlinien stellt jedoch größtenteils sicher, dass Ihre Seiten mit alten und neuen Browsern funktionieren.

3.3 IP-basierter VHost-Support

Siehe auch: *3.2 »Unterstützung namensbasierter VHosts«*

3.3.1 Systemvoraussetzungen

Wie die Bezeichnung *IP-basiert* andeutet, *muss der Server unterschiedliche IP-Adressen für jeden IP-basierten VHost besitzen*. Das kann mit mehreren Anschlüssen an das Netzwerk oder durch die Verwendung virtueller Schnittstellen erreicht werden, die von den meisten moderneren Betriebssystemen unterstützt werden (Informationen hierzu finden Sie in der Beschreibung des Betriebssystems, oft unter den Begriffen »IP-Alias« und »ifconfig«).

3.3.2 Wie der Apache eingerichtet wird

Es gibt zwei Möglichkeiten, den Apache für die Unterstützung mehrerer Hosts einzurichten. Entweder wird ein separater `httpd`-Daemon für jeden Hostnamen ausgeführt oder es wird ein Daemon ausgeführt, der alle VHosts unterstützt.

Benutzen Sie mehrere Daemons, wenn

- aus Sicherheitsgründen eine Abschottung vorgenommen werden soll (z.B. möchte Firma 1, dass jemand aus Firma 2 Daten nur über das Web lesen kann). In diesem Fall benötigen Sie zwei Daemons mit unterschiedlichen `User`-, `Group`-, `Listen`- und `ServerRoot`-Einstellungen.

- Sie die Dateideskriptor- und Speicheranforderungen zum Überwachen aller IP-Aliase des Rechners erfüllen können. Es ist nur möglich, die *-Adressen oder bestimmte Adressen zu überwachen. Müssen Sie aus irgendwelchen Gründen eine bestimmte Adresse überwachen, dann müssen Sie alle spezifischen Adressen überwachen. (Ein httpd-Prozess könnte auch die Adressen n bis 1 überwachen und ein anderer die übrigen Adressen.)

Benutzen Sie einen einzelnen Daemon, wenn

- eine gemeinsame httpd-Konfiguration für die VHosts möglich ist.
- der Rechner eine große Anzahl von Anfragen bearbeitet, so dass der Leistungsabfall bei separaten Daemons beträchtlich wäre.

3.3.3 Mehrere Daemons einrichten

Richten Sie für jeden VHost eine eigene httpd-Installation ein. Legen Sie mit der Listen-Direktive in der Konfigurationsdatei fest, welche IP-Adresse (oder welchen VHost) dieser Daemon bedienen soll. Zum Beispiel:

```
Listen www.smallco.com:80
```

Es wird empfohlen, eine IP-Adresse anstelle eines Hostnamens zu benutzen (siehe 3.8 »DNS-Probleme«).

3.3.4 Einen einzelnen Daemon mit VHosts einrichten

In diesem Fall bedient ein einzelner httpd-Prozess Anfragen an den Hauptserver und an alle VHosts. Mit der <VirtualHost>-Direktive werden in der Konfigurationsdatei die Werte der Konfigurationsdirektiven ServerAdmin, ServerName, DocumentRoot, ErrorLog und TransferLog oder CustomLog für jeden VHost auf andere Werte gesetzt. Zum Beispiel:

```
<VirtualHost www.smallco.com>
ServerAdmin webmaster@mail.smallco.com
DocumentRoot /groups/smallco/www
ServerName www.smallco.com
ErrorLog /groups/smallco/logs/error_log
TransferLog /groups/smallco/logs/access_log
</VirtualHost>

<VirtualHost www.baygroup.org>
ServerAdmin webmaster@mail.baygroup.org
DocumentRoot /groups/baygroup/www
ServerName www.baygroup.org
ErrorLog /groups/baygroup/logs/error_log
TransferLog /groups/baygroup/logs/access_log
</VirtualHost>
```

Es wird empfohlen, eine IP-Adresse anstelle eines Hostnamens zu benutzen (siehe »*DNS-Probleme*«, *Seite 173*).

Mit der Direktive <VirtualHost> kann fast *jede* Konfigurationsdirektive angegeben werden. Ausgenommen sind Direktiven, die die Prozesserzeugung kontrollieren sowie einige andere Direktiven. Um festzustellen, ob eine Direktive in der <VirtualHost>-Direktive benutzt werden kann, überprüfen Sie in der Direktivenbeschreibung die Angabe zum Kontext.

Wenn suEXEC benutzt wird, können in der VirtualHost-Direktive auch die Direktiven User und Group verwendet werden.

SICHERHEIT: Wenn Sie festlegen, in welches Verzeichnis Protokolldateien geschrieben werden, sollten Sie sich über die Sicherheitsrisiken im Klaren sein, die daraus entstehen können, wenn jemand anderes als der Benutzer, der den Apache startet, Schreibrechte in diesem Verzeichnis hat. In »*Sicherheitshinweise*«, *Seite 63* aus dem *Kapitel 2 »Bedienung des Apache HTTP Servers«* finden Sie weitere Einzelheiten hierzu.

3.4 Dynamisch konfiguriertes virtuelles Massen-Hosting

Dieses Dokument beschreibt, wie eine beliebige Anzahl VHosts mit dem Apache effizient bedient werden kann (Autor: Tony Finch fanf@demon.net, dot@dotat.at. Einige Beispiele wurden vom *Beitrag 2.20 »URL-Manipulationen«* von Ralf S. Engelschall (http://www.engelschall.com/pw/apache/rewriteguide/) abgeleitet. Einige Vorschläge stammen von Brian Behlendorf).

3.4.1 Motivation

Die hier beschriebenen Techniken sind interessant, wenn Ihre httpd.conf-Datei viele <VirtualHost>-Abschnitte enthält, die sich im Wesentlichen gleichen. Zum Beispiel:

```
NameVirtualHost 111.22.33.44
<VirtualHost 111.22.33.44>
   ServerName www.customer-1.com
   DocumentRoot/www/hosts/www.customer-1.com/docs
   ScriptAlias /cgi-bin/ /www/hosts/www.customer-1.com/cgi-bin
</VirtualHost>
<VirtualHost 111.22.33.44>
   ServerName www.customer-2.com
   DocumentRoot/www/hosts/www.customer-2.com/docs
   ScriptAlias /cgi-bin/ /www/hosts/www.customer-2.com/cgi-bin
</VirtualHost>
# blah blah blah
<VirtualHost 111.22.33.44>
   ServerName www.customer-N.com
   DocumentRoot/www/hosts/www.customer-N.com/docs
   ScriptAlias /cgi-bin/ /www/hosts/www.customer-N.com/cgi-bin
</VirtualHost>
```

Der Grundgedanke ist es, die gesamte statische `<VirtualHost>`-Konfiguration durch einen Mechanismus zu ersetzen, der sie dynamisch erzeugen kann. Das hat eine Reihe von Vorteilen:

1. Die Konfigurationsdatei ist kleiner, daher startet der Apache schneller und benötigt weniger Speicher.
2. Zum Hinzufügen neuer VHosts müssen nur die entsprechenden Verzeichnisse im Dateisystem eingerichtet und die DNS-Einträge vorgenommen werden. Der Apache muss nicht neu konfiguriert oder gestartet werden.

Der größte Nachteil ist, dass keine getrennten Protokolldateien für die einzelnen VHosts angelegt werden können. Werden aber sehr viele VHosts eingerichtet, dann ist das sowieso bedenklich, denn dafür werden sehr viele Dateideskriptoren benötigt. Es ist sinnvoller, das Protokoll in eine Pipe oder einen FIFO-Stapel zu schreiben und mit einem Prozess am anderen Ende die Protokolldaten zu zerlegen und zu verteilen (Sie können auch Statistiken zusammenstellen usw.).

3.4.2 Überblick

Ein VHost wird mit zwei Informationen definiert, nämlich mit der IP-Adresse und den Inhalten des `Host`-Headers der HTTP-Anfrage. Die Technik des dynamischen virtuellen Massen-Hostings basiert auf dem automatischen Einfügen dieser Informationen in den Pfadnamen der Datei, mit der die Anfrage beantwortet wird. Dies geschieht am einfachsten mit dem Modul `mod_vhost_alias` (bei Apache-Versionen vor der Version 1.3.6 muss das Modul `mod_rewrite` benutzt werden). Beide Module sind standardmäßig deaktiviert und daher muss eines von beiden beim Konfigurieren und Aufbauen des Apache eingebunden werden, wenn diese Technik benutzt werden soll.

Einige Dinge müssen »getürkt« werden, damit der dynamische VHost wie ein normaler Host aussieht. Am wichtigsten ist der Servername, mit dem der Apache selbstreferenzierende URLs usw. erzeugt. Er wird mit der `ServerName`-Direktive festgelegt und steht für CGI als Umgebungsvariable `SERVER_NAME` zur Verfügung. Der zur Ausführungszeit benutzte Wert wird mit den Einstellungen der Direktive `UseCanonicalName` gesteuert. Bei der Anweisung `UseCanonicalName Off` kommt der Servername aus dem Inhalt des `Host`-Headers der Anfrage. Bei der Anweisung `UseCanonicalName DNS` ist er das Ergebnis einer reversiven DNS-Suche in den IP-Adressen des VHosts. Die erste Variante wird für namensbasiertes dynamisches virtuelles Hosting und die zweite für IP-basiertes Hosting benutzt. Kann der Apache den Servernamen nicht ermitteln, weil es keinen `Host`-Header gibt oder die DNS-Suche kein Ergebnis liefert, wird der Wert mit `ServerName` gebildet.

Auch die `DocumentRoot` muss vorgetäuscht werden. Sie steht über die Umgebungsvariable `DOCUMENT_ROOT` zur Verfügung. In einer normalen Konfiguration wird ihr Wert vom Kernel bei der Zuweisung von URIs zu Dateinamen benutzt. Wird der Server aber für dynamisches virtuelles Hosting konfiguriert, übernimmt ein anderes Modul diese Aufgabe (entweder `mod_vhost_alias` oder `mod_rewrite`), das die Zuordnung auf eine andere Weise durchführt. Keines dieser Module übernimmt das Setzen der Variablen `DOCUMENT_ROOT`, so dass sie bei der Verwendung durch CGI-Skripte oder SSI-Dokumente einen irreführenden Wert enthält.

3.4.3 Einfache dynamische VHosts

Der folgende Auszug aus der Datei `httpd.conf` implementiert das oben beschriebene VHost-Arrangement mit `mod_vhost_alias` auf eine generische Art.

```
# Den Servernamen aus dem Host-Header nehmen
UseCanonicalName Off

# Dieses Protokollformat kann pro VHost anhand des ersten Feldes
# aufgeteilt werden
LogFormat "%V %h %l %u %t \"%r\" %s %b" vcommon
CustomLog logs/access_log vcommon

# Den Servernamen in die Dateinamen einbinden
VirtualDocumentRoot /www/hosts/%0/docs
VirtualScriptAlias /www/hosts/%0/cgi-bin
```

Diese Konfiguration kann durch Veränderung von `UseCanonicalName Off` in `UseCanonicalName DNS` für IP-basiertes virtuelles Hosting umgewandelt werden. Der in den Dateinamen eingefügte Servername wird von der IP-Adresse des VHosts abgeleitet.

3.4.4 Ein System mit virtuellen Homepages

Dieses Beispiel passt das letzte Beispiel für Homepage-Server eines Providers an. Mit einer etwas komplizierteren Konfiguration können Teile des Servernamens als Zeichenfolge für die Verwendung im Dateinamen benutzt werden, z.B. befinden sich die Dokumente für www.user.isp.com im Verzeichnis /home/user/. Es wird ein einziges cgi-bin-Verzeichnis und nicht pro VHost ein Verzeichnis benutzt.

```
# Einleitung wie oben

# Einen Teil des Servernamens in Dateinamen verwenden
VirtualDocumentRoot /www/hosts/%2/docs

# Ein einziges cgi-bin-Verzeichnis
ScriptAlias /cgi-bin/ /www/std-cgi/
```

In der Beschreibung des Moduls mod_vhost_alias finden Sie kompliziertere Beispiele für VirtualDocumentRoot-Direktiven.

Mehrere VHosting-Systeme auf dem gleichen Server

Mit etwas komplizierteren Konfigurationen können Sie mit den normalen `<VirtualHost>`-Direktiven den Bereich der verschiedenen VHosting-Konfigurationen kontrollieren. Beispielsweise kann wie folgt eine IP-Adresse für Homepage-Kunden und eine andere für kommerzielle Kunden eingerichtet werden. Das lässt sich selbstverständlich mit konventionellen `<VirtualHost>`-Konfigurationsabschnitten kombinieren.

```
UseCanonicalName Off

LogFormat "%V %h %l %u %t \"%r\" %s %b" vcommon

<Directory /www/commercial>
```

```
    Options FollowSymLinks
    AllowOverride All
</Directory>

<Directory /www/homepages>
    Options FollowSymLinks
    AllowOverride None
</Directory>

<VirtualHost 111.22.33.44>
    ServerName www.commercial.isp.com

    CustomLog logs/access_log.commercial vcommon

    VirtualDocumentRoot /www/commercial/%0/docs
    VirtualScriptAlias /www/commercial/%0/cgi-bin
</VirtualHost>

<VirtualHost 111.22.33.45>
    ServerName www.homepages.isp.com

    CustomLog logs/access_log.homepages vcommon

    VirtualDocumentRoot /www/homepages/%0/docs
    ScriptAlias /cgi-bin/ /www/std-cgi/
</VirtualHost>
```

3.4.5 Effizienteres IP-basiertes virtuelles Hosting

Nach dem ersten Beispiel wurde angemerkt, dass es einfach für IP-basiertes virtuelles Hosting umgewandelt werden kann. Leider ist diese Konfiguration nicht sehr effizient, weil eine DNS-Suche pro Anfrage erforderlich ist. Wenn sich das Dateisystem an den IP-Adressen statt an den Namen orientiert und die Protokollierung in ähnlicher Weise geändert wird, lässt sich das vermeiden. Der Apache muss dann den Dateinamen in der Regel nicht ermitteln und daher unterbleibt die DNS-Suche.

```
# Den Servernamen mit einer reversiven DNS-Suche ermitteln
UseCanonicalName DNS

# Die IP-Adresse in die Protokolle übernehmen, damit sie zerlegt werden können
LogFormat "%A %h %l %u %t \"%r\" %s %b" vcommon
CustomLog logs/access_log vcommon
```

```
# Die IP-Adresse in den Dateinamen einschließen
VirtualDocumentRootIP /www/hosts/%0/docs
VirtualScriptAliasIP /www/hosts/%0/cgi-bin
```

3.4.6 Ältere Versionen des Apache benutzen

Die oben aufgeführten Beispiele basieren auf `mod_vhost_alias`, ein Modul, das es seit der Version 1.3.6 gibt. Haben Sie eine Version ohne `mod_vhost_alias`, dann können Sie diese Technik wie unten gezeigt mit `mod_rewrite` implementieren, allerdings nur für auf Host-Header basierende VHosts.

Außerdem müssen noch einige Dinge für die Protokollierung beachtet werden. Die Version 1.3.6 war die erste Version mit der Protokollformat-Direktive %V. In den Versionen 1.3.0 bis 1.3.3 hat die Option %v das Gleiche wie %V geleistet. In der Version 1.3.4 gibt es keine Entsprechung. In allen diesen Versionen des Apache kann die `UseCanonicalName`-Direktive in `.htaccess` stehen, was bedeutet, dass Anwender eine falsche Protokollierung verursachen können. Deshalb sollte die %{Host}i-Direktive benutzt werden, mit der der Host-Header direkt protokolliert wird. Hierbei kann :port am Ende stehen, was bei %V nicht der Fall ist.

3.4.7 Einfache dynamische VHosts mit mod_rewrite

Der folgende Auszug aus der Datei `httpd.conf` bewirkt das Gleiche wie im ersten Beispiel. Die erste Hälfte ist vergleichbar mit dem entsprechenden Teil oben, für die Abwärtskompatibilität und für die korrekte Funktion von `mod_rewrite` wurden aber einige Änderungen vorgenommen. In der zweiten Hälfte wird `mod_rewrite` für die eigentliche Arbeit konfiguriert.

Es gibt einige besonders schwierige Kleinigkeiten: Standardmäßig wird `mod_rewrite` vor den übrigen URI-Umwandlungsmodulen ausgeführt (`mod_alias` usw.). Werden sie benutzt, muss `mod_rewrite` entsprechend konfiguriert werden. Außerdem muss etwas getan werden, um ein Äquivalent für ScriptAlias zu schaffen.

```
# Den Servernamen aus dem Host-Header nehmen
UseCanonicalName Off

# Zerlegbare Protokolle
LogFormat "%{Host}i %h %l %u %t \"%r\" %s %b" vcommon
CustomLog logs/access_log vcommon

<Directory /www/hosts>
  # ExecCGI wird benötigt, weil die CGI-Ausführung
  # nicht wie ScriptAlias veranlasst werden kann.
  Options FollowSymLinks ExecCGI
</Directory>
# Jetzt zum schwierigeren Teil:

RewriteEngine On
```

```
# Ein vom Host-Header abgeleiteter ServerName kann jede Form haben
RewriteMap lowercase int:tolower

## Zuerst das normale Dokument:
# Alias /icons/ zulassen - für andere Aliase wiederholen
RewriteCond %{REQUEST_URI} !^/icons/
# CGIs zulassen
RewriteCond %{REQUEST_URI} !^/cgi-bin/
# Der Kunstgriff
RewriteRule ^/(.*)$ /www/hosts/${lowercase:%{SERVER_NAME}}/docs/$1

## und jetzt zu CGIs - ein MIME-Typ muss festgelegt werden
RewriteCond %{REQUEST_URI} ^/cgi-bin/
RewriteRule ^/(.*)$ /www/hosts/${lowercase:%{SERVER_NAME}}/cgi-bin/$1 [T=
application/x-httpd-cgi]

# Das war's!
```

3.4.8 Ein Homepage-System mit mod_rewrite

Leistet das Gleiche wie das zweite Beispiel.

```
RewriteEngine on

RewriteMap lowercase int:tolower

# CGIs zulassen
RewriteCond %{REQUEST_URI} !^/cgi-bin/

# Den Hostnamen überprüfen, damit RewriteRule funktioniert.
RewriteCond ${lowercase:%{SERVER_NAME}} ^www\.[a-z-]+\.isp\.com$

# Den VHostnamen bis zum Beginn des URI verknüpfen
# Das [C] bewirkt, dass die nächste Manipulation für das Ergebnis
# dieser Manipulation durchgeführt wird.
RewriteRule ^(.+) ${lowercase:%{SERVER_NAME}}$1 [C]

# Den richtigen Namen erzeugen
RewriteRule ^www\.([a-z-]+)\.isp\.com/(.*) /home/$1/$2

# Das globale CGI-Verzeichnis definieren
ScriptAlias /cgi-bin/ /www/std-cgi/
```

3.4.9 Eine separate VHost-Konfigurationsdatei verwenden

Bei diesem Arrangement werden erweiterte `mod_rewrite`-Eigenschaften für die Umwandlung vom VHost zur `DocumentRoot` mit einer separaten Konfigurationsdatei benötigt. Das bietet mehr Flexibilität, verlangt aber eine kompliziertere Konfiguration.

Die `vhost.map`-Datei sieht folgendermaßen aus:

```
www.customer-1.com /www/customers/1
www.customer-2.com /www/customers/2
# ...
www.customer-N.com /www/customers/N
```

In der `httpd.conf`-Datei steht:

```
RewriteEngine on

RewriteMap lowercase int:tolower

# Die Map-Datei definieren
RewriteMap vhost txt:/www/conf/vhost.map

# Behandlung der Aliase wie oben
RewriteCond %{REQUEST_URI} !^/icons/
RewriteCond %{REQUEST_URI} !^/cgi-bin/
RewriteCond ${lowercase:%{SERVER_NAME}} ^(.+)$
# Neuzuordnung auf Dateibasis
RewriteCond ${vhost:%1} ^(/.*)$
RewriteRule ^/(.*)$ %1/docs/$1


RewriteCond %{REQUEST_URI} ^/cgi-bin/
RewriteCond ${lowercase:%{SERVER_NAME}} ^(.+)$
RewriteCond ${vhost:%1} ^(/.*)$
RewriteRule ^/(.*)$ %1/cgi-bin/$1
```

3.5 Beispiele für VHosts in typischen Installationen

In diesem Abschnitt wird versucht, allgemeine Fragen zur Einrichtung VHosts zu beantworten. Zu den Szenarien gehören solche, bei denen mehrere Websites mit namensbasierten oder IP-basierten VHosts auf einem einzelnen Server ausgeführt werden. In Kürze soll eine Beschreibung folgen, wie Sites hinter einem einzelnen Proxy auf mehreren Servern ausgeführt werden.

3.5.1 Mehrere namensbasierte Websites unter einer IP-Adresse

Ein Server besitzt eine einzige IP-Adresse, und mehrere Alias-Namen (CNAMES) verweisen im DNS auf diesen Rechner. Sie möchten einen Webserver für `www.example1.com` und `www.example2.org` auf diesem Rechner ausführen.

> **Hinweis**
>
> Das Einrichten von VHost-Konfigurationen für Ihren Apache-Server führt nicht automatisch zu DNS-Einträgen. Sie müssen diese DNS-Namen haben, in die Ihre IP-Adresse aufgelöst werden, sonst wird niemand Ihre Website sehen. Sie können für lokale Tests Einträge in die `hosts`-Datei schreiben, das funktioniert aber nur bei Rechnern mit diesen Host-Einträgen.

Serverkonfiguration

```
# Der Apache reagiert auf Port 80
Listen 80

# Auf VHost-Anfragen an allen IP-Adressen reagieren
NameVirtualHost *

<VirtualHost *>
  DocumentRoot /www/example1
  ServerName www.example1.com

  # Hier folgen weitere Direktiven

</VirtualHost>

<VirtualHost *>
  DocumentRoot /www/example2
  ServerName www.example2.org

  # Hier folgen weitere Direktiven

</VirtualHost>
```

Die Sternchen stehen für alle Adressen, daher bedient der Hauptserver keine Anfragen. Da `www.example1.com` zuerst in der Konfigurationsdatei steht, hat dieser Host die höchste Priorität und kann als Standard- oder primärer Server betrachtet werden. Das bedeutet, dass bei Eingang einer Anfrage, die mit keiner der angegebenen `ServerName`-Direktiven übereinstimmt, diese vom ersten `<VirtualHost>` bearbeitet wird.

Hinweis

Wenn Sie möchten, können Sie das Sternchen * durch die IP-Adresse des Systems ersetzen. In diesem Fall muss das Argument für <VirtualHost> mit dem Argument für NameVirtualHost übereinstimmen:

```
NameVirtualHost 172.20.30.40
<VirtualHost 172.20.30.40>
# etc ...
```

Bei Systemen, bei denen die IP-Adresse nicht vorhersehbar ist (beispielsweise bei einer dynamischen IP-Adresse und bei einer Reihe von dynamischen DNS-Lösungen) ist das Sternchen * sinnvoll. Da es mit jeder IP-Adresse übereinstimmt, funktioniert diese Konfiguration immer, selbst wenn sich die IP-Adresse ändert.

Die oben vorgestellte Konfiguration eignet sich fast in allen Situationen mit namensbasiertem VHosting. Sie ist nicht angebracht, wenn Sie basierend auf verschiedenen IP-Adressen oder Ports unterschiedlichen Inhalt ausliefern.

3.5.2 Namensbasierte Hosts über mehrere IP-Adressen

Hinweis

Jedes der hier vorgestellten Verfahren kann auf eine beliebige Anzahl von IP-Adressen ausgedehnt werden.

Der Server besitzt zwei IP-Adressen. Die eine (172.20.30.40) ist für den Hauptserver server.domain.com vorgesehen und die zweite (172.20.30.50) ist für zwei oder mehr VHosts gedacht.

Serverkonfiguration

```
Listen 80

# Dies ist der Hauptserver mit der Adresse 172.20.30.40
ServerName server.domain.com
DocumentRoot /www/mainserver

# Dies ist die andere Adresse
NameVirtualHost 172.20.30.50

<VirtualHost 172.20.30.50>
   DocumentRoot /www/example1
   ServerName www.example1.com

   # Hier folgen weitere Direktiven ...
```

```
</VirtualHost>

<VirtualHost 172.20.30.50>
  DocumentRoot /www/example2
  ServerName www.example2.org


  # Hier folgen weitere Direktiven ...

</VirtualHost>
```

Jede Anfrage an eine andere Adresse als 172.20.30.50 wird vom Hauptserver bedient. Eine Anfrage an die Adresse 172.20.30.50 mit einem unbekannten Hostnamen oder ohne Host-Header wird von www.example1.com bearbeitet.

3.5.3 Den gleichen Inhalt über unterschiedliche IP-Adressen liefern (z.B. eine interne und eine externe Adresse)

Der Server hat zwei IP-Adressen (192.168.1.1 und 172.20.30.40). Der Rechner liegt zwischen einem internen Netzwerk (Intranet) und einem externen Netzwerk (Internet). Außerhalb des Netzwerks wird der Name server.example.com in die externe Adresse aufgelöst (172.20.30.40), innerhalb des Netzwerks wird der gleiche Name in die interne Adresse aufgelöst (192.168.1.1).

Der Server kann auf interne und externe Anfragen den gleichen Inhalt liefern und benötigt dafür nur einen <VirtualHost>-Abschnitt.

Serverkonfiguration

```
NameVirtualHost 192.168.1.1
NameVirtualHost 172.20.30.40

<VirtualHost 192.168.1.1 172.20.30.40>
  DocumentRoot /www/server1
  ServerName server.example.com
  ServerAlias server
</VirtualHost>
```

Jetzt werden beide Netzwerke vom gleichen VHost bedient.

> **Hinweis**
>
> Im internen Netzwerk kann anstelle des voll qualifizierten Hostnamens server.example.com einfach server angegeben werden.
> Beachten Sie ferner, dass im oben angeführten Beispiel die Liste der IP-Adressen durch * ersetzt werden kann, was dazu führt, dass der Server über alle Adressen gleich antwortet.

3.5.4 Unterschiedliche Sites über unterschiedliche Ports

Mehrere Domänen gehen an die gleiche IP-Adresse und Sie möchten außerdem mehrere Ports bedienen. Wenn Sie die Ports mit NameVirtualHost definieren, funktioniert das. Versuchen Sie, <VirtualHost name:port> ohne NameVirtualHost name:port zu benutzen oder versuchen Sie, die Listen-Direktive zu benutzen wird diese Konfiguration nicht funktionieren.

Serverkonfiguration

```
Listen 80
Listen 8080

NameVirtualHost 172.20.30.40:80
NameVirtualHost 172.20.30.40:8080

<VirtualHost 172.20.30.40:80>
   ServerName www.example1.com
   DocumentRoot /www/domain-80
</VirtualHost>

<VirtualHost 172.20.30.40:8080>
   ServerName www.example1.com
   DocumentRoot /www/domain-8080
</VirtualHost>

<VirtualHost 172.20.30.40:80>
   ServerName www.example2.org
   DocumentRoot /www/otherdomain-80
</VirtualHost>

<VirtualHost 172.20.30.40:8080>
   ServerName www.example2.org
   DocumentRoot /www/otherdomain-8080
</VirtualHost>
```

3.5.5 IP-basiertes virtuelles Hosting

Der Server besitzt zwei IP-Adressen (172.20.30.40 und 172.20.30.50), die in die Namen www.example1.com und www.example2.org aufgelöst werden.

Serverkonfiguration

```
Listen 80

<VirtualHost 172.20.30.40>
```

```
    DocumentRoot /www/example1
    ServerName www.example1.com
</VirtualHost>

<VirtualHost 172.20.30.50>
    DocumentRoot /www/example2
    ServerName www.example2.org
</VirtualHost>
```

Anfragen für eine beliebige Adresse, die nicht in einer der `<VirtualHost>`-Direktiven angegeben wird (zum Beispiel `localhost`), gehen an den Hauptserver, falls einer vorhanden ist.

3.5.6 Gemischte Port-basierte und IP-basierte Hosts

Der Server hat zwei IP-Adressen (172.20.30.40 und 172.20.30.50), die in die Namen www.example1.com und www.example2.org aufgelöst werden. In jedem Fall sollen die Hosts über die Ports 80 und 8080 gehen.

Serverkonfiguration

```
Listen 172.20.30.40:80
Listen 172.20.30.40:8080
Listen 172.20.30.50:80
Listen 172.20.30.50:8080

<VirtualHost 172.20.30.40:80>
    DocumentRoot /www/example1-80
    ServerName www.example1.com
</VirtualHost>

<VirtualHost 172.20.30.40:8080>
    DocumentRoot /www/example1-8080
    ServerName www.example1.com
</VirtualHost>

<VirtualHost 172.20.30.50:80>
    DocumentRoot /www/example2-80
    ServerName www.example1.org
</VirtualHost>

<VirtualHost 172.20.30.50:8080>
    DocumentRoot /www/example2-8080
    ServerName www.example2.org
</VirtualHost>
```

3.5.7 Gemischte namensbasierte und IP-basierte VHosts

Einige Adressen sind für namensbasierte VHosts und andere für IP-basierte Hosts vorgesehen.

Serverkonfiguration

```
Listen 80

NameVirtualHost 172.20.30.40

<VirtualHost 172.20.30.40>
   DocumentRoot /www/example1
   ServerName www.example1.com
</VirtualHost>

<VirtualHost 172.20.30.40>
   DocumentRoot /www/example2
   ServerName www.example2.org
</VirtualHost>

<VirtualHost 172.20.30.40>
   DocumentRoot /www/example3
   ServerName www.example3.net
</VirtualHost>

# IP-basiert
<VirtualHost 172.20.30.50>
   DocumentRoot /www/example4
   ServerName www.example4.edu
</VirtualHost>

<VirtualHost 172.20.30.60>
   DocumentRoot /www/example5
   ServerName www.example5.gov
</VirtualHost>
```

3.5.8 _default_ VHosts

default VHosts für alle Ports

Jede Anfrage an eine nicht angegebene IP-Adresse und einen nicht angegebenen Port soll abgefangen werden, d.h. eine Adress-/Port-Kombination, die für keinen anderen VHost benutzt wird.

Serverkonfiguration

```
<VirtualHost _default_:*>
  DocumentRoot /www/default
</VirtualHost>
```

Die Angabe eines standardmäßigen VHosts (Standard-VHost) mit einer Wildcard für den Port bewirkt, dass keine Anfragen an den Hauptserver gehen.

Ein Standard-VHost bedient keine Anfragen, die an eine Adresse oder einen Port gesendet werden, die oder der für namensbasierte VHosts benutzt wird. Enthält die Anfrage einen unbekannten oder keinen `Host`-Header, wird sie immer vom primären namensbasierten VHost bedient (der VHost, der für diese Adresse oder diesen Port in der Konfigurationsdatei angegeben wird).

Mit den Direktiven `AliasMatch` oder `RewriteRule` kann jede Anfrage für eine einzelne Seite (oder ein einzelnes Skript) überschrieben werden.

Standard-VHosts für unterschiedliche Ports

Die Situation ist die gleiche wie im ersten Beispiel, der Server reagiert aber auf mehrere Ports und für Port 80 soll ein zweiter Standard-VHost eingerichtet werden.

Serverkonfiguration

```
<VirtualHost _default_:80>
  DocumentRoot /www/default80
  # ...
</VirtualHost>

<VirtualHost _default_:*>
  DocumentRoot /www/default
  # ...
</VirtualHost>
```

Der Standard-VHost für Port 80 (der vor einem Standard-VHost mit einem *-Port angegeben werden *muss*), fängt alle Anfragen ab, die an eine nicht angegebene IP-Adresse gesendet werden. Der Hauptserver bedient keine Anfragen.

Standard-VHosts für einen Port

Es soll nur einen Standard-VHost für Port 80 und keine weiteren Standard-VHosts geben.

Serverkonfiguration

```
<VirtualHost _default_:80>
DocumentRoot /www/default
...
</VirtualHost>
```

Eine Anfrage an eine nicht angegebene Adresse über Port 80 wird vom Standard-VHost beantwortet, alle anderen Anfragen an eine nicht angegebene Adresse und einen nicht angegebenen Port werden vom Hauptserver bearbeitet.

3.5.9 Umwandlung eines namensbasierten VHosts in einen IP-basierten VHost

Der namensbasierte VHost mit dem Hostnamen www.example2.org soll eine eigene IP-Adresse erhalten. Um Probleme mit Name-Servern oder Proxies zu vermeiden, die die alte IP-Adresse für den namensbasierten VHost gespeichert haben, sollen in der Übergangsphase beide Varianten zur Verfügung stehen.

Die Lösung ist ganz einfach, da der <VirtualHost>-Direktive nur die neue IP-Adresse (172.20.30.50) hinzugefügt werden muss.

Serverkonfiguration

```
Listen 80
ServerName www.example1.com
DocumentRoot /www/example1

NameVirtualHost 172.20.30.40

<VirtualHost 172.20.30.40 172.20.30.50>
   DocumentRoot /www/example2
   ServerName www.example2.org
   # ...
</VirtualHost>

<VirtualHost 172.20.30.40>
   DocumentRoot /www/example3
   ServerName www.example3.net
   ServerAlias *.example3.net
   # ...
</VirtualHost>
```

Auf den VHost kann jetzt über die neue Adresse als IP-basierten VHost und über die alte Adresse als namensbasierten VHost zugegriffen werden.

3.5.10 Die ServerPath-Direktive

Bei einem Server mit zwei namensbasierten VHosts muss der Client den richtigen Host-Header für den entsprechenden VHost senden. Alte HTTP/1.0-Clients senden diesen Header nicht, der Apache benötigt aber einen Hinweis, welchen VHost der Client erreichen möchte (und bedient die Anfrage über den primären VHost). Um so viel Abwärtskompatibilität wie möglich zu gewährleisten, wird ein primärer VHost eingerichtet, der eine einzelne Seite mit Links mit einem URL-Präfix für die namensbasierten VHosts zurückliefert.

Serverkonfiguration

```
NameVirtualHost 172.20.30.40

<VirtualHost 172.20.30.40>
  # Primärer VHost
  DocumentRoot /www/subdomain
  RewriteEngine On
  RewriteRule ^/.* /www/subdomain/index.html
  # ...
</VirtualHost>

<VirtualHost 172.20.30.40>
  DocumentRoot /www/subdomain/sub1
  ServerName www.sub1.domain.tld
  ServerPath /sub1/
  RewriteEngine On
  RewriteRule ^(/sub1/.*) /www/subdomain$1
  # ...
</VirtualHost>

<VirtualHost 172.20.30.40>
  DocumentRoot /www/subdomain/sub2
  ServerName www.sub2.domain.tld
  ServerPath /sub2/
  RewriteEngine On
  RewriteRule ^(/sub2/.*) /www/subdomain$1
  # ...
</VirtualHost>
```

Aufgrund der `ServerPath`-Direktive wird eine Anfrage an die URL `http://www.sub1.domain.tld/sub1/` *immer* vom VHost `sub1` bedient.

Eine Anfrage an die URL `http://www.sub1.domain.tld/` wird nur dann vom VHost `sub1` bedient, wenn der Client einen korrekten `Host`-Header gesendet hat. Ist kein `Host`-Header vorhanden, erhält der Client die Informationsseite für den primären Host. Das funktioniert in jedem Fall: Eine Anfrage an `http://www.sub2.domain.tld/sub1/` wird auch vom VHost `sub1` bedient, wenn der Client keinen `Host`-Header gesendet hat. Mit den `RewriteRule`-Direktiven wird sichergestellt, dass ein Client, der einen korrekten `Host`-Header gesendet hat, beide URL-Varianten benutzen kann, d.h. mit oder ohne URL-Präfix.

3.6 Tiefer gehende Erörterung der Zuweisung VHosts

Der VHost-Code wurde für die **Apache-Version** 1.3 völlig umgeschrieben. Im Folgenden wird versucht, genau zu erklären, was der Apache tut, wenn er entscheidet, welcher VHost eine Anfrage bedienen soll. Mit Hilfe der neuen `NameVirtualHost`-Direktive ist die Konfiguration des VHosts einfacher und sicherer geworden.

Für diejenigen, die es nur zum Laufen bringen möchten, ohne zu verstehen zu wollen, wie es funktioniert, gibt es den *Abschnitt 3.5 »Beispiele für VHosts in typischen Installationen«.*

3.6.1 Auswertung der Konfigurationsdatei

Für den Hauptserver gelten alle Definitionen außerhalb der `<VirtualHost>`-Abschnitte. Die virtuellen Server oder VHosts werden in den `<VirtualHost>`-Abschnitten definiert.

Die Direktiven `Listen`, `ServerName`, `ServerPath` und `ServerAlias` können an beliebiger Stelle in einer Serverdefinition erscheinen. Allerdings überschreiben sie jeweils die vorherigen Direktiven (für diesen Server).

Der Standardwert des `Listen`-Felds ist für den Hauptserver 80. Einen standardmäßigen `ServerPath` oder `ServerAlias` gibt es für den Hauptserver nicht. Der standardmäßige `ServerName` wird von der IP-Adresse des Servers abgeleitet.

Die `Listen`-Direktive des Hauptservers hat zwei Funktionen. Zum einen definiert sie den Standardnetzwerk-Port, an den der Apache gebunden wird. Zum anderen gibt sie die Portnummer an, die in absoluten URIs bei Umleitungen benutzt wird.

Anders als beim Hauptserver beeinflussen die Ports der VHosts *nicht*, an welchen Ports der Apache auf Verbindungen reagiert.

Jede Adresse, die in der `<VirtualHost>`-Direktive erscheint, kann einen optionalen Port besitzen. Wird der Port nicht angegeben, wird standardmäßig der Wert der letzten `Listen`-Anweisung des Hauptservers benutzt. Der spezielle Port mit der Wildcard * steht für einen beliebigen Port. Die Gesamtmenge der Adressen (einschließlich mehrerer Record-A-Ergebnisse von DNS-Suchen) wird als *Adressmenge* des VHosts bezeichnet.

Wird keine `NameVirtualHost`-Direktive für eine bestimmte IP-Adresse benutzt, wird der erste VHost mit dieser Adresse als IP-basierter VHost behandelt. Die IP-Adresse kann auch die Wildcard * sein.

Sollen namensbasierte VHosts benutzt werden, *muss* eine `NameVirtualHost`-Direktive in Verbindung mit der IP-Adressmenge für die namensbasierten VHosts erscheinen. Anders ausgedrückt, muss die IP-Adresse angegeben werden, die die Hostname-Aliase (CNAMEs) für namensbasierte VHosts mit einer `NameVirtualHost`-Direktive in der Konfigurationsdatei erhält.

Es können mehrere `NameVirtualHost`-Direktiven mit jeweils einer Reihe von `<VirtualHost>`-Direktiven benutzt werden, aber es darf nur eine `NameVirtualHost`-Direktive für jedes spezielle IP-Adresse:Port-Paar benutzt werden.

Die Reihenfolge der `NameVirtualHost`- und der `<VirtualHost>`-Direktiven spielt keine Rolle, daher sind die beiden folgenden Beispiele gleichbedeutend (nur die Reihenfolge der `<VirtualHost>`-Direktiven für *eine* Adressmenge ist von Bedeutung):

Kapitel 3
Virtuelle Hosts

```
NameVirtualHost 111.22.33.44            <VirtualHost 111.22.33.44>
<VirtualHost 111.22.33.44>              # Server A
# Server A                              </VirtualHost>
...                                     <VirtualHost 111.22.33.55>
</VirtualHost>                          # server C
<VirtualHost 111.22.33.44>              ...
# Server B                              </VirtualHost>
...                                     <VirtualHost 111.22.33.44>
</VirtualHost>                          # Server B
                                        ...
NameVirtualHost 111.22.33.55            </VirtualHost>
<VirtualHost 111.22.33.55>              <VirtualHost 111.22.33.55>
# server C                              # Server D
...                                     ...
</VirtualHost>                          </VirtualHost>
<VirtualHost 111.22.33.55>
# Server D                              NameVirtualHost 111.22.33.44
...                                     NameVirtualHost 111.22.33.55
</VirtualHost>
```

(Wegen der besseren Lesbarkeit wird die linke Variante empfohlen.)

Nach der Auswertung der <VirtualHost>-Direktive erhält der Server des VHosts eine standardmäßige Listen-Anweisung entsprechend dem dem ersten Namen in der <VirtualHost>-Direktive zugewiesenen Ports.

Die Namen aus der vollständigen Liste der <VirtualHost>-Direktive werden wie ein ServerAlias behandelt (werden aber von keiner ServerAlias-Anweisung überschrieben), wenn alle Namen für die gleiche Adressmenge aufgelöst werden. Beachten Sie, dass spätere Listen-Anweisungen für diesen VHost sich nicht auf die in der Adressmenge zugewiesenen Ports auswirken.

Während der Initialisierung wird für jede IP-Adresse eine Liste erzeugt und in eine Hashtabelle eingefügt. Wird die IP-Adresse in einer NameVirtualHost-Direktive verwendet, enthält die Liste alle namensbasierten VHosts für eine bestimmte IP-Adresse. Sind keine VHosts für diese Adresse definiert, wird die NameVirtualHost-Direktive ignoriert und ein Fehler in die Log-Datei eingetragen. Bei einem IP-basierten VHost ist die Liste in der Hashtabelle leer.

Dank einer schnellen Hash-Funktion ist der zusätzliche Aufwand für das Hashing einer IP-Adresse während einer Anfrage minimal und kommt meist gar nicht zum Tragen. Darüber hinaus ist die Tabelle für IP-Adressen, die sich im letzten Oktett unterscheiden, optimiert.

Für jeden VHost werden verschiedene Standardwerte gesetzt:

1. Wird für einen VHost keine ServerAdmin-, ResourceConfig-, AccessConfig-, Timeout-, KeepAliveTimeout-, KeepAlive-, MaxKeepAliveAnfragen- oder SendBufferSize-Direktive angegeben, wird der entsprechende Wert vom Hauptserver übernommen. (Der jeweils als letzter für den Hauptserver gesetzte Wert.)

2. Die »Suchvorgaben«, die die Standardverzeichnisrechte für einen VHost definieren, werden mit denen des Hauptservers vermischt. Das schließt auch jede Konfiguration für eine Modul auf Verzeichnisebene ein.
3. Die Konfigurationen der Module auf Verzeichnisebene des Hauptservers werden mit der Konfiguration des VHost-Servers verschmolzen.

Im Wesentlichen wird der Hauptserver als »Vorgabe« oder »Basis« angesehen, auf der jeder VHost basiert. Die Positionierung der Hauptserverdefinitionen in der Konfigurationsdatei ist weitgehend irrelevant: Die gesamte Konfiguration des Hauptservers wurde bereits ausgewertet, wenn diese abschließende Verschmelzung stattfindet. Eine Hauptserverdefinition, die auf eine VHost-Definition folgt, kann sich daher auf die VHost-Definition auswirken.

Wurde an dieser Stelle keine `ServerName`-Direktive für den Hauptserver angegeben, wird stattdessen der Hostname des Rechners genommen, auf dem das `httpd`-Programm ausgeführt wird. Als *Hauptserver-Adressmenge* werden jene IP-Adressen bezeichnet, die von einer DNS-Suche für den `ServerName` des Hauptservers zurückgeliefert werden.

Für nicht definierte `ServerName`-Felder setzt ein namensbasierter VHost die erste in der `<VirtualHost>`-Anweisung für die Definition des VHosts angegebene Adresse.

Jeder VHost mit der Wildcard `_default_` erhält den gleichen `ServerName` wie der Hauptserver.

3.6.2 Zuweisung von VHosts

Der Server ermittelt wie folgt, welchem VHost er eine Anfrage zuteilt:

Suche in der Hashtabelle

Stellt ein Client eine Verbindung her, wird die IP-Adresse, von der der Client kommt, in der internen IP-Hashtabelle gesucht.

Bleibt die Suche erfolglos (die IP-Adresse wird nicht gefunden), wird die Anfrage vom VHost bearbeitet, der `_default_` enthält, wenn ein solcher VHost für den Port, an den der Client die Anfrage gesendet hat, vorhanden ist. Gibt es keinen passenden `_default_`-VHost, wird die Anfrage vom Hauptserver beantwortet.

Wird die IP-Adresse nicht in der Hashtabelle gefunden, kann der Vergleich mit der Port-Nummer auch zu einem Eintrag `NameVirtualHost *` führen, der später wie andere namensbasierte VHosts behandelt wird.

War die Suche erfolgreich (es wurde eine entsprechende Liste für die IP-Adresse gefunden), wird im nächsten Schritt entschieden, ob es sich um einen IP-basierten oder einen namensbasierten VHost handelt.

IP-basierter VHost

Enthält der gefundene Eintrag eine leere Namensliste, dann wurde ein IP-basierter VHost gefunden. Weitere Aktionen werden nicht durchgeführt, die Anfrage wird von diesem VHost bedient.

Namensbasierter VHost

Gehört der Eintrag zu einem namensbasierten VHost, enthält die Namensliste eine oder mehrere VHost-Strukturen. Diese Liste enthält die VHosts in der gleichen Reihenfolge, in der die <VirtualHost>-Direktiven in der Konfigurationsdatei stehen.

Der erste VHost dieser Liste (der erste VHost in der Konfigurationsdatei mit der angegebenen IP-Adresse) hat die höchste Priorität und übernimmt jede Anfrage an einen unbekannten Server oder eine Anfrage ohne ein Host-Header-Feld.

Gibt der Client ein Host-Header-Feld an, wird die Liste nach einem passenden VHost durchsucht (die erste Übereinstimmung mit einem ServerName oder ServerAlias) und die Anfrage von dem gefundenen VHost bearbeitet. Ein Host-Header-Feld kann eine Port-Nummer enthalten, der Apache vergleicht aber immer mit dem tatsächlichen Port, an den der Client seine Anfrage gesendet hat.

Hat der Client eine HTTP/1.0-Anfrage ohne Host-Header-Feld gesendet, ist nicht bekannt, mit welchem Server der Client verbunden werden möchte. In diesem Fall werden vorhandene ServerPath-Angaben mit dem URI der Anfrage verglichen. Der erste übereinstimmende Pfad aus der Liste wird genommen und die Anfrage von diesem VHost beantwortet.

Wurde kein entsprechender VHost gefunden, wird die Anfrage vom ersten VHost mit einer übereinstimmenden Port-Nummer bedient, der in der Liste der IP-Adressen enthalten ist, mit der der Client die Verbindung hergestellt hat (wie oben erwähnt).

Dauerhafte Verbindungen

Die oben beschriebene IP-Adresssuche wird nur *einmal* für eine TCP/IP-Session durchgeführt, während die Suche nach dem Namen für *jede* Anfrage während einer KeepAlive- oder dauerhaften Verbindung durchgeführt wird. Ein Client kann also bei einer dauerhaften Verbindung Seiten von unterschiedlichen namensbasierten VHosts anfordern.

Absoluter URI

Ist der URI der Anfrage ein absoluter URI und stimmen der Hostname und der Port mit dem Hauptserver oder einem der eingerichteten VHosts *und* der Adresse und dem Port überein, an welchen der Client die Anfrage gesendet hat, dann wird das Schema/Hostname/Port-Präfix entfernt und der verbleibende relative URI wird vom entsprechenden Hauptserver oder VHost bearbeitet. Gibt es keine Übereinstimmung, bleibt der URI unverändert und die Anfrage wird als Proxy-Anfrage betrachtet.

Beobachtungen

- Namensbasierte und IP-basierte VHosts können sich nicht in die Quere kommen. IP-basierte VHosts sind nur über eine IP-Adresse der eigenen Adressmenge erreichbar und niemals über eine andere Adresse. Das Gleiche gilt für namensbasierte VHosts. Sie können nur über eine IP-Adresse der entsprechenden Adressmenge erreicht werden, die mit einer NameVirtualHost-Direktive definiert werden muss.

- ServerAlias- und ServerPath-Überprüfungen werden für einen IP-basierten VHost nicht durchgeführt.

- Die Reihenfolge von namensbasiert//IP-basiert, _default_-VHosts und NameVirtualHost-Direktive in der Konfigurationsdatei spielt keine Rolle. Nur die Reihenfolge der namensbasierten VHosts für eine bestimmte Adresse ist wichtig. Der erste namensbasierte VHost in der Konfigurationsdatei hat die höchste Priorität für seine Adressmenge.

- Aus Sicherheitsgründen wird die in einem `Host`-Header-Feld angegebene Port-Nummer niemals für den Vergleich benutzt. Der Apache benutzt immer den Port, an den der Client die Anfrage gesendet hat.

- Gibt es eine `ServerPath`-Direktive, die Präfix einer anderen `ServerPath`-Direktive ist, die später in der Konfigurationsdatei auftaucht, wird immer mit der ersten verglichen und letztere bleibt unbeachtet. (Die Zweideutigkeit wird nicht durch ein `Host`-Header-Feld aufgehoben.)

- Haben zwei IP-basierte VHosts eine gemeinsame Adresse, wird der Vergleich mit dem VHost durchgeführt, der zuerst in der Konfigurationsdatei erscheint. Dazu kann es versehentlich kommen. Der Server schreibt eine Warnung in die Log-Datei, wenn er dies bemerkt.

- Ein `_default_`-VHost erhält eine Anfrage, wenn es keinen anderen VHost mit einer übereinstimmenden IP-Adresse *und* einer übereinstimmenden Port-Nummer für die Anfrage gibt. Er erhält sie nur, wenn die Port-Nummer, an die der Client die Anfrage sendet, mit der Port-Nummer des `_default_`-VHost übereinstimmt. Ein Wildcard-Port kann angegeben werden (`_default_:*`), um Anfragen an einem beliebigen Port entgegenzunehmen. Das gilt auch für `NameVirtualHost *`-VHosts.

- Der Hauptserver bedient eine Anfrage nur, wenn die IP-Adresse und die Port-Nummer, mit der der Client verbunden ist, nicht angegeben wurde und nicht mit einem der VHosts (einschließlich eines `_default_`-VHosts) übereinstimmt. Das heißt, er übernimmt nur Anfragen für nicht angegebene Adress-/Port-Kombinationen (es sei denn, es gibt einen `_default_`-VHost, der mit dem Port übereinstimmt).

- Ein `_default_`-VHost oder der Hauptserver werden *nicht* für eine Anfrage mit einem unbekannten oder nicht angegebenen `Host`-Header-Feld herangezogen, wenn der Client mit einer Adresse (und einem Port) verbunden ist, der für namensbasierte VHosts vorgesehen ist, z.B. in einer `NameVirtualHost`-Direktive.

- Geben Sie in `<VirtualHost>`-Direktiven niemals DNS-Namen an, weil für den Server dann DNS gestartet werden muss. Außerdem ist es ein Sicherheitsrisiko, wenn Sie den DNS nicht für alle aufgeführten Domänen kontrollieren. Die beiden folgenden Themen enthalten weitere Information hierzu.

- Der `ServerName` sollte grundsätzlich für jeden VHost angegeben werden. Andernfalls ist für jeden VHost eine DNS-Suche erforderlich.

3.6.3 Tipps

Zusätzlich zu den Tipps zum Thema »*DNS-Probleme*«, Seite 173 folgen hier noch einige weitere Tipps:

- Setzen Sie alle Hauptserverdefinitionen vor die `<VirtualHost>`-Definitionen. (Das erleichtert das Lesen der Konfigurationsdatei -- das nach der Konfiguration vorgenommene Vermischen lässt nicht erkennen, dass Definitionen um die VHosts herum alle VHosts betreffen können.)

- Gruppieren Sie die einander entsprechenden `NameVirtualHost`- und `<VirtualHost>`-Definitionen, das erleichtert das Lesen.

- Vermeiden Sie ServerPaths-Anweisungen, die Präfixe anderer ServerPaths-Anweisungen sind. Lässt sich dies nicht vermeiden, dann müssen Sie dafür sorgen, dass der längere (spezifischere) Präfix-VHost vor dem kürzeren (weniger spezifischen) Präfix in der Konfigurationsdatei steht (d.h., ServerPath /abc muss vor ServerPath /abc/def stehen).

3.7 Obergrenzen für Dateideskriptoren

Bei einer großen Anzahl VHosts können dem Apache die Dateideskriptoren (oder Datei-Handler) ausgehen, wenn jeder VHost andere Log-Dateien benutzt. Insgesamt benötigt der Apache für jedes einzelne Fehlerprotokoll einen Dateideskriptor, einen weiteren für jede weitere Log-Datei-Direktive sowie 10 bis 20 Dateideskriptoren für die interne Verwendung. Unix-Betriebssysteme limitieren die Anzahl der Dateideskriptoren, die von einem Prozess benutzt werden dürfen. Normalerweise liegt die Grenze bei 64 und gewöhnlich kann eine Obergrenze gesetzt werden.

Der Apache versucht zwar das Limit bei Bedarf hochzusetzen, das funktioniert aber nicht, wenn

1. das System den Systemaufruf setrlimit() nicht kennt.
2. der setrlimit(RLIMIT_NOFILE)-Aufruf bei einem System nicht funktioniert.
3. die Anzahl der erforderlichen Dateideskriptoren die Obergrenze überschreitet.
4. das System andere Obergrenzen für die Anzahl der Dateideskriptoren setzt, wie zum Beispiel eine Obergrenze für stdio-Streams mit 256 Dateideskriptoren (Solaris 2).

Wenn es zu Problemen kommt, können Sie

- die Anzahl der Log-Dateien reduzieren. Geben Sie in <VirtualHost>-Abschnitten keine Log-Dateien an, sondern schreiben Sie nur in die Hauptprotokolldateien. (Wie Sie dies tun, erfahren Sie im *Abschnitt 3.7.1 »Log-Dateien zerlegen«*.)
- die Obergrenze für die Dateideskriptoren vor dem Apache-Start mit einem Skript hochsetzen:

```
#!/bin/sh
ulimit -S -n 100
exec httpd
```

Im *Kapitel 8 »Weitere Apache-Dokumentationen«* finden Sie im *Abschnitt 8.4 »Deskriptoren und Apache«* weitere Informationen zu Problemen mit Dateideskriptoren und wie sie zu lösen sind.

3.7.1 Log-Dateien zerlegen

Wenn Sie mehrere VHosts in einer Datei protokollieren möchten, dann ist es sinnvoll, diese Datei anschließend zu zerlegen, damit eine statistische Analyse der einzelnen VHosts möglich ist. Wie das geschieht, wird im Folgenden beschrieben.

Als Erstes muss den Protokolleinträgen ein Hinweis auf den VHost hinzugefügt werden. Das kann mit der Direktive LogFormat und der Variablen %v geschehen:

```
LogFormat "%v %h %l %u %t \"%r\" %>s %b" vhost
CustomLog logs/multiple_vhost_log vhost
```

Jetzt wird eine Log-Datei im allgemeinen Protokollformat, aber mit Angabe des tatsächlichen VHosts (unabhängig davon, was in der `ServerName`-Direktive stehen kann) am Ende der Zeile erstellt. (Mehr zur Anpassung der Log-Dateien finden Sie in der Beschreibung der Direktive `Custom Log Formats`.)

Soll die Log-Datei in einzelne Bestandteile zerlegt werden (eine Datei für jeden VHost), dann benutzen Sie dafür das Programm `split-logfile`. Sie finden es im Apache-Verzeichnis `support`.

Führen Sie das Programm wie folgt aus:

```
split-logfile < /logs/multiple_vhost_log
```

Das Programm erzeugt für jeden VHost, der in der Log-Datei auftaucht, eine Datei, wenn der Name der Log-Datei für den VHost übergeben wird. Die Dateien erhalten die Bezeichnung `Hostname.log`.

3.8 DNS-Probleme

Das Resümee zu diesem Thema könnte lauten: Konfigurieren Sie den Apache nicht so, dass er bei der Auswertung der Konfigurationsdateien auf die DNS-Auflösung angewiesen ist. Benötigt der Apache die DNS-Auflösung, um die Konfigurationsdateien auswerten zu können, kann der Server unzuverlässig werden (nicht starten) oder es kann zu Denial-of-Service- und Theft-of-Service-Attacken kommen und Benutzer können in der Lage sein, Anfragen anderer Benutzer zu »stehlen«.

3.8.1 Ein einfaches Beispiel

```
<VirtualHost www.abc.dom>
ServerAdmin webgirl@abc.dom
DocumentRoot /www/abc
</VirtualHost>
```

Damit der Apache korrekt funktioniert, benötigt er unbedingt zwei Informationen über jeden VHost: den Servernamen und mindestens eine IP-Adresse, an die der Server gebunden wird und auf die er reagiert. Das oben angeführte Beispiel enthält keine IP-Adresse, daher muss der Apache über DNS die Adresse von www.abc.dom ermitteln. Steht das DNS aus irgendwelchen Gründen gerade nicht zur Verfügung, wenn der Server seine Konfigurationsdatei analysiert, dann wird dieser VHost *nicht konfiguriert* und ist daher auch nicht in der Lage, auf Anfragen zu reagieren (vor der Apache-Version 1.2 wurde der Server nicht einmal gestartet).

Im folgenden Auszug aus der Konfiguration wird davon ausgegangen, dass www.abc.dom die Adresse 10.0.0.1 hat:

```
<VirtualHost 10.0.0.1>
ServerAdmin webgirl@abc.dom
DocumentRoot /www/abc
</VirtualHost>
```

Diesmal muss der Apache eine reversive DNS-Auflösung durchführen, um den Servernamen dieses VHosts zu ermitteln. Schlägt diese reversive Suche fehl, wird der VHost partiell deaktiviert (vor der Version 1.2 wäre der Server nicht einmal gestartet worden). Handelt es sich um einen namensbasierten VHost, dann ist er total deaktiviert, während ein auf IP-Adressen basierender Host meist funktioniert. Muss der Apache aber eine vollständige URL mit dem Servernamen für den Server erzeugen, kommt keine gültige URL zu Stande.

Mit folgenden Zeilen können beide Probleme vermieden werden:

```
<VirtualHost 10.0.0.1>
ServerName www.abc.dom
ServerAdmin webgirl@abc.dom
DocumentRoot /www/abc
</VirtualHost>
```

3.8.2 Denial-of-Service

Es kann zu mindestens zwei Arten von Denial-of-Service-Attacken kommen. Wird eine ältere Version als die Version 1.2 ausgeführt, lässt sich der Server nicht einmal mehr starten, wenn eine der oben erwähnten DNS-Suchen für einen der VHosts fehlschlägt. In einigen Fällen kann diese DNS-Suche auch außer Kontrolle geraten. Ist abc.dom beispielsweise eine Domäne eines Ihrer Kunden, der sein eigenes DNS kontrolliert, dann kann er Ihren Server (vor Version 1.2) am Starten hindern, indem er einfach den Datensatz www.abc.dom löscht.

Eine andere Form ist noch wesentlich heimtückischer. Betrachten Sie folgende Konfiguration:

```
<VirtualHost www.abc.dom>
    ServerAdmin webgirl@abc.dom
    DocumentRoot /www/abc
</VirtualHost>

<VirtualHost www.def.dom>
    ServerAdmin webguy@def.dom
    DocumentRoot /www/def
</VirtualHost>
```

Angenommen, Sie haben www.abc.dom die Adresse 10.0.0.1 und www.def.dom die Adresse 10.0.0.2 zugewiesen. Nehmen wir weiter an, def.dom hat die Kontrolle über ein eigenes DNS. Unter diesen Voraussetzungen ist def.dom in der Lage, den gesamten für abc.dom bestimmten Verkehr abzufangen. Hierfür muss lediglich www.def.dom auf die Adresse

10.0.0.1 gesetzt werden. Da die Kontrolle nicht bei Ihnen liegt, können Sie nicht verhindern, dass www.def.dom auf eine beliebige Adresse verweist.

Anfragen für die Adresse 10.0.0.1 (einschließlich all derer, bei denen die Benutzer URLs in der Form http://www.abc.dom/was_auch_immer eingegeben haben) werden alle vom VHost def.dom bedient. Um besser zu verstehen, warum das geschieht, müssen Sie etwas mehr darüber wissen, wie der Apache eingehende Anfragen mit dem VHost abgleicht, der sie bedient. Eine einfache Beschreibung finden Sie im *Abschnitt 3.6 »Tiefer gehende Erörterung der Zuweisung VHosts«.*

3.8.3 Die Adresse des Hauptservers

Die Erweiterung um die namensbasierten Hosts mit der Apache-Version 1.1 macht es erforderlich, dass der Apache die IP-Adresse(n) des Hosts kennt, auf dem das httpd-Programm ausgeführt wird. Diese Adresse wird entweder mit der globalen Direktive ServerName (falls vorhanden) oder mit einem Aufruf der C-Funktion gethostname ermittelt (die das Gleiche zurückliefern sollte wie die Eingabe von hostname in der Befehlszeile). Anschließend wird eine DNS-Suche für diese Adresse durchgeführt. Zurzeit lässt sich eine solche Suche nicht verhindern.

Ist zu befürchten, dass diese DNS-Suche fehlschlägt, weil der Server nicht verfügbar ist, kann der Hostname in die Datei /etc/hosts eingetragen werden (wo er vielleicht bereits steht, damit der Rechner korrekt hochgefahren wird). Anschließend muss sichergestellt werden, dass der Rechner so konfiguriert ist, dass er die Datei /etc/hosts auch benutzt, wenn die DNS-Suche fehlschlägt. Je nach dem verwendeten Betriebssystem muss hierfür die Datei /etc/resolv.conf oder die Datei /etc/nsswitch.conf bearbeitet werden.

Muss der Server aus irgendwelchen Gründen keine DNS-Auflösung durchführen, kann das Problem auch durch Setzen der Umgebungsvariablen HOSTRESORDER auf local umgangen werden. Das alles hängt vom verwendeten Betriebssystem und den Auflösungsbibliotheken ab. Wird die Umgebung nicht mit mod_env gesteuert, sind auch CGIs davon betroffen. Hinweise finden Sie in den Man-Pages des Betriebssystems und unter dem Stichwort »Häufig gestellte Fragen«.

3.8.4 Tipps zur Vermeidung dieser Probleme

- Benutzen Sie in der <VirtualHost>-Direktive IP-Adressen.
- Benutzen Sie in der Listen-Direktive IP-Adressen.
- Geben Sie für alle VHosts mit der Direktive ServerName explizit einen Servernamen an.
- Richten Sie einen <VirtualHost _default_:*>-Server ein, der keine Seiten bedienen muss.

3.8.5 Aussichten

Die Situation hinsichtlich DNS ist sehr unerfreulich. Für Apache 1.2 wurde versucht, dass der Server bei DNS-Problemen wenigstens bootet, was aber nicht ausreichen kann. Die Verwendung expliziter IP-Adressen in Konfigurationsdateien ist im heutigen Internet, wo Neuadressierungen eine Notwendigkeit sind, auf jeden Fall nicht angebracht.

Eine mögliche Lösung des oben beschriebenen Problems der Theft-of-Service-Attacken wäre die Durchführung einer reversiven DNS-Suche für die bei der einfachen Suche zurückgegebenen IP-Adressen und ein Vergleich der beiden Namen. Stimmen sie nicht überein, würde der VHost deaktiviert. Dafür muss die reversive DNS-Auflösung korrekt konfiguriert sein (was den meisten Administratoren wegen der üblichen Verwendung der »doppelt reversiven« DNS-Suchen durch FTP-Server und TCP-Wrapper Probleme bereitet).

Auf jeden Fall scheint ein zuverlässiges Booten eines Webservers mit VHosts unmöglich, wenn keine IP-Adressen verwendet werden. Partielle Lösungen wie die Deaktivierung von Teilen der Konfiguration können je nach den Aufgaben des VHosts noch nachteiliger sein, als überhaupt nicht booten zu können.

Beim Einsatz von HTTP/1.1 und Browsern und Proxies, die den Host-Header benutzen, ist es möglich, die Verwendung von auf IP-Adressen basierenden Hosts gänzlich zu vermeiden. In diesem Fall muss ein Webserver in der Konfigurationsphase keine DNS-Suchen durchführen.

Kapitel 4

SSL/TLS-Verschlüsselung des Apache

4.1 Starke SSL/TLS-Verschlüsselung: Eine Einführung

Das Schöne an Standards ist, dass man unter so vielen auswählen kann. Und wenn Ihnen keiner der Standards zusagt, dann müssen Sie nur ein weiteres Jahr warten, bis der passende herausgegeben wird.

– A. Tanenbaum, »Introduction to Computer Networks«

Dieses Kapitel ist als Einführung für diejenigen gedacht, die zwar mit dem Web, HTTP und Apache vertraut, aber keine Sicherheitsexperten sind. Es ist nicht als umfassendes Handbuch zum SSL-Protokoll gedacht und behandelt auch keine speziellen Techniken für die Verwaltung von Zertifikaten innerhalb eines Unternehmens oder wichtige juristische Aspekte zu Patenten oder den Ein- und Ausfuhrbestimmungen. Es soll vielmehr den Benutzern des Moduls mod_ssl einen allgemeinen Hintergrund vermitteln, indem die unterschiedlichen Konzepte, Definitionen und Beispiele als Ausgangspunkt für die weitere Beschäftigung zusammengestellt werden.[1]

4.1.1 Kryptografische Techniken

Zum Verständnis von SSL sind Kenntnisse über kryptografische Algorithmen, Message-Digest-Funktionen (auch bekannt als Hashfunktionen) sowie über digitale Signaturen Voraussetzung. Diese Verfahren sind Thema ganzer Bücher (siehe zum Beispiel »[AC96]«, Seite 187) und bilden die Grundlage für Datenschutz, Integrität und Authentifizierung.

Kryptografische Algorithmen

Wenn jemand einen Überweisungsauftrag an seine Bank sendet, dann handelt es sich um einen privaten Auftrag mit schützenswerten Angaben wie zum Beispiel der Kontonummer und dem Betrag. Eine Möglichkeit ist die Verwendung eines kryptografischen Algorithmus, ein Verfahren, bei dem die Nachricht so verschlüsselt wird, dass sie nur vom gewünschten Empfänger gelesen werden kann. Einmal in diese Form umgewandelt, kann diese Nachricht nur mit einem Schlüssel entziffert werden. Ohne diesen Schlüssel ist die Nachricht wertlos: Gute kryptografische Algorithmen machen Unbefugten eine Entschlüsselung so schwierig, dass der erforderliche Aufwand in keinem Verhältnis zum Nutzen mehr steht.

---

[1] Der Inhalt wurde mit Genehmigung des Autors anhand des Aufsatzes »Introducing SSL and Certificates using SSLeay« (siehe http://home.earthlink.net/~fjhirsch/Papers/wwwj/article.html) von Frederick J. Hirsch (http://home.earthlink.net/~fjhirsch/) vom Open Group Research Institute zusammengestellt, der unter »Web Security: A Matter of Trust«, World Wide Web Journal, Volume 2, Issue 3, Sommer 1997, veröffentlicht wurde (http://www.ora.com/catalog/wjsum97/). Positive Rückmeldungen senden Sie bitte an Frederick Hirsch (den Autor des Aufsatzes, mailto: hirsch@fjhirsch.com) und negative Rückmeldungen an Ralf S. Engelschall (dem Entwickler von mod_ssl, mailto:rse@engelschall.com).

Es gibt zwei Kategorien kryptografischer Algorithmen: konventionelle und öffentliche Schlüssel.

Beim konventionellen Schlüssel

oder symmetrischer Kryptografie besitzen Sender und Empfänger den gleichen Schlüssel: geheime Informationen, mit deren Hilfe eine Nachricht ver- oder entschlüsselt werden kann. Ist der Schlüssel geheim, können nur der Sender und der Empfänger die Nachricht lesen. Teilen Bank und Kunde einen geheimen Schlüssel, dann können sie private Nachrichten miteinander austauschen. Die Entscheidung für einen privaten Schlüssel vor der Kommunikation kann aber problematisch sein.

Bei öffentlichen Schlüsseln

oder asymmetrischer Kryptografie wird das Problem des Schlüsselaustauschs durch die Definition eines Algorithmus gelöst, der zwei Schlüssel verwendet, mit denen die Nachricht verschlüsselt werden kann. Wird die Nachricht mit dem einen Schlüssel verschlüsselt, muss sie mit dem anderen entschlüsselt werden. Auf diese Weise ist durch Veröffentlichung eines Schlüssels (des öffentlichen Schlüssels) und Geheimhaltung des anderen Schlüssels (des privaten Schlüssels) ein sicherer Datenaustausch möglich.

Jeder kann mit dem öffentlichen Schlüssel eine Nachricht verschlüsseln, aber nur der Besitzer des privaten Schlüssels ist in der Lage, die Nachricht zu lesen. So können private Nachrichten an den Besitzer eines Schlüsselpaares (z.B. die Bank) gesendet werden, indem die Nachricht mit dem öffentliche Schlüssel verschlüsselt wird. Nur die Bank kann die Nachricht entschlüsseln.

Message Digests

Der Bankkunde kann zwar die Nachricht verschlüsseln, um sie zu schützen, es ist aber immer noch möglich, dass irgendjemand die ursprüngliche Nachricht verändert oder sie durch eine andere ersetzt, um so beispielsweise zu erreichen, dass das Geld seinem eigenen Konto gutgeschrieben wird. Um die Integrität einer Nachricht zu gewährleisten, kann eine Art Quersumme der Nachricht gesendet werden, die dann beim Eingang mit der von der Bank selbst errechneten Quersumme verglichen wird. Stimmen beide überein, wurde die Nachricht nicht verändert.

Eine solche Summenberechnung wird als *Message Digest*, als *Einwegfunktion* oder *Hashfunktion* bezeichnet. Mit Hilfe der Message Digests werden aus langen Nachrichten mit variabler Länge kurze Darstellungen in fester Länge erstellt. Digest-Algorithmen sollen aus unterschiedlichen Nachrichten jeweils eindeutige Kurzzusammenfassungen erzeugen. Sie sollen es so schwer wie möglich machen, die Nachricht anhand des Message Digest zu entschlüsseln oder zwei unterschiedliche Nachrichten erzeugen zu können, die den gleichen Digest liefern. Das soll verhindern, dass eine Nachricht durch eine andere ersetzt werden kann, während der Digest unverändert bleibt.

Darüber hinaus muss noch ein sicherer Weg gefunden werden, wie der Digest sicher an die Bank gesendet werden kann. Erst wenn das möglich ist, ist die Unversehrtheit der dazugehörigen Nachricht gesichert. Dies kann durch Übernahme des Digest in eine digitale Signatur geschehen.

Digitale Signaturen

Wenn ein Überweisungsauftrag bei der Bank eingeht, muss gesichert sein, dass dieser tatsächlich von einem bestimmten Kunden und nicht von einem Eindringling in das System stammt. Eine vom Kunden erzeugte und mit der Nachricht verschickte *digitale Signatur* stellt dies sicher.

Digitale Signaturen werden erzeugt, indem ein Digest der Nachricht sowie weitere Informationen (beispielsweise eine Folgenummer) mit dem privaten Schlüssel des Senders verschlüsselt werden. Dann kann zwar die Signatur mit dem öffentlichen Schlüssel *entschlüsselt* werden, aber nur der Unterzeichner kennt den privaten Schlüssel. Das bedeutet, dass die Signatur nur von ihm stammen kann. Die Übernahme des Digest in die Signatur führt dazu, dass sie sich nur für diese Nachricht eignet. Sie gewährleistet auch die Unversehrtheit der Nachricht, weil niemand den Digest ändern und signieren kann.

Um ein Abfangen und eine Wiederverwendung der Signatur durch Angreifer zu einem späteren Zeitpunkt zu verhindern, enthält sie eine eindeutige Folgenummer. Dies schützt die Bank vor einer Täuschung durch den Kunden, der einfach vorgibt, die Nachricht, die nur von ihm signiert sein kann, nicht gesendet zu haben.

4.1.2 Zertifikate

Auch wenn der Kunde eine private Nachricht mit Signatur an die Bank gesendet hat, muss immer noch dafür gesorgt werden, dass der Kommunikationsaustausch tatsächlich mit der Bank stattfindet. Das bedeutet, der Kunde muss sicher sein, dass der von ihm verwendete öffentliche Schlüssel dem privaten Schlüssel der Bank entspricht. Umgekehrt muss die Bank überprüfen, ob die Signatur des Kunden korrekt ist.

Jede Seite besitzt ein Zertifikat, das die Identität der anderen Seite überprüft, den öffentlichen Schlüssel bestätigt und von einer autorisierten Agentur gezeichnet ist, so dass beide sicher sein können, auch tatsächlich miteinander zu kommunizieren. Eine solche autorisierte Institution wird als *Certificate Authority* (CA) bezeichnet. Die von ihr ausgestellten Zertifikate werden für die Authentifizierung benutzt.

Der Inhalt von Zertifikaten

Ein Zertifikat verknüpft einen öffentlichen Schlüssel mit der tatsächlichen Identität eines Individuums, eines Servers oder einer anderen Entität, die als Subjekt bezeichnet wird. Wie aus Tabelle 4.1 hervorgeht, gehören zu den Informationen über das Subjekt Angaben zur Identifizierung (Distinguished Name) und der öffentliche Schlüssel. Außerdem gehören die Identifikation und die Signatur der ausstellenden Certificate Authority sowie die Gültigkeitsdauer für das Zertifikat dazu. Des Weiteren können noch zusätzliche Informationen (oder Ergänzungen) sowie administrative Informationen für die Certificate Authority enthalten sein (z.B. eine Seriennummer).

Tabelle 4.1: Informationen in Zertifikaten

Subjekt	Distinguished Name, öffentlicher Schlüssel
Aussteller	Distinguished Name, Signatur
Gültigkeitsdauer	Nicht vor dem (Datum), Nicht nach dem (Datum).
Administrative Informationen	Version, Seriennummer
Ergänzende Informationen	Einschränkungen, Netscape-Flags usw.

Mit dem Distinguished Name wird eine Identität für einen bestimmten Kontext angegeben – eine Person kann beispielsweise einen Personalausweis und einen Dienstausweis besitzen. Distinguished Names werden vom X.509-Standard beschrieben [X509], der die Felder, Feldbezeichnungen und Abkürzungen für den Verweis auf diese Felder definiert (siehe Tabelle 4.2).

Tabelle 4.2: Angaben zum Distinguished Name

DN-Feld	Abkürz.	Beschreibung	Beispiel
Common Name	CN	Der zu zertifizierende Name	CN = Joe Average
Organization or Company	O	Name der dazugehörigen Organisation	O = Snake Oil, Ltd.
Organizational Unit	OU	Name der Unterabteilung	OU = Research Institute
City/Locality	L	Name stammt aus dieser Stadt	L = Snake City
State/Province	ST	Name stammt aus Staat/Land	ST = Desert
Country	C	Name stammt aus Land (ISO-Code)	C = XZ

Eine Certificate Authority kann festlegen, welche Felder des Distinguished Name optional und welche erforderlich sind. Sie kann auch Anforderungen an den Inhalt von Feldern stellen, was auch für die Benutzer der Zertifikate gilt. Ein Netscape-Browser verlangt beispielsweise, dass der Common Name für ein Serverzertifikat einen Namen enthält, der mit einem Muster mit Wildcards für den Domänennamen dieses Servers übereinstimmt, zum Beispiel `*.snakeoil.com`.

Das binäre Format eines Zertifikats wird mit Hilfe der ASN.1-Notation [X208] [PKCS] definiert. Diese Notation legt fest, wie Inhalte angegeben werden. Verschlüsselungsregeln definieren, wie diese Informationen in binäre Form umgewandelt werden. Die binäre Verschlüsselung des Zertifikats wird durch die Distinguished Encoding Rules (DER) definiert, die auf allgemeineren Basic Encoding Rules (BER) basieren. Bei Übertragungen, bei denen kein binäres Format verwendet werden kann, kann die binäre Fassung mit der Base64-Verschlüsselung in ASCII-Darstellung [MIME] umgewandelt werden. Diese zwischen ein Anfang- und ein End-Tag gesetzte verschlüsselte Version heißt PEM-Format (von engl. Privacy Enhanced Mail). Ein Beispiel:

Beispiel für ein PEM-verschlüsseltes Zertifikat (snakeoil.crt)

```
---BEGIN Certificate---
MIIC7jCCA1egAwIBAgIBATANBgkqhkiG9w0BAQQFADCBqTELMAkGA1UEBhMCWFkx
FTATBgNVBAgTDFNuYWt1IERlc2VydDETMBEGA1UEBxMKU25ha2UgVG93bjEXMBUG A1
UEChMOU25ha2UgT21sLCBMdGQxHjAcBgNVBAsTFUN1cnRpZm1jYXR1IEF1dGhv cm10
eTEVMBMGA1UEAxMMU25ha2UgT21sIENBMR4wHAYJKoZIhvcNAQkBFg9jYUBz bmFrZW9pbC5j
kb20wHhcNOTgxMDIxMDg1ODM2WhcNOTkxMDIxMDg1ODM2WjCBpzEL MAkGA1
UEBhMCWFkxFTATBgNVBAgTDFNuYWt1IERlc2VydDETMBEGA1UEBxMKU25h a2UgVG93
bjEXMBUGA1UEChMOU25ha2UgT21sLCBMdGQxFzAVBgNVBAsTDld1YnN1
cnZlciBUZWFtMRkwFwYDVQQDExB3d3cuc25ha2VvaWwuY29tMR8wHQYJKoZIhvcN
AQkBFhB3d3dAc25ha2VvaWwuY29tMIGfMA0GCSqGSIb3DQEBAQUAA4GNADCBiQKB gQDH9
```

```
Ge/s2zcH+da+rPTx/DPRp3xGjHZ4GG6pCmvADIEtBtKBFAcZ64n+Dy7Np8b vKR+yy5
DGQiijsH1D/j8H1GE+q4TZ8OFk7BNBFazHxFbYI4OKMiCxdKzdiflyfaa
1WoANF1Az1SdbxeGVHoTOK+gT5w3UxwZKv2DLbCTzLZyPwIDAQABoyYwJDAPBgNV HRMEC-
DAGAQH/AgEAMBEGCWCGSAGG+EIBAQQEAwIAQDANBgkqhkiG9w0BAQQFAAOB gQAZUIHAL4D0
9oE6Lv2k56Gp38OBDuILvwLg1v1KL8mQR+KFjghCrtpqaztZqcDt 2q2QoyulCgSzHbEGmiO
EsdkPfg6mp0penssIFePYNI+/8u9HT4LuKMJX15hxBam7 dUHzICxBVC1lnHyYGjDuAMhe39
61YAn8bCld1/L4NMGBCQ==
---END Certificate---
```

Certificate Authorities

Die Certificate Authority überprüft die Identität des Eigentümers des privaten Schlüssels eines Schlüsselpaares vor der Ausstellung des Zertifikats anhand der Informationen aus der Zertifikatanforderung. Fordert jemand ein persönliches Zertifikat an, muss die Certificate Authority zuerst sicherstellen, dass der Antragsteller tatsächlich mit der Person übereinstimmt, die im Zertifikat angegeben wird.

Zertifikatketten

Eine Certificate Authority kann auch für eine andere Certificate Authority ein Zertifikat ausstellen. Bei der Überprüfung eines Zertifikats muss ein Bankkunde beispielsweise das Zertifikat des Ausstellers für jede übergeordnete Certificate Authority in Betracht ziehen, bis er zu dem Zertifikat gelangt, dem er vertraut. Er kann sich dazu entschließen, nur Zertifikaten mit einer begrenzten Kette von Ausstellern zu vertrauen, um das Risiko eines nicht vertrauenswürdigen Zertifikats in der Kette zu reduzieren.

Eine CA auf Root-Ebene einrichten

Wie bereits erwähnt wurde, benötigt jedes Zertifikat einen Aussteller, der die Gültigkeit der Identität des Zertifikatsubjekts bis zur obersten Certificate Authority (CA) bestätigt. Was ist jedoch mit der obersten Certificate Authority, für die es keinen Aussteller gibt? In diesem einzigen Fall ist das Zertifikat »selbst signiert«, der Aussteller des Zertifikats also mit dem Subjekt identisch. Daher ist zusätzliche Vorsicht geboten, wenn einem selbst signierten Zertifikat vertraut werden soll. Die weite Verbreitung eines öffentlichen Schlüssels durch die oberste Autorität verringert das Risiko beim Vertrauen auf diesen Schlüssel, denn es bliebe nicht lange verborgen, wenn jemand anderes unter der Vorgabe, diese Certificate Authority zu sein, einen öffentlichen Schlüssel verbreiten würde. Die Browser sind bereits so konfiguriert, dass sie bekannten Certificate Authorities vertrauen.

Eine Reihe von Firmen wie Thawte und Verisign (http://www.verisign.com/) haben sich als Certificate Authorities etabliert. Diese Firmen bieten folgende Dienste an:

- Überprüfung von Zertifikatanforderungen
- Verarbeitung von Zertifikatanforderungen
- Austellen und Verwalten von Zertifikaten

Sie können sich auch eine eigene Certificate Authority einrichten. Das mag für das Internet zwar riskant, für ein Intranet, bei dem die Identität von Personen und Servern leicht zu überprüfen ist, jedoch sinnvoll sein.

Zertifikatmanagement

Für eine verantwortliche Einrichtung einer Certificate Authority ist ein solider administrativer, technischer und verwaltungstechnischer Rahmen erforderlich. Certificate Authorities stellen nicht nur Zertifikate aus, sie verwalten sie auch, das heißt, sie legen die Gültigkeitsdauer von Zertifikaten fest, sie erneuern sie und führen Listen bereits ausgestellter Zertifikate, die ihre Gültigkeit verloren haben (Certificate Revocation Lists oder CRLs). Angenommen, ein Firmenangestellter besitzt ein Zertifikat, dessen Gültigkeit widerrufen werden muss, wenn der Angestellte die Firma verlässt. Da Zertifikate Objekte sind, die herumgereicht werden, ist am Zertifikat selbst nicht zu erkennen, dass es widerrufen wurde. Bei der Überprüfung der Zertifikate auf Gültigkeit muss daher die ausstellende Certificate Authority kontaktiert werden, damit die CRLs überprüft werden können, was normalerweise nicht automatisch im Ablauf vorgesehen ist.

> **Hinweis**
>
> Wenn Sie eine Certificate Authority verwenden, die normalerweise nicht standardmäßig für die Browser konfiguriert ist, dann muss das Zertifikat der Certificate Authority in den Browser geladen werden, damit er die von der Certificate Authority gezeichneten Serverzertifikate überprüfen kann. Das kann gefährlich werden, denn einmal geladen, akzeptiert der Browser alle von dieser Certificate Authority gezeichneten Zertifikate.

4.1.3 Secure Sockets Layer (SSL)

Der Secure Socket-Layer ist eine Protokollschicht, die zwischen einem zuverlässigen verbindungsorientierten Netzwerkprotokoll (z.B. TCP/IP) und der Anwendungsprotokollschicht (z.B. HTTP) liegen kann. SSL ermöglicht eine sichere Kommunikation zwischen Client und Server mit Hilfe einer gegenseitigen Authentifizierung, der Verwendung digitaler Signaturen sowie einer Verschlüsselung zum Schutz der Privatsphäre.

Das Protokoll wurde zur Unterstützung vieler spezieller kryptografischer Algorithmen, Message Digests und Signaturen entwickelt. Auf diese Art können Algorithmen für bestimmte Server unter Berücksichtigung juristischer, exportrechtlicher oder anderer Aspekte ausgewählt werden. Darüber hinaus kann das Protokoll auch die Vorteile neuerer Algorithmen nutzen. Die getroffene Auswahl wird zu Beginn der Protokollsession zwischen Client und Server ausgehandelt.

Wie aus Tabelle 4.3 hervorgeht, gibt es mehrere Versionen des SSL-Protokolls. Die SSL-Version 3.0 hat den Vorteil, dass sie das Laden von Zertifikatketten unterstützt. Das bietet dem Server die Möglichkeit, ein Serverzertifikat zusammen mit den Ausstellerzertifikaten an den Browser weiterzureichen. Das Laden von Ketten erlaubt dem Browser die Überprüfung des Serverzertifikats, selbst wenn die Zertifikate der Certificate Authority für einen dazwischen liegenden Aussteller nicht installiert sind, weil sie in der Zertifikatkette enthalten sind. SSL 3.0 ist die Basis für den TLS-Protokollstandard (Transport Layer Security), der zurzeit von der Internet Engineering Task Force (IETF) entwickelt wird.

Tabelle 4.3: Versionen des SSL-Protokolls

Version	Herkunft	Beschreibung	Unterstützte Browser
SSL v2.0	Herstellerstandard (Netscape Corp.) [SSL2]	Erstes SSL-Protokoll, das implementiert wurde	– NS Navigator 1.x/2.x – MS IE 3.x – Lynx/2.8+OpenSSL

Version	Herkunft	Beschreibung	Unterstützte Browser
SSL v3.0	Überholter Internet-Entwurf (Netscape Corp.) [SSL3]	Revisionen zur Verhinderung bestimmter Angriffe auf die Sicherheit, neue nicht auf RSA basierende Algorithmen und Unterstützung von Zertifikatketten	– NS Navigator 2.x/3.x/4.x – MS IE 3.x/4.x – Lynx/2.8+OpenSSL
TLS v1.0	Vorgeschlagener Internet-Standard (IETF) [TLS1]	Revision von SSL 3.0 zur Anpassung der MAC-Schicht an HMAC, Blockauffüllung für Blockalgorithmen, Standardisierung der Nachrichtenreihenfolge sowie weitere Alarmmeldungen	– Lynx/2.8+OpenSSL

Einrichtung der Session

Die SSL-Session wird über eine Handshake-Sequenz zwischen Client und Server eingerichtet (siehe Abbildung 4.1). Diese Sequenz kann unterschiedlich ausfallen, je nachdem, ob der Server ein Serverzertifikat bereitstellt oder ein Zertifikat vom Client anfordert. In manchen Situationen sind zwar weitere Handshakes für den Umgang mit den Informationen zu den Verschlüsselungsalgorithmen erforderlich, hier soll aber nur ein allgemeines Szenario beschrieben werden (eine Beschreibung aller Möglichkeiten finden Sie in der SSL-Spezifikation).

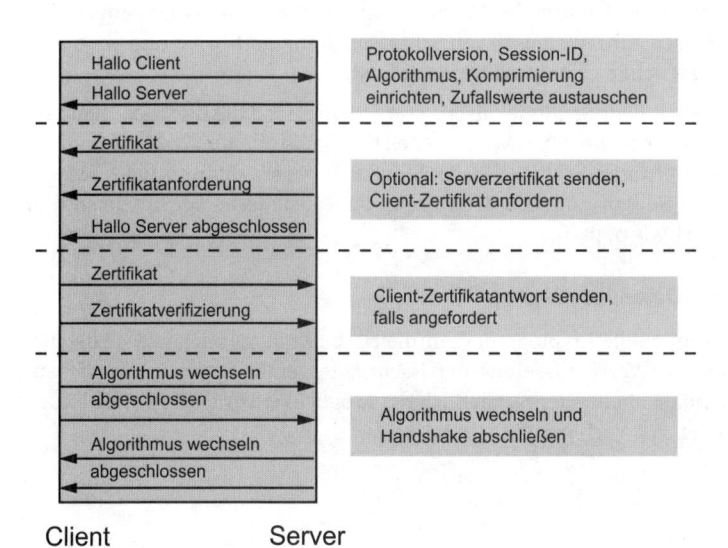

Abb. 4.1: Vereinfachte SSL-Handshake-Folge

Folgende Elemente werden in der Handshake-Folge von Client und Server benutzt:
1. Aushandlung der für die Datenübertragung zu benutzenden Algorithmen
2. Einrichtung und gemeinsame Nutzung eines Session-Schlüssels für Client und Server
3. Optionale Authentifizierung des Servers gegenüber dem Client
4. Optionale Authentifizierung des Clients gegenüber dem Server

> **Hinweis**
> Eine einmal eingerichtete SSL-Session kann wieder benutzt werden, was einen Leistungsverlust durch Wiederholung der für die Einrichtung einer Session erforderlichen Schritte verhindert. Hierfür weist der Server jeder SSL-Session einen eindeutigen Session-Bezeichner zu, der im Server bis zu dessen Erlöschen zwischengespeichert wird und den der Client für spätere Verbindungen nutzen kann, um den Aufwand für die Handshakes zu reduzieren.

Bei der Aushandlung der Algorithmenreihe legen Client und Server fest, welche Algorithmen von beiden unterstützt werden. Die SS- 3.0-Spezifikation definiert 31 Algorithmen. Die Definition der Algorithmenfolge enthält folgende Komponenten:

- Schlüsselaustauschmethode
- Algorithmus für die Datenübertragung
- Message Digest für den Message Authentification Code (MAC)

Diese drei Elemente werden in den folgenden Abschnitten beschrieben.

Schlüsselaustausch

Die Schlüsselaustauschmethode legt fest, welcher gemeinsam genutzte, geheime symmetrische Schlüssel für die Datenübertragung zwischen Client und Server zu verwenden ist. SSL 2.0 verwendet nur RSA-Schlüssel, während SSL 3.0 eine Reihe von Algorithmen einschließlich dem RSA-Schlüsselaustausch bei Verwendung von Zertifikaten und dem Diffie-Hellman-Schlüsselaustausch zum Austausch von Schlüsseln ohne Zertifikate und ohne vorherige Kommunikation zwischen Client und Server zulässt.

Eine Variable bei der Auswahl der Schlüsselaustauschmethoden sind die digitalen Signaturen: Werden sie benutzt oder nicht? Und wenn ja, welche Signaturen sind zu verwenden? Das Signieren mit einem privaten Schlüssel bietet Sicherheit gegen »Man in the Middle«-Angriffe aus den eigenen Reihen während des Informationsaustauschs bei Erzeugen des gemeinsamen Schlüssels [AC96, p516].

Der Algorithmus für die Datenübertragung

SSL verwendet die konventionelle Kryptografie (symmetrische Kryptografie), wie sie bereits im Zusammenhang mit der Verschlüsselung der Nachrichten einer Session beschrieben wurde. Neun Auswahlmöglichkeiten (einschließlich der Möglichkeit, auf eine Verschlüsselung zu verzichten) stehen zur Verfügung:

- Keine Verschlüsselung
- Stream-Algorithmen
    - RC4 mit 40-Bit-Schlüssel
    - RC4 mit 128-Bit-Schlüssel
- CBC-Blockalgorithmen
    - RC2 mit 40-Bit-Schlüssel
    - DES mit 40-Bit-Schlüssel
    - DES mit 56-Bit-Schlüssel
    - Triple-DES mit 168-Bit-Schlüssel

- Idea (128-Bit-Schlüssel)
- Fortezza (96-Bit-Schlüssel)

»CBC« steht hier für Cipher Block Chaining, was bedeutet, dass ein Teil des zuvor verschlüsselten Textes für die Verschlüsselung des aktuellen Blocks benutzt wird. »DES« steht für Data Encryption Standard [AC96, ch12], für den es mehrere Varianten gibt (einschließlich DES40 und 3DES_EDE). »Idea« ist einer der besten und stärksten kryptografischen Algorithmen und »RC2« ist ein proprietärer Algorithmus von RSA DSI [AC96, ch13].

Digest-Funktion

Mit der Auswahl der Digest-Funktion wird festgelegt, wie ein Digest erzeugt wird. SSL unterstützt folgende Möglichkeiten:

- Kein Digest (keine Auswahl)
- MD5, ein 128-Bit-Hashalgorithmus
- Secure Hash Algorithm (SHA-1), ein 160-Bit-Hashalgorithmus

Mit dem Message-Digest-Algorithmus wird ein Message Authentification Code (MAC) erzeugt, der mit der Nachricht verschlüsselt wird, um die Unversehrtheit einer Nachricht überprüfen sowie ein Überschreiben mit anderen Inhalten verhindern zu können.

Das Handshake-Folgeprotokoll

Für die Handshake-Folge werden drei Protokolle benutzt:

- Das *SSL-Handshake-Protokoll* zur Einrichtung der Client- und Server-SSL-Session
- Das *SSL Change Cipher Spec-Protokoll* für die Festlegung der Algorithmen für die Session
- Das *SSL Alert-Protokoll* zur Übermittlung von SSL-Fehlermeldungen zwischen Client und Server

Diese Protokolle sowie die Anwendungsprotokolldaten werden vom *SSL-Record-Protokoll* eingekapselt (siehe Abbildung 4.2). Bei einem eingekapselten Protokoll werden die Daten zwischen der darunter liegenden Protokollschicht übertragen, die die Daten nicht untersucht. Das eingekapselte Protokoll weiß nichts über das zugrunde liegende Protokoll.

SSL-Handshake-Protokoll	SSL-Algorithmus-wechsel	SSL-Alarm-Protokoll	HTTP	Telnet	...
SSL-Record-Protokoll					
TCP					
IP					

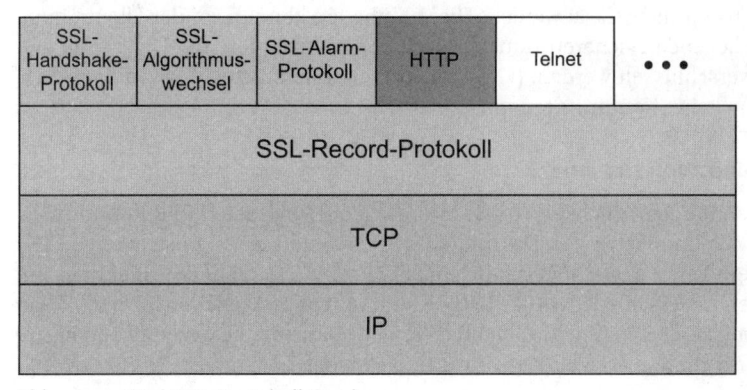

Abb. 4.2: Der SSL-Protokoll-Stack

Kapitel 4
SSL/TLS-Verschlüsselung des Apache

Die Einkapselung der SSL-Kontrollprotokolle durch das Record-Protokoll führt dazu, dass bei einer erneuten Aushandlung einer aktiven Session die Kontrollprotokolle sicher übertragen werden. Gab es zuvor keine Session, wird keine Verschlüsselung verwendet und die Nachrichten bleiben bis zur Einrichtung der Session unverschlüsselt und werden ohne Digest gesendet.

Datenübertragung

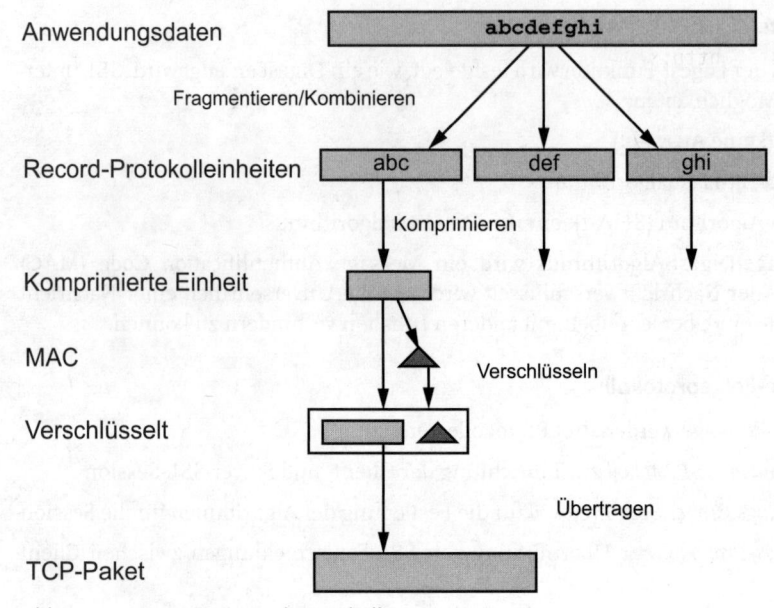

Abb. 4.3: Das SSL-Record-Protokoll

Mit dem in Abbildung 4.3 gezeigten SSL-Record-Protokoll werden Anwendungs- und SSL-Kontrolldaten zwischen Client und Server übertragen, wobei diese Daten möglicherweise in kleinere Pakete unterteilt oder mehrere Nachrichten von Protokollen höherer Ebenen zu Einheiten zusammengefasst werden. Diese Einheiten können vor der Übertragung mit dem zugrunde liegenden sicheren Transportprotokoll komprimiert, mit Digest-Signaturen versehen und verschlüsselt werden. (Hinweis: Zurzeit unterstützen die wichtigen SSL-Implementierungen keine Komprimierung).

Die HTTP-Kommunikation sichern

Eine weitere Verwendungsmöglichkeit von SSL ist die Sicherung der HTTP-Kommunikation zwischen Browser und Webserver. Das schließt die Verwendung von unsicherem HTTP nicht aus. Die sichere Version ist im Wesentlichen HTTP über SSL (HTTPS), allerdings mit dem entscheidenden Unterschied, dass das URL-Schema https an Stelle von http sowie ein anderer Server-Port (standardmäßig 443) benutzt werden. Das sind die wesentlichen Eigenschaften, die mod_ssl für den Apache-Webserver zu bieten hat...

4.1.4 Literaturhinweise

[AC96]

Bruce Schneier, Applied Cryptography, 2nd Edition, Wiley, 1996. Siehe
`http://www.counterpane.com/` für weitere Beiträge von Bruce Schneier.

[X208]

ITU-T Recommendation X.208, Specification of Abstract Syntax Notation One (ASN.1), 1988. Siehe beispielsweise `http://www.itu.int/rec/recommendation.asp?type=folders&lang=e&parent=T-REC-X.208`.

[X509]

ITU-T Recommendation X.509, The Directory – Authentification Framework, Siehe beispielsweise `http://www.itu.int/rec/recommendation.asp?type=folders&lang=e&parent=T-REC-X.509`.

[PKCS]

Public Key Cryptography Standards (PKCS), RSA Laboratories Technical Notes, siehe `http://www.rsasecurity.com/rsalabs/pkcs/`.

[MIME]

N. Freed, N. Borenstein, Multipurpose Internet Mail Extensions (MIME) Part One: Format of Internet Message Bodies, RFC2045. Siehe beispielsweise `http://ietf.org/rfc/rfc2045.txt`.

[SSL2]

Kipp E.B. Hickman, The SSL Protocol, 1995. Siehe
`http://www.netscape.com/eng/security/SSL_2.html`.

[SSL3]

Alan O. Freier, Philip Karlton, Paul C. Kocher, The SSL Protocol Version 3.0, 1996. Siehe `http://www.netscape.com/eng/ssl3/draft302.txt`

[TLS1]

Tim Dierks, Christopher Allen, The TLS Protocol Version 1.0, 1999. Siehe
`http://ietf.org/rfc/rfc2246.txt`.

4.2 Starke SSL/TLS-Verschlüsselung: Praxis

Die Lösung dieses Problems ist trivial und bleibt dem Leser als Übung überlassen.
– Ein Standardzitat

Wie bestimmte Sicherheitsanforderungen für SSL-fähige Webserver erfüllt werden, ist wegen der Kohärenzen zwischen SSL, HTTP und dem Apache bei der Verarbeitung von

Anfragen nicht immer offensichtlich. Dieses Kapitel enthält Anleitungen zur Lösung typischer Problemsituationen. Sie sind als erster Schritt auf dem Weg zur endgültigen Lösung gedacht. Bevor Sie die Hinweise aufgreifen, sollten Sie jedoch sicher sein, dass Sie die Zusammenhänge verstanden haben. Nichts ist schlimmer als die Umsetzung einer Lösung zur Beseitigung von Sicherheitsproblemen, ohne sich über die damit verbundenen Einschränkungen und Konsequenzen im Klaren zu sein.

4.2.1 Verschlüsselungsalgorithmen und starke Verschlüsselung

- Ausschließliche SSLv2-Server
- Server mit ausschließlich starker Verschlüsselung
- SGC (Server Gated Cryptography)
- Strengere Anforderungen auf Verzeichnisebene

Wie kann ich einen ausschließlichen SSLv2-Server einrichten?

Mit folgenden Zeilen können Sie einen SSL-Server einrichten, der nur mit dem SSLv2-Protokoll und den entsprechenden Algorithmen arbeitet:

httpd.conf

```
SSLProtocol -all +SSLv2
SSLCipherSuite SSLv2:+HIGH:+MEDIUM:+LOW:+EXP
```

Wie kann ich einen SSL-Server einrichten, der nur starke Verschlüsselung akzeptiert?

Mit den folgenden Zeilen werden nur die stärksten Algorithmen aktiviert:

httpd.conf

```
SSLProtocol all
SSLCipherSuite HIGH:MEDIUM
```

Wie kann ich einen SSL-Server einrichten, der nur starke Verschlüsselung akzeptiert, den Exportbrowsern aber ein Upgrade für stärkere Verschlüsselung erlaubt?

Dies kann mit Hilfe der Server Gated Cryptography (SGC) geschehen. Details hierzu finden Sie in der Datei README.GlobalID, die Bestandteil der mod_ssl-Distribution ist. Kurz zusammengefasst: Der Server besitzt ein Global-ID-Serverzertifikat, das von einem speziellen CA-Zertifikat der Firma Verisign signiert ist. Dieses Zertifikat aktiviert die starke Verschlüsselung für Exportbrowser. Das funktioniert folgendermaßen: Der Browser stellt eine Verbindung mit einem Exportalgorithmus her. Daraufhin sendet der Server sein Global-ID-Zertifikat, das der Browser verifiziert. Anschließend aktualisiert er seine Verschlüsselungsalgorithmen, bevor die HTTP-Kommunikation stattfindet. Dabei stellt sich die Frage, wie dieses Upgrade der Verschlüsselungsalgorithmen bei gleichzeitig erzwungener starker Verschlüsselung möglich ist. Oder anders ausgedrückt: Browser müssen entweder zu Beginn eine Verbindung mit starker Verschlüsselung herstellen oder sie müssen ein Upgrade für starke Verschlüsselung durchführen, sie dürfen die Exportalgorithmen aber nicht übernehmen. Hierfür wird ein Trick angewendet:

httpd.conf

```
# Alle Algorithmen für das anfängliche Handshake zulassen,
# damit Exportbrowser über SGC ein Upgrade durch führen können.
SSLCipherSuite ALL:!ADH:RC4+RSA:+HIGH:+MEDIUM:+LOW:+SSLv2:+EXP:+eNULL

<Directory /usr/local/apache2/htdocs>
# Abschließend alle Browser ablehnen, die kein Upgrade durchgeführt haben.
SSLRequire %{SSL_CIPHER_USEKEYSIZE} >= 128
</Directory>
```

Wie kann ich einen SSL-Server einrichten, der generell alle Arten von Algorithmen akzeptiert, aber starke Algorithmen für den Zugriff auf eine bestimmte URL verlangt?

Das geht sicherlich nicht mit einer serverweiten SSLCipherSuite-Anweisung, die die Algorithmen auf die starken Varianten einschränkt. Das Modul mod_ssl erlaubt aber eine Neukonfiguration der Verschlüsselungsalgorithmen auf Verzeichnisebene und erzwingt automatisch eine Neuverhandlung der SSL-Parameter für diese neue Konfiguration. Die Lösung sieht so aus:

```
# Generell keine Einschränkungen
SSLCipherSuite ALL:!ADH:RC4+RSA:+HIGH:+MEDIUM:+LOW:+SSLv2:+EXP:+eNULL

<Location /strong/area>
# Aber für https://hostname/strong/area/ und darunter liegende
# Ressourcen sind starke Algorithmen erforderlich:
SSLCipherSuite HIGH:MEDIUM
</Location>
```

4.2.2 Client-Authentifizierung und Zugriffskontrolle

- #allclients Einfache Client-Authentifizierung mit Zertifikat
- #arbitraryclients Selektive Client-Authentifizierung mit Zertifikat
- #certauthenticate Spezielle Client-Authentifizierung mit Zertifikat
- #intranet Intranet- versus Internet-Authentifizierung

Wie wird eine Client-Authentifizierung mit Zertifikaten durchgeführt, wenn alle Clients bekannt sind?

Wenn die Benutzer Ihres Servers eine geschlossene Gruppe bilden, wie dies zum Beispiel in einem Intranet der Fall ist, können Sie eine einfache Zertifikat-Authentifizierung durchführen. Hierfür müssen Sie Client-Zertifikate ausstellen, die von einem eigenen CA-Zertifikat signiert werden (in ca.crt), und anschließend die Clients anhand dieses Zertifikats überprüfen.

httpd.conf

```
# Ein Client-Zertifikat vorschreiben, das direkt vom
# eigenen CA-Zertifikat (in ca.crt) signiert ist.
SSLVerifyClient require
SSLVerifyDepth 1
SSLCACertificateFile conf/ssl.crt/ca.crt
```

Wie wird die Client-Authentifizierung für eine bestimmte URL mit Hilfe von Zertifikaten durchgeführt, ohne dass beliebige Clients bezüglich der verbleibenden Bereiche des Servers eingeschränkt werden?

Auch hierfür wird eine Neukonfiguration auf Verzeichnisebene mit dem Modul mod_ssl durchgeführt:

httpd.conf

```
SSLVerifyClient none
SSLCACertificateFile conf/ssl.crt/ca.crt

<Location /secure/area>
SSLVerifyClient require
SSLVerifyDepth 1
</Location>
```

Wie wird die Client-Authentifizierung für bestimmte URLs mit Hilfe von Zertifikaten durchgeführt, ohne dass beliebige Clients bezüglich der verbleibenden Bereiche des Servers eingeschränkt werden?

Hierfür müssen verschiedene Elemente des Client-Zertifikats überprüft werden. Normalerweise müssen der vollständige Distinguished Name des Subjekts oder Teile davon überprüft werden. Das kann auf zwei Arten geschehen: mit der mod_auth_basic-Variante oder der SSLRequire-Variante. Die erste Variante eignet sich, wenn es sich um Clients völlig unterschiedlichen Typs handelt, das heißt, wenn die Distinguished Names keine gemeinsamen Felder besitzen (normalerweise ist die Organisation o.Ä. gleich). In diesem Fall müssen Sie eine Passwortdatenbank mit *allen* Clients einrichten. Die zweite Variante wird empfohlen, wenn die Clients alle zu einer allgemeinen Hierarchie gehören, die im Distinguished Name codiert ist, weil sie dann leichter zu erfassen sind.

Die erste Variante:

httpd.conf

```
SSLVerifyClient          none
<Directory /usr/local/apache2/htdocs/secure/area>

SSLVerifyClient          require
SSLVerifyDepth           5
```

```
SSLCACertificateFile conf/ssl.crt/ca.crt
SSLCACertificatePath conf/ssl.crt
SSLOptions           +FakeBasicAuth
SSLRequireSSL
AuthName             "Snake Oil Authentication"
AuthType             Basic
AuthBasicProviderfile AuthUserFile /usr/local/apache2/conf/httpd.passwd
require              valid-user
</Directory>
```

httpd.passwd

```
/C=DE/L=Munich/O=Snake Oil, Ltd./OU=Staff/CN=Foo:xxj31ZMTZzkVA
/C=US/L=S.F./O=Snake Oil, Ltd./OU=CA/CN=Bar:xxj31ZMTZzkVA
/C=US/L=L.A./O=Snake Oil, Ltd./OU=Dev/CN=Quux:xxj31ZMTZzkVA
```

Die zweite Variante:

httpd.conf

```
SSLVerifyClient      none
<Directory /usr/local/apache2/htdocs/secure/area>

SSLVerifyClient      require
SSLVerifyDepth       5
SSLCACertificateFile conf/ssl.crt/ca.crt
SSLCACertificatePath conf/ssl.crt
SSLOptions           +FakeBasicAuth
SSLRequireSSL
SSLRequire           %{SSL_CLIENT_S_DN_O} eq "Snake Oil, Ltd." \
             und %{SSL_CLIENT_S_DN_OU} in {"Staff", "CA", "Dev"}
</Directory>
```

Wie wird HTTPS mit starken Algorithmen und der Basic-Authentifizierung oder Client-Zertifikaten für den Zugriff auf einen Unterbereich der Intranet-Website für Clients aus dem Internet vorgeschrieben, den Clients aus dem Intranet aber weiterhin Zugriff über HTTP gewährt?

Wenn das Intranet über das IP-Netzwerk 192.160.1.0/24 identifiziert werden kann und der Unterbereich auf der Intranet-Website die URL /subarea besitzt, dann legen Sie außerhalb des virtuellen HTTPS-Abschnitts folgende Konfiguration fest (damit sie für HTTPS und HTTP gilt):

httpd.conf

```
SSLCACertificateFile   conf/ssl.crt/company-ca.crt

<Directory /usr/local/apache2/htdocs>
#   Außerhalb des Unterbereichs nur Zugriff aus dem Intranet
Order                   deny,allow
Deny                    from all
Allow                   from 192.168.1.0/24
</Directory>

<Directory /usr/local/apache2/htdocs/subarea>
#   Innerhalb des Unterbereichs Zugriff aus dem Intranet, aus dem Internet
#   aber nur für HTTPS + Starker Algorithmus + Passwort
#   oder alternative HTTPS + Starker Algorithmus + Client-Zertifikat

#   Wird HTTPS benutzt, muss ein starker Algorithmus benutzt werden.
#   Außerdem werden Client-Zertifikate als Alternative zur
#   Basic-Authentifizierung zugelassen.
SSLVerifyClient         optional
SSLVerifyDepth          1
SSLOptions              +FakeBasicAuth +StrictRequire
SSLRequire              %{SSL_CIPHER_USEKEYSIZE} >= 128

#   Clients aus dem Internet müssen HTTPS verwenden
RewriteEngine           on
RewriteCond             %{REMOTE_ADDR} !^192\.168\.1\.[0-9]+$
RewriteCond             %{HTTPS} !=on
RewriteRule             .* - [F]

#   Netzwerkzugriff und/oder Basic-Authentifizierung zulassen
Satisfy                 any

#   Netzwerkzugriffskontrolle
Order                   deny,allow
Deny                    from all
Allow                   192.168.1.0/24

#   HTTP-Basic-Authentifizierung
AuthType                basic
AuthName                "Protected Intranet Area"
AuthUserFile            conf/protected.passwd
Require                 valid-user
</Directory>
```

4.3 Starke SSL/TLS-Verschlüsselung: Häufig gestellte Fragen (FAQs)

Ein Weiser gibt nicht die richtigen Antworten, er stellt die richtigen Fragen.

– Claude Levi-Strauss

Dieses Kapitel enthält eine Reihe häufig gestellter Fragen (FAQs) und die entsprechenden Antworten in Anlehnung an die beliebte USENET-Tradition. Die meisten Fragen tauchen in der Newsgroup `news:comp.infosystems.www.servers.unix` oder der mod_ssl Support Mailing List `modssl-users@modssl.org` auf. Sie wurden an dieser Stelle gesammelt, damit nicht immer wieder die gleichen Fragen beantwortet werden müssen.

Bitte lesen Sie dieses Kapitel einmal vor der mod_ssl-Installation durch oder suchen Sie wenigstens in ihr nach Lösungen für Ihre Probleme, bevor Sie eine Nachricht an den Autor senden.

4.3.1 Das Modul

- Zur Entwicklung des Moduls mod_ssl
- mod_ssl und das Jahr 2000
- mod_ssl und die Wassenaar-Abkommen

Wie verlief die Entwicklung des Moduls mod_ssl?

Das mod_ssl-Paket Version 1 wurde im April 1998 von Ralf S. Engelschall (rse@engelschall.com) durch Portierung der Apache-SSL-1.17-Source-Patches (http://www.apache-ssl.org/) für Apache 1.2.6 bis Apache 1.3b6 von Ben Laurie (ben@algroup.co.uk) erstellt. Aufgrund von Konflikten mit Ben Laurie's Entwicklungszyklus wurde es für Apache 1.3.0 insgesamt neu zusammengestellt, indem die alte mod_ssl-Version 1.x mit der neueren Apache-SSL-Version 1.18 vermischt wurde. Von diesem Punkt an führte mod_ssl mit der Version 2 ein Eigenleben. Die erste veröffentlichte Version war am 10. August 1998 mod_ssl 2.0.0. Im August 1999 war die mod_ssl-Version 2.4.0 die aktuelle Version.

Nach einem Jahr intensiver Entwicklung mit über 1.000 Arbeitsstunden und über 40 Neufassungen erreichte mod_ssl den aktuellen Stand. Das Ergebnis ist eine bereits sehr saubere Quellcodebasis, die sehr umfangreiche Funktionalität implementiert. Der Umfang hat sich um den Faktor 4 auf derzeit insgesamt über 10.000 Zeilen ANSI C-Code vergrößert (70% Code und 30% Dokumentation). Vom ursprünglichen Apache-SSL-Code sind nur zirka 5% übrig geblieben.

Nachdem die US-Bestimmungen für den Export kryptografischer Software aufgehoben wurden, wurde mod_ssl 2001 in den Code der Apache-Version 2 integriert.

Ist mod_ssl Jahr-2000-kompatibel?

Ja, mod_ssl ist Jahr-2000-kompatibel.

Zum einen weil mod_ssl intern Jahreszahlen niemals mit zwei Zahlen speichert. Es wird immer der numerische Datentyp von ANSI C und POSIX (`time_t`) verwendet, der bei fast allen UNIX-Betriebssystemen zurzeit den Typ `signed long` hat (normalerweise 32 Bit) und die seit dem 1. Januar 1970 00:00 Uhr UTC vergangene Zeit angibt. Dieser Vorzeichenwert läuft frühestens im Januar 2038 und nicht im Jahr 2000 über. Zum anderen erfolgen die

Datums- und Zeitdarstellungen (zum Beispiel die Variable %{TIME_YEAR}) mit vollständiger Angabe der Jahreszahl und nicht mit einer zweistelligen Abkürzung.

Außerdem ist nach einer Jahr-2000-Erklärung der Apache Group (http://www.apache.org/docs/misc/FAQ.html#year2000) der Apache-Webserver ebenfalls Jahr-2000-kompatibel. Ob allerdings OpenSSL oder das zugrunde liegende Betriebssystem (UNIX oder Windows) Jahr-2000-kompatibel sind, ist eine andere Frage, die hier nicht beantwortet werden kann.

Wie steht es um mod_ssl und das Wassenaar-Abkommen?

Zuerst soll erklärt werden, was das Wassenaar-Abkommen über Exportkontrollen für konventionelle Waffen und »dual use« Güter und Technologien ist: Im Jahr 1995 wurde eine internationale Organisation eingerichtet, die den Handel mit konventionellen Waffen und zivilen Gütern sowie Technologien, die auch waffentauglich sind, kontrollieren soll. Sie ersetzt die frühere *CoCom*. Das Abkommen wurde von 33 Ländern unterzeichnet: Argentinien, Australien, Belgien, Bulgarien, Kanada, Dänemark, Deutschland, Finnland, Frankreich, Griechenland, Großbritannien, Irland, Italien, Japan, Korea, Luxemburg, Niederlande, Neuseeland, Norwegen, Polen, Portugal, Rumänien, Russische Föderation, Österreich, Slowakische Republik, Spanien, Schweden, Schweiz, Tschechien, Türkei, Ukraine, Ungarn, USA. Weitere Informationen finden Sie unter der Adresse http://www.wassenaar.org/.

Kurz zusammengefasst soll das Wassenaar-Abkommen den Aufbau militärischer Fähigkeiten verhindern, die die regionale und internationale Sicherheit und Stabilität bedrohen. Das Wassenaar-Abkommen kontrolliert den Export von Verschlüsselungssoftware als Gut mit sowohl militärischen als auch zivilen Anwendungsmöglichkeiten. Das Wassenaar-Abkommen schließt aber Software für den Massenbedarf sowie Free Software aus.

Die aktuelle List of Dual Use Goods and Technologies and Munitions stellt in der GENERAL SOFTWARE NOTE (GSN) fest: »The Lists do not control 'software' which is either: 1. [...] 2. in the public domain«. In den DEFINITIONS OF TERMS USED IN THESE LISTS findet sich die Definition: »In the public domain: This means 'technology' or 'software' which has been made available without restrictions upon its further dissemination. N.B. Copyright restrictions do not remove 'technology' or 'software' from being in the public domain.«

Sowohl mod_ssl und als auch OpenSSL fallen also im Sinne des Wassenaar-Abkommens und der Liste der »dual use« Güter und Technologien in Bereich der Public Domain.

mod_ssl und OpenSSL sind daher nicht vom Wassenaar-Abkommen betroffen.

4.3.2 Zur Installation

- Core Dumps für HTTPS-Anfragen
- Berechtigungsprobleme beim SSL-Mutex
- Shared-Memory und Prozessgröße
- PRNG und nicht genug Entropie

Warum erhalte ich beim ersten Zugriff auf meine Website über HTTPS einen Core Dump?

Ein Core Dump kann selbstverständlich unterschiedliche Ursachen haben, angefangen von fehlerhaften Modulen von Drittherstellern über fehlerhafte Bibliotheken bis hin zu einer fehlerhaften mod_ssl-Version. Häufig wird die oben beschriebene Situation aber durch ältere oder beschädigte DBM-Bibliotheken anderer Hersteller ausgelöst. Um das Problem zu beheben, muss mod_ssl entweder mit der integrierten SDBM-Bibliothek aufgebaut werden (geben Sie in der APACI-Befehlszeile `-enable-rule=SSL_SDBM` ein) oder von `SSLSessionCache dbm:` zur neueren `SSLSessionCache shm:`-Variante gewechselt werden (nachdem Sie den Apache mit MM neu aufgebaut haben).

Warum kommt es zu Berechtigungsfehlern für SSLMutex, wenn ich den Apache starte?

Wenn Sie Einträge wie `mod_ssl: Child could not open SSLMutex lockfile /opt/apache/logs/ssl_mutex.18332 (System error follows) [...] System: Permission denied (errno: 13)` erhalten, dann werden diese in der Regel durch zu stark eingeschränkte Berechtigungen für *übergeordnete* Verzeichnisse ausgelöst. Sorgen Sie dafür, dass für alle übergeordneten Verzeichnisse (in diesem Fall `/opt`, `/opt/apache` und `/opt/apache/logs`) das x-Bit mindestens für die UID gesetzt ist, unter der die Apache-Kindprozesse ausgeführt werden (siehe »*User*«, Seite 392).

Warum wächst bei Verwendung der MM-Bibliothek und von Shared-Memory-Cache jeder Prozess auf 1,5 MByte an, obwohl 512.000 KByte für die Cache-Größe angegeben wurden?

Das zusätzliche MByte wird durch den globalen Shared-Memory-Pool verursacht, den der Apache für alle Module allokiert und der aus verschiedenen Gründen nicht von mod_ssl benutzt wird. Der tatsächlich allokierte Shared-Memory-Bereich ist immer um 1 MByte größer als mit der `SSLSessionCache`-Direktive angegeben wird. Die Angabe für »top« ist etwas verwirrend, denn obwohl angezeigt wird, das *jeder* Prozess wächst, entspricht das nicht der Realität. Der zusätzliche Speicher wird von allen Prozessen genutzt, das heißt die 1,5 MByte werden nur einmal pro Apache-Instanz allokiert und nicht einmal pro Apache-Serverprozess.

Warum stoppt mod_ssl beim Serverstart mit der Fehlermeldung »Failed to generate temporary 512 bit RSA private key«?

Kryptografie-Software benötigt für die korrekte Funktion eine Quelle mit zufälligen Daten. Viele Open-Source-Betriebssysteme stellen für diesen Zweck ein »Randomness Device« zur Verfügung (normalerweise unter der Bezeichnung `/dev/random`). Bei anderen Systemen müssen die Anwendungen den OpenSSL Pseudo Random Number-Generator (PRNG) manuell mit den entsprechenden Daten aktivieren, bevor Schlüssel erzeugt werden oder eine Verschlüsselung durchgeführt wird. Ab Version 0.9.5 melden die OpenSSL-Funktionen, die den PRNG benötigen, einen Fehler, wenn dieser nicht mit mindestens 128 Bits aktiviert wurde. mod_ssl muss also genügend Entropie für den PRNG bereitstellen, was mit den SSLRandomSeed-Direktiven geschieht.

4.3.3 Konfiguration

- HTTP und HTTPS mit einem einzigen Server?
- Wo ist der HTTPS-Port?
- Wie wird HTTPS manuell getestet?
- Warum hängt die Verbindung?

- Warum wird die Verbindung verweigert?
- Warum fehlen die SSL_XXX-Variablen?
- Wie kann mit relativen Hyperlinks umgeschaltet werden?

Können HTTP und HTTPS auf einem einzigen Server parallel ausgeführt werden?

Ja, HTTP und HTTPS benutzen unterschiedliche Server-Ports, so dass es keine Konflikte zwischen beiden gibt. Es können entweder zwei Serverinstanzen ausgeführt werden (eine wird an Port 80 und die andere an Port 443 gebunden) oder Sie wählen die elegante virtuelle Variante, bei der zwei virtuelle Server vom Apache für Port 80 und HTTP sowie einer für Port 443 und HTTPS eingeteilt werden.

HTTP läuft über Port 80, aber welchen Port benutzt HTTPS?

HTTPS kann über jeden Port laufen, der Standard gibt aber Port 443 an, den jeder HTTPS-kompatible Browser berücksichtigt. Wenn Sie in der URL den Port mit angeben (https://secure.server.dom:666/), dann überwacht der Browser auch diesen Port (hier Port 666).

Wie kann ich HTTPS manuell testen?

Während ein einfacher Test des HTTP-Protokolls wie folgt durchgeführt werden kann

```
$ telnet localhost 80
GET / HTTP/1.0
```

ist das für HTTPS nicht so einfach, weil das SSL-Protokoll zwischen TCP und HTTP liegt. Aber mit Hilfe des OpenSSL-Befehls s_client kann auch HTTPS überprüft werden:

```
$ openssl s_client -connect localhost:443 -state -debug
GET / HTTP/1.0
```

Vor der eigentlichen HTTP-Antwort erhalten Sie detaillierte Informationen über das SSL-Handshake. Für einen universelleren Befehlszeilen-Client, der sowohl HTTP als auch HTTPS versteht, die Methoden GET und POST ausführen und einen Proxy benutzen kann, Bytebereiche unterstützt usw., sollten Sie das Hilfsprogramm cURL (http://curl.haxx.se/) benutzen. Hiermit können Sie direkt testen, ob Ihr Apache an den Ports 80 und 443 richtig funktioniert:

```
$ curl http://localhost/
$ curl https://localhost/
```

Warum hängt die Verbindung zu meinen SSL-fähigen Apache-Server?

Weil Sie über HTTP eine Verbindung zum HTTPS-Port hergestellt haben, beispielsweise mit einer URL in der Form http:// an Stelle von https://. Das passiert auch anders herum, wenn Sie über HTTPS eine Verbindung zu einem HTTP-Port herstellen wollen und https:// für einen Server verwenden, der SSL (über diesen Port) nicht unterstützt. Stellen Sie sicher, dass Sie eine Verbindung zu einem virtuellen Server herstellen, der SSL unterstützt (wahrscheinlich die IP-Adresse des Hostnamens und nicht der lokale Host (127.0.0.1).

Warum erhalte ich die Meldung Connection Refused, wenn ich versuche, meinen gerade mit mod_ssl installierten Apache-Server über HTTPS anzusprechen?

Das kann mehrere Gründe haben. Einer der weit verbreiteten Fehler ist, dass der Apache nur mit `apachectl start` (oder `httpd`) anstatt mit `apachectl startssl` (oder `httpd -DSSL`) gestartet wird. Vielleicht stimmt auch die Konfiguration nicht. Überprüfen Sie, ob die `Listen`-Direktiven mit den `<VirtualHost>`-Direktiven übereinstimmen. War auch das nicht die Ursache, dann beginnen Sie noch einmal mit der Standardkonfiguration für `mod_ssl`.

In meinen CGI-Programmen und SSI-Skripten sind die verschiedenen SSL_XXX-Variablen nicht vorhanden. Warum?

Sie müssen `SSLOptions +StdEnvVars` für den Kontext der CGI/SSI-Anfragen setzen.

Wie kann ich mit relativen Hyperlinks zwischen HTTP und HTTPS wechseln?

Normalerweise müssen vollständig qualifizierte Hyperlinks benutzt werden, weil das URL-Schema gewechselt werden muss. Mit Hilfe einiger URL-Manipulationen über `mod_rewrite` können Sie aber den gleichen Effekt erreichen und die relativen URLs weiter verwenden:

```
RewriteEngine on
RewriteRule ^/(.*):SSL$ https://%{SERVER_NAME}/$1 [R,L]
RewriteRule ^/(.*):NOSSL$ http://%{SERVER_NAME}/$1 [R,L]
```

Diese Manipulationsregeln erlauben die Verwendung von Hyperlinks der Form `<a href="document.html:SSL">`.

4.3.4 Zertifikate

- Schlüssel, CSRs und Zertifikate
- Unterschiede beim Start
- Wie wird ein richtiges Zertifikat erzeugt?
- Wie wird eine eigene CA eingerichtet?
- Wie wird eine Passphrase geändert?
- Wie wird eine Passphrase entfernt?
- Wie wird ein Schlüssel-/Zertifikatpaar überprüft?
- Falsches Zertifikat?
- Warum funktioniert der 2.048-Bit-Schlüssel nicht?
- Warum funktioniert meine Client-Authentifizierung nicht?
- Wie wird das PEM-Format in das DER-Format umgewandelt?
- Verisign und das getca-Programm
- Globale IDs oder SGC?
- Globale IDs und Zertifikatkette?

Was sind private RSA-Schlüssel, CSRs und Zertifikate?

Die private RSA-Schlüsseldatei ist eine digitale Datei mit der Sie empfangene Nachrichten entschlüsseln können. Sie besitzt eine öffentliche Komponente, die Sie verteilen (über Ihre Zertifikatdatei). Das ermöglicht anderen, die an Sie gerichteten Nachrichten zu verschlüsseln. Ein Certificate Signing Request (CSR) ist eine digitale Datei, die Ihren öffentlichen Schlüssel und Ihren Namen enthält. Die CSR wird an eine Certifying Authority (CA) gesendet, damit sie in ein richtiges Zertifikat umgewandelt wird. Ein Zertifikat enthält Ihren öffentlichen RSA-Schlüssel, Ihren Namen, den Namen der CA und ist von der CA digital signiert. Browser, die die CA kennen, können die Signatur dieses Zertifikats überprüfen und Ihren öffentlichen RSA-Schlüssel entgegennehmen. Sie können dann verschlüsselte Nachrichten versenden, die nur mit Ihrem Schlüssel entschlüsselt werden können. Im *Abschnitt 4.1 »Starke SSL/TLS-Verschlüsselung: Eine Einführung«* finden Sie eine allgemeine Beschreibung des SSL-Protokolls.

Gibt es einen Unterschied zwischen dem Start des ursprünglichen und dem des SSL-fähigen Apache-Servers?

Im Allgemeinen unterscheidet sich der Start des Apache-Servers mit integriertem `mod_ssl`-Modul nicht vom einfachen Apache-Start, allerdings muss beim Vorhandensein einer Passphrase für die private SSL-Schlüsseldatei diese in einem Dialogfeld eingegeben werden.

Die manuelle Eingabe der Passphrase beim Serverstart kann problematisch sein, wenn der Server beispielsweise vom System-Bootskript gestartet wird. Als Alternative können Sie den im *Abschnitt »Wie kann ich die Eingabe der Passphrase beim Apache-Start umgehen?«, Seite 201* beschriebenen Schritten folgen.

Der Server ist installiert und ich möchte ein echtes SSL-Serverzertifikat einrichten. Was muss ich tun?

Führen Sie folgende Schritte durch:

1. Überprüfen Sie, ob OpenSSL installiert und im PATH angegeben ist. Einige Befehle funktionieren auch, wenn das Programm `openssl` einfach innerhalb des OpenSSL-Zweiges mit `./apps/openssl` ausgeführt wird.
2. Erstellen Sie einen privaten RSA-Schlüssel für Ihren Apache-Server (er wird Triple-DES verschlüsselt und hat das PEM-Format):

```
$ openssl genrsa -des3 -out server.key 1024
```

Sichern Sie diese `server.key`-Datei und merken Sie sich die Passphrase, die Sie im geschützten Bereich eingegeben haben. Die Details zu diesem privaten RSA-Schlüssel können Sie sich mit folgendem Befehl anzeigen lassen:

```
$ openssl rsa -noout -text -in server.key
```

Sie können auch eine entschlüsselte PEM-Version erzeugen (wovon allerdings abgeraten wird):

```
$ openssl rsa -in server.key -out server.key.unsecure
```

3. Erzeugen Sie einen Certifikate Signing Request (CSR) mit dem privaten RSA-Schlüssel des Servers (die Ausgabe hat das PEM-Format):

```
$ openssl req -new -key server.key -out server.csr
```

Achten Sie darauf, dass Sie den FQDN (Fully Qualified Domain Name = Voll qualifizierter Domänenname) des Servers eingeben, wenn OpenSSL nach dem »CommonName« fragt (wenn Sie eine CSR für eine Website erzeugen, auf die später über https://www.foo.dom/ zugegriffen wird, geben Sie www.foo.dom ein). Die Details dieses CSR können Sie sich mit folgendem Befehl anzeigen lassen:

```
$ openssl req -noout -text -in server.csr
```

4. Diesen Certifikate Signing Request (CSR) müssen Sie jetzt zum Signieren an eine Certifying Authority (CA) senden. Das Ergebnis ist ein echtes Zertifikat, das für den Apache benutzt werden kann. Sie haben zwei Möglichkeiten: Zum einen können Sie den CSR von einer kommerziellen CA wie Verisign oder Thawte signieren lassen. In diesem Fall müssen Sie den CSR normalerweise mit einem Webformular versenden, für das Signieren bezahlen und auf das signierte Zertifikat warten, das Sie dann in einer server.crt-Datei speichern können. Weitere Informationen zu kommerziellen CAs finden Sie unter folgenden Adressen:

- Verisign

http://digitalid.verisign.com/server/apacheNotice.htm

- Thawte Consulting

http://www.thawte.com/ucgi/gothawte.cgi?a=w39520165327048000

- CertiSign Certificadora Digital Ltda.

http://www.certisign.com.br

- IKS GmbH

http://www.iks-jena.de/produkte/ca/

- Uptime Commerce Ltd.

http://www.uptimecommerce.com

- BelSign NV/SA

http://www.belsign.be

Zum anderen können Sie Ihre eigene CA verwenden und müssen den CSR dann selbst von dieser CA signieren lassen. Die Antwort auf die nächste häufig gestellte Frage beschreibt, wie ein CSR von der eigenen CA signiert wird. Die Details zum Zertifikat fragen Sie mit folgendem Befehl ab:

```
$ openssl x509 -noout -text -in server.crt
```

5. Sie besitzen jetzt zwei Dateien: server.key und server.crt. In der httpd.conf-Datei des Apache-Servers werden diese Dateien wie folgt benutzt:

SSLCertificateFile/path/to/this/server.crt

SSLCertificateKeyFile /path/to/this/server.key

Die server.csr-Datei wird nicht mehr benötigt.

Wie kann ich eine eigene Certifikate Authority (CA) einrichten und benutzen?

Die kurze Antwort lautet: Benutzen Sie das OpenSSL-Skript `CA.sh` oder `CA.pl`. Oder ausführlich:

1. Erzeugen Sie einen privaten RSA-Schlüssel für Ihre CA (mit Triple-DES-Verschlüsselung und im PEM-Format):

   ```
   $ openssl genrsa -des3 -out ca.key 1024
   ```

   Sichern Sie diese `ca.key`-Datei und merken Sie sich die geschützt eingegebene Passphrase. Die Details zu diesem privaten RSA-Schlüssel werden mit folgendem Befehl angezeigt:

   ```
   $ openssl rsa -noout -text -in ca.key
   ```

   Mit der folgenden Anweisung können Sie auch eine entschlüsselte PEM-Version dieses Schlüssels erzeugen, wovon allerdings abgeraten wird:

   ```
   $ openssl rsa -in ca.key -out ca.key.unsecure
   ```

2. Erzeugen Sie mit dem RSA-Schlüssel der CA ein selbst signiertes CA-Zertifikat (X509-Struktur, Ausgabe im PEM-Format):

   ```
   $ openssl req -new -x509 -days 365 -key ca.key -out ca.crt
   ```

   Die Details zu diesem Zertifikat werden mit folgendem Befehl angezeigt:

   ```
   $ openssl x509 -noout -text -in ca.crt
   ```

3. Bereiten Sie ein Skript für die Signierung vor, das erforderlich ist, weil der Befehl `openssl ca` einige seltsame Anforderungen stellt und die standardmäßige OpenSSL-Konfiguration keine einfache, direkte Benutzung des Befehls `openssl ca` zulässt. Die mod_ssl-Distribution enthält im Unterverzeichnis `pkg.contrib/` ein entsprechendes Skript mit der Bezeichnung `sign.sh`. Benutzen Sie dieses Skript für die Signierung.

4. Sie können jetzt mit dieser CA CSRs signieren, um richtige SSL-Zertifikate für die Verwendung durch den Apache-Webserver ausstellen zu können (vorausgesetzt, Sie haben eine `server.csr` zur Hand):

   ```
   $ ./sign.sh server.csr
   ```

   Der Server-CSR wird signiert und eine `server.crt`-Datei erzeugt.

Wie kann ich die Passphrase für meine private Schlüsseldatei ändern?

Sie müssen sie mit der alten Passphrase lesen und unter Angabe einer neuen Passphrase neu schreiben. Dies kann mit folgenden Befehlen geschehen:

```
$ openssl rsa -des3 -in server.key -out server.key.new
$ mv server.key.new server.key
```

Sie werden zweimal nach einer PEM-Passphrase gefragt. Beim ersten Mal geben Sie die alte Passphrase ein und beim zweiten Mal die neue.

Wie kann ich die Eingabe der Passphrase beim Apache-Start umgehen?

Das Dialogfeld wird bei jedem Start und Neustart geöffnet, weil der private RSA-Schlüssel aus Sicherheitsgründen in der Datei `server.key` verschlüsselt gespeichert wird. Die Passphrase wird benötigt, um diese Datei lesen und analysieren zu können. Wenn Sie sicher sind, dass Ihr Server genug gesichert ist, führen Sie zwei Schritte durch:

1. Heben Sie die Verschlüsselung des privaten RSA-Schlüssels auf (und bewahren Sie die Originaldatei auf):

   ```
   $ cp server.key server.key.org
   $ openssl rsa -in server.key.org -out server.key
   ```

2. Stellen Sie sicher, dass die `server.key`-Datei für den Benutzer `root` lesbar ist:

   ```
   $ chmod 400 server.key
   ```

Die Datei `server.key` enthält jetzt eine unverschlüsselte Kopie des Schlüssels. Stößt der Server nun auf diese Datei, fragt er nicht mehr nach einer Passphrase. Fällt allerdings dieser Schlüssel einem anderen in die Hände, dann kann er sich als Ihre Person ausgeben. Sorgen Sie deshalb dafür, dass die Berechtigungen für diese Datei so zugewiesen werden, dass nur der Benutzer `root` oder der Webserver sie lesen können (vorzugsweise sollte der Webserver als `root` gestartet werden und der Schlüssel nur für diesen Benutzer lesbar sein).

Alternativ können Sie auch die Anweisung `SSLPassPhraseDialog exec:/Pfad/zum/Programm` verwenden. Allerdings ist diese Variante genauso sicher bzw. unsicher.

Wie überprüfe ich, dass ein privater Schlüssel mit seinem Zertifikat übereinstimmt?

Der private Schlüssel enthält eine Reihe von Zahlen. Wählen Sie zwei Zahlen aus dem »öffentlichen Schlüssel«, die anderen sind Bestandteil des »privaten Schüssels«. Die »öffentlichen Schlüsselbits« sind ebenfalls in Ihr Zertifikat eingebettet (Sie erhalten sie mit der CSR). Um zu überprüfen, ob der öffentliche Schlüssel im Zertifikat mit dem öffentlichen Teil des privaten Schlüssels übereinstimmt, müssen Sie die Zahlen des Zertifikats und des Schlüssels miteinander vergleichen. Mit den folgenden Befehlen können Sie sich Zertifikat und Schlüssel anzeigen lassen:

```
$ openssl x509 -noout -text -in server.crt
$ openssl rsa -noout -text -in server.key
```

Die Bestandteile für den Modulus und den öffentlichen Exponenten des Schlüssels und des Zertifikats müssen übereinstimmen. Da der öffentliche Exponent normalerweise den Wert 65537 hat und der Vergleich mit einem langen Modulus umständlich ist, können Sie auch Folgendes tun:

```
$ openssl x509 -noout -modulus -in server.crt | openssl md5
$ openssl rsa -noout -modulus -in server.key | openssl md5
```

Vergleichen Sie diese wirklich kurzen Zahlen miteinander. Aller Wahrscheinlichkeit nach unterscheiden sie sich, wenn die Schlüssel sich unterscheiden. Mit der folgenden Anweisung kann berechnet werden, zu welchem Schlüssel oder Zertifikat eine bestimmte CSR gehört:

```
$ openssl req -noout -modulus -in server.csr | openssl md5
```

Was hat es zu bedeuten, wenn meine Verbindungen mit dem Fehler »alert bad certificate« abgebrochen werden?

Wenn Fehler wie `OpenSSL: error:14094412: SSL routines:SSL3_READ_BYTES:sslv3 alert bad certificate` in der SSL-Log-Datei auftauchen, bedeutet das normalerweise, dass der Browser nicht mit dem Serverzertifikat oder dem privaten Schlüssel umgehen konnte, die vielleicht einen RSA-Schlüssel enthalten, der nicht 1.024 Bit groß ist. Einer dieser Browser ist zum Beispiel der Netscape Navigator 3.x.

Warum funktioniert mein privater 2.048-Bit-Schlüssel nicht?

Die privaten Schlüsselgrößen für SSL müssen für die Kompatibilität zu bestimmten Webbrowsern entweder 512 oder 1.024 Bit groß sein. Eine Schlüsselgröße von 1.024 Bit ist zu empfehlen, weil größere Schlüssel inkompatibel zu einigen Browser-Versionen des Netscape Navigators und des Microsoft Internet Explorers sowie zu anderen Browsern sind, die das BSAFE-Kryptografie-Toolkit von RSA verwenden.

Warum funktioniert die Client-Authentifizierung nach dem Upgrade von der SSLeay-Version 0.8 auf 0.9 nicht mehr?

Die im mit `SSLCACertificatePath` konfigurierten Pfad befindlichen CA-Zertifikate werden von SSLeay über Hashwerte gefunden. Diese Hashwerte werden mit dem Befehl `openssl x509 -noout -hash` erzeugt. Der Algorithmus für die Hashwertberechnung bei Zertifikaten hat sich mit der SSLeay-Version 0.9 geändert. Die alten Hashwerte müssen daher entfernt und nach dem Upgrade neu erzeugt werden. Benutzen Sie hierfür das `Makefile mod_ssl` aus diesem Verzeichnis.

Wie kann ich ein Zertifikat vom PEM- ins DER-Format umwandeln?

Das Standardformat für SSLeay-/OpenSSL-Zertifikate ist das PEM-Format, bei dem es sich um ein Base64-verschlüsseltes DER-Format mit Kopf- und Fußzeilen handelt. Für einige Anwendungen (z.B. für den Microsoft Internet Explorer) benötigen Sie das Zertifikat im einfachen DER-Format. Sie können die PEM-Datei `certificate.pem` mit folgendem Befehl in die entsprechende DER-Datei `certificate.der` umwandeln: `$ openssl x509 -in certificate.pem -out certificate.der -outform DER`

Ich versuche ein Verisign-Zertifikat zu installieren. Warum finde ich weder das Programm »getca« noch das Programm »getverisign«, die von Verisign erwähnt werden?

Das liegt daran, dass Verisign keine speziellen Instruktionen für Apache und mod_ssl angibt, sondern sich auf Stronghold von C2Net bezieht (eine kommerzielle Apache-Variante mit SSL-Unterstützung). Sie müssen lediglich das Zertifikat in einer Datei sichern und den Namen dieser Datei der `SSLCertificateFile`-Direktive übergeben. Beachten Sie, dass auch die Schlüsseldatei angegeben werden muss (siehe »*SSLCertificateKeyFile*«, *Seite 592*). Einen besseren Überblick zu CAs und SSL-Zertifikaten finden Sie in den mod_ssl-Anweisungen von Thawte (http://www.thawte.com/ucgi/gothawte.cgi?a=w39520165327048000).

Kann ich das Server-Gated-Cryptography-Programm (SGC, auch bekannt als Verisign-Global-ID) in Verbindung mit mod_ssl verwenden?

Ja, mod_ssl unterstützt seit der Version 2.1 das SGC-Programm. Spezielle Konfigurationen sind hierfür nicht erforderlich, Sie müssen lediglich eine globale ID als Serverzertifikat verwenden. Die *heraufgesetzten* Clients werden dann zur Laufzeit automatisch von mod_ssl behandelt. Einzelheiten hierzu finden Sie in der Datei README.GlobalID der mod_ssl-Distribution.

Waum bemängeln die Browser nach der Installation des neuen Verisign-Global-ID-Serverzertifikats, dass sie das Serverzertifikat nicht verifizieren können?

Verisign verwendet ein zwischen dem Root-CA-Zertifikat (in den Browsern installiert) und dem Serverzertifikat (im Server installiert) liegendes CA-Zertifikat. Dieses zusätzliche CA-Zertifikat sollten Sie von Verisign erhalten haben. Falls nicht, sollten Sie das reklamieren. Richten Sie dieses Zertifikat mit der SSLCertificateChainFile-Direktive auf dem Server ein. Damit wird sichergestellt, dass dieses dazwischen liegende CA-Zertifikat an den Browser gesendet und das Loch in der Zertifikatkette gestopft wird.

4.3.5 Das SSL-Protokoll

- Zufällige SSL-Fehler bei starker Serverauslastung
- Warum ist der Server stärker ausgelastet?
- Warum sind Verbindungen furchtbar langsam?
- Welche Algorithmen werden unterstützt?
- Wie verwende ich anonyme DH-Algorithmen?
- Warum wird der Fehler »no shared ciphers« gemeldet?
- HTTPS und auf Namen basierende virtuellen Hosts
- Warum können unterschiedliche virtuelle SSL-Hosts nicht mit auf Namen basierende virtuellen Hosts identifiziert werden?
- Das Sperr-Icon wird vom Netscape-Browser sehr spät gesperrt
- Warum kommt es bei MSIE-Clients zu I/O-Fehlern?
- Warum kommt es bei NS-Clients zu I/O-Fehlern?

Warum erhalte ich unter schwerer Last viele zufällige SSL-Protokollfehler?

Das kann mehrere Gründe haben, meist handelt es sich aber um Probleme mit dem SSL-Session-Cache, der mit der SSLSessionCache-Direktive definiert wird. Der DBM-Session-Cache ist meist die Ursache des Problems, versuchen Sie es mit dem SHM-Session-Cache oder ohne Cache.

Warum ist mein Webserver stärker ausgelastet, seitdem ich SSL verwende?

Weil SSL eine starke kryptografische Verschlüsselung benutzt und dafür viele Berechnungen durchführen muss. Ferner werden bei einer Anfrage über HTTPS auch Bilder verschlüsselt übertragen. Liegt viel HTTPS-Verkehr an, steigt daher die Serverbelastung.

Für die Einrichtung von HTTPS-Verbindungen zu meinem Server werden häufig bis zu 30 Sekunden benötigt, obwohl es manchmal auch schneller geht. Woran liegt das?

Normalerweise liegt das an der Verwendung eines /dev/random-Geräts für die SSLRandom-Seed-Direktive, die bei read(2)-Aufrufen blockiert wird, wenn nicht genügend Entropie zur Verfügung steht. Mehr hierzu finden Sie in *Kapitel 10 im Abschnitt »mod_ssl«*.

Welche SSL-Algorithmen werden von mod_ssl unterstützt?

Normalerweise werden alle SSL-Algorithmen unterstützt, die von der verwendeten OpenSSL-Version unterstützt werden (in Abhängigkeit davon, wie OpenSSL eingerichtet wurde). Üblicherweise gehören mindestens die folgenden Algorithmen dazu:

1. RC4 mit MD5
2. RC4 mit MD5 (auf 40-Bit-Schlüssel beschränkte Exportversion)
3. RC2 mit MD5
4. RC2 mit MD5 (auf 40-Bit-Schlüssel beschränkte Exportversion)
5. IDEA mit MD5
6. DES mit MD5
7. Triple-DES mit MD5

Mit folgendem Befehl können Sie die aktuell unterstützten Algorithmen ermitteln:

```
$ openssl ciphers -v
```

Ich möchte anonyme Diffie-Hellman-Algorithmen (ADH) verwenden, erhalte aber immer die »no shared cipher«-Fehlermeldungen. Woran liegt das?

Um anonyme Diffie-Hellman-Algorithmen (ADH) verwenden zu können, reicht es nicht aus, einfach nur ADH in die SSLCipherSuite-Anweisung einzufügen. OpenSSL muss außerdem mit -DSSL_ALLOW_ADH eingerichtet werden. Da OpenSSL aus Sicherheitsgründen standardmäßig keine ADH-Algorithmen zulässt, sollten Sie sich über die Nebenwirkungen informieren, bevor Sie diese Algorithmen aktivieren.

Ich erhalte immer die Fehlermeldung »no shared algorithmn«, wenn ich versuche, eine Verbindung zu meinem gerade eingerichteten Server herzustellen. Woran liegt das?

Entweder enthält die SSLCipherSuite-Direktive einen Fehler (vergleichen Sie sie mit dem vorkonfigurierten Beispiel aus der Datei httpd.conf-dist) oder Sie haben die DSA/DH-Algorithmen anstatt RSA gewählt, als Sie Ihren privaten Schlüssel erzeugt haben und die entsprechenden Warnungen ignoriert oder übersehen. Wenn Sie DSA/DH gewählt haben, versteht der Server keine RSA-basierten SSL-Algorithmen mehr (zumindest so lange nicht, bis Sie auch ein zusätzliches RSA-basiertes Zertifikat-/Schlüsselpaar definiert haben). Derzeitige Browser wie NS oder IE verstehen nur RSA-Algorithmen. Das Ergebnis ist die Fehlermeldung no shared algorithmn. Beseitigen Sie das Problem, indem Sie Ihr Serverzertifikat/Schlüsselpaar erneut erstellen und diesmal den RSA-Algorithmus wählen.

Warum kann SSL nicht mit auf Namen basierenden anstatt mit auf IP-Adressen basierenden virtuellen Hosts verwendet werden?

Das hat technische Ursachen und ist mit der Frage vergleichbar, ob das Ei oder die Henne zuerst da war. Die SSL-Protokollschicht steht über der HTTP-Protokollschicht und kapselt HTTP ein. Wird eine SSL-Verbindung (HTTPS) eingerichtet, muss das Apache-Modul mod_ssl die SSL-Protokollparameter mit dem Client aushandeln. Hierfür muss mod_ssl die Konfiguration des virtuellen Servers zu Rate ziehen (beispielsweise muss nach den Algorithmen, dem Serverzertifikat usw. gesehen werden). Um den richtigen virtuellen Server auswählen zu können, muss der Apache das HTTP-Header-Feld Host kennen. Dafür muss der HTTP-Anfrage-Header gelesen werden. Das kann nicht geschehen, bevor der SSL-Handshake abgeschlossen ist. Diese Information wird aber bereits in der Phase des SSL-Handshake benötigt. Bingo!

Warum können unterschiedliche virtuelle SSL-Hosts nicht mit auf Namen basierende virtuellen Hosts identifiziert werden?

Das auf Namen basierende virtuelle Hosting ist eine sehr beliebte Methode zur Identifizierung unterschiedlicher virtueller Hosts. Es erlaubt die Verwendung der gleichen IP-Adresse und der gleichen Portnummer für viele unterschiedliche Sites. Beim Wechsel zu SSL scheint es nur natürlich, anzunehmen, dass die gleiche Methode für viele unterschiedliche virtuelle SSL-Hosts auf dem gleichen Server verwendet werden kann.

Wenn erkannt wird, dass das nicht möglich ist, kommt es dann meist zu einem bösen Erwachen.

Die Ursache liegt darin, dass das SSL-Protokoll eine eigene Schicht ist, die das HTTP-Protokoll einkapselt. Daher ist die SSL-Session eine separate Transaktion, die noch vor der HTTP-Session stattfindet. Der Server erhält nur eine SSL-Anfrage unter der IP-Adresse X und am Port Y (normalerweise 443). Da die SSL-Anfrage kein Host-Feld enthält, kann der Server nicht entscheiden, welchen virtuellen SSL-Host er verwenden soll. Normalerweise benutzt er den ersten, der mit dem Port und der IP-Adresse übereinstimmt.

Selbstverständlich kann das auf Namen basierende virtuelle Hosting zur Identifikation vieler virtueller Hosts ohne SSL verwendet werden (zum Beispiel alle über Port 80) und dann sind mehr als ein virtueller SSL-Host möglich (über Port 443). In diesem Fall müssen Sie aber sicherstellen, dass die Portnummer, die nicht für SSL benutzt wird, mit der Direktive NameVirtualHost angegeben wird:

```
NameVirtualHost 192.168.1.1:80
```

Weitere Möglichkeiten sind:

Die Verwendung separater IP-Adressen für unterschiedliche SSL-Hosts oder die Verwendung unterschiedlicher Port-Nummern für unterschiedliche SSL-Hosts.

Bei Verwendung der Basic-Authentifizierung über HTTPS zeigt das Sperr-Icon von Netscape-Browsern noch den nicht gesperrten Zustand an, wenn das Dialogfeld geöffnet wird. Bedeutet das, dass Benutzername und Passwort unverschlüsselt übertragen werden?

Nein, Benutzername und Passwort werden bereits verschlüsselt übertragen. Das Icon der Netscape-Browser ist nicht richtig mit der SSL/TLS-Schicht synchronisiert (es wechselt in den gesperrten Zustand, wenn der erste Teil der Webseitendaten übertragen wurde, was nicht ganz korrekt ist) und verwirrt auf diese Weise die Anwender. Die Basic-Authentifizierung ist Bestandteil der HTTP-Schicht und diese Schicht liegt über der SSL/TLS-Schicht von HTTPS. Bevor eine HTTP-Datenkommunikation in HTTPS stattfindet, hat die SSL/TLS-Schicht bereits die Handshake-Phase abgeschlossen und zur verschlüsselten Kommunikation gewechselt. Lassen Sie sich deshalb nicht von dem Icon irritieren.

Beim Herstellen einer Verbindung zwischen einem Apache-Server unter OpenSSL und dem Microsoft Internet Explorer (MSIE) über HTTPS kommt es zu diversen I/O-Fehlern. Aus welchem Grund?

Zum einen weist die SSL-Implementierung einiger MSIE-Versionen subtile Fehler hinsichtlich der KeepAlive im HTTP-Header und der SSL-Benachrichtigungen beim Schließen von Socket-Verbindungen auf. Ferner erweist sich die Interaktion zwischen SSL- und HTTP/1.1-Eigenschaften bei einigen MSIE-Versionen ebenfalls als problematisch. Diese Probleme müssen dadurch umgangen werden, dass der Apache-OpenSSL-Server veranlasst wird, kein HTTP/1.1 und keine KeepAlive-Verbindungen zu verwenden oder die SSL-Nachrichten beim Schließen der Socket-Verbindung an MSIE-Clients zu senden. Dies kann mit der folgenden Direktive im <VirtualHost>-Abschnitt geschehen:

```
SetEnvIf User-Agent ".*MSIE.*" \
nokeepalive ssl-unclean-shutdown \
downgrade-1.0 force-answer-1.0
```

Darüber hinaus ist bekannt, dass einige MSIE-Versionen Probleme mit bestimmten Algorithmen haben. Da die Algorithmen bereits in der SSL-Handshake-Phase benutzt werden, lassen sich diese Fehler nicht nur für diese bestimmten MSIE-Clients beheben (z.B. mit einer MSIE-spezifischen SetEnvIf-Anweisung). Stattdessen müssen etwas einschneidendere Korrekturen an den globalen Parametern vorgenommen werden. Bevor Sie dies tun, sollten Sie aber wirklich sicher sein, dass die Clients tatsächlich Probleme haben. Ist dies nicht der Fall, nehmen Sie Abstand davon, denn die Maßnahmen betreffen alle(!) und nicht nur Ihre MSIE-Clients.

Das nächste Problem ist eine fehlerhafte SSLv3-Implementierung der 56-Bit-Exportversionen bei den MSIE-5.x-Browsern, die schlecht mit OpenSSL-Versionen nach der Version 0.9.4 zusammenarbeitet. Sie können dies entweder akzeptieren und die Clients veranlassen, ihre Browser auszutauschen, oder Sie gehen zähneknirschend zurück zur OpenSSL-Version 0.9.4. Sie können auch die folgende Lösung wählen, wenn Sie die schrecklichen Auswirkungen für alle anderen Browser in Kauf nehmen möchten:

```
SSLProtocol all -SSLv3
```

Damit wird das SSLv3-Protokoll vollständig deaktiviert und die fehlerhaften Browser bereiten keine Probleme mehr. Aber normalerweise ist das kein akzeptabler Ausweg. Vernünftiger wäre eine etwas gezieltere Behandlung des Problems, bei der nur die Algorithmen deaktiviert werden, die die Probleme verursachen:

```
SSLCipherSuite ALL:!ADH:!EXPORT56:RC4+RSA:+HIGH:+MEDIUM:+LOW:+SSLv2:+EXP
```

Bei dieser Lösung funktionieren auch die fehlerhaften MSIE-Versionen, denn nur die neueren 56-Bit-TLS-Algorithmen werden deaktiviert.

Ein weiteres Problem mit MSIE-5.x-Clients ist ihre Weigerung, eine Verbindung zu URLs der Form https://12.34.56.78/ (anstelle des Hostnamens werden IP-Adressen verwendet) herzustellen, wenn Server Gated Cryptography (SGC) verwendet wird. Das kann nur durch Verwendung des vollständig qualifizierten Domänennamens (FQDN) der Website in Hyperlinks verhindert werden, weil MSIE 5.x die SGC-Negotation fehlerhaft ausführt.

Schließlich gibt es noch MSIE-Versionen, die offensichtlich verlangen, dass eine SSL-Session wiederverwendet werden kann (ein Verhalten, das allen Standards widerspricht). Verbindungen mit solchen MSIE-Versionen funktionieren nur, wenn ein SSL-Session-Cache verwendet wird. Als Workaround kann der Session-Cache aktiviert werden.

Beim Herstellen einer HTTPS-Verbindung zwischen einem Apache-Server unter OpenSSL und dem Netscape Navigator I kommt es zu I/O-Fehlern und die Nachricht »Netscape has encountered bad data from the server« wird angezeigt. Was ist der Grund hierfür?

Normalerweise ist ein mit dem gleichen Distinguished Name erzeugtes Serverzertifikat die Ursache, wobei der Browser angewiesen wurde, weiterhin das alte Serverzertifikat zu akzeptieren. Wird der Eintrag für das alte Zertifikat aus dem Browser entfernt, funktioniert normalerweise alles wieder wie erwartet. Die SSL-Implementierung von Netscape ist korrekt, so dass I/O-Fehler beim Netscape Navigator meist durch die Konfiguration der Zertifikate verursacht werden.

4.3.6 Support

- Hilfen bei Problemfällen
- Support bei Problemen
- Wie wird über ein Problem berichtet?
- Hilfe bei Core Dumps
- Wie erstelle ich einen Backtrace?

Welche Informationsquellen stehen für mod_ssl-Probleme zur Verfügung?

Folgende Informationsquellen sollten Sie bei Problemen zuerst zu Rate ziehen:

Antworten in der FAQ-Liste des Benutzerhandbuchs (diese Liste).

http://httpd.apache.org/docs-2.0/ssl/ssl_faq.html. Schauen Sie zuerst unter den häufig gestellten Fragen nach (dieser Text), vielleicht ist Ihr Problem so verbreitet, dass bereits Lösungen vorliegen.

Nachrichten der mod_ssl-Users Support Mailing List (http://www.modssl.org/support/)

Suchen Sie als Nächstes in einem der Archive der mod_ssl-Users Mailing List nach einer Antwort auf Ihre Fragen. Vielleicht standen andere Benutzer schon einmal vor dem gleichen Problem.

Welche Supportkontakte stehen bei Problemen mit mod_ssl zur Verfügung?

Die folgende Liste führt alle Möglichkeiten für Unterstützung bei Problemen mit mod_ssl in der Reihenfolge auf, in der sie genutzt werden sollten.

1. *Schreiben Sie einen Bericht für die Fehlerdatenbank*

    (http://www.modssl.org/support/bugdb/). Über diesen Weg sollte ein Fehlerbericht geleitet werden, damit er in die Fehlerdatenbank aufgenommen wird und nicht verloren geht. Schicken Sie den Bericht *außerdem* an die mod_ssl-Users Mailing List (andere erfahren dann von dem aktuellen Problem und können aus den Antworten lernen).

2. *Schicken Sie einen Problembericht an die mod_ssl-Users Support Mailing List*

    (modssl-users@modssl.org). Dies ist der zweite Weg, über den ein Problembericht weitergeleitet werden kann. Hierfür müssen Sie sich zuerst anmelden, anschließend können Sie Ihr Problem mit dem Autor und der ganzen mod_ssl-Benutzergemeinde diskutieren.

Welche Informationen und Details sollte der Fehlerbericht enthalten?

Folgende Informationen sollten mindestens in dem Bericht enthalten sein:

Apache- und OpenSSL-Versionsinformationen

Die Apache-Version kann mit der Anweisung httpd -v ermittelt werden. Die OpenSSL-Version wird mit openssl version abgefragt. Wenn Lynx installiert ist, können alternativ mit dem Befehl lynx -mime_header http://localhost/ | grep Server alle Informationen in einem Schritt abgefragt werden.

Details zum Aufbau und zur Installation des Apache mit mod_ssl und OpenSSL

Hierfür können Sie eine Log-Datei der Terminal-Session beilegen, aus der die Konfigurations- und Installationsschritte ersichtlich sind. Alternativ sollten Sie mindestens die verwendete configure-Befehlszeile angeben.

Im Fall eines Core Dumps fügen Sie bitte einen Backtrace hinzu.

Sollte der Apache tatsächlich einen Core Dump produzieren, fügen Sie bitte einen Backtrace hinzu (wie Sie diesen erhalten, wird mit der nächsten Frage beantwortet). Ohne diese Information ist die Ursache für den Core Dump nicht nachzuvollziehen. Der Backtrace ist also unverzichtbar.

Eine detaillierte Problembeschreibung

Dieser Hinweis ist durchaus ernst gemeint. Aus vielen Problemberichten geht häufig das eigentliche Problem nicht hervor. Aus eigenem Interesse sollten Sie so viele Details wie möglich angeben, dabei aber selbstverständlich mit den wesentlichsten beginnen.

Können Sie mir bei einem Core Dump helfen?

Im Allgemeinen nicht, wenn nicht wenigstens weitere Informationen dazu geliefert werden, an welcher Codeposition der Apache mit dem Speicherauszug begonnen hat. Normalerweise wird immer ein Backtrace (siehe nächste Frage) benötigt, um helfen zu können. Ohne diese Informationen ist es meist unmöglich, das Problem zu erkennen und bei dessen Beseitigung zu helfen.

Es liegt ein Core Dump vor, wie erhalte ich jetzt einen Backtrace, um die Ursachen dafür ermitteln zu können?

Führen Sie folgende Schritte durch:

1. Sorgen Sie dafür, dass mindestens im Apache Debug-Symbole zur Verfügung stehen. Bei Betriebssystemen, die GCC/GDB verwenden, müssen Sie hierfür den Apache mit mod_ssl mit dem Befehl OPTIM="-g -ggdb3" einrichten. Bei anderen Betriebssystemen ist mindestens OPTIM="-g" erforderlich.

2. Starten Sie den Server und versuchen Sie, den Core Dump zu produzieren. Hierfür müssen Sie möglicherweise eine Direktive wie CoreDumpDirectory /tmp verwenden, damit die Core-Dump-Datei geschrieben werden kann. Sie sollten dann eine Datei /tmp/core oder /tmp/httpd.core erhalten. Ist das nicht der Fall, versuchen Sie den Server unter der UID != 0 (root-Benutzer) auszuführen, weil die meisten Serverkernels aus Sicherheitsgründen (es können sich noch geschützte Informationen im Speicher befinden) keinem Prozess einen Core Dump gestatten, nachdem setuid() abgeschlossen ist (es sei denn, er führt exec() aus). Zusätzlich kann /path/to/httpd -X ausgeführt werden, um den Apache manuell am Aufspalten des Prozesses zu hindern.

3. Analysieren Sie den Core Dump. Führen Sie hierfür gdb /path/to/httpd/tmp/httpd.core oder einen ähnlichen Befehl aus. Beim GDB muss nur der bt-Befehl eingegeben werden und schon erhalten Sie den Backtrace. Bei anderen Debuggern müssen Sie im Handbuch nachschlagen.

Kapitel 5

Praxis/Anleitungen

5.1 Authentifizierung, Autorisierung und Zugriffskontrolle

Bei der Authentifizierung wird überprüft, ob jemand derjenige ist, als der er sich ausgibt. Die Autorisierung ist ein Vorgang, bei dem jemand das Recht erhält, sich durch Daten zu bewegen und/oder darauf zuzugreifen.

5.1.1 Verwandte Module und Direktiven

Referenzierte Module:	mod_auth_basic	mod_authn_file
	mod_authz_groupfile	mod_authz_host
Referenzierte Direktiven:	Allow	AuthGroupFile
	AuthName	AuthType
	AuthUserFile	Deny
	Options	Require

5.1.2 Einführung

Enthält eine Website schützenswerte Informationen oder ist sie nur für einen kleinen Personenkreis vorgesehen, dann können Sie mit den hier vorgestellten Techniken sicherstellen, dass nur diejenigen solche Seiten sehen können, für die sie vorgesehen sind.

Thema sind die »Standardmöglichkeiten« zum Schutz von Teilen der Website, die in den meisten Fällen eingesetzt werden.

5.1.3 Voraussetzungen

Die erörterten Direktiven müssen entweder in der Konfigurationsdatei des Hauptservers (normalerweise in einem `<Directory>`-Abschnitt) oder in den Konfigurationsdateien der Verzeichnisse (`.htaccess`-Dateien) stehen.

Sollen `.htaccess`-Dateien verwendet werden, muss die Serverkonfiguration das Einbinden von Authentifizierungsdirektiven in diese Dateien zulassen. Dafür wird mit der `AllowOverride`-Direktive gesorgt, die angibt, welche Direktiven in den Konfigurationsdateien der Verzeichnisse zulässig sind.

Da es hier um die Authentifizierung geht, wird eine `AllowOverride`-Direktive wie die folgende benötigt:

```
AllowOverride AuthConfig
```

Sollen die Direktiven direkt in die eigentliche Serverkonfigurationsdatei gesetzt werden, werden selbstverständlich Schreibrechte für diese Datei benötigt.

Darüber hinaus müssen Informationen über die Verzeichnisstruktur des Servers vorliegen und es muss bekannt sein, wo sich bestimmte Dateien befinden. Das ist nicht weiter schwierig und wird später noch erläutert.

5.1.4 Einrichtung

In den folgenden Abschnitten wird die Einrichtung eines Passwortschutzes für ein Verzeichnis auf dem Server beschrieben.

Zuerst muss eine Passwortdatei angelegt werden. Diese Datei sollte an einer Stelle gespeichert werden, die vom Web aus nicht zugänglich ist, damit sie niemand herunterladen kann. Befinden sich beispielsweise die Dokumente für das Web im Verzeichnis /usr/local/apache/htdocs, sollte(n) sich die Passwortdatei(en) im Verzeichnis /usr/local/apache/passwd befinden.

Die Datei wird mit dem Programm htpasswd erstellt, das Bestandteil der Apache-Distribution ist. Sie befindet sich im Verzeichnis bin der Apache-Installation. Mit der folgenden Befehlszeile wird die Datei erstellt:

```
htpasswd -c /usr/local/apache/passwd/passwords rbowen
```

Das Programm htpasswd fragt nach dem Passwort und bittet zwecks Bestätigung um eine zweite Eingabe des Passworts:

```
# htpasswd -c /usr/local/apache/passwd/passwords rbowen
New password: mypassword
Re-type new password: mypassword
Adding password for user rbowen
```

Befindet sich das Programm nicht im angegebenen Suchpfad, muss selbstverständlich der vollständige Pfad angegeben werden. Zum Beispiel: /usr/local/apache/bin/htpasswd

Anschließend muss der Server so eingerichtet werden, dass er ein Passwort anfordert und weiß, welche Benutzer Zugriff haben. Dies kann entweder in der Datei httpd.conf oder in einer .htaccess-Datei geschehen. Soll zum Beispiel das Verzeichnis /usr/local/apache/htdocs/secret geschützt werden, können die folgenden Direktiven in der Datei /usr/local/apache/htdocs/secret/.htaccess oder in der Datei httpd.conf in einem Directory /usr/local/apache/apache/htdocs/secret-Abschnitt platziert werden:

```
AuthType Basic
AuthName "Restricted Files"
AuthUserFile /usr/local/apache/passwd/passwords
Require user rbowen
```

Die einzelnen Direktiven werden der Reihe nach erläutert. Die AuthType-Direktive wählt das Verfahren für die Benutzerauthentifizierung aus. Das gebräuchlichste Verfahren ist die Basic-Authentifizierung, die mit dem Modul mod_auth_basic implementiert wird. Dabei ist jedoch zu berücksichtigen, dass das Passwort bei der Basic-Authentifizierung unverschlüsselt vom Client zum Browser gesendet wird. Dieses Verfahren sollte deshalb bei sehr sensiblen Daten nicht benutzt werden. Der Apache unterstützt noch eine weitere Authentifizierungsmethode, nämlich die `AuthType Digest`-Authentifizierung. Sie wird vom Modul `mod_auth_digest` implementiert und ist wesentlich sicherer. Nur die aktuellen Client-Versionen unterstützen die Digest-Authentifizierung.

Die `AuthName`-Direktive legt den Bereich für die Authentifizierung fest. Die Bereichsangabe hat zwei Funktionen. Zum einen präsentieren Clients diese Information häufig dem Benutzer als Teil des Passwortdialogs. Zum anderen kann der Client anhand des Bereichs feststellen, welches Passwort für einen bestimmten Bereich angegeben werden muss.

Hat sich der Client beispielsweise einmal für den Bereich "`Restricted Files`" authentifiziert, versucht er es bei anderen Bereichen des gleichen Servers, die als Bereich "`Restricted Files`" gekennzeichnet sind, automatisch wieder mit diesem Passwort. Tragen mehrere geschützte Bereiche die gleiche Bezeichnung, dann bleibt es dem Benutzer erspart, das Passwort mehrfach eingeben zu müssen. Aus Sicherheitsgründen wird der Client aber beim Wechsel des Hostnamens des Servers immer aufgefordert, das Passwort einzugeben.

Die `AuthUserFile`-Direktive gibt den Pfad zur gerade mit dem Programm `htpasswd` erzeugten Passwortdatei an. Bei einer großen Anzahl von Benutzern kann die Suche in einer einfachen Textdatei für die Authentifizierung der Benutzer bei jeder Anfrage sehr viel Zeit beanspruchen. Der Apache kann Benutzerinformationen aber auch in einer schneller zu durchsuchenden Datenbank speichern. Das `mod_auth_dbm`-Modul stellt hierfür die `AuthDBMUserFile`-Direktive zur Verfügung. Die mit dieser Direktive angegebenen Datenbankdateien werden mit dem Programm `dbmmanage` erzeugt und bearbeitet. Von Fremdherstellern werden noch viele andere Optionen für die Authentifizierung angeboten (in der Apache-Moduldatenbank unter `http://modules.apache.org/`).

Mit der `Require`-Direktive wird der Autorisierungsteil des Vorgangs konfiguriert, indem angegeben wird, welcher Benutzer auf diesen Bereich des Servers zugreifen darf. Im nächsten Abschnitt werden die unterschiedlichen Möglichkeiten für die Verwendung der `Require`-Direktive vorgestellt.

5.1.5 Mehrere Benutzer zulassen

Die oben vorgestellten Direktiven gewähren nur einer Person (in diesem Beispiel der Person mit dem Benutzernamen rbowen) Zugriff auf das Verzeichnis. In der Praxis sollen aber in der Regel mehrere Personen Zugriff erhalten. Dies geschieht mit der `AuthGroupFile`-Direktive.

Sollen mehrere Benutzer Zugriff erhalten, muss eine Gruppendatei angelegt werden, die eine Liste von Benutzernamen unter einem Gruppennamen zusammenfasst. Das Format dieser Datei ist relativ einfach und sie kann daher mit einem normalen Editor erstellt werden. Ihr Inhalt sieht wie folgt aus:

```
Gruppenname: rbowen dpitts sungo rshersey
```

Auf den Gruppennamen folgen in einer langen Zeile durch Leerzeichen getrennt die Namen der Gruppenmitglieder.

Mit der folgenden Befehlszeile wird der vorhandenen Passwortdatei ein Benutzer hinzugefügt:

```
htpasswd /usr/local/apache/passwd/password dpitts
```

Sie erhalten die gleichen Reaktionen wie zuvor, allerdings wird jetzt keine neue Datei erzeugt, sondern die vorhandene Datei wird ergänzt. (Eine neue Passwortdatei kann mit der Option -c erzeugt werden.)

Jetzt muss die .htaccess-Datei wie folgt geändert werden:

```
AuthType Basic
AuthName "By Invitation Only"
AuthUserFile /usr/local/apache/passwd/password
AuthGroupFile /usr/local/apache/passwd/groups
Require group Gruppenname
```

Jetzt hat jeder Benutzer der Gruppe Gruppenname Zugriff, der einen Eintrag in der password-Datei hat und das korrekte Passwort eingibt.

Es gibt noch eine allgemeinere Möglichkeit, mehreren Benutzern Zugriff zu gewähren. In diesem Fall wird keine Gruppendatei angelegt, sondern folgende Direktive benutzt:

```
Require valid-user
```

Wird diese an Stelle der Formulierung Require user rbowen benutzt, hat jeder Zugriff, der in der Passwortdatei aufgeführt wird und sein Passwort korrekt eingibt. Es kann sogar das Gruppenverhalten simuliert werden, indem für jede Gruppe eine eigene Passwortdatei unterhalten wird. Der Vorteil dieser Vorgehensweise liegt darin, dass der Apache nur eine und nicht zwei Dateien überprüfen muss. Der Nachteil ist, dass eine Vielzahl von Passwortdateien unterhalten werden und mit der AuthUserFile-Direktive jeweils auf die richtige verwiesen werden muss.

5.1.6 Mögliche Probleme

Bedingt durch den Ablauf der Basic-Authentifizierung müssen der Benutzername und das Passwort jedes Mal überprüft werden, wenn ein Dokument vom Server angefordert wird. Das gilt auch, wenn die gleiche Seite noch einmal geladen wird sowie für jedes Bild auf der Seite (wenn es aus einem geschützten Verzeichnis kommt). Dadurch wird die Geschwindigkeit selbstverständlich herabgesetzt. Diese Verlangsamung steht in einem proportionalen Verhältnis zur Größe der Passwortdatei, weil diese Datei geöffnet und die Benutzerliste durchsucht werden muss, was sich beim Laden jeder Seite wiederholt.

Für die Praxis folgt daraus, dass eine Passwortdatei nur eine begrenzte Anzahl von Benutzern enthalten darf. Wo diese Grenze liegt, hängt von der Leistungsfähigkeit des Rechners ab, es ist aber damit zu rechnen, dass der Leistungsabfall ab einigen Hundert Einträgen spürbar wird und eine andere Authentifizierungsmethode in Erwägung gezogen werden sollte.

5.1.7 Welche Möglichkeiten stehen noch zur Verfügung?

Die Authentifizierung über Benutzername und Passwort ist nur eine von mehreren Möglichkeiten. Häufig wird der Zugriff nach anderen Kriterien als der Identität gewährt, beispielsweise danach, woher die Benutzer kommen.

Mit den Direktiven `Allow` und `Deny` kann der Zugriff über den Hostnamen oder die Hostadresse der das Dokument anfordernden Direktive geregelt werden. Die `Order`-Direktive arbeitet mit diesen beiden Direktiven zusammen und weist den Apache an, in welcher Reihenfolge diese Filter anzuwenden sind.

Sie werden wie folgt benutzt:

```
Allow from Adresse
```

Die `Adresse` ist eine IP-Adresse (oder eine partielle IP-Adresse) oder ein vollständig qualifizierter Domänenname (oder ein partieller Domänenname). Es können mehrere Adressen oder Domänennamen angegeben werden.

Werden Sie beispielsweise von einer bestimmten Adresse mit einer Flut unerwünschter Nachrichten überhäuft, dann können Sie das wie folgt unterbinden:

```
Deny from 205.252.46.165
```

Besucher, die von dieser Adresse kommen, können den Inhalt, auf den sich diese Direktive bezieht, nicht sehen. Ist der Rechnername bekannt, kann auch dieser angegeben werden.

```
Deny from host.example.com
```

Soll der Zugriff aus einer ganzen Domäne heraus blockiert werden, können Sie einen Teil der Adresse oder des Domänennamens angeben:

```
Deny from 192.101.205
Deny from cyberthugs.com moreidiots.com
Deny from ke
```

Mit der `Order`-Direktive kann sichergestellt werden, dass tatsächlich die Gruppe eingeschränkt wird, die zugelassen werden soll. Dies geschieht mit einer Kombination der Direktiven `Deny` und `Allow`:

```
Order deny,allow
Deny from all
Allow from dev.example.com
```

Würde lediglich die `Allow`-Direktive aufgeführt, würde das gewünschte Ziel nicht erreicht, denn es werden Benutzer von diesem Host sowie alle anderen zugelassen. Es sollen aber *nur* Benutzer von diesem Host zugelassen werden.

5.1.8 Weitere Informationen

Weitere Hinweise finden Sie in den Beschreibungen der Module »*mod_auth*«, *Seite 413* und »*mod_access*«, *Seite 403*.

5.2 Dynamische Inhalte mit CGI

5.2.1 Einführung

Referenzierte Module:	mod_alias	mod_cgi
Referenzierte Direktiven:	AddHandler ScriptAlias	Options

CGI (Common Gateway Interface) ist eine Schnittstelle für die Interaktion zwischen Webservern und Inhalte erzeugenden Programmen, die als CGI-Programme oder CGI-Skripte bezeichnet werden. Es handelt sich hier um die einfachste und weit verbreitete Möglichkeit, dynamische Inhalte für eine Website zu generieren. Dieser Abschnitt beschreibt die CGI-Einrichtung für den Apache-Webserver und enthält eine Einführung in die CGI-Programmierung.

5.2.2 Den Apache für CGI einrichten

Damit CGI-Programme korrekt ausgeführt werden, muss der Apache für CGI konfiguriert werden. Dies kann auf unterschiedliche Weise geschehen.

ScriptAlias

Die `ScriptAlias`-Direktive teilt dem Apache mit, dass ein bestimmtes Verzeichnis für CGI-Programme vorgesehen ist. Der Apache geht davon aus, dass jede Datei in diesem Verzeichnis ein CGI-Programm ist, und wird versuchen, es auszuführen, wenn eine bestimmte Ressource von einem Client angefordert wird.

Die `ScriptAlias`-Direktive sieht folgendermaßen aus:

```
ScriptAlias /cgi-bin/ /usr/local/apache/cgi-bin/
```

Diese Zeile befindet sich in der Konfigurationsdatei `httpd.conf`, wenn der Apache standardmäßig installiert wurde. Die `ScriptAlias`-Direktive ist mit der `Alias`-Direktive vergleichbar, die das URL-Präfix festlegt, das einem bestimmten Verzeichnis zugeordnet ist. `Alias` und `ScriptAlias` werden normalerweise für Verzeichnisse benutzt, die außerhalb der `DocumentRoot` liegen. Der Unterschied zwischen `Alias` und `ScriptAlias` besteht darin, dass `ScriptAlias` alles, was unterhalb des URL-Präfix liegt, als CGI-Programm betrachtet. Das oben aufgeführte Beispiel teilt dem Apache mit, dass jede Anfrage nach einer Ressource, die mit `/cgi-bin/` beginnt, über das Verzeichnis `/usr/local/apache/cgi-bin/` bedient und als CGI-Programm betrachtet werden soll.

Wird beispielsweise die URL `http://www.example.com/cgi-bin/test.pl` angefordert, versucht der Apache, die Datei `/usr/local/apache/cgi-bin/test.pl` auszuführen und die Ausgabe zurückzuliefern. Die Datei muss selbstverständlich vorhanden und ausführbar sein und die Ausgabe in einer bestimmten Weise erfolgen, sonst kommt es zu einer Fehlermeldung.

CGI außerhalb von ScriptAlias-Verzeichnissen

CGI-Programme dürfen sich aus Sicherheitsgründen oft nur in den mit `ScriptAlias` angegebenen Verzeichnissen befinden. Auf diese Weise kann der Administrator genau steuern, wer CGI-Programme benutzen darf. Werden die richtigen Sicherheitsvorkehrungen getroffen, gibt es jedoch keinen Grund, warum CGI-Programme nicht aus beliebigen Verzeichnissen ausgeführt werden sollten. Beispielsweise ist es denkbar, dass Benutzer in ihren Stammverzeichnissen Webinhalte mit der UserDir-Direktive anlegen. Wenn sie eigene CGI-Programme einbinden möchten, aber keinen Zugriff auf das eigentliche cgi-bin-Verzeichnis haben, dann müssen sie in der Lage sein, CGI-Programme anderswo auszuführen.

Mit Options die CGI-Ausführung erlauben

Die Ausführung von CGI-Programmen aus einem bestimmten Verzeichnis kann mit der Options-Direktive in der Konfigurationsdatei des Hauptservers zugelassen werden:

```
<Directory /usr/local/apache/htdocs/somedir>
   Options +ExecCGI
</Directory>
```

Diese Direktive weist den Apache an, die Ausführung von CGI-Dateien zuzulassen. Dem Server muss außerdem mitgeteilt werden, welche Dateien CGI-Dateien sind. Die folgende AddHandler-Direktive weist den Server an, alle Dateien mit den Erweiterungen .cgi oder .pl als CGI-Programme zu behandeln:

```
AddHandler cgi-script cgi pl
```

.htaccess-Dateien

In einer .htaccess-Datei können Konfigurationsdirektiven auf Verzeichnisebene gesetzt werden. Wenn der Apache eine Ressource ausliefert, sucht er in dem Verzeichnis, aus dem die angeforderte Datei stammt, nach der Datei .htaccess und falls sie vorhanden ist, wendet er die darin enthaltenen Direktiven an. Die .htaccess-Dateien werden mit der AllowOverride-Direktive aktiviert, die angibt, welche Direktiventypen diese Dateien enthalten dürfen oder ob sie überhaupt zulässig sind. Um die Direktive zuzulassen, wird in diesem Fall die folgende Konfiguration für den Hauptserver benötigt:

```
AllowOverride Options
```

Die .htaccess-Datei muss die folgende Direktive enthalten:

```
Options +ExecCGI
```

Sie teilt dem Apache mit, dass die Ausführung von CGI-Programmen aus diesem Verzeichnis erlaubt ist.

5.2.3 Ein CGI-Programm schreiben

Es gibt zwei Hauptunterschiede zwischen »normaler« Programmierung und CGI-Programmierung.

Zum Einen muss den Ausgaben des CGI-Programms ein MIME-Typ-Header vorangestellt werden. Dieser HTTP-Header teilt dem Client mit, welche Art von Inhalt er empfängt. Meist sieht das wie folgt aus:

```
Content-type: text/html
```

Zum Zweiten muss es sich um eine HTML-Ausgabe oder um ein anderes Format handeln, das der Browser anzeigen kann. In der Regel ist dies das HTML-Format, ein CGI-Programm kann aber auch ein GIF-Bild oder anderen Inhalt liefern, der kein HTML-Format hat.

Abgesehen von diesen Eigenarten unterscheidet sich ein CGI-Programm kaum von anderen Programmen.

Ihr erstes CGI-Programm

Das folgende Beispielprogramm gibt eine Zeile im Browser aus. Geben Sie die nachstehenden Zeilen ein und speichern Sie sie in der Datei first.pl in Ihrem cgi-bin-Verzeichnis.

```
#!/usr/bin/perl
print "Content-type: text/html\n\n";
print "Hello, World.";
```

Auch wenn Sie Perl nicht kennen, sollten Sie trotzdem verstehen, was hier geschieht. Die erste Zeile teilt dem Apache (oder der aktuellen Shell) mit, dass dieses Programm ausgeführt werden kann, indem es dem Interpreter an der Position /usr/bin/perl übergeben wird. Die zweite Zeile gibt die beschriebene Deklaration des Inhaltstyps gefolgt von zwei Zeilenvorschüben aus. Das führt zur Ausgabe einer Leerzeile nach dem Header, die das Ende des HTTP-Headers und den Anfang des Rumpfs signalisiert. Die dritte Zeile gibt schließlich »Hello, World.« aus.

Wenn Sie Ihren Browser öffnen und ihm die Adresse

```
http://www.example.com/cgi-bin/first.pl
```

oder die von Ihnen für die Datei gewählte Adresse übergeben, wird die Zeile Hello, World. im Browser angezeigt. Das ist nicht sehr aufregend, veranschaulicht aber, wie CGI-Programme ausgeführt werden.

5.2.4 Wenn es nicht funktioniert

Es gibt vier Möglichkeiten, was der Browser anzeigen kann, wenn Sie versuchen, auf das CGI-Programm zuzugreifen:

Die Ausgabe des CGI-Programms

In diesem Fall funktioniert alles prima.

Den Quellcode des CGI-Programms oder die Meldung
POST Method Not Allowed

In diesem Fall ist der Apache nicht korrekt für die Ausführung Ihres CGI-Programms konfiguriert. Lesen Sie noch einmal im *Abschnitt 5.2.2 »Den Apache für CGI einrichten«* und versuchen Sie, den Fehler zu finden.

Eine Meldung, die mit Forbidden beginnt

Hier liegt ein Problem mit den Zugriffsberechtigungen vor. Überprüfen Sie das Apache-Fehlerprotokoll und den folgenden Abschnitt über die »*Dateiberechtigungen*«, Seite 219.

Die Meldung Internal Server Error

Wenn Sie das Apache-Fehlerprotokoll überprüfen, finden Sie wahrscheinlich den Hinweis `Premature end of script header` (möglicherweise in Verbindung mit einer vom CGI-Programm erzeugten Fehlermeldung). In diesem Fall müssen Sie anhand der folgenden Abschnitte überprüfen, warum das CGI-Programm nicht die korrekten HTTP-Header sendet.

Dateiberechtigungen

Der Server wird nicht unter den gleichen Voraussetzungen ausgeführt, denen Sie unterliegen. Beim Start läuft der Server mit den Berechtigungen eines nicht privilegierten Benutzers (normalerweise unter dem Benutzer `nobody` oder `www`) und benötigt daher zusätzliche Berechtigungen, um Dateien auszuführen, deren Eigentümer Sie sind. Gewöhnlich erhält eine Datei genug Berechtigungen für die Ausführung durch den Benutzer `nobody`, wenn jedem das Recht zur Ausführung der Datei eingeräumt wird:

```
chmod a+x first.pl
```

Liest das Programm aus einer anderen Datei oder schreibt es in eine andere Datei, dann müssen diese Dateien mit den entsprechenden Rechten versehen sein.

Das gilt nicht, wenn der Server für `suexec` konfiguriert wurde. Dieses Programm erlaubt die Ausführung von CGI-Programmen unter anderen Benutzerrechten, je nachdem, auf welchem virtuellen Host oder in welchem Stammverzeichnis eines Benutzers sie sich befinden. `suexec` nimmt eine sehr strenge Prüfung der Berechtigungen vor und jede Ablehnung führt dazu, dass ein CGI-Programm mit dem Fehler `Internal Server Error` abgebrochen wird. In diesem Fall müssen Sie die `suexec`-Protokolldatei überprüfen, um festzustellen, welche Sicherheitsprüfung die Ursache ist.

Pfadangaben

Wenn Sie ein Programm über die Befehlszeile ausführen, benötigen Sie bestimmte Informationen, die der Shell übergeben werden, ohne dass Sie etwas davon bemerken. So wird zum Beispiel ein Pfad benötigt, über den die Shell die von Ihnen genannte Datei finden kann.

Wird ein Programm vom Webserver als CGI-Programm ausgeführt, wird der Pfad nicht benötigt. Alle Programme, die Sie aus dem CGI-Programm heraus aufrufen (z.B. `sendmail`), müssen aber mit dem vollständigen Pfad angegeben werden, damit die Shell sie bei der Ausführung Ihres CGI-Programms finden kann.

Das ist im Allgemeinen an der Pfadangabe für den Skriptinterpreter (oft `perl`) in der ersten Zeile des CGI-Programms zu erkennen, die so aussehen kann:

```
#!/usr/bin/perl
```

Achten Sie darauf, dass tatsächlich der korrekte Pfad für den Interpreter angegeben wird.

Syntaxfehler

Die häufigste Ursache für das Fehlschlagen eines CGI-Programms sind Fehler im Programm selbst. Das gilt insbesondere dann, wenn es zum Abbruch kommt, obwohl die beiden oben genannten Fehler beseitigt wurden. Versuchen Sie immer, Ihr Programm zuerst über die Befehlszeile auszuführen, bevor Sie es mit einem Browser testen. Damit schließen Sie die meisten Fehler aus.

Fehlerprotokolle

Die Fehlerprotokolle helfen Ihnen. Alles, was verkehrt läuft, bewirkt einen Eintrag in die Log-Datei. Sie sollten immer zuerst dort nachschauen. Wenn Sie dort, wo Ihre Website untergebracht ist, keinen Zugriff auf das Fehlerprotokoll haben, dann sollten Sie die Site möglicherweise woanders platzieren. Lernen Sie das Lesen der Fehlerprotokolle und Sie werden alle Probleme schnell erkennen und lösen.

5.2.5 Was im Hintergrund abläuft

Wenn Sie in der CGI-Programmierung weiter vorangeschritten sind, kann es nützlich sein, mehr darüber zu wissen, was im Hintergrund abläuft, insbesondere darüber, wie Browser und Server miteinander kommunizieren. Ein Programm, dass »Hello, World« ausgibt, ist zwar ganz nett, besonders nützlich ist es jedoch nicht.

Umgebungsvariablen

Umgebungsvariablen speichern allgemeine Werte der Betriebssystemumgebung. Sie enthalten nützliche Angaben wie zum Beispiel Suchpfade (in denen nach Pfaden für eingegebene Befehle gesucht wird), Ihren Benutzernamen, den Terminaltyp usw. Eine vollständige Liste der Umgebungsvariablen erhalten Sie mit dem Befehl env.

Während der CGI-Transaktion setzen Server und Browser ebenfalls Umgebungsvariablen, damit sie miteinander kommunizieren können. Sie enthalten Informationen wie den Browsertyp (z.B. Netscape, IE, Lynx), den Servertyp (z.B. Apache, IIS, WebSite), den Namen des CGI-Programms, das ausgeführt wird, usw.

Diese Variablen stehen dem CGI-Programmierer zur Verfügung und machen die Hälfte der Client/Serverkommunikation aus. Die vollständige Liste der erforderlichen Variablen finden Sie unter der Adresse http://hoohoo.ncsa.uiuc.edu/cgi/env.html.

Das folgende einfache CGI-Programm in Perl zeigt alle Umgebungsvariablen an, die ausgetauscht werden. Zwei vergleichbare Programme finden Sie im Verzeichnis cgi-bin der Apache-Distribution. Einige der Variablen sind erforderlich, andere sind optional, so dass einige Variablen aufgeführt werden, die nicht in der offiziellen Liste vorhanden sind. Darüber hinaus bietet der Apache viele unterschiedliche Möglichkeiten, eigene Umgebungsvariablen zu den standardmäßig vorhandenen hinzuzufügen.

```perl
#!/usr/bin/perl
print "Content-type: text/html\n\n";
foreach $key (keys %ENV) {
print "$key --> $ENV{$key}<br>";
}
```

STDIN und STDOUT

Eine andere Form der Kommunikation zwischen Server und Client findet über die Standardeingabe (STDIN) und die Standardausgabe (STDOUT) statt. Im Allgemeinen entspricht STDIN der Tastatur oder einer dem Programm übergebenen Datei und STDOUT der Konsole oder dem Bildschirm.

Wenn Sie mit POST ein Webformular an ein CGI-Programm senden, werden die Daten aus diesem Formular in einem speziellen Format zusammengeschnürt und dem CGI-Programm über STDIN übergeben. Das Programm kann diese Daten dann so verarbeiten, als kämen sie von der Tastatur oder aus einer Datei.

Dieses »spezielle Format« ist ganz simpel. Ein Feldname und dessen Wert werden mit einem Gleichheitszeichen und Wertepaare mit einem kaufmännischen Und (&) miteinander verknüpft. Unbequeme Zeichen wie Leerzeichen und Gleichheitszeichen werden hexadezimal dargestellt, damit sie nicht stören. Ein Beispiel:

```
name=Rich%20Bowen&city=Lexington&state=KY&sidekick=Squirrel%20Monkey
```

Manchmal werden solche Zeichenfolgen auch an eine URL angehängt. In diesem Fall hat der Server die Zeichenfolge der Umgebungsvariablen QUERY_STRING zugewiesen. Man spricht dann von einer GET-Anfrage. Mit dem method-Attribut des <form>-Tags wird angegeben, ob das HTML-Formular für die Auslieferung der Daten GET oder POST benutzt.

Das Programm übernimmt anschließend das Zerlegen dieser Zeichenfolge in brauchbare Informationen. Für die Verarbeitung dieser Daten sowie für andere Dinge stehen Bibliotheken und Module zur Verfügung.

5.2.6 CGI-Module und Bibliotheken

Wenn Sie CGI-Programme schreiben, sollten Sie die Benutzung einer Codebibliothek oder die Verwendung von Modulen in Erwägung ziehen, die Ihnen den größten Teil der Arbeit abnehmen können. Das Ergebnis sind weniger Fehler und eine schnellere Programmentwicklung.

Schreiben Sie CGI-Programme in Perl, dann stehen Ihnen unter der Adresse http://www.cpan.org/ Module zur Verfügung. Das beliebteste Modul für diesen Zweck ist das Modul CGI.pm. Auch das Modul CGI::Lite ist interessant. Es implementiert eine minimale Menge von Funktionalität, die in den meisten Programmen benötigt wird.

Schreiben Sie Ihre CGI-Programme in C, stehen Ihnen gleichfalls viele Möglichkeiten zur Verfügung, unter anderem die CGIC-Bibliothek (http://www.boutell.com/cgic/).

5.2.7 Weitere Informationen

Im Web stehen Ihnen viele Quellen für CGI zur Verfügung. Sie können CGI-Probleme mit anderen Anwendern aus der Usenet Group (news:comp.infosystems.www.authoring.cgi) diskutieren. Auch die Mailing List der HTML Writers Guild bietet sehr viele Antworten auf Fragen (http://www.hwg.org/lists/hwg-servers).

Die CGI-Spezifikation enthält alle Einzelheiten zu CGI-Programmen. Die Originalversion finden Sie unter der Adresse http://hoohoo.ncsa.uiuc.edu/cgi/interface.html, und beim Common Gateway Interface RFC Project (http://web.golux.com/coar/cgi) finden Sie einen aktualisierten Entwurf.

Wenn Sie eine Frage zu einem CGI-Problem an eine Mailing List oder an eine Newsgroup schicken, sollten Sie darauf achten, dass Sie ausreichend Informationen dazu mitliefern, was geschehen ist, was Sie erwartet hatten, was anders als erwartet war, welchen Server Sie ausführen, welche Programmiersprache für das CGI-Programm gewählt wurde, und gegebenenfalls den dazugehörigen Code mitschicken. Das erleichtert die Fehlersuche ganz wesentlich.

Fragen zu CGI-Problemen sollten *nicht* an die Apache-Fehlerdatenbank gesendet werden, es sei denn, Sie sind sich sicher, dass das Problem im Apache-Quellcode liegt.

5.3 Server Side Includes

Mit Server Side Includes kann vorhandenen HTML-Dokumenten dynamisch Inhalt hinzugefügt werden.

5.3.1 Einführung

Referenzierte Module: mod_include   mod_cgi
mod_expires

Referenzierte Direktiven: Options   XBitHack
AddType   SetOutputFilter
BrowserMatchNoCase

Dieser Abschnitt befasst sich mit Server Side Includes oder kurz SSI. Er beschreibt die Konfiguration des Servers für SSI und erläutert einige grundlegenden SSI-Techniken für das dynamische Einfügen von Inhalten in vorhandene HTML-Seiten.

Zum Abschluss werden weiterführende Themen in Verbindung mit SSI behandelt, beispielsweise die bedingten Anweisungen in SSI-Direktiven.

5.3.2 Was sind Server Side Includes?

Server Side Includes sind Direktiven, die in HTML-Seiten gesetzt und bei der Bearbeitung der Anfrage vom Server ausgewertet werden. Mit ihnen kann dynamisch erzeugter Inhalt in eine vorhandene HTML-Seite eingefügt werden, ohne dass die gesamte Seite über ein CGI-Programm oder andere dynamische Techniken ausgeliefert werden muss.

Ob Server Side Includes verwendet werden und wann Seiten vollständig von einem Programm generiert werden sollten, hängt in der Regel davon ab, wie viel des Seiteninhalts statisch ist und wie viel des Inhalts bei jeder Auslieferung der Seite neu ermittelt werden muss. Server Side Includes eignen sich hervorragend zum Einfügen kleinerer Informationsmengen (zum Beispiel der Uhrzeit), muss aber der größte Teil einer Seite bei ihrer Auslieferung generiert werden, sollte nach anderen Lösungen gesucht werden.

5.3.3 Den Server für SSI konfigurieren

Damit der Server SSI-Direktiven verarbeiten kann, muss die folgende Direktive entweder in die Datei httpd.conf oder in eine .htaccess-Datei eingefügt werden:

```
Options +Includes
```

Diese Direktive teilt dem Apache mit, dass Dateien auf SSI-Direktiven hin untersucht werden sollen. Beachten Sie, dass in den meisten Fällen mehrere `Options`-Direktiven vorhanden sind, die sich gegenseitig überschreiben können. Möglicherweise muss die `Options`-Direktive für ein bestimmtes SSI-Verzeichnis angewendet werden, damit sie am Schluss ausgewertet wird.

Es wird nicht jede Datei auf SSI-Direktiven untersucht. Sie müssen dem Apache mitteilen, welche Dateien untersucht werden sollen. Das kann auf zwei Arten geschehen. Mit den folgenden Direktiven können Sie den Server anweisen, jede Datei mit einer bestimmten Dateinamenerweiterung wie zum Beispiel `.shtml` zu untersuchen:

```
AddType text/html .shtml
AddOutputFilter INCLUDES .shtml
```

Diese Vorgehensweise hat bei vorhandenen Dateien, in die SSI-Direktiven eingefügt werden sollen, den Nachteil, dass der Dateiname sowie alle Links zu dieser Seite geändert werden müssen.

Die andere Möglichkeit ist die Verwendung der `XBitHack`-Direktive:

```
XBitHack on
```

Die `XBitHack`-Direktive weist den Apache an, Dateien auf SSI-Direktiven zu untersuchen, wenn das Ausführungsbit gesetzt ist. Werden einer vorhandenen Seite SSI-Direktiven hinzugefügt, muss in diesem Fall nicht der Dateiname geändert, sondern die Datei mit `chmod` als ausführbar gekennzeichnet werden.

```
chmod +x pagename.html
```

Ein kurzer Hinweis dazu, was Sie *nicht* tun sollten. Manchmal wird empfohlen, den Apache anzuweisen, alle `.html`-Dateien auf SSI-Direktiven zu untersuchen, um sich nicht um die zusätzlichen Dateinamenerweiterung `.shtml` kümmern zu müssen. Sie müssen aber bedenken, dass der Apache dann jede auszuliefernde Datei lesen muss, selbst wenn sie keine SSI-Direktiven enthält, was die Verarbeitung deutlich verlangsamen kann.

Unter Windows gibt es kein Bit zur Kennzeichnung der Ausführbarkeit einer Datei, was die Optionen einschränkt.

In der Standardkonfiguration sendet der Apache die HTTP-Header für das Datum der letzten Änderung oder den Umfang des Inhalts bei SSI-Seiten nicht, weil diese Werte bei dynamischen Inhalten schwer zu berechnen sind. Das kann eine Zwischenspeicherung des Dokuments verhindern und zu schlechteren Client-Leistungen führen. Dies können Sie auf zwei Arten verhindern:

1. Verwenden Sie die Option `XBitHack Full`. Der Apache ermittelt dann das Datum der letzten Änderung, indem er nur auf das Datum der ursprünglich angeforderten Datei schaut und Änderungsdaten eingebundener Dateien ignoriert.
2. Setzen Sie mit den `mod_expires`-Direktiven ein explizites Ablaufdatum für die Dateien, damit die Browser und Proxies wissen, dass die Dateien zwischengespeichert werden können.

5.3.4 Die wichtigsten SSI-Direktiven

SSI-Direktiven haben folgende Syntax:

```
<!--#Element Attribut=Wert Attribut=Wert... -->
```

Sie werden wie ein HTML-Kommentar formatiert, so dass sie vom Browser ignoriert werden, wenn die SSI-Verarbeitung nicht korrekt aktiviert wurde. Sie sind aber trotzdem in der HTML-Quelle erkennbar. Wurde der Server korrekt für SSI konfiguriert, wird die Direktive durch die von ihr erzeugten Ergebnisse ersetzt.

Es können viele Elemente angegeben werden, von denen hier nur einige in den SSI-Beispielen gezeigt werden.

Das aktuelle Datum

```
<!--#echo var="DATE_LOCAL" -->
```

Das echo-Element gibt den Wert einer Variablen aus. Es gibt eine Reihe von Standardvariablen, zu denen auch alle Umgebungsvariablen gehören, die CGI-Programmen zur Verfügung stehen. Mit dem set-Element können Sie auch eigene Variablen setzen.

Gefällt Ihnen das Format der Datumsausgabe nicht, können Sie mit dem config-Element ein timefmt-Attribut angeben, um die Formatierung zu ändern.

```
<!--#config timefmt="%A %B %d, %Y" -->
Heute ist der <!--#echo var="DATE_LOCAL" -->
```

Datum der letzten Änderung der Datei

```
Dieses Dokument wurde zuletzt geändert: <!--#flastmod file="index.html" -->
```

Dieses Element wird auch bei Formatangaben mit timefmt benutzt.

Die Ergebnisse eines CGI-Programms einbinden

SSI-Direktiven werden häufig zur Ausgabe der Ergebnisse eines CGI-Programms verwendet, beispielsweise für den allseits beliebten Besucherzähler:

```
<!--#include virtual="/cgi-bin/counter.pl" -->
```

5.3.5 Weitere Beispiele

Es folgen einige spezielle Beispiele für die Verwendung von SSI-Direktiven in HTML-Dokumenten.

Wann wurde das Dokument geändert?

Es wurde bereits erwähnt, dass über SSI der Benutzer über das Datum der letzten Änderung einer Datei informiert werden kann, ohne dass genauer erklärt wurde, wie das funktioniert.

Wird der folgende Code in eine HTML-Seite gesetzt, dann erhält diese einen Zeitstempel. Selbstverständlich muss die SSI-Einbindung wie oben beschrieben aktiviert sein.

```
<!--#config timefmt="%A %B %d, %Y" -->
Diese Datei wurde geändert: <!--#flastmod file="ssi.shtml" -->
```

Ersetzen Sie `ssi.shtml` durch den Namen der entsprechenden Datei. Soll nur ein einfacher Code in eine Datei eingefügt werden, mag das etwas umständlich sein. Verwenden Sie in diesem Fall stattdessen die Variable `LAST_MODIFIED`:

```
<!--#config timefmt="%D" -->
Diese Datei wurde geändert: <!--#echo var="LAST_MODIFIED" -->
```

Weitere Einzelheiten zum `timefmt`-Format finden Sie unter der C-Routine `strftime`, die die gleiche Syntax verwendet.

Eine Fußzeile einbinden

Wenn Sie eine Site mit mehreren Seiten verwalten, können erforderliche Änderungen an diesen Seiten zu einer Belastung werden, insbesondere dann, wenn Sie ein einheitliches Erscheinungsbild der Seiten wünschen.

Mit einer Include-Datei für eine Kopf- und/oder Fußzeile lässt sich der Aufwand für diese Aktualisierungen reduzieren. Sie müssen nur eine Fußzeile erstellen und diese mit dem SSI-Befehl `include` in jede Seite einbinden. Mit dem Attribut `file` oder `virtual` des `include`-Elements können Sie festlegen, welche Datei eingebunden wird. Das `file`-Attribut gibt den Dateipfad *relativ zum aktuellen Verzeichnis an*. Es darf sich nicht um einen absoluten Pfad (mit einem Schrägstrich am Anfang) handeln, noch darf `../` Bestandteil des Pfads sein. Das Attribut `virtual` ist vielleicht etwas sinnvoller, weil es eine URL relativ zum auszuliefernden Dokument angibt. Sie kann mit einem Schrägstrich beginnen, muss sich aber auf dem gleichen Server wie die auszuliefernde Datei befinden.

```
<!--#include virtual="/footer.html" -->
```

Die beiden zuletzt genannten Dinge lassen sich mit einer `LAST_MODIFIED`-Direktive in der Fußzeile kombinieren. Die eingebundene Datei kann ihrerseits SSI-Direktiven enthalten oder andere Dateien einbinden, die wiederum weitere Dateien einbinden können usw.

5.3.6 Was lässt sich noch einrichten?

Neben dem Zeitformat lassen sich noch zwei weitere Dinge einrichten.

Wenn mit der SSI-Direktive etwas schief läuft, erhalten Sie normalerweise die Meldung:

```
[an error occurred while processing this directive]
```

Mit dem `errmsg`-Attribut des `config`-Elements können Sie diese Nachricht ändern:

```
<!--#config errmsg="[Kennen Sie sich nicht mit SSI aus?]" -->
```

Eine Nachricht, die der Endbenutzer nicht zu sehen bekommen sollte, da Sie alle Probleme mit den SSI-Direktiven beseitigen sollten, bevor Sie die Site zugänglich machen.

Außerdem können Sie mit dem `sizefmt`-Attribut des `config`-Elements angeben, in welchem Format die Dateigrößen zurückgegeben werden. Sie können `bytes` für eine vollständige Angabe in Byte oder `abbrev` für eine verkürzte Angabe in KByte oder MByte angeben.

5.3.7 Befehle ausführen

Mit dem `exec`-Element können Sie eine Shell (`/bin/sh` oder unter Windows die DOS-Shell) benutzen, um einen Befehl auszuführen. Im folgenden Beispiel wird der Inhalt eines Verzeichnisses angezeigt:

```
<pre>
<!--#exec cmd="ls" -->
</pre>
```

Das Gleiche unter Windows:

```
<pre>
<!--#exec cmd="dir" -->
</pre>
```

Unter Windows mag die Formatierung bei dieser Direktive etwas seltsam erscheinen, weil die Ausgabe von `dir` die Zeichenfolge `<dir>` enthält, was die Browser verwirrt.

Bedenken Sie, dass diese Option sehr gefährlich ist, weil jeder in das `exec`-Tag eingebettete Code ausgeführt wird. In Situationen, in denen die Benutzer den Inhalt einer Webseite bearbeiten können (beispielsweise bei »Gästebüchern«), müssen Sie darauf achten, dass diese Option deaktiviert ist. Mit dem `IncludesNOEXEC`-Argument der `Options`-Direktive können Sie SSI-Direktiven zulassen und die Option `exec` deaktivieren.

5.3.8 Weiterführende SSI-Techniken

Neben der Ausgabe von Inhalt können die SSI-Direktiven auch zum Setzen von Variablen und zur Verwendung dieser Variablen bei Vergleichen und in Bedingungen benutzt werden.

> **Warnung**
> Die meisten der hier vorgestellten Optionen stehen seit Apache 1.2 zur Verfügung. Führen Sie keine entsprechende Version des Apache aus, dann sollten Sie schnellstens ein Upgrade durchführen.

Variablen setzen

Mit der `set`-Direktive können Sie Variablen setzen. Die Syntax lautet:

```
<!--#set var="Name" value="Rich" -->
```

Es können aber nicht nur die Werte gesetzt werden, es können auch andere Variablen einschließlich der Umgebungsvariablen oder einiger der oben erwähnten Variablen (z.B. LAST_MODIFIED) eigenen Variablen zugewiesen werden. Durch Voranstellung eines Dollarzeichens ($) vor den Namen wird angegeben, dass es sich um eine Variable und nicht um ein Literal handelt.

```
<!--#set var="modified" value="$LAST_MODIFIED" -->
```

Um ein Dollarzeichen in den Wert einer Variablen einzufügen, muss ein Backslash vorangestellt werden.

```
<!--#set var="cost" value="\$100" -->
```

Soll eine Variable in die Mitte einer längeren Zeichenkette gestellt werden und besteht dabei die Möglichkeit, dass ihr Name vor anderen Zeichen endet, die zu Missverständnissen führen könnten, kann der Variablenname in geschweifte Klammern gesetzt werden. Gute Beispiele hierfür sind schwer zu finden, aber vielleicht lässt Sie das Folgende ahnen, worum es geht:

```
<!--#set var="date" value="${DATE_LOCAL}_${DATE_GMT}" -->
```

Bedingungsausdrücke

Durch die Möglichkeit, Variablen setzen, vergleichen und sie zur Formulierung von Bedingungen benutzen zu können, wird SSI zu einer Art Programmiersprache. mod_include erlaubt mit den Anweisungen if, elif, else und endif die Formulierung von bedingten Anweisungen. Auf diese Weise lassen sich aus einer einzelnen Seite mehrere logisch abgeleitete Seiten erzeugen.

Die Struktur dieses Bedingungskonstrukts sieht folgendermaßen aus:

```
<!--#if expr="Testbedingung" -->
<!--#elif expr="Testbedingung" -->
<!--#else -->
<!--#endif -->
```

Eine *Testbedingung* kann ein logischer Vergleich (Vergleich von Werten oder die Überprüfung, ob ein Wert »wahr« ist) sein. (Eine Zeichenfolge hat den Wert true, wenn sie nicht leer ist.) Eine vollständige Liste der verfügbaren Vergleichsoperatoren finden Sie in der Dokumentation des Moduls mod_include. Es folgen einige Beispiel für die Verwendung dieses Konstrukts.

In die Konfigurationsdatei kann folgende Zeile eingefügt werden:

```
BrowserMatchNoCase macintosh Mac
BrowserMatchNoCase MSIE InternetExplorer
```

Damit werden die Umgebungsvariablen Mac und InternetExplorer auf true gesetzt, wenn der Client den Internet Explorer auf einem Macintosh ausführt.

Im SSI-fähigen Dokument kann dann Folgendes geschehen:

```
<!--#if expr="${Mac} && ${InternetExplorer}" -->
Apologetic text goes here
<!--#else -->
Cool JavaScript code goes here
<!--#endif -->
```

(Dieser Code entstand in einer Situation, als ein JavaScript mit dem Internet Explorer auf einem Mac nicht funktionieren wollte, überall sonst aber funktionierte, und war als Zwischenlösung gedacht.)

Alle Variablen (selbst definierte oder normale Umgebungsvariablen) können in Bedingungsanweisungen benutzt werden. Die Möglichkeit des Apache, Umgebungsvariablen mit den SetEnvIf-Direktiven und verwandten Direktiven zu setzen, eröffnet viele Wege, dynamisch Inhalte einzubinden, ohne auf CGI zurückgegriffen werden muss.

5.3.9 Schlussfolgerung

Server Side Includes sind mit Gewissheit kein Ersatz für CGI oder andere Lösungen zur Erzeugung dynamischer Webseiten, sie eignen sich aber hervorragend zum dynamischen Einfügen kleiner Inhaltselemente in Seiten, ohne dass dafür ein größerer Aufwand erforderlich wäre.

5.4 .htaccess-Dateien

Referenzierte Module:	core	mod_authn_file
	mod_authz_groupfile	mod_cgi
	mod_include	mod_mime
Referenzierte Direktiven:	AccessFileName	AllowOverride
	Options	AddHandler
	SetHandler	AuthType
	AuthName	AuthUserFile
	AuthGroupFile	Require

In den .htaccess-Dateien können Konfigurationsänderungen auf Verzeichnisebene durchgeführt werden.

5.4.1 Was .htaccess-Dateien sind und wie sie verwendet werden

.htaccess-Dateien (oder »verteilte Konfigurationsdateien«) bieten die Möglichkeit, Konfigurationsänderungen auf der Ebene von Verzeichnissen durchzuführen. Wird eine Datei mit einer oder mehreren Konfigurationsdirektiven in einem bestimmten Dokumentverzeichnis platziert, werden die Direktiven für dieses Verzeichnis und alle enthaltenen Unterverzeichnisse angewendet.

Was Sie in diese Dateien einfügen dürfen, wird mit der AllowOverride-Direktive festgelegt. Diese Direktive gibt nach Kategorien an, welche Direktiven berücksichtigt werden, wenn sie

> **Hinweis**
>
> Möchten Sie der .htaccess-Datei einen anderen Namen geben, dann können Sie dies mit der `AccessFileName`-Direktive tun. Soll die Datei beispielsweise `.config` heißen, setzen Sie folgende Zeile in die Serverkonfigurationsdatei:
> `AccessFileName .config`

in einer `.htaccess`-Datei stehen. Ist eine Direktive in einer `.htaccess`-Datei zulässig, dann gibt die Dokumentation dieser Direktive unter »AllowOverride« an, welcher Wert für `AllowOverride` angegeben werden muss, damit die Direktive zulässig ist.

Wenn Sie beispielsweise unter *AddDefaultCharset* nachschlagen, finden Sie, dass diese Direktive in `.htaccess`-Dateien zulässig ist (in der Kontextzeile der Zusammenfassung). Unter `AllowOverride` wird `FileInfo` angegeben. Dementsprechend muss mindestens `AllowOverride FileInfo` angegeben werden, damit die Anweisung aus `.htaccess`-Dateien berücksichtigt wird.

Beispiel:

Kontext:server config, virtual host, directory, .htaccess
AllowOverride:FileInfo

Wenn Sie sich nicht sicher sind, ob eine bestimmte Direktive in einer `.htaccess`-Datei zulässig ist, dann schauen Sie in der Dokumentation nach, ob dort der Eintrag ».htaccess« für Kontext steht.

5.4.2 Wann .htaccess-Dateien verwendet werden

Im Allgemeinen sollten Sie `.htaccess`-Dateien nur dann benutzen, wenn Sie keinen Zugriff auf die Konfigurationsdatei des Hauptservers haben. Es ist zum Beispiel ein weit verbreitetes Missverständnis, dass die Benutzerauthentifizierung immer über die `.htaccess`-Dateien konfiguriert werden sollte. Das ist falsch. Sie können die Authentifizierung in der Konfigurationsdatei des Hauptservers festlegen, was auch empfohlen wird.

`.htaccess`-Dateien sollten benutzt werden, wenn die Anbieter des Inhalts auf Verzeichnisebene Konfigurationsänderungen für den Server vornehmen müssen, aber nicht die entsprechenden Rechte für den Server besitzen. Ist der Administrator nicht gewillt, häufige Konfigurationsänderungen vorzunehmen, kann es angebracht sein, dass einzelne Benutzer diese Änderungen mit den `.htaccess`-Dateien selbst durchführen. Das trifft insbesondere dann zu, wenn Provider mehrere Benutzer-Sites auf einem Rechner beherbergen und möchten, dass die Benutzer die Änderungen selbst durchführen können.

Generell sollte die Verwendung von `.htaccess`-Dateien jedoch möglichst vermieden werden. Jede Konfiguration, die Sie in einer `.htaccess`-Datei vornehmen, kann genauso gut in einem `Directory`-Abschnitt der Konfigurationsdatei des Hauptservers vorgenommen werden.

Die Verwendung von `.htaccess`-Dateien sollte aus zwei wichtigen Gründen vermieden werden.

Der erste ist der Serverdurchsatz. Wenn `AllowOverride` so gesetzt wird, dass `.htaccess`-Dateien benutzt werden dürfen, dann schaut der Apache in jedem Verzeichnis nach `.htaccess`-Dateien, was die Leistung herabsetzt, selbst wenn die Dateien nicht benutzt werden. Außerdem wird die `.htaccess`-Datei jedes Mal geladen, wenn ein Dokument angefordert wird.

Beachten Sie außerdem, dass der Apache in allen Verzeichnissen höherer Ebenen nach `.htaccess`-Dateien suchen muss, damit er den Überblick hat, welche Direktiven er anwenden muss. (Siehe auch *Abschnitt 5.4.3 »Wie Direktiven angewendet werden«*.) Wird eine Datei aus dem Verzeichnis /www/htdocs/example angefordert, muss der Apache daher nach folgenden Dateien suchen:

```
/.htaccess
/www/.htaccess
/www/htdocs/.htaccess
/www/htdocs/example/.htaccess
```

Für jeden Dateizugriff in diesem Verzeichnis sind also vier weitere Zugriffe auf das Dateisystem erforderlich, was auch gilt, wenn keine dieser Dateien vorhanden ist. (Das trifft nur zu, wenn die Verwendung von `.htaccess`-Dateien für / zugelassen wird, was normalerweise nicht der Fall ist.)

Das zweite Argument betrifft die Sicherheit. Wenn Sie zulassen, dass Benutzer die Serverkonfiguration ändern, können Änderungen vorgenommen werden, über die Sie keine Kontrolle mehr haben. Deshalb sollten Sie genau überlegen, ob Sie den Benutzern dieses Privileg einräumen. Bedenken Sie aber auch, dass Benutzer, die mit weniger Rechten ausgestattet sind, als sie benötigen, mehr Support in Anspruch nehmen werden. Sorgen Sie dafür, dass die Benutzer wissen, welche Rechte sie haben. Wenn Sie genau angeben, wie `AllowOverride` gesetzt wurde, und auf die entsprechende Dokumentation verweisen, dann vermeiden Sie unnötige Verwirrung.

Bedenken Sie, dass es genau die gleichen Auswirkungen hat, wenn Sie eine `.htaccess`-Datei in das Verzeichnis /www/htdocs/example stellen oder die darin enthaltenen Direktiven in den `<Directory /www/htdocs/example>`-Abschnitt der Konfigurationsdatei des Hauptservers setzen:

Die `.htaccess`-Datei aus dem Verzeichnis /www/htdocs/example:

```
#Inhalt der .htaccess-Datei aus dem Verzeichnis /www/htdocs/example
 AddType text/example .exm
```

```
#Abschnitt aus der httpd.conf-Datei
<Directory /www/htdocs/example>
AddType text/example .exm
</Directory>
```

Wird diese Konfiguration in der Serverkonfigurationsdatei vorgenommen, gibt es keine Leistungsverschlechterung, da die Konfiguration einmal beim Start des Apache geladen wird und nicht jedes Mal, wenn eine Datei angefordert wird.

Wenn die `AllowOverride`-Direktive auf none gesetzt wird, sind die .htaccess-Dateien vollständig deaktiviert:

```
AllowOverride None
```

5.4.3 Wie Direktiven angewendet werden

Die Konfigurationsdirektiven aus einer .htaccess-Datei werden auf das Verzeichnis und alle seine Unterverzeichnisse angewendet, in dem sich die .htaccess-Datei befindet. Dabei ist aber zu beachten, dass sich in den darüber liegenden Verzeichnissen auch .htaccess-Dateien befinden können. Direktiven werden in der Reihenfolge angewendet, in der sie gefunden werden. Daher ist es möglich, dass Direktiven aus einer .htaccess-Datei aus einem bestimmten Verzeichnis Direktiven aus .htaccess-Dateien aus darüber liegenden Verzeichnissen überschreiben können, die ihrerseits Direktiven aus noch weiter darüber liegenden Verzeichnissen überschreiben. Ferner können Direktiven aus der Konfigurationsdatei des Servers überschrieben werden.

Beispiel:

Im Verzeichnis /www/htdocs/example1 befindet sich eine .htaccess-Datei mit folgender Anweisung:

```
Options +ExecCGI
```

(Hinweis: Die Option `AllowOverride Options` muss aktiv sein, damit die `Options`-Direktive in .htaccess-Dateien benutzt werden darf.)

Im Verzeichnis /www/htdocs/example1/example2 befindet sich eine .htaccess-Datei mit folgendem Inhalt:

```
Options Includes
```

Da sich die zweite .htaccess-Datei im Verzeichnis /www/htdocs/example1/example2 befindet, ist die CGI-Ausführung nicht erlaubt, da nur `Options Includes` gesetzt wurde, womit alle vorherigen Direktiven vollständig überschrieben werden.

5.4.4 Beispiel: Authentifizierung

Wenn Sie bei der Suche nach einem Beispiel für die Authentifizierung direkt auf diese Textstelle gestoßen sind, dann seien Sie hier noch einmal auf das weit verbreitete Missverständnis hingewiesen, dass .htaccess-Dateien für die Implementierung der Passwortauthentifizierung benötigt werden. Das trifft nicht zu. Es wird empfohlen, die Authentifizierungsdirektiven in einen `Directory`-Abschnitt der Konfigurationsdatei des Servers zu setzen. .htaccess-Dateien sollten nur verwendet werden, wenn kein Zugriff auf die Konfigurationsdatei des Servers möglich ist. In den vorangegangenen Abschnitten wurde bereits erläutert, wann .htaccess-Dateien benutzt werden sollten.

Wenn Sie vor diesem Hintergrund trotzdem der Meinung sind, Sie müssten eine .htaccess-Datei verwenden, hilft Ihnen vielleicht das folgende Beispiel weiter.

Inhalt der `.htaccess`-Datei:

```
AuthType Basic
AuthName "Password Required"
AuthUserFile /www/passwords/password.file
AuthGroupFile /www/passwords/group.file
Require Group admins
```

`AllowOverride AuthConfig` muss gesetzt sein, damit diese Direktiven wirksam sind.

Die Authentifizierung und Autorisierung werden im *Abschnitt 5.1 »Authentifizierung, Autorisierung und Zugriffskontrolle«* ausführlich behandelt.

5.4.5 Beispiel: Server Side Includes

`.htaccess`-Dateien werden häufig für die Aktivierung von Server Side Includes für ein bestimmtes Verzeichnis benutzt. Dies kann mit folgenden Direktiven in der `.htaccess`-Datei des gewünschten Verzeichnisses geschehen:

```
Options +Includes
AddType text/html shtml
AddHandler server-parsed shtml
```

`AllowOverride FileInfo` muss gesetzt sein, damit diese Direktiven wirksam sind.

Server Side Includes werden im *Abschnitt 5.3 »Server Side Includes«* ausführlich behandelt.

5.4.6 CGI-Beispiel

Mit einer `.htaccess`-Datei kann die Ausführung von CGI-Programmen aus einem bestimmten Verzeichnis zugelassen werden. Dies kann mit folgenden Direktiven konfiguriert werden:

```
Options +ExecCGI
AddHandler cgi-script cgi pl
```

Sollen alle Dateien aus dem angegebenen Verzeichnis als CGI-Programme betrachtet werden, kann dies wie folgt konfiguriert werden:

```
Options +ExecCGI
SetHandler cgi-script
```

`AllowOverride Options` muss gesetzt sein, damit diese Direktiven wirksam sind.

Die CGI-Programmierung und Konfiguration wird im *Abschnitt 5.2 »Dynamische Inhalte mit CGI«* ausführlich behandelt.

5.4.7 Fehlersuche

Wenn die Konfigurationsdirektiven aus einer `.htaccess`-Datei nicht zum gewünschten Ergebnis führen, kann das viele Ursachen haben.

Häufig wird vergessen, `AllowOverride` zu setzen, damit die Konfigurationsdirektiven berücksichtigt werden. Sorgen Sie dafür, dass keine `AllowOverride None`-Anweisung für den Dateibereich gesetzt wird. Das lässt sich einfach dadurch testen, dass unsinnige Anweisungen in die `.htaccess`-Datei eingefügt werden und diese neu geladen wird. Wird vom Server kein Fehler gemeldet, ist `AllowOverride None` höchstwahrscheinlich gesetzt worden.

Meldet der Server dagegen beim Versuch, auf Dokumente zuzugreifen, Fehler, dann überprüfen Sie das Apache-Fehlerprotokoll. Dort wird Ihnen wahrscheinlich mitgeteilt, dass die in der `.htaccess`-Datei benutzte Direktive nicht zulässig ist oder dass ein Syntaxfehler vorliegt, den Sie beheben müssen.

5.5 Webverzeichnisse für Benutzer

Bei Mehrbenutzersystemen kann jedem Benutzer gestattet werden, mit der `UserDir`-Direktive eine Website im eigenen Stammverzeichnis einzurichten. Besucher der URL http://example.com/~username/ erhalten den Inhalt des mit `username` angegebenen Benutzers aus dessen mit der `UserDir`-Direktive angegebenem Unterverzeichnis.

Siehe auch: *2.8 »URLs dem Dateisystem zuordnen«*

5.5.1 Benutzer-Webverzeichnisse

Referenzierte Module: `mod_userdir`

Referenzierte Direktiven: `UserDir` `DirectoryMatch`
`AllowOverride`

5.5.2 Den Dateipfad mit UserDir setzen

Die `UserDir`-Direktive gibt ein Verzeichnis an, aus dem Inhalte eines Benutzers geladen werden können. Die Direktive kann unterschiedlich angegeben werden.

Wird ein Pfad angegeben, der nicht mit einem Schrägstrich beginnt, wird angenommen, dass es sich um einen Verzeichnispfad relativ zum Stammverzeichnis des angegebenen Benutzers handelt. Ein Beispiel:

```
UserDir public_html
```

Die URL http://example.com/~rbowen/file.html wird in den Dateipfad /home/rbowen/public_html/file.html umgewandelt.

Beginnt der Pfad mit einem Schrägstrich, wird mit diesem Pfad ein Verzeichnispfad mit dem angegebenen Benutzernamen konstruiert:

```
UserDir /var/html
```

Die URL http://example.com/~rbowen/file.html wird in den Dateipfad /var/html/rbowen/file.html umgewandelt.

Wird ein Pfad mit einem Sternchen angegeben (*), wird ein Pfad benutzt, in dem das Sternchen durch den Benutzernamen ersetzt wird:

```
UserDir /var/www/*/docs
```

Die URL http://example.com/~rbowen/file.html wird in den Dateipfad /var/www/rbowen/docs/file.html umgewandelt.

5.5.3 Die Benutzer dieser Möglichkeit einschränken

Die Syntax der UserDir-Anweisung erlaubt eine Einschränkung der Benutzer dieser Funktionalität:

```
UserDir enabled
UserDir disabled root jro fish
```

Bei dieser Konfiguration dürfen alle Benutzer bis auf diejenigen, die in der disabled-Anweisung aufgeführt werden, diese Eigenschaft benutzen. Genauso gut kann die Eigenschaft für alle Benutzer bis auf einige wenige deaktiviert werden:

```
UserDir disabled
UserDir enabled rbowen krietz
```

Weitere Beispiele finden Sie in der Beschreibung des Moduls mod_userdir.

5.5.4 Ein CGI-Verzeichnis für jeden Benutzer

Damit jeder Benutzer sein eigenes cgi-bin-Verzeichnis erhält, können Sie mit einer Directory-Direktive ein bestimmtes Unterverzeichnis aus dem Stammverzeichnis des Benutzers für CGI aktivieren:

```
<Directory /home/*/cgi-bin/>
Options ExecCGI
SetHandler cgi-script
</Directory>
```

5.5.5 Benutzern das Ändern der Konfiguration erlauben

Soll den Benutzern gestattet werden, die Serverkonfiguration für ihren Webbereich zu verändern, dann müssen Sie hierfür die .htaccess-Dateien benutzen. Achten Sie darauf, dass AllowOverride auf einen entsprechenden Wert für die Direktiven gesetzt ist, die der Benutzer verändern darf.

5.6 Apache Tutorials

Die folgenden Titel beschreiben detailliert die Erledigung allgemeiner Aufgaben im Umgang mit dem Apache HTTP Server. Viele von ihnen finden Sie auf externen Sites und sind nicht das Ergebnis der Bemühungen der Apache Software Foundation. Die Urheberrechte liegen bei den Verfassern.

5.6.1 Installation & Erste Schritte

- http://apachetoday.com/news_story.php3?ltsn=2000-06-1-001-01-NW-DP-LF
  Getting Started with Apache 1.3 (ApacheToday)
- http://apachetoday.com/news_story.php3?ltsn=2000-07-10-001-01-NW-LF-SW
  Configuring Your Apache Server Installation (ApacheToday)
- http://www.onlamp.com/pub/a/apache/2000/02/24/installing_apache.html
  Getting, Installing, and Running Apache (on UNIX) (O'Reilly Network Apache DevCenter)
- http://www.builder.com/Servers/Apache/ss01.html
  Maximum Apache: Getting Started (CNET Builder.com)
- http://www.devshed.com/Server_Side/Administration/APACHE/
  How to Build the Apache of Your Dreams (Developer Shed)

5.6.2 Grundkonfiguration

- http://www.onlamp.com/pub/a/apache/2000/03/02/configuring_apache.html
  An Amble Through Apache Configuration (O'Reilly Network Apache DevCenter)
- http://apachetoday.com/news_story.php3?ltsn=2000-07-19-002-01-NW-LF-SW
  Using .htaccess Files with Apache (ApacheToday)
- http://apachetoday.com/news_story.php3?ltsn=2000-07-17-001-01-PS
  Setting Up Virtual Hosts (ApacheToday)
- http://www.builder.com/Servers/Apache/ss02.html
  Maximum Apache: Configure Apache (CNET Builder.com)
- http://www.devshed.com/Server_Side/Administration/MoreApache/
  Getting More Out of Apache (Developer Shed)

5.6.3 Sicherheit

- http://www.linuxplanet.com/linuxplanet/tutorials/1527/1/
  Security and Apache: An Essential Primer (LinuxPlanet)
- http://www.apacheweek.com/features/userauth
  Using User Authentication (Apacheweek)
- http://www.apacheweek.com/features/dbmauth
  DBM User Authentication (Apacheweek)
- http://linux.com/security/newsitem.phtml?sid=12&aid=3549
  An Introduction to Securing Apache (Linux.com)
- http://linux.com/security/newsitem.phtml?sid=12&aid=3667
  Securing Apache – Access Control (Linux.com)
- Apache-Authentifzierung
  http://apachetoday.com/news_story.php3?ltsn=2000-07-24-002-01-NW-LF-SW
  Part 1 –
  http://apachetoday.com/news_story.php3?ltsn=2000-07-31-001-01-NW-DP-LF

Part 2 –
http://apachetoday.com/news_story.php3?ltsn=2000-08-07-001-01-NW-LF-SW
Part 3 –
http://apachetoday.com/news_story.php3?ltsn=2000-08-14-001-01-NW-LF-SW
Part 4 (ApacheToday)

- http://apachetoday.com/news_story.php3?ltsn=2000-11-13-003-01-SC-LF-SW
  mod_access: Restricting Access by Host (ApacheToday)

5.6.4 Protokollierung

- http://www.onlamp.com/pub/a/apache/2000/03/10/log_rhythms.html
  Log Rhythms (O'Reilly Network Apache DevCenter)
- http://www.apacheweek.com/features/logfiles
  Gathering Visitor Information: Customising Your Logfiles (Apacheweek)
- Apache Guide: Logging
  http://apachetoday.com/news_story.php3?ltsn=2000-08-21-003-01-NW-LF-SW
  Part 1 –
  http://apachetoday.com/news_story.php3?ltsn=2000-08-28-001-01-NW-LF-SW
  Part 2 –
  http://apachetoday.com/news_story.php3?ltsn=2000-09-05-001-01-NW-LF-SW
  Part 3 –
  http://apachetoday.com/news_story.php3?ltsn=2000-09-18-003-01-NW-LF-SW
  Part 4 –
  http://apachetoday.com/news_story.php3?ltsn=2000-09-25-001-01-NW-LF-SW
  Part 5 (ApacheToday)

5.6.5 CGI und SSI

- http://apachetoday.com/news_story.php3?ltsn=2000-06-05-001-10-NW-LF-SW
  Dynamic Content with CGI (ApacheToday)
- http://www.cpan.org/doc/FAQs/cgi/idiots-guide.html
  The Idiot's Guide to Solving Perl CGI Problems (CPAN)
- http://www.linuxplanet.com/linuxplanet/tutorials/1445/1/
  Executing CGI Scripts as Other Users (LinuxPlanet)
- http://www.htmlhelp.org/faq/cgifaq.html
  CGI Programming FAQ (Web Design Group)
- Introduction to Server Side Includes
  http://apachetoday.com/news_story.php3?ltsn=2000-06-12-001-01-PS
  Part 1 –
  http://apachetoday.com/news_story.php3?ltsn=2000-06-19-002-01-NW-LF-SW
  Part 2 (ApacheToday)
- http://apachetoday.com/news_story.php3?ltsn=2000-06-26-001-01-NW-LF-SW
  Advanced SSI Techniques (ApacheToday)
- http://www.builder.com/Servers/ApacheFiles/082400/
  Setting up CGI and SSI with Apache (CNET Builder.com)

5.6.6 Andere Themen

- `http://www.apacheweek.com/features/negotiation`
  Content Negotiation Explained (Apacheweek)

- `http://www.apacheweek.com/features/imagemaps`
  Using Apache Imagemaps (Apacheweek)

- `http://apachetoday.com/news_story.php3?ltsn=2000-06-14-002-01-PS`
  Keeping Your Images from Adorning Other Sites (ApacheToday)

- `http://ppewww.ph.gla.ac.uk/~flavell/www/lang-neg.html`
  Language Negotiation Notes (Alan J. Flavell)

Wenn Sie einen korrekten und gut geschriebenen Beitrag für diese Liste vorschlagen möchten, wenden Sie sich bitte an die »Apache Bug Database« (`http://bugs.apache.org/`).

Kapitel 6

Plattform-spezifische Anmerkungen

6.1 Apache unter Microsoft Windows

In den folgenden Abschnitten wird erklärt, wie der Apache 2.0 unter Windows installiert, konfiguriert und ausgeführt wird. Wenn Sie Fehler finden oder in anderer Form etwas beitragen möchten, suchen Sie bitte unsere Seite für Bug Reports (http://httpd.apache.org/bug_report.html) auf.

Es wird davon ausgegangen, dass Sie eine binäre Apache-Distribution installieren. Möchten Sie den Apache selbst kompilieren (eventuell um sich an der Entwicklung zu beteiligen oder um Fehler aufzuspüren), dann schlagen Sie im *Abschnitt 6.2 »Apache für Microsoft Windows kompilieren«* nach.

Aufgrund der aktuellen Versionspolitik von Microsoft für die Windows-Betriebssysteme gelten für dieses Dokument die folgenden Vorgaben:

- **Windows NT:** Bezeichnet alle Windows-Versionen, die auf dem Windows-NT-Kernel basieren. Hierzu gehören Windows NT, Windows 2000, Windows XP und Windows .Net Server 2003.
- **Windows 9x:** Hierzu gehören die älteren privatkundenorientierten Windows-Versionen Windows 95 (auch OSR2), Windows 98 und Windows Me.

6.1.1 Anforderungen an das Betriebssystem

Die wichtigste Windows-Version für die Ausführung des Apache 2.0 ist Windows NT. Das Installationsprogramm funktioniert nur mit den x86-Prozessoren (Intel- und AMD-Prozessoren). Die Ausführung des Apache mit Windows 9x wurde nicht gründlich getestet und ist für den Produktionseinsatz auf keinen Fall zu empfehlen.

Bei allen Betriebssystemen muss TCP/IP installiert sein und funktionieren. Bei Windows 95 muss das Winsock-2-Upgrade installiert sein. Winsock 2 für Windows 95 können Sie unter der Adresse http://www.microsoft.com/windows95/downloads/contents/WUAdminTools/S_WUNetworkingTools/W95Sockets2/Default.asp herunterladen.

Für Windows NT 4.0 wird unbedingt die Installation des Service Pack 6 empfohlen, da es bei Service Pack 4 bekanntermaßen Probleme mit TCP/IP und der Winsock-Integrität gibt, die mit späteren Service Packs behoben wurden.

6.1.2 Apache für Windows herunterladen

Informationen zur aktuellsten Version des Apache finden Sie auf der Website des Apache-Webservers unter der Adresse http://httpd.apache.org/download.cgi. Dort finden Sie die aktuelle Version sowie die letzten Alpha- oder Betaversionen und eine Liste der HTTP-

und FTP-Mirrors, von denen Sie den Apache-Webserver herunterladen können. Benutzen Sie bitte einen Spiegelserver in Ihrer Nähe, damit der Apache schnell und ohne Störungen heruntergeladen wird.

Für Windows-Installationen sollten Sie die Apache-Version für Windows mit der Erweiterung `.msi` herunterladen. Dies ist eine einzige Microsoft-Installer-Datei, die eine fertig ausführbare Version des Apache enthält. Daneben gibt es noch eine `.zip`-Datei, die ausschließlich den Quellcode enthält. Mit dem Microsoft-Visual-C++-Programmen (Visual Studio) können Sie den Apache selbst kompilieren.

6.1.3 Apache für Windows installieren

Sie benötigen für die Installation den Microsoft Installer 1.2 oder eine spätere Version. Für Windows 9x können Sie unter der Adresse `http://www.microsoft.com/downloads/release.asp?ReleaseID=32831` das Update für den Microsoft Installer Version 2.0 und für Windows NT 4.0 und 2000 unter der Adresse `http://www.microsoft.com/downloads/release.asp?ReleaseID=32832` das Update für die Version 2.0 herunterladen. Für Windows XP ist kein Update erforderlich.

Beachten Sie, dass Sie mit dem ausführbaren Installer nicht zwei Versionen des Apache 2.0 auf dem gleichen Computer installieren können. Sie können jedoch eine Version der 1.3-Reihe *und* eine Version der 2.0-Reihe auf dem gleichen Rechner problemlos installieren. Benötigen Sie zwei unterschiedliche 2.0-Versionen auf demselben Rechner, dann müssen Sie den Quellcode kompilieren und anschließend den Apache installieren.

Führen Sie die heruntergeladene `.msi`-Datei aus. Während der Installation müssen Sie folgende Angaben machen:

1. **Network Domain** (Netzwerkdomäne). Geben Sie die DNS-Domäne an, in der Ihr Server sich befindet oder in der er registriert wird. Lautet der vollständige DNS-Name Ihres Servers beispielsweise `server.mydomain.net`, dann geben Sie `mydomain.net` ein.

2. **Server Name** (Servername). Der vollständige DNS-Name des Servers. Für das oben aufgeführte Beispiel geben Sie `server.mydomain.net` ein.

3. **Administrator's Email Address.** (E-Mail-Adresse des Administrators.) Geben Sie die E-Mail-Adresse des Serveradministrators oder Webmasters ein. Diese Adresse wird dem Client standardmäßig mit den Fehlermeldungen angezeigt.

4. **Wählen Sie `for All Users, on Port 80, as a Service - Recommended`** (für alle Benutzer auf Port 80 als Dienst – empfohlen), wenn Ihr neuer Apache Port 80 auf eingehende Anfragen überwachen soll. Er wird als Dienst ausgeführt (das heißt, der Apache wird auch dann ausgeführt, wenn sich gerade niemand angemeldet hat). Wählen Sie `Only for the Current User, on Port 8080, when started Manually` (nur für den aktuellen Benutzer auf Port 8080, wenn manuell gestartet), wenn Sie den Apache für experimentelle Zwecke installieren möchten oder ein anderer WWW-Server bereits für Port 80 ausgeführt wird.

5. **Installationstyp.** Wählen Sie außer für die Entwicklung von Quellcode und Bibliotheken für Module `Typical` (Typisch). Bei der Option `Custom` (Benutzerdefiniert) können Sie angeben, was installiert werden soll. Eine vollständige Installation benötigt zirka 13 MByte Festplattenspeicher, wobei die Größe der Site(s) noch *nicht* berücksichtigt ist.

6. **Wo installieren.** Das Standardverzeichnis ist `%SystemDrive%\Programme\`, in dem laut Vorgabe ein Verzeichnis `Apache2` angelegt wird.

Während der Installation konfiguriert der Apache die Dateien im Unterverzeichnis `conf` entsprechend des gewählten Installationsverzeichnisses. Existiert eine der Konfigurationsdateien bereits in diesem Verzeichnis, wird sie nicht überschrieben. Die neue Kopie der entsprechenden Datei erhält stattdessen die Erweiterung `.default`. Existiert beispielsweise die Datei `conf\httpd.conf` bereits, dann wird sie in `conf\httpd.conf.default` umbenannt. Nach der Installation sollten Sie überprüfen, welche neuen Einstellungen die `.default`-Datei enthält, und gegebenenfalls die vorhandene Konfigurationsdatei aktualisieren.

Auch eine bereits vorhandene `htdocs\index.html`-Datei wird nicht überschrieben (aber es wird auch keine `index.html.default`-Datei angelegt). Eine Apache-Installation über eine bereits vorhandene Installation sollte daher keine Probleme bereiten, allerdings müssen Sie den vorhandenen Server stoppen, bevor Sie die Installation durchführen, und anschließend den neuen Server starten, wenn die Installation abgeschlossen ist.

Nach der Installation des Apache müssen Sie die Konfigurationsdateien aus dem Unterverzeichnis `conf` nach Bedarf bearbeiten. Diese Dateien werden während der Installation konfiguriert, so dass der Apache mit dem Dokumentserver des Verzeichnisses `htdocs` aus dem Installationsverzeichnis ausgeführt werden kann. Bevor Sie den Apache wirklich benutzen, sollten Sie zwar noch viele andere Optionen setzen, aber mit den installierten Dateien sollte ein Schnellstart bereits möglich sein.

6.1.4 Apache für Windows anpassen

Der Apache wird mit den Dateien aus dem Unterverzeichnis `conf` konfiguriert. Diese sind die gleichen Dateien, mit denen auch die UNIX-Version konfiguriert wird, für Windows gibt es jedoch einige andere Direktiven. Eine Übersicht über die verfügbaren Direktiven finden Sie im Direktiven-Index.

Die Hauptunterschiede von Apache für Windows sind:

- Da der Apache für Windows Multithreading verwendet, wird nicht für jede Anfrage ein eigener Prozess benutzt, wie dies beim Standard-UNIX-MPM `prefork` der Fall ist. Normalerweise werden nur zwei Apache-Prozesse ausgeführt: ein Elternprozess und ein Kindprozess für die Behandlung der Anfragen. Innerhalb des Kindprozesses wird jede Anfrage von einem eigenen Thread behandelt.

   Auch die Direktiven für das Prozessmanagement unterscheiden sich:

   `MaxRequestsPerChild`: Wie die UNIX-Direktive steuert sie, wie viele Anfragen ein einzelner Kindprozess bedient, bevor er endet. Aber anders als bei UNIX bedient ein einziger Prozess alle Anfragen auf einmal und nicht nur einen. Wird diese Direktive gesetzt, sollte ein sehr hoher Wert gewählt werden. Bei der empfohlenen Vorgabe `MaxRequestsPerChild 0` wird der Kindprozess nie beendet.

> **Warnung**
>
> Die Serverkonfigurationsdatei wird erneut gelesen, wenn ein neuer Kindprozess gestartet wird. Haben Sie die Datei httpd.conf verändert, startet der Kindprozess möglicherweise nicht oder es kommt zu unerwarteten Ergebnissen.

   `ThreadsPerChild`: Diese Direktive teilt dem Server mit, wie viele Threads er verwenden soll. Dies entspricht der maximalen Anzahl von Verbindungen, die der Server auf einmal bearbeiten kann, daher sollten Sie den Wert hoch genug setzen, falls Ihre Site viele Anfragen erhält. Der empfohlene Vorgabewert liegt bei `ThreadsPerChild 50`.

- Bei Direktiven, die Dateinamen als Argumente übernehmen, müssen die Windows-Dateinamen an Stelle der UNIX-Dateinamen angegeben werden. Da der Apache jedoch intern Dateinamen im UNIX-Stil benutzt, müssen Sie normale Schrägstriche (/) und keine Backslashs verwenden. Laufwerksbuchstaben können benutzt werden; werden sie nicht angegeben, wird von dem Laufwerk ausgegangen, auf dem sich der Apache befindet.

- Der Apache für Windows kann Module während der Laufzeit laden, ohne dass der Server erneut kompiliert werden muss. Wurde der Apache normal kompiliert, werden eine Reihe optionaler Module im Verzeichnis \Apache2\modules installiert. Um diese oder andere Module zu aktivieren, muss die Direktive LoadModule benutzt werden. Um beispielsweise das Statusmodul zu aktivieren, geben Sie (zusätzlich zu den statusaktivierenden Direktiven in der Datei access.conf) folgende Anweisung:

```
LoadModule status_module modules/mod_status.so
```

Informationen zur Erzeugung ladbarer Module finden Sie in der Beschreibung des Moduls »mod_so«, Seite 585.

- Der Apache kann auch ISAPI-Erweiterungen (Internet Server Application Programming Interface) laden (z.B. Internet-Server-Anwendungen), etwa solche, die vom Microsoft IIS und anderen Windows-Servern benutzt werden. Weitere Informationen finden Sie in der Beschreibung des Moduls mod_isapi. Beachten Sie, dass der Apache *keine* ISAPI-Filter laden kann.

- Wie der Apache den Interpreter für die Ausführung von CGI-Skripten findet, kann mit der Direktive ScriptInterpreterSource konfiguriert werden.

- Da der Umgang mit Dateibezeichnungen wie .htaccess unter Windows häufig schwierig ist, ändern Sie den Namen der Konfigurationsdatei für den Verzeichniskontext mit der Direktive AccessFilename.

- Fehler, die beim Apache-Start auftreten, werden von Windows NT im Ereignisprotokoll aufgezeichnet. Dieser Mechanismus dient als Sicherung in Situationen, in denen der Apache nicht einmal auf die normalerweise benutzte error.log-Datei zugreifen kann. Das Ereignisprotokoll von Windows NT 4.0 können Sie sich mit der Ereignisanzeige und bei neueren Windows-Versionen mit dem entsprechenden MMC-Snap-In anzeigen lassen.

> **Hinweis**
> Eine Protokollierung von Fehlern in der Startphase ist bei Windows 9x nicht möglich, weil diese Betriebssysteme kein Ereignisprotokoll führen.

6.1.5 Den Apache als Dienst ausführen

Der Apache kann als Windows-NT-Dienst ausgeführt werden. Für Windows 9x gibt es eine äußerst experimentelle Unterstützung für ein ähnliches Verhalten.

Der Apache kann während der Installation automatisch als Dienst eingerichtet werden. Wenn Sie den Installationsablauf für alle Benutzer wählen, wird ein Apache-Dienst installiert. Wählen Sie die Installation für nur einen Benutzer, können Sie den Apache nach der

Installation manuell als Dienst registrieren lassen. Sie müssen Mitglied der Administratorgruppe sein, damit die Dienstinstallation erfolgreich abgeschlossen werden kann.

Mit dem Apache-Hilfsprogramm Apache Service Monitor können Sie den Status aller installierten Apache-Dienste auf allen Rechnern Ihres Netzwerks betrachten und verwalten. Um einen Apache-Dienst mit diesem Programm verwalten zu können, muss der Dienst zuerst installiert werden (entweder automatisch über die Installation oder manuell).

Der Apache wird mit folgender Befehlszeile im Unterverzeichnis bin des Apache als Windows-NT-Dienst installiert:

```
apache -k install
```

Wenn Sie den Namen des zu installierenden Dienstes angeben müssen, verwenden Sie den folgenden Befehl. Das ist notwendig, wenn Sie mehrere Apache-Dienste auf Ihrem Rechner installiert haben.

```
apache -k install -n "MyServiceName"
```

Benötigen Sie besonders bezeichnete Konfigurationsdateien für unterschiedliche Dienste, dann geben Sie ein:

```
apache -k install -n "MyServiceName" -f "c:\files\my.conf"
```

Verwenden Sie den ersten Befehl abgesehen von -k install ohne spezielle Parameter, dann heißt der Dienst Apache2 und conf\httpd.conf wird als Konfiguration genommen.

Das Entfernen eines Apache-Dienstes ist einfach:

```
apache -k uninstall
```

Der zu deinstallierende Apache-Dienst kann wie folgt angegeben werden:

```
apache -k uninstall -n "MyServiceName"
```

Das normale Starten, Neustarten und Herunterfahren eines Apache-Dienstes erfolgt normalerweise mit Befehlen wie NET START Apache2 und NET STOP Apache2, über den Apache Service Monitor oder über die normale Dienstverwaltung von Windows. Bevor Sie den Apache überhaupt als Dienst starten, sollten Sie mit dem folgenden Befehl die Konfigurationsdatei des Dienstes überprüfen:

```
apache -n "MyServiceName" -t
```

Sie können einen Apache-Dienst auch über die Befehlszeilenschalter steuern. So wird ein installierter Apache-Dienst gestartet:

```
apache -k start
```

Und so wird ein Apache-Dienst mit Befehlszeilenschaltern gestoppt:

```
apache -k stop
```

Oder:

```
apache -k shutdown
```

Einen gerade ausgeführten Dienst können Sie auch neu starten und so die Konfigurationsdatei erneut lesen lassen:

```
apache -k restart
```

Standardmäßig werden alle Apache-Dienste für die Ausführung unter dem Systembenutzer registriert (das Konto Systemkonto). Das Konto Systemkonto hat über sämtliche Windows-geschützten Mechanismen keine Rechte für Ihr Netzwerk, weder für das Dateisystem, Named Pipes, DCOM noch für sicheres RPC. Es besitzt jedoch lokal weitreichende Rechte.

> **Hinweis**
>
> Gewähren Sie dem Systemkonto niemals Netzwerkrechte! Muss der Apache in der Lage sein, auf Netzwerkressourcen zuzugreifen, dann richten Sie, wie unten angemerkt, ein eigens Konto für den Apache ein.

Sie sollten ein eigenes Konto für die Ausführung von Apache-Diensten einrichten. Dies ist insbesondere dann sehr zu empfehlen, wenn über den Apache auf Netzwerkressourcen zugegriffen wird.

1. Richten Sie ein normales Domänenbenutzerkonto ein und prägen Sie sich das Kennwort ein.
2. Geben Sie dem neu eingerichteten Benutzer das Recht Ausführen als Dienst und Als Teil des Betriebssystems handeln. In Windows NT 4.0 werden diese Privilegien mit dem Benutzer-Manager für Domänen vergeben, für Windows 2000 und XP werden Sie wahrscheinlich eine Gruppenrichtlinie für diese Einstellungen benutzen. Sie können die Einstellung auch manuell mit dem MMC-Snap-In »Lokale Benutzer und Gruppen« durchführen.
3. Bestätigen Sie, dass das eingerichtete Konto Mitglied der Gruppe Benutzer ist.
4. Gewähren Sie dem Konto Lese- und Ausführungsrechte (RX) für alle Dokument- und Skriptordner (z.B. htdocs und cgi-bin).
5. Geben Sie dem Apache für das Verzeichnis logs das Recht zum Ändern (RWXD).
6. Geben Sie dem Konto Leserecht und das Recht zum Ausführen des Programms Apache.exe.

> **Hinweis**
>
> In der Regel ist angebracht, dem Benutzer, der den Apache ausführt, Leserechte und das Recht zum Ausführen (RX) für das gesamte Apache2-Verzeichnis zu gewähren. Nur im Unterverzeichnis logs benötigt er mindestens das Recht zum Ändern (RWXD).

Wenn das Konto als Benutzer und Dienst angemeldet werden darf, dann können Sie sich mit diesem Konto anmelden und testen, ob das Konto die Rechte zum Ausführen eines Skripts und zum Lesen von Webseiten hat und ob Sie den Apache in einem Konsolenfenster starten können. Funktioniert das und haben Sie sich an die oben angegebenen Schritte gehalten, dann sollte der Apache problemlos als Dienst ausgeführt werden.

> **Hinweis**
>
> Die Meldung *Fehlercode 2186* ist ein sicherer Hinweis darauf, dass Sie die »Anmelden als«-Konfiguration für den Dienst noch einmal überprüfen müssen, weil der Apache nicht auf eine angeforderte Netzwerkressource zugreifen kann. Achten Sie auch genau auf die Rechte des Benutzers, unter dem der Apache ausgeführt wird.

Wenn Sie den Apache starten, erhalten Sie möglicherweise eine Fehlermeldung vom Dienstkontroll-Manager von Windows. Versuchen Sie beispielsweise, den Apache über das Menü Dienste aus der Systemsteuerung zu starten, erhalten Sie möglicherweise folgende Meldung:

```
Der Dienst Apache2 auf \\COMPUTER konnte nicht gestartet werden.
Error 1067; Der Prozess wurde unerwartet abgebrochen.
```

Dieser generische Fehler tritt auf, wenn beim Start des Apache-Dienstes irgendein Problem aufgetreten ist. Um zu erkennen, was tatsächlich die Ursache des Problems war, sollten Sie sich an die Anweisungen für die Ausführung des Apache für Windows über die Befehlszeile halten.

Es gibt eine gewisse Unterstützung dafür, dass sich Apache für Windows 9x ähnlich wie ein Dienst unter Windows NT verhält. Sie ist aber in einem *äußerst experimentellen* Stadium. Für den praktischen Einsatz ist sie nicht zuverlässig genug und ihre Zukunft ist ungewiss. Experimente damit sind sehr riskant und sollten mit Vorsicht durchgeführt werden!

Zwischen diesen beiden Dienstarten gibt es einige Unterschiede, über die Sie sich im Klaren sein sollten:

- Apache wird versuchen zu starten und wenn ihm das gelingt, wird er im Hintergrund ausgeführt. Wenn Sie beispielsweise den Befehl

  ```
  apache -n "MyServiceName" -k start
  ```

  über eine Menüoption auf Ihrem Desktop eingeben und der Dienst wird erfolgreich gestartet, sehen Sie ein Konsolenfenster auf dem Bildschirm, das aber sofort wieder verschwindet. Entdeckt der Apache beim Start irgendeinen Fehler, zum Beispiel falsche Einträge der Konfigurationsdatei `httpd.conf`, dann wird das Konsolenfenster nicht gleich wieder geschlossen. Es zeigt eine Fehlermeldung an, die helfen soll, die Ursache des Problems zu finden.

- Windows 9x unterstützt die Befehle NET START oder NET STOP nicht. Sie müssen den Apache über die Eingabeaufforderung mit den -k-Schaltern steuern.

- Apache und Windows 9x unterstützen die Ausführung des Apache unter einem bestimmten Benutzer mit Netzwerkrechten nicht. Windows 9x bietet darüber hinaus keinerlei Sicherheit auf dem lokalen Rechner. Das ist der einfache Grund, warum die Apache Software Foundation unter keinen Umständen den Einsatz eines auf Windows 9x basierenden Systems als öffentlichen Apache-Server befürwortet. Die primitive Unterstützung für Windows 9x soll lediglich die Benutzer bei der Entwicklung von Webinhalten und beim Kennenlernen des Apache-Servers und vielleicht einen Intranet-Server in einem sicheren privaten Netzwerk unterstützen.

Haben Sie sich davon überzeugt, dass der Apache korrekt als Konsolenanwendung ausgeführt wird, können Sie den Pseudodienst mit den gleichen Befehlen wie unter Windows NT installieren, steuern und deinstallieren. Auch der Apache Service Monitor kann für die Pseudodienste von Windows 9x benutzt werden.

6.1.6 Den Apache als Konsolenanwendung ausführen

Die Ausführung des Apache als Dienst wird generell empfohlen, aber manchmal ist es einfacher, mit der Befehlszeile zu arbeiten (unter Windows 9x wird empfohlen, den Apache über die Befehlszeile auszuführen, da die Dienstunterstützung unzuverlässig ist).

Mit folgendem Befehl führen Sie den Apache über die Befehlszeile als Konsolenanwendung aus:

```
apache
```

Der Apache wird ausgeführt und läuft, bis er über die Tastenkombination Strg+C gestoppt wird.

Sie können den Apache während der Installation auch über das Kürzel `Start Apache in Console` starten, das bei der Installation in `Start --> Programme --> Apache HTTP Server 2.0.xx --> Control Apache Server` platziert wird. Damit wird ein Konsolenfenster geöffnet, in dem der Apache gestartet wird. Haben Sie den Apache nicht als Dienst installiert, bleibt das Fenster geöffnet, bis Sie den Apache über die Tastenkombination Strg+C stoppen. Der Server wird in wenigen Sekunden beendet. Haben Sie den Apache aber als Dienst installiert, wird er über das Menü gestartet. Wird der Apache-Dienst bereits ausgeführt, ist die Menüoption wirkungslos.

Sie können einen laufenden Apache durch Öffnen eines weiteren Konsolenfensters und mit folgender Eingabe stoppen:

```
apache -k shutdown
```

Diese Variante ist der Tastenkombination Strg+C gegenüber vorzuziehen, weil der Apache dann gerade ausgeführte Operationen beenden und eine Bereinigung vornehmen kann.

Sie können auch einen Neustart durchführen. Dann muss die Konfigurationsdatei erneut gelesen werden. Alle gerade durchgeführten Operationen können ohne Unterbrechung beendet werden. So wird der Apache neu gestartet:

```
apache -k restart
```

Hinweis

Für diejenigen, die mit der UNIX-Version des Apache vertraut sind: Diese Befehle sind die Windows-Entsprechungen `kill -TERM pid` und `kill -USR1 pid`. Für die Befehlszeilenoption -k wurde der Buchstabe in Anlehnung an den UNIX-Befehl `kill` gewählt.

Wenn das Apache-Konsolenfenster sofort oder unerwartet nach dem Start geschlossen wird, öffnen Sie über Start --> Programme die Eingabeaufforderung. Wechseln Sie zu dem Ordner der Apache-Installation, geben Sie den Befehl `apache` ein und lesen Sie die Fehlermeldung. Wechseln Sie in den Ordner `logs` und suchen Sie im Fehlerprotokoll `error.log` nach Konfigurationsfehlern. Wenn Sie bei der Installation die Vorgaben übernommen haben, dann lauten die Befehle:

```
c:
cd "\Programme\Apache Group\Apache2\bin"
apache
```

Warten Sie, bis der Apache stoppt, oder drücken Sie die Tasten Strg+C. Geben Sie Folgendes ein:

```
cd ..\logs
more < error.log
```

Wenn Sie mit dem Apache arbeiten, ist es wichtig zu wissen, wie er die Konfigurationsdatei findet. Über die Befehlszeile können Sie die Konfigurationsdatei auf zwei Arten angeben:

- `-f` gibt den absoluten oder relativen Pfad zu einer bestimmten Konfigurationsdatei an:

    ```
    apache -f "c:\my server files\anotherconfig.conf"
    ```

    oder

    ```
    apache -f files\anotherconfig.conf
    ```

- `-n` gibt den installierten Apache-Dienst an, dessen Konfigurationsdatei benutzt werden soll:

    ```
    apache -n "MyServiceName"
    ```

In beiden Fällen sollte in der Konfigurationsdatei die richtige `ServerRoot` gesetzt sein.

Geben Sie mit `-f` oder `-n` keine Konfigurationsdatei an, benutzt der Apache den in den Server kompilierten Dateinamen (z.B. `conf\httpd.conf`). Dieser eingebaute Pfad ist relativ zum Installationsverzeichnis. Sie können den kompilierten Dateinamen aus der Konstanten `SERVER_CONFIG_FILE` beim Apache-Aufruf mit dem Schalter `-V` überprüfen:

```
apache -V
```

Der Apache versucht dann, über folgende Schritte in der gleichen Reihenfolge seine `ServerRoot` zu ermitteln:

1. Eine `ServerRoot`-Direktive über den Befehlszeilenschalter `-C`
2. Den Befehlszeilenschalter `-d`
3. Das aktuelle Arbeitsverzeichnis
4. Einen Registrierungseintrag, der angelegt wurde, wenn Sie eine Installation mit einer ausführbaren Datei durchgeführt haben

5. Die in den Server kompilierte `ServerRoot`. Das ist standardmäßig /apache. Sie können das mit dem Befehl `apache -V` überprüfen und nach einem Wert mit der Bezeichnung `HTTPD_ROOT` suchen.

Während der Installation wird ein versionsspezifischer Schlüssel in die Windows-Registrierung eingetragen. Die Position dieses Schlüssels hängt von der Installationsart ab. Haben Sie den Apache für alle Benutzer installiert, befindet er sich unter `HKEY_LOCAL_MACHINE`:

```
HKEY_LOCAL_MACHINE\SOFTWARE\Apache Group\Apache\2.0.43
```

Die Versionsnummer unterscheidet sich selbstverständlich bei den verschiedenen Versionen. Haben Sie den Apache nur für den aktuellen Benutzer installiert, befindet sich der Schlüssel dementsprechend unter `HKEY_CURRENT_USER`, wobei der Eintrag vom gerade angemeldeten Benutzer abhängt:

```
HKEY_CURRENT_USER\SOFTWARE\Apache Group\Apache\2.0.43
```

Dieser Schlüssel wird in den Server kompiliert und ermöglicht Ihnen das Testen neuer Versionen, ohne dass die aktuelle Version davon betroffen ist. Selbstverständlich müssen Sie darauf achten, dass Sie die neue Version nicht im gleichen Verzeichnis wie die übrigen Versionen installieren.

Haben Sie keine Installation mit einer ausführbaren Datei durchgeführt, wird sich der Apache in einigen Szenarien über den fehlenden Registrierungsschlüssel beklagen. Diese Warnung kann ignoriert werden, wenn der Server auf andere Weise seine Konfigurationsdatei finden kann.

Der Wert dieses Schlüssels ist das Verzeichnis der `ServerRoot`, das das Unterverzeichnis `conf` enthält. Beim Start liest der Apache die `httpd.conf`-Datei aus diesem Verzeichnis. Enthält sie eine `ServerRoot`-Direktive, die ein anderes Verzeichnis als das des Registrierungsschlüssels enthält, dann vergisst der Apache den Registrierungsschlüssel und verwendet das Verzeichnis aus der Konfigurationsdatei. Kopieren Sie das Apache-Verzeichnis oder die Konfigurationsdateien in ein anders Verzeichnis, dann müssen Sie die `ServerRoot`-Direktive in der `httpd.conf`-Datei unbedingt aktualisieren.

6.1.7 Die Installation testen

Nach dem Starten des Apache (entweder in einem Konsolenfenster oder als Dienst) überwacht er Port 80 (es sei denn, Sie haben den Port mit der `Listen`-Direktive in der Konfigurationsdateien geändert oder den Apache nur für den aktuellen Benutzer installiert). Um eine Verbindung zum Server herzustellen und um auf die Standardseite zuzugreifen, starten Sie einen Browser und geben diese URL ein:

```
http://localhost/
```

Der Apache sollte mit einer Begrüßungsseite und einem Link zum Apache-Handbuch antworten. Geschieht nichts oder erscheint eine Fehlermeldung, dann untersuchen Sie das Fehlerprotokoll in der `error.log`-Datei aus dem Unterverzeichnis `logs`. Ist Ihr Host nicht mit dem Netz verbunden oder haben Sie ernste Probleme mit Ihrer DNS-Konfiguration (Domain Name Service), können Sie folgende URL benutzen:

```
http://127.0.0.1/
```

Wenn die Basisinstallation funktioniert, sollten Sie sie konfigurieren und hierfür die Dateien aus dem Unterverzeichnis conf bearbeiten. Es sei noch einmal darauf hingewiesen, dass Sie zuerst versuchen sollten, den Apache über die Befehlszeile zu starten, wenn Sie die Konfiguration des Windows-NT-Dienstes für Apache geändert haben, um sicherzustellen, dass der Dienst ohne Fehler gestartet wird.

Da der Apache *nicht* den gleichen Port mit einer anderen TCP/IP-Anwendung nutzen kann, müssen Sie möglicherweise bestimmte andere Dienste stoppen, deinstallieren oder neu konfigurieren, bevor Sie den Apache ausführen. Zu diesem Konflikt kann es mit anderen WWW-Servern und einigen Firewall-Implementierungen kommen.

6.2 Apache für Microsoft Windows kompilieren

Bevor Sie mit dem Kompilieren des Apache beginnen können, müssen Sie einige wichtige Punkte beachten. (Siehe *Abschnitt 6.1 »Apache unter Microsoft Windows«*.)

6.2.1 Anforderungen an das Betriebssystem

Für das Kompilieren des Apache muss die Umgebung wie folgt eingerichtet sein:

- Festplattenspeicher

  Sie benötigen mindestens 50 MByte freien Festplattenspeicher. Nach der Installation benötigt der Apache ungefähr 10 MByte Festplattenspeicher sowie zusätzlichen Platz für Protokoll- und Cache-Dateien. Dieser Bedarf kann aber sehr schnell ansteigen. Der tatsächlich benötigte Festplattenspeicher variiert je nach der gewählten Konfiguration und dem Anteil der Module oder Bibliotheken von anderen Herstellern ganz beträchtlich.

- Microsoft Visual C++ 5.0 oder spätere Versionen

  Der Apache kann mit Befehlen über die Befehlszeile oder mit der Entwicklungsumgebung Visual Studio aufgebaut werden. Bei dem Weg über die Befehlszeile müssen für die Umgebung die Variablen PATH, INCLUDE, LIB sowie weitere Variablen entsprechend gesetzt werden, was mit der Stapeldatei vcvars32 geschehen kann:

  ```
  "c:\Programme\DevStudio\VC\Bin\vcvars32.bat"
  ```

- Das Windows-SDK

  Für das Kompilieren mit Visual C++ 5.0 wird das aktualisierte Microsoft Windows-SDK benötigt, damit einige Apache-Eigenschaften aktiviert werden können. Für die Einrichtung über die Befehlszeile wird die SDK-Umgebung mit der Stapeldatei setenv vorbereitet:

  ```
  "c:\Programme\Platform SDK\setenv.bat"
  ```

  Die SDK-Dateien von Visual C++ 6.0 und späteren Versionen reichen aus, so dass Benutzer späterer Versionen diesen Punkt außer Acht lassen können.

- Das Programm awk (awk, gawk oder ein ähnliches Programm)

Kapitel 6
Plattform-spezifische Anmerkungen

> **Hinweis**
>
> Beachten Sie, dass das aktualisierte Windows-SDK erforderlich ist, um alle unterstützten mod_isapi-Eigenschaften zu aktivieren. Ohne Aktualisierung gibt der Apache bei MSVC++ 5.0 Warnungen aus, die darauf hinweisen, dass einige mod_isapi-Eigenschaften deaktiviert sind. Ein Update finden Sie unter der Adresse http://msdn.microsoft.com/downloads/sdks/platform/platform.asp.

Um den Apache mit dem Einrichtungssystem zu installieren, werden mehrere Dateien mit dem Programm awk.exe modifiziert. Dieses Programm wurde gewählt, weil es sehr schnell herunterzuladen ist (im Vergleich zu Perl oder WSH/VB) und das Erzeugen von Dateien übernimmt. Unter der Adresse http://cm.bell-labs.com/cm/cs/who/bwk/ finden Sie eine kompilierte ausführbare Windows-Datei (http://cm.bell-labs.com/cm/cs/who/bwk/awk95.exe) von Brian Kernighan, die Sie unter dem Namen awk.exe und nicht unter dem Namen awk95.exe speichern müssen.

> **Hinweis**
>
> Die Microsoft-Entwicklungsumgebung findet awk.exe nur, wenn das Programm der Liste der ausführbaren Dateien der Menüoption »Externe Programme« des Menüs »Extras« hinzugefügt wurde. Fügen Sie den Pfad für awk.exe bei Bedarf auch der Umgebungsvariablen PATH Ihres Systems hinzu.
>
> Beachten Sie außerdem, dass bei Verwendung von Cygwin (http://www.cygwin.com/) das awk-Programm gawk.exe heißt und dass die Datei awk.exe ein symbolischer Link zu gawk.exe ist. Die Windows-Eingabeaufforderung erkennt keine symbolischen Links und daher schlägt InstallBin fehl. Ein Workaround ist das Löschen von awk.exe in der cygwin-Installation und das Umbenennen von gawk.exe in awk.exe.

- [Optional] OpenSSL-Bibliotheken (für mod_ssl und ab.exe mit SSL-Support)

> **Achtung**
>
> Für die Verwendung und Distribution starker Verschlüsselung und patentierten Eigentums gibt es weltweit strenge Einschränkungen und Verbote. OpenSSL beinhaltet eine starke Verschlüsselung, für die in den USA und in anderen Ländern Exportbestimmungen und inländische gesetzliche sowie patentrechtliche Bestimmungen gelten. Weder die Apache Software Foundation noch OpenSSL-Projekt können rechtsverbindliche Aussagen zum Besitz, zur Verwendung oder Distribution des Codes des OpenSSL-Projekts geben. Für die rechtliche Absicherung sind Sie selbst verantwortlich.

OpenSSL erhalten Sie unter der Adresse http://www.openssl.org/source/ und es muss in einem srclib-Unterverzeichnis mit der Bezeichnung openssl installiert werden, um mod_ssl oder das abs-Projekt (ab.exe mit SSL-Support) kompilieren zu können. Um OpenSSL für release- und debug-Versionen des Apache vorzubereiten und um die patentgeschützten Eigenschaften von 0.9.7 zu deaktivieren, können Sie folgende Befehle benutzen:

```
perl Configure VC-WIN32
perl util\mkfiles.pl >MINFO
perl util\mk1mf.pl dll no-asm no-mdc2 no-rc5 no-idea VC-WIN32 >makefile
perl util\mk1mf.pl dll debug no-asm no-mdc2 no-rc5 no-idea VC-WIN32 >makefile.dbg
perl util\mkdef.pl 32 libeay no-asm no-mdc2 no-rc5 no-idea >ms\libeay32.def
perl util\mkdef.pl 32 ssleay no-asm no-mdc2 no-rc5 no-idea >ms\ssleay32.def
nmake
nmake -f makefile.dbg
```

- [Optional] -Quellcode (für mod_deflate)

  zlib muss in einem srclib-Unterverzeichnis mit dem Namen zlib installiert werden, dieser Quellcode muss aber nicht kompiliert werden. Der Kompressions-Quellcode wird direkt in das Modul mod_deflate kompiliert. zlib erhalten Sie unter der Adresse http://www.gzip.org/zlib/ –mod_deflate wird mit der Version 1.1.4 korrekt eingerichtet.

6.2.2 Die Einrichtung über die Befehlszeile

Entpacken Sie zuerst die Apache-Distribution in ein entsprechendes Verzeichnis. Öffnen Sie eine Eingabeaufforderung und wechseln Sie mit cd in dieses Verzeichnis.

Die Grundanweisungen stehen in der Datei Makefile.win. Um Apache für Windows NT als release- oder debug-Version zu kompilieren, benutzen Sie einfach einen der folgenden Befehle:

```
nmake /f Makefile.win _apacher
nmake /f Makefile.win _apached
```

In beiden Fällen wird der Apache kompiliert. Bei Verwendung des letzten Befehls enthalten die resultierenden Dateien Debug-Informationen, die die Fehlersuche und das Nachvollziehen von Problemen erleichtern.

6.2.3 Die Einrichtung mit der Microsoft-Entwicklungsumgebung

Der Apache kann auch mit der Entwicklungsumgebung Visual Studio C++ kompiliert werden. Um diesen Prozess zu vereinfachen, wird ein Visual-Studio-Arbeitsbereich bereitgestellt (Apache.dsw). Dieser Arbeitsbereich enthält die gesamten .dsp-Projekte, die für die vollständige ausführbare Apache-Version erforderlich sind. Sie berücksichtigt die Abhängigkeiten zwischen den Projekten, um sicherzustellen, dass die Projekte in der richtigen Reihenfolge kompiliert werden.

Öffnen Sie den Arbeitsbereich Apache.dsw und wählen Sie InstallBin (Release oder Debug) als aktives Projekt. Bei Wahl der Option InstallBin werden alle betroffenen Projekte kompiliert und anschließend Makefile.win aufgerufen, um die kompilierten ausführbaren Dateien und DLLs zu verschieben. Sie können die INSTDIR=-Einstellung über die InstallBin-Einstellungen ändern. Die Voreinstellung für INSTDIR ist das Verzeichnis /Apache2. Möchten Sie nur einen Test durchführen (ohne Installation), dann können Sie stattdessen ein BuildBin-Projekt kompilieren.

Die `.dsp`-Projektdateien haben das Format von Visual C++ 6.0. Visual C++ 5.0 (97) erkennt dieses Format. Visual C++ 7.0 (.Net) muss `Apache.dsw` und die `.dsp`-Dateien in `Apache.sln`- und `.msproj`-Dateien umwandeln. Achten Sie darauf, dass Sie die `.msproj`-Datei wieder zurückumwandeln, wenn sich der Quellcode einer der `.dsp`-Dateien ändert! Das ist sehr einfach, öffnen Sie `Apache.dsw` noch einmal mit der Entwicklungsumgebung VC++ 7.0.

Benutzer von Visual C++ 7.0 (.Net) sollten außerdem den Konfigurations-Manager aus dem Menü »Erstellen« benutzen, um die Option `Debug` und `Release` für die Projekte `abs`, `mod_ssl` und `mod_deflate` zu deaktivieren. Diese Module werden über den Aufruf von `nmake` oder einen direkten IDE-Aufruf mit `BinBuild` als Ziel aufgerufen, um diese Module nur dann explizit zu kompilieren, wenn die `srclib`-Verzeichnisse `openssl` und/oder `zlib` vorhanden sind.

Exportierte `.mak`-Dateien bereiten mehr Mühe, sie werden aber von Visual C++-5.0-Benutzern zum Kompilieren von `mod_ssl`, `abs` (ab der Version mit SSL-Support) und/oder `mod_deflate` benötigt. Benutzer von VC++ 7.0 (.Net) profitieren ebenfalls davon, denn `nmake` ist schneller als `binenv`. Erstellen Sie das gesamte Projekt mit VC++ 5.0 oder 6.0 und exportieren Sie anschließend alle Makefiles. Sie müssen die Projekte zuerst erstellen, um alle dynamisch selbstständig erzeugten Ziele zu erzeugen, damit Abhängigkeiten korrekt analysiert werden können. Führen Sie den folgenden Befehl aus, damit die Pfade überall eingerichtet werden:

```
perl srclib\apr\build\fixwin32mak.pl
```

Sie müssen diesen Befehl im *obersten* Verzeichnis des `httpd`-Quellcodebaumes eingeben. Jede `.mak`- und `.dep`-Projektdatei innerhalb des aktuellen Verzeichnisses und darunter sowie die Zeitstempel entsprechend der `.dsp`-Datei werden korrigiert.

Für ein Patch, der Projektdateien überarbeitet, werden Projektdateien im Format von Visual Studio 6.0 benötigt. Änderungen sollten einfach und mit minimaler Anzahl an Compiler- und Linker-Flags gestaltet sein, um von allen Entwicklungsumgebungen erkannt zu werden (VC++ 5.0 bis 7.0).

6.2.4 Projektkomponenten

Der Arbeitsbereich `Apache.dsw` und das `nmake`-Skript `makefile.win` erstellen beide in der folgenden Reihenfolge die `.dsp`-Projekte des Apache-Servers:

1. `srclib\apr\apr.dsp`
2. `srclib\apr\libapr.dsp`
3. `srclib\apr-util\uri\gen_uri_delims.dsp`
4. `srclib\apr-util\xml\expat\lib\xml.dsp`
5. `srclib\apr-util\aprutil.dsp`
6. `srclib\apr-util\libaprutil.dsp`
7. `srclib\pcre\dftables.dsp`
8. `srclib\pcre\pcre.dsp`
9. `srclib\pcre\pcreposix.dsp`
10. `server\gen_test_char.dsp`

11. `libhttpd.dsp`

12. `Apache.dsp`

Darüber hinaus enthält der Unterverzeichniszweig `modules\` Projektdateien für die meisten Module.

Das `support\`-Verzeichnis enthält Projektdateien für zusätzliche Programme, die nicht zum Laufzeitteil des Apache gehören, mit denen der Administrator aber Tests durchführen und Passwort- oder Protokolldateien verwalten kann. Windows-spezifische Support-Projekte befinden sich im Verzeichnis `support\win32\`.

1. `support\ab.dsp`
2. `support\htdigest.dsp`
3. `support\htpasswd.dsp`
4. `support\logresolve.dsp`
5. `support\rotatelogs.dsp`
6. `support\win32\ApacheMonitor.dsp`
7. `support\win32\wintty.dsp`

Nachdem der Apache kompiliert wurde, muss er im Hauptverzeichnis des Servers installiert werden. Standardmäßig ist dies das Verzeichnis `\Apache2` auf dem gleichen Laufwerk.

Um die Dateien automatisch im gewünschten Ordner *dir* einzurichten und zu installieren, benutzen Sie folgende `nmake`-Befehle:

```
nmake /f Makefile.win installr INSTDIR=dir
nmake /f Makefile.win installd INSTDIR=dir
```

Das Argument *dir* für `INSTDIR` gibt das Installationsverzeichnis an. Erfolgt die Installation im Verzeichnis `\Apache2`, kann es weggelassen werden.

Folgende Dateien und Verzeichnisse werden installiert:

- *dir*`\bin\Apache.exe` – Der ausführbare Apache
- *dir*`\bin\ApacheMonitor.exe` – Dienstüberwachungsprogramm als Symbol in der Task-Leiste
- *dir*`\bin\htdigest.exe` – Hilfsprogramm für die Passwortdatei der Digest-Authentifizierung
- *dir*`\bin\htdbm.exe` – Hilfsprogramm für die Passwortdatei der SDBM-Authentifizierungsdatenbank
- *dir*`\bin\htpasswd.exe` – Hilfsprogramm für die Passwortdatei der Basic-Authentifizierung
- *dir*`\bin\logresolve.exe` – Hilfsprogramm für die DNS-Namenssuche
- *dir*`\bin\rotatelogs.exe` – Hilfsprogramm für den Wechsel der Protokolldateien
- *dir*`\bin\wintty.exe` – Hilfsprogramm für das Konsolenfenster
- *dir*`\bin\libapr.dll` – Shared Library der Apache Portable Runtime
- *dir*`\bin\libaprutil.dll` – Shared Library der Apache-Laufzeitumgebung

Kapitel 6
Plattform-spezifische Anmerkungen

- `dir\bin\libhttpd.dll` – Apache-Core-Bibliothek
- `dir\modules\mod_*.so` – Ladbare Apache-Module
- `dir\conf` – Konfigurationsverzeichnis
- `dir\logs` – Leeres Protokollverzeichnis
- `dir\include` – C-Header-Dateien
- `dir\lib` – Link-Bibliotheksdateien

> **Warnung bezüglich der Einrichtung des Apache aus dem Entwicklungszweig**
>
> Beachten Sie, dass zwischen den einzelnen `release`-Kompilierungen nur die `.dsp`-Dateien gepflegt werden. Die `.mak`-Dateien werden wegen des enormen Zeitaufwandes nicht neu erzeugt. Daher können Sie sich nicht auf die oben angegebenen `NMAKE`-Befehle verlassen, wenn Sie überarbeitete `.dsp`-Projektdateien kompilieren möchten, es sei denn, Sie exportieren alle `.mak`-Dateien aus dem Projekt. Das ist nicht notwendig, wenn Sie die Microsoft-Entwicklungsumgebung benutzen.
>
> Beachten Sie außerdem, dass es sehr sinnvoll ist, das BuildBin-Projekt (oder für die Befehlszeile _apacher oder _apached) zu erstellen, bevor die Makefiles exportiert werden. Viele Dateien werden während des Erstellungsprozesses automatisch erzeugt. Nur eine vollständige Einrichtung enthält alle abhängigen Dateien, die zum Erstellen eines korrekten Abhängigkeitsbaums für das Kompilieren erforderlich sind.

Um `.mak`-Dateien für eine Distribution zu erstellen, sollten Sie immer die erzeugten `.mak`-Dateien (oder `.dep`-Dateien) auf Abhängigkeiten zum SDK oder auf andere überflüssige Einbindungen hin überprüfen. Das Verzeichnis `DevStudio\SharedIDE\bin\` (VC5) beziehungsweise `DevStudio\Common\MSDev98\bin\` (VC6) enthält die Datei `sysincl.dat`, die alle Ausnahmen aufführen muss. Aktualisieren Sie diese Datei (einschließlich der Pfade mit normalem Schrägstrich und Backslashs wie `sys/time.h`. Bei Übernahme lokaler Installationspfade in eine `.mak`-Distributionsdatei funktioniert das Erstellen nicht. Und vergessen Sie nicht, `srclib/apr/build/fixwin32mak.pl` auszuführen, um absolute Pfade in den `.mak`-Dateien zu beseitigen.

6.3 Apache unter Novell NetWare

In den folgenden Abschnitten wird erklärt, wie der Apache 2.0 unter Novell NetWare 6.0 und späteren Versionen installiert, konfiguriert und ausgeführt wird. Wenn Sie Fehler finden oder in anderer Form etwas beitragen möchten, besuchen Sie bitte unsere Seite »Bug Reports« (http://httpd.apache.org/bug_report.html).

Die Bug Reports und die `dev-httpd`-Mailing-Liste sind *nicht* dafür vorgesehen, Fragen zur Konfiguration oder Ausführung des Apache zu beantworten. Bevor Sie einen Fehlerbericht abschicken, ziehen Sie zuerst dieses Dokument und die »*Support und Fehlermeldungen*«, Seite 669 sowie andere relevante Teile der Dokumentation zu Rate. Wenn Sie dann immer noch Fragen haben oder Ihr Problem nicht gelöst wurde, wenden Sie sich an die Newsgroup `novell.devsup.webserver` (news://developer-forums.novell.com/novell.devsup.webserver), wo es viele Apache-Benutzer gibt, die gerne bereit sind, neue und knifflige Fragen zu Apache für NetWare zu beantworten.

Es wird davon ausgegangen, dass Sie eine binäre Apache-Distribution installieren. Möchten Sie den Apache selbst kompilieren (eventuell um sich an der Entwicklung zu beteiligen oder um Fehler aufzuspüren), dann lesen Sie sich diesen Abschnitt 6.3 genau durch.

6.3.1 Anforderungen an das Betriebssystem

Der Apache 2.0 wurde für die Ausführung unter NetWare 6.0 mit dem Service Pack 3 (oder spätere Service Packs) entworfen. Führen Sie NetWare mit einem älteren Service Pack aus, dann müssen Sie die aktuellsten NetWare-Bibliotheken für C (LibC) installieren (`http://developer.novell.com/ndk/libc.htm`).

NetWare Service Packs finden Sie unter der Adresse `http://support.novell.com/misc/patlst.htm#nw`.

Apache 2.0 für NetWare kann auch in einer NetWare-5.1-Umgebung ausgeführt werden, wenn das aktuellste Service Pack oder die aktuellste Version der NetWare-Bibliotheken für C (LibC) installiert wurde (`http://developer.novell.com/ndk/libc.htm`).

> **Warnung**
> Apache 2.0 für NetWare ist für diese Umgebung nicht vorgesehen oder getestet.

6.3.2 Apache für NetWare

Informationen zur aktuellsten Version des Apache finden Sie auf der Website des Apache-Webservers unter der Adresse `http://httpd.apache.org/download.cgi`. Dort finden Sie die aktuelle Version sowie eine Liste die letzten Alpha- oder Betaversionen sowie Einzelheiten zu den Web-Spiegelservern und Anonymous FTP-Sites. Ausführbare Versionen der aktuellsten Versionen des Apache 2.0 für NetWare können Sie unter der Adresse `http://www.apache.org/dist/httpd/binaries/netware` herunterladen.

6.3.3 Apache für NetWare installieren

Zurzeit gibt es kein Apache-Installationsprogramm für NetWare. Wenn Sie den Quellcode des Apache 2.0 für NetWare kompilieren, müssen Sie die Dateien manuell auf den Server kopieren.

Führen Sie die folgenden Schritte durch, um Apache für NetWare mit dem ausführbaren Downlaod zu installieren (in der Beschreibung wird davon ausgegangen, dass die Installation im Verzeichnis `sys:/apache2` erfolgt):

- Entpacken Sie die ausführbare Download-Datei in das Hauptverzeichnis des Volume SYS: (die Installation kann in jedem Volume erfolgen).
- Setzen Sie in der `httpd.conf`-Datei die Direktiven `ServerRoot` und `ServerName` sowie alle Dateipfade entsprechend der Einstellungen Ihres Servers.
- Fügen Sie dem Suchpfad den Pfad SYS:/APACHE2 hinzu:

```
SEARCH ADD SYS:\APACHE2
```

Führen Sie die folgenden Schritte durch, wenn Sie Apache für NetWare manuell mit Ihrem eigenen Quellcode installieren möchten (in der Beschreibung wird davon ausgegangen, dass die Installation im Verzeichnis sys:/apache2 erfolgt):

- Richten Sie in einem NetWare-Volume ein Verzeichnis mit dem Namen Apache2 ein.
- Kopieren Sie die Dateien APACHE2.NLM und APRLIB.NLM in das Verzeichnis SYS:/APACHE2.
- Legen Sie im Verzeichnis SYS:/APACHE2 ein Unterverzeichnis BIN an.
- Kopieren Sie die Dateien HTDIGEST.NLM, HTPASSWD.NLM, HTDBM.NLM, LOGRES.NLM und ROTLOGS.NLM in das Unterverzeichnis SYS:/APACHE2/BIN.
- Legen Sie im Verzeichnis SYS:/APACHE2 ein Unterverzeichnis CONF an.
- Kopieren Sie die Datei HTTPD-STD.CONF in das Verzeichnis SYS:/APACHE2/CONF und benennen Sie sie in HTTPD.CONF um.
- Kopieren Sie die Dateien MIME.TYPES, CHARSET.CONV und MAGIC in das Verzeichnis SYS:/APACHE2/CONF.
- Kopieren Sie alle Dateien und Unterverzeichnisse aus \HTTPD-2.0\DOCS\ICONS in das Verzeichnis SYS:/APACHE2/ICONS.
- Kopieren Sie alle Dateien und Unterverzeichnisse aus \HTTPD-2.0\DOCS\MANUAL in das Verzeichnis SYS:/APACHE2/MANUAL.
- Kopieren Sie alle Dateien und Unterverzeichnisse aus \HTTPD-2.0\DOCS\ERROR in das Verzeichnis SYS:/APACHE2/ERROR.
- Kopieren Sie alle Dateien und Unterverzeichnisse aus \HTTPD-2.0\DOCS\DOCROOT in das Verzeichnis SYS:/APACHE2/HTDOCS.
- Richten Sie auf dem Server das Verzeichnis SYS:/APACHE2/LOGS ein.
- Richten Sie auf dem Server das Verzeichnis SYS:/APACHE2/CGI-BIN ein.
- Richten Sie das Verzeichnis SYS:/APACHE2/MODULES ein und kopieren Sie alle NLM-Module in das Verzeichnis modules.
- Suchen Sie in der HTTPD.CONF-Datei alle @@Value@@-Einträge und ersetzen Sie sie durch die entsprechenden Einstellungen.
- Fügen Sie dem Suchpfad den Pfad SYS:/APACHE2 hinzu:

```
SEARCH ADD SYS:\APACHE2
```

Der Apache kann nicht nur im standardmäßigen Volume SYS, sondern auch in anderen Volumes installiert werden.

Wird während des Einrichtungsprozesses der Makefile-Befehlszeile das Schlüsselwort install hinzugefügt, wird automatisch ein vollständiges Distributionspaket im Unterverzeichnis DIST erzeugt. Installieren Sie den Apache, indem Sie einfach die von den Makefiles erzeugte Distribution in das Stammverzeichnis des NetWare-Volume kopieren.

6.3.4 Apache für NetWare ausführen

Um den Apache zu starten, geben Sie in der Konsole apache ein. Der Apache wird dann in den Adressbereich des Betriebssystems geladen. Ziehen Sie es vor, den Apache in einen geschützten Adressbereich zu laden, dann können Sie den Adressbereich mit der load-Anweisung wie folgt angeben:

```
load address space = apache2 apache2
```

Dadurch wird der Apache in den Adressbereich **apache2** geladen. Die Ausführung mehrerer gleichzeitiger Instanzen unter NetWare ist durch Laden jeder Instanz in einen eigenen geschützten Adressbereich möglich.

Nach dem Start lauscht der Apache auf Port 80 (es sei denn, Sie haben den Port in den Konfigurationsdateien mit der Direktive **Listen** geändert). Starten Sie einen Browser und geben Sie den Servernamen oder die Adresse ein, um eine Verbindung zum Server herzustellen und um auf die Standardseite zuzugreifen. Die Antwort des Servers sollte eine Begrüßungsseite und ein Link zur Apache-Dokumentation sein. Geschieht nichts und erhalten Sie eine Fehlermeldung, dann überprüfen Sie die **error_log**-Datei aus dem Verzeichnis **logs**.

Wenn die Basisinstallation funktioniert, sollten Sie sie mit den Dateien aus dem **conf**-Verzeichnis konfigurieren.

Mit den folgenden Befehlen kann der im Adressraum des Servers ausgeführte Apache über die Konsole entladen werden:

```
unload apache2
```

Oder:

```
apache2 shutdown
```

Wird der Apache in einem geschützten Adressraum ausgeführt, dann geben Sie diesen Adressbereich mit dem **unload**-Befehl an:

```
unload address space = apache2 apache2
```

Bei der Arbeit mit dem Apache ist es wichtig zu wissen, wie er die Konfigurationsdateien findet. Über die Befehlszeile können Sie auf zwei Arten eine Konfigurationsdatei angeben:

- Der Schalter **-f** gibt einen Pfad zu einer bestimmten Konfigurationsdatei an.

    ```
    apache2 -f "vol:/my server/conf/my.conf"
    ```

    ```
    apache -f test/test.conf
    ```

In diesem Fall sollte die Direktive **ServerRoot** in der Konfigurationsdatei korrekt gesetzt werden.

Geben Sie mit **-f** keinen Namen einer Konfigurationsdatei an, benutzt der Apache den Dateinamen, der in den Server kompiliert wurde. Er lautet normalerweise **conf/httpd.conf**. Beim Aufruf des Apache mit dem Schalter **-V** wird dieser Wert unter der Bezeichnung **SERVER_CONFIG_FILE** angezeigt. Der Apache ermittelt dann seine ServerRoot, indem er der Reihe nach Folgendes sucht:

- Eine **ServerRoot**-Direktive über den Befehlszeilenschalter **-C**
- Den Befehlszeilenschalter **-d**
- Das aktuelle Arbeitsverzeichnis

- Die in den Server kompilierte `ServerRoot`

In den Server wird normalerweise die `ServerRoot sys:/apache2` kompiliert. Der Befehl `apache2 -V` zeigt diesen Wert mit der Bezeichnung `HTTPD_ROOT` an.

Apache 2.0 für NetWare beinhaltet eine Reihe von Befehlszeilen-Direktiven, mit denen eine gerade ausgeführte Instanz des Webservers modifiziert oder Informationen angezeigt werden können. Diese Direktiven stehen nur während der Ausführung des Apache zur Verfügung. Jeder dieser Direktiven muss das Schlüsselwort `APACHE2` vorangestellt werden.

RESTART

Weist den Apache an, alle gerade ausgeführten `worker`-Threads zu beenden, wenn sie in den Bereitschaftszustand wechseln, die Konfigurationsdatei erneut zu lesen und jeden `worker`-Thread unter Berücksichtigung der neuen Konfiguration zu starten.

VERSION

Zeigt Versionsinformationen zur gerade ausgeführten Apache-Instanz an.

MODULES

Zeigt eine Liste der gerade geladenen eingebauten und der externen Module an.

DIRECTIVES

Zeigt eine Liste der verfügbaren Direktiven an.

SETTINGS

Schaltet die Anzeige des Thread-Status in der Konsole ein oder aus. Ist sie eingeschaltet, wird der Status jedes ausgeführten Threads auf dem Konsolenbildschirm angezeigt.

SHUTDOWN

Beendet die ausgeführte Instanz des Apache-Webservers.

HELP

Zeigt eine Beschreibung der Laufzeitdirektiven an.

Standardmäßig werden diese Direktiven für die Apache-Instanz angewendet, die im Adressraum des Betriebssystems ausgeführt wird. Damit eine Direktive für eine bestimmte Instanz, die in einem geschützten Adressraum ausgeführt wird, Anwendung findet, muss der Parameter -p zusammen mit dem Namen des Adressraums angegeben werden. Für weitere Informationen geben Sie in der Befehlszeile `apache2 Help` ein.

6.3.5 Apache für NetWare konfigurieren

Der Apache wird mit den normalerweise im Verzeichnis `conf` befindlichen Konfigurationsdateien konfiguriert. Dies sind die gleichen Dateien wie für die Konfiguration der UNIX-Version, für Apache für NetWare gibt es jedoch einige unterschiedliche Direktiven. Die Apache-Dokumentation führt alle verfügbaren Direktiven auf.

Die Hauptunterschiede bei Apache für NetWare sind:

- Da Apache für NetWare Multithreading verwendet, wird nicht für jede Anfrage ein eigener Prozess gestartet, wie dies bei einigen UNIX-Implementierungen der Fall ist. Stattdessen werden nur Threads ausgeführt: ein Elternprozess und mehrere Kindprozesse oder worker-Threads, die die Anfragen behandeln.

  Daher unterscheiden sich die Direktiven für die Prozessverwaltung:

  MaxRequestsPerChild – wie die UNIX-Direktive steuert sie, wie viele Anfragen ein worker-Thread bedient, bevor er beendet wird. Die empfohlene Standardvorgabe MaxRequestsPerChild 0 führt dazu, dass der Thread endlos Anfragen bedient. Es wird empfohlen, diese Vorgabe für NetWare beizubehalten, es sei denn, es gibt einen speziellen Grund, einen anderen Wert zu wählen.

  StartThreads – Diese Direktive teilt dem Server mit, wie viele Threads er zu Beginn starten soll. Die empfohlene Vorgabe lautet StartThreads 50.

  MinSpareThreads – Diese Direktive weist den Server an, zusätzliche worker-Threads zu starten, wenn die Anzahl der bereitstehenden Threads unter diesen Wert fällt. Der empfohlene Standardwert ist MinSpareThreads 10.

  MaxSpareThreads – Diese Direktive weist den Server an, worker-Threads zu beenden, wenn die Anzahl der zur Ausführung bereitstehenden Threads diesen Wert überschreitet. Die empfohlene Standardvorgabe liegt bei MaxSpareThreads 100.

  MaxThreads – Diese Direktive begrenzt die Gesamtzahl der worker-Threads auf einen Maximalwert. Die empfohlene Vorgabe liegt bei MaxThreads 250.

  ThreadStackSize – Diese Direktive teilt dem Server mit, welche Stack-Größe für einzelne worker-Threads zu benutzen ist. Der empfohlene Standardwert liegt bei ThreadStackSize 65536.

- Bei Direktiven, die Dateinamen als Argumente übernehmen, müssen NetWare-Dateinamen an Stelle der UNIX-Dateinamen benutzt werden. Da der Apache aber intern Namen im UNIX-Stil benutzt, müssen einfache Schrägstriche an Stelle von Backslashs verwendet werden. Es wird empfohlen, allen Hauptverzeichnispfaden einen Volume-Namen voranzustellen. Wird dies nicht getan, geht der Apache vom Volume SYS: aus, was vielleicht nicht korrekt ist.

- Der Apache für NetWare kann Module während der Laufzeit laden, ohne dass der Server erneut kompiliert werden muss. Wurde der Apache normal kompiliert, werden eine Reihe optionaler Module im Verzeichnis modules installiert. Um diese oder andere Module zu aktivieren, muss die Direktive LoadModule benutzt werden. Um beispielsweise das Statusmodul zu aktivieren, geben Sie folgende Anweisung an:

```
LoadModule status_module modules/status.nlm
```

Informationen zum Erzeugen ladbarer Module finden Sie in der Beschreibung des Moduls mod_so.

Ergänzende NetWare-spezifische Direktiven:

- CGIMapExtension – Diese Direktive ordnet einem Skriptinterpreter eine CGI-Dateinamenerweiterung zu.

- `SecureListen` – Diese Direktive aktiviert die SSL-Verschlüsselung für einen bestimmten Port.

- `NWSSLTrustedCerts` – Diese Direktive nennt vertrauenswürdige Zertifikate, mit denen sichere Verbindungen über Proxies hergestellt werden können.

6.3.6 Apache für NetWare kompilieren

Zum Kompilieren des Apache wird Metrowerks CodeWarrior 6.x oder eine spätere Version benötigt. Wurde der Apache aufgebaut, kann er im Hauptverzeichnis eines beliebigen NetWare-Volumes installiert werden. Die Vorgabe ist `sys:/Apache2`.

Bevor der Server ausgeführt wird, muss das Verzeichnis `conf` gefüllt werden. Kopieren Sie die Datei `HTTPD-STD.CONF` aus den `conf`-Verzeichnis der Distribution und benennen Sie sie in `HTTPD.CONF` um. Suchen Sie in der `HTTPD.CONF`-Datei nach allen `@@Value@@`-Einträgen und ersetzen Sie sie durch die entsprechenden Einstellungen. Kopieren Sie auch die Dateien `conf/magic` und `conf/mime.types` der Distribution in das `conf`-Verzeichnis. Alternativ kann auch eine komplette Distribution aufgebaut werden, wenn das Schlüsselwort `install` beim Aufruf der Makefiles angegeben wird.

Anforderungen an das Betriebssystem:

Die folgenden Entwicklungswerkzeuge werden für den Aufbau von Apache 2.0 für NetWare benötigt:

- Metrowerks CodeWarrior 6.0 oder eine spätere Version mit dem NetWare PDK 3.0 oder einer späteren Version (http://developer.novell.com/ndk/cwpdk.htm)

- Die NetWare-Bibliotheken für C (LibC) (http://developer.novell.com/ndk/libc.htm)

- Die LDAP-Bibliotheken für C (http://developer.novell.com/ndk/cldap.htm)

- Der Quellcode der ZLIB-Kompressionsbibliothek (http://www.gzip.org/zlib/)

- Ein AWK-Programm (awk, gawk oder ein ähnliches Programm). AWK kann unter der Adresse http://developer.novell.com/ndk/apache.htm heruntergeladen werden.

- Um den Aufbau mit den Makefiles durchzuführen, benötigen Sie die GNU-Make-Version 3.78.1 (GMake), die Sie unter der Adresse http://developer.novell.com/ndk/apache.htm herunterladen können.

Den Apache mit den NetWare-Makefiles aufbauen:

- Setzen Sie die Umgebungsvariable `NOVELLLIBC` auf das Verzeichnis der NetWare-Bibliotheken für das C-SDK:

```
Set NOVELLLIBC=c:\novell\ndk\libc
```

- Setzen Sie die Umgebungsvariable `METROWERKS` auf das Verzeichnis, in dem der Metrowerks-CodeWarrior-Compiler installiert ist:

```
Set METROWERKS=C:\Program Files\Metrowerks\CodeWarrior
```

Ist er im standardmäßigen Verzeichnis C:\Program Files\Metrowerks\CodeWarrior installiert, dann ist kein Setzen erforderlich.

- Setzen Sie die Umgebungsvariable LDAPSDK auf das Verzeichnis mit den LDAP-Bibliotheken für C:

```
Set LDAPSDK=c:\Novell\NDK\cldapsdk\NetWare\libc
```

- Setzen Sie die Umgebungsvariable ZLIBSDK auf das Verzeichnis, in dem Sie den Quellcode für die ZLib-Bibliothek installiert haben:

```
Set ZLIBSDK=D:\NOVELL\zlib
```

- Setzen Sie die Umgebungsvariable AP_WORK auf den vollständigen Pfad des \httpd-2.0-Verzeichnisses.
- Setzen Sie die Umgebungsvariable APR_WORK auf den vollständigen Pfad des Verzeichnisses \httpd-2.0\srclib\apr.
- Sorgen Sie dafür, dass die Pfade zu den Programmen AWK und dem GNU-Make-Programm Bestandteil der Umgebungsvariablen PATH Ihres Systems sind.
- Laden Sie den Quellcode herunter und entpacken Sie ihn in ein entsprechendes Verzeichnis Ihres Rechners.
- Wechseln Sie in das Verzeichnis \httpd-2.0\srclib\apr-util\uri und erstellen Sie die Datei GENURI.nlm, indem Sie gmake -f nwgnumakefile aufrufen.
- Kopieren Sie die Datei GENURI.nlm in das SYS:-Volume eines NetWare-Servers und führen Sie folgenden Befehl aus:

```
SYS:\genuri > sys:\uri_delims.h
```

- Kopieren Sie die Datei uri_delims.h in das Verzeichnis \httpd-2.0\srclib\apr-util\uri des Rechners, mit dem Sie die Einrichtung vornehmen.
- Wechseln Sie in das Verzeichnis \httpd-2.0\srclib\apr und erzeugen Sie mit dem Befehl gmake -f nwgnumakefile das APR.
- Wechseln Sie in das Verzeichnis \httpd-2.0\srclib\pcre und erzeugen Sie mit dem Befehl gmake -f nwgnumakefile die Datei DFTABLES.nlm.
- Wechseln Sie in das Verzeichnis \httpd-2.0\server und erzeugen Sie mit dem Befehl gmake -f nwgnumakefile die Datei GENCHARS.nlm.
- Kopieren Sie die Dateien GENCHARS.nlm und DFTABLES.nlm aus ihren Verzeichnissen in das SYS:-Volume eines NetWare-Servers und führen Sie sie mit folgenden Befehlen aus:

```
SYS:\genchars > sys:\test_char.h
SYS:\dftables > sys:\chartables.c
```

- Kopieren Sie die Dateien test_char.h und chartables.c in das Verzeichnis \httpd-2.0\os\netware des Rechners, mit dem Sie die Einrichtung durchführen.

- Wechseln Sie in das Verzeichnis \httpd-2.0 und erzeugen Sie den Apache mit dem Befehl gmake -f nwgnumakefile. Mit einem zusätzlichen Installationsparameter können Sie ein Distributionsverzeichnis einrichten:

```
gmake -f nwgnumakefile install
```

Weitere Make-Optionen

- gmake -f nwgnumakefile

  Erzeugt Release-Versionen aller ausführbaren Dateien und kopiert sie in ein \release-Verzeichnis.

- gmake -f nwgnumakefile DEBUG=1

  Erzeugt Debug-Versionen aller ausführbaren Dateien und kopiert sie in ein \debug-Verzeichnis.

- gmake -f nwgnumakefile install

  Erzeugt eine komplette Apache-Distribution mit ausführbaren Dateien, Dokumentationen und zusätzlichen Support-Dateien in einem \dist\Apache2-Verzeichnis.

- gmake -f nwgnumakefile installdev

  Bewirkt das Gleiche wie der letzte Befehl, legt aber darüber hinaus die Verzeichnisse \lib und \include im Zielverzeichnis an und kopiert Header- und Importdateien.

- gmake -f nwgnumakefile clean

  Bereinigt die \release- oder \debug-Einrichtungsbereiche von allen Objekt- und ausführbaren Dateien, wenn DEBUG definiert wurde.

- gmake -f nwgnumakefile clobber_all

  Bewirkt das Gleiche wie der letzte Befehl und löscht zusätzlich das Distributionsverzeichnis, falls eines vorhanden ist.

6.4 Ein Hochleistungs-Webserver auf HPUX

6.4.1 HP-UX Tuning Tipps

Für HP-UX 9.X: Upgrade auf 10.20

Für HP-UX 10.[00|01|10]: Upgrade auf 10.20

Für HP-UX 10.20:

Installieren Sie den aktuellsten ARPA-Transport-Patch. Das erlaubt Ihnen die Konfiguration der Größe der Hash-Tabelle für die Suche nach TCP-Verbindungen. Die Voreinstellung sind 256 Buckets und sie muss um das Zweifache größer sein. Dies geschieht mit adb für das *disc*-Image des Kernel. Der Variablenname ist tcp_hash_size. Beachten Sie, dass es äußerst wichtig ist, dass Sie W zum Schreiben eines 32-Bit-Wertes und nicht w zum Schreiben eines 16-Bit-Wertes nehmen, wenn Sie den Patch für das Platten-Image vornehmen, weil die Variable tcp_hash_size ein 32-Bit-Wert ist.

Wie wird der Wert gewählt? Untersuchen Sie die Ausgabe des Skripts (ftp://ftp.cup.hp.com/dist/networking/tools/connhist) und stellen Sie fest, wie viele TCP-

Verbindungen Ihr System insgesamt hat. Wahrscheinlich sollten Sie diese Anzahl durch die Größe der Hash-Tabelle dividieren, damit sie einigermaßen klein ist (kleiner als 10). Einige allgemeine Einstellungen finden Sie in den SPECweb96-Angaben für HP unter der Adresse http://www.specbench.org/. Schafft ein HP-UX-System 1000 SPECweb96-Verbindungen pro Sekunde, dann bedeutet die TIME_WAIT-Zeit von 60 Sekunden, dass 60.000 TCP-»Verbindungen« vorliegen.

Die Größe der Warteschlange kann mit ftp://ftp.cup.hp.com/dist/networking/misc/listenq ermittelt werden.

Wird der Apache auf einem PA-8000-basierten System ausgeführt, sollte davon ausgegangen werden, dass der Befehl chatr() für den Apache eine große Seitengröße liefert (chatr +pi L <BINARY>). Die GID des ausgeführten Programms muss MLOCK-Rechte haben. Für die Zuweisung von MLOCK sollte Setprivgrp(1m) zu Rate gezogen werden. Die Änderung kann durch Ausführen von Glance und Untersuchung der Speicherbereiche des (der) Server überprüft werden, um sicherzustellen, dass sie einen nicht trivialen Anteil des Textsegments anzeigen, der gesperrt wird.

Wird der Apache auf MP-Systemen ausgeführt, kann in Betracht gezogen werden, ein kleines Programm zu schreiben, das mpctl() verwendet, um Prozesse an Prozessoren zu binden. Ein einfacher pid % numcpu-Algorithmus reicht wahrscheinlich aus. Der Code kann auch in den Quellcode übernommen werden.

Hat jemand Bedenken hinsichtlich der Anzahl der FIN_WAIT_2-Verbindungen, kann mit nettune der Wert von tcp_keepstart reduziert werden. Dabei ist jedoch Vorsicht geboten, er darf mit Gewissheit nicht niedriger als zwei bis vier Minuten sein. Wurde tcp_hash_size richtig gesetzt, dann ist es wahrscheinlich in Ordnung, die Timeouts für FIN_WAIT_2 höher zu setzen (vielleicht sogar auf die Vorgabe von zwei Stunden) – sie werden im Durchschnitt keine große Auswirkung auf die Performance haben.

6.5 Der EBCDIC-Port des Apache

6.5.1 Überblick über den EBCDIC-Port des Apache

Die Version 1.3 des Apache HTTP Servers war die erste Version mit einem Port zu einem Mainframe, der nicht den ASCII sondern den EBCDIC-Zeichensatz verwendet.

(Das waren die Siemens-Mainframes mit dem Betriebssystem BS2000/OSD. Dieses Mainframe-Betriebssystem besitzt heute ein von SVR4 abgeleitetes POSIX-Subsystem.)

Ursprünglich wurde der Port aufgenommen,

- um die Portierbarkeit des Apache HTTP Servers für diese Plattform nachzuweisen,
- um einen »würdigen und fähigen« Nachfolger für den ehrwürdigen CERN-3.0-Daemon zu finden (der einige Jahre zuvor portiert wurde) und
- um zu belegen, dass das Preforking-Prozessmodell des Apache das Accept-Fork-Serve-Modell der CERN um den Faktor 5 oder mehr übertreffen kann.

Dieses Dokument beschreibt einige der Designentscheidungen für den Port zu diesem Rechner.

6.5.2 Zielsetzungen

Eines der Ziele, die mit dem EBCDIC-Port erreicht werden sollten, war die Bereitstellung einer ausreichenden Abwärtskompatibilität zum CERN-Server (EBCDIC), um den Wechsel zum neuen Server einfach und attraktiv zu gestalten. Das erforderte eine konfigurierbare Methode für die Entscheidung, ob ein HTML-Dokument im ASCII-Format (dem einzigen Format, das der alte Server akzeptiert hat) oder im EBCDIC-Format (das native Dokumentformat des POSIX-Subsystems und deshalb das einzige realistische Format, in dem die anderen POSIX-Werkzeuge wie grep oder sed mit den Dokumenten arbeiten konnten) gespeichert werden soll. Die aktuelle Lösung ist das »Pseudo-MIME-Format«, das der Apache-Server entgegennimmt und interpretiert. Zukünftige Versionen werden dieses Problem vielleicht mit der Definition eines »ebcdic-Handler« für alle umzuwandelnden Dokumente lösen.

6.5.3 Technische Lösung

Da alle Ein- und Ausgaben des Apache auf dem BUFF-Datentyp und seinen Methoden basieren, war die einfachste Lösung das Hinzufügen der Umwandlung in den BUFF-Behandlungsroutinen. Die Umwandlung muss zu jeder Zeit eingeschaltet werden können, daher wurde ein BUFF-Flag hinzugefügt, das festlegt, ob für ein BUFF-Objekt zurzeit die Umwandlung aktiviert ist oder nicht. Dieses Flag wird an verschiedenen Punkten im HTTP-Protokoll modifiziert:

- Es wird vor dem Eingang einer Anfrage *gesetzt* (weil die Anfrage und die Anfrage-Header immer das ASCII-Format haben).

- Es wird *gesetzt/zurückgesetzt*, wenn der Anfragerumpf empfangen wird – in Abhängigkeit vom Inhaltstyp des Anfragerumpfs (weil der Anfragerumpf ASCII-Text oder eine Binärdatei enthalten kann).

- Es wird vor dem Senden eines Antwort-Header *gesetzt*, (weil die Zeilen des Antwort-Headers immer im ASCII-Format sind).

- Es wird *gesetzt/zurückgesetzt*, wenn der Rumpf der Antwort gesendet wird – in Abhängigkeit vom Inhaltstyp des Antwortrumpfes (weil der Rumpf der Antwort Text oder eine binäre Datei enthalten kann).

6.5.4 Anmerkungen zur Portierung

1. Die wichtigen Änderungen im Quellcode werden mit #ifdef in zwei Kategorien unterteilt:

    #ifdef CHARSET_EBCDIC

    Code, der von jedem EBCDIC-Rechner benötigt wird. Hierzu gehören die Zeichenumwandlungen, Unterschiede bei zwei Zeichensätzen, Flags, die anzeigen, welcher Teil des HTTP-Protokolls umgewandelt werden muss und welcher nicht usw.

    #ifdef _OSD_POSIX

    Code, der nur für das Mainframe-Betriebssystem Siemens BS2000/OSD benötigt wird. Hier handelt es sich um Unterschiede in den Include-Dateien und um Fragen der Socket-Implementierung, die nur für das Betriebssystem BS2000/OSD relevant sind.

2. Die Möglichkeit zur Umwandlung zwischen ASCII und EBCDIC auf Socket-Ebene (unter BS2000 POSIX gibt es eine Socket-Option, die dies unterstützt) wurde absichtlich *nicht* gewählt, weil der Byte-Stream auf Ebene des HTTP-Protokolls aus einer Mischung Protokoll-bezogener Strings und nicht Protokoll-bezogener Rohdaten besteht. HTTP-Protokoll-Strings werden immer im ASCII-Format codiert (die GET-Anfrage, alle Header-Zeilen, die Chunking-Informationen usw.) während die Dateitransferteile (z.B. GIF-Bilder, CGI-Ausgaben usw.) normalerweise vom Server einfach »durchgereicht« werden sollten. Diese Trennung von »Protokoll-String« und »Rohdaten« spiegelt sich im Servercode in Funktionen wie bgets() oder rvputs() für Strings sowie in Funktionen wie bwrite() für binäre Daten wider. Eine allgemeine globale Umwandlung wäre daher nicht angebracht.

   (Bei Textdateien müssen selbstverständlich Maßnahmen getroffen werden, dass EBCDIC-Dokumente immer im ASCII-Format bedient werden.)

3. Der Port besitzt daher eine Server-interne integrierte Umwandlung auf Protokollebene (die der Compiler in EBCDIC-Strings umgewandelt hat), die somit für alle vom Server umgewandelten Dokumente gilt. Die fest codierten ASCII-Sequenzen \012 und \015, die im Servercode allgegenwärtig sind, bilden eine Ausnahme: Sie sind bereits die binäre Codierung der ASCII-Zeichen \n und \r und müssen nicht ein zweites Mal ins ASCII-Format umgewandelt werden. Diese Ausnahme ist nur für vom Server erzeugte Strings relevant; *externe* EBCDIC-Dokumente enthalten normalerweise keine Zeilenvorschübe im ASCII-Format.

4. Bei der Untersuchung der Aufrufhierarchie der BUFF-Managementroutinen wurden eine »EBCDIC/ASCII-Umwandlungsschicht« hinzugefügt, die bei jeder puts-, write-, get- und gets-Routine passiert wird, sowie ein Umwandlungs-Flag, mit dem die Umwandlungen en passant ein- oder ausgeschaltet werden können. Normalerweise durchläuft ein Dokument auf dem Weg von den ursprünglichen Ausgangdaten (eine Datei oder CGI-Ausgabe) zum Ziel (der anfordernde Client) zweimal diese Schicht: Datei -> Apache und Apache -> Client.

   Der Server kann jetzt die Header-Zeilen einer CGI-Skriptausgabe im EBCDIC-Format lesen und dann feststellen, dass der Rest der Skriptausgabe das ASCII-Format hat (wie bei der Ausgabe eines WWW-Zählerprogramms: Der Rumpf des Dokuments enthält ein GIF-Bild). Die gesamte Header-Verarbeitung erfolgt im nativen EBCDIC-Format und der Server stellt dann anhand des zu liefernden Dokumenttyps fest, ob der Rumpf des Dokuments (mit Ausnahme der Chunking-Information) bereits ein ASCII-Dokument ist oder aus dem EBCDIC-Format umgewandelt werden muss.

5. Bei Textdokumenten (MIME-Typ text/plain, text/html usw.) kann eine implizite Umwandlung ins ASCII-Format benutzt werden oder sie können (wenn die Benutzer es für eine schnellere Bedienung vorziehen, Dokumente im ASCII-Rohformat zu speichern, oder weil sich die Dateien in einem montierten NFS-Verzeichniszweig befinden) ohne Umwandlung ausgeliefert werden.

   Beispiel:

   Benutzen Sie folgende Direktiven, um Dateien mit dem Suffix .ahtml ohne implizite Umwandlung im ASCII-Rohformat als text/html-Dokument (und Dateien mit dem Suffix .ascii als text/plain-Datei) zu liefern:

```
AddType text/x-ascii-html .ahtml
```

```
AddType text/x-ascii-plain .ascii
```

Auf ähnliche Weise kann jeder MIME-Typ text/foo als »ASCII-Rohdaten« gesendet werden, indem mit AddType ein MIME-Typ text/x-ascii-foo eingerichtet wird.

6. Dokumente, die keine Texte sind, werden immer ohne Umwandlung »binär« gesendet. Für Dateitypen wie GIF/ZIP/AU scheint dies die sinnvollste Form zu sein. Dabei ist es selbstverständlich erforderlich, dass der Benutzer sie mit dem Schalter rcp -b binär auf den Mainframe kopiert.
7. Bei vom Server ausgewerteten Dateien wird immer vom nativen Format des Rechners (z.B. EBCDIC) ausgegangen und die Umwandlung nach der Verarbeitung durchgeführt.
8. Bei CGI-Ausgaben stellt das CGI-Skript fest, ob eine Umwandlung erforderlich ist oder nicht: Durch Setzen des entsprechenden Inhaltstyps können Textdateien umgewandelt oder GIF-Ausgaben unverändert durchgereicht werden. Ein Beispiel für Letzteres ist das Programm wwwcount, das ebenfalls portiert wird.

6.5.5 Anmerkungen zum Speichern von Dokumenten

Binärdateien

Alle Dateien, deren Content-Type-Header nicht mit text/ beginnt, werden vom Server als *binäre Dateien* betrachtet und sind nicht Gegenstand irgendeiner Umwandlung. Beispiele für binäre Dateien sind GIF-Bilder, gzip-komprimierte Dateien usw.

Beim Austausch binärer Dateien zwischen dem Mainframe und einem UNIX-Rechner oder Windows-PC muss der ftp-Befehl binary (TYPE I) oder der Befehl rcp -b des Mainframe benutzt werden (der Schalter -b wird vom UNIX-rcp-Befehl nicht unterstützt).

Textdokumente

Die Standardannahme des Servers ist, dass Textdateien (z.B. alle Dateien, deren Content-Type-Header mit text/ beginnt), im Zeichensatz des Host-Rechners gespeichert werden (EBCDIC).

SSI-Dokumente

SSI-Dokumente müssen zurzeit ausschließlich im EBCDIC-Format gespeichert werden. Für eine Umwandlung vor der Verarbeitung ins ASCII-Format wurden keine Vorkehrungen getroffen.

6.5.6 Der Status der Apache-Module

Modul	Status	Anmerkungen
core	+	
mod_access	+	
mod_actions	+	
mod_alias	+	
mod_asis	+	

Modul	Status	Anmerkungen
mod_auth	+	
mod_auth_anon	+	
mod_auth_dbm	?	Mit eigener libdb.a
mod_autoindex	+	
mod_cern_meta	?	
mod_cgi	+	
mod_digest	+	
mod_dir	+	
mod_so	-	Keine Shared Libraries
mod_env	+	
mod_example	-	(Nur Test)
mod_expires	+	
mod_headers	+	
mod_imap	+	
mod_include	+	
mod_info	+	
mod_log_agent	+	
mod_log_config	+	
mod_log_referer	+	
mod_mime	+	
mod_mime_magic	?	Noch nicht portiert
mod_negotiation	+	
mod_proxy	+	
mod_rewrite	+	Nicht getestet
mod_setenvif	+	
mod_speling	+	
mod_status	+	
mod_unique_id	+	
mod_userdir	+	
mod_usertrack	?	Nicht getestet

6.5.7 Status von Modulen anderer Hersteller

Modul	Status	Anmerkungen
mod_jserv (http://java.apache.org/)	-	JAVA wird noch portiert.
mod_php3 (http://www.php.net/)	+	mod_php3. Funktioniert gut mit LDAP und GD und FreeType-Bibliotheken.
mod_put (http://hpwww.ec-lyon.fr/~vincent/apache/mod_put.html)	?	Nicht getestet
mod_session (ftp://hachiman.vidya.com/pub/apache/)	-	Nicht getestet

Kapitel 7

Server- und Hilfsprogramme

7.1 Übersicht

httpd
Der Apache Hypertext Transfer Protocol-Server

apachectl
Das Apache HTTP Server Control Interface

ab
Das Apache-Benchmark-Programm

apxs
Das APache eXtenSion Tool

configure
Das Konfigurationsskript

dbmmanage
Erzeugen und Aktualisieren von Passwortdateien im DBM-Format für die Basic-Authentifizierung

htdigest
Erzeugen und Aktualisieren von Passwortdateien für die Digest-Authentifizierung

htpasswd
Erzeugen und Aktualisieren von Passwortdateien für die Basic-Authentifizierung

logresolve
Auflösung von Hostnamen in IP-Adressen aus Protokolldateien

rotatelogs
Protokollwechsel ohne Serverneustart

suexec
Switch User For Exec

Andere Programme
Hilfsprogramme mit eigener Manual-Page

7.2 httpd – Apache Hypertext Transfer Protocol-Server

httpd ist das Apache-HyperText-Transfer-Protocol-Serverprogramm, das als eigenständiger Daemon-Prozess ausgeführt wird. So ausgeführt, erzeugt es einen Pool von Kindprozessen oder Threads für die Bearbeitung der Anfragen.

Im Allgemeinen sollte httpd nicht direkt aufgerufen werden, sondern unter UNIX über apachectl oder unter Windows NT, 2000 und XP als Dienst beziehungsweise unter Windows 9x und Me als Konsolenanwendung aufgerufen werden.

Siehe auch: 2.2 »Apache starten«, 2.3 »Beenden und Neustarten«, 2.4 »Konfigurationsdateien«, 6 »Plattform-spezifische Anmerkungen«, 7.4 »apachectl – Das Apache HTTP Server Control Interface«

7.2.1 Synopsis

```
httpd [ -d ServerRoot ] [ -f config ] [ -C Direktive ] [ -c Direktive ]
[ -D Parameter ] [ -e Stufe ] [ -E Datei ] [ -k start|restart|graceful|
stop ] [ -R Verzeichnis ] [ -h ] [ -l ] [ -L ] [ -S ] [ -t ] [ -v ] [ -V ]
[ -X ]
```

Unter Windows stehen außerdem folgende Argumente zur Verfügung:

```
httpd [ -k install|config|uninstall ] [ -n Name ] [ -w ]
```

7.2.2 Optionen

-d ServerRoot

Setzt den Anfangswert für die Direktive ServerRoot. Diese Angabe kann von der ServerRoot-Direktive in der Konfigurationsdatei überschrieben werden. Die Voreinstellung ist /usr/local/apache2.

-f config

Benutzt beim Start die Direktiven aus der Datei config. Beginnt die config-Datei nicht mit einem Schrägstrich (/), wird der Pfad relativ zur ServerRoot interpretiert. Die Vorgabe lautet conf/httpd.conf.

-k start|restart|graceful|stop

Signalisiert httpd, zu starten, neu zu starten oder zu stoppen.

-C Direktive

Die angegebene Konfigurationsdirektive wird vor dem Lesen der Konfigurationsdateien verarbeitet.

-c Direktive

Die angegebene Konfigurationsdirektive wird nach dem Lesen der Konfigurationsdateien verarbeitet.

-D Parameter

Setzt einen Konfigurationsparameter, der in Verbindung mit IfDefine-Abschnitten aus den Konfigurationsdateien für ein bedingtes Überspringen oder Verarbeiten von Befehlen beim Serverstart und Neustart benutzt werden kann.

-e Stufe

Setzt die LogLevel-Direktive beim Serverstart auf die angegebene Stufe. Damit kann die Ausführlichkeit der Fehlermeldungen temporär erweitert werden, um Probleme beim Start herauszufinden.

-E Datei

Fehlermeldungen während des Serverstarts werden an die angegebene Datei gesendet.

-R Verzeichnis

Wurde der Server mit SHARED_CORE kompiliert, dann gibt diese Option das Verzeichnis für gemeinsam genutzte Objektdateien an.

-h

Ausgabe einer Kurzzusammenfassung der verfügbaren Befehlszeilenoptionen.

-l

Ausgabe einer Liste der für den Server kompilierten Module. Diese Liste enthält *keine* dynamisch mit der Direktive LoadModule geladenen Module.

-L

Ausgabe einer Liste der Direktiven mit ihren Argumenten und den Positionen, an denen sie zulässig sind.

-S

Anzeige der analysierten Einstellungen aus der Konfigurationsdatei (zurzeit werden nur die Einstellungen für virtuelle Hosts angezeigt).

-t

Durchführung von Syntaxtests für die Konfigurationsdateien. Das Programm wird sofort beendet, wenn diese Syntaxprüfung abgeschlossen ist, der Rückgabewert 0 vorliegt (Syntax OK) oder der Rückgabewert ungleich 0 ist (Syntaxfehler). Wird gleichzeitig -D DUMP_VHOSTS gesetzt, werden Details zur Konfiguration der virtuellen Hosts ausgegeben.

-v

Es wird nur die httpd-Version ausgegeben.

-V

Ausgabe der httpd-Version und der Einrichtungsparameter.

`-X`

Ausführung von `httpd` im Debug-Modus. Es wird nur ein Worker-Prozess gestartet und der Server wird nicht von der Konsole abgekoppelt.

Die folgenden Argumente stehen nur unter Windows zur Verfügung:

`-k install|config|uninstall`

Der Apache wird als Windows-NT-Dienst installiert, Startoptionen für den Apache-Dienst können geändert und der Apache-Dienst deinstalliert werden.

`-n Name`

Der Name des Apache-Dienstes.

`-w`

Das Konsolenfenster bleibt bei einem Fehler geöffnet, so dass Fehlermeldungen gelesen werden können.

7.3 ab – Das Apache-Benchmark-Programm

Mit dem Programm ab können Benchmark-Tests mit dem Apache HTTP Server durchgeführt werden. Diese Tests sollen einen Überblick über die Leistungsmerkmale einer Apache-Installation vermitteln. Sie zeigen insbesondere, wie viele Anfragen pro Sekunde eine Apache-Installation bedienen kann.

Siehe auch: *7.2 »httpd – Apache Hypertext Transfer Protocol-Server«*

7.3.1 Synopsis

```
ab [ -A Benutzername:Passwort ] [ -c Gleichzeitige Anfragen ] [ -C
Cookie-Name=Wert ] [ -d ] [ -e CSV-Datei ] [ -g Gnuplot-Datei ] [ -h ]
[ -H Angepasster Header ] [ -i ] [ -k ] [ -n Anfragen ] [ -p POST-Datei ]
[ -P Proxy-Benutzername:Passwort ] [ -q ] [ -s ] [ -S ] [ -t Zeitlimit ]
[ -T Inhaltstyp ] [ -v Ausführlichkeit] [ -V ] [ -w ] [ -x <table>-Attri-
bute ] [ -X Proxy[:Port] ] [ -y <tr>-Attribute ] [ -z <td>-Attribute ]
[http://]Hostname[:Port]/Pfad
```

7.3.2 Optionen

`-A Benutzername:Passwort`

Übergabe der Angaben für die Basic-Authentifizierung an den Server. Benutzername und Passwort werden durch einen Doppelpunkt : voneinander getrennt und in base64-Codierung über das Netzwerk versendet. Die Zeichenfolge wird unabhängig davon versendet, ob der Server sie benötigt (das heißt eine 401-Authentifizierung angefordert hat).

`-c Gleichzeitige Anfragen`

Die Anzahl der gleichzeitig zu bearbeitenden Anfragen. Voreinstellung ist jeweils eine Anfrage.

`-C Cookie-Name=Wert`

Der Anfrage wird eine Cookie-Zeile hinzugefügt. Das Argument ist normalerweise ein Paar aus einem Namen und einem Wert. Dieses Feld kann wiederholt werden.

`-d`

Der innerhalb von XX [ms] bediente Anteil wird nicht wie herkömmlich in einer Tabelle angezeigt.

`-e CSV-Datei`

Es wird eine CSV-Datei geschrieben (CSV steht für Comma Separated Value). Diese enthält durch Kommata voneinander getrennte Werte (von 1% bis 100%) mit der für den jeweiligen Prozentsatz benötigten Zeit in Millisekunden. Das ist in der Regel sinnvoller als eine Gnuplot-Datei, weil sie die Ergebnisse bereits enthält.

`-g Gnuplot-Datei`

Alle gemessenen Werte werden als »Gnuplot« oder TSV-Datei (eine Datei mit durch Tabulatoren getrennten Werten) ausgegeben. Diese Datei ist einfach in Programme wie Gnuplot, IDL, Mathematica, Igor oder Excel zu importieren. Die Kennzeichnungen befinden sich in der ersten Zeile der Datei.

`-h`

Anzeige von Auslastungsinformationen.

`-H Angepasster Header`

Es werden zusätzliche Header an die Anfrage angehängt. Als Argument wird normalerweise eine zulässige Header-Zeile mit einem durch einen Doppelpunkt getrennten Feld-/Wertpaar angegeben (z.B. "Accept-Encoding: zip/zop;8bit").

`-i`

Durchführung von HEAD-Anfragen anstelle von GET-Anfragen.

`-k`

HTTP-KeepAlives aktivieren, das heißt mehrere Anfragen innerhalb einer HTTP-Session durchführen. Diese Möglichkeit ist standardmäßig deaktiviert.

`-n Anfragen`

Anzahl der für den Benchmark-Test durchzuführenden Anfragen. Laut Vorgabe wird nur eine Anfrage durchgeführt, was in der Regel kein repräsentatives Ergebnis liefert.

`-p POST-Datei`

Datei mit zu versendenden Daten.

`-P Proxy-Benutzername:Passwort`

Die Beglaubigungsangaben für die Basic-Authentifizierung durch einen auf dem Weg liegenden Proxy. Benutzername und Passwort werden durch einen einfachen Doppelpunkt voneinander getrennt : und in base64-Codierung über das Netzwerk versendet. Die Zeichenfolge wird unabhängig davon versendet, ob der Server sie benötigt (das heißt eine 401-Authentifizierung angefordert hat).

-q

Werden mehr als 150 Anfragen verarbeitet, gibt das ab-Programm bei 10% oder 100 Anfragen o.Ä. einen Zählerstand über `stderr` aus. Mit der Option -q werden diese Ausgaben unterdrückt.

-s

Wurde das Programm beim Kompilieren mit eingebunden (kann mit ab -h angezeigt werden), wird das SSL-geschützte `https`-Protokoll anstelle des `http`-Protokolls benutzt. Diese Option befindet sich noch in einem experimentellen Stadium und steht nur *sehr* eingeschränkt zur Verfügung, so dass von einer Verwendung abzuraten ist.

-S

Die Werte für Durchschnitts- und Standardabweichung oder Warnungen und Fehlermeldungen werden nicht angezeigt, wenn Durchschnitt und durchschnittliche Abweichung um das Ein- bis Zweifache von der Standardabweichung abweichen. Als Vorgabe gelten die minimalen, durchschnittlichen und maximalen Werte. (Herkömmliche Unterstützung.)

-t Zeitlimit

Maximale Zeit für den Benchmark-Test in Sekunden. Intern impliziert das den Wert -n 50000. Eine Voreinstellung gibt es nicht. Mit diesem Argument kann die Zeit für einen Benchmark-Test vorgegeben werden.

-T Inhaltstyp

Der Header für den Inhaltstyp beim Versenden von Daten.

-v Ausführlichkeit

Gibt den Grad der Ausführlichkeit an – bei Stufe 4 und höher werden Informationen zu den Headern, bei Stufe 3 und höher Antwortcodes (404, 200 usw.), bei Stufe 2 und höher Warnungen und Informationen ausgegeben.

-V

Nur Anzeige der Versionsnummer.

-w

Ergebnisse werden in HTML-Tabellen ausgegeben. Vorgabe ist eine zweispaltige Tabelle mit weißem Hintergrund.

-x <table>-Attribute

Zeichenfolgen für `<table>`-Attribute. Die Attribute werden nach dem Namen `table` eingefügt.

`-X Proxy[:Port]`

Der angegebene Proxy-Server wird benutzt.

`-y <tr>-Attribute`

Zeichenfolgen, die als Attribute für `<tr>` zu benutzen sind.

`-z <td>-Attribute`

Zeichenfolgen, die als Attribute für `<td>` zu benutzen sind.

7.3.3 Bugs

Es gibt zahlreiche statisch deklarierte Puffer fester Länge. In Verbindung mit der langsamen Auswertung der Argumente der Befehlszeile, der Antwort-Header des Servers und anderer externer Eingaben kann das zu Problemen führen.

HTTP/1.x wird nicht vollständig implementiert; es werden nur einige »erwartete« Antwortformulare akzeptiert. Die sehr intensive Verwendung von `strstr(3)` zeigt sich oben im Profil, was auf ein Leistungsproblem hinweisen kann; das heißt, es wird die Leistung des Programms ab und nicht die des Servers gemessen.

7.4 apachectl – Das Apache HTTP Server Control Interface

Das Skript `apachectl` ist ein Front-End für den Apache HyperText Transfer Protocol-Server. Es soll den Administrator bei der Kontrolle der Funktionen des Apache-`httpd`-Daemon unterstützen.

Das `apachectl`-Skript kann in zwei Modi arbeiten. Zum einen als einfaches Front-End für das Programm `httpd`, das einfach alle erforderlichen Umgebungsvariablen setzt und anschließend `httpd` aufruft und dabei alle Argumente aus der Befehlszeile weiterreicht. Zum anderen kann das `apachectl`-Skript als SysV-init-Skript agieren, indem es einzelne Wörter als Argumente übernimmt (z.B. `start`, `restart` und `stop`) und diese in die entsprechenden Signale für `httpd` umwandelt.

Verwendet Ihre Apache-Installation keine Standardpfade, dann müssen Sie das `apachectl`-Skript bearbeiten und die entsprechenden Pfade für die binäre `httpd`-Datei angeben. Sie können auch erforderliche `httpd`-Befehlszeilenargumente angeben. Weitere Einzelheiten hierzu finden Sie in den Kommentaren des Skripts.

Das `apachectl`-Skript liefert den Rückgabewert 0, wenn es erfolgreich ausgeführt wurde, und einen Wert größer als null, wenn ein Fehler aufgetreten ist. Weitere Einzelheiten hierzu finden Sie in den Kommentaren des Skripts.

Siehe auch: *2.2 »Apache starten«, 2.3 »Beenden und Neustarten«, 2.4 »Konfigurationsdateien«, 6 »Plattform-spezifische Anmerkungen«, 7.2 »httpd – Apache Hypertext Transfer Protocol-Server«*

7.4.1 Synopsis

Wenn das `apachectl`-Skript im Durchreichmodus arbeitet, kann es alle für das Programm `httpd` verfügbaren Argumente übernehmen.

```
apachectl [ httpd-Argument ]
```

Arbeitet das `apachectl`-Skript im SysV-init-Modus, werden nur die unten aufgeführten einzelnen Wörter übernommen.

```
apachectl Befehl
```

7.4.2 Optionen

Hier werden nur die Optionen im SysV init-Stil aufgeführt. Die anderen Argumente finden Sie im *Abschnitt 7.2 »httpd – Apache Hypertext Transfer Protocol-Server«*.

start

Der Apache-httpd-Daemon wird gestartet. Wird dieser bereits ausgeführt, wird ein Fehler gemeldet. Die Anweisung ist identisch mit `apachectl -k start`.

stop

Der Apache-httpd-Daemon wird gestoppt. Diese Anweisung ist identisch mit `apachectl -k stop`.

restart

Der Apache-httpd-Daemon wird neu gestartet. Wird der Daemon gar nicht ausgeführt, wird er gestartet. Dieser Befehl überprüft wie `configtest` automatisch die Konfigurationsdateien, bevor der Neustart durchgeführt wird, damit der Daemon nicht abgebrochen wird. Diese Anweisung ist identisch mit `apachectl -k restart`.

fullstatus

Zeigt einen vollständigen Statusbericht des Moduls `mod_status` an. Damit das funktioniert, muss das Modul `mod_status` für den Server aktiviert und ein Text-Browser wie zum Beispiel `lynx` zur Verfügung stehen. Die URL für den Zugriff auf den Statusbericht kann mit der Variablen STATUSURL im Skript gesetzt werden.

status

Zeigt einen kurzen Statusbericht an. Im Unterschied zur Option `fullstatus` wird die Liste der gerade bearbeiteten Anfragen nicht angezeigt.

graceful

Der Apache-httpd-Daemon wird nicht abrupt neu gestartet. Im Unterschied zu einem normalen Neustart werden gerade geöffnete Verbindungen nicht unterbrochen. Als Nebeneffekt werden die alten Log-Dateien nicht sofort geschlossen. Das bedeutet, dass bei einer Rotation der Log-Dateien eine nicht unbeträchtliche Verzögerung erforderlich sein kann, damit die alten Log-Dateien vor der Bearbeitung geschlossen werden. Dieser Befehl überprüft wie configtest automatisch die Konfigurationsdateien, bevor der Neustart durchgeführt wird, damit der Daemon nicht abgebrochen wird. Diese Anweisung ist identisch mit apachectl -k graceful.

configtest

Führt einen Syntaxtest für eine Konfigurationsdatei durch. Die Konfigurationsdateien werden überprüft und entweder Syntax Ok signalisiert oder detaillierte Informationen zum Syntaxfehler geliefert. Diese Anweisung ist identisch mit apachectl -t.

startssl

Startet den Apache mit SSL-Unterstützung. Dieser Befehl ist identisch mit apachectl -k start -DSSL.

7.5 apxs – Das APache eXtenSion Tool

apxs ist ein Programm zum Einrichten und Installieren von Erweiterungsmodulen für den Apache HyperText Transfer Protocol-Server. Hierfür wird ein Dynamic Shared Object (DSO) aus einer oder mehreren Quelldateien oder Objektdateien angelegt, das während der Ausführung mit der Direktive LoadModule des Moduls mod_so geladen werden kann.

Um dieses Verfahren für Erweiterungen nutzen zu können, muss das Betriebssystem DSO unterstützen und die ausführbare Apache-Datei httpd mit dem Modul mod_so kompiliert werden. Das Programm apxs beschwert sich automatisch, wenn dies nicht der Fall ist. Sie können aber auch manuell eine Überprüfung vornehmen:

```
$ httpd -l
```

Das Modul mod_so muss in der angezeigten Liste aufgeführt werden. Sind diese Voraussetzungen erfüllt, kann die Funktionalität des Apache-Servers problemlos durch Installation eigener Module durch den DSO-Mechanismus mit Hilfe des Programms apxs erweitert werden:

```
$ apxs -i -a -c mod_foo.c
gcc -fpic -DSHARED_MODULE -I/path/to/apache/include -c mod_foo.c
ld -Bshareable -o mod_foo.so mod_foo.o
cp mod_foo.so /path/to/apache/modules/mod_foo.so
chmod 755 /path/to/apache/modules/mod_foo.so
[activating module `foo' in /path/to/apache/etc/httpd.conf]
$ apachectl restart
/path/to/apache/sbin/apachectl restart: httpd not running, trying to start
[Tue Mar 31 11:27:55 1998] [debug] mod_so.c(303): loaded module foo_module
/path/to/apache/sbin/apachectl restart: httpd started
$ _
```

Bei den angegebenen Dateien kann es sich um beliebige C-Quelldateien (.c), eine Objektdatei (.o) oder auch um ein Bibliotheksarchiv handeln (.a). Das apxs-Programm erkennt die Dateinamenerweiterungen automatisch und kompiliert C-Quelldateien. Objekt- oder Archivdateien werden erst später eingebunden. Wenn Sie solche vorkompilierten Objekte benutzen, müssen Sie aber darauf achten, dass sie für positionsunabhängigen Code (PIC) kompiliert wurden, damit sie in einem dynamisch geladenen Objekt benutzt werden können. Beim Compiler `gcc` müssen Sie hierfür die Option `-fpic` angeben. Schlagen Sie für andere C-Compiler in der Dokumentation nach oder achten Sie auf die Flags, die apxs zum Kompilieren der Objektdateien benutzt.

Weitere Details zur DSO-Unterstützung des Apache finden Sie in der Dokumentation des Moduls *Abschnitt 9.5.47 »mod_so«* oder auch in der Quelldatei `src/modules/standard/mod_so.c`.

Siehe auch: *7.4 »apachectl – Das Apache HTTP Server Control Interface«, 7.2 »httpd – Apache Hypertext Transfer Protocol-Server«*

7.5.1 Synopsis

```
apxs -g [ -S Name=Wert ] -n Modul
apxs -q [ -S Name=Wert ]  Abfrage ...
apxs -c [ -S Name=Wert ] [ -o DSO-Datei ] [ -I Include-Verzeichnis ]
[ -D Name=Wert ] [ -L libdir ] [ -l libname ] [ -Wc, Compiler-Flags ]
[ -Wl, Linker-Flags ] Dateien ...
apxs -i [ -S Name=Wert ] [ -n Modul ] [ -a ] [ -A ] DSO-Datei ...
apxs -e [ -S Name=Wert ] [ -n Modul ] [ -a ] [ -A ] DSO-Datei ...
```

7.5.2 Optionen

Allgemeine Optionen

-n Modul

Mit dieser Option wird der Modulname für die Optionen `-i` (installieren) und `-g` (Mustererzeugung) explizit angegeben. Für die Option `-g` muss die Angabe erfolgen, für die Option `-i` versucht das `apxs`-Programm, den Namen aus der Quelldatei zu ermitteln oder ihn notfalls aus dem Dateinamen abzuleiten.

Abfrageoptionen

-q

Fragt die Kenntnisse des `apxs`-Programms über bestimmte Einstellungen ab. Als Abfrageparameter können ein oder mehrere der folgenden Zeichenfolgen angegeben werden: CC, CFLAGS, CFLAGS_SHLIB, INCLUDEDIR, LD_SHLIB, LDFLAGS_SHLIB, LIBEXECDIR, LIBS_SHLIB, SBINDIR, SYSCONFDIR, TARGET.

Sie können die Einstellungen auch selbst ermitteln. Mit der folgenden Anweisung innerhalb Ihrer Makefiles greifen Sie beispielsweise auf die Include-Dateien des Apache zu:

```
INC=-I`apxs -q INCLUDEDIR`
```

Konfigurationsoptionen

-S Name=Wert

Mit dieser Option werden die oben beschriebenen apxs-Einstellungen geändert.

Optionen zum Erzeugen von Vorlagen

-g

Mit dieser Option wird das Unterverzeichnis Name (siehe -n) und in diesem zwei Dateien erzeugt: Eine Musterdatei mit der Bezeichnung mod_name.c, die als Vorlage für eigene Module oder als Ausgangspunkt für Experimente mit dem apxs-Mechanismus dienen kann, sowie ein entsprechendes Makefile für eine noch einfachere Einrichtung und Installation dieses Moduls.

DSO-Compileroptionen

-c

Mit dieser Option werden die Compileroperationen angegeben. Zuerst werden die mit Dateien angegebenen C-Quelldateien (.c) in entsprechende Objektdateien kompiliert (.o) und anschließend durch Binden dieser Objektdateien mit den verbleibenden Objektdateien (.o und .a) aus der Liste der angegebenen Dateien dynamische Objekte in der DSO-Datei eingerichtet. Wird die Option -o nicht angegeben, wird der Name der Ausgabedatei vom ersten Dateinamen aus der Liste der angegebenen Dateien abgeleitet und lautet daher meist mod_name.so.

-o DSO-Datei

Mit dieser Option wird der Name des erzeugten dynamischen Objekts explizit angegeben. Erfolgt keine Angabe und lässt sich der Name nicht aus der Liste der Dateien ableiten, wird als Notbehelf der Name mod_unknown.so benutzt.

-D Name=Wert

Diese Option wird direkt an den oder die Compilerbefehl(e) weitergereicht und bietet die Möglichkeit, eigene Definitionen hinzuzufügen.

-I Include-Verzeichnis

Diese Option wird direkt an den oder die Compilerbefehl(e) weitergereicht und dient zur Angabe eigener Include-Verzeichnisse, in denen gesucht werden soll.

-L libdir

Diese Option wird direkt an den Linker-Befehl weitergereicht. Geben Sie mit ihr eigene Verzeichnisse an, in denen nach Bibliotheken gesucht werden soll.

-l libname

Diese Option wird direkt an den Linker-Befehl weitergereicht. Geben Sie mit ihr eigene Bibliotheken an, in denen gesucht werden soll.

`-Wc,Compiler-Flags`

Mit dieser Option werden zusätzliche `Compiler-Flags` an den Compiler übergeben. Sie dient zur Angabe lokaler, Compiler-spezifischer Optionen.

`-Wl,Linker-Flags`

Mit dieser Option werden zusätzliche `Linker-Flags` an den Linker übergeben. Sie dient zur Angabe lokaler, Linker-spezifischer Optionen.

DSO-Installations- und Konfigurationsoptionen

`-i`

Mit dieser Option wird die Installation angestoßen und ein oder mehrere dynamische Objekte im Verzeichnis `modules` des Servers installiert.

`-a`

Aktiviert die Module durch Einfügen einer entsprechenden `LoadModule`-Zeile in die `httpd.conf`-Konfigurationsdatei automatisch oder aktiviert bereits vorhandene Module.

`-A`

Identisch mit der Option `-a`, der eingefügten `LoadModule`-Direktive wird aber ein Doppelkreuz (#) vorangestellt, das heißt, das Modul bleibt bis zur späteren Aktivierung deaktiviert.

`-e`

Diese Option gibt die Bearbeitungsoperation an, die mit den Optionen `-a` und `-A` ähnlich wie die `-i`-Operation benutzt werden kann, um die `httpd.conf`-Konfigurationsdatei des Apache bearbeiten zu können, ohne das Modul zu installieren.

7.5.3 Beispiele

Angenommen, Sie möchten die Serverfunktionalität des Apache mit dem Modul `mod_foo.c` erweitern. Hierfür müssen Sie zuerst den C-Quellcode kompilieren, damit er zur Laufzeit mit folgendem Befehl geladen werden kann:

```
$ apxs -c mod_foo.c
gcc -fpic -DSHARED_MODULE -I/path/to/apache/include -c mod_foo.c
ld -Bshareable -o mod_foo.so mod_foo.o
$ _
```

Anschließend müssen Sie eine `LoadModule`-Direktive in die Apache-Konfiguration einfügen, damit das Objekt geladen wird. Dieser Schritt wird vom Programm `apxs` durch die Installation des Objekts im Verzeichnis `modules` und die entsprechende Aktualisierung der Datei `httpd.conf` vereinfacht. Geben Sie folgende Befehlszeile ein:

```
$ apxs -i -a mod_foo.c
cp mod_foo.so /path/to/apache/modules/mod_foo.so
chmod 755 /path/to/apache/modules/mod_foo.so
```

```
[activating module `foo' in /path/to/apache/etc/httpd.conf]
$ _
```

Dadurch wird die Zeile

```
LoadModule foo_module modules/mod_foo.so
```

in die Konfigurationsdatei eingefügt, falls sie noch nicht vorhanden ist. Soll das Modul standardmäßig aktiviert werden, benutzen Sie die Option -A:

```
$ apxs -i -A mod_foo.c
```

Für einen schnellen Test des Programms apxs können Sie ein Beispielmodul und ein entsprechendes Makefile erzeugen:

```
$ apxs -g -n foo
Creating [DIR] foo
Creating [FILE] foo/Makefile
Creating [FILE] foo/mod_foo.c
$ _
```

Anschließend können Sie dieses Beispielmodul sofort kompilieren und in den Apache-Server laden:

```
$ cd foo
$ make all reload
apxs -c mod_foo.c
gcc -fpic -DSHARED_MODULE -I/path/to/apache/include -c mod_foo.c
ld -Bshareable -o mod_foo.so mod_foo.o
apxs -i -a -n "foo" mod_foo.so
cp mod_foo.so /path/to/apache/modules/mod_foo.so
chmod 755 /path/to/apache/modules/mod_foo.so
[activating module `foo' in /path/to/apache/etc/httpd.conf]
apachectl restart
/path/to/apache/sbin/apachectl restart: httpd not running, trying to start
[Tue Mar 31 11:27:55 1998] [debug] mod_so.c(303): loaded module foo_module
/path/to/apache/sbin/apachectl restart: httpd started
$ _
```

Sie können mit apxs auch komplexe Module außerhalb des Apache-Codebaums kompilieren, zum Beispiel das Modul PHP3:

```
$ cd php3
$ ./configure --with-shared-apache=../apache-1.3
$ apxs -c -o libphp3.so mod_php3.c libmodphp3-so.a
```

```
gcc -fpic -DSHARED_MODULE -I/tmp/apache/include -c mod_php3.c
ld -Bshareable -o libphp3.so mod_php3.o libmodphp3-so.a
$ _
```

Das ist möglich, weil apxs C-Quellcodedateien und Objektdateien automatisch erkennt. Nur C-Quellcodedateien werden kompiliert, während die verbleibenden Objektdateien erst für das Binden benutzt werden.

7.6 configure – Das Konfigurationsskript

Mit dem configure-Skript werden die Quelldateien aus den einzelnen Verzeichnissen der Apache-Distribution für das Kompilieren und die Installation des Apache HTTP Servers für das jeweilige Betriebssystem konfiguriert. Zahlreiche Optionen steuern das Kompilieren eines auf die individuellen Bedürfnisse abgestimmten Servers.

Dieses Skript aus dem Hauptverzeichnis der Apache-Distribution ist nur für das Kompilieren unter UNIX und UNIX-ähnlichen Systemen vorgesehen. Hinweise zu anderen Betriebssystemen finden Sie im *Kapitel 6 »Plattform-spezifische Anmerkungen«*.

Siehe auch: *2.1 »Kompilieren und Installieren«*

7.6.1 Synopsis

Das configure-Skript wird aus dem Hauptverzeichnis der Distribution aufgerufen.

```
./configure [OPTION]... [VAR=WERT]...
```

Zuweisungen von Umgebungsvariablen (z.B. CC, CFLAGS ...) werden mit VAR=WERT angegeben. Weiter unten folgen Beschreibungen einiger nützlicher Variablen.

7.6.2 Optionen

- Konfigurationsoptionen
- Installationsverzeichnisse
- Unterschiedliche Plattformen
- Optionale Eigenschaften
- Optionen für Supportprogramme

Konfigurationsoptionen

Die folgenden Optionen beeinflussen das Verhalten des configure-Skripts.

-C

--config-cache

Dies ist ein Alias für --cache-file=config.cache.

--cache-file=DATEI

Die Testergebnisse werden in der angegebenen DATEI zwischengespeichert. Diese Option ist standardmäßig deaktiviert.

-h

--help [short|recursive]

Ausgabe der Hilfen und Beenden. Mit dem Argument short werden nur die für dieses Paket spezifischen Optionen angezeigt. Das Argument recursive zeigt die verkürzten Hilfshinweise für alle Pakete an.

-n

--no-create

Das configure-Skript wird normal ausgeführt, erzeugt aber keine Ausgabedateien. Auf diese Weise können Testergebnisse vor dem Erzeugen der Makefiles für das Kompilieren erhalten werden.

-q

--quiet

Die Meldung checking ... wird während des Konfigurationsprozesses nicht ausgegeben.

--srcdir=DIR

Das Verzeichnis DIR wird als Verzeichnis für die Quelldateien festgelegt. Vorgabe ist das Verzeichnis, in dem sich configure befindet oder das übergeordnete Verzeichnis.

--silent

Identisch mit --quiet.

-V

--version

Zeigt Copyright-Informationen an.

Installationverzeichnisse

Mit diesen Optionen werden die Installationsverzeichnisse festgelegt. Der Verzeichnisbaum der Installation hängt vom gewählten Layout ab.

--prefix=PREFIX

Installation der von der Architektur unabhängigen Dateien im Verzeichnis PREFIX. Standardmäßig wird das Verzeichnis /usr/local/apache2 als Installationsverzeichnis gesetzt.

--exec-prefix=EPREFIX

Installation der von der Architektur abhängigen Dateien im Verzeichnis EPREFIX. Standardmäßig ist PREFIX das Installationsverzeichnis.

Standardmäßig installiert make install alle Dateien in den Verzeichnissen /usr/local/apache2/bin, /usr/local/apache2/lib usw. Sie können mit --prefix einen anderen Installationspräfix als /usr/local/apache2 angeben, zum Beispiel --prefix=$HOME.

Definition eines Verzeichnislayouts

--enable-layout=LAYOUT

Konfiguration des Quellcodes und der Übersetzungsskripte zur Übernahme eines Installationsbaums, der auf dem angegebenen LAYOUT basiert. Auf diese Weise können Sie die Positionen für jeden Dateityp der Apache-HTTP-Serverinstallation separat angeben. Die Datei config.layout enthält mehrere Beispielkonfigurationen. Mit Hilfe dieser Beispiele können Sie auch eine eigene Konfiguration festlegen. Die unterschiedlichen Layouts sind in die Abschnitte <Layout FOO>...</Layout> unterteilt und werden über den Namen FOO angesprochen. Das Standardlayout heißt Apache.

Feineinstellung der Installationsverzeichnisse

Mit den folgenden Optionen kann eine Abstimmung der Installationsverzeichnisse vorgenommen werden. Bitte beachten Sie, dass die Standardverzeichnisse von autoconf gesetzt und von den entsprechenden Layouteinstellungen überschrieben werden.

--bindir=DIR

Benutzerprogramme werden im Verzeichnis DIR installiert. Zu den Benutzerprogrammen gehören auch für den Administrator nützliche Programme wie htpasswd, dbmmanage usw. Standardmäßig wird DIR auf EPREFIX/bin gesetzt.

--datadir=DIR

Installation allgemeiner, schreibgeschützter Dateien im Verzeichnis DIR. Standardmäßig wird datadir auf PREFIX/share gesetzt. Diese Option wird von autoconf angeboten und zurzeit nicht benutzt.

--includedir=DIR

Installation von C-Header-Dateien im Verzeichnis DIR. Standardmäßig wird includedir auf EPREFIX/include gesetzt.

--infodir=DIR

Installation von Info-Dokumentationen im Verzeichnis DIR. Standardmäßig wird infodir auf PREFIX/info gesetzt. Diese Option wird zur Zeit nicht benutzt.

--libdir=DIR

Installation von Objektcode-Bibliotheken im Verzeichnis DIR. Standardmäßig wird libdir auf EPREFIX/lib gesetzt.

--libexecdir=DIR

Installation von DSO-Modulen und Bibliotheken im Verzeichnis DIR. Standardmäßig wird libexecdir auf EPREFIX/libexec gesetzt.

--localstatedir=DIR

Installation veränderbarer Einzelrechnerdaten im Verzeichnis DIR. Standardmäßig wird localstatedir auf PREFIX/var gesetzt. Diese autoconf-Option wird zurzeit nicht benutzt.

--mandir=DIR

Installation von Man-Pages im Verzeichnis DIR. Standardmäßig wird mandir auf EPREFIX/man gesetzt.

--oldincludedir=DIR

Installation von C-Header-Dateien, die nicht für den gcc gedacht sind, im Verzeichnis DIR. Standardmäßig wird oldincludedir auf /usr/include gesetzt. Diese autoconf-Option wird nicht benutzt.

--sbindir=DIR

Installation von Administration-Programmen im Verzeichnis DIR. Hierzu gehören Serverprogramme wie httpd, apachectl, suexec usw., die für die Ausführung des Apache HTTP Servers benötigt werden. Standardmäßig wird sbindir auf EPREFIX/sbin gesetzt.

--sharedstatedir=DIR

Installation von veränderbaren von der Architektur unabhängigen Daten im Verzeichnis DIR. Standardmäßig wird sharedstatedir auf PREFIX/com gesetzt. Diese autoconf-Option wird zurzeit nicht benutzt.

--sysconfdir=DIR

Installation schreibgeschützter Konfigurationsdateien wie httpd.conf, mime.types usw. im Verzeichnis DIR. Standardmäßig wird sysconfdir auf PREFIX/etc gesetzt.

Unterschiedliche Plattformen

Mit diesen Optionen wird angegeben, für welches Betriebssystem der Apache HTTP Server kompiliert wird. Wird der Server auf dem gleichen System kompiliert und ausgeführt, werden diese Optionen nicht benötigt.

--build=BUILD

Gibt die Plattform an, für die die Programme kompiliert werden. Vorgabe sind die Ergebnisse des Skripts config.guess.

--host=HOST

Gibt die Plattform an, für die die Programme kompiliert werden. Voreinstellung für HOST ist BUILD.

--target=TARGET

Konfiguration der Compiler für das Betriebssystem TARGET. Die Voreinstellung ist HOST. Diese autoconf-Option wird für den Apache HTTP Server nicht benötigt.

Optionale Eigenschaften

Mit diesen Optionen wird eine Feineinstellung der Eigenschaften des HTTP-Servers vorgenommen.

Allgemeine Syntax

Im Allgemeinen werden Eigenschaften mit der folgenden Syntax aktiviert oder deaktiviert:

`--disable-EIGENSCHAFT`

Die angegebene EIGENSCHAFT wird nicht aktiviert. Ist identisch mit `--enable-EIGENSCHAFT=no`.

`--enable-EIGENSCHAFT[=ARG]`

Die angegebene EIGENSCHAFT wird aktiviert. Die Voreinstellung für ARG ist yes.

`--enable-MODULE=shared`

Das angegebene Modul wird als DSO-Modul kompiliert.

`--enable-MODULE=static`

Standardmäßig aktivierte Module werden statisch gebunden, was explizit verlangt werden kann.

> **Hinweis**
>
> `configure` gibt kein Signal, wenn das angegebene Modul gar nicht vorhanden ist, daher sollten keine Fehler bei der Eingabe gemacht werden.

Standardmäßig aktivierte Module

Einige Module werden standardmäßig kompiliert und müssen explizit ausgeschlossen werden. Das geschieht mit den folgenden Optionen.

`--disable-actions`

Deaktiviert das Auslösen von Aktionen durch das Modul `mod_actions`.

`--disable-alias`

Deaktiviert die Zuordnung von Anfragen zu unterschiedlichen Teilen des Dateisystems durch das Modul `mod_alias`.

`--disable-asis`

Deaktiviert As-Is-Dateitypen des Moduls `mod_asis`.

`--disable-auth`

Deaktiviert die Zugriffskontrolle durch den Benutzer mit Hilfe des Moduls `mod_auth`. Dieses Modul ist für die Basic-Authentifizierung zuständig, bei der die Benutzernamen und Passwörter in einfachen Textdateien gespeichert werden.

`--disable-autoindex`

Deaktiviert die Verzeichnisindexierung durch das Modul `mod_autoindex`.

`--disable-access`

Deaktiviert die Host-basierte Zugriffskontrolle mit Hilfe des Moduls `mod_access`.

`--disable-cgi`

Das Modul `mod_cgi` für die Unterstützung von CGI wird bei Verwendung Thread-loser MPMs standardmäßig aktiviert. Mit dieser Option kann die CGI-Unterstützung deaktiviert werden.

`--disable-cgid`

`mod_cgid` unterstützt CGI für die Module `worker` oder `perchild`. Mit dieser Option kann die Unterstützung für CGI-Skripte deaktiviert werden.

`--disable-charset-lite`

Deaktiviert die Zeichensatzumwandlung durch das Modul `mod_charset_lite`. Dieses Modul wird nur bei EBCDIC-Systemen standardmäßig aktiviert.

`--disable-dir`

Deaktiviert das Handling von Verzeichnisanfragen durch das Modul `mod_dir`.

`--disable-env`

Deaktiviert das Setzen und Löschen von Umgebungsvariablen durch das Modul `mod_env`.

`--disable-http`

Deaktiviert das HTTP-Protokoll. Das Modul http ist ein Grundmodul, das die Funktion des Servers als HTTP-Server ermöglicht. Es ist sollte nur deaktiviert werden, wenn stattdessen ein anderes Protokollmodul benutzt wird. *Deaktivieren Sie dieses Modul nur dann, wenn Sie genau wissen, was Sie tun.*

Hinweis: Dieses Modul wird immer statisch gebunden.

`--disable-imap`

Deaktiviert den Support für Server-basierte Image-Maps durch das Modul `mod_imap`.

`--disable-include`

Deaktiviert Server Side Includes (`mod_include`).

`--disable-log-config`

Deaktiviert die Protokollkonfiguration des Moduls `mod_log_config`. Ohne dieses Modul können Anfragen an den Server nicht protokolliert werden.

`--disable-mime`

Das Modul `mod_mime` verknüpft die Namenserweiterungen der angeforderten Dateien mit dem Verhalten und dem Inhalt (MIME-Typ, Sprache, Zeichensatz und Verschlüsselung) der

Datei. Von der Deaktivierung der Zuordnung von Dateierweiterungen zu MIME-Typen ist normalerweise abzuraten.

--disable-negotiation

Deaktiviert die Content Negotiation durch das Modul mod_negotiation.

--disable-setenvif

Deaktiviert das Setzen von Umgebungsvariablen über Header durch das Modul mod_setenvif.

--disable-status

Deaktiviert die Prozess-/Thread-Überwachung durch das Modul mod_status.

--disable-userdir

Deaktiviert die Zuordnung von Anfragen zu Benutzerverzeichnissen durch das Modul mod_userdir.

Standardmäßig deaktivierte Module

Einige Module werden standardmäßig kompiliert und müssen explizit oder über die Schlüsselwörter most oder all (siehe unten --enable-mods-shared) aktiviert werden.

--enable-auth-anon

Aktiviert den anonymen Benutzerzugriff über das Modul mod_auth_anon.

--enable-auth-dbm

Mit dieser Option aktivieren Sie das Modul mod_auth_dbm für die HTTP-Basic-Authentifizierung, bei der Benutzernamen und Passwörter in einer DBM-Datenbankdatei gespeichert werden.

--enable-auth-digest

Aktiviert die Digest-Authentifizierung nach RFC2617 durch das Modul mod_auth_digest. Dieses Modul speichert die Beglaubigungsdaten in einfachen Textdateien.

--enable-auth-ldap

Aktiviert die LDAP-Authentifizierung durch das Modul mod_auth_ldap.

--enable-cache

Aktiviert das dynamische Caching durch das Modul mod_cache. Dieses experimentelle Modul kann für Server mit hoher Auslastung oder Proxy-Server mit Cache interessant sein. Mindestens ein Speichermanagement-Modul wird benötigt (z.B. mod_disk_cache oder mod_mem_cache).

--enable-cern-meta

Aktiviert die Metadateiunterstützung im CERN-Stil durch das Modul mod_cern_meta.

--enable-charset-lite

Aktiviert die Zeichensatzumwandlung durch das Modul mod_charset_lite. Dieses Modul wird standardmäßig nur bei EBCDIC-Systemen installiert. Bei anderen Systemen muss es aktiviert werden.

--enable-dav

Aktiviert das WebDAV-Protokoll-Handling durch das Modul mod_dav. Unterstützung für Dateisystemressourcen erfolgt durch das separate Modul mod_dav_fs. Dieses Modul wird mit --enable-dav gleichzeitig automatisch aktiviert.

Hinweis: mod_dav kann nur zusammen mit dem Protokollmodul http benutzt werden.

--enable-dav-fs

Aktiviert DAV-Support für Dateisystemressourcen durch das Modul mod_dav_fs. Dieses Modul ist ein Lieferant für das Modul mod_dav, daher muss auch --enable-dav benutzt werden.

--enable-deflate

Aktiviert die Verschlüsselung durch das Modul mod_deflate.

--enable-disk-cache

Aktiviert das Festplatten-Caching durch das Modul mod_disk_cache.

--enable-expires

Aktiviert die Überwachung der Expires-Header durch das Modul mod_expires.

--enable-ext-filter

Aktiviert die Unterstützung externer Filter durch das Modul mod_ext_filter.

--enable-file-cache

Aktiviert das Datei-Caching durch das Modul mod_file_cache.

--enable-headers

Aktiviert die Kontrolle von HTTP-Headern durch das Modul mod_headers.

--enable-info

Aktiviert die Serverinformationen durch das Modul mod_info.

--enable-ldap

Aktiviert LDAP-Caching und Verbindungs-Pooling durch das Modul mod_ldap.

--enable-logio

Aktiviert die Protokollierung von Eingabe- und Ausgabe-Bytes einschließlich der Header durch das Modul mod_logio.

`--enable-mem-cache`

Aktiviert das Speicher-Caching durch das Modul `mod_mem_cache`.

`--enable-mime-magic`

Aktiviert die automatische Ermittlung der MIME-Typen durch das Modul `mod_mime_magic`.

`--enable-isapi`

Aktiviert den ISAPI-Erweiterungssupport durch das Modul `mod_isapi`.

`--enable-proxy`

Aktiviert die Proxy-/Gateway-Funktionalität des Moduls `mod_proxy`. Die Proxy-Fähigkeiten für CONNECT, FTP und HTTP werden von den separaten Modulen `mod_proxy_connect`, `mod_proxy_ftp` und `mod_proxy_http` bereitgestellt, die alle drei automatisch durch `--enable-proxy` aktiviert werden.

`--enable-proxy-connect`

Aktiviert Proxy-Support für CONNECT-Verbindungen über das Modul `mod_proxy_connect`. Dieses Modul ist eine Erweiterung des Moduls `mod_proxy`, das mit `--enable-proxy` aktiviert werden sollte.

`--enable-proxy-ftp`

Aktiviert Proxy-Support für FTP-Verbindungen über das Modul `mod_proxy_ftp`. Dieses Modul ist eine Erweiterung des Moduls `mod_proxy`, das mit `--enable-proxy` aktiviert werden sollte.

`--enable-proxy-http`

Aktiviert Proxy-Support für HTTP-Verbindungen über das Modul `mod_proxy_http`. Dieses Modul ist eine Erweiterung des Moduls `mod_proxy`, das mit `--enable-proxy` aktiviert werden sollte.

`--enable-rewrite`

Aktiviert auf Regeln basierende URL-Manipulationen durch das Modul `mod_rewrite`.

`--enable-so`

Aktiviert DSO-Support durch das Modul `mod_so`. Dieses Modul wird automatisch aktiviert, wenn Sie die Option `--enable-mods-shared` verwenden.

`--enable-speling`

Aktiviert die Möglichkeit zur Korrektur falsch geschriebener URLs durch das Modul `mod_spelling`.

`--enable-ssl`

Aktiviert den SSL/TLS-Support durch das Modul `mod_ssl`.

--enable-unique-id

Aktiviert das Erzeugen eindeutiger IDs pro Anfrage durch das Modul mod_unique_id.

--enable-usertrack

Aktiviert die Aufzeichnung von Benutzer-Sessions durch das Modul mod_usertrack.

--enable-vhost-alias

Aktiviert das virtuelle Massen-Hosting durch das Modul mod_vhost_alias.

Module für Entwickler

Die folgenden Module sind nur für Entwickler und Testzwecke von Interesse und standardmäßig deaktiviert. Mit den folgenden Optionen werden sie aktiviert. Benutzen Sie diese Module nur, wenn Sie ihren Verwendungszweck genau kennen.

--enable-bucketeer

Aktiviert die Manipulation von Filtern für Buckets durch das Modul mod_bucketeer.

--enable-case-filter

Aktiviert die Umwandlung der Großschreibung bei Beispielen für Ausgabefilter mit dem Modul mod_case_filter.

--enable-case-filter-in

Aktiviert die Umwandlung der Großschreibung bei Beispielen für Eingabefilter mit dem Modul mod_case_filter.

--enable-echo

Aktiviert den ECHO-Server mit dem Modul mod_echo.

--enable-example

Aktiviert das Beispiel- und Demo-Modul mod_example.

--enable-optional-fn-export

Aktiviert das Beispiel für einen optionalen Funktionsexport durch das Modul mod_optional_fn_export.

--enable-optional-fn-import

Aktiviert das Beispiel für einen optionalen Funktionsimport durch das Modul mod_optional_fn_import.

--enable-optional-hook-export

Aktiviert das Beispiel für einen optionalen Hook-Export durch das Modul mod_optional_hook_export.

```
--enable-optional-hook-import
```

Aktiviert das Beispiel für einen optionalen Hook-Import durch das Modul `mod_optional_hook_import`.

MPMs und Module von Fremdherstellern

Die erforderlichen Multi-Processing-Module und Module von anderen Herstellern können mit folgenden Optionen hinzugefügt werden:

```
--with-module=Modultyp:Moduldatei
```

Fügen Sie ein Modul eines Fremdherstellers der Liste der statisch eingebundenen Module hinzu. Die Quelldatei des Moduls `Moduldatei` wird im Unterverzeichnis `modules/Modultyp` des Codebaums des Apache HTTP Servers gesucht und muss sich daher auch dort befinden. Wird es dort nicht gefunden, geht `configure` davon aus, dass `Moduldatei` einen absoluten Pfad angibt und versucht, die Quelldatei in das Unterverzeichnis `Modultyp` zu kopieren.

Diese Option eignet sich zum Einfügen kleiner Module, die aus nur einer Quelldatei bestehen. Bei umfangreicheren Modulen sollten Sie die Dokumentation des Herstellers lesen.

> **Hinweis**
>
> Möchten Sie ein DSO-Modul und ein statisch gebundenes Modul kompilieren, dann benutzen Sie apxs.

```
--with-mpm=MPM
```

Wählen Sie das Prozessmodell für Ihren Server aus. Sie dürfen nur ein Multi-Processing-Modul auswählen, sonst wird der Standard-MPM für Ihr Betriebssystem genommen. Mögliche MPMs sind `beos`, `leader`, `mpmt_os2`, `perchild`, `prefork`, `threadpool` und `worker`.

Kumulative und andere Optionen

```
--enable-maintainer-mode
```

Compilerwarnungen und Debugging einschalten.

```
--enable-mods-shared=MODULE-LISTE
```

Angabe der Liste der zu aktivierenden und als dynamisch zu kompilierenden Module. Das bedeutet, dass diese Module dynamisch mit der Direktive `LoadModule` geladen werden müssen.

Die `MODULE-LISTE` ist eine durch Leerzeichen getrennte Liste der in einfache Anführungszeichen gesetzten Modulnamen. Das Präfix `mod_` wird nicht mit angegeben. Ein Beispiel:

```
--enable-mods-shared='headers rewrite dav'
```

Außerdem können die speziellen Schlüsselwörter all und most benutzt werden:

`--enable-mods-shared=most`

Die meisten Module werden kompiliert und als DSO-Module eingerichtet.

--enable-modules=MODULE-LISTE

Diese Option ist mit --enable-mods-shared vergleichbar, allerdings werden die angegebenen Module statisch gebunden. Das bedeutet, dass sie bei der Ausführung von httpd immer zur Verfügung stehen und nicht mit der Direktive LoadModule geladen werden müssen.

--enable-v4-mapped

IPv6-Sockets sind für IPv4-Verbindungen zulässig.

--with-port=PORT

Gibt den Port an, auf den httpd reagiert. Diese Port-Nummer wird bei der Erzeugung der Konfigurationsdatei httpd.conf benutzt, die Vorgabe ist 80.

--with-program-name

Nennt einen alternativen Namen für httpd.

Optionale Pakete

Mit diesen Optionen werden optionale Pakete angegeben.

Allgemeine Syntax

Im Allgemeinen wird mit der folgenden Syntax ein optionales Paket angegeben:

--with-PACKAGE[=ARG]

Das Paket PACKAGE wird benutzt. Die Vorgabe für ARG ist yes.

--without-PACKAGE

Das angegebene PACKAGE wird nicht benutzt. Diese Formulierung ist identisch mit --with-PACKAGE=no. Diese Option wird vom Modul autoconf bereitgestellt, ist aber für den Apache HTTP Server nicht sinnvoll.

Spezielle Pakete

--with-apr=DIR|DATEI

Die Apache Portable Runtime (APR) ist Bestandteil der httpd-Distribution und wird automatisch zusammen mit dem HTTP-Server aufgebaut. Soll stattdessen eine bereits installierte APR benutzt werden, muss dem Programm configure der Pfad zum apr-config-Skript übergeben werden. Es kann der absolute Pfad und Name oder das Verzeichnis der installierten APR angegeben werden. Das Skript apr-config muss in diesem Verzeichnis oder dem Unterverzeichnis bin enthalten sein.

`--with-apr-util=DIR|DATEI`

Die Apache Portable Runtime Utilities (APU) sind Bestandteil der `httpd`-Distribution und werden automatisch mit dem HTTP-Server eingerichtet. Soll stattdessen eine bereits installierte APU benutzt werden, muss dem Programm `configure` der Pfad zum `apu-config`-Skript übergeben werden. Es kann der absolute Pfad und der Name oder das Verzeichnis der installierten APU angegeben werden. Das Skript `apu-config` muss in diesem Verzeichnis oder dem Unterverzeichnis `bin` enthalten sein.

`--with-ssl=DIR`

Wurde das Modul `mod_ssl` aktiviert, sucht `configure` nach einer OpenSSL-Installation. Sie können auch den Verzeichnispfad zum SSL/TLS-Toolkit angeben.

`--with-z=DIR`

`configure` sucht automatisch nach einer installierten `zlib`-Bibliothek, wenn die Quellkonfiguration eine solche benötigt (wenn z.B. `mod_deflate` aktiviert ist). Sie können aber auch den Pfad zur Kompressionsbibliothek direkt angeben.

Zahlreiche Module des Apache HTTP Servers einschließlich `mod_authn_dbm` und der `RewriteMap`-DBM des Moduls `mod_rewrite` benutzen einfache Datenbanken mit Schlüssel-/Wertepaaren für die schnelle Suche nach Informationen. SDBM ist Bestandteil der APU und steht daher immer zur Verfügung. Möchten Sie stattdessen andere Datenbanken verwenden, dann aktivieren Sie diese mit den folgenden Optionen:

`--with-gdbm[=Pfad]`

Wird kein `Pfad` angegeben, sucht `configure` in den üblichen Suchpfaden nach den Include-Dateien und Bibliotheken einer GNU-DBM-Installation. Bei einer expliziten Pfadangabe sucht `configure` unter `Pfad/lib` und `Pfad/include` nach den entsprechenden Dateien. Darüber hinaus kann der `Pfad` spezielle Include- und Bibliothekspfade angegeben, die durch Doppelpunkte voneinander getrennt werden.

`--with-ndbm[=path]`

Ähnlich wie `--with-gdbm`, sucht aber nach einer New-DBM-Installation.

`--with-berkeley-db[=path]`

Ähnlich wie `--with-gdbm`, sucht aber nach einer Berkeley-DB-Installation.

> **Hinweis**
>
> Die DBM-Optionen werden vom Modul APU bereitgestellt und über das Konfigurationsskript weitergereicht. Sie sind nutzlos, wenn eine bereits installierte APU benutzt wird, die mit --with-apr-util definiert wurde.
> In Verbindung mit dem HTTP-Server können mehrere DBM-Implementierungen benutzt werden. Der entsprechende DBM-Typ wird jedes Mal mit der Runtime-Konfiguration konfiguriert.

Optionen für Supportprogramme

--enable-static-support

Richtet eine statisch gebundene Version der binären Supportprogramme ein. Das bedeutet, dass eine eigenständige ausführbare Datei eingerichtet wird, die alle erforderlichen Bibliotheken enthält. Standardmäßig werden die binären Supportprogramme dynamisch gebunden.

--enable-suexec

Mit dieser Option wird suexec aktiviert, so dass Sie UID und GID für gestartete Prozesse setzen können. Weitere Optionen zur Konfiguration von suexec werden weiter unten beschrieben.

Mit folgenden Optionen kann ein statisch gebundenes, binäres Programm eines einzelnen Supportprogramms erzeugt werden:

--enable-static-ab

Richtet eine statisch gebundene Version von ab ein.

--enable-static-checkgid

Richtet eine statisch gebundene Version von checkgid ein.

--enable-static-htdbm

Richtet eine statisch gebundene Version von htdbm ein.

--enable-static-htdigest

Richtet eine statisch gebundene Version von htdigest.

--enable-static-htpasswd

Richtet eine statisch gebundene Version von htpasswd ein.

--enable-static-logresolve

Richtet eine statisch gebundene Version von logresolve ein.

--enable-static-rotatelogs

Richtet eine statisch gebundene Version von rotatelogs ein.

suexec-Konfigurationsoptionen

Mit folgenden Optionen kann eine Feinabstimmung des Verhaltens von suexec vorgenommen werden. Weitere Informationen finden Sie im *Abschnitt 7.12 »suexec – Benutzerwechsel vor Ausführung externer Programme«.*

--with-suexec-bin

Gibt den Pfad zur binären suexec-Datei an. Vorgabe ist --sbindir.

--with-suexec-caller

Gibt den Benutzer an, der `suexec` aufrufen darf. Es sollte sich um denselben Benutzer handeln, unter dem `httpd` normalerweise ausgeführt wird.

--with-suexec-docroot

Gibt den Verzeichnisbaum an, in dem `suexec` Programme ausführen darf. Voreinstellung ist `--datadir/htdocs`.

--with-suexec-gidmin

Gibt die niedrigste GID an, die für einen Benutzer von `suexec` zulässig ist. Die Voreinstellung ist 100.

--with-suexec-logfile

Nennt den Dateinamen der Log-Datei für `suexec`. Laut Vorgabe heißt die Datei `suexec_log` und befindet sich im Verzeichnis `--logfiledir`.

--with-suexec-safepath

Gibt den Wert für die Umgebungsvariable PATH für von `suexec` gestartete Prozesse an. Der Standardwert ist `/usr/local/bin:/usr/bin:/bin`.

--with-suexec-userdir

Gibt das Unterverzeichnis aus dem Verzeichnis des Benutzers an, das die ausführbaren Dateien enthält, auf die `suexec` Zugriff hat. Diese Einstellung muss vorgenommen werden, wenn `suexec` in Verbindung mit Benutzerverzeichnissen (wie mit dem Modul `mod_userdir` festgelegt) verwendet werden soll. Die Vorgabe lautet `public_html`.

--with-suexec-uidmin

Gibt die niedrigste UID an, die für einen Benutzer von `suexec` zulässig ist. Die Vorgabe lautet 100.

--with-suexec-umask

Setzt `umask` für von `suexec` gestartete Prozesse. Die Voreinstellung deckt sich mit den Systemeinstellungen.

7.6.3 Umgebungsvariablen

Mit einigen nützlichen Umgebungsvariablen können die Vorgaben von `configure` überschrieben oder das Auffinden von Bibliotheken und Programmen mit nicht standardmäßigen Namen oder Positionen erleichtert werden.

CC

Der Aufruf des C-Compilers für das Kompilieren.

CFLAGS

Die Flags für den C-Compiler.

CPP

Der Aufruf für den C-Präprozessor.

CPPFLAGS

Die Flags für den C/C++-Präprozessor, z.B. -I includedir, wenn sich Header im nicht standardmäßigen Verzeichnis includedir befinden.

LDFLAGS

Die Flags für den Linker, z.B. -L libdir, wenn sich Bibliotheken im nicht standardmäßigen Verzeichnis libdir befinden.

7.7 dbmmanage – Dateien für die Benutzerauthentifizierung im DBM-Format

Mit dem Programm dbmmanage werden Dateien im DBM-Format mit Benutzernamen und Passwörtern für die Basic-Authentifizierung erstellt und verwaltet. Die Benutzung der Ressourcen des Apache HTTP Servers kann auf die Benutzer beschränkt werden, die in den mit dbmmanage erstellten Dateien aufgeführt werden. Das Programm kann nur benutzt werden, wenn die Benutzernamen in einer DBM-Datei gespeichert wurden. Informationen zur Speicherung im Textformat finden Sie unter htpasswd.

In dieser Dokumentation werden nur die Befehlszeilenargumente beschrieben. Einzelheiten zu den Direktiven für die Konfiguration der Benutzerauthentifizierung finden Sie im *Abschnitt 7.2 »httpd – Apache Hypertext Transfer Protocol-Server«*.

Siehe auch: *9.5.7 »mod_auth_dbm«*

7.7.1 Synopsis

```
dbmmanage [ Algorithmus ] Datei add|adduser|check|delete|update
Benutzer [ VerschlüsseltesPasswort [ Gruppe[,Gruppe...] [ Kommentar ] ] ]
dbmmanage Datei view [ Benutzer ]
dbmmanage Datei import
```

7.7.2 Optionen

Datei

Der Name der Datei im DBM-Format. Normalerweise hat er die Erweiterung .db, .pag oder .dir.

Benutzer

Der Benutzer, für den die Operationen durchgeführt werden. Der Benutzer darf einen Doppelpunkt enthalten (:).

VerschlüsseltesPasswort

Das bereits verschlüsselte Passwort, das für die Befehle update und add benutzt werden soll. Bei Angabe eines Bindestrichs (-) wird das Passwort abgefragt, die Felder werden aber erst später gefüllt. Wird beim Befehl update ein Punkt (.) gesetzt, bleibt das ursprüngliche Passwort unverändert.

Gruppe

Eine Gruppe, deren Mitglied der Benutzer ist. Gruppennamen dürfen Doppelpunkte (:) enthalten. Bei Angabe eines Bindestrichs (-) wird der Benutzer einer Gruppe hinzugefügt, die Felder werden aber erst später gefüllt. Wird beim Befehl update ein Punkt (.) gesetzt, bleibt die ursprüngliche Gruppe unverändert.

Kommentar

Raum für weitere Angaben zum Benutzer wie etwa der tatsächliche Name, die E-Mail-Adresse o.Ä. Der Server ignoriert dieses Feld.

Verschlüsselungsalgorithmen

-d

Der Algorithmus der crypt()-Routine (Voreinstellung, außer unter Windows und NetWare)

-m

Der MD5-Algorithmus (Voreinstellung für Windows und NetWare)

-s

SHA1-Algorithmus

-p

Textformat *(nicht empfohlen)*

Befehle

add

Fügt für den Benutzer in der Datei einen Eintrag mit dem verschlüsselten Passwort hinzu.

adduser

Fragt nach einem Passwort und fügt einen Eintrag für den Benutzer in die Datei ein.

check

Fragt nach einem Passwort und überprüft, ob der Benutzer in der Datei vorhanden ist und das Passwort mit dem angegebenen übereinstimmt.

delete

Löscht den Benutzer aus der Datei.

import

Liest `Benutzer:Passwort`-Einträge (einen pro Zeile) von `STDIN` und fügt sie der `Datei` hinzu. Die Passwörter müssen bereits verschlüsselt sein.

update

Ähnlich wie `adduser`, es wird aber überprüft, ob der `Benutzer` bereits in der `Datei` vorhanden ist.

view

Anzeige des Inhalts der DBM-Datei. Geben Sie einen `Benutzer` an, wird nur dieser Datensatz angezeigt.

7.7.3 Bugs

Es gibt eine Reihe unterschiedlicher DBM-Formate und aller Wahrscheinlichkeit nach befinden sich auf Ihrem System Bibliotheken für mehrere Formate. Hier zu nennende Formate sind SDBM, NDBM, das GNU-Format GDBM und Berkeley DB 2. Leider besitzen alle diese Bibliotheken unterschiedliche Dateiformate und Sie müssen dafür sorgen, dass das Format der angegebenen `Datei` das gleiche wie das von dbmmanage erwartete Format ist. dbmmanage kann nicht feststellen, um welches DBM-Format es sich handelt. Wird das falsche Format benutzt, wird nichts zurückgegeben, eine andere DBM-Datei mit anderem Namen erzeugt oder die DBM-Datei bei einem Schreibversuch beschädigt.

dbmmanage verfügt über eine Reihe von DBM-Formatpräferenzen, die im Array `@AnyDBM::ISA` am Beginn des Programms definiert werden. Da der Apache das Berkeley-DB-2-Dateiformat vorzieht, sucht dbmmanage zuerst nach den Systembibliotheken für Berkeley DB 2, anschließend nach NDBM, dann nach GDBM und schließlich nach SDBM. dbmmanage verwendet die erste gefundene Bibliothek für alle DBM-Dateitransaktionen. Diese Reihenfolge unterscheidet sich sowohl etwas von der Standardreihenfolge im `@AnyDBM::ISA`-Array für Perl als auch von der Reihenfolge, die vom einfachen Perl-Aufruf `dbmopen()` benutzt wird. Wenn Sie andere Programme zur Verwaltung Ihrer DBM-Dateien benutzen, dann müssen Sie daher darauf achten, dass sie sich an diese Präferenzreihenfolge halten. Das gilt auch, wenn Sie Programme in anderen Programmiersprachen wie C für den Zugriff auf diese Dateien verwenden.

Normalerweise kann mit dem `file`-Programm der meisten UNIX-Varianten das Format einer DBM-Datei ermittelt werden.

7.8 htdigest – Erzeugen und Aktualisieren von Passwortdateien für die Digest-Authentifizierung

Mit dem Programm `htdigest` werden einfache Textdateien mit Benutzernamen, Gültigkeitsbereichen und Passwörtern für die Digest-Authentifizierung angelegt und verwaltet. Die Benutzung der Ressourcen des Apache HTTP Servers kann auf die Benutzer begrenzt werden, die in den mit `htdigest` erstellten Dateien aufgeführt werden.

An dieser Stelle werden nur die Befehlszeilenargumente aufgeführt. Einzelheiten zu den zur Konfiguration der für die Digest-Authentifizierung erforderlichen Direktiven finden Sie im Abschnitt 7.2 »httpd – Apache Hypertext Transfer Protocol-Server«.

Siehe auch: *9.5.8 »mod_auth_digest«*

7.8.1 Synopsis

```
htdigest [ -c ] Passwortdatei Bereich Benutzer
```

7.8.2 Optionen

-c

Erzeugt die Passwortdatei. Ist sie bereits vorhanden, wird sie zuerst gelöscht.

Passwortdatei

Der Name der Datei mit den Benutzernamen, Bereichen und Passwörtern. Wird die Option -c angegeben, wird die Datei erzeugt, wenn sie nicht bereits vorhanden ist, oder gelöscht und neu angelegt, falls sie vorhanden ist.

Bereich

Die Bezeichnung des Bereichs, zu dem der Benutzer gehört.

Benutzer

Der Name des Benutzers, der eingerichtet oder aktualisiert werden soll. Gibt es den Benutzer nicht in der Datei, wird ein Eintrag hinzugefügt. Ist er vorhanden, wird das Passwort geändert.

7.9 htpasswd – Dateien für die Basic-Authentifizierung verwalten

Mit dem Programm htpasswd werden Textdateien mit Benutzernamen und Passwörtern für die Basic-Authentifizierung der HTTP-Benutzer verwaltet. Kann das Programm auf eine Datei nicht zugreifen, sei es um seine Ausgaben in die Datei zu schreiben oder in ihr zu lesen, wird ein Fehlercode zurückgegeben und es werden keine Änderung durchgeführt.

Der Zugriff auf die Ressourcen des Apache HTTP Servers kann auf die Benutzer beschränkt werden, die in den mit htpasswd angelegten Dateien aufgeführt werden. Das Programm selbst kann nur einfache Textdateien verwalten, es kann jedoch Passwortinformationen für andere Formen der Speicherung verschlüsseln und anzeigen. Informationen zum Einsatz von DBM-Datenbanken finden Sie im *Abschnitt 7.7 »dbmmanage – Dateien für die Benutzerauthentifizierung im DBM-Format«*.

htpasswd verschlüsselt Passwörter entweder mit einer Apache-Version des MD5-Algorithmus oder mit Hilfe der eigenen crypt()-Routine. Die mit htpasswd verwalteten Dateien können nach beiden Verfahren verschlüsselte Passwörter enthalten.

An dieser Stelle werden nur die Befehlszeilenargumente beschrieben. Einzelheiten zu den Direktiven für die Konfiguration der Benutzerauthentifizierung finden Sie im *Abschnitt 7.2 »httpd – Apache Hypertext Transfer Protocol-Server«.*

Siehe auch: *Die Skripte aus der Datei Support/SHA1 der Distribution*

7.9.1 Synopsis

```
htpasswd [ -c ] [ -m ] [ -D ] Passwortdatei Benutzername
htpasswd -b [ -c ] [ -m | -d | -p | -s ] [ -D ] Passwortdatei Benutzer-
name Passwort
htpasswd -n [ -m | -d | -s | -p ] Benutzer
htpasswd -nb [ -m | -d | -s | -p ] Benutzer Passwort
```

7.9.2 Optionen

-b

Eingabe des Passworts in der Befehlszeile und nicht über eine Eingabeaufforderung. Diese Option sollte äußerst vorsichtig benutzt werden, weil *das Passwort sichtbar* ist.

-c

Mit dieser Option wird die `Passwortdatei` erzeugt. Ist sie bereits vorhanden, wird sie überschrieben. Diese Option kann nicht mit der Option -n kombiniert werden.

-n

Die Ergebnisse werden über die Standardausgabe angezeigt und nicht in die Passwortdatei geschrieben. Diese Option kann genutzt werden, um vom Apache akzeptierte Passwortdatensätze zu erzeugen, die nicht in Textform gespeichert werden. Die Syntax der Befehlszeile ändert sich bei dieser Option, weil das Argument `Passwortdatei` (normalerweise das erste Argument) weggelassen wird. Sie kann nicht mit der Option -c kombiniert werden.

-m

Es wird die MD5-Verschlüsselung für Passwörter benutzt. Unter Windows und NetWare entspricht das der Voreinstellung.

-d

Für die Verschlüsselung der Passwörter wird die `crypt()`-Routine benutzt, was der Vorgabe für alle Betriebssysteme bis auf Windows und NetWare entspricht. Andere Betriebssysteme können diese Option für `htpasswd` auch unterstützen, für den `httpd`-Server unter Windows und NetWare gilt dies jedoch nicht.

-s

Die Passwörter werden mit dem SHA-Algorithmus verschlüsselt. Diese Option ist für die Migration von/zu Netscape-Servern gedacht, die das LDAP Directory Interchange Format (ldif) verwenden.

-p

Die Passwörter werden im Textformat gespeichert. Diese Option wird zwar unter allen Betriebssystemen von `htpasswd` unterstützt, der `httpd`-Daemon akzeptiert aber nur unter Windows und NetWare Passwörter im Textformat.

-D

Ist der angegebene Benutzername in der Passwortdatei vorhanden, wird er gelöscht.

Passwortdatei

Bezeichnung der Datei, die die Benutzernamen und Passwörter enthält. Wird -c angegeben, wird diese Datei erzeugt, falls sie nicht vorhanden ist. Ist sie vorhanden, wird sie vollständig überschrieben.

Benutzer

Der anzulegende oder zu aktualisierende Benutzername aus der `Passwortdatei`. Ist der `Benutzer` in dieser Datei nicht vorhanden, wird ein Eintrag hinzugefügt. Ist er vorhanden, wird das Passwort geändert.

Passwort

Das zu verschlüsselnde und in der Datei zu speichernde Passwort. Wird nur in Kombination mit der Option -b benutzt.

7.9.3 Rückgabewerte

Das Programm `htpasswd` liefert den Status null (»true«) zurück, wenn Benutzername und Passwort in der `Passwortdatei` erfolgreich hinzugefügt oder aktualisiert wurden. 1 wird zurückgegeben, wenn beim Zugriff auf Dateien ein Fehler aufgetreten ist, 2, wenn ein Syntaxfehler in der Befehlszeile vorliegt, 3, wenn das Passwort im Dialogfeld eingegeben wurde und nicht verifiziert werden konnte, 4, wenn die Operation unterbrochen wurde, 5, wenn ein Wert zu lang ist (Benutzername, Dateiname, Passwort oder die zuletzt berechnete Zeile), 6, wenn der Benutzername unzulässige Zeichen enthält, und 7, wenn es sich nicht um eine Passwortdatei handelt.

7.9.4 Beispiele

```
htpasswd /usr/local/etc/apache/.htpasswd-users jsmith
```

Das Passwort für den Benutzer `jsmith` wird hinzugefügt oder geändert. Der Benutzer wird mit einem Dialogfeld nach dem Passwort gefragt. Unter Windows wird das Passwort mit dem modifizierten MD5-Algorithmus des Apache verschlüsselt, sonst wird die Systemroutine `crypt()` verwendet. Ist die Datei nicht vorhanden, führt `htpasswd` keine Operationen durch und liefert nur einen Fehler zurück.

```
htpasswd -c /home/doe/public_html/.htpasswd jane
```

Es wird eine neue Datei erzeugt und ein Datensatz für den Benutzer `jane` angelegt. Der Benutzer wird nach dem Passwort gefragt. Ist die Datei vorhanden, aber darf nicht in die

Datei geschrieben oder aus ihr gelesen werden, werden keine Änderungen vorgenommen, sondern es wird eine Meldung angezeigt und der Fehlercode zurückgeliefert.

```
htpasswd -mb /usr/web/.htpasswd-all jones Pwd4Steve
```

Das Passwort aus der Befehlszeile (`Pwd4Steve`) wird mit dem MD5-Algorithmus verschlüsselt und in der angegebenen Datei gespeichert.

7.9.5 Sicherheitsüberlegungen

Web-Passwortdateien wie die von `htpasswd` verwalteten Dateien sollten *nicht* im URI-Raum des Webservers gespeichert werden, das heißt, sie sollten für Browser unzugänglich sein.

Die Verwendung der Option `-b` ist nicht zu empfehlen, weil ein nicht verschlüsseltes Passwort in der Befehlszeile angezeigt wird.

7.9.6 Einschränkungen

Unter Windows und MPE-Betriebssystemen dürfen mit `htpasswd` verschlüsselte Passwörter nicht länger als 255 Zeichen sein. Längere Passwörter werden auf 255 Zeichen verkürzt.

Der von `htpasswd` verwendete MD5-Algorithmus ist eine eigene Variante der Apache-Software. Passwörter die mit ihm verschlüsselt wurden, können nicht in Verbindung mit anderen Webservern benutzt werden.

Benutzernamen sind auf 255 Bytes beschränkt und dürfen keine Doppelpunkte enthalten.

7.10 logresolve – Auflösung von Hostnamen in IP-Adressen aus Log-Dateien

`logresolve` ist ein Programm für die Nachbearbeitung, das IP-Adressen aus den Zugriffsprotokolldateien des Apache auflöst. Um die Belastung für den Nameserver gering zu halten, besitzt das Programm eigene interne Hashtabellen. Das bedeutet, dass jede IP-Adresse nur einmal bei ihrem ersten Auftreten in der Log-Datei gesucht wird.

Das Programm übernimmt eine Apache-Log-Datei über die Standardeingabe. Die IP-Adressen müssen am Beginn der Zeile stehen und von der übrigen Zeile durch ein Leerzeichen getrennt sein.

7.10.1 Synopsis

```
logresolve [ -s Dateiname ] [ -c ] < access_log > access_log.new
```

7.10.2 Optionen

`-s Dateiname`
Gibt den Namen der Datei zum Aufzeichnen der Statistik an.

-c

Bei dieser Option führt `logresolve` einige DNS-Überprüfungen durch: Nachdem der Hostname aus der IP-Adresse ermittelt wurde, werden die IP-Adressen für den Hostnamen gesucht und überprüft, ob diese mit der ursprünglichen Adresse übereinstimmen.

7.11 rotatelogs – Protokollierung im Rotationsverfahren

`rotatelogs` ist ein einfaches Programm, das in Verbindung mit dem Pipe-Verfahren für Log-Dateien benutzt wird. Zum Beispiel:

```
CustomLog "|bin/rotatelogs /var/logs/logfile 86400" common
```

Hiermit werden die Dateien /var/logs/logfile.nnnn erzeugt, wobei nnnn für die Systemzeit steht, zu der das Protokoll begonnen wurde (diese Zeit ist immer ein Vielfaches der Rotationszeit, so dass eine Synchronisation mit cron-Skripten möglich ist). Am Ende jeder Rotationsphase (hier nach 24 Stunden) wird eine neue Log-Datei gestartet.

```
CustomLog "|bin/rotatelogs /var/logs/logfile 5M" common
```

Bei dieser Konfiguration wird eine neue Log-Datei geöffnet, wenn eine Größe von 5 MByte erreicht wurde.

7.11.1 Synopsis

```
rotatelogs Log-Datei [ Zeit [ Zeitverschiebung ]] | [ Dateigröße M ]
```

7.11.2 Optionen

Log-Datei

Dieses Argument gibt Pfad und Namen der Log-Datei an. Enthält der Name %-Zeichen, werden diese als Formatierungszeichen für `strftime(3)` interpretiert. Andernfalls wird das Suffix .nnnnnnnnnn automatisch hinzugefügt (Systemzeit in Sekunden). Bei beiden Formaten wird die Startzeit vom Beginn der aktuellen Periode an gerechnet.

Zeit

Die Zeit zwischen dem Wechsel der Log-Dateien in Sekunden.

Zeitverschiebung

Die Zeitverschiebung zur UTC-Zeit in Minuten. Erfolgt keine Angabe, wird 0 angenommen und die UTC-Zeit benutzt. Um beispielsweise in der Zone UTC minus 5 die lokale Zeit zu verwenden, wird der Wert -300 als Argument angegeben.

Dateigröße M

Gibt die maximale Dateigröße in MByte, gefolgt vom Buchstaben M anstelle der Zeit oder der Zeitverschiebung an.

7.11.3 Portabilität

Die folgenden Ersetzungen für Formatierungszeichen in Log-Dateien sollten von allen `strftime(3)`-Implementierungen unterstützt werden (mehr hierzu finden Sie auf den Man-Pages zu `strftime(3)`).

%A	Vollständiger Wochentag (lokalisiert)
%a	Drei Buchstaben für den Wochentag (lokalisiert)
%B	Vollständiger Wochentag (lokalisiert)
%b	Monatsname, abgekürzt mit drei Buchstaben (lokalisiert)
%c	Datum und Uhrzeit (lokalisiert)
%d	Monatstag, zweistellig
%H	Stunden, zweistellig (24-Stunden-Uhr)
%I	Stunden, zweistellig (12-Stunden-Uhr)
%j	Tag des Jahres, dreistellig
%M	Minuten, zweistellig
%m	Monatstag, zweistellig
%p	am/pm bei 12-Stunden-Uhr (lokalisiert)
%S	Sekunden, zweistellig
%U	Woche, zweistellig (Sonntag als erster Wochentag)
%W	Woche, zweistellig (Montag als erster Wochentag)
%w	Wochentag, einstellig (Sonntag als erster Wochentag)
%X	Zeit (lokalisiert)
%x	Datum (lokalisiert)
%Y	Jahr, vierstellig
%y	Jahr, zweistellig
%Z	Zeitzone
%%	Literal '%'

7.12 suexec – Benutzerwechsel vor Ausführung externer Programme

Mit dem Programm `suexec` wechselt der Apache HTTP-Server den Benutzer, bevor CGI-Programme ausgeführt werden. Hierfür muss der Server unter dem Benutzer `root` ausgeführt werden. Da der HTTP-Daemon normalerweise nicht unter dem Benutzer `root` ausgeführt wird, muss für `suexec` das `setuid`-Bit gesetzt sein und Eigentum von `root` sein. Nur der Benutzer `root` sollte Schreibrecht besitzen.

Weitere Informationen zu den Konzepten und dem Sicherheitsmodell von `suexec` finden Sie im *Abschnitt 2.18 »Der suEXEC-Wrapper«*.

7.12.1 Synopsis

```
suexec -V
```

7.12.2 Optionen

-V

Bei dieser Option werden dem root-Benutzer die Konfigurationsoptionen zum Zeitpunkt des Kompilierens von suexec angezeigt. Aus Sicherheitsgründen können alle Konfigurationsoptionen nur beim Kompilieren geändert werden.

7.13 Andere Programme

Die folgenden Supportprogramme des Apache HTTP Servers besitzen keine eigenen Man-Pages. Sie werden nicht automatisch installiert und befinden sich nach Abschluss der Konfiguration im Verzeichnis support/.

7.13.1 log_server_status

Dieses Perl-Skript wird in häufigen Intervallen von einem Programm wie cron ausgeführt. Es stellt eine Verbindung zum Server her und lädt die Statusinformationen herunter. Die Informationen werden als einzelne Zeile neu formatiert und in einer Datei protokolliert. Setzen Sie die Variablen am Beginn des Skripts, um eine Position für die Log-Datei anzugeben.

7.13.2 split-logfile

Dieses Perl-Skript zerlegt eine gemischte Log-Datei über Webserverzugriffe in einzelne Dateien. Es geht davon aus, dass das erste Feld jeder Zeile den mit %v angegebenen virtuellen Host angibt und gibt den Log-Dateien im aktuellen Verzeichnis die Bezeichnung + ".log".

Die gemischte Log-Datei wird von stdin gelesen. Die gelesenen Datensätze werden an vorhandene Log-Dateien angehängt.

Kapitel 8

Weitere Apache-Dokumentationen

8.1 International angepasste Server-Fehlermeldungen

Die folgende Beschreibung zeigt eine einfache Möglichkeit, wie der Apache HTTP-Server mit angepassten Fehlermeldungen ausgestattet werden kann, die die Vorteile der Content Negotiation und des Moduls `mod_include` nutzen, um vom Server erzeugte Fehlermeldungen in der Sprache des Clients auszugeben.

8.1.1 Einführung

Bei Verwendung von SSI können alle `ErrorDocument`-Meldungen in einem homogenen und einheitlichen Stil und Layout präsentiert werden, wobei der Aufwand für die Pflege (Änderungen von Bildern, geänderte Links) minimal ist, weil alle Layout-Informationen sich in einer Datei befinden.

Fehlermeldungen können von verschiedenen Servern oder Hosts gemeinsam genutzt werden, da alle differierenden Informationen eingefügt werden, wenn das Dokument infolge einer fehlgeschlagenen Anfrage gesendet wird.

Über die Content Negotiation wird die entsprechende Sprachversion einer bestimmten Fehlermeldung ausgewählt, wobei die Präferenzen der Client-Anfrage berücksichtigt werden. (Die Benutzer wählen die bevorzugten Sprachen in der Regel über das Optionsmenü des Browsers aus.) Steht ein Dokument nicht in der vom Client gewünschten Sprache zur Verfügung, wird nach der zweiten Präferenz gesucht oder eine vorgegebene Sprachvariante gewählt.

Die Gestaltung der Fehlermeldungen können Sie nach eigenem Geschmack (oder entsprechend der in einer Firma üblichen Konventionen) vornehmen. Als Beispiel wird ein einfaches Dokumentschema vorgestellt. Bei diesem hypothetischen Server wird davon ausgegangen, dass alle Fehlermeldungen...

- möglicherweise von unterschiedlichen virtuellen Hosts (unterschiedliche Host-Namen und IP-Adressen oder Ports) des gleichen Servers ausgehen,
- ein vorgegebenes Firmenlogo in der rechten oberen Ecke der Meldung anzeigen (vom virtuellen Host auswählbar),
- zuerst die Überschrift und anschließend eine Erklärung und (je nach dem Kontext) einen Lösungsvorschlag anzeigen,
- vor dem Hintergrund eines vorgegebenen Bildes angezeigt werden und
- ein Apache-Logo und eine E-Mail-Adresse für Rückmeldungen am Ende der Meldung anzeigen.

Ein Beispiel für den Fehler document not found könnte von einem deutschsprachigen Client wie folgt angezeigt werden:

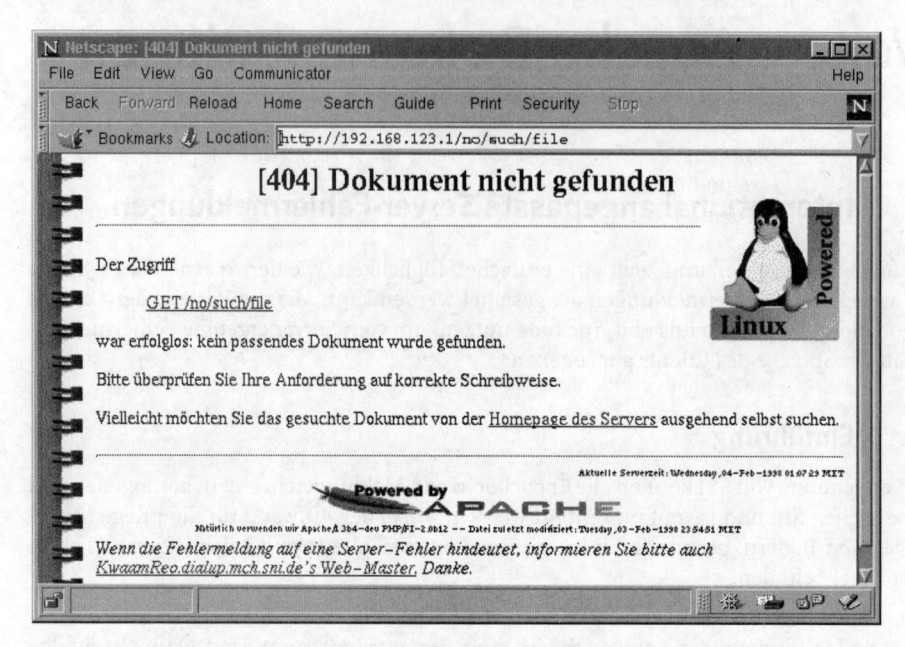

[Screenshot: Netscape-Fenster mit Fehlermeldung „[404] Dokument nicht gefunden"]

```
[404] Dokument nicht gefunden

Der Zugriff

    GET /no/such/file

war erfolglos: kein passendes Dokument wurde gefunden.

Bitte überprüfen Sie Ihre Anforderung auf korrekte Schreibweise.

Vielleicht möchten Sie das gesuchte Dokument von der Homepage des Servers ausgehend selbst suchen.

                                      Aktuelle Serverzeit: Wednesday, 04-Feb-1998 01:07:29 MIT
                    Powered by
                    APACHE
      Natürlich verwenden wir Apache/1.3b4-dev PHP/FI-2.0b12 -- Datei zuletzt modifiziert: Tuesday, 03-Feb-1998 23:54:51 MIT
Wenn die Fehlermeldung auf eine Server-Fehler hindeutet, informieren Sie bitte auch
KwaamReo.dialup.mch.sni.de's Web-Master. Danke.
```

Alle Links des Dokuments sowie die Links zum Server-Administrator und auch Name und Port des bedienenden virtuellen Servers werden während der »Laufzeit« in das Dokument eingefügt, das heißt, wenn der Fehler tatsächlich auftritt.

8.1.2 Ein ErrorDocument-Verzeichnis einrichten

Damit das Konzept so einfach wie möglich funktioniert, muss so viel Unterstützung durch den Server wie möglich in Anspruch genommen werden:

1. Durch Definition der MultiViews-Option wird die Sprachauswahl der gängigsten Sprachalternativen aktiviert (Content Negotiation).
2. Durch Setzen der LanguagePriority werden eine Reihe von Auswahlsprachen für den Fall vorgegeben, dass der Client-Browser keine Präferenzen angegeben hat.
3. Durch Aktivierung des Moduls mod_include (und Deaktivierung der CGI-Skripte aus Sicherheitsgründen) wird es dem Server ermöglicht, Bausteine der Fehlermeldung einzubinden und den Wert bestimmter Umgebungsvariablen in das erzeugte Dokument einzusetzen (dynamisches HTML) oder auch in Abhängigkeit von Bedingungen Textteile einzubinden oder wegzulassen.
4. Die Direktiven AddHandler und AddType eignen sich für die automatische SSI-Expansion aller Dateien mit dem Suffix .shtml zum Typ *text/html*.
5. Mit der Direktive Alias wird das ErrorDocument-Verzeichnis außerhalb des Dokumentbaums angesiedelt, weil es eher als ein Serverbestandteil betrachtet werden kann.

6. Im <Directory>-Abschnitt werden diese »speziellen« Einstellungen auf das Verzeichnis mit den Fehlermeldungen eingeschränkt und Auswirkungen auf jeden anderen Teil des regulären Dokumentbaums vermieden.

7. Für jeden zu behandelnden Fehlercode (im RFC2068 oder in der Datei src/main/http_protocol.c finden Sie eine genaue Beschreibung der einzelnen Fehlercodes beziehungsweise der Standardmeldungen des Apache) wird ein ErrorDocument-Verzeichnis im Alias-Verzeichnis /errordocs definiert. Beachten Sie, dass an dieser Stelle lediglich der Basisname des Dokuments angegeben wird, weil die MultiViews-Option die beste Variante anhand der Sprachsuffixe und der Client-Präferenzen auswählt. Tritt ein Fehler auf, der *nicht* von einem eigenen Dokument behandelt wird, wird er vom Server auf die übliche Weise behandelt (eine vollständige Fehlermeldung auf Englisch).

8. Mit der Direktive AllowOverride wird der Apache schließlich angewiesen, nicht nach einer .htaccess-Datei im Verzeichnis /errordocs zu suchen: ein kleiner Geschwindigkeitsvorteil.

Die sich daraus ergebende httpd.conf-Konfiguration sieht dann ungefähr so aus:

> **Hinweis**
>
> Beachten Sie, dass Sie mit dieser Methode nur eigene Fehlermeldungen für einen Teil des Dokumentbaums definieren können, das heißt für einen Unterzweig von /~user/. In diesem Fall könnte die Konfiguration auch in der .htaccess-Datei im Hauptverzeichnis des Unterzweiges vorgenommen werden und die <Directory>- und </Directory>-Direktiven (nicht die darin enthaltenen Direktiven) müssten weggelassen werden.

```
LanguagePriority en fr de
Alias /errordocs /usr/local/apache/errordocs

<Directory /usr/local/apache/errordocs>
    AllowOverride none
    Options MultiViews IncludesNoExec FollowSymLinks
    AddType text/html .shtml
    <FilesMatch "\.shtml[.$]">
        SetOutputFilter INCLUDES
    </FilesMatch>
</Directory>

#"400 Bad Request",
ErrorDocument 400 /errordocs/400
#"401 Authorization Required",
ErrorDocument 401 /errordocs/401
#"403 Forbidden",
ErrorDocument 403 /errordocs/403
#"404 Not Found",
ErrorDocument 404 /errordocs/404
```

```
#"500 Internal Server Error",
ErrorDocument 500 /errordocs/500
```

Das Verzeichnis für die Fehlermeldungen (hier: /usr/local/apache/errordocs/) muss mit den entsprechenden Berechtigungen eingerichtet werden (Lese- und Ausführungsrecht für die Server-UID oder -GID, Schreibrechte nur für den Administrator).

Benennung der individuellen Fehlermeldungen

Mit der MultiViews-Option wurde der Server angewiesen, automatisch das Verzeichnis nach passenden Varianten zu durchsuchen (Suffixe für Sprache und Inhaltstyp), wenn ein angefordertes Dokument nicht gefunden wird. In der Konfiguration wurden als Namen für die Dokumente aber lediglich die Fehlernummern (ohne Suffix) angegeben.

Die Bezeichnungen der einzelnen Dokumente sind jetzt wie folgt festgelegt (als Beispiel dient die Fehlernummer 403, die ein Platzhalter für jedes beliebige andere Dokument sein kann):

- Eine Datei errordocs/403 sollte es nicht geben. Sonst würde sie gefunden und versendet (mit dem DefaultType, bei dem es sich normalerweise um text/plain handelt), wobei die gesamte Content Negotiation nicht stattfindet.

- Für jede Sprache, für die es eine internationale Variante gibt (beachten Sie, dass dies nicht die gleichen Sprachen für jeden Fehlercode sein müssen – bis tatsächlich eine übersetzte Version vorliegt, reicht eine einzige Sprachvariante), wird ein Dokument mit der Bezeichnung errordocs/403.shtml.*Sprache* erzeugt, das die Fehlermeldung in der entsprechenden Sprache enthält (siehe unten).

- Für Nichtübereinstimmung wird ein Dokument mit dem Namen errordocs/403 .shtml angelegt, bei dem es sich normalerweise um einen symbolischen Link zur standardmäßigen Sprachvariante handelt (siehe unten).

Die Dateien für Kopf- und Fußzeile

Dadurch, dass soviel des Layouts wie möglich in zwei spezielle »Include-Dateien« verlagert wird, beschränkt sich das Dokument mit der Fehlermeldung auf eine minimale Größe.

Eine dieser Layout-Dateien definiert die HTML-Kopfzeile und eine konfigurierbare Liste mit Pfaden zu den Icons, die im Dokument angezeigt werden. Diese Pfade werden als SSI-Umgebungsvariablen exportiert und später für die Fußzeile berücksichtigt. Die Überschrift (die in einem TITLE-Tag und einem H1-Header steht) wird einfach mit einer Variablen mit der Bezeichnung title vom Hauptdokument übernommen.

Durch Änderungen an dieser Datei kann innerhalb von Sekunden das Layout aller erzeugten Fehlermeldungen angepasst werden. (Bei Nutzung der SSI-Eigenschaften können Sie unterschiedliche Layouts ganz einfach auf der Basis des aktuellen virtuellen Hosts oder auch auf Basis des Domänennamens des Clients definieren.)

Die zweite Layout-Datei beschreibt die unter jeder Fehlermeldung anzuzeigende Fußzeile. In unserem Beispiel zeigt sie das Apache-Logo, die aktuelle Server-Uhrzeit, die Serverversion sowie einen E-Mail-Link zum Webmaster.

Der Einfachheit halber trägt die Datei mit der Kopfzeile den Namen head.shtml, denn sie enthält vom Server analysierte Informationen und keine sprachspezifischen Angaben. Die

Datei mit der Fußzeile liegt in unterschiedlichen Sprachvarianten und für die Standardsprache als symbolischer Link vor. Für englische, französische und deutsche Versionen (Standardsprache ist Englisch):

```
foot.shtml.en,
foot.shtml.fr,
foot.shtml.de,
foot.shtml symlink to
foot.shtml.de
```

Beide Dateien werden mit den Direktiven `<!--#include virtual="head" -->` und `<!--#include virtual="foot" -->` in die Fehlermeldung eingebunden, den Rest übernehmen die Module mod_negotiation und mod_include.

In den unten aufgeführten Listings finden Sie eine HTML-Implementierung des behandelten Beispiels.

Fehlermeldungen in unterschiedlichen Sprachen erstellen

Nach den bisherigen Erläuterungen bleibt nur noch wenig zu den Dokumenten mit den Fehlermeldungen zu sagen. Sie sind alle nach der gleichen simplen Struktur aufgebaut:

```
<!--#set var="title" value="Überschrift der Fehlermeldung" -->
<!--#include virtual="head" -->
    Text der Fehlermeldung
<!--#include virtual="foot" -->
```

Unter den nachfolgenden Listings finden Sie ein Beispiel für den Fehler [400 Bad Request]. So einfache Dokumente wie dieses bereiten bestimmt keine Schwierigkeiten bei der Übersetzung und der Füllung.

Die Standardsprache

Ist eine spezielle Behandlung von anderen Sprachen als denen, für die Übersetzungen vorliegen, überhaupt erforderlich, wo doch die Direktive LanguagePriority benutzt wird?

Die Direktive LanguagePriority ist für den Fall vorgesehen, in dem der Client überhaupt keine Präferenz für eine Sprache angibt. Was geschieht aber, wenn der Client Sprachen bevorzugt, in denen es keine Fehlermeldungen gibt?

Ohne Eingriffe liefert der Apache-Server gewöhnlich den Fehler [406 no acceptable variant] zurück und zeigt eine Liste an, aus der der Client auswählen kann. Aber zu diesem Zeitpunkt hat der Ablauf bereits den Fehlerzustand erreicht und es könnten wichtige Informationen verloren gehen, wenn der Client zuerst die Sprache auswählen muss.

Für diese Situation scheint es einfacher zu sein, eine Sprache vorzugeben (durch Kopieren oder symbolische Links zu einer sprachneutralen Version). Da der Algorithmus bei der Aushandlung »speziellere« Varianten gegenüber allgemeineren Varianten vorzieht, werden diese Alternativen nur gewählt, wenn die normale Aushandlung kein Ergebnis liefert.

Dies kann mit einem einfachen Shell-Skript geschehen, das im Verzeichnis errordocs/ ausgeführt wird:

```
for f in *.shtml.de
do
    ln -s $f `basename $f .de`
done
```

8.1.3 Proxy-Fehlermeldungen anpassen

Seit der Apache-Version 1.3 kann der ErrorDocument-Mechanismus auch für Proxy-Fehlermeldungen benutzt werden (frühere Versionen lieferten immer vordefinierte Fehlermeldungen zurück).

Bei den meisten Proxy-Fehlern wird der Fehlercode [500 Internal Server Error] zurückgeliefert. Um herauszufinden, ob eine bestimmte Fehlermeldung von einem Proxy-Fehler oder aus anderen Gründen ausgelöst wird, können Sie den Inhalt der neuen CGI-Umgebungsvariablen ERROR_NOTES überprüfen: War der Auslöser ein Proxy-Fehler, dann enthält die Variable den Text der Proxy-Fehlermeldung im HTML-Format.

Der folgende Auszug veranschaulicht, wie die Variable ERROR_NOTES in einer Fehlermeldung genutzt werden kann:

```
<!--#if expr="$REDIRECT_ERROR_NOTES = ''" -->

<p>
    The server encountered an unexpected condition
    which prevented it from fulfilling the request.
</p>

<p>
    <a href="mailto:<!--#echo var="SERVER_ADMIN" -->"
    SUBJECT="Fehlermeldung [<!--#echo var="REDIRECT_STATUS" -->] <!--#echo
    var="title" --> for <!--#echo var="REQUEST_URI" -->">
    Bitte weiterleiten an den <!--#echo var="SERVER_NAME" -->
    WebMaster</a>; Wichtige Debugging-Iinformationen zur
    Anfrage, die Fehler verursacht hat.

    <pre><!--#printenv --></pre>
</p>

<!--#else -->
    <!--#echo var="REDIRECT_ERROR_NOTES" -->

<!--#endif -->
```

8.1.4 HTML-Listing für das vorgestellte Beispiel

Um das Beispiel abzuschließen, folgt das vollständige Listing für das Dokument mit der Fehlermeldung 400.shtml.de. Sie werden bemerken, dass es fast ausschließlich die Fehlermeldung enthält (mit bedingungsabhängigen Ergänzungen). Mit diesem Beispiel als Vorlage wird es Ihnen leicht fallen, weitere Fehlermeldungen hinzuzufügen oder in andere Sprachen zu übersetzen.

```
<!--#set var="title" value="Bad Request"-->
<!--#include virtual="head" -->

<p>
   Der Server versteht die Anfrage des Browsers nicht:
   <blockquote>
       <strong><!--#echo var="REQUEST_URI" --></strong>
   </blockquote>

   Der Server konnte die Anfrage auf Grund fehlerhafter Syntax nicht
   verstehen. Der Client sollte die Anfrage ohne Änderungen wiederholen.
</p>

<p>
   <!--#if expr="$HTTP_REFERER != ''" -->
       Bitte informieren Sie den Eigentümer von
       <a href="<!--#echo var="HTTP_REFERER" -->">die entsprechende
       Seite</a>
       über den fehlerhaften Link.

   <!--#else -->
       Bitte überprüfen Sie Ihre Anfrage auf Tippfehler und versuchen
       Sie es noch einmal.

   <!--#endif -->
</p>

<!--#include virtual="foot" -->
```

Es folgt die vollständige Datei head.shtml.de (die Zeilenumbrüche verhindern Leerzeilen nach der SSI-Verarbeitung). Beachten Sie den Konfigurationsabschnitt am Anfang. Dort werden die Bilder und Logos sowie das Apache-Dokumentationsverzeichnis eingerichtet. Diese Datei zeigt je nach dem Namen des virtuellen Hosts ($SERVER_NAME) unterschiedliche Logos an. Ein animiertes Apache-Logo wird angezeigt, wenn der Browser dies unterstützt (hierfür sind für Browser, die animierte GIF-Bilder unterstützen, folgende Zeilen in der Server-Konfigurationsdatei erforderlich):

```
BrowserMatch "^Mozilla/[2-4]" anigif
```

Die Datei hat folgenden Inhalt:

```
<!--#if expr="$SERVER_NAME = /.*\.mycompany\.com/" -->
   <!--#set var="IMG_CorpLogo" value="http://$SERVER_NAME:$SERVER_PORT/
errordocs/CorpLogo.gif" -->
   <!--#set var="ALT_CorpLogo" value="Powered by Linux!" -->

<!--#else -->
   <!--#set var="IMG_CorpLogo" value="http://$SERVER_NAME:$SERVER_PORT/
errordocs/PrivLogo.gif" -->
   <!--#set var="ALT_CorpLogo" value="Powered by Linux!" -->
<!--#endif-->

<!--#set var="IMG_BgImage" value="http://$SERVER_NAME:$SERVER_PORT/
errordocs/BgImage.gif" -->
<!--#set var="DOC_Apache" value="http://$SERVER_NAME:$SERVER_PORT/Apache/
" -->

<!--#if expr="$anigif" -->
   <!--#set var="IMG_Apache" value="http://$SERVER_NAME:$SERVER_PORT/
   icons/apache_anim.gif" -->
<!--#else-->
   <!--#set var="IMG_Apache" value="http://$SERVER_NAME:$SERVER_PORT/
   icons/apache_pb.gif" -->
<!--#endif-->

<!DOCTYPE HTML PUBLIC "-//IETF//DTD HTML//EN">
<html>
<head>
   <title>
   [<!--#echo var="REDIRECT_STATUS" -->] <!--#echo var="title" -->
   </title>
</head>

<body bgcolor="white" background="<!--#echo var="IMG_BgImage" -->">
   <h1 align="center">
   [<!--#echo var="REDIRECT_STATUS" -->] <!--#echo var="title" -->
   <img src="<!--#echo var="IMG_CorpLogo" -->"
      alt="<!--#echo var="ALT_CorpLogo" -->" align="right">
   </h1>

   <hr /> <!-- ========================================================= -->
   <div>
```

So sieht die Datei `foot.shtml.de` aus:

```
    </div>
    <hr />

    <div align="right">
<small>Local Server time: <!--#echo var="DATE_LOCAL" --></small>
    </div>

    <div align="center">
       <a href="<!--#echo var="DOC_Apache" -->">
       <img src="<!--#echo var="IMG_Apache" -->" border="0" align="bottom"
          alt="Powered by <!--#echo var="SERVER_SOFTWARE" -->"></a>
       <br />
       <small><!--#set var="var" value="Powered by $SERVER_SOFTWARE --
          Letzte Dateiänderung am $LAST_MODIFIED" -->
       <!--#echo var="var" --></small>
    </div>

    <p>Kann es sich bei dem Fehler um eine falsche Konfiguration handeln,
    dann informieren Sie bitte
    <a href="mailto:<!--#echo var="SERVER_ADMIN" -->"
    subject="Feedback zu Fehlermeldung [<!--#echo var=
    "REDIRECT_STATUS" -->]
    <!--#echo var="title" -->, req=<!--#echo var="REQUEST_URI" -->">
    <!--#echo var="SERVER_NAME" -->'s WebMaster</a>.
    </p>

</body>
</html>
```

Für Vorschläge und Ergänzungen senden Sie bitte eine E-Mail an die Adresse martin@apache.org.

8.2 Verbindungen im FIN_WAIT_2-Zustand und der Apache-Server

Seit den Beta-Versionen von Apache 1.2 wird über wesentlich mehr Verbindungen im FIN_WAIT_2-Zustand berichtet (nach den Meldungen von `netstat`), als dies bei älteren Versionen der Fall war. Wenn der Server eine TCP-Verbindung schließt, sendet er ein Paket mit dem FIN-Bit an den Client, der darauf mit einem Paket mit dem gesetzten ACK-Bit antwortet. Der Client sendet dann ein Paket mit gesetztem FIN-Bit an den Server, der mit ACK antwortet und die Verbindung schließt. Der Zustand der Verbindung während des Zeitraums, in dem der Server das ACK und FIN vom Client erhält, wird als FIN_WAIT_2 bezeichnet. Im TCP-RFC (http://www.ietf.org/rfc/rfc793.txt) finden Sie weitere technische Details zu Zustandswechseln.

Der Zustand FIN_WAIT_2 ist insofern etwas ungewöhnlich, als der Standard keine Zeitgrenze definiert. Das bedeutet, dass unter vielen Betriebssystemen eine Verbindung im FIN_WAIT_2-Zustand verbleibt, bis das System erneut gestartet wird. Besitzt das System keine Zeitbeschränkung und werden zu viele FIN_WAIT_2-Verbindungen aufgebaut, kann der Speicherbereich für Verbindungsinformationen überlaufen und der Kernel abstürzen. Die Verbindungen im FIN_WAIT_2-Zustand sind an keinen httpd-Prozess gebunden.

8.2.1 Warum kommt es dazu?

Dafür gibt es zahlreiche Gründe, von denen einige noch nicht vollständig geklärt sind. Die bekannten Ursachen werden im weiteren Verlauf erörtert.

Fehlerhafte Clients und dauerhafte Verbindungen

Mehrere Clients haben einen Fehler, der auftritt, wenn dauerhafte Verbindungen vorliegen (auch KeepAlives genannt). Ist die Verbindung bereit und schließt der Server die Verbindung (infolge der Direktive KeepAliveTimeout), ist der Client so programmiert, dass er kein FIN und kein ACK an den Server sendet. Das bedeutet, dass die Verbindung im FIN_WAIT_2-Zustand bleibt, bis Folgendes geschieht:

- Der Client öffnet eine neue Verbindung zur gleichen oder einer anderen Site, was dazu führt, dass die alte Verbindung über dieses Socket geschlossen wird.
- Der Benutzer schließt den Client, was bei einigen (den meisten?) Clients dazu führt, dass das Betriebssystem die Verbindung beendet.
- Der FIN_WAIT_2-Zustand wird bei Servern mit einem Zeitlimit für diesen Zustand beendet.

Im günstigsten Fall schließt der fehlerhafte Client die Verbindung und gibt die Serverressourcen frei. In einigen Fällen wird das Socket aber niemals vollständig geschlossen, beispielsweise bei einem eingewählten Client, der die Verbindung zum Provider unterbricht, bevor der Client geschlossen wird. Ferner kann ein Client über Tage hinweg bereit sein, ohne eine andere Verbindung herzustellen, und so sein Ende des Sockets tagelang geöffnet halten, obwohl es nicht mehr benötigt wird. *Hier handelt es sich um einen Fehler im Browser oder in der TCP-Implementierung des Betriebssystems.*

Bei folgenden Clients tritt dieses Problem auf:

- Mozilla/3.01 (X11; I; FreeBSD 2.1.5-RELEASE i386)
- Mozilla/2.02 (X11; I; FreeBSD 2.1.5-RELEASE i386)
- Mozilla/3.01Gold (X11; I; SunOS 5.5 sun4m)
- MSIE 3.01 für Macintosh
- MSIE 3.01 für Windows 95

Bei folgendem Browser scheint es keine Probleme zu geben:

- Mozilla/3.01 (Win95; I)

Es ist anzunehmen, dass der gleiche Fehler bei vielen anderen Clients auch vorliegt. Ein Client *sollte* periodisch seine geöffneten Sockets überprüfen, um festzustellen, ob sie vom Server geschlossen wurden, und seinerseits die Verbindung schließen, wenn der Server dies getan hat. Diese Überprüfung muss nur einmal in mehreren Sekunden durchgeführt werden und kann bei einigen Betriebssystemen auch an einem Signal erkannt werden (für Windows-95- und -NT-Clients gibt es beispielsweise diese Möglichkeit, die aber offensichtlich ignoriert wird).

Der Apache kann diese FIN_WAIT_2-Zustände *nicht* vermeiden, es sei denn, dauerhafte Verbindungen werden für fehlerhafte Clients deaktiviert, was für den Navigator 2.x auf Grund anderer Fehler empfohlen wird. Nicht dauerhafte Verbindungen erhöhen aber die Gesamtzahl der pro Client erforderlichen Verbindungen und verlangsamen das Abrufen von Webseiten, die viele Bilder enthalten. Da nicht dauerhafte Verbindungen eigene Ressourcen und eine kurze Wartezeit nach dem Schließen benötigen, können stark beschäftigte Server Dauerhaftigkeit der Verbindungen benötigen, um die Clients optimal bedienen zu können.

Soweit uns bekannt ist, besteht das vom Client verursachte FIN_WAIT_2-Problem für alle Server, die dauerhafte Verbindungen unterhalten, einschließlich dem Apache 1.1.x und 1.2.

Ein mit der Version 1.2 eingeführter notwendiger Codeabschnitt

Der oben beschriebene Fehler macht zwar ein Problem deutlich, er beschreibt aber nicht das gesamte Ausmaß. Einige Anwender können kein FIN_WAIT_2-Problem mit dem Apache 1.1.x feststellen, gehen aber bei der Version 1.2b genügend Verbindungen in den FIN_WAIT_2-Zustand über, stürzt der Server ab. Die wahrscheinlichste Ursache für zusätzliche FIN_WAIT_2-Zustände ist eine Funktion mit der Bezeichnung lingering_close(), die beim Übergang von Version 1.1 zur Version 1.2 hinzugefügt wurde. Diese Funktion wird für die korrekte Behandlung dauerhafter Verbindungen und von Anfragen benötigt, die Inhalt im Rumpf der Nachricht enthalten (PUT und POST). Sie liest die vom Client gesendeten Daten noch einen gewissen Zeitraum nach dem Schließen der Verbindung durch den Server. Die genauen Gründe hierfür sind etwas kompliziert, betreffen aber den Ablauf, wenn der Client eine Anfrage stellt, während der Server gleichzeitig eine Antwort sendet und die Verbindung schließt. Ohne Verzögerung könnte der Client gezwungen sein, seinen TCP-Eingabepuffer zurückzusetzen, bevor er eine Möglichkeit hat, die Antwort des Servers zu lesen und zu verstehen, warum die Verbindung geschlossen wurde. Weitere Einzelheiten hierzu finden Sie im *Abschnitt 8.2.3 »Anhang«*.

Der Code der Funktion lingering_close() scheint in mehrerlei Hinsicht problematisch zu sein, auch für den Wechsel des ausgelösten Austauschmusters. Der Code wurde sorgfältig überarbeitet und dabei wurden keine Fehler gefunden. Möglicherweise gibt es neben dem Fehlen einer zeitlichen Beschränkung für den FIN_WAIT_2-Zustand ein Problem mit dem TCP-Stack von BSD, das durch den Code der Funktion lingering_close() die beobachteten Probleme auslöst.

8.2.2 Was kann dagegen unternommen werden?

Abhilfe kann auf unterschiedlichen Wegen geschaffen werden, von denen einige besser als andere geeignet sind.

Eine Zeitbegrenzung für FIN_WAIT_2 festlegen

Die naheliegendste Lösung ist eine Zeitvorgabe für den FIN_WAIT_2-Zustand. Das sieht das RFC zwar nicht vor und könnte als Regelverletzung bewertet werden, wird aber in breitem Maße als notwendig anerkannt. Die folgenden Betriebssysteme besitzen eine Zeitvorgabe:

- FreeBSD Versionen ab Version 2.0 oder eventuell auch frühere Versionen
- NetBSD Version 1.2(?)
- OpenBSD alle Versionen(?)

- BSD/OS 2.1, mit installiertem K210-027-Patch
- Solaris seit Version 2.2. Die Zeitvorgabe `tcp_fin_wait_2_flush_interval` kann über ndd eingestellt werden, die Vorgabe sollte aber für die meisten Server passen. Eine nicht exakte Einstellung kann negative Auswirkungen haben.
- Linux 2.0.x und frühere Versionen(?)
- HP-UX 10.x beendet Verbindungen im `FIN_WAIT_2`-Zustand nach den normalen `KeepAlive`-Timeouts. Das bezieht sich nicht auf eine dauerhafte Verbindung oder HTTP-`KeepAlive`-Timeouts, aber auf die Socket-Option von `SO_LINGER`, die vom Apache aktiviert wird. Dieser Parameter kann mit `nettune` eingestellt werden, um Parameter wie `tcp_keepstart` und `tcp_keepstop` zu verändern. Spätere Überarbeitungen enthalten einen expliziten Zeitgeber für Verbindungen im `FIN_WAIT_2`-Zustand, der eingestellt werden kann. Einzelheiten hierzu erfahren Sie vom HP-Support.
- Für SGI IRIX gibt es ein Patch zur Unterstützung einer Zeitvorgabe. Benutzen Sie für IRIX 5.3, 6.2 und 6.3 die Patches 1654, 1703 beziehunhsweise 1778. Wenn Sie diese Patches nicht finden können, nehmen Sie Kontakt mit SGI auf.
- MP RAS-UNIX von NCR verwendete in den Versionen 2.xx und 3.xx Zeitvorgaben für `FIN_WAIT_2`. Für Version 2.xx ist er unveränderbar auf 600 Sekunden festgelegt, während bei Version 3.xx die Vorgabe bei 600 Sekunden liegt und basierend auf den einstellbaren »max keep alive probes« (Vorgabe 8) multipliziert mit »keep alive interval« (Vorgabe 75 Sekunden) berechnet wird.
- ptx/TCP/IP für DYNIX/ptx von Sequent verfügt seit der Version 4.1 aus der Mitte des Jahres 1994 über eine `FIN_WAIT_2`-Zeitbeschränkung.

Die folgenden Betriebssysteme verwenden bekanntermaßen keine Zeitbeschränkung:

- SunOS 4.x besitzt keine Zeitbeschränkung für `FIN_WAIT_2` und wird voraussichtlich auch keine einführen, weil das Betriebssystem am Ende seiner Entwicklung angekommen ist. Wenn Sie über den Quellcode des Kernels verfügen, können Sie einfach ein Patch installieren.

Der Patch `fin_wait_2.patch` steht unter der Adresse http://www.apache.org/dist/httpd/patches/ für ein Hinzufügen einer Zeitvorgabe für den `FIN_WAIT_2`-Zustand zur Verfügung. Er war ursprünglich für BSD/OS vorgesehen, sollte aber für die meisten Systeme, die BSD-Netzwerkcode verwenden, angepasst werden können. Um ihn benutzen zu können, müssen Sie im Besitz des Kernel-Quellcodes sein.

Ohne die Funktion lingering_close() kompilieren

Der Apache 1.2 kann ohne die Funktion `lingering_close()` kompiliert werden. Der Code aus diesem Abschnitt gleicht dann dem Code der Version 1.1. Sie müssen sich aber darüber im Klaren sein, dass es zu Problemen mit PUT, POST und dauerhaften Verbindungen kommen kann, insbesondere dann, wenn der Client Pipelining verwendet. So gesehen ist die Lösung nicht schlechter als bei Version 1.1, wobei es natürlich sehr wichtig ist, dass der Server funktionsfähig bleibt.

Um das Kompilieren ohne die Funktion `lingering_close()` durchzuführen, fügen Sie in der Konfigurationsdatei am Ende der Zeile `EXTRA_CFLAGS` den Zusatz `-DNO_LINGCLOSE` ein, führen `Configure` erneut aus und bauen Ihren Server neu auf.

SO_LINGER als Alternative zu lingering_close()

Die meisten Systeme kennen die Option SO_LINGER, die mit `setsockopt(2)` gesetzt werden kann. Sie bewirkt etwas mit `lingering_close()` Vergleichbares, abgesehen davon, dass sie bei vielen Systemen fehlerhaft ist, so dass mehr Probleme als durch `lingering_close` entstehen. Bei einigen Systemen funktioniert die Option besser, daher kann es sich lohnen, diese Möglichkeit auszuprobieren, falls keine anderen Alternativen zur Verfügung stehen.

Fügen Sie zum Ausprobieren in der Konfigurationsdatei am Ende der Zeile EXTRA_CFLAGS den Zusatz -DUSE_SO_LINGER -DNO_LINGCLOSE ein und bauen Sie den Server neu auf.

> **Hinweis**
> Die gleichzeitige Verwendung von SO_LINGER und `lingering_close()` sollte vermieden werden, da sie aller Wahrscheinlichkeit negative Folgen nach sich zieht.

Den Speicherbereich für Verbindungszustände vergrößern

BSD-basierter Netzwerkcode:

BSD speichert Netzwerkdaten wie Verbindungszustände in einem so genannten mbuf. Liegen so viele Verbindungen vor, dass dem Kernel nicht mehr genügend dieser Puffer zur Verfügung stehen, kommt es wahrscheinlich zum Zusammenbruch. Reduzieren lässt sich das Problem durch Erhöhen der Anzahl der verfügbaren Puffer, verhindern lässt es sich dadurch aber nicht, denn der Zeitpunkt des Zusammenbruchs wird lediglich hinausgezögert.

Wie die Anzahl der Puffer genau erhöht wird, kann vom Betriebssystem abhängen. Schlagen Sie im Handbuch nach einem Hinweis zu den mbuf-Puffern oder mbuf-Clustern nach. Bei vielen Systemen muss der Konfigurationsdatei für den Kernel die Zeile NMBCLUSTERS="n" hinzugefügt werden, wobei n für die Anzahl der mbuf-Cluster steht, und bauen Sie den Kernel neu auf.

KeepAlive deaktivieren

Können Sie keine der bisher aufgeführten Lösungen verwenden, dann bleibt Ihnen als letzter Ausweg die Deaktivierung von KeepAlive. Setzen Sie in der Datei httpd.conf die Direktive KeepAlive auf Off.

8.2.3 Anhang

Es folgt eine Nachricht von Roy Fielding, einem der Entwickler von HTTP/1.1.

Warum das verzögerte Schließen für HTTP erforderlich ist

Warum der Server das Schließen eines Sockets hinauszögern muss, wurde bereits mehrfach in den HTTP-Spezifikationen angemerkt, jedoch niemals erklärt. Diese Erklärung basiert auf Diskussionen zwischen dem Autor, Henrik Frystyk, Robert S. Thau, Dave Raggett und John C. Mallery.

Wenn ein Server die Eingabeseite einer Verbindung schließt, während der Client Daten sendet (oder dies plant), signalisiert der TCP-Stack des Servers dem Client RST. Beim Eintreffen dieses Signals verschiebt der Client seinen eigenen TCP-Eingangspuffer wieder in das vom RST-Paketargument angegebene Paket ohne ACK. Hat der Server kurz vor dem Schließen eine Nachricht (normalerweise eine Fehlerantwort) an den Client gesendet und empfängt der Client das RST-Paket, bevor sein Anwendungscode die Fehlermeldung aus den TCP-Eingangspuffer gelesen und bevor der Server das vom Client beim Empfang dieses Puffers gesendete ACK empfangen hat, dann führt das RST-Signal zum Entfernen der Fehlermeldung, bevor die Client-Anwendung eine Gelegenheit hat, sie zu lesen. Im Ergebnis bleibt der Client in dem Glauben, dass die Verbindung aus unerfindlichen Gründen fehlgeschlagen ist.

Dies ist unter zwei Bedingungen wahrscheinlich:

1. Beim Senden von POST- oder PUT-Daten ohne hinreichende Berechtigungen
2. Beim Senden mehrerer Anfragen vor Eingang der Antworten (Pipelining), wobei eine der mittleren Anfragen zu einem Fehler oder einem anderen Abbruch der Verbindung führt.

Lösen lässt sich das Problem in allen Fällen dadurch, dass die Antwort gesendet, nur die schreibende Seite der Verbindung geschlossen (was ein Shutdown tun sollte) und weiter das Socket gelesen wird, bis es entweder vom Client geschlossen (die Antwort wurde gelesen) oder die zulässige Zeit überschritten wurde. Dies sollte der Kernel tun, wenn SO_LINGER gesetzt wurde. Leider hat SO_LINGER bei einigen Systemen keine Auswirkungen. Bei anderen Systemen gibt es kein eigenes Zeitlimit und deshalb füllen sich die TCP-Speichersegmente bis zum nächsten gewollten oder nicht gewollten Neustart des Systems.

Bitte beachten Sie, dass ein einfaches Entfernen des entsprechenden Codes das Problem nicht löst, sondern es lediglich in ein anderes und schwerer zu entdeckendes verwandelt.

8.3 Bekannte Client-Probleme

Im Laufe der Zeit wurde die Apache Group über Probleme mit unterschiedlichen Clients informiert oder hat solche Probleme erkannt, die ausgeräumt oder erklärt werden müssen. In diesem Abschnitt werden diese Probleme und entsprechende Workarounds beschrieben. Die Reihenfolge, in der die Probleme behandelt werden, ist willkürlich, Grundkenntnisse über die Standards sind hilfreich.

Der Kürze halber wird das Programm Netscape Navigator kurz als *Navigator* bezeichnet (später erhielt er die Bezeichnung »Communicator« sowie verschiedene andere Bezeichnungen). *MSIE* steht für den Internet Explorer von Microsoft. Alle Markenzeichen und Copyrights sind Eigentum der entsprechenden Firmen. Beiträge und Korrekturen anderer Autoren zu den unterschiedlichen Clients sowie Hinweise zu Versionsnummern mit Problemen oder Problemlösungen sind willkommen.

Hinweis

HTTP/1.0 wird im RFC1945 (http://www.ietf.org/rfc/rfc1945.txt) definiert und RFC2068 (http://www.ietf.org/rfc/rfc2068.txt) definiert HTTP/1.1. Seit Version 1.2 ist der Apache ein HTTP/1.1-Server (mit einem optionalen HTTP/1.0-Proxy).

Einige der Workarounds werden über Umgebungsvariablen gesteuert. Der Administrator regelt normalerweise mit mod_browser, welche für welche Clients gesetzt werden. Falls nicht anders angegeben, liegen alle Workarounds für die Version 1.2 und spätere Versionen vor.

8.3.1 Nachgestelltes CRLF bei POSTs

Hierbei handelt es sich um ein traditionelles Problem. Der CERN-Webserver verlangte, dass POST-Daten zusätzlich CRLF nachgestellt wurde. Deshalb senden viele Clients ein zusätzliches CRLF, das in der Content-Length-Angabe der Anfrage nicht enthalten ist. Der Apache behandelt dieses Problem damit, dass er eine Leerzeile vor einer Anfrage verschluckt.

8.3.2 Unterbrochenes KeepAlive

Verschiedene Clients besitzen eine fehlerhafte Implementierung des KeepAlive-Signals (dauerhafte Verbindungen). Insbesondere die Windows-Versionen des Navigator 2.0 geraten in Verwirrung, wenn der Server eine Verbindung wegen Zeitüberschreitung unterbricht. Abhilfe findet sich in den standardmäßigen Konfigurationsdateien:

```
BrowserMatch Mozilla/2 nokeepalive
```

Beachten Sie, dass dies einige frühe Versionen des MSIE betrifft, die damit begannen, wie der Navigator sich selbst als *Mozilla* auszugeben.

Der MSIE 4.0b2, der angeblich HTTP/1.1 unterstützt, unterstützt KeepAlive nicht korrekt, wenn sie für 301– oder 302-Antworten (Umleitungen) benutzt werden. Der nokeepalive-Code vor der Apache-Version 1.2.2 funktioniert leider nicht für HTTP/1.1-Clients. Sie müssen ein Patch für Version 1.2.1 verwenden (http://www.apache.org/dist/httpd/patches/apply_to_1.2.1/msie_4_0b2_fixes.patch) und die Konfiguration ergänzen:

```
BrowserMatch "MSIE 4\.0b2;" nokeepalive
```

8.3.3 Falsche Interpretation von HTTP/1.1 in Antworten

Ein Zitat aus dem Abschnitt 3.1 des RFC1945:

> HTTP verwendet ein <MAJOR>.<MINOR>-Nummerierungsschema zur Kennzeichnung von Protokollversionen. Die Richtlinien für die Protokollnummerierung sollen dem Absender anders als die über die Kommunikation empfangenen Kennzeichen ermöglichen, das Format der Nachricht und seine Möglichkeiten für das Verständnis der weiteren HTTP-Kommunikation anzugeben.

Da der Apache ein HTTP/1.1-Server ist, gibt er dies auch mit seiner Antwort an. Viele Client-Entwickler behandeln diesen Teil der Antwort fälschlicherweise als Hinweis auf das für die Antwort verwendete Protokoll und verweigern dann die Annahme der Antwort.

Der erste wichtige Hinweis auf dieses Problem kam von den AOL-Proxy-Servern. Der Apache-Server 1.2 der Beta-Variante war der erste weit verbreitete HTTP/1.1-Server. Nach einigen Diskussionen änderte AOL die Proxies. Um ähnlichen Problemen zuvorzukommen, wurde dem Apache die Umgebungsvariable force-response-1.0 hinzugefügt. Ist sie vorhanden, gibt der Apache HTTP/1.0 in der Antwort an einen HTTP/1.0-Client an, ändert aber sonst nichts an der Antwort.

Beim Java Development Kit (JDK) vor der Version 1.1, das von vielen Clients verwendet wird (einschließlich dem Navigator 3.x und MSIE 3.x), zeigt sich dieses Problem, was auch für einige frühere Vorversionen des JDK 1.1 gilt. Mit der Version 1.1 des JDK sollte es behoben sein, dennoch sei der Workaround vorgestellt:

```
BrowserMatch Java/1.0 force-response-1.0
BrowserMatch JDK/1.0 force-response-1.0
```

Auch beim RealPlayer 4.0 von Progressive Networks zeigt sich das Problem. Mit der Version 4.01 wurde es zwar behoben, aber Version 4.01 benutzt den gleichen User-Agent wie Version 4.0. Daher lautet die Lösung nach wie vor:

```
BrowserMatch "RealPlayer 4.0" force-response-1.0
```

8.3.4 Anfragen benutzen HTTP/1.1, aber für Antworten muss HTTP/1.0 verwendet werden

Dies ist ein Problem des MSIE 4.0b2. Seine Java VM stellt Anfragen im HTTP/1.1-Format, Antworten müssen aber im HTTP/1.0-Format eingehen (insbesondere hat er Probleme mit Antworten, die *in Teilen* eingehen). Als Abhilfe wird dem Apache vorgegaukelt, dass die Antwort das HTTP/1.0-Format hat.

```
BrowserMatch "MSIE 4\.0b2;" downgrade-1.0 force-response-1.0
```

Diese Abhilfe steht in Version 1.2.2 und mit einem Patch für Version 1.2.1 zur Verfügung (http://www.apache.org/dist/httpd/patches/apply_to_1.2.1/msie_4_0b2_fixes.patch).

8.3.5 Grenzprobleme beim Header-Parsing

Alle Versionen des Navigator von der Version 2.0 bis zur Version 4.0b2 (eventuell auch spätere Versionen) haben ein Problem, wenn das nachgestellte CRLF des Antwort-Headers am Offset 256, 257 oder 258 der Antwort beginnt. Eine Browser-Übereinstimmung hiermit wäre eine Übereinstimmung mit jedem Treffer, weshalb automatisch Abhilfe für alle Antworten geschaffen wird. Die implementierte Lösung erkennt, wann diese Bedingung in einer Antwort vorliegt, und füllt den Header auf, damit das nachgestellte CRLF hinter dem Offset 258 der Antwort liegt.

8.3.6 Mehrteilige Antworten und Abgrenzungen in Anführungszeichen

Bei mehrteiligen Antworten akzeptieren einige Clients keine Anführungszeichen (") um Abgrenzungszeichenfolgen herum. Der MIME-Standard empfiehlt, solche Anführungszeichen zu verwenden. Möglicherweise wurden diese Clients aber auf Grundlage des RFC2068 entwickelt, das keine Anführungszeichen enthält. Der Apache verwendet keine Anführungszeichen, um dieses Problem zu vermeiden.

8.3.7 Byte-Bereichsantworten

Eine Byte-Bereichsantwort wird benutzt, wenn der Client nur einen Teil eines Objekts und nicht unbedingt das gesamte Objekt benötigt. Es gab einen sehr alten Entwurf, der diese Byte-Bereiche in die URL eingeschlossen hat. Alte Clients wie der Navigator 2.0b1 und MSIE 3.0 für Mac OS legen dieses Verhalten an den Tag und es taucht in den Zugriffsprotokollen des Servers als (fehlgeschlagener) Versuch auf, eine URL mit nachgestelltem ;xxx-yyy anzufordern. Der Apache versucht nicht, dies zu implementieren.

Ein späterer Entwurf dieses Standards definiert einen Request-Range-Header sowie den Antworttyp multipart/x-byteranges. Der HTTP/1.1-Standard hat diesen Entwurf mit Änderungen übernommen und definiert den Header Range und den Typ multipart/byteranges.

Der Navigator (Version 2 und 3) sendet die Header Range und Request-Range (mit dem gleichen Wert), akzeptiert aber keine multipart/byteranges-Antwort. Die Antwort muss eine multipart/x-byteranges-Antwort sein. Um das Problem abzuwenden, geht der Apache beim Eingang eines Request-Range-Headers davon aus, dass er »höhere Priorität« als ein Range-Header hat, und verwendet in Antworten den Typ multipart/x-byteranges.

Das PlugIn Adobe Acrobat Reader macht extensiven Gebrauch von Byte-Bereichen und vor der Version 3.01 unterstützte es lediglich multipart/x-byterange-Antworten. Leider gibt es aber keinen Hinweis darauf, dass das PlugIn die Anfrage stellt. Wird das PlugIn in Verbindung mit dem Navigator verwendet, funktionieren die oben aufgeführten Lösungen bestens. Wird das PlugIn aber mit dem MSIE 3 (unter Windows) verwendet, ist dies nicht der Fall, weil der MSIE 3 nicht wie der Navigator den Hinweis Range-Request liefert. Um dem zu begegnen, behandelt der Apache den MSIE 3 im User-Agent als Sonderfall und liefert den Typ multipart/x-byteranges. Beachten Sie, dass diese Besonderheit für den MSIE 3 durch das Acrobat-PlugIn und nicht vom Browser verursacht wird.

Der Netscape Communicator scheint den nicht standardmäßigen Request-Range-Header nicht zu verwenden. Wird ein Acrobat-PlugIn vor der Version 3.01 benutzt, versteht er die Byte-Bereiche nicht korrekt. Der Benutzer muss ein Upgrade auf den Acrobat Reader 3.01 vornehmen.

8.3.8 Der Set-Cookie-Header lässt sich nicht vermischen

Die HTTP-Spezifikationen erlauben ein Vermischen von Headern mit doppeltem Namen zu einem (durch Kommata getrennten) Header. Einige Browser, die Cookies unterstützen, mögen keine vermischten Header und ziehen es vor, dass der Set-Cookie-Header getrennt gesendet wird. Bei der Analyse der von CGI zurückgegebenen Header vermeidet der Apache explizit eine Vermischung von Set-Cookie-Headern.

8.3.9 Expires-Header und GIF89A-Animationen

Die Navigator-Versionen 2 bis 4 fordern fälschlicherweise GIF89A-Animationen bei jedem Schleifendurchlauf der Animation erneut an, wenn die erste Antwort einen Expires-Header enthalten hat. Das geschieht unabhängig davon, wie weit in der Zukunft der Ablauftermin liegt. Der Apache bietet hierfür keine Lösung an, es gibt aber Hacks (http://www.arctic.org/~dgaudet/patches/apache-1.2-gif89-expires-hack.patch).

8.3.10 POST ohne Content-Length

In bestimmten Situationen scheinen die Navigator-Versionen 3.01 bis 3.03 POST-Anweisungen nicht korrekt ohne den Anfragerumpf auszuführen. Eine Lösung hierfür liegt nicht vor. Unter der Adresse http://www.arctic.org/~dgaudet/apache/no-content-length finden Sie Hinweise zum Problem.

8.3.11 JDK-1.2-Betas verlieren Teile der Antwort

Der HTTP-Client der Betas 2 und 3 des JDK1.2 verwerfen den ersten Teil der Antwort, wenn die Header und der erste Teil der Antwort im gleichen Netzwerkpaket verschickt werden *und* wenn KeepAlive benutzt werden. Trifft eine der genannten Bedingungen nicht zu, gibt es keine Probleme.

Siehe auch Bug-ID 4124329 und 4125538 in der Java Developer Connection.

Wenn Sie den Fehler selber bemerken, können Sie folgende BrowserMatch-Direktive einfügen:

```
BrowserMatch "Java1\.2beta[23]" nokeepalive
```

Zu dieser Lösung wird allerdings nicht geraten, da die Wahrung der Abwärtskompatibilität zu Beta-Software nicht sinnvoll ist. Normalerweise erscheinen neue Beta-Versionen oder eine endgültige Version, so dass niemand mehr die veraltete Version benutzt.

8.3.12 Ein Content-Type-Wechsel wird nach erneutem Laden nicht bemerkt

Der Navigator speichert den Content-Type eines Objekts für »immer«. Beim erneuten Laden registriert der Navigator den Wechsel des Content-Type nicht. Das kann nur durch ein Entleeren des Zwischenspeichers (Speicher oder Festplatte) durch den Benutzer vermieden werden. Beispielsweise ist es möglich, dass jemand eine alte mime.types-Datei benutzt, die .htm mit dem Typ text/html zuordnet. In diesem Fall sendet der Apache standardmäßig den Typ text/plain. Fordert der Benutzer die Seite an, erhält er den Typ text/plain. Behebt der Administrator den Fehler für den Server, dann muss der Benutzer seinen Zwischenspeicher leeren, bevor das Objekt mit dem korrekten Typ text/html angezeigt wird.

8.3.13 Probleme mit MSIE-Cookies mit dem Ablaufjahr 2000

Die MSIE-Versionen 3.00 und 3.02 (ohne Y2K-Patch) können nicht mit einem Cookie-Ablaufdatum umgehen, dass im Jahr 2000 liegt. Angaben nach und vor dem Jahr 2000 bereiten keine Schwierigkeiten. Mit dem Service Pack 1 für den MSIE 4.01 und dem Y2K-Patch für die Version MSIE 3.02 lässt sich das Problem ausräumen. Ablauftermine im Jahr 2000 sollten vermieden werden.

8.3.14 Lynx fordert fälschlicherweise eine transparente Content Negotiation

Die Lynx-Browser-Versionen 2.7 und 2.8 senden einen Negotiate:trans-Header mit den Anfragen, was ein Hinweis darauf ist, dass der Browser die transparente Content Negotiation

(TCN) unterstützt. Dies trifft aber nicht zu. Der Apache unterstützt die TCN seit der Version 1.3.4, was zu Problemen mit diesen Versionen des Lynx-Browsers führt. Zukünftige Versionen des Apache werden diesen Header ignorieren, wenn er von einem Lynx-Client gesendet wird.

8.3.15 Der MSIE 4.0 behandelt Vary-Antwort-Header falsch

Der MSIE 4.0 behandelt den Vary-Header nicht korrekt. Dieser Header wird von mod_rewrite in der Version 1.3 erzeugt. Das Ergebnis ist eine Fehlermeldung des MSIE, die besagt, dass die angeforderte Datei nicht heruntergeladen werden kann. Weitere Einzelheiten hierzu finden Sie im PR#4118 (http://bugs.apache.org/index/full/4118).

Abhilfe schafft folgende Ergänzung in den Server-Konfigurationsdateien:

```
BrowserMatch "MSIE 4\.0" force-no-vary
```

(Diese Lösung steht für die Versionen *nach* Version 1.3.6 des Apache-Webservers nicht zur Verfügung.)

8.4 Deskriptoren und Apache

Ein *Deskriptor*, der auch allgemeiner als *Datei-Handler* bezeichnet wird, ist ein von einem Programm zum Lesen und Schreiben geöffneter Dateien, eines Netzwerk-Sockets oder anderer Geräte verwendetes Objekt. Es wird durch einen ganzzahligen Wert repräsentiert. Die Deskriptoren 0, 1 und 2 sind die Ihnen wahrscheinlich bekannten Einheiten stdin, stdout und stderr. Der Apache benötigt unter anderem für jede Protokolldatei sowie für jedes überwachte Netzwerk-Socket einen Deskriptor. Vom Apache benutzte Bibliotheken können ebenfalls Deskriptoren benötigen. Normale Programme öffnen nicht viele Deskriptoren und daher gibt es einige latente Probleme, wenn der Apache mit zu vielen geöffneten Deskriptoren (das heißt mit zu vielen virtuellen Hosts) ausgeführt wird.

Das Betriebssystem beschränkt die Anzahl der Deskriptoren, die ein Programm gleichzeitig öffnen darf. Dies betrifft in der Regel drei Limits. Eines ist eine Einschränkung für den Kernel. Je nach dem eingesetzten Betriebssystem ist es möglich, die Anzahl der verfügbaren Deskriptoren über die häufig *FD_SETSIZE* genannte Variable einzustellen. Es ist auch möglich, dass Sie sich mit einer relativ geringen Anzahl von Deskriptoren bescheiden müssen. Die zweite Einschränkung betrifft die so genannten *harten Ressourcen*, die manchmal vom root-Benutzer in einer Datei des Betriebssystems gesetzt wird, aber häufig mit dem Kernel-Limit übereinstimmt. Das dritte Limit sind die so genannten *weichen Ressourcen*. Dieses Limit liegt immer unter oder ist gleich dem Limit für die harten Ressourcen. Das harte Limit kann beispielsweise bei 1.024 und das weiche bei nur 64 liegen. Jeder Benutzer kann das weiche Limit auf den Wert des harten Limits erhöhen. Der Benutzer root kann das harte Limit auf das vom System festgelegte maximale Limit setzen. Das weiche Limit entspricht dem tatsächlichen Limit, das die maximale Anzahl der von einem Prozess geöffneten Dateien festlegt.

Kurz zusammengefasst gilt:

```
#Anzahl geöffneter Dateien<=weiches Limit<=hartes Limit<=Kernel-Limit
```

Sie können das harte und weiche Limit mit den Direktiven `limit` (csh) oder `ulimit` (sh) steuern. Weitere Informationen hierzu finden Sie auf den entsprechenden Handbuchseiten. Mit `ulimit -n unlimited` können Sie höchstwahrscheinlich das weiche auf das harte Limit setzen. Sie sollten diese Anweisung in das Shell-Skript setzen, mit dem Ihr Webserver gestartet wird.

Leider ist das aber nicht immer so einfach. Wie bereits oben erwähnt wurde, legt Ihnen das Betriebssystem wahrscheinlich Beschränkungen auf, die Sie umgehen müssen. Mit der Version 1.2.1 hat sich die Situation etwas gebessert. Es folgt eine unvollständige Liste der Betriebssysteme und möglicher Lösungsvorschläge (vorausgesetzt, Sie benutzen die Version 1.2.1 oder eine spätere Version).

8.4.1 BSDI 2.0

Unter BSDI 2.0 können Sie den Apache mit mehr Deskriptoren einrichten, indem Sie EXTRA_CFLAGS mit -DFD_SETSIZE=nnn ergänzen (wobei nnn für die Anzahl der unterstützten Deskriptoren steht und geringer als das harte Limit sein sollte). Werden aber mehr als zirka 240 `Listen`-Direktiven benutzt, kommt es wahrscheinlich zu Problemen, was dadurch vermieden werden kann, dass der Kernel mit einem höheren Wert für FD_SETSIZE kompiliert wird.

8.4.2 FreeBSD 2.2, BSDI 2.1+

Ähnlich wie bei BSDI 2.0 sollten Sie FD_SETSIZE definieren und noch einmal kompilieren. Die zusätzliche `Listen`-Beschränkung ist nicht vorhanden.

8.4.3 Linux

Bei Linux kann der Kernel standardmäßig maximal 256 geöffnete Deskriptoren pro Prozess unterhalten. Für die 2.0.x-Serie gibt es zahlreiche Patches, die eine Erhöhung auf 1.024 und mehr zulassen. Sie finden sie im Abschnitt »Unofficial Patches« unter der Adresse http://www.linuxhq.com/. Keiner dieser Patches ist perfekt und wahrscheinlich wird mit der Entwicklung der Version 2.1.x ein völlig anderer Weg eingeschlagen. Die Patches erhöhen FD_SETSIZE. Dieser Wert wird beim Kompilieren aller Programme berücksichtigt und Sie sollten die Ausführung von Programmen mit einem weichen Limit über 256 vermeiden, wenn Sie nicht alle Bibliotheken neu einrichten. Bisher haben die Patches für die Erhöhung der Anzahl der Deskriptoren dies nicht berücksichtigt. Bei einem dedizierten Webserver entstehen wahrscheinlich keine Probleme.

8.4.4 Solaris bis Version 2.5.1

Bei Solaris liegt das harte Kernel-Limit bei 1.024 (bei früheren Versionen kann es darunter liegen). Es gibt aber eine Einschränkung für Dateien, die die `stdio`-Bibliothek benutzen, bei denen nicht mehr als 255 Deskriptoren zulässig sind. Der Apache benutzt die `stdio`-Bibliothek für die `ErrorLog`-Direktive. Haben Sie mehr als ungefähr 110 virtuelle Hosts (mit jeweils einem Fehler- und einem Zugriffsprotokoll) eingerichtet, dann müssen Sie den Apache mit -DHIGH_SLACK_LINE=256 als Ergänzung für EXTRA_CFLAGS einrichten. In diesem Fall liegt die Grenze bei 240 Fehlerprotokollen.

8.4.5 AIX

Bei AIX-Version 3.2 scheint das harte Limit bei 128 Deskriptoren zu liegen. Bei Version 4.1.5 liegt es bei 2.000.

8.4.6 SCO OpenServer

Bearbeiten Sie die Datei /etc/conf/cf.d/stune oder benutzen Sie die /etc/conf/cf.d/configure-Auswahl 7 (Benutzer- und Gruppenkonfiguration) und geben Sie für den Kernel-Parameter NOFILES einen entsprechenden höheren Wert an. SCO empfiehlt einen Wert zwischen 60 und 11.000, die Vorgabe liegt bei 110. Führen Sie einen Linker-Durchlauf durch und starten Sie den Rechner neu, die angegebene Anzahl der Deskriptoren steht dann zur Verfügung.

8.4.7 Compaq Tru64 UNIX/Digital UNIX/OSF

1. Setzen Sie im proc-Subsystem open_max_soft und open_max_hard auf 4.096. Führen Sie ein man für sysconfig, sysconfigdb und sysconfigtab aus.
2. Setzen Sie max-vnodes auf einen Wert, der über der Anzahl der Apache-Prozesse * 4.096 liegt (der Wert 250.000 sollte in den meisten Fällen genügen). Führen Sie ein man für sysconfig, sysconfigdb und sysconfigtab aus.
3. Wenn Sie Tru64 5.0, 5.0A oder 5.1 benutzen, definieren Sie NO_SLACK so, dass ein Fehler im Betriebssystem umgangen wird: CFLAGS="-DNO_SLACK" ./configure

8.4.8 Andere

Wenn Sie weitere Einzelheiten zu anderen Betriebssystem wissen, dann wenden Sie sich bitte an die »Bug Report Page« unter der Adresse http://httpd.apache.org/bug_report.html.

Neben den oben beschriebenen Problemen gibt es noch Schwierigkeiten mit den vom Apache benutzten Bibliotheken. Das gängigste Beispiel ist die Bibliothek Bind DNS Resolver, die unter UNIX sehr häufig benutzt wird und die bei mehr als 256 Deskriptoren zu Problemen führt. Es ist anzunehmen, dass es bei anderen Bibliotheken ähnliche Einschränkungen gibt. Seit Version 1.2.1 wird daher ein defensiver Kurs gefahren und versucht, nicht mehr als 16 Deskriptoren bei der Verarbeitung einer Anfrage zu benutzen (die so genannte *Low Slack Line*).

Damit soll die unnötige Verwendung von Deskriptoren vermieden werden. Wenn Sie diese Limits tatsächlich festlegen und der Apache nicht mehr als 16 Deskriptoren erhält, wird er sich damit zufrieden geben.

In extremen Situationen kann es angebracht erscheinen, die Low Slack Line noch niedriger anzusetzen, was jedoch eigentlich nicht der Fall sein sollte. Eine Verringerung kann beispielsweise die oben beschriebenen 240er-Limits unter Solaris und BSDI 2.0 nach oben verschieben. Damit lassen Sie sich aber auf ein riskantes Spiel hinsichtlich der für eine Anfrage benötigten Deskriptoren ein. Wenn Sie dazu bereit sind, verwenden Sie beim Kompilieren den Parameter LOW_SLACK_LINE. In der Header-Datei httpd.h finden Sie einige wenige Informationen hierzu.

Wenn Sie aber befürchten müssen, dass Sie in jedem Fall Probleme haben werden, dann können Sie das Ganze auch deaktivieren. Versehen Sie EXTRA_CFLAGS mit dem Zusatz -DNO_SLACK und kompilieren Sie erneut. Senden Sie aber bitte eine Nachricht an die »Bug Report Page« (http://httpd.apache.org/bug_report.html).

8.5 PATH_INFO – Änderungen in der CGI-Umgebung

Beim Apache 1.1.1 und früheren Versionen war das Verfahren zum Erzeugen der Umgebungsvariablen PATH_INFO in der CGI-Umgebung nicht problemlos und konnte in bestimmten Situationen zum Absturz führen. Mit der Apache-Version 1.2 hat sich dieses Verhalten geändert. Das führte zwar in einigen Fällen zu Kompatibilitätsproblemen mit bestimmten herkömmlichen CGI-Anwendungen, die Apache-Version 1.2 ist aber kompatibel zur CGI-Spezifikation 1.1 und CGI-Skripte sind einfach anzupassen.

8.5.1 Das Problem

Der Apache-Server Version 1.1.1 und frühere Versionen implementierten die Umgebungsvariablen PATH_INFO und SCRIPT_NAME über den Dateinamen und nicht mit der URL. Das führte zwar in vielen Fällen zu richtigen Ergebnissen, lagen jedoch umfangreiche Pfadinformationen vor, konnte das zu einem fehlerhaften Verhalten führen. Zum Beispiel konnte die Konfigurationsdatei folgende Zeile enthalten:

```
Alias /cgi-ralph /usr/local/httpd/cgi-bin/user.cgi/ralph
```

In diesem Fall ist user.cgi das CGI-Skript und /ralph die CGI zu übergebende Information. Kam bei dieser Konfiguration eine Anfrage nach /cgi-ralph/script/, setzte der Code PATH_INFO auf /ralph/script und SCRIPT_NAME auf /cgi-, wobei Letzteres offensichtlich nicht korrekt ist. Unter bestimmten Umständen konnte dies sogar zu einem Server-Absturz führen.

8.5.2 Die Lösung

Seit der Apache-Version 1.2 werden SCRIPT_NAME und PATH_INFO direkt über die URL bestimmt und festgestellt, wie weit die URL vom Client modifiziert werden kann, und PATH_INFO wird dieser Wert zugewiesen. Im oben angeführten Beispiel wird PATH_INFO auf /script und SCRIPT_NAME auf /cgi-ralph gesetzt. Das ist sinnvoll und bereitet dem Server keine Probleme. Außerdem wird dadurch garantiert, dass http://$SERVER_NAME:$SERVER_PORT$SCRIPT_NAME $PATH_INFO immer eine zulässige URL ist, die auf das aktuelle Skript verweist, was bei früheren Versionen nicht unbedingt zutraf.

Allerdings geht die Information /ralph aus der Alias-Direktive verloren. Das ist bedauerlich, aber es ist nicht empfehlenswert, das Dateisystem zum Weiterreichen dieser Art von Informationen zu nutzen und funktioniert in Verbindung mit Skripten nicht. Seit der Apache-Version 1.2b3 gibt es jedoch einen Workaround.

8.5.3 Kompatibilität zu älteren Servern

Ein Skript, das für frühere Apache-Versionen oder andere Server entwickelt wurde, benötigt möglicherweise die Informationen, die die alte Variable PATH_INFO enthielt. Aus diesem Grund wird seit der Version 1.2 außerdem die Variable FILEPATH_INFO gesetzt. Diese Umgebungsvariable enthält den Wert, den PATH_INFO unter Apache 1.1.1 hätte.

Soll ein Skript mit alten und neuen Versionen funktionieren, wird einfach das Vorhandensein der Variablen FILEPATH_INFO abgefragt und falls vorhanden benutzt. Andernfalls wird PATH_INFO benutzt. In Perl können Sie beispielsweise folgende Anweisung benutzen:

```perl
$path_info = $ENV{'FILEPATH_INFO'} || $ENV{'PATH_INFO'};
```

Auf diese Weise funktioniert ein Skript mit allen Servern, die die CGI-Spezifikation 1.1 unterstützen, sowie mit allen Versionen des Apache.

8.6 Wichtige Standards

Diese Seite führt alle wichtigen Standards, an die sich der Apache HTTP-Server hält, mit einer kurzen Beschreibung auf.

Neben den hier angegebenen Informationen sollten folgende Quellen herangezogen werden:

- http://purl.org/NET/http-errata – HTTP/1.1-Spezifikation-Errata
- http://www.rfc-editor.org/errata.html – RFC-Errata
- http://ftp.ics.uci.edu/pub/ietf/http/#RFC – Eine Liste auf HTTP bezogener RFCs

8.6.1 HTTP-Empfehlungen

Unabhängig davon, welche Module kompiliert und verwendet werden, hält sich der Apache als Webserver an folgende IETF-Empfehlungen:

RFC1945 (Informationell)

Das Hypertext Transfer Protocol (HTTP) ist ein Protokoll auf Anwendungsebene mit der erforderlichen Einfachheit und Geschwindigkeit für verteilte, kooperierende Hypermedia-Informationssysteme. Dieses Dokument beschreibt HTTP/1.0.

RFC2616 (Standards)

Das Hypertext Transfer Protocol (HTTP) ist ein Protokoll auf Anwendungsebene mit der erforderlichen Einfachheit und Geschwindigkeit für verteilte, kooperierende Hypermedia-Informationssysteme, was HTTP/1.1 belegt.

RFC2396 (Standards)

Ein Uniform Resource Identifier (URI) ist eine kompakte Zeichenkette für die Identifikation einer abstrakten oder physischen Ressource.

8.6.2 HTML-Empfehlungen

Hinsichtlich der Hypertext Markup Language hält sich der Apache an folgende IETF- und W3C-Empfehlungen:

RFC2854

Dieses Dokument fasst die geschichtliche Entwicklung von HTML zusammen und definiert den MIME-Typ text/html, indem auf die relevanten W3C-Empfehlungen verwiesen wird.

Errata zur HTML-4.01-Spezifikation

Diese Spezifikation definiert die HyperText Markup Language (HTML), die Sprache für Veröffentlichungen im World Wide Web. Diese Spezifikation definiert HTML 4.01, eine Unterversion von HTML 4.

HTML 3.2-Referenz-Spezifikation

HyperText Markup Language (HTML) ist eine einfache Textkennzeichnungssprache zum Erstellen von plattformunabhängigen Hypertext-Dokumenten. HTML-Dokumente sind SGML-Dokumente.

XHTML-1.1 – Modul-basiertes XHTML (Errata)

Diese Empfehlung definiert einen neuen XHTML-Dokumenttyp, der auf dem Modulsystem und den in der Modularisation von XHTML definierten Modulen basiert.

XHTML-1.0 The Extensible HyperText Markup Language (Second Edition) (Errata)

Diese Spezifikation definiert die zweite Ausgabe von XHTML 1.0, eine Neufassung von HTML 4 als XML-1.0-Applikation (sowie drei DTDs, die den von HTML 4 definierten entsprechen).

8.6.3 Authentifizierung

Bezüglich der unterschiedlichen Authentifizierungsmethoden hält sich der Apache an folgende IETF-Empfehlungen:

RFC2617 (Entwurf eines Standards)

HTTP/1.0 enthält die Spezifikation für ein grundlegendes Zugriffsauthentifizierungsschema.

8.6.4 Sprach-/Ländercodes

Die folgenden Links dokumentieren ISO- und andere Sprach- und Länderinformationen:

ISO 639-2

ISO 639 enthält zwei Zusammenstellungen von Ländercodes für Sprachbezeichnungen, einen Code mit zwei Buchstaben (639-1) und einen mit drei Buchstaben (Bestandteil von ISO 639).

ISO 3166-1

Diese Seiten dokumentieren die Länderbezeichnungen (offizielle englische Abkürzungen) in alphabetischer Reihenfolge nach ISO 3166-1 und die entsprechenden ISO 3166-1-alpha-2-Codeelemente.

BCP 47 (Best Current Practice), RFC3066

Dieses Dokument beschreibt ein Sprach-Tag für die Verwendung in Situationen, in denen die in einem Informationsobjekt verwendete Sprache angegeben werden soll. Es beschreibt außerdem, wie Werte für die Verwendung in diesem Sprach-Tag registriert werden, sowie ein Konstrukt für den Vergleich solcher Sprach-Tags.

RFC3282 (Standards Track)

Dieses Dokument definiert einen `Content-Language`-Header für Situationen, in denen die Sprache für Objekte mit RFC822-ähnlichen Headern wie MIME-Rumpfteile oder Webdokumente angezeigt werden soll. Ferner wird ein `Accept-Language`-Header für Situationen definiert, in denen bevorzugte Sprachen angegeben werden sollen.

Kapitel 9

Apache-MPMs und -Module

9.1 Begriffserklärungen zu den Modulbeschreibungen

Die im folgenden aufgeführten Begriffe werden in den Beschreibungen der Apache-Module verwendet.

9.1.1 Beschreibung

Ein Kurzbeschreibung des Verwendungszwecks eines Moduls.

9.1.2 Status

Der Status zeigt an, wie eng ein Modul in den Apache-Webserver eingebunden ist. Möglicherweise muss der Server neu kompiliert werden, um auf ein Modul und dessen Funktionalität zugreifen zu können. Mögliche Angaben sind:

MPM

Ein Modul mit dem Status »MPM« ist ein Multi-Processing-Modul. Anders als bei den anderen Modularten kann der Apache nur ein MPM zu einem Zeitpunkt ausführen. Dieser Modultyp bildet die Grundlage für die Behandlung der Anfragen und den Ablauf.

Basis

Ein Modul mit dem Status »Basis« wird standardmäßig kompiliert und vom Server geladen und steht daher normalerweise zur Verfügung, wenn Sie nicht bestimmte Maßnahmen ergriffen haben, um das Modul aus Ihrer Konfiguration zu entfernen.

Erweiterung

Ein Modul mit dem Status »Erweiterung« wird normalerweise nicht mit kompiliert und nicht in den Server geladen. Um das Modul und dessen Funktionalität zu aktivieren, müssen Sie möglicherweise die Konfigurationsdateien für die Einrichtung des Servers ändern und den Apache erneut kompilieren.

Experimentell

Der Status »experimentell« zeigt an, dass das Modul zwar als Bestandteil der Apache-Distribution zur Verfügung steht, seine Verwendung aber auf eigene Verantwortung erfolgt. Der Vollständigkeit halber wird das Modul beschrieben, aber nicht unbedingt unterstützt.

Extern

Module, die nicht zur Grundausstattung der Apache-Distribution gehören (Module von anderen Herstellern), können den Status »extern« erhalten. Das Apache-Projekt ist für diese Module jedoch nicht verantwortlich und unterstützt sie nicht.

9.1.3 Quelldatei

Hier wird der Name der Quelldatei angegeben, die den Code des Moduls enthält. Dieser Name wird auch vom Modul `IfModule` benutzt.

9.1.4 Modulbezeichner

Diese Zeichenfolge gibt die Modulbezeichnung für die Direktive `LoadModule` für das dynamische Laden von Modulen an. Sie gibt gleichzeitig den Namen der externen Variablen für den Modultyp in der Quelldatei an.

9.1.5 Kompatibilität

Wenn ein Modul nicht Bestandteil der originalen Apache-Distribution Version 2 ist, sollte hier die Version angegeben werden, mit der es eingeführt wurde. Außerdem sollte angegeben werden, ob das Modul nur für bestimmte Plattformen geeignet ist.

9.2 In den Beschreibungen der Direktiven verwendete Begriffe

Im folgenden werden die in den Beschreibungen der Apache-Konfigurationsdirektiven verwendeten Begriffe erläutert.

Siehe auch: *2.4 »Konfigurationsdateien«*

9.2.1 Beschreibung

Eine Kurzbeschreibung des Verwendungszwecks einer Direktive.

9.2.2 Syntax

Das Format einer Direktive in einer Konfigurationsdatei. Diese Syntax ist für die Direktiven sehr spezifisch und wird in der Definition der Direktive ausführlich beschrieben. Im Allgemeinen folgen auf den Direktivennamen ein oder mehrere durch Leerzeichen voneinander getrennte Argumente. Enthält ein Argument ein Leerzeichen, dann muss es in doppelte Anführungszeichen gesetzt werden. Optionale Argumente werden in eckigen Klammern angegeben. Kann ein Argument mehr als einen möglichen Wert übernehmen, dann werden diese Werte durch einen senkrechten Strich (|) voneinander getrennt. Literaltext wird in der Standardschriftart und Argumenttypen, die ersetzt werden müssen, kursiv gesetzt. Direktiven mit einer variablen Anzahl von Argumenten enden mit "...", was anzeigt, dass das letzte Argument sich wiederholt.

Für Direktiven gibt es eine große Anzahl unterschiedlicher Argumenttypen. Einige der gebräuchlichsten werden hier aufgeführt.

URL

Eine vollständige URL (Uniform Resource Locator) mit einem Schema, Hostnamen und einem optionalen Pfadnamen wie in `http://www.example.com/path/to/file.html`.

URL-Pfad

Der Teil einer *URL*, der auf das Schema und den Hostnamen folgt, wie in `/path/to/file.html`. Der *URL-Pfad* repräsentiert eine Webdarstellung einer Ressource im Gegensatz zur Darstellung im Dateisystem.

Dateipfad

Der Pfad zu einer Datei im lokalen Dateisystem, der wie in `/usr/local/apache/htdocs/Pfad/zu/file.html` mit dem Stammverzeichnis beginnt. Falls nicht anders angegeben, wird ein mit einem Schrägstrich beginnender *Dateipfad* relativ zur `ServerRoot` interpretiert.

Verzeichnispfad

Der Pfad zu einem Verzeichnis im lokalen Dateisystem, der wie in `/usr/local/apache/htdocs/path/to/` mit dem Stammverzeichnis beginnt.

Dateiname

Der Name einer Datei ohne zusätzliche Pfadangaben wie in `file.html`.

Regex

Ein regulärer Ausdruck (Regular Expression), mit dem ein Muster beschrieben wird, das im Text gesucht wird. Die Direktivendefinition gibt an, womit der reguläre Ausdruck *Regex* verglichen wird.

Erweiterung

Im Allgemeinen ist dies der Teil des *Dateinamens*, der auf den letzten Punkt folgt. Der Apache erkennt aber mehrere Dateinamenerweiterungen, so dass bei Dateinamen mit mit mehreren Punkten jeder durch einen Punkt abgetrennte Teil nach dem ersten Punkt als *Erweiterung* interpretiert wird. Der *Dateiname* `file.html.en` enthält beispielsweise zwei Erweiterungen: `.html` und `.en`. Bei Apache-Direktiven können *Erweiterungen* mit oder ohne vorangestelltem Punkt angegeben werden. Ferner wird bei den *Erweiterungen* Groß- und Kleinschreibung nicht unterschieden.

MIME-Typ

Ein Verfahren zur Beschreibung des Dateiformats mit einem übergeordneten und einem untergeordneten Formattyp wie zum Beispiel `text/html`.

Umgebungsvariable

Der Name einer im Apache-Konfigurationsprozess definierten Umgebungsvariablen. Solche Umgebungsvariablen sind nicht unbedingt mit den Umgebungsvariablen des Betriebssystems identisch. Mehr hierzu finden Sie im *Abschnitt 2.15 »Umgebungsvariablen«*.

9.2.3 Voreinstellung

Besitzt eine Direktive einen Standardwert (wird kein Wert angegeben, verhält sich der Apache-Webserver so, als sei dieser Wert gesetzt worden), dann wird sie an dieser Stelle angegeben. Gibt es keine Standardvorgabe, sollte »*Keine*« angegeben werden. Beachten Sie, dass der hier angegebene Standardwert nicht unbedingt der gleiche Wert ist, den die Direktive in der standardmäßigen `httpd.conf`-Datei erhält.

9.2.4 Kontext

Hier wird angegeben, wo in den Server-Konfigurationsdateien die Direktive zulässig ist. Diese durch Kommata getrennte Liste kann einen oder mehrere der folgenden Angaben enthalten:

Serverkonfiguration

Die Direktive kann in den Server-Konfigurationsdateien benutzt werden (z.B in der Datei `httpd.conf`), *nicht* jedoch in den Abschnitten `<VirtualHost>` oder `<Directory>`. In `.htaccess`-Dateien ist sie generell unzulässig.

Virtual Host

Die Direktive kann in einem `<VirtualHost>`-Abschnitt der Server-Konfigurationsdateien benutzt werden.

Verzeichnis

Eine für diesen Kontext vorgesehene Direktive kann in den Abschnitten `<Directory>`, `<Location>`, `<Files>` und `<Proxy>` der Server-Konfigurationsdateien verwendet werden. Hinweise zu Einschränkungen finden Sie im *Abschnitt 2.5 »Konfigurationsabschnitte«*.

.htaccess

Ist eine Direktive in diesem Kontext zulässig, dann kann sie auf Verzeichnisebene in den `.htaccess`-Dateien benutzt werden. Sie wird möglicherweise nicht verarbeitet, da sie von der Option `override` abhängig ist.

Die Direktive ist *nur* im vorgesehenen Kontext zulässig. Wird sie an anderer Stelle benutzt, kommt es zu einem Konfigurationsfehler, der entweder verhindert, dass der Server Anfragen in diesem Kontext korrekt bearbeitet oder die Ausführung des Servers grundsätzlich verhindert (der Server wird nicht gestartet).

Die zulässigen Positionen für diese Direktive sind eigentlich das Ergebnis einer Boole'schen ODER-Verknüpfung aller aufgeführten Kontexte. Eine Direktive, die für die Kontexte "Serverkonfiguration, .htaccess" als zulässig gekennzeichnet ist, kann somit in der Datei `httpd.conf` und in `.htaccess` Dateien nicht jedoch in den Abschnitten `<Directory>` oder `<VirtualHost>` benutzt werden.

9.2.5 Override

Dieses Direktivenattribut zeigt an, für welche Konfigurationsteile das Überschreiben aktiviert sein muss, damit die Direktive verarbeitet wird, wenn sie in einer `.htaccess`-Datei erscheint. Lässt der Kontext der Direktive ihre Verwendung in .htaccess-Dateien nicht zu, wird kein Kontext aufgeführt.

Überschreibungen werden mit der Direktive AllowOverride aktiviert und gelten für einen bestimmten Bereich (zum Beispiel für ein Verzeichnis) sowie für alle untergeordneten Bereiche, sofern keine weiteren Veränderungen mit AllowOverride-Direktiven auf unteren Ebenen vorgenommen werden. In der Beschreibung der Direktive werden auch die möglichen Namen für Überschreibungen aufgeführt.

9.2.6 Status

Der Status gibt an, wie eng eine Direktive an den Apache-Webserver gebunden ist. Möglicherweise muss der Server mit einer Reihe weiterer Module neu kompiliert werden, damit die Direktive und ihre Funktionalität zur Verfügung stehen. Mögliche Attributwerte sind:

Core

Wird für eine Direktive der Status »Core« angegeben, dann ist sie Bestandteil des innersten Teils des Apache-Webservers und steht immer zur Verfügung.

MPM

Eine Direktive mit dem Status »MPM« wird von einem Multi-Processing-Modul bereitgestellt. Diese Direktiven stehen nur zur Verfügung, wenn einer der unter »Module« aufgeführten MPMs benutzt wird.

Base

Eine Direktive mit dem Status »Base« wird von einem Standardmodule des Apache unterstützt, das standardmäßig in den Server kompiliert wird und daher normalerweise zur Verfügung steht, wenn Sie keine anderen Maßnahmen ergriffen haben, um das Modul aus der Konfiguration zu entfernen.

Erweiterung

Eine Direktive mit dem Status »Erweiterung« wird von einem der Module des Apache-Servers bereitgestellt, welches normalerweise nicht in den Server kompiliert wird. Um die Direktive und ihre Funktionalität zu aktivieren müssen Sie die Konfigurationsdateien für den Aufbau des Servers verändern und den Apache erneut kompilieren.

Experimentell

Der Status »Experimentell« zeigt an, dass die Direktive zwar als Betsandteil der Apache-Distribution zur Verfügung steht, Sie sind aber auf sich allein gestellt, wenn Sie sie benutzen. Der Vollständigkeit halber wird sie dokumentiert, muss aber nicht unterstützt werden. Das Modul, welches die Direktive bereitstellt, wird standardmäßig nicht unbedingt in den Server kompiliert. Hinweise zur Verfügbarkeit der Direktive finden Sie am Beginn der Direktiven- und Modulbeschreibung.

9.2.7 Modul

Eine Liste der Modulquelldateien, in denen die Direktive definiert wird.

9.2.8 Kompatibilität

War eine Direktive nicht Bestandteil der originalen Apache-Version 2, wird die Version angegeben, mit der sie eingeführt wurde. Ist die Direktive nur für bestimmte Plattformen vorgesehen, wird auch dies hier angemerkt.

9.3 Apache Kern-Funktionen: Das Modul core

Beschreibung: Ständig verfügbare Kernfunktionen des Apache HTTP Servers
Status: Core

AcceptPathInfo

Beschreibung: Ressourcen lassen angehängte Pfadangaben zu
Syntax: `AcceptPathInfo On | Off | Default`
Default: `AcceptPathInfo Default`
Kontext: server config, virtual host, directory, `.htaccess`
Override: `FileInfo`
Kompatibilität: Verfügbar ab Apache 2.0.30

Die Direktive steuert, ob Anfragen akzeptiert oder abgewiesen werden, bei denen nach der tatsächlichen Datei (oder einer nicht existierenden Datei in einem existierenden Verzeichnis) zusätzliche Pfadangaben folgen. Die angehängte Pfadangabe kann Skripten in der Umgebungsvariable `PATH_INFO` verfügbar gemacht werden.

Nehmen wir beispielsweise an, dass `/test/` auf ein Verzeichnis zeigt, das lediglich eine Datei `here.html` enthält. Dann wird bei Anfragen nach `/test/here.html/more` und `/test/nothere.html/more` jedes Mal `/more` als `PATH_INFO` ermittelt.

Die drei möglichen Argumente für die Direktive `AcceptPathInfo` sind:

Off

Eine Anfrage wird nur dann akzeptiert, wenn sie exakt auf ein existierendes Verzeichnis (oder eine Datei) abgebildet werden kann. Daher würde eine Anfrage mit einer nach dem tatsächlichen Dateinamen angehängten Pfadangabe, wie `/test/here.html/more` im obigen Beispiel, den Fehler 404 NOT FOUND zurückgeben.

On

Eine Anfrage wird akzeptiert, wenn eine vorangestellte Pfadangabe auf ein existierendes Verzeichnis abgebildet werden kann. Das obige Beispiel `/test/here.html/more` wird akzeptiert, wenn `/test/here.html` auf eine gültige Datei zeigt.

Default

Die Behandlung von Anfragen mit angehängten Pfadangaben wird von dem für die Anfrage verantwortlichen Handler bestimmt. Der Core-Handler für gewöhnliche Dateien weist PATH_INFO-Zugriffe standardmäßig zurück. Handler, die Skripte bedienen, wie z.B. `cgi-script` und `isapi-isa`, sind im Allgemeinen darauf voreingestellt, `PATH_INFO` zu akzeptieren.

Das eigentliche Ziel von `AcceptPathInfo` ist es, Ihnen das Überschreiben der Voreinstellung der Handler bezüglich der Akzeptanz oder Ablehnung von `PATH_INFO` zu erlauben. Eine solche Änderung ist zum Beispiel notwendig, wenn Sie einen Filter wie `INCLUDES` verwenden, um Inhalte abhängig von `PATH_INFO` zu generieren. Der Core-Handler würde die Anfrage normalerweise abweisen. Verwenden Sie die folgende Konfiguration, um dennoch solch ein Skript zu ermöglichen.

```
<Files "mypaths.shtml">
  Options +Includes
  SetOutputFilter INCLUDES
  AcceptPathInfo On
</Files>
```

AccessFileName

Beschreibung:	Name der dezentralen Konfigurationsdateien
Syntax:	`AccessFileName Dateiname [Dateiname] ...`
Default:	AccessFileName .htaccess
Kontext:	server config, virtual host

Aus dieser Namensliste sucht der Server während der Bearbeitung einer Anfrage in jedem Verzeichnis nach der ersten existierenden Datei, sofern im betreffenden Verzeichnis dezentrale Konfigurationsdateien erlaubt sind. Zum Beispiel:

```
AccessFileName .acl
```

Vor der Rücksendung des Dokuments `/usr/local/web/index.html` wird der Server `/.acl`, `/usr/.acl`, `/usr/local/.acl` und `/usr/local/web/.acl` einlesen, solange diese nicht mit

```
<Directory />
   AllowOverride None
</Directory>
```

deaktiviert wurden.

Siehe auch: »*AllowOverride*«, Seite 341, 2.4 »*Konfigurationsdateien*«, 5.4 »*.htaccess-Dateien*«

AddDefaultCharset

Beschreibung:	Standard-Zeichencodierung für Antworten ohne explizit angegebene Zeichencodierung
Syntax:	`AddDefaultCharset On	Off	Zeichencodierung`
Default:	AddDefaultCharset Off
Kontext:	server config, virtual host, directory, .htaccess
Override:	`FileInfo`

Die Direktive gibt den Namen der Zeichencodierung an, die jeder Antwort hinzugefügt wird, die in den HTTP-Headern keinen Parameter zum Content-Type enthält. Dies überschreibt jede Zeichencodierung, die mittels `META`-Tag im Dokument angegeben ist. Die Angabe von `AddDefaultCharset Off` deaktiviert die Funktion. `AddDefaultCharset On` ermöglicht es, mit der Direktive die Apache-interne Standard-Zeichencodierung iso-8859-1 vorzuschreiben. Sie können auch angeben, dass eine andere Zeichencodierung verwendet werden soll. Zum Beispiel:

```
AddDefaultCharset utf-8
```

AddOutputFilterByType

Beschreibung:	Einen Ausgabefilter einem bestimmten MIME-Typ zuordnen
Syntax:	AddOutputFilterByType Filter [;Filter...] MIME-Typ [MIME-Typ] ...
Kontext:	server config, virtual host, directory, .htaccess
Override:	FileInfo
Kompatibilität:	Verfügbar ab Apache 2.0.33

Die Direktive aktiviert abhängig vom MIME-Typ der Antwort für eine Anfrage einen bestimmten Ausgabefilter.

Das folgende Beispiel verwendet den Filter DEFLATE, der von mod_deflate angeboten wird. Er komprimiert jede Ausgabe, die als text/html oder text/plain gekennzeichnet ist (gleichgültig, ob statisch oder dynamisch), bevor sie an den Client gesendet wird.

```
AddOutputFilterByType DEFLATE text/html text/plain
```

Wenn Sie den Inhalt von mehr als einem Filter verarbeiten lassen wollen, dann müssen deren Namen durch Semikola voneinander getrennt werden. Es ist ebenfalls möglich, eine AddOutputFilterByType-Direktive für jeden von diesen Filtern zu verwenden.

Die folgende Konfiguration sorgt dafür, dass alle Skriptausgaben, die als text/html gekennzeichnet sind, zuerst vom INCLUDES-Filter und dann vom DEFLATE-Filter verarbeitet werden.

```
<Location /cgi-bin/>
  Options Includes
  AddOutputFilterByType INCLUDES;DEFLATE text/html
</Location>
```

> **Warnung**
>
> Die Aktivierung von Filtern mittels AddOutputFilterByType kann in einigen Fällen ganz oder teilweise fehlschlagen. Beispielsweise werden keine Filter angewendet, wenn der MIME-Typ nicht bestimmt werden kann und auf die Einstellung der DefaultType-Anweisung zurückfällt, selbst wenn die DefaultType-Einstellung die gleiche ist.
>
> Wenn Sie jedoch sicherstellen wollen, dass der Filter angewendet wird, sollten Sie den Content-Type z.B. mit AddType oder ForceType der Ressource explizit zuordnen. Das Setzen des Content-Type innerhalb eines (nicht-nph) CGI-Skriptes funktioniert ebenfalls zuverlässig.
>
> Die typgebundenen Ausgabefilter werden niemals auf Proxy-Anfragen angewendet.

Siehe auch: »*AddOutputFilterByType*«, Seite 340, 2.17 »*Filter*«, »*SetOutputFilter*«, Seite 376

AllowEncodedSlashes

Beschreibung:	Legt fest, ob codierte Pfadtrennzeichen in URLs durchgereicht werden dürfen.
Syntax:	AllowEncodedSlashes On | Off
Default:	AllowEncodedSlashes Off
Kontext:	server config, virtual host
Kompatibilität:	Verfügbar ab Apache 2.0.46

Die AllowEncodedSlashes-Direktive erlaubt die Verwendung von URLs, die codierte Pfadtrennzeichen (%2F für / und auf entsprechenden Systemen zusätzlich %5C für \) enthalten. Normalerweise werden derartige URLs mit einem 404-Fehler (Nicht gefunden) abgewiesen.

AllowEncodedSlashes On ist vor allem in Verbindung mit PATH_INFO hilfreich.

Anmerkung

Die Zulassung von Schrägstrichen impliziert nicht deren Decodierung. Vorkommen von %2F oder %5C (nur auf entsprechenden Systemen) werden unverändert in der ansonsten decodierten URL belassen.

Siehe auch: »*AcceptPathInfo*«, *Seite 338*

AllowOverride

Beschreibung:	Direktiventypen, die in .htaccess-Dateien erlaubt sind.
Syntax:	AllowOverride All|None|Direktiventyp [Direktiventyp] ...
Default:	AllowOverride All
Kontext:	directory

Wenn der Server eine .htaccess-Datei (wie durch AccessFileName definiert) findet, muss er wissen, welche in der Datei angegebenen Direktiven frühere Konfigurationsanweisungen überschreiben dürfen.

Jetzt in <Directory>-Abschnitten verfügbar

AllowOverride ist nur in <Directory>-Abschnitten gültig, nicht in <Location>- oder <Files>-Abschnitten.

Wenn diese Anweisung auf None gesetzt wird, dann werden .htaccess-Dateien komplett ignoriert. In diesem Fall wird der Server nicht einmal versuchen, die .htaccess-Dateien im Dateisystem zu lesen.

Wenn diese Anweisung auf All gesetzt wird, dann ist jede Direktive in den .htaccess-Dateien erlaubt, die den Kontext .htaccess besitzt.

Der Direktiventyp kann eine der folgenden Anweisungsgruppen sein:

AuthConfig

Erlaubt die Verwendung von Autorisierungsanweisungen (AuthDBMGroupFile, AuthDBMUserFile, AuthGroupFile, AuthName, AuthType, AuthUserFile, Require usw.).

FileInfo

Erlaubt die Verwendung von Direktiven zur Steuerung der Dokumenttypen (`DefaultType`, `ErrorDocument`, `ForceType`, `LanguagePriority`, `SetHandler`, `SetInputFilter`, `SetOutputFilter` und mod_mime-Direktiven `Add*` und `Remove*` usw.).

Indexes

Erlaubt die Verwendung von Direktiven zur Steuerung von Verzeichnisindexen (`AddDescription`, `AddIcon`, `AddIconByEncoding`, `AddIconByType`, `DefaultIcon`, `DirectoryIndex`, `FancyIndexing`, `HeaderName`, `IndexIgnore`, `IndexOptions`, `ReadmeName` usw.).

Limit

Erlaubt die Verwendung von Direktiven zur Steuerung des Zugriffs von Hosts (`Allow`, `Deny` und `Order`).

Options

Erlaubt die Verwendung von Direktiven zur Steuerung spezieller Verzeichniseigenschaften (`Options` und `XBitHack`).

Beispiel

```
AllowOverride AuthConfig Indexes
```

Siehe auch: »*AccessFileName*«, Seite 339, 2.4 »*Konfigurationsdateien*«, 5.4 »*.htaccess-Dateien*«

AuthName

Beschreibung:	Autorisierungsbereich zur Verwendung in der HTTP-Authentifizierung
Syntax:	`AuthName auth-Bereich`
Kontext:	directory, .htaccess
Override:	AuthConfig

Die Direktive legt den Namen des Autorisierungsbereiches für ein Verzeichnis fest. Der Autorisierungsbereich wird auch *Realm* genannt. Dieser Realm wird dem Client mitgeteilt, damit der Anwender weiß, welchen Benutzernamen und welches Passwort er zu übermitteln hat. `AuthName` akzeptiert ein Argument. Falls der Name des Realm Leerzeichen enthält, muss er in Anführungszeichen eingeschlossen werden. Um zu funktionieren, muss die Anweisung von den Direktiven `AuthType` und `Require` sowie von Direktiven wie `AuthUserFile` und `AuthGroupFile` begleitet werden.

Beispiel

```
AuthName "Top Secret"
```

Die `AuthName` übergebene Zeichenkette ist das, was in dem von den meisten Browsern angebotenen Passwort-Dialogfeld angezeigt wird.

Siehe auch: 5.1 »*Authentifizierung, Autorisierung und Zugriffskontrolle*«

AuthType

Beschreibung:	Art der Authentifizierung
Syntax:	`AuthType Basic	Digest`
Kontext:	directory, .htaccess
Override:	AuthConfig

Die Direktive wählt die Art der Benutzer-Authentifizierung für ein Verzeichnis aus. Derzeit sind lediglich `Basic` und `Digest` implementiert. Damit sie funktioniert, muss die Anweisung von den Direktiven `AuthName` und `Require` sowie von Direktiven wie `AuthUserFile` und `AuthGroupFile` begleitet werden.

Siehe auch: *5.1 »Authentifizierung, Autorisierung und Zugriffskontrolle«*

CGIMapExtension

Beschreibung:	Bestimmung des Interpreters für CGI-Skripte
Syntax:	`CGIMapExtension CGI-Pfad .Endung`
Kontext:	directory, .htaccess
Override:	FileInfo
Kompatibilität:	Ausschließlich NetWare

Die Direktive legt fest, wie Apache den Interpreter ermittelt, der zur Ausführung von CGI-Skripten verwendet wird. Beispielsweise bestimmt die Angabe von `CGIMapExtension sys:\foo.nlm .foo`, dass alle CGI-Scripte mit der Endung `.foo` an den FOO-Interpreter übergeben werden.

ContentDigest

Beschreibung:	Aktiviert die Generierung von `Content-MD5`-HTTP-Response-Headern.
Syntax:	`ContentDigest On	Off`
Default:	`ContentDigest Off`
Kontext:	server config, virtual host, directory, .htaccess
Override:	Options
Status:	Experimental

Die Direktive aktiviert die Generierung von `Content-MD5`-Headern, wie sie in RFC1864 bzw. RFC2068 definiert sind.

MD5 ist ein Algorithmus zur Berechnung eines »Datenextrakts« aus beliebig langen Daten (zuweilen »Fingerabdruck« genannt). Der »Datenextrakt« wird im Englischen als »message digest« oder »fingerprint« bezeichnet. Es gilt als zuverlässig, dass Veränderungen an den Daten sich in Veränderungen des Extrakts widerspiegeln.

Der `Content-MD5`-Header bietet eine End-to-End-Integritätsprüfung (MIC) des Daten-Inhalts. MIC steht für »Message Integrity Check«. Ein Proxy oder Client kann diesen Header prüfen, um zufällige Veränderungen des Entity-Inhalts bei der Übertragung festzustellen.

Beispielheader

```
Content-MD5: AuLb7Dp1rqtRtxz2m9kRpA==
```

Beachten Sie bitte, dass dies Performanceprobleme auf Ihrem System verursachen kann, da der Extrakt bei jeder Anfrage berechnet wird (der Wert wird nicht zwischengespeichert).

Content-MD5 wird nur für Dokumente gesendet, die von core bedient werden, nicht jedoch von Modulen. SSI-Dokumente, CGI-Skript-Ausgaben und Byte-Range-Antworten besitzen diesen Header beispielsweise nicht.

DefaultType

Beschreibung:	MIME-Content-Type, der gesendet wird, wenn der Server den Typ nicht auf andere Weise ermitteln kann.
Syntax:	DefaultType MIME-Typ
Default:	DefaultType text/plain
Kontext:	server config, virtual host, directory, .htaccess
Override:	FileInfo

Es kann vorkommen, dass der Server ein Dokument ausliefern muss, dessen Typ er nicht mit Hilfe seiner MIME-Typ-Zuordnungen bestimmen kann.

Der Server muss den Client über den Content-Type des Dokumentes informieren. Daher verwendet er im Falle eines unbekannten Typs die DefaultType-Einstellung.

Beispiel

```
DefaultType image/gif
```

wäre angemessen für ein Verzeichnis, das viele GIF-Bilder enthält, deren Dateinamen nicht die Endung .gif besitzen.

Beachten Sie bitte, dass die Direktive anders als ForceType lediglich den Standard-MIME-Typ bestimmt. Alle anderen MIME-Typ-Definitionen, einschließlich Dateierweiterungen, die den Medien-Typ anzeigen können, überschreiben diese Voreinstellung.

<Directory>

Beschreibung:	Umschließt eine Gruppe von Direktiven, die nur auf das genannte Verzeichnis des Dateisystems und Unterverzeichnisse angewendet werden.
Syntax:	<Directory Verzeichnispfad> ... </Directory>
Kontext:	server config, virtual host

<Directory> und </Directory> werden dazu verwendet, eine Gruppe von Direktiven zusammenzufassen, die nur für das genannte Verzeichnis und dessen Unterverzeichnisse gelten. Jede Direktive, die im Verzeichnis-Kontext erlaubt ist, kann verwendet werden. Der Verzeichnispfad ist entweder der vollständige Pfad zu einem Verzeichnis oder eine Zeichenkette mit Platzhaltern, wie sie von der UNIX-Shell zum Abgleich verwendet werden. In einer Zeichenkette mit Platzhaltern (so genannten *Wildcards*) entspricht ? einem einzelnen Zeichen und * einer Zeichenkette beliebiger Länge. Sie können auch []-Zeichenbereiche verwenden. Keiner der Platzhalter entspricht dem Zeichen »/«. Daher passt <Directory /*/public_html> nicht auf /home/user/public_html, <Directory /home/*/public_html> jedoch tut es.

Beispiel

```
<Directory /usr/local/httpd/htdocs>
Options Indexes FollowSymLinks
</Directory>
```

Seien Sie vorsichtig mit den Verzeichnispfad-Argumenten. Sie müssen genau mit dem Dateisystempfad übereinstimmen, den der Apache für den Zugriff auf die Dateien verwendet. Direktiven, die für ein bestimmtes Verzeichnis gelten, gelten nicht für Dateien in dem Verzeichnis, auf die über einen anderen Pfad zugegriffen wird, wie z.B. über verschiedene symbolische Links.

Erweiterte reguläre Ausdrücke können ebenfalls verwendet werden, indem das Zeichen ~ hinzugefügt wird. Beispielsweise würde

```
<Directory ~ "^/www/.*/[0-9]{3}">
```

auf Verzeichnisse in /www/ passen, die aus drei Zahlen bestehen.

Wenn mehrere <Directory>-Abschnitte (ohne reguläre Ausdrücke) auf ein Verzeichnis (oder ein ihm übergeordnetes Verzeichnis) passen, das ein Dokument enthält, dann werden die Direktiven der Reihe nach, angefangen beim kürzesten passenden Muster, vermischt mit den Direktiven aus den .htaccess-Dateien, angewendet.

Beispiel

```
<Directory />
  AllowOverride None
</Directory>

<Directory /home/>
  AllowOverride FileInfo
</Directory>
```

Beim Zugriff auf das Dokument /home/web/dir/doc.html sind die einzelnen Schritte:

- Wende die Direktive AllowOverride None an (deaktiviere .htaccess-Dateien).
- Wende die Direktive AllowOverride FileInfo (auf das Verzeichnis /home) an.
- Wende jede FileInfo-Direktive aus /home/.htaccess, /home/web/.htaccess und /home/web/dir/.htaccess der Reihe nach an.

Reguläre Ausdrücke werden so lange nicht berücksichtigt, bis alle normalen Abschnitte angewendet wurden. Anschließend werden alle regulären Ausdrücke in der Reihenfolge geprüft, in der sie in der Konfigurationsdatei auftauchen. Beispielsweise wird bei

```
<Directory ~ abc$>
  # ... hier stehen die Direktiven ...
</Directory>
```

der Abschnitt mit dem regulären Ausdruck nicht berücksichtigt, bis alle normalen `<Directory>`-Abschnitte und `.htaccess`-Dateien angewendet wurden. Dann erst wird der reguläre Ausdruck mit `/home/abc/public_html/abc` abgeglichen und der entsprechende `<Directory>`-Abschnitt angewendet.

> **Hinweis**
>
> Beachten Sie bitte, dass der vom Apache voreingestellte Zugriff für `<Directory />` Allow from All ist. Das bedeutet, dass der Apache jede Datei ausliefert, die durch eine URL abgebildet wird. Es wird empfohlen, dass Sie dies durch einen Block wie
>
> `<Directory />`
>
>   `Order Deny,Allow`
>
>   `Deny from All`
>
> `</Directory>`
>
> ändern und anschließend für Verzeichnisse überschreiben, die Sie verfügbar machen wollen. Für weitere Einzelheiten lesen Sie im *Abschnitt 2.9* »*Sicherheitshinweise*«.

Die Verzeichnisabschnitte erscheinen in der Datei `httpd.conf`. `<Directory>`-Direktiven dürfen nicht ineinander verschachtelt werden oder innerhalb von `<Limit>`- oder `<LimitExcept>`-Abschnitten auftauchen.

Siehe auch: Im *Abschnitt 2.5* »*Konfigurationsabschnitte*« wird beschrieben, wie diese verschiedenen Abschnitte miteinander kombiniert werden, wenn eine Anfrage empfangen wird.

`<DirectoryMatch>`

Beschreibung:	Umschließt eine Gruppe von Direktiven, die auf Verzeichnisse des Dateisystems und ihre Unterverzeichnisse abgebildet werden, die auf einen regulären Ausdruck passen.
Syntax:	`<DirectoryMatch regex> ... </DirectoryMatch>`
Kontext:	server config, virtual host

`<DirectoryMatch>` und `</DirectoryMatch>` werden dazu verwendet, eine Gruppe von Direktiven zusammenzufassen, die nur für das genannte Verzeichnis und dessen Unterverzeichnisse gelten, genauso wie bei `<Directory>`. Als Argument dient jedoch ein regulärer Ausdruck. Beispielsweise würde

```
<DirectoryMatch "^/www/.*/[0-9]{3}">
```

auf Verzeichnisse in `/www/` passen, die aus drei Zeichen bestehen.

Siehe auch: »*<Directory>*«, *Seite 344* für eine Beschreibung, wie reguläre Ausdrücke mit normalen `<Directory>`-Anweisungen vermischt werden, eine Erläuterung, wie diese verschiedenen Abschnitte miteinander kombiniert werden, wenn eine Anfrage empfangen wird, finden Sie *im Abschnitt 2.5* »*Konfigurationsabschnitte*«

DocumentRoot

Beschreibung:	Das Verzeichnis, das den Haupt-Dokumentenbaum bildet, der im Web sichtbar ist.
Syntax:	DocumentRoot Verzeichnis
Default:	DocumentRoot /usr/local/apache/htdocs
Kontext:	server config, virtual host

Die Direktive setzt das Verzeichnis, von dem aus httpd Dateien ausliefert. Sofern nicht eine Direktive wie Alias greift, hängt der Server Pfade aus der angeforderten URL an das Wurzelverzeichnis an, um den Pfad zum Dokument zu bilden.

Beispiel:

```
DocumentRoot /usr/web
```

Damit bezieht sich ein Zugriff auf http://www.my.host.com/index.html auf /usr/web/index.html. Wenn das Verzeichnis nicht absolut angegeben ist, wird es relativ zu ServerRoot betrachtet.

DocumentRoot sollte ohne einen Schrägstrich am Ende angegeben werden.

Siehe auch: *2.8 »URLs dem Dateisystem zuordnen«*

EnableMMAP

Beschreibung:	Verwendet Memory-Mapping, um Dateien während der Auslieferung zu lesen.
Syntax:	EnableMMAP On | Off
Default:	EnableMMAP On
Kontext:	server config, virtual host, directory, .htaccess
Override:	FileInfo

Die Direktive steuert, ob httpd Memory-Mapping verwenden darf, wenn während der Auslieferung der Inhalt einer Datei gelesen werden muss. Wenn die Bearbeitung einer Anfrage es erfordert, auf die Daten in einer Datei zuzugreifen – zum Beispiel bei der Auslieferung einer mittels mod_include serverseitig analysierten Datei -, dann verwendet der Apache standardmäßig Memory-Mapping für diese Datei, sofern das Betriebssystem dies unterstützt.

Memory-Mapping bedeutet zuweilen eine Leistungssteigerung. In einigen Umgebungen ist es jedoch besser, Memory-Mapping zu deaktivieren, um Problemen während des Betriebs vorzubeugen:

- Bei einigen Multiprozessorsystemen kann Memory-Mapping die Performance von httpd reduzieren.

- Bei einer über NFS eingebundenen DocumentRoot kann httpd mit einem Segmentierungsfehler (einem so genannten »segmentation fault«) abstürzen, wenn eine Datei gelöscht oder gekürzt wird, während httpd sie im Speicher abbildet.

Bei Serverkonfigurationen, die für dieses Problem anfällig sind, sollten Sie das Memory-Mapping für auszuliefernde Dateien deaktivieren:

```
EnableMMAP Off
```

Bei über NFS eingebundenen Dateien kann diese Funktion explizit für die störenden Dateien deaktiviert werden, indem Sie angeben:

```
<Directory "/pfad-zu-den-nfs-dateien">
EnableMMAP Off
</Directory>
```

EnableSendfile

Beschreibung:	Verwendet die `sendfile`-Unterstützung des Kernels, um Dateien an den Client auszuliefern.
Syntax:	`EnableSendfile On	Off`
Default:	`EnableSendfile On`
Kontext:	server config, virtual host, directory, `.htaccess`
Override:	`FileInfo`
Kompatibilität:	Verfügbar ab Apache-Version 2.0.44

Die Direktive steuert, ob `httpd` die `sendfile`-Unterstützung des Kernels verwenden kann, um Dateiinhalte an den Client zu übermitteln. Wenn die Bearbeitung einer Anfrage keinen Zugriff auf die Daten in der Datei erfordert (zum Beispiel bei der Auslieferung einer statischen Datei) und das Betriebssystem es unterstützt, verwendet der Apache standardmäßig `sendfile`, um den Dateiinhalt zu übertragen, ohne die Datei jemals zu lesen.

Der `sendfile`-Mechanismus vermeidet getrennte Lese- und Sendeoperationen sowie Pufferzuweisungen. Bei einigen Plattformen bzw. Dateisystemen deaktivieren Sie diese Funktion jedoch besser, um Probleme während des Betriebs zu vermeiden:

- Einige Plattformen besitzen u.U. eine fehlerhafte `sendfile`-Unterstützung, die das Erstellungssystem nicht erkennt, insbesondere wenn die Binärdateien auf einem anderen Rechner erstellt und auf eine solche Maschine mit fehlerhafter `sendfile`-Unterstützung übertragen wurden.
- Bei einer über das Netzwerk eingebundenen `DocumentRoot` (z.B. NFS oder SMB) ist der Kernel möglicherweise nicht in der Lage, die Netzwerkdatei über seinen eigenen Cache zu bedienen.

Bei Serverkonfigurationen, die für dieses Problem anfällig sind, sollten Sie diese Funktion deaktivieren:

```
EnableSendfile Off
```

Bei über NFS oder SMB eingebundenen Dateien kann diese Funktion explizit für die störenden Dateien deaktiviert werden, indem Sie angeben:

```
<Directory "/pfad-zu-den-nfs-dateien">
EnableSendfile Off
</Directory>
```

ErrorDocument

Beschreibung:	Das, was der Server im Fehlerfall an den Client zurückgibt.
Syntax:	`ErrorDocument Fehlercode Dokument`
Kontext:	server config, virtual host, directory, .htaccess
Override:	`FileInfo`
Kompatibilität:	Die Syntax der Anführungszeichen bei Textnachrichten hat sich im Apache 2.0 geändert.

Im Falle eines Problems oder Fehlers kann der Apache konfiguriert werden, eine der vier Aktionen auszuführen:

1. Ausgabe einer einfachen, fest codierten Fehlermeldung
2. Ausgabe einer angepassten Meldung
3. Umleitung zu einem lokalen `URL-Pfad`, der das Problem bzw. den Fehler behandelt
4. Umleitung zu einer externen `URL`, die das Problem bzw. den Fehler behandelt

Die erste Option entspricht der Voreinstellung, während die Optionen 2 bis 4 über die Direktive `ErrorDocument` eingestellt werden, der der HTTP-Statuscode und eine URL oder Nachricht folgen. Abhängig vom Problem bzw. Fehler bietet der Apache manchmal zusätzliche Informationen an.

URLs können bei lokalen Adressen mit einem Schrägstrich (/) beginnen oder eine komplette URL bilden, die der Client auflösen kann. Alternativ kann eine Nachricht für die Anzeige im Browser angeboten werden. Beispiel:

```
ErrorDocument 500 http://foo.example.com/cgi-bin/tester
ErrorDocument 404 /cgi-bin/falsche_urls.pl
ErrorDocument 401 /info_zur_anmeldung.html
ErrorDocument 403 "Der Zugriff ist nicht erlaubt."
```

Wenn Sie eine `ErrorDocument`-Anweisung angeben, die auf eine entfernte URL weist (d.h. irgendetwas mit der Methode http davor), beachten Sie bitte, dass der Apache eine Umleitung zum Client sendet, um diesem mitzuteilen, wo das Dokument zu finden ist, auch wenn das Dokument letztlich wieder zum gleichen Server führt. Das hat mehrere Auswirkungen. Die wichtigste ist, dass der Client nicht den Original-Statuscode erhält, sondern stattdessen einen Umleitungs-Statuscode. Dies wiederum kann Web-Robots und andere Clients verwirren, die den Statuscode dazu verwenden, herauszufinden, ob eine URL gültig ist. Wenn Sie eine entfernte URL in einer Anweisung `ErrorDocument` 401 verwenden, wird der Client darüber hinaus nicht wissen, dass er den Benutzer zur Eingabe eines Passwortes auffordern muss, da er den Statuscode 401 nicht erhält. *Deshalb müssen Sie sich auf ein lokales Dokument beziehen, wenn Sie eine Anweisung `ErrorDocument` 401 verwenden.*

Der Microsoft Internet Explorer (MSIE) ignoriert standardmäßig serverseitig generierte Fehlermeldungen, wenn sie »zu kurz« sind und ersetzt sie durch eigene »freundliche« Fehlermeldungen. Die Größe variiert abhängig von der Art des Fehlers, im Allgemeinen zeigt der MSIE jedoch den serverseitig generierten Fehler, anstatt ihn zu verstecken, wenn Ihr Fehlerdokument größer als 512 Bytes ist. Weitere Informationen sind in der Microsoft Knowledgebase verfügbar (`http://support.microsoft.com/default.aspx?scid=kb;en-us;Q294807`).

In Versionen vor 2.0 wurden Meldungen durch ein einzelnes vorangestelltes Anführungszeichen (") erkannt.

Siehe auch: *2.12 »Individuelle Fehlermeldungen«*

ErrorLog

Beschreibung:	Die Datei, in der der Server Fehler protokolliert
Syntax:	ErrorLog Dateiname | syslog[:facility]
Default:	ErrorLog logs/error_log (UNIX) ErrorLog logs/error.log (Windows und OS/2)
Kontext:	server config, virtual host

Die Direktive `ErrorLog` bestimmt den Namen der Datei, in der der Server alle auftretenden Fehler protokolliert. Handelt es sich nicht um einen absoluten `Dateinamen`, wird er relativ zur `ServerRoot` interpretiert.

Beispiel

```
ErrorLog /var/log/httpd/error_log
```

Wenn der `Dateiname` mit einem senkrechten Strich (|, engl.: Pipe) beginnt, wird angenommen, dass es sich um einen Befehl handelt, der ausgeführt wird, um das Fehlerprotokoll zu verarbeiten.

Beispiel

```
ErrorLog "|/usr/local/bin/httpd_errors"
```

Die Verwendung von `syslog` anstelle eines Dateinamens aktiviert die Protokollierung mittels `syslogd(8)`, sofern das System es unterstützt. Als Voreinstellung wird der `syslog`-Typ (syslog facility) `local7` verwendet, Sie können dies jedoch auch überschreiben, indem Sie die Syntax `syslog:facility` verwenden, wobei `facility` einer der Namen sein kann, die üblicherweise in `syslog(1)` dokumentiert sind.

Beispiel

```
ErrorLog syslog:user
```

Sicherheitshinweise

Im *Abschnitt 2.9 »Sicherheitshinweise«* finden Sie Einzelheiten dazu, warum Ihre Sicherheit gefährdet sein kann, wenn das Verzeichnis, in dem die Log-Dateien gespeichert werden, für jemand anderen, als den Benutzer, der den Server gestartet hat, mit Schreibrechten versehen ist.

Warnung

Bei der Eingabe eines Dateipfads auf Nicht-UNIX-Plattformen sollte darauf geachtet werden, nur (Vorwärts-)Schrägstriche zu verwenden, auch wenn die Plattform rückwärts gerichtete Schrägstriche (Backslashes) erlaubt. Im Allgemeinen ist es sinnvoll, innerhalb der Konfigurationsdateien immer Vorwärts-Schrägstriche zu verwenden.

Siehe auch: *»LogLevel«, Seite 363, 2.7 »Log-Dateien«*

FileETag

Beschreibung:	Dateiattribute, die zur Erstellung des HTTP-Response-Headers ETag verwendet werden.
Syntax:	`FileETag Komponente ...`
Default:	`FileETag INode MTime Size`
Kontext:	server config, virtual host, directory, `.htaccess`
Override:	`FileInfo`

Wenn dem Dokument eine Datei zugrunde liegt, bestimmt die Direktive `FileETag` die Dateiattribute, die zur Erstellung des HTTP-Response-Headers `ETag` (Entity-Tag) verwendet werden. (Der Wert von `ETag` wird bei der Cache-Verwaltung zur Einsparung von Netzwerk-Bandbreite benutzt.) Im Apache 1.3.22 und früher wurde der `ETag`-Wert *stets* aus der I-Node, der Größe und dem Datum der letzten Änderung (`mtime`) der Datei gebildet. Die Direktive `FileETag` erlaubt es Ihnen, zu bestimmen, welche dieser Eigenschaften (falls überhaupt) verwendet werden sollen. Die gültigen Schlüsselwörter lauten:

INode

Die I-Node-Nummer wird in die Berechnung mit einbezogen.

MTime

Datum und Uhrzeit der letzten Änderung werden mit einbezogen.

Size

Die Anzahl der Bytes in der Datei wird mit einbezogen.

All

Alle verfügbaren Angaben werden verwendet. Die ist gleichbedeutend mit:

```
FileETag INode MTime Size
```

None

Es wird keine `ETag`-Angabe in die Antwort eingefügt, wenn dem Dokument eine Datei zugrunde liegt.

Den Schlüsselwörtern `INode`, `MTime` und `Size` kann entweder ein + oder ein - vorangestellt werden, was die Änderung einer Vorgabe erlaubt, die von einem größeren Umfeld geerbt wurde. Jedes Schlüsselwort ohne ein solches Präfix hebt die ererbte Einstellung sofort und vollständig auf.

Wenn die Konfiguration für ein Verzeichnis `FileETag INode MTime Size` enthält und die eines Unterverzeichnisses `FileETag -INode`, dann ist die Einstellung für das Unterverzeichnis (die an jedes Unter-Unterverzeichnis weitervererbt wird, das dies nicht überschreibt) äquivalent mit `FileETag MTime Size`.

\<Files>

Beschreibung:	Enthält Direktiven, die sich nur auf passende Dateinamen beziehen.
Syntax:	\<Files Dateiname> ... \</Files>
Kontext:	server config, virtual host, directory, .htaccess
Override:	All

Die Direktive `<Files>` begrenzt die Reichweite der enthaltenen Anweisungen auf Dateinamen. Sie ist vergleichbar mit den Direktiven `<Directory>` und `<Location>`. Sie muss eine passende `</Files>`-Anweisung besitzen. Die innerhalb dieses Abschnittes angegebenen Direktiven werden auf jedes Objekt mit einem Basisnamen (letzte Komponente des Dateinamens) angewendet, der auf die angegebenen Dateinamen passt. `<Files>`-Container werden, nachdem die `<Directory>`-Container und .htaccess-Dateien gelesen sind, jedoch vor den `<Location>`-Containern, in der Reihenfolge ihres Auftretens ausgeführt. Beachten Sie, dass `<Files>`-Anweisungen innerhalb von `<Directory>`-Containern auftreten können, um den Teil des Dateisystems einzuschränken, den sie betreffen.

Das Argument `Dateiname` kann einen Dateinamen oder eine Zeichenkette mit Platzhaltern enthalten, wobei ? auf ein einzelnes Zeichen passt und * auf eine beliebige Folge von Zeichen. Erweiterte reguläre Ausdrücke können ebenfalls verwendet werden, indem das Zeichen ~ hinzugefügt wird. Beispielsweise würde

```
<Files ~ "\.(gif|jpe?g|png)$">
```

auf die gebräuchlichsten Grafikformate im Internet passen. `<FilesMatch>` wird jedoch bevorzugt.

Beachten Sie bitte, dass die `Files`-Container anders als `<Directory>`- und `<Location>`-Container innerhalb von .htaccess-Dateien verwendet werden können. Dies erlaubt den Anwendern auf Dateiebene die Kontrolle über ihre eigenen Dateien.

Siehe auch: Im *Abschnitt 2.5 »Konfigurationsabschnitte«* wird beschrieben, wie diese verschiedenen Abschnitte miteinander kombiniert werden, wenn eine Anfrage empfangen wird.

\<FilesMatch>

Beschreibung:	Enthält Direktiven, die für Dateinamen gelten, die auf einen regulären Ausdruck passen.
Syntax:	\<FilesMatch regex> ... \</FilesMatch>
Kontext:	server config, virtual host, directory, .htaccess
Override:	All

Die Direktive `<FilesMatch>` begrenzt wie die Direktive `<Files>` die enthaltenen Anweisungen auf Dateinamen. Sie akzeptiert jedoch reguläre Ausdrücke. Beispielsweise würde

```
<FilesMatch "\.(gif|jpe?g|png)$">
```

auf die gebräuchlichsten Grafikformate im Internet passen.

Siehe auch: Im *Abschnitt 2.5 »Konfigurationsabschnitte«* wird beschrieben, wie diese verschiedenen Abschnitte miteinander kombiniert werden, wenn eine Anfrage empfangen wird.

ForceType

Beschreibung:	Erzwingt die Auslieferung aller passenden Dateien mit dem angegebenen MIME-Content-Type.
Syntax:	`ForceType MIME-Typ	None`
Kontext:	directory, .htaccess
Override:	`FileInfo`
Kompatibilität:	Wurde im Apache 2.0 in den Core verschoben

Wenn sie innerhalb einer .htaccess-Datei, eines `<Directory>`-, `<Location>`- oder `<Files>`-Containers angegeben wird, erzwingt die Direktive die Auslieferung aller entsprechenden Dateien mit dem Content-Type, der durch den `MIME-Typ` definiert wurde. Wenn Sie zum Beispiel ein Verzeichnis voller GIF-Dateien haben, die Sie nicht alle durch .gif kennzeichnen wollen, können Sie angeben:

```
ForceType image/gif
```

Beachten Sie bitte, dass die Direktive anders als `DefaultType` alle MIME-Typ-Zuordnungen überschreibt, einschließlich Dateiendungen, die einen Medientyp bezeichnen könnten.

Sie können jede `ForceType`-Angabe durch die Verwendung des Wertes `None` überschreiben:

```
# Erzwinge image/gif für alle Dateien:
<Location /images>
   ForceType image/gif
</Location>

# Hier jedoch normale MIME-Typ-Zuordnungen:
<Location /images/mixed>
   ForceType None
</Location>
```

HostnameLookups

Beschreibung:	Aktiviert DNS-Lookups auf Client-IP-Adressen.
Syntax:	`HostnameLookups On	Off	Double`
Default:	HostnameLookups Off
Kontext:	server config, virtual host, directory

Diese Direktive aktiviert die DNS-Abfrage (ein so genannter DNS-Lookup), so dass Hostnamen protokolliert (und in `REMOTE_HOST` an CGIs/SSIs übergeben) werden können. Der Wert `Double` bezieht sich auf ein Double-Reverse-DNS-Lookup. Das heißt, nachdem ein Reverse-Lookup durchgeführt wurde, wird dann auf dem Ergebnis ein Forward-Lookup ausgeführt. Wenigstens eine der IP-Adressen aus dem Forward-Lookup muss der Originaladresse entsprechen. (In der »tcpwrappers«-Terminologie wird dies `PARANOID` genannt.)

Unabhängig von der Einstellung wird ein Double-Reverse-Lookup durchgeführt, wenn `mod_authz_host` zur Zugriffskontrolle per Hostnamen eingesetzt wird. Dies ist aus Sicherheitsgründen notwendig. Beachten Sie, dass das Ergebnis dieses Double-Reverse-Lookups nicht generell verfügbar ist, solange Sie nicht `HostnameLookups Double` setzen. Wenn beispielsweise nur `HostnameLookups On` angegeben ist und eine Anfrage für ein Objekt erfolgt, das durch Hostnamen-Beschränkungen geschützt ist, dann wird CGIs nur das Ergebnis des Single-Reverse-Lookups in `REMOTE_HOST` übergeben, egal ob das Double-Reverse-Lookup fehlschlug oder nicht.

Die Voreinstellung ist `Off`, um Netzwerktraffic bei den Angeboten einzusparen, die nicht tatsächlich Reverse-Lookups benötigen. Es ist auch für die Endanwender besser, da sie nicht die zusätzliche Wartezeit ertragen müssen, die ein Lookup mit sich bringt. Hoch frequentierte Angebote sollten diese Direktive auf `Off` lassen. Das Hilfsprogramm `logresolve`, das standardmäßig in das Unterverzeichnis `bin` Ihres Installationsverzeichnisses kompiliert wird, kann dazu verwendet werden, um offline Hostnamen zu protokollierten IP-Adressen nachzuschlagen.

IdentityCheck

Beschreibung:	Ermöglicht die Protokollierung der Identität des entfernten Anwenders nach RFC1413
Syntax:	IdentityCheck On/Off
Default:	IdentityCheck Off
Kontext:	server config, virtual host, directory

Die Directive ermöglicht die RFC1413-konforme Protokollierung des entfernten Benutzernamens für jede Verbindung, bei der auf der Client-Maschine `identd` oder etwas ähnliches läuft. Die Information wird im Zugriffsprotokoll festgehalten.

Der Information sollte außer für eine rudimentäre Benutzerverfolgung nicht vertraut werden.

Beachten Sie bitte, dass dies beträchtliche Zeitprobleme beim Zugriff auf Ihren Server verursachen kann, da für jede Anfrage eine solche Rückfrage durchgeführt werden muss. Wenn Firewalls beteiligt sind, kann unter Umständen jede Rückfrage fehlschlagen und weitere 30 Sekunden Wartezeit zu jedem Hit zufügen. Daher ist dies im Allgemeinen bei öffentlichen Servern, die im Internet erreichbar sind, nicht besonders sinnvoll.

IfDefine

Beschreibung:	Schließt Direktiven ein, die nur ausgeführt werden, wenn eine Testbedingung beim Start wahr ist.
Syntax:	<IfDefine [!]Parametername> ... </IfDefine>
Kontext:	server config, virtual host, directory, .htaccess
Override:	All

Der Container `<IfDefine Test>...</IfDefine>` wird dazu verwendet, Direktiven als bedingt zu kennzeichnen. Die Direktiven innerhalb eines `<IfDefine>`-Abschnittes werden nur ausgeführt, wenn `Test` wahr ist. Ist `Test` falsch, wird alles zwischen der Start- und Endmarkierung ignoriert.

In der `<IfDefine>`-Anweisung kann `Test` eine von zwei Formen annehmen:

- Parametername
- !Parametername

Im ersten Fall werden die Direktiven zwischen der Start- und Endmarkierung nur ausgeführt, wenn der Parameter namens `Parametername` definiert ist. Die zweite Form kehrt den Test um und führt die Direktiven nur dann aus, wenn `Parametername` *nicht* definiert ist.

Das Argument `Parametername` ist ein so genanntes »Define«, das beim Start des Servers in der `httpd`-Befehlszeile durch `-DParameter` angegeben wird.

`<IfDefine>`-Container können ineinander verschachtelt werden, um einfache Multi-Parameter-Tests zu implementieren. Beispiel:

```
httpd -DReverseProxy ...
# httpd.conf
<IfDefine ReverseProxy>
LoadModule rewrite_module modules/mod_rewrite.so
LoadModule proxy_module modules/libproxy.so
</IfDefine>
```

<IfModule>

Beschreibung:	Schließt Direktiven ein, die abhängig vom Vorhandensein oder Fehlen eines speziellen Moduls ausgeführt werden.
Syntax:	`<IfModule [!]Modulname> ... </IfModule>`
Kontext:	server config, virtual host, directory, `.htaccess`
Override:	All

Der Container `<IfModule Test>...</IfModule>` wird dazu verwendet, Direktiven als abhängig von dem Vorhandensein eines speziellen Moduls zu kennzeichnen. Die Direktiven innerhalb eines `<IfModule>`-Abschnitts werden nur ausgeführt, wenn `Test` wahr ist. Ist `Test` falsch, wird alles zwischen der Start- und Endmarkierung ignoriert.

In der `<IfModule>`-Anweisung kann `Test` eine von zwei Formen annehmen:

- `Modulname`
- `Modulname`

Im ersten Fall werden die Direktiven zwischen der Start- und Endmarkierung nur ausgeführt, wenn das Modul namens `Modulname` im Apache enthalten ist (entweder einkompiliert oder mittels `LoadModule` dynamisch geladen). Die zweite Form dreht den Test um und führt die Direktiven nur aus, wenn `Modulname` *nicht* enthalten ist.

Das Argument `Modulname` ist der Dateiname des Moduls zum Zeitpunkt seiner Kompilierung, z.B. `mod_rewrite.c`. Wenn ein Modul aus mehreren Quelldateien besteht, verwenden Sie den Namen der Datei, die die Zeichenfolge `STANDARD20_MODULE_STUFF` enthält.

`<IfModule>`-Container können ineinander verschachtelt werden, um einfache Multi-Modul-Tests durchzuführen.

Dieser Container sollte verwendet werden, wenn Sie eine Konfigurationsdatei benötigen, die unabhängig davon funktioniert, ob ein bestimmtes Modul verfügbar ist oder nicht. Normalerweise ist es nicht notwendig, Direktiven in `<IfModule>`-Containern unterzubringen.

Include

Beschreibung:	Fügt andere Konfigurationsdateien innerhalb der Server-Konfigurationsdatei ein.
Syntax:	`Include Dateiname	Verzeichnis`
Kontext:	server config, virtual host, directory
Kompatibilität:	Die Platzhalter-Suche ist verfügbar seit 2.0.41.

Die Direktive erlaubt das Einfügen anderer Konfigurationsdateien in die Konfigurationsdatei des Servers.

Shell-typische (fnmatch()) Platzhalterzeichen können dazu verwendet werden, mehrere Dateien auf einmal in alphabetischer Reihenfolge einzufügen. Wenn Include darüber hinaus auf ein Verzeichnis anstatt auf eine Datei zeigt, liest der Apache alle Dateien aus diesem Verzeichnis und aus allen Unterverzeichnissen ein. Das Einfügen ganzer Verzeichnisse ist jedoch nicht empfehlenswert, da temporäre Dateien sehr leicht versehentlich in einem Verzeichnis zurückgelassen werden, was httpd scheitern lassen kann.

Der angegebene Dateiname kann ein absoluter Pfad sein oder relativ zum ServerRoot-Verzeichnis angegeben werden.

Beispiele

```
Include /usr/local/apache2/conf/ssl.conf
Include /usr/local/apache2/conf/vhosts/*.conf
```

Oder Sie geben Pfade relativ zu Ihrem ServerRoot-Verzeichnis an:

```
Include conf/ssl.conf
Include conf/vhosts/*.conf
```

Der Aufruf von apachectl configtest liefert eine Liste der Dateien, die während des Konfigurations-Tests verarbeitet werden:

```
root@host# apachectl configtest
Processing config file: /usr/local/apache2/conf/ssl.conf
Processing config file: /usr/local/apache2/conf/vhosts/vhost1.conf
Processing config file: /usr/local/apache2/conf/vhosts/vhost2.conf
Syntax OK
```

Siehe auch: *7.4 »apachectl – Das Apache HTTP Server Control Interface«*

KeepAlive

Beschreibung:	Aktiviert persistente HTTP-Verbindungen.
Syntax:	KeepAlive On | Off
Default:	KeepAlive On
Kontext:	server config, virtual host

Die KeepAlive-Erweiterung von HTTP/1.0 und die HTTP/1.1-Funktionalität persistenter Verbindungen unterstützt langlebige HTTP-Sitzungen, die es erlauben, mehrere Anfragen über die gleiche TCP-Verbindung zu senden. In einigen Fällen wurde eine Beschleunigung der Wartezeiten von beinahe 50% für HTML-Dokumente mit vielen Bildern festgestellt. Um KeepAlive-Verbindungen zu aktivieren, setzen Sie KeepAlive On.

Bei HTTP/1.0-Clients werden KeepAlive-Verbindungen nur dann verwendet, wenn sie vom Client eigens angefordert werden. Des Weiteren können KeepAlive-Verbindungen bei einem HTTP/1.0-Client nur dann verwendet werden, wenn die Länge des Inhalts im Voraus bekannt ist. Dies impliziert, dass dynamische Inhalte wie CGI-Ausgaben, SSI-Seiten und servergenerierte Verzeichnisauflistungen im Allgemeinen keine KeepAlive-Verbindungen mit HTTP/1.0-Clients verwenden. Bei HTTP/1.1-Clients sind KeepAlive-Verbindungen Voreinstellung, solange nichts anderes angegeben ist. Wenn der Client es anfordert, wird Chunked-Encoding verwendet, um Inhalte mit unbekannter Länge über persistente Verbindungen zu senden.

Siehe auch: »*MaxKeepAliveRequests*«, *Seite 364*

KeepAliveTimeout

Beschreibung:	Die Zeitspanne, die der Server während persistenter Verbindungen auf nachfolgende Anfragen wartet.
Syntax:	KeepAliveTimeout Sekunden
Default:	KeepAliveTimeout 15
Kontext:	server config, virtual host

Dies legt die Anzahl der Sekunden fest, die der Apache auf weitere Anfragen wartet, bevor er die Verbindung schließt. Nachdem einmal eine Anfrage entgegengenommen wurde, wird die durch die Direktive Timeout festgelegte Auszeit angewendet.

Auf stark belasteten Servern kann ein hoher KeepAliveTimeout-Wert zu Durchsatzminderungen führen. Je höher die Auszeit angegeben ist, desto länger ist der Apache damit beschäftigt, auf untätige Clients zu warten.

<Limit>

Beschreibung:	Beschränkt die eingeschlossenen Zugriffskontrollen auf bestimmte HTTP-Methoden.
Syntax:	<Limit Methode [Methode] ... > ... </Limit>
Kontext:	server config, virtual host, directory, .htaccess
Override:	All

Zugriffskontrollen gelten normalerweise für *alle* Zugriffsmethoden, was normalerweise auch das gewünschte Verhalten ist. *Im Allgemeinen sollten Zugriffskontrollen nicht in einen <Limit>-Container gepackt werden.*

Der Sinn der Direktive <Limit> ist es, den Effekt der Zugriffskontrollen auf die angegebenen HTTP-Methoden zu beschränken. Bei allen anderen Methoden haben die in der <Limit>-Gruppe enthaltenen Zugriffsbeschränkungen *keine Wirkung*. Im folgenden Beispiel gilt die Zugriffskontrolle nur für die Methoden POST, PUT und DELETE. Alle anderen Methoden bleiben ungeschützt:

```
<Limit POST PUT DELETE>
Require valid-user
</Limit>
```

Sie können eine oder mehrere der folgenden Methoden angeben: GET, POST, PUT, DELETE, CONNECT, OPTIONS, PATCH, PROPFIND, PROPPATCH, MKCOL, COPY, MOVE, LOCK und UNLOCK. *Die Methodennamen unterscheiden zwischen Groß- und Kleinschreibung.* Wenn GET verwendet wird, sind HEAD-Anfragen ebenfalls eingeschränkt. Die TRACE-Methode kann nicht limitiert werden.

<LimitExcept>

Beschreibung:	Beschränkt Zugriffskontrollen auf alle HTTP-Methoden außer den genannten.
Syntax:	`<LimitExcept Methode [Methode] ... > ...` `</LimitExcept>`
Kontext:	server config, virtual host, directory, `.htaccess`
Override:	All

`<LimitExcept>` und `</LimitExcept>` werden dazu verwendet, eine Gruppe von Anweisungen zur Zugriffskontrolle zusammenzufassen, die dann auf jede HTTP-Methode angewendet werden, die *nicht* als Argument angegeben ist. Das heißt, dies ist das Gegenteil des `<Limit>`-Containers und kann zur Steuerung von standardmäßigen und nicht standardmäßigen (unbekannten) Methoden verwendet werden.

Beispiel

```
<LimitExcept POST GET>
Require valid-user
</LimitExcept>
```

LimitInternalRecursion

Beschreibung:	Bestimmt die maximale Anzahl interner Umleitungen und verschachtelter Unteranfragen.
Syntax:	`LimitInternalRecursion Zahl [Zahl]`
Default:	LimitInternalRecursion 10
Kontext:	server config, virtual host
Kompatibilität:	Verfügbar ab Apache 2.0.47

Eine interne Umleitung erfolgt beispielsweise, wenn die Direktive `Action` verwendet wird, die die Originalanfrage intern zu einem CGI-Skript weiterleitet. Eine Unteranfrage (*engl. Subrequest*) ist ein Mechanismus, mit dem der Apache herausfindet, was bei einer URI geschehen würde, wäre sie angefordert worden. `mod_dir` z.B. verwendet Unteranfragen, um nach den Dateien zu suchen, die in der `DirectoryIndex`-Anweisung aufgeführt sind.

`LimitInternalRecursion` bewahrt den Server vor einem Absturz, wenn er in eine Endlosschleife aus internen Umleitungen oder Unteranfragen hineinläuft. Derartige Schleifen werden gewöhnlich durch Fehlkonfiguration verursacht.

Die Direktive setzt zwei verschiedene Begrenzungen, die je Anfrage ausgewertet werden. Die erste `Zahl` bestimmt die maximale Anzahl der Umleitungen, die aufeinander folgen dürfen. Die zweite `Zahl` legt fest, wie tief Unteranfragen ineinander verschachtelt werden dürfen. Wenn Sie lediglich eine `Zahl` angeben, wird sie beiden Begrenzungen zugewiesen.

Beispiel

```
LimitInternalRecursion 5
```

LimitRequestBody

Beschreibung:	Begrenzt die Gesamtgröße des vom Client gesendeten HTTP-Request-Body.
Syntax:	`LimitRequestBody Bytes`
Default:	`LimitRequestBody 0`
Kontext:	server config, virtual host, directory, .htaccess
Override:	All

Die Direktive gibt die Anzahl der `Bytes` zwischen 0 (unbegrenzt) und 2.147.483.647 (2 GByte) an, die im Request-Body (Datenteil der Anfrage) erlaubt sind. Die Voreinstellung wird durch die Konstante `DEFAULT_LIMIT_REQUEST_BODY` (0 bei der Auslieferung) zur Kompilierungszeit gesetzt.

Die Direktive `LimitRequestBody` erlaubt es dem Benutzer, die Größe des HTTP-Request-Bodys in dem Kontext zu begrenzen, in dem die Anweisung angegeben ist (Server, pro Verzeichnis, pro Datei oder pro Adresse). Wenn die Anfrage des Clients dieses Limit überschreitet, gibt der Server einen Fehler zurück anstatt die Anfrage zu bearbeiten. Die Größe des Datenteils einer Anfrage kann sehr stark variieren, abhängig von der Art der Ressource und den für diese Ressource erlaubten Methoden. CGI-Skripte verwenden den Datenteil üblicherweise zum Empfang von Formulardaten. Wird die `PUT`-Methode angewendet, dann muss der Wert mindestens so groß sein wie irgendeine Darstellungsform, die der Server für diese Ressource akzeptieren soll.

Die Direktive gibt dem Serveradministrator eine größere Kontrolle gegenüber abnormalem Verhalten von Clients, was bei der Vermeidung einiger Formen von Denial-of-Service-Attacken hilfreich sein kann.

Wenn Sie beispielsweise das Hochladen von Dateien zu einer bestimmten Adresse erlauben, aber die Größe der hochgeladenen Dateien auf 100 KByte beschränken wollen, können Sie die folgende Anweisung verwenden:

```
LimitRequestBody 102400
```

LimitRequestFields

Beschreibung:	Begrenzt die Anzahl der HTTP-Request-Header, die vom Client entgegengenommen werden.
Syntax:	`LimitRequestFields Anzahl`
Default:	`LimitRequestFields 100`
Kontext:	server config

`Anzahl` ist ein Integer-Wert (eine positive ganze Zahl) zwischen 0 (unbegrenzt) und 32767. Die Voreinstellung wird durch die Konstanten `DEFAULT_LIMIT_REQUEST_FIELDS` (100 bei der Auslieferung) zur Kompilierungszeit gesetzt.

Die Direktive `LimitRequestFields` erlaubt es dem Serveradministrator, die maximale Anzahl der in einem HTTP-Request erlaubten HTTP-Request-Header zu verändern. Für den Server muss dieser Wert größer sein als die Anzahl der Header-Zeilen, die ein normaler Client senden könnte. Die Anzahl der Request-Header, die ein gewöhnlicher Client verwendet, überschreitet selten 20 Zeilen. Allerdings kann dies zwischen den verschiedenen Client-Ausführungen variieren, was oft abhängig vom Ausmaß ist, mit dem der Anwender die genaue Content-Negotiation-Unterstützung seines Browsers konfiguriert hat. Optionale HTTP-Erweiterungen äußern sich oft in Form von HTTP-Headern.

Die Direktive gibt dem Serveradministrator eine größere Kontrolle gegenüber abnormalem Verhalten von Clients, was bei der Vermeidung einiger Formen von Denial-of-Service-Attacken hilfreich sein kann. Der Wert sollte erhöht werden, wenn normale Clients eine Fehlermeldung vom Server erhalten, die besagt, dass mit der Anfrage zu viele Header-Zeilen gesendet wurden.

Beispiel

```
LimitRequestFields 50
```

LimitRequestFieldSize

Beschreibung:	Begrenzt die Länge des vom Client gesendeten HTTP-Request-Headers.
Syntax:	LimitRequestFieldSize Bytes
Default:	LimitRequestFieldSize 8190
Kontext:	server config

Die Direktive gibt die Anzahl der Bytes zwischen 0 und dem Wert der zur Kompilierungszeit definierten Konstante DEFAULT_LIMIT_REQUEST_FIELDSIZE (8190 bei der Auslieferung) an, die in einem HTTP-Header erlaubt sind.

Die Direktive LimitRequestFieldSize erlaubt es dem Serveradministrator, die maximale Größe eines HTTP-Request-Headers auf einen Wert unterhalb der normalen, in den Server kompilierten Größe des Eingabepuffers zu verringern. Für den Server muss der Wert groß genug sein, um eine beliebige Header-Zeile einer normalen Client-Anfrage vorzuhalten. Die Größe variiert stark zwischen den verschiedenen Client-Ausführungen, was oft abhängig vom Ausmaß ist, mit dem der Anwender die genaue Content-Negotiation-Unterstützung seines Browsers konfiguriert hat.

Die Direktive gibt dem Serveradministrator eine größere Kontrolle gegenüber abnormalem Verhalten von Clients, was bei der Vermeidung einiger Formen von Denial-of-Service-Attacken hilfreich sein kann.

Beispiel

```
LimitRequestFieldSize 4094
```

> **Hinweis**
> Unter normalen Umständen sollte die Voreinstellung nicht verändert werden.

LimitRequestLine

Beschreibung:	Begrenzt die Länge der vom Client entgegengenommenen HTTP-Anfragezeile.
Syntax:	LimitRequestLine Bytes
Default:	LimitRequestLine 8190
Kontext:	server config

Die Direktive legt die Anzahl der `Bytes` zwischen 0 und dem Wert der zur Kompilierungszeit definierten Konstante `DEFAULT_LIMIT_REQUEST_LINE` (8190 bei der Auslieferung) fest, die in der HTTP-Anfragezeile erlaubt sind.

Die Direktive `LimitRequestLine` erlaubt es dem Serveradministrator, die maximale Größe der HTTP-Anfragezeile auf einen Wert unterhalb der normalen, in den Server kompilierten Größe des Eingabepuffers zu verringern. Da die Anfragezeile aus der HTTP-Methode, dem URI und der Protokollversion besteht, bedeutet die `LimitRequestLine`-Direktive eine Beschränkung der Länge des für eine Anfrage an den Server erlaubten Anfrage-URI. Für den Server muss der Wert groß genug sein, um jeden seiner Ressourcennamen vorzuhalten, einschließlich aller Informationen, die im Query-String einer `GET`-Anfrage übergeben werden können.

Die Direktive gibt dem Serveradministrator eine größere Kontrolle gegenüber abnormalem Verhalten von Clients, was bei der Vermeidung einiger Formen von Denial-of-Service-Attacken hilfreich sein kann.

Beispiel

```
LimitRequestLine 4094
```

Hinweis
Unter normalen Umständen sollte die Voreinstellung nicht verändert werden.

LimitXMLRequestBody

Beschreibung:	Begrenzt die Größe eines XML-basierten Request-Bodys.
Syntax:	`LimitXMLRequestBody Bytes`
Default:	`LimitXMLRequestBody 1000000`
Kontext:	server config, virtual host, directory, .htaccess
Override:	All

Dies gibt die Grenze für die maximale Größe (in Byte) des XML-basierten Request-Bodys an. Der Wert 0 deaktiviert diese Prüfung.

Beispiel

```
LimitXMLRequestBody 0
```

<Location>

Beschreibung:	Wendet die enthaltenen Direktiven nur auf die entsprechenden URLs an.
Syntax:	`<Location URL-Pfad	URL> ... </Location>`
Kontext:	server config, virtual host

Die Direktive `<Location>` begrenzt die Reichweite der enthaltenen Anweisungen auf URLs. Sie ist der Direktive `<Directory>` ähnlich und startet einen Abschnitt, der mit der Anweisung `</Location>` abgeschlossen wird. `<Location>`-Container werden, nachdem die `<Directory>`-Container und `.htaccess`-Dateien gelesen wurden, und nach den `<Files>`-Containern, in der Reihenfolge ausgeführt, in der sie in der Konfigurationsdatei erscheinen.

<Location>-Abschnitte operieren vollständig außerhalb des Dateisystems. Dies hat mehrere Konsequenzen. Am wichtigsten ist, dass <Location>-Anweisungen nicht dafür verwendet werden sollten, den Zugriff auf Teile des Dateisystems zu steuern. Da mehrere unterschiedliche URLs auf die gleiche Stelle des Dateisystems zeigen können, könnte eine solche Zugriffskontrolle u.U. umgangen werden.

> **Wann sollte <Location> verwendet werden?**
>
> Verwenden Sie <Location>, um Anweisungen auf Inhalte anzuwenden, die außerhalb des Dateisystems abgelegt sind. Benutzen Sie <Directory> und <Files> für Inhalte, die innerhalb des Dateisystems abgelegt sind. Eine Ausnahme bildet <Location />, das ein einfacher Weg ist, um eine Konfiguration auf den gesamten Server anzuwenden.

Für alle nicht über Proxies laufenden Anfragen ist die entsprechende URL ein URL-Pfad in der Form /path/. Es dürfen weder ein Schema, noch ein Hostname, noch ein Port, noch ein Query-String einbezogen werden. Für Proxy-Anfragen hat die Vergleichs-URL die Form Schema://Servername/Pfad. Das Präfix muss angegeben werden.

Die URL kann Platzhalter verwenden. In einer Zeichenfolge mit Platzhaltern entspricht ? einem einzelnen Zeichen und * einer beliebigen Zeichenfolge.

Erweiterte reguläre Ausdrücke können ebenfalls verwendet werden, indem das Zeichen ~ hinzugefügt wird. Beispielsweise würde

```
<Location ~ "/(extra|special)/data">
```

auf URLs passen, die die Zeichenfolge /extra/data oder /special/data enthalten. Die Direktive <LocationMatch> verhält sich genauso wie <Location> mit regulären Ausdrücken.

Die Funktionalität von <Location> ist insbesondere dann nützlich, wenn sie mit der SetHandler-Direktive kombiniert wird. Um zum Beispiel Statusabfragen zu aktivieren, sie aber nur von Browsern aus foo.com zuzulassen, könnten Sie schreiben:

```
<Location /status>
SetHandler server-status
Order Deny,Allow
Deny from all
Allow from .foo.com
</Location>
```

> **Anmerkung zum Schrägstrich**
>
> Die Slash-Zeichen haben eine besondere Bedeutung, je nachdem, wo sie in der URL erscheinen. Manche werden das vom Dateisystem gewohnt sein, wo mehrere aufeinander folgende Schrägstriche häufig zu einem Schrägstrich zusammengefasst werden (d.h. /home///foo ist das Gleiche wie /home/foo). Im URL-Raum ist dies nicht notwendigerweise genauso. Bei der Direktive LocationMatch und der Location-Version mit regulären Ausdrücken müssen Sie explizit mehrere Schrägstriche angeben, wenn Sie genau dies beabsichtigen.

> **Anmerkung zum Schrägstrich**
>
> Beispielsweise würde <LocationMatch ^/abc> auf die angeforderte URL /abc passen, nicht aber auf //abc. Die Direktive <Location> (ohne reguläre Ausdrücke) verhält sich ähnlich, wenn sie für Proxy-Anfragen verwendet wird. Wenn <Location> (ohne reguläre Ausdrücke) jedoch für Anfragen über Proxies verwendet wird, werden stillscheigend mehrere Schrägstriche mit einem einzigen Schrägstrich gleichgesetzt. Geben Sie beispielsweise <Location /abc/def> an und die Anfrage lautet auf /abc//def, dann greift die Anweisung.

Siehe auch: Im *Abschnitt 2.5 »Konfigurationsabschnitte«* finden Sie eine Erläuterung dazu, wie diese verschiedenen Abschnitte miteinander kombiniert werden, wenn eine Anfrage empfangen wird.

<LocationMatch>

Beschreibung:	Wendet die enthaltenen Direktiven nur auf URLs an, die auf reguläre Ausdrücke passen.
Syntax:	`<LocationMatch regex> ... </LocationMatch>`
Kontext:	server config, virtual host

Die Direktive `<LocationMatch>` begrenzt die Reichweite der enthaltenen Anweisungen in der gleichen Weise wie `<Location>` auf URLs. Sie verwendet jedoch reguläre Ausdrücke als Argument anstelle einer einfachen Zeichenkette. Beispielsweise würde

```
<LocationMatch "/(extra|special)/data">
```

auf URLs passen, die die Zeichenfolge `/extra/data` oder `/special/data` enthalten.

Siehe auch: Im *Abschnitt 2.5 »Konfigurationsabschnitte«* finden Sie eine Erläuterung dazu, wie diese verschiedenen Abschnitte miteinander kombiniert werden, wenn eine Anfrage empfangen wird.

LogLevel

Beschreibung:	Steuert die Ausführlichkeit des Fehlerprotokolls.
Syntax:	`LogLevel Level`
Default:	`LogLevel warn`
Kontext:	server config, virtual host

`LogLevel` stellt die Ausführlichkeit der Nachrichten ein, die im Fehlerprotokoll aufgezeichnet werden (siehe *»ErrorLog«, Seite 350*). Die folgenden, nach absteigender Aussagekraft sortierten `Level` sind verfügbar:

Geben Sie einen bestimmten Level an, denn werden Nachrichten von allen höheren Leveln ebenso angezeigt. Zum Beispiel: Wenn `LogLevel info` eingestellt ist, dann werden Nachrichten der Log-Level `notice` und `warn` ebenso eingetragen.

Es wird empfohlen, mindestens den Level `crit` zu verwenden.

Level	Beschreibung	Beispiel	
emerg	Notfall – das System ist unbenutzbar.	Child cannot open lock file. Exiting.	»Kindprozess kann die Lock-Datei nicht öffnen. Beende Programm«
alert	Maßnahmen müssen unverzüglich ergriffen werden.	getpwuid: couldn't determine user name from uid.	»getpwuid: kann keinen Benutzernamen aus der UID ermitteln«
crit	Kritischer Zustand.	socket: Failed to get a sokket, exiting child.	»socket: Socket-Zuweisung fehlgeschlagen, beende Kindprozess«
error	Fehlerbedingung.	Premature end of script headers.	»Vorzeitiges Ende der Skript-Header«
warn	Warnung.	child process 1234 did not exit, sending another SIGHUP.	»Kindprozess 1234 nicht beendet, sende ein weiteres SIGHUP«
notice	Normaler, aber signifikanter Zustand.	httpd: caught SIGBUS, attempting to dump core in	»httpd: SIGBUS empfangen, versuche Speicherabbild nach ... zu schreiben«
info	Information.	Server seems busy, (you may need to increase StartServers, or Min/MaxSpareServers)....	»Server scheint beschäftigt zu sein, (möglicherweise müssen Sie StartServers oder Min/MaxSpareServers erhöhen)«
debug	Debug-Level-Nachrichten.	Opening config file	»Öffne Konfigurationsdatei ...«

Beispiel

```
LogLevel notice
```

Hinweis

Beim Protokollieren in eine reguläre Datei können Nachrichten des Levels notice nicht unterdrückt werden und werden daher immer protokolliert. Dies trifft allerdings nicht zu, wenn mittels syslog protokolliert wird.

MaxKeepAliveRequests

Beschreibung: Anzahl der Anfragen, die bei einer persistenten Verbindung zulässig sind.
Syntax: MaxKeepAliveRequests Anzahl
Default: MaxKeepAliveRequests 100
Kontext: server config, virtual host

Die Direktive `MaxKeepAliveRequests` begrenzt die Anzahl der Anfragen, die pro Verbindung zulässig sind, wenn `KeepAlive` eingeschaltet ist. Bei der Einstellung 0 sind unbegrenzt viele Anfragen erlaubt. Wir empfehlen für diese Einstellung einen hohen Wert für eine maximale Serverleistung.

Beispiel

```
MaxKeepAliveRequests 500
```

NameVirtualHost

Beschreibung:	Bestimmt eine IP-Adresse für den Betrieb namensbasierter virtueller Hosts.
Syntax:	NameVirtualHost Adresse[:Port]
Kontext:	server config

Die Direktive `NameVirtualHost` ist erforderlich, wenn Sie namensbasierte virtuelle Hosts konfigurieren möchten.

Obwohl die `Adresse` ein Hostname sein kann, wird empfohlen, dass Sie stets eine IP-Adresse verwenden, z.B.:

```
NameVirtualHost 111.22.33.44
```

Mit der `NameVirtualHost`-Anweisung geben Sie die IP-Adresse an, unter der der Server Anfragen für namensbasierte virtuelle Hosts entgegennimmt. Das ist üblicherweise die Adresse, zu der die Namen Ihrer namensbasierten virtuellen Hosts aufgelöst werden. Falls eine Firewall oder ein anderer Proxy die Anfrage in Empfang nimmt und Sie zu einer weiteren IP-Adresse des Servers weiterleitet, müssen Sie die IP-Adresse der physischen Schnittstelle der Maschine angeben, die die Anfragen bedient. Wenn Sie mehrere namensbasierte Hosts an verschiedenen Adressen betreiben, wiederholen Sie einfach die Anweisung für jede Adresse.

Anmerkung

Beachten Sie, dass der »Hauptserver« und jeder _default_-Server niemals bei einer Anfrage an eine NameVirtualHost-IP-Adresse bedient wird (es sei denn, Sie geben aus irgendwelchen Gründen NameVirtualHost an, definieren dann aber keine <VirtualHost>s für diese Adresse).

Optional können Sie die Nummer eines Ports angeben, an dem namensbasierte virtuelle Hosts verwendet werden sollen. Beispiel:

```
NameVirtualHost 111.22.33.44:8080
```

IPv6-Adressen müssen, wie im folgenden Beispiel angegeben, in eckige Klammern eingeschlossen werden:

```
NameVirtualHost [fe80::a00:20ff:fea7:ccea]:8080
```

Um an allen Schnittstellen Anfragen zu empfangen, können Sie * als Argument verwenden.

```
NameVirtualHost *
```

> **Argument der Direktive <VirtualHost>**
>
> Beachten Sie, dass das Argument der <VirtualHost>-Anweisung exakt auf das Argument der NameVirtualHost-Anweisung passen muss.
>
> ```
> NameVirtualHost 1.2.3.4</VirtualHost>
> <VirtualHost 1.2.3.4>
> # ...
> </VirtualHost>
> ```

Siehe auch: 3 »*Virtuelle Hosts*«

Options

Beschreibung:	Definiert, welche Eigenschaften oder Funktionen in einem bestimmten Verzeichnis verfügbar sind.
Syntax:	Options [+|-]Option [[+|-]Option] ...
Default:	Options All
Kontext:	server config, virtual host, directory, .htaccess
Override:	Options

Die Direktive Options steuert, welche Eigenschaften bzw. Funktionen in einem bestimmten Verzeichnis verfügbar sind.

Option kann auf None gesetzt werden, wobei keine der besonderen Eigenschaften verfügbar sind, oder auf eines oder mehrere der folgenden:

All

Alle Optionen außer MultiViews. Dies ist die Voreinstellung.

ExecCGI

Die Ausführung von CGI-Skripten, die mod_cgi verwenden, ist erlaubt.

FollowSymLinks

Der Server folgt symbolischen Links in diesem Verzeichnis.

> **Hinweis**
>
> Auch wenn der Server symbolischen Links folgt, bedeutet dies nicht, dass der zum Abgleich gegen <Directory>-Abschnitte verwendete Pfadname wechselt.
>
> Beachten Sie auch, dass diese Option innerhalb eines <Location>-Abschnitts ignoriert wird.

Includes

Server Side Includes, die von `mod_include` bereitgestellt werden, sind erlaubt.

IncludesNOEXEC

Server Side Includes sind erlaubt, `#exec cmd` und `#exec cgi` sind jedoch deaktiviert. Es ist aber noch möglich, CGI-Skripte aus `ScriptAlias`-Verzeichnissen mittels `#include virtual` einzubinden.

Indexes

Zeigt eine URL auf ein Verzeichnis, in dem sich keine durch `DirectoryIndex` definierte Indexdatei (z.B. `index.html`) befindet, dann liefert `mod_autoindex` eine formatierte Liste des Verzeichnisses zurück.

MultiViews

MultiViews sind bei der Verwendung von `mod_negotiation` erlaubt (siehe *2.11 »Content Negotiation«*).

SymLinksIfOwnerMatch

Der Server folgt nur symbolischen Links, bei denen die Zieldatei bzw. das Zielverzeichnis der gleichen Benutzerkennung gehört wie der Link. Diese Option wird innerhalb eines `<Location>`-Abschnitts ignoriert.

Wenn mehrere `Options` auf ein Verzeichnis angewandt werden können, dann wird normalerweise die spezifischste verwendet (die zuletzt ausgeführte Option) und alle anderen werden ignoriert; die Optionen werden nicht vermischt. (Siehe auch *2.5 »Konfigurationsabschnitte«*.) Wenn jedoch *allen* Optionen der `Options`-Anweisung eines der Zeichen + oder - vorangestellt wird, werden die Optionen zusammengemischt. Jede Option mit vorangestelltem + wird zu den momentan gültigen Optionen hinzugefügt und jede Option mit vorangestelltem - wird aus den derzeit gültigen Optionen entfernt.

So wird zum Beispiel ohne die Zeichen + und -

```
<Directory /web/docs>
  Options Indexes FollowSymLinks
</Directory>

<Directory /web/docs/spec>
  Options Includes
</Directory>
```

für das Verzeichnis `/web/docs/spec` jetzt lediglich `Includes` gesetzt. Wenn die zweite `Options`-Anweisung jedoch +- und --Zeichen verwenden würde,

```
<Directory /web/docs>
  Options Indexes FollowSymLinks
</Directory>
```

```
<Directory /web/docs/spec>
  Options +Includes -Indexes
</Directory>
```

dann würden die Optionen `FollowSymLinks` und `Includes` für das Verzeichnis /web/docs/spec gesetzt.

Anmerkung

Die Verwendung von -IncludesNOEXEC oder -Includes deaktiviert Server Side Includes unabhängig von der vorigen Einstellung vollständig.

Sofern keine anderen Angaben gemacht wurden, ist die Voreinstellung `All`.

Require

Beschreibung: Wählt die authentifizierten Benutzer aus, die auf eine Ressource zugreifen können.
Syntax: `Require Name [Name] ...`
Kontext: directory, .htaccess
Override: AuthConfig

Die Direktive wählt aus, welche authentifizierten Benutzer auf ein Verzeichnis zugreifen dürfen. Folgende Syntax ist erlaubt:

`Require user User-ID [User-ID] ...`

Nur die genannten Benutzer dürfen auf die Ressource zugreifen.

`Require group Gruppenname [Gruppenname] ...`

Nur Benutzer der genannten Gruppen dürfen auf die Ressource zugreifen.

`Require valid-user`

Alle gültigen Benutzer dürfen auf die Ressource zugreifen.

`Require` muss von den Direktiven `AuthName` und `AuthType` sowie Direktiven wie `AuthUserFile` und `AuthGroupFile` (zur Definition von Benutzern und Gruppen) begleitet werden, um korrekt zu funktionieren.

Beispiel

```
AuthType Basic
AuthName "geschütztes Verzeichnis"
AuthUserFile /web/users
AuthGroupFile /web/groups
Require group admin
```

Zugriffskontrollen, die in dieser Form angewendet werden, gelten für *alle* Methoden. *Dies ist normalerweise gewünscht.* Wenn Sie Zugriffskontrollen nur auf bestimmte Methoden anwenden möchten, während andere Methoden ungeschützt bleiben, dann müssen Sie die Require-Anweisung innerhalb eines <Limit>-Abschnitts platzieren.

Siehe auch: »*Satisfy*«, Seite 370, 9.5.5 »*mod_auth*«

RLimitCPU

Beschreibung:	Begrenzt den CPU-Verbrauch von Prozessen, die von Apache-Kindprozessen gestartet wurden.
Syntax:	RLimitCPU Sekunden | max [Sekunden | max]
Default:	unbestimmt; verwendet die Voreinstellung des Systems
Kontext:	server config, virtual host, directory, .htaccess
Override:	All

Akzeptiert einen oder zwei Parameter. Der erste Paramater setzt eine weiche Ressourcenbegrenzung für alle Prozesse, der zweite Parameter setzt die Maximalgrenze für die Ressourcennutzung. Jeder der Parameter kann eine Zahl oder max sein. max zeigt dem Server an, dass das vom Betriebssystem erlaubte Maximum verwendet werden soll. Das Anheben der maximal erlaubten Ressourcennutzung erfordert, dass der Server als root läuft, zumindest in der anfänglichen Startphase.

Dies wird auf Prozesse angewendet, die von Anfragen bearbeitenden Apache-Kindprozessen abgespalten werden, nicht auf die Apache-Kindprozesse selbst. Das beinhaltet CGI-Skripte und SSI-exec-Befehle, nicht jedoch Prozesse, die vom Apache-Elternprozess abgespalten werden, wie z.B. die Protokollierung.

CPU-Ressourcenbegrenzung wird in Sekunden pro Prozess ausgedrückt.

Siehe auch: »*RLimitMEM*«, Seite 369, »*RLimitNPROC*«, Seite 370

RLimitMEM

Beschreibung:	Begrenzt den Speicherverbrauch von Prozessen, die von Apache-Kindprozessen gestartet wurden.
Syntax:	RLimitMEM Bytes | max [Bytes | max]
Default:	unbestimmt; verwendet die Voreinstellung des Systems
Kontext:	server config, virtual host, directory, .htaccess
Override:	All

Akzeptiert einen oder zwei Parameter. Der erste Paramater setzt eine weiche Ressourcenbegrenzung für alle Prozesse, der zweite Parameter setzt die Maximalgrenze für die Ressourcennutzung. Jeder der Parameter kann eine Zahl oder max sein. max zeigt dem Server an, dass das vom Betriebssystem erlaubte Maximum verwendet werden soll. Das Anheben der maximal erlaubten Ressourcennutzung erfordert, dass der Server als root läuft, zumindest in der anfänglichen Startphase.

Dies wird auf Prozesse angewendet, die von Anfragen bearbeitenden Apache-Kindprozessen abgespalten werden, nicht auf die Apache-Kindprozesse selbst. Das beinhaltet CGI-Skripte und SSI-exec-Befehle, nicht jedoch Prozesse, die vom Apache-Elternprozess abgespalten werden, wie z.B. die Protokollierung.

Die Begrenzung des Speicherverbrauchs wird in Bytes pro Prozess ausgedrückt.

Siehe auch: »*RLimitCPU*«, Seite 369, »*RLimitNPROC*«, Seite 370

RLimitNPROC

Beschreibung:	Begrenzt die Anzahl der Prozesse, die von Prozessen gestartet werden können, die ihrerseits von Apache-Kindprozessen gestartet wurden.
Syntax:	`RLimitNPROC Zahl	max [Zahl	max]`
Default:	unbestimmt; verwendet die Voreinstellung des Systems
Kontext:	server config, virtual host, directory, `.htaccess`
Override:	All

Akzeptiert einen oder zwei Parameter. Der erste Paramater setzt eine weiche Ressourcenbegrenzung für alle Prozesse, der zweite Parameter setzt die Maximalgrenze für die Ressourcennutzung. Jeder der Parameter kann eine Zahl oder `max` sein. `max` zeigt dem Server an, dass das vom Betriebssystem erlaubte Maximum verwendet werden soll. Das Anheben der maximal erlaubten Ressourcennutzung erfordert, dass der Server als `root` läuft, zumindest in der anfänglichen Startphase.

Dies wird auf Prozesse angewendet, die von Anfragen bearbeitenden Apache-Kindprozessen abgespalten werden, nicht auf die Apache-Kindprozesse selbst. Dies beinhaltet CGI-Skripte und `SSI-exec`-Befehle, nicht jedoch Prozesse, die vom Apache-Elternprozess abgespalten werden, wie z.B. die Protokollierung.

Prozessbegrenzungen steuern die Anzahl der Prozesse pro Benutzer.

> **Anmerkung**
>
> Wenn CGI-Prozesse nicht unter anderen Benutzerkennungen als der User-ID des Webservers laufen, dann beschränkt diese Direktive die Anzahl der Prozesse, die der Server selbst erstellen kann. Kennzeichen einer solchen Situation sind `cannot fork`-Meldungen (kann nicht abspalten) in der Datei error_log.

Siehe auch: »*RLimitMEM*«, Seite 369, »*RLimitCPU*«, Seite 369

Satisfy

Beschreibung:	Zusammenspiel von rechnerbasierter Zugriffskontrolle und Benutzerauthentifizierung
Syntax:	`Satisfy Any	All`
Default:	Satisfy All
Kontext:	directory, `.htaccess`
Override:	AuthConfig

Verfahrensweise für den Zugriff, falls sowohl `Allow` als auch `Require` verwendet wird. Der Parameter kann entweder All oder Any sein. Die Direktive ist nur dann nützlich, wenn der Zugriff zu einem bestimmten Bereich durch Benutzername/Passwort *und* Clientrechner-Adressen eingeschränkt ist. In diesem Fall verlangt die Voreinstellung (All), dass der Client die Adressbeschränkung passiert *und* eine gültige Benutzerkennung sowie ein gültiges Passwort übermittelt. Mit der Auswahl Any wird dem Client der Zugriff erlaubt, wenn er entweder die Rechnerbeschränkung passiert oder einen gültigen Benutzernamen und ein gültiges Passwort übermittelt. Dies kann verwendet werden, um einen Bereich mit einem Passwort zu schützen, jedoch Clients von bestimmten Adressen ohne Abfrage des Passwortes zuzulassen.

Wenn Sie beispielsweise möchten, dass Personen aus Ihrem privaten Netzwerk unbeschränkten Zugriff zu Teilen Ihres Webangebots haben, jedoch verlangen, dass Personen außerhalb Ihres privaten Netzwerks ein Passwort übergeben müssen, können Sie eine Konfiguration ähnlich der folgenden verwenden:

```
Require valid-user
Allow from 192.168.1
Satisfy Any
```

Siehe auch: »*AllowOverride*«, Seite 341, »*Require*«, Seite 368

ScriptInterpreterSource

Beschreibung:	Methode zur Ermittlung des Interpreters für CGI-Skripte
Syntax:	`ScriptInterpreterSource Registry	Registry-Strict	Script`
Default:	`ScriptInterpreterSource Script`
Kontext:	server config, virtual host, directory, `.htaccess`
Override:	`FileInfo`
Kompatibilität:	Ausschließlich Windows. Die Option `Registry-Strict` ist verfügbar seit Apache 2.0.

Die Direktive steuert, wie der Apache den Interpreter zur Ausführung von CGI-Skripten bestimmt. Die Voreinstellung ist `Script`. Dies veranlasst den Apache, den Interpreter zu verwenden, auf den die Shebang-Zeile (erste Zeile, beginnt mit #!) im Skript zeigt. Auf Windows-Systemen sieht diese Zeile üblicherweise so aus:

```
#!C:/Perl/bin/perl.exe
```

Liegt der Perl-Interpreter im Pfad (Umgebungsvariable PATH), sieht er folgendermaßen aus:

```
#!perl
```

Die Einstellung `ScriptInterpreterSource Registry` veranlasst eine Suche unter HKEY_CLASSES_ROOT der Windows-Registrierungsdatenbank und verwendet die Endung der Skript-Datei (z.B. .pl) als Suchargument. Der durch den Unterschlüssel Shell\ExecCGI\Command oder, falls dieser nicht existiert, Shell\Open\Command definierte Befehl wird zum Öffnen der Skript-Datei verwendet. Wenn der Schlüssel für die Dateiendung oder beide Unterschlüssel fehlen, dann verwendet der Apache die Option `Script`.

Sicherheit

Seien Sie vorsichtig, ScriptInterpreterSource Registry bei Verzeichnissen zu verwenden, auf die eine ScriptAlias-Anweisung zeigt, denn der Apache versucht jede Datei innerhalb des Verzeichnisses auszuführen. Die Einstellung Registry kann unerwünschte Programmaufrufe bei Dateien verursachen, die üblicherweise nicht ausgeführt werden. Auf den meisten Windows-Systemen startet beispielsweise der voreingestellte Öffnen-Befehl für .htm-Dateien den Microsoft Internet Explorer, so dass jede HTTP-Anfrage nach einer existierenden .htm-Datei im Skript-Verzeichnis den Browser im Hintergrund starten würde. Dies ist eine wirksame Methode, Ihr System binnen etwa einer Minute zum Absturz zu bringen.

Die mit Apache 2.0 neu eingeführte Option `Registry-Strict` macht das Gleiche wie `Registry`, verwendet jedoch nur den Unterschlüssel `Shell\ExecCGI\Command`. Der Schlüssel `ExecCGI` ist gewöhnlich nicht voreingestellt. Er muss manuell eingerichtet werden und schützt Ihr System so vor versehentlichen Programmaufrufen.

ServerAdmin

Beschreibung:	Die E-Mail-Adresse, die der Server in Fehlermeldungen einfügt, die an den Client gesendet werden
Syntax:	`ServerAdmin E-Mail-Adresse`
Kontext:	server config, virtual host

`ServerAdmin` legt die E-Mail-Adresse fest, die der Server in jede Fehlermeldung einfügt, die er an den Client zurückschickt.

Es kann sich lohnen, hierfür eine reservierte Adresse anzugeben, z.B.

```
ServerAdmin www-admin@foo.example.com
```

da Anwender nicht unbedingt erwähnen, dass sie vom Server sprechen!

ServerAlias

Beschreibung:	Alternativer Name für einen Host, der verwendet wird, wenn Anfragen einem namensbasierten virtuellen Host zugeordnet werden
Syntax:	`ServerAlias Hostname [Hostname] ...`
Kontext:	virtual host

Die Direktive `ServerAlias` bestimmt die alternativen Namen eines Hosts zur Verwendung mit namensbasierten virtuellen Hosts.

```
<VirtualHost *>
ServerName server.domain.com
ServerAlias server server2.domain.com server2
# ...
</VirtualHost>
```

Siehe auch: 3 »*Virtuelle Hosts*«

ServerName

Beschreibung:	Rechnername und Port, mit denen sich der Server selbst identifiziert
Syntax:	`ServerName voll-qualifizierter-Domainname[:port]`
Kontext:	server config, virtual host
Kompatibilität:	Diese Direktive löst in Version 2.0 die Funktionalität der Direktive `Port` aus Version 1.3 ab.

Die Direktive `ServerName` bestimmt den Rechnernamen und Port, den der Server dazu verwendet, sich selbst zu identifizieren. Diese werden bei der Erstellung von Umleitungs-URLs benötigt. Wenn beispielsweise der Name der Maschine, die den Webserver beherbergt, simple.example.com lautet, die Maschine jedoch auch einen DNS-Alias www.example.com besitzt und Sie den Webserver so identifizieren möchten, sollten Sie die folgende Anweisung verwenden:

```
ServerName www.example.com:80
```

Wurde kein ServerName angegeben, versucht der Server, den Rechnernamen mittels eines Reverse-Lookup herzuleiten. Wenn kein Port im Servernamen angegeben wurde, verwendet der Server den Port der eingegangenen Anfrage. Für eine optimale Zuverlässigkeit und Berechenbarkeit sollten Sie mit der Direktive ServerName einen eindeutigen Rechnernamen und Port angeben.

Verwenden Sie namensbasierte virtuelle Hosts, gibt ServerName innerhalb eines <VirtualHost>-Abschnitts an, welcher Hostname im Host-Header der Anfrage auftauchen muss, damit sie diesem virtuellen Host zugeordnet wird.

Lesen Sie bitte die Beschreibung der Direktive UseCanonicalName für Einstellungen, die bestimmen, ob selbstreferenzierende URLs (z.B. vom Modul mod_dir) auf den angegebenen Port zeigen oder auf die Portnummer, die in der Anfrage des Clients angegeben ist.

Siehe auch: *3.8 »DNS-Probleme«, »ServerAlias«, Seite 372, 3 »Virtuelle Hosts«, »UseCanonicalName«, Seite 377, »NameVirtualHost«, Seite 365*

ServerPath

Beschreibung:	Veralteter URL-Pfad für einen namensbasierten virtuellen Host, auf den von einem inkompatiblen Browser zugegriffen wird
Syntax:	ServerPath URL-Pfad
Kontext:	virtual host

Die Direktive ServerPath legt den veralteten URL-Pfad eines Hosts zur Verwendung mit namensbasierten virtuellen Hosts fest (gemeint ist die »Altlast« aufgrund antiquierter Clients).

Siehe auch: *3 »Virtuelle Hosts«*

ServerRoot

Beschreibung:	Basisverzeichnis der Serverinstallation
Syntax:	ServerRoot Verzeichnis
Default:	ServerRoot /usr/local/apache
Kontext:	server config

Die Direktive ServerRoot bestimmt das Verzeichnis, in dem der Server installiert ist. Üblicherweise enthält es die Unterverzeichnisse conf/ und logs/. Relative Pfadangaben für andere Konfigurationsdateien werden relativ zu diesem Verzeichnis interpretiert.

Beispiel

```
ServerRoot /home/httpd
```

Siehe auch: *2.2 »Apache starten«, 2.9 »Sicherheitshinweise«*

ServerSignature

Beschreibung:	Konfiguriert die Fußzeile für vom Server generierte Dokumente.
Syntax:	ServerSignature On	Off	EMail
Default:	ServerSignature Off
Kontext:	server config, virtual host, directory, .htaccess
Override:	All

Die Direktive `ServerSignature` ermöglicht die Gestaltung einer in servergenerierte Dokumente (z.B. Fehlerdokumente, FTP-Verzeichnislisten von `mod_proxy`, `mod_info`-Ausgaben, ...) eingefügten Fußzeile. Eine solche Fußzeile soll es dem Anwender bei einer Kette von Proxy-Servern ermöglichen, zu erkennen, welcher der verketteten Server gegenwärtig die zurückgegebene Fehlermeldung produziert hat.

Die Voreinstellung `Off` unterdrückt die Fußzeile (und ist damit kompatibel zum Verhalten des Apache 1.2 und früherer Versionen). Die Einstellung `On` fügt schlicht eine Zeile mit der Versionsnummer des Servers und dem Servernamen (`ServerName`) des bedienenden virtuellen Hosts an. Die Einstellung `EMail` erstellt zusätzlich einen `mailto:`-Verweis zum Serveradministrator (`ServerAdmin`) des referenzierten Dokuments.

Ab Version 2.0.44 werden die Details der angegebenen Versionsnummer des Servers von der Direktive `ServerTokens` kontrolliert.

Siehe auch: »*ServerTokens*«, Seite 374

ServerTokens

Beschreibung:	Konfiguriert den HTTP-Response-Header Server.
Syntax:	ServerTokens Major	Minor	Min[imal]	Prod[uctOnly]	OS	Full
Default:	ServerTokens Full
Kontext:	server config

Die Direktive steuert, ob der Response-Header `Server`, der an den Client zurückgesendet wird, eine Beschreibung des allgemeinen Betriebssystemtyps des Servers sowie Informationen über in den Server kompilierte Module enthält.

ServerTokens Prod[uctOnly]

Der Server sendet (z.B.): `Server: Apache`

ServerTokens Major

Der Server sendet (z.B.): `Server: Apache/2`

ServerTokens Minor

Der Server sendet (z.B.): `Server: Apache/2.0`

ServerTokens Min[imal]

Der Server sendet (z.B.): `Server: Apache/2.0.41`

ServerTokens OS

Der Server sendet (z.B.): `Server: Apache/2.0.41 (UNIX)`

ServerTokens Full (oder nicht angegeben)

Der Server sendet (z.B.): `Server: Apache/2.0.41 (UNIX) PHP/4.2.2 MyMod/1.2`

Diese Einstellung gilt für den gesamten Server und kann nicht auf der Basis virtueller Hosts aktiviert oder deaktiviert werden.

Ab Version 2.0.44 steuert diese Direktive auch die Informationen, die durch die Direktive `ServerSignature` angeboten werden.

Siehe auch: »*ServerSignature*«, *Seite 374*

SetHandler

Beschreibung:	Erzwingt die Verarbeitung aller passenden Dateien durch einen Handler.
Syntax:	`SetHandler Handlername	None`
Kontext:	server config, virtual host, directory, .htaccess
Override:	FileInfo
Kompatibilität:	Seit Apache 2.0 im Core

Wenn die Direktive innerhalb einer `.htaccess`-Datei oder in einem `<Directory>`- oder `<Location>`-Abschnitt angegeben wird, erzwingt sie, dass alle entsprechenden Dateien von dem durch `Handlername` angegebenen Handler analysiert werden. Haben Sie beispielsweise ein Verzeichnis, dessen Dateien unabhängig von der Endung gänzlich als Image-Maps interpretiert werden sollen, können Sie Folgendes in eine `.htaccess`-Datei in dem Verzeichnis schreiben:

```
SetHandler imap-file
```

Noch ein Beispiel: Soll der Server immer, wenn die URL `http://servername/status` aufgerufen wird, einen Statusbericht anzeigen, dann können Sie Folgendes in die `httpd.conf` schreiben:

```
<Location /status>
SetHandler server-status
</Location>
```

Sie können eine zuvor definierte `SetHandler`-Anweisung aufheben, indem Sie den Wert `None` verwenden.

Siehe auch: »*AddHandler*«, *Seite 528*

SetInputFilter

Beschreibung:	Bestimmt die Filter, die Client-Anfragen und POST-Eingaben verarbeiten.
Syntax:	SetInputFilter Filter[;Filter...]
Kontext:	server config, virtual host, directory, .htaccess
Override:	FileInfo

Die Direktive SetInputFilter bestimmt den oder die Filter, die Client-Anfragen und POST-Eingaben verarbeiten, wenn sie vom Server empfangen werden. Diese gelten zusätzlich zu anderweitig definierten Filtern, einschließlich denen der Direktive AddInputFilter.

Werden mehrere Filter angegeben, müssen diese durch Semikola voneinander getrennt in der Reihenfolge angegeben werden, in der sie die Daten verarbeiten sollen.

Siehe auch: *2.17 »Filter«*

SetOutputFilter

Beschreibung:	Bestimmt die Filter, die Antworten des Servers verarbeiten.
Syntax:	SetOutputFilter Filter[;Filter...]
Kontext:	server config, virtual host, directory, .htaccess
Override:	FileInfo

Die Direktive SetOutputFilter bestimmt die Filter, die Antworten des Servers verarbeiten, bevor sie an den Client gesendet werden. Diese gelten zusätzlich zu anderweitig definierten Filtern, einschließlich denen der Direktive AddOutputFilter.

Die folgende Konfiguration verarbeitet zum Beispiel alle Dateien im Verzeichnis /www/data als Server Side Includes.

```
<Directory /www/data/>
SetOutputFilter INCLUDES
</Directory>
```

Werden mehrere Filter angegeben, dann müssen diese durch Semikola voneinander getrennt in der Reihenfolge angegeben werden, in der sie die Daten verarbeiten sollen.

Siehe auch: *2.17 »Filter«*

TimeOut

Beschreibung:	Die Zeitspanne, die der Server auf verschiedene Ereignisse wartet, bevor er die Anfrage abbricht
Syntax:	TimeOut Sekunden
Default:	TimeOut 300
Kontext:	server config

Die Direktive TimeOut definiert derzeit die Zeitspanne, während der der Apache auf drei Dinge wartet:

1. Die gesamte Zeispanne, die benötigt wird, um eine GET-Anfrage zu empfangen
2. Die Zeitspanne zwischen dem Empfang von TCP-Paketen einer POST- oder PUT-Anfrage
3. Die Zeitspanne zwischen ACKs bei der Übermittlung der TCP-Pakete der Antwort

UseCanonicalName

Beschreibung:	Bestimmt, wie der Server seinen eigenen Namen und Port ermittelt.
Syntax:	UseCanonicalName On | Off | DNS
Default:	UseCanonicalName On
Kontext:	server config, virtual host, directory

In vielen Situationen muss der Apache eine *selbstreferenzierende* URL (d.h. eine URL, die auf denselben Server zurückverweist) zusammenbauen. Bei UseCanonicalName On verwendet der Apache den Hostnamen und Port, der in der ServerName-Anweisung angegeben ist, um den kanonischen Namen des Servers zu erstellen. Dieser Name wird in allen selbstreferenzierenden URLs sowie in CGI-Skripten für die Werte von SERVER_NAME und SERVER_PORT verwendet.

Bei UseCanonicalName Off bildet der Apache selbstreferenzierende URLs, indem er den vom Client übermittelten Hostnamen und Port verwendet, sofern diese vorhanden sind (andernfalls wird der kanonische Name, wie oben beschrieben, benutzt). Die Werte sind die gleichen, die zur Anwendung von namensbasierten virtuellen Hosts verwendet werden, und sie sind mit den gleichen Clients verfügbar, die auch in der Lage sind, auf namensbasierte virtuelle Hosts zuzugreifen, d.h. einen Host-Header mitschicken. Die CGI-Variablen SERVER_NAME und SERVER_PORT werden ebenfalls aus den vom Client angebotenen Werten erstellt.

Ein Intranet-Server, auf den Anwender mit kurzen Namen wie www zugreifen, ist ein Beispiel, wo dies sinnvoll sein kann. Sie werden bemerken, dass der Apache den Benutzer auf http://www.domain.com/splat/ umleitet, wenn dieser einen Kurznamen und eine URL, die einem Verzeichnis entspricht, ohne abschließenden Schrägstrich eingibt, wie z.B. http://www/splat. Wenn Sie die Authentifizierung aktiviert haben, bewirkt dies, dass der Benutzer sich zweimal identifizieren muss (einmal für www und noch einmal für www.domain.com – weitere Informationen finden Sie in den häufig gestellten Fragen). Ist UseCanonicalName jedoch auf Off gesetzt, dann wird der Apache zu http://www/splat/ umleiten.

Es existiert noch eine dritte Option (UseCanonicalName DNS), die für den Betrieb von IP-basiertem virtuellen Massen-Hosting gedacht ist, um antiquierte Clients zu unterstützen, die keinen Host:-Header bereitstellen. Um selbstreferenzierende URLs zu ermitteln, führt der Apache bei dieser Option ein Reverse-DNS-Lookup auf die IP-Adresse des Servers aus, zu der der Client Verbindung aufgenommen hat.

> **Warnung**
>
> Wenn CGI-Skripte Vermutungen aufgrund des Wertes von SERVER_NAME anstellen, können sie durch diese Option fehlschlagen. Clients steht es im Wesentlichen frei, einen beliebigen Wert für den Hostnamen anzugeben. Wird das CGI-Skript SERVER_NAME jedoch lediglich dazu verwendet, selbstreferenzierende URLs zu erstellen, dann sollte das gerade noch in Ordnung sein.

Siehe auch: »*ServerName*«, Seite 372, »*Listen*«, Seite 383

<VirtualHost>

Beschreibung: Enthält Direktiven, die nur auf bestimmte Hostnamen oder IP-Adressen angewendet werden.

Syntax: <VirtualHost Adresse[:Port] [Adresse[:Port]] ...>
... </VirtualHost>

Kontext: server config

<VirtualHost> und </VirtualHost> werden dazu verwendet, eine Gruppe von Direktiven zusammenzufassen, die nur auf einen bestimmten virtuellen Host angewendet werden. Jede Direktive, die im <VirtualHost>-Kontext zulässig ist, kann verwendet werden. Wenn der Server eine Anfrage für ein bestimmtes Dokument eines bestimmten virtuellen Hosts empfängt, dann benutzt er die im <VirtualHost>-Container enthaltenen Konfigurationsanweisungen. Folgende Adresse kann angegeben werden:

- Die IP-Adresse des virtuellen Hosts
- Ein voll qualifizierter Domainname für die IP-Adresse des virtuellen Hosts
- Das Zeichen *, das nur in Kombination mit NameVirtualHost * verwendet wird, um allen IP-Adressen zu entsprechen
- Die Zeichenkette _default_, die nur mit IP-basierten virtuellen Hosts verwendet wird, um nicht zugewiesene IP-Adressen aufzufangen

Beispiel

```
<VirtualHost 10.1.2.3>
    ServerAdmin webmaster@host.foo.com
    DocumentRoot /www/docs/host.foo.com
    ServerName host.foo.com
    ErrorLog logs/host.foo.com-error_log
    TransferLog logs/host.foo.com-access_log
</VirtualHost>
```

IPv6-Adressen müssen in eckigen Klammern angegeben werden, da die optionale Portnummer sonst nicht erkannt wird, zum Beispiel:

```
<VirtualHost [fe80::a00:20ff:fea7:ccea]>
ServerAdmin webmaster@host.example.com
DocumentRoot /www/docs/host.example.com
ServerName host.example.com
ErrorLog logs/host.example.com-error_log
TransferLog logs/host.example.com-access_log
</VirtualHost>
```

Jeder virtuelle Host muss einer anderen IP-Adresse, einem anderen Port oder einem anderen Hostnamen für den Server entsprechen. Im ersten Fall muss die Servermaschine so eingerichtet sein, dass sie IP-Pakete für mehrere Adressen akzeptiert. (Wenn der Rechner nicht mehrere Netzwerkkarten besitzt, kann dies mit dem Befehl ifconfig alias durchgeführt werden, wenn das Betriebssystem dies unterstützt.)

> **Anmerkung**
>
> Die Verwendung von <VirtualHost> beeinflusst nicht, an welchen Adressen der Apache lauscht. Sie müssen mit Listen sicherstellen, dass der Apache an der richtigen Adresse lauscht.

Bei der Verwendung IP-basierter virtueller Hosts kann der spezielle Name `_default_` benutzt werden. In diesem Fall weist der Apache jede IP-Adresse diesem virtuellen Host zu, die nicht explizit in einem anderen virtuellen Host angegeben ist. Falls kein virtueller Host `_default_` angegeben ist, wird die »Hauptserver«-Konfiguration, die aus allen Definitionen außerhalb der <VirtualHost>-Abschnitte besteht, für nicht passende IPs verwendet. (Beachten Sie jedoch, dass eine IP-Adresse die zu einer `NameVirtualHost`-Anweisung passt, weder den »Hauptserver« noch den virtuellen Host `_default_` verwendet. Weitere Details hierzu finden Sie in *Kapitel 3. »Virtuelle Hosts«*.)

Sie können einen speziellen Port über `:Port` angeben, um den entsprechenden Port zu wechseln. Falls nicht angegeben, wird er auf den gleichen Port voreingestellt wie die letzte `Listen`-Anweisung des Hauptservers. Sie können auch `:*` angeben, um alle Ports dieser Adresse zu akzeptieren. (Dies wird zusammen mit `_default_` empfohlen.)

> **Sicherheit**
>
> Im Abschnitt 2.9 *»Sicherheitshinweise«* erfahren Sie, warum Ihre Sicherheit gefährdet sein kann, wenn das Verzeichnis, in dem Protokolldateien gespeichert werden, für jemanden anderes als den Benutzer mit Schreibrechten versehen ist, der den Server gestartet hat.

Siehe auch: *3 »Virtuelle Hosts«*, *3.8 »DNS-Probleme«*, *2.5 »Konfigurationsabschnitte«*

9.4 Apache-MPMs

9.4.1 Allgemeine Direktiven der Apache-MPMs

Beschreibung:	Eine Sammlung von Direktiven, die in mehr als einem Multi-Processing-Modul (MPM) implementiert sind
Status:	MPM

AcceptMutex

Beschreibung:	Vom Apache verwendete Methode zur Serialisierung mehrerer Kindprozesse, die Anfragen an Netzwerk-Sockets entgegennehmen
Syntax:	`AcceptMutex Default|Methode`
Default:	`AcceptMutex Default`
Kontext:	server config

Referenzierte Module:	`leader` `perchild`
	`prefork` `threadpool`
	`worker`

Die Direktive AcceptMutex bestimmt die Methode, die der Apache zur Serialisierung mehrerer Kindprozesse verwendet, die Anfragen an Netzwerk-Sockets entgegennehmen. Vor Apache 2.0 war diese Methode nur zur Kompilierungszeit einstellbar. Die optimale Methode ist sehr stark von der Architektur und Plattform abhängig. Lesen Sie bitte den *Abschnitt 2.19 »Apache-Tuning«* aus *Kapitel 2* für weitere Details.

Ist die Direktive auf Default eingestellt, wird die zum Zeitpunkt des Kompilierens gewählte Voreinstellung verwendet. Weitere mögliche Methoden sind unten angegeben. Beachten Sie, dass nicht alle Methoden auf allen Plattformen verfügbar sind. Wird eine Methode angegeben, die nicht verfügbar ist, dann wird eine Nachricht in das Fehlerprotokoll geschrieben, die die verfügbaren Methoden auflistet.

flock

Verwendet die Systemfunktion flock(2), um die durch die LockFile-Direktive definierte Datei zu sperren.

fcntl

Verwendet die Systemfunktion fcntl(2), um die durch die LockFile-Direktive definierte Datei zu sperren.

posixsem

Verwendet ein POSIX-kompatibles Semaphor, um den Mutex zu implementieren.

pthread

Verwendet gemäß der POSIX-Thread-Spezifikation implementierte POSIX-Mutexe.

sysvsem

Verwendet Semaphore des SysV-Typs, um den Mutex zu implementieren.

Um die bei der Kompilierung gewählte Voreinstellung für Ihr System herauszufinden, können Sie Ihr LogLevel auf debug setzen. Dann wird der voreingestellte AcceptMutex ins ErrorLog geschrieben.

BS2000Account

Beschreibung:	Bestimmt den nicht-privilegierten Account auf BS2000-Maschinen.
Syntax:	BS2000Account Account
Kontext:	server config
Referenzierte Module:	perchild prefork
Kompatibilität:	Nur für BS2000-Maschinen verfügbar

Die Direktive BS2000Account ist nur für BS2000-Hosts verfügbar. Sie muss dazu verwendet werden, den Account für den nicht-privilegierten Apache-Server-Benutzer (der durch die Direktive User eingestellt wird) zu bestimmen. Dies wird vom BS2000-POSIX-Subsystem benötigt (um die zugrunde liegende BS2000-Anwendungsumgebung mittels eines Sub-

LOGONs zu wechseln), um zu verhindern, dass CGI-Skripte auf Ressourcen des privilegierten Accounts zugreifen, der den Server gestartet hat, üblicherweise SYSROOT.

> **Anmerkung**
> Es kann nur eine BS2000Account-Direktive verwendet werden.

Siehe auch: *6.5 »Der EBCDIC-Port des Apache«*

CoreDumpDirectory

Beschreibung:	Das Verzeichnis, in das der Apache zu wechseln versucht, bevor er einen Hauptspeicherauszug erstellt
Syntax:	`CoreDumpDirectory Verzeichnis`
Default:	Für die Voreinstellung siehe Beschreibung
Kontext:	server config
Referenzierte Module:	`beos` `leader` `mpm_winnt` `perchild` `prefork` `threadpool` `worker`

Dies beeinflusst das Verzeichnis, in das der Apache zu wechseln versucht, bevor er einen Hauptspeicherauszug (einen so genannten *Core-Dump*) erstellt. Die Voreinstellung ist das ServerRoot-Verzeichnis. Da dieses jedoch nicht für den Benutzer beschreibbar sein soll, unter dem der Server läuft, werden normalerweise keine Hauptspeicherauszüge geschrieben. Wenn Sie zum Debuggen einen Hauptspeicherauszug benötigen, können Sie ihn mit dieser Direktive in einem anderen Verzeichnis ablegen.

EnableExceptionHook

Beschreibung:	Aktiviert einen Hook, der nach einem Absturz noch Ausnahmefehler behandeln lassen kann.
Syntax:	`EnableExceptionHook On/Off`
Default:	EnableExceptionHook Off
Kontext:	server config
Referenzierte Module:	`leader` `perchild` `prefork` `threadpool` `worker`
Kompatibilität:	Verfügbar seit Version 2.0.49

Diese Directive ist aus Sicherheitsgründen nur verfügbar, wenn der Server mit der Option --enable-exception-hook konfiguriert wurde. Sie aktivieren einen Hook, der es externen Modulen erlaubt, sich dort einzuhängen und nach dem Absturz eines Kindprozesses noch Aktionen durchzuführen.

Es existieren bereits zwei Module, `mod_whatkilledus` und `mod_backtrace`, die diesen Hook verwenden. Weitere Informationen hierzu finden Sie auf Jeff Trawicks EnableExceptionHook-Seite (`http://www.apache.org/~trawick/exception_hook.html`).

Group

Beschreibung:	Die Benutzergruppe, unter der der Server Anfragen beantwortet
Syntax:	`Group UNIX-Gruppe`
Default:	`Group #-1`
Kontext:	server config

Referenzierte Module:	`beos` `leader`
	`mpmt_os2` `perchild`
	`prefork` `threadpool`
	`worker`

Kompatibilität:	Seit Apache 2.0 nur in der globalen Serverkonfiguration gültig

Die Direktive Group bestimmt die Benutzergruppe, unter der der Server Anfragen beantwortet. Um diese Direktive zu verwenden, muss der Server als `root` gestartet werden. Wenn Sie den Server unter einem anderen Benutzer starten, wird er nicht zur angegebenen Gruppe wechseln können und statt dessen weiter mit der Gruppe des ursprünglichen Benutzers laufen. UNIX-Gruppe kann sein:

Ein Gruppenname

Verweist auf die durch den Namen angegebene Gruppe.

gefolgt von einer Gruppennummer.

Verweist auf die durch ihre Nummer angegebene Gruppe.

Beispiel

```
Group www-group
```

Es wird empfohlen, dass Sie eine neue Gruppe speziell zum Betrieb des Servers erstellen. Einige Administratoren verwenden den Benutzer nobody. Dies ist jedoch nicht immer möglich oder gewünscht.

Sicherheit

Setzen Sie Group (oder User) nicht auf root, so lange Sie nicht ganz genau wissen, was Sie tun und auf welche Gefahren Sie sich einlassen.

Hinweis

Die Verwendung der Direktive innerhalb von <VirtualHost> wird nicht länger unterstützt. Benutzen Sie SuexecUserGroup, um Ihren Server für suexec einzurichten.

Anmerkung

Obwohl die Direktive Group in den MPMs beos und mpmt_os2 existiert, ist sie dort tatsächlich eine Leeranweisung, die aus Kompatibilitätsgründen eingefügt wurde.

Listen

Beschreibung:	IP-Adressen und Ports, an denen der Server lauscht
Syntax:	`Listen [IP-Addresse:]Port`
Kontext:	server config

Referenzierte Module:	`beos` `leader`
	`mpm_netware` `mpm_winnt`
	`mpmt_os2` `perchild`
	`prefork` `threadpool`
	`worker`

Kompatibilität:	Seit Apache 2.0 vorgeschrieben

Die Direktive `Listen` weist den Apache an, nur an den angegebenen IP-Adressen oder Ports zu lauschen. Standardmäßig antwortet er auf alle Anfragen an allen IP-Interfaces. `Listen` ist nun eine notwendige Anweisung. Wenn sie nicht in der Konfigurationsdatei enthalten ist, wird der Server-Start fehlschlagen. Dies ist eine Änderung gegenüber früheren Versionen des Apache.

Die Direktive `Listen` weist den Server an, ankommende Anfragen am angegebenen Port oder der Kombination aus Adresse und Port entgegenzunehmen. Wenn nur eine Portnummer angegeben ist, dann lauscht der Server am angegebenen Port an allen Interfaces. Wenn sowohl eine IP-Adresse als auch ein Port angegeben sind, lauscht er am angegebenen Port und Interface.

Es können mehrere `Listen`-Anweisungen verwendet werden, um eine Reihe von Adressen und Ports anzugeben, an denen gelauscht werden soll. Der Server antwortet auf Anfragen von jedem der aufgeführten Adressen und Ports.

Um beispielsweise den Server Verbindungen an den beiden Ports 80 und 8000 annehmen zu lassen, verwenden Sie:

```
Listen 80
Listen 8000
```

Um den Server Verbindungen an zwei angegebenen Interfaces und Ports annehmen zu lassen, verwenden Sie:

```
Listen 192.170.2.1:80
Listen 192.170.2.5:8000
```

IPv6-Adressen müssen wie in dem folgenden Beispiel in eckige Klammern eingeschlossen werden:

```
Listen [fe80::a00:20ff:fea7:ccea]:80
```

Siehe auch: *3.8 »DNS-Probleme«*

ListenBackLog

Beschreibung:	Maximale Länge der Warteschlange für anstehende Verbindungen
Syntax:	`ListenBacklog backlog`
Default:	`ListenBacklog 511`
Kontext:	server config
Referenzierte Module:	beos, mpm_netware, mpmt_os2, prefork, worker, leader, mpm_winnt, perchild, threadpool

Für die maximale Länge der Warteschlange für schwebende Verbindungen ist üblicherweise keine Feineinstellung notwendig oder sinnvoll, auf einigen System kann es jedoch sinnvoll sein, diesen Wert bei TCP-SYN-Angriffen zu erhöhen. Bedenken Sie auch die Beschreibung des `backlog`-Parameters der Systemfunktion `listen(2)`.

Der Wert wird vom Betriebssystem oft auf einen niedrigen Wert gesetzt. Er variiert von Betriebssystem zu Betriebssystem. Beachten Sie auch, dass viele Betriebssysteme nicht genau beachten, was für `backlog` angegeben ist, jedoch einen Wert basierend auf der Angabe (normalerweiseweise jedoch größer als diese) verwenden.

LockFile

Beschreibung:	Die Lock-Datei für die Serialisierung von entgegengenommenen Anfragen
Syntax:	`LockFile Dateiname`
Default:	`LockFile logs/accept.lock`
Kontext:	server config
Referenzierte Module:	leader, prefork, worker, perchild, threadpool

Die Direktive `LockFile` legt den Pfad zur Lock-Datei fest, die verwendet wird, wenn der Apache mit einer der `AcceptMutex`-Einstellungen `fcntl` oder `flock` verwendet wird. Die Voreinstellung sollte normalerweise beibehalten werden. Einen Grund, sie zu ändern, gibt es, wenn das `logs`-Verzeichnis auf einem über NFS-eingebundenen Laufwerk liegt, da die Lock-Datei auf einer lokalen Platte abgelegt werden muss. Die PID (Prozess-ID) des Hauptserverprozesses wird automatisch an den Dateinamen angehängt.

> **Sicherheit**
>
> Am besten wird die Datei nicht in einem für jeden beschreibbaren Verzeichnis wie /var/tmp gespeichert, da ein Denial-of-Service-Angriff gestartet und der Server am Start gehindert werden könnte, indem eine Lock-Datei mit dem gleichen Namen erstellt wird, wie der Server sie zu erstellen versuchen würde.

Siehe auch: »*AcceptMutex*«, Seite 379

MaxClients

Beschreibung:	Maximale Anzahl der Kindprozesse, die zur Bedienung von Anfragen gestartet werden.
Syntax:	MaxClients Anzahl
Default:	abhängig vom Betriebssystem, siehe Erläuterung
Kontext:	server config
Referenzierte Module:	beos leader prefork threadpool worker

Die Direktive MaxClients setzt die Obergrenze für die Anzahl gleichzeitig bedienter Anfragen. Jeder Verbindungsversuch oberhalb der MaxClients-Begrenzung wird üblicherweise bis zu einer mit der ListenBacklog-Anweisung angegebenen Anzahl in eine Warteschlange gestellt. Sobald ein Kindprozess am Ende einer anderen Anfrage freigegeben wird, wird die Verbindung bedient.

Für Server ohne Thread-Unterstützung (z.B. beim Einsatz des Moduls prefork) wird MaxClients als maximale Anzahl der Kindprozesse verstanden, die zur Bedienung von Anfragen gestartet werden. Die Voreinstellung ist 256. Um diesen Wert zu erhöhen, muss auch die ServerLimit-Angabe angehoben werden.

Bei Servern mit Thread-Unterstützung und bei Hybrid-Servern (z.B. beos oder worker) begrenzt MaxClients die Gesamtzahl der Threads, die für die Bedienung von Anfragen verfügbar sind. Die Voreinstellung für beos ist 50. Bei Hybrid-MPMs ist die Voreinstellung 16 (ServerLimit) multipliziert mit dem Wert 25 (ThreadsPerChild). Um MaxClients auf einen Wert zu erhöhen, der mehr als 16 Prozesse erfordert, müssen Sie daher auch ServerLimit anheben.

MaxMemFree

Beschreibung:	Maximale Menge des Arbeitsspeichers, den die Haupt-Zuteilungsroutine verwalten darf, ohne free() aufzurufen
Syntax:	MaxMemFree KBytes
Default:	MaxMemFree 0
Kontext:	server config
Referenzierte Module:	beos leader mpm_netware prefork threadpool worker

Die Direktive MaxMemFree gibt die maximale Menge freier Kilobytes an, die die Haupt-Zuteilungsroutine verwalten darf, ohne free() aufzurufen. Wenn keine Angabe gemacht wird oder null angegeben ist, wird dieser Wert nicht eingeschränkt.

MaxRequestsPerChild

Beschreibung:	Obergrenze für die Anzahl von Anfragen, die ein einzelner Kindprozess während seines Lebens bearbeitet
Syntax:	MaxRequestsPerChild number
Default:	MaxRequestsPerChild 10000

Kontext:	server config	
Referenzierte Module:	leader	mpm_netware
	mpm_winnt	mpmt_os2
	perchild	prefork
	threadpool	worker

Die Direktive `MaxRequestsPerChild` begrenzt die Anzahl der Anfragen, die ein einzelner Kindprozess während seines Lebens bearbeitet. Nach Erreichen der mit `MaxRequestsPerChild` angegebenen Anzahl stirbt der Kindprozess. Ist `MaxRequestsPerChild` 0, endet der Prozess niemals.

Abweichende Voreinstellungen

Die Voreinstellung für `mpm_netware` und `mpm_winnt` ist 0.

Die Begrenzung von `MaxRequestsPerChild` auf einen Wert ungleich null hat zwei vorteilhafte Auswirkungen:

- Sie begrenzt die Menge an Arbeitsspeicher, die ein Prozess durch (versehentliche) Speicherlecks verbrauchen kann.
- Das Festlegen einer endlichen Lebensdauer von Prozessen hilft, die Anzahl von Prozessen zu reduzieren, wenn die Serverlast zurückgeht.

Anmerkung

Bei KeepAlive-Anfragen wird nur die erste Anfrage für diese Begrenzung gezählt. Eigentlich wird nur die Begrenzung für die Anzahl der Verbindungen pro Kindprozess geändert.

MaxSpareThreads

Beschreibung:	Maximale Anzahl unbeschäftigter Threads	
Syntax:	`MaxSpareThreads Anzahl`	
Default:	Abhängig vom jeweiligen MPM, Erläuterungen siehe unten	
Kontext:	server config	
Referenzierte Module:	beos	leader
	mpm_netware	mpmt_os2
	perchild	threadpool
	worker	

Maximale Anzahl unbeschäftigter Threads. Die verschiedenen MPMs behandeln diese Anweisung unterschiedlich.

Die Voreinstellung für `perchild` ist `MaxSpareThreads` 10. Das MPM überwacht die Anzahl der unbeschäftigten Threads auf der Basis einzelner Kindprozesse. Wenn zu viele unbeschäftigte Threads in einem Kindprozess existieren, beendet der Server Threads innerhalb dieses Kindprozesses.

Die Voreinstellung für `worker`, `leader` und `threadpool` ist `MaxSpareThreads` 250. Diese MPMs behandeln Threads auf einer serverweiten Basis. Sind zu viele unbeschäftigte Threads vorhanden, werden so lange Kindprozesse beendet, bis die Anzahl der unbeschäftigten Threads kleiner als der angegebene Wert ist.

Die Voreinstellung für `mpm_netware` ist `MaxSpareThreads` 100. Da dieses MPM nur einen einzigen Prozess ausführt, erfolgt die Zählung überschüssiger Threads ebenfalls serverweit.

`beos` und `mpmt_os2` arbeiten ähnlich wie `mpm_netware`. Die Voreinstellung für `beos` ist `MaxSpareThreads` 50. Die Voreinstellung für `mpmt_os2` ist 10.

> **Restriktionen**
>
> Der Wertebereich von MaxSpareThreads ist eingeschränkt. Apache korrigiert den angegebenen Wert automatisch gemäß der folgenden Regeln:
>
> - `perchild` verlangt, dass `MaxSpareThreads` kleiner oder gleich `ThreadLimit` ist.
> - `mpm_netware` verlangt einen Wert größer als `MinSpareThreads`.
> - Bei `leader`, `threadpool` und `worker` muss der Wert größer oder gleich der Summe aus `MinSpareThreads` und `ThreadsPerChild` sein.

Siehe auch: »*MinSpareThreads*«, Seite 387, »*StartServers*«, Seite 390

MinSpareThreads

Beschreibung:	Minimale Anzahl unbeschäftigter Threads, die zur Bedienung von Anfragespitzen zur Verfügung stehen
Syntax:	`MinSpareThreads Anzahl`
Default:	Abhängig vom jeweiligen MPM, Erläuterungen siehe unten
Kontext:	server config
Referenzierte Module:	`beos` `leader` `mpm_netware` `mpmt_os2` `perchild` `threadpool` `worker`

Minimale Anzahl unbeschäftigter Threads, um Anfragespitzen zu bedienen. Die verschiedenen MPMs behandeln die Anweisung unterschiedlich.

`perchild` verwendet die Voreinstellung `MinSpareThreads` 5 und überwacht die Anzahl der unbeschäftigten Threads auf der Basis einzelner Kindprozesse. Wenn in einem Kindprozess nicht genügend unbeschäftigte Threads vorhanden sind, erstellt der Server neue Threads innerhalb dieses Kindprozesses. Wenn Sie also `NumServers` auf 10 und `MinSpareThreads` auf einen Wert von 5 setzen, haben Sie mindestens 50 unbeschäftigte Threads auf Ihrem System.

`worker`, `leader` und `threadpool` verwenden eine Voreinstellung von `MinSpareThreads` 75 und behandeln unbeschäftigte Threads auf serverweiter Basis. Sind nicht genügend unbeschäftigte Threads vorhanden, werden so lange Kindprozesse erzeugt, bis die Anzahl unbeschäftigter Threads größer als der angegebene Wert ist.

`mpm_netware` verwendet die Voreinstellung `MinSpareThreads` 10 und verfolgt dies serverweit, da es ein Einzelprozess-MPM ist.

`beos` und `mpmt_os2` arbeiten ähnlich wie `mpm_netware`. Die Voreinstellung für `beos` ist `MinSpareThreads` 1. Die Voreinstellung für `mpmt_os2` ist 5.

Siehe auch: »*MaxSpareThreads*«, Seite 386, »*StartServers*«, Seite 390

PidFile

Beschreibung:	Die Datei, in der der Server die Prozess-ID des Daemons ablegt
Syntax:	PidFile Dateiname
Default:	PidFile logs/httpd.pid
Kontext:	server config
Referenzierte Module:	beos leader
	mpm_winnt mpmt_os2
	perchild prefork
	threadpool worker

Die Direktive PidFile bestimmt die Datei, in der der Server die Prozess-ID des Daemons ablegt. Wenn der Dateiname nicht absolut angegeben wird, wird er relativ zur ServerRoot interpretiert.

Beispiel

```
PidFile /var/run/apache.pid
```

Es ist oft hilfreich, dem Server ein Signal senden zu können, damit er seine ErrorLogs und TransferLogs schließt, sie dann neu öffnet und seine Konfigurationsdateien erneut einliest. Dies kann durch Senden eines SIGHUP-Signals (kill -1) an die Prozess-ID geschehen, die im PidFile eingetragen ist.

Für die PidFile-Datei gelten n Warnungen bezüglich der Ablage von Protokolldateien und der Sicherheit.

> **Anmerkung**
>
> Ab Apache 2 wird empfohlen, nur das Skript apachectl zum (Neu-)Starten und Stoppen des Servers zu verwenden.

ScoreBoardFile

Beschreibung:	Die Datei, die zur Speicherung von Daten zur Koordinierung der Kindprozesse verwendet wird
Syntax:	ScoreBoardFile Dateipfad
Default:	ScoreBoardFile logs/apache_status
Kontext:	server config
Referenzierte Module:	beos leader
	mpm_winnt perchild
	prefork threadpool
	worker

Apache verwendet ein Scoreboard zur Kommunikation zwischen den Eltern- und Kindprozessen. Einige Architekturen erfordern eine Datei zur Unterstützung der Kommunikation. Wenn die Datei undefiniert bleibt, versucht der Apache zuerst, das Scoreboard im Arbeitsspeicher zu erstellen (Verwendung von anonymem Shared-Memory), und versucht bei einem Fehlschlag, anschließend die Datei auf der Festplatte zu erstellen (Verwendung von Datei-basiertem Shared-Memory). Die Angabe dieser Direktive veranlasst den Apache stets, die Datei auf der Festplatte zu erstellen.

Beispiel

```
ScoreBoardFile /var/run/apache_status
```

Datei-basiertes Shared-Memory ist für Anwendungen von Drittanbietern hilfreich, die direkten Zugriff auf das Scoreboard benötigen.

Verwenden Sie eine `ScoreBoardFile`-Anweisung, dann erreichen Sie eventuell eine höhere Geschwindigkeit, wenn Sie die Datei auf einer RAM-Disk ablegen. Beachten Sie, dass die gleichen Warnungen wie für die Ablage von Protokolldateien und für die Sicherheit gelten.

Siehe auch: *2.3 »Beenden und Neustarten«*

SendBufferSize

Beschreibung:	Größe des TCP-Puffers
Syntax:	SendBufferSize Bytes
Default:	SendBufferSize 0
Kontext:	server config
Referenzierte Module:	beos leader
	mpm_netware mpm_winnt
	mpmt_os2 perchild
	prefork threadpool
	worker

Der Server setzt die Größe des TCP-Puffers auf die angegebene Anzahl Bytes. Dies ist sehr hilfreich, um Voreinstellungen alter Standardbetriebssysteme für Hochgeschwindigkeitsverbindungen mit hoher Latenzzeit anzuheben (z.B. 100 ms bei Interkontinentalverbindungen).

Wird der Wert auf 0 gesetzt, verwendet der Server die Voreinstellung des Betriebssystems.

ServerLimit

Beschreibung:	Obergrenze für die konfigurierbare Anzahl von Prozessen
Syntax:	ServerLimit Anzahl
Default:	Abhängig vom jeweiligen MPM, Erläuterungen siehe unten
Kontext:	server config
Referenzierte Module:	leader perchild
	prefork threadpool
	worker

Bei dem MPM `prefork` bestimmt die Direktive den während der Lebensdauer des Apache-Prozesses maximal einstellbaren Wert für `MaxClients`. Beim MPM `worker` bestimmt die Direktive in Verbindung mit `ThreadLimit` den Maximalwert für `MaxClients` für die Lebensdauer des Apache-Prozesses. Jeder Versuch, diese Anweisung während eines Neustarts zu ändern, wird ignoriert. `MaxClients` kann jedoch während eines Neustarts geändert werden.

Lassen Sie besondere Vorsicht bei der Verwendung dieser Direktive walten. Wenn `ServerLimit` auf einen Wert gesetzt wird, der deutlich höher als notwendig ist, wird zusätzliches, unbenutztes Shared-Memory belegt. Wenn sowohl `ServerLimit` als auch `MaxClients` auf Werte gesetzt werden, die größer sind, als dass das System sie handhaben kann, dann kann der Apache möglicherweise nicht starten oder das System kann instabil werden.

Verwenden Sie die Direktive bei dem MPM `prefork` nur, wenn Sie `MaxClients` auf mehr als 256 (Voreinstellung) setzen müssen. Setzen Sie den Wert nicht höher als den Wert, den Sie für `MaxClients` angeben möchten.

Verwenden Sie die Direktive bei `worker`, `leader` und `threadpool` nur, wenn Ihre `MaxClients`- und `ThreadsPerChild`-Einstellungen mehr als 16 Serverprozesse (Voreinstellung) erfordern. Setzen Sie den Wert dieser Direktive nicht höher als die Anzahl der Serverprozesse, die für `MaxClients` und `ThreadsPerChild` angegeben werden.

Verwenden Sie die Direktive beim MPM `perchild` nur, wenn Sie `NumServers` auf einen Wert größer als 8 (Voreinstellung) setzen müssen.

> **Anmerkung**
> Eine feste Begrenzung von ServerLimit 20000 ist in den Server kompiliert. Dies soll unangenehme Auswirkungen von Tippfehlern verhindern.

Siehe auch: *2.3 »Beenden und Neustarten«*

StartServers

Beschreibung:	Anzahl der Kindprozesse des Servers, die beim Start erstellt werden
Syntax:	`StartServers Anzahl`
Default:	Abhängig vom jeweiligen MPM, Erläuterungen siehe unten
Kontext:	server config
Referenzierte Module:	leader mpmt_os2 prefork threadpool worker

Die Direktive `StartServers` bestimmt die Anzahl der Kindprozesse des Servers, die beim Start erstellt werden. Da die Anzahl der Prozesse abhängig von der Last dynamisch kontrolliert wird, besteht normalerweise wenig Grund für eine Änderung dieses Parameters.

Die Voreinstellung unterscheidet sich von MPM zu MPM. Bei den Modulen `leader`, `threadpool` und `worker` lautet die Voreinstellung `StartServers` 3. Die Voreinstellung bei `prefork` liegt bei 5 und bei `mpmt_os2` ist sie 2.

StartThreads

Beschreibung:	Anzahl der Threads, die beim Start erstellt werden
Syntax:	`StartThreads Anzahl`
Default:	Abhängig vom jeweiligen MPM, Erläuterungen siehe unten
Kontext:	server config
Referenzierte Module:	beos mpm_netware perchild

Anzahl der Threads, die beim Start erstellt werden. Da die Anzahl der Threads abhängig von der Last dynamisch kontrolliert wird, besteht normalerweise wenig Grund für eine Änderung dieses Parameters.

Die Voreinstellung für `perchild` ist `StartThreads` 5. Die Direktive setzt während des Starts die Anzahl der Threads pro Prozess.

Die Voreinstellung bei `mpm_netware` ist `StartThreads 50`. Da hier lediglich ein einzelner Prozess existiert, entspricht dies der Gesamtzahl der Threads, die beim Start erstellt werden, um Anfragen zu bedienen.

Die Voreinstellung für `beos` ist `StartThreads 10`. Die Einstellung reflektiert ebenfalls die Gesamtzahl der Threads, die beim Start erstellt werden, um Anfragen zu bedienen.

ThreadLimit

Beschreibung:	Bestimmt die Obergrenze der konfigurierbaren Anzahl von Threads pro Kindprozess
Syntax:	`ThreadLimit Anzahl`
Default:	Abhängig vom jeweiligen MPM, Erläuterungen siehe unten
Kontext:	server config
Referenzierte Module:	`leader` `mpm_winnt` `perchild` `threadpool` `worker`
Kompatibilität:	Verfügbar für `mpm_winnt` ab Apache 2.0.41

Die Direktive bestimmt den für die Lebensdauer des Apache-Prozesses maximal einstellbaren Wert für `ThreadsPerChild`. Jeder Versuch, diese Direktive während eines Neustarts zu ändern, wird ignoriert. `ThreadsPerChild` kann jedoch während eines Neustarts bis zu dem Wert dieser Anweisung modifiziert werden.

Lassen Sie besondere Vorsicht bei der Verwendung dieser Direktive walten. Wenn `ThreadLimit` auf einen Wert gesetzt wird, der deutlich höher als ist als mit `ThreadsPerChild` angegeben, wird zusätzliches, ungenutztes Shared-Memory belegt. Wenn sowohl `ThreadLimit` als auch `ThreadsPerChild` auf Werte gesetzt werden, die größer sind, als dass das System sie handhaben kann, dann kann der Apache möglicherweise nicht starten oder das System kann instabil werden. Setzen Sie den Wert dieser Direktive nicht höher als Ihre größte erwartete Einstellung für `ThreadsPerChild` während der aktuellen Ausführung des Apache.

Die Voreinstellung für `ThreadLimit` liegt bei 1920, wenn sie zusammen mit `mpm_winnt` verwendet wird, und bei 64 für die Verwendung mit anderen MPMs.

> **Anmerkung**
>
> Eine feste Begrenzung von ThreadLimit 20000 (oder ThreadLimit 15000 bei mpm_winnt) ist in den Server kompiliert. Dies soll unangenehme Auswirkungen von Tippfehlern verhindern.

ThreadsPerChild

Beschreibung:	Anzahl der Threads, die mit jedem Kindprozess gestartet werden
Syntax:	`ThreadsPerChild Anzahl`
Default:	Abhängig vom jeweiligen MPM, Erläuterungen siehe unten
Kontext:	server config
Referenzierte Module:	`leader` `mpm_winnt` `threadpool` `worker`

Die Direktive legt die Anzahl der Threads fest, die mit jedem Kindprozess gestartet werden. Der Kindprozess erstellt diese Threads beim Start und erzeugt später keine weiteren mehr. Wenn Sie ein MPM wie `mpm_winnt` verwenden, wo nur ein Kindprozess existiert, dann sollte diese Angabe hoch genug sein, die gesamte Last des Servers zu bewältigen. Wenn Sie ein MPM wie `worker` verwenden, wo mehrere Kindprozesse existieren, sollte die *Gesamt*zahl der Threads groß genug sein, die übliche Last auf dem Server zu bewältigen.

Die Voreinstellung für `ThreadsPerChild` ist 64, wenn `mpm_winnt` verwendet wird, und 25 bei der Verwendung der anderen MPMs.

User

Beschreibung:	Die Benutzerkennung, unter der der Server Anfragen beantwortet
Syntax:	User UNIX-User-ID
Default:	User #-1
Kontext:	server config
Referenzierte Module:	leader　　　　　　perchild prefork　　　　　　threadpool worker
Kompatibilität:	Seit Apache 2.0 nur in der globalen Serverkonfiguration gültig

Die Direktive `User` legt die Benutzerkennung fest, mit der der Server Anfragen beantwortet. Um diese Anweisung zu verwenden, muss der Server als `root` gestartet werden. Wenn Sie den Server unter einem anderen Benutzer starten, kann er nicht zu dem weniger privilegierten Benutzer wechseln und wird stattdessen weiter mit der ursprünglichen Benutzerkennung laufen. Wenn Sie den Server als `root` starten, dann ist es normal, dass der Elternprozess als `root` weiterläuft. Für `UNIX-User-ID` kann folgendes stehen:

Ein Benutzername

Verweist auf den durch Namen angegebenen Benutzer.

gefolgt von einer Benutzernummer.

Verweist auf einen durch eine Nummer angegebenen Benutzer.

Der Benutzer sollte keine Rechte besitzen, die dazu führen, dass er auf Dateien zuzugreifen kann, die nicht für die Außenwelt nicht sichtbar sein sollen. Gleichermaßen sollte der Benutzer nicht in der Lage sein, Code auszuführen, der nicht für HTTP-Anfragen bestimmt ist. Es wird empfohlen, einen neuen Benutzer und eine neue Gruppe speziell zur Ausführung des Servers zu erstellen. Einige Administratoren verwenden den Benutzer `nobody`. Dies ist jedoch nicht immer wünschenswert, da der Benuter `nobody` andere Rechte auf dem System besitzen kann.

> **Sicherheit**
>
> Setzen Sie User (oder Group) nicht auf root, so lange Sie nicht genau wissen, was Sie tun und welche Gefahren damit verbunden sind.

Beim MPM `perchild`, das dafür gedacht ist, virtuelle Hosts unter verschiedenen Benutzerkennungen auszuführen, bestimmt die Direktive `User` die Benutzerkennung für den Hauptserver und bildet den Rückfallwert für `<VirtualHost>`-Abschnitte ohne eine `AssignUserID`-Anweisung.

> **Wichtiger Hinweis**
>
> Die Verwendung dieser Direktive innerhalb von `<VirtualHost>` wird nicht mehr unterstützt. Benutzen Sie SuexecUserGroup, um Ihren Server für suexec einzurichten

> **Anmerkung**
>
> Obwohl die Direktive User in den MPMs beos und mpmt_os2 existiert, ist sie dort tatsächlich eine Leeranweisung, die lediglich Kompatibilität gewährleisten soll.

9.4.2 MPM beos

Beschreibung: Dieses Multi-Processing-Modul ist für BeOS optimiert.
Status: MPM
Quelldatei: beos.c
Modulkennung: mpm_beos_module

Dieses Multi-Processing-Modul (MPM) ist das Standardmodul für BeOS. Es benutzt einen einzelnen Steuerprozess, der Threads für die Bedienung der Anfragen erzeugt.

Siehe auch: *2.13 »Konfiguration der von Apache verwendeten Adressen und Ports«*

MaxRequestsPerThread

Beschreibung: Die maximale Anzahl von Anfragen, die ein einzelner Thread während seiner Lebensdauer bedient.
Syntax: `MaxRequestsPerThread Anzahl`
Default: `MaxRequestsPerThread 0`
Kontext: server config

Die Direktive `MaxRequestsPerThread` legt die Anzahl der Anfragen fest, die ein einzelner Server-Thread bedient. Nach Erreichen der angegebenen Anzahl von Anfragen wird der Thread beendet. Wird für `MaxRequestsPerThread` der Wert 0 angegeben, wird der Thread niemals beendet.

Das Setzen von `MaxRequestsPerThread` auf einen Wert ungleich null hat zwei Vorteile:

- Die Menge des von einem Thread benötigten Speicherplatzes bei (unvorhergesehenen) Speicherproblemen kann begrenzt werden.
- Threads mit begrenzter Lebensdauer reduzieren die Anzahl der Threads bei reduzierter Serverlast.

> **Hinweis**
>
> Bei KeepAlive-Anfragen wird nur die erste Anfrage auf das Maximum angerechnet. Das führt dazu, dass die Anzahl der Verbindungen pro Thread reduziert wird.

9.4.3 MPM leader

Beschreibung:	Eine experimentelle Variante des standardmäßigen worker-MPM
Status:	MPM
Quelldatei:	leader.c
Modulkennung:	mpm_leader_module

> **Achtung**
> Dieses experimentelle MPM funktioniert möglicherweise nicht wie erwartet.

Dies ist eine experimentelle Variante des standardmäßigen worker-MPM. Sie verwendet ein Leader/Followers-Entwurfsmuster, um die Arbeit zwischen Threads zu koordinieren. Weitere Informationen finden Sie unter der Adresse http://deuce.doc.wustl.edu/doc/pspdfs/lf.pdf.

Um das leader-MPM zu benutzen, fügen Sie den Argumenten des Konfigurationsskripts für die Installation --with-mpm=leader hinzu.

Dieses MPM baut auf den Vergleichs- und Tauschoperationen der Apache Portable Runtime (APR) für die Thread-Synchronisation auf. Beim Kompilieren für einen x86-Rechner ohne 386-Unterstützung oder beim Kompilieren für einen SPARC-Rechner, ohne UltraSPARC-Chips, fügen Sie den Argumenten des Konfigurationsskripts --enable-nonportable-atomics=yes hinzu. Dadurch wird die APR veranlasst, Kernoperationen zu implementieren, die effiziente Opcodes verwenden, die älteren CPUs nicht zur Verfügung stehen.

9.4.4 MPM netware

Beschreibung:	Dieses MPM implementiert einen für Novell NetWare optimierten Webserver-Thread.
Status:	MPM
Quelldatei:	mpm_netware.c
Modulkennung:	mpm_netware_module

Dieses MPM implementiert einen exklusiven Webserver-Thread, der für Novell NetWare optimiert wurde.

Der Haupt-Thread ist für den Start des untergeordneten Worker-Threads verantwortlich, der auf die Verbindungsanfragen reagiert. Der Apache versucht immer mehrere freie oder bereite Worker-Threads zu unterhalten, die für eingehende Anforderungen zur Verfügung stehen, damit die Clients nicht auf die Einrichtung eines neuen Kindprozesses für die Beantwortung ihrer Anfrage warten müssen.

Die Direktiven StartThreads, MinSpareThreads, MaxSpareThreads und MaxThreads regulieren, wie der Haupt-Thread die Worker-Threads für die Anfragen erzeugt. Im Allgemeinen ist der Apache stark selbstregulierend, so dass für die meisten Sites die Standardvorgaben für diese Direktiven nicht geändert werden müssen. Bei Sites mit beschränktem Arbeitsspeicher muss der Wert für MaxThreads eventuell heruntergesetzt werden, um eine Serverüberlastung (Einrichten und Beenden bereiter Threads) zu vermeiden. Weitere Informationen zur Feinabstimmung beim Erzeugen von Prozessen finden Sie im im *Abschnitt 2.19 »Apache-Tuning«*.

Die Direktive `MaxRequestsPerChild` kontrolliert, wie häufig der Server Prozesse recycelt, indem er ältere beendet und neue startet. Für das Betriebssystem NetWare sollte unbedingt der Wert 0 beibehalten werden. Das gestattet den Worker-Threads die unbegrenzte Bedienung von Anfragen.

Siehe auch: *2.13 »Konfiguration der von Apache verwendeten Adressen und Ports«*

MaxThreads

Beschreibung:	Legt die maximale Anzahl der Worker-Threads fest.
Syntax:	`MaxThreads Anzahl`
Default:	MaxThreads 2048
Kontext:	server config

Die Direktive `MaxThreads` gibt die gewünschte Anzahl der maximal zulässigen Worker-Threads an. Der Standardwert entspricht gleichzeitig der in den Server kompilierten Obergrenze, so dass der Wert nur heruntergesetzt werden kann. Zum Beispiel:

```
MaxThreads 512
```

ThreadStackSize

Beschreibung:	Legt die Stackgröße für alle Threads fest.
Syntax:	`ThreadStackSize Anzahl`
Default:	ThreadStackSize 65536
Kontext:	server config

Diese Direktive teilt dem Server mit, welche Stackgröße für jeden der ausgeführten Threads zu verwenden ist. Wenn es zu einem Stack-Überlauf kommt, muss dieser Wert hochgesetzt werden.

9.4.5 MPM os2

Beschreibung:	Hybrides Multi-Processing-, Multi-Threaded-MPM für OS/2
Status:	MPM
Quelldatei:	mpmt_os2.c
Modulkennung:	mpm_mpmt_os2_module

Der Server besteht aus einem übergeordneten Hauptprozess und einer kleinen, statischen Anzahl Kindprozesse.

Der Hauptprozess verwaltet die Kindprozesse. Hierzu gehört das bedarfsgerechte Starten der Kindprozesse, damit immer die mit `StartServers` angegebene Anzahl von Prozessen vorhanden ist, um die Verbindungen anzunehmen.

Jeder Kindprozess besteht aus einem Pool von Worker-Threads und einem Haupt-Thread, der Verbindungen annimmt und sie über die Warteschlange an die Worker-Threads weiterreicht. Der Pool mit den Worker-Threads wird dynamisch angepasst und von einem Verwaltungs-Thread betreut, so dass die Anzahl der bereiten Threads immer zwischen `MinSpareThreads` und `MaxSpareThreads` liegt.

Siehe auch: *2.13 »Konfiguration der von Apache verwendeten Adressen und Ports«*

9.4.6 MPM perchild

Beschreibung:	Dieses Multi-Processing-Modul erlaubt Anfragen bedienenden Daemon-Prozessen die Zuweisung unterschiedlicher User-IDs.
Status:	MPM
Quelldatei:	perchild.c
Modulkennung:	mpm_perchild_module

> **Hinweis**
>
> Dieses MPM befindet sich im experimentellen Zustand und funktioniert zurzeit auf den meisten Plattformen nicht.

Dieses Multi-Processing-Modul (MPM) implementiert einen hybriden Multi-Processing-, Multi-Threaded-Webserver. Eine fixe Anzahl von Prozessen erzeugt Threads für die Bearbeitung der Anfragen. Auslastungsschwankungen werden durch mehr oder weniger Threads pro Prozess gesteuert.

Siehe auch: *2.13 »Konfiguration der von Apache verwendeten Adressen und Ports«*

Funktionsweise

Ein einzelner Steuerprozess startet beim Server-Start die mit der Direktive `NumServers` angegebene Anzahl von Kindprozessen. Jeder Kindprozess erzeugt die mit `StartThreads` angegebene Anzahl von Threads. Die einzelnen Threads warten dann auf Verbindungen und bedienen sie bei Eingang.

Der Apache versucht immer, einen Pool freier Server-Threads zur Verfügung zu stellen, die bereit sind, eingehende Anforderungen zu bedienen. Auf diese Weise müssen Clients nicht auf neu zu erzeugende Threads warten. Der Apache berechnet für jeden Kindprozess die Anzahl der bereitstehenden Threads und erzeugt oder zerstört Threads, um ihre Anzahl innerhalb der mit `MinSpareThreads` und `MaxSpareThreads` angegebenen Grenzen zu halten. Da dieser Ablauf in hohem Maße selbstregulierend ist, ist es selten erforderlich, die Standardvorgaben zu verändern. Die maximale Anzahl der Clients, die simultan bedient werden können, wird durch Multiplikation der zu erzeugenden Server-Prozesse (`NumServers`) mit der maximalen Thread-Anzahl berechnet, die für jeden Prozess erzeugt werden (`MaxThreadsPerChild`).

Während der Hauptprozess unter UNIX zur Bindung an den Port 80 normalerweise unter dem Benutzer `root` gestartet wird, werden die Kindprozesse und Threads vom Apache als weniger privilegierte Benutzer gestartet. Die Direktiven `User` und `Group` legen die Rechte der Apache-Kindprozesse fest. Die Kindprozesse müssen in der Lage sein, den gesamten bereitzustellenden Inhalt zu lesen, sollten darüber hinaus aber mit so wenig Rechten wie möglich ausgestattet sein. Wird `suexec` nicht benutzt, legen diese Direktiven außerdem die Rechte fest, die von CGI-Skripten geerbt werden.

Die Direktive `MaxRequestsPerChild` steuert, wie häufig der Server Prozesse durch Beenden und Starten neuer Prozesse recycelt.

Unterschiedliche User-IDs

Das `perchild`-MPM ermöglicht zusätzlich, dass bestimmte Prozesse Anfragen unter unterschiedlichen User-IDs bearbeiten können. Diese User-IDs können dann mit bestimmten virtuellen Hosts verknüpft werden. Für jede User-/Group-Kombination, für die dies möglich sein soll, müssen Sie die `ChildPerUserID`-Direktive verwenden. Anschließend könnnen Sie bestimmte virtuelle Hosts an diese User- und Group-IDs binden.

Im folgenden Beispiel werden sieben Kindprozesse ausgeführt. Zwei von ihnen laufen unter `user1/group1`. Die nächsten vier unter `user2/group2` und der verbleibende Prozess verwendet die `User`- und `Group`-Direktive des Haupt-Servers:

Global config

```
NumServers 7
ChildPerUserID user1 group1 2
ChildPerUserID user2 group2 4
```

Die Verwendung einer nicht ausgewogenen Prozessanzahl wie im obigen Beispiel ist nützlich, wenn die einzelnen virtuellen Hosts eine unterschiedliche Belastung auslösen. Die Zuweisung zu den virtuellen Hosts ist (wie im Beispiel zu sehen) einfach vorzunehmen. In Übereinstimmung mit dem angeführten Beispiel ergibt sich aus dem Folgenden, dass `server2` ungefähr doppelt so viele Anfragen bearbeiten muss wie `server1`.

Beispiel

```
NameVirtualHost *

<VirtualHost *>
  ServerName fallbackhost
  # Keine Zuweisung; Fallback wird verwendet
</VirtualHost>

<VirtualHost *>
  ServerName server1
  AssignUserID user1 group1
</VirtualHost>

<VirtualHost *>
  ServerName server2
  AssignUserID user2 group2
</VirtualHost>
```

AssignUserID

Beschreibung: Bindet einen virtuellen Host an eine User- und Group-ID.
Syntax: `AssignUserID User-Id Group-ID`
Kontext: virtual host

Bindet einen virtuellen Host an eine bestimmte User-/Group-Kombination. Anfragen an den virtuellen Host werden nach dieser Direktive von einem Prozess bedient, der unter der angegebenen User- und Group-ID ausgeführt wird.

Die User- und Group-ID muss in der globalen Serverkonfiguration mit der Direktive ChildPerUserID einer Reihe von Kindprozessen zugewiesen werden. Der vorangehende Abschnitt enthält ein Konfigurationsbeispiel.

ChildPerUserID

Beschreibung:	Angabe von User- und Group-ID für eine Reihe von Kindprozessen.
Syntax:	ChildPerUserID User-ID Group-ID AnzahlKindprozesse
Kontext:	server config

Angabe einer User- und Group-ID für eine Reihe von Kindprozessen. Das dritte Argument (AnzahlKindprozesse) gibt die Anzahl der zu startenden Kindprozesse mit der angegebenen User- und Group-ID an. Es steht *nicht* für eine bestimmte Kindprozessnummer. Damit diese Direktive benutzt werden kann, muss der Server als root ausgeführt werden. Wird der Server unter einem anderen Benutzer gestartet, sind keine Änderungen am weniger privilegierten Benutzer möglich.

Ist die Gesamtzahl der Kindprozesse, die sich aus der Summe der dritten Argumente aller ChildPerUserID-Direktiven in der Konfigurationsdatei ergibt, kleiner als NumServers, erben alle übrigen Kindprozesse die User- und Group-Einstellungen des Haupt-Servers. Der vorangehende Abschnitt enthält ein Konfigurationsbeispiel.

> **Sicherheit**
>
> Setzen Sie User-ID (oder Group-ID) nicht auf root, wenn Sie sich nicht darüber im Klaren sind, was dies bewirkt und welche Gefahren damit verbunden sind.

MaxThreadsPerChild

Beschreibung:	Maximale Anzahl von Threads pro Kindprozess
Syntax:	MaxThreadsPerChild Anzahl
Default:	MaxThreadsPerChild 64
Kontext:	server config

Diese Direktive legt die maximale Anzahl der Threads für jeden Kindprozess fest. Um einen Wert oberhalb der Standardvorgabe zu setzen, muss der Wert der ThreadLimit-Direktive geändert, der Server gestoppt und neu gestartet werden.

NumServers

Beschreibung:	Gesamtzahl der gleichzeitig aktiven Kindprozesse
Syntax:	NumServers Anzahl
Default:	NumServers 2
Kontext:	server config

Die NumServers-Direktive legt die Anzahl der gleichzeitig aktiven Kindprozesse fest. Dieser Wert sollte groß genug sein, um die Anfragen für die gesamte Site bedienen zu können. Um einen Wert größer als 8 setzen zu können, muss der Wert der `ServerLimit`-Direktive geändert, der Server gestoppt und anschließend neu gestartet werden. Der vorangehende Abschnitt enthält ein Konfigurationsbeispiel.

9.4.7 MPM prefork

Beschreibung:	Implementiert einen im Voraus forkenden Webserver ohne Thread-Unterstützung.
Status:	MPM
Quelldatei:	prefork.c
Modulkennung:	mpm_prefork_module

Dieses MPM implementiert einen im Voraus forkenden Webserver ohne Thread-Unterstützung, der Anfragen ähnlich behandelt wie der Apache 1.3. Es ist für Webserver geeignet, die aus Kompatibilitätsgründen mit nicht-Thread-sicheren Bibliotheken Threading vermeiden müssen. Es ist außerdem das geeignetste MPM, um jede Anfrage isoliert zu bearbeiten, damit Probleme mit einem einzelnen Prozess keinen anderen beeinflussen.

Das MPM ist stark selbstregulierend, so dass es selten notwendig ist, seine Konfigurationseinstellungen zu justieren. Das Wichtigste ist, dass `MaxClients` groß genug ist, so viele gleichzeitige Anfragen zu bedienen, wie Sie erwarten, aber klein genug, um sicherzustellen, dass genug physischer Arbeitsspeicher für alle Prozesse vorhanden ist.

Siehe auch: *2.13 »Konfiguration der von Apache verwendeten Adressen und Ports«*

Arbeitsweise

Ein einzelner Steuerprozess ist für den Start von Kindprozessen verantwortlich, die auf Verbindungen warten und diese bedienen, sobald sie eintreffen. Der Apache versucht immer, mehrere freie oder unbeschäftigte Serverprozesse vorzuhalten, die zur Bedienung eingehender Anfragen bereitstehen. Auf diese Weise müssen Clients nicht darauf warten, dass neue Kindprozesse geforkt werden, bevor ihre Anfrage bearbeitet werden kann.

`StartServers`, `MinSpareServers`, `MaxSpareServers` und `MaxClients` regulieren, wie der Elternprozess Kindprozesse zur Bedienung von Anfragen erstellt. Im Allgemeinen ist der Apache sehr selbstregulierend, so dass für die meisten Webserver die Voreinstellung dieser Direktiven nicht verändert werden muss. Systeme, die mehr als 256 gleichzeitige Anfragen bedienen müssen, können `MaxClients` erhöhen, während Systeme mit begrenztem Arbeitsspeicher möglicherweise `MaxClients` heruntersetzen müssen, um den Server vor Flatterverhalten (Arbeitsspeicherinhalte auf Platte auslagern – und zurück) zu schützen. Weitere Informationen zur Feinabstimmung der Prozesserstellung sind im *Abschnitt 2.19 »Apache-Tuning«*.

Während der Elternprozess unter UNIX normalerweise als `root` gestartet wird, um sich an Port 80 binden zu können, werden die Kindprozesse unter einem weniger privilegierten Benutzer gestartet. Die Direktiven `User` und `Group` werden dazu verwendet, die Privilegien der Apache-Kindprozesse festzulegen. Die Kindprozesse müssen in der Lage sein, alle Inhalte zu lesen, die sie ausliefern sollen, sollten darüber hinaus jedoch so wenig Rechte wie möglich besitzen.

`MaxRequestsPerChild` bestimmt, wie häufig der Server Prozesse erneuert, indem er alte beendet und neue startet.

MaxSpareServers

Beschreibung:	Maximale Anzahl der unbeschäftigten Kindprozesse des Servers
Syntax:	MaxSpareServers Anzahl
Default:	MaxSpareServers 10
Kontext:	server config

Die Direktive MaxSpareServers bestimmt das gewünschte Maximum an *unbeschäftigten* Kindprozessen des Servers. Ein unbeschäftiger Prozess ist einer, der keine Anfrage bedient. Wenn mehr als MaxSpareServers Prozesse unbeschäftigt sind, beendet der Elternprozess die überschüssigen Prozesse.

Eine Feineinstellung dieses Parameters sollte nur bei sehr beschäftigten Servern notwendig sein. Es ist selten sinnvoll, den Parameter auf einen hohen Wert zu setzen. Wenn Sie versuchen, den Wert niedriger als mit MinSpareServers angegeben zu setzen, korrigiert ihn der Apache automatisch auf MinSpareServers + 1.

Siehe auch: »*MinSpareServers*«, *Seite 400*, »*StartServers*«, *Seite 390*

MinSpareServers

Beschreibung:	Minimale Anzahl der unbeschäftigten Kindprozesse des Servers
Syntax:	MinSpareServers Anzahl
Default:	MinSpareServers 5
Kontext:	server config

Die Direktive MinSpareServers bestimmt das gewünschte Minimum der *unbeschäftigten* Kindprozesse des Servers. Ein unbeschäftiger Prozess ist einer, der keine Anfrage bedient. Wenn weniger als mit MinSpareServers angegebene Prozesse unbeschäftigt sind, erstellt der Elternprozess mit einer maximalen Rate von einem Prozess pro Sekunde neue Prozesse.

Die Feineinstellung des Parameters sollte nur bei sehr beschäftigten Servern notwendig sein. Es ist selten sinnvoll, den Parameter auf einen hohen Wert zu setzen.

Siehe auch: »*MaxSpareServers*«, *Seite 400*, »*StartServers*«, *Seite 390*

9.4.8 MPM threadpool

Beschreibung:	Eine experimentelle Variante des Standardmoduls worker
Status:	MPM
Quelldatei:	threadpool.c
Modulkennung:	mpm_threadpool_module

> **Achtung**
>
> Dieses MPM ist für Entwickler gedacht und in einem sehr experimentellen Stadium. Seine Funktion ist nicht garantiert.

Diese experimentelle Variante des Standard-MPM worker stellt anders als das worker-MPM Verbindungen nicht in eine Warteschlange. Stattdessen stellt es bereite Worker-Threads in eine Warteschlange und übergibt jede akzeptierte Verbindung an den nächsten verfügbaren Worker-Thread.

Das `threadpool`-MPM ist hinsichtlich der Performance bei Benchmark-Tests nicht mit dem `worker`-MPM vergleichbar. Seit Version 2.0.39 wurden einige der Schlüsselkonzepte zur Lastdrosselung des `threadpool`-MPM für das `worker`-MPM übernommen. Der threadpool-Code eignet sich primär für Forschungszwecke. Für die allgemeine Verwendung und den normalen Betrieb sollten Sie das `worker`-MPM benutzen.

9.4.9 MPM winnt

Beschreibung:	Ein für Windows NT optimiertes Multi-Processing-Modul.
Status:	MPM
Quelldatei:	mpm_winnt.c
Modulkennung:	mpm_winnt_module

Dieses MPM wird per Voreinstellung für das Betriebssystem Windows NT gewählt. Es verwendet einen einzelnen Steuerprozess, der einen einzigen Kindprozess startet, der seinerseits Threads zur Bedienung von Anfragen erzeugt.

WindowsDisableAcceptEx

Beschreibung:	Für die Annahme von Netzwerkverbindungen wird `accept()` anstelle von `AcceptEx()` verwendet.
Syntax:	`WindowsDisableAcceptEx`
Default:	AcceptEx() ist standardmäßig aktiviert. Verwenden Sie diese Direktive, um den Gebrauch von AcceptEx() zu deaktivieren.
Kontext:	server config
Kompatibilität:	Verfügbar ab Version 2.0.49

`AcceptEx()` ist eine Schnittstelle zu Microsoft Winsock v2, die unter bestimmten Umständen einige Leistungsverbesserungen gegenüber dem `accept()`-API von BSD bietet. Einige beliebte Windows-Produkte, typischerweise Virenscanner oder VPN-Pakete, besitzen jedoch Fehler, die den einwandfreien Betrieb von `AcceptEx()` stören. Wenn Sie einen Fehler wie:

```
[error] (730038)An operation was attempted on something that is not a
socket.: winnt_accept: AcceptEx failed. Attempting to recover.
```

erhalten, sollten Sie diese Direktive verwenden, um den Gebrauch von `AcceptEx()` zu unterbinden.

9.4.10 MPM worker

Beschreibung:	Ein Multi-Processing-Modul, das einen Hybrid-Webserver mit Multi-Thread- und Multi-Prozess-Unterstützung implementiert.
Status:	MPM
Quelldatei:	worker.c
Modulkennung:	mpm_worker_module

Dieses Multi-Processing-Modul (MPM) implementiert einen Hybrid-Server mit Multi-Thread- und Multi-Prozessing-Unterstützung. Durch die Verwendung von Threads für die Bedienung von Anfragen ist er in der Lage, eine große Anzahl von Anfragen mit weniger Systemressourcen als ein Prozess-basierter Server zu bedienen. Er behält jedoch viel von der Stabilität eines Prozess-basierten Servers bei, indem er mehrere Prozesse mit jeweils mehreren Threads zur Verfügung stellt.

Die wichtigsten Direktiven zur Steuerung des MPMs sind `ThreadsPerChild`, die die Anzahl der Threads beeinflusst, die von jedem Kindprozess verwendet werden, sowie `MaxClients`, die die maximale Gesamtzahl der Threads regelt, die gestartet werden können.

Siehe auch: *2.13 »Konfiguration der von Apache verwendeten Adressen und Ports«*

Arbeitsweise

Jeder Prozess besitzt eine feste Anzahl von Threads. Um die Last zu bewältigen, passt sich der Server an, indem er die Anzahl der Prozesse erhöht oder verringert.

Ein einzelner Steuerprozess ist für den Start der Kindprozesse verantwortlich. Jeder Kindprozess erstellt eine feste Anzahl von Threads, wie mit der `ThreadsPerChild`-Direktive angegeben. Der einzelne Thread lauscht dann auf Verbindungen und bedient sie, sobald sie eintreffen.

Der Apache versucht immer, einen Vorrat von freien oder unbeschäftigten Threads zu verwalten, die zur Bedienung eingehender Anfragen bereitstehen. Auf diese Art brauchen Clients nicht auf die Erstellung eines neuen Threads oder Prozesses zu warten, bevor ihre Anfrage bedient werden kann. Die Anzahl der Prozesse, die anfangs gestartet wird, wird mit der Direktive `StartServers` festgelegt. Während des Betriebes berechnet der Apache die Gesamtzahl der unbeschäftigten Threads und forkt oder beendet Prozesse, um diese Anzahl innerhalb der mit `MinSpareThreads` und `MaxSpareThreads` angegebenen Grenzen zu halten. Da dieser Prozess sehr selbstregulierend ist, ist es nur selten notwendig, die Voreinstellung dieser Direktiven zu ändern. Die maximale Anzahl an Clients, die gleichzeitig bedient werden können (das heißt die maximale Gesamtzahl der Threads in allen Prozessen), wird mit der Direktive `MaxClients` festgelegt, während die maximale Anzahl an Prozessen, die gestartet werden können, mit der Direktive `ServerLimit` bestimmt wird. `ServerLimit` multipliziert mit `ThreadsPerChild` muss größer oder gleich `MaxClients` sein.

Eine typische Konfiguration der Prozess-Thread-Steuerung für das MPM worker könnte wie folgt aussehen:

```
StartServers 2
MaxClients 150
MinSpareThreads 25
MaxSpareThreads 75
ThreadsPerChild 25
ServerLimit 16
```

Während der Elternprozess unter UNIX normalerweise als `root` gestartet wird, um sich an Port 80 binden zu können, werden die Kindprozesse und Threads unter einem weniger privilegierten Benutzer gestartet. Die Direktiven `User` und `Group` werden dazu verwendet, die Privilegien der Apache-Kindprozesse festzulegen. Die Kindprozesse müssen in der Lage sein, alle Inhalte zu lesen, die sie ausliefern sollen. Jedoch sollten sie darüber hinaus so wenig Rechte wie möglich besitzen. Wird `suexec` nicht verwendet, legen diese Direktiven auch die Privilegien fest, die von CGI-Skripten geerbt werden.

`MaxRequestsPerChild` bestimmt, wie häufig der Server Prozesse erneuert, indem er alte beendet und neue startet.

9.5 Die einzelnen Apache Module

9.5.1 mod_access

Beschreibung:	Zugriff auf den Inhalt des Webservers auf Basis von Hostnamen, IP-Adressen oder anderen Charakteristika der Client-Anfrage
Status:	Base
Quelldatei:	mod_access.c
Modulkennung:	access_module
Kompatibilität:	Nur bis einschließlich Version 2.0

Die Direktiven des Moduls mod_access werden in den Abschnitten <Directory>, <Files> und <Location> sowie in den .htaccess -Dateien für die Zugriffskontrolle auf bestimmte Teile des Servers benutzt. Der Zugriff kann über den Hostnamen, die IP-Adresse oder andere Charakteristika der Client-Anfrage gesteuert werden, die in Umgebungsvariablen enthalten sind. Die Anweisungen Allow und Deny geben an, welchen Clients der Zugriff auf den Server gestattet ist, während die Order-Anweisung den standardmäßigen Zugriff und das Zusammenwirken der Anweisungen Allow und Deny mit anderen Direktiven festlegt.

Die auf Hosts und Passwörtern basierende Zugriffskontrolle kann parallel implementiert werden. In diesem Fall legt die Satisfy-Anweisung das Zusammenwirken beider Verfahren fest.

Im Allgemeinen gelten Zugriffseinschränkungen für alle Zugriffsmethoden (GET, PUT, POST usw.), was meist auch gewünscht wird. In manchen Situationen ist es aber erforderlich, nur für bestimmte Methoden Zugriffseinschränkungen vorzunehmen. Hierfür werden die Direktiven in einen <Limit>-Abschnitt gesetzt.

Siehe auch: »*Satisfy*«, *Seite 370*, »*Require*«, *Seite 368*

Allow

Beschreibung:	Gibt an, welche Hosts auf einen Serverbereich zugreifen dürfen.
Syntax:	Allow from all|Host|env=Umgebungsvariable [Host| env=Umgebungsvariable] ...
Kontext:	directory, .htaccess
Override:	Limit

Die Allow-Anweisung legt fest, welche Hosts auf einen Serverbereich zugreifen können. Der Zugriff kann über den Hostnamen, die IP-Adresse, den IP-Adressbereich oder andere Angaben aus den Umgebungsvariablen der Client-Anfrage gesteuert werden.

Das erste Argument dieser Anweisung ist immer das from-Argument. Darauf können drei unterschiedliche Argumente folgen. Das Argument Allow from all gewährt allen Hosts Zugriff. Die Anweisungen Deny und Order werden weiter unten erläutert. Um nur bestimmten Hosts oder Host-Gruppen den Zugriff auf den Server zu gestatten, kann Host wie folgt angegeben werden:

Ein (partieller) Domänenname

Beispiel:

```
Allow from apache.org
```

Hosts mit übereinstimmenden Namen oder Namensendungen dürfen zugreifen. Dabei werden nur vollständige Namensbestandteile berücksichtigt, was bedeutet, dass im aufgeführten Beispiel der Name foo.apache.org, aber nicht der Name fooapache.org als Übereinstimmung gilt. Bei dieser Konfiguration führt der Apache eine doppelt reversive DNS-Suche nach der IP-Adresse des Clients durch, ungeachtet der Anweisung HostnameLookups. Mit der reversiven DNS-Suche nach der IP-Adresse soll der damit verbundene Hostname gefunden und mit dem anschließenden Suchlauf in umgekehrter Reihenfolge die Übereinstimmung mit der ursprünglichen IP-Adresse ermittelt werden. Nur bei Übereinstimmung beider ist das Ergebnis konsistent und den Hosts wird Zugriff gewährt.

Eine vollständige IP-Adresse

Beispiel:

```
Allow from 10.1.2.3
```

Die IP-Adresse eines Hosts mit Zugriff.

Eine partielle IP-Adresse

Beispiel:

```
Allow from 10.1
```

Die ersten zwei Byte einer IP-Adresse für Subnet-Einschränkungen.

Ein Netzwerk-/Netmask-Paar

Beispiel:

```
Allow from 10.1.0.0/255.255.0.0
```

Netzwerk a.b.c.d und Netmask w.x.y.z. Für eine feiner eingestellte Subnet-Einschränkung.

Eine Netzwerk-/nnn-CIDR-Angabe

Beispiel:

```
Allow from 10.1.0.0/16
```

Gleicht dem letzten Beispiel, die Netmask besteht aber aus nnn oberen 1-Bits.

Die drei letzten Beispiele gelten für genau die gleichen Hosts.

IPv6-Adressen und IPv6-Subnets können wie folgt angegeben werden:

```
Allow from fe80::a00:20ff:fea7:ccea
Allow from fe80::a00:20ff:fea7:ccea/10
```

Das dritte Argument der Allow-Direktive ermöglicht eine Steuerung des Zugriffs auf den Server über eine Umgebungsvariable. Wird Allow env=Umgebungsvariable angegeben, wird der Zugriff gewährt, falls die `Umgebungsvariable` vorhanden ist. Der Server lässt mit den Anweisungen des Moduls `mod_setenvif` ein flexibles Setzen von Umgebungsvariablen basierend auf den Angaben der Client-Anfrage zu. Deshalb kann mit dieser Anweisung der Zugriff über Angaben wie `User-Agent` des Clients (Browsertyp), `Referer` oder andere Felder des HTTP-Anfrage-Headers gesteuert werden.

Beispiel:

```
SetEnvIf User-Agent ^KnockKnock/2\.0 let_me_in
<Directory /docroot>
  Order Deny,Allow
  Deny from all
  Allow from env=let_me_in
</Directory>
```

In diesem Beispiel erhalten Browser Zugriff, deren User-Agent-Zeichenkette mit Knock-Knock/2.0 beginnt, während alle übrigen zurückgewiesen werden.

Deny

Beschreibung:	Legt fest, welchen Hosts der Zugriff auf den Server verwehrt wird.
Syntax:	`Deny from all|Host|env=Umgebungsvariable [Host|env=Umgebungsvariable] ...`
Kontext:	directory, .htaccess
Override:	Limit

Mit dieser Direktive kann der Zugriff auf den Server über den Hostnamen, die IP-Adresse oder über Umgebungsvariablen eingeschränkt werden. Die Argumente für die Deny-Anweisung sind die gleichen wie bei der `Allow`-Anweisung.

Order

Beschreibung:	Legt die Voreinstellung und die Reihenfolge fest, in der `Allow` und `Deny` ausgewertet werden.
Syntax:	`Order Reihenfolge`
Default:	`Order Deny,Allow`
Kontext:	directory, .htaccess
Override:	Limit

Die `Order`-Direktive legt die Standardvorgabe und die Reihenfolge fest, in der die Anweisungen `Allow` und `Deny` ausgewertet werden. Die `Reihenfolge` kann sein:

Deny,Allow

Die `Deny`-Anweisungen werden vor den `Allow`-Anweisungen ausgewertet. Der Zugriff ist standardmäßig gestattet. Jeder Client, für den es keine `Deny`-Direktive oder eine `Allow`-Direktive gibt, hat Zugriff auf den Server.

Allow,Deny

Die Allow-Direktiven werden vor den Deny-Direktiven ausgewertet. Der Zugriff wird standardmäßig verweigert. Jedem Client, für den es keine Allow-Direktive oder eine Deny-Direktive gibt, wird der Zugriff auf den Server verweigert.

Mutual-failure

Nur die Hosts, die in der Allow-Liste und nicht in der Deny-Liste erscheinen, erhalten Zugriff. Diese Reihenfolge führt zum gleichen Ergebnis wie Order Allow,Deny und wird zu Gunsten dieser abgelehnt.

Schlüsselwörter dürfen nur durch ein Komma getrennt werden. Leerstellen sind *nicht* zulässig. Beachten Sie, dass in allen Fällen jede Allow- und jede Deny-Anweisung ausgewertet wird.

Im folgenden Beispiel haben alle Hosts der Domäne apache.org Zugriff. Allen übrigen Hosts wird der Zugriff verweigert.

```
Order Deny,Allow
Deny from all
Allow from apache.org
```

Im nächsten Beispiel wird allen Hosts der Domäne apache.org Zugriff gewährt. Ausgenommen sind Hosts, die zur Subdomäne foo.apache.org gehören. Alle Hosts außerhalb der Domäne apache.org haben infolge der Voreinstellung deny keinen Zugriff auf den Server.

```
Order Allow,Deny
Allow from apache.org
Deny from foo.apache.org
```

Wird die Order-Anweisung aus dem letzten Beispiel jedoch mit Deny,Allow angegeben, dann erhalten alle Hosts Zugriff. Dazu kommt es, weil unabhängig von der tatsächlichen Reihenfolge der Anweisungen in der Konfigurationsdatei, Allow from apache.org zuletzt ausgewertet und Deny from foo.apache.org überschrieben wird. Allen Hosts, die nicht zur Domäne apache.org gehören, wird ebenfalls Zugriff gewährt, weil allow zur Voreinstellung wird.

Das Vorhandensein einer Order-Anweisung kann den Zugriff auf einen Teil des Servers beeinflussen, selbst wenn begleitende Allow- und Deny-Anweisungen fehlen, da sie Auswirkungen auf den standardmäßigen Zugriff hat. Ein Beispiel:

```
<Directory /www>
    Order Allow,Deny
</Directory>
```

Jeder Zugriff auf das Verzeichnis /www wird verweigert, weil standardmäßig die Einstellung deny gilt.

Die Order-Anweisung regelt während jeder Phase der Konfigurationsverarbeitung durch den Server die Reihenfolge für die Verarbeitung der Anweisungen. Das führt zum Beispiel dazu, dass eine Allow- oder eine Deny-Anweisung aus einem <Location>-Abschnitt unabhängig von der Order-Anweisung immer nach einer Allow- oder Deny-Anweisung aus einem <Directory>-Abschnitt oder einer .htaccess-Datei ausgewertet wird. Einzelheiten zur Zusammenstellung der Konfigurationsabschnitte finden Sie im *Abschnitt 2.5 »Konfigurationsabschnitte«*.

9.5.2 mod_actions

Beschreibung:	Dieses Modul ermöglicht die Ausführung von CGI-Skripten in Abhängigkeit von Medientyp und Anfragemethode.
Status:	Base
Quelldatei:	mod_actions.c
Modulkennung:	actions_module

Dieses Modul besitzt zwei Direktiven. Die Action-Direktive erlaubt die Ausführung von CGI-Skripten, wenn eine Datei eines bestimmten Typs angefordert wird. Die Script-Direktive führt CGI-Skripte aus, wenn bei einer Anforderung eine bestimmte Methode benutzt wird. Dadurch wird die Ausführung von Skripten, die Dateien verarbeiten, wesentlich erleichtert.

Siehe auch: *9.5.13 »mod_cgi«, 5.2 »Dynamische Inhalte mit CGI«, 2.16 »Handler«*

Action

Beschreibung:	Aktiviert ein CGI-Skript für einen bestimmten Handler oder Inhaltstyp.
Syntax:	Action Aktionstyp CGI-Skript
Kontext:	server config, virtual host, directory, .htaccess
Override:	FileInfo

Diese Direktive fügt eine Aktion hinzu, die ein CGI-Skript ausführt, wenn der Aktionstyp durch die Anfrage ausgelöst wird. Mit CGI-Skript wird der URL-Pfad zu einer Ressource angegeben, die mit der Direktive ScriptAlias oder AddHandler für die Verwendung von CGI-Skripten vorbereitet wurde. Der Aktionstyp kann ein Handler oder ein MIME-Typ sein. Er übergibt URL und Dateipfad des angeforderten Dokuments mit den standardmäßigen CGI-Umgebungsvariablen PATH_INFO und PATH_TRANSLATED.

Beispiele

```
# Anforderung von Dateien eines bestimmten Typs:
Action image/gif /cgi-bin/images.cgi

# Dateien mit einer bestimmten Dateinamenerweiterung:
AddHandler my-file-type .xyz
Action my-file-type /cgi-bin/program.cgi
```

Im ersten Beispiel werden Anforderungen von Dateien des MIME-Typs image/gif ersatzweise vom angegebenen CGI-Skript /cgi-bin/images.cgi behandelt.

Im zweiten Beispiel werden Anforderungen von Dateien mit der Dateinamenerweiterung .xyz von dem angegebenen CGI-Skript /cgi-bin/program.cgi bedient.

Siehe auch: *»AddHandler«, Seite 528*

Script

Beschreibung:	Aktiviert ein CGI-Skript für eine bestimmte Anforderungsmethode.
Syntax:	`Script Methode CGI-Skript`
Kontext:	server config, virtual host, directory

Diese Direktive fügt eine Aktion hinzu, die das `CGI-Skript` aktiviert, wenn eine Datei mit der angegebenen `Methode` angefordert wird. Das `CGI-Skript` ist der URL-Pfad zu einer Ressource, die mit der Direktive `ScriptAlias` oder `AddHandler` für die Verwendung von CGI-Skripten vorbereitet wurde. URL und Dateipfad des angeforderten Dokuments werden mit den standardmäßigen CGI-Umgebungsvariablen `PATH_INFO` und `PATH_TRANSLATED` übergeben.

> Es kann ein beliebiger Methodenname verwendet werden. Bei Methodennamen werden Groß- und Kleinschreibung unterschieden, so dass `Script PUT` und `Script put` unterschiedliche Folgen haben.

Beachten Sie, dass der Skriptbefehl nur Standardaktionen definiert. Wird ein CGI-Skript oder eine andere Ressource aufgerufen, die die angeforderte Methode intern behandelt, dann geschieht dies auch. Beachten Sie außerdem, dass Skripte nur dann mit einer GET-Methode aufgerufen werden, wenn Anfrageargumente angegeben werden (z.B. foo.html?hi). Andernfalls wird die Anfrage normal bearbeitet.

Beispiele

```
# Stilsuche <ISINDEX>
Script GET /cgi-bin/search

# Ein CGI-PUT-Handler
Script PUT /~bob/put.cgi
```

9.5.3 mod_alias

Beschreibung:	Zuweisung unterschiedlicher Teile des Host-Dateisystems im Dokumentbaum zu URLs und URL-Umleitung
Status:	Base
Quelldatei:	mod_alias.c
Modulkennung:	alias_module

Die in diesem Modul enthaltenen Direktiven erlauben die Manipulation und Steuerung von URLs beim Eingang von Anfragen beim Server. Die Direktiven `Alias` und `ScriptAlias` nehmen Zuweisungen zwischen URLs und Dateisystempfaden vor. Auf diese Weise können Inhalte, die direkt unter der `DocumentRoot` liegen, als Teil des Web-Dokumentbaums bedient werden. Die `ScriptAlias`-Direktive kennzeichnet das Zielverzeichnis zusätzlich als ein Verzeichnis, das nur CGI-Skripte enthält.

Die `Redirect`-Direktiven fordern die Clients auf, eine neue Anfrage mit einer anderen URL zu versuchen. Sie werden häufig benutzt, wenn eine Ressource an einen anderen Ort verlagert wurde.

Siehe auch: *9.5.45 »mod_rewrite«, 2.8 »URLs dem Dateisystem zuordnen«*

Alias

Beschreibung:	Ordnet URLs Positionen im Dateisystem zu.
Syntax:	Alias URL-Pfad | Dateipfad | Verzeichnispfad
Kontext:	server config, virtual host

Die Alias-Direktive ermöglicht das Speichern von Dokumenten im Dateisystem an anderer Position als unter DocumentRoot. URLs, deren Pfad mit dem angegebenen URL-Pfad (%-Codierung) beginnen, werden lokalen Dateien zugeordnet, die mit dem angegebenen Verzeichnispfad beginnen.

Beispiel

```
Alias /image /ftp/pub/image
```

Bei einer Anforderung von http://myserver/image/foo.gif liefert der Server die Datei /ftp/pub/image/foo.gif.

Wird dem URL-Pfad ein Schrägstrich (/) nachgestellt, verlangt der Server einen nachgestellten Schrägstrich (/), um den Alias vervollständigen zu können. Wenn Sie Alias /icons// usr/local/apache/icons/ verwenden, wird daher die URL /icons nicht zugeordnet.

Möglicherweise müssen Sie weitere <Directory>-Abschnitte angeben, die sich mit dem anzusprechenden *Ziel* decken. Alias-Zuordnungen erfolgen vor Überprüfung der <Directory>-Abschnitte, so dass das Ziel eines Alias davon betroffen ist. (Beachten Sie aber, dass <Location>-Abschnitte vor der Alias-Zuordnung durchlaufen und daher angewendet werden.)

Insbesondere bei der Anlage eines Alias für ein Verzeichnis außerhalb der DocumentRoot kann es erforderlich sein, den Zugriff auf das Zielverzeichnis explizit zuzulassen.

Beispiel

```
Alias /image /ftp/pub/image
<Directory /ftp/pub/image>
  Order allow,deny
  Allow from all
</Directory>
```

AliasMatch

Beschreibung:	Weist URLs mit regulären Ausdrücken Positionen im Dateisystem zu.
Syntax:	AliasMatch Regulärer Ausdruck Dateipfad | Verzeichnispfad
Kontext:	server config, virtual host

Diese Direktive entspricht der Alias-Direktive, verwendet aber standardmäßig reguläre Ausdrücke anstelle eines einfachen Präfixvergleichs. Der angegebene reguläre Ausdruck wird mit dem URL-Pfad verglichen und bei Übereinstimmung ersetzt der Server alle geklammerten Übereinstimmungen durch die angegebene Zeichenfolge und verwendet sie als Dateinamen. Das Verzeichnis /icons kann beispielsweise so aktiviert werden:

```
AliasMatch ^/icons(.*) /usr/local/apache/icons$1
```

Redirect

Beschreibung:	Sendet eine externe Umleitung, die vom Client eine andere URL anfordert.
Syntax:	`Redirect [Status] URL-Pfad URL`
Kontext:	server config, virtual host, directory, .htaccess
Override:	`FileInfo`

Die `Redirect`-Direktive ordnet eine alte URL einer neuen zu. Die neue URL wird an den Client zurückgegeben, der ihn mit dieser neuen Adresse noch einmal anfordert. URL-Pfad gibt einen Pfad (%-Codierung) an. Jede Anforderung von Dokumenten, die mit diesem Pfad beginnt, erhält einen Umleitungsfehler mit einer neuen URL (%-Codierung), die mit URL beginnt.

Beispiel

```
Redirect /service http://foo2.bar.com/service
```

Fordert der Client `http://myserver/service/foo.txt` an, dann wird er an `http://foo2.bar.com/service/foo.txt` verwiesen.

> **Hinweis**
>
> `Redirect`-Direktiven haben ungeachtet der Reihenfolge in der Konfigurationsdatei Vorrang vor `Alias`- und `ScriptAlias`-Direktiven. Außerdem muss es sich bei dem URL-Pfad um eine voll qualifizierte URL und nicht um einen relativen Pfad handeln. Das gilt auch für `.htaccess`-Dateien oder innerhalb von `<Directory>`-Abschnitten.

Wird das Argument `Status` nicht angegeben, bleibt die Umleitung »temporär« (HTTP-Status 302). Das zeigt dem Client an, dass diese Ressource temporär verschoben wurde. Das `Status`-Argument kann für die Rückgabe anderer HTTP-Statuscodes verwendet werden:

permanent

Gibt einen permanenten Redirect-Status (301) zurück, der anzeigt, dass die Ressource dauerhaft verlagert wurde.

temp

Gibt einen temporären Redirect-Status (302) zurück (Standardeinstellung).

seeother

Gibt den Status »See Other« (303) zurück, der angibt, dass die Ressource ersetzt wurde.

gone

Gibt den Status »Gone« (410) zurück, der angibt, dass die Ressource dauerhaft entfernt wurde. Wird dieser Status verwendet, sollte das URL-Argument weggelassen werden.

Andere Statuscodes können durch Angabe des numerischen Statuscodes als Wert für Status zurückgegeben werden. Liegt der Statuscode zwischen 300 und 399, muss das Argument URL angegeben werden, andernfalls kann es weggelassen werden. Beachten Sie, dass der Status dem Apache-Code bekannt sein muss (siehe die Funktion send_error_response aus http_protocol.c).

Beispiel

```
Redirect permanent /one http://example.com/two
Redirect 303 /three http://example.com/other
```

RedirectMatch

Beschreibung:	Übergibt eine externe Umleitung, die auf einer Übereinstimmung mit einem regulären Ausdruck für die aktuelle URL basiert.
Syntax:	RedirectMatch [Status] Regulärer Ausdruck URL
Kontext:	server config, virtual host, directory, .htaccess
Override:	FileInfo

Diese Direktive entspricht der Direktive Redirect, verwendet aber standardmäßige reguläre Ausdrücke anstelle eines einfachen Präfixvergleichs. Der angegebene reguläre Ausdruck wird mit dem URL-Pfad verglichen und bei Übereinstimmung ersetzt der Server alle geklammerten Übereinstimmungen durch die angegebene Zeichenfolge und verwendet sie als Dateiname. Alle GIF-Dateien können beispielsweise wie folgt zu ähnlich bezeichneten JPEG-Dateien auf einem Server umgelenkt werden:

```
RedirectMatch (.*)\.gif$ http://www.anotherserver.com$1.jpg
```

RedirectPermanent

Beschreibung:	Übergibt eine externe permanente Umleitung und fordert den Client auf, eine andere URL zu wählen.
Syntax:	RedirectPermanent URL-Pfad URL
Kontext:	server config, virtual host, directory, .htaccess
Override:	FileInfo

Diese Direktive informiert den Client über eine permanente Umleitung (Status 301). Sie stimmt mit Redirect permanent überein.

RedirectTemp

Beschreibung:	Übergibt eine externe temporäre Umleitung und fordert den Client auf, eine andere URL zu wählen.
Syntax:	RedirectTemp URL-Pfad URL
Kontext:	server config, virtual host, directory, .htaccess
Override:	FileInfo

Diese Direktive teilt dem Client mit, dass die Umleitung nur temporär ist (Status 302). Sie stimmt mit Redirect temp überein.

ScriptAlias

Beschreibung:	Ordnet einer URL eine Position im Dateisystem zu und kennzeichnet das Zielobjekt als CGI-Skript.
Syntax:	ScriptAlias URL-Pfad Dateipfad	Verzeichnispfad
Kontext:	server config, virtual host

Die ScriptAlias-Direktive liefert das gleiche Ergebnis wie die Alias-Direktive, allerdings wird das Zielverzeichnis als Verzeichnis mit CGI-Skripten gekennzeichnet, die vom CGI-Skript-Handler des Moduls mod_cgi behandelt werden. URLs mit dem angegebenen URL-Pfad am Anfang (%-Codierung) werden Skripten zugeordnet, die mit dem zweiten Argument beginnen, bei dem es sich um eine vollständige Pfadangabe im lokalen Dateisystem handelt.

Beispiel

```
ScriptAlias /cgi-bin/ /web/cgi-bin/
```

Die Anforderung von http://myserver/cgi-bin/foo würde den Server dazu veranlassen, das Skript /web/cgi-bin/foo auszuführen.

ScriptAliasMatch

Beschreibung:	Ordnet eine URL mit Hilfe eines regulären Ausdrucks einer Position im Dateisystem zu und kennzeichnet das Zielobjekt als CGI-Skript.
Syntax:	ScriptAliasMatch Regulärer Ausdruck Dateipfad	Verzeichnispfad
Kontext:	server config, virtual host

Diese Direktive entspricht der Direktive ScriptAlias, sie verwendet jedoch standardmäßige reguläre Ausdrücke anstelle eines einfachen Präfixvergleichs. Der angegebene reguläre Ausdruck wird mit dem URL-Pfad verglichen und bei Übereinstimmung ersetzt der Server geklammerte Übereinstimmungen durch die angegebene Zeichenfolge und benutzt sie als Dateiname. Das standardmäßige /cgi-bin kann beispielsweise wie folgt aktiviert werden:

```
ScriptAliasMatch ^/cgi-bin(.*) /usr/local/apache/cgi-bin$1
```

9.5.4 mod_asis

Beschreibung:	Sendet Dateien, die ihre eigenen HTTP-Header enthalten.
Status:	Base
Quelldatei:	mod_asis.c
Modulkennung:	asis_module

Dieses Modul stellt den send-as-is-Handler zur Verfügung, der den Apache veranlasst, das Dokument ohne Hinzufügung der meisten der gebräuchlichsten HTTP-Header zu versenden.

Damit kann jede Art von Daten vom Server versendet werden, einschließlich Umleitungen und anderer spezieller HTTP-Antworten, ohne dass dafür ein CGI- oder ein NPH-Skript erforderlich ist.

Aus Kompatibilitätsgründen verarbeitet dieses Modul jede Datei vom MIME-Typ `httpd/send-as-is`.

Siehe auch: »*mod_headers*«, Seite 484, »*mod_cern_meta*«, Seite 452, 2.16 »*Handler*«

Benutzung

In der Serverkonfigurationsdatei werden Dateien mit dem Handler `send-as-is` wie folgt verknüpft:

```
AddHandler send-as-is asis
```

Der Inhalt jeder Datei mit der Erweiterung `.asis` wird vom Server fast unverändert an den Client gesendet. Die Clients benötigen aber HTTP-Header, die Sie nicht vergessen sollten. Ein `Status`-Header ist ebenfalls erforderlich. Bei den Daten sollte es sich um den 3-stelligen HTTP-Antwortcode und eine darauf folgende Textnachricht handeln.

Es folgt ein Beispiel für eine Datei, deren Inhalte *as is* gesendet werden, um dem Client zu signalisieren, dass die Datei umgelenkt wurde.

```
Status: 301 Now where did I leave that URL
Location: http://xyz.abc.com/foo/bar.html
Content-type: text/html

<html>
<head>
<title>Lame excuses'R'us</title>
</head>
<body>
<h1>Fred's exceptionally wonderful page has moved to
<a href="http://xyz.abc.com/foo/bar.html">Joe's</a> site.
</h1>
</body>
</html>
```

Hinweis

Der Server fügt den an den Client zurückgelieferten Daten immer einen `Date`- und `Server`-Header hinzu, weshalb diese nicht in der Datei enthalten sein sollten. Der Server fügt *keinen* `Last-Modified`-Header hinzu, was vielleicht sinnvoll wäre.

9.5.5 mod_auth

Beschreibung:	Benutzerauthentifizierung mit Hilfe von Textdateien
Status:	Base
Quelldatei:	mod_auth.c
Modulkennung:	auth_module
Kompatibilität:	Nur bis zur Version 2.1 verfügbar

Zugriffskontrolle mit Hilfe der so genannten HTTP-Basic-Authentifizierung, bei der die Benutzer über Passwort- und Gruppendateien im einfachen Textformat überprüft werden. Eine ähnliche Funktionalität, aber mehr Anpassungsmöglichkeiten bietet das Modul mod_auth_dbm. Das Modul mod_auth_digest ermöglicht die Zugriffskontrolle über die HTTP-Digest-Authentifizierung.

Siehe auch: »*Require*«, *Seite 368*, »*Satisfy*«, *Seite 370*, »*AuthName*«, *Seite 342*, »*AuthType*«, *Seite 343*

AuthAuthoritative

Beschreibung:	Gibt an, ob die Berechtigung und Authentifizierung an Module niedrigerer Ebene weitergereicht wird.
Syntax:	AuthAuthoritative On|Off
Default:	AuthAuthoritative On
Kontext:	directory, .htaccess
Override:	AuthConfig

Wird AuthAuthoritative explizit auf Off gesetzt, dann werden die Authentifizierung und Berechtigungen an Module auf niedrigerer Ebene weitergereicht (wie in der Datei modules.c definiert), wenn *keine User-ID* oder *Regel* mit der angegebenen User-ID übereinstimmt. Gibt es eine übereinstimmende User-ID und/oder Regel, werden die üblichen Passwort- und Zugriffsüberprüfungen durchgeführt und gegebenenfalls die Antwort »Authentication Required« zurückgegeben.

Taucht also eine User-ID in den Datenbanken mehrerer Module auf oder wird eine gültige Require-Direktive für mehr als ein Modul angewendet, dann überprüft das erste Modul die Berechtigungen und die Authentifizierung wird nicht weitergereicht, was unabhängig von den Einstellungen mit AuthAuthoritative der Fall ist.

Überlicherweise wird dies in Verbindung mit einem der Datenbankmodule wie mod_auth_dbm, mod_auth_msql oder mod_auth_anon angewendet. Diese Module bieten eine Vielzahl von Möglichkeiten zur Benutzerüberprüfung. Einige wenige (administrative) Zugriffsberechtigungen können mit einer gut geschützten AuthUserFile-Direktive an eine niedrigere Ebene weitergereicht werden.

Standardmäßig wird die Kontrolle nicht weitergereicht und eine unbekannte User-ID oder Regel führt zur Antwort »Authentication Required«. Wird die Direktive nicht gesetzt, bleibt das System daher geschützt und es wird ein NCSA entsprechendes Verhalten erzwungen.

Sicherheit

Beachten Sie die damit verbundenen Implikationen, wenn Sie zulassen, dass ein Benutzer in seiner .htaccess-Datei »durchrutscht« und fragen Sie sich, ob Sie das tatsächlich wollen. Im Allgemeinen ist es einfacher, eine einzelne .htpasswd-Datei anstatt eine Datenbank wie mSQL zu schützen. Sorgen Sie dafür, dass AuthUserFile und AuthGroupFile außerhalb des Dokumentzweiges des Webservers gespeichert werden. Legen Sie die Dateien *nicht* in dem Verzeichnis ab, das geschützt werden soll, sonst können sie von Clients heruntergeladen werden.

AuthGroupFile

Beschreibung:	Legt den Namen der Textdatei fest, die die Liste der Benutzergruppen für die Authentifizierung enthält.
Syntax:	AuthGroupFile Dateipfad
Kontext:	directory, .htaccess
Override:	AuthConfig

Die `AuthGroupFile`-Direktive gibt die Textdatei mit der Liste der Benutzergruppen für die Benutzerauthentifizierung an. Der `Dateipfad` ist der Pfad zur Gruppendatei. Wird kein absoluter Pfad angegeben, dann wird er als relativ zur `ServerRoot` interpretiert.

Jede Zeile der Gruppendatei enthält einen Gruppennamen und nach einem Doppelpunkt die durch Leerzeichen voneinander getrennten Namen der Gruppenmitglieder.

Beispiel

```
mygroup: bob joe anne
```

Beachten Sie, dass eine Suche in umfangreichen Textdateien *sehr* ineffektiv ist. Die Direktive `AuthDBMGroupFile` ist hier wesentlich leistungsfähiger.

Sicherheit

Stellen Sie sicher, dass die Direktive `AuthGroupFile` außerhalb des Dokumentzweiges des Webservers gespeichert wird. Legen Sie sie *nicht* in dem Verzeichnis ab, das geschützt werden soll, sonst können Clients die Datei herunterladen.

AuthUserFile

Beschreibung:	Gibt den Namen der Textdatei mit der Benutzerliste und den Passwörtern für die Authentifizierung an.
Syntax:	AuthUserFile Dateipfad
Kontext:	directory, .htaccess
Override:	AuthConfig

Die `AuthUserFile`-Direktive gibt den Namen der Textdatei mit den Benutzernamen und Passwörtern für die Benutzerauthentifizierung an. Der `Dateipfad` gibt den Pfad zur Benutzerdatei an. Handelt es sich nicht um einen absoluten Pfad (das heißt, er beginnt nicht mit einem Schrägstrich), dann wird er relativ zur `ServerRoot` interpretiert.

Jede Zeile der Benutzerdatei enthält einen Benutzernamen, auf den nach einem Komma das verschlüsselte Passwort folgt. Wird die gleiche User-ID mehrfach angegeben, dann überprüft die Direktive `mod_auth` das Passwort anhand des ersten Vorkommens.

Das Hilfsprogramm `htpasswd`, das als Bestandteil der binären Distribution installiert wird und unter `src/support` zu finden ist, dient zur Verwaltung dieser Passwortdatei. Weitere Einzelheiten finden Sie in den Manual-Pages. Eine kurze Zusammenfassung:

Erstellen Sie eine Passwortdatei `Dateiname` mit dem `Benutzernamen` für die erste User-ID. Sie werden zur Eingabe des Passwortes aufgefordert:

```
htpasswd -c Dateiname Benutzername
```

Fügen Sie den `Benutzername2` in die Passwortdatei `Dateiname` ein oder verändern Sie ihn:

```
htpasswd Dateiname Benutzername2
```

Beachten Sie, dass das Durchsuchen umfangreicher Textdateien *sehr* ineffektiv ist. Sie sollten daher die Direktive `AuthDBMUserFile` benutzen.

> **Sicherheit**
>
> Sorgen Sie dafür, dass die `AuthUserFile`-Datei außerhalb des Dokumentzweiges des Webservers gespeichert wird. Speichern Sie die Datei *niemals* in dem Verzeichnis, das durch sie geschützt werden soll, sonst können Clients sie möglicherweise herunterladen.

9.5.6 mod_auth_anon

Beschreibung:	»Anonymer« Benutzerzugriff auf zu authentifizierende Bereiche
Status:	Erweiterung
Quelldatei:	mod_auth_anon.c
Modulkennung:	auth_anon_module
Kompatibilität:	Verfügbar bis zur Version 2.1

Dieses Modul führt eine Zugriffskontrolle ähnlich wie bei einem Anonymous-FTP-Server durch, bei dem als Benutzername `anonymous` oder `guest` und als Passwort die E-Mail-Adresse angegeben wird. Die E-Mail-Adressen können aufgezeichnet werden.

In Kombination mit anderen Authentifizierungsmethoden ist eine effektive Benutzerbeobachtung bei einer entsprechenden Anpassung mit Hilfe eines Benutzerprofils möglich, was eine Öffnung der Site für »nicht registrierte« Benutzer zulässt. Ein Vorteil dieser Benutzerbeobachtung liegt darin, dass anders als bei Cookies und URL-Prä-/Postfixen dieses Verfahren vollständig unabhängig vom Browser ist und Benutzern die gemeinsame Nutzung von URLs ermöglicht.

Beispiel

Das folgende Beispiel erlaubt in Kombination mit den `Auth`-Direktiven eine grundlegende Zugriffskontrolle mit Hilfe einer `htpasswd`-Datei (oder mit GDM, mSQL usw.) einen Benutzerzugang unter dem Namen `guests` bei folgenden Voraussetzungen:

- Es muss ein Benutzername angegeben werden (`Anonymous_NoUserId`).
- Der Benutzer muss ein Passwort eingeben (`Anonymous_MustGiveEmail`).
- Bei diesem Passwort muss es sich um eine gültige E-Mail-Adresse handeln, das heißt, sie muss mindestens ein @-Zeichen und einen Punkt enthalten (`Anonymous_VerifyEmail`).
- Als Benutzername muss `anonymous`, `guest`, `www`, `test` oder `welcome` eingegeben werden, wobei Groß- und Kleinschreibung *nicht* unterschieden werden.
- Die im Feld `passwd` eingegebenen E-Mail-Adressen werden in der Fehlerprotokolldatei aufgezeichnet (`Anonymous_LogEmail`).

Auszug aus der Datei httpd.conf:

```
Anonymous_NoUserId off
Anonymous_MustGiveEmail on
Anonymous_VerifyEmail on
Anonymous_LogEmail on
Anonymous anonymous guest www test welcome

AuthName "Benutzen Sie 'anonymous' & E-Mail-Adresse für den Gastzugang"
AuthType basic

# Es muss eine AuthUserFile/AuthDBUserFile/AuthDBMUserFile-Direktive
# angegeben oder
# Anonymous_Authoritative für öffentlichen Zugang benutzt werden.
# Fügen Sie in der Datei .htaccess für das öffentliche Verzeichnis hinzu:
<Files *>
   Order Deny,Allow
   Allow from all

   Require valid-user
</Files>
```

Anonymous

Beschreibung:	Gibt User-IDs an, die ohne Passwortüberprüfung zugreifen dürfen.
Syntax:	Anonymous Benutzername [Benutzername] ...
Kontext:	directory, .htaccess
Override:	AuthConfig

Eine Liste mit einer oder mehreren User-IDs, denen der Zugriff ohne Passwortüberprüfung erlaubt wird. Die User-IDs werden durch Leerzeichen voneinander getrennt. Mit einfachen und doppelten Anführungszeichen können Leerzeichen oder Escape-Sequenzen in den Benutzernamen eingefügt werden.

Bitte beachten Sie, dass Groß- und Kleinschreibung *nicht* berücksichtigt werden.

Es wird empfohlen, den Benutzernamen anonymous immer in die Liste der zulässigen Namen aufzunehmen.

Beispiel

```
Anonymous anonymous "Not Registered" "I don't know"
```

In diesem Beispiel haben Benutzer mit den Namen anonymous, AnonyMous, Not Registered und andere Spielarten dieses Namens ohne Passwort Zugang.

Anonymous_Authoritative

Beschreibung:	Legt fest, ob die fehlgeschlagene Anfrage an ein Authentifizierungsmodul einer niedrigeren Ebene weitergereicht wird.
Syntax:	Anonymous_Authoritative On | Off
Default:	Anonymous_Authoritative Off
Kontext:	directory, .htaccess
Override:	AuthConfig

Wird On angegeben, erfolgt keine Weitergabe an andere Authentifizierungsmethoden. Stimmt der angegebene Benutzername nicht mit einem mit der Direktive Anonymous angegebenen Namen überein, wird der Zugang verweigert.

Vergegenwärtigen Sie sich, was Sie tun, wenn Sie den Schalter auf On setzen. Und denken Sie daran, dass die Reihenfolge der Authenfizierungsmodule in der Datei modules.c beim Kompilieren festgelegt wird.

Anonymous_LogEmail

Beschreibung:	Schaltet die Protokollierung der Passwörter im Fehlerprotokoll ein oder aus.
Syntax:	Anonymous_LogEmail On | Off
Default:	Anonymous_LogEmail On
Kontext:	directory, .htaccess
Override:	AuthConfig

Wird On angegeben (Standardeinstellung), dann wird das eingegebene Passwort, bei dem es sich im Idealfall um eine gültige E-Mail-Adresse handelt, im Protokoll aufgezeichnet.

Anonymous_MustGiveEmail

Beschreibung:	Legt fest, ob leere Passwörter zulässig sind.
Syntax:	Anonymous_MustGiveEmail On | Off
Default:	Anonymous_MustGiveEmail On
Kontext:	directory, .htaccess
Override:	AuthConfig

Gibt an, ob der Benutzer eine E-Mail-Adresse als Passwort angeben muss, was leere Passwörter verbietet.

Anonymous_NoUserID

Beschreibung:	Legt fest, ob das Feld für den Benutzernamen leer sein darf.
Syntax:	Anonymous_NoUserID On | Off
Default:	Anonymous_NoUserID Off
Kontext:	directory, .htaccess
Override:	AuthConfig

Wird On angegeben, darf das Namensfeld (und möglicherweise auch das Passwortfeld) leer bleiben. Das kann für MS-Explorer-Benutzer ganz bequem sein, die einfach die Eingabetaste drücken oder direkt auf die Schaltfläche OK klicken können, was dem natürlichen Ablauf entspricht.

Anonymous_VerifyEmail

Beschreibung:	Legt fest, ob überprüft werden soll, ob das Passwort eine korrekt formatierte E-Mail-Adresse ist.
Syntax:	`Anonymous_VerifyEmail On	Off`
Default:	Anonymous_VerifyEmail Off
Kontext:	directory, .htaccess
Override:	AuthConfig

Wird On angegeben, dann wird das eingegebene Passwort daraufhin überprüft, ob es die Zeichen @ und . (Punkt) mindestens einmal enthält, um den Nutzer dazu zu veranlassen, eine gültige E-Mail-Adresse anzugeben (siehe oben `Anonymous_LogEmail`).

9.5.7 mod_auth_dbm

Beschreibung:	Benutzerauthentifizierung mit DBM-Dateien
Status:	Erweiterung
Quelldatei:	mod_auth_dbm.c
Modulkennung:	auth_dbm_module
Kompatibilität:	Verfügbar bis zur Version 2.1

Dieses Modul wird für die HTTP-Basic-Authentifizierung verwendet, bei der die Benutzernamen und Passwörter in DBM-Datenbankdateien gespeichert werden. Sie bieten eine Alternative zu den einfachen Textdateien des Moduls `mod_auth`.

Siehe auch: »*AuthName*«, Seite 342, »*AuthType*«, Seite 343, »*Require*«, Seite 368, »*Satisfy*«, Seite 370

AuthDBMAuthoritative

Beschreibung:	Legt fest, ob vom Authentifizierungsmodul nicht gefundene User-IDs an Module mit niedriger Priorität weitergereicht werden.
Syntax:	`AuthDBMAuthoritative On	Off`
Default:	AuthDBMAuthoritative On
Kontext:	directory, .htaccess
Override:	AuthConfig

Wird die `AuthDBMAuthoritative`-Direktive explizit auf Off gesetzt, werden die Authentifizierungsdaten an Module auf niedrigerer Ebene weitergereicht (wie in der Datei `modules.c` definiert), wenn *keine User-ID* oder *Regel* für die angegebene User-ID zutrifft. Ist eine entsprechende User-ID und/oder Regel angegeben, werden die üblichen Passwort- und Zugriffsüberprüfungen durchgeführt und beim Fehlschlag die Meldung »Authentication Required« zurückgegeben.

Taucht eine User-ID in der Datenbank mehrerer Module auf oder trifft eine gültige `Require`-Direktive für mehr als ein Modul zu, dann überprüft das erste Modul die Zugangsdaten und reicht keine Zugriffsrechte weiter, unabhängig davon, wie die Einstellungen der Direktive `AuthDBMAuthoritative` lauten.

Dies kommt häufig in Verbindung mit einem der Grundmodule wie `mod_auth` zum Einsatz. Dieses DBM-Modul bietet eine Vielzahl von Möglichkeiten zur Benutzerprüfung. Einige wenige (administrative) Zugriffe fallen bei einer gut geschützten `.htpasswd`-Datei auf eine niedrigere Ebene durch.

Gemäß Voreinstellung wird die Kontrolle nicht weitergereicht und ein unbekannter Benutzername oder eine unbekannte Regel führen zur Antwort »Authentication Required«. Wird keine Angabe gemacht, bleibt das System daher geschützt und erzwingt ein NCSA entsprechendes Verhalten.

AuthDBMGroupFile

Beschreibung:	Gibt den Namen der Datenbankdatei mit der Liste der Benutzergruppen für die Authentifizierung an.
Syntax:	`AuthDBMGroupFile Dateipfad`
Kontext:	directory, `.htaccess`
Override:	AuthConfig

Die `AuthDBMGroupFile`-Direktive nennt den Namen der DBM-Datei mit der Liste der Benutzergruppen für die Authentifiierung. Als `Dateipfad` wird der absolute Pfad zur Gruppendatei angegeben.

Die Benutzernamen stehen verschlüsselt in der Gruppendatei. Der Eintrag für einen Benutzer besteht aus einer durch Kommata getrennten Liste der Gruppen, denen der Benutzer angehört. Dieser Eintrag darf weder Whitespaces noch Doppelpunkte enthalten.

Achtung: Stellen Sie sicher, dass die `AuthDBMGroupFile`-Datei außerhalb des Dokumentverzeichnisses des Webservers untergebracht wird. Legen Sie sie *niemals* in dem Verzeichnis ab, das geschützt werden soll, da sie sonst von Clients heruntergeladen werden kann, falls sie nicht anders geschützt ist.

Kombination von User- und Group-Datei: In manchen Situationen ist es einfacher, eine einzige Datenbank zu unterhalten, die sowohl die notwendigen Angaben zum Benutzer als auch zur Gruppe enthält. Das erleichtert Programmen das Schreiben: Auf diese Weise müssen sie nur in eine einzige DBM-Datei schreiben und nur diese eine Datei blockieren. Das wird dadurch erreicht, dass User- und Group-Datei auf die gleiche DBM-Datei verweisen:

```
AuthDBMGroupFile /www/userbase
AuthDBMUserFile /www/userbase
```

Der Schlüssel für eine DBM-Datei ist der Benutzername. Das Format sieht folgendermaßen aus:

```
verschlüsseltes_Passwort:Gruppenliste[:(ignoriert)]
```

Der Passwortabschnitt enthält wie zuvor das verschlüsselte Passwort gefolgt von einem Doppelpunkt und der durch Kommata getrennten Gruppenliste. Nach einem weiteren Doppelpunkt können weitere Daten folgen, die jedoch vom Authentifizierungsmodul ignoriert werden. So ist die kombinierte Passwort- und Gruppendatenbank von www.telescope.org aufgebaut.

AuthDBMType

Beschreibung:	Gibt den Typ der Datenbankdatei an, in der Passwörter gespeichert werden.
Syntax:	AuthDBMType Voreinstellung | SDBM | GDBM | NDBM | DB
Default:	AuthDBMType Voreinstellung
Kontext:	directory, .htaccess
Override:	AuthConfig
Kompatibilität:	Verfügbar ab Version 2.0.30

Gibt den Typ der Datenbankdatei an, in der die Passwörter gespeichert werden. Die Voreinstellung wird beim Kompilieren festgelegt. Die Verfügbarkeit anderer Datenbankdateitypen hängt auch von den Einstellungen beim Kompilieren ab.

Es ist äußerst wichtig, dass das Programm, mit dem Sie die Passwortdateien erstellen, so konfiguriert ist, dass es den gleichen Datenbanktyp verwendet.

AuthDBMUserFile

Beschreibung:	Gibt den Namen der Datenbankdatei mit der Benutzerliste und den Passwörtern für die Authentifizierung an.
Syntax:	AuthDBMUserFile Dateipfad
Kontext:	directory, .htaccess
Override:	AuthConfig

Die `AuthDBMUserFile`-Direktive gibt den Namen der DBM-Datei mit der Benutzerliste und den Passwörtern für die Authentifizierung an. Der `Dateipfad` ist der absolute Pfad zur Benutzerdatei.

Der Schlüssel der Benutzerdatei ist der Benutzername. Der Eintrag für einen Benutzer besteht aus dem verschlüsselten Passwort, auf das optional ein Doppelpunkt sowie beliebige Daten folgen können. Der Doppelpunkt und die folgenden Daten werden vom Server nicht beachtet.

> **Sicherheit**
>
> Achten Sie darauf, dass die `AuthDBMUserFile`-Datei außerhalb des Dokumentverzeichnisses des Webservers gespeichert wird. Bringen Sie die Datei *nicht* in dem zu schützenden Verzeichnis unter, da sie sonst von den Clients heruntergeladen werden kann.

Wichtiger Hinweis zur Kompatibilität: Die Implementierung von `dbmopen()` in den Apache-Modulen liest die Länge der Zeichenkette der Hash-Werte aus der DBM-Datenstruktur anstatt darauf zu vetrauen, dass die Zeichenfolge mit einem NULL-Byte endet. Einige Anwendungen wie zum Beispiel der Netscape-Webserver verlassen sich darauf, dass die Zeichenfolge mit einem Null-Byte endet, was bei Verwendung von DBM-Dateien unter Umständen Probleme bereiten kann.

Mit dem Perl-Skript `dbmmanage` können Sie Passwortdateien im DBM-Format für die Verwendung mit diesem Modul erzeugen und bearbeiten.

9.5.8 mod_auth_digest

Beschreibung:	Authentifizierung mit der MD5-Digest-Methode.
Status:	Experimentell
Quelldatei:	mod_auth_digest.c
Modulkennung:	auth_digest_module

Dieses Modul implementiert die HTTP-Digest-Authentifizierung. Da sie noch nicht ausführlich getestet wurde, befindet sie sich noch in einem experimentellen Zustand.

Siehe auch: »*AuthName*«, Seite 342, »*AuthType*«, Seite 343, »*Require*«, Seite 368, »*Satisfy*«, Seite 370

Die Digest-Authentifizierung

Die Verwendung der MD5-Digest-Authentifizierung ist sehr einfach. Die Authentifizierung wird mit den Direktiven `AuthType Digest` und `AuthDigestFile` und nicht mit den Direktiven `AuthType Basic` und `AuthUserFile` eingerichtet. Die `AuthGroupFile`-Direktive wird durch die `AuthDigestGroupFile`-Direktive ersetzt. Ferner werden `AuthDigestDomain`-Anweisungen mit den URI(s) für die geschützten Bereiche angegeben (mindestens ein URI für das Dokumentverzeichnis).

Eine entsprechende Benutzerdatei im Textformat kann mit dem Programm `htdigest` eingerichtet werden.

Beispiel

```
<Location /private/>
  AuthType Digest
  AuthName "private area"
  AuthDigestDomain /private/ http://mirror.my.dom/private2/
  AuthDigestFile /web/auth/.digest_pw
  Require valid-user
</Location>
```

Hinweis

Bei der Digest-Authentifizierung sind die Passwörter sicherer als bei der Basic-Authentifizierung, allerdings muss der Browser dieses Verfahren unterstützen. Seit November 2002 unterstützen die wichtigsten Browser die Digest-Authentifizierung, unter anderem die Browser Opera, MS Internet Explorer (nicht in Verbindung mit einer Abfragezeichenfolge), Amaya, Mozilla und Netscape ab Version 7. Da die Digest-Authentifizierung noch nicht so weit wie die Basic-Authentifizierung verbreitet ist, sollte sie nur in überschaubaren Umgebungen verwendet werden.

AuthDigestAlgorithm

Beschreibung:	Steuert, welcher Algorithmus bei der Digest-Authentifizierung für die Berechnung der Hashwerte verwendet wird.
Syntax:	`AuthDigestAlgorithm MD5	MD5-sess`

Default:	AuthDigestAlgorithm MD5
Kontext:	directory, .htaccess
Override:	AuthConfig

Die `AuthDigestAlgorithm`-Anweisung legt den Algorithmus für die Berechnung der Challenge- und Response-Hashes fest.

> `MD5-sess` ist zurzeit noch nicht korrekt implementiert.

AuthDigestDomain

Beschreibung:	URIs mit gleichen Digest-Authentifizierungsdaten
Syntax:	`AuthDigestDomain URI [URI] ...`
Kontext:	directory, .htaccess
Override:	AuthConfig

Mit der `AuthDigestDomain`-Direktive können ein oder mehrere URIs im gleichen Schutzbereich angegeben werden, (das heißt, Realm und Benutzername/Passwort sind gleich). Die angegebenen URIs sind Präfixe, das heißt, der Client geht davon aus, dass alle URIs »unterhalb« ebenfalls vom gleichen Benutzernamen/Passwort geschützt sind. Die URIs können absolute URIs (mit Schema, Host, Port usw.) oder relative URIs sein.

Diese Direktive *sollte* immer angegeben werden und mindestens den oder die Root-URI(s) für diesen Bereich angeben. Werden keine Angaben gemacht, sendet der Client den Autorisierungsheader mit *jeder* an diesen Server gesendeten Anfrage. Das steigert nicht nur den Umfang der Anfragen, sondern kann sich auch negativ auf die Performance auswirken, wenn `AuthDigestNcCheck` auf `On` gesetzt ist.

Die angegebenen URIs können auch auf unterschiedliche Server verweisen. Clients, die damit umgehen können, nutzen dann ohne wiederholte Nachfrage beim Benutzer die gleichen Benutzernamen/Passwörter für mehrere Server.

AuthDigestFile

Beschreibung:	Standort der Textdatei mit der Benutzerliste und den verschlüsselten Passwörtern
Syntax:	`AuthDigestFile Dateipfad`
Kontext:	directory, .htaccess
Override:	AuthConfig

Mit der `AuthDigestFile`-Direktive wird der Name der Textdatei mit der Benutzerliste und den verschlüsselten Passwörtern für die Digest-Authentifizierung angegeben. Als `Dateipfad` wird der absolute Pfad zur Benutzerdatei angegeben.

Diese Datei verwendet ein spezielles Format und kann mit dem Programm `htdigest` aus dem Unterverzeichnis `support/` der Apache-Distribution erstellt werden.

AuthDigestGroupFile

Beschreibung:	Name der Textdatei mit der Gruppenliste
Syntax:	`AuthDigestGroupFile Dateipfad`
Kontext:	directory, .htaccess

Override:	AuthConfig

Mit der `AuthDigestGroupFile`-Direktive wird der Name der Textdatei mit der Gruppenliste und den Mitgliedern (Benutzernamen) angegeben. Der `Dateipfad` ist der absolute Pfad zur Gruppendatei.

Jede Zeile der Gruppendatei enthält einen Gruppennamen, auf den nach einem Doppelpunkt die durch Leerstellen voneinander getrennte Liste der Benutzernamen folgt. Ein Beispiel:

```
mygroup: bob joe anne
```

Beachten Sie, dass eine Suche in umfangreichen Textdateien *nicht* effektiv ist.

> **Sicherheit**
>
> Achten Sie darauf, dass die `AuthDigestGroupFile`-Datei außerhalb des Dokumentverzeichnisses des Webservers gespeichert wird. Legen Sie diese Datei *nicht* im zu schützenden Verzeichnis ab, da die Clients sie sonst herunterladen können.

AuthDigestNonceLifetime

Beschreibung:	Gültigkeitsdauer des Nonce-Wertes des Servers
Syntax:	AuthDigestNonceLifetime Sekunden
Default:	AuthDigestNonceLifetime 300
Kontext:	directory, .htaccess
Override:	AuthConfig

Die `AuthDigestNonceLifetime`-Direktive legt fest, wie lange der Nonce-Wert (Zeitstempel sowie weitere Daten des Servers) gültig ist. Kontaktiert der Client den Server mit einem abgelaufenen Nonce-Wert, sendet der Server den Status 401 mit `stale=true` zurück. Ist der Wert von Sekunden größer als 0, dann gibt er die Gültigkeitsdauer des Nonce-Wertes an. Der Wert sollte niemals kleiner als zehn Sekunden sein. Ist der Wert kleiner als 0, verliert der Nonce-Wert niemals seine Gültigkeit.

AuthDigestQop

Beschreibung:	Definiert die *Quality-of-Protection* für den Authentifizierungsalgorithmus.
Syntax:	AuthDigestQop none | auth | auth-int [auth | auth-int]
Default:	AuthDigestQop auth
Kontext:	directory, .htaccess
Override:	AuthConfig

Die `AuthDigestQop`-Direktive definiert die *Quality-of-Protection* für den Authentifizierungsalgorithmus. Bei der Voreinstellung `auth` werden nur Benutzername und Passwort überprüft. Bei der Einstellung `auth-int` findet bei der Authentifizierung zusätzlich eine Integritätsprüfung der Daten statt. Hierbei wird ein MD5-Hash über die Daten gebildet und geprüft. Beim Argument `none` wird der alte Digest-Algorithmus nach RFC2069 benutzt (der keine Integritätsprüfung vornimmt). Werden sowohl `auth` als auch `auth-int` angegeben, entscheidet der Browser, welche Prüfung durchgeführt wird. Das Argument none sollte nur benutzt werden, wenn der Browser aus irgendwelchen Gründen die Serveranforderungen nicht erfüllen kann.

> auth-int ist noch nicht implementiert.

AuthDigestShmemSize

Beschreibung:	Definiert die Größe des Shared-Memory, das beim Serverstart für die Clients allokiert wird.
Syntax:	AuthDigestShmemSize Größe
Default:	AuthDigestShmemSize 1000
Kontext:	server config

Die AuthDigestShmemSize-Direktive definiert die Größe des Shared-Memory, das beim Serverstart für die Clients allokiert wird. Der Shared-Memory-Bereich darf nicht kleiner als der für *einen* Client benötigte Bereich sein. Der Wert hängt vom System ab. Wenn Sie den genauen Wert ermitteln möchten, dann setzen Sie für AuthDigestShmemSize den Wert 0 und werten Sie die Fehlermeldung beim Serverstart aus.

Die Größe wird normalerweise in Byte angegeben. Ein K oder M steht für KByte bzw. MByte. Die folgenden Anweisungen sind demnach alle gleichbedeutend:

```
AuthDigestShmemSize 1048576
AuthDigestShmemSize 1024K
AuthDigestShmemSize 1M
```

9.5.9 mod_auth_ldap

Beschreibung:	Erlaubt die Speicherung der Datenbank für die HTTP-Basic-Authentifizierung in einem LDAP-Verzeichnis.
Status:	Experimentell
Quelldatei:	mod_auth_ldap.c
Modulkennung:	auth_ldap_module
Kompatibilität:	Verfügbar ab Version 2.0.41

mod_auth_ldap bietet folgende Eigenschaften:

- Support für das OpenLDAP SDK (1.x und 2.x), das Novell LDAP SDK und das iPlanet SDK (Netscape).
- Komplexe Autorisierungsrichtlinien mit LDAP-Filtern.
- Zugriffskontrolle für Microsoft-FrontPage-Nutzer auf ihre Websites unter Beibehaltung von LDAP für die Benutzerauthentifizierung.
- Extensives Caching von LDAP-Operationen über mod_ldap.
- LDAP-Support für SSL (setzt das Netscape-SDK voraus) oder TLS (setzt das OpenLDAP 2.x- oder das Novell LDAP-SDK voraus).

Siehe auch: *9.5.32 »mod_ldap«*

Inhalte

- Ablauf
  - Die Authentifizierungsphase
  - Die Autorisierungsphase
- Die require-Direktiven
  - require valid-user
  - require user
  - require group
  - require dn
- Beispiele
- TLS
- SSL
- Microsoft FrontPage mit mod_auth_ldap
  - Funktionsweise
  - Einschränkungen

Ablauf

Der Benutzerzugriff wird in zwei Phasen gewährt. Die erste Phase ist die Authentifizierung, in der mod_auth_ldap die Gültigkeit der Benutzerangaben prüft. Sie kann auch als *Such-* oder *Binde*-Phase bezeichnet werden. Die zweite Phase ist die Autorisierung, in der mod_auth_ldap feststellt, ob der zu authentifizierende Benutzer Zugriff auf die fragliche Ressource hat. Sie kann auch als *Vergleichsphase* bezeichnet werden.

Die Authentifizierungsphase

Während der Authentifizierungsphase sucht das Modul mod_auth_ldap nach einem Eintrag im Verzeichnis, der mit dem vom HTTP-Client übermittelten Benutzernamen übereinstimmt. Wird eine eindeutige Übereinstimmung gefunden, versucht das Modul, mit dem DN (Distinguished Name) und dem Passwort des HTTP-Clients eine Bindung an den Verzeichnisserver herzustellen. Weil zuerst gesucht und dann eine Bindung hergestellt wird, kann auch von der Such- und Bindephase gesprochen werden. In der Bindephase werden folgende Schritte durchgeführt:

1. Durch Kombination der Attribute und Filter der AuthLDAPURL-Direktive mit dem vom HTTP-Client übergebenen Benutzernamen wird ein Suchfilter erzeugt.
2. Mit dem erzeugten Filter wird im Verzeichnis gesucht. Liefert die Suche keinen übereinstimmenden Eintrag, wird der Zugriff verweigert oder abgelehnt.
3. Mit dem DN des Suchergebnisses und dem vom HTTP-Client übergebenen DN sowie dem Passwort wird versucht, eine Bindung zum LDAP-Server herzustellen. Kommt die Bindung nicht zustande, wird der Zugriff verweigert oder abgelehnt.

Die folgenden Direktiven werden in dieser Phase benutzt:

AuthLDAPURL	Gibt den LDAP-Server, den Ausgangs-DN, das Attribut für die Suche sowie weitere Filter an.
AuthLDAPBindDN	Ein optionaler DN für die Bindung während der Suchphase
AuthLDAPBindPassword	Ein optionales Passwort für die Bindung während der Suchphase

Die Autorisierungsphase

Während der Autorisierungsphase versucht das Modul mod_auth_ldap festzustellen, ob der Benutzer berechtigt ist, auf die Ressource zuzugreifen. Bei vielen dieser Überprüfungen muss das mod_auth_ldap-Modul eine Vergleichsoperation auf dem LDAP-Server durchführen. Deshalb wird diese Phase auch als Vergleichsphase bezeichnet. mod_auth_ldap akzeptiert folgende require-Anweisungen, um festzustellen, ob die Benutzerangaben korrekt sind:

- Bei einer require valid-user-Anweisung wird Zugriff gewährt.
- Bei einer require user-Anweisung und Übereinstimmung des Benutzernames aus der Anweisung mit dem vom Client übergebenen Benutzernamen wird Zugriff gewährt.
- Bei einer require dn-Anweisung und Übereinstimmung des DN aus der Anweisung mit dem DN aus dem LDAP-Verzeichnis wird Zugriff gewährt.
- Bei einer require group-Anweisung und Vorhandensein des aus dem LDAP-Verzeichnis entnommenen DN (oder des vom Client übergebenen Benutzernamens) in der LDAP-Gruppe wird Zugriff gewährt.
- Andernfalls wird der Zugriff abgelehnt oder verweigert.

In der Vergleichsphase benutzt mod_auth_ldap folgende Anweisungen:

AuthLDAPURL	Das in der URL angegebene Attribut wird für Vergleichsoperationen der require user-Operation benutzt.
AuthLDAPCompareDNOnServer	Legt das Verhalten der require dn-Direktive fest.
AuthLDAPGroupAttribute	Legt das Attribut für Vergleiche der require group-Direktive fest.
AuthLDAPGroupAttributeIsDN	Gibt an, ob der Benutzer-DN oder der Benutzername bei Vergleichen für die require group-Anweisung benutzt werden soll.

Die require-Direktiven

Mit den require-Direktiven wird während der Autorisierungsphase sichergestellt, dass der Benutzer auf eine Ressource zugreifen darf.

require valid-user

Ist die Anweisung vorhanden, gewährt `mod_auth_ldap` jedem Benutzer Zugriff, der sich in der Bindungsphase erfolgreich authentifiziert hat.

require user

Die `require user`-Direktive gibt an, welche Benutzernamen auf die Ressource zugreifen können. Hat `mod_auth_ldap` einen eindeutigen DN im Verzeichnis gefunden, wird eine LDAP-Vergleichsoperation mit dem von `require user` angegebenen Benutzernamen durchgeführt, um festzustellen, ob dieser Benutzername Teil des gerade ermittelten LDAP-Eintrags ist. Werden mehrere Benutzernamen getrennt durch Leerzeichen angegeben, kann mehreren Benutzern der Zugriff gewährt werden. Enthält ein Benutzername ein Leerzeichen, dann muss er in doppelte Anführungszeichen gesetzt werden. Mehreren Benutzern kann auch Zugriff gewährt werden, wenn mehrere `require user`-Anweisungen mit einem Benutzer pro Zeile codiert werden. Mit der `AuthLDAPURL`-Anweisung für `ldap://ldap/o=Airius?cn` (das heißt, cn wird für die Suche benutzt) können beispielsweise folgende `require`-Direktiven den Zugriff regeln:

```
require user "Barbara Jenson"
require user "Fred User"
require user "Joe Manager"
```

Aufgrund der Art und Weise, in der `mod_auth_ldap` diese Direktive behandelt, kann Barbara Jenson sich als *Barbara Jenson*, *Babs Jenson* oder mit jedem anderen cn aus ihrem LDAP-Eintrag anmelden. Nur diese einzige `require user`-Zeile ist erforderlich, um alle Werte des Attributs aus dem Benutzereintrag zu ermöglichen.

Würde das Attribut `uid` an Stelle des Attributs `cn` in dieser URL verwendet, würden sich die drei oben aufgeführten Zeilen auf `require user bjenson fuser jmanager` reduzieren.

require group

Diese Direktive gibt eine LDAP-Gruppe an, deren Mitglieder Zugriff haben. Sie benutzt den DN der LDAP-Gruppe. Angenommen, das LDAP-Verzeichnis enthält folgenden Eintrag:

```
dn: cn=Administrators, o=Airius
objectClass: groupOfUniqueNames
uniqueMember: cn=Barbara Jenson, o=Airius
uniqueMember: cn=Fred User, o=Airius
```

Mit der folgenden Direktive erhalten dann sowohl Fred als auch Barbara Zugriff:

```
require group "cn=Administrators, o=Airius"
```

Das Verhalten dieser Direktive kann mit den Direktiven `AuthLDAPGroupAttribute` und `AuthLDAPGroupAttributeIsDN` modifiziert werden.

require dn

Mit der `require dn`-Direktive kann der Administrator Zugriff über die Distinguished Names gewähren. Sie gibt einen DN an, der übereinstimmen muss, damit Zugriff gewährt wird. Stimmt der im Verzeichnisserver gefundene DN mit dem DN in `require dn` überein, wird der Zugriff gewährt.

Mit der folgenden Anweisung wird einem bestimmten DN Zugriff gewährt:

```
require dn "cn=Barbara Jenson, o=Airius"
```

Das Verhalten dieser Direktive wird von der Direktive `AuthLDAPCompareDNOnServer` modifiziert.

Beispiele

- Jedem aus dem LDAP-Verzeichnis Zugriff gewähren und die UID für die Suche benutzen:

    ```
    AuthLDAPURL "ldap://ldap1.airius.com:389/ou=People, o=Airius?uid?sub?
    (objectClass=*)"
    require valid-user
    ```

- Das folgende Beispiel stimmt mit dem letzten überein, allerdings wurden Felder mit sinnvollen Voreinstellungen weglassen. Beachten Sie außerdem die Verwendung eines redundanten LDAP-Servers.

    ```
    AuthLDAPURL "ldap://ldap1.airius.com ldap2.airius.com/ou=People, o=
    Airius"
    require valid-user
    ```

- Auch das nächste Beispiel gleicht den vorangegangenen, verwendet aber den CN (Common Name) an Stelle der UID. Das kann problematisch sein, wenn mehrere Personen des Verzeichnisses den gleichen cn besitzen, weil eine Suche nach dem cn genau einen Eintrag zurückliefern *muss*. Daher ist diese Vorgehensweise nicht empfehlenswert: Es ist sinnvoller, ein Attribut zu wählen, das garantiert einmalig im Verzeichnis ist, beispielsweise das Attribut `uid`.

    ```
    AuthLDAPURL "ldap://ldap.airius.com/ou=People, o=Airius?cn"
    require valid-user
    ```

- Jedes Mitglied der Gruppe `Administrators` erhält Zugriff. Der Benutzer muss sich mit der User-ID authentifizieren.

    ```
    AuthLDAPURL "ldap://ldap.airius.com/o=Airius?uid"
    require group cn=Administrators, o=Airius
    ```

- Im nächsten Beispiel wird davon ausgegangen, dass jedes Airius-Mitglied mit einem alphanumerischen Pager ein LDAP-Attribut `qpagePagerID` besitzt. Es erhalten nur diejenigen über ihre User-ID Zugriff, die alphanumerische Pager besitzen:

```
AuthLDAPURL "ldap://ldap.airius.com/o=Airius?uid??(qpagePagerID=*)"
require valid-user
```

- Das folgende Beispiel zeigt die Leistungsfähigkeit von Filtern bei komplizierten administrativen Aufgaben. Ohne Filter wäre es notwendig, eine neue LDAP-Gruppe einzurichten und sicherzustellen, dass die Gruppenmitglieder mit den Pager-Benutzern synchronisiert sind. Mit Filtern ist diese Aufgabe leicht zu lösen. Es soll jeder mit einem Filter sowie Joe Manager, der keinen Pager besitzt, aber die gleiche Ressource benötigt, Zugriff erhalten:

```
AuthLDAPURL "ldap://ldap.airius.com/o=Airius?uid??(|(qpagePagerID=
*)(uid=jmanager))"
require valid-user
```

Das letzte Beispiel mag auf den ersten Blick verwirrend erscheinen, daher kann es hilfreich sein, auszuwerten, wie der Suchfilter wie unten auf zwei Verbindungen basierend aussieht. Stellt Fred User die Verbindung als fuser her, dann sieht der Filter wie folgt aus:

```
(&(|(qpagePagerID=*)(uid=jmanager))(uid=fuser))
```

Die Suche ist nur erfolgreich, wenn *fuser* einen Pager besitzt. Stellt Joe Manager die Verbindung als *jmanager* her, sieht der Filter so aus:

```
(&(|(qpagePagerID=*)(uid=jmanager))(uid=jmanager))
```

Die Suche ist erfolgreich, unabhängig davon, ob *jmanager* einen Pager besitzt oder nicht.

TLS

Mehr zur Verwendung des Protokolls TLS finden Sie unter den mod_ldap-Direktiven LDAPTrustedCA und LDAPTrustedCAType.

SSL

Mehr zur Verwendung des Protokolls SSL finden Sie unter den mod_ldap-Direktiven LDAPTrustedCA und LDAPTrustedCAType.

Ein sicherer LDAP-Server wird in der AuthLDAPURL-Direktive mit *ldaps://* und nicht mit *ldap://* angegeben.

Microsoft und mod_auth_ldap

Normalerweise verwendet FrontPage (bzw. das mod_auth-Modul) eigene Benutzer- und Gruppendateien für die Authentifizierung. Es reicht leider nicht aus, die korrekten Direktiven hinzuzufügen, um zur LDAP-Authentifizierung zu wechseln, weil das gegen die *Permissions*-Formulare des FrontPage-Clients verstößt, der versucht, die Textdateien für die Authentifizierung zu modifizieren.

Wurde ein FrontPage-Server eingerichtet, kann die LDAP-Authentifizierung nach Einfügen der folgenden Direktiven in *allen* .htaccess-Dateien verwendet werden:

AuthLDAPURL	"URL"
AuthLDAPAuthoritative	off
AuthLDAPFrontPageHack	on

`AuthLDAPAuthoritative` muss auf `off` gesetzt werden, damit `mod_auth_ldap` die Gruppenauthentifizierung ablehnt und der Apache auf die Dateiauthentifizierung zur Überprüfung der Gruppenmitgliedschaft zurückfällt. Auf diese Weise können von FrontPage verwaltete Gruppendateien benutzt werden.

Funktionsweise

FrontPage kontrolliert den Web-Zugriff über die zusätzliche `require valid-user`-Direktive in den `.htaccess`-Dateien. Wird `AuthLDAPFrontPageHack` nicht aktiviert, ist die `require valid-user`-Direktive für jeden Benutzer erfolgreich, der *gemäß LDAP zulässig ist*. Daraus folgt, dass jeder, der einen Eintrag im LDAP-Verzeichnis besitzt, als zulässiger Benutzer gilt, während FrontPage davon ausgeht, dass nur Benutzer aus der lokalen Benutzerdatei zulässig sind. Der Hack soll den Apache zwingen, die lokale Benutzerdatei (die von FrontPage verwaltet wird) und nicht LDAP zu Rate zu ziehen, wenn die `require valid-user`-Anweisung ausgeführt wird.

Wurden die Direktiven wie oben beschrieben hinzugefügt, sind FrontPage-Benutzer in der Lage, alle Management-Operationen für den FrontPage-Client durchzuführen.

Einschränkungen

- Wird die LDAP-URL gewählt, dann sollte sich das Attribut für die Authentifizierung auch für eine `mod_auth`-Benutzerdatei eignen, was beispielsweise für die User-ID gilt.

- Werden Benutzer über FrontPage hinzugefügt, sollten die FrontPage-Administratoren aus nahe liegenden Gründen Benutzernamen wählen, die bereits im LDAP-Verzeichnis vorhanden sind. Das vom Adminstrator in das Formular eingegebene Passwort wird ignoriert, da der Apache die Authentifizierung mit dem Passwort aus der LDAP-Datenbank und nicht mit dem Passwort aus der lokalen Benutzerdatei durchführt. Dies kann zu Irritationen beim Web-Administrator führen.

- Der Apache muss mit dem `mod_auth`-Modul kompiliert werden, damit FrontPage unterstützt wird. Das liegt daran, dass der Apache weiterhin die `mod_auth`-Gruppendatei für die Ermittlung der Zugangsberechtigung eines Benutzers für die FrontPage-Website benutzt.

- Die Direktiven müssen in die `.htaccess`-Dateien eingefügt werden. Der Versuch, sie in die Abschnitte <Location> oder <Directory> aufzunehmen, schlägt fehl, weil das Modul `mod_auth_ldap` auf die `AuthUserFile`-Anweisung in den `.htaccess`-Dateien von FrontPage zugreifen muss, um die Liste der gültigen Benutzer finden zu können. Befinden sich die `mod_auth_ldap`-Anweisungen nicht in der gleichen `.htaccess`-Datei wie die FrontPage-Direktiven, funktioniert der Hack nicht, weil `mod_auth_ldap` keine Möglichkeit hat, die `.htaccess`-Datei zu verarbeiten, und die von FrontPage verwaltete Benutzerdatei nicht finden kann.

AuthLDAPAuthoritative

Beschreibung:	Anderen Authentifizierungsmodulen die Benutzerüberprüfung verbieten, wenn diese Direktive fehlschlägt.
Syntax:	`AuthLDAPAuthoritative on	off`
Default:	AuthLDAPAuthoritative on
Kontext:	directory, .htaccess
Override:	AuthConfig

Wird der Wert `off` gesetzt, können andere Authentifizierungsmodule eine Benutzerauthentifizierung durchführen, falls dieses Modul fehlschlägt. Dies ist nur möglich, wenn kein DN oder keine Regel mit dem vom Client übergebenen Benutzernamen übereinstimmt.

AuthLDAPBindDN

Beschreibung:	Optionaler DN für die Bindung an den LDAP-Server
Syntax:	`AuthLDAPBindDN Distinguished-Name`
Kontext:	directory, .htaccess
Override:	AuthConfig

Ein optionaler DN, der bei der Suche nach Einträgen die Bindung an den Server herstellt. Wird er nicht angegeben, verwendet `mod_auth_ldap` eine anonyme Bindung.

AuthLDAPBindPassword

Beschreibung:	Ein Passwort, das für den bindenden DN benutzt wird.
Syntax:	`AuthLDAPBindPassword Passwort`
Kontext:	directory, .htaccess
Override:	AuthConfig

Das Passwort, das für den bindenden DN benutzt wird. Da es sich bei diesem Passwort um vertrauliche Daten handeln kann, sollte es gut geschützt sein. Die Direktiven `AuthLDAPBindDN` und `AuthLDAPBindPassword` sollten nur verwendet werden, wenn sie für die Suche im Verzeichnis unbedingt erforderlich sind.

AuthLDAPCharsetConfig

Beschreibung:	Datei mit Zuweisungen von Zeichensätzen zu Sprachcodes
Syntax:	`AuthLDAPCharsetConfig Dateipfad`
Kontext:	server config

Die `AuthLDAPCharsetConfig`-Direktive gibt den Standort der Datei mit den Zuweisungen von Zeichensätzen zu Sprachcodes an. Der `Dateipfad` wird relativ zur `ServerRoot` angegeben. Diese Datei enthält eine Liste mit Zeichensatzdefinitionen. Meist reicht die mitgelieferte Datei `charset.conv` mit den üblichen Zuordnungen für Zeichensätze zu Sprachcodes aus.

Diese Datei enthält Zeilen im Format:

```
Sprachcode Zeichensatz [Sprache] ...
```

Beim Sprachcode werden Groß- und Kleinbuchstaben nicht unterschieden. Leere Zeilen sowie Zeilen, die mit einem Hash (#) beginnen, werden ignoriert.

AuthLDAPCompareDNOnServer

Beschreibung:	Vergleiche zwischen DNs erfolgen auf dem LDAP-Server
Syntax:	AuthLDAPCompareDNOnServer on | off
Default:	AuthLDAPCompareDNOnServer on
Kontext:	directory, .htaccess
Override:	AuthConfig

Wird dieses Attribut auf on gesetzt, benutzt das mod_auth_ldap-Modul den LDAP-Server für Vergleiche zwischen DNs. Dies ist die einzige sichere Vergleichsmethode. Das Modul sucht in dem mit der Direktive require dn angegebenen Verzeichnis nach dem DN und vergleicht diesen mit dem DN aus dem Benutzereintrag. Wird die Voreinstellung zurückgesetzt, führt das Modul mod_auth_ldap einen einfachen String-Vergleich durch. Dieses Verfahren kann zu falschen Ergebnissen führen, es ist aber wesentlich schneller. Der mod_ldap-Cache kann den DN-Vergleich in den meisten Situationen beschleunigen.

AuthLDAPDereferenceAliases

Beschreibung:	Zeitpunkt der Dereferenzierung von Aliasen
Syntax:	AuthLDAPDereferenceAliases never | searching | finding | always
Default:	AuthLDAPDereferenceAliases Always
Kontext:	directory, .htaccess
Override:	AuthConfig

Über diese Direktive wird definiert, wann das Modul mod_auth_ldap bei der Bearbeitung von LDAP-Operationen Aliase dereferenziert. Bei der Voreinstellung always geschieht dies immer sofort.

AuthLDAPEnabled

Beschreibung:	Deaktivierung der LDAP-Authentifizierung in einem Unterverzeichnis
Syntax:	AuthLDAPEnabled on | off
Default:	AuthLDAPEnabled on
Kontext:	directory, .htaccess
Override:	AuthConfig

Wird diese Direktive auf off gesetzt, ist das Modul mod_auth_ldap in bestimmten Verzeichnissen deaktiviert. Das kann sinnvoll sein, wenn mod_auth_ldap im oberen Bereich des Verzeichnisbaums aktiviert ist, aber für bestimmte Bereiche vollständig deaktiviert werden soll.

AuthLDAPFrontPageHack

Beschreibung:	LDAP-Authentifizierung in Verbindung mit MS FrontPage
Syntax:	AuthLDAPFrontPageHack on | off
Default:	AuthLDAPFrontPageHack off
Kontext:	directory, .htaccess
Override:	AuthConfig

Weitere Informationen finden Sie unter »*mod_auth_ldap*«, Seite 425.

AuthLDAPGroupAttribute

Beschreibung:	LDAP-Attribute zur Überprüfung der Gruppenmitgliedschaft
Syntax:	AuthLDAPGroupAttribute *Attribut*
Kontext:	directory, .htaccess
Override:	AuthConfig

Diese Anweisung gibt an, welche LDAP-Attribute für die Überprüfung der Gruppenmitgliedschaft benutzt werden. Mit mehreren Anweisungen kann das Attribut mehrfach gesetzt werden. Wird es nicht angegeben, verwendet das Modul mod_auth_ldap die Attribute member und uniquemember.

AuthLDAPGroupAttributeIsDN

Beschreibung:	Verwendung des Client-DN für die Überprüfung der Gruppenmitgliedschaft
Syntax:	AuthLDAPGroupAttributeIsDN on | off
Default:	AuthLDAPGroupAttributeIsDN on
Kontext:	directory, .htaccess
Override:	AuthConfig

Wenn on gesetzt wird, verlangt diese Direktive die Verwendung des DN des Client-Benutzernamens für die Überprüfung der Gruppenmitgliedschaft. Andernfalls wird der Benutzername benutzt. Hat der Client beispielsweise den Benutzernamen bjenson gesendet, der dem LDAP-DN cn=Babs Jenson, o=Airius entspricht, dann überprüft das Modul mod_auth_ldap, ob cn=Babs Jenson, o=Airius Gruppenmitglied ist. Wird diese Direktive nicht angegeben, überprüft mod_auth_ldap, ob bjenson Gruppenmitglied ist.

AuthLDAPRemoteUserIsDN

Beschreibung:	Die Umgebungsvariable REMOTE_USER erhält den DN des Client-Benutzernamens als Wert.
Syntax:	AuthLDAPRemoteUserIsDN on|off
Default:	AuthLDAPRemoteUserIsDN off
Kontext:	directory, .htaccess
Override:	AuthConfig

Wird diese Direktive auf on gesetzt, entspricht die Umgebungsvariable REMOTE_USER dem vollständigen DN des zu authentifizierenden Benutzers und nicht nur dem vom Client übergebenen Benutzernamen. Standardmäßig ist off vorgegeben.

AuthLDAPUrl

Beschreibung:	Die URL mit den LDAP-Suchparametern
Syntax:	AuthLDAPUrl *url*
Kontext:	directory, .htaccess
Override:	AuthConfig

Eine URL nach RFC2255, die die LDAP-Suchparameter angibt. Die Syntax lautet:

```
ldap://Host:Port/BasisDN?Attribut?Bereich?Filter
```

ldap

Für reguläres LDAP wird die Zeichenfolge ldap angegeben, für gesichertes LDAP ldaps. Gesichertes LDAP steht nur zur Verfügung, wenn der Apache mit einer LDAP-Bibliothek mit SSL-Unterstützung kompiliert wurde.

Host:Port

Name/Port des LDAP-Servers (Voreinstellung: localhost:389 für ldap und localhost:636 für ldaps). Um mehrere redundante LDAP-Server anzugeben, werden alle Server getrennt durch Leerzeichen angegeben. Das Modul mod_auth_ldap versucht, der Reihe nach eine Verbindung zu jedem Server herzustellen, bis eine Verbindung zu Stande kommt.

Konnte eine Serververbindung eingerichtet werden, bleibt diese für die Lebensdauer des httpd-Prozesses oder so lange gültig, bis der LDAP-Server heruntergefahren wird.

Wird der LDAP-Server heruntergefahren oder eine bestehende Verbindung unterbrochen, versucht das Modul mod_auth_ldap die Verbindung wiederherzustellen, wofür der primäre Server gestartet und ein Verbindungsaufbau zu jedem redundanten Server versucht wird, was sich von einem echten Rundruf unterscheidet.

BasisDN

Der DN des Verzeichniszweiges, in dem alle Suchen beginnen sollen. Im äußersten Fall muss dies die Spitze des Verzeichnisbaumes sein, es kann aber auch ein Unterzweig angegeben werden.

Attribut

Das zu suchende Attribut. Das RFC2255 erlaubt zwar eine durch Kommata getrennte Attributliste, es wird aber nur das erste Attribut benutzt, unabhängig davon, wie viele angegeben werden. Werden keine Attribute angegeben, wird standardmäßig uid verwendet. Es ist sinnvoll, ein Attribut zu wählen, das für alle Einträge im Unterzweig eindeutig ist.

Bereich

Der Suchbereich. Angegeben werden kann one oder sub. Gemäß RFC2255 wird zwar auch der Bereich base unterstützt, was jedoch nicht für dieses Modul gilt. Wird kein Bereich oder der Bereich base angegeben, gilt die Voreinstellung sub.

Filter

Ein zulässiger LDAP-Suchfilter. Ohne Angabe gilt die Voreinstellung (objectClass=*), bei der nach allen Objekten gesucht wird. Die Länge der gesamten Filterangabe darf 8.192 Zeichen nicht überschreiten (gemäß der MAX_STRING_LEN-Definition im Apache-Quellcode), was generell ausreichen sollte.

Bei der Durchführung von Suchanfragen werden das Suchattribut, die Filterangabe und der vom HTTP-Client übermittelte Benutzername kombiniert und ein Suchfilter der folgenden Form erzeugt: (&(*Filter*)(*Attribut=Benutzername*)).

Versucht bespielsweise ein Client, für die URL ldap://ldap.airius.com/o=Airius?cn?sub?(posixid=*) eine Verbindung mit dem Benutzernamen Babs Jenson herzustellen, dann ergibt sich folgende Filterangabe: (&(posixid=*)(cn=Babs Jenson)).

Beispiele zu AuthLDAPURL-URLs finden Sie weiter oben.

9.5.10 mod_autoindex

Beschreibung:	Erzeugt automatisch Verzeichnisindexe und ist mit dem UNIX-Befehl `ls` oder dem Shell-Befehl `dir` von Windows vergleichbar.
Status:	Base
Quelldatei:	mod_autoindex.c
Modulkennung:	autoindex_module

Ein Verzeichnisindex kann aus zwei Quellen stammen:

- Aus einer vom Benutzer erstellten Datei, die meist `index.html` genannt wird. Die `DirectoryIndex`-Direktive gibt den Namen dieser Datei an. Sie wird mit `mod_dir` gesteuert.

- Oder aus einer vom Server erstellten Liste. Die anderen Direktiven legen das Format dieser Liste fest. Mit den Anweisungen `AddIcon`, `AddIconByEncoding` und `AddIconByType` wird eine Liste der für die verschiedenen Dateitypen anzuzeigenden Icons erstellt. Für jede aufgeführte Datei wird das als erstes aufgeführte Icon angezeigt. Sie werden von `mod_autoindex` gesteuert.

Die beiden Funktionen sind voneinander getrennt, so dass die automatische Indexerstellung bei Bedarf vollständig entfernt (oder ersetzt) werden kann.

Die automatische Indexerstellung wird mit `Options +Indexes` eingeschaltet. Weitere Einzelheiten hierzu finden Sie in der Beschreibung der `Options`-Direktive.

Wird mit der `IndexOptions`-Direktive die Option `FancyIndexing` angegeben, dann sind die Spaltenüberschriften Links, über die die Reihenfolge der Darstellung geändert werden kann. Bei Auswahl einer Spaltenüberschrift wird die Liste neu erzeugt und nach den Werten in dieser Spalte sortiert. Bei mehrfachem Anklicken derselben Spalte wird zwischen auf- und absteigender Sortierung gewechselt. Die Links der Spaltenüberschriften werden mit der Option `SuppressColumnSorting` der Direktive `IndexOptions` deaktiviert.

Wird die Anzeige nach der Dateigröße sortiert, dann liegt dem immer die *tatsächliche* Dateigröße und nicht der angezeigte Wert zugrunde. Eine 1.010 Byte große Datei wird also bei aufsteigender Sortierung immer vor einer 1.011 Byte großen Datei aufgeführt, obwohl für beide 1 KByte angezeigt wird.

Abfrageargumente für Autoindex

Mit der Apache-Version 2.0.23 wurden die Abfrageargumente für die Spaltensortierung neu organisiert und neue Gruppen von Abfrageoptionen eingeführt. Um jeglichen Einfluss des Clients auf die Ausgabe zu unterbinden, wurde die Option `IndexOptions IgnoreClient` eingeführt.

Die sortierenden Spaltenüberschriften sind selbst selbstreferenzierende Hyperlinks, die die unten aufgeführten Sortieroptionen für die Abfrage hinzufügen. Jede der aufgeführten Optionen kann einer Verzeichnisabfrage hinzugefügt werden.

- C=N sortiert das Verzeichnis nach Dateinamen

- C=M sortiert das Verzeichnis nach dem Datum der letzten Änderung und anschließend nach Dateinamen

- C=S sortiert das Verzeichnis erst nach Größe und anschließend nach Dateinamen

- C=D sortiert das Verzeichnis nach Typ und anschließend nach Dateinamen
- O=A sortiert die Liste in aufsteigender Reihenfolge
- O=D sortiert die Liste in absteigender Reihenfolge
- F=0 formatiert die Liste als einfache Liste (ohne die Option `FancyIndexed`)
- F=1 formatiert die Liste mit der Option `FancyIndexed`
- F=2 formatiert die Liste als HTML-Tabelle und mit der Option `FancyIndexed`
- V=0 deaktiviert die Versionssortierung
- V=1 aktiviert die Versionssortierung
- P=`Muster` führt nur Dateien auf, die dem angegebenen `Muster` entsprechen

Beachten Sie, dass das Argument P erst *nach* der Verarbeitung der üblichen IndexIgnore-Direktiven wirksam wird und alle Dateinamen noch den gleichen Kriterien unterliegen wie alle anderen Autoindex-Listen. Der Parser für die Abfrageargumente aus dem Modul mod_autoindex wird abrupt gestoppt, wenn eine unbekannte Option auftaucht. Die Abfrageargumente müssen entsprechend der oben aufgeführten Tabelle korrekt gebildet werden.

Das folgende einfache Beispiel kann in eine `header.html`-Datei geschrieben werden. Es veranschaulicht die Abfrageoptionen. Das unbekannte Argument »X« für die Submit-Schaltfläche steht ganz am Schluss, um zu gewährleisten, dass alle Argumente gelesen werden, bevor mod_autoindex auf X=Go stößt.

```
<form action="" method="get">
  Show me a <select name="F">
    <option value="0"> Plain list</option>
    <option value="1" selected="selected"> Fancy list</option>
    <option value="2"> Table list</option>
  </select>
  Sorted by <select name="C">
    <option value="N" selected="selected"> Name</option>
    <option value="M"> Date Modified</option>
    <option value="S"> Size</option>
    <option value="D"> Description</option>
  </select>
  <select name="O">
    <option value="A" selected="selected"> Ascending</option>
    <option value="D"> Descending</option>
  </select>
  <select name="V">
    <option value="0" selected="selected"> in Normal order</option>
    <option value="1"> in Version order</option>
  </select>
  Matching <input type="text" name="P" value="*" />
  <input type="submit" name="X" value="Go" />
</form>
```

AddAlt

Beschreibung:	Text, der an Stelle eines nach dem Dateinamen ausgewählten Icons alternativ für eine Datei angezeigt wird
Syntax:	`AddAlt Zeichenfolge Datei [Datei] ...`
Kontext:	server config, virtual host, directory, `.htaccess`
Override:	Indexes

Mit der Direktive `AddAlt` kann bei der Option `FancyIndexing` Text an Stelle eines Icons für eine Datei angezeigt werden. `Datei` kann eine Dateinamenerweiterung, ein Teil eines Dateinamens, ein Ausdruck mit Wildcards oder ein vollständiger Dateiname sein. Wenn die `Zeichenfolge` Leerzeichen enthält, dann müssen diese in Anführungszeichen gesetzt werden (`"` oder `'`). Der alternative Text wird angezeigt, wenn der Client keine Bilder anzeigen kann, Probleme mit dem Laden von Bildern hat oder das Icon nicht finden kann.

Beispiele

```
AddAlt "PDF file" *.pdf
AddAlt Compressed *.gz *.zip *.Z
```

AddAltByEncoding

Beschreibung:	Text, der an Stelle eines nach dem Dateinamen ausgewählten Icons für eine Datei angezeigt wird und der nach der MIME-Codierung ausgewählt wird
Syntax:	`AddAltByEncoding Zeichenfolge MIME-Codierung [MIME-Codierung] ...`
Kontext:	server config, virtual host, directory, `.htaccess`
Override:	Indexes

Mit der Direktive `AddAltByEncoding` kann bei der Option `FancyIndexing` Text an Stelle eines Icons für eine Datei angezeigt werden. `MIME-Codierung` gibt eine zulässige Inhaltscodierung an, beispielsweise `x-compress`. Wenn die `Zeichenfolge` Leerzeichen enthält, müssen diese in Anführungszeichen gesetzt werden (`"` oder `'`). Der alternative Text wird angezeigt, wenn der Client keine Bilder anzeigen kann, Probleme mit dem Laden von Bildern hat oder das Icon nicht finden kann.

Beispiel

```
AddAltByEncoding gzip x-gzip
```

AddAltByType

Beschreibung:	Text, der an Stelle eines Icons für eine Datei angezeigt wird und der nach der MIME-Codierung ausgewählt wird
Syntax:	`AddAltByType Zeichenfolge MIME-Typ [MIME-Typ] ...`
Kontext:	server config, virtual host, directory, `.htaccess`
Override:	Indexes

Mit der Direktive `AddAltByType` kann bei der Option `FancyIndexing` Text an Stelle eines Icons für eine Datei angezeigt werden. `MIME-Codierung` gibt eine zulässige Inhaltscodierung an, beispielsweise `text/html`. Wenn die `Zeichenfolge` Leerzeichen enthält, müssen diese in Anführungszeichen gesetzt werden (" oder '). Der alternative Text wird angezeigt, wenn der Client keine Bilder anzeigen kann, Probleme mit dem Laden von Bildern hat oder das Icon nicht finden kann.

Beispiel

```
AddAltByType 'plain text' text/plain
```

AddDescription

Beschreibung:	Anzeige einer Dateibeschreibung
Syntax:	AddDescription Zeichenfolge Datei [Datei] ...
Kontext:	server config, virtual host, directory, .htaccess
Override:	Indexes

Gibt die bei der Option `FancyIndexing` anzuzeigende Dateibeschreibung an. `Datei` kann eine Dateinamenerweiterung, ein Teil eines Dateinamens, ein Ausdruck mit Wildcards oder ein vollständiger Dateiname für zu beschreibende Dateien sein. Die `Zeichenfolge` wird in doppelte Anführungszeichen gesetzt.

Beispiel

```
AddDescription "The planet Mars" /web/pics/mars.gif
```

Nach der Voreinstellung ist das Beschreibungsfeld üblicherweise 23 Byte groß. 6 weitere Bytes können mit der Option `IndexOptions SuppressIcon`, 7 Bytes mit der Option `IndexOptions-SuppressSize` und 19 Byte mit der Option `IndexOptions SuppressLastModified` hinzugefügt werden. Als größtmöglicher Wert für die Standardbreite ergibt sich daher 55 Byte.

Unter dem Schlüsselwort `DescriptionWidth IndexOptions` finden Sie weitere Einzelheiten zum Überschreiben dieser Spaltenbreite oder für Beschreibungen in unbegrenzter Breite.

> **Achtung**
>
> Der mit `AddDescription` angegebene Text kann HTML-Elemente wie zum Beispiel Tags und Entities enthalten. Sollten durch die Breite der Beschreibungsspalte Tag-Elemente abgeschnitten werden (beispielsweise das Ende eines fett gesetzten Ausdrucks), dann kann sich dies auf den Rest der Verzeichnisliste auswirken.

AddIcon

Beschreibung:	Das anzuzeigende Icon für eine über den Namen ausgewählte Datei
Syntax:	AddIcon Icon Name [Name] ...
Kontext:	server config, virtual host, directory, .htaccess
Override:	Indexes

Diese Anweisung gibt das für die Datei `Name` beim `FancyIndexing` anzuzeigende Icon an. `Icon` ist entweder eine relative URL zum Icon oder liegt im Format (`alttext,url`) vor, wobei `alttext` der Text ist, der von Browsern angezeigt wird, die keine Bilder anzeigen können.

Als Name wird bei Verzeichnissen ^^DIRECTORY^^, für Leerzeilen ^^BLANKICON^^ (für die korrekte Formatierung der Liste), eine Dateinamenerweiterung, ein Wildcard-Ausdruck, ein Teil eines Dateinamens oder ein vollständiger Dateiname angegeben.

Beispiele

```
AddIcon (IMG,/icons/image.xbm) .gif .jpg .xbm
AddIcon /icons/dir.xbm ^^DIRECTORY^^
AddIcon /icons/backup.xbm *~
```

Die Anweisung AddIconByType ist der Anweisung AddIcon vorzuziehen.

AddIconByEncoding

Beschreibung:	Das anzuzeigende Icon für eine über den MIME-Typ ausgewählte Datei
Syntax:	AddIconByEncoding Icon MIME-Codierung [MIME-Codierung] ...
Kontext:	server config, virtual host, directory, .htaccess
Override:	Indexes

Diese Anweisung gibt das für die Datei beim FancyIndexing anzuzeigende Icon an. Icon ist entweder eine relative URL zum Icon oder liegt im Format (alttext,url) vor, wobei alttext der Text ist, der von Browsern angezeigt wird, die keine Bilder anzeigen können.

MIME-Codierung ist ein Wildcard-Ausdruck für den entsprechenden MIME-Typ.

Beispiel

```
AddIconByEncoding /icons/compress.xbm x-compress
```

AddIconByType

Beschreibung:	Das anzuzeigende Icon für eine über den MIME-Typ ausgewählte Datei
Syntax:	AddIconByType Icon MIME-Typ [MIME-Typ] ...
Kontext:	server config, virtual host, directory, .htaccess
Override:	Indexes

Gibt das neben den Dateien vom Typ MIME-Typ beim FancyIndexing anzuzeigende Icon an. Icon ist entweder eine relative URL zum Icon oder liegt im Format (alttext,url) vor, wobei alttext der Text ist, der von Browsern angezeigt wird, die keine Bilder anzeigen können.

MIME-Typ ist ein Wildcard-Ausdruck für die entsprechenden MIME-Typen.

Beispiel

```
AddIconByType (IMG,/icons/image.xbm) image/*
```

DefaultIcon

Beschreibung:	Das Icon, das angezeigt wird, wenn keine Einstellungen vorgenommen wurden
Syntax:	DefaultIcon URL-Pfad
Kontext:	server config, virtual host, directory, .htaccess
Override:	Indexes

Die DefaultIcon-Direktive legt das Icon fest, das für Dateien angezeigt werden soll, für die beim FancyIndexing keine Angaben gemacht wurden. URL-Pfad ist eine relative URL zum Icon.

Beispiel

```
DefaultIcon /icon/unknown.xbm
```

HeaderName

Beschreibung:	Name der Datei, die am Beginn der Indexliste eingefügt wird
Syntax:	HeaderName Dateiname
Kontext:	server config, virtual host, directory, .htaccess
Override:	Indexes

Die HeaderName-Direktive gibt den Namen der Datei an, die am Beginn der Indexliste eingefügt wird. Dateiname ist die einzufügende Datei.

Beispiel

```
HeaderName HEADER.html
```

HeaderName und ReadmeName interpretieren jetzt Dateiname als URI-Pfad relativ zu dem, über den auf das indexierte Verzeichnis zugegriffen wurde. Beginnt der Dateiname mit einem Schrägstrich, wird er als relativ zur DocumentRoot interpretiert.

Beispiel

```
HeaderName /include/HEADER.html
```

Dateiname muss ein Dokument vom Typ text/* (text/html oder text/plain usw.) sein. Das bedeutet, dass der Dateiname auf ein CGI-Script verweisen kann, wenn der tatsächliche Dateityp des Skripts (und nicht seine Ausgabe) vom Typ text/html ist. Zum Beispiel:

```
AddType text/html .cgi
```

Content Negotiation findet statt, wenn Options MultiViews aktiviert wurde. Verweist der Dateiname auf ein statisches text/html-Dokument (nicht auf ein CGI-Script) und ist entweder options Includes oder IncludesNOEXEC aktiviert, wird die Datei für Server-Side Includes verarbeitet (siehe 9.5.29 »mod_include«).

Wenn die mit HeaderName angegebene Datei die Anfänge eines HTML-Dokuments enthält (<html>, <head> usw.), sollte IndexOptions +SuppressHTMLPreamble gesetzt werden, damit diese Tags nicht wiederholt werden.

IndexIgnore

Beschreibung:	Wird der Liste der beim Anzeigen eines Verzeichnisses mit zu verbergenden Dateien hinzugefügt.
Syntax:	IndexIgnore Datei [Datei] ...
Kontext:	server config, virtual host, directory, .htaccess
Override:	Indexes

Die `IndexIgnore`-Direktive ergänzt die Liste der beim Auflisten eines Verzeichnisses zu verbergenden Dateien. `Datei` ist eine Dateinamenerweiterung, ein Teil eines Dateinamens, ein Wildcard-Ausdruck oder ein vollständiger Dateiname für die zu ignorierenden Dateien. Mehrere `IndexIgnore`-Direktiven ergänzen die Liste und überschreiben sie nicht. Standardmäßig enthält die Liste den Eintrag (das aktuelle Verzeichnis).

```
IndexIgnore README .htaccess *~
```

IndexOptions

Beschreibung:	Verschiedene Einstellungen für die Verzeichnisindexierung
Syntax:	IndexOptions [+|-]Option [[+|-]Option] ...
Kontext:	server config, virtual host, directory, .htaccess
Override:	Indexes

Die `IndexOptions`-Direktive definiert den Ablauf der Verzeichnisindexierung. Als `Option` kann angegeben werden:

*DescriptionWidth=[n | *] (ab Version 2.0.23)*

Mit dem Schlüsselwort `DescriptionWidth` kann die Breite der Beschreibungsspalte in Zeichen angegeben werden.

Wird `-DescriptionWidth` gesetzt (oder die Option nicht gesetzt), berechnet `mod_autoindex` die optimale Breite.

`DescriptionWidth=n` definiert eine Spaltenbreite von n Byte.

`DescriptionWidth=*` erweitert die Spaltenbreite auf die für die längste Beschreibung benötigte Breite.

Im *Abschnitt zu »AddDescription«, Seite 439* finden Sie einen Hinweis auf Probleme durch das Abschneiden von Beschreibungen.

FancyIndexing

Aktiviert die Gestaltungsmöglichkeiten für die Verzeichnisindexierung.

FoldersFirst (Ab Version 2.0.23)

Wird diese Option aktiviert, werden Unterverzeichnisse *immer* zuerst angezeigt. Anschließend folgen die normalen Dateien aus dem Verzeichnis. Dadurch wird die Liste in zwei Teile unterteilt (Dateien und Verzeichnisse), die getrennt voneinander sortiert werden. Wird beispielsweise absteigend nach den Namen sortiert und die Option `FoldersFirst` aktiviert, wird das Unterverzeichnis `Zed` vor dem Unterverzeichnis `Beta` und beide vor den Dateien `Gamma` und `Alpha` augeführt. *Diese Option kommt nur zum Tragen, wenn `FancyIndexing` gleichfalls aktiviert wird.*

HTMLTable (Experimentell, ab Version 2.0.23)

Diese Option, die sich noch in einem experimentellen Stadium befindet, erzeugt in Verbindung mit der Option `FancyIndexing` eine einfache Tabelle. Beachten Sie, dass ältere Browser damit Probleme haben können. Das gilt insbesondere dann, wenn Namen und Beschreibungstext zwischen den Leserichtungen links/rechts und rechts/links wechseln, wie dies bei Windows NT oder anderen UTF-8-fähigen Betriebssystemen der Fall sein kann.

IconsAreLinks

Macht die Icons zum Bestandteil des Dateinamenankers (Fancy-Indexing).

IconHeight[=Pixel]

Wird diese Option in Verbindung mit `IconWidth` verwendet, dann bindet der Server die Attribute `height` und `width` in das `img`-Tag für das Datei-Icon ein. Dadurch kann der Browser das Seitenlayout vorausberechnen und muss nicht warten, bis alle Bilder heruntergeladen sind. Wird für diese Option kein Wert angegeben, wird die Standardhöhe für Icons des Apache übernommen.

IconWidth[=Pixel]

Wird diese Option in Verbindung mit der Option `IconHeight` verwendet, dann bindet der Server die Attribute `height` und `width` in das `img`-Tag für das Datei-Icon mit ein. Dadurch kann der Browser das Seitenlayout vorausberechnen und muss nicht warten, bis alle Bilder geladen sind. Wird für diese Option kein Wert angegeben, wird die Standardhöhe für Icons des Apache übernommen.

IgnoreCase

Wird diese Option aktiviert, dann werden Namen nicht unter Berücksichtigung der Groß- und Kleinschreibung sortiert. Bei nach Namen aufsteigender Sortierreihenfolge und aktivierter Option `IgnoreCase` wird beispielsweise die Datei `Zeta` nach der Datei `alfa` aufgeführt (die Datei GAMMA wird immer vor der Datei gamma aufgeführt).

IgnoreClient

Bei dieser Option lässt `mod_autoindex` Abfragevariablen des Clients außer Acht, einschließlich der Sortierreihenfolge (impliziert `SuppressColumnSorting`.)

NameWidth=[n| *]

Mit dem Schlüsselwort `NameWidth` kann die Breite der Dateinamenspalte in Byte angegeben werden.

Die Option `-NameWidth` (oder nicht gesetzt) überlässt `mod_autoindex` die Berechnung der optimalen Breite.

`NameWidth=n` legt eine Spaltenbreite von n Byte fest.

`NameWidth=*` passt die Spaltenbreite dem längsten Eintrag an.

ScanHTMLTitles

Ermittelt den Titel von HTML-Dokumenten für das Fancy-Indexing. Wird der Datei mit AddDescription keine Beschreibung beigegeben, sucht der Server im Dokument nach dem title-Element. Dieser Vorgang belastet die CPU und erfordert Festplattenzugriffe.

SuppressColumnSorting

Wird diese Option angegeben, verwandelt der Apache beim Fancy-Indexing die Spaltenüberschriften nicht in Links für das Sortieren. Standardmäßig sind sie Links. Werden die Überschriften angeklickt, wird die Verzeichnisliste nach den Werten in dieser Spalte sortiert. Vor der Apache-Version 2.0.23 wurde damit auch die Suche nach dem Sortier-String in den Abfrageargumenten deaktiviert. Dieses Verhalten wird seit der Apache-Version 2.0.23 mit der Option IndexOptions IgnoreClient gesteuert.

SuppressDescription

Diese Option unterdrückt die Anzeige der Dateibeschreibung beim Fancy-Indexing. Standardmäßig sind keine Dateibeschreibungen definiert, so dass mit dieser Option 23 weitere Zeichen für andere Zwecke auf dem Bildschirm zur Verfügung stehen. Weitere Informationen zu den Dateibeschreibungen finden Sie unter AddDescription und DescriptionWidth.

SuppressHTMLPreamble

Enthält ein Verzeichnis eine mit HeaderName angegebene Datei, bindet das Modul normalerweise den Inhalt dieser Datei nach einer standardmäßigen HTML-Präambel (<html>, <head> usw.) ein. Die Option SuppressHTMLPreamble unterdrückt dieses Verhalten, so dass das Modul mit der Anzeige der Header-Datei beginnt. Die Header-Datei muss in diesem Fall entsprechende HTML-Anweisungen enthalten. Ist keine Header-Datei vorhanden, wird die normale Präambel erzeugt.

SuppressIcon (Ab Version 2.0.23)

Diese Option unterdrückt die Anzeige des Icons beim Fancy-Indexing. Die Kombination von SuppressIcon und SuppressRules liefert eine korrekte HTML-3.2-Ausgabe, die nach der endgültigen Spezifikation die Elemente img und hr im pre-Block verbietet (mit denen Verzeichnislisten beim Fancy-Indexing formatiert werden).

SuppressLastModified

Mit dieser Option wird beim Fancy-Indexing die Anzeige des Datums der letzten Änderung einer Datei unterdrückt.

SuppressRules (Ab Version 2.0.23)

Die Option unterdrückt die Anzeige der hr-Elemente in Verzeichnislisten. Kombiniert mit den Optionen SuppressIcon und SuppressRules führt das zu einer korrekten HTML-3.2-Ausgabe, die nach der endgültigen Spezifikation die Elemente img und hr im pre-Block verbietet (mit denen Verzeichnislisten beim Fancy-Indexing formatiert werden).

SuppressSize

Diese Option unterdrückt beim Fancy-Indexing die Anzeige der Dateigröße.

TrackModified (Ab Version 2.0.23)

Diese Option liefert die Werte `Last-Modified` und `ETag` für das im HTTP-Header aufgeführte Verzeichnis. Sie ist nur zulässig, wenn das Betriebs- und Dateisystem entsprechende `stat()`-Resultate liefern. Bei einigen UNIX-Systemen sowie beim JFS von OS und den NTFS-Volumes von Windows ist dies der Fall. Bei den FAT-Volumes von OS/2 und Windows trifft das dagegen nicht zu. Wenn die Eigenschaft aktiviert wurde, kann der Client oder der Proxy bei einer HEAD-Anfrage Veränderungen in der Verzeichnisliste verfolgen. Dabei ist zu beachten, dass einige Betriebssysteme hinzugefügte und entfernte Dateien korrekt protokollieren, jedoch Größen- und Datumsänderungen bei den Dateien im Verzeichnis nicht berücksichtigen. Größenänderungen oder Änderungen des Datumsstempels einer vorhandenen Datei aktualisieren bei allen UNIX-Plattformen den `Last-Modified`-Header nicht. Wenn das von Relevanz ist, darf diese Option nicht aktiviert werden.

VersionSort (Ab Version 2.0a3)

Das Schlüsselwort `VersionSort` sorgt bei Dateien mit Versionsnummern für eine natürliche Sortierung. Strings werden wie gewohnt sortiert, abgesehen davon, dass bei Substrings mit Ziffern in den Namen und Beschreibungen die numerischen Werte verglichen werden.

Beispiel

```
foo-1.7
foo-1.7.2
foo-1.7.12
foo-1.8.2
foo-1.8.2a
foo-1.12
```

Beginnt die Zahl mit einer Null, dann wird sie als Unterteilung gewertet:

```
foo-1.001
foo-1.002
foo-1.030
foo-1.04
```

XHTML (Ab Version 2.0.49)

Das Schlüsselwort XHTML veranlasst `mod_autoindex`, XHTML-1.0-Code an Stelle von HTML 3.2 auszugeben.

Inkrementelle Indexoptionen

Mit Apache 1.3.3 wurden wichtige Neuerungen für die `IndexOptions`-Direktiven eingeführt:

- Mehrere `IndexOptions`-Direktiven für ein einzelnes Verzeichnis werden zusammengefasst. Das Ergebnis von:

```
<Directory /foo>
IndexOptions HTMLTable
IndexOptions SuppressColumnSorting
</Directory>
```

entspricht:

```
IndexOptions HTMLTable SuppressColumnSorting
```

- Addition der inkrementellen Syntax (die Voranstellung von + oder -).

Bei jedem Schlüsselwort mit vorangestelltem »+« oder »-« wird dieses für die aktuellen `IndexOptions`-Einstellungen interpretiert (die von einem übergeordneten Verzeichnis stammen können). Wird dagegen ein Schlüsselwort ohne vorangestelltes »+« oder »-« verarbeitet, dann werden alle geerbten Optionen oder bisherigen inkrementellen Einstellungen aufgehoben. Ein Beispiel:

```
IndexOptions +ScanHTMLTitles -IconsAreLinks FancyIndexing
IndexOptions +SuppressSize
```

Das Ergebnis entspricht der Option `IndexOptions FancyIndexing +SuppressSize`, weil `FancyIndexing` ohne Voranstellung die davor liegenden inkrementellen Schlüsselwörter zwar ausgeschaltet hat, aber eine erneute Akkumulierung anschließend wieder zulässt.

Für eine uneingeschränkte Formulierung der `IndexOptions`-Direktive für ein bestimmtes Verzeichnis, die die geerbten Einstellungen löscht, müssen die Schlüsselwörter ohne vorangestelltes +- oder --Zeichen angegeben werden.

IndexOrderDefault

Beschreibung: Gibt die standardmäßige Sortierung eines Verzeichnisses an
Syntax: `IndexOrderDefault Ascending | Descending Name | Date | Size | Description`
Default: `IndexOrderDefault Ascending Name`
Kontext: server config, virtual host, directory, .htaccess
Override: Indexes

Die `IndexOrderDefault`-Direktive wird in Kombination mit der `FancyIndexing`-Option benutzt. Gemäß Voreinstellung werden Verzeichnisse beim Fancy-Indexing aufsteigend nach Dateinamen sortiert. Diese Vorgabe kann mit der `IndexOrderDefault`- Anweisung geändert werden.

`IndexOrderDefault` übernimmt zwei Argumente. Das erste Argument für die Sortierung muss `Ascending` oder `Descending` lauten. Das zweite Argument muss eines der Schlüsselwörter `Name`, `Date`, `Size` oder `Description` sein. Es gibt den primären Sortierschlüssel an. Der sekundäre Schlüssel ist *immer* der aufsteigende Dateiname.

Soll ein Verzeichnis nur in einer bestimmten Reihenfolge angezeigt werden, kann diese Anweisung mit der Option `SuppressColumnSorting` kombiniert werden. Das verhindert, dass der Client die Verzeichnisliste in anderer Reihenfolge anfordern kann.

ReadmeName

Beschreibung:	Der Name der Datei, die am Ende der Verzeichnisliste eingefügt wird
Syntax:	`ReadmeName Dateiname`
Kontext:	server config, virtual host, directory, `.htaccess`
Override:	Indexes

Mit der `ReadmeName`-Direktive wird der Name der Datei angegeben, die an das Ende der Verzeichnisliste gestellt wird. Der `Dateiname` gibt den Pfad der einzufügenden Datei relativ zum indexierten Verzeichnis an. Beginnt der `Dateiname` mit einem Schrägstrich, wird er relativ zur `DocumentRoot` interpretiert.

Beispiel 1

```
ReadmeName FOOTER.html
```

Beispiel 2

```
ReadmeName /include/FOOTER.html
```

9.5.11 mod_cache

Beschreibung:	Seiten-Caching für URI-Bereiche
Status:	Experimentell
Quelldatei:	mod_cache.c
Modulkennung:	cache_module

> **Hinweis**
>
> Dieses Modul befindet sich noch in einem experimentellen Stadium. Die Dokumentation ist zum Zeitpunkt der Drucklegung noch nicht abgeschlossen.

mod_cache implementiert einen dem RFC2616 (siehe http://www.ietf.org/rfc/rfc2616.txt) entsprechenden HTTP-Seiten-Cache für das lokale oder Proxy-Caching. mod_cache benötigt zur Funktion ein oder mehrere Speicher-Management-Module. Zwei solcher Module werden mit der Apache-Distribution mitgeliefert:

mod_disk_cache

implementiert einen festplattenbasierten Speichermanager.

mod_mem_cache

implementiert einen Memory-basierten Speichermanager. mod_mem_cache kann für zwei Modi konfiguriert werden: für das Caching offener Dateideskriptoren oder für das Objekt-Caching im Heap-Speicher. Mit mod_mem_cache können lokal erzeugte Inhalte und Backend-Serverinhalte für mod_proxy zwischengespeichert werden, wenn die Konfiguration mit `ProxyPass` (auch bekannt als *reversiver Proxy*) erfolgt.

Die Inhalte werden im Cache mittels URI-basierter Schlüssel gespeichert und gesucht. Inhalte mit Zugriffsschutz werden nicht zwischengespeichert.

Kapitel 9
Apache-MPMs und -Module

Verwandte Module und Direktiven

Referenzierte Module:	mod_disk_cache	mod_mem_cache
Referenzierte Direktiven:	CacheRoot	CacheSize
	CacheGcInterval	CacheDirLevels
	CacheDirLength	CacheExpiryCheck
	CacheMinFileSize	CacheMaxFileSize
	CacheTimeMargin	CacheGcDaily
	CacheGcUnused	CacheGcClean
	CacheGcMemUsage	MCacheSize
	MCacheMaxObjectCount	MCacheMinObjectSize
	MCacheMaxObjectSize	MCacheRemovalAlgorithm
	MCacheMaxStreamingBuffer	

Beispielkonfiguration

httpd.conf-Beispiel

```
#
# Beispiel: Cache-Konfiguration
#
LoadModule cache_module modules/mod_cache.so

<IfModule mod_cache.c>
  #LoadModule disk_cache_module modules/mod_disk_cache.so
  <IfModule mod_disk_cache.c>
    CacheRoot c:/cacheroot
    CacheSize 256
    CacheEnable disk /
    CacheDirLevels 5
    CacheDirLength 3
  </IfModule>

  LoadModule mem_cache_module modules/mod_mem_cache.so
  <IfModule mod_mem_cache.c>
    CacheEnable mem /
    MCacheSize 4096
    MCacheMaxObjectCount 100
    MCacheMinObjectSize 1
    MCacheMaxObjectSize 2048
  </IfModule>
</IfModule>
```

CacheDefaultExpire

Beschreibung:	Die standardmäßige Zeitspanne für das Caching eines Dokuments, wenn keine Gültigkeitsdauer angegeben ist
Syntax:	CacheDefaultExpire Sekunden
Default:	CacheDefaultExpire 3600 (eine Stunde)
Kontext:	server config, virtual host

Die `CacheDefaultExpire`-Direktive legt fest, bis zu welchem Zeitraum (angegeben in Sekunden) eine Seite aus dem Cache zurückgeliefert werden soll, wenn mit der Seite weder die Gültigkeitsdauer noch das Datum der letzten Veränderung mitgeliefert werden. Der mit der `CacheMaxExpire`-Anweisung angegebene Wert überschreibt diese Vorgabe *nicht*.

```
CacheDefaultExpire 86400
```

CacheDisable

Beschreibung:	Deaktiviert das Caching für angegebene URLs.
Syntax:	CacheDisable URL-String
Kontext:	server config, virtual host

Die `CacheDisable`-Direktive weist das Modul `mod_cache` an, Cache-URLs unter dem angegebenen `URL-String` *nicht* in das Caching einzubeziehen.

Beispiel

```
CacheDisable /local_files
```

CacheEnable

Beschreibung:	Aktiviert das Caching für bestimmte URLs mit dem angegebenen Speichermanager.
Syntax:	CacheEnable cache_type URL-String
Kontext:	server config, virtual host

Die `CacheEnable`-Direktive weist das `mod_cache`-Modul an, URLs des angegebenen oder darunterliegender `URL-Strings` zwischenzuspeichern. Der Speichermanager wird mit dem Argument `cache_type` angegeben. Die Anweisung `cache_type mem` weist das Modul `mod_cache` an, den von `mod_mem_cache` implementierten Memory-Speichermanager zu verwenden. `cache_type disk` instruiert das Modul `mod_cache`, den festplattenbasierten Speichermanager zu benutzen, der von `mod_disk_cache` implementiert wurde. `cache_type fd` gibt die Anweisung, den von `mod_mem_cache` implementierten Dateideskriptor-Cache zu benutzen.

Überlappen sich die mit unterschiedlichen `CacheEnable`-Direktiven angegebenen URL-Bereiche (wie im folgenden Beispiel), wird jeder mögliche Speichermanager ausgeführt bis zum ersten, der die Anfrage tatsächlich verarbeitet. Die Reihenfolge, in der die Speichermanager ausgeführt werden, wird durch die Reihenfolge der `CacheEnable`-Direktiven in der Konfigurationsdatei festgelegt.

```
CacheEnable mem /manual
CacheEnable fd /images
CacheEnable disk /
```

CacheForceCompletion

Beschreibung:	Prozenntual erreichter Mindestanteil des übertragenen Dokuments, nach dem der Server die Datei vollständig in den Cache lädt, auch wenn die Anfrage storniert wurde.
Syntax:	CacheForceCompletion Prozent
Default:	CacheForceCompletion 60
Kontext:	server config, virtual host

Normalerweise wird beim Abbruch einer Anfrage während des Cachings und der Auslieferung der Seite an den Client die Bearbeitung der Anfrage gestoppt und der Cache-Eintrag entfernt. Die CacheForceCompletion-Direktive gibt einen Grenzwert an, nach dessen Überschreitung das Laden in den Zwischenspeicher abgeschlossen wird, selbst wenn die Anfrage abgebrochen wurde.

Dieser Grenzwert ist eine Prozentangabe zwischen 1 und 100. Bei Angabe des Wertes 0 wird die Standardvorgabe benutzt. Beim Wert 100 werden Dokumente zwischengespeichert, die vollständig übertragen wurden. Empfohlen wird ein Wert zwischen 60 und 90.

```
CacheForceCompletion 80
```

> **Hinweis:**
> Diese Möglichkeit ist zurzeit noch nicht implementiert.

CacheIgnoreCacheControl

Beschreibung:	Die Client-Aufforderung, die Seite in den Cache zu stellen, bleibt unberücksichtigt.
Syntax:	CacheIgnoreCacheControl On | Off
Default:	CacheIgnoreCacheControl Off
Kontext:	server config, virtual host

Normalerweise werden Dokumente mit einem No-Cache- oder No-Store-Header nicht zwischengespeichert. Mit der Anweisung CacheIgnoreCacheControl kann dieses Verhalten jedoch außer Kraft gesetzt werden. CacheIgnoreCacheControl weist den Server an, das Dokument zwischenzuspeichern, auch wenn No-Cache- oder No-Store-Header vorhanden sind. Dokumente, bei denen eine Authentifizierung erforderlich ist, werden *niemals* zwischengespeichert.

```
CacheIgnoreCacheControl On
```

CacheIgnoreNoLastMod

Beschreibung:	Fehlende Last-Modified-Header werden ignoriert.
Syntax:	CacheIgnoreNoLastMod On | Off
Default:	CacheIgnoreNoLastMod Off
Kontext:	server config, virtual host

Normalerweise werden Dokumente bzw. Dateien ohne `Last-Modified`-Header nicht zwischengespeichert. Unter bestimmten Umständen wird das Datum der letzten Änderung entfernt (beispielsweise während der `mod_include`- Verarbeitung) oder überhaupt nicht mitgeliefert. Die `CacheIgnoreNoLastMod`-Direktive bietet die Möglichkeit, anzugeben, dass Dokumente ohne Datum der letzten Änderung beim Caching zu berücksichtigen sind. Wird weder ein `Last-Modified`- noch ein `Expire`-Header mit der Seite mitgeliefert, dann wird der mit der `CacheDefaultExpire`-Direktive angegebene Wert zum Erzeugen einer Gültigkeitsdauer verwendet.

```
CacheIgnoreNoLastMod On
```

CacheLastModifiedFactor

Beschreibung:	Der Faktor für die Berechung der Gültigkeitsdauer mittels des Last-Modified-Datums
Syntax:	CacheLastModifiedFactor float
Default:	CacheLastModifiedFactor 0.1
Kontext:	server config, virtual host

Weist ein Dokument keine Gültigkeitsdauer, aber ein Datum der letzten Änderung auf, kann die Gültigkeitsdauer mit Hilfe des Datums der letzten Veränderung berechnet werden. Die `CacheLastModifiedFactor`-Direktive gibt einen Faktor für die Berechnung der Gültigkeitsdauer mit folgender Formel an:

```
Gültigkeitsdauer = Last-Modified-Datum * Faktor
Gültigkeitsablauf = Aktuelles Datum + Gültigkeitsdauer
```

Wurde das Dokument beispielsweise vor 10 Stunden geändert und der Faktor ist 0,1, wird die Gültigkeitsdauer auf 10 * 0,1 = 1 Stunde gesetzt. War die Uhrzeit 3:00, liegt der berechnete Gültigkeitsablauf bei 3:00 Uhr + 1 Stunde = 4:00 Uhr. Wäre die Gültigkeitsdauer länger als mit `CacheMaxExpire` angegeben, dann hätte diese Vorrang.

```
CacheLastModifiedFactor 0.5
```

CacheMaxExpire

Beschreibung:	Die maximale Dauer für das Caching eines Dokuments in Sekunden
Syntax:	CacheMaxExpire Sekunden
Default:	CacheMaxExpire 86400 (ein Tag)
Kontext:	server config, virtual host

Die `CacheMaxExpire`-Direktive gibt die maximale Dauer für das Caching von HTTP-Dokumenten ohne Nachfrage beim Ursprungsserver in Sekunden an. Das bedeutet, dass die Seite maximal die angegebene Zeit nicht auf dem neuesten Stand ist. Dieser Maximalwert bleibt auch dann gültig, wenn mit der Seite ein Ablaufdatum angegeben wurde.

```
CacheMaxExpire 604800
```

9.5.12 mod_cern_meta

Beschreibung:	Emulation der Semantik der CERN-Metadateien
Status:	Erweiterung
Quelldatei:	mod_cern_meta.c
Modulkennung:	cern_meta_module

Dieses Modul emuliert die Semantik der CERN-HTTPD-Metadateien. Metadateien sind HTTP-Header, die neben den normalen Headern der übertragenen Dateien ausgegeben werden können. Sie sind am ehesten mit den .asis-Dateien zu vergleichen und bieten neben anderen Kuriositäten eine grobe Möglichkeit, den Expires-Header zu beeinflussen. Es gibt viele Möglichkeiten, Meta-Informationen zu verwalten, diese wurde ausgewählt, weil es bereits eine große Anzahl von Benutzern des CERN-Webservers gibt, die dieses Modul nutzen können.

Unter http://www.w3.org/pub/WWW/Daemon/User/Config/General.html#MetaDir (Semantik der CERN-Metadateien) finden Sie weitere Informationen.

Siehe auch: *9.5.27 »mod_headers«*, *9.5.4 »mod_asis«*

MetaDir

Beschreibung:	Name des Verzeichnisses mit CERN-Meta-Informationen
Syntax:	MetaDir Verzeichnis
Default:	MetaDir .web
Kontext:	server config, virtual host, directory, .htaccess
Override:	Indexes

Gibt den Namen des Verzeichnisses an, in dem der Apache Meta-Informationsdateien findet. Normalerweise handelt es sich um ein verstecktes Unterverzeichnis in dem Verzeichnis, das die Datei enthält, auf die zugegriffen wird. Bei der Angabe ».« wird im gleichen Verzeichnis gesucht:

```
MetaDir .
```

Im nächsten Beispiel wird in einem Unterverzeichnis des Verzeichnisses mit den Dateien gesucht:

```
MetaDir .meta
```

MetaFiles

Beschreibung:	Aktiviert die Verarbeitung der CERN-Metadateien.
Syntax:	MetaFiles on | off
Default:	MetaFiles off
Kontext:	server config, virtual host, directory, .htaccess
Override:	Indexes

Schaltet die Verarbeitung der Metadateien für Verzeichnisse ein oder aus.

MetaSuffix

Beschreibung:	Dateinamenerweiterung der Datei mit den CERN-Meta-Informationen
Syntax:	`MetaSuffix suffix`
Default:	MetaSuffix .meta
Kontext:	server config, virtual host, directory, `.htaccess`
Override:	Indexes

Gibt die Dateinamenerweiterung der Datei mit den Meta-Informationen an. Die Voreinstellungen für diese beiden Direktiven führen beispielsweise bei einer Anfrage nach `DOCUMENT_ROOT/somedir/index.html` zu einer Suche in der Datei `DOCUMENT_ROOT/somedir/.web/index.html`, mit der zusätzliche MIME-Header-Informationen erzeugt werden.

Beispiel

```
MetaSuffix .meta
```

9.5.13 mod_cgi

Beschreibung:	Ausführung von CGI-Skripten
Status:	Base
Quelldatei:	mod_cgi.c
Modulkennung:	cgi_module

Jede Datei mit dem MIME-Typ `application/x-httpd-cgi` oder dem Handler `cgi-script` (seit Apache 1.1) wird wie ein CGI-Skript behandelt und vom Server ausgeführt. Die Ausgabe wird an den Client gesendet. Dateien erhalten diesen Typ entweder über einen Dateinamen mit einer Erweiterung, die von der `AddType`-Direktive definiert wird, oder dadurch, dass sie sich in einem `ScriptAlias`-Verzeichnis befinden.

Ruft der Server ein CGI-Skript auf, wird die Umgebungsvariable `DOCUMENT_ROOT` hinzugefügt. Diese Variable enthält den Wert der `DocumentRoot`- Konfigurationsvariablen.

Eine Einführung in die Verwendung von CGI-Skripten mit dem Apache finden Sie im Abschnitt 5.2 »Dynamische Inhalte mit CGI«.

Bei Verwendung eines Multi-Thread-MPMs unter UNIX, sollte das Modul `mod_cgid` an Stelle dieses Moduls verwendet werden. Aus Sicht des Benutzers unterscheiden sich diese beiden Module kaum.

Siehe auch: »*AcceptPathInfo*«, Seite 338, »*Options*«, Seite 366, »*ScriptAlias*«, Seite 412, »*AddHandler*«, Seite 528, 2.18 »*Der suEXEC-Wrapper*«, »`http://hoohoo.ncsa.uiuc.edu/cgi/`«

CGI-Umgebungsvariablen

Der Server setzt die CGI-Umgebungsvariablen wie in der CGI-Spezifikation beschrieben (`http://hoohoo.ncsa.uiuc.edu/cgi/`):

PATH_INFO

Steht nicht zur Verfügung, wenn die `AcceptPathInfo`-Direktive nicht explizit auf off gesetzt wurde. Bei fehlender `AcceptPathInfo`-Anweisung akzeptiert das Modul mod_cgi standardmäßig Pfadinformationen (`/more/path/info` dem Skriptdateinamen im URI nachgestellt), während der Kernserver 404 NOT FOUND für Anfragen mit zusätzlichen Pfadinformationen zurückliefert. Das Fortlassen der `AcceptPathInfo`-Direktive hat den gleichen Effekt wie das Setzen auf On für mod_cgi-Anfragen.

REMOTE_HOST

Diese Variable wird nur gesetzt, wenn `HostnameLookups` auf on gesetzt ist (die Voreinstellung ist off) und wenn eine reversive DNS-Suche nach der zugreifenden Host-Adresse tatsächlich einen Host-Namen findet.

REMOTE_IDENT

Wird nur gesetzt, wenn `IdentityCheck` auf on gesetzt ist und der zugreifende Host das Ident-Protokoll unterstützt. Dabei ist zu beachten, dass auf den Inhalt dieser Variablen kein Verlass ist, weil sie leicht gefälscht werden kann. Liegt ein Proxy zwischen dem Client und dem Server, dann ist sie normalerweise völlig nutzlos.

REMOTE_USER

Wird nur gesetzt, wenn das CGI-Skript Gegenstand der Authentifizierung ist.

CGI-Debugging

Das Debugging von CGI-Skripten war in der Vergangenheit schwierig und zwar hauptsächlich deshalb, weil es nicht möglich war, die Ausgabe (Standardausgabe und Fehlerausgabe) für Skripte zu untersuchen, die sich nicht korrekt ausführen ließen. Seit Apache 1.2 bieten die Direktiven eine ausführlichere Protokollierung beim Auftreten von Fehlern.

Format der CGI-Protokolldatei

Falls konfiguriert, protokolliert das CGI-Fehlerprotokoll alle CGI-Skripte, die nicht korrekt ausgeführt werden. Jedes fehlgeschlagene CGI-Skript hinterlässt mehrere Zeilen mit Informationen im Protokoll. Die ersten beiden Zeilen haben immer das Format:

```
%% [Datum/Zeit] erste Zeile der Client-Anfrage
%% HTTP-Status Dateiname des CGI-Skripts
```

Kann das CGI-Skript nicht ausgeführt werden, enthält die Protokolldatei zwei zusätzliche Zeilen:

```
%%error
Fehlermeldung
```

Liegt die Fehlerursache darin, dass das Skript falsche Header-Informationen liefert (häufig infolge eines Fehlers im Skript), werden folgende Informationen eingetragen:

```
%request
Alle empfangenen HTTP-Request-Header
POST- oder PUT-Entity (falls vorhanden)
%response
```

```
Die gesamte Header-Ausgabe des CGI-Skripts
%stdout
Ausgabe des CGI-Skripts auf STDOUT
%stderr
Ausgabe des CGI-Skripts auf STDERR
```

(Die Abschnitte `%stdout` und `%stderr` können fehlen, wenn das Skript keine Ausgaben für `%stdout` und `%stderr` erzeugt hat).

ScriptLog

Beschreibung:	Standort der Fehlerprotokolldatei für CGI-Skripte
Syntax:	`ScriptLog Dateipfad`
Kontext:	server config, virtual host
Referenzierte Module:	`mod_cgi` `mod_cgid`

Die `ScriptLog`-Direktive gibt die Protokolldatei für CGI-Fehler an. Wird die Direktive nicht angegeben, wird kein Fehlerprotokoll erzeugt. Wird sie angegeben, werden alle CGI-Fehler in die mit dem Argument übergebene Datei geschrieben. Handelt es sich um eine relative Angabe, dann wird sie relativ zur `ServerRoot` interpretiert.

Beispiel

```
ScriptLog logs/cgi_log
```

Dieses Protokoll wird unter dem Benutzernamen geöffnet, unter dem die Kindprozesse ausgeführt werden, also unter dem Benutzer, der mit der Direktive `User` angegeben wird. Das bedeutet, dass dieser Benutzer entweder in das Verzeichnis schreiben darf, in dem sich die Protokolldatei befindet, oder die Datei muss manuell erzeugt werden und dieser Benutzer Schreibrechte erhalten. Wird das Protokoll im zentralen Protokollverzeichnis untergebracht, dann dürfen die Verzeichnisberechtigungen *nicht* so geändert werden, dass der Benutzer, unter dem die Kindprozesse laufen, in das Verzeichnis schreiben darf.

Die Skriptprotokollierung ist für das Debugging bei der Programmierung von CGI-Skripten gedacht und sollte daher nicht dauerhaft für einen Server aktiviert sein. Sie ist weder hinsichtlich der Geschwindigkeit noch hinsichtlich der Effizienz optimiert und kann zu Sicherheitsproblemen führen, wenn sie anders als für den vorgesehenen Zweck verwendet wird.

ScriptLogBuffer

Beschreibung:	Maximaler Umfang der PUT- oder POST-Anfragen, die im Protokoll aufgezeichnet werden
Syntax:	`ScriptLogBuffer Byte`
Default:	`ScriptLogBuffer 1024`
Kontext:	server config, virtual host
Referenzierte Module:	`mod_cgi` `mod_cgid`

Der Umfang des gesamten protokollierten Entity-Bodys der PUT- oder POST-Anfragen wird beschränkt, um ein zu schnelles Anwachsen der Protokolldatei zu vermeiden, wenn umfangreiche Bodies eingehen. Standardmäßig liegt die Grenze bei 1.024 Byte, mit dieser Direktive kann sie geändert werden.

ScriptLogLength

Beschreibung:	Maximale Größe des CGI-Skript-Protokolls
Syntax:	ScriptLogLength Byte
Default:	ScriptLogLength 10385760
Kontext:	server config, virtual host
Referenzierte Module:	mod_cgi mod_cgid

Die `ScriptLogLength`-Direktive begrenzt den Umfang des CGI-Skript-Protokolls. Da für jeden CGI-Fehler sehr viele Einträge erfolgen (alle Request-Header, die Ausgaben des Skripts), kann es zu einer umfangreichen Datei anwachsen. Um Probleme durch ein übermäßiges Anschwellen der Datei zu vermeiden, kann mit dieser Direktive die maximale Dateigröße festgelegt werden. Wird die Größe überschritten, werden keine Einträge mehr vorgenommen.

9.5.14 mod_cgid

Beschreibung:	Ausführung von CGI-Skripten mit einem externen CGI-Daemon
Status:	Base
Quelldatei:	mod_cgid.c
Modulkennung:	cgid_module
Kompatibilität:	Nur unter UNIX mit MPMs

Abgesehen von den Optimierungen und der zusätzlichen `ScriptSock`-Direktive unterscheidet sich das Modul `mod_cgid` kaum vom Modul `mod_cgi`. Weitere Informationen zu Apache und CGI siehe »mod_cgi«, Seite 453.

Bei bestimmten UNIX-Betriebssystemen ist das Forking eines Prozesses beim Multi-Threading ein sehr aufwändiger Vorgang, weil der neue Prozess alle Threads des übergeordneten Prozesses repliziert. Um diesen Aufwand für jeden einzelnen CGI-Aufruf zu vermeiden, erzeugt `mod_cgid` einen externen Daemon, der für das Forking der Kindprozesse zur Ausführung der CGI-Skripte verantwortlich ist. Der Server kommuniziert mit diesem Daemon mit Hilfe eines UNIX-Domain-Sockets.

Dieses Modul wird standardmäßig an Stelle des Moduls `mod_cgi` verwendet, wenn während des Kompilierens ein Multi-Thread-MPM gewählt wurde. Auf Benutzerebene ist die Konfiguration und Arbeitsweise dieses Moduls mit `mod_cgi` identisch. Der einzige Unterschied ist die zusätzliche `ScriptSock`-Direktive, die den Namen des Socket für die Kommunikation mit dem CGI-Daemon angibt.

Siehe auch: 9.5.13 »mod_cgi«, 2.18 »Der suEXEC-Wrapper«

ScriptSock

Beschreibung:	Der Name des Sockets für die Kommunikation mit dem CGI-Daemon
Syntax:	ScriptSock Dateipfad
Default:	ScriptSock logs/cgisock
Kontext:	server config, virtual host

Diese Direktive gibt den Namen des Sockets für die Kommunikation mit dem CGI-Daemon an. Das Socket wird mit den Berechtigungen des Benutzers geöffnet, der den Apache gestartet hat (normalerweise ist das der Benutzer root). Um die Sicherheit der Kommunikation mit CGI-Skripten zu gewährleisten, darf kein anderer Benutzer die Berechtigung haben, in das Verzeichnis zu schreiben, in dem sich das Socket befindet.

Beispiel

```
ScriptSock /var/run/cgid.sock
```

9.5.15 mod_charset_lite

Beschreibung:	Automatische Konvertierung von Zeichensätzen
Status:	Experimentell
Quelldatei:	mod_charset_lite.c
Modulkennung:	charset_lite_module

Dieses Modul befindet sich noch in einem *experimentellen* Stadium und sollte mit Vorsicht verwendet werden. Experimentieren Sie mit Ihrer mod_charset_lite-Konfiguration, um zu überprüfen, ob die gewünschten Ergebnisse erreicht werden.

Mit mod_charset_lite kann der Administrator den Ausgangszeichensatz von Objekten sowie den Zeichensatz angeben, in den die Umwandlung vor dem Versenden an den Client erfolgen soll. mod_charset_lite wandelt die Daten selbst nicht um, sondern teilt dem Apache mit, welche Art der Umwandlung durchgeführt werden soll. mod_charset_lite ist für EBCDIC- und ASCII-Systeme gedacht. In einer EBCDIC-Umgebung wandelt der Apache Text normalerweise nach ISO-8859-1 um. Mit mod_charset_lite können auch andere Konvertierungen durchgeführt werden. In einer ASCII-Umgebung führt der Apache normalerweise keine Umwandlungen durch, daher wird mod_charset_lite benötigt, um Umwandlungen durchführen zu können.

Das Modul enthält einen kleinen Teil der Konfigurationsverfahren der russischen Apache-Version und des dazugehörigen Moduls mod_charset.

Allgemeine Probleme

Unzulässige Zeichensatzbezeichnungen

Die Parameter für Zeichensatzangaben CharsetSourceEnc und CharsetDefault müssen von der APR-Bibliothek auf dem jeweiligen Betriebssystem, unter dem das Modul mod_charset_lite ausgeführt wird, unterstützt werden. Diese Zeichensatzbezeichnungen sind nicht standardisiert und entsprechen normalerweise nicht den in HTTP-Headern verwendeten. Zurzeit unterstützt die APR-Bibliothek nur iconv(3), so dass die Zeichensatzbezeichnungen problemlos mit dem iconv(1)-Programm getestet werden können:

```
iconv -f CharsetSourceEnc-Wert -t CharsetDefault-Wert
```

Abweichungen zwischen dem Zeichensatz eines Textes und den Umwandlungsregeln

Wenn die Umwandlungsregeln für einen Text nicht sinnvoll sind, kann die Umwandlung aus mehreren Gründen misslingen:

- Der Umwandlungsmechanismus kann einen falschen Rückgabewert liefern, was zum Abbruch der Verbindung führen kann.
- Der Umwandlungsmechanismus kann stillschweigend Sonderzeichen (z.B. Fragezeichen) in den Ausgabepuffer schreiben, wenn er den Eingabepuffer nicht umwandeln kann.

CharsetDefault

Beschreibung:	Der Zeichensatz, in den die Umwandlung erfolgen soll
Syntax:	CharsetDefault Zeichensatz
Kontext:	server config, virtual host, directory, .htaccess
Override:	FileInfo

Die `CharsetDefault`-Direktive gibt den Zeichensatz an, in den die Dokumente aus den angegebenen Containern umgewandelt werden sollen.

Der Wert des `Zeichensatz`-Arguments muss ein gültiger Zeichensatz der APR-Bibliothek sein (in der Regel sind dies alle von `iconv` unterstützten Zeichensätze).

Beispiel

```
<Directory /export/home/trawick/apacheinst/htdocs/convert>
  CharsetSourceEnc UTF-16BE
  CharsetDefaultISO-8859-1
</Directory>
```

CharsetOptions

Beschreibung:	Erlaubt die Konfiguration des Verhaltens der Zeichensatz-Übersetzung.
Syntax:	CharsetOptions Option [Option] ...
Default:	CharsetOptions DebugLevel=0 NoImplicitAdd
Kontext:	server config, virtual host, directory, .htaccess
Override:	FileInfo

Die `CharsetOptions`-Direktive kontrolliert einige Optionen des Moduls `mod_charset_lite`. Als `Option` kann angegeben werden:

DebugLevel=n

Mit dem Schlüsselwort `DebugLevel` lässt sich der Umfang der vom Modul erzeugten Debug-Meldungen steuern. Gemäß Voreinstellung werden keine Meldungen erzeugt. Das entspricht der Angabe `DebugLevel=0`. Je höher der Wert gesetzt wird, umso mehr Meldungen werden erzeugt und um so mehr geht die Serverleistung zurück. Die Bedeutung der Zahlenangaben wird am Beginn der Datei `mod_charset_lite.c` in Verbindung mit den Definitionen der `DBGLVL_`-Konstanten beschrieben.

ImplicitAdd | NoImplicitAdd

Die Option `ImplicitAdd` gibt an, dass `mod_charset_lite` immer die dazugehörigen Filter aktivieren soll, wenn die Konfiguration eine Umwandlung des Zeichensatzes vorschreibt. Wird die Filterkette explizit mit der `AddOutputFilter`-Direktive konfiguriert, sollte `NoImplicitAdd` nicht angegeben werden, damit `mod_charset_lite` die Filter nicht aktiviert.

CharsetSourceEnc

Beschreibung:	Ausgabezeichensatz
Syntax:	`CharsetSourceEnc Zeichensatz`
Kontext:	server config, virtual host, directory, `.htaccess`
Override:	`FileInfo`

Die `CharsetSourceEnc`-Direktive gibt den Ausgabezeichensatz für Dateien aus den entsprechenden Containern an.

Der Wert des `Zeichensatz`-Arguments muss ein gültiger Zeichensatz der APR-Bibliothek sein (in der Regel sind dies alle von `iconv` unterstützten Zeichensätze).

Beispiel

```
<Directory /export/home/trawick/apacheinst/htdocs/convert>
  CharsetSourceEnc UTF-16BE
  CharsetDefaultISO-8859-1
</Directory>
```

Die Zeichensatzbezeichnungen dieses Beispiels funktionieren für die `iconv`-Umwandlungen unter Solaris 8.

9.5.16 mod_dav

Beschreibung:	Web Distributed Authoring and Versioning (WebDAV)
Status:	Erweiterung
Quelldatei:	mod_dav.c
Modulkennung:	dav_module

Dieses Modul stellt die WebDAV-Funktionalität (Distributed Authoring and Versioning, siehe http://www.webdav.org) der Klassen 1 und 2 zur Verfügung. Diese Erweiterung des HTTP-Protokolls erlaubt das Erzeugen, Verschieben, Kopieren und Löschen von Dateien und Verzeichnissen auf einem entfernten Webserver über HTTP.

Siehe auch: »*DavLockDB*«, Seite 463, »*LimitXMLRequestBody*«, Seite 361, »*Web DAV/Ressourcen*« (http://www.webdav.org)

WebDAV aktivieren

Um das Modul `mod_dav` zu aktivieren, wird einem Container in der `httpd.conf`-Datei folgende Zeile hinzugefügt:

```
Dav On
```

Damit wird der DAV-Dateisystem-Provider aktiviert, der vom Modul `mod_dav_fs` implementiert wird. Daher muss dieses Modul mit kompiliert oder zur Laufzeit mit der `LoadModule`-Direktive geladen werden.

Ferner muss mit der `DavLockDB`-Anweisung ein Standort für die Datenbank der DAV-Locks im globalen Abschnitt der `httpd.conf`-Datei angegeben werden:

```
DavLockDB /usr/local/apache2/var/DavLock
```

Im Verzeichnis der Lock-Datenbankdatei benötigen der Benutzer und die Gruppe, unter denen der Apache ausgeführt wird, Schreibrechte.

Der `<Location>`-Direktive kann eine `<Limit>`-Klausel hinzugefügt werden, damit der Zugriff auf die DAV-Bereiche beschränkt wird. Soll die maximale Anzahl Bytes begrenzt werden, die ein DAV-Client bei einer Anfrage senden kann, muss die `LimitXMLRequestBody`-Direktive angegeben werden. Die »normale« `LimitRequestBody`-Direktive hat keine Auswirkungen auf DAV-Anfragen.

Vollständiges Beispiel

```
DavLockDB /usr/local/apache2/var/DavLock

<Location /foo>
  Dav On

  AuthType Basic
  AuthName DAV
  AuthUserFile user.passwd

  <LimitExcept GET OPTIONS>
    require user admin
  </LimitExcept>
</Location>
```

Das Modul mod_dav basiert auf dem Modul mod_dav für Apache 1.3 von Greg Stein.

Sicherheit

Da DAV-Zugriffsmethoden Remote-Clients die Manipulation von Dateien auf dem Server gestatten, muss der Server geschützt sein, bevor das Modul mod_dav aktiviert wird.

Jeder Bereich des Servers, für den das DAV aktiviert ist, sollte einer Authentifizierung unterliegen. Die Verwendung der HTTP-Basic-Authentifizierung ist nicht empfehlenswert, sondern es sollte mindestens die HTTP-Digest-Authentifizierung mit dem Modul mod_auth_digest durchgeführt werden. Fast alle WebDAV-Clients unterstützen diese Authentifizierungsmethode. Eine mögliche Alternative ist die Basic-Authentifizierung über eine SSL-fähige Verbindung.

Damit das Modul mod_dav Dateien bearbeiten kann, muss der Apache unter dem Benutzer und der Gruppe ausgeführt werden, die Schreibrechte für die Verzeichnisse und Dateien haben. Eigentümer neu erzeugter Dateien sind ebenfalls dieser Benutzer und diese Gruppe. Darum ist die Zugriffskontrolle für diese Benutzerkonten besonders wichtig. Der DAV-Bestand ist eine reine Apache-Angelegenheit und deshalb sollte eine Veränderung von außen (beispielsweise über FTP oder Programme auf Dateisystemebene) nicht möglich sein.

mod_dav kann Gegenstand zahlreicher Denial-of-Service-Attacken sein. Mit der `LimitXML-RequestBody`-Direktive kann die Größe des benutzten Speichers beim Parsing umfangreicher DAV-Anfragen beschränkt werden. Die `DavDepthInfinity`-Direktive kann PROPFIND-Anfragen für einen sehr umfangreichen Bestand daran hindern, zu viel Speicher zu blockieren. Eine andere Variante einer Denial-of-Service-Attacke ist das Belegen des gesamten verfügbaren Festplattenspeichers mit vielen großen Dateien durch einen Client. Der Apache bietet keine Möglichkeit, dies zu verhindern, daher sollten nicht vertrauenswürdige Benutzer keinen DAV-Zugriff erhalten.

Komplexe Konfigurationen

Eine häufige Anforderung an das Modul mod_dav ist das Bearbeiten dynamischer Dateien (PHP-Skripte, CGI-Scripte usw.). Das ist schwierig, weil eine GET-Anfrage das Skript immer ausführt, anstatt den Inhalt herunterzuladen. Das kann unter anderem dadurch verhindert werden, dass dem Inhalt zwei unterschiedliche URLs zugeordnet werden, von denen einer das Skript ausführt und der andere das Herunterladen und die Bearbeitung mit DAV erlaubt.

```
Alias /phparea /home/gstein/php_files
Alias /php-source /home/gstein/php_files
<Location /php-source>
    DAV On
    ForceType text/plain
</Location>
```

In diesem Beispiel kann über `http://example.com/phparea` auf die Ausgabe der PHP-Skripte zugegriffen und über `http://example.com/php-source` und einen DAV-Client können die Skripte bearbeitet werden.

Dav

Beschreibung:	Aktiviert WebDAV-HTTP-Methoden.
Syntax:	`Dav On	Off	Providername`
Default:	Dav Off
Kontext:	directory

Mit der Dav-Direktive werden die WebDAV-HTTP-Methoden für einen angegebenen Container aktiviert:

```
<Location /foo>
    Dav On
</Location>
```

Der Wert On ist eigentlich ein Alias für den Standard-Provider `filesystem`, der vom Modul mod_dav_fs bedient wird. Wurde das DAV einmal für einen bestimmten Bereich aktiviert, dann kann es für untergeordnete Bereiche *nicht* mehr deaktiviert werden. Ein vollständiges Konfigurationsbeispiel finden Sie weiter oben.

> **Achtung**
>
> Aktivieren Sie das WebDAV nicht, wenn Sie den Server noch nicht geschützt haben. Andernfalls ist jeder in der Lage, Dateien auf Ihrem System zu verteilen.

DavDepthInfinity

Beschreibung:	Erlaubt Anfragen mit der HTTP-Methode PROPFIND.
Syntax:	DavDepthInfinity on|off
Default:	DavDepthInfinity off
Kontext:	server config, virtual host, directory

Die `DavDepthInfinity`-Direktive erlaubt die Verarbeitung von PROPFIND-Anfragen mit dem Header `Depth: Infinity`. Da dieser Anfragetyp eine Denial-of-Service-Attacke zulässt, ist die Voreinstellung off.

DavMinTimeout

Beschreibung:	Mindestzeitraum, über den der Server einen Lock einer DAV-Ressource aufrecht hält
Syntax:	DavMinTimeout Sekunden
Default:	DavMinTimeout 0
Kontext:	server config, virtual host, directory

Wenn ein DAV-Client einen Ressourcen-Lock anfordert, kann er gleichzeitig angeben, wann der Lock automatisch vom Server aufgehoben werden soll. Diese Angabe ist eine reine Anfrage, die der Server ignorieren kann, oder er kann dem Client einen beliebigen anderen Wert mitteilen.

Mit der `DavMinTimeout`-Direktive wird die minimale Lock-Zeit für einen Client in Sekunden angegeben. Für Microsoft Web Folders liegt die Voreinstellung bei 120 Sekunden. Mit der `DavMinTimeout`-Anweisung kann diese Vorgabe mit einem höheren Wert überschrieben werden (beispielsweise mit 600 Sekunden), um die Wahrscheinlichkeit zu verringern, dass der Client den Lock aufgrund eines zu langsamen Netzwerks verliert.

Beispiel

```
<Location /MSWord>
  DavMinTimeout 600
</Location>
```

9.5.17 mod_dav_fs

Beschreibung:	Dateisystem-Provider für mod_dav
Status:	Erweiterung
Quelldatei:	mod_dav_fs.c
Modulkennung:	dav_fs_module

Dieses Modul benötigt das Modul **mod_dav**. Es ergänzt das Modul mod_dav und ermöglicht den Zugriff auf Ressourcen im Dateisystem des Servers. Der formelle Name dieses Providers lautet `filesystem`. mod_dav-Backend-Provider werden mit der folgenden Dav-Anweisung aufgerufen:

Dav filesystem

Da `filesystem` der Standardprovider für mod_dav ist, reicht es aus, einfach On anzugeben.

Siehe auch: »*mod_dav*«, Seite 459

DavLockDB

Beschreibung:	Standort der Datenbank mit den DAV-Locks
Syntax:	`DavLockDB Dateipfad`
Kontext:	server config, virtual host

Mit der `DavLockDB`-Direktive wird der vollständige Pfad zur Lock-Datenbank ohne Erweiterung angegeben. Handelt es sich nicht um einen absoluten Pfad, wird er relativ zur `ServerRoot` interpretiert. Die Implementierung von `mod_dav_fs` zeichnet die Locks in einer SDBM-Datenbank auf.

Beispiel

```
DavLockDB var/DavLock
```

Der Benutzer und die Gruppe, unter denen der Apache ausgeführt wird, müssen im Verzeichnis mit der Lock-Datenbankdatei Schreibrechte haben. Aus Sicherheitsgründen sollte für diesen Zweck ein Verzeichnis angelegt werden, anstatt alle Berechtigungen für ein vorhandenes Verzeichnis zu ändern. Im oben angeführten Beispiel erzeugt der Apache unterhalb der `ServerRoot` im Verzeichnis `var/` Dateien mit dem Namen `DavLock` und einer vom Server gewählten Erweiterung.

9.5.18 mod_deflate

Beschreibung:	Komprimierung von Dokumenten vor der Übertragung zum Client
Status:	Erweiterung
Quelldatei:	mod_deflate.c
Modulkennung:	deflate_module

Mit dem `DEFLATE`-Filter des `mod_deflate`-Moduls können die vom Server über das Netzwerk an den Client zu sendenden Daten komprimiert werden.

Siehe auch: 2.17 »*Filter*«

Empfohlene Konfiguration

Die folgende Beispielkonfiguration ist für Ungeduldige gedacht. Sie sollten sich aber die Zeit nehmen und die ausführliche Beschreibung in den nachstehenden Abschnitten aufmerksam durchlesen.

Nur einige Typen komprimieren

```
AddOutputFilterByType DEFLATE text/html text/plain text/xml
```

Mit Ausnahme von Bildern alles komprimieren

```
<Location/>
  # Filter einfügen
  SetOutputFilter DEFLATE

  # Netscape 4.x bereitet Probleme ...
  BrowserMatch ^Mozilla/4 gzip-only-text/html

  # Netscape 4.06-4.08 bereiten noch viel mehr Probleme
  BrowserMatch ^Mozilla/4\.0[678] no-gzip

  #Der MSIE verkleidet sich als Netscape, funktioniert aber einwandfrei.
  # BrowserMatch \bMSIE !no-gzip !gzip-only-text/html

  # Hinweis: Infolge eines Fehlers in mod_setenvif funktioniert das
  #bis zur Apache-Version 2.0.48 nicht. Mit folgender
  # Abwandlung erreichen Sie den gewünschten Effekt:
  BrowserMatch \bMSI[E]!no-gzip !gzip-only-text/html

  # Bilder sollen nicht komprimiert werden.
  SetEnvIfNoCase Request_URI \
     \.(?:gif|jpe?g|png)$ no-gzip dont-vary

  # Sicherstellen, dass Proxies nicht den falschen Inhalt ausliefern.
  Header append Vary User-Agent env=!dont-vary
</Location>
```

Die Komprimierung aktivieren

Ausgabekomprimierung

Die Komprimierung wird vom DEFLATE-Filter implementiert. Die folgende Direktive aktiviert die Komprimierung für Dokumente in dem Container, in dem sie platziert wird:

```
SetOutputFilter DEFLATE
```

Einige Browser können mit der Komprimierung sämtlicher Inhaltstypen nicht umgehen, so dass gzip-only-text/html auf den Wert 1 gesetzt werden sollte, damit HTML-Dateien komprimiert werden:

```
<IfModule mod_deflate.c>
  SetEnv gzip-only-text/html 1
  SetOutputFilter DEFLATE
```

```
    DeflateFilterNote ratio
</IfModule>
```

Jede Einstellung *außer 1* wird ignoriert.

Soll die Komprimierung bestimmter MIME-Typen generell unterbunden werden, kann hierfür die `AddOutputFilterByType`-Direktive benutzt werden. Im nächsten Beispiel wird die Komprimierung nur für die HTML-Dateien der Apache-Dokumentation aktiviert:

```
<Directory "/your-server-root/manual">
  AddOutputFilterByType DEFLATE text/html
</Directory>
```

Für Browser, die die Probleme mit der Komprimierung sämtlicher Dateitypen haben, sollten Sie die Direktive `BrowserMatch` verwenden, damit keine Komprimierung durchgeführt wird. `no-gzip` und `gzip-only-text/html` können kombiniert werden, um bessere Ergebnisse zu erzielen. In diesem Fall wird die erste Anweisung von der letzten überschrieben. Betrachten Sie folgenden Auszug aus dem oben angeführten Konfigurationsbeispiel:

```
BrowserMatch ^Mozilla/4 gzip-only-text/html
BrowserMatch ^Mozilla/4\.0[678] no-gzip
BrowserMatch \bMSIE !no-gzip !gzip-only-text/html
```

Zuerst wird der `User-Agent`-String daraufhin untersucht, ob er einen Netscape-Browser der Version 4.x anzuzeigen scheint. Diese Versionen können nur mit der Komprimierung von `text/html`-Typen umgehen. Die Versionen 4.06, 4.07 und 4.08 haben sogar Probleme mit der Dekomprimierung von HTML-Dateien. Deshalb wird der `DEFLATE`-Filter für diese Versionen vollständig deaktiviert.

Die dritte `BrowserMatch`- Direktive behebt das Problem der falsch geratenen Identität des User-Agenten, denn der Microsoft Internet Explorer weist sich selbst als »Mozilla/4« aus, ist aber sehr wohl in der Lage, mit komprimierten Daten umzugehen, falls er selbst solche Daten angefordert hat. Daher wird ein Vergleich mit der zusätzlichen Zeichenfolge »MSIE« (\b bedeutet »Wortgrenze«) im `User-Agent`-Header vorgenommen und die zuvor festgelegten Einschränkungen werden aufgehoben.

Hinweis

Der DEFLATE-Filter wird immer nach RESSOURCE-Filtern wie PHP oder SSI eingefügt. Er behandelt niemals interne Subanfragen.

Eingabedekomprimierung

Das Modul `mod_deflate` stellt auch einen Dekomprimierungsfilter für den gzip-komprimierten Body einer HTTP-Anfrage bereit. Er wird durch Einfügen des DEFLATE-Filters mit `SetInputFilter` oder `AddInputFilter` in die Eingabefilterkette aktiviert. Zum Beispiel:

```
<Location /dav-area>
  SetInputFilter DEFLATE
</Location>
```

Enthält eine Anfrage einen Content-Encoding: gzip-Header, dann wird der Body jetzt automatisch dekomprimiert. Allerdings können nur wenige Browser diese Möglichkeit nutzen. Einige besondere Anwendungen unterstützen jedoch die Anfragekomprimierung, wie zum Beispiel einige WebDAV-Clients.

> **Hinweis zu Content-Length**
>
> Vertrauen Sie nicht dem Inhalt des Content-Length-Headers, wenn Sie den Body der Anfrage selbst auswerten. Dieser Header gibt die Länge der vom Client eingehenden Daten und *nicht* die Anzahl der Bytes des dekomprimierten Datenstroms an.

Proxy-Server

Das Modul mod_deflate sendet einen HTTP-Antwort-Header Vary: Accept-Encoding, um Proxies darauf hinzuweisen, dass eine zwischengespeicherte Antwort nur an Clients gesendet werden soll, die einen entsprechenden Accept-Encoding-Anfrage-Header schicken. Dadurch wird verhindert, dass komprimierte Inhalte einem Client übermittelt werden, der diese nicht interpretieren kann.

Wenn Sie spezielle Ausschlussbedingungen verwenden, wie zum Beispiel den User-Agent-Header, dann müssen Sie manuell eine Ergänzung zum Vary-Header hinzufügen, um den Proxies die zusätzlichen Einschränkungen mitzuteilen. Eine Konfiguration, in der das Hinzufügen des DEFLATE-Filters vom User-Agent abhängt, sollte wie folgt ergänzt werden:

```
Header append Vary User-Agent
```

Hängt die Entscheidung für die Komprimierung von anderen Informationen als denen aus den Anfrage-Headern ab (z.B. von der HTTP-Version), dann muss der Vary-Header auf den Wert * gesetzt werden. Dies verhindert die Zwischenspeicherung durch die entsprechenden Proxies vollständig.

Beispiel

```
Header set Vary *
```

DeflateBufferSize

Beschreibung: Die von zlib auf einmal zu komprimierende Fragmentgröße
Syntax: DeflateBufferSize Wert
Default: DeflateBufferSize 8096
Kontext: server config, virtual host

Die DeflateBufferSize-Direktive gibt die Größe des von zlib in einem Durchgang zu komprimierenden Fragments in Byte an.

DeflateCompressionLevel

Beschreibung: Der Komprimierungslevel
Syntax: DeflateCompressionLevel Wert
Default: Voreinstellung der Zlib-Bibliothek
Kontext: server config, virtual host
Kompatibilität: Diese Direktive steht seit Apache 2.0.45 zur Verfügung.

Die `DeflateCompressionLevel`-Direktive gibt den Komprimierungslevel an. Um so höher der Wert ist, desto besser ist die Komprimierung. Gleichzeitig erhöht sich damit der Bedarf an CPU-Zeit.

Der Wert muss zwischen 1 (geringere Komprimierung) und 9 (stärkere Komprimierung) liegen.

DeflateFilterNote

Beschreibung:	Der Komprimierungskoeffizient wird zum Zweck der Protokollierung in einer »Note« hinterlegt.
Syntax:	`DeflateFilterNote [Typ] Note-Name`
Kontext:	server config, virtual host
Kompatibilität:	Der Typ steht seit Version 2.0.45 zur Verfügung.

Die `DeflateFilterNote`-Direktive gibt an, dass eine so genannte *Note* mit der Komprimierungsrate an die Anfrage angehängt werden soll. Der Name der Note entspricht dem für die Direktive angegebenen Wert. Diese Note kann für statistische Zwecke benutzt werden, indem der Wert dem Zugriffsprotokoll hinzugefügt wird.

Beispiel

```
DeflateFilterNote ratio
LogFormat '"%r" %b (%{ratio}n) "%{User-agent}i"' deflate
CustomLog logs/deflate_log deflate
```

Sollen exaktere Werte aus den Protokollen entnommen werden, kann mit dem Typ-Argument der Datentyp für die zu protokollierende Note angegeben werden. Als Typ kann angegeben werden:

Input

In der Note wird die Anzahl der Bytes des Eingabestroms des Filters gespeichert.

Output

In der Note wird die Anzahl der Bytes des Ausgabestroms des Filters gespeichert.

Ratio

In der Note wird der Komprimierungsquotient (output/input * 100) gespeichert. Dies entspricht der Voreinstellung, wenn das Typ-Argument weggelassen wird.

Beispiel für korrekte Protokollierung

```
DeflateFilterNote Input instream
DeflateFilterNote Output outstream
DeflateFilterNote Ratio ratio
LogFormat '"%r" %{outstream}n/%{instream}n (%{ratio}n%%)' deflate
CustomLog logs/deflate_log deflate
```

Siehe auch: *9.5.33 »mod_log_config«*

DeflateMemLevel

Beschreibung:	Wie viel Speicher für die Komprimierung verwendet wird.
Syntax:	`DeflateMemLevel Wert`
Default:	`DeflateMemLevel 9`
Kontext:	server config, virtual host

Die `DeflateMemLevel`-Direktive gibt an, wie viel Speicher `zlib` für die Komprimierung benutzt (ein Wert zwischen 1 und 9).

DeflateWindowSize

Beschreibung:	Fenstergröße für die `zlib`-Komprimierung
Syntax:	`DeflateWindowSize Wert`
Default:	`DeflateWindowSize 15`
Kontext:	server config, virtual host

Die `DeflateWindowSize`-Direktive gibt die Fenstergröße für die `zlib`-Komprimierung an (ein Wert zwischen 1 und 15). Generell gilt: Je größer der Wert, desto höhere Komprimierungsraten dürfen erwartet werden.

9.5.19 mod_dir

Beschreibung:	Verzeichnisumleitungen und Auslieferung einer (bereits vorhandenen) Indexdatei
Status:	Base
Quelldatei:	mod_dir.c
Modulkennung:	dir_module

Ein Verzeichnisindex kann aus zwei Quellen stammen:

- Aus einer vom Benutzer erstellten Datei, die normalerweise den Namen `index.html` hat. Die `DirectoryIndex`-Direktive gibt den Namen dieser Datei an. Dies wird von `mod_dir` gesteuert.
- Oder aus einer vom Server erzeugten Verzeichnisliste. Diese wird vom Modul `mod_autoindex` erzeugt.

Die beiden Funktionen sind voneinander getrennt, so dass die automatische Indexerstellung bei Bedarf völlig ausgeschaltet oder ersetzt werden kann.

Erhält der Server eine URL ohne ein /-Zeichen am Ende, zum Beispiel `http://servername/foo/dirname` (`dirname` ist ein Verzeichnis), dann wird eine Verzeichnisweiterleitung durchgeführt. Da Verzeichnissen ein /-Zeichen nachgestellt werden muss, führt `mod_dir` die Umleitung `http://servername/foo/dirname/` durch.

DirectoryIndex

Beschreibung:	Liste der Ressourcen, die durchsucht werden, wenn der Client ein Verzeichnis anfordert.
Syntax:	`DirectoryIndex lokale URL [lokale URL] ...`
Default:	`DirectoryIndex index.html`
Kontext:	server config, virtual host, directory, `.htaccess`
Override:	Indexes

Die DirectoryIndex-Direktive gibt die Ressourcenliste an, die durchsucht wird, wenn ein Client einen Verzeichnisindex anfordert, der mit einem Schrägstrich (/) endet. Die lokale URL ist die (%-codierte) URL eines Dokuments auf dem Server (relativ zum angeforderten Verzeichnis). Normalerweise handelt es sich um eine Datei aus dem Verzeichnis. Es können mehrere URLs angegeben werden. In diesem Fall gibt der Server die zuerst gefundene URL zurück. Ist keine der Ressourcen vorhanden und die Option Indexes gesetzt, erzeugt der Server selbst die Verzeichnisliste.

Beispiel

```
DirectoryIndex index.html
```

Bei Anforderung von http://myserver/docs/ wird http://myserver/docs/index.html zurückgeliefert, wenn die Datei vorhanden ist. Ist dies nicht der Fall, wird der Verzeichnisindex aufgelistet.

Beachten Sie, dass die Dokumente nicht relativ zum Verzeichnis angegeben werden:

```
DirectoryIndex index.html index.txt /cgi-bin/index.pl
```

In diesem Beispiel wird das CGI-Skript /cgi-bin/index.pl ausgeführt, wenn weder die Datei index.html noch die Datei index.txt im Verzeichnis vorhanden sind.

9.5.20 mod_disk_cache

Beschreibung:	Cache-Speichermanager
Status:	Experimentell
Quelldatei:	mod_disk_cache.c
Modulkennung:	disk_cache_module

Das Modul mod_disk_cache implementiert einen Festplatten-Speichermanager, der in erster Linie für die Verwendung mit dem Modul mod_proxy gedacht ist.

Die Dokumente werden im Zwischenspeicher über URI-Schlüssel gespeichert und gesucht. Dokumente mit Zugriffsschutz werden nicht zwischengespeichert.

> **Hinweis**
>
> Das Modul mod_disk_cache benötigt das Modul mod_cache

CacheDirLength

Beschreibung:	Die Anzahl der Zeichen eines Unterverzeichnisnamens
Syntax:	CacheDirLength Länge
Default:	CacheDirLength 2
Kontext:	server config, virtual host

Die CacheDirLength-Direktive gibt die Anzahl der Zeichen für jeden Unterverzeichnisnamen der Zwischenspeicherhierarchie an.

> **Hinweis**
>
> Das Produkt von CacheDirLevels * CacheDirLength darf nicht größer als 20 sein.
> CacheDirLength 4

CacheDirLevels

Beschreibung:	Die Anzahl der Unterverzeichnisebenen im Cache
Syntax:	CacheDirLevels Ebenen
Default:	CacheDirLevels 3
Kontext:	server config, virtual host

Die `CacheDirLevels`-Direktive gibt die Anzahl der Unterverzeichnisebenen im Cache an. Zwischengespeicherte Daten werden in der angegebenen Anzahl von Verzeichnisebenen unterhalb des CacheRoot-Verzeichnisses gespeichert.

> **Hinweis**
>
> Das Produkt von `CacheDirLevels` * `CacheDirLength` darf nicht größer als 20 sein.

```
CacheDirLevels 5
```

CacheMaxFileSize

Beschreibung:	Die maximale Größe (in Byte) eines zwischenzuspeichernden Dokuments
Syntax:	CacheMaxFileSize Byte
Default:	CacheMaxFileSize 1000000
Kontext:	server config, virtual host

Die `CacheMaxFileSize`-Direktive gibt die maximale Größe in Byte für ein zwischenzuspeicherndes Dokument an.

```
CacheMaxFileSize 64000
```

CacheMinFileSize

Beschreibung:	Die Mindestgröße für ein Dokument (Byte), das in den Zwischenspeicher gestellt wird
Syntax:	CacheMinFileSize Byte
Default:	CacheMinFileSize 1
Kontext:	server config, virtual host

Die `CacheMinFileSize`-Direktive gibt die Mindestgröße für ein Dokument, das zwischengespeichert werden soll, in Byte an.

```
CacheMinFileSize 64
```

CacheRoot

Beschreibung:	Das Verzeichnis, in dem die Cache-Dateien gespeichert werden
Syntax:	CacheRoot Verzeichnis
Kontext:	server config, virtual host

Die CacheRoot-Direktive gibt den Namen des Verzeichnisses auf der Festplatte an, das die Cache-Dateien enthält. Wurde das Modul mod_disk_cache geladen oder in den Apache-Server eingebunden, dann *muss* die Angabe zwingend erfolgen. Wird keine Angabe für Cache-Root gemacht, kommt es zu einem Fehler bei der Verarbeitung der Konfigurationsdatei. Die Anweisungen `CacheDirLevels` und `CacheDirLength` definieren die Verzeichnisstruktur unter dem angebenen Root-Verzeichnis.

```
CacheRoot c:/cacheroot
```

CacheSize

Beschreibung:	Der maximal für den Cache benutzte Festplattenspeicher in KByte
Syntax:	CacheSize KByte
Default:	CacheSize 1000000
Kontext:	server config, virtual host

Die `CacheSize`-Direktive gibt die gewünschte maximale Größe des Zwischenspeichers auf der Festplatte in KByte an (1.024-Byte-Einheiten). Sie legt keine Obergrenze fest. Der Garbage-Collector löscht Dateien, wenn die Obergrenze erreicht oder überschritten wurde. Sie sollten immer einen Wert angeben, der niedriger als der verfügbare Festplattenspeicher ist.

```
CacheSize 5000000
```

9.5.21 mod_echo

Beschreibung:	Ein einfacher Echo-Service zur Demonstration von Protokollmodulen
Status:	Experimentell
Quelldatei:	mod_echo.c
Modulkennung:	echo_module
Kompatibilität:	Verfügbar seit Apache 2.0

Dieses Modul dient zur Demonstration von Protokollmodulen mit Hilfe eines Echo-Service. Bauen Sie eine Telnet-Verbindung zu diesem Echo-Server auf und geben Sie etwas auf der Tastatur ein. Der Server sendet dann ihre Eingabe zurück.

ProtocolEcho

Beschreibung:	Schaltet das Echo ein oder aus.
Syntax:	ProtocolEcho On | Off
Kontext:	server config, virtual host
Kompatibilität:	Verfügbar seit Apache 2.0

Die `ProtocolEcho`-Direktive aktiviert oder deaktiviert den Echo-Service.

Beispiel

```
ProtocolEcho On
```

9.5.22 mod_env

Beschreibung:	Modifizert die an CGI-Skripte und SSI-Seiten übergebene Umgebung.
Status:	Base
Quelldatei:	mod_env.c
Modulkennung:	env_module

Dieses Modul ermöglicht die Steuerung der Umgebung für CGI-Skripte und SSI-Seiten. Umgebungsvariablen können von der Shell übergeben werden, die den HTTPD-Prozess aufgerufen hat. Alternativ können Umgebungsvariablen im Konfigurationsprozess gesetzt oder gelöscht werden.

Siehe auch: *2.15 »Umgebungsvariablen«*

PassEnv

Beschreibung:	Übergibt Shell-Umgebungsvariablen.
Syntax:	`PassEnv Umgebungsvariable [Umgebungsvariable] ...`
Kontext:	server config, virtual host, directory, .htaccess
Override:	FileInfo

Übergibt eine oder mehrere Shell-Umgebungsvariablen für CGI-Skripte und SSI-Seiten, die den HTTPD-Prozess aufgerufen haben.

Beispiel

```
PassEnv LD_LIBRARY_PATH
```

SetEnv

Beschreibung:	Setzt Umgebungsvariablen.
Syntax:	`SetEnv Umgebungsvariable Wert`
Kontext:	server config, virtual host, directory, .htaccess
Override:	FileInfo

Setzt eine Umgebungsvariable, die CGI-Skripten und SSI-Seiten übergeben wird.

Beispiel

```
SetEnv SPECIAL_PATH /foo/bin
```

UnsetEnv

Beschreibung:	Löscht Umgebungsvariablen.
Syntax:	`UnsetEnv Umgebungsvariable [Umgebungsvariable] ...`
Kontext:	server config, virtual host, directory, .htaccess
Override:	FileInfo

Löscht eine oder mehrere der an CGI-Skripte und SSI-Seiten zu übergebende Umgebungsvariablen.

Beispiel

```
UnsetEnv LD_LIBRARY_PATH
```

9.5.23 mod_example

Beschreibung:	Veranschaulicht das API-Modul.
Status:	Experimentell
Quelldatei:	mod_example.c
Modulkennung:	example_module

Die Dateien im Verzeichnis `modules/experimental directory` des Apache-Distributionsverzeichnisses können als Beispiel für Module dienen, die das Apache-API benutzen.

Die Hauptdatei `mod_example.c` zeigt die unterschiedlichen Callback-Mechanismen und die Aufrufsyntax. Ein Erweiterungsmodul benötigt auf keinen Fall Routinen für alle Callbacks!

Das Beispielmodul ist ein tatsächlich funktionierendes Modul. Wird es in den Server eingebunden, muss der »Example-Handler« für einen Bereich aktiviert werden. Wenn Sie in diesen Bereich wechseln, finden Sie dort eine Anzeige des Tracings, das das Modul bei den unterschiedlichen Callbacks angelegt hat.

Das Beispielmodul kompilieren

Um das Beispielmodul in den Server einzubinden, führen Sie folgende Schritte durch:

1. Erweitern Sie den Aufruf von `./configure` um die Option `--enable-example` und rufen Sie `./configure` auf.
2. Erzeugen Sie den Server (führen Sie `make` und `make install` aus).

Das mod_example-Modul benutzen

Um das Beispielmodul zu aktivieren, fügen Sie einen dem Folgenden gleichenden Block in Ihre `httpd.conf`-Datei ein:

```
<Location /example-info>
SetHandler example-handler
</Location>
```

Aternativ können Sie Folgendes in eine `.htaccess`-Datei einfügen und anschließend die Datei `test.example` von diesem Standort anfordern:

```
AddHandler example-handler .example
```

Nachdem der Server erneut geladen/gestartet wurde, sollten Sie sich zu diesem Standort bewegen und die bereits erwähnte kurze Anzeige sehen können.

example

Beschreibung:	Demonstrationsdirektive zur Veranschaulichung des Modul-API
Syntax:	example
Kontext:	server config, virtual host, directory, .htaccess

Die `example`-Direktive setzt lediglich ein Demonstrations-Flag, das der Content-Handler des Moduls anzeigt. Sie übernimmt keine Argumente. Wenn Sie sich zu einer URL bewegen, für die der Content-Handler zuständig ist, werden die Routinen aus dem Modul angezeigt.

Außerdem wird angegeben, wie und in welcher Reihenfolge sie aufgerufen wurden, um die Dokumentanfrage zu bedienen. Die Auswirkung dieser Direktive können Sie unter dem Punkt example directive declared here: YES/NO beobachten.

9.5.24 mod_expires

Beschreibung:	Erzeugen von Expires-HTTP-Headern nach Benutzerkriterien
Status:	Erweiterung
Quelldatei:	mod_expires.c
Modulkennung:	expires_module

Dieses Modul kontrolliert die Expires- HTTP-Header der Serverantworten. Die Gültigkeitsdauer kann entweder relativ zurzeit der letzten Veränderung der Ursprungsdatei oder relativ zurzeit des Zugriffs durch den Client gesetzt werden.

Der Expires-Header informiert den Client über Gültigkeitsdauer und Speicherbarkeit. Das zwischengespeicherte Dokument kann bis zum Ablauf dieser Frist aus dem Cache anstatt von der ursprünglichen Position aus übertragen werden. Nach Ablauf dieser Frist gilt die Kopie im Cache als »veraltet« und ungültig, so dass eine neue Kopie vom Ursprungsort geholt werden muss.

Alternative Intervallsyntax

Die Direktiven ExpiresDefault und ExpiresByType können auch mit einer besser lesbaren Syntax angegeben werden:

```
ExpiresDefault "<base> [plus] {<num> <type>}*"
ExpiresByType type/encoding "<base> [plus] {<num> <type>}*"
```

Für <base> kann gesetzt werden:

- access
- now (entspricht access)
- modification

Das Schlüsselwort plus ist optional. <num> sollte eine ganze Zahl sein (die von der C-Standardfunktion atoi akzeptiert werden würde). Für <type> kann eine der folgenden Angaben erfolgen:

- years
- months
- weeks
- days
- hours
- minutes
- seconds

Mit jeder der folgenden Direktiven kann die Gültigkeitsdauer eines Dokuments standardmäßig auf einen Monat nach dem Zugriff gesetzt werden:

```
ExpiresDefault "access plus 1 month"
ExpiresDefault "access plus 4 weeks"
ExpiresDefault "access plus 30 days"
```

Eine Feinabstimmung kann mit mehreren Angaben von <num> und <type> erfolgen:

```
ExpiresByType text/html "access plus 1 month 15 days 2 hours"
ExpiresByType image/gif "modification plus 5 hours 3 minutes"
```

Bei einer Einstellung, die auf dem Datum der letzten Veränderung basiert, wird der Expires-Header dem Dokument *nicht* hinzugefügt, wenn es nicht aus einer Datei von der Festplatte stammt, da sonst kein Datum für die letzte Veränderung vorliegt.

ExpiresActive

Beschreibung:	Aktiviert das Erzeugen von Expires-Headern.
Syntax:	ExpiresActive On | Off
Kontext:	server config, virtual host, directory, .htaccess
Override:	Indexes

Diese Direktive aktiviert oder deaktiviert die Erzeugung des Expires-Headers für ein Dokument eines Bereichs. (Stammt es aus einer .htaccess-Datei, dann gilt das beispielsweise nur für aus diesem Verzeichnis erzeugte Dokumente.) Wird Off angegeben, werden keine Expires-Header für Dokumente dieses Bereichs erzeugt (es sei denn, sie wurden auf einer unteren Ebene überschrieben, beispielsweise mit einer .htaccess-Datei, die eine Serverkonfigurationsdatei überschreibt). Wird On angegeben, wird der Header angeforderter Dokumente entsprechend der mit den Direktiven ExpiresByType und ExpiresDefault angegebenen Kriterien hinzugefügt (siehe dort).

Die Direktive garantiert nicht, dass ein Expires-Header erzeugt wird. Sind die Kriterien nicht erfüllt, wird kein Header gesendet und das Ergebnis ist das gleiche, als würde die Anweisung nicht gegeben.

ExpiresByType

Beschreibung:	Konfiguration des Expires-Headers auf Basis des MIME-Typs
Syntax:	ExpiresByType MIME-Typ <Code> Sekunden
Kontext:	server config, virtual host, directory, .htaccess
Override:	Indexes

Diese Direktive definiert den Wert des Expires-Headers, der für Dokumente des angegebenen Typs (z.B. text/html) erzeugt wurde. Das zweite Argument gibt die Anzahl der Sekunden an, die einer Ausgangszeit hinzugefügt werden, um die Gültigkeitsdauer zu bilden.

Die Ausgangszeit ist entweder das Datum der letzten Änderung oder der Zeitpunkt des Client-Zugriffs auf das Dokument. Welche Zeit gewählt wird, wird mit dem Feld <Code> angegeben. Die Angabe M steht für das Datum der letzten Änderung (»M« für englisch »modification«) und A für den Zeitpunkt des Client-Zugriffs (»A« für englisch »access«).

Der Unterschied in den Auswirkungen ist subtil. Wird M angegeben, läuft die Gültigkeit aller Kopien des Dokuments in allen Zwischenspeichern gleichzeitig ab, was nützlich für eine wöchentliche Nachricht sein kann, die immer unter der gleichen URL zu finden ist. Wird A angegeben, dann ist die Gültigkeitsdauer für jeden Client unterschiedlich. Das eignet sich für Bilder, die sich nicht sehr häufig ändern, insbesondere für dazugehörige Dokumente, die sich alle auf dieselben Bilder beziehen (auf die Bilder wird in einer relativ kurzen Zeitspanne wiederholt zugegriffen).

Beispiel

```
# Erzeugung von HTTP-Headern mit Gültigkeitszeiträumen aktivieren
ExpiresActive On
# GIF-Bilder verlieren die Gütigkeitsdauer nach einem Monat im Client-Cache
ExpiresByType image/gif A2592000
# HTML-Dokumente sind eine Woche nach dem Datum der
# letzten Änderung gültig
ExpiresByType text/html M604800
```

Die Direktive ist nur wirksam, wenn ExpiresActive On angegeben wurde. Sie überschreibt jede mit der Anweisung ExpiresDefault angegebene Gültigkeitsdauer, aber *nur* für den angegebenen MIME-Typ.

Die Berechnung der Gültigkeitsdauer kann auch mit der bereits beschriebenen alternativen Syntax aus dem *Abschnitt »Alternative Intervallsyntax«* angegeben werden.

ExpiresDefault

Beschreibung:	Standardalgorithmus für die Berechnung der Gültigkeitsdauer
Syntax:	ExpiresDefault <Kode> Sekunden
Kontext:	server config, virtual host, directory, .htaccess
Override:	Indexes

Diese Direktive definiert die Voreinstellung für den Algorithmus zur Berechnung der Gültigkeitsdauer aller Dokumente eines Kontextes. Sie kann mit einer ExpiresByType-Direktive überschrieben werden. Einzelheiten zur Syntax des Arguments dieser Direktive finden Sie unter ExpiresByType und in der Beschreibung der alternativen Syntax im *Abschnitt »Alternative Intervallsyntax«*.

9.5.25 mod_ext_filter

Beschreibung:	Das HTTP-Antwortpaket wird vor der Auslieferung an den Client an ein externes Programm übergeben.
Status:	Erweiterung
Quelldatei:	mod_ext_filter.c
Modulkennung:	ext_filter_module

Das Modul mod_ext_filter präsentiert ein einfaches und gewohntes Programmiermodell zur Einbindung von Filtern. Mit diesem Modul kann ein Programm, das von stdin liest und in stdout schreibt (ein Filterbefehl im UNIX-Stil), auch als Apache-Filter verwendet werden. Dieser Filtermechanismus ist wesentlich langsamer als ein Filter, der speziell für das Apache-API programmiert wurde und der innerhalb des Serverprozesses ausgeführt wird. Er bietet folgende Vorteile:

- Das Programmiermodell ist wesentlich einfacher.
- Es kann jede Programmier- oder Skriptsprache benutzt werden, die zulässt, dass das Programm die Standardeingabe liest und in die Standardausgabe schreibt.
- Vorhandene Programme können ohne Änderungen als Apache-Filter benutzt werden.

Auch wenn die Leistungscharakteristika für den produktiven Einsatz nicht genügen, kann das Modul mod_ext_filter dennoch als Prototyp für Filter dienen.

Siehe auch: *2.17 »Filter«*

Beispiele

HTML-Ausgaben mit einem anderen Antworttyp erzeugen

```
# mod_ext_filter-Direktive, um den Debug-Level so hoch zu setzen,
# dass pro Anfrage ein Protokolleintrag pro Request erzeugt wird
# (um zu demonstrieren, dass diese Konfiguration tatsächlich eine Wirkung
# hat). Der MIME-Content-Typ ist text/html.
ExtFilterDefine c-to-html mode=output \
  intype=text/c outtype=text/html \
  cmd="/usr/bin/enscript --color -W html -Ec -o -"

<Directory "/export/home/trawick/apacheinst/htdocs/c">
  # Die Direktive für die Ausgabe mit dem neuen Filter
  SetOutputFilter c-to-html
  # Die mod_mime-Direktive für den Typ .c
  AddType text/c .c
  # Die mod_ext_filter-Direktive für den Debug-
  # Level hoch genug für eine Nachricht über die Konfiguration
  # pro Anfrage setzen
  ExtFilterOptions DebugLevel=1
</Directory>
```

Implementierung eines Inhaltcodierungsfilters

Das gzip-Beispiel dient lediglich der Veranschaulichung. Eine nützliche Implementierung finden Sie unter mod_deflate.

```
# Die mod_ext_filter-Direktive für die Definition des externen Filters
ExtFilterDefine gzip mode=output cmd=/bin/gzip

<Location /gzipped>
  # Die Direktive für die Anwendung des gzip-Filters
  # auf die Ausgabe
  SetOutputFilter gzip
```

```
    # Die mod_header-Direktive zum _Hinzufügen_ des Header-Feldes
    # "Content-Encoding: gzip"
    Header set Content-Encoding gzip
</Location>
```

Den Server verlangsamen

```
# Die mod_ext_filter-Direktive für die Definition eines Filters,
# der alle Ausgaben durch 'cat' hindurchschickt; cat verändert
# nichts, sondern führt nur zu längeren Pfaden
# und benötigt mehr Ressourcen.
ExtFilterDefine slowdown mode=output cmd=/bin/cat \
  PreservesContentLength
<Location />
  # Die Direktive für die mehrfache Anwendung des
  # slowdown-Filters auf die Ausgabe
  SetOutputFilter slowdown;slowdown;slowdown
</Location>
```

Mit sed Text in der Antwort ersetzen

```
# Die mod_ext_filter-Direktive für die Definition eines Filters,
# der Text in der Antwort ersetzt.
#
ExtFilterDefine fixtext mode=output intype=text/html \
  cmd="/bin/sed s/verdana/arial/g"

<Location />
  # Die Direktive für die Anwendung des 'fixtext'-Filters
  # auf die Ausgabe
  SetOutputFilter fixtext
</Location>
```

Einen anderen Filter überwachen

```
# Die von mod_deflate geschriebenen und gelesenen Daten
# für einen bestimmten Client (IP 192.168.1.31) protokollieren,
# um Komprimierungsprobleme zu erkennen.
# Dieser Filter überwacht die Daten für mod_deflate.
ExtFilterDefine tracebefore \
  cmd="/bin/tracefilter.pl /tmp/tracebefore" \
  EnableEnv=trace_this_client
```

```
# Dieser Filter überwacht, was nach der Verarbeitung
# durch mod_deflate heraus kam.
# Ohne die explizite Angabe eines ftype-Parameters
# würde der (dann implizit gültige) Default-Filtertyp
# AP_FTYPE_RESOURCE bewirken, dass dieser Filter
# (nämlich unser Trace-Filter) innerhalb der Filter-Kette
# vor den mod_deflate-Filter gesetzt würde
# *vor* den Filter mod_deflate gesetzt.
# Ein etwas höherer Wert als AP_FTYPE_CONTENT_SET
# sorgt dafür, dass er nach
# mod_deflate platziert wird.
ExtFilterDefine traceafter \
  cmd="/bin/tracefilter.pl /tmp/traceafter" \
  EnableEnv=trace_this_client ftype=21

<Directory /usr/local/docs>
  SetEnvIf Remote_Addr 192.168.1.31 trace_this_client
  SetOutputFilter tracebefore;deflate;traceafter
</Directory>
```

Der Filter für die Protokollierung der Daten:

```
#!/usr/local/bin/perl -w
use strict;

open(SAVE, ">$ARGV[0]")
  or die "can't open $ARGV[0]: $?";

while (<STDIN>) {
  print SAVE $_;
  print $_;
}

close(SAVE);
```

ExtFilterDefine

Beschreibung:	Definition eines externen Filters
Syntax:	ExtFilterDefine Filtername Parameter
Kontext:	server config

Die ExtFilterDefine-Direktive definiert die Charakteristika eines externen Filters, einschließlich des dabei auszuführenden Programms und der Argumente.

Filtername ist die Bezeichnung des definierten Filters. Dieser Name kann in SetOutput-Filter-Direktiven benutzt werden. Alle registrierten Filter müssen eine eindeutige Bezeichnung haben. *Zurzeit wird von dem API zur Registrierung von Filtern keine Fehlermeldung ausgegeben, so dass doppelt vergebene Namen nicht zu erkennen sind.*

Die weiteren Parameter können in beliebiger Reihenfolge stehen und definieren den auszuführenden externen Befehl sowie andere Merkmale. Nur der Parameter cmd= muss angegeben werden:

cmd=cmdline

Mit dem Schlüsselwort cmd= kann der auszuführende externe Befehl angegeben werden. Folgen auf Programmnamen Argumente, dann sollte die Befehlszeile in Anführungszeichen gesetzt werden (cmd="/bin/mypgm arg1 arg2"). Die normalen Shell-Anführungszeichen sind nicht erforderlich, da das Programm unter Umgehung der Shell direkt ausgeführt wird. Programmargumente werden durch Leerzeichen voneinander getrennt. Leerzeichen, die Bestandteil eines Arguments sind, werden mit einem Backslash gekennzeichnet. Ein Backslash, der Bestandteil eines Arguments ist, muss ebenfalls mit einem Backslash markiert werden. Zusätzlich zu den standardmäßigen CGI-Umgebungsvariablen werden die Variablen DOCUMENT_URI, DOCUMENT_PATH_INFO und QUERY_STRING_UNESCAPED für das Programm gesetzt.

mode=Modus

Als Modus sollte zurzeit output (Voreinstellung) angegeben werden. Zukünftig wird mode=input verfügbar sein, um einen Filter für den Anfragenrumpf anzugeben.

intype=imt

Dieser Parameter gibt den MIME-Typ der zu filternden Dokumente an. Standardmäßig werden alle Dokumente gefiltert. Wird intype= angegeben, wird der Filter für Dokumente eines anderen Typs deaktiviert.

outtype=imt

Dieser Parameter gibt den MIME-Typ der gefilterten Dokumente an. Das ist sinnvoll, wenn der Filter den MIME-Typ während der Filteroperation ändert. Standardmäßig wird der MIME-Typ nicht geändert.

PreservesContentLength

Mit dem Schlüsselwort PreservesContentLength wird angegeben, dass der Filter die Datenlänge nicht verändert. Das ist nicht die Voreinstellung, denn die meisten Filter ändern den Datenumfang. Für den Fall, dass der Filter die Länge nicht verändert, sollte dieses Schlüsselwort angegeben werden

ftype=Filtertyp

Dieser Parameter gibt den numerischen Wert für den Filtertyp an, unter dem der Filter registriert ist. Die Voreinstellung AP_FTYPE_RESOURCE reicht meist aus. Muss der Filter an anderer Position in der Filterkette als Ressourcenfilter wirksam werden, dann ist dieser Parameter erforderlich. In der Datei util_filter.h unter den AP_FTYPE_foo-Definitionen finden Sie die entsprechenden Werte.

disableenv=env

Dieser Parameter gibt die Umgebungsvariable an, die, falls sie gesetzt wurde, den Filter deaktiviert.

enableenv=env

Dieser Parameter gibt den Namen der Umgebungsvariable an, die gesetzt werden muss, wenn der Filter aktiviert werden soll.

ExtFilterOptions

Beschreibung:	Konfigurieren von `mod_ext_filter`-Optionen
Syntax:	`ExtFilterOptions Option [Option] ...`
Default:	`ExtFilterOptions DebugLevel=0 NoLogStderr`
Kontext:	directory

Die `ExtFilterOptions`-Direktive gibt spezielle Verarbeitungsoptionen für `mod_ext_filter` an. Als `Option` kann angegeben werden:

DebugLevel=n

Mit dem Schlüsselwort `DebugLevel` kann der Level für die von `mod_ext_filter` erzeugten Fehlermeldungen angegeben werden. Standardmäßig werden keine Fehlermeldungen erzeugt, was der Angabe `DebugLevel=0` entspricht. Bei höheren Angaben werden Fehlermeldungen erzeugt, was die Serverleistung beeinträchtigen wird. Die Bedeutung der numerischen Werte wird bei den Definitionen der `DBGLVL_`-Konstanten nahe dem Anfang der Datei `mod_ext_filter.c` angegeben.

> **Hinweis**
>
> Mit der Direktive des Apache-Moduls `core` sollte dafür gesorgt werden, dass die Fehlermeldungen im Apache-Fehlerprotokoll gespeichert werden.

LogStderr | NoLogStderr

Mit dem Schlüsselwort `LogStderr` wird angegeben, dass die vom externen Filterprogramm nach `stderr` geschriebenen Fehlermeldungen im Apache-Fehlerprotokoll gespeichert werden. `NoLogStderr` deaktiviert diesen Ablauf.

Beispiel

```
ExtFilterOptions LogStderr DebugLevel=0
```

Die vom Filter in die Standardfehlerausgabe geschriebenen Meldungen werden im Apache-Fehlerprotokoll gespeichert. Vom Modul `mod_ext_filter` werden keine Fehlermeldungen erzeugt.

9.5.26 mod_file_cache

Beschreibung:	Speichert eine Reihe statischer Dateien im Arbeitsspeicher.
Status:	Experimentell

Quelldatei:	mod_file_cache.c
Modulkennung:	file_cache_module

> **Hinweis**
>
> Dieses Modul sollte mit Vorsicht benutzt werden, weil es – falsch verwendet – schnell einen Server zum Absturz bringen kann. Lesen Sie daher diese Dokumentation aufmerksam durch.

Das *Caching* häufig angeforderter Dateien, die sich nur selten ändern, ist ein Verfahren zur Reduzierung der Serverlast. mod_file_cache stellt zwei Möglichkeiten für das Caching häufig angeforderter *statischer* Dateien zur Verfügung. Über Konfigurationsdirektiven kann das Modul mod_file_cache dazu veranlasst werden, entweder eine mmap()-Datei zu öffnen oder eine Datei vorab zu öffnen und den *Datei-Deskriptor* der geöffneten Datei zu speichern. Beide Verfahren verringern die Serverbelastung bei der Verarbeitung von Anforderungen dieser Dateien dadurch, dass sie einen Teil der Arbeit bereits beim Serverstart übernehmen (insbesondere die Dateiein- und -ausgabe).

Mit diesem Verfahren können CGI-Programme oder andere Dateien, die von speziellen Content-Handlern bedient werden, nicht beschleunigt werden. Es kann nur für reguläre Dateien benutzt werden, die normalerweise vom eigentlichen Apache-Content-Handler bearbeitet werden.

Dieses Modul ist eine Erweiterung des Moduls mod_mmap_static der Apache-Version 1.3 und stimmt in vielen Teilen mit diesem überein.

mod_file_cache verwenden

mod_file_cache speichert eine Liste von Dateien, die mit Hilfe der Direktiven MMapFile oder CacheFile in der Server-Konfiguration definiert wird.

Nicht alle Betriebssysteme unterstützen beide Direktiven. Apache für Windows unterstützt beispielsweise zurzeit die MMapStatic-Direktive nicht, während andere Betriebssysteme wie AIX beide unterstützen. Wenn Sie versuchen, eine nicht unterstützte Direktive zu benutzen, führt das zu einer Fehlermeldung in der Fehlerprotokolldatei des Servers. Bei Angabe einer nicht unterstützten Anweisung wird der Server zwar gestartet, die Datei kommt aber nicht in den Zwischenspeicher. Bei Betriebssystemen, die beide Direktiven unterstützen, sollten beide ausprobiert werden, um zu ermitteln, welche besser funktioniert.

Die MMapFile-Anweisung

Die MMapFile- Anweisung des Moduls mod_file_cache bildet eine Liste statischer Dateien mit dem Systemaufruf mmap() im Speicher ab. Dieser Systemaufruf steht bei den meisten aktuellen UNIX-Derivaten zur Verfügung, aber nicht bei allen. Manchmal gibt es systembedingte Grenzen für die Dateigröße und Anzahl der Dateien, was wahrscheinlich durch einfaches Ausprobieren am leichtesten festzustellen ist.

Dieses Memory-Mapping erfolgt nur einmal beim Starten oder beim Neustart des Servers. Wird eine der zugeordneten Dateien geändert, dann *muss* der Server erneut gestartet werden (siehe 2.3 »*Beenden und Neustarten*«). Es sei noch einmal darauf hingewiesen, dass die Anfragen mit fehlerhaften Daten bedient werden können, wenn nach einer Änderung der in Frage kommenden Dateien kein Neustart des Servers durchgeführt wird. Die Verknüpfungen der zu aktualisierenden Dateien sollten aufgehoben und die Dateien durch die aktualisierte Version ersetzt werden. Dies kann mit den Befehlen `rdist` und `mv` geschehen. Die Module berücksichtigen Dateiänderungen deshalb nicht, weil hierfür bei jedem Zugriff zusätzlich `stat()` aufgerufen werden müsste, was der gewünschten Reduzierung der Ein- und Ausgabeoperationen entgegensteht.

Die CacheFile-Anweisung

Die `CacheFile`-Anweisung des Moduls `mod_file_cache` öffnet einen *Deskriptor* oder *Dateideskriptor* für die mit der Konfigurationsdirektive aufgeführte Datei oder die aufgeführten Dateien und platziert ihn im Zwischenspeicher. Werden die Dateien angefordert, nimmt der Server den Handler aus dem Zwischenspeicher und übergibt ihn an das Socket-API von `sendfile()` oder `TransmitFile()` (bei Windows).

Diese Zwischenspeicherung der Datei-Handler erfolgt nur einmal beim Serverstart oder beim Neustart. Wird eine Datei im Dateisystem geändert, dann *muss* der Server neu gestartet werden (siehe *2.3 »Beenden und Neustarten«*). Es sei noch einmal darauf hingewiesen, dass die Anfragen mit fehlerhaften Daten bedient werden können, wenn nach einer Änderung der in Frage kommenden Dateien kein Neustart des Servers durchgeführt wird. Die Verknüpfungen der zu aktualisierenden Dateien zur alten Datei sollten aufgehoben und die Dateien durch die aktualisierte Version ersetzt werden. Dies kann mit den Befehlen `rdist` und `mv` geschehen.

> **Hinweis**
>
> Ärgern Sie sich nicht über das Fehlen einer Direktive, die alle Dateien eines Verzeichnisses rekursiv zwischenspeichert. Schlagen Sie unter der Include-Direktive nach und machen Sie sich diesen Befehl zunutze:
>
> ```
> find /www/htdocs -type f -print \
> | sed -e 's/.*/mmapfile &/' > /www/conf/mmap.conf
> ```

CacheFile

Beschreibung:	Speichert beim Serverstart eine Reihe von Datei-Deskriptoren.
Syntax:	`CacheFile Dateipfad [Dateipfad] ...`
Kontext:	server config

Die `CacheFile`-Direktive öffnet Dateideskriptoren für eine oder mehrere Dateien (die Argumente werden mit Leerzeichen voneinander getrennt) und platziert sie beim Serverstart im Zwischenspeicher. Deskriptoren für zwischengespeicherte Dateien werden beim Herunterfahren des Servers automatisch geschlossen. Wurden die Dateien im Dateisystem geändert, dann sollte der Server neu gestartet werden.

Vorsicht ist für das Argument `Dateipfad` geboten: Er muss exakt mit denjenigen Pfaden übereinstimmen, die bei der Umwandlung der URLs zu Pfadnamen von den entsprechenden Apache-Handlern berechnet werden. Ein Vergleich von Inodes oder Ähnlichem für Pfade über symbolische Links usw. ist nicht möglich, weil hierfür zusätzliche `stat()`-Systemaufrufe notwendig wären, was nicht zu verantworten wäre. Es wird nicht garantiert, dass dieses Modul mit `mod_alias` oder `mod_rewrite` funktioniert.

Beispiel

```
CacheFile /usr/local/apache/htdocs/index.html
```

MMapFile

Beschreibung:	Bildet eine Reihe von Dateien beim Serverstart im Speicher ab.
Syntax:	`MMapFile Dateipfad [Dateipfad] ...`
Kontext:	server config

Die `MMapFile`-Direktive bildet eine oder mehrere Dateien, die mit einer durch Leerzeichen getrennten Liste übergeben werden, beim Serverstart im Speicher ab. Beim Herunterfahren des Servers wird diese Zuordnung automatisch aufgehoben. Wenn die Dateien innerhalb des Dateisystems verändert wurden, sollte mindestens ein HUP- oder USR1-Signal an den Server gesendet werden, um sie erneut zu lesen.

Vorsicht ist für das Argument `Dateipfad` geboten: Es muss exakt mit dem Pfad des vom Apache erzeugten Umwandlungs-Handlers für URL-zu-Dateiname übereinstimmen. Ein Vergleich von Inodes oder Ähnlichem für Pfade über symbolische Links usw. ist nicht möglich, weil hierfür zusätzliche `stat()`-Systemaufrufe notwendig wären, was nicht erwünscht ist. Dieses Modul funktioniert nicht unbedingt mit Dateinamen, die mit `mod_alias` oder `mod_rewrite` umgeschrieben wurden.

Beispiel

```
MMapFile /usr/local/apache/htdocs/index.html
```

9.5.27 mod_headers

Beschreibung:	Anpassung von Anfrage- und Antwort-Headern
Status:	Erweiterung
Quelldatei:	mod_headers.c
Modulkennung:	headers_module
Kompatibilität:	`RequestHeader` steht erst seit der Apache-Version 2.0 zur Verfügung.

Dieses Modul enthält Direktiven zur Kontrolle und zum Verändern von Anfrage- und Antwort-Headern. Header können zusammengemischt, ersetzt oder entfernt werden.

Reihenfolge der Verarbeitung

Die Direktiven des Moduls `mod_headers` können fast an jeder Position innerhalb der Serverkonfiguration stehen. Sie sind im Hauptabschnitt der Serverkonfiguration und in den Abschnitten der virtuellen Hosts innerhalb der `<Directory>`-, `<Location>`- und `<Files>`-Abschnitte sowie innerhalb der `.htaccess`-Dateien zulässig.

Die Direktiven werden in der folgenden Reihenfolge verarbeitet:

1. main server
2. virtual host
3. `<Directory>`-Abschnitte und `.htaccess`

4. <Files>
5. <Location>

Die Reihenfolge ist wichtig. Die beiden folgenden Header führen zu unterschiedlichen Ergebnissen, wenn die Reihenfolge umgekehrt wird:

```
RequestHeader append MirrorID "mirror 12"
RequestHeader unset MirrorID
```

Bei dieser Reihenfolge wird der `MirrorID`-Header nicht gesetzt. Bei umgekehrter Reihenfolge wird der `MirrorID`-Header auf `mirror 12` gesetzt.

Beispiele

1. Alle Anfrage-Header, die mit »TS« beginnen, werden in die Antwort-Header kopiert:

   ```
   Header echo ^TS
   ```

2. Es wird der Header `MyHeader` sowie ein Zeitstempel für den Eingang der Anfrage und die Dauer der Bearbeitung der Antwort hinzufügt. Dieser Header kann vom Client als Hinweis auf die Serverbelastung oder zum Aufspüren eventueller Engpässe zwischen Client und Server verwendet werden.

   ```
   Header add MyHeader "%D %t"
   ```

   Folgender Header wird der Antwort hinzugefügt:

   ```
   MyHeader: D=3775428 t=991424704447256
   ```

3. Die Anweisung

   ```
   Header add MyHeader "Hello Joe. It took %D microseconds \
   for Apache to serve this request."
   ```

   führt dazu, dass dieser Header der Antwort hinzugefügt wird:

   ```
   MyHeader: Hello Joe. It took D=3775428 microseconds for Apache to serve
   this request.
   ```

4. `MyHeader` wird nur dann mit der Antwort gesendet, wenn der Header `MyRequestHeader` in der Anfrage enthalten ist. Das ist bei Headern sinnvoll, die als Reaktion auf einen Auslöser seitens des Clients gesendet werden sollen. Beachten Sie, dass für dieses Beispiel das Modul `mod_setenvif` benötigt wird.

   ```
   SetEnvIf MyRequestHeader value HAVE_MyRequestHeader
   Header add MyHeader "%D %t mytext" env=HAVE_MyRequestHeader
   ```

   Ist der Header `MyRequestHeader: value` in der HTTP-Anfrage vorhanden, dann enthält die Antwort den folgenden Header:

   ```
   MyHeader: D=3775428 t=991424704447256 mytext
   ```

Header

Beschreibung:	Konfiguration von HTTP-Antwort-Headern
Syntax:	Header set | append | add | unset | echo Header [Wert [env=[!]Variable]]
Kontext:	server config, virtual host, directory, .htaccess
Override:	FileInfo

Diese Direktive kann HTTP-Antwort-Header ersetzen, modifizieren oder entfernen. Der Header wird unmittelbar nach der Ausführung der Content-Handler und Ausgabefilter modifiziert, so dass ausgehende Header geändert werden können. Die durchzuführende Aktion wird mit dem ersten Argument angegeben. Folgende Werte können angegeben werden:

set

Setzt den Antwort-Header und ersetzt gleichzeitig alle bisherigen Header mit demselben Namen. Der Wert kann ein Format-String sein.

append

Der Antwort-Header wird an einen vorhandenen Header mit der gleichen Bezeichnung angehängt. Wird ein neuer Wert in einen vorhandenen Header eingebunden, wird er mit einem Komma vom vorhandenen Header getrennt. Dies entspricht dem HTTP-Standard für die Zuweisung mehrerer Werte für einen Header.

add

Der Antwort-Header wird den vorhandenen Headern hinzugefügt, auch wenn er bereits existiert. Das kann dazu führen, dass zwei (oder mehr) Header die gleiche Bezeichnung haben, was zu unvorhergesehenen Konsequenzen führen kann. Im Allgemeinen ist daher append vorzuziehen.

unset

Der Antwort-Header mit dieser Bezeichnung wird, falls vorhanden, entfernt. Gibt es mehrere Header mit dem gleichen Namen, werden alle entfernt.

echo

Anfrage-Header mit dieser Bezeichnung werden als Antwort-Header zurückgeliefert. Header kann ein regulärer Ausdruck sein.

Auf dieses Argument folgt ein Header-Name, der mit einem Doppelpunkt abgeschlossen werden kann, was jedoch nicht erforderlich ist. Groß- und Kleinschreibung werden bei set, append, add und unset ignoriert. Beim Header-Namen für echo werden Groß- und Kleinschreibung unterschieden; es darf auch ein regulärer Ausdruck angegeben werden.

Bei add, append und set wird mit dem dritten Argument ein Wert angegeben. Enthält der Wert Leerzeichen, dann sollten diese in doppelte Anführungszeichen gesetzt werden. Beim Wert kann es sich um eine Zeichenfolge, einen String mit Formatangaben oder um eine Kombination von beidem handeln. Die folgenden Formatangaben für den Wert sind zulässig:

%t		Der Zeitpunkt, zu dem die Anfrage eingegangen ist, in Universal Coordinated Time (UTC-Zeit), gemessen in Millisekunden seit dem 1. Januar 1970. Dem Wert wird t= vorangestellt.
%D		Die Zeit vom Eingang der Anfrage bis zum Versenden der Header. Dieser Wert ist ein Anhaltspunkt für die Bearbeitungsdauer der Anfrage. Dem Wert wird D= vorangestellt.
%{FOOBAR}e		Der Wert der Umgebungsvariablen FOOBAR

Wird die `Header`-Direktive in Verbindung mit den Argumenten add, append oder set verwendet, können mit einem vierten Argument Bedingungen angegeben werden, unter denen die Aktion durchgeführt wird. Existiert die mit dem env=... Argument angegebene Umgebungsvariable (oder existiert sie nicht, falls env=!... angegeben wurde), dann wird die mit der `Header`-Direktive angegebene Aktion durchgeführt. Andernfalls hat die Direktive keine Auswirkungen auf die Anfrage.

Die `Header`-Direktiven werden unmittelbar vor dem Versenden der Antwort bearbeitet. Das bedeutet, dass die meisten Header (mit Ausnahme der vom Header-Filter hinzugefügten) gesetzt und/oder überschrieben werden können.

RequestHeader

Beschreibung:	Konfiguration von HTTP-Anfrage-Headern
Syntax:	`RequestHeader set	append	add	unset Header [Wert]`
Kontext:	server config, virtual host, directory, .htaccess
Override:	`FileInfo`

Diese Direktive kann HTTP-Anfrage-Header ersetzen, verbinden oder entfernen. Der Header wird unmittelbar vor der Ausführung des Content-Handlers modifiziert. Die durchzuführende Aktion wird mit dem ersten Argument angegeben:

set

Der Anfrage-Header wird gesetzt und ersetzt sämtliche vorhandenen Header mit dieser Bezeichnung.

append

Der Anfrage-Header wird an vorhandene Header mit der gleichen Bezeichnung angehängt. Wird ein neuer Wert mit einem vorhandenen Header gemischt, dann wird er mit einem Komma vom vorhandenen Header getrennt. Das entspricht dem HTTP-Standard für die Zuweisung mehrerer Werte für einen Header.

add

Der Anfrage-Header wird den vorhandenen Headern hinzugefügt, auch wenn er bereits vorhanden ist. Das kann dazu führen, dass zwei (oder mehr) Header den gleichen Namen haben, was unvorhergesehene Konsequenzen nach sich ziehen kann. Im Allgemeinen sollte stattdessen **append** verwendet werden.

unset

Der Anfrage-Header mit dieser Bezeichnung wird entfernt, falls er vorhanden ist. Gibt es mehrere Header mit gleichem Namen, werden alle entfernt.

Auf dieses Argument folgt ein Header-Name, auf den ein Doppelpunkt folgen kann, was jedoch nicht erforderlich ist. Groß- und Kleinschreibung werden ignoriert. Bei add, append und set wird als drittes Argument ein Wert angegeben. Enthält der Wert Leerzeichen, sollten diese in doppelte Anführungszeichen gesetzt werden. Bei unset sollte kein Wert angegeben werden.

Die RequestHeader-Direktive wird vor der Bearbeitung vom Handler in der Vorbereitungsphase ausgeführt. Auf diese Weise sollen vom Browser oder von Apache-Eingabefiltern erzeugte Header überschrieben oder modifiziert werden können.

9.5.28 mod_imap

Beschreibung: Server-seitige Image-Map-Verarbeitung
Status: Base
Quelldatei: mod_imap.c
Modulkennung: imap_module

Dieses Modul verarbeitet .map-Dateien und ersetzt dabei die Funktionalität des CGI-Programms imagemap. Jedes Verzeichnis oder jeder Dokumenttyp, der für den imap-file-Handler konfiguriert wurde (entweder mit AddHandler oder mit SetHandler), wird von diesem Modul verarbeitet.

Die folgende Anweisung aktiviert für Dateien mit der Namensendung .map eine Verarbeitung als Image-Map (anwählbares Bild):

```
AddHandler imap-file map
```

Die folgende Anweisung wird auch weiterhin unterstützt:

```
AddType application/x-httpd-imap map
```

Die Unterstützung »magischer« MIME-Typen wird jedoch für die Zukunft nicht gewährleistet; daher wird von der Verwendung dieser Methode abgeraten.

Zusätzliche Eigenschaften

Das Image-Map-Modul bietet einige Möglichkeiten, die von bisherigen Image-Map-Programmen nicht angeboten wurden:

- URL-Verweise relativ zur Information eines Referer-HTTP-Headers
- Standardmäßige Zuweisung einer Adressierungsbasis mit einer neuen base-Direktive
- Eine imagemap.conf-Datei ist nicht mehr erforderlich
- Punktverweise
- Konfigurierbare Erzeugung von Image-Map-Menüs

Image-Map-Datei

Jede Zeile einer Image-Map-Datei kann eines der folgenden Formate haben:

```
Anweisung Wert [x,y ...]
Anweisung Wert "Menütext" [x,y ...]
Anweisung Wert x,y ... "Menütext"
```

Folgende Anweisungen sind möglich: `base`, `default`, `poly`, `circle`, `rect` oder `point`. Der Wert ist eine absolute oder relative URL oder einer der unten aufgeführten speziellen Werte. Die Koordinaten sind x/y-Paare, die durch Whitespaces getrennt werden. Der Text innerhalb der Anführungszeichen ist der Text für den Link, wenn ein Image-Map-Menü erzeugt wird. Zeilen mit einem Doppelkreuz (#) am Anfang sind Kommentarzeilen.

Anweisungen der Image-Map-Datei

Sechs Anweisungen sind in Image-Map-Dateien zulässig. Sie können in beliebiger Reihenfolge stehen, werden aber in der Reihenfolge verarbeitet, in der sie in der Image-Map-Datei aufgeführt wurden.

base-Anweisung

Sie hat den Effekt `<base href="Wert">`. Nicht absolute URLs der Map-Datei werden relativ zu diesem Wert interpretiert. Die `base`-Anweisung überschreibt `ImapBase` aus der `.htaccess`-Datei oder den Server-Konfigurationsdateien. Fehlt eine `ImapBase`-Konfigurationsanweisung, entspricht `base` der Voreinstellung `http://server_name/`. `base_uri` ist identisch mit `base`. Beachten Sie, dass ein Schrägstrich am Ende der URL signifikant ist.

default-Anweisung

Die durchzuführende Maßnahme, falls die angegebenen Koordinaten für keine der `poly`-, `circle`- oder `rect`-Anweisungen abgedeckt werden und keine `point`-Anweisungen vorhanden sind. Fehlt eine `ImapDefault`-Einstellung, gilt die Vorgabe `nocontent`, die den Statuscode `204 No Content` verursacht. Der Client sollte weiterhin dieselbe Seite anzeigen.

poly-Anweisung

Übernimmt drei bis einhundert Punkte und wird wirksam, wenn die vom Benutzer gewählten Koordinaten innerhalb des von diesen Punkten definierten Polygons liegen.

circle-Anweisung

Übernimmt die Koordinaten eines Kreismittelpunkts und einen Punkt auf dem Kreis. Wird wirksam, wenn der vom Benutzer gewählte Punkt innerhalb des Kreises liegt.

rect-Anweisung

Übernimmt die Koordinaten zweier gegenüberliegender Ecken eines Rechtecks. Wird wirksam, wenn der gewählte Punkt innerhalb dieses Rechtecks liegt.

point-Anweisung

Übernimmt einen einzelnen Punkt. Wirksam wird die `point`-Anweisung, wenn der vom Benutzer gewählte Punkt nicht im Bereich einer anderen Anweisung liegt. Liegt eine `point`-Anweisung mit gültigen Koordinaten vor, wird die `default`-Vorgabe nicht berücksichtigt.

Werte

Die folgenden Werte sind in den Anweisungen zulässig:

Eine URL

Die URL kann relativ oder absolut angegeben werden. Relative URLs dürfen die Angabe `..` enthalten, die relativ zum `base`-Wert interpretiert wird. Der `base`-Wert selbst wird jedoch nicht ausgehend vom aktuellen Wert interpretiert. Die Anweisung `base mailto:` funktioniert aber trotzdem.

map

Entspricht der URL der Image-Map-Datei selbst. Koordinaten werden nicht mitgeliefert, so dass ein Menü erzeugt wird, wenn für `ImapMenu` nicht `none` angegeben wird.

menu

Gleichbedeutend mit `map`.

referer

Entspricht der URL des bezugnehmenden Dokuments. Die Vorgabe ist `http://servername/`, falls kein `Referer`-Header vorhanden war.

nocontent

Sendet den Statuscode 204 `No Content` und fordert den Client auf, dieselbe Seite weiter anzuzeigen. Darf außer für `base` immer angegeben werden.

error

Schlägt mit 500 `Server Error` fehl. Darf außer für `base` immer angegeben werden, ist aber nur in Verbindung mit `default` sinnvoll.

Koordinaten

0,0 200,200

Eine Koordinate besteht aus durch Kommata getrennten x/y-Werten. Die Koordinaten werden durch Leerzeichen voneinander getrennt. Um dem Umgang des Lynx-Browsers mit Image-Maps gerecht zu werden, wird bei Wahl der Koordinate `0,0` so reagiert, als wäre keine Koordinate augewählt worden.

Text in Anführungszeichen

"Menütext"

Nach dem Wert oder den Koordinaten kann die Zeile optional Text in doppelten Anführungszeichen enthalten. Aus diesem Text wird ein Link erzeugt, wenn ein Menü erzeugt wird:

```
<a href="http://foo.com/">Menu text</a>
```

Wird kein Text in Anführungszeichen angegeben, wird der Name des Links als Text verwendet:

```
<a href="http://foo.com/">http://foo.com</a>
```

Doppelte Anführungszeichen im Text müssen mit " gekennzeichnet werden.

Mapfile-Beispiel

```
# Kommentare werden in einem 'formatierten' oder 'halbformatierten'
# Menü angezeigt und können HTML-Tags enthalten. <hr>
base referer
poly map "Ein Menü bitte!" 0,0 0,10 10,10 10,0
rect http://www.inetnebr.com/lincoln/test/ 0,0 77,27 "das Verzeichnis des
Bezugnehmenden"
circle http://www.inetnebr.com/lincoln/feedback/ 195,0 305,27
rect another_file "im selben Verzeichnis" 306,0 419,27
point http://www.zyzzyva.com/ 100,100
point http://www.tripod.com/ 200,200
rect mailto:nate@tripod.com 100,150 200,0 "Bugs?"
```

Verweise

HTML-Beispiel

```
<a href="/maps/imagemap1.map">
   <img ismap src="/images/imagemap1.gif">
</a>
```

XHTML-Beispiel

```
<a href="/maps/imagemap1.map">
   <img ismap="ismap" src="/images/imagemap1.gif" />
</a>
```

ImapBase

Beschreibung: Vorbelegung des Parameterwertes für die `base`-Anweisung
Syntax: `ImapBase map | referer | URL`
Default: `ImapBase http://servername/`

Kontext:	server config, virtual host, directory, .htaccess
Override:	Indexes

Die `ImapBase`-Direktive legt die Voreinstellung für die `base`-Anweisung in den Image-Map-Dateien fest. Der Wert wird von einer `base`-Anweisung innerhalb der Image-Map-Datei überschrieben. Ist eine solche nicht vorhanden, gilt die Vorgabe `http://servername/`.

Siehe auch: »*UseCanonicalName*«, *Seite 377*

ImapDefault

Beschreibung:	Vorgegebene Aktion bei einem Image-Map-Aufruf mit Koordinaten, die nicht explizit zugewiesen sind.
Syntax:	`ImapDefault error	nocontent	map	referer	URL`
Default:	`ImapDefault nocontent`
Kontext:	server config, virtual host, directory, .htaccess
Override:	Indexes

Die `ImapDefault`-Anweisung legt die Voreinstellung für die Image-Map-Dateien fest. Der Wert wird von einer `default`-Direktive innerhalb der Image-Map-Datei überschrieben. Fehlt eine solche, lautet die Vorgabe `nocontent`, was bedeutet, dass der HTTP-Statuscode 204 No Content an den Client gesendet wird. In diesem Fall sollte der Client weiterhin die ursprüngliche Seite anzeigen.

ImapMenu

Beschreibung:	Durchzuführende Aktion beim Aufruf einer Image-Map-Datei ohne Angabe von Koordinaten
Syntax:	`ImapMenu none	formatted	semiformatted	unformatted`
Kontext:	server config, virtual host, directory, .htaccess
Override:	Indexes

Die `ImapMenu`-Direktive legt fest, was zu geschehen hat, wenn eine Image-Map-Datei ohne gültige Koordinaten aufgerufen wird.

none

Bei Angabe von none wird kein Menü erzeugt und die `default`-Aktion durchgeführt.

formatted

Ein formatiertes Menü ist die einfachste Menüform. Kommentare in der Image-Map-Datei werden ignoriert. Es werden ein `<hr>`-Tag, anschließend ein `<h1>`-Tag und danach auf jeweils einer eigenen Zeile die Links angezeigt. Das Menü hat ein konsistentes, einfaches Erscheinungsbild, ähnlich einer Verzeichnisliste.

semiformatted

Im halbformatierten Menü werden die Kommentare an ihrer Position in der Image-Map-Datei angezeigt. Leerzeilen werden in HTML-Umbrüche umgewandelt. Es werden keine Überschriften oder horizontalen Linien angezeigt, im Übrigen gleicht das Menü einem formatierten Menü.

unformatted

Kommentare werden angezeigt und Leerzeilen ignoriert. Es wird nichts angezeigt, was nicht in der Image-Map-Datei enthalten ist. Alle Umbrüche und Überschriften müssen in der Image-Map-Datei als Kommentare enthalten sein. Das bietet die größte Flexibilität hinsichtlich des Erscheinungsbildes des Menüs, erfordert aber, dass die Map-Dateien wie HTML- und nicht wie einfache Textdateien behandelt werden.

9.5.29 mod_include

Beschreibung:	Vom Server vor der Auslieferung interpretierte Dokumente (Server Side Includes)
Status:	Base
Quelldatei:	mod_include.c
Modulkennung:	include_module
Kompatibilität:	Seit der Apache-Version 2.0 als Ausgabefilter implementiert

Dieses Modul stellt einen Filter zur Verfügung, der Dateien vor der Auslieferung an den Client verarbeitet. Diese Verarbeitung wird von speziell formatierten SGML-Kommentaren gesteuert, die als Elemente bezeichnet werden. Diese Elemente können die Einbindung weiterer Dateien und Programme sowie das Setzen und Ausgeben von Umgebungsvariablen betreffen.

Siehe auch: »*Options*«, *Seite 366*, »*AcceptPathInfo*«, *Seite 338*, *2.17* »*Filter*«, *5.3* »*Server Side Includes*«

Server Side Includes aktivieren

Server Side Includes (SSIs) werden mit dem INCLUDES-Filter implementiert. Erhalten Dokumente mit SSI-Direktiven die Dateinamenerweiterung .shtml, veranlassen folgende Anweisungen den Apache, diese Dokumente zu untersuchen und dem Ergebnis den MIME-Typ text/html zuzuweisen:

```
AddType text/html .shtml
AddOutputFilter INCLUDES .shtml
```

Die folgende Anweisung muss für alle Verzeichnisse mit .shtml-Dateien gegeben werden (normalerweise in einem <Directory>-Abschnitt, die Anweisung kann aber auch in .htaccess-Dateien stehen, wenn AllowOverrideOptions gesetzt wurde):

```
Options +Includes
```

Um die Kompatibilität für ältere Versionen zu gewährleisten, aktiviert der server-parsed-Handler auch den INCLUDES-Filter. Außerdem aktiviert der Apache diesen Filter für jedes Dokument mit dem MIME-Typ text/x-server-parsed-html oder text/x-server-parsed-html3 (wobei die Ausgabe den Typ text/html erhält).

Weitere Informationen finden Sie im *Abschnitt 5.3* »*Server Side Includes*«

SSI und PATH_INFO

Für SSI verarbeitete Dateien akzeptieren standardmäßig keine Anfragen mit PATH_INFO (nachgestellte Pfadinformationen) mehr. Mit der `AcceptPathInfo`-Anweisung kann der Server so konfiguriert werden, dass er Anfragen mit PATH_INFO akzeptiert.

Grundelemente

Das Dokument wird als HTML-Dokument mit speziellen als SGML-Kommentare eingebetteten Befehlen analysiert. Ein Befehl hat folgende Syntax:

```
<!--#Element Attribut=Wert Attribut=Wert ... -->
```

Der Wert wird häufig in doppelte Anführungszeichen gesetzt. Einfache Anführungszeichen (') oder Häkchen (`) können ebenfalls benutzt werden. Bei vielen Befehlen ist lediglich ein einziges Attribut-/Wertpaar zulässig. Beachten Sie, dass vor dem Abschlusszeichen eines Kommentars (-->) ein Leerzeichen stehen sollte, damit es nicht als Bestandteil eines SSI-Elements gewertet wird. Die folgende Tabelle führt die möglichen Elemente auf:

Element	Beschreibung
config	Konfiguration der Ausgabeformate
echo	Ausgabe von Variablen
exec	Ausführung externer Programme
fsize	Ausgabe der Größe einer Datei
flastmod	Ausgabe des Datums der letzten Änderung einer Datei
include	Einbinden von Dateien
printenv	Ausgabe aller verfügbaren Variablen
set	Den Wert einer Variablen setzen

SSI-Elemente können von anderen Modulen als `mod_include` definiert werden. Das exec-Element gehört beispielsweise zu `mod_cgi` und steht nur zur Verfügung, wenn dieses Modul geladen ist.

Das config-Element

Dieser Befehl steuert unterschiedliche Aspekte bei der Auswertung eines Dokuments. Zulässige Attribute sind:

errmsg

Eine Nachricht, die an den Client zurückgesendet wird, wenn bei der Untersuchung eines Dokuments Fehler auftreten. Alle `SSIErrorMsg`-Anweisungen werden überschrieben.

sizefmt

Das Format für die Anzeige der Dateigröße. Zulässige Werte sind `bytes` für die Angabe in Byte oder `abbrev` für die Anzeige in KByte oder MByte nach Gutdünken des Moduls. Eine Größe von 1.024 Byte wird beispielsweise als »1K« ausgegeben.

timefmt

Eine Zeichenfolge, die von der Bibliotheksroutine `strftime` für die Ausgabe von Datumsangaben verwendet wird.

Das echo-Element

Dieser Befehl führt zur Ausgabe einer der unten aufgeführten Include-Variablen. Wurde die Variable nicht gesetzt, dann legt die `SSIUndefinedEcho`-Anweisung die Ausgabe fest. Das Ausgabeformat von Datumsangaben hängt von `timefmt` ab. Die zulässigen Attribute sind:

var

Anzugeben ist der Name der auszugebenden Variablen.

encoding

Die Codierung von Sonderzeichen innerhalb der Variablen vor der Ausgabe. Bei der Angabe von `none` wird keine Codierung vorgenommen. Bei der Angabe von `url` wird die URL-Codierung benutzt (auch bekannt als %-Codierung, die für URLs in Links usw. gedacht ist). Zu Beginn eines `echo`-Elements ist die Voreinstellung `entity` für die Entitätscodierung für HTML-Elemente auf Blockebene (Textabsätze). Diese Voreinstellung kann mit dem Attribut `encoding` geändert werden, das bis zum nächsten `encoding`-Attribut oder bis zum Ende des Elements gültig bleibt.

Dem `var`-Attribut muss das entsprechende `encoding`-Attribut *vorangehen*. Es werden nur Sonderzeichen nach der ISO-8859-1-Codierung verschlüsselt. Wird eine andere Zeichencodierung verwendet, wird möglicherweise nicht das gewünschte Ergebnis erreicht.

> **Hinweis**
>
> Um Probleme zwischen unterschiedlichen Sites zu vermeiden, sollten von einem Benutzer übermittelte Daten immer codiert werden.

Das exec-Element

Der `exec`-Befehl führt den angebenen Shell-Befehl oder das angegebene CGI-Skript aus. Dafür muss das `mod_cgi`-Modul geladen sein. Wurde `Options IncludesNOEXEC` gesetzt, ist dieser Befehl vollständig deaktiviert. Die zulässigen Attribute sind:

cgi

Ein (%-codierter) URL-Pfad zum CGI-Skript. Beginnt der Pfad nicht mit einem Slash (/), wird er relativ zum aktuellen Dokument interpretiert. Das Dokument, auf das mit diesem Pfad verwiesen wird, wird als CGI-Skript aufgerufen, auch wenn der Server es normalerweise nicht als solches erkennen würde. Das Verzeichnis, in dem sich das Skript befindet, muss jedoch für CGI-Skripte freigeschaltet sein (mit `ScriptAlias` oder `Options ExecCGI`).

Dem CGI-Skript werden Pfadinformationen und der `QUERY_STRING` der ursprünglichen Client-Anfrage übergeben. Diese Angaben können *nicht* über den URL-Pfad erfolgen. Neben der standardmäßigen CGI-Umgebung stehen dem Skript die Include-Variablen zur Verfügung.

Beispiel

```
<!--#exec cgi="/cgi-bin/example.cgi" -->
```

Liefert das Skript anstelle einer Ausgabe einen `Location`-Header zurück, dann wird dieser in einen HTML-Anker umgewandelt.

Das `include virtual`- Element sollte dem `exec cgi`-Element gegenüber vorgezogen werden. Insbesondere dann, wenn zusätzliche Argumente mit der Anfragezeichenfolge an ein CGI-Programm übergeben werden müssen, kann dies nicht mit `exec cgi` geschehen, sondern muss wie folgt mit `include virtual` geschehen:

```
<!--#include virtual="/cgi-bin/example.cgi?argument=value" -->
```

cmd

Der Server führt die übergebene Zeichenfolge aus und benutzt hierbei `/bin/sh`. Die Include-Variablen stehen dem Befehl neben den üblichen CGI-Variablen zur Verfügung.

In fast allen Fällen ist `#include virtual` den Anweisungen `#exec cgi` oder `#exec cmd` gegenüber vorzuziehen. `#include virtual` verwendet den standardmäßigen Apache-Mechanismus für die Einbindung von Dateien oder Skripten. Die Anweisung ist viel erprobter und auf aktuellerem Stand.

Außerdem können bei Betriebssystemen wie Windows (oder unter UNIX bei Verwendung von `suexec`) keine Argumente an einen Befehl in einer `exec`-Anweisung übergeben oder Leerstellen in den Befehl eingefügt werden. Folgende Anweisung funktioniert beispielsweise ohne `suexec` unter UNIX, führt aber unter Windows oder bei Ausführung von `suexec` nicht zum gewünschten Ergebnis:

```
<!--#exec cmd="perl /path/to/perlscript arg1 arg2" -->
```

Das fsize-Element

Dieser Befehl gibt die Größe der angegebenen Datei aus, unter Verwendung der durch `sizefmt` festgelegten Formatangabe. Mögliche Attribute sind:

file

Ein zum Verzeichnis des untersuchten Dokuments relativer Pfad.

virtual

Ein %-codierter URL-Pfad. Beginnt er nicht mit einem Slash (/), wird er relativ zum aktuellen Dokument interpretiert. Beachten Sie, dass *nicht* der Umfang einer CGI-Ausgabe ausgegeben wird, sondern die Größe des CGI-Skripts selbst.

Das flastmod-Element

Dieser Befehl gibt das Datum der letzten Änderung der angegebenen Datei aus, unter Verwendung der durch `timefmt` festgelegten Formatangabe. Die Attribute sind die gleichen wie beim `fsize`-Befehl.

Das include-Element

Dieser Befehl fügt den Text eines anderen Dokuments oder einer anderen Datei in die bearbeitete Datei ein. Alle eingefügten Dateien unterliegen der üblichen Zugriffskontrolle. Wurde für das Verzeichnis der bearbeiteten Datei `Options IncludesNOEXEC` gesetzt, werden nur Dokumente mit den MIME-Typen der Klasse `text/plain`, `text/html` usw. eingebunden. Andernfalls werden CGI-Skripte wie gewöhnlich mit der dem Befehl übergebenen URL (einschließlich Anfragezeichenfolge) aufgerufen.

Das Attribut gibt die Position des Dokuments an. Die Einbindung erfolgt für jedes der `include`-Anweisung übergebene Attribut. Zulässige Attribute sind:

file

Ein zum Verzeichnis des gerade bearbeiteten Dokuments relativer Pfad. Er darf weder die Schreibweise `../` enthalten, noch darf es ein absoluter Pfad sein. Somit können keine Dateien eingebunden werden, die außerhalb des Dokumentverzeichnisses oder oberhalb des aktuellen Dokuments in der Verzeichnisstruktur liegen. Das Attribut `virtual` sollte diesem Attribut gegenüber immer vorgezogen werden.

virtual

Ein %-codierter URL-Pfad. Die URL darf kein Schema und keinen Host-Namen enthalten, lediglich ein Pfad oder ein optionaler Query-String sind zulässig. Steht kein Slash (/) am Anfang, wird der Pfad relativ zum aktuellen Dokument interpretiert.

Eine URL wird aus dem Attribut gebildet und die Ausgabe, die der Server zurückliefern würde, wenn der Client auf die URL zugreifen würde, wird in die bearbeitete Ausgabe eingebunden. Auf diese Weise können eingebundene Dateien geschachtelt werden.

Handelt es sich bei der angegebenen URL um ein CGI-Programm, wird dieses Programm ausgeführt und dessen Ausgabe anstelle der Anweisung in die bearbeitete Datei eingefügt. Eine CGI-URL darf einen Query-String enthalten:

```
<!--#include virtual="/cgi-bin/example.cgi?argument=value" -->
```

`include virtual` sollte für die Einbindung von Ausgaben von CGI-Programmen in einem HTML-Dokument gegenüber `exec cgi` vorgezogen werden.

Das printenv-Element

Dieses Element gibt eine Liste aller vorhandenen Variablen und ihrer Werte aus. Sonderzeichen werden vor der Ausgabe nach der Entitätscodierung verschlüsselt (Einzelheiten hierzu finden Sie unter »*Das echo-Element*«, Seite 495). Dieses Element besitzt keine Attributwerte.

Beispiel

```
<!--#printenv -->
```

Das set-Element

Hiermit wird der Wert einer Variablen gesetzt. Die Attribute sind:

var

Der Name der zu setzenden Variablen.

value

Der dieser Variablen zuzuweisende Wert.

Beispiel

```
<!--#set var="category" value="help" -->
```

Include-Variablen

Zusätzlich zu den standardmäßigen Variablen der CGI-Umgebung stehen folgende Include-Variablen für den echo-Befehl, die if- und die elif-Anweisung sowie für jedes über das Dokument aufgerufene Programm zur Verfügung.

DATE_GMT

Das aktuelle Datum nach GMT.

DATE_LOCAL

Das aktuelle Datum der lokalen Zeitzone.

DOCUMENT_NAME

Der Dateiname (ohne Verzeichnisangabe) des vom Benutzer angeforderten Dokuments.

DOCUMENT_URI

Die %-codierte URL des vom Benutzer angeforderten Dokuments. Bei verschachtelten Include-Dateien ist dies *nicht* die URL des aktuellen Dokuments.

LAST_MODIFIED

Das Datum der letzten Änderung des vom Benutzer angeforderten Dokuments.

QUERY_STRING_UNESCAPED

Ist ein Query-String vorhanden, enthält diese Variable den die %-decodierten Query-String, die für eine Verwendung innerhalb einer (UNIX-)Shell geeignet »escaped« wurde.

Variablensubstitution

Variablensubstitution bei Zeichenfolgen in Anführungszeichen erfolgt meist dann, wenn diese sinnvollerweise als Argument einer SSI-Direktive auftreten können. Hierzu gehören die Anweisungen config, exec, flastmod, fsize, include, echo und set sowie die Argumente für Bedingungsoperatoren. Durch Voranstellung eines Backslash kann ein Dollarzeichen in eine Zeichenfolge eingefügt werden:

```
<!--#if expr="$a = \$test" -->
```

Muss ein Variablenverweis in der Mitte einer Zeichenfolge ersetzt werden, die selbst als gültiger Bezeichner gelten kann, wird die Mehrdeutigkeit durch geschweifte Klammern aufgehoben, genau wie das bei der Ersetzung innerhalb einer (UNIX-)Shell der Fall wäre:

```
<!--#set var="Zed" value="${REMOTE_HOST}_${REQUEST_METHOD}" -->
```

Die Variable Zed wird auf code>X_Y" gesetzt, wenn REMOTE_HOST den Wert X und REQUEST_METHOD den Wert Y enthält.

Im folgenden Beispiel wird in foo ausgegeben, wenn DOCUMENT_URI gleich /foo/file.html ist, und in bar, wenn es gleich /bar/file.html ist, andernfalls erfolgt keine Ausgabe:

```
<!--#if expr='"$DOCUMENT_URI" = "/foo/file.html"' -->
  in foo
<!--#elif expr='"$DOCUMENT_URI" = "/bar/file.html"' -->
  in bar
<!--#else -->
  in neither
<!--#endif -->
```

Elemente zur Flusskontrolle

Die wichtigsten Elemente zur Flusskontrolle sind:

```
<!--#if expr="Testbedingung" -->
<!--#elif expr="Testbedingung" -->
<!--#else -->
<!--#endif -->
```

Das if-Element funktioniert wie die if-Anweisung einer Programmiersprache. Die Testbedingung wird ausgewertet und wenn das Ergebnis wahr ist, dann wird der Text bis zum nächsten elif-, else- oder endif-Element in den Ausgabestrom eingebaut.

Mit der elif- oder else-Anweisung wird Text in den Ausgabestrom eingebunden, wenn die ursprüngliche Testbedingung nicht erfüllt ist. Diese Elemente sind optional.

Das endif-Element schließt das if- Element ab und ist erforderlich.

Die Testbedingung kann folgendermaßen aussehen:

String

Die Bedingung ist erfüllt, wenn der String nicht leer ist.

String1 = String2

String1 != String2

Vergleiche String1 mit String2. Wenn String2 die Form /String2/ hat, wird er als regulärer Ausdruck behandelt. Reguläre Ausdrücke werden mit der PCRE-Bibliothek (http://

www.pcre.org) implementiert und haben die gleiche Syntax wie in Perl 5. Die Schreibweise == entspricht = und hat die gleiche Wirkung.

Beim positiven Vergleich (= oder ==) können gruppierte Teile des regulären Ausdrucks erfasst werden. Die erfassten Teile werden in den speziellen Variablen $1 .. $9 gespeichert.

Beispiel

```
<!--#if expr="$QUERY_STRING = /^sid=([a-zA-Z0-9]+)/" -->

<!--#set var="session" value="$1" -->

<!--#endif -->
```

String1 < String2

String1 <= String2

String1 > String2

String1 >= String2

Vergleiche String1 mit String2. Die Zeichenfolgen werden *Zeichen für Zeichen* miteinander verglichen (mit strcmp(3)). Daher ist die Zeichenfolge »100« kleiner als die Zeichenfolge »20«.

(Testbedingung)

Ist erfüllt, wenn Testbedingung erfüllt ist.

! Testbedingung

Ist erfüllt, wenn Testbedingung nicht erfüllt ist.

Testbedingung1 && Testbedingung2

Ist erfüllt, wenn Testbedingung1 und Testbedingung2 erfüllt sind.

Testbedingung1 || Testbedingung2

Ist erfüllt, wenn Testbedingung1 oder Testbedingung2 erfüllt ist.

"=" und "!=" binden enger als "&&" und "||". "!" bindet am stärksten. Die folgenden Anweisungen bedeuten das Gleiche:

```
<!--#if expr="$a = test1 && $b = test2" -->
<!--#if expr="($a = test1) && ($b = test2)" -->
```

Die Booleschen Operatoren && und || haben die gleiche Priorität. Soll ein solcher Operator stärker gebunden werden, müssen Klammern gesetzt werden.

Alles, was nicht als Variable oder Operator erkannt wird, wird wie eine Zeichenfolge behandelt. Zeichenfolgen können auch in Anführungszeichen stehen: `'string'`. Steht eine Zeichenfolge nicht in Anführungszeichen, dann darf sie keine Leerzeichen oder Tabulatoren enthalten, weil diese Zeichen die Bestandteile von Anweisungen voneinander trennen. Stehen mehrere Zeichenfolgen in einer Zeile, werden sie mit Leerzeichen verkettet:

```
String1    string2 ergibt String1 string2
```

und

```
'String1    string2' ergibt String1    String2.
```

Optimierung Boolescher Ausdrücke

Werden Ausdrücke immer komplexer, so dass sie die Verarbeitung deutlich bremsen, dann können sie entsprechend der Auswertungsregeln optimiert werden:

- Ausdrücke werden von links nach rechts ausgewertet.
- Binäre Boolesche Operatoren (&& und ||) werden, falls möglich, kurzgeschlossen. In Übereinstimmung mit der oben aufgeführten Regel bedeutet das, dass mod_include zuerst den linken Ausdruck auswertet. Reicht das Ergebnis aus, um das Endergebnis zu bestimmen, wird die weitere Verabeitung an dieser Stelle abgebrochen. Trifft das nicht zu, wird die rechte Seite ausgewertet und das Endergebnis anhand der Ergebnisse der linken und der rechten Seite berechnet.
- Solange reguläre Ausdrücke behandelt werden müssen, wird die verkürzte Auswertung nicht wirksam. Diese müssen ausgewertet werden, um die Rückverweisvariablen ($1 .. $9) zuzuweisen.

Wenn Sie nachvollziehen möchten, wie ein bestimmter Ausdruck behandelt wird, können Sie mod_include mit der Compileroption -DDEBUG_INCLUDE noch einmal kompilieren. Für jeden untersuchten Ausdruck erhalten Sie dann Informationen zu den Elementen, der Reihenfolge und über das Resultat der Auswertung, die mit der Ausgabe an den Client gesendet werden.

SSIEndTag

Beschreibung:	Die Zeichenfolge, die ein Include-Element beendet
Syntax:	SSIEndTag Tag
Default:	SSIEndTag "-->"
Kontext:	server config, virtual host
Kompatibilität:	Verfügbar ab Version 2.0.30

Mit dieser Anweisung wird die Zeichenfolge geändert, die mod_include das Ende eines Include-Elements signalisiert.

Beispiel

```
SSIEndTag "%>"
```

Siehe auch: »*SSIStartTag*«, *Seite 502*

SSIErrorMsg

Beschreibung:	Die Fehlermeldung, die bei einem SSI-Fehler angezeigt wird
Syntax:	SSIErrorMsg Meldung
Default:	SSIErrorMsg "[an error occurred while processing this directive]"
Kontext:	server config, virtual host, directory, .htaccess
Override:	All
Kompatibilität:	Ab Version 2.0.30

Mit der SSIErrorMsg-Direktive wird die Fehlermeldung geändert, die angezeigt wird, wenn mod_include auf einen Fehler stößt. Für den praktischen Einsatz kann die Standardfehlermeldung beispielsweise durch "<!-- Fehler -->" ersetzt werden, damit dem Benutzer die Meldung nicht angezeigt wird.

Diese Anweisung liefert das gleiche Ergebnis wie <!--#config errmsg=Meldung -->.

Beispiel

```
SSIErrorMsg "<!-- Error -->"
```

SSIStartTag

Beschreibung:	Die Zeichenfolge, mit der ein Include-Element beginnt
Syntax:	SSIStartTag Tag
Default:	SSIStartTag "<!--#"
Kontext:	server config, virtual host
Kompatibilität:	Ab Version 2.0.30

Mit dieser Anweisung wird die Zeichenfolge geändert, an der mod_include ein zu verarbeitendes Include-Element erkennt.

Diese Möglichkeit kann bei zwei Servern genutzt werden, die die Ausgabe einer Datei untersuchen und jeweils unterschiedliche Befehle verarbeiten (möglicherweise zu unterschiedlichen Zeiten).

Beispiel

```
SSIStartTag "<%"
```

In Verbindung mit einem übereinstimmenden SSIEndTag können SSI-Anweisungen so verwendet werden, wie das in dem nachfolgenden Beispiel der Fall ist:

SSI-Anweisungen mit alternativen Start- und End-Tags

```
<%printenv %>
```

Siehe auch: »*SSIEndTag*«, Seite 501

SSITimeFormat

Beschreibung:	Konfiguration des Formats zur Anzeige von Datumswerten
Syntax:	SSITimeFormat Format-String
Default:	SSITimeFormat "%A, %d-%b-%Y %H:%M:%S %Z"

Kontext:	server config, virtual host, directory, .htaccess
Override:	All
Kompatibilität:	Ab Version 2.0.30

Der Format-String muss so angegeben werden, wie dies für einen Parameterwert der `strftime(3)`-Funktion der C-Standardbibliothek der Fall wäre.

Diese Anweisung liefert das gleiche Ergebnis wie das `<!--#config timefmt=formatstring -->`

Beispiel

```
SSITimeFormat "%R, %B %d, %Y"
```

Diese Anweisung sorgt dafür, dass Zeitangaben im Format »22:26, June 14, 2002« erfolgen.

SSIUndefinedEcho

Beschreibung:	Die Zeichenfolge, die angezeigt wird, wenn der Inhalt einer nicht gesetzten Variablen mit der Anweisung echo ausgegeben werden soll
Syntax:	SSIUndefinedEcho String
Default:	SSIUndefinedEcho "(none)"
Kontext:	server config, virtual host, directory, .htaccess
Override:	All
Kompatibilität:	Ab Version 2.0.34

Mit dieser Anweisung wird die Zeichenfolge geändert, die `mod_include` anzeigt, wenn der Inhalt einer nicht gesetzten Variablen mit `echo` ausgegeben werden soll.

Beispiel

```
SSIUndefinedEcho "<!-- undef -->"
```

XBitHack

Beschreibung:	SSI-Direktiven in Dateien mit gesetztem Execute-Bit werden ausgewertet.
Syntax:	XBitHack on | off | full
Default:	XBitHack off
Kontext:	server config, virtual host, directory, .htaccess
Override:	Options

Mit der `XBitHack`-Anweisung wird die Untersuchung gewöhnlicher HTML-Dokumente gesteuert. Sie betrifft ausschließlich Dateien des MIME-Typs `text/html`. Folgende Werte können angegeben werden:

off

Keine besondere Behandlung ausführbarer Dateien.

on

Alle `text/html`-Dateien mit gesetztem User-Execute-Bit werden als vom Server auszuwertendes HTML-Dokument behandelt.

full

Gleichbedeutend mit on, zusätzlich wird aber noch das Group-Execute-Bit überprüft. Ist es gesetzt, wird das Last-Modified-Datum der zurückgesendeten Datei als Datum der letzten Änderung gesetzt. Ist es nicht gesetzt, wird kein Datum der letzten Änderung gesendet. Wenn dieses Bit gesetzt wird, können Clients und Proxies das Ergebnis der Anfrage zwischenspeichern.

> **Hinweis**
>
> Die Verwendung der Option full ist nicht ratsam, es sei denn, Sie sind in der Lage, sicherzustellen, dass das Group-Execute-Bit für kein SSI-Skript, das CGI-Skripte einbindet oder auf andere Weise bei jedem Zugriff wechselnde Ausgaben liefert, gesetzt ist.

9.5.30 mod_info

Beschreibung:	Liefert eine ausführliche Übersicht über die Serverkonfiguration.
Status:	Erweiterung
Quelldatei:	mod_info.c
Modulkennung:	info_module

mod_info wird mit folgendem Zusatz in der Datei httpd.conf konfiguriert:

```
<Location /server-info>
   SetHandler server-info
</Location>
```

Nach dieser Konfiguration stehen die Serverinformationen unter http://Ihre.Host.Dom/server-info zur Verfügung.

Der Anweisung <Location> kann eine <Limit>-Klausel hinzugefügt werden, um den Zugriff auf die Informationen zur Serverkonfiguration einzuschränken.

> **Hinweis**
>
> Die Konfigurationsdateien werden vom Modul während der Ausführungszeit gelesen und daher gibt die Anzeige eventuell nicht die zurzeit aktive Serverkonfiguration wieder, wenn die Dateien seit dem letzten Laden des Servers verändert wurden. Außerdem müssen die Konfigurationsdateien von der Benutzerkennung gelesen werden können, unter der der Server läuft (siehe »User«, Seite 392), sonst erfolgt keine Anzeige.
>
> Insbesondere kann das Modul sicherheitsrelevante Informationen aus den Konfigurationsdirektiven anderer Module zugänglich machen, zum Beispiel Systempfade, Benutzernamen/Passwörter, Datenbanknamen usw. Aufgrund der Funktionsweise des Moduls gibt es keine Möglichkeit, ihm Informationen vorzuenthalten. Darum sollte es nur in einer kontrollierten Umgebung und immer mit Vorsicht benutzt werden.
>
> Wurde mod_info in den Server kompiliert, ist ferner zu beachten, dass dessen Möglichkeiten für alle Konfigurationsdateien, einschließlich der .htaccess-Dateien zur Verfügung stehen, was Auswirkungen auf die Sicherheit der Site haben kann.

AddModuleInfo

Beschreibung:	Zusätzliche Informationen zu den vom Server-Info-Handler angezeigten Informationen
Syntax:	AddModuleInfo Modul Zeichenfolge
Kontext:	server config, virtual host
Kompatibilität:	Ab Apache-Version 1.3

Der Inhalt der Zeichenfolge wird als HTML-interpretierte *Zusatzinformation* für das Modul angezeigt. Beispiel:

```
AddModuleInfo mod_auth.c 'Siehe <a \
href="http://www.apache.org/docs-2.0/mod/mod_auth.html">\
http://www.apache.org/docs-2.0/mod/mod_auth.html</a>'
```

9.5.31 mod_isapi

Beschreibung:	ISAPI-Erweiterungen für Windows
Status:	Base
Quelldatei:	mod_isapi.c
Modulkennung:	isapi_module
Kompatibilität:	Nur Windows

Dieses Modul implementiert das Internet-Servererweiterungs-API. Das bedeutet, dass die Internet-Servererweiterungen (die ISAPI-.dll-Module) von Apache für Windows genutzt werden können.

ISAPI-Erweiterungsmodule (.dll-Dateien) werden von dritter Seite entwickelt. Sie stammen nicht von der Apache Group und werden von dieser auch nicht unterstützt. Bei Problemen mit ISAPI-Erweiterungen sollten Sie direkt Kontakt mit dem ISAPI-Entwickler aufnehmen. *Bitte wenden Sie sich mit solchen Problemen nicht an das Apache-Serverprojekt.*

Verwendung

Verbinden Sie die ISAPI-Dateien und ihre Dateinamenerweiterungen in der Serverkonfigurationsdatei mit Hilfe der AddHandler-Direktive mit dem isapi-isa-Handler. Damit .dll-Dateien als ISAPI-Erweiterung verarbeitet werden, muss der Datei httpd.conf folgende Zeile hinzugefügt werden:

```
AddHandler isapi-isa .dll
```

Beim Apache-Server gibt es keine Möglichkeit, ein angefordertes Modul geladen zu lassen. Sie können ein bestimmtes Modul aber vorab laden und geladen lassen, wenn Sie folgende Anweisung in die httpd.conf-Datei einfügen:

```
ISAPICacheFile c:/WebWork/Scripts/ISAPI/mytest.dll
```

Unabhängig davon, ob eine ISAPI-Erweiterung vorab geladen wurde, gelten für alle ISAPI-Erweiterungen die gleichen Berechtigungen und Einschränkungen wie für CGI-Skripte. Deshalb muss für das Verzeichnis mit den .dll-Dateien der ISAPI-Erweiterung Options ExecCGI gesetzt werden.

In den anschließenden Abschnitten »*Ergänzende Hinweise*«, *Seite 506* und »*Für den Programmierer*«, *Seite 506* finden Sie weitere Einzelheiten und Erklärungen zur ISAPI-Unterstützung durch mod_isapi.

Ergänzende Hinweise

Die ISAPI-Implementierung des Apache stimmt mit Ausnahme einiger »Microsoft-spezifischer« Erweiterungen für die asynchrone Ein- und Ausgabe mit der ISAPI-Spezifikation 2.0 überein. Das Ein- und Ausgabemodell des Apache erlaubt das asynchrone Lesen und Schreiben nicht in der Art, wie es die ISAPI-Spezifikation vorschreibt. Versucht eine ISA auf nicht unterstützte Eigenschaften wie die asynchrone Ein- und Ausgabe zuzugreifen, wird eine Meldung in das Fehlerprotokoll eingetragen, die die Fehlersuche erleichtern soll. Da es sich dabei um sehr viele Meldungen handeln kann, lässt sich eine Flut von Meldungen mit der Option ISAPILogNotSupported Off unterdrücken.

Einige Server, wie zum Beispiel der IIS von Microsoft, laden die ISAPI-Erweiterung und behalten sie so lange im Arbeitsspeicher, bis der Speicherplatz knapp wird (falls keine anderen Optionen angegeben wurden). Zurzeit lädt und entlädt der Apache die ISAPI-Erweiterung bei jeder Anforderung, es sei denn, die ISAPICacheFile-Direktive wird angegeben. Das ist zwar nicht effizient, für das Speichermodell des Apache ist dies jedoch das effektivste Verfahren. Viele ISAPI-Module zeichnen sich durch geringfügige Abweichungen aus, die zur Inkompatibilität mit dem Apache-Server führen können, so dass das Entladen dieser Module die Stabilität des Servers verbessert.

Ferner ist zu beachten, dass der Apache zwar ISAPI-Erweiterungen jedoch *keine ISAPI-Filter* unterstützt. Dies kann später der Fall sein, zurzeit ist es jedoch nicht geplant.

Für den Programmierer

Wenn Sie mod_isapi-Module für den Apache 2.0 programmieren, müssen Sie die Aufrufe von ServerSupportFunction auf folgende Direktiven beschränken:

HSE_REQ_SEND_URL_REDIRECT_RESP

Umleitung des Benutzers an eine andere Position.

Es muss sich um eine vollständige URL handeln (http://Server/Position).

HSE_REQ_SEND_URL

Umleitung des Benutzers an eine andere Position.

Hier darf es sich nicht um eine vollständige URL handeln, es darf weder ein Protokoll noch ein Servername angegeben werden, sondern nur kurz /Position.

Diese Umleitung wird vom Server und nicht vom Browser vorgenommen.

> **Warnung**
>
> In der aktuellen Dokumentation scheint Microsoft die Unterscheidung zwischen diesen beiden HSE_REQ_SEND_URL- Funktionen aufgegeben zu haben. Der Apache behandelt sie weiterhin als zwei eigenständige Funktionen mit unterschiedlichen Anforderungen und unterschiedlichem Verhalten.

HSE_REQ_SEND_RESPONSE_HEADER

Der Apache akzeptiert den Rumpf einer Antwort nach dem Header, wenn eine Leerzeile im String-Argument des Headers folgt (zwei aufeinander folgende Zeilenumbrüche). NULL darf nicht im Body enthalten sein, weil damit das Argument beendet wird.

HSE_REQ_DONE_WITH_SESSION

Der Apache betrachtet dies als No-Option-Flag, da die Sitzung beendet wird, wenn ISAPI von der Verarbeitung zurückkehrt.

HSE_REQ_MAP_URL_TO_PATH

Der Apache wandelt einen virtuellen in einen realen Namen um.

HSE_APPEND_LOG_PARAMETER

Diese protokollierte Meldung kann wie folgt aufgezeichnet werden:

- In der \"%{isapi-parameter}n\"-Komponente einer CustomLog-Anweisung
- In der %q-Komponente mit der ISAPIAppendLogToQuery On-Direktive
- Im Fehlerprotokoll mit der ISAPIAppendLogToErrors On-Direktive

Die erste Option (%{isapi-parameter}n-Komponente) steht immer zur Verfügung und ist vorzuziehen.

HSE_REQ_IS_KEEP_CONN

Gibt den ausgehandelten Keep-Alive-Status zurück.

HSE_REQ_SEND_RESPONSE_HEADER_EX

Verhält sich wie dokumentiert, wenngleich auch das fKeepConn-Flag ignoriert wird.

HSE_REQ_IS_CONNECTED

Gibt FALSE zurück, wenn die Anfrage abgebrochen wurde.

Bei unbekannten ServerSupportFunction-Aufrufen gibt der Apache FALSE zurück und setzt GetLastError auf ERROR_INVALID_PARAMETER.

ReadClient ermittelt den über den Anfangspuffer hinausgehenden Anfragerumpf (definiert mit ISAPIReadAheadBuffer). Basierend auf der ISAPIReadAheadBuffer-Einstellung (Anzahl der Bytes, die vor dem Aufruf des ISAPI-Handlers gepuffert werden) werden kürzere Anfragen beim Aufruf vollständig an die Erweiterung gesendet. Handelt es sich um eine längere Anfrage, muss die ISAPI-Erweiterung mit ReadClient den verbleibenden Teil des Anfragerumpfs lesen.

WriteClient wird unterstützt, allerdings nur mit dem HSE_IO_SYNC- oder dem No-Option-Flag (Wert 0). Alle übrigen WriteClient-Anfragen werden mit dem Rückgabewert FALSE und dem Wert GetLastError für ERROR_INVALID_PARAMETER zurückgewiesen.

GetServerVariable wird unterstützt, obwohl die erweiterten Servervariablen (wie sie von anderen Servern definiert werden), nicht vorhanden sind. Alle üblichen CGI-Umgebungsvariablen sowie die ALL_HTTP- und ALL_RAW-Werte stehen zur Verfügung.

Das Modul mod_isapi von Apache 2.0 unterstützt weitere Möglichkeiten, die mit späteren Versionen der ISAPI-Spezifikation eingeführt wurden, sowie eine eingeschränkte Emulation der asynchronen I/O und die TransmitFile-Semantik. Außerdem unterstützt der Apache das vorgezogene Laden von ISAPI-DLLs zur Verbesserung der Serverleistung, was für die Version 1.3 des Moduls mod_isapi nicht gilt.

ISAPIAppendLogToErrors

Beschreibung:	Zeichnet HSE_APPEND_LOG_PARAMETER-Anforderungen von ISAPI-Erweiterungen im Fehlerprotokoll auf.
Syntax:	ISAPIAppendLogToErrors on | off
Default:	ISAPIAppendLogToErrors off
Kontext:	server config, virtual host, directory, .htaccess
Override:	FileInfo

Zeichnet HSE_APPEND_LOG_PARAMETER-Anforderungen von ISAPI-Erweiterungen im Fehlerprotokoll des Servers auf.

ISAPIAppendLogToQuery

Beschreibung:	Zeichnet HSE_APPEND_LOG_PARAMETER-Anforderungen von ISAPI-Erweiterungen im Abfragefeld auf.
Syntax:	ISAPIAppendLogToQuery on | off
Default:	ISAPIAppendLogToQuery on
Kontext:	server config, virtual host, directory, .htaccess
Override:	FileInfo

Zeichnet HSE_APPEND_LOG_PARAMETER-Anforderungen von ISAPI-Erweiterungen im Abfragefeld auf. Die Aufzeichnungen werden an die CustomLog %q-Komponente angehängt.

ISAPICacheFile

Beschreibung:	ISAPI-DLL-Dateien werden beim Start geladen.
Syntax:	ISAPICacheFile Dateipfad [Dateipfad] ...
Kontext:	server config, virtual host

Übernimmt eine durch Leerzeichen getrennte Liste mit den Namen der Dateien, die beim Serverstart geladen werden und bis zum Herunterfahren des Servers zur Verfügung stehen. Diese Direktive kann für jede .dll-Datei wiederholt werden. Dabei sollte der vollständige Pfad angegeben werden. Handelt es sich nicht um eine absolute Pfadangabe, wird der Pfad relativ zur ServerRoot interpretiert.

ISAPIFakeAsync

Beschreibung:	Simulation einer asynchronen Unterstützung für ISAPI-Callbacks
Syntax:	ISAPIFakeAsync on | off
Default:	ISAPIFakeAsync off
Kontext:	server config, virtual host, directory, .htaccess
Override:	FileInfo

Wird die Anweisung auf on gesetzt, wird eine asynchrone Unterstützung für ISAPI-Callbacks simuliert.

ISAPILogNotSupported

Beschreibung:	Fehlermeldungen bei unbekannten ISAPI-Funktionen
Syntax:	ISAPILogNotSupported on | off
Default:	ISAPILogNotSupported off
Kontext:	server config, virtual host, directory, .htaccess
Override:	FileInfo

Protokolliert alle unbekannten ISAPI-Aufrufe im Fehlerprotokoll des Servers. Eine Aktivierung dieser Anweisung kann bei der Fehlersuche hilfreich sein. Funktionieren alle ISAPI-Module, sollte sie wieder auf off gesetzt werden.

ISAPIReadAheadBuffer

Beschreibung:	Die Größe des Read-Ahead-Puffers, der an ISAPI-Erweiterungen gesendet wird.
Syntax:	ISAPIReadAheadBuffer Größe
Default:	ISAPIReadAheadBuffer 49152
Kontext:	server config, virtual host, directory, .htaccess
Override:	FileInfo

Legt die maximale Größe des Read-Ahead-Puffers fest, der an ISAPI-Erweiterungen beim ersten Aufruf gesendet wird. Die restlichen Daten müssen mit der ReadClient-Funktion abgefragt werden. Einige ISAPI-Erweiterungen unterstützen die ReadClient-Funktion möglicherweise nicht. Wenden Sie sich bei Fragen an den Entwickler der ISAPI-Erweiterung.

9.5.32 mod_ldap

Beschreibung:	LDAP-Verbindungs-Pooling und Zwischenspeicherung der Ergebnisse für die Verwendung durch andere LDAP-Module
Status:	Experimentell
Quelldatei:	util_ldap.c
Modulkennung:	ldap_module
Kompatibilität:	Verfügbar ab Version 2.0.41

Dieses Modul soll die Leistung von Websites verbessern, die auf Backend-Verbindungen zu LDAP-Servern angewiesen sind (LDAP steht für *Lightweight Directory Access Protocol*). Neben den Funktionen der LDAP-Standardbibliotheken enthält dieses Modul einen LDAP-Verbindungspool und einen LDAP-Zwischenspeicher.

Um dieses Modul zu aktivieren, muss die LDAP-Unterstützung beim Kompilieren mit eingebunden werden. Hierfür wird das Flag --with-ldap in das ./configure-Skript eingefügt.

Für die SSL-Unterstützung muss das Modul mod_ldap mit folgenden LDAP-SDKs gebunden werden: OpenLDAP-SDK (Version 1.x und 2.x, siehe http://www.openldap.org/), Novell LDAP-SDK (http://developer.novell.com/ndk/cldap.htm) oder mit dem iPlanet-SDK von Netscape (http://www.iplanet.com/downloads/developer/).

Beispielkonfiguration

Im folgenden Beispiel wird die HTTP-Basic-Authentifizierung über das Modul mod_auth_ldap mit mod_ldap beschleunigt.

```
# Aktivierung des LDAP-Verbindungspools und des Cache
# Aktivierung des LDAP-Cache-Status-Handlers
# Hierfür müssen mod_ldap und mod_auth_ldap
# geladen werden. Ändern Sie "yourdomain.example.com"
# entsprechend Ihrer Domäne.

LDAPSharedCacheSize 200000
LDAPCacheEntries 1024
LDAPCacheTTL 600
LDAPOpCacheEntries 1024
LDAPOpCacheTTL 600

<Location /ldap-status>
  SetHandler ldap-status
  Order deny,allow
  Deny from all
  Allow from yourdomain.example.com
  AuthLDAPEnabled on
  AuthLDAPURL ldap://127.0.0.1/dc=example,dc=com?uid?one
  AuthLDAPAuthoritative on
  require valid-user
</Location>
```

LDAP-Verbindungspool

LDAP-Verbindungen werden Anfrage für Anfrage in den Pool gestellt. Auf diese Weise kann der LDAP-Server verbunden bleiben und ist bereit für die nächste Anfrage, ohne dass Verbindungen aufgehoben, hergestellt und erneut gebunden werden müssen. Die Leistungsvorteile sind mit denen der HTTP-KeepAlives vergleichbar.

Bei einem sehr beschäftigten Server ist es möglich, dass viele Anfragen auf dieselbe LDAP-Serververbindung gleichzeitig zugreifen möchten. Ist eine LDAP-Verbindung in Benutzung, erzeugt der Apache neben der ursprünglichen eine neue Verbingung. Dadurch kann der Verbindungspool nicht zu einem Engpass werden.

Das Verbindungs-Pooling muss nicht manuell in der Apache-Konfiguration vorgenommen werden. Jedes Modul, das dieses Modul für den Zugriff auf LDAP-Dienste nutzt, bedient sich des Verbindungspools.

LDAP-Cache

Um eine Leistungssteigerung zu erreichen, benutzt das Modul mod_ldap eine aggressive Caching-Strategie, die die Anzahl der notwendigen Kontaktaufnahmen mit dem LDAP-Server verringert. Durch das Caching kann der Durchsatz leicht verdoppelt oder verdreifacht werden, wenn der Apache Seiten liefert, die durch mod_auth_ldap geschützt sind. Außerdem wird die Belastung des LDAP-Servers deutlich gesenkt.

Das Modul mod_ldap unterstützt mit einem *Search/Bind-Cache* und mit zwei *Operation-Caches* während der Vergleichsphase zwei Arten von LDAP-Caching während des Suchens und Bindens. Jede LDAP-URL, die vom Server benutzt wird, besitzt jeweils drei eigene Caches.

Der Search/Bind-Cache

Das Suchen und das anschließende Binden ist der zeitaufwändigste Teil einer LDAP-Operation, insbesondere dann, wenn es sich um ein großes Verzeichnis handelt. Der Search/Bind-Cache speichert alle Suchen mit erfolgreichem Binden zwischen. Negative Ergebnisse (erfolglose Suchen oder erfolgloses Binden) werden nicht zwischengespeichert. Dahinter steht der Gedanke, dass Verbindungen mit ungültigen Beglaubigungsangaben zwar nur einen geringen Prozentsatz der gesamten Anzahl der Verbindungen ausmachen, es wird aber dennoch weniger Cache-Speicher benutzt wird, wenn ungültige Beglaubigungsangaben nicht zwischengespeichert werden.

mod_ldap speichert den Benutzernamen, den DN (Distinguished Name), das Passwort für die Bindung sowie den Zeitpunkt des Bindens im Cache. Wird eine neue Verbindung mit demselben Benutzernamen eingerichtet, vergleicht mod_ldap das Passwort der neuen Verbindung mit dem Passwort im Cache. Stimmen sie überein und ist der Cache-Eintrag nicht zu alt, überspringt mod_ldap die Such- und Bindephase.

Der Such- und Binde-Cache wird mit den Direktiven LDAPCacheEntries und LDAPCacheTTL kontrolliert.

Operation-Caches

Während des Attribut- und Distinguished-Name-Vergleichs verwendet mod_ldap zwei Operation-Caches zur Zwischenspeicherung der Vergleichsoperationen. Im ersten Cache werden die Ergebnisse von Vergleichen zur Überprüfung der LDAP-Gruppenmitgliedschaft zwischengespeichert. Im zweiten Cache werden die Ergebnisse von Vergleichen zwischen Distinguished-Names abgelegt.

Das Verhalten beider Zwischenspeicher wird mit den Anweisungen LDAPOpCacheEntries und LDAPOpCacheTTL kontrolliert.

Den Cache überwachen

mod_ldap verfügt über einen Content-Handler mit der Bezeichnung ldap-status, mit dem Administratoren die Cache-Leistung überwachen können. Mit den folgenden Anweisungen kann auf die Cache-Informationen von mod_ldap zugegriffen werden:

```
<Location /server/cache-info>
   SetHandler ldap-status
</Location>
```

Über die URL http://servername/cache-info erhält der Administrator einen Statusbericht für jeden vom Modul mod_ldap benutzten Cache. Unterstützt der Apache die gemeinsame Speichernutzung nicht, dann besitzt jede httpd-Instanz einen eigenen Cache, so dass das erneute Laden der URL jeweils unterschiedliche Informationen liefert, je nachdem, welche httpd-Instanz die Anfrage verarbeitet.

SSL verwenden

Die Möglichkeit, SSL-Verbindungen zu einem LDAP-Server herzustellen, wird mit den Anweisungen `LDAPTrustedCA` und `LDAPTrustedCAType` gesteuert. Diese Direktiven geben die Zertifikatsdatei oder Datenbank sowie den Zertifikatstyp an. Enthält eine LDAP-URL `ldaps://`, dann richtet mod_ldap eine sichere Verbindung zum LDAP-Server ein.

```
# Einrichtung einer SSL-LDAP-Verbindung.
# mod_ldap und mod_auth_ldap müssen geladen sein. Ändern Sie
# "yourdomain.example.com" für Ihre Domäne.

LDAPTrustedCA /certs/certfile.der
LDAPTrustedCAType DER_FILE

<Location /ldap-status>
  SetHandler ldap-status
  Order deny,allow
  Deny from all
  Allow from yourdomain.example.com
  AuthLDAPEnabled on
  AuthLDAPURL ldaps://127.0.0.1/dc=example,dc=com?uid?one
  AuthLDAPAuthoritative on
  require valid-user
</Location>
```

Wenn mod_ldap mit dem Netscape/iPlanet-LDAP-SDK gebunden ist, wird mit SSL-Servern nur kommuniziert, wenn der Server über ein von einer bekannten Zertifizierungsinstanz (CA) gezeichnetes Zertifikat verfügt. Hierfür muss dem Modul mod_ldap in der Konfiguration mitgeteilt werden, wo eine Datenbank mit den bekannten CAs zu finden ist. Diese Datenbank hat das gleiche Format wie die `cert7.db`-Datei des Netscape Communicators. Am einfachsten wird auf diese Datei zugegriffen, indem eine neue Kopie von Netscape gestartet und auf die `$HOME/.netscape/cert7.db`-Datei zugegriffen wird.

LDAPCacheEntries

Beschreibung:	Maximale Anzahl der Einträge im primären LDAP-Cache
Syntax:	LDAPCacheEntries Anzahl
Default:	LDAPCacheEntries 1024
Kontext:	server config

Gibt die maximale Anzahl der Einträge im primären LDAP-Cache an. Dieser Cache enthält die Ergebisse erfolgreicher Suchen und erfolgreichen Bindens. Der Wert 0 schaltet das Search/Bind-Caching aus. Die Voreinstellung lässt 1.024 Einträge zu.

LDAPCacheTTL

Beschreibung:	Der Zeitraum, über den ein Eintrag gültig bleibt
Syntax:	LDAPCacheTTL Sekunden

Default:	LDAPCacheTTL 600
Kontext:	server config

Gibt den Zeitraum in Sekunden an, über den ein Eintrag im Search/Bind-Cache gültig bleibt. Die Vorgabe liegt bei 600 Sekunden oder 10 Minuten.

LDAPOpCacheEntries

Beschreibung:	Die Anzahl der Einträge für Vergleichsoperationen im Cache
Syntax:	LDAPOpCacheEntries Anzahl
Default:	LDAPOpCacheEntries 1024
Kontext:	server config

Gibt die Anzahl der Einträge an, die mod_ldap für die Zwischenspeicherung von LDAP-Vergleichsoperationen verwendet. Die Voreinstellung sind 1.024 Einträge. Der Wert 0 deaktiviert das Operation-Caching.

LDAPOpCacheTTL

Beschreibung:	Der Zeitraum, über den Einträge im Operation-Cache gültig bleiben
Syntax:	LDAPOpCacheTTL Sekunden
Default:	LDAPOpCacheTTL 600
Kontext:	server config

Gibt den Zeitraum in Sekunden an, über den Einträge im Operation-Cache gültig sind. Die Voreinstellung sind 600 Sekunden.

LDAPSharedCacheSize

Beschreibung:	Die größe der drei gemeinsam genutzten Cache-Speicher in Byte
Syntax:	LDAPSharedCacheSize Byte
Default:	LDAPSharedCacheSize 102400
Kontext:	server config

Legt die Größe des gemeinsam genutzten Cache-Speichers in Byte fest. Die Voreinstellung sind 100 KByte.

LDAPTrustedCA

Beschreibung:	Die Datei oder Datenbank mit dem Zertifikat der Zertifizierungsinstanz
Syntax:	LDAPTrustedCA Verzeichnispfad/Dateiname
Kontext:	server config

Gibt den Pfad und Dateinamen zum Zertifikat der CA an, das mod_ldap bei der Einrichtung einer SSL-Verbindung zu einem LDAP-Server benutzen soll. Wird das Netscape/iPlanet-Directory-SDK benutzt, lautet der Dateiname cert7.db.

LDAPTrustedCAType

Beschreibung:	Der Typ der CA-Datei
Syntax:	LDAPTrustedCAType Typ
Kontext:	server config

Folgende Typen können angegeben werden:

DER_FILE – Binäres DER-Format

BASE64_FILE – Base64-Textformat

CERT7_DB_PATH – Netscape-Zertifikat-Datenbankdatei

9.5.33 mod_log_config

Beschreibung:	Protokollierung von Anfragen an den Server
Status:	Base
Quelldatei:	mod_log_config.c
Modulkennung:	log_config_module

Dieses Modul bietet viele Möglichkeiten zur Protokollierung von Client-Anfragen. Das Format der Protokollnotizen kann angepasst und die Notiz entweder direkt in eine Datei geschrieben oder an ein externes Programm übergeben werden. Auch eine bedingte Protokollierung ist möglich, so dass bestimmte Anfragen je nach ihren Eigenschaften bei der Protokollierung berücksichtigt oder von dieser ausgeschlossen werden können.

Das Modul stellt drei Direktiven bereit: Mit TransferLog wird eine Protokolldatei angelegt, mit LogFormat wird das Format angepasst und mit CustomLog kann beides in einem Schritt erfolgen. Die Direktiven TransferLog und CustomLog können mehrfach für einen Server angegeben werden, damit Anfragen in mehreren Dateien protokolliert werden.

Siehe auch: *2.7 »Log-Dateien«*

Angepasste Protokollformate

Das Formatargument für LogFormat und CustomLog ist eine Zeichenfolge. Diese Zeichenfolge wird für die Protokollierung jeder Anfrage in der Protokolldatei verwendet. Sie kann Literale und Steuerzeichen im C-Stil enthalten (\n und \t für Zeilenvorschub und Tabulator). Einzufügenden Anführungszeichen und Backslashs muss ein Backslash vorangestellt werden.

Die Besonderheiten der Anfrage werden mit Hilfe von %-Anweisungen in der Zeichenfolge angegeben, die in der Datei durch folgende Werte ersetzt werden:

Formatzeichen-folge	Beschreibung
%%	Das Prozentzeichen (seit Version 2.0.44)
%...a	Remote-IP-Adresse
%...A	Lokale IP-Adresse
%...B	Gesendete Bytes ohne HTTP-Header.
%...b	Gesendete Bytes ohne HTTP-Header im CLF-Format, das heißt, es steht ein --Zeichen anstelle einer 0, wenn kein Byte gesendet wurde.
%...{Foobar}C	Der Inhalt des CookiesFoobar in der an den Server gesendeten Anfrage
%...D	Die für die Beantwortung der Anfrage benötigte Zeit in Mikrosekunden
%...{FOOBAR}e	Der Inhalt der Umgebungsvariablen FOOBAR

Formatzeichen-folge	Beschreibung
%...f	Dateiname
%...h	Remote-Host
%...H	Das Anfrageprotokoll
%...{Foobar}i	Der Inhalt der Foobar-Headerzeile(n) in der an den Server gesendeten Anfrage
%...I	Empfangene Bytes einschließlich Anfrage und der Header. Der Wert kann nicht null sein. Für diese Anweisung muss mod_logio aktiviert werden.
%...l	Der Remote-Protokollname (von einer IDENT-Anfrage, falls angegeben)
%...m	Die Anfragemethode
%...{Foobar}n	Der Inhalt der Note Foobar von einem anderen Modul
%...{Foobar}o	Der Inhalt der Foobar-Header-Zeile(n) der Antwort
%...O	Gesendete Bytes einschließlich der Header. Der Wert kann nicht null sein. Für diese Anweisung muss mod_logio aktiviert werden.
%...p	Der TCP-Port, an den die Antwort des Servers ausgeliefert wurde
%...P	Die Prozess-ID des Kindprozesses, der die Anfrage beantwortet hat
%...{Format}P	Die Prozess-ID oder Thread-ID des Kindprozesses, der die Anfrage beantwortet hat. Zulässige Formate sind pid und tid. (ab Version 2.0.46)
%...q	Die Abfragezeichenfolge (mit vorangestelltem ?, wenn eine Abfragezeichenfolge vorhanden ist, andernfalls eine leere Zeichenfolge)
%...r	Die erste Zeile der Anfrage
%...s	HTTP-Statuscode. Wurde bei einer Anfrage eine interne Umleitung ausgelöst, enthält %s den Status der Originalanfrage. --- %...>s steht dagegen für den letzten Status.
%...t	Die Zeit im Common Log Format (englisches Standardformat)
%...{Format}t	Die Zeit in angegebenem Format. Sie entspricht dem Format der strftime(3)-Funktion. (Möglicherweise lokalisiert.)
%...T	Die Zeit, die vom Server benötigt wurde, um die Anfrage zu beantworten (in Sekunden)
%...u	Die User-ID (vom Authentifizierungsmodul; fehlgeschlagen, wenn der Rückgabewert 401 vorliegt (%s))
%...U	Der URL-Pfad der Anfrage einschließlich Abfragezeichenfolge
%...v	Der Name des virtuellen Servers, der vom Client angesprochen wurde
%...V	Der Servername entsprechend der UseCanonicalName-Einstellung
%...X	Der Verbindungsstatus nach Beantwortung der Anfrage: (Diese Direktive lautete %...c in späteren Apache-1.3-Versionen, was aber im Widerspruch zur älteren SSI-Syntax stand %...{var}c.)

Die Formatanweisung ... kann für nichts stehen ("%h %u %r %s %b") oder sie kann Bedingungen für den Einschluss eines Elements angeben (sie wird dann durch - ersetzt, wenn die Bedingung nicht zutrifft). Die Bedingungen sind eine Liste von HTTP-Statuscodes, denen ein Ausrufezeichen mit der Bedeutung nicht vorangestellt werden kann. Die Anweisung "%400,501{User-Agent}i" protokolliert nur den User-Agent-Header beim Statuscode 400 und 501 (Bad Request, Not Implemented). Die Anweisung "%!200,304,302{Referer}i" protokolliert den Referer-Header für alle Anfragen, die *keinen* normalen Status zurückliefern.

In den Apache-Versionen vor 2.0.46 wurden keine Sonderzeichen in den Zeichenfolgen %...r, %...i und %...o interpretiert, um den Anforderungen des Common Log-Formats gerecht zu werden. Dadurch konnten Clients Sonderzeichen in das Protokoll schreiben, so dass beim Umgang mit unbearbeiteten Protokolldateien Vorsicht geboten war.

Aus Sicherheitsgründen werden seit der Version 2.0.46 den nicht darstellbaren Zeichen und den Sonderzeichen meist \xhh -Sequenzen vorangestellt, wobei hh für die hexadezimale Darstellung steht. Ausnahmen von dieser Regel sind die Zeichen " und \, denen ein Backslash vorangestellt wird, sowie alle Leerzeichen, die in der C-Notation geschrieben werden (\n, \t usw.).

Einige gebräuchliche Formatanweisungen sind:

- Common Log-Format (CLF)

```
"%h %l %u %t \"%r\" %>s %b"
```

- Common Log-Format mit virtuellem Host

```
"%v %h %l %u %t \"%r\" %>s %b"
```

- Kombiniertes Protokollformat

```
"%h %l %u %t \"%r\" %>s %b \"%{Referer}i\" \"%{User-Agent}i\""
```

- Referer-Protokollformat

```
"%{Referer}i -> %U"
```

- Browser-Protokollformat

```
"%{User-Agent}i"
```

Das kanonische ServerName und Listen des Servers, der die Anfrage beantwortet, werden für %v beziehungsweise %p verwendet. Dies geschieht unabhängig von der UseCanonical-Name-Einstellung, weil sonst Analyseprogramme den vollständigen Vergleichsalgorithmus für virtuelle Hosts duplizieren müssten, um entscheiden zu können, welcher Host tatsächlich eine Anfrage beantwortet hat.

Sicherheit

Im *Abschnitt 2.9 »Sicherheitshinweise«* finden Sie weitere Einzelheiten dazu, warum Sicherheitslücken entstehen können, wenn in das Verzeichnis, in dem die Protokolldateien gespeichert sind, andere Benutzer als derjenige schreiben dürfen, unter dem der Server gestartet wurde.

CookieLog

Beschreibung:	Die Datei für die Protokollierung der Cookies
Syntax:	CookieLog Dateiname
Kontext:	server config, virtual host
Kompatibilität:	Diese Direktive ist veraltet.

Die CookieLog-Direktive gibt den Namen der Datei für die Protokollierung der Cookies an. Der Dateiname wird relativ zu ServerRoot angegeben. Diese Direktive wurde nur für die Kompatibilität mit mod_cookies aufgenommen und ist veraltet.

CustomLog

Beschreibung:	Dateiname und Format der Protokolldatei
Syntax:	CustomLog Dateiname | Pipe Format | Nickname [env=[!]Umgebungsvariable]
Kontext:	server config, virtual host

Die CustomLog-Direktive protokolliert Anfragen an den Server. Die Protokollierung kann im angegebenen Format in Abhängigkeit von Umgebungsvariablen erfolgen.

Das erste Argument gibt an, wohin die Protokolleinträge geschrieben werden. Zwei Angaben sind möglich:

Datei

Ein Dateiname relativ zu ServerRoot.

Pipe

Das Pipe-Zeichen |, auf das der Pfad für das Programm folgt, das die Protokollnotiz über seine Standardeingabe entgegennimmt.

> **Achtung**
>
> Wird ein Programm angegeben, dann wird dieses unter dem Benutzer ausgeführt, der den Server gestartet hat. Wurde der Server unter root gestartet, dann sollte es sich um ein sicheres Programm handeln.

> **Hinweis**
>
> Bei der Angabe von Pfadnamen unter anderen Betriebssystemen als UNIX sollte darauf geachtet werden, dass nur der einfache Schrägstrich verwendet wird, selbst wenn das Betriebssystem einen Backslash zulässt. Im Allgemeinen ist es sinnvoll, in den Konfigurationsdateien immer den normalen Schrägstrich zu verwenden.

Das zweite Argument gibt an, was in die Protokolldatei geschrieben wird. Es kann entweder einen Nickname angeben, der mit einer vorangegangenen LogFormat-Anweisung definiert wurde, oder es kann eine explizite Formatanweisung enthalten, wie sie im »Angepasste Protokollformate«, Seite 514 beschrieben wurde.

Kapitel 9
Apache-MPMs und -Module

Die beiden folgenden Anweisungen führen beispielsweise zum gleichen Ergebnis:

```
# CustomLog mit Nickname
LogFormat "%h %l %u %t \"%r\" %>s %b" common
CustomLog logs/access_log common

# CustomLog Formatanweisung
CustomLog logs/access_log "%h %l %u %t \"%r\" %>s %b"
```

Das dritte Argument ist optional und legt fest, ob bestimmte Anfragen in Abhängigkeit vom Vorhandensein einer Variablen in der Serverumgebung protokolliert werden. Wurde die angegebene Umgebungsvariable für die Anfrage nicht gesetzt (oder ist sie infolge einer env= !Name -Klausel nicht gesetzt), dann wird die Anfrage protokolliert.

Mit den Modulen mod_setenvif und/oder mod_rewrite können Umgebungsvariablen für einzelne Anfragen gesetzt werden. Sollen beispielsweise alle Anfragen nach GIF-Bildern in einer separaten Datei und nicht im eigentlichen Serverprotokoll aufgezeichnet werden, kann dies wie folgt geschehen:

```
SetEnvIf Request_URI \.gif$ gif-image
CustomLog gif-requests.log common env=gif-image
CustomLog nongif-requests.log common env=!gif-image
```

LogFormat

Beschreibung: Beschreibt das Format der Protokolldatei.
Syntax: LogFormat Format | Nickname [Nickname]
Default: LogFormat "%h %l %u %t \"%r\" %>s %b"
Kontext: server config, virtual host

Diese Direktive gibt das Format für die Einträge in einer Protokoldatei an.

Für die LogFormat-Direktive gibt es zwei Varianten. In der ersten Variante wird nur ein Argument angegeben. In diesem Fall gibt sie das Format für Protokolle an, die mit späteren TransferLog-Anweisungen definiert werden. Das Argument kann ein explizites Format angeben, wie es im »*Angepasste Protokollformate*«, Seite 514 aufgeführt wird. Alternativ kann ein Nickname angegeben werden, der auf ein zuvor mit einer LogFormat-Anweisung definiertes Format verweist.

Bei der zweiten Variante verknüpft LogFormat ein angegebenes Format mit einem Nickname. Dieser Nickname kann in späteren LogFormat- oder CustomLog- Anweisungen benutzt werden, um eine wiederholte Eingabe der gesamten Formatanweisung zu vermeiden. Eine LogFormat-Direktive, die einen Nickname definiert, *bewirkt weiter nichts*, das heißt, sie definiert *nur* den Nickname, wendet das Format aber selbst nicht an und macht es nicht zur Voreinstellung. Daher berührt sie nachfolgende TransferLog-Direktiven nicht. Außerdem ist zu beachten, dass die LogFormat-Anweisung keinen Nickname mit einem anderen Nickname definieren kann. Der Nickname darf kein Prozentzeichen enthalten (%).

Beispiel

```
LogFormat "%v %h %l %u %t \"%r\" %>s %b" vhost_common
```

TransferLog

Beschreibung: Die Position der Protokolldatei
Syntax: TransferLog Datei | Pipe
Kontext: server config, virtual host

Diese Direktive übernimmt dieselben Argumente wie die Direktive CustomLog und führt auch zu den gleichen Ergebnissen. Allerdings kann das Protokollformat nicht explizit angegeben oder eine bedingte Protokollierung durchgeführt werden. Das Format wird vielmehr von der zuletzt angegebenen LogFormat-Direktive festgelegt, die keinen Nickname definiert hat. Wird kein Format angegeben, wird das Common Log-Format benutzt.

Beispiel

```
LogFormat "%h %l %u %t \"%r\" %>s %b \"%{Referer}i\" \"%{User-Agent}i\""
TransferLog logs/access_log
```

9.5.34 mod_log_forensic

Beschreibung: Forensische Protokollierung von Anfragen an den Server
Status: Extension
Quelldatei: mod_log_forensic.c
Modulkennung: log_forensic_module

Dieses Modul ermöglicht die forensische Protokollierung von Client-Anfragen. Die Protokollierung erfolgt vor und nach der Bearbeitung der Anfrage, so dass das forensische Protokoll zwei Zeilen pro Anfrage enthält. Die Protokollierung ist sehr streng:

- Das Format ist festgelegt und kann während der Laufzeit nicht geändert werden.
- Können die Daten nicht geschrieben werden, wird der Kindprozess sofort beendet und möglicherweise ein Speicherauszug geschrieben (je nach der CoreDumpDirectory-Konfiguration).

Das Skript check_forensic aus dem Support-Verzeichnis der Distribution kann bei der Auswertung des forensischen Protokolls sehr hilfreich sein.

Siehe auch: *2.7 »Log-Dateien«, »mod_log_config«, Seite 514*

Forensisches Protokollformat

Jede Anfrage wird zweimal protokolliert. Einmal *vor* der weiteren Verarbeitung (nach dem Eingang der Header) und einmal *nach* der Verarbeitung der Anfrage (zu dem Zeitpunkt, an dem auch die normale Protokollierung erfolgt).

Um jede Anfrage identifizieren zu können, wird eine eindeutige Anfrage-ID zugewiesen. Diese forensische ID kann mit der Formatzeichenfolge %{forensic-id}n in das normale Übertragungsprotokoll übernommen werden. Wenn Sie mod_unique_id benutzen, wird die erzeugte ID verwendet.

Die erste Zeile protokolliert die forensische ID, die Anfragezeile sowie alle empfangenen Header getrennt durch Pipe-Zeichen (|). Eine Zeile kann beispielsweise folgendermaßen aussehen (in einer fortlaufenden Zeile):

```
+yQtJf8CoAB4AAFNXBIEAAAAA|GET /manual/de/images/down.gif HTTP/1.1|
Host:localhost%3a8080|User-Agent:Mozilla/5.0 (X11; U; Linux i686; en-US;
rv%3a1.6) Gecko/20040216 Firefox/0.8|Accept:image/png, etc...
```

Das Pluszeichen am Zeilenanfang zeigt an, dass dies die erste Protokollzeile dieser Anfrage ist. Die zweite Zeile beginnt mit einem Minuszeichen und enthält nur die ID:

```
-yQtJf8CoAB4AAFNXBIEAAAAA
```

Das Skript `check_forensic` übernimmt den Namen der Protokolldatei als Argument. Es sucht nach +/--ID-Paaren und bemängelt, wenn eine Anfrage nicht vollständig ist.

Sicherheitsüberlegungen

Im *Abschnitt 2.9 »Sicherheitshinweise«* finden Sie Einzelheiten darüber, warum die Sicherheit gefährdet sein kann, wenn in das Verzeichnis, in dem die Protokolldateien gespeichert sind, jemand anderes schreiben kann als der Benutzer, der den Server gestartet hat.

ForensicLog

Beschreibung: Setzt den Dateinamen für forensische Protokoll
Syntax: `ForensicLog Dateiname | Pipe`
Kontext: server config, virtual host

Die `ForensicLog`-Direktive wird für die Protokollierung von Anfragen an den Server für die forensische Analyse protokolliert. Jedem Eintrag wird eine eindeutige ID zugewiesen, die mit der normalen `CustomLog`-Direktive mit der Anfrage verknüpft werden kann. `mod_log_forensic` erzeugt ein Token mit der Bezeichnung `forensic-id`, das dem Übererragungsprotokoll mit der Formatzeichenfolge `%{forensic-id}n` hinzugefügt werden kann.

Das Argument für die Angabe der Position der Protokolle kann zwei Werttypen annehmen:

Dateiname

Ein Dateiname relativ zur `ServerRoot`.

Pipe

Das Pipe-Zeichen | gefolgt vom Pfad zu einem Programm, das die Protokollinformationen für eine Standardeingabe übernimmt. Der Programmname kann relativ zur `ServerRoot` angegeben werden.

Sicherheit

Wird ein Programm benutzt, dann wird es unter dem Benutzer ausgeführt, unter dem der Server gestartet wurde. Das kann der Benutzer `root` sein, wenn der Server entsprechend gestartet wurde. Sorgen Sie dafür, dass das Programm sicher ist, oder wechseln Sie zu einem weniger privilegierten Benutzer.

> **Hinweis**
> Wenn Sie bei anderen Betriebssystemen als UNIX einen Dateipfad angeben, sollten Sie darauf achten, dass keine Backslashs verwendet werden, selbst wenn das Betriebssystem dies zulässt. Im Allgemeinen ist es sinnvoll, immer einen einfachen Schrägstrich in den Konfigurationsdateien zu verwenden.

9.5.35 mod_logio

Beschreibung:	Protokollierung der pro Anfrage übertragenen Bytes
Status:	Base
Quelldatei:	mod_logio.c
Modulkennung:	logio_module

Mit diesem Modul kann die Anzahl der pro Anfrage und Antwort gesendeten und empfangenen Bytes aufgezeichnet werden. Die Werte geben die tatsächlich über das Netzwerk übertragenen Bytes wieder und berücksichtigen dabei sowohl die Header als auch den Rumpf der Anfragen und Antworten. Die Zählung erfolgt bei Eingaben vor der SSL-/TLS-Verschlüsselung und bei Ausgaben nach der Entschlüsselung, so dass der Wert alle Änderungen durch die Verschlüsselung korrekt wiedergibt.

Dieses Modul setzt das Modul `mod_log_config` voraus.

Siehe auch: *2.7 »Log-Dateien«, »mod_log_config«, Seite 514*

Angepasste Protokollformate

Dieses Modul führt zwei neue Protokollanweisungen ein. Die Eigenschaften der Anfrage selbst werden mit Hilfe von %-Anweisungen in der Formatzeichenfolge protokolliert, die wie folgt durch Werte in der Log-Datei ersetzt werden:

FormatString	Beschreibung
%...I	Empfangene Bytes einschließlich Anfrage und Header. Der Wert kann nicht null sein.
%...O	Gesendete Bytes einschließlich Antwort und Header. Der Wert kann nicht null sein.

Normalerweise wird das Modul wie folgt verwendet:

Kombiniertes I/O-Protokollformat:

`"%h %l %u %t \"%r\" %>s %b \"%{Referer}i\" \"%{User-Agent}i\" %I %O"`

9.5.36 mod_mem_cache

Beschreibung:	Content-Cache über URIs
Status:	Experimentell
Quelldatei:	mod_mem_cache.c
Modulkennung:	mem_cache_module

Dieses Modul benötigt die Dienste des `mod_cache`-Moduls. Es ergänzt dieses Modul und stellt einen Manager für den internen Speicher zur Verfügung. mod_mem_cache kann für zwei Modi konfiguriert werden: für das Caching offener Dateideskriptoren oder für das Caching von Objekten im Heap-Speicher. Am sinnvollsten wird mod_mem_cache für die Zwischenspeicherung lokal erzeugter Inhalte oder der Inhalte von Backend-Servern für das Modul mod_proxy benutzt, das für `ProxyPass` konfiguriert wurde (auch bekannt unter der Bezeichnung *reverse proxy*).

Die Inhalte werden über URI-Schlüssel im Cache gespeichert und aus diesem wieder entnommen. Geschützte Inhalte werden nicht zwischengespeichert.

Siehe auch: 9.5.11 »*mod_cache*«, 9.5.20 »*mod_disk_cache*«

MCacheMaxObjectCount

Beschreibung:	Die maximale Anzahl von Objekten im Cache
Syntax:	MCacheMaxObjectCount Wert
Default:	MCacheMaxObjectCount 1009
Kontext:	server config

Die `MCacheMaxObjectCount`-Direktive gibt die maximale Anzahl im Cache zwischengespeicherter Objekte an. Mit diesem Wert wird eine Hash-Tabelle erzeugt. Wird beim Einfügen eines neuen Objekts in den Cache die maximale Anzahl der Objekte überschritten, wird ein anderes Objekt entfernt, um dem neuen Platz zu machen. Das zu entfernende Objekt wird mit einem Algorithmus ausgewählt, der mit der `MCacheRemovalAlgorithm`-Anweisung angegeben wird.

Beispiel

```
MCacheMaxObjectCount 13001
```

MCacheMaxObjectSize

Beschreibung:	Die maximale Größe eines Dokuments im Cache (in Byte)
Syntax:	MCacheMaxObjectSize Byte
Default:	MCacheMaxObjectSize 10000
Kontext:	server config

Die `MCacheMaxObjectSize`-Direktive gibt die maximal zulässige Größe für zwischenzuspeichernde Dokumente in Byte an.

Beispiel

```
MCacheMaxObjectSize 6400000
```

> **Hinweis**
>
> Der Wert für `MCacheMaxObjectSize` muss größer als der Wert für `MCacheMinObjectSize` sein.

MCacheMaxStreamingBuffer

Beschreibung:	Maximaler Umfang temporär gepufferter Antworten. Umfangreichere Antworten werden nicht zwischengespeichert.
Syntax:	MCacheMaxStreamingBuffer Größe_in_Byte
Default:	MCacheMaxStreamingBuffer kleiner 100000 oder MCacheMaxObjectSize
Kontext:	server config

Die `MCacheMaxStreamingBuffer`-Direktive gibt die maximale Anzahl Bytes für temporär gepufferte Anworten an. Wird der Wert überschritten, erfolgt keine Zwischenspeicherung. Bei gepufferten Antworten stehen weder gesamte Inhalt noch der `Content-Length`-Header unmittelbar zur Verfügung. Das kann bei Antworten von Proxies und CGI-Skripten der Fall sein. Standardmäßig wird eine temporär gepufferte Antwort *nicht* zwischengespeichert, es sei denn, es liegt ein `Content-Length`-Header vor. Dadurch soll vermieden werden, dass zu viel Speicher für die Pufferung einer partiellen Antwort benutzt wird, die sich am Ende als zu groß für den Cache herausstellt. Mit der `MCacheMaxStreamingBuffer`-Direktive können Antworten gepuffert werden, deren Größe im geforderten Rahmen liegt. Wird die maximale Puffergröße erreicht, wird der Pufferinhalt verworfen und der Versuch der Zwischenspeicherung abgebrochen.

> **Hinweis**
>
> Ein Wert für `MCacheMaxStreamingBuffer`, der ungleich null ist, verzögert die Übertragung der Antwort an den Client nicht. Sobald mod_mem_cache einen Block in einen Puffer kopiert, wird dieser Block an den nächsten Ausgabefilter für die Auslieferung an den Client gesendet.

```
# Das Caching für temporär gepufferte
# Antworten bis 64 KByte aktivieren:
MCacheMaxStreamingBuffer 65536
```

MCacheMinObjectSize

Beschreibung:	Die Mindestgröße eines zwischengespeicherten Dokuments (in Byte)
Syntax:	MCacheMinObjectSize Byte
Default:	MCacheMinObjectSize 0
Kontext:	server config

Die `MCacheMinObjectSize`-Direktive gibt die Mindestgröße für zwischenzuspeichernde Dokumente in Byte an.

Beispiel

```
MCacheMinObjectSize 10000
```

MCacheRemovalAlgorithm

Beschreibung:	Der Algorithmus für die Auswahl aus dem Cache zu entfernender Objekte
Syntax:	MCacheRemovalAlgorithm LRU | GDSF
Default:	MCacheRemovalAlgorithm GDSF
Kontext:	server config

Die `MCacheRemovalAlgorithm`-Direktive gibt den Algorithmus für die Auswahl der aus dem Cache zu entfernenden Dokumente an. Zwei Angaben sind möglich:

LRU (Least Recently Used)

LRU entfernt die Dokumente, auf die am längsten nicht mehr zugegriffen wurde.

GDSF (GreadyDual-Size)

GDSF weist auf der Basis der Anzahl der Zugriffe auf das Dokument, der Zeit des letzten Zugriffs und der Größe dem Dokument eine Priorität zu. Dokumente mit der niedrigsten Priorität werden zuerst entfernt.

Beispiel

```
MCacheRemovalAlgorithm GDSF
MCacheRemovalAlgorithm LRU
```

MCacheSize

Beschreibung:	Der maximale Umfang, den die gespeicherten Daten im Speicher einnehmen sollen (in KByte)
Syntax:	MCacheSize KByte
Default:	MCacheSize 100
Kontext:	server config

Die `MCacheSize`-Direktive gibt den maximalen Speicherumfang für den Cache in KByte an (1.024-Byte-Einheiten). Würde beim Einfügen eines neuen Objekts in den Zwischenspeicher die angegebene Größe überschritten, werden Objekte aus dem Speicher entfernt, damit diese Grenze nicht überschritten wird. Die zu entfernenden Objekte werden mit einem Algorithmus ermittelt, der mit `MCacheRemovalAlgorithm` angegeben wird.

Beispiel

```
MCacheSize 700000
```

Hinweis

Der Wert für `MCacheSize` muss größer als der Wert für `MCacheMaxObjectSize` sein.

9.5.37 mod_mime

Beschreibung:	Verknüpft Dateinamenerweiterungen angeforderter Dateien mit den erforderlichen Routinen (Handler und Filter) und dem Inhalt (MIME-Typ, Sprache, Zeichensatz und Codierung).

Status:	Base
Quelldatei:	mod_mime.c
Modulkennung:	mime_module

Mit diesem Modul werden zahlreiche Bits mit »Meta-Informationen« über die Dateinamenerweiterung mit den Dateien verknüpft. Diese Meta-Informationen verbinden den Dateinamen des Dokuments mit dem MIME-Typ, der Sprache, dem Zeichensatz und der Codierung. Sie werden an den Browser geschickt und sind Gegenstand der Content Negotiation, so dass die Benutzerwünsche bei der Auswahl von Dateien berücksichtigt werden können. Weitere Informationen zur Content Negotiation finden Sie unter mod_negotiation.

Mit den Direktiven AddCharset, AddEncoding, AddLanguage und AddType werden Dateinamenerweiterungen den Meta-Informationen zugeordnet. Sie bestimmen den Zeichensatz, die Inhaltscodierung, die Sprache des Inhalts und den MIME-Typ (Inhaltstyp) der Dokumente. Mit der TypesConfig-Anweisung wird eine Datei angegeben, die ebenfalls Dateinamenerweiterungen MIME-Typn zuordnet.

Darüber hinaus kann mod_mime die Handler und Filter für den Inhalt definieren. Die Direktiven AddHandler, AddOutputFilter und AddInputFilter steuern die Module oder Skripte, die das Dokument bereitstellen. Die MultiviewsMatch-Direktive veranlasst mod_negotiation, diese Dateinamenerweiterungen bei einer MultiView-Suche zu berücksichtigen.

Während mod_mime Meta-Informationen mit Dateinamenerweiterung verknüpft, stellt das core-Modul Direktiven für die Verknüpfung aller Dateien eines Containers (<Location>, <Directory> oder <Files>) mit bestimmten Meta-Informationen zur Verfügung. Zu diesen Direktiven gehören ForceType, SetHandler, SetInputFilter und SetOutputFilter. Die Direktiven des core-Moduls überschreiben die Zuordnungen von Dateinamenerweiterungen durch das mod_mime-Modul.

Dabei ist zu beachten, dass eine Veränderung der Meta-Informationen einer Datei nicht den Wert des Last-Modified-Headers ändert. Daher können zuvor zwischengespeicherte Kopien immer noch von einem Client oder Proxy mit den vorherigen Headern in Benutzung sein. Werden die Meta-Informationen (Sprache, Inhaltstyp, Zeichensatz oder Codierung) geändert, dann müssen Sie möglicherweise das Datum der letzten Änderung der betroffenen Dateien ändern, damit alle Clients die korrekten Content-Header erhalten.

Siehe auch: »*MimeMagicFile*«, Seite 539, »*AddDefaultCharset*«, Seite 339, »*ForceType*«, Seite 353, »*DefaultType*«, Seite 344, »*SetHandler*«, Seite 375, »*SetInputFilter*«, Seite 376, »*SetOutputFilter*«, Seite 376

Dateien mit mehreren Erweiterungen

Dateien können mehrere Namenserweiterungen haben, wobei deren Reihenfolge *normalerweise* irrelevant ist. Wenn beispielsweise die Datei welcome.html.fr dem Inhaltstyp text/html und der Sprache Französisch zugeordnet ist, gilt das auch für die Datei welcome.fr.html. Liegen mehrere Namenserweiterungen vor, die den gleichen Meta-Informationen zugeordnet sind, dann wird außer für Sprachen und Inhaltscodierungen die rechte Erweiterung verwendet. Wenn zum Beispiel .gif dem MIME-Typ image/gif und .html dem MIME-Typ text/html zugeordnet sind, wird die Datei welcome.gif.html dem MIME-Typ text/html zugeordnet.

Sprachen und Inhaltscodierungen werden akkumulativ behandelt, weil einer Ressource mehr als eine Sprache oder Codierung zugeordnet werden kann. Die Datei welcome.

`html.de.de` wird beispielsweise mit den Sprachen `Content-Language: en, de` und dem `Content-Type: text/html` ausgeliefert.

Vorsicht ist angebracht, wenn eine Datei mit mehreren Erweiterungen sowohl mit einem MIME-Typ als auch mit einem Handler verknüpft wird. Das führt in der Regel dazu, dass die Anfrage vom Modul mit dem Handler verknüpft wird. Wird zum Beispiel die Erweiterung `.imap` mit dem Handler `imap-file` des Moduls `mod_imap` und die Erweiterung `.html` mit dem MIME-Typ `text/html` verknüpft, wird die Datei `world.imap.html` sowohl dem `imap-file`-Handler als auch dem MIME-Typ `text/html` zugeordnet. Für die Bearbeitung wird dann der `imap-file`-Handler verwendet und die Datei als Image-Map-Datei von `mod_imap` behandelt.

Inhaltscodierung

Eine Datei eines bestimmten MIME-Typs kann für eine vereinfachte Übertragung über das Internet zusätzlich auf eine bestimmte Art codiert werden. Meist betrifft das Komprimierungen wie `gzip`, es kann aber auch Verschlüsselungen wie `pgp` oder eine Codierung wie UUencoding betreffen, die für die Umwandlung einer binären Datei in eine ASCII- oder Textdatei gedacht ist.

Im RFC2616 (http://www.ietf.org/rfc/rfc2616.txt), findet sich folgende Definition:

Das Header-Feld `Content-Encoding` dient als Modifikator für den Medientyp. Ist es vorhanden, gibt es an, welche zusätzlichen Inhaltscodierungen für den Rumpf angewendet wurden, beziehungsweise welche Decodierungen durchgeführt werden müssen, um den Medientyp zu erhalten, der im Header-Feld `Content-Type` angegeben wird. Die Inhaltscodierung soll in erster Linie eine Komprimierung von Dokumenten ohne Verlust der Identität des zugrunde liegenden Medientyps ermöglichen.

Durch die Verwendung mehrerer Dateinamenerweiterungen können Sie angeben, dass eine Datei einen bestimmten *Typ* und eine bestimmte *Codierung* hat (mehr hierzu finden Sie im »Dateien mit mehreren Erweiterungen«, Seite 525).

Als Beispiel kann ein Microsoft-Word-Dokument mit `pkzip`-Codierung dienen. Wird die Dateinamenerweiterung `.doc` mit dem Dateityp Word-Dokument und die Erweiterung `.zip` mit der `pkzip`-Kodierung verknüpft, dann wird die Datei `Resume.doc.zip` als `pkzip`-komprimiertes Word-Dokument erkannt.

Der Apache sendet mit der Ressource einen `Content-Encoding`-Header, um den Client-Browser über die Codierung zu informieren.

```
Content-Encoding: pkzip
```

Zeichensätze und Sprachen

Neben dem Dateityp und der Dateicodierung sind die Sprache eines Dokuments und der für die Ausgabe zu wählende Zeichensatz wichtige Informationen. Das Dokument kann beispielsweise in vietnamesischer oder kyrillischer Sprache verfasst sein und muss mit den entsprechenden Schriften angezeigt werden. Auch diese Informationen werden in HTTP-Headern angegeben.

Zeichensatz, Sprache, Codierung und MIME-Typ sind Gegenstand der Content Negotiation (siehe »*mod_negotiation*«, *Seite 540*). Sie legen fest, welches Dokument dem Client übergeben wird, wenn es alternative Dokumente mit unterschiedlichen Zeichensätzen, Sprachen, Codierungen oder MIME-Typen gibt. Alle Verknüpfungen für Dateinamenerweiterung, die mit den Direktiven `AddCharset`, `AddEncoding`, `AddLanguage` und `AddType` eingerichtet wurden (sowie die in der `MimeMagicFile`-Datei aufgeführten Erweiterungen), sind am Auswahlprozess beteiligt. Dateinamenerweiterungen, die nur mit den Direktiven `AddHandler`, `AddInputFilter` oder `AddOutputFilter` angegeben wurden, können mit der `MultiviewsMatch`-Direktive von der Auswahl ausgeschlossen oder in diese eingeschlossen werden.

Zeichensatz

Um weitere Informationen übermitteln zu können, sendet der Apache optional einen Content-Language-Header, der die Sprache des Dokuments angibt. Ferner können zusätzliche Informationen an den `Content-Type`-Header angehängt werden, die auf einen bestimmten Zeichensatz für die korrekte Wiedergabe verweisen.

```
Content-Language: en, fr
Content-Type: text/plain; charset=ISO-8859-1
```

Die Sprachangabe erfolgt mit einer aus zwei Buchstaben bestehenden Abkürzung. `charset` steht für die Bezeichnung des zu verwendenden Zeichensatzes.

AddCharset

Beschreibung:	Ordnet der angegebenen Dateinamenerweiterung einen Zeichensatz zu.
Syntax:	`AddCharset Zeichensatz Erweiterung [Erweiterung] ...`
Kontext:	server config, virtual host, directory, `.htaccess`
Override:	`FileInfo`

Die `AddCharset`-Direktive weist der angegebenen Dateinamenerweiterung den genannten Zeichensatz zu. `Zeichensatz` ist der MIME-Zeichensatzparameter für Dateinamen mit der angegebenen `Erweiterung`. Diese Zuweisung wird bereits vorhandenen Zuweisungen hinzugefügt und überschreibt für die `Erweiterung` bereits existierende Zuordnungen.

Beispiel

```
AddLanguage ja .ja
AddCharset EUC-JP .euc
AddCharset ISO-2022-JP .jis
AddCharset SHIFT_JIS .sjis
```

Das Dokument `xxxx.ja.jis` wird als japanisches Dokument mit dem Zeichensatz `ISO-2022-JP` behandelt (was auch für das Dokument `xxxx.jis.ja` gilt). Die `AddCharset`-Direktive informiert den Client über die Zeichencodierung des Dokuments für die korrekte Interpretation und Anzeige. Außerdem wird sie für die Content Negotiation verwendet, nach der der Server gemäß den Zeichensatzeinstellungen des Clients eines von mehreren möglichen Dokumenten verschickt.

Beim Argument `Erweiterung` werden Groß- und Kleinschreibung nicht unterschieden. Der vorangestellte Punkt muss nicht angegeben werden.

Siehe auch: *9.5.39 »mod_negotiation«, »AddDefaultCharset«, Seite 339*

AddEncoding

Beschreibung:	Ordnet der angegebenen Dateinamenerweiterung den genannten Codierungstyp zu.
Syntax:	`AddEncoding MIME-Codierung Erweiterung [Erweiterung] ...`
Kontext:	server config, virtual host, directory, .htaccess
Override:	`FileInfo`

Die `AddEncoding`-Direktive ordnet der angegebenen Dateinamenerweiterung den genannten Codierungstyp zu. `MIME-Codierung` ist die MIME-Codierung für Dokumente mit der angegebenen `Erweiterung`. Diese Zuordnung wird bereits vorhandenen hinzugefügt und überschreibt vorhandene Zuordnungen für dieselbe `Erweiterung`.

Beispiel

```
AddEncoding x-gzip .gz
AddEncoding x-compress .Z
```

Dateinamen mit der Namenserweiterung `.gz` sind für die `x-gzip`-Codierung und Dateinamen mit der Erweiterung `.Z` sind für die `x-compress`- Codierung vorgesehen.

Ältere Clients erwarten `x-gzip` und `x-compress`, der Standard legt diese Angaben aber als gleichbedeutend mit `gzip` und `compress` fest. Beim Vergleichen der Inhaltscodierungen ignoriert der Apache das vorangestellte `x-`. Bei der Beantwortung verwendet er die Formulierung, die der Client erwartet (das heißt `x-foo` oder `foo`). Hat der Client keine bestimmte Form angefordert, verwendet er die von der `AddEncoding`-Direktive angegebene Form. Daher sollten Sie immer `x-gzip` und `x-compress` für diese beiden Codierungen verwenden. Bei aktuelleren Codierungen wie `deflate` sollte `x-` nicht mit angegeben werden.

Beim Argument `Erweiterung` werden Groß- und Kleinschreibung nicht unterschieden. Der vorangestellte Punkt muss nicht angegeben werden.

AddHandler

Beschreibung:	Ordnet die Dateinamenerweiterung dem angegebenem Handler zu.
Syntax:	`AddHandler Handler-Name Erweiterung [Erweiterung] ...`
Kontext:	server config, virtual host, directory, .htaccess
Override:	`FileInfo`

Dateien mit der angegebenen `Erweiterung` werden vom angegebenen Handler verarbeitet. Diese Zuordnung wird bereits vorhandenen hinzugefügt und überschreibt für dieselbe `Erweiterung` bereits definierte Zuordnungen. Um beispielsweise CGI-Skripte mit der Dateinamenerweiterung `.cgi` zu aktivieren, können Sie angeben:

```
AddHandler cgi-script .cgi
```

Wurde diese Zeile in die Datei `httpd.conf` eingefügt, wird jede Datei mit der Namenserweiterung `.cgi` wie ein CGI-Programm behandelt.

Beim Argument `Erweiterung` werden Groß- und Kleinschreibung nicht unterschieden und der vorangestellte Punkt muss nicht mit angegeben werden.

Siehe auch: »*SetHandler*«, Seite 375

AddInputFilter

Beschreibung:	Ordnet die Dateinamenerweiterung den Filtern zu, die die Client-Anfrage verarbeiten.
Syntax:	`AddInputFilter Filter [;Filter...] Erweiterung [Erweiterung] ...`
Kontext:	server config, virtual host, directory, `.htaccess`
Override:	`FileInfo`
Kompatibilität:	`AddInputFilter` steht erst seit der Version 2.0.26 zur Verfügung.

`AddInputFilter` ordnet die `Erweiterung` den Filtern zu, die aktiv werden, wenn Clients über POST-Anfragen Daten an den Server übermitteln. Es handelt sich um eine Ergänzung der an anderer Stelle definierten Filter, einschließlich der Filter, die mit `SetInputFilter` definiert wurden. Diese Zuordnungen kommen zu den bereits vorhandenen hinzu und sie überschreiben die für dieselbe `Erweiterung` bereits vorhandenen Filter.

Mehrere Filter werden mit einer durch Semikola getrennten Liste in der Reihenfolge angegeben, in der sie für die Inhalte aktiv werden sollen. Bei den Filtern und dem Argument `Erweiterung` werden Groß- und Kleinschreibung nicht unterschieden. Die Erweiterung kann ohne vorangestellten Punkt angegeben werden.

AddLanguage

Beschreibung:	Ordnet der angegebenen Dateinamenerweiterung die angegebene Sprache zu.
Syntax:	`AddLanguage MIME-Sprache Erweiterung [Erweiterung] ...`
Kontext:	server config, virtual host, directory, `.htaccess`
Override:	`FileInfo`

Die `AddLanguage`-Direktive ordnet der angegebenen Dateinamenerweiterung die genannte Sprache zu. Die `MIME-Sprache` wird Dateien mit dieser `Erweiterung` zugeordnet. Diese Zuordnung wird bereits vorhandenen hinzugefügt und überschreibt vorhandene Zuordnungen für dieselbe `Erweiterung`.

Beispiel

```
AddEncoding x-compress .Z
AddLanguage en .en
AddLanguage fr .fr
```

Das Dokument `xxxx.en.Z` wird als komprimiertes englischsprachiges Dokument behandelt (was auch für das Dokument `xxxx.Z.en` gilt). Obwohl dem Client die Sprache angegeben wird, wird der Browser diesen Hinweis nicht nutzen. Die Direktive `AddLanguage` ist mehr für die Content Negotiation gedacht, bei der der Server unter Beachtung der Sprachvorgaben des Clients eines von mehreren Dokumenten in unterschiedlichen Sprachen auswählt.

Werden mehrere Sprachzuweisungen für dieselbe Dateinamenerweiterung vorgenommen, dann tritt die zuletzt aufgefundene in Kraft:

```
AddLanguage en .en
AddLanguage en-uk .en
AddLanguage en-us .en
```

Dokumente mit der Erweiterung .en werden wie Dokumente mit der Erweiterung en-us behandelt.

Beim Argument Erweiterung werden Groß- und Kleinschreibung nicht unterschieden. Die Voranstellung des Punkts ist nicht erforderlich.

Siehe auch: 9.5.39 »mod_negotiation«

AddOutputFilter

Beschreibung:	Zuweisung von Ausgabefiltern des Servers zu Dateinamenerweiterungen.
Syntax:	AddOutputFilter Filter [;Filter...] Erweiterung [Erweiterung] ...
Kontext:	server config, virtual host, directory, .htaccess
Override:	FileInfo
Kompatibilität:	AddOutputFilter steht erst seit Version 2.0.26 zur Verfügung.

Die AddOutputFilter-Direktive weist der Erweiterung die Filter zu, die Antworten des Servers vor der Auslieferung an den Client bearbeiten. Dies ist eine Ergänzung zu den Filtern, die an anderer Stelle definiert wurden, einschließlich der mit SetOutputFilter und AddOutputFilterByType definierten Filter. Diese Zuweisungen kommen zu bereits vorhandenen hinzu. Bereits existierende Zuweisungen für dieselbe Erweiterung werden überschrieben.

Im folgenden Beispiel werden beispielsweise alle .shtml-Dateien als Server Side Includes verarbeitet und die Ausgabe mit mod_deflate komprimiert.

```
AddOutputFilter INCLUDES;DEFLATE shtml
```

Werden mehrere Filter angegeben, dann werden diese durch Semikola getrennt und in der Reihenfolge angegeben, in der sie verarbeitet werden sollen. Bei den Argumenten Filter und Erweiterung werden Groß- und Kleinschreibung nicht unterschieden. Die Erweiterung kann ohne vorangestellten Punkt angegeben werden.

Siehe auch: »RemoveOutputFilter«, Seite 535

AddType

Beschreibung:	Ordnet der angegebenen Dateinamenerweiterung den angegebenen Inhaltstyp zu.
Syntax:	AddType MIME-Typ Erweiterung [Erweiterung] ...
Kontext:	server config, virtual host, directory, .htaccess
Override:	FileInfo

Die `AddType`-Direktive weist den angegebenen Erweiterungen den genannten Inhaltstyp zu. Der MIME-Typ ist der MIME-Typ für Dateien mit der angegebenen `Erweiterung`. Diese Zuweisung wird bereits vorhandenen hinzugefügt und überschreibt bereits definierte Zuordnungen für diese `Erweiterung`. Mit dieser Direktive können Zuweisungen hinzugefügt werden, die in der Datei mit den MIME-Typen nicht aufgeführt werden (siehe »*TypesConfig*«, Seite 536).

Beispiel

```
AddType image/gif .gif
```

> **Hinweis**
>
> Es wird empfohlen, neu hinzuzufügende MIME-Typen mit der `AddType`-Direktive anzugeben, anstatt die `TypesConfig`-Datei zu ändern.

Beim Argument `Erweiterung` werden Groß- und Kleinschreibung nicht unterschieden. Der vorangestellte Punkt muss nicht mit angegeben werden.

Siehe auch: »*DefaultType*«, Seite 344, »*ForceType*«, Seite 353

DefaultLanguage

Beschreibung:	Gibt eine Sprache für alle Dateien im angegebenen Bereich vor.
Syntax:	`DefaultLanguage MIME-Sprache`
Kontext:	server config, virtual host, directory, `.htaccess`
Override:	`FileInfo`

Die `DefaultLanguage`-Direktive teilt dem Apache mit, dass alle Dateien im Bereich des Verzeichnisses (also alle Dateien des aktuellen `<Directory>`-Containers) ohne explizite Sprachangaben (wie die Erweiterungen `.fr` oder `.de`, die `AddLanguage` konfiguriert werden) als der angegebenen `MIME-Sprache` zugehörig betrachtet werden sollen. Auf diese Weise können ganze Verzeichnisse beispielsweise als Verzeichnisse mit Inhalten in Holländisch gekennzeichnet werden, ohne dass jede Datei umbenannt werden muss. Anders als bei der Verwendung von Erweiterungen für die Angabe von Sprachen kann mit `DefaultLanguage` nur eine einzige Sprache angegeben werden.

Ist keine `DefaultLanguage`-Direktive wirksam und besitzt eine Datei keine mit `AddLanguage` definierte Sprachangabe, wird davon ausgegangen, dass die Datei kein Sprachattribut hat.

Beispiel

```
DefaultLanguage en
```

Siehe auch: 9.5.39 »*mod_negotiation*«

ModMimeUsePathInfo

Beschreibung:	Weist `mod_mime` an, `path_info`-Komponenten als Bestandteil des Dateinamens zu betrachten.
Syntax:	`ModMimeUsePathInfo On	Off`
Default:	`ModMimeUsePathInfo Off`

Kontext:	directory
Kompatibilität:	Verfügbar seit der Version 2.0.41

Mit der ModMimeUsePathInfo-Direktive wird der Dateiname mit der path_info-URL kombiniert, um die mod_mime-Direktiven der Anfrage anzupassen. Bei der Voreinstellung Off wird der path_info-Teil ignoriert.

Diese Direktive wird für virtuelle Dateisysteme empfohlen.

Beispiel

```
ModMimeUsePathInfo On
```

Bei einer Anfrage nach /bar/foo.shtml, bei der /bar keine Datei ist, und für die ModMimeUsePathInfo auf On gesetzt ist, behandelt mod_mime die eingehende Anfrage als /bar/foo.shtml und Direktiven wie AddOutputFilter INCLUDES .shtml fügen den INCLUDES-Filter hinzu. Ist die Direktive ModMimeUsePathInfo nicht gesetzt, wird der INCLUDES-Filter nicht hinzugefügt.

Siehe auch: »*AcceptPathInfo*«, *Seite 338*

MultiviewsMatch

Beschreibung:	Die Dateitypen, die bei MultiView-Suchen berücksichtigt werden
Syntax:	MultiviewsMatch Any | NegotiatedOnly | Filters | Handlers [Handlers | Filters]
Default:	MultiviewsMatch NegotiatedOnly
Kontext:	server config, virtual host, directory, .htaccess
Override:	FileInfo
Kompatibilität:	Verfügbar seit der Version 2.0.26

MultiviewsMatch lässt drei unterschiedliche Varianten für die MultiView-Eigenschaften von mod_negotiation zu. Bei einer MultiView-Suche nach einer Datei index.html können nach der Hauptanfrage auch Erweiterungen wie index.html.en, index.html.fr oder index.html.gz in die Suche mit einbezogen werden.

Die Option NegotiatedOnly bewirkt, dass jede auf die Hauptangabe folgende Erweiterung einer erkannten mod_mime-Erweiterung für die Content Negotiation entsprechen muss (Zeichensatz, Inhaltstyp, Sprache und Codierung). Dies ist die strengste Implementierung mit der geringsten Anzahl unerwarteter Nebeneffekte, weshalb sie als Voreinstellung gewählt wurde.

Sollen zusätzlich auch Dateien mit auf Handler und/oder Filter bezogenen Dateinamenerweiterungen beachtet werden, kann dies über die Optionen Handlers und Filters der MultiviewsMatch-Direktive geschehen. Wahlweise können beide Optionen oder nur eine von ihnen angegeben werden. Stimmen alle übrigen Faktoren überein, wird die kleinste Datei an den Client gesendet (bei der Entscheidung zwischen der Datei index.html.cgi mit 500 Byte und der Datei index.html.pl mit 1.000 Byte würde die .cgi-Datei bevorzugt). Benutzer von .asis-Dateien sollten die Handler-Option bevorzugen, wenn .asis-Dateien mit dem asis-handler verknüpft werden.

Wird die Option Any angegeben, werden alle Dateien beachtet, auch wenn mod_mime die Dateinamenerweiterung nicht erkennt. Das entspricht dem Verhalten von Apache 1.3 und kann zu nicht vorhersehbaren Ergebnissen führen. So können bei der MultiView-Suche beispielsweise unbeabsichtigt .old- oder .bak-Dateien ausgewählt und an den Client gesendet werden.

Im folgenden Beispiel werden Handler und Filter an der Multview-Suche beteiligt, unbekannte Dateien jedoch ausgeschlossen:

```
MultiviewsMatch Handlers Filters
```

Siehe auch: »*Options*«, *Seite 366, 9.5.39* »*mod_negotiation*«

RemoveCharset

Beschreibung:	Entfernt Zeichensatzzuweisungen für Dateinamenerweiterungen.
Syntax:	`RemoveCharset Erweiterung [Erweiterung] ...`
Kontext:	virtual host, directory, `.htaccess`
Override:	`FileInfo`
Kompatibilität:	RemoveCharset steht erst seit der Version 2.0.24 zur Verfügung.

Die RemoveCharset-Direktive entfernt Zeichensatzzuordnungen für die Dateien mit den angegebenen Dateinamenerweiterungen. Auf diese Weise können `.htaccess`-Dateien in Unterverzeichnissen jede vom übergeordneten Verzeichnis oder den Serverkonfigurationsdateien übernommene Zuweisungen aufheben.

Bei der Erweiterung werden Groß- und Kleinschreibung nicht unterschieden. Die Angabe kann ohne den vorangestellten Punkt erfolgen.

Beispiel

```
RemoveCharset .html .shtml
```

RemoveEncoding

Beschreibung:	Entfernt Zuweisungen für Inhaltscodierungen für Dateinamenerweiterungen.
Syntax:	`RemoveEncoding Erweiterung [Erweiterung] ...`
Kontext:	virtual host, directory, `.htaccess`
Override:	`FileInfo`

Die RemoveEncoding-Direktive entfernt Zuweisungen für Codierungen für die angegebenen Erweiterungen. Das ermöglicht `.htaccess`-Dateien aus Unterverzeichnissen von übergeordneten Verzeichnissen oder aus den Serverkonfigurationsdateien übernommene Zuweisungen aufzuheben.

Ein Beispiel für /foo/.htaccess:

```
AddEncoding x-gzip .gz
AddType text/plain .asc
<Files *.gz.asc>
   RemoveEncoding .gz
</Files>
```

Die Datei `foo.gz` wird als nach dem `gzip`-Verfahren codierte Datei und die Datei `foo.gz.asc` als nicht codierte Textdatei gekennzeichnet.

> **Hinweis**
>
> RemoveEncoding-Direktiven werden nach den AddEncoding-Direktiven verarbeitet, so dass sie die Wirkung der zuletzt genannten aufheben können, wenn sich beide in der gleichen Verzeichniskonfiguration befinden.

Bei der Erweiterung werden Groß- und Kleinschreibung nicht unterschieden. Der vorangestellte Punkt kann weggelassen werden.

RemoveHandler

Beschreibung:	Entfernt alle Handler-Zuweisungen für die angegebenen Dateinamenerweiterungen.
Syntax:	`RemoveHandler Erweiterung [Erweiterung] ...`
Kontext:	virtual host, directory, .htaccess
Override:	FileInfo

Die RemoveHandler-Direktive entfernt alle Handler-Zuweisungen für die angegebenen Erweiterungen. Auf diese Art können .htaccess-Dateien in Unterverzeichnissen von übergeordneten Verzeichnissen oder aus den Serverkonfigurationsdateien übernommene Zuweisungen aufheben.

Ein Beispiel für /foo/.htaccess:

```
AddHandler server-parsed .html
```

Ein Beispiel für /foo/bar/.htaccess:

```
RemoveHandler .html
```

Nach diesen Anweisungen werden .html-Dateien aus dem Verzeichnis /foo/bar wie normale Dateien und nicht als Kandidaten für eine Untersuchung behandelt (siehe »mod_include«, Seite 493).

Bei der Erweiterung werden Groß- und Kleinschreibung nicht unterschieden. Die Angabe kann ohne den vorangestellten Punkt erfolgen.

RemoveInputFilter

Beschreibung:	Entfernt Zuweisungen von Eingabefiltern für die angegebenen Dateinamenerweiterungen
Syntax:	`RemoveInputFilter Erweiterung [Erweiterung] ...`
Kontext:	virtual host, directory, .htaccess
Override:	FileInfo
Kompatibilität:	Steht erst seit Version 2.0.26 zur Verfügung

Die RemoveInputFilter-Direktive entfernt alle Zuweisungen von Eingabefiltern für die angegebenen Dateinamenerweiterungen. Auf diese Art können .htaccess-Dateien in Unterverzeichnissen von übergeordneten Verzeichnissen oder aus den Serverkonfigurationsdateien übernommene Zuweisungen aufheben.

Bei der Erweiterung werden Groß- und Kleinschreibung nicht unterschieden. Die Angabe kann ohne den vorangestellten Punkt erfolgen.

RemoveLanguage

Beschreibung:	Entfernt Sprachzuweisungen für die angegebenen Dateinamenerweiterungen.
Syntax:	`RemoveLanguage Erweiterung [Erweiterung] ...`
Kontext:	virtual host, directory, .htaccess
Override:	`FileInfo`
Kompatibilität:	Steht erst seit Version 2.0.24 zur Verfügung

Die `RemoveLanguage`-Direktive entfernt alle Sprachzuweisungen für die angegebenen Dateinamenerweiterungen. Auf diese Art können `.htaccess`-Dateien in Unterverzeichnissen von übergeordneten Verzeichnissen oder aus den Serverkonfigurationsdateien übernommene Zuweisungen aufheben.

Bei der `Erweiterung` werden Groß- und Kleinschreibung nicht unterschieden. Die Angabe kann ohne den vorangestellten Punkt erfolgen.

RemoveOutputFilter

Beschreibung:	Entfernt alle Ausgabefilterzuweisungen für die angegebenen Dateinamenerweiterungen.
Syntax:	`RemoveOutputFilter Erweiterung [Erweiterung] ...`
Kontext:	virtual host, directory, .htaccess
Override:	`FileInfo`
Kompatibilität:	`RemoveOutputFilter` steht erst seit Version 2.0.26 zur Verfügung.

Die `RemoveOutputFilter`-Direktive entfernt alle Ausgabefilterzuweisungen für die angegebenen Dateinamenerweiterungen. Auf diese Art können `.htaccess`-Dateien in Unterverzeichnissen von übergeordneten Verzeichnissen oder aus den Serverkonfigurationsdateien übernommene Zuweisungen aufheben.

Bei der `Erweiterung` werden Groß- und Kleinschreibung nicht unterschieden. Die Angabe kann ohne den vorangestellten Punkt erfolgen.

Beispiel

```
RemoveOutputFilter shtml
```

Siehe auch: »*AddOutputFilter*«, Seite 530

RemoveType

Beschreibung:	Entfernt Inhaltstypzuweisungen für die angegebenen Dateinamenerweiterungen.
Syntax:	`RemoveType Erweiterung [Erweiterung] ...`
Kontext:	virtual host, directory, .htaccess
Override:	`FileInfo`

Die `RemoveType`-Direktive entfernt alle MIME-Typen für die angegebenen Dateinamenerweiterungen. Auf diese Weise können `.htaccess`-Dateien in Unterverzeichnissen von übergeordneten Verzeichnissen oder aus den Serverkonfigurationsdateien übernommene Zuweisungen aufheben.

Ein Beispiel für /foo/.htaccess:

```
RemoveType .cgi
```

Hiermit wird jede Sonderbehandlung von `.cgi`-Dateien aus dem Verzeichnis /foo/ und den darunter liegenden Verzeichnissen aufgehoben. Die Dateien werden als `DefaultType` behandelt.

> **Hinweis**
>
> RemoveType-Direktiven werden nach den AddType-Direktiven verarbeitet, so dass sie die Wirkung der zuletzt genannten aufheben können, wenn sich beide in der gleichen Verzeichniskonfiguration befinden.

Bei der Erweiterung werden Groß- und Kleinschreibung nicht unterschieden. Die Angabe kann ohne den vorangestellten Punkt erfolgen.

TypesConfig

Beschreibung:	Die Position der `mime.types`-Datei
Syntax:	`TypesConfig Dateipfad`
Default:	`TypesConfig conf/mime.types`
Kontext:	server config

Die `TypesConfig`-Direktive gibt die Position der `mime.type`-Konfigurationsdatei an. Der `Dateipfad` wird relativ zur `ServerRoot` interpretiert. Diese Datei enthält die Vorgaben für die Zuweisung von Dateinamenerweiterung zu Inhaltstypen. Die meisten Administratoren benutzen die mitgelieferte `mime.types`-Datei, die gebräuchlichen Dateinamenerweiterungen bei der IANA registrierte Inhaltstypen zuweist. Die aktuelle Liste finden Sie unter http://www.isi.edu/in-notes/iana/assignments/media-types/media-types. Das verinfacht die `httpd.conf`-Datei, da die wichtigsten Definitionen für Medientypen vorhanden sind. Mit AddType-Direktiven können sie bei Bedarf überschrieben werden. Die Datei `mime.types` sollte nicht verändert werden, weil sie bei einem Upgrade des Servers ersetzt werden kann.

Die Datei enthält Zeilen im Format der Argumente für eine `AddType`-Direktive:

```
MIME-Typ [Erweiterung] ...
```

Groß- und Kleinschreibung wird bei den Dateinamenerweiterungen nicht unterschieden. Leerzeilen und Zeilen, die mit einem Doppelkreuz (#) beginnen, werden ignoriert.

> **Hinweis**
>
> Bitte wenden Sie sich nicht mit der Bitte um Aufnahme neuer Einträge in die `mime.types`-Datei an das Apache-HTTP-Server-Projekt, wenn (1) die Dateinamenerweiterung nicht bereits bei der IANA registriert ist oder (2) es sich nicht um allgemein akzeptable, für die unterschiedlichen Betriebssysteme unproblematische Dateinamenerweiterung handelt. Anfragen für das Muster Kategorie/x-Untertyp sowie für Abkürzungen, die aus zwei Buchstaben bestehen, werden automatisch zurückgewiesen, da sie mit den Erweiterungen für Sprache und Zeichensatz kollidieren können.

Siehe auch: *9.5.38 »mod_mime_magic«*

9.5.38 mod_mime_magic

Beschreibung:	Ermittelt den MIME-Typ einer Datei anhand des Dateiinhalts.
Status:	Erweiterung
Quelldatei:	mod_mime_magic.c
Modulkennung:	mime_magic_module

Dieses Modul ermittelt den MIME-Typ von Dateien auf dieselbe Art wie der UNIX-Befehl file(1): Die ersten Bytes der Datei werden analysiert. Es soll das Modul mod_mime ergänzen.

Das Modul wurde von einer freien Version des UNIX-Befehls file(1) abgeleitet, der mit Hilfe von »Magic Numbers« sowie weiterer Kennzeichen einer Datei versucht, Rückschlüsse auf den Inhalt zu ziehen. Das Modul ist nur aktiv, wenn mit der MimeMagicFile-Direktive die externe Magic-Datei angegeben wird.

Format der Magic-Datei

Der Inhalt der Datei ist einfacher ASCII-Text in vier bis fünf Spalten. Leerzeilen sind zulässig, werden aber ignoriert. Kommentarzeilen werden mit einem Doppelkreuz gekennzeichnet (#). Die verbleibenden Zeilen werden auf folgende Spalten untersucht:

Spalte	Beschreibung
1	Bytenummer für den Beginn der Analyse > verweist auf eine Abhängigkeit von der vorherigen Zeile ohne >.
2	Typ der zu vergleichenden Daten
3	Inhalt der zu vergleichenden Daten
4	MIME-Typ bei Übereinstimmung
5	MIME-Codierung bei Übereinstimmung (optional)

Mit den folgenden Zeilen einer Magic-Datei werden beispielsweise einige Audio-Formate erkannt:

```
# Sun/NeXT Audio-Daten
0       string       .snd
>12     belong       1       audio/basic
>12     belong       2       audio/basic
>12     belong       3       audio/basic
>12     belong       4       audio/basic
>12     belong       5       audio/basic
>12     belong       6       audio/basic
>12     belong       7       audio/basic
>12     belong       23      audio/x-adpcm
```

Mit den folgenden Zeilen wird der Unterschied zwischen *.doc-Dateien von Microsoft Word und FrameMaker-Dokumenten erkannt. (Diese inkompatiblen Dateiformate benutzen das gleiche Suffix.)

Kapitel 9
Apache-MPMs und -Module

```
# FrameMaker
0 string     \<MakerFile          application/x-frame
0 string     \<MIFFile            application/x-frame
0 string     \<MakerDictionary    application/x-frame
0 string     \<MakerScreenFon     application/x-frame
0 string     \<MML                application/x-frame
0 string     \<Book               application/x-frame
0 string     \<Maker              application/x-frame

# MS-Word
0 string     \376\067\0\043              application/msword
0 string     \320\317\021\340\241\261    application/msword
0 string     \333\245-\0\0\0             application/msword
```

Die fünfte Spalte kann eine optionale MIME-Codierung enthalten. Das folgende Beispiel erkennt gzip-Dateien und wählt die entsprechende Codierung.

```
# gzip (GNU-zip, nicht zu verwechseln mit
# [Info-ZIP/PKWARE] Zip-Archiv)

0 string \037\213 application/octet-stream x-gzip
```

Leistungsverhalten

Dieses Modul eignet sich nicht für jedes System. Steht der Rechner an der Grenze seiner Leistungsfähigkeit oder wird ein Testlauf durchgeführt, dann sollte dieses Modul nicht aktiviert werden.

Es wurden jedoch Anstrengungen unternommen, um den ursprünglichen file(1)-Code stark ausgelasteten Webservern anzupassen. Das Modul wurde für einen Server entwickelt, auf dem Tausende von Benutzern eigene Dokumente veröffentlichen, was typisch für ein Intranet ist. Hier ist es oft hilfreich, wenn der Server intelligente Entscheidungen über den Inhalt treffen kann, die nicht nur auf dem Dateinamen basieren, und sei es nur, um den Benutzer auf falsch gewählte Dateinamen hinzuweisen. Es muss abgewogen werden, ob sich der zusätzliche Aufwand für eine bestimmte Systemumgebung lohnt.

Hinweis

Die folgenden Hinweise betreffen das Modul mod_mime_magic und wurden zur Berücksichtigung des Copyrights aufgenommen.

mod_mime_magic: MIME-Typ lookup via file magic numbers
Copyright (c) 1996-1997 Cisco Systems, Inc.

This software was submitted by Cisco Systems to the Apache Group in July 1997. Future revisions and derivatives of this source code must acknowledge Cisco Systems as the original contributor of this module. All other licensing and usage conditions are those of the Apache Group.

> **Hinweis**
>
> Some of this code is derived from the free version of the file command originally posted to comp.sources.unix. Copyright info for that program is included below as required.
>
> - Copyright (c) Ian F. Darwin, 1987. Written by Ian F. Darwin.
>
> This software is not subject to any license of the American Telephone and Telegraph Company or of the Regents of the University of California.
>
> Permission is granted to anyone to use this software for any purpose on any computer system, and to alter it and redistribute it freely, subject to the following restrictions:
>
> 1. The author is not responsible for the consequences of use of this software, no matter how awful, even if they arise from flaws in it.
> 2. The origin of this software must not be misrepresented, either by explicit claim or by omission. Since few users ever read sources, credits must appear in the documentation.
> 3. Altered Versionen must be plainly marked as such, and must not be misrepresented as being the original software. Since few users ever read sources, credits must appear in the documentation.
> 4. This notice may not be removed or altered.

Als Ergänzung zu Ian F. Darwins Ausführungen: Folgende wichtige Veränderungen wurden am frei zugänglichen file-Befehl vorgenommen:

- Der gesamte Code befindet sich in einer Datei, um das Kompilieren beim Wechsel der Apache-Versionen zu vereinfachen.
- Speicherzuweisungen erfolgen mit der API-Pool-Struktur des Apache.
- Alle Funktionen nutzen das Apache-API oder übergebene Serverstrukturen müssen andere Apache-API-Routinen aufrufen. (Für die Protokollierung der Datei- oder Speicherzuweisungen oder für eine aufgerufene Funktion.)
- struct magic wurde von einem Array in eine einfach verknüpfte Liste umgewandelt, weil sie jeweils nur um einen Datensatz anwächst, weil nur sequenziell auf sie zugegriffen wird und weil das Apache-API keine entsprechende realloc()-Funktion besitzt.
- Funktionen wurden so geändert, dass sie ihre Parameter von der Serverkonfiguration erhalten. (Die Ablaufinvarianz sollte gewährleistet sein, sie wurde aber noch nicht in einer Thread-Umgebung getestet.)
- Wo Ergebnisse über stdout ausgegeben wurden, werden sie jetzt in einer Liste gespeichert, wo sie dafür genutzt werden, den MIME-Typ im Apache-Anfragedatensatz zu setzen.
- Befehlszeilen-Flags wurden entfernt, da sie nicht benötigt werden.

MimeMagicFile

Beschreibung:	Aktiviert die MIME-Typbestimmung anhand des Inhalts mit Hilfe einer Magic-Datei.
Syntax:	`MimeMagicFile Dateipfad`
Kontext:	server config, virtual host

Mit der `MimeMagicFile`-Direktive kann das Modul aktiviert werden. Die Standarddatei befindet sich im Verzeichnis `conf/magic`. Basis für relative Pfade ist ServerRoot. Wird keine andere Einstellung gewählt, benutzen virtuelle Hosts dieselbe Datei wie der Server. Bei anderen Einstellungen wird die Datei des Servers überschrieben.

Beispiel

```
MimeMagicFile conf/magic
```

9.5.39 mod_negotiation

Beschreibung:	Ermöglicht die Content Negotiation.
Status:	Base
Quelldatei:	mod_negotiation.c
Modulkennung:	negotiation_module

Bei der Content Negotiation oder Auswahl einer Antwort gemäß der Bedürfnisse des Clients durch den Server wird das Dokument ausgewählt, das den Fähigkeiten des zugreifenden Clients am meisten entspricht, falls mehrere Dokumente zur Auswahl stehen. Hierfür gibt es zwei Möglichkeiten:

- Ein Type-Map (eine Datei mit dem Handler `type-map`), die die Dateien mit den unterschiedlichen Varianten explizit aufführt.
- `MultiViews`, bei denen der Server einen impliziten Mustervergleich des Dateinamens und innerhalb der Ergebnisse (dieses Vergleichs) eine Auswahl durchführt.

Siehe auch: »*Options*«, *Seite 366, 9.5.37* »*mod_mime*«, *2.11* »*Content Negotiation*«

Type-Maps

Das Format eines Type-Maps ist mit den Mail-Headern nach RFC822 vergleichbar. Sie enthält durch Leerzeilen getrennte Dokumentbeschreibungen. Zeilen, die mit einem Doppelkreuz (#) beginnen, werden als Kommentare behandelt. Eine Dokumentbeschreibung besteht aus mehreren Header-Datensätzen, die sich über mehrere Zeilen fortsetzen können. Die Fortsetzungszeilen müssen mit Leerzeichen beginnen, die bei der Verkettung der Zeilen entfernt werden. Ein Header-Datensatz enthält ein Schlüsselwort mit einem Doppelpunkt und einem Wert, die zwischen Header-Name und Wert sowie den Elementen des Wertes stehen. Zulässige Header sind:

Content-Encoding:

Das auf diese Datei angewendete Codierungsverfahren. Apache erkennt nur Codierungsverfahren, die mit einer `AddEncoding`-Direktive definiert wurden. Normalerweise gehören hierzu die Optionen `x-compress` und `x-gzip`. Das Präfix `x-` wird bei Vergleichen von Codierungen ignoriert.

Content-Language:

Die Sprachvariante(n) angegeben mit dem Internet-Standard-Sprach-Tag (RFC1766, http://www.ietf.org/rfc/rfc1766.txt). en steht beispielsweise für die englische Sprache. Mehrere Sprachvarianten werden durch Kommata voneinander getrennt.

Content-Length:

Die Dateilänge in Byte. Ist dieser Header nicht vorhanden, wird die tatsächliche Dateilänge zugrunde gelegt.

Content-Type:

Der MIME-Medientyp des Dokuments, mit optionalen Parametern. Parameter werden vom Medientyp und anderen Parametern durch ein Semikolon getrennt. Ihre Syntax lautet `Name=Wert`. Zu den gebräuchlichen Parametern gehören:

`level`

Eine ganze Zahl, die die Version des Medientyps angibt. Für `text/html` hat diese den Standardwert 2, sonst 0.

`qs`

Eine Gleitkommazahl mit einem Wert zwischen `0.0` und `1.0`, der die relative *Qualität* der Variante im Vergleich zu anderen verfügbaren Varianten angibt, ohne Rücksicht auf die Möglichkeiten des Clients. Eine JPEG-Datei hat zum Beispiel in der Regel eine höhere Qualität als eine ASCII-Datei, wenn es sich um die Wiedergabe einer Fotografie handelt. Handelt es sich hingegen um eine reine ASCII-Grafik, dann hat die ASCII-Datei die höhere Priorität. Die qs-Werte sind daher immer für eine bestimmte Datei spezifisch.

Beispiel

```
Content-Type: image/jpeg; qs=0.8
```

URI:

Der URI der Datei mit der Variante (des angegebenen Medientyps, codiert nach der angegebenen Inhaltscodierung). Hierbei handelt es sich um URLs relativ zur Map-Datei. Sie müssen auf demselben Server (!) liegen und auf Dateien verweisen, für die der Client Zugriffsrechte haben muss, wenn sie direkt angefordert würden.

Body:

Seit der Version Apache 2.0 kann der tatsächliche Inhalt der Ressource in der Type-Map-Datei mit dem Body-Header angegeben werden. Dieser Header muss eine Zeichenfolge enthalten, die ein Begrenzungszeichen für den Rumpfinhalt festlegt. Die folgenden Zeilen einer Type-Map-Datei werden bis zum Begrenzungszeichen dem Ressourcenrumpf zugerechnet:

Beispiel

```
Body:----xyz----
<html>
<body>
<p>Content of the page.</p>
</body>
</html>
----xyz----
```

MultiViews

Eine MultiView-Suche wird über die `MultiViews`-Option aktiviert. Erhält der Server eine Anfrage für /some/dir/foo und ist /some/dir/foo *nicht* vorhanden, dann liest der Server das Verzeichnis und sucht nach Dateien mit der Bezeichnung foo.*. Auf diese Art erzeugt er ein künstliches Type-Map mit diesen Dateien und weist ihnen die gleichen Medientypen und Inhaltsverschlüsselungen zu, die sie hätten, wenn der Client eine von ihnen namentlich angefordert hätte. Anschließend wählt er die für die Möglichkeiten des Clients geeignetste Datei aus und sendet das entsprechende Dokument.

CacheNegotiatedDocs

Beschreibung:	Erlaubt das Caching von Dateien durch Proxy-Server, die über die Content Negotiation ausgewählt wurden.
Syntax:	CacheNegotiatedDocs On | Off
Default:	CacheNegotiatedDocs Off
Kontext:	server config, virtual host
Kompatibilität:	Die Syntax hat sich mit der Version 2.0 geändert.

Diese Direktive erlaubt eine Zwischenspeicherung der Ergebnisse der Content Negotiation durch Proxy-Server. Das kann bedeuten, dass Clients, die hinter diesen Proxies liegen, möglicherweise Versionen erhalten, die nicht optimal ihren Fähigkeiten entsprechen. Allerdings wird dadurch das Caching durch den Proxy effizienter.

Diese Direktive ist nur für Anfragen von HTTP/1.0-Browsern wirksam. HTTP/1.1 bietet bessere Möglichkeiten für das Caching von via Content Negotiation ausgelieferten Dokumenten. Auf Antworten auf HTTP/1.1-Anfragen hat diese Anweisung keine Auswirkungen.

Vor der Version 2.0 übernahm `CacheNegotiatedDocs` kein Argument, sondern die Direktive wurde allein durch ihr Vorhandensein aktiviert.

ForceLanguagePriority

Beschreibung:	Durchzuführende Aktion für den Fall, dass kein passendes Dokument gefunden wird
Syntax:	ForceLanguagePriority None | Prefer | Fallback [Prefer | Fallback]
Default:	ForceLanguagePriority Prefer
Kontext:	server config, virtual host, directory, .htaccess
Override:	FileInfo
Kompatibilität:	Verfügbar seit Version 2.0.30

Die `ForceLanguagePriority`-Direktive verwendet die vorhandene `LanguagePriority` (Sprach-Priorität), um eine Entscheidung zu treffen, falls der Server andernfalls keine eindeutige Wahl (eines »besten« Dokuments) treffen kann.

`ForceLanguagePriority Prefer` verwendet die `LanguagePriority`, um ein gültiges Ergebnis und nicht nur den `Status 300 (MULTIPLE CHOICES)` zurückzuliefern, wenn mehrere gleichermaßen geeignete Sprachvarianten gefunden worden. Enthält eine Anfrage die `Accept-Language-Header` en und de mit jeweils der gleichen Qualitätsangabe .500 (gleichermaßen geeignet), dann wird bei den unten aufgeführten Direktiven die erste übereinstimmende Variante mit der Sprachangabe en zurückgesendet.

```
LanguagePriority en fr de
ForceLanguagePriority Prefer
```

ForceLanguagePriority Fallback liefert in Verbindung mit der Sprach-Priorität ein gültiges Ergebnis anstatt der Antwort Status 406 (NOT ACCEPTABLE) zurück. Lässt die Accept-Language-Anweisung der Antwort nur eine Antwort in der Sprache es zu, ohne dass eine solche Variante gefunden wird, dann liefern die unten angeführten Direktiven die erste Variante aus der LanguagePriority-Liste zurück.

```
LanguagePriority en fr de
ForceLanguagePriority Fallback
```

Es kann sowohl die Option Prefer als auch die Option Fallback angegeben werden, so dass entweder die erste übereinstimmende Variante für LanguagePriority zurückgeliefert wird, wenn mehr als eine Variante akzeptabel ist, oder das erste verfügbare Dokument gesendet wird, wenn keine der Varianten in der Liste der vom Client akzeptierten Sprachen enthalten ist.

Siehe auch: »AddLanguage«, Seite 529

LanguagePriority

Beschreibung:	Auszuwählende Sprachvariante falls der Client keine bevorzugte Sprache angibt.
Syntax:	LanguagePriority MIME-lang [MIME-lang] ...
Kontext:	server config, virtual host, directory, .htaccess
Override:	FileInfo

Die LanguagePriority-Direktive legt fest, welche der Sprachvarianten bei MultiView-Anfragen vorzuziehen ist, falls der Client keine Angabe zur bevorzugten Sprache macht. Die MIME-lang-Liste führt die Sprachen in absteigender Reihenfolge ihrer Prioritäten auf.

Beispiel

```
LanguagePriority en fr de
```

Existieren die Varianten foo.html.fr und foo.html.de und macht der Browser keine Angabe zur bevorzugten Sprache, dann wird bei der Anfrage nach foo.html die Variante foo.html.fr geliefert.

Diese Direktive ist nur wirksam, wenn die geeignetste Sprache nicht anders ermittelt werden kann oder wenn die ForceLanguagePriority-Direktive nicht auf None gesetzt wurde. Bei korrekt ausgeführten HTTP/1.1-Anfragen hat diese Direktive ebenfalls keine Auswirkungen.

Siehe auch: »AddLanguage«, Seite 529

9.5.40 mod_nw_ssl

Beschreibung:	SSL-Verschlüsselung für NetWare
Status:	Base
Quelldatei:	mod_nw_ssl.c
Modulkennung:	nwssl_module
Kompatibilität:	Nur NetWare

Dieses Modul aktiviert die SSL-Verschlüsselung für einen angegebenen Port. Es nutzt die Vorteile der SSL-Verschlüsselung, wie sie für das Betriebssystem NetWare implementiert ist.

NWSSLTrustedCerts

Beschreibung:	Liste weiterer Client-Zertifikate
Syntax:	NWSSLTrustedCerts Dateiname [Dateiname] ...
Kontext:	server config

Gibt eine Liste von Client-Zertifikatdateien an (im DER-Format), die für die Einrichtung einer Proxy-SSL-Verbindung benutzt wird. Jedes vom Server benutzte Client-Zertifikat muss spearat in einer eigenen .der-Datei aufgeführt werden.

SecureListen

Beschreibung:	Aktiviert die SSL-Verschlüsselung für einen angegebenen Port.
Syntax:	SecureListen [IP-Adresse:]Port-Nummer Zertifikatname [MUTUAL]
Kontext:	server config

Gibt den Port und den Zertifikatnamen für die SSL-Verschlüsselung an. Mit einem optionalen dritten Parameter kann die wechselseitige Authentifizierung aktiviert werden.

9.5.41 mod_proxy

Beschreibung:	HTTP/1.1-Proxy-/Gateway-Server
Status:	Erweiterung
Quelldatei:	mod_proxy.c
Modulkennung:	proxy_module

> **Achtung**
>
> Rufen Sie die Direktive ProxyRequests erst dann auf, wenn ein gesicherter Zugriff gewährleistet ist. Zugängliche Proxy-Server sind sowohl für Ihr Netzwerk als auch für das Internet im Allgemeinen eine Gefahrenquelle.

Dieses Modul implementiert einen Proxy oder ein Gateway für den Apache. Es implementiert das Proxy-Verfahren für FTP, CONNECT (für SSL), HTTP/0.9, HTTP/1.0 und für HTTP/1.1. Das Modul kann für die Verbindung zu anderen Proxy-Modulen für diese und andere Protokolle konfiguriert werden.

Die Proxy-Eigenschaften des Apache sind neben dem Modul mod_proxy auch auf andere Module verteilt: mod_proxy_http, mod_proxy_ftp und mod_proxy_connect. Sollen bestimmte dieser Proxy-Funktionen genutzt werden, dann müssen das Modul mod_proxy und die entsprechenden Module für den Server geladen werden (entweder statisch beim Kompilieren oder dynamisch über die LoadModule-Direktive).

Über andere Module stehen außerdem erweiterte Eigenschaften zur Verfügung. Das Caching ermöglichen mod_cache und verwandte Module. Die Kontaktaufnahme zu entfernten Servern über das SSL/TLS-Protokoll wird durch die SSLProxy*-Direktiven des Moduls mod_ssl ermöglicht. Diese zusätzlichen Module müssen geladen und konfiguriert werden, damit ihre Vorteile genutzt werden können.

Siehe auch: 9.5.11 »mod_cache«, 9.5.44 »mod_proxy_http«, 9.5.43 »mod_proxy_ftp«, 9.5.42 »mod_proxy_connect«, 9.5.49 »mod_ssl«

Einfache und Reverse-Proxies

Der Apache kann als einfacher und als Reverse-Proxy konfiguriert werden.

Ein einfacher Proxy-Server liegt zwischen dem Client und dem Zielserver. Um Inhalte vom Zielserver zu erhalten, sendet der Client eine Anfrage an den Proxy und gibt dabei den Zielserver an. Stellvertretend für den Client fordert der Proxy die Inhalte vom Zielserver an und reicht sie an den Client weiter. Der Client muss für den Zugriff auf andere Sites über einen Proxy entsprechend konfiguriert werden.

Proxies werden häufig eingesetzt, um internen Clients, die hinter einer Firewall liegen, Zugriff auf das Internet zu ermöglichen. Der Proxy kann durch Caching (aktiviert über das Modul mod_cache) die Netzwerkbelastung senken.

Der Proxy wird mit der `ProxyRequests`-Direktive aktiviert. Da Proxies den Clients über den Server anonymen Zugriff auf beliebige Sites erlauben, muss der Server so geschützt werden, dass nur autorisierte Clients auf den Proxy zugreifen können, bevor dieser aktiviert wird.

Ein Reverse-Proxy erscheint dem Client dagegen wie ein gewöhnlicher Webserver. Der Client muss nicht besonders konfiguriert werden. Er sendet normale Anfragen nach Inhalten aus dem Namesraum des Reverse-Proxys. Dieser entscheidet dann, wohin die Anfragen gesendet werden, und liefert die Inhalte so an den Client aus, als wäre er der Zielserver.

Der Reverse-Proxy soll Internet-Benutzern Zugriff auf einen Server gewähren, der hinter einer Firewall liegt. Mit Reverse-Proxies können darüberhinaus die Belastung auf mehrere Backend-Server verteilt oder mit Hilfe des Cachings langsame Backend-Server unterstützt werden. Ferner können Reverse-Proxies auch dafür genutzt werden, mehrere Server in einen URL-Raum zu integrieren.

Ein Reverse-Proxy wird mit der `ProxyPass`-Direktive oder dem [P]-Flag für die `RewriteRule`-Direktive aktiviert. Die Direktive `ProxyRequests` ist *nicht* erforderlich, um einen Reverse-Proxy einzurichten.

Beispiele

Die folgenden Beispiele sollen nur einen groben Überblick vermitteln. In der Dokumentation finden Sie weitere Hinweise zu den einzelnen Direktiven.

Soll zusätzlich das Caching aktiviert werden, dann schlagen Sie in der Dokumentation zum Modul mod_cache nach.

Einfacher Proxy

```
ProxyRequests On
ProxyVia On

<Proxy *>
  Order deny,allow
  Deny from all
  Allow from internal.example.com
</Proxy>
```

Reverse-Proxy

```
ProxyRequests Off

<Proxy *>
  Order deny,allow
  Allow from all
</Proxy>


ProxyPass /foo http://foo.example.com/bar
ProxyPassReverse /foo http://foo.example.com/bar
```

Den Zugriff auf den Proxy steuern

Der Zugriff auf einen Proxy kann mit einem Proxy-Kontrollblock gesteuert werden:

```
<Proxy *>
  Order Deny,Allow
  Deny from all
  Allow from 192.168.0
</Proxy>
```

Weitere Informationen zu Direktiven für die Zugriffskontrolle finden Sie unter mod_access.

Beim Einsatz eines einfachen Proxys ist die Zugriffskontrolle (über die ProxyRequests-Direktive) sehr wichtig, da sonst jeder Client über Ihren Server auf beliebige Hosts zugreifen kann, ohne seine Identität preisgeben zu müssen. Das stellt sowohl für Ihr Netzwerk als auch für das Internet eine Gefahr dar. Bei einem Reverse-Proxy (mit der Direktive ProxyPass und der Option ProxyRequests Off) ist die Zugriffskontrolle weniger problematisch, weil die Clients nur auf speziell konfigurierte Hosts zugreifen können.

FTP-Proxy

Warum lässt sich der Dateityp xxx nicht über FTP herunterladen?

Möglicherweise wurde dieser Dateityp in der Konfigurationsdatei mime.types für den Proxy nicht als application/octet-stream definiert. Eine sinnvolle Definition wäre:

```
application/octet-stream  bin dms lha lzh exe class tgz taz
```

Wie kann für den Dateityp xxx ein ASCII-Download über FTP erzwungen werden?

In den seltenen Situation, in denen eine ASCII-Übertragung über FTP statt mit einer standardmäßigen binären Übertragung erfolgen muss, kann die Voreinstellung für das Modul mod_proxy durch das Suffix ;type=a in der Anfrage überschrieben und so eine ASCII-Übertragung erzwungen werden. (FTP-Verzeichnislisten werden immer im ASCII-Modus übertragen.)

Wie kann auf FTP-Dateien außerhalb des eigenen Stammverzeichnisses zugegriffen werden?

Ein FTP-URI wird relativ zum Stammverzeichnis des angemeldeten Benutzers interpretiert. Ein Zugriff auf darüber liegende Verzeichnisse mit Hilfe der Schreibweise /../ ist jedoch nicht möglich, da die Punkte vom Browser interpretiert und nicht an den FTP-Server gesendet werden. Um dieses Problem zu umgehen, wurde der so genannte Squid%2f-Hack für den Apache-Proxy implementiert. Diese Lösung verwenden auch andere bekannte Proxy-Server wie zum Beispiel der Squid Proxy Cache (http://www.squid-cache.org/). Durch Voranstellung von /%2f vor den Pfad wird der Proxy veranlasst, das FTP-Verzeichnis / und nicht das Stammverzeichnis als Ausgangspunkt zu wählen. Die Datei /etc/motd wird beispielsweise mit folgender URL angefordert:

```
ftp://user@Host/%2f/etc/motd
```

Wie kann ein FTP-Passwort in Klartext in der URL-Zeile des Browsers verborgen werden?

Für die Anmeldung bei einem FTP-Server mit Benutzername und Passwort verwendet der Apache unterschiedliche Strategien. Fehlen Benutzername und Passwort in der URL, nimmt der Apache eine anonyme Anmeldung am FTP-Server vor:

```
user: anonymous
password: apache_proxy@
```

Bei den meisten FTP-Servern, die für den anonymen Zugriff eingerichtet sind, funktioniert dieses Verfahren.

Bei einer persönlichen Anmeldung kann der Benutzername wie folgt in die URL eingebettet werden:

```
ftp://Benutzername@Host/Dateiname
```

Fragt der FTP-Server für diesen Benutzernamen nach einem Passwort (was der Fall sein sollte), dann antwortet der Apache mit dem Statuscode 401 (Autorisierung erforderlich). Daraufhin öffnet der Browser das Dialogfeld für die Eingabe von Benutzername und Passwort. Nach Eingabe des Passworts wird versucht, die Verbindung herzustellen. Gelingt dies, wird die angeforderte Datei zugesendet. Der Vorteil dieses Verfahrens liegt darin, dass der Browser das Passwort nicht im Klartext anzeigt, was bei der anderen Variante der Fall wäre:

```
ftp://Benutzername:Passwort@Host/Dateiname
```

> **Hinweis**
>
> Das auf diese Art übertragene Passwort ist nicht verschlüsselt. Es wird zwischen dem Browser und dem Apache-Proxy-Server als base64-codierter Klartext und zwischen dem Apache-Proxy und dem FTP-Server als einfacher Klartext ausgetauscht. Deshalb ist beim Zugriff auf den FTP-Server über HTTP (oder generell vor dem Zugriff auf persönliche Dateien über FTP) Vorsicht geboten, da bei Verwendung unsicherer Kanäle auf das Passwort zugegriffen werden kann.

Langsamer Start

Bei Verwendung der ProxyBlock-Direktive werden die IP-Adressen der Hostnamen gesucht und während des Starts für den späteren Gebrauch zwischengespeichert. Dafür werden einige oder mehrere Sekunden benötigt, je nach der Geschwindigkeit, mit der die Suche erfolgt.

Intranet-Proxy

Ein in einem Intranet gelegener Apache-Proxy-Server muss externe Anfragen über die Firewall weiterreichen (die ProxyRemote-Direktive muss so konfiguriert werden, dass das entsprechende Schema an den Firewall-Proxy weitergeleitet wird). Muss er auf Ressourcen innerhalb des Intranets zugreifen, kann er bei Zugriffen auf Hosts die Firewall umgehen. Mit der Direktive NoProxy kann angegeben werden, auf welche Hosts im Intranet direkt zugegriffen werden kann.

Bei Zugriffen aus einem Intranet heraus vergessen die Benutzer häufig, den lokalen Domänennamen bei ihren WWW-Anfragen anzugeben (zum Beispiel http://IrgendeinHost/ statt http://IrgendeinHost.Beispiel.com/). Einige kommerzielle Proxy-Server lassen das durchgehen und bedienen die Anfrage, indem sie eine lokale Domäne unterstellen. Wird die ProxyDomain-Direktive verwendet und wurde der Server als Proxy-Dienst eingerichtet, kann der Apache eine Umleitung vornehmen und den Client zur korrekten Angabe der Serveradresse auffordern. Dieses Verfahren ist vorzuziehen, da die Lesezeichendateien des Benutzers dann den vollständigen Hostnamen enthalten.

Protokollanpassungen

Für Situationen, in denen ein Server keine KeepAlive-Anweisungen verwendet oder HTTP/1.1 nicht korrekt implementiert ist, gibt es die zwei Umgebungsvariablen force-proxy-request-1.0 und proxy-nokeepalive, die für HTTP/1.0-Übertragungen ohne KeepAlive-Aufforderung gesetzt werden:

```
<Location /buggyappserver/>
  ProxyPass http://buggyappserver:7001/foo/
  SetEnv force-proxy-request-1.0 1
  SetEnv proxy-nokeepalive 1
</Location>
```

AllowCONNECT

Beschreibung:	Ports, über die eine CONNECT-Verbindung über den Proxy hergestellt werden kann.
Syntax:	AllowCONNECT Port [Port] ...
Default:	AllowCONNECT 443 563
Kontext:	server config, virtual host

Die AllowCONNECT-Direktive nennt Ports, über die der Proxy CONNECT-Zugriffe zulässt. Die neueren Browser verwenden dieses Verfahren, wenn eine https-Verbindung angefordert wird und das Tunneling über HTTP aktiv ist.

Standardmäßig sind nur der https-Port (443) und der snews-Port (563) erlaubt. Mit der AllowCONNECT-Direktive können diese Standardeinstellungen überschrieben und Verbindungen über die aufgeführten Ports ermöglicht werden.

Für den Einsatz des CONNECT-Protokolls muss vorab das Modul mod_proxy_connect geladen werden.

NoProxy

Beschreibung:	Hosts, Domänen oder Netzwerke, die direkt angesprochen werden
Syntax:	NoProxy Host [Host] ...
Kontext:	server config, virtual host

Diese Direktive ist für Proxy-Server in Intranets gedacht. Die NoProxy-Direktive führt eine durch Leerzeichen getrennte Liste von Subnets, IP-Adressen, Hosts und/oder Domänen auf. Anfragen, die mit einem oder mehreren der Listenelemente übereinstimmen, werden direkt bedient und nicht an den oder die eingerichteten ProxyRemote-Server weitergereicht.

Beispiel

```
ProxyRemote * http://firewall.mycompany.com:81
NoProxy .mycompany.com 192.168.112.0/21
```

Folgende Host-Argumente können der Direktive NoProxy übergeben werden:

Domäne

Eine Domäne ist ein partiell qualifizierter DNS-Domänenname mit einem Punkt als erstem Zeichen. Er steht für eine Reihe von Hosts, die logisch zur gleichen DNS-Domäne oder Zone gehören (deren Namen auf Domäne enden).

Beispiele

```
.com .apache.org.
```

Um Domänen von Hostnamen zu unterscheiden (sowohl syntaktisch als auch semantisch, denn eine DNS-Domäne kann auch einen Klasse-A-Teil besitzen!), wird den Domänennamen immer ein Punkt vorangestellt.

> **Hinweis**
>
> Bei Vergleichen von Domänennamen werden Groß- und Kleinschreibung nicht unterschieden. Außerdem wird grundsätzlich davon ausgegangen, dass Domänen immer in der Root des DNS-Baums verankert sind, weshalb die beiden Domänen .MyDomain.com und .mydomain.com. (beachten Sie den nachgestellten Punkt) als identisch betrachtet werden. Da beim Vergleich von Domänennamen keine DNS-Suche durchgeführt wird, ist er wesentlich effektiver als ein Subnet-Vergleich.

SubNet

Ein Subnet ist eine partiell qualifizierte Internet-Adresse in numerischer Form (in Vierergruppen), auf die optional ein Schrägstrich und die Netzmaske folgt, die als Anzahl der signifikanten Bits angegeben wird. Sie steht für ein Host-Subnet, das über eine Netzwerkschnittstelle erreicht werden kann. Wird keine Netzmaske angegeben, dann wird davon ausgegangen, dass weggelassene Ziffern oder nachgestellte Nullen die Maske angeben. (In diesem Fall kann die Netzmaske nur ein Vielfaches von 8 Bit sein.) Beispiele:

192.168 oder *192.168.0.0*

Das Subnet 192.168.0.0 mit einer impliziten Netzmaske aus 16 Bit (auch als 255.255.0.0 angegeben).

192.168.112.0/21

Das Subnet 192.168.112.0/21 mit einer Netzmaske aus 21 Bit (auch als 255.255.248.0 angegeben).

Etwas abwegig ist ein Subnet mit 32 Bit, das einer #ipadrIPAdresse entspricht, während ein Subnet mit null Bit (0.0.0.0/0) der Konstanten _Default_ für eine beliebige IP-Adresse entspricht.

IPAdresse

Eine IP-Adresse ist eine vollständig qualifizierte Internet-Adresse in numerischer Form (in Vierergruppen). Normalerweise steht diese Adresse für einen Host, es muss aber nicht unbedingt ein DNS-Domänenname dahinter stehen.

Beispiel

```
192.168.123.7
```

Hinweis

Eine IP-Adresse muss nicht vom DNS-System aufgelöst werden, was die Leistung steigern kann.

Hostname

Ein Hostname ist ein vollständig qualifizierter DNS-Domänenname, der vom DNS-System in eine oder mehrere IP-Adressen aufgelöst werden kann. Er steht im Gegensatz zur Domäne für einen logischen Host und muss sich mindestens in eine IP-Adresse umwandeln lassen (meist ergibt sich eine Host-Liste mit unterschiedlichen IP-Adressen).

Beispiele

```
prep.ai.mit.edu
www.apache.org
```

Hinweis

In vielen Situationen ist es effektiver, eine IP-Adresse anstelle eines Hostnamens anzugeben, weil so eine DNS-Suche vermieden wird. Die Namensauflösung kann beim Apache viel Zeit in Anspruch nehmen, wenn eine langsame PPP-Verbindung zum Name-Server benutzt wird.

Die Groß- und Kleinschreibung spielt beim Vergleich von Hostnamen keine Rolle. Außerdem wird immer davon ausgegangen, dass der Hostname in der Root des DNS-Baums verankert ist. Zwei Hosts mit den Bezeichnungen WWW.MyDomain.com und www.mydomain.com. (beachten Sie den nachgestellten Punkt) werden daher als identisch betrachtet.

Siehe auch: *3.8 »DNS-Probleme«*

Proxy

Beschreibung:	Container für Direktiven für Proxy-Ressourcen
Syntax:	`<Proxy Wildcard-URL> ...</Proxy>`
Kontext:	server config, virtual host

Direktiven in `<Proxy>`-Abschnitten gelten nur für Proxy-Inhalte. Wildcards sind zulässig.

Im folgenden Beispiel haben nur Hosts aus dem Bereich `yournetwork.example.com` über den Proxy Zugriff auf die Inhalte des Servers:

```
<Proxy *>
  Order Deny,Allow
  Deny from all
  Allow from yournetwork.example.com
</Proxy>
```

Im nächsten Beispiel werden alle Dateien aus dem Verzeichnis `foo` von `example.com` mit dem INCLUDES-Filter verarbeitet, wenn sie über den Proxy-Server gesendet werden:

```
<Proxy http://example.com/foo/*>
  SetOutputFilter INCLUDES
</Proxy>
```

ProxyBadHeader

Beschreibung:	Legt fest, wie fehlerhafte Header-Zeilen behandelt werden.
Syntax:	`ProxyBadHeader IsError	Ignore	StartBody`
Default:	`ProxyBadHeader IsError`
Kontext:	server config, virtual host
Kompatibilität:	Seit Version 2.0.44

Die `ProxyBadHeader`-Direktive steuert das Verhalten des Moduls `mod_proxy` beim Empfang fehlerhafter Header-Zeilen (z.B. fehlende Doppelpunkte). Folgende Argumente sind möglich:

IsError

Abbruch der Bearbeitung und Rückgabe des Status 502 (Bad Gateway). Dies entspricht der Voreinstellung.

Ignore

Fehlerhafte Header-Zeilen werden ignoriert.

StartBody

Beim Empfang der ersten fehlerhaften Header-Zeile werden die darauf folgenden Daten als HTTP-Body verarbeitet. Diese Lösung ist für unsauber arbeitende Backend-Server gedacht, die die Leerzeile zwischen Header und Body weglassen.

ProxyBlock

Beschreibung:	Wörter, Hosts oder Domänen werden für den Zugriff gesperrt.
Syntax:	ProxyBlock *	Wort	Host	Domäne [Wort	Host	Domäne] ...
Kontext:	server config, virtual host

Die ProxyBlock-Direktive gibt eine durch Leerzeichen getrennte Liste mit Wörtern, Hosts und/oder Domänen an. Anfragen nach HTTP-, HTTPS- und FTP-Dokumenten von Sites, deren Namen mit den angegebenen Wörtern, Hosts oder Domänen übereinstimmen, werden vom Proxy-Server gesperrt. Das Proxy-Modul versucht darüberhinaus, die IP-Adressen von Listenelementen, bei denen es sich um Hostnamen handeln kann, beim Start zu ermitteln und legt diese für spätere Vergleiche im Cache ab. Dadurch kann die für das Hochfahren des Servers benötigte Zeit zunehmen.

Beispiel

```
ProxyBlock joes-garage.com some-host.co.uk rocky.wotsamattau.edu
```

rocky.wotsamattau.edu würde auch über die IP-Adresse erfasst.

wotsamattau wäre ausreichend, um wotsamattau.edu zu sperren.

Die Angabe

```
ProxyBlock *
```

sperrt den Zugriff auf alle Sites.

ProxyDomain

Beschreibung:	Vorgegebener Domänenname für Proxy-Anfragen
Syntax:	ProxyDomain Domäne
Kontext:	server config, virtual host

Diese Direktive ist nur bei Apache-Proxy-Servern innerhalb eines Intranets sinnvoll. Sie gibt die Domäne an, der der Proxy-Server standardmäßig angehört. Erfolgt eine Anfrage für einen Host ohne Angabe eines Domänennamens, wird mit der angehängten Domäne eine Umleitung an denselben Host durchgeführt.

Beispiel

```
ProxyRemote * http://firewall.mycompany.com:81
NoProxy .mycompany.com 192.168.112.0/21
ProxyDomain .mycompany.com
```

ProxyErrorOverride

Beschreibung:	Fehlermeldungen werden vom Proxy überschrieben.
Syntax:	ProxyErrorOverride On	Off
Default:	ProxyErrorOverride Off
Kontext:	server config, virtual host
Kompatibilität:	Ab Apache 2.0

Diese Direktive ist nützlich, wenn bei Reverse-Proxies ein einheitliches Erscheinungsbild für Fehlermeldungen angestrebt wird. Über die SSIs von `mod_include` kann die SSI-Fehlermeldung anstelle der standardmäßig angezeigten Fehlermeldung des Proxys angezeigt werden, wenn diese Option aktiviert wird.

ProxyIOBufferSize

Beschreibung:	Gibt die Größe für einen internen Puffer an.
Syntax:	`ProxyIOBufferSize Byte`
Default:	`ProxyIOBufferSize 8192`
Kontext:	server config, virtual host

Die `ProxyIOBufferSize`-Direktive legt die Größe eines internen Puffers für die Datenein- und Ausgabe fest. Er muss kleiner oder gleich 8192 Byte sein.

In der Regel gibt es keinen Grund, diesen Wert zu ändern.

ProxyMatch

Beschreibung:	Container für Direktiven beim Vergleich regulärer Ausdrücke für Proxy-Ressourcen
Syntax:	`<ProxyMatch regex> ...</ProxyMatch>`
Kontext:	server config, virtual host

Die `ProxyMatch`-Direktive unterscheidet sich von der `Proxy`-Direktive nur darin, dass sie URLs mit Hilfe regulärer Ausdrücke vergleicht.

ProxyMaxForwards

Beschreibung:	Maximale Anzahl der Proxies, über die eine Anfrage weitergeleitet werden kann
Syntax:	`ProxyMaxForwards Anzahl`
Default:	`ProxyMaxForwards 10`
Kontext:	server config, virtual host
Kompatibilität:	Ab Apache 2.0

Die `ProxyMaxForwards`-Direktive gibt die maximale Anzahl der Proxies an, über die eine Anfrage weitergeleitet werden kann, wenn die Anfrage keinen `Max-Forwards`-Header enthält. Auf diese Art sollen endlose Proxy-Schleifen oder Denial-of-Service-Angriffe verhindert werden.

Beispiel

```
ProxyMaxForwards 15
```

ProxyPass

Beschreibung:	Ordnet Server aus dem Netzwerk lokalen URLs zu.
Syntax:	`ProxyPass [Pfad] !	URL`
Kontext:	server config, virtual host, directory

Diese Direktive ermöglicht die Zurodnung anderer Server zu URLs des lokalen Servers. Der lokale Server agiert nicht als Proxy im herkömmlichen Sinn, sondern wirkt wie ein Spiegel des entfernten Servers. `Pfad` gibt den lokalen virtuellen Pfad an. `URL` ist eine partielle URL für den entfernten Server, die keine Abfragezeichenfolge enthalten darf.

Hat der lokale Server die Adresse http://example.com/, dann sorgt die Anweisung

```
ProxyPass /mirror/foo/ http://backend.example.com/
```

dafür, dass eine lokale Anfrage nach http://example.com/mirror/foo/bar intern in eine Proxy-Anfrage nach http://backend.example.com/bar umgewandelt wird.

Die Direktive ! ist für Situationen gedacht, in denen ein Unterverzeichnis ausgenommen werden soll:

```
ProxyPass /mirror/foo/i !
ProxyPass /mirror/foo http://backend.example.com
```

In diesem Beispiel werden alle Anfragen nach /mirror/foo an backend.example.com weitergeleitet, *ausgenommen* sind aber Anfragen nach /mirror/foo/i.

> **Hinweis**
>
> Die Reihenfolge der Anweisungen muss beachtet werden. Die Ausnahmen müssen vor der allgemeinen Anweisung stehen.

Innerhalb eines <Location>-Abschnitts wird das erste Argument weggelassen und das lokale Verzeichnis aus dem <Location>-Abschnitt übernommen.

> **Hinweis**
>
> Die ProxyRequests-Direktive sollte normalerweise auf off gesetzt werden, wenn die Proxy-Pass-Direktive benutzt wird.

Weitere Möglichkeiten zur Reverse-Proxy-Konfiguration bietet die RewriteRule-Direktive mit dem [P]-Flag.

ProxyPassReverse

Beschreibung:	Korrigiert die URL im HTTP-Antwort-Header eines internen Proxy-Servers.
Syntax:	ProxyPassReverse [Pfad] URL
Kontext:	server config, virtual host, directory

Mit dieser Direktive bereinigt der Apache die URL in den Location-, Content-Location- und URI-Headern bei HTTP-Umleitungen. Das ist erforderlich, wenn der Apache als Reverse-Proxy dient, um eine Umgehung des internen Proxys infolge von HTTP-Umleitungen zu Backend-Servern hinter dem Proxy zu vermeiden.

Nur der bereits erwähnte HTTP-Antwort-Header wird umgeschrieben. Andere Antwort-Header oder URL-Verweise innerhalb der HTML-Seiten bleiben unverändert. Das bedeutet, dass im Proxy-Inhalt vorhandene absolute URL-Verweise den Proxy umgehen. Mit dem Modul mod_proxy_html von Nick Kew können die HTML-Seiten untersucht und URL-Verweise umgeschrieben werden.

Der Pfad ist ein lokaler virtueller Pfad. Die URL ist wie bei der ProxyPass-Direktive eine partielle URL für den entfernten Server.

Besitzt beispielsweise der lokale Server die Adresse http://example.com/, dann sorgen die Direktiven

```
ProxyPass /mirror/foo/ http://backend.example.com/
ProxyPassReverse /mirror/foo/ http://backend.example.com/
```

nicht nur für die interne Umwandlung einer lokale Anfrage nach http://example.com/mirror/foo/bar in eine Proxy-Anfrage nach http://backend.example.com/bar (die ProxyPass-Funktionalität). Auch vom Server backend.example.com gesendete Umleitungen werden berücksichtigt: Wird http://backend.example.com/bar nach http://backend.example.com/quux umgeleitet, dann führt der Apache den Abgleich für http://example.com/mirror/foo/quux durch, bevor die HTTP-Umleitungsantwort an den Client gesendet wird. Dabei wird der für die URL verwendete Hostname unter Berücksichtigung der UseCanonicalName-Direktive ausgewählt.

Diese ProxyPassReverse-Direktive kann auch in Verbindung mit der Proxy-Pass-Through-Eigenschaft (RewriteRule ... [P]) des Moduls mod_rewrite verwendet werden, weil sie nicht von einer entsprechenden ProxyPass-Direktive abhängt.

Innerhalb eines <Location>-Abschnitts wird das erste Argument weggelassen und das lokale Verzeichnis aus dem Location-Abschnitt genommen.

ProxyPreserveHost

Beschreibung:	Verwendung der vom Client übermittelten HTTP-Host-Header für Proxy-Anfragen
Syntax:	ProxyPreserveHost On | Off
Default:	ProxyPreserveHost Off
Kontext:	server config, virtual host
Kompatibilität:	Ab Apache 2.0.31

Wird diese Option aktiviert, wird der Host-Header des Clients für die Anfrage und nicht der mit der ProxyPass-Anweisung verwendet.

Im Normalfall sollte diese Option auf Off gesetzt werden. Sie ist für besondere Situationen gedacht, in denen der ursprüngliche Host-Header vom Backend-Server benötigt wird.

ProxyReceiveBufferSize

Beschreibung:	Netzwerkpuffergröße für HTTP- und FTP-Verbindungen
Syntax:	ProxyReceiveBufferSize Byte
Default:	ProxyReceiveBufferSize 0
Kontext:	server config, virtual host

Die ProxyReceiveBufferSize-Direktive gibt eine explizite Netzwerkpuffergröße (TCP/IP) für beschleunigte HTTP- und FTP-Verbindungen an. Die Größe muss über 512 Byte liegen oder auf 0 gesetzt werden, damit die Voreinstellung des Systems übernommen wird.

Beispiel

```
ProxyReceiveBufferSize 2048
```

ProxyRemote

Beschreibung:	Für bestimmte Anfragen wird ein Proxy aus dem Netzwerk in Anspruch genommen.
Syntax:	`ProxyRemote match  Remote-Server`
Kontext:	server config, virtual host

Definiert Proxies im Netzwerk für Weiterleitungen. `match` gibt entweder den Namen eines URL-Schemas, das der Server im Netzwerk unterstützt, oder eine partielle URL an, für die der Server benutzt werden soll. Mit * wird angezeigt, dass der Server für alle Anfragen kontaktiert werden soll. `Remote-Server` ist eine partielle URL für den Server aus dem Netzwerk. Die Syntax lautet:

```
remote-server=Schema://Hostname[:Port]
```

Schema gibt das für die Kommunikation mit dem Server im Netzwerk zu verwendende Protokoll an. Dieses Modul unterstützt ausschließlich `http`.

Beispiel

```
ProxyRemote http://goodguys.com/ http://mirrorguys.com:8000
ProxyRemote * http://cleversite.com
ProxyRemote ftp http://ftpproxy.mydomain.com:8080
```

Im letzten Beispiel reicht der Proxy FTP-Anfragen, die in eine weitere HTTP-Proxy-Anfrage eingekapselt sind, an einen Proxy weiter, der sie bearbeiten kann.

Diese Option unterstützt auch eine Reverse-Proxy-Konfiguration. Ein Backend-Webserver kann in den URL-Raum eines virtuellen Hosts eingebettet werden, selbst wenn dieser Server von einem anderen Proxy verborgen wird.

ProxyRemoteMatch

Beschreibung:	Für bestimmte Anfragen, die über einen Vergleich regulärer Ausdrücke ermittelt werden, wird ein Proxy aus dem Netzwerk in Anspruch genommen.
Syntax:	`ProxyRemoteMatch RegAusdruck  Remote-Server`
Kontext:	server config, virtual host

Die `ProxyRemoteMatch`-Direktive unterscheidet sich von der Direktive `ProxyRemote` nur dadurch, dass das erste Argument ein regulärer Ausdruck ist, der mit der angeforderten URL verglichen wird.

ProxyRequests

Beschreibung:	Aktiviert das Proxy-Modul.
Syntax:	`ProxyRequests On	Off`
Default:	ProxyRequests Off
Kontext:	server config, virtual host

Erlaubt oder verhindert die Funktion des Apache als einfacher Proxy-Server. (Wird `ProxyRequests` auf `Off` gesetzt, dann wird dadurch die `ProxyPass`-Direktive nicht deaktiviert.)

Für Reverse-Proxy-Funktionen sollte diese Option auf `Off` gesetzt werden.

Für die Proxy-Funktionalität für HTTP- oder FTP-Sites müssen die Module `mod_proxy_http` und/oder `mod_proxy_ftp` geladen werden.

> **Achtung**
>
> Aktivieren Sie mit der Direktive ProxyRequests erst dann die Proxy-Funktion, wenn Sie den Server geschützt haben. Offene Proxy-Server gefährden sowohl Ihr eigenes Netzwerk als auch das Internet insgesamt.

ProxyTimeout

Beschreibung:	Zeitlimit für Proxy-Anfragen
Syntax:	`ProxyTimeout Sekunden`
Default:	`ProxyTimeout 300`
Kontext:	server config, virtual host
Kompatibilität:	Ab Apache 2.0.31

Mit dieser Direktive wird ein Zeitlimit für Proxy-Anfragen angegeben. Das kann bei einem nicht korrekt arbeitenden oder langsamen Server sinnvoll sein, wenn der Benutzer nicht »endlos« auf ihn warten soll.

ProxyVia

Beschreibung:	Informationen für Proxy-Anfragen im `Via`-Antwort-Header (HTTP/1.1)
Syntax:	`ProxyVia On	Off	Full	Block`
Default:	`ProxyVia Off`
Kontext:	server config, virtual host

Diese Direktive steuert die Verwendung des `Via`-Headers (HTTP/1.1) durch den Proxy. Er soll den Fluss von Proxy-Anfragen über eine Kette von Proxy-Servern steuern. Mehr hierzu finden Sie im RFC2616 (HTTP/1.1), (http://www.ietf.org/rfc/rfc2616.txt).

- Bei der Standardeinstellung `Off` wird keine besondere Verarbeitung durchgeführt. Enthält eine Anfrage oder Antwort einen `Via`-Header, wird dieser unverändert weitergereicht.
- Wird die Option `On` gesetzt, erhält jede Anfrage und Antwort eine `Via`-Header-Zeile für den aktuellen Host.
- Bei der Einstellung `Full` enthält jede erzeugte `Via`-Header-Zeile außerdem die Apache-Serverversion im `Via`-Kommentarfeld.
- Bei der Angabe von `Block` werden alle `Via`-Header-Zeilen aus einer Proxy-Anfrage entfernt und kein neuer `Via`-Header erzeugt.

9.5.42 mod_proxy_connect

Beschreibung:	Erweiterung des Moduls `mod_proxy` für CONNECT-Anfragen
Status:	Erweiterung
Quelldatei:	proxy_connect.c
Modulkennung:	proxy_connect_module

Für dieses Modul *muss* das Modul mod_proxy geladen sein. Es unterstützt CONNECT-Verbindungen für das Tunneling von SSL-Anfragen über einen Proxy-Server.

> **Achtung**
> Aktivieren Sie den Proxy-Server nur für gesicherte Server. Nicht geschützte Proxy-Server stellen ein Risiko für Ihr Netzwerk und das Internet insgesamt dar.

Siehe auch: *»AllowCONNECT«, Seite 548, 9.5.41 »mod_proxy«*

9.5.43 mod_proxy_ftp

Beschreibung:	FTP-Unterstützung für das Modul mod_proxy
Status:	Erweiterung
Quelldatei:	proxy_ftp.c
Modulkennung:	proxy_ftp_module

Für dieses Modul *muss* das Modul mod_proxy geladen sein. Es unterstützt das Proxy-Verfahren für FTP-Sites.

> **Achtung**
> Aktivieren Sie den Proxy-Server nur für gesicherte Server. Nicht geschützte Proxy-Server stellen ein Risiko für Ihr Netzwerk und das Internet insgesamt dar.

Siehe auch: *9.5.41 »mod_proxy«*

9.5.44 mod_proxy_http

Beschreibung:	HTTP-Unterstützung für das Modul mod_proxy
Status:	Erweiterung
Quelldatei:	proxy_http.c
Modulkennung:	proxy_http_module

Dieses Modul setzt die Dienste des Moduls mod_proxy. Es unterstützt das Proxy-Verfahren für HTTP-Anfragen. mod_proxy_http unterstützt HTTP/0.9, HTTP/1.0 und HTTP/1.1. Das Caching wird *nicht* unterstützt. Soll ein Proxy mit Cache eingerichtet werden, kann zusätzlich das Modul mod_cache geladen werden.

Damit der Proxy-Server HTTP-Anfragen bearbeiten kann, müssen die Module mod_proxy und mod_proxy_http geladen sein.

> **Achtung**
> Aktivieren Sie den Proxy-Server nur für gesicherte Server. Nicht geschützte Proxy-Server stellen ein Risiko für Ihr Netzwerk und das Internet insgesamt dar.

Siehe auch: *9.5.41 »mod_proxy«, 9.5.42 »mod_proxy_connect«*

9.5.45 mod_rewrite

Beschreibung:	Eine auf Regeln basierende Rewriting Engine zum Umschreiben angeforderter URLs
Status:	Erweiterung
Quelldatei:	mod_rewrite.c
Modulkennung:	rewrite_module
Kompatibilität:	ab Apache 1.3

»*Das Großartige an* mod_rewrite *ist, dass das Modul so anpassungsfähig und flexibel wie Sendmail ist. Der Nachteil an* mod_rewrite *ist, dass das Modul so anpassungsfähig und flexibel wie Sendmail ist.'*«

- Brian Behlendorf

Apache Group

»*Abgesehen davon, dass* mod_rewrite *tonnenweise Beispiele und Dokumentationen enthält, bleibt es Teufelswerk.*«

- Brian Moore

Herzlich willkommen zu mod_rewrite, dem Allroundwerkzeug für die URL-Manipulation!

Dieses Modul verwendet eine auf Regeln basierende Rewriting Engine, die mit Hilfe eines Parsers für reguläre Ausdrücke angeforderte URLs im Vorbeigehen umschreibt. Es unterstützt eine unbegrenzte Anzahl von Bedingungen für jede einzelne Regel, um einen wirklich flexiblen und leistungsfähigen Mechanismus für die URL-Manipulation bereitzustellen. Die URL-Manipulationen können in Abhängigkeit von unterschiedlichen Tests durchgeführt werden, beispielsweise in Abhängigkeit von Servervariablen, Umgebungsvariablen, HTTP-Headern und Zeitstempeln. Selbst die Suchergebnisse in externen Datenbanken unterschiedlicher Formate können für einen fein abgestimmten URL-Vergleich herangezogen werden.

Das Modul arbeitet mit den vollständigen URLs (einschließlich der Pfadinformationen) im Server- und Verzeichniskontext (httpd.conf und .htaccess). Es kann sogar Teile von Abfragezeichenfolgen als Ergebnis liefern. Das umgeschriebene Ergebnis kann zur internen Weiterverarbeitung, zu externen Anfrageumleitungen oder auch zu internem Proxy-Durchsatz führen.

Aber all diese Funktionalität und Flexibiltät hat einen Nachteil, nämlich die Komplexität. Daher ist das Modul in seinem gesamten Umfang auch nicht leicht zu verstehen.

Das Modul wurde im April 1996 entwickelt und im Juli 1997 von Ralf S. Engelschall (http://www.engelschall.com) der Apache Group exklusiv überlassen.

Interne Verarbeitung

Die interne Verarbeitung ist sehr komplex, auf eine Erklärung kann aber auch für den einfachen Benutzer nicht verzichtet werden, um weit verbreitete Fehler zu vermeiden und die gesamte Funktionalität nutzen zu können.

API-Phasen

Wichtig für das Verständnis sind die Phasen der Verarbeitung einer HTTP-Anfrage durch den Server. Das Apache-API stellt für jede dieser Phasen einen Hook zur Verfügung. mod_ rewrite benutzt zwei dieser Hooks: zum einen den Umwandlungs-Hook für URLs in Dateinamen, der eingesetzt wird, nachdem die HTTP-Anfrage gelesen, aber noch bevor eine Autorisierung durchgeführt wurde. Und zum anderen den Fixup-Hook, der nach der Autorisierungsphase und nach dem Lesen der Verzeichnis-Konfigurationsdateien (.htaccess), aber noch vor der Aktivierung des Content-Handlers ausgelöst wird.

Hat der Apache nach Eingang einer Anfrage den entsprechenden Server (oder virtuellen Server) ermittelt, beginnt die Rewriting Engine in der Phase der Umwandlung von URL in Dateiname mit der Verarbeitung aller mod_rewrite- Direktiven aus der Serverkonfiguration. Nachdem die letzten Datenverzeichnisse gefunden wurden, werden die mod_rewrite-Direktiven für die Verzeichniskonfiguration in der Fixup-Phase ausgelöst. In beiden Fällen schreibt mod_rewrite URLs entweder in neue URLs oder Dateinamen um, auch wenn es für beide kein erkennbares Unterscheidungsmerkmal gibt. Diese Verwendung des API war ursprünglich nicht beabsichtigt, aber seit der Apache-Version 1.x ist dies die einzige Möglichkeit, wie mod_rewrite arbeiten kann. Um dies etwas zu verdeutlichen, sei an die beiden folgenden Punkte erinnert:

1. Obwohl mod_rewrite URLs in URLs, URLs in Dateinamen und auch Dateinamen in Dateinamen umschreibt, besitzt das API zurzeit lediglich einen Hook für die Umwandlung von URLs in Dateinamen. Mit Apache 2.0 werden die beiden fehlenden Hooks hinzugefügt, um die Verarbeitung klarer zu machen. Für den Benutzer bringt das keine Nachteile, Sie sollten aber beachten, dass der Apache mit dem Hook für die Umwandlung von URLs in Dateinamen mehr leistet, als für das API ursprünglich vorgesehen war.

2. Erstaunlicherweise ermöglicht mod_rewrite URL-Manipulationen im Verzeichniskontext (.htaccess-Dateien), obwohl dieser erst wesentlich später nach der erfolgten Umwandlung der URLs in Dateinamen erreicht wird. Das muss so sein, weil .htaccess-Dateien zum Dateisystem gehören, so dass die Verarbeitung bereits diesen Stand erreicht hat. Oder anders ausgedrückt: Entsprechend der API-Phasen ist es zu diesem Zeitpunkt zu spät für URL-Manipulationen. Dieses Problem wird mit einem Trick umgangen: Wird eine URL oder ein Dateiname im Verzeichniskontext manipuliert, schreibt das Modul zuerst den Dateinamen wieder in die entsprechende URL um, was normalerweise unmöglich ist. Im Zusammenhang mit der RewriteBase-Direktive wird aber weiter unten beschrieben, wie dies zu realisieren ist. Anschließend wird eine neue interne Unteranfrage mit der neuen URL ausgelöst. Damit wird die Verarbeitung der API-Phasen erneut gestartet.

Zwar wird versucht, diesen komplizierten Schritt für den Benutzer völlig transparent zu machen, dabei ist aber Folgendes zu berücksichtigen: Während URL-Manipulationen im Serverkontext wirklich schnell und effizient sind, verläuft das Umschreiben im Verzeichniskontext infolge des beschriebenen Problems langsam und ineffizient. Andererseits ist dies die einzige Möglichkeit, wie mod_rewrite lokal beschränkte URL-Manipulationen für den einfachen Benutzer anbieten kann.

Berücksichtigen Sie diese beiden Punkte!

Verarbeitung von Regelsätzen

Wenn mod_rewrite in diesen beiden API-Phasen in Aktion tritt, werden die vorgegebenen Regeln aus der Konfigurationsstruktur gelesen, die entweder beim Serverstart für den Serverkontext oder während des Verzeichnisdurchlaufs des Apache-Kernels für den Verzeichniskontext erzeugt wurde. Anschließend wird die URL-Rewriting Engine mit diesem Regelsatz (eine oder mehre Regeln mit den dazugehörigen Bedingungen) gestartet. Der Ablauf ist

9.5 | Die einzelnen Apache Module

bei der Rewriting Engine für beide Konfigurationszusammenhänge genau der gleiche. Nur die Verarbeitung der Ergebnisse unterscheidet sich.

Die Reihenfolge der Regeln im Regelsatz ist von Bedeutung, weil die Rewriting Engine sie in einer besonderen (nicht unmittelbar verständlichen) Reihenfolge verarbeitet. Es gilt: Die Rewriting Engine geht Regel für Regel durch den Regelsatz (RewriteRule-Direktiven). Tritt eine bestimmte Regel in Kraft, werden optional die entsprechenden Bedingungen durchlaufen (RewriteCond- Direktiven). Bedingt durch die Entwicklungsgeschichte stehen die Bedingungen am Beginn, so dass die Flusskontrolle etwas langwierig ist. Weitere Einzelheiten finden Sie in Abbildung 9.1.

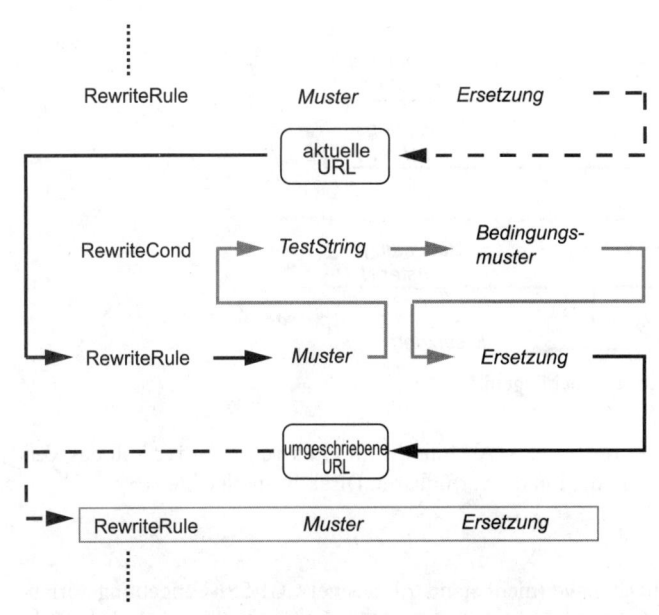

Abb. 9.1:   Die Flusskontrolle bei den Manipulationsregeln

Wie die Abbildung zeigt, wird die erste URL mit dem Muster jeder Regel verglichen. Gibt es keine Übereinstimmung, bricht mod_rewrite die Verarbeitung dieser Regel sofort ab und fährt mit der nächsten Regel fort. Stimmt das Muster überein, sucht das Modul nach Bedingungen für die Regel. Sind keine vorhanden, wird die URL einfach durch einen neuen Wert ersetzt, der aus der Zeichenfolge Ersetzung gebildet wird, und durchläuft anschließend wieder die Regeln. Sind aber Bedingungen vorhanden, wird eine innere Schleife für ihre Verarbeitung in der aufgeführten Reihenfolge begonnen. Bei Bedingungen ist die Logik eine andere: Es wird nicht das Muster mit der aktuellen URL verglichen, sondern mit Hilfe von Variablen, Rückverweisen, Map-Suchen usw. die Zeichenfolge TestString konstruiert und mit Bedingungsmuster verglichen. Stimmt das Muster nicht überein, trifft keine Bedingung und die dazugehörige Regel zu. Stimmt das Muster überein, wird jeweils die nächste Bedingung verarbeitet, bis keine Bedingungen mehr vorliegen. Treffen alle Bedingungen zu, wird mit der Ersetzung der URL durch Ersetzung fortgefahren.

Sonderzeichen

Seit der Apache-Version 1.3.20 können Sonderzeichen im TestString und in *Ersetzung* durch Voranstellung eines Backslash gekennzeichnet werden, wenn sie wie normale Zeichen behandelt werden sollen. Die Zeichenfolge *Ersetzung* darf also beispielsweise bei der Schreibweise \$ ein Dollarzeichen enthalten, ohne dass dies als Rückverweis gewertet wird.

Rückverweise

Werden im Muster oder in einer der Variablen *Bedingungsmuster* Klammern gesetzt, werden intern Rückverweise erzeugt, die über die Zeichenfolgen $N und %N benutzt werden können. Sie stehen für die Bildung der Zeichenfolgen *Ersetzung* und TestString zur Verfügung. Abbildung 9.2 zeigt, auf welche Positionen sich die Rückverweise beziehen.

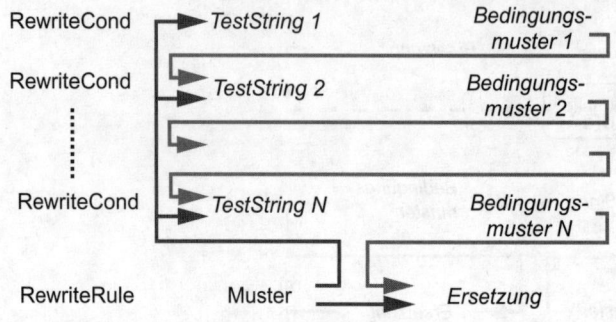

Abb. 9.2: Fluss der Rückverweise bei Regeln

Dieser kleine Crashkurs über die inneren Abläufe des Moduls mod_rewrite soll das Verständnis der folgenden Dokumentation der verfügbaren Direktiven erleichtern.

Umgebungsvariablen

Das Modul zeichnet zwei zusätzliche (nicht standardmäßige) CGI/SSI-Umgebungsvariablen mit den Bezeichnungen SCRIPT_URL und SCRIPT_URI auf. Sie enthalten die *logische* Web-Sicht auf die aktuelle Ressource, während die standardmäßigen CGI/SSI-Variablen SCRIPT_NAME und SCRIPT_FILENAME die *physische* Systemsicht enthalten.

> **Hinweis**
>
> Diese Variablen speichern die URI/URL, wie sie ursprünglich angefordert wurde, das heißt, bevor etwas umgeschrieben wurde. Das ist wichtig, weil der Vorgang des Umschreibens primär dazu dient, logische URLs in physische Pfadnamen umzuschreiben.

Beispiel

```
SCRIPT_NAME=/sw/lib/w3s/tree/global/u/rse/.www/index.html
SCRIPT_FILENAME=/u/rse/.www/index.html
SCRIPT_URL=/u/rse/
SCRIPT_URI=http://en1.engelschall.com/u/rse/
```

Praktische Lösungen

Im *Abschnitt 2.20* »*URL-Manipulationen*« finden Sie eine Sammlung praktischer Lösungen für Probleme mit URLs. Dort finden Sie auch Regelsätze für den praktischen Einsatz sowie weitere Informationen zum Modul `mod_rewrite`.

RewriteBase

Beschreibung:	Setzt die Basis-URL für den Verzeichniskontext.
Syntax:	`RewriteBase URL-Pfad`
Default:	Informationen hierzu folgen in der Beschreibung.
Kontext:	directory, .htaccess
Override:	FileInfo

Die `RewriteBase`-Direktive setzt explizit die Basis-URL für weitere URL-Manipulationen. Wie im Beispiel noch deutlich wird, kann `RewriteRule` in der `.htaccess`-Datei eines Verzeichnisses verwendet werden. Dort wirkt sie lokal, das heißt, das lokale Verzeichnispräfix wird in dieser Phase der Verarbeitung abgetrennt und die Rewriting-Regeln wirken sich nur auf den verbleibenden Rest aus. Am Schluss wird es automatisch wieder hinzugefügt. Die Standardeinstellung ist `RewriteBase physischer Verzeichnispfad`.

Kommt es zu einer Ersetzung für eine neue URL, muss dieses Modul diese URL wieder in die Verarbeitung einbinden. Hierfür muss es das entsprechende URL-Präfix oder die URL-Basis kennen. Standardmäßig entspricht dieses Präfix dem Dateipfad. Bei den meisten Websites stehen URLs aber *nicht* in direkter Beziehung zum tatsächlichen Dateipfad, so dass dies normalerweise nicht zutrifft. Daher muss das korrekte URL-Präfix mit der `RewriteBase`-Direktive angegeben werden.

> **Hinweis**
>
> Stehen die URLs des Webservers nicht in direkter Beziehung zu tatsächlichen Dateipfaden, dann müssen Sie in jeder `.htaccess`-Datei, in der `RewriteRule`-Direktiven verwendet werden sollen, die `RewriteBase`-Direktive benutzen.

Beispiel

```
#
# /abc/def/.htaccess -- Konfigurationsdatei für das Verz. /abc/def
# Achtung: /abc/def ist der tatsächliche Pfad für /xyz, das heißt, der Server
# erhält eine 'Alias /xyz /abc/def'-Direktive
#
RewriteEngine On

# Dem Server wird mitgeteilt, dass das Ziel über /xyz und nicht
# über das Präfix mit dem Pfad /abc/def # erreicht wird.
RewriteBase /xyz

# Rewriting-Regeln:
RewriteRule ^oldstuff\.html$ newstuff.html
```

In diesem Beispiel wird eine Anfrage nach /xyz/oldstuff.html korrekt für den tatsächlichen Pfad zu /abc/def/newstuff.html umgeschrieben.

> **Für Apache-Hacker**
>
> Die folgende Liste führt die internen Verarbeitungsschritte detailliert auf:
>
> Anfrage:
> /xyz/oldstuff.html
>
> Interne Verarbeitung:
> /xyz/oldstuff.html -> /abc/def/oldstuff.html (per-server Alias)
> /abc/def/oldstuff.html -> /abc/def/newstuff.html (per-dir RewriteRule)
> /abc/def/newstuff.html -> /xyz/newstuff.html (per-dir RewriteBase)
> /xyz/newstuff.html -> /abc/def/newstuff.html (per-server Alias)
>
> Ergebnis:
> /abc/def/newstuff.html
>
> Das scheint sehr kompliziert zu sein, entspricht aber der korrekten internen Verarbeitung des Apache, weil die Manipulation auf Verzeichnisebene zu spät im Prozess erfolgt. Daher muss die (umgeschriebene) Anfrage wieder in den Apache-Kernel zurückgestellt werden. Aber: Auch wenn das Ganze wie ein übermäßiger Aufwand erscheint, trifft dies dennoch nicht zu, da die Rückstellung vollständig intern erfolgt und das gleiche Verfahren von vielen anderen Operationen innerhalb des Servers genutzt wird. Daher sind Design und Implementierung völlig korrekt.

RewriteCond

Beschreibung:	Definiert eine Bedingung, unter der eine Umschreibung stattfindet.
Syntax:	RewriteCond TestString BedMuster
Kontext:	server config, virtual host, directory, .htaccess
Override:	FileInfo

Die RewriteCond-Direktive definiert eine Bedingung für eine Regel. Einer RewriteRule-Direktive werden eine oder mehrere RewriteCond-Direktiven vorangestellt. Die darauf folgende Manipulationsregel tritt nur in Kraft, wenn das Muster mit dem aktuellen Zustand der URL übereinstimmt *und* wenn diese zusätzlichen Bedingungen gleichfalls erfüllt sind.

TestString ist eine Zeichenfolge, die neben einfachem Text folgende Elemente enthält:

- **RewriteRule-Rückverweise**: Dies sind Rückverweise in der Form:

    $N

    (0 <= N <= 9) gewährt Zugriff auf die gruppierten Teile (Klammern!) des Musters der entsprechenden RewriteRule-Direktive (diejenige, die auf das Bündel der aktuellen RewriteCond-Direktiven folgt).

- **RewriteCond-Rückverweise**: Dies sind Rückverweise in der Form:

    %N

    (1 <= N <= 9) gewährt von der letzten verglichenen RewriteCond-Direktive der aktuell verglichenen Bedingungen aus Zugriff auf die gruppierten Teile des Musters (Klammerausdrücke)

- **RewriteMap-Expansionen**: Dies sind Expansionen der Form:

    ${MapName:Schlüssel|Voreinstellung}

    Unter »*RewriteMap*«, *Seite 570* finden Sie weitere Einzelheiten hierzu.

- **Server-Variablen**: Dies sind Variablen der Form:

    %{NAME_DER_VARIABLEN}

    Der NAME_DER_VARIABLEN kann eine Zeichenfolge aus der nachstehenden Liste sein:

HTTP-Header	Verbindung & Anfrage	
HTTP_USER_AGENT	REMOTE_ADDR	
HTTP_REFERER	REMOTE_HOST	
HTTP_COOKIE	REMOTE_USER	
HTTP_FORWARDED	REMOTE_IDENT	
HTTP_HOST	REQUEST_METHOD	
HTTP_PROXY_CONNECTION	SCRIPT_FILENAME	
HTTP_ACCEPT	PATH_INFO	
	QUERY_STRING	
	AUTH_TYPE	
Server-Interna	System	Speziell
DOCUMENT_ROOT	TIME_YEAR	API_VERSION
SERVER_ADMIN	TIME_MON	THE_REQUEST
SERVER_NAME	TIME_DAY	REQUEST_URI
SERVER_ADDR	TIME_HOUR	REQUEST_FILENAME
SERVER_PORT	TIME_MIN	IS_SUBREQ
SERVER_PROTOCOL	TIME_SEC	
SERVER_SOFTWARE	TIME_WDAY	
	TIME	

Diese Variablen entsprechen alle ähnlich bezeichneten HTTP-MIME-Headern, C-Variablen des Apache-Servers oder struct tm-Feldern des UNIX-Systems. Die meisten von ihnen werden an anderer Stelle oder in der CGI-Spezifikation beschrieben. Spezielle Variablen für mod_rewrite sind:

IS_SUBREQ

Enthält den Wert true, wenn die gerade verarbeitete Anfrage eine Unteranfrage ist, sonst enthält sie den Wert false. Unteranfragen können von Modulen erzeugt werden, die für ihre Aufgaben weitere URLs auflösen müssen.

API_VERSION

Die Version des Apache-Modul-API (die interne Schnittstelle zwischen Server und Modul) des aktuellen `httpd`-Builds, wie er in `include/ap_mmn.h` definiert ist. Die API-Version entspricht der verwendeten Apache-Version (für die Apache-Version 1.3.14 ist es beispielsweise 19990320:10), was jedoch hauptsächlich für Modulentwickler von Interesse ist.

THE_REQUEST

Die vollständige Zeile der HTTP-Anfrage, die vom Browser an den Server gesendet wird (z.B. `GET /index.html HTTP/1.1`). Sie enthält keine weiteren vom Browser gesendeten Header.

REQUEST_URI

Die in der HTTP-Anfragezeile angeforderte Ressource. (Im Beispiel oben wäre das `/index.html`.)

REQUEST_FILENAME

Der vollständige Pfad zur Datei oder dem Skript im lokalen Dateisystem.

Spezielle Hinweise:

1. Die Variablen `SCRIPT_FILENAME` und `REQUEST_FILENAME` enthalten den gleichen Wert, nämlich den Wert des Feldes `filename` der internen `request_rec`-Struktur des Apache-Servers. Der erste Name ist der bekannte CGI-Variablename, während der zweite die konsistente Entsprechung für `REQUEST_URI` (mit dem Wert des `uri`-Felds von `request_rec`) angibt.

2. Beim speziellen Format `%{ENV:Variable}` kann die `Variable` eine beliebige Umgebungsvariable sein. Sie wird in internen Apache-Strukturen oder, falls sie dort nicht gefunden wird, mit `getenv()` über den Apache-Serverprozess gesucht.

3. Beim speziellen Format `%{HTTP:header}` kann der `header` ein beliebiger HTTP-MIME-Header sein. Er wird in der HTTP-Anfrage gesucht. Zum Beispiel: `%{HTTP:Proxy-Connection}` ist der Wert des HTTP-Headers `Proxy-Connection`.

4. Beim speziellen Format `%{LA-U:Variable}` steht LA für »Look-Ahead« und veranlasst (auf URL-Basis) eine interne Unterabfrage, um den endgültigen Wert der `Variablen` zu bestimmen. Es wird verwendet, wenn eine Variable, die erst später in einer API-Phase gesetzt wird, für Manipulationen benutzt werden soll und daher zum aktuellen Zeitpunkt nicht zur Verfügung steht. Wenn Sie beispielsweise entsprechend der `REMOTE_USER`-Variablen aus dem Serverkontext (`httpd.conf`-Datei) umschreiben möchten, dann müssen Sie `%{LA-U:REMOTE_USER}` benutzen, weil diese Variable während der Autorisierungsphase gesetzt wird, die *nach* der URL-Umwandlungsphase folgt, in der `mod_rewrite` operiert. Da `mod_rewrite` aber seinen Verzeichniskontext (`.htaccess`-Datei) über die Fixup-Phase des API implementiert und weil die Autorisierungsphase *vor* dieser Phase liegt, kann hier einfach `%{REMOTE_USER}` benutzt werden.

5. Das spezielle Format `%{LA-F:Variable}` führt eine interne Unterabfrage (auf Basis des Dateinamens) durch, um den endgültigen Wert der `Variable` zu ermitteln. Meist ist das Ergebnis das gleiche wie bei `%{LA-U:Variable}`.

Das Bedingungsmuster `BedMuster` ist ein regulärer Ausdruck, der auf die aktuelle Instanz des `TestString` angewendet wird, das heißt, der `TestString` wird ausgewertet und dann mit `BedMuster` verglichen.

Beachten Sie: BedMuster ist mit einigen Ergänzungen ein Perl-kompatibler regulärer Ausdruck:

1. Der Musterzeichenfolge kann ein !-Zeichen vorangestellt werden, um ein *nicht* übereinstimmendes Muster anzugeben.
2. Für die Bedingungsmuster gibt es einige spezielle Varianten. Anstelle tatsächlicher regulärer Ausdrücke sind auch folgende Formulierungen möglich:

    - **'<CondPattern'** (ist lexikografisch kleiner)

        Behandelt BedMuster wie eine einfache Zeichenfolge und vergleicht sie lexikografisch mit TestString. Ist TestString lexikografisch kleiner als BedMuster, ist die Bedingung erfüllt.

    - **'>CondPattern'** (ist lexikografisch größer)

        Behandelt BedMuster wie eine einfache Zeichenfolge und vergleicht sie lexikografisch mit TestString. Ist TestString lexikografisch größer als BedMuster, ist die Bedingung erfüllt.

    - **'=CondPattern'** (ist lexikografisch gleich)

        Behandelt BedMuster wie eine einfache Zeichenfolge und vergleicht sie lexikografisch mit TestString. Ist TestString lexikografisch gleich BedMuster, ist die Bedingung erfüllt, das heißt, die beiden Zeichenfolgen sind exakt (Zeichen für Zeichen) gleich. Enthält BedMuster nur zwei Anführungszeichen (""), wird TestString mit der leeren Zeichenfolge verglichen.

    - **'-d'** (ist ein Verzeichnis: **d**irectory)

        Behandelt TestString als Pfadangabe und prüft, ob sie vorhanden und ein Verzeichnis ist.

    - **'-f'** (ist eine Datei: file)

        Behandelt TestString als Dateiangabe und prüft, ob sie vorhanden und eine Datei ist.

    - **'-s'** (ist eine Datei mit der Größe **s** für Size)

        Behandelt TestString als Pfadangabe und prüft, ob die Datei mit einer Größe größer als null vorhanden ist.

    - **'-l'** (ist ein symbolischer Link)

        Behandelt TestString als Pfadangabe und prüft, ob sie vorhanden und ein symbolischer Link ist.

    - **'-F'** (ist eine Datei über Unteranfrage)

        Prüft, ob TestString eine gültige Datei ist, die über alle zurzeit für den Server konfigurierten Zugriffsberechtigungen für diesen Pfad zugreifbar ist. Hierfür wird eine interne Unterabfrage verwendet, so dass Vorsicht geboten ist, da der Server hierdurch belastet wird.

    - **'-U'** (ist eine vorhandene URL über Unteranfrage)

        Prüft, ob TestString eine gültige URL ist und ob der Zugriff über alle zurzeit für den Server konfigurierten Zugriffsrechte möglich ist. Hierfür wird eine interne Unterabfrage verwendet, so dass Vorsicht geboten ist, da der Server hierdurch belastet wird.

Darüberhinaus können für `BedMuster` bestimmte

[Flags]

gesetzt werden, die der `RewriteCond`-Direktive als drittes Argument übergeben werden. Folgende `Flags` können mit einer durch Kommata getrennten Liste übergeben werden:

- **'nocase | NC'** (no case)

  Beim Test werden Groß- und Kleinschreibung nicht unterschieden, das heißt, zwischen A-Z und a-z gibt es weder im expandierten `TestString` noch im `BedMuster` einen Unterschied. Dieses Flag hat nur auf die Vergleiche zwischen `TestString` und `BedMuster` eine Auswirkung, nicht jedoch bei Überprüfungen des Dateisystems und bei Unteranfragen.

- **'ornext | OR'** (oder nächste Bedingung)

  Kombiniert Regelbedingungen mit einem lokalen ODER anstelle eines impliziten UND. Typisches Beispiel:

  ```
  RewriteCond %{REMOTE_HOST} ^host1.* [OR]
  RewriteCond %{REMOTE_HOST} ^host2.* [OR]
  RewriteCond %{REMOTE_HOST} ^host3.*
  RewriteRule ... spezielle Anweisungen für die Hosts ...
  ```

  Ohne dieses Flag müssten die Anweisungen dreimal geschrieben werden.

Beispiel

Die Homepage einer Site kann entsprechend dem `User-Agent`-Header der Anfrage wie folgt umgeschrieben werden:

```
RewriteCond %{HTTP_USER_AGENT} ^Mozilla.*
RewriteRule ^/$ /homepage.max.html [L]

RewriteCond %{HTTP_USER_AGENT} ^Lynx.*
RewriteRule ^/$ /homepage.min.html [L]

RewriteRule ^/$ /homepage.std.html [L]
```

Interpretation: Dient der Netscape Navigator als Browser (der sich als »Mozilla« identifiziert), wird die max-Homepage mit Frames usw. gesendet. An den Lynx-Browser (auf Terminalbasis) wird die min-Homepage ohne Bilder, Tabellen usw. gesendet. Jeder andere Browser erhält die Standard-Homepage.

RewriteEngine

Beschreibung:	Aktiviert oder deaktiviert die Rewriting Engine.
Syntax:	RewriteEngine on | off
Default:	RewriteEngine off
Kontext:	server config, virtual host, directory, .htaccess
Override:	FileInfo

Die `RewriteEngine`-Direktive aktiviert oder deaktiviert die Rewriting Engine. Wird sie auf `off` gesetzt, führt dieses Modul keine Verarbeitung während der Laufzeit durch. Auch die Umgebungsvariablen `SCRIPT_URx` werden nicht aktualisiert.

Das Modul sollte mit dieser Direktive deaktiviert werden, anstatt die `RewriteRule`-Direktiven als Kommentarzeilen zu kennzeichnen.

Die Rewrite-Einstellungen werden standardmäßig nicht vererbt. Das bedeutet, dass für jeden virtuellen Host, für die sie wirksam werden sollen, die `RewriteEngine`-Direktive auf `on` gesetzt werden muss.

RewriteLock

Beschreibung:	Gibt den Namen der Sperrdatei für die `RewriteMap`-Synchronisation an.
Syntax:	`RewriteLock Dateipfad`
Kontext:	server config

Diese Direktive gibt den Dateinamen für Sperreinträge zur Synchronisation zwischen `mod_rewrite` und `RewriteMap`-Programmen an. Bei Verwendung eines Map-Programms sollte ein lokaler Pfad und kein eingebundenes NFS-Dateisystem angegeben werden. Die Direktive muss nur für diese Art von Map-Programmen angegeben werden.

RewriteLog

Beschreibung:	Gibt den Namen der Log-Datei für die Aktionen der Rewriting Engine an.
Syntax:	`RewriteLog Dateipfad`
Kontext:	server config, virtual host

Die `RewriteLog`-Direktive gibt den Namen der Log-Datei an, in der der Server durchgeführte Manipulationen protokolliert. Beginnt der Name nicht mit einem Schrägstrich (/), wird er relativ zur `ServerRoot` interpretiert. Die Direktive sollte nur einmal in der Serverkonfiguration erscheinen.

> **Hinweis**
>
> Um die Protokollierung von Manipulationen zu deaktivieren, sollte nicht `/dev/null` als Dateiname angegeben werden, weil die Rewriting Engine dann zwar keine Ausgaben in eine Log-Datei schreibt, diese Ausgaben aber trotzdem intern erzeugt werden, was zu einer überflüssigen Belastung des Servers führt. Stattdessen sollte die RewriteLog-Direktive entfernt, als Kommentar gekennzeichnet oder der RewriteLogLevel auf 0 gesetzt werden.

> **Sicherheit**
>
> Im *Abschnitt 2.9 »Sicherheitshinweise«* finden Sie weitere Einzelheiten dazu, warum die Sicherheit gefährdet ist, wenn jemand anders als derjenige, der den Server gestartet hat, in das Verzeichnis mit den Log-Dateien schreiben darf.

Beispiel

```
RewriteLog "/usr/local/var/apache/logs/rewrite.log"
```

RewriteLogLevel

Beschreibung:	Legt die Ausführlichkeit der Einträge der Rewriting Engine in die Log-Datei fest.
Syntax:	RewriteLogLevel Level
Default:	RewriteLogLevel 0
Kontext:	server config, virtual host

Die RewriteLogLevel-Direktive legt die Ebene der Ausführlichkeit für das Manipulationsprotokoll fest. Bei der Standardeinstellung 0 erfolgte keine Protokollierung und bei der Einstellung 9 oder höher werden praktisch alle Aktionen aufgezeichnet.

Wird für Level 0 angegeben, werden keine Aktionen protokolliert.

> **Hinweis**
>
> Umso höher der für Level angegebene Wert ist, umso mehr verlangsamt sich der Apache-Server. Ein höherer Wert als 2 sollte nur für die Fehlersuche benutzt werden.

Beispiel

```
RewriteLogLevel 3
```

RewriteMap

Beschreibung:	Definiert eine Mapping-Funktion für die Schlüsselsuche.
Syntax:	RewriteMap MapName MapTyp:MapQuelle
Kontext:	server config, virtual host
Kompatibilität:	Die Auswahl zwischen mehreren DBM-Typen steht seit Apache 2.0.41 zur Verfügung.

Die RewriteMap-Direktive definiert ein *Rewriting Map*, das in Ersetzungszeichenfolgen für Regeln von den Mapping-Funktionen für das Einfügen oder Ersetzen von Feldern über eine Schlüsselsuche benutzt werden kann. Die Suche kann in Quellen unterschiedlichen Typs erfolgen.

Über das namentlich angegebene Map wird eine Mapping-Funktion für die Ersetzungszeichenfolgen einer Manipulationsregel wie folgt angegeben:

```
${MapName:Schlüssel}
${MapName:Schlüssel| Standardwert}
```

Taucht so ein Konstrukt im Map auf, wird im mit MapName angegebenen Map nachgesehen und der Schlüssel gesucht. Wird er gefunden, wird das Konstrukt durch SubstWert ersetzt. Wird der Schlüssel nicht gefunden, wird es durch den Standardwert oder, falls dieser nicht angegeben wurde, durch eine leere Zeichenfolge ersetzt.

Die folgenden Kombinationen für MapTyp und MapQuelle können verwendet werden:

- Text

    MapType: txt, MapQuelle: UNIX-Pfad zu einer Datei

Dies ist die standardmäßige Map-Umschreibung, bei der `MapQuelle` eine ASCII-Datei mit Leerzeilen, Kommentarzeilen mit einem #-Zeichen am Anfang oder Paaren wie den folgenden (jeweils eines pro Zeile) ist:

```
MatchingKeySubstWert
```

Beispiel

```
##
## map.txt -- Rewriting-Map
## Ralf.S.Engelschallrse
# Bastard Operator From Hell Mr.Joe.Averagejoe
# Mr. Average


RewriteMap real-to-user txt:/Pfad/zu/Datei/map.txt
```

- **Random-Text**

    MapType: rnd, MapQuelle: UNIX-Pfad zu regulärer Datei

    Diese Variante ist mit der oben aufgeführten Text-Variante identisch, besitzt aber eine spezielle Nachbearbeitungseigenschaft: Nachdem ein Wert gefunden wurde, wird er nach enthaltenen |-Zeichen untersucht, die für »oder« stehen. Sie kennzeichnen eine Reihe von Alternativen, aus denen der tatsächlich zurückgegebene Wert zufällig ausgewählt wird. Auch wenn das nicht einleuchtend erscheinen mag, wurde dieses Verfahren ursprünglich für den Lastausgleich bei Reverse-Proxies entwickelt, wo es sich bei den gesuchten Werten um Servernamen handelt.

    Beispiel

```
##
## map.txt -- Rewriting-Map
## static www1|www2|www3|www4 dynamic www5|www6


RewriteMap servers rnd:/Pfad/zu/Datei/map.txt
```

- **Hash-Datei**

    MapType: dbm[=Typ], MapQuelle: UNIX-Pfad zu einer regulären Datei

    Die Quelle ist eine binäre DBM-Datei mit dem gleichen Inhalt wie eine `Textdatei`, der jedoch für ein sehr schnelles Suchen besonders aufbereitet wurde. Der Typ kann je nach den Compilereinstellungen sdbm, gdbm, ndbm oder db sein. Wird der Typ weggelassen, wird die Standardvorgabe genommen. Eine solche Datei kann mit einem DBM-Programm oder dem folgenden Perl-Skript erstellt werden. Nehmen Sie die entsprechenden Anpassungen für den zu erzeugenden DBM-Typ vor. Das Beispiel erzeugt eine NDBM-Datei.

```
#!/Pfad/zu/bin/perl
##
## txt2dbm -- Umwandlung txt map in dbm-Format
##
```

```
use NDBM_File;
use Fcntl;
($txtmap, $dbmmap) = @ARGV;
open(TXT, "<$txtmap") or die "Couldn't open $txtmap!\n";
tie (%DB, 'NDBM_File', $dbmmap,O_RDWR|O_TRUNC|O_CREAT, 0644)
   or die "Couldn't create $dbmmap!\n";

while (<TXT>) {
  next if (/^\s*#/ oder /^\s*$/);
  $DB{$1} = $2 if (/^\s*(\S+)\s+(\S+)/); }

untie %DB;
close(TXT);
```

```
$ txt2dbm map.txt map.db
```

- **Intern**

    MapType: int, MapQuelle: Interne Apache-Funktion

    Diesmal ist die Quelle eine interne Apache-Funktion. Zurzeit können keine eigenen Funktionen eingerichtet werden, die folgenden Funktionen sind aber bereits vorhanden:

    - **toupper:**
      Wandelt den gesuchten Schlüssel in Großbuchstaben um.
    - **tolower:**
      Wandelt den gesuchten Schlüssel in Kleinbuchstaben um.
    - **escape:**
      Wandelt Sonderzeichen im gesuchten Schlüssel in hexadezimale Codierung um.
    - **unescape:**
      Wandelt hexadezimale Codierungen wieder zurück in Sonderzeichen.

- **Externes Rewriting-Programm**

    MapType: prg, MapQuelle: UNIX-Pfad zu einer regulären Datei

    In diesem Fall ist ein Programm und nicht eine Map-Datei die Quelle. Es kann mit einer beliebigen Programmiersprache erstellt werden, muss aber ausführbar sein (Objektcode oder ein Skript mit dem Magic-Cookie-Trick #!/Pfad/zum/Interpreter als erste Zeile).

    Das Programm wird einmal beim Start des Apache-Servers aufgerufen und kommuniziert dann über stdin und stdout mit der Rewriting Engine. Bei jeder Map-Funktionssuche erhält es über stdin den Suchschlüssel als Zeichenfolge mit einem Zeilenvorschub am Schluss. Der gefundene Wert wird ebenfalls als Zeichenfolge mit einem Zeilenvorschub über stdout zurückgegeben. Liegt kein Wert für den Schlüssel vor, wird NULL zurückgeliefert. Ein einfaches Programm, das ein 1:1-Map (Schlüssel==Wert) implementiert, könnte folgendermaßen aussehen:

```
#!/usr/bin/perl
$| = 1;
```

```
while (<STDIN>) {
    # ...hier folgen die Umwandlungen und Suchen ...
    print $_;
}
```

Vorsicht:

1. *Keep it simple, stupid* (KISS), denn ist das Programm fehlerhaft, stürzt der Apache-Server ab, wenn die Regel angewendet wird.
2. Vermeiden Sie einen weit verbreiteten Fehler: Führen Sie niemals eine gepufferte Ein- und Ausgabe über `stdout` durch, weil das zu einer Endlosschleife führen kann. (Daher steht im Beispiel der Code `$|=1`).
3. Definieren Sie mit der `RewriteLock`-Direktive eine Sperrdatei, mit der `mod_rewrite` die Kommunikation mit dem Programm synchronisieren kann. Standardmäßig wird keine Synchronisation durchgeführt.

Die `RewriteMap`-Direktive kann mehrfach aufgeführt werden. Für jede Mapping-Funktion wird mit einer `RewriteMap`-Direktive die Map-Datei deklariert. Im Verzeichniskontext kann zwar kein Map *deklariert* werden, das Map darf aber in diesem Kontext *verwendet* werden.

Hinweis

Bei einfachen Textdateien und DBM-Dateien werden die Suchschlüssel so lange zwischengespeichert, bis sich der Wert mtime der Map-Datei ändert oder der Server neu gestartet wird. Auf diese Art können Regeln Map-Funktionen enthalten, die für jede Anfrage benutzt werden. Das stellt kein Problem dar, denn die externe Suche wird nur einmal durchgeführt.

RewriteOptions

Beschreibung:	Setzt einige spezielle Optionen für die Rewriting Engine.
Syntax:	`RewriteOptions Option`
Default:	RewriteOptions MaxRedirects=10
Kontext:	server config, virtual host, directory, `.htaccess`
Override:	`FileInfo`
Kompatibilität:	`MaxRedirects` steht seit der Apache-Version 2.0.45 zur Verfügung.

Mit der `RewriteOptions`-Direktive können spezielle Optionen für die Server oder Verzeichnisse gesetzt werden. Als *Option* kann angegeben werden:

inherit

Die aktuelle Konfiguration erbt die übergeordnete Konfiguration. Für den `<VirtualHost>`-Abschnitt bedeutet dies, dass die Maps, Bedingungen und Regeln des Hauptservers übernommen werden. Auf der Verzeichnisebene werden die Bedingungen und Regeln der `.htaccess`-Konfiguration des übergeordneten Verzeichnisses übernommen.

MaxRedirects=Anzahl

Um Endlosschleifen durch interne Umleitungen (ausgelöst durch RewriteRule) zu verhindern, bricht mod_rewrite die Anfrage nach Erreichen der maximalen Anzahl von Umleitungen ab und antwortet mit 500 Internal Server Error. Werden tatsächlich mehr als zehn Umleitungen pro Anfrage benötigt, kann der Standardwert erhöht werden.

RewriteRule

Beschreibung:	Definiert Regeln für die Rewriting Engine.
Syntax:	RewriteRule *Muster Substitution*
Kontext:	server config, virtual host, directory, .htaccess
Override:	FileInfo
Kompatibilität:	Das Cookie-Flag steht seit der Apache-Version 2.0.40 zur Verfügung.

Die RewriteRule-Direktive spielt die zentrale Rolle beim Umschreiben. Wird sie mehrfach aufgeführt, definiert jede Direktive eine Manipulationsregel. Die *Reihenfolge* bei der Definition der Regel ist von Bedeutung, weil sie der Anwendung der Regel während der Ausführung zugrunde liegt.

Das Muster ist ein Perl-kompatibler regulärer Ausdruck, der für die aktuelle URL angewendet wird. »Aktuell« bedeutet hier die URL zum Zeitpunkt der Regelanwendung. Das muss nicht die ursprünglich angeforderte URL sein, weil möglicherweise bereits andere Regeln angewendet und Manipulationen vorgenommen wurden.

Einige Hinweise zur Syntax regulärer Ausdrücke:

```
Text:
    .               Ein beliebiges einzelnes Zeichen
    [chars]         Zeichenklasse: Eins aus chars
    [^chars]        Zeichenklasse: Keins aus chars
    text1|text2     Alternativ: text1 oder text2

Quantifizierer:
    ?               0 oder 1 aus dem vorhergehenden Text
    *               0 oder N aus dem vorhergehenden Text (N > 0)
    +               1 oder N aus dem vorhergehenden Text (N > 1)

Gruppierung:
    (Text)          Gruppierung von Text
                    (entweder, um die Grenzen einer Alternative zu setzen,
                    oder für Rückverweise, wobei die Nte Gruppe für den RHS
                    einer Manipulationsregel $ N genutzt werden kann.)

Anker:
    ^               Start der Ankerlinie
    $               Ende der Ankerlinie
```

Übergehen:
    \char   Übergehe das Zeichen char
                     (zum Beispiel für die Zeichen ".[]()" usw.)

Weitere Informationen zu den regulären Ausdrücken finden Sie in der Perl-Dokumentation (http://www.perldoc.com/perl5.6.1/pod/perlre.html).

In Verbindung mit mod_rewrite darf das NICHT-Zeichen (!) als Präfix benutzt werden, um ein Muster zu negieren. Ein Beispiel: »*Wenn die aktuelle URL NICHT mit diesem Muster übereinstimmt*«'. Diese Möglichkeit kann in Ausnahmefällen gewählt werden, wo ein negativer Vergleich einfacher ist, oder für eine abschließende Standardregel.

> **Hinweis**
>
> Bei Verwendung des NICHT-Zeichens für die Negation eines Musters darf das Muster keine gruppierten Teile mit Jokerzeichen enthalten. Das ist nicht zulässig, denn trifft das Muster NICHT zu, dann haben die Gruppen keine Inhalte. Dementsprechend kann bei Verwendung negierter Muster auch nicht $N in der Ersetzungszeichenfolge stehen.

Substitution ist die Zeichenfolge, die für die ursprüngliche URL eingesetzt wird, für die das Muster übereinstimmt. Neben einfachem Text sind folgende Angaben möglich:

1. Rückverweise $N auf das RewriteRule-Muster
2. Rückverweise %N auf das letzte verglichene RewriteCond-Muster
3. Server-Variablen wie Zeichenfolgen für Regelbedingungen (%{VARNAME})
4. Mapping-Funktionsaufrufe (${mapname:key|default})

Rückverweise sind $ N (N=0..9)-Bezeichner, die durch den Inhalt der N-ten Gruppe des verglichenen Musters ersetzt werden. Die Server-Variablen sind dieselben wie für den TestString einer RewriteCond-Direktive. Die Mapping-Funktionen stammen von der RewriteMap-Direktive und werden dort erklärt. Diese drei Arten von Variablen werden in der oben aufgeführten Reihenfolge expandiert.

Wie bereits erwähnt wurde, werden alle Manipulationsregeln für die Substitution angewendet (in der Reihenfolge ihrer Definition in der Konfigurationdatei). Die URL wird *vollständig* durch die Substitution ersetzt und die Manipulationen werden fortgesetzt, bis keine Regeln mehr anzuwenden sind, es sei denn, sie werden explizit durch ein L-Flag beendet (siehe unten).

Das spezielle Substitutionselement - bedeutet, dass *KEINE Substitution* erfolgt. Das mag seltsam erscheinen, ist aber sinnvoll, um Manipulationsregeln bereitstellen zu können, die URLs *nur* vergleichen, ohne eine Ersetzung vorzunehmen. Das bedeutet, dass in Verbindung mit dem C-Flag mehr als nur ein Muster vor der Ersetzung angewendet werden kann.

Es ist sogar möglich, URLs in der Ersetzungszeichenfolge zu erzeugen, die einen Abfrageteil enthalten. Ein Fragezeichen in der Ersetzungszeichenfolge zeigt an, dass das, was folgt, in den QUERY_STRING eingefügt werden soll. Soll eine vorhandene Abfragezeichenfolge entfernt werden, wird die Ersetzungszeichenfolge einfach mit einem Fragezeichen beendet.

Kapitel 9
Apache-MPMs und -Module

> **Hinweis**
>
> Es gibt eine Besonderheit: Wenn ein Substitutionsfeld das Präfix `http://DieserHost[:DieserPort]` erhält, schneidet mod_rewrite automatisch ab. Diese automatische Verkürzung bei impliziten externen Umleitungen ist eine nützliche und wichtige Möglichkeit, wenn sie in Verbindung mit einer Mapping-Funktion eingesetzt wird, die den Hostnamen generiert. Beachten Sie hierzu das erste der weiter unten folgenden Beispiele.

> **Hinweis**
>
> Eine bedingungslose externe Umleitung zum eigenen Server funktioniert mit dem Präfix `http://DieserHost` nicht. Eine solche Selbstumleitung kann mit dem Flag R erreicht werden (siehe unten).

Weitere spezielle Substitutionsanweisungen können mit

`[Flags]`

als drittem Argument an die `RewriteRule`-Direktive angehängt werden. Mit einer durch Kommata getrennten Liste können folgende `Flags` angegeben werden:

- **'redirect|R [=Code]'** (verlangt eine Umleitung)

    Das Feld `Substitution` erhält das Präfix `http://DieserHost[:DieserPort]/` (was die neue URL zur URI macht), um eine externe Umleitung zu erzwingen. Wird kein Code angegeben, wird die HTTP-Antwort 302 (MOVED TEMPORARILY) gesendet. Sollen andere Codes aus dem Bereich 300 bis 400 gesendet werden, wird einfach deren Nummer oder einer der folgenden symbolischen Namen angegeben: `temp` (Standardeinstellung), `permanent` oder `seeother`. Verwenden Sie diese Möglichkeit für permanente URL-Umleitungen, bei denen /~ in /u/ umgewandelt oder immer ein Schrägstrich an /u/user usw. angehängt wird.

    Achtung: Wenn dieses Flag verwendet wird, muss das Substitutionsfeld eine gültige URL entalten. Ist dies nicht der Fall, wird an eine unzulässige Position umgeleitet. Ferner ist zu beachten, dass dieses Flag selbst die URL nur mit dem Präfix `http://DieserHost[:DieserPort]/` versieht, die Manipulation aber fortgesetzt wird. Normalerweise soll abgebrochen und die Umleitung unmittelbar erfolgen. Damit die URL-Manipulation ebenfalls abgebrochen wird, muss das Flag L angegeben werden.

- **'forbidden|F'** (die URL wird verboten)

    Die aktuelle URL wird verboten, das heißt, es wird sofort die HTTP-Antwort 403 (FORBIDDEN) gesendet. Dieses Flag kann in Verbindung mit entsprechenden `RewriteCond`-Bedingungen URLs blockieren.

- **'gone|G'** (URL gelöscht)

    Die aktuelle URL wird als gelöscht gekennzeichnet, das heißt, es wird sofort die HTTP-Antwort 410 (GONE) gesendet. Mit diesem Flag werden Seiten gekennzeichnet, die nicht mehr vorhanden sind.

- **'proxy|P'** (Proxy-Anfrage erzwingen)

    Dieses Flag erzwingt, dass der Substitutionsteil intern zur Proxy-Anfrage wird und sofort vom Proxy-Modul verarbeitet wird (die URL-Manipulation wird an dieser Stelle abgebrochen). Es muss sichergestellt werden, dass die Substitutionszeichenfolge einer gültigen

URI enthält (der normalerweise mit `http://Hostname` beginnt), die vom Proxy-Modul verarbeitet werden kann. Ist dies nicht der Fall, kann das Proxy-Modul einen Fehler melden. Dieses Flag ermöglicht eine leistungsfähige Implementierung der `ProxyPass`-Direktive für das Einblenden von Daten anderer Webserver in den lokalen Server.

Hinweis: Um diese Funktionalität nutzen zu können, muss das Proxy-Modul beim Kompilieren in den Apache-Server mit eingebunden werden. Falls Sie nicht wissen, ob das der Fall ist, überprüfen Sie, ob `mod_proxy.c` in der Ausgabe von `httpd -l` erscheint. Trifft dies zu, steht die Funktionalität für `mod_rewrite` zur Verfügung. Andernfalls müssen Sie das Modul in das Hauptprogramm `httpd` einbinden.

- `'last|L'` (Letzte Regel)

Stoppt die URL-Manipulation an dieser Stelle, weitere Regeln werden nicht mehr angewendet. Dieses Flag entspricht dem Perl-Befehl `last` oder dem `break`-Befehl der Programmiersprache C. Mit diesem Flag kann verhindert werden, dass die gerade umgeschriebene URL von nachfolgenden Regeln überschrieben wird. Auf diese Art kann zum Beispiel die Root-URL / in die richtige URL /e/www/ umgeschrieben werden.

- `next|N` (Nächster Durchgang)

Der Manipulationsvorgang wird noch einmal wiederholt (beginnend mit der ersten Regel). Die zu vergleichende URL ist nicht die ursprüngliche URL, sondern die nach der letzten Manipulation. Dies entspricht dem Perl-Befehl `next` oder dem C-Befehl `continue`. Mit diesem Flag wird der Manipulationsprozess erneut gestartet und es wird sofort an den Ausgangspunkt zurückgekehrt. *Achten Sie darauf, Endlosschleifen zu vermeiden!*

- `'chain|C'` (Verkettung mit der nächsten Regel)

Mit diesem Flag wird die aktuelle mit der folgenden Regel verkettet (die ihrerseits wieder mit der nächsten Regel verkettet sein kann usw.). Das hat folgende Auswirkung: Trifft eine Regel zu, wird die Verarbeitung normal fortgesetzt (das Flag hat keine Auswirkungen). Trifft die Regel *nicht* zu, werden alle verketteten Regeln ausgelassen. So kann beispielsweise der .www-Teil aus einem Regelsatz für die Verzeichnisebene entfernt werden, wenn eine externe Umleitung durchgeführt wird, bei der der .www-Teil nicht vorhanden sein sollte.

- `'type|T=MIME-Typ'` (MIME-Typ)

Erzwingt den MIME-Typ der Zieldatei. Hiermit kann beispielsweise die `mod_alias`-Direktive `ScriptAlias` simuliert werden, die intern erzwingt, dass alle Dateien im zugeordneten Verzeichnis den MIME-Typ `application/x-httpd-cgi` haben.

- `'nosubreq|NS'` (Wird nur benutzt, wenn keine interne Unteranfrage vorliegt)

Dieses Flag veranlasst die Rewriting Engine, eine Regel zu überspringen, wenn es sich bei der aktuellen Anfrage um eine interne Unteranfrage handelt. Zu internen Unteranfragen kommt es beim Apache beispielsweise, wenn `mod_include` Informationen über mögliche Standardverzeichnisdateien sucht (`index.xxx`). Bei Unterabfragen ist es nicht immer sinnvoll und führt manchmal sogar zu Fehlern, wenn der vollständige Regelsatz angewendet wird. Mit diesem Flag können bestimmte Regeln ausgeschlossen werden.

Folgende Regel sollte berücksichtigt werden: Immer wenn URLs ein CGI-Skript als Präfix erhalten, damit sie von diesem verarbeitet werden, ist die Wahrscheinlichkeit groß, dass es zu Problemen (oder zu Overhead) bei Unteranfragen kommt. In diesen Fällen sollte dieses Flag benutzt werden.

- **'nocase|NC'** (Keine Unterscheidung zwischen Groß- und Kleinschreibung)

  Beim Muster werden Groß- und Kleinschreibung nicht unterschieden, so dass es beim Vergleich der aktuellen URL mit dem Muster keinen Unterschied zwischen A–Z und a–z gibt.

- **'qsappend|QSA'** (Eine Abfragezeichenfolge anhängen)

  Dieses Flag zwingt die Rewriting Engine eine Abfragezeichenfolge an die in der Substitutionszeichenfolge vorhandene anzuhängen, anstatt sie zu ersetzen. Damit können über eine Manipulationsregel der Abfragezeichenfolge mehr Daten hinzugefügt werden.

- **'noescape|NE'** (Sonderzeichen werden nicht in URL-Escape-Werte umgewandelt.)

  Dieses Flag verhindert, dass mod_rewrite die üblichen Umwandlungen nach den URI-Escape-Regeln durchführt. Normalerweise werden Sonderzeichen wie %, $, , usw. in ihre hexadezimalen Äquivalente umgewandelt (%25, 524 und %3B), was dieses Flag verhindert. Das ermöglicht, dass Prozentzeichen in der Ausgabe erscheinen können:

  ```
  RewriteRule /foo/(.*) /bar?arg=P1\%3d$1 [R,NE]
  ```

  /foo/zed wird in eine sichere Anfrage nach /bar?arg=P1=zed umgewandelt.

- **'passthrough|PT'** (Das Ergebnis wird an ein anderes Modul weitergereicht.)

  Dieses Flag veranlasst die Rewriting Engine, das uri-Feld der internen request_rec-Struktur auf den Wert des Feldes filename zu setzen. Dieses Flag bietet die Möglichkeit, die Ausgabe von RewriteRule-Direktiven von den Direktiven Alias, ScriptAlias, Redirect usw. anderer URI-/Dateiname-Umwandlungen nachbearbeiten zu lassen. Das folgende einfache Beispiel soll die Semantik veranschaulichen. /abc soll mit Hilfe der Rewriting Engine von mod_rewrite zu /def und anschließend /def mit mod_alias in /ghi umgeschrieben werden:

  ```
  RewriteRule ^/abc(.*) /def$1 [PT]
  Alias /def /ghi
  ```

  Wird das Flag PT weggelassen, überschreibt mod_rewrite wie erwartet uri=/abc/... mit Dateiname=/def/..., wie dies bei einer API-konformen Umwandlung von URIs in Dateinamen der Fall sein soll. Versucht anschließend mod_alias eine Umwandlung des URIs in einen Dateinamen, dann funktioniert das nicht mehr.

  Hinweis: Dieses Flag muss verwendet werden, wenn Direktiven unterschiedlicher Module mit Umwandlungen von URLs in Dateinamen vermischt werden sollen. Ein typisches Beispiel ist die Verwendung von mod_alias und mod_rewrite.

- **'skip|S=*num*'** (Nächste Regel(n) auslassen)

  Bei Angabe dieses Flags überspringt die Rewriting Engine die nächsten num Regeln der Sequenz, wenn die aktuelle Regel zutrifft. Das ermöglicht ein Pseudokonstrukt der if/then/else-Bedingung: Die letzte Regel der then-Klausel lautet skip=N, wobei num der Anzahl der Regeln in der else-Klausel entspricht. (Das ist *nicht* das Gleiche wie das chain|C-Flag!)

- **'env|E=VAR:WERT'** (Setzt eine Umgebungsvariable)

  Die Umgebungsvariable VAR wird auf einen WERT gesetzt, wobei der WERT die Rückverweise $N und %N enthalten kann, die expandiert werden. Dieses Flag kann mehrmals verwendet werden, um mehrere Variablen zu setzen. Die Variablen können später in vielen Situationen dereferenziert werden, was aber normalerweise in SSI (über `<!--#echo var="VAR"-->`) oder CGI (`$ENV{'VAR'}`) geschieht. Ferner kann die Dereferenzierung in einem folgenden `RewriteCond`-Muster mit `%{ENV:VAR}` erfolgen. Auf diese Art werden Informationen aus URLs gestrichen, ohne sie zu löschen.

- `'cookie|CO= NAME:WERT:Domäne[:Lebensdauer[:Pfad]]'` (Setzt ein Cookie)

   Mit diesem Flag wird ein Cookie für den Client-Browser gesetzt. `NAME` gibt den Cookie-Namen und `WERT` seinen Wert an. Das Feld `Domäne` gibt die Domäne des Cookies an, zum Beispiel apache.org. Optional kann die `Lebensdauer` des Cookies in Minuten und der `Pfad` angegeben werden.

> **Hinweis**
>
> Beachten Sie, dass das `Muster` in einer Serverkonfigurationsdatei für die vollständige URL angewendet wird. In einer Verzeichnis-Konfigurationsdatei wird das Verzeichnispräfix für das übereinstimmende Muster (das für ein bestimmtes Verzeichnis immer das gleiche ist!) automatisch entfernt und nach der Substitution automatisch hinzugefügt. Diese Möglichkeit ist für viele Formen der Ersetzung unerlässlich, denn ohne diese Präfixentfernung müsste das übergeordnete Verzeichnis verglichen werden, was nicht immer möglich ist.
>
> Eine Ausnahme muss beachtet werden: Wenn eine Substitutionszeichenfolge mit http:// beginnt, wird das Verzeichnispräfix nicht hinzugefügt, sondern eine externe Umleitung oder eine Proxy-Anfrage erzwungen (wenn das Flag P benutzt wird)!

> **Hinweis**
>
> Um die Rewriting Engine für Verzeichnis-Konfigurationsdateien zu aktivieren, muss `RewriteEngine` in diesen Dateien auf `On` gesetzt und `Options FollowSymLinks` aktiviert werden. Hat der Administrator das Überschreiben von `FollowSymLinks` für ein Benutzerverzeichnis deaktiviert, dann kann die Rewriting Engine nicht benutzt werden. Diese Einschränkung ist aus Sicherheitsgründen erforderlich.

Im Folgenden werden alle möglichen Substitutionskombinationen und ihre Bedeutungen aufgeführt:

Innerhalb der Serverkonfiguration (**httpd.conf**)

für die Anfrage GET **/EinPfad/Pfadinfo'**:

Regel	Ersetzung
^/EinPfad(.*) AndererPfad$1	nicht unterstützt, da ungültig
^/EinPfad(.*) AndererPfad$1 [R]	nicht unterstützt, da ungültig
^/EinPfad(.*) AndererPfad$1 [P]	nicht unterstützt, da ungültig
^/EinPfad(.*) /AndererPfad$1	/AndererPfad/Pfadinfo

Regel	Ersetzung
^/EinPfad(.*) /AndererPfad$1 [R]	http://DieserHost/AndererPfad/Pfadinfo über externe Umleitung
^/EinPfad(.*) /AndererPfad$1	[P] nicht unterstützt, da unsinnig
----------------------------------	---------------------------
^/EinPfad(.*) http://DieserHost/AndererPfad$1	/AndererPfad/Pfadinfo
^/EinPfad(.*) http://DieserHost/AndererPfad$1 [R]	http://DieserHost/AndererPfad/Pfadinfo über externe Umleitung
^/EinPfad(.*) http://DieserHost/AndererPfad$1 [P]	nicht unterstützt, da unsinnig
----------------------------------	---------------------------
^/EinPfad(.*) http://AndererHost/AndererPfad$1	http://AndererHost/AndererPfad/Pfadinfo über externe Umleitung
^/EinPfad(.*) http://AndererHost/AndererPfad$1 [R]	http://AndererHost/AndererPfad/Pfadinfo über externe Umleitung (das [R]-Flag ist redundant)
^/EinPfad(.*) http://AndererHost/AndererPfad$1 [P]	http://AndererHost/AndererPfad/Pfadinfo über internen Proxy

In der Verzeichniskonfiguration /EinPfad

(das heißt, die Datei .htaccess in /physischer/Pfad/zu/EinPfad mit RewriteBase /EinPfad) für GET /EinPfad/LokalerPfad/Pfadinfo:

Regel		Ersetzung
----------------------------------		---------------------------
^LokalerPfad(.*) AndererPfad$1		/EinPfad/AndererPfad/Pfadinfo
^LokalerPfad(.*) AndererPfad$1 [R]		http://DieserHost/EinPfad/AndererPfad/Pfadinfo über externe Umleitung
^LokalerPfad(.*) AndererPfad$1 [P]		nicht unterstützt, da unsinnig
----------------------------------		---------------------------
^LokalerPfad(.*) /AndererPfad$1		/AndererPfad/Pfadinfo
^LokalerPfad(.*) /AndererPfad$1	[R]	http://DieserHost/AndererPfad/Pfadinfo über externe Umleitung

9.5 | Die einzelnen Apache Module

Regel		Ersetzung
^LokalerPfad(.*) /AndererPfad$1	[P]	nicht unterstützt, da unsinnig
^LokalerPfad(.*) http://DieserHost/AndererPfad$1		/AndererPfad/Pfadinfo
^LokalerPfad(.*) http://DieserHost/AndererPfad$1 [R]		http://DieserHost/AndererPfad/Pfadinfo über externe Umleitung
^LokalerPfad(.*) http://DieserHost/AndererPfad$1 [P]		nicht unterstützt, da unsinnig
^LokalerPfad(.*) http://AndererHost/AndererPfad$1		http://AndererHost/AndererPfad/Pfadinfo über externe Umleitung
^LokalerPfad(.*) http://AndererHost/AndererPfad$1 [R]		http://AndererHost/AndererPfad/Pfadinfo über externe Umleitung (das [R]-Flag ist redundant)
^LokalerPfad(.*) http://AndererHost/AndererPfad$1 [P]		http://AndererHost/AndererPfad/Pfadinfo über internen Proxy

Beispiel:

URLs der Form

```
/ Sprache /~ Realer Name /.../ Datei
```

sollen wie folgt umgeschrieben werden:

```
/u/ Username /.../ Datei . Sprache
```

Die obige Rewrite-Map-Datei wird unter `/Pfad/zu/Datei/map.txt` gespeichert. Der Serverkonfiguration müssen lediglich folgende Zeilen hinzugefügt werden:

```
RewriteLog   /Pfad/zu/Datei/rewrite.log
RewriteMap   real-to-user              txt:/Pfad/zu/Datei/map.txt
RewriteRule  ^/([^/]+)/~([^/]+)/(.*)$  /u/${real-to-user:$2|nobody}/$3.$1
```

9.5.46 mod_setenvif

Beschreibung:	Umgebungsvariablen auf Basis von Charakteristika der Client-Anfrage setzen
Status:	Base
Quelldatei:	mod_setenvif.c
Modulkennung:	setenvif_module

Mit dem Modul `mod_setenvif` können Umgebungsvariablen entsprechend bestimmter Aspekte der Client-Anfrage gesetzt werden. Diese Umgebungsvariablen können von anderen Teilen des Servers zur Entscheidung über durchzuführende Aktionen herangezogen werden.

Die Direktiven werden in der Reihenfolge ihres Auftretens in den Konfigurationsdateien berücksichtigt, so dass komplexere Sequenzen als im folgenden Beispiel benutzt werden können. Im Beispiel wird der Wert `netscape` gesetzt, wenn es sich um einen anderen Mozilla-Browser als den Microsoft Internet Explorer handelt.

```
BrowserMatch ^Mozilla netscape
BrowserMatch MSIE !netscape
```

Siehe auch: *2.15 »Umgebungsvariablen«*

BrowserMatch

Beschreibung:	Setzt Umgebungsvariablen in Abhängigkeit vom HTTP-Header-User-Agent.
Syntax:	BrowserMatch *Muster [!]Variable[=Wert] [[!]Variable[=Wert]] ...*
Kontext:	server config, virtual host, directory, .htaccess
Override:	FileInfo

Die `BrowserMatch`-Direktive ist ein Sonderfall der `SetEnvIf`-Direktive, mit der Umgebungsvariablen in Abhängigkeit vom Anfrage-Header `User-Agent` gesetzt werden. Die beiden folgenden Zeilen bewirken das Gleiche:

```
BrowserMatchNoCase Robot is_a_robot
SetEnvIfNoCase User-Agent Robot is_a_robot
```

Weitere Beispiele:

```
BrowserMatch ^Mozilla forms jpeg=yes Browser=netscape
BrowserMatch "^Mozilla/[2-3]" tables agif frames javascript
BrowserMatch MSIE !javascript
```

BrowserMatchNoCase

Beschreibung:	Setzt ohne Berücksichtigung der Groß- und Kleinschreibung Umgebungsvariablen in Abhängigkeit vom Anfrage-Header-User-Agent.

Syntax:	BrowserMatchNoCase *Muster [!]Variable[=Wert]* [[!] *Variable[=Wert]]* ...
Kontext:	server config, virtual host, directory, .htaccess
Override:	FileInfo
Kompatibilität:	Ab Apache 1.2 (in Apache 1.2 befand sich diese Direktive im inzwischen veralteten Modul mod_Browser)

Die BrowserMatchNoCase-Direktive gleicht semantisch der Direktive BrowserMatch, unterscheidet aber keine Groß- und Kleinschreibung.

Beispiel

```
BrowserMatchNoCase mac platform=macintosh
BrowserMatchNoCase win platform=windows
```

Die Direktiven BrowserMatch und BrowserMatchNoCase sind Sonderfälle der Direktiven SetEnvIf und SetEnvIfNoCase. Die beiden folgenden Zeilen bewirken das Gleiche:

```
BrowserMatchNoCase Robot is_a_robot
SetEnvIfNoCase User-Agent Robot is_a_robot
```

SetEnvIf

Beschreibung:	Setzt basierend auf Attributen der Anfrage Umgebungsvariablen.
Syntax:	SetEnvIf *Attribut Muster [!]Variable[=Wert]* [[!] *Variable[=Wert]]* ...
Kontext:	server config, virtual host, directory, .htaccess
Override:	FileInfo

Die SetEnvIf-Direktive definiert basierend auf Attributen der Anfrage Umgebungsvariablen. Mit dem ersten Argument können folgende Attribute angegeben werden:

1. Ein Header-Feld einer HTTP-Anfrage (weitere Informationen hierzu finden Sie im RFC2616 unter der Adresse http://www.ietf.org/rfc/rfc2616.txt). Zum Beispiel die Felder: Host, User-Agent, Referer oder Accept-Language. Mit einem regulären Ausdruck können mehrere Anfrage-Header angegeben werden.
2. Eines der folgenden Elemente der Anfrage:

- Remote_Host - Der Hostname des anfragenden Clients (falls verfügbar)
- Remote_Addr - Die IP-Adresse des anfragenden Clients
- Server_Addr - Die IP-Adresse des die Anfrage empfangenden Servers (erst ab Version 2.0.43)
- Remote_User - Der authentifizierte Benutzername (falls verfügbar)
- Request_Method - Die verwendete Methode (GET, POST usw.)
- Request_Protocol - Name und Version des Protokolls der Anfrage (z.B. HTTP/0.9, HTTP/1.1 usw.)
- Request_URI - Die in der HTTP-Anfragezeile angeforderte Ressource (im Allgemeinen der auf das Schema und den Host-Teil folgende Teil ohne die Abfragezeichenfolge)

3. Der Name einer Umgebungsvariablen aus der Liste der mit der Anfrage verknüpften Variablen. Damit können die SetEnvIf-Direktiven einen Abgleich mit vorherigen Vergleichen vornehmen. Hierfür stehen nur die vorher mit SetEnvIf[NoCase]-Direktiven definierten Umgebungsvariablen zur Verfügung. »Vorher« bedeutet, dass die Definition auf einer höheren Ebene (beispielsweise auf Serverebene) oder zuvor im Bereich der aktuellen Direktive erfolgt. Umgebungsvariablen werden nur berücksichtigt, wenn es keine Übereinstimmung zwischen Anfragecharakteristika gab und kein regulärer Ausdruck als Attribut verwendet wird.

Das zweite Argument (Muster) ist ein Perl-kompatibler regulärer Ausdruck, vergleichbar mit einem regulären Ausdruck im egrep-Stil von POSIX.2. Stimmen Muster und Attribut überein, werden die verbleibenden Argumente ausgewertet.

Die übrigen Argumente nennen die Namen zu setzender Variablen sowie optionale Werte, auf die sie gesetzt werden. Sie haben folgende Formen:

1. VarName oder
2. !VarName oder
3. VarName=Wert

In der ersten Variante wird der Wert auf 1 gesetzt. In der zweiten wird die Variable entfernt, wenn sie bereits definiert wurde, und in der dritten wird die Variable auf den angegebenen Wert gesetzt.

Beispiel

```
SetEnvIf Request_URI "\.gif$" object_is_image=gif
SetEnvIf Request_URI "\.jpg$" object_is_image=jpg
SetEnvIf Request_URI "\.xbm$" object_is_image=xbm
:
SetEnvIf Referer www\.mydomain\.com intra_site_referral
:
SetEnvIf object_is_image xbm XBIT_PROCESSING=1
:
SetEnvIf ^TS* ^[a-z].* HAVE_TS
```

Die ersten drei Anweisungen setzen die Umgebungsvariable object_is_image, wenn eine Bilddatei angefordert wurde. Die vierte Anweisung setzt intra_site_referral, wenn sich die Seite auf der Website www.mydomain.com befunden hat.

Im letzten Beispiel wird die Umgebungsvariable HAVE_TS gesetzt, wenn die Anfrage Header enthält, die mit »TS« beginnen und deren Werte mit den Zeichen a bis z beginnen.

Siehe auch: 2.15 »*Umgebungsvariablen*«

SetEnvIfNoCase

Beschreibung:	Setzt basierend auf Attributen Umgebungsvariablen, ohne dabei die Groß- und Kleinschreibung zu beachten.
Syntax:	SetEnvIfNoCase Attribut Muster [!]Variable[=Wert] [[!]Variable[=Wert]] ...

Kontext:	server config, virtual host, directory, .htaccess
Override:	FileInfo
Kompatibilität:	Apache 1.3 und höher

Die `SetEnvIfNoCase`-Direktive unterscheidet sich von der Direktive `SetEnvIf` nur dadurch, dass beim Vergleich der regulären Ausdrücke die Groß- und Kleinschreibung nicht unterschieden wird.

Beispiel

```
SetEnvIfNoCase Host Apache\.Org site=apache
```

Die Umgebungsvariable `site` wird auf `apache` gesetzt, wenn das HTTP-Anfrage-Header-Feld `Host` vorhanden ist und `Apache.Org`, `apache.org` oder eine andere Kombination enthält.

9.5.47 mod_so

Beschreibung:	Laden ausführbaren Codes und ausführbarer Module beim Serverstart
Status:	Erweiterung
Quelldatei:	mod_so.c
Modulkennung:	so_module
Kompatibilität:	Basismodul für Windows (immer vorhanden)

Bei bestimmten Betriebssystemen können mit diesem Modul mit Hilfe des Dynamic-Shared-Object-Verfahrens (DSO) während der Laufzeit Module geladen werden, ohne dass ein erneutes Kompilieren erforderlich ist.

Unter UNIX stammt der geladene Code normalerweise aus Shared Object-Dateien (meist mit der Endung `.so`). Unter Windows lauten die Dateinamenerweiterungen `.so` oder `.dll`.

> **Achtung**
>
> Apache-1.3-Module können von Apache 2.0 nicht verwendet werden. Sie müssen modifiziert werden, um zusammen mit Apache 2.0 übersetzt oder von Apache 2.0 dynamisch geladen werden zu können.

Ladbare Module für Windows erzeugen

> **Hinweis**
>
> Das Namensformat für Windows-Module wurde mit den Apache-Versionen 1.3.15 und 2.0 geändert. Sie heißen jetzt `mod_foo.so`.
>
> `mod_so` lädt zwar weiterhin Module mit dem Namensmuster `ApacheModuleFoo.dll`, die neue Namenskonvention ist aber vorzuziehen. Denken Sie daran, den Namen gleich mit zu korrigieren, wenn Sie ein Modul an (das API von) Apache 2.0 anpassen.

Das Modul-API der Apache-Server für UNIX und Windows unterscheiden sich nicht. Viele UNIX-Module laufen unter Windows ohne oder nur mit geringfügigen Änderungen, während Module, die auf solchen Eigenarten des Betriebssystems UNIX basieren, die unter Windows nicht vorhanden sind, dort nicht funktionieren werden.

Funktioniert ein Modul, dann kann es dem Server auf zwei Arten hinzugefügt werden. Zum einen kann es unter UNIX beim Kompilieren in den Server eingebunden werden. Da Apache für Windows nicht das `Configure`-Programm der UNIX-Version enthält, müssen die Quelldatei des Moduls der `ApacheCore`-Projektdatei und deren Symbole der Datei `os\win32\modules.c` hinzugefügt werden.

Das Modul kann aber auch als DLL kompiliert werden. Eine DLL ist eine gemeinsam genutzte Bibliothek, die mit der Direktive `LoadModule` während der Ausführung in den Server geladen werden kann. Diese Modul-DLLs können weitergegeben werden und funktionieren unter jeder Windows-Installation des Apache-Servers, ohne dass der Apache-Server dafür neu übersetzt werden muss.

Um eine Modul-DLL zu erzeugen, muss an der Quelldatei des Moduls eine kleine Änderung vorgenommen werden: Der Moduldatensatz muss aus der DLL exportiert werden (die später erzeugt wird, siehe unten). Hierfür fügt man `AP_MODULE_DECLARE_DATA` (definiert in den Apache-Header-Dateien) der Datensatzdefinition des Moduls hinzu. Zum Beispiel muss:

```
module foo_module;
```

ersetzt werden durch:

```
module AP_MODULE_DECLARE_DATA foo_module;
```

Diese Änderung hat nur unter Windows Auswirkungen, unter UNIX kann das Modul bei Bedarf auch so verwendet werden. Wenn Sie sich mit `.DEF`-Dateien auskennen, können Sie das Modul auch mit dieser Methode exportieren.

Anschließend erzeugen Sie eine DLL für dieses Modul. Hierfür muss die Exportbibliothek `libhttpd.lib` eingebunden werden, die beim Kompilieren der Bibliothek `libhttpd.dll` erzeugt wird. Möglicherweise müssen auch die Compiler-Einstellungen geändert werden, um sicherzustellen, dass die Apache-Header-Dateien gefunden werden. Die Bibliothek befindet sich im Modulverzeichnis des Servers. Es empfiehlt sich, eine `.dsp`-Datei eines vorhandenen Moduls zu benutzen, um sicherzustellen, dass die Einrichtungsumgebung korrekt konfiguriert ist. Alternativ können auch Compiler- und Linker-Optionen der `.dsp`-Datei verglichen werden.

Auf diese Art sollten Sie nun eine DLL mit Ihrem Modul erzeugt haben. Sie wird sie im Verzeichnis `modules` unter der Server-Root platziert und mit der `LoadModule`-Direktive geladen.

LoadFile

Beschreibung: Einbinden der angegebenen Objektdatei oder Bibliothek
Syntax: `LoadFile` *Dateiname* [*Dateiname*] ...
Kontext: server config

Die `LoadFile`-Direktive bindet beim Serverstart oder Neustart die genannten Objektdateien oder Bibliotheken ein. Auf diese Weise kann zusätzlicher Code geladen werden, der für bestimmte Module erforderlich sein kann. Der `Dateiname` ist entweder ein absoluter Pfad oder er wird relativ zur Server-Root angegeben. Zum Beispiel:

```
LoadFile libexec/libxmlparse.so
```

LoadModule

Beschreibung:	Bindet die Objektdatei oder Bibliothek ein und fügt sie der Liste der aktiven Module hinzu.
Syntax:	LoadModule *Modul Dateiname*
Kontext:	server config

Die `LoadModule`-Direktive bindet die mit `Dateiname` angegebene Objektdatei oder Bibliothek ein und fügt die Modulstruktur mit der Bezeichnung *module* der Liste der aktiven Module hinzu. `Modul` ist der Name der externen Variablen vom Typ `module` in der Datei und wird als Modul-Bezeichner in der Moduldokumentation aufgeführt. Beispiel:

```
LoadModule status_module modules/mod_status.so
```

Diese Anweisung lädt das angegebene Modul aus dem Verzeichnis `modules` unter `ServerRoot`.

9.5.48 mod_speling

Beschreibung:	Versucht, vom Benutzer möglicherweise falsch eingegebene URLs zu korrigieren, wobei maximal ein Schreibfehler toleriert wird.
Status:	Erweiterung
Quelldatei:	mod_speling.c
Modulkennung:	speling_module

Anfragen nach Dokumenten können manchmal vom Apache-Server nicht bedient werden, weil ein Tippfehler vorliegt oder Groß- und Kleinschreibung nicht beachtet wurde. Dieses Modul versucht, solche Fehler zu beheben und ein entsprechendes Dokument zu finden, wenn alle anderen Module aufgegeben haben. Hierfür wird jede Dokumentbezeichnung im fraglichen Verzeichnis mit der Bezeichnung des angeforderten Dokuments verglichen. Dabei werden Groß- und Kleinschreibung nicht unterschieden und maximal ein Fehler ignoriert (ein Zeichen zu viel oder zu wenig, zwei verdrehte Buchstaben oder ein falsches Zeichen). Es wird eine Liste mit allen Dokumentbezeichnungen erstellt, die gemäß dieser Strategie als »passend« angesehen wurden.

- Wurde nach dem Durchsuchen des Verzeichnisses kein passendes Dokument gefunden, fährt der Server normal fort und gibt den Fehler `Dokument nicht gefunden` zurück.
- Wurde nur ein Dokument gefunden, das »beinah« mit der Anfrage übereinstimmt, wird es in Form einer HTTP-Umleitung zurückgegeben.
- Wurden mehrere in Frage kommende Dokumente gefunden, wird die Liste dieser Dokumente an den Client gesendet, der dann die entsprechende Auswahl treffen kann.

CheckSpelling

Beschreibung:	Aktiviert das Modul für die Rechtschreibprüfung.
Syntax:	CheckSpelling on | off
Default:	CheckSpelling Off
Kontext:	server config, virtual host, directory, .htaccess
Override:	Options

Kompatibilität: CheckSpelling stand für die Apache-Version 1.1 als separates Modul zur Verfügung, war jedoch auf eine Überprüfung der Groß- bzw. Kleinschreibung beschränkt. Seit der Apache-Version 1.3 ist es Bestandteil des Apache-Pakets. Vor der Version 1.3.2 stand die CheckSpelling-Direktive nur in den Kontexten server config und virtual host zur Verfügung.

Diese Direktive aktiviert oder deaktiviert das Modul. Wurde das Modul aktiviert, ist Folgendes zu beachten:

- Das für die Überprüfung erforderliche Durchsuchen des Verzeichnisses wirkt sich auf den Serverdurchsatz aus, wenn viele Korrekturen gleichzeitig durchgeführt werden müssen.
- Die Verzeichnisse sollten keine sensiblen Dateien enthalten, die unbeabsichtigt als Korrekturvorschlag in Frage kommen könnten.
- Das Modul kann falsch geschriebene Benutzernamen nicht korrigieren (wie in http://Mein.Host/~apahce/), sondern nur Datei- oder Verzeichnisnamen.
- Korrekturen werden nur mit Blick auf vorhandene Dateien vorgenommen, so dass eine Anfrage nach <Location /status> als Ergebnis einer Verhandlung fälschlicherweise zur Datei /stats.html führen kann.

9.5.49 mod_ssl

Beschreibung: Stellt die Verschlüsselung der Protokolle Secure Sockets Layer (SSL) und Transport Layer Security (TLS) zur Verfügung.
Status: Erweiterung
Quelldatei: mod_ssl.c
Modulkennung: ssl_module

Dieses Modul unterstützt SSL-Version 2/3 und TLS-Version 1 für den Apache HTTP-Server. Es ist ein Beitrag von Ralf S. Engelschall, der auf dessen mod_ssl-Projekt basiert und ursprünglich von Ben Laurie entwickelt wurde.

Die Verschlüsselung durch dieses Modul basiert auf OpenSSL (siehe http://www.openssl.org).

Weitere Einzelheiten, Diskussionen und Beispiele finden Sie im *Kapitel 4 »SSL/TLS-Verschlüsselung des Apache«*.

Umgebungsvariablen

Dieses Modul stellt eine Reihe von SSL-Informationen in Form zusätzlicher Umgebungsvariablen für den SSI- und CGI-Namespace zur Verfügung. Die folgende Tabelle führt die erzeugten Variablen auf. Aus Gründen der Abwärtskompatibilität können die Informationen auch unter verschiedenen Namen bereitgestellt werden. Im *Kapitel 4 »SSL/TLS-Verschlüsselung des Apache«* finden Sie weitere Einzelheiten zu diesen Variablen.

Variablenname	Wertetyp	Beschreibung
HTTPS	Flag	HTTPS wird verwendet.
SSL_PROTOCOL	Zeichenfolge	Die SSL-Protokollversion (SSLv2, SSLv3, TLSv1)

9.5 | Die einzelnen Apache Module

Variablenname	Wertetyp	Beschreibung
SSL_SESSION_ID	Zeichenfolge	Die hexadezimal codierte SSL-Session-ID
SSL_CIPHER	Zeichenfolge	Verschlüsselungsalgorithmus
SSL_CIPHER_EXPORT	Zeichenfolge	true, wenn es sich um einen Export-Algorithmus handelt
SSL_CIPHER_USEKEYSIZE	Zahl	Anzahl der Bits des Verschlüsselungsalgorithmus (tatsächliche benutzte Bits)
SSL_CIPHER_ALGKEYSIZE	Zahl	Anzahl der Bits des Verschlüsselungsalgorithmus (mögliche Anzahl)
SSL_VERSION_INTERFACE	Zeichenfolge	Die mod_ssl-Programmversion
SSL_VERSION_LIBRARY	Zeichenfolge	Die OpenSSL-Programmversion
SSL_CLIENT_M_VERSION	Zeichenfolge	Die Version des Client-Zertifikats
SSL_CLIENT_M_SERIAL	Zeichenfolge	Die Seriennummer des Client-Zertifikats
SSL_CLIENT_S_DN	Zeichenfolge	Subjekt-DN im Client-Zertifikat
SSL_CLIENT_S_DN_x509	Zeichenfolge	Komponente der Subjekt-DN des Clients
SSL_CLIENT_I_DN	Zeichenfolge	Aussteller-DN des Client-Zertifikats
SSL_CLIENT_I_DN_x509	Zeichenfolge	Komponente der Aussteller-DN des Clients
SSL_CLIENT_V_START	Zeichenfolge	Gültigkeit des Client-Zertifikats (Beginn)
SSL_CLIENT_V_END	Zeichenfolge	Gültigkeit des Client-Zertifikats (Ablauf)
SSL_CLIENT_A_SIG	Zeichenfolge	Algorithmus für die Signatur des Client-Zertifikats
SSL_CLIENT_A_KEY	Zeichenfolge	Algorithmus für den öffentlichen Schlüssel des Client-Zertifikats
SSL_CLIENT_CERT	Zeichenfolge	PEM-codiertes Client-Zertifikat
SSL_CLIENT_CERT_CHAINn	Zeichenfolge	PEM-codierte Zertifikate in der Client-Zertifikatkette
SSL_CLIENT_VERIFY	Zeichenfolge	
SSL_SERVER_M_VERSION	Zeichenfolge	Die Version des Serverzertifikats
SSL_SERVER_M_SERIAL	Zeichenfolge	Die Seriennummer des Serverzertifikats
SSL_SERVER_S_DN	Zeichenfolge	Subjekt-DN im Serverzertifikat
SSL_SERVER_S_DN_x509	Zeichenfolge	Komponente der Subjekt-DN des Servers
SSL_SERVER_I_DN	Zeichenfolge	Aussteller-DN des Serverzertifikats
SSL_SERVER_I_DN_x509	Zeichenfolge	Komponente der Aussteller-DN des Servers
SSL_SERVER_V_START	Zeichenfolge	Gültigkeit des Serverzertifikats (Beginn)
SSL_SERVER_V_END	Zeichenfolge	Gültigkeit des Serverzertifikats (Ablauf)
SSL_SERVER_A_SIG	Zeichenfolge	Algorithmus für die Signatur des Serverzertifikats
SSL_SERVER_A_KEY	Zeichenfolge	Algorithmus für den öffentlichen Schlüssel des Serverzertifikats
SSL_SERVER_CERT	Zeichenfolge	PEM-codiertes Serverzertifikat

[x509 ist eine Komponente eines X.509-DN: C,ST,L,O,OU,CN,T,I,G,S,D,UID,Email]

Angepasste Protokollformate

Wenn `mod_ssl` in den Apache eingebunden oder unter DSO geladen wurde, stehen zusätzliche Funktionen für die angepassten Protokollformate von `mod_log_config` zur Verfügung. Als Erstes sei das Erweiterungsformat %{ *VarName* }x erwähnt, mit dem jede von einem Modul bereitgestellte Variable (insbesondere die von `mod_ssl` aus der oben aufgeführten Tabelle) expandiert werden kann.

Für die Abwärtskompatibilität steht außerdem die spezielle Kryptografiefunktion %{ *name* }c

Beispiel

```
CustomLog logs/ssl_request_log \ "%t %h %{SSL_PROTOCOL}x %{SSL_CIPHER}x \"%r\" %b"
```

SSLCACertificateFile

Beschreibung:	Verkettete PEM-Datei mit Zertifikaten der CAs für die Client-Authentifizierung
Syntax:	SSLCACertificateFile *Dateipfad*
Kontext:	server config, virtual host

Diese Direktive definiert die verkettete Datei mit allen Zertifikaten von Zertifizierungsinstanzen (CA, Certification Authorities) für die Clients. Mit ihnen wird das Client-Zertifikat bei Client-Authentifizierung überprüft. Diese Datei ist eine Verkettung der unterschiedlichen PEM-Zertifikatdateien in der Reihenfolge ihrer Priorität. Die Direktive kann alternativ und/oder zusätzlich zur `SSLCACertificatePath`-Direktive benutzt werden.

Beispiel

```
SSLCACertificateFile /usr/local/apache2/conf/ssl.crt/ca-bundle-Client.crt
```

SSLCACertificatePath

Beschreibung:	Gibt das Verzeichnis mit den PEM-Dateien der Zertifikate der CAs für die Client-Authentifizierung an.
Syntax:	SSLCACertificatePath *Verzeichnispfad*
Kontext:	server config, virtual host

Diese Direktive gibt das Verzeichnis an, in dem sich die Zertifikate der Zertifizierungsinstanzen (CAs, Certification Authorities) für die Clients befinden. Mit ihnen wird das Client-Zertifikat bei Client-Authentifizierung überprüft.

Bei den Dateien in diesem Verzeichnis muss es sich um PEM-Dateien handeln. Der Zugriff erfolgt über einen Hashwert. Daher können normalerweise keine Zertifikatdateien in diesem Verzeichnis abgelegt werden. Vielmehr müssen symbolische Links mit der Bezeichnung `Hashwert.N` erzeugt werden. Ferner sollte immer dafür gesorgt werden, dass das Verzeichnis die entsprechenden symbolischen Links enthält. Diese Aufgabe kann mit dem zu `mod_ssl` gehörenden Programm `Makefile` erledigt werden.

Beispiel

```
SSLCACertificatePath /usr/local/apache2/conf/ssl.crt/
```

SSLCARevocationFile

Beschreibung:	Verkettung der PEM-Dateien mit CA-Certificate-Revocation-Listen (CRLs) für die Client-Authentifizierung
Syntax:	SSLCARevocationFile *Dateipfad*
Kontext:	server config, virtual host

Diese Direktive definiert die verkettete Datei mit allen Certificate-Revocation-Listen (CRLs) von Zertifizierungsinstanzen (CAs, Certification Authorities) für die zu bedienenden Clients. Sie werden für die Client-Authentifizierung benutzt. Diese Datei ist eine Verkettung der unterschiedlichen CLR-Dateien (PEM-Format) in der Reihenfolge ihrer Priorität. Die Direktive kann alternativ und/oder zusätzlich zur SSLCAPath-Direktive benutzt werden.

Beispiel

```
SSLCARevocationFile /usr/local/apache2/conf/ssl.crl/ca-bundle-Client.crl
```

SSLCARevocationPath

Beschreibung:	Gibt das Verzeichnis der PEM-Dateien mit CA-Certificate-Revocation-Listen (CRLs) für die Client-Authentifizierung an.
Syntax:	SSLCARevocationPath *Verzeichnis*
Kontext:	server config, virtual host

Diese Direktive gibt das Verzeichnis mit den Certificate-Revocation-Listen (CRLs) der Zertifizierungsinstanzen der Clients an. Mit ihnen werden Client-Zertifikate für die Client-Authentifizierung widerrufen.

Bei den Dateien in diesem Verzeichnis muss es sich um PEM-Dateien handeln. Der Zugriff erfolgt über einen Hashwert. Daher können normalerweise keine CLR-Dateien in diesem Verzeichnis abgelegt werden. Vielmehr müssen symbolische Links mit der Bezeichnung *Hashwert*.rN erzeugt werden. Ferner sollte immer dafür gesorgt werden, dass das Verzeichnis die entsprechenden symbolischen Links enthält. Diese Aufgabe kann mit dem zu mod_ssl gehörenden Programm Makefile erledigt werden.

Beispiel

```
SSLCARevocationPath /usr/local/apache2/conf/ssl.crl/
```

SSLCertificateChainFile

Beschreibung:	PEM-Datei mit CA-Serverzertifikaten
Syntax:	SSLCertificateChainFile *Dateipfad*
Kontext:	server config, virtual host

In der mit dieser Direktive definierten Datei können alle Zertifikate von Zertifizierungsinstanzen in Form einer Serverzertifikatkette abgelegt werden. Sie beginnt mit dem CA-Zertifikat für den Server und kann bis zum Root-Zertifikat einer CA führen. Diese Datei ist eine Verkettung der unterschiedlichen CA-Zertifikatdateien (PEM-Format), wobei die Reihenfolge der Verkettung meist der bevorzugten Reihenfolge entspricht.

Diese Möglichkeit kann alternativ und/oder zusätzlich zur SSLCACertificatePath-Direktive für die explizite Konstruktion einer Serverzertifikatkette benutzt werden, die neben dem

Serverzertifikat an den Browser gesendet wird. Dadurch können bei der Client-Authentifizierung Konflikte mit CA-Zertifikaten vermieden werden. Obwohl die Platzierung eines CA-Zertifikats aus der Serverzertifikatkette in das mit SSLCACertificatePath angegebene Verzeichnis sich für die Konstruktion der Zertifikatkette gleich auswirkt, hat dies den Nebeneffekt, dass Client-Zertifikate des gleichen CA-Zertifikats bei der Client-Authentifizierung unerwarteterweise ebenfalls akzeptiert werden.

Dabei ist aber zu beachten, dass die Zertifikatverkettung nur funktioniert, wenn ein *einziges* RSA- *oder* DSA-Serverzertifikat benutzt wird. Werden verkoppelte RSA- und DSA-Zertifikatpaare benutzt, dann funktioniert das nur, wenn tatsächlich beide Zertifikate die *gleiche* Zertifikatkette verwenden. Andernfalls kommt der Browser mit dieser Situation nicht zurecht.

Beispiel

```
SSLCertificateChainFile /usr/local/apache2/conf/ssl.crt/ca.crt
```

SSLCertificateFile

Beschreibung:	X.509-Serverzertifikat im PEM-Format
Syntax:	SSLCertificateFile *Dateipfad*
Kontext:	server config, virtual host

Mit dieser Direktive wird auf das Serverzertifikat (PEM-Format) und optional auch auf den privaten RSA- oder DSA-Schlüssel aus derselben Datei verwiesen. Ist der enthaltene private Schlüssel verschlüsselt, wird beim Start das Passphrasen-Dialogfeld geöffnet. Diese Direktive kann zweimal verwendet werden (mit unterschiedlichen Verweisen), wenn ein RSA- und ein DSA-Serverzertifikat parallel benutzt werden.

Beispiel

```
SSLCertificateFile /usr/local/apache2/conf/ssl.crt/server.crt
```

SSLCertificateKeyFile

Beschreibung:	Gibt die PEM-Datei mit dem privaten Schlüssel an.
Syntax:	SSLCertificateKeyFile *Dateipfad*
Kontext:	server config, virtual host

Diese Direktive verweist auf die PEM-Datei mit dem privaten Schlüssel für den Server. Befindet sich der private Schlüssel nicht zusammen mit dem Zertifikat in der Zertifikatdatei, wird mit dieser Direktive auf die Datei mit dem privaten Schlüssel verwiesen. Wird die Direktive SSLCertificateFile verwendet und enthält die Datei sowohl das Zertifikat als auch den privaten Schlüssel, dann ist diese Direktive überflüssig. Allerdings ist von dieser Praxis unbedingt abzuraten. Zertifikat und privater Schlüssel sollten voneinander getrennt werden. Ist der enthaltene private Schlüssel verschlüsselt, wird beim Start das Passphrasen-Dialogfeld geöffnet. Diese Direktive kann zweimal verwendet werden (mit unterschiedlichen Verweisen), wenn ein RSA- und ein DSA-Serverzertifikat parallel benutzt werden.

Beispiel

```
SSLCertificateKeyFile /usr/local/apache2/conf/ssl.key/server.key
```

SSLCipherSuite

Beschreibung:	Auswahl der kryptografischen Algorithmen
Syntax:	SSLCipherSuite *Spezifikation*
Default:	SSLCipherSuite ALL:!ADH:RC4+RSA:+HIGH:+MEDIUM:+LOW:+SSLv2:+EXP
Kontext:	server config, virtual host, directory, .htaccess
Override:	AuthConfig

Diese komplexe Direktive gibt die Algorithmusspezifikationen mit einer durch Doppelpunkte getrennten Liste an. Sie nennt OpenSSL-Algorithmen, über die der Client in der SSL-Handshake-Phase verhandeln kann. Diese Direktive kann sowohl im Server- als auch im Verzeichniskontext verwendet werden. Im Serverkontext bezieht sie sich auf das standardmäßige SSL-Handshake beim Verbindungsaufbau. Im Verzeichniskontext verlangt sie ein erneutes Aushandeln mit der umkonfigurierten Spezifikation, nachdem die HTTP-Anfrage gelesen aber, noch bevor die HTTP-Antwort gesendet wird.

Eine SSL-*Algorithmusspezifikation* enthält in erster Linie Attribute zu den vier folgenden Algorithmusvarianten:

- *Schlüsselaustausch-Algorithmus*: RSA oder Diffie-Hellman-Varianten.
- *Authentifizierungsalgorithmus*: RSA, Diffie-Hellman, DSS oder none.
- *Verschlüsselungsalgorithmus*: DES, Triple-DES, RC4, RC2, IDEA oder none.
- *Message-Digest-Algorithmus (MAC)*: MD5, SHA oder SHA1.

Eine SSL-Spezifikation kann auch eine Exportspezifikation sein und ist entweder eine SSLv2- oder SSLv3-/TLSv1-Spezifikation (hier entspricht TLSv1 der Spezifikation SSLv3). Um anzugeben, welche Spezifikation zu verwenden ist, können alle oder jeweils eine angegeben werden. Mit Alias-Bezeichnungen können bevorzugte Spezifikationen und deren Reihenfolge angegeben werden (siehe nachfolgende Tabelle).

Alias	Beschreibung
Schlüsselaustausch-Algorithmus:	
kRSA	RSA-Schlüsselaustausch-Algorithmus
kDHr	Diffie-Hellman-Schlüsselaustausch mit RSA-Schlüssel
kDHd	Diffie-Hellman-Schlüsselaustausch mit DSA-Schlüssel
kEDH	Kurzfristiger (Ephemeral) Diffie-Hellman-Schlüsselaustausch (kein Zertifikat)
Authentifizierungsalgorithmus:	
aNULL	Keine Authentifizierung
aRSA	RSA-Authentifizierung
aDSS	DSS-Authentifizierung
aDH	Diffie-Hellman-Authentifizierung
Verschlüsselungsalgorithmus:	
eNULL	Keine Verschlüsselung

Alias	Beschreibung
DES	DES-Verschlüsselung
3DES	Triple-DES-Verschlüsselung
RC4	RC4-Verschlüsselung
RC2	RC2-Verschlüsselung
IDEA	IDEA-Verschlüsselung
Message-Digest-Algorithmus:	
MD5	MD5-Hash-Funktion
SHA1	SHA1-Hash-Funktion
SHA	SHA-Hash-Funktion
Aliase:	
SSLv2	Alle SSL-Version-2.0-Algorithmen
SSLv3	Alle SSL-Version-3.0-Algorithmen
TLSv1	Alle TLS-Version-1.0-Algorithmen
EXP	Alle schwachen Export-Algorithmen
EXPORT40	Alle schwachen 40-Bit-Export-Algorithmen
EXPORT56	Alle schwachen 56-Bit-Export-Algorithmen
LOW	Alle schwachen Algorithmen (kein Export, Single-DES)
MEDIUM	Alle Algorithmen mit 128-Bit-Verschlüsselung
HIGH	Alle Algorithmen, die Triple-DES verwenden
RSA	Alle Algorithmen mit RSA-Schlüsselaustausch
DH	Alle Algorithmen mit Diffie-Hellman-Schlüsselaustausch
EDH	Alle Algorithmen mit kurzfristigem (Ephemeral) Diffie-Hellman-Schlüsselaustausch
ADH	Alle Algorithmen mit anonymem Diffie-Hellman-Schlüsselaustausch
DSS	Alle Algorithmen, die DSS-Authentifizierung verwenden
NULL	Alle Algorithmen ohne Verschlüsselung

Die Reihenfolge der Angaben ergibt hierbei auch die Priorität der jeweiligen Algorithmen wieder, so wie sie später beim SSL-Verbindungsaufbau verwendet werden. Um das Ganze zu beschleunigen, gibt es auch Alias-Namen für bestimmte Algorithmengruppen (SSLv2, SSLv3, TLSv1, EXP, LOW, MEDIUM, HIGH). Diese Alias-Namen können mit Präfixen zu einer *Spezifikation* verbunden werden. Folgende Präfixe stehen zur Verfügung:

- **none**: Algorithmus der Liste hinzufügen
- **+**: Den Algorithmus der Liste hinzufügen und an die aktuelle Position in der Liste setzen
- **-**: Den Algorithmus aus der Liste entfernen (kann später wieder hinzugefügt werden)
- **!**: Den Algorithmus vollständig aus der Liste entfernen (kann später *nicht* wieder hinzugefügt werden)

Mit dem Befehl openssl ciphers -v können die vorgegebenen Spezifikationen angezeigt werden, was das Zusammenstellen einer Spezifikationsliste erleichtert. Die Standardvorgabe lautet ALL:!ADH:RC4+RSA:+HIGH:+MEDIUM:+LOW:+SSLv2:+EXP. Sie bedeutet im Einzelnen: Zuerst werden alle Algorithmen ausgeschlossen, die keine Authentifizierung verwenden (für SSL bedeutet das nur den Ausschluss des anonymen Diffie-Hellman-Algorithmus). Dann werden RC4- und RSA-Algorithmen ausgewählt. Als Nächstes werden die starken, mittleren und schwachen Algorithmen angegeben. Abschließend werden alle SSLv2- und Exportalgorithmen an das Ende der Liste gesetzt.

```
$ openssl ciphers -v 'ALL:!ADH:RC4+RSA:+HIGH:+MEDIUM:+LOW:+SSLv2:+EXP'
NULL-SHA             SSLv3 Kx=RSA      Au=RSA  Enc=None       Mac=SHA1
NULL-MD5             SSLv3 Kx=RSA      Au=RSA  Enc=None       Mac=MD5
EDH-RSA-DES-CBC3-SHA SSLv3 Kx=DH       Au=RSA  Enc=3DES(168)  Mac=SHA1
...                  ...               ...     ...            ...
EXP-RC4-MD5          SSLv3 Kx=RSA(512) Au=RSA  Enc=RC4(40)    Mac=MD5  export
EXP-RC2-CBC-MD5      SSLv2 Kx=RSA(512) Au=RSA  Enc=RC2(40)    Mac=MD5  export
EXP-RC4-MD5          SSLv2 Kx=RSA(512) Au=RSA  Enc=RC4(40)    Mac=MD5  export
```

Die nachfolgende Tabelle enthält eine vollständige Liste der einzelnen RSA- und DH-Algorithmen für SSL.

Beispiel

```
SSLCipherSuite RSA:!EXP:!NULL:+HIGH:+MEDIUM:-LOW
```

Algorithmus-Alias	Protokoll	Schlüsselaustausch	Auth.	Verschl.	MAC	Typ
RSA-Algorithmen:						
DES-CBC3-SHA	SSLv3	RSA	RSA	3DES(168)	SHA1	
DES-CBC3-MD5	SSLv2	RSA	RSA	3DES(168)	MD5	
IDEA-CBC-SHA	SSLv3	RSA	RSA	IDEA(128)	SHA1	
RC4-SHA	SSLv3	RSA	RSA	RC4(128)	SHA1	
RC4-MD5	SSLv3	RSA	RSA	RC4(128)	MD5	
IDEA-CBC-MD5	SSLv2	RSA	RSA	IDEA(128)	MD5	
RC2-CBC-MD5	SSLv2	RSA	RSA	RC2(128)	MD5	
RC4-MD5	SSLv2	RSA	RSA	RC4(128)	MD5	
DES-CBC-SHA	SSLv3	RSA	RSA	DES(56)	SHA1	
RC4-64-MD5	SSLv2	RSA	RSA	RC4(64)	MD5	
DES-CBC-MD5	SSLv2	RSA	RSA	DES(56)	MD5	
EXP-DES-CBC-SHA	SSLv3	RSA(512)	RSA	DES(40)	SHA1	Export
EXP-RC2-CBC-MD5	SSLv3	RSA(512)	RSA	RC2(40)	MD5	Export

Algorithmus-Alias	Protokoll	Schlüsselaustausch	Auth.	Verschl.	MAC	Typ
EXP-RC4-MD5	SSLv3	RSA(512)	RSA	RC4(40)	MD5	Export
EXP-RC2-CBC-MD5	SSLv2	RSA(512)	RSA	RC2(40)	MD5	Export
EXP-RC4-MD5	SSLv2	RSA(512)	RSA	RC4(40)	MD5	Export
NULL-SHA	SSLv3	RSA	RSA	None	SHA1	
NULL-MD5	SSLv3	RSA	RSA	None	MD5	
Diffie-Hellman-Algorithmen:						
ADH-DES-CBC3-SHA	SSLv3	DH	None	3DES(168)	SHA1	
ADH-DES-CBC-SHA	SSLv3	DH	None	DES(56)	SHA1	
ADH-RC4-MD5	SSLv3	DH	None	RC4(128)	MD5	
EDH-RSA-DES-CBC3-SHA	SSLv3	DH	RSA	3DES(168)	SHA1	
EDH-DSS-DES-CBC3-SHA	SSLv3	DH	DSS	3DES(168)	SHA1	
EDH-RSA-DES-CBC-SHA	SSLv3	DH	RSA	DES(56)	SHA1	
EDH-DSS-DES-CBC-SHA	SSLv3	DH	DSS	DES(56)	SHA1	
EXP-EDH-RSA-DES-CBC-SHA	SSLv3	DH(512)	RSA	DES(40)	SHA1	Export
EXP-EDH-DSS-DES-CBC-SHA	SSLv3	DH(512)	DSS	DES(40)	SHA1	Export
EXP-ADH-DES-CBC-SHA	SSLv3	DH(512)	None	DES(40)	SHA1	Export
EXP-ADH-RC4-MD5	SSLv3	DH(512)	None	RC4(40)	MD5	Export

SSLEngine

Beschreibung: Aktiviert das SSL/TLS-Protokoll.
Syntax: SSLEngine on|off
Default: SSLEngine off
Kontext: server config, virtual host

Diese Direktive aktiviert das SSL/TLS-Protokoll. Sie wird normalerweise im <VirtualHost>-Abschnitt gesetzt, um das SSL/TLS-Protokoll für einen bestimmten virtuellen Host zu aktivieren. Standardmäßig ist das SSL/TLS-Protokoll sowohl für den Hauptserver als auch für alle virtuellen Hosts deaktiviert.

Beispiel

```
<VirtualHost _default_:443>
SSLEngine on
...
</VirtualHost>
```

SSLMutex

Beschreibung:	Semaphor für den internen gegenseitigen Ausschluss von Operationen
Syntax:	`SSLMutex Typ`
Default:	`SSLMutex none`
Kontext:	server config

Konfiguriert das Semaphor der SSL-Engine (auch Sperre genannt), das für den gegenseitigen Ausschluss von Operationen, die synchronisiert zwischen den Pre-Fork-Serverprozessen erfolgen müssen. Diese Direktive kann nur im Kontext des globalen Servers benutzt werden, weil nur ein globaler Mutex sinnvoll ist. Ihr Design orientiert sich an der `AcceptMutex`-Direktive.

Die folgenden Mutextypen stehen zur Verfügung:

- `none | no`

  Dies entspricht der Voreinstellung, nach der kein Mutex verwendet wird. Sie birgt ein gewisses Risiko in sich. Da aber zurzeit der Mutex hauptsächlich für die Synchronisierung des Schreibzugriffs auf den SSL-Session-Cache benutzt wird, kommt man auch ohne ihn aus, wenn gelegentliche Session-Cache-Probleme in Kauf genommen werden. Daher ist es nicht ratsam, diese Voreinstellung beizubehalten. Es sollte vielmehr ein realer Mutex eingerichtet werden.

- `posixsem`

  Dies ist eine elegante Mutexvariante, bei der falls möglich ein POSIX-Semaphor verwendet wird. Sie kann nur gewählt werden, wenn sie vom Betriebssystem und APR unterstützt wird.

- `sysvsem`

  Bei dieser nicht ganz so eleganten Mutexvariante wird möglichst ein SystemV-IPC-Semaphor verwendet. SysV-Semaphore können »geleert« werden, wenn ein Prozess abstürzt, bevor das Semaphor entfernt wird. Sie kann nur gewählt werden, wenn sie vom Betriebssystem und APR unterstützt wird.

- `sem`

  Diese Direktive weist das SSL-Modul an, die »geeignetste« Semaphorenimplementierung auszuwählen (in der Reihenfolge POSIX oder SystemV IPC). Sie kann nur gewählt werden, wenn das Betriebssystem und APR mindestens eine von ihnen unterstützen.

- `pthread`

  Diese Direktive weist das SSL-Modul an, POSIX-Thread-Mutexe zu verwenden. Sie kann nur benutzt werden, wenn das Betriebssystem und APR sie unterstützen.

- `fcntl:/Pfad/zum/Mutex`

  Dies ist eine portierbare Mutexvariante, bei der eine Sperrdatei und die `fcntl()`-Funktion als Mutex dienen. Für `/Pfad/zum/Mutex` muss immer ein lokales Dateisystem und niemals eine Datei auf einem eingebundenen NFS- oder AFS-Dateisystem benutzt werden. Sie steht nur zur Verfügung, wenn sie vom Betriebssystem und APR unterstützt wird. Hinweis: Intern wird die Prozess-ID (PID) des übergeordneten Apache-Prozesses automatisch an `/Pfad/zum/Mutex` angehängt, um Eindeutigkeit zu erreichen, so dass keine Konflikte entstehen können. Diese Art von Mutex steht unter Windows nicht zur Verfügung. Für Windows *muss* der Semaphorenmutex benutzt werden.

- `flock:/Pfad/zum/Mutex`

  Diese Variante ist mit der `fcntl:/Pfad/zum/Mutex`-Methode vergleichbar, verwendet aber die `flock()`-Funktion für Dateisperren. Sie kann nur benutzt werden, wenn das Betriebssystem und APR sie unterstützen.

- `file:/Pfad/zum/Mutex`

  Diese Direktive weist das SSL-Modul an, die »geeignetste« Semaphorenimplementierung auszuwählen (in der Reihenfolge `fcntl` oder `flock`). Sie kann nur gewählt werden, wenn das Betriebssystem und APR mindestens eine von ihnen unterstützen.

- `default | yes`

  Diese Direktive weist das SSL-Modul an, die Standardimplementierung für Dateisperren zu wählen, die vom Betriebssystem und APR festgelegt wird.

Beispiel

```
SSLMutex file:/usr/local/apache/logs/ssl_mutex
```

SSLOptions

Beschreibung:	Konfiguriert verschiedene Optionen für SSL.
Syntax:	`SSLOptions [+|-]Option ...`
Kontext:	server config, virtual host, directory, .htaccess
Override:	Options

Mit dieser Direktive können verschiedene Laufzeitoptionen auf Verzeichnisebene gesteuert werden. Sind mehrere SSL-Optionen auf ein Verzeichnis anwendbar, werden normalerweise die spezifischsten vollständig übernommen, eine Vermischung findet nicht statt. Wird aber *allen* Optionen der `SSLOptions`-Direktive ein Plus- oder Minuszeichen vorangestellt, dann werden die Optionen vermischt. Jede Option, der ein Pluszeichen vorangestellt wird, wird der Option hinzugefügt, die gerade in Kraft ist. Jede Option, der ein Minuszeichen vorangestellt wird, wird aus der Menge der gerade aktiven Optionen entfernt.

Folgende Optionen stehen zur Verfügung:

- `StdEnvVars`

  Wird diese Option aktiviert, werden die für SSL standardmäßigen CGI/SSI-Umgebungsvariablen erzeugt. Da das Extrahieren der erforderlichen Informationen sehr aufwändig ist, ist diese Option laut Vorgabe deaktiviert. Sie sollte nur für CGI- und SSI-Anfragen aktiviert werden.

- `CompatEnvVars`

  Wird diese Option aktiviert, werden zusätzliche CGI/SSI-Umgebungsvariablen für die Abwärtskompatibilität zu anderen Apache SSL-Lösungen erzeugt. Im *Abschnitt 4 »SSL/TLS-Verschlüsselung des Apache«* finden Sie weitere Informationen zu den einzelnen Variablen.

- `ExportCertData`

  Wird diese Option aktiviert, werden die CGI/SSI-Umgebungsvariablen SSL_SERVER_CERT, SSL_CLIENT_CERT und SSL_CLIENT_CERT_CHAIN n (mit n = 0,1,2,..) erzeugt. Sie enthalten die X.509-Zertifikate von Server und Client für die aktuelle HTTPS-Verbindung im PEM-Format und können in CGI-Skripten für eine weiter reichende Zertifikatprüfung benutzt werden. Darüber hinaus werden alle anderen Zertifikate der Client-Zertifikatkette zur Verfügung gestellt. Weil dadurch der für die Umgebungsvariablen benötigte Raum umfangreicher wird, muss diese Option bei Bedarf aktiviert werden.

- FakeBasicAuth

  Wird diese Option aktiviert, wird der Subject Distinguished Name (DN) des X509-Zertifikats des Clients in einen Benutzernamen für die HTTP-Basic-Authentifizierung umgewandelt, damit die standardmäßigen Apache-Authentifizierungsmethoden für die Zugriffskontrolle benutzt werden können. Der Benutzername aus dem X509-Zertifikat des Clients kann mit dem OpenSSL-Befehl openssl x509 ermittelt werden: openssl x509 -noout -subject -in Zertifikat.crt. Ein Passwort wird vom Benutzer nicht entgegengenommen. Jeder Eintrag in der Benutzerdatei benötigt das Passwort xxj31ZMTZzkVA, was die DES-verschlüsselte Version des Wortes password ist. Bei Betriebssystemen wie FreeBSD oder BSD/OS, die MD5 für die Passwortverschlüsselung verwenden, muss der MD5-Hash für das gleiche Wort benutzt werden : $1$0XLyS...$0wx8s2/m9/gfkcRVXzgoE/.

- StrictRequire

  Diese Anweisung verweigert den Zugriff, wenn mit den Direktiven SSLRequireSSL oder SSLRequire eine SSL-Verbindung vorgeschrieben wird. Normalerweise legt die Voreinstellung fest, dass bei Verwendung der Satisfy any-Direktive und bei Übergabe weiterer Zugriffsbeschränkungen die Zugriffsverweigerung infolge der SSLRequireSSL- oder SSLRequire-Anweisungen überschrieben wird (was der Funktionsweise des Satisfy-Mechanismus entspricht). Für strikte Zugriffsbeschränkungen können die Direktiven SSLRequireSSL und/oder SSLRequire in Kombination mit SSLOptions +StrictRequire benutzt werden. Satisfy Any bleibt dann wirkungslos, wenn mod_ssl den Zugriff verweigert.

- OptRenegotiate

  Bewirkt ein erneutes Aushandeln optimierter SSL-Verbindungsparameter, wenn SSL-Direktiven im Verzeichniskontext angewendet werden. Standardmäßig ist ein strenges Schema aktiviert, bei dem *jeder* neu konfigurierte SSL-Parameter für den Verzeichniskontext immer ein *vollständiges* so genanntes *SSL-Renegotiation-Handshake* auslöst. Wird diese Option gesetzt, versucht mod_ssl unnötige Handshakes über eine genauere Prüfung der Parameter zu vermeiden, was aber immer noch ziemlich sicher ist). Allerdings muss das Ergebnis nicht immer den Erwartungen entsprechen und daher sollte die Direktive nur im Verzeichniskontext benutzt werden.

Beispiel

```
SSLOptions +FakeBasicAuth -StrictRequire
<Files ~ "\.(cgi|shtml)$">
SSLOptions +StdEnvVars +CompatEnvVars -ExportCertData
<Files>
```

SSLPassPhraseDialog

Beschreibung:	Typ des Passphrasendialogs für verschlüsselte private Schlüssel
Syntax:	SSLPassPhraseDialog Typ
Default:	SSLPassPhraseDialog builtin
Kontext:	server config

Beim Apache-Start werden die verschiedenen Zertifikat- und Schlüsseldateien des virtuellen SSL-Servers gelesen (siehe »*SSLCertificateFile*«, Seite 592 und »*SSLCertificateKeyFile*«, Seite 592). Da die Dateien aus Sicherheitsgründen meist mit den privaten Schlüsseln verschlüsselt werden, muss mod_ssl vom Administrator eine Passphrase abfragen, um diese Dateien entschlüsseln zu können. Diese Abfrage kann auf zwei Arten geschehen, die nach dem Typ konfiguriert werden können:

- builtin

  Dies entspricht der Standardeinstellung, bei der beim Serverstart ein interaktives Dialogfenster geöffnet wird, bevor der Terminal getrennt wird. Der Administrator muss dann die Passphrase für jede verschlüsselte Schlüsseldatei eingeben. Da sehr viele virtuelle SSL-Hosts konfiguriert sein können, kann der Dialog mit folgendem Wiederverwendungsschema minimiert werden: Ist eine Datei mit privaten Schlüsseln verschlüsselt, werden alle bekannten Passphrasen ausprobiert (zu Beginn sind selbstverständlich keine vorhanden). Wird eine der bekannten Passphrasen anerkannt, wird für diese Schlüsseldatei kein Abfragedialogfeld geöffnet. Wird keine anerkannt, wird eine Passphrase abgefragt und für die spätere Wiederverwendung gespeichert.

  Dieses Schema bietet mod_ssl ein hohes Maß an Flexibilität (weil für n verschlüsselte private Schlüsseldateien n unterschiedliche Passphrasen verwendet werden können, die dann allerdings auch alle eingegeben werden müssen) bei gleichzeitiger Reduzierung der erforderlichen Eingaben (wird nur eine einzige Passphrase für alle n Schlüsseldateien benutzt, dann wird diese Passphrase nur einmal abgefragt).

- exec:/Pfad/zum/Programm

  Beim Serverstart wird für jede verschlüsselte private Schlüsseldatei ein externes Programm aufgerufen. Es wird mit zwei Argumenten aufgerufen, die angeben, für welchen Server und Algorithmus die entsprechende Passphrase an stdout gegeben werden soll. Das erste Argument hat die Form Servername:Portnummer, das zweite lautet entweder RSA oder DSA. Der Hintergrund ist, dass dieses externe Programm zuerst Sicherheitsüberprüfungen durchführt, um Attacken auf den Server abzuwehren. Erst nach der erfolgreichen Durchführung der Überprüfung wird die Passphrase zur Verfügung gestellt.

  Sowohl die Überprüfung als auch die Art, wie die Passphrase ermittelt wird, kann so komplex wie gewünscht sein. mod_ssl definiert lediglich die Schnittstelle: ein ausführbares Programm, das die Passphrase über stdout bereitstellt. Nicht mehr und nicht weniger. Für die Realisierung sind der Phantasie keine Grenzen gesetzt und es bleibt dem Administrator überlassen, welchen Weg er für die lokalen Sicherheitsanforderungen einschlägt.

  Auch hier wird der oben erwähnte Algorithmus für die Wiederverwendung benutzt, das externe Programm wird also nur einmal für eine bestimmte Passphrase aufgerufen.

Beispiel

```
SSLPassPhraseDialog exec:/usr/local/apache/sbin/pp-Filter
```

SSLProtocol

Beschreibung:	Aktiviert ein bestimmtes SSL-Protokoll.
Syntax:	SSLProtocol [+|-]*Protokoll* ...
Default:	SSLProtocol all
Kontext:	server config, virtual host
Override:	Options

Mit dieser Direktive kann eines der von OpenSSL unterstützten Protokolle für die Serverumgebung von mod_ssl ausgewählt werden. Die Clients können dann nur über dieses Protokoll eine Verbindung herstellen.

Die verfügbaren Protokolle sind (Groß- und Kleinschreibung sind zu unterscheiden):

- SSLv2

    Das Secure-Sockets-Layer-Protokoll (SSL) in der Version 2.0. Dies ist das ursprünglich von der Netscape Corporation entwickelte SSL-Protokoll.

- SSLv3

    Das Secure-Sockets-Layer-Protokoll (SSL) in der Version 3.0. Dieses Protokoll ist der Nachfolger von SSLv2 und der augenblickliche De-facto-Standard (Stand Februar 1999), der von der Netscape Corporation eingeführt wurde. Dieses SSL-Protokoll wird von fast allen Browsern unterstützt.

- TLSv1

    Das Transport Layer Security-Protokoll (TLS) in der Version 1.0. Dieses Protokoll ist der Nachfolger von SSLv3 und wird zurzeit (Stand Februar 1999) noch von der Internet Engineering Task Force (IETF) weiterentwickelt. Keiner der gängigen Browser unterstützt bisher dieses Protokoll.

- All

    Dies ist die Abkürzung für +SSLv2 +SSLv3 +TLSv1, mit der auf bequeme Weise alle Protokolle bis auf das Protokoll, das mit einem Minuszeichen versehen ist, aktiviert werden können.

Beispiel

```
# Aktiviert SSLv3 und TLSv1, nicht jedoch SSLv2
SSLProtocol all -SSLv2
```

SSLProxyCACertificateFile

Beschreibung:	Gibt das Verzeichnis mit den verketteten PEM-Dateien der Zertifikate der CAs für die Proxy-Server-Authentifizierung an.
Syntax:	SSLProxyCACertificateFile *Dateipfad*
Kontext:	server config, virtual host

Diese Direktive definiert die verkettete Datei mit allen Zertifikaten von Zertifizierungsinstanzen (CA) für die Remote-Server. Mit ihnen wird die Remote-Server-Authentifizierung durchgeführt. Diese Datei ist eine Verkettung der unterschiedlichen PEM-Zertifikatdateien in der Reihenfolge ihrer Priorität. Die Direktive kann alternativ und/oder zusätzlich zur SSLProxyCACertificatePath-Direktive benutzt werden.

Beispiel

```
SSLProxyCACertificateFile /usr/local/apache2/conf/ssl.crt/ca-bundle-
remote-server.crt
```

SSLProxyCACertificatePath

Beschreibung:	Verzeichnis mit den Zertifikaten der CAs für die Authentifizierung der Remote-Server
Syntax:	SSLProxyCACertificatePath *Verzeichnis*
Kontext:	server config, virtual host

Diese Direktive gibt das Verzeichnis mit den Zertifikaten der Zertifizierungsinstanzen für Remote-Server an. Sie werden für die Verifizierung der Remote-Serverzertifikate bei der Authentifizierung benutzt.

Bei den Dateien in diesem Verzeichnis muss es sich um PEM-Dateien handeln. Der Zugriff erfolgt über einen Hashwert. Daher können normalerweise keine CLR-Dateien in diesem Verzeichnis abgelegt werden. Vielmehr müssen symbolische Links mit der Bezeichnung *Hashwert*.N erzeugt werden. Ferner sollte immer dafür gesorgt werden, dass das Verzeichnis die entsprechenden symbolischen Links enthält. Diese Aufgabe kann mit dem zu mod_ssl gehörenden Programm Makefile erledigt werden.

Beispiel

```
SSLProxyCACertificatePath /usr/local/apache2/conf/ssl.crt/
```

SSLProxyCARevocationFile

Beschreibung:	Verkettung der PEM-Dateien mit CA-Certificate Revocation-Listen (CRLs) für die Remote-Server-Authentifizierung
Syntax:	SSLProxyCARevocationFile *Dateipfad*
Kontext:	server config, virtual host

Diese Direktive definiert die verkettete Datei mit allen Certificate-Revocation-Listen (CRLs) von Zertifizierungsinstanzen (CAs, Certification Authorities) für die Remote-Server. Sie werden für die Authentifizierung benutzt. Diese Datei ist eine Verkettung der unterschiedlichen CLR-Dateien (PEM-Format) in der Reihenfolge ihrer Priorität. Die Direktive kann alternativ und/oder zusätzlich zur SSLCAPath-Direktive benutzt werden.

Beispiel

```
SSLProxyCARevocationFile /usr/local/apache2/conf/ssl.crl/ca-bundle-
remote-server.crl
```

SSLProxyCARevocationPath

Beschreibung:	Gibt das Verzeichnis der PEM-Dateien mit CA-Certificate-Revocation-Listen (CRLs) an.
Syntax:	SSLProxyCARevocationPath *Verzeichnis*
Kontext:	server config, virtual host

Diese Direktive gibt das Verzeichnis mit den Certificate-Revocation-Listen (CRLs) der Zertifizierungsinstanzen für die Remote-Server an. Mit ihnen werden Serverzertifikate für die

Authentifizierung widerrufen. Bei den Dateien in diesem Verzeichnis muss es sich um PEM-Dateien handeln. Der Zugriff erfolgt über einen Hashwert. Daher können normalerweise keine CLR-Dateien in diesem Verzeichnis abgelegt werden. Vielmehr müssen symbolische Links mit der Bezeichnung *Hashwert*.rN erzeugt werden. Ferner sollte immer dafür gesorgt werden, dass das Verzeichnis die entsprechenden symbolischen Links enthält. Diese Aufgabe kann mit dem zu mod_ssl gehörenden Programm Makefile erledigt werden.

Beispiel

```
SSLProxyCARevocationPath /usr/local/apache2/conf/ssl.crl/
```

SSLProxyCipherSuite

Beschreibung:	Auswahl der kryptografischen Algorithmen bei der Aushandlung des SSL-Proxy-Handshakes
Syntax:	SSLProxyCipherSuite *Spezifikation*
Default:	SSLProxyCipherSuite ALL:!ADH:RC4 +RSA:+HIGH:+MEDIUM:+LOW:+SSLv2:+EXP
Kontext:	server config, virtual host, directory, .htaccess
Override:	AuthConfig

Dieses Modul ist das Äquivalent von SSLCipherSuite für Proxy-Verbindungen. Weitere Informationen finden Sie unter SSLCipherSuite.

SSLProxyEngine

Beschreibung:	Aktiviert das SSL/TLS-Protokoll.
Syntax:	SSLProxyEngine on | off
Default:	SSLProxyEngine off
Kontext:	server config, virtual host

Diese Direktive aktiviert das SSL/TLS-Protokoll für den Proxy-Server. Sie wird normalerweise im <VirtualHost>-Abschnitt gesetzt, um das SSL/TLS-Protokoll für einen bestimmten virtuellen Proxy-Host zu aktivieren. Standardmäßig ist das SSL/TLS-Protokoll sowohl für die Proxy-Funktion des Hauptservers als auch für die virtuellen Hosts deaktiviert.

Beispiel

```
<VirtualHost _default_:443>
SSLProxyEngine on
...
</VirtualHost>
```

SSLProxyMachineCertificateFile

Beschreibung:	Verkettete PEM-Datei mit Zertifikaten der CAs für Proxy-Server-Clients
Syntax:	SSLProxyMachineCertificateFile *Dateiname*
Kontext:	server config
Override:	nicht anwendbar

Diese Direktive definiert die verkettete Datei mit allen Zertifikaten von Zertifizierungsinstanzen (CA) für die Authentifizierung der Clients durch den Proxy-Server. Die Direktive kann alternativ und/oder zusätzlich zur SSLProxyMachineCertificatePath-Direktive benutzt werden.

Beispiel:

```
SSLProxyMachineCertificateFile /usr/local/apache2/conf/ssl.crt/
```

SSLProxyMachineCertificatePath

Beschreibung:	Gibt das Verzeichnis mit den PEM-Dateien der Zertifikate der CAs für die Client-Authentifizierung durch den Proxy an.
Syntax:	SSLProxyMachineCertificatePath *directory*
Kontext:	server config
Override:	nicht anwendbar

Diese Direktive gibt das Verzeichnis an, in dem sich die Zertifikate der Zertifizierungsinstanzen (CAs, Certification Authorities) für die Proxy-Clients befinden, mit denen sich der Proxy ausweist.

Bei den Dateien in diesem Verzeichnis muss es sich um PEM-Dateien handeln. Der Zugriff erfolgt über einen Hashwert. Daher können normalerweise keine Zertifikatdateien in diesem Verzeichnis abgelegt werden. Vielmehr müssen symbolische Links mit der Bezeichnung Hashwert.N erzeugt werden. Ferner sollte immer dafür gesorgt werden, dass das Verzeichnis die entsprechenden symbolischen Links enthält. Diese Aufgabe kann mit dem zu mod_ssl gehörenden Programm Makefile erledigt werden.

Beispiel:

```
SSLProxyMachineCertificatePath /usr/local/apache2/conf/ssl.crt/
```

SSLProxyProtocol

Beschreibung:	Aktiviert ein bestimmtes SSL-Protokoll.
Syntax:	SSLProxyProtocol [+|-]*Protokoll* ...
Default:	SSLProxyProtocol all
Kontext:	server config, virtual host
Override:	Options

Mit dieser Direktive kann eines der von OpenSSL unterstützten Protokolle für die Proxy-Serverumgebung von mod_ssl ausgewählt werden. Verbindungen können dann nur über dieses Protokoll hergestellt werden.

Weitere Informationen finden Sie unter SSLProtocol.

SSLProxyVerify

Beschreibung:	Stufe der Zertifikatverifikation durch den Remote-Server
Syntax:	SSLProxyVerify *Stufe*
Default:	SSLProxyVerify none
Kontext:	server config, virtual host, directory, .htaccess
Override:	AuthConfig

Diese Direktive legt die Stufe für die Zertifikatverifikation bei der Client-Authentifizierung durch den entfernten Server fest. Sie kann global oder im Verzeichniskontext benutzt werden. Global bezieht sie sich auf die Client-Authentifizierung beim standardmäßigen SSL-Handshake für den Verbindungsaufbau. Im Verzeichniskontext erzwingt sie nach dem Lesen der HTTP-Anfrage, aber vor dem Senden der HTTP-Antwort ein neues Aushandeln mit der neu konfigurierten Verifikationsstufe.

Folgende *Stufen* stehen zur Verfügung:

- none: Kein Zertifikat des entfernten Servers erforderlich.
- optional: Der entfernte Server *kann* ein gültiges Zertifikat vorlegen.
- require: Der entfernte Server *muss* ein gültiges Zertifikat vorlegen.
- optional_no_ca: Der entfernte Server kann ein gültiges Zertifikat vorlegen, das jedoch nicht erfolgreich verifiziert werden muss.

Für die Praxis sind nur die Stufen none und require von Interesse, weil die Stufe optional nicht mit allen Browsern funktioniert und die Stufe optional_no_ca dem Sinn der Autentifizierung widerspricht (sie kann aber für Testzwecke benutzt werden).

Beispiel

```
SSLProxyVerify require
```

SSLProxyVerifyDepth

Beschreibung:	Maximale Anzahl der Zertifikate von CAs bei der Proxy-Server-Zertifikatverifikation
Syntax:	SSLProxyVerifyDepth *Anzahl*
Default:	SSLProxyVerifyDepth 1
Kontext:	server config, virtual host, directory, .htaccess
Override:	AuthConfig

Diese Direktive legt fest, bis zu welcher Tiefe das Modul mod_ssl die Zertifikatüberprüfung durchführen soll, bevor entschieden wird, dass der entfernte Server kein gültiges Zertifikat besitzt. Diese Direktive kann sowohl im Serverkontext als auch im Verzeichniskontext benutzt werden. Im Serverkontext wird sie für die Client-Authentifizierung beim standardmäßigen SSL-Handshake für den Verbindungsaufbau benutzt. Im Verzeichniskontext erzwingt sie nach dem Lesen der Anfrage und vor dem Versenden der Antwort ein erneutes Aushandeln mit der neu konfigurierten Tiefe für die Client-Verifikation.

Die Tiefe entspricht der maximalen Anzahl der dazwischen liegenden Zertifikate, das heißt der Anzahl der erlaubten CA-Zertifikate zwischen dem Proxy-Zertifikat und dem Zertifikat, das dem Server bekannt ist. Die Anzahl 0 bedeutet, dass nur selbst signierte Server-Zertifikate akzeptiert werden. Die Voreinstellung 1 bedeutet, dass das Server-Zertifikat selbst signiert sein kann oder von einer CA signiert sein muss, die dem Server unmittelbar bekannt ist (das heißt, das CA-Zertifikat befindet sich im mit der Direktive SSLCACertificatePath angegebenen Verzeichnis).

Beispiel

```
SSLProxyVerifyDepth 10
```

SSLRandomSeed

Beschreibung:	Auswahl des Pseudo-Random-Number-Generators (PRNG) für die Zufallszahlen
Syntax:	`SSLRandomSeed Kontext Quelle [Byte]`
Kontext:	server config

Konfiguriert eine oder mehrere Quellen für die von OpenSSL benötigten Zufallszahlen beim Start (der `Kontext = startup`) und/oder unmittelbar bevor eine neue SSL-Verbindung eingerichtet wird (*Kontext* = `connect`). Diese Direktive kann nur im globalen Serverkontext verwendet werden, da der PRNG ein globales Programm ist.

Folgende Varianten stehen zur Verfügung:

- `builtin`

    Diese Quelle steht immer zur Verfügung. Sie benötigt für die Ausführung nur ein Minimum an CPU-Zeit und ist daher problemlos einzusetzen. Die erzeugte Pseudo-Zufallszahl basiert auf der aktuellen Zeit, der Prozess-ID und einem zufällig ausgewählten ein KByte großen Auszug aus der Apache-Scoreboard-Struktur (falls verfügbar). Da es sich nicht um starke Zufallszahlen handelt und beim Start die Entropie niedrig ist (die Scoreboard-Struktur steht noch nicht zur Verfügung), sollte zumindest für den Start eine andere Quelle gewählt werden.

- `file:/Pfad/zur/Quelle`

    Bei dieser Variante wird eine Datei (`/Pfad/zur/Quelle`) als Quelle für den PRNG gewählt. Wird das Argument `Byte` angegeben, bilden die ersten Bytes der Datei in der angegebenen Anzahl die Entropie (`Byte` wird als erstes Argument an die Quelle übergeben). Wird das Argument `Byte` nicht angegeben, bildet die gesamte Datei die Grundlage für die Entropie (in diesem Fall wird 0 als erstes Argument an die Quelle übergeben). Diese Variante sollte mit einem vorhandenen Random-Device aus dem System (zum Beispiel mit `/dev/random` und/oder `/dev/urandom`) für den Start gewählt werden.

    Allerdings ist Vorsicht geboten, denn normalerweise liefert `/dev/random` nur so viele Entropiedaten, wie tatsächlich vorhanden sind. Werden 512 Byte angefordert und es stehen nur 100 Byte zur Verfügung, dann kann sich das unterschiedlich auswirken. Bei einigen Betriebssystemen werden nur die 100 verfügbaren Bytes geliefert, während bei anderen das Lesen so lange blockiert wird, bis genügend Bytes zur Verfügung stehen (was sehr lange dauern kann). Hier empfiehlt sich der Umstieg auf `/dev/urandom`, weil es nie blockiert wird und die angeforderten Daten im entsprechenden Umfang liefert (deren Qualität allerdings nicht immer zufrieden stellend ist).

    Bei einigen Betriebssystem wie zum Beispiel FreeBSD kann sogar gesteuert werden, wie die Entropie erzeugt wird, das heißt, welche System-Interrupts benutzt werden. Mehr hierzu finden Sie in der Dokumentation des entsprechenden Betriebssystems unter *rndcontrol(8)*. Besitzt das Betriebssystem ein solches Random-Device nicht, kann alternativ der EGD (Entropy Gathering Daemon, siehe http://www.lothar.com/tech/crypto) und dessen Client-Programm mit der `exec:/Pfad/zum/Programm/`-Variante oder `egd:/Pfad/zu/egd-socket` (siehe unten) benutzt werden.

- `exec:/Pfad/zum/Programm`

    Bei dieser Variante wird ein ausführbares externes Programm (`/Pfad/zum/Programm`) als Quelle für den PRNG benutzt. Wird das Argument `Byte` angegeben, wird nur die Anzahl der angegebenen Bytes aus `stdout` für die Entropie verwendet. Wird das Argument nicht angegeben, bilden alle für `stdout` produzierten Daten die Entropie. Diese Variante sollte nur für den Start gewählt werden, wenn mit Hilfe externer Programme eine sehr starke Zufallszahl benötigt wird (wie beispielsweise oben mit dem `truerand`-Programm aus der `mod_ssl`-Distribution, das auf der `truerand`-Bibliothek von AT&T basiert). In Verbindung mit dem `connection`-Kontext wird der Server dadurch allerdings deutlich langsamer, daher sollten externe Programme in diesem Zusammenhang möglichst nicht eingesetzt werden.

- `egd:/Pfad/zu/egd-socket` (nur für UNIX)

  Bei dieser Variante wird das Domain Socket des externen Entropy Gathering Daemon (EGD) (siehe http://www.lothar.com/tech/crypto/) für den PRNG verwendet. Sie bietet sich an, wenn das Betriebssystem kein Random Device zur Verfügung stellt.

Beispiel

```
SSLRandomSeed startup builtin
SSLRandomSeed startup file:/dev/random
SSLRandomSeed startup file:/dev/urandom 1024
SSLRandomSeed startup exec:/usr/local/bin/truerand 16
SSLRandomSeed connect builtin
SSLRandomSeed connect file:/dev/random
SSLRandomSeed connect file:/dev/urandom 1024
```

SSLRequire

Beschreibung:	Zugriff wird nur gewährt, wenn ein Boolescher Ausdruck erfüllt ist.
Syntax:	`SSLRequire Ausdruck`
Kontext:	directory, .htaccess
Override:	AuthConfig

Mit dieser Direktive wird eine allgemeine Bedingung für den Zugriff angegeben, die erfüllt sein muss. Sie ist sehr wirkungsvoll, weil die Spezifikation der Bedingung ein beliebig komplexer Boolescher Ausdruck mit einer beliebigen Anzahl von Überprüfungen der Zugriffsrechte sein kann.

Der `Ausdruck` muss folgender Syntax entsprechen (BNF-Notation):

```
expr      ::= "true" | "false"
            | "!" expr
            | expr "&&" expr
            | expr "||" expr
            | "(" expr ")"
            | comp

comp      ::= word "==" word | word "eq" word
            | word "!=" word | word "ne" word
```

```
              | word "<" word  | word "lt" word
              | word "<=" word | word "le" word
              | word ">" word  | word "gt" word
              | word ">=" word | word "ge" word
              | word "in" "{" wordlist "}"
              | word "=~" regex
              | word "!~" regex

wordlist  ::= word
              | wordlist "," word

word      ::= digit
              | cstring
              | variable
              | function

digit     ::= [0-9]+
cstring   ::= "..."
variable  ::= "%{" VarName "}"
function  ::= funcname "(" funcargs ")"
```

Für VarName kann jede Variable aus der nachfolgenden Tabelle benutzt werden.

Standard-CGI/1.0- und Apache-Variablen:

HTTP_USER_AGENT	PATH_INFO	AUTH_TYPE
HTTP_REFERER	QUERY_STRING	SERVER_SOFTWARE
HTTP_COOKIE	REMOTE_HOST	API_VERSION
HTTP_FORWARDED	REMOTE_IDENT	TIME_YEAR
HTTP_HOST	IS_SUBREQ	TIME_MON
HTTP_PROXY_CONNECTION	DOCUMENT_ROOT	TIME_DAY
HTTP_ACCEPT	SERVER_ADMIN	TIME_HOUR
HTTP:headername	SERVER_NAME	TIME_MIN
THE_REQUEST	SERVER_PORT	TIME_SEC
REQUEST_METHOD	SERVER_PROTOCOL	TIME_WDAY
REQUEST_SCHEME	REMOTE_ADDR	TIME
REQUEST_URI	REMOTE_USER	ENV:variablename
REQUEST_FILENAME		

SSL-Variablen:

HTTPS	SSL_CLIENT_M_VERSION	SSL_SERVER_M_VERSION
	SSL_CLIENT_M_SERIAL	SSL_SERVER_M_SERIAL
SSL_PROTOCOL	SSL_CLIENT_V_START	SSL_SERVER_V_START
SSL_SESSION_ID	SSL_CLIENT_V_END	SSL_SERVER_V_END
SSL_CIPHER	SSL_CLIENT_S_DN	SSL_SERVER_S_DN
SSL_CIPHER_EXPORT	SSL_CLIENT_S_DN_C	SSL_SERVER_S_DN_C
SSL_CIPHER_ALGKEYSIZE	SSL_CLIENT_S_DN_ST	SSL_SERVER_S_DN_ST
SSL_CIPHER_USEKEYSIZE	SSL_CLIENT_S_DN_L	SSL_SERVER_S_DN_L
SSL_VERSION_LIBRARY	SSL_CLIENT_S_DN_O	SSL_SERVER_S_DN_O
SSL_VERSION_INTERFACE	SSL_CLIENT_S_DN_OU	SSL_SERVER_S_DN_OU
	SSL_CLIENT_S_DN_CN	SSL_SERVER_S_DN_CN
	SSL_CLIENT_S_DN_T	SSL_SERVER_S_DN_T
	SSL_CLIENT_S_DN_I	SSL_SERVER_S_DN_I
	SSL_CLIENT_S_DN_G	SSL_SERVER_S_DN_G
	SSL_CLIENT_S_DN_S	SSL_SERVER_S_DN_S
	SSL_CLIENT_S_DN_D	SSL_SERVER_S_DN_D
	SSL_CLIENT_S_DN_UID	SSL_SERVER_S_DN_UID
	SSL_CLIENT_S_DN_Email	SSL_SERVER_S_DN_Email
	SSL_CLIENT_I_DN	SSL_SERVER_I_DN
	SSL_CLIENT_I_DN_C	SSL_SERVER_I_DN_C
	SSL_CLIENT_I_DN_ST	SSL_SERVER_I_DN_ST
	SSL_CLIENT_I_DN_L	SSL_SERVER_I_DN_L
	SSL_CLIENT_I_DN_O	SSL_SERVER_I_DN_O
	SSL_CLIENT_I_DN_OU	SSL_SERVER_I_DN_OU
	SSL_CLIENT_I_DN_CN	SSL_SERVER_I_DN_CN
	SSL_CLIENT_I_DN_T	SSL_SERVER_I_DN_T
	SSL_CLIENT_I_DN_I	SSL_SERVER_I_DN_I
	SSL_CLIENT_I_DN_G	SSL_SERVER_I_DN_G
	SSL_CLIENT_I_DN_S	SSL_SERVER_I_DN_S
	SSL_CLIENT_I_DN_D	SSL_SERVER_I_DN_D
	SSL_CLIENT_I_DN_UID	SSL_SERVER_I_DN_UID
	SSL_CLIENT_I_DN_Email	SSL_SERVER_I_DN_Email
	SSL_CLIENT_A_SIG	SSL_SERVER_A_SIG
	SSL_CLIENT_A_KEY	SSL_SERVER_A_KEY
	SSL_CLIENT_CERT	SSL_SERVER_CERT
	SSL_CLIENT_CERT_CHAIN n	
	SSL_CLIENT_VERIFY	

Für funcname steht folgende Funktion zur Verfügung:

- file(Dateiname)

Diese Funktion übernimmt eine Zeichenfolge als Argument, um den Inhalt der Datei mit der Variablen zu vergleichen, was sich besonders für einen Vergleich mit regulären Ausdrücken eignet.

Beispiel

```
SSLRequire (%{SSL_CIPHER} !~ m/^(EXP|NULL)-/ \
und %{SSL_CLIENT_S_DN_O} eq "Snake Oil, Ltd." \
und %{SSL_CLIENT_S_DN_OU} in {"Staff", "CA", "Dev"} \
und %{TIME_WDAY} >= 1 und %{TIME_WDAY} <= 5 \
und %{TIME_HOUR} >= 8 und %{TIME_HOUR} <= 20  ) \
oder %{REMOTE_ADDR} =~ m/^192\.76\.162\.[0-9]+$/
```

SSLRequireSSL

Beschreibung:	Der Zugriff wird verweigert, wenn SSL nicht für die HTTP-Anfrage benutzt wird.
Syntax:	SSLRequireSSL
Kontext:	directory, .htaccess
Override:	AuthConfig

Diese Direktive lässt einen Zugriff nur dann zu, wenn HTTP über SSL (HTTPS) für die aktuelle Verbindung aktiviert wurde. Das ist ganz praktisch für die Vermeidung von Konfigurationsfehlern bei virtuellen SSL-Hosts oder Verzeichnissen, die eigentlich geschützte Inhalte unverschlüsselt freigeben. Wurde diese Option gesetzt, werden alle Anfragen abgewiesen, die nicht SSL verwenden.

Beispiel

```
SSLRequireSSL
```

SSLSessionCache

Beschreibung:	Typ des globalen und prozessübergreifenden SSL-Session-Cache
Syntax:	SSLSessionCache Typ
Default:	SSLSessionCache none
Kontext:	server config

Legt den Typ des globalen und prozessübergreifenden SSL-Session-Cache fest. Dieser Cache ist optional. Er beschleunigt die parallele Prozessverarbeitung. Bei Anfragen nach dem gleichen Serverprozess (über den HTTP-Header KeepAlive) speichert OpenSSL die SSL-Session-Informationen lokal. Da die neueren Clients eingebettete Bilder und andere Daten über parallele Anfragen anfordern (normalerweise bis zu vier parallele Anfragen), werden diese Anfragen von *unterschiedlichen* Pre-Fork-Serverprozessen bedient. Ein prozessübergreifender Cache kann in dieser Situation den unnötigen Austausch kompletter Session-Handshakes vermeiden.

Zurzeit werden zwei Speichertypen unterstützt:

- none

  Dies entspricht der Standardeinstellung, die den globalen und prozessübergreifenden Session-Cache deaktiviert. Dadurch wird zwar nicht die Funktionalität, wohl aber die Geschwindigkeit beeinträchtigt.

- dbm:/Pfad/zu/datafile

  Bei dieser Einstellung wird der OpenSSL-Cache der Serverprozesse mit einer DBM-Hash-Datei synchronisiert. Durch die etwas reduzierte Anzahl der I/O-Operationen wird die Bearbeitung der Client-Anfragen spürbar beschleunigt, so dass dieser Speichertyp zu empfehlen ist.

- shm:/Pfad/zu/Datendatei[(Größe)]

  Bei dieser Einstellung werden die lokalen OpenSSL-Cache-Operationen der Serverprozesse mit einer hochleistungsfähigen Hash-Tabelle (die Größe entspricht ungefähr dem mit *Größe* angegebenen Wert) in einem Shared-Memory-Segment im RAM synchronisiert (eingerichtet über /Pfad/zu/Datendatei). Dieser Speichertyp steht nicht für alle Betriebssysteme zur Verfügung.

Beispiele

```
SSLSessionCache dbm:/usr/local/apache/logs/ssl_gcache_data
SSLSessionCache shm:/usr/local/apache/logs/ssl_gcache_data(512000)
```

SSLSessionCacheTimeout

Beschreibung:	Wie lange eine Session maximal im Session-Cache gespeichert wird (in Sekunden).
Syntax:	SSLSessionCacheTimeout *Sekunden*
Default:	SSLSessionCacheTimeout 300
Kontext:	server config, virtual host

Diese Direktive legt den maximalen Zeitraum in Sekunden fest, über den Informationen im globalen und prozessübergreifenden SSL-Session-Cache und im internen OpenSSL-Cache aufbewahrt werden. Für Testzwecke kann ein Wert von 15 Sekunden gesetzt werden, für den alltäglichen Einsatz sollte er deutlich höher liegen.

Beispiel

```
SSLSessionCacheTimeout 600
```

SSLVerifyClient

Beschreibung:	Legt die Stufe der Client-Zertifikatverifikation fest.
Syntax:	SSLVerifyClient *Stufe*
Default:	SSLVerifyClient none
Kontext:	server config, virtual host, directory, .htaccess
Override:	AuthConfig

Diese Direktive legt die Stufe für die Zertifikatverifikation bei der Client-Authentifizierung fest. Sie kann global oder im Verzeichniskontext benutzt werden. Global bezieht sie sich auf die Client-Authentifizierung beim standardmäßigen SSL-Handshake für den Verbindungsaufbau. Im Verzeichniskontext erzwingt sie nach dem Lesen der HTTP-Anfrage, aber vor dem Senden der HTTP-Antwort ein neues Aushandeln mit der neu konfigurierten Verifikationsstufe.

Folgende *Stufen* stehen zur Verfügung:

- `none`: Es ist kein Client-Zertifikat erforderlich.
- `optional`: Der Client *kann* ein gültiges Zertifikat vorlegen.
- `require`: Der Client *muss* ein gültiges Zertifikat vorlegen.
- `optional_no_ca`: Der Client kann ein gültiges Zertifikat vorlegen, das jedoch nicht erfolgreich verifiziert werden muss.

Für die Praxis sind nur die Stufen `none` und `require` von Interesse, weil die Stufe `optional` nicht mit allen Browsern funktioniert und die Stufe `optional_no_ca` dem Sinn der Authentifizierung widerspricht (sie kann aber für Testzwecke benutzt werden).

Beispiel

```
SSLVerifyClient require
```

SSLVerifyDepth

Beschreibung:	Maximale Anzahl der Zertifikate von CAs bei der Client-Zertifikatverifikation
Syntax:	`SSLVerifyDepth Anzahl`
Default:	`SSLVerifyDepth 1`
Kontext:	server config, virtual host, directory, .htaccess
Override:	AuthConfig

Diese Direktive legt fest, bis zu welcher Tiefe das Modul `mod_ssl` die Zertifikatüberprüfung durchführen soll, bevor entschieden wird, dass der Client kein gültiges Zertifikat besitzt. Diese Direktive kann sowohl im Serverkontext als auch im Verzeichniskontext benutzt werden. Im Serverkontext wird sie für die Client-Authentifizierung beim standardmäßigen SSL-Handshake für den Verbindungsaufbau benutzt. Im Verzeichniskontext erzwingt sie nach dem Lesen der Anfrage und vor dem Versenden der Antwort ein erneutes Aushandeln mit der neu konfigurierten Tiefe für die Client-Verifikation.

Die Tiefe entspricht der maximalen Anzahl der dazwischen liegenden Zertifikate, das heißt, der Anzahl der erlaubten CA-Zertifikate zwischen dem Client-Zertifikat und dem Zertifikat, das dem Server bekannt ist. Die Anzahl 0 bedeutet, dass nur selbst signierte Client-Zertifikate akzeptiert werden. Die Voreinstellung 1 bedeutet, dass das Client-Zertifikat selbst signiert sein kann oder von einer CA signiert sein muss, die dem Server unmittelbar bekannt ist (das heißt, das CA-Zertifikat befindet sich im mit der Direktive `SSLCACertificatePath` angegebenen Verzeichnis).

Beispiel

```
SSLVerifyDepth 10
```

9.5.50 mod_status

Beschreibung:	Liefert Informationen über Serveraktivitäten und Auslastung.
Status:	Base
Quelldatei:	mod_status.c
Modulkennung:	status_module

Mit dem Status-Modul kann sich der Administrator einen Überblick über die Serverleistung verschaffen. Es zeigt eine HTML-Seite mit einer übersichtlichen aktuellen Serverstatistik an. Bei Bedarf wird die Seite automatisch aktualisiert (bei kompatiblen Browsern). Eine andere Seite liefert eine einfache Liste des aktuellen Serverstatus in maschinenlesbarer Form.

Folgende Informationen werden angezeigt:

- Die Anzahl der aktiven Prozesse
- Die Anzahl der freien Prozesse
- Der Status der einzelnen Prozesse, die Anzahl der von ihnen bedienten Anfragen sowie die Anzahl der gesendeten Bytes (*)
- Die Anzahl aller Zugriffe und der gelieferten Bytes (*)
- Der Zeitpunkt des Serverstarts/Neustarts und die seitdem vergangene Zeit
- Die durchschnittliche Anzahl der Anfragen pro Sekunde, die Anzahl der pro Sekunde gelieferten Bytes und die durchschnittliche Anzahl der Bytes pro Anfrage (*)
- Der aktuelle Anteil der einzelnen Prozesse sowie der Gesamtanteil an der CPU-Auslastung (*)
- Die aktuell bedienten Hosts und Anfragen (*)

Für die mit einem Sternchen gekennzeichneten (*) Angaben muss eine Compileroption angegeben werden, weil der Apache standardmäßig nicht über das dafür benötigte Instrumentarium verfügt.

Aktivierung der Statusinformationen

Mit folgendem Zusatz in der Konfigurationsdatei `httpd.conf` werden die Statusinformationen für Browser der Domäne `foo.com` aktiviert:

```
<Location /server-status>
SetHandler server-status

Order Deny,Allow
Deny from all
Allow from .foo.com
</Location>
```

Jetzt kann mit einem Webbrowser auf die Seite `http://Ihr.Server.name/server-status` zugegriffen werden.

Hinweis

Das Modul *mod_status* funktioniert nur, wenn der Apache im Standalone-Modus und nicht im inetd-Modus ausgeführt wird.

Automatische Aktualisierung

Die Statusinformationen werden automatisch aktualisiert, wenn der Browser den Aufruf `http://your.server.name/server-status?refresh=n` für eine Aktualisierung alle n-Sekunden unterstützt. Wird =n weggelassen, erfolgt die Aktualisierung jede Sekunde.

Einfacher Browser

Werden die Statusinformationen über die Adresse `http://your.server.name/server-status?notable` abgerufen, werden die Informationen ohne HTML-Tabelle angezeigt. Diese Option ist für Browser bestimmt, die keine HTML-Tabellen unterstüzen.

Maschinenlesbare Statusdatei

Eine maschinenlesbare Version der Statusdatei steht über die URL `http://your.server.name/server-status?auto` zur Verfügung. Diese Variante ist für die automatische Ausführung nützlich. Beachten Sie in diesem Zusammenhang das Perl-Programm `log_server_status` aus dem Apache-Verzeichnis /support.

> **Achtung**
>
> Wird das Modul *mod_status* mit dem Server kompiliert, stehen dessen Möglichkeiten in allen Konfigurationsdateien zur Verfügung, auch in den Dateien für den Verzeichniskontext (.htaccess). Das kann sich auf Sicherheitsaspekte auswirken.

ExtendedStatus

Beschreibung:	Aufzeichnung erweiterter Statusinformationen für jede Anfrage
Syntax:	ExtendedStatus On | Off
Default:	ExtendedStatus Off
Kontext:	server config
Kompatibilität:	Diese Option steht seit der Apache-Version 1.3.2 zur Verfügung.

Diese Option betrifft den gesamten Server und kann nicht für virtuelle Hosts aktiviert oder deaktiviert werden. Das Zusammenstellen der erweiterten Informationen kann den Server verlangsamen.

9.5.51 mod_suexec

Beschreibung:	Ermöglicht die Ausführung von CGI-Skripten unter einer bestimmten Benutzer- und Gruppen-ID.
Status:	Erweiterung
Quelldatei:	mod_suexec.c
Modulkennung:	suexec_module
Kompatibilität:	Seit Version 2.0

Dieses Modul erlaubt in Verbindung mit dem `suexec`-Programm die Ausführung von CGI-Skripten über einen angegebenen Benutzer und eine angegebene Gruppe.

Siehe auch: *2.18 »Der suEXEC-Wrapper«*

SuexecUserGroup

Beschreibung:	Benutzer- und Gruppenrechte für CGI-Programme
Syntax:	SuexecUserGroup *Benutzer Gruppe*
Kontext:	server config, virtual host
Kompatibilität:	Seit Version 2.0

Mit der `SuexecUserGroup`-Direktive werden ein Benutzer und eine Gruppe für die Ausführung von CGI-Programmen angegeben. Andere Anfragen werden weiterhin unter dem mit der User-Direktive angegebenen Benutzer ausgeführt. Die Direktive ersetzt die Apache-1.3-Konfiguration mit Benutzer- und Gruppendirektiven innerhalb des Abschnitts `Virtual-Hosts`.

Beispiel

```
SuexecUserGroup nobody nogroup
```

9.5.52 mod_unique_id

Beschreibung:	Stellt eine Umgebungsvariable mit einer eindeutigen Bezeichnung für jede Anfrage zur Verfügung.
Status:	Erweiterung
Quelldatei:	mod_unique_id.c
Modulkennung:	unique_id_module

Dieses Modul stellt eine Umgebungsvariable mit einer Bezeichnung für jede Anfrage zur Verfügung, die unter bestimmten Bedingungen für jede Anfrage eindeutig ist. Diese Bezeichnung ist auch für unterschiedliche Rechner eines entsprechend konfigurierten Clusters eindeutig. Die Umgebungsvariable `UNIQUE_ID` wird für jede Anfrage gesetzt. Eindeutige Bezeichnungen sind für verschiedene Zwecke nützlich, deren Beschreibung an dieser Stelle zu weit führen würde.

Hintergrund

Beginnen wir mit einer kurzen Zusammenfassung der Funktionsweise des Apache-Servers unter UNIX. (Unter Windows NT wird dieses Modul nicht unterstützt.) Auf UNIX-Rechnern erzeugt der Apache mehrere Kindprozesse, von denen jeder (die ihm zugeteilten) Anforderungen nacheinander abarbeitet. Jeder Kindprozess kann während seiner Lebensdauer mehrere Anfragen bedienen. Im Zusammenhang dieser Erläuterung wird davon ausgegangen, dass die Kindprozesse keine Daten gemeinsam nutzen. Sie werden als *HTTPD-Prozesse* bezeichnet.

Die Website operiert mit einem oder mehreren Rechnern, die in ihrer Gesamtheit als *Cluster* bezeichnet werden. Jeder Rechner kann mehrere Apache-Instanzen ausführen, die hier in ihrer Gesamtheit als *Universum* bezeichnet werden. Wir werden nachweisen, dass es unter bestimmten Voraussetzungen in diesem Universum möglich ist, eindeutige Bezeichnungen für jede Anfrage zu erzeugen, ohne dass dafür eine ausführlichere Kommunikation zwischen den Rechnern des Clusters erforderlich ist.

Die Rechner des Clusters sollten die folgenden Anforderungen erfüllen:

- Die Uhrzeiten der Rechner werden über NTP oder ein anderes Netzwerkprotokoll synchronisiert, (selbst wenn nur ein Rechner vorhanden ist, sollte dessen Uhr mit NTP synchronisiert werden).

- Die Host-Namen aller beteiligten Rechner unterscheiden sich voneinander, so dass das Modul eine Suche nach Host-Namen durchführen kann und für jeden Rechner des Clusters eine andere IP-Adresse erhält.

Hinsichtlich des Betriebssystems wird davon ausgegangen, dass die PIDs (Prozess-IDs) maximal 32 Bit lang sind. Verwendet das Betriebssystem mehr als 32 Bit für eine PID, dann lässt sich der Code leicht anpassen.

Unter diesen Voraussetzungen kann zu einem bestimmten Zeitpunkt jeder HTTPD-Prozess eines beliebigen Rechners aus dem Cluster von allen anderen HTTPD-Prozessen unterschieden werden. Hierfür reichen die IP-Adresse des Rechners und die PID des HTTPD-Prozesses aus. Um eindeutige Bezeichnungen für jede Anfrage erzeugen zu können, müssen lediglich die verschiedenen Zeitpunkte unterschieden werden.

Für diese Unterscheidung wird ein UNIX-Zeitstempel (die seit dem 1. Januar 1970 (UTC) vergangenen Sekunden) und ein 16-Bit-Zähler verwendet. Der Zeitstempel hat nur eine Genauigkeit von einer Sekunde, weshalb der Zähler dafür verwendet wird, bis zu 65.536 verschiedene Werte pro Sekunde darstellen zu können. Dieses Quadrupel aus `ip_addr`, `pid`, `time_stamp` und Zähler reicht aus, um 65.536 Anfragen pro Sekunde und HTTPD-Prozess zu nummerieren. Die Tatsache, dass die Prozess-IDs im Laufe der Zeit wiederverwendet werden, wird durch den Zähler berücksichtigt.

Wird ein HTTPD-Kindprozess erzeugt, dann wird der Zähler mit dem Restwert der Division (der Anzahl der vergangenen Mikrosekunden durch 10) dividiert durch 65.536 initialisiert, um Varianzprobleme mit den niederwertigen Bits des Mikrosekunden-Zeitgebers einiger Systeme zu vermeiden. Für das Erzeugen einer eindeutigen Bezeichnung wird der Zeitstempel der Eingangszeit der Anfrage beim Webserver benutzt. Der Zähler wird beim Erzeugen einer Bezeichnung immer inkrementiert (und darf überlaufen).

Der Betriebssystemkernel erzeugt beim Aufspalten jedes Prozesses eine PID, bei der es irgendwann zum Überlauf und damit zur Wiederverwendung der PIDs kommt (bei vielen UNIX-Systemen ist sie 16 Bit und bei neueren maximal 32 Bit lang). Erfolgt diese Wiederverwendung jedoch nicht innerhalb derselben Sekunde, wird die Eindeutigkeit des Quadrupels nicht gestört. Es wird also davon ausgegangen, dass das System nicht mehr als 65.536 Prozesse pro Sekunde startet (bei einigen UNIX-Systemen können es bis zu 32.768 Prozesse sein, was allerdings sehr unwahrscheinlich ist).

Angenommen, aus irgendeinem Grund tritt dieselbe Uhrzeit ein zweites Mal auf. Das heißt also, dass der Stand der Systemuhr gestört wurde und sie einen vergangenen Zeitpunkt noch einmal durchläuft (oder dass sie zu weit in der Zukunft steht, anschließend auf den korrekten Wert zurückgesetzt wird und danach den Zeitpunkt in der Zukunft ein zweites Mal erlebt). Für diesen Fall lässt sich leicht nachweisen, dass es zu einer Wiederverwendung der Kombination aus PID und Uhrzeit kommen kann. Die Wahl des Startwertes für den Zähler soll dabei helfen, mit dieser Situation fertig zu werden. Beachten Sie, dass wir eigentlich dringend eine echte Zufallszahl verwenden sollten, um diesen Zähler zu initalisieren, die aber bei den meisten Systemen nicht zur Verfügung steht (insbesondere kann die Funktion `rand()` nicht verwendet werden, weil zunächst einmal deren Generator initialisiert werden müsste - und genau dafür dürfen wir die Uhrzeit nicht verwenden, weil diese sich ja bereits wiederholt hat). Diese Lösung ist nicht perfekt.

Wie gut ist die Lösung? Angenommen ein Rechner bedient 500 Anfragen pro Sekunde (was eine realistische Obergrenze ist, weil Systeme im Allgemeinen mehr zu tun haben, als einfach nur den Inhalt statischer Dateien zu versenden). Hierfür benötigt er eine Reihe von Kindprozessen, deren Zahl von der Anzahl der konkurrierenden Clients abhängt. Aber wir sind mal pessimistisch und gehen davon aus, dass bereits ein einzelner Prozess in der Lage wäre, bis zu 500 Anfragen pro Sekunde zu bedienen. Daraus ergeben sich 1.000 mögliche Anfangswerte für den Zähler, bei denen zwei Sequenzen von je 500 Anfragen einander überlappen würden. Bei einer Zeitwiederholung und einer Zeitauflösung in Sekunden besteht daher eine Wahrscheinlichkeit von 1,5% für eine Wiederholung des Zählerwertes und für eine Aufhebung der Eindeutigkeit. Dies ist eine sehr pessimistische Ausgangssituation, die in der Praxis wahrscheinlich nicht eintreten wird. Falls Ihr System derartig beschaffen ist, dass diese Wahrscheinlichkeit Ihnen immer noch zu hoch ist, dann sollten Sie möglicherweise den Zähler auf 32 Bit verlängern, indem Sie den Modulquellcode entsprechend anpassen.

Vielleicht sind Sie jetzt besorgt wegen der »Zurückstellung« Ihrer Systemuhr bei der Umschaltung auf Sommerzeit. Dies ist jedoch kein Problem, weil die hier verwendete Zeit die UTC-Zeit ist, die immer vorwärts läuft. Beachten Sie, dass ein auf x86 basierendes UNIX eine entsprechende Konfiguration benötigen kann, um diese Eigenschaften zu garantieren: Es sollte so konfiguriert sein, dass es die Uhrzeit seines Motherboards als UTC interpretiert und entsprechende Umrechnungen dynamisch vornimmt. Aber selbst in diesem Fall wird die UTC-Zeit ziemlich bald nach dem Neustart wieder korrekt sein, falls Sie NTP verwenden.

Die Umgebungsvariable UNIQUE_ID wird durch Codierung des 112 Bit großen Quadrupels (32-Bit-IP-Adresse, 32-Bit-PID, 32-Bit-Zeitstempel, 16-Bit-Zähler) mit Hilfe des Alphabets [A-Za-z0-9@-] in einer mit der MIME-base64-Codierung vergleichbaren Form mit 19 Zeichen konstruiert. Das MIME-base64-Alphabet umfasst eigentlich die Zeichen [A-Za-z0-9 +/], die Zeichen + und / müssen in URLs jedoch speziell codiert werden und sind daher nicht so erwünscht. Alle Werte werden in der Netzwerk-Bytereihenfolge codiert, so dass die Codierung bei Architekturen mit unterschiedlicher Bytereihenfolge vergleichbar ist. Die tatsächliche Reihenfolge der Codierung lautet: Zeitstempel, IP-Adresse, PID, Zähler. Diese Reihenfolge hat einen Sinn, aber es sollte an dieser Stelle ausdrücklich betont werden, dass Anwendungen nicht versuchen sollten, diese Codierung wieder zu analysieren. Programme sollten die komplette codierte UNIQUE_ID als in sich geschlossene Einheit betrachten, die mit anderen UNIQUE_ID-Variablen nur auf Gleichheit verglichen werden kann.

Die Reihenfolge wurde gewählt, damit die Codierung geändert werden kann, ohne dass Sie sich Sorgen über Kollisionen mit UNIQUE_ID-Datenbank machen müssen. Die neue Codierung sollte ebenfalls den Zeitstempel als erstes Element verwenden, darf jedoch ansonsten dasselbe Alphabet und dieselbe Bitlänge verwenden. Da die Zeitstempel im Wesentlichen eine ansteigende Sequenz sind, reicht ein Pausen-Flag für die Sekunde aus, zu der alle Rechner des Clusters die Verarbeitung von Anfragen unterbrechen, das Codierungsformat wechseln und anschließend die Arbeit mit der neuen Codierung wieder aufnehmen.

Dies halten wir für eine relativ portable Lösung dieses Problems, die auch für Multithread-Systeme wie Windows NT übernommen und zukünftigen Bedürfnissen angepasst werden kann. Die erzeugten Bezeichnungen sind im Prinzip ewig gültig, weil zukünftige Bezeichnungen bei Bedarf mit einer größeren Länge erzeugt werden können. Eine Kommunikation zwischen den Rechnern des Clusters ist abgesehen von der nicht weiter ins Gewicht fallenden NTP-Synchronisation nicht erforderlich. Eine Kommunikation zwischen den HTTPD-Prozessen ist ebenfalls nicht notwendig (sie findet implizit über die vom Betriebssystemkernel zugewiesene PID statt). In ganz speziellen Situationen kann die Bezeichnung verkürzt werden, wobei dann jedoch zusätzliche Annahmen erforderlich sind (die 32 Bit lange IP-Addresse ist beispielsweise übertrieben für jede einzelne Site, aber es gibt keinen kürzeren und dennoch portablen Ersatz dafür).

9.5.53 mod_userdir

Beschreibung:	Benutzerspezifische Verzeichnisse
Status:	Base
Quelldatei:	mod_userdir.c
Modulkennung:	userdir_module

Dieses Modul erlaubt den Zugriff auf benutzerspezifische Verzeichnisse mit der Syntax http://example.com/~user/.

Siehe auch: *2.8 »URLs dem Dateisystem zuordnen«, 5.5 »Webverzeichnisse für Benutzer«*

UserDir

Beschreibung:	Position des benutzerspezifischen Verzeichnisses
Syntax:	UserDir Verzeichnis-/Dateiname
Default:	UserDir public_html
Kontext:	server config, virtual host

Die Direktive `UserDir` setzt das tatsächliche Verzeichnis im Stammverzeichnis des Benutzers für eingegangene Dokumente. *Verzeichnis-/Dateiname* ist:

- Ein Verzeichnisname oder eines der unten vorgestellten Muster

- Das Schlüsselwort `disabled`. Damit werden *alle* Umwandlungen von Benutzernamen in Verzeichnisse ausgeschaltet, ausgenommen derjenigen, die explizit mit dem Schlüsselwort `enabled` versehen wurden.

- Das Schlüsselwort `disabled` gefolgt von einer durch Leerzeichen getrennten Liste aus Benutzernamen. Für Benutzernamen, die in einer solchen Liste erscheinen, wird *niemals* eine Verzeichnisumwandlung durchgeführt, selbst wenn sie in einer `enabled`-Klausel erscheinen.

- Das Schlüsselwort `enabled` gefolgt von einer durch Leerzeichen getrennten Liste aus Benutzernamen. Für diese Benutzernamen werden Verzeichnisumwandlungen durchgeführt, auch wenn eine globale `disabled`-Klausel gesetzt wurde, jedoch nicht, wenn sie auch in einer `disabled`-Klausel erscheinen.

Enthält die `UserDir`-Direktive weder das Schlüsselwort `enabled` noch das Schlüsselwort `disabled`, wird das Argument als Muster für einen Dateinamen interpretiert und für eine Umwandlung in eine Verzeichnisangabe benutzt. Eine Anfrage nach http://www.foo.com/~bob/one/two.html wird wie folgt umgewandelt:

UserDir-Direktive	Umgewandelter Pfad
UserDir public_html	~bob/public_html/one/two.html
UserDir /usr/web	/usr/web/bob/one/two.html
UserDir /home/*/www	/home/bob/www/one/two.html

Die folgenden Direktiven senden eine Umleitung an den Client:

UserDir-Direktive	Umgewandelter Pfad
UserDir http://www.foo.com/users	http://www.foo.com/users/bob/one/two.html
UserDir http://www.foo.com/*/usr>	http://www.foo.com/bob/usr/one/two.html
UserDir http://www.foo.com/~*/	http://www.foo.com/~bob/one/two.html

> **Achtung**
>
> Seien Sie bei der Verwendung dieser Direktive vorsichtig. Die Anweisung `UserDir ./` würde beispielsweise "/~root" dem Verzeichnis / zuordnen, was möglicherweise unerwünscht ist. Es wird unbedingt empfohlen, in der Konfiguration `UserDir disabled root` zu deklarieren. Weitere Informationen finden Sie unter der Direktive `<Directory>` und im *Abschnitt 2.9 »Sicherheitshinweise«*.

Weitere Beispiele:

Auf folgende Weise werden nur für einige Benutzer `UserDir`-Verzeichnisse eingerichtet:

```
UserDir disabled
UserDir enabled user1 user2 user3
```

So können Sie `UserDir`-Verzeichnisse für die meisten Benutzer einrichten und für einige wenige nicht zulassen:

```
UserDir enabled
UserDir disabled user4 user5 user6
```

Sie können auch alternative Benutzerverzeichnisse angeben:

```
Userdir public_html /usr/web http://www.foo.com/
```

Bei einer Anfrage nach http://www.foo.com/~bob/one/two.html wird zuerst versucht, die Seite unter ~bob/public_html/one/two.html zu finden. Anschließend wird unter /usr/web/bob/one/two.html gesucht und abschließend eine Umleitung nach http://www.foo.com/bob/one/two.html gesendet.

Wenn Sie eine Umleitung hinzufügen, dann muss es sich um die letzte Alternative aus der Liste handeln. Der Apache kann nicht feststellen, ob die Umleitung erfolgreich war oder nicht, steht sie also vorher in der Liste, dann ist sie immer die ausgeführte Alternative.

9.5.54 mod_usertrack

Beschreibung: Protokollierung der *Klickfolge* der Benutzer einer Site
Status: Extension
Quelldatei: mod_usertrack.c
Modulkennung: usertrack_module

Kapitel 9
Apache-MPMs und -Module

Frühere Apache-Versionen enthielten ein Modul, das die Aufeinanderfolge der Klicks durch den Benutzer beim Besuch einer Site mit Hilfe von Cookies protokollierte. Dies war das so genannte Cookie-Modul `mod_cookies`. Mit der Version 1.2 wurde es in `mod_usertrack` umbenannt. Dieses Modul wurde vereinfacht und mit neuen Direktiven ergänzt.

Protokollierung

Das frühere Cookie-Modul führte mit der Direktive `CookieLog` eine eigene Protokollierung durch. In dieser Version führt es keine Protokollierung mehr durch. Stattdessen sollte eine konfigurierbare Protokollformatdatei verwendet werden, um die Klickabfolge des Benutzers aufzuzeichnen. Das ist möglich, weil das Protokollmodul jetzt mehrere Protokolldateien zulässt. Das Cookie selbst wird mit dem Text `%{cookie}n` in der Protokollformatdatei aufgezeichnet. Zum Beispiel:

```
CustomLog logs/clickstream "%{cookie}n %r %t"
```

Um Abwärtskompatibilität zu gewährleisten, implementiert das konfigurierbare Protokollmodul die alte `CookieLog`-Direktive, die jedoch durch die Direktive `CustomLog` ersetzt werden sollte.

CookieDomain

Beschreibung:	Die Domäne, für die das Ablauf-Cookie gilt
Syntax:	`CookieDomain` *Domäne*
Kontext:	server config, virtual host, directory, .htaccess
Override:	`FileInfo`

Diese Direktive legt die Domäne fest, für die das Ablauf-Cookie gilt. Ist sie nicht vorhanden, enthält das Cookie-Header-Feld keine Domäne.

Die Domänenzeichenfolge *muss* mit einem Punkt beginnen und sie *muss* mindestens einen eingebetteten Punkt enthalten. Das bedeutet, dass `.foo.com` zulässig ist, nicht jedoch `foo.bar.com` und `.com`.

CookieExpires

Beschreibung:	Verfallsdatum des Ablauf-Cookies
Syntax:	`CookieExpires` *Ablauffrist*
Kontext:	server config, virtual host, directory, .htaccess
Override:	`FileInfo`

Mit dieser Direktive kann ein Ablaufdatum für das vom Modul `usertrack` erzeugte Cookie gesendet werden. Die `Ablauffrist` in Sekunden oder in einem Format wie "2 weeks 3 days 7 hours" angegeben werden. Gültige Bezeichnungen sind: `years`, `months`, `weeks`, `days`, `hours`, `minutes` und `seconds`. Wird die Ablauffrist nicht in Sekunden angegeben, dann muss sie in doppelte Anführungszeichen gesetzt werden.

Wird diese Direktive nicht verwendet, reicht die Lebensdauer der Cookies nur bis zum Ende der aktuellen Browser-Sitzung.

CookieName

Beschreibung:	Name des Ablauf-Cookies
Syntax:	CookieName *Kurzzeichen*
Default:	CookieName Apache
Kontext:	server config, virtual host, directory, .htaccess
Override:	FileInfo

Mit dieser Direktive können Sie den Namen des Cookies ändern, den dieses Modul verwendet. Standardmäßig hat das Cookie den Namen Apache.

Sie müssen einen gültigen Cookie-Namen angeben. Verwenden Sie einen Namen mit nicht gebräuchlichen Zeichen, sind die Ergebnisse nicht vorhersehbar. Gültige Zeichen sind A - Z, a - z, 0 - 9, »_«, und »-«.

CookieStyle

Beschreibung:	Format des Cookie-Header-Feldes
Syntax:	CookieStyle *Netscape	Cookie	Cookie2	RFC2109	RFC2965*
Default:	CookieStyle Netscape
Kontext:	server config, virtual host, directory, .htaccess
Override:	FileInfo

Diese Direktive steuert das Format des Cookie-Header-Feldes. Drei Formate sind zulässig:

- **Netscape**, was der ursprünglichen, aber inzwischen veralteten Syntax entspricht. Dies ist die Vorgabe und entspricht der herkömmlichen vom Apache verwendeten Syntax.
- **Cookie** oder **RFC2109**, was der Syntax entspricht, die die Netscape-Syntax ersetzt hat
- **Cookie2** oder **RFC2965**, was der aktuellen Cookie-Syntax entspricht

Nicht alle Clients verstehen alle diese Formate. Sie sollten die aktuellste Syntax verwenden, die im Allgemeinen von den Browsern der Benutzer akzeptiert wird.

CookieTracking

Beschreibung:	Aktiviert Ablauf-Cookies
Syntax:	CookieTracking on	off
Default:	CookieTracking off
Kontext:	server config, virtual host, directory, .htaccess
Override:	FileInfo

Wird mod_usertrack mit kompiliert und CookieTracking on gesetzt, sendet der Apache ein Ablauf-Cookie für alle neuen Anfragen. Mit dieser Direktive kann dieses Verhalten auf Verzeichnis- oder Serverebene ein- oder ausgeschaltet werden. Standardmäßig werden durch das Kompilieren von mod_usertrack die Ablauf-Cookies nicht eingeschaltet.

9.5.55 mod_vhost_alias

Beschreibung:	Für dynamisch konfiguriertes Massen-Hosting
Status:	Extension

Kapitel 9
Apache-MPMs und -Module

Quelldatei:	mod_vhost_alias.c
Modulkennung:	vhost_alias_module

Dieses Modul erzeugt dynamisch konfigurierte virtuelle Hosts, wobei die IP-Adresse und/oder der Host-Header der HTTP-Anfrage als Bestandteil des Pfadnamens benutzt werden können, um zu bestimmen, welche Dateien geliefert werden sollen. Das ermöglicht die einfache Verwendung einer großen Anzahl virtueller Hosts mit ähnlichen Konfigurationen.

> **Hinweis**
>
> Werden mod_alias oder mod_userdir für die Umwandlung der URIs in Dateinamen verwendet, dann überschreiben sie die unten beschriebenen Direktiven von mod_vhost_alias. Bei der folgenden Konfiguration wird beispielsweise /cgi-bin/script.pl in allen Fällen /usr/local/apache2/cgi-bin/script.pl zugeordnet:
>
> ScriptAlias /cgi-bin/ /usr/local/apache2/cgi-bin/
>
> VirtualScriptAlias /never/found/%0/cgi-bin/

Siehe auch: »*UseCanonicalName*«, Seite 377, 3.4 »*Dynamisch konfiguriertes virtuelles Massen-Hosting*«

Ermitteln von Verzeichnisnamen

Alle Direktiven dieses Moduls ermitteln eine Zeichenfolge aus einem Pfadnamen. Die ermittelte Zeichenfolge (die im weiteren Verlauf *Name* bezeichnet wird) kann entweder ein Servername (siehe »*UseCanonicalName*«, Seite 377) oder die IP-Adresse des virtuellen Hosts auf dem Server im Format von durch Punkten getrennten Vierergruppen sein. Die Ermittlung wird von printf-Symbolen gesteuert, die mehrere Formate haben:

%%	Fügt ein %-Zeichen ein.
%p	Fügt die Port-Nummer des virtuellen Hosts ein.
%N.M	Fügt den Namen oder einen Teil davon ein.

N und M dienen zur Angabe von Unterzeichenfolgen des Namens. Mit N wird aus den durch Punkten getrennten Bestandteilen des Namens ausgewählt und mit M werden Zeichen aus der Auswahl von N ausgewählt. M ist optional und entspricht null, falls keine Angabe erfolgt. Der Punkt muss nur dann vorhanden sein, wenn M vorhanden ist. Die Ermittlung erfolgt folgendermaßen:

0	Der komplette Name
1	Der erste Teil
2	Der zweite Teil
-1	Der letzte Teil
-2	Der vorletzte Teil
2+	Der zweite und alle folgenden Teile
-2+	Der vorletzte und alle vorangehenden Teile
1+ und -1+	identisch mit 0

Sind N oder M größer als die Anzahl der verfügbaren Teile, dann wird ein einzelner Teil ermittelt.

Beispiele

Für einfache namensbasierte Hosts können Sie die folgenden Direktiven in der Serverkonfigurationsdatei verwenden:

```
UseCanonicalNameOff
VirtualDocumentRoot /usr/local/apache/vhosts/%0
```

Eine Anfrage nach http://www.example.com/directory/file.html wird mit der Datei /usr/local/apache/vhosts/www.example.com/directory/file.html beantwortet.

Bei einer Vielzahl virtueller Hosts ist es sinnvoll, die Dateien zu gliedern, um die Anzahl der vhosts-Verzeichnisse zu reduzieren. Dies kann wie folgt in der Konfigurationsdatei geschehen:

```
UseCanonicalNameOff
VirtualDocumentRoot /usr/local/apache/vhosts/%3+/%2.1/%2.2/%2.3/%2
```

Eine Anfrage nach http://www.domain.example.com/directory/file.html wird mit der Datei /usr/local/apache/vhosts/example.com/d/o/m/domain/directory/file.html beantwortet.

Eine gleichmäßigere Verteilung der Dateien kann durch ein Hashing vom Ende des Namens erreicht werden. Zum Beispiel:

```
VirtualDocumentRoot /usr/local/apache/vhosts/%3+/%2.-1/%2.-2/%2.-3/%2
```

Die Beispielanfrage würde von /usr/local/apache/vhosts/example.com/n/i/a/domain/directory/file.html bedient werden.

Alternativ können Sie folgende Anweisung verwenden:

```
VirtualDocumentRoot /usr/local/apache/vhosts/%3+/%2.1/%2.2/%2.3/%2.4+
```

Die Beispielanfrage würde von /usr/local/apache/vhosts/example.com/d/o/m/ain/directory/file.html beantwortet werden.

Bei IP-basiertem virtuellen Hosting können folgende Direktiven in die Konfigurationsdatei gesetzt werden:

```
UseCanonicalName DNS
VirtualDocumentRootIP /usr/local/apache/vhosts/%1/%2/%3/%4/docs
VirtualScriptAliasIP  /usr/local/apache/vhosts/%1/%2/%3/%4/cgi-bin
```

Eine Anfrage nach http://www.domain.example.com/directory/file.html würde mit der Datei /usr/local/apache/vhosts/10/20/30/40/docs/directory/file.html beantwortet werden, wenn die IP-Adresse von www.domain.example.com 10.20.30.40 lautet. Bei einer Anfrage nach http://www.domain.example.com/cgi-bin/script.pl würde das Programm /usr/local/apache/vhosts/10/20/30/40/cgi-bin/script.pl ausgeführt.

Soll der Punkt in eine `VirtualDocumentRoot`-Direktive mit eingeschlossen werden, kollidiert aber mit der %-Direktive, dann können Sie dieses Problem folgendermaßen umgehen:

```
VirtualDocumentRoot /usr/local/apache/vhosts/%2.0.%3.0
```

Eine Anfrage nach `http://www.domain.example.com/directory/file.html` würde mit der Datei `/usr/local/apache/vhosts/domain.example/directory/file.html` bedient.

Die `LogFormat`-Direktiven `%V` und `%A` sind in Verbindung mit diesem Modul nützlich.

VirtualDocumentRoot

Beschreibung:	Dynamische Konfiguration der Position der `DocumentRoot` für einen bestimmten virtuellen Host
Syntax:	`VirtualDocumentRoot` *ermitteltes Verzeichnis* | `none`
Default:	`VirtualDocumentRoot none`
Kontext:	server config, virtual host

Die Direktive `VirtualDocumentRoot` erlaubt Ihnen die Angabe der Position, an der der Apache die Dokumente findet, anhand des Wertes für den Servernamen. Das Ergebnis der Expansion des *ermittelten Verzeichnisses* wird als Ausgangspunkt des Dokumentbaumes verwendet, ähnlich wie dies beim Argument der `DocumentRoot`-Direktive der Fall ist. Wurde kein (`none`) Verzeichnis ermittelt, wird `VirtualDocumentRoot` deaktiviert. Diese Direktive kann nicht im gleichen Kontext wie die Direktive `VirtualDocumentRootIP` benutzt werden.

VirtualDocumentRootIP

Beschreibung:	Dynamische Konfiguration der Position der `DocumentRoot` eines bestimmten virtuellen Hosts
Syntax:	`VirtualDocumentRootIP` *ermitteltes Verzeichnis* | `none`
Default:	`VirtualDocumentRootIP none`
Kontext:	server config, virtual host

Die Direktive `VirtualDocumentRootIP` ist mit der Direktive `VirtualDocumentRoot` vergleichbar, sie verwendet jedoch die IP-Adresse des Servers und der Verbindung an Stelle des Servernamens für die Ermittlung des Verzeichnisses.

VirtualScriptAlias

Beschreibung:	Dynamische Konfiguration der Position des CGI-Verzeichnisses für einen bestimmten virtuellen Host
Syntax:	`VirtualScriptAlias` *ermitteltes Verzeichnis* | `none`
Default:	`VirtualScriptAlias none`
Kontext:	server config, virtual host

Mit der Direktive `VirtualScriptAlias` können Sie angeben, wo der Apache CGI-Skripte findet, ähnlich wie dies mit der Direktive `VirtualDocumentRoot` für andere Dokumente geschieht. Dabei wird ähnlich wie bei der Direktive `ScriptAlias` bei Anfragen nach URIs mit `/cgi-bin/` am Beginn gesucht.

VirtualScriptAliasIP

Beschreibung:	Dynamische Konfiguration der Position des CGI-Verzeichnisses eines bestimmten virtuellen Hosts
Syntax:	`VirtualScriptAliasIP ermitteltes Verzeichnis` | none
Default:	VirtualScriptAliasIP none
Kontext:	server config, virtual host

Die Direktive `VirtualScriptAliasIP` verhält sich wie die Direktive `VirtualScriptAlias`, allerdings benutzt sie für die Ermittlung des Verzeichnisses die IP-Adresse an Stelle des Servernamens.

Kapitel 10

Dokumentation für Entwickler

10.1 Themen

- Apache-1.3-API
- Apache-2.0-Hook-Funktionen
- Anfragebearbeitung durch den Apache 2.0
- Wie Filter unter Apache 2.0 funktionieren
- Apache-1.3-Module für Apache 2.0 umwandeln
- Debugging der Speicherzuweisung in der APR
- Apache 2.0 dokumentieren
- Thread-Sicherheit unter Apache 2.0

10.2 Externe Ressourcen

- Hilfen von Ian Holsman:
  Apache-2-Querverweise: http://lxr.webperf.org/
- Automatisch erzeugte Apache-2-Codedokumentation: http://docx.webperf.org/
- Tutorials zur Modulentwicklung von Kevin O'Donnell:
  Module in den Apache-Server integrieren: http://threebit.net/tutorials/apache2_modules/tut1/tutorial1.html
- Der Umgang mit Konfigurationsdirektiven: http://threebit.net/tutorials/apache2_modules/tut2/tutorial2.html
- Anmerkungen zur Entwicklung von Apache-Modulen von Ryan Bloom: http://www.onlamp.com/pub/ct/38

10.3 Apache 1.3 API

Die folgenden Hinweise beziehen sich auf das Apache-API und die Datenstrukturen usw., mit denen Sie umgehen müssen. Sie sind noch nicht komplett, enthalten aber hilfreiche Anhaltspunkte. Die Entwicklung des API ist noch nicht abgeschlossen und neu gewonnene

Erfahrungen können zu Veränderungen führen. (Die Datei TODO informiert über *möglicherweise* anstehende Veränderungen.) In jedem Fall bereitet es aber keine größeren Schwierigkeiten, Module den Änderungen anzupassen.

Da es sich hier um eine kurze und prägnante Darstellung handeln soll, sind die Strukturdeklarationen in der Regel unvollständig. Auf die Feinheiten der realen Deklarationen kann hier nicht eingegangen werden. Meist beziehen sie sich auf die eine oder andere Komponente des Server-Kernels und Veränderungen sollten nur mit größter Vorsicht vorgenommen werden. In anderen Fällen kann es sich um Probleme handeln, die noch nicht gelöst wurden.

Folgende Themen sollen hier behandelt werden:

- Grundkonzepte
- Handler, Module und Anfragen
- Das Modul – ein Überblick
- Wie Handler funktionieren
- request_rec im Überblick
- Woraus sich request_rec-Strukturen zusammensetzen
- Anfragen bearbeiten, ablehnen und Fehlermeldungen zurückgeben
- Besondere Aspekte der Antwort-Handler
- Besondere Aspekte der Authentifizierungs-Handler
- Besondere Aspekte der Protokoll-Handler
- Ressourcenzuweisung und Ressourcenpools
- Konfiguration, Befehle und Ähnliches
- Konfiguration von Strukturen auf Verzeichnisebene
- Befehle
- Randbemerkungen – Konfiguration auf Serverebene, virtuelle Server usw.

10.3.1 Grundkonzepte

Am Anfang steht ein Überblick über die Grundkonzepte des API und seine Manifestierung im Code.

Handler, Module und Anfragen

Der Apache zerlegt ähnlich wie das Netscape-Server-API die Anfragebearbeitung in unterschiedliche Schritte (wenngleich sie auch im Hinblick auf zukünftige Entwicklungen mehr Phasen besitzt). Die unterschiedlichen Phasen sind:

- Umwandlung von URI in Dateiname
- Benutzerauthentifizierung (ist der Benutzer derjenige, der er vorgibt, zu sein?)
- Überprüfung der Zugriffsrechte (darf der Benutzer *darauf* zugreifen?)
- Weitere Überprüfung der Zugriffsrechte
- Ermittlung des MIME-Typs des angeforderten Objekts

- »Fixups« – noch nicht vorhanden, aber für mögliche Erweiterungen wie SetEnv gedacht, die an anderer Stelle nicht unterzubringen sind
- Das Senden der Antwort an den Client
- Protokollierung

Diese Phasen werden nacheinander von entsprechenden *Modulen* abgearbeitet, die einen Handler für die Phase besitzen müssen, der aufgerufen wird. Der Handler leistet normalerweise eine von drei Verrichtungen:

- Er *behandelt* die Anfrage und zeigt durch Rückgabe der Konstanten OK an, dass die Bearbeitung abgeschlossen ist.
- Er *lehnt* die Bearbeitung der Anfrage *ab* und zeigt dies durch Rückgabe der ganzzahligen Konstanten DECLINED an. In diesem Fall verhält sich der Server so, als sei der Handler nicht vorhanden gewesen.
- Er *signalisiert* durch Rückgabe eines HTTP-Fehlercodes einen Fehler. Damit wird die normale Bearbeitung der Anfrage abgebrochen, wenngleich auch zur Bereinigung ein ErrorDocument aufgerufen werden kann. Protokolliert wird der Fehler in jedem Fall.

Die meisten Phasen werden vom ersten Modul beendet, das sie bearbeitet hat. Für die Protokollierung, für »Fixups« und Authentifizierungen, die nichts mit den Zugriffsrechten zu tun haben, werden jedoch immer alle Handler ausgeführt (wenn kein Fehler auftritt). Ferner zeichnet sich die Antwortphase dadurch aus, dass Module mehrere Handler für sie deklarieren können, was über eine Verteilungstabelle für die MIME-Typen der angeforderten Objekte geschieht. Module können einen Antwortphasen-Handler deklarieren, der *jede* Anfrage bearbeiten kann, wenn der Schlüssel */* angegeben wird (das heißt, der MIME-Typ wird mit Jokerzeichen angegeben). Jokerzeichen-Handler werden aber nur aufgerufen, wenn der Server bereits erfolglos versucht hat, einen speziellen Handler für den MIME-Typ des angeforderten Objekts zu finden (entweder war keiner vorhanden oder die Bearbeitung wurde abgelehnt).

Die Handler selbst sind Funktionen mit einem Argument (einer request_rec-Struktur), die wie oben eine ganzzahlige Konstante zurückliefert.

Das Modul – ein Überblick

An dieser Stelle soll die Struktur der Module erläutert werden. Als Beispiel dient eines der unübersichtlicheren Module, nämlich das CGI-Modul, das sowohl für CGI-Skripte als auch für die Konfigurationsanweisung ScriptAlias vorgesehen ist. Dieses Modul ist komplizierter als die meisten anderen und eignet sich daher gut als umfassendes Beispiel.

Beginnen wir mit den Handlern. Um CGI-Skripte behandeln zu können, deklariert das Modul einen Antwort-Handler für Skripte. Aufgrund der Direktive ScriptAlias besitzt das Modul auch Handler für die Phase der Namensumwandlung (um ScriptAlias-URIs erkennen zu können), für die Phase der Typüberprüfung (jede Anfrage mit der ScriptAlias-Anweisung wird als Typ »CGI-Skript« behandelt).

Das Modul muss Kontextinformationen pro (virtuellem) Server unterhalten, insbesondere über die aktiven ScriptAlias-Anweisungen. Daher enthält die Modulstruktur Pointer auf Funktionen, die diese Strukturen einrichten, sowie auf eine Funktion, die zwei von ihnen kombiniert (falls der Hauptserver und ein virtueller Server ScriptAlias-Direktiven deklarieren).

Darüber hinaus enthält dieses Modul Code für den ScriptAlias-Befehl selbst. Dieses spezielle Modul deklariert nur einen Befehl, es wären aber mehrere Deklarationen möglich. Aus diesem Grund besitzen Module *Befehlstabellen* für die zulässigen Befehle und ihren Aufruf.

Noch eine letzte Anmerkung zu den deklarierten Argumenttypen einiger dieser Befehle: Ein Pool ist ein Pointer auf eine *Ressourcenpool*-Struktur. Mit Hilfe dieser Strukturen verfolgt der Server die Speicherzuweisungen, geöffnete Dateien usw., entweder, um eine bestimmte Anfrage zu bedienen, oder für den Konfigurationsprozess selbst. Ist eine Anfrage abgeschlossen (oder im Fall des Konfigurationspools, wenn der Server neu gestartet wird), kann mit einem Griff der Speicher wieder freigegeben und die Dateien geschlossen werden, ohne dass hierfür explizit Code geschrieben werden muss. Eine cmd_parms-Struktur enthält außerdem verschiedene Informationen über die gelesene Konfigurationsdatei sowie weitere Statusinformationen, die manchmal für die Funktion nützlich sind, die die Befehle aus der Konfigurationsdatei verarbeiten, wie zum Beispiel ScriptAlias. Es folgt das Modul:

```c
/* Deklaration der Handler. */

int translate_scriptalias (request_rec *);
int type_scriptalias (request_rec *);
int cgi_handler (request_rec *);

/* Ergänzende Zuteilungstabelle für die Antwortphase
 * Handler nach MIME-Typ */

handler_rec cgi_handlers[] = {
  { "application/x-httpd-cgi", cgi_handler },
  { NULL }
};

/* Deklaration von Routinen für die Manipulation der
 * Konfigurationsinformationen des Moduls. Diese werden
 * als void * zurückgegeben und weitergereicht; der Serverkern
 * zeichnet sie auf, aber kennt ihre internen
 * Strukturen nicht.
 */

void *make_cgi_server_config (pool *);
void *merge_cgi_server_config (pool *, void *, void *);

/* Deklaration von Routinen für Befehle aus der Konfigurationsdatei */

extern char *script_alias(cmd_parms *, void *per_dir_config, char *fake, char *real);

command_rec cgi_cmds[] = {
```

```
    { "ScriptAlias", script_alias, NULL, RSRC_CONF, TAKE2,
    "a fakename and a realname"},
    { NULL }
};

module cgi_module = {
    STANDARD_MODULE_STUFF,
    NULL,                           /* Initialisierer */
    NULL,                           /* dir config-Erzeuger */
    NULL,                           /* dir merger */
    make_cgi_server_config,         /* server config */
    merge_cgi_server_config,        /* merge server config */
    cgi_cmds,                       /* Befehlstabelle */
    cgi_handlers,                   /* Handler */
    translate_scriptalias,          /* Dateinamen-Umwandlung */
    NULL,                           /* check_user_id */
    NULL,                           /* Authentifizierung */
    NULL,                           /* Zugriffsrechte */
    type_scriptalias,               /* type_Überprüfer */
    NULL,                           /* Fixups */
    NULL,                           /* Protokollierung */
    NULL                            /* Header-Parser */
};
```

10.3.2 Wie Handler funktionieren

Handler erhalten als einziges Argument eine request_rec-Struktur. Diese Struktur beschreibt eine bestimmte Anfrage, die von einem Client an den Server gerichtet wurde. In den meisten Fällen erzeugt jede Verbindung zum Client nur eine request_rec-Struktur.

Die Struktur request_rec im Überblick

Die Struktur request_rec enthält Pointer auf einen Ressourcenpool, der freigegeben wird, wenn der Server die Bearbeitung der Anfrage abgeschlossen hat, sowie Pointer auf Strukturen mit Informationen zum Verbindungs- und Serverkontext und, was noch wichtiger ist, mit Informationen über die Anfrage selbst.

Die wichtigsten Informationen sind einige wenige Zeichenfolgen, die Attribute des angeforderten Objekts einschließlich URI, Dateiname, Inhaltstyp und Inhaltsverschlüsselung beschreiben und die von den Handlern für die Umwandlung und Typprüfung eingetragen werden.

Weitere allgemein gebräuchliche Daten sind Tabellen mit MIME-Headern der ursprünglichen Client-Anfrage, mit MIME-Headern, die mit der Antwort zurückgesendet werden sollen (die von den Modulen ergänzt werden können), sowie Umgebungsvariablen für Unterprozesse, die im Verlaufe der Bearbeitung der Anfrage gestartet werden. Diese Tabellen werden mit den Routinen ap_table_get und ap_table_set bearbeitet.

Der Wert des Content-Type-Headers *kann nicht* von Content-Handlern des Moduls mit den Routinen ap_table_*() gesetzt werden. Er wird durch Verweis auf das Feld content_type der request_rec-Struktur mit einer entsprechenden Zeichenfolge gesetzt:

```
r->content_type = "text/html";
```

Außerdem gibt es Pointer auf zwei Datenstrukturen, die ihrerseits auf Konfigurationsstrukturen pro Modul verweisen. Sie enthalten Pointer auf die Datenstrukturen, die das Modul eingerichtet hat, um zu beschreiben, wie es für die Arbeit in einem bestimmten Verzeichnis konfiguriert wurde (mit den .htaccess-Dateien oder den <Directory>-Abschnitten). Das ist für private Daten erforderlich, die im Verlaufe der Bearbeitung der Anfrage angelegt werden (die Modul-Handler eine Phase können auf diese Weise »Hinweise« an die Handler anderer Phasen weiterreichen). Ein weiterer Konfigurationsvektor dieser Art befindet sich in der server_rec-Datenstruktur, auf die von der request_rec-Struktur mit den Konfigurationsinformationen für (virtuelle) Server verwiesen wird.

Es folgt eine verkürzte Deklaration mit den gebräuchlichsten Feldern:

```
struct request_rec {

pool *pool;
conn_rec *connection;
server_rec *server;

/* Das angeforderte Objekt */

char *uri;
char *filename;
char *path_info;
char *args;              /* QUERY_ARGS, falls vorhanden */
struct stat finfo;       /* Vom Serverkern gesetzt;
                          * st_mode wird auf null gesetzt, wenn keine
                          * solche Datei vorhanden ist */

char *content_type;
char *content_encoding;

/* MIME-Header, Ein- und Ausgang. Außerdem
 * ein Array mit Umgebungsvariablen für
 * Unterprozesse, damit Module geschrieben werden können,
 * die dieser Umgebung hinzugefügt werden können.
 *
 * Der Unterschied zwischen headers_out und
 * err_headers_out besteht darin, dass letztere auch
 * bei Fehlern ausgegeben werden und auch bei internen Umleitungen
```

```
 * bestehen bleiben (sie sind in den für
 * ErrorDocument-Handler
 * ausgegebenen Headern enthalten).
 */

table *headers_in;
table *headers_out;
table *err_headers_out;
table *subprocess_env;

/* Informationen zur Anfrage selbst ... */

int header_only;        /* HEAD-Anfrage im Gegensatz zu GET */
char *protocol;         /* Protokoll, wie übergeben, oder HTTP/0.9 */
char *method;           /* GET, HEAD, POST, usw. */
int method_number;      /* M_GET, M_POST, usw. */

/* Informationen für die Protokollierung */

char *the_request;
int bytes_sent;

/* Ein Flag, das Module setzen können, um anzuzeigen, dass
 * die zurückgegebenen Daten veränderlich sind und nicht
 * vom Client zwischengespeichert werden sollten.
 */

int no_cache;

/* Unterschiedliche, veränderliche Konfigurationsinformationen
 * aus .htaccess-Dateien.
 * Hierbei handelt es sich um Konfigurationsvektoren mit einem
 * void*-Pointer für jedes Modul (das Objekt, auf das verwiesen
 * wird, betrifft das Modul).
 */

void *per_dir_config;    /* In Konfigurationsdateien gesetzte Optionen */
                         /* usw. */
void *request_config;    /* Hinweise zu *dieser* Anfrage */

};
```

Woraus sich request_rec-Strukturen zusammensetzen

Die meisten `request_rec`-Strukturen werden durch Lesen einer HTTP-Anfrage eines Clients und Füllen der Felder gebildet. Es gibt aber einige Ausnahmen:

- Handelt es sich bei der Anforderung um ein Image-Map, ein Typ-Map (das heißt, um eine `*.var`-Datei) oder um ein CGI-Skript, das einen `Location`-Header zurückliefert, dann wird die vom Benutzer angeforderte Ressource letztendlich über einen anderen als den ursprünglich vom Client angegebenen URI angesprochen. In diesem Fall führt der Server eine *interne Umleitung* durch, indem er eine neue `request_rec`-Struktur für den neuen URI anlegt und ihn fast genauso verarbeitet, als hätte der Client den neuen URI angefordert.

- Signalisiert ein Handler einen Fehler und liegt ein `ErrorDocument` vor, dann tritt die gleiche interne Umleitung in Kraft.

- Außerdem müssen Handler manchmal feststellen, »was wäre, wenn« eine andere Anfrage ausgeführt würde. Das Modul für die Verzeichnisindexierung muss beispielsweise wissen, welcher MIME-Typ einer Anfrage für die einzelnen Verzeichniseinträge zugewiesen werden muss, damit klar ist, welches Icon angezeigt werden muss.

Solche Handler können eine *Unteranfrage* durchführen und die Funktionen `ap_sub_req_lookup_file`, `ap_sub_req_lookup_uri` und `ap_sub_req_method_uri` benutzen. Damit wird eine neue `request_rec`-Struktur erzeugt, die wie erwartet verarbeitet wird, allerdings ohne dass tatsächlich eine Antwort versendet wird. (Diese Funktionen lassen die Überprüfung der Zugriffsberechtigung aus, wenn sich die Unteranfrage auf eine Datei aus dem gleichen Verzeichnis bezieht.)

(Bei Server Side Includes werden Unterabfragen durchgeführt und dann tatsächlich der Antwort-Handler über die Funktion `ap_run_sub_req` aufgerufen.)

Anfragen bearbeiten, ablehnen und Fehlermeldungen zurückgeben

Wie bereits erörtert wurde, muss jeder für eine bestimmte `request_rec`-Struktur aufgerufene Handler einen `int`-Wert zurückliefern, der anzeigt, was passiert ist. Dabei kann es sich um folgende Werte handeln:

- `OK`, wenn die Anfrage erfolgreich bearbeitet wurde. Damit kann diese Phase beendet werden.
- `DECLINED`, wenn zwar kein Fehler vorliegt, das Modul die Bearbeitung dieser Phase aber verweigert. Der Server sucht dann nach einem anderen Handler.
- Ein HTTP-Fehlercode, mit dem die Bearbeitung der Anfrage abgebrochen wird.

Wird der Fehlercode `REDIRECT` zurückgeliefert, dann sollte das Modul im `headers_out`-Header das Feld `Location` angeben, um anzuzeigen, *wohin* der Client umgelenkt werden soll.

Besondere Aspekte bei Antwort-Handlern

In den meisten Phasen besteht die Arbeit der Handler darin, einige Felder in der `request_rec`-Struktur zu setzen (oder bei der Prüfung von Zugriffsberechtigungen den korrekten Fehlercode zurückzuliefern). Antwort-Handler müssen dagegen eine Antwort an den Client senden.

Sie sollten zuerst mit der Funktion `ap_send_http_header` einen HTTP-Antwort-Header senden. (Sie müssen weiter nichts unternehmen, um das Senden des Headers für HTTP/0.9-Anfragen zu übergehen, die Funktion stellt selbst fest, dass etwas zu geschehen hat.) Ist die Anfrage mit `header_only` gekennzeichnet, sollte sie nur dies tun und anschließend ohne weitere Ausgaben zurückkehren.

Andernfalls muss sie einen Anfragerumpf erzeugen, der dem Client angepasst ist. Die primitiven Datentypen hierfür sind bei intern erzeugter Ausgabe `ap_rputc` und `ap_rprintf` und `ap_send_fd` zum Kopieren des Inhalts einer Datei für den Client.

Beim nächsten leicht verständlichen Codefragment handelt es sich um den Handler für GET-Anfragen, für die kein spezifischerer Handler erforderlich ist. Es zeigt auch, wie bedingte GET-Anfragen behandelt werden können, wenn dies für einen bestimmten Antwort-Handler erwünscht wird – `ap_set_last_modified` vergleicht, falls angegeben, mit dem vom Client gelieferten Wert `If-modified-since` und gibt einen entsprechenden Code zurück (ist er ungleich null, handelt es sich um USE_LOCAL_COPY). Ähnliche Überlegungen sind für die Routine `ap_set_content_length` nicht notwendig, die für die Symmetrie einen Fehlercode sendet.

```c
int default_handler (request_rec *r)
{
   int errstatus;
   FILE *f;

   if (r->method_number != M_GET) return DECLINED;
   if (r->finfo.st_mode == 0) return NOT_FOUND;

   if ((errstatus = ap_set_content_length (r, r->finfo.st_size))
       || (errstatus = ap_set_last_modified (r, r->finfo.st_mtime)))
   return errstatus;

   f = fopen (r->filename, "r");

   if (f == NULL) {
     log_reason("file permissions deny server access", r->filename, r);
     return FORBIDDEN;
   }

   register_timeout ("send", r);
   ap_send_http_header (r);

   if (!r->header_only) send_fd (f, r);
   ap_pfclose (r->pool, f);
   return OK;
}
```

Wem das alles zu viel ist, der hat noch andere Möglichkeiten. Zum einen kann (wie oben gezeigt) ein Antwort-Handler, der noch keine Ausgabe produziert hat, einfach einen Fehlercode zurückliefern. In diesem Fall produziert der Server automatisch eine Fehlermeldung. Zum anderen kann über den Aufruf von ap_internal_redirect ein anderer Handler aktiviert werden, was dem Aufruf des oben beschriebenen Mechanismus der internen Umleitung entspricht. Ein intern umgeleiteter Antwort-Handler sollte immer OK zurückliefern.

(Der Aufruf von ap_internal_redirect durch Handler, die *keine* Antwort-Handler sind, führt zu ernster Verwirrung.)

Besondere Aspekte bei Authentifizierungs-Handlern

Behandelte Themen:

- Handler der Authentifizierungsphase werden nur aufgerufen, wenn die Authentifizierung für das Verzeichnis konfiguriert ist.
- Allgemeine Authentifizierungskonfiguration des Server-Kernels auf Verzeichnisebene; Zugriffsroutinen sind ap_auth_type, ap_auth_name und ap_requires.
- Allgemeine Routinen für die Protokollierung, zumindest für die HTTP-Basic-Authentifizierung (ap_get_basic_auth_pw setzt das Strukturfeld connection->user automatisch und ap_note_basic_auth_failure sorgt für den korrekten WWW-Authenticate-Header, der zurückgesendet wird.)

Besondere Aspekte der Protokoll-Handler

Wird eine Anfrage intern umgeleitet, stellt sich die Frage, was zu protokollieren ist. Der Apache bündelt hierfür die gesamte Kette der Umleitungen in einer Liste von request_rec-Strukturen, die über die Pointer r->prev und r->next zusammengesetzt werden. Die in solchen Fällen an den Protokoll-Handler übergebene request_rec-Struktur ist diejenige, die ursprünglich für die erste Anfrage des Clients eingerichtet wurde. Zu beachten ist dabei, dass das bytes_sent-Feld nur in der letzten Anfrage korrekt ist (diejenige, für die tatsächlich eine Antwort gesendet wurde).

10.3.3 Ressourcenzuweisung und Ressourcenpools

Eines der Probleme beim Entwerfen und Entwickeln eines Pool-Servers ist es, zu vermeiden, dass allokierte Ressourcen (Speicher, offene Dateien usw.) nicht wieder freigegeben werden. Der Mechanismus des Ressourcenpools ist so gestaltet, dass dies leicht zu verhindern ist, nämlich dadurch, dass die Ressourcen so allokiert werden, dass sie *automatisch* freigegeben werden, wenn der Server sie nicht mehr benötigt.

Das funktioniert folgendermaßen: Der für eine bestimmte Anfrage allokierte Speicher, die dafür geöffneten Dateien usw. werden an einen *Ressourcenpool* gebunden, der für die Anfrage eingerichtet wird. Dieser Pool ist eine Datenstruktur, in der die fraglichen Ressourcen aufgezeichnet werden.

Wurde die Anfrage verarbeitet, wird der Pool freigegeben. Zu diesem Zeitpunkt wird der gesamte beanspruchte Speicher wieder freigegeben, die beteiligten Dateien geschlossen und weitere Bereinigungsfunktionen für den Pool durchgeführt. Anschließend ist gewährleistet, dass alle an den Pool gebundenen Ressourcen wieder freigegeben sind.

Serverneustarts und das Allokieren von Speicher und Ressourcen im Kontext der Serverkonfiguration werden ähnlich behandelt. Es gibt einen *Konfigurationspool*, der verfolgt, welche Ressourcen allokiert werden, während die Serverkonfigurationsdateien gelesen und die enthaltenen Befehle ausgeführt werden (beispielsweise der pro Servermodul-Konfiguration allokierte Speicherplatz, die Protokolldateien sowie andere geöffnete Dateien usw.). Wird der Server neu gestartet und werden die Konfigurationsdateien erneut gelesen, dann wird der Konfigurationspool geleert und so der beim letzten Mal allokierte Speicher und die Dateideskriptoren wieder freigegeben.

Es sei darauf hingewiesen, dass die Verwendung des Poolmechanismus nicht zwingend erforderlich ist, außer in Situationen, wo Bereinigungen tatsächlich registriert werden müssen, damit die Protokolldatei geschlossen wird, wenn der Server neu gestartet wird (wie beim Protokoll-Handler) oder bei Verwendung eines Timeout-Mechanismus (auf den hier nicht eingegangen wird). (Der Neustart erfolgt am einfachsten mit der Funktion ap_pfopen, die auch die zugrunde liegenden Dateideskriptoren schließt, bevor Kindprozesse wie etwa für CGI-Skripte beendet werden.) Seine Verwendung bietet aber zwei Vorteile: Allokierte Poolressourcen sind niemals blockiert (selbst vergessene Hilfsvariablen nicht) und für die Speicherallokierung ist die Funktion ap_palloc generell schneller als die Funktion malloc.

Zuerst wird die Speicherallokierung für einen Pool beschrieben und anschließend wird erläutert, wie andere Ressourcen vom Mechanismus des Ressourcenpools verfolgt werden.

Speicherallokierung mit Pools

Speicher wird den Pools durch einen Aufruf der Funktion ap_palloc zugewiesen. Die Funktion übernimmt zwei Argumente. Das eine ist ein Pointer auf eine Ressourcenpool-Struktur und das andere gibt die Größe des zu allokierenden Speichers in Zeichen an (char). Innerhalb von Handlern für die Bearbeitung von Anfragen wird eine Ressourcenpool-Struktur in der Regel durch einen Blick in den pool-Slot der entsprechenden request_rec-Struktur angelegt. Das geschieht mit dem häufig in Modulen anzutreffenden Code:

```
int my_handler(request_rec *r)
{
   struct my_structure *foo;
   ...

   foo = (foo *)ap_palloc (r->pool, sizeof(my_structure));
}
```

Beachten Sie, dass der Code *keinen* ap_pfree-Aufruf enthält – mit ap_palloc allokierter Speicher wird erst freigegeben, wenn der entsprechende Ressourcenpool aufgegeben wird. Der Aufwand für ap_palloc ist daher nicht so groß wie der für malloc(). Im Normalfall wird lediglich die Größe aufgerundet, ein Pointer gesetzt und eine Bereichsprüfung durchgeführt.

(Es ist auch möglich, dass eine intensive Nutzung von ap_palloc zu einem außergewöhnlichen Anwachsen eines Serverprozesses führen kann. Damit kann auf zwei Arten umgegangen werden, die nachfolgend kurz beschrieben werden. Zum einen kann malloc benutzt werden, um ganz sicherzugehen, dass der gesamte Speicher wieder freigegeben wird. Oder es kann ein Unterbereich aus dem Hauptpool allokiert werden, der Speicher in diesem

Unterbereich allokiert und dieser regelmäßig geleert werden. Das zuletzt beschriebene Verfahren wird weiter unten im Abschnitt über Unterbereiche im Pool erörtert und wird im Code für die Verzeichnisindexierung benutzt, um exzessive Speicherallokierungen zu vermeiden, wenn Verzeichnisse mit sehr vielen Dateien aufgelistet werden.)

Initialisierten Speicher allokieren

Funktionen, die initialisierten Speicher allokieren, können häufig sehr nützlich sein. Die Funktion ap_pcalloc hat die gleiche Schnittstelle wie ap_palloc, sie leert aber den allokierten Speicherbereich, bevor sie zurückkehrt. Die Funktion ap_pstrdup übernimmt einen Ressourcenpool und char * als Argumente. Sie allokiert Speicher für eine Kopie der Zeichenfolge, auf die der Pointer verweist, und gibt einen Pointer auf die Kopie zurück. ap_pstrcat ist eine Funktion mit einer variablen Anzahl von Argumenten, die einen Pointer auf einen Ressourcenpool und mindestens zwei char *-Argumente übernimmt, wobei das letzte den Wert NULL haben muss. Sie allokiert genügend Speicherplatz für Kopien aller Zeichenketten als Einheit. Zum Beispiel:

```
ap_pstrcat (r->pool, "foo", "/", "bar", NULL);
```

Dieser Funktionsaufruf liefert einen Pointer auf 8 Byte Speicher, die mit foo/bar initialisiert werden.

Im Apache-Webserver übliche Pools

Ein Pool wird letztlich durch seine Lebensdauer bestimmt. In http_main gibt es einige statische Pools, die zu angemessener Zeit an verschiedene Nicht-http_main-Funktionen als Argumente übergeben werden. Es sind dies:

permanent_pool

Wird niemals übergeben, es handelt sich vielmehr um den Stammvater aller Pools.

pconf

- Ein Subpool von permanent_pool
- Er wird zu Beginn eines Konfigurationszyklus angelegt und ist vorhanden, bis der Server beendet oder neu gestartet wird. Er wird an Routinen übergeben, die während der Konfigurationszeit aktiv sind, entweder über cmd->pool oder als pool *p an die Routinen, die keine Pools übernehmen.
- Wird an die init()-Funktionen der Module übergeben.

ptemp

- In der Version 1.3 hieß er nicht so, er wurde in Verbindung mit der pthreads-Entwicklung umbenannt. Der Bezug ist die Verwendung ptrans im übergeordneten Prozess im Gegensatz zur späteren Definition von ptrans im Kindprozess.
- Ein Subpool von permanent_pool
- Wird zum Beginn eines Konfigurationszyklus erzeugt und ist bis zum Abschluss der Konfiguration vorhanden. Wird während des Konfigurierens über cmd->temp_pool an

Routinen übergeben. Ist eine Art »Bastard«, der nicht überall zur Verfügung steht. Wird für temporäre Aufzeichnungen von einigen Konfigurationsroutinen benutzt und am Ende der Konfiguration gelöscht.

pchild

- Ein Subpool von `permanent_pool`
- Wird beim Start eines Kindprozesses (oder eines Threads) erzeugt und bleibt für die Lebensdauer dieses Kindprozesses (oder Threads) bestehen.
- Wird an `child_init`-Funktionen der Module übergeben.
- Der Pool wird unmittelbar nach dem Aufruf der `child_exit`-Funktionen aufgelöst.

ptrans

- Sollte ein Subpool von `pchild` sein, ist aber zurzeit ein Subpool von `permanent_pool` (siehe oben).
- Wird vom Kindprozess vor dem Eintritt in die `accept()`-Schleife für die Entgegennahme von Verbindungen gelöscht.
- Dient als `connection->pool`.

r->pool

- Für Hauptanfragen ein Subpool von `connection->pool`; für Unteranfragen ein Subpool des übergeordneten Anfragepools.
- Wird am Ende der Anfrage beendet (`ap_destroy_sub_req` oder in `child_main` nach Beendigung von `process_request`).
- Beachten Sie, dass r selbst von `r->pool` allokiert wird; das heißt, `r->pool` wird zuerst erzeugt und anschließend wird r als Erstes mit `palloc()` allokiert.

In den meisten Fällen ist `r->pool` der geeignete Pool. Aber für einige Module sind andere Lebenszyklen wie bei `pchild` sinnvoller, beispielsweise für Module, die einmal pro Kindprozess eine Datenbankverbindung herstellen müssen, und wenn der Pool bereinigt werden soll, wenn der Kindprozess beendet ist.

Einige Fehler haben sich auch manifestiert, beispielsweise das Setzen von `connection->user` auf einen Wert von `r->pool` – in diesem Fall besteht die Verbindung für die Lebensdauer von `ptrans`, die länger als `r->pool` ist (insbesondere wenn `r->pool` eine Unteranfrage ist!). Richtig ist es, vom `connection->pool` zu allokieren.

Einen weiteren interessanten Fehler gab es in Verbindung mit `mod_include` / `mod_cgi`. Die Module entscheiden mit einem Test, ob sie `r->pool` oder `r->main->pool` verwenden. In diesem Fall registrieren sie für die Bereinigung einen Kindprozess. Würde er in `r->pool` registriert, würde der Code auf den Kindprozess warten (`wait()`), wenn die Unteranfrage beendet wird. Bei `mod_include` kann dies eine alte `#include`-Anweisung sein und die Verzögerung konnte bis zu drei Sekunden betragen, was recht häufig auch der Fall war. Stattdessen wird der Unterprozess in `r->main->pool` registriert, was zu einer Bereinigung führt, wenn die komplette Anfrage abgeschlossen ist – das heißt, nachdem die Ausgabe an den Client gesendet und die Protokollierung durchgeführt wurde.

Geöffnete Dateien usw. verfolgen

Wie oben aufgezeigt wurde, werden Ressourcenpools nicht nur für den Arbeitsspeicher verwendet, sondern üblicherweise auch für geöffnete Dateien. Normalerweise wird hierfür die Routine ap_pfopen benutzt, die einen Ressourcenpool und zwei Zeichenfolgen als Argumente übernimmt. Die Zeichenfolgen sind die gleichen wie die typischen Argumente für fopen, zum Beispiel:

```
...
FILE *f = ap_pfopen (r->pool, r->filename, "r");

if (f == NULL) { ... } else { ... }
```

Parallel zum Systemaufruf open auf unterer Ebene gibt es auch eine ap_popenf-Routine. Beide Routinen sorgen für das Schließen der Datei, wenn der entsprechende Ressourcenpool bereinigt wird.

Anders als beim Arbeitsspeicher *gibt* es Funktionen zum Schließen von Dateien, die mit ap_pfopen und ap_popenf geöffnet wurden, nämlich ap_pfclose und ap_pclosef. (Der Grund dafür ist, dass bei vielen Systemen die Anzahl der Dateien begrenzt ist, die ein einzelner Prozess öffnen darf.) Es ist wichtig, Dateien, die mit ap_pfopen und ap_popenf allokiert wurden, mit diesen Funktionen zu schließen, weil es sonst bei einigen Systemen wie zum Beispiel Linux, das auf das mehrfache Schließen der gleichen Datei übel reagiert, zu schweren Fehlern kommen kann.

(Die Verwendung der close-Funktionen ist nicht obligatorisch, weil die Datei möglicherweise ohnehin geschlossen wird, Sie sollten sie aber in Situationen verwenden, wo Module eventuell viele Dateien öffnen.)

Andere Ressourcen – Bereinigungsfunktionen

Poolbereinigungen dauern bis zum Aufruf von clear_pool(): clear_pool(a) ruft rekursiv destroy_pool() für alle Subpools von a auf. Anschließend werden alle Bereinigungen für a aufgerufen und der gesamte Speicher für a freigegeben. destroy_pool(a) ruft clear_pool(a) auf und gibt anschließend die Poolstruktur frei. Das bedeutet, dass clear_pool(a) a nicht löscht, sondern lediglich alle Ressourcen freigibt, so dass sie sofort wieder benutzt werden können.

Feinsteuerung – Subpools einrichten und benutzen, mit einer Anmerkung zu Unteranfragen

In seltenen Situationen kann ein zu freier Gebrauch von ap_palloc() und den dazugehörigen Grundfunktionen zu einer unerwünscht verschwenderischen Ressourcenallokierung führen. In einer solchen Situation können Sie einen *Subpool* einrichten und in diesem anstatt im Hauptpool allokieren und bereinigen oder den Subpool zerstören, wodurch die mit ihm verbundenen Ressourcen freigegeben werden. (Dies ist in der Tat eine sehr seltene Situation, bei Standardmodulen tritt sie nur beim Auflisten von Verzeichnissen auf und auch dann nur bei sehr umfangreichen Verzeichnissen. Der hier behandelte unnötige Gebrauch von Funktionen kann den Code etwas aufbauschen, ohne allerdings nennenswerte Vorteile zu bieten.)

Mit der Funktion `ap_make_sub_pool`, die einen anderen Pool (den übergeordneten Pool) als Argument übernimmt, wird ein Subpool eingerichtet. Wird der Hauptpool bereinigt, dann wird der Subpool zerstört. Der Subpool kann auch zu einem beliebigen Zeitpunkt bereinigt oder zerstört werden, indem die Funktionen `ap_clear_pool` beziehungsweise `ap_destroy_pool` aufgerufen werden. (Der Unterschied besteht darin, dass `ap_clear_pool` mit dem Pool verknüpfte Ressourcen freigibt, während `ap_destroy_pool` auch den Pool selbst dealloziert. Im ersten Fall können Sie neue Ressourcen im Pool allokieren und ihn später bereinigen, im anderen Fall ist er nicht mehr vorhanden.)

Eine letzte Anmerkung: Unteranfragen haben eigene Ressourcenpools, die Subpools des Ressourcenpools für die Hauptanfrage sind. Die elegante Lösung, die mit einer Unteranfrage verbundenen Ressourcen zurückzugeben, die (mit `ap_sub_req_...`-Funktionen) allokiert wurden, ist der Aufruf der Funktion `ap_destroy_sub_req`, die den Ressourcenpool freigibt. Bevor Sie diese Funktion aufrufen, sollten Sie alles, was Ihnen wichtig ist und möglicherweise im Ressourcenpool der Unteranfrage allokiert ist, an einen weniger flüchtigen Ort kopieren (zum Beispiel den Dateinamen in seine `request_rec`-Struktur).

(Auch hier gilt, dass Sie diese Funktion in den meisten Situationen nicht aufrufen müssen. Für eine gewöhnliche Unteranfrage werden nur ungefähr 2 kByte allokiert, die in jedem Fall wieder freigegeben werden, wenn der Pool der Hauptanfrage bereinigt wird. Die `ap_destroy_...`-Funktionen sollten Sie nur in Betracht ziehen, wenn eine einzelne Anfrage für sehr viele Unteranfragen allokieren muss.)

10.3.4 Konfiguration, Befehle usw.

Eines der Designziele für diesen Server war es, die externe Kompatibilität zum NCSA-1.3-Server zu bewahren – das bedeutet, die gleichen Konfigurationsdateien zu lesen, alle enthaltenen Direktiven korrekt zu verarbeiten und ganz generell ein Ersatz für NCSA zu sein. Auf der anderen Seite war es das Ziel, so viel Server-Funktionalität wie möglich in die Module zu verschieben, die so wenig wie möglich mit dem monolithischen Server-Kernel zu tun haben sollten. Die einzige Möglichkeit, diese Ziele miteinander in Einklang zu bringen, bestand darin, den Umgang mit den meisten Befehlen aus dem zentralen Server in die Module zu verschieben.

Um sie vollständig vom Server-Kernel zu trennen, reicht es jedoch nicht aus, die Module mit Befehlstabellen auszustatten. Der Server muss die Befehle erkennen, um später mit ihnen umgehen zu können. Hierfür müssen für die Module entweder auf Server- oder auf Verzeichnisebene private Daten unterhalten werden. Die meisten Dinge spielen sich auf Verzeichnisebene ab, insbesondere die Zugriffskontrolle und Authentifizierungsinformationen, aber auch Informationen darüber, wie Dateitypen an den Suffixen erkannt werden, was mit den Direktiven `AddType` und `DefaultType` usw. verändert werden kann. Im Allgemeinen herrscht die Einstellung vor, dass das, was auf Verzeichnisebene konfigurierbar ist, auch dort konfiguriert werden sollte. Informationen der Serverebene werden im Allgemeinen von den Standardmodulen für Aliase und Umleitungen verwendet, die von Interesse sind, bevor die Anfragen mit einer bestimmten Position im zu Grunde liegenden Dateisystem verknüpft werden.

Eine andere Voraussetzung für die Emulation des NCSA-Servers ist die Möglichkeit, mit Konfigurationsdateien für die Verzeichnisebene umgehen zu können (mit den so genannten `.htaccess`-Dateien), obgleich diese auch beim NCSA-Server Direktiven enthalten können, die nichts mit der Zugriffskontrolle zu tun haben. Dementsprechend durchläuft der Server *nach* der Umwandlung von URI in Dateinamen, aber noch *vor* allen anderen Phasen die Verzeichnishierarchie des zu Grunde liegenden Dateisystems, wobei er dem umgewandelten Pfadnamen folgt, um jede eventuell vorhandene .htaccess-Datei zu lesen. Die gelesenen Informationen müssen mit den entsprechenden Informationen aus den Konfigurationsdateien des Servers *vermischt* werden (mit denen aus den <Directory>-Abschnitten in der Datei access.conf oder mit den sich in der Regel deckenden Vorgaben aus der Datei srm.conf).

Nachdem eine Anfrage bedient wurde, für die .htaccess-Dateien gelesen werden mussten, muss abschließend der benutzte Speicher wieder freigegeben werden. Dies geschieht so wie üblich, nämlich durch Binden dieser Strukturen an den Ressourcenpool für die Transaktion.

Konfigurationsstrukturen auf Verzeichnisebene

Betrachten wir, wie dies im Modul mod_mime.c funktioniert, das den Dateityp-Handler definiert, der das Verhalten des NCSA-Servers für die Bestimmung der Dateitypen anhand der Suffixe emuliert. Untersucht wird der Code, der die Befehle AddType und AddEncoding implementiert. Diese Befehle können in den .htaccess-Dateien auftauchen und müssen daher innerhalb der privaten Daten des Moduls auf Verzeichnisebene behandelt werden, die aus zwei getrennten Tabellen für MIME-Typen und Codierungsinformationen bestehen, die wie folgt deklariert werden:

```
typedef struct {
    table *forced_types;/* Weitere AddTyped-Angaben */
    table *encoding_types;/* Ergänzt mit AddEncoding ... */
} mime_dir_config;
```

Wenn der Server eine Konfigurationsdatei oder einen <Directory>-Abschnitt liest, der einen der MIME-Befehle enthält, muss er eine mime_dir_config-Struktur für diese Befehle anlegen. Hierfür ruft er die im Modul verwendete Funktion mit zwei Argumenten auf: dem Namen des Verzeichnisses, für das diese Konfigurationsinformationen gelten (oder NULL für srm.conf) und einem Pointer auf einen Ressourcenpool, in dem allokiert werden soll.

(Beim Lesen einer .htaccess-Datei handelt es sich bei diesem Ressourcenpool um den Ressourcenpool für die Anfrage; andernfalls ist es ein Ressourcenpool, der für die Konfigurationsdaten verwendet und beim Neustart bereinigt wird. In beiden Fällen muss die erzeugte Struktur wieder entfernt werden, wenn der Pool geleert wird, indem gegebenenfalls eine Beseitigung des Pools registriert wird.)

Beim MIME-Modul werden für die Einrichtung der Konfiguration auf Verzeichnisebene lediglich mit ap_palloc die oben aufgeführte Struktur allokiert und eine Reihe von Tabellen erzeugt:

```
void *create_mime_dir_config (pool *p, char *dummy)
{
    mime_dir_config *new =
        (mime_dir_config *) ap_palloc (p, sizeof(mime_dir_config));

    new->forced_types = ap_make_table (p, 4);
```

```
    new->encoding_types = ap_make_table (p, 4);

    return new;
}
```

Angenommen, es wurde gerade eine .htaccess-Datei eingelesen. Die Struktur für die Konfiguration auf Verzeichnisebene des nächsten Verzeichnisses aus der Hierarchie liegt bereits vor. Wenn die gerade eingelesene .htaccess-Datei keine AddType- oder AddEncoding-Befehle enthielt, ist ihre Struktur für die Konfiguration auf Verzeichnisebene für das MIME-Modul noch gültig und kann benutzt werden. Andernfalls müssen die beiden Strukturen irgendwie vermischt werden.

Hierfür ruft der Server die Funktion zum Vermischen der Konfiguration auf Verzeichnisebene des Moduls auf, falls eine solche vorhanden ist. Diese Funktion übernimmt drei Argumente: die beiden zu vermischenden Strukturen und einen Ressourcenpool für das Ergebnis. Für das MIME-Modul müssen lediglich die Tabellen der neuen Struktur für die Konfiguration auf Verzeichnisebene mit denen der übergeordneten überlagert werden:

```
void *merge_mime_dir_configs (pool *p, void *parent_dirv, void *subdirv)
{
    mime_dir_config *parent_dir = (mime_dir_config *)parent_dirv;
    mime_dir_config *subdir = (mime_dir_config *)subdirv;
    mime_dir_config *new =
        (mime_dir_config *)ap_palloc (p, sizeof(mime_dir_config));

    new->forced_types = ap_overlay_tables (p, subdir->forced_types,
        parent_dir->forced_types);
    new->encoding_types = ap_overlay_tables (p, subdir->encoding_types,
        parent_dir->encoding_types);

    return new;
}
```

Hinweis

Ist keine Funktion zum Vermischen der Konfiguration auf Verzeichnisebene vorhanden, verwendet der Server nur die Konfigurationsinformationen des Unterverzeichnisses und ignoriert die des übergeordneten Verzeichnisses. Bei einigen Modulen funktioniert das (zum Beispiel bei mod_include, dessen Konfigurationsinformationen auf Verzeichnisebene lediglich aus dem Status des XBITHACK bestehen) und bei den Modulen, bei denen keine Deklaration möglich ist, so dass der entsprechende Slot in der Modulstruktur selbst NULL bleibt.

Befehle

Nachdem nun diese Strukturen vorhanden sind, müssen sie gefüllt werden. Hierzu gehört die Ausführung der Befehle AddType und AddEncoding. Der Server sucht Befehle in der

Befehlstabelle des Moduls. Diese Tabelle enthält Informationen darüber, wie viele Argumente in welchen Formaten die Befehle übernehmen, wo sie zulässig sind usw. Diese Informationen reichen dem Server aus, um die meisten Befehlsfunktionen mit voruntersuchten Argumenten aufzurufen. Der Befehl AddType sieht folgendermaßen aus (der AddEncoding-Befehl sieht im Prinzip ähnlich aus und wird hier nicht vorgestellt):

```
char *add_type(cmd_parms *cmd, mime_dir_config *m, char *ct, char *ext)
{
    if (*ext == '.') ++ext;
    ap_table_set (m->forced_types, ext, ct);
    return NULL;
}
```

Dieser Befehls-Handler ist außergewöhnlich einfach. Er übernimmt vier Argumente, von denen zwei vorab analysiert wurden, das dritte ist die Struktur der Konfiguration auf Verzeichnisebene des entsprechenden Moduls und das vierte ein Pointer auf eine cmd_parms-Struktur. Diese Struktur enthält eine Reihe von Argumenten, die von einigen, aber nicht allen Befehlen häufig benutzt werden, einschließlich einem Ressourcenpool (für Speicherallokierungen, Bereinigungen sollten vorgenommen werden) sowie dem zu konfigurierenden (virtuellen) Server, der bei Bedarf die Konfigurationsinformationen auf Serverebene liefern kann.

Dieser spezielle Befehls-Handler ist auch insofern außergewöhnlich einfach, als er auf keine Fehlerbedingungen stoßen kann. Wäre dies der Fall, könnte er eine Fehlermeldung an Stelle von NULL zurückliefern; das führt dazu, dass über stderr des Servers ein Fehler ausgegeben wird, gefolgt von einem schnellen Programmende, wenn der Fehler in der Hauptkonfigurationsdatei auftritt. Bei einer .htaccess-Datei wird der Syntaxfehler im Fehlerprotokoll des Servers aufgezeichnet (mit einem Hinweis darauf, wo er aufgetreten ist) und die Anfrage wird mit einem Serverfehler beantwortet (HTTP-Fehlerstatus 500).

Die Befehlstabelle des MIME-Moduls enthält Einträge für diese Befehle, die wie folgt aussehen:

```
command_rec mime_cmds[] = {
    { "AddType", add_type, NULL, OR_FILEINFO, TAKE2,
      "ein MIME-Typ gefolgt von einer Dateierweiterung" },
    { "AddEncoding", add_encoding, NULL, OR_FILEINFO, TAKE2,
      "eine Codierung (z.B. gzip) gefolgt von einer Dateierweiterung" },
    { NULL }
};
```

Die Tabelle enthält folgende Einträge:

- Den Namen des Befehls
- Die Funktion, die ihn ausführt
- Einen Pointer vom Typ (void *), der dem Befehls-Handler in der cmd_parms-Struktur übergeben wird – das ist für den Fall sinnvoll, dass viele ähnliche Befehle von der gleichen Funktion behandelt werden.

- Eine Bit-Maske, die anzeigt, wo der Befehl auftauchen kann. In der Maske gibt es Bits für jede AllowOverride-Option sowie ein zusätzliches RSRC_CONF-Bit, das anzeigt, dass der Befehl in den Konfigurationsdateien des Servers, aber *nicht* in .htaccess-Dateien auftauchen kann.
- Ein Flag, das angibt, wie viele Argumente vorab geprüft werden müssen und wie sie übergeben werden sollten. TAKE2 verweist auf zwei geprüfte Argumente, TAKE1 auf ein geprüftes Argument. FLAG gibt an, dass das Argument On oder Off lauten muss und als Boolesches Flag übergeben wird. RAW_ARGS veranlasst den Server, dem Befehl rohe, nicht geprüfte Argumente zu übergeben (alles, bis auf den Befehlsnamen selbst). ITERATE unterscheidet sich von TAKE1 dadurch, dass bei Vorhandensein mehrerer Argumente ein mehrfacher Aufruf erfolgen muss. Das Gleiche gilt für ITERATE2, allerdings bleibt das erste Argument konstant.
- Außerdem beschreibt eine Zeichenfolge, welche Argumente vorhanden sein sollten. Entsprechen die Argumente in der Konfigurationsdatei nicht den Anforderungen, wird diese Zeichenfolge benutzt, um eine genauere Fehlermeldung anzuzeigen. (Sie können ihr auch einfach den Wert NULL zuweisen.)

Nach dem alle Vorbereitungen getroffen wurden, folgt die Anwendung. Sie erfolgt schließlich in den Handlern des Moduls, insbesondere im Handler für die Dateitypen, der ungefähr wie folgt aussieht (die Konfigurationsstruktur für die Verzeichnisebene wurde dem Konfigurationsvektor von request_rec mit Hilfe der Funktion ap_get_module_config entnommen).

```
int find_ct(request_rec *r)
{
   int i;
   char *fn = ap_pstrdup (r->pool, r->filename);
   mime_dir_config *conf = (mime_dir_config *)
      ap_get_module_config(r->per_dir_config, &mime_module);
   char *type;

   if (S_ISDIR(r->finfo.st_mode)) {
      r->content_type = DIR_MAGIC_TYPE;
      return OK;
   }

   if((i=ap_rind(fn,'.')) < 0) return DECLINED;
   ++i;

   if ((type = ap_table_get (conf->encoding_types, &fn[i])))
   {
      r->content_encoding = type;
/* Zurück zur letzten Erweiterung, um zu versuchen, sie als Typ zu benutzen */
```

```
      fn[i-1] = '\0';
      if((i=ap_rind(fn,'.')) < 0) return OK;
      ++i;
   }

   if ((type = ap_table_get (conf->forced_types, &fn[i])))
   {
      r->content_type = type;
   }

   return OK;
}
```

Randbemerkungen – Konfiguration auf Serverebene, virtuelle Server usw.

Die Grundidee hinter der Modulkonfiguration auf Serverebene ist im Wesentlichen die gleiche wie die für die Konfiguration auf Verzeichnisebene. Es gibt eine Funktion zum Erzeugen und eine zum Vermischen. Letztere wird aufgerufen, wenn ein virtueller Server die Server-Grundkonfiguration partiell überschrieben hat und eine kombinierte Struktur erstellt werden muss. (Wie bei der Konfiguration auf Verzeichnisebene wird die Grundkonfiguration einfach ignoriert, wenn keine Mischfunktion angegeben wird und ein Modul in einem virtuellen Server konfiguriert wird.)

Der einzige wesentliche Unterschied besteht darin, dass ein Befehl auf die cmd_parms-Daten zugreifen muss, wenn er die privaten Moduldaten auf Serverebene konfigurieren muss. Das folgende Beispiel aus dem Modul mod_alias veranschaulicht auch, wie ein Syntaxfehler zurückgegeben werden kann (beachten Sie, dass das Konfigurationsargument für die Verzeichnisebene für den Befehls-Handler als Dummy deklariert wird, weil das Modul eigentlich keine Konfigurationsdaten für die Verzeichnisebene hat):

```
char *add_redirect(cmd_parms *cmd, void *dummy, char *f, char *url)
{
   server_rec *s = cmd->server;
   alias_server_conf *conf = (alias_server_conf *)
      ap_get_module_config(s->module_config,&alias_module);
   alias_entry *new = ap_push_array (conf->redirects);

   if (!ap_is_url (url)) return "Redirect to non-URL";

   new->fake = f; new->real = url;
   return NULL;
}
```

10.4 Debugging der Speicherzuweisung in der APR

Die Zuweisungsmechanismen der APR verfügen über eine Reihe von Debug-Modi, die Sie bei der Suche nach Speicherzuweisungsproblemen unterstützen können. Im Folgenden werden die verfügbaren Modi beschrieben und Anleitungen für ihre Aktivierung gegeben.

10.4.1 Verfügbare Debugging-Optionen

Zuweisungs-Debugging – ALLOC_DEBUG

> Debugging-Unterstützung: Mit dieser Option wird Code aktiviert, mit dem von der Funktion free() freigegebener Speicher und ähnliche Fehler erkannt werden.

Die Theorie ist einfach. Das FILL_BYTE (0xa5) wird an alle mit malloc allokierten Speicherpositionen geschrieben, wenn sie zugewiesen werden, und es überschreibt alles, was mit der Funktion clear_pool() freigegeben wird. Es wird überprüft, ob Blöcke aus der freien Liste immer das FILL_BYTE enthalten, und es wird während der Funktion palloc() überprüft, ob alle Bytes immer noch das FILL_BYTE enthalten. Immer wenn Sie fehlerhafte URLs oder Ähnliches mit vielen 0xa5-Bytes sehen, dann wissen Sie, dass Daten benutzt wurden, die freigegeben oder nicht initialisiert wurden.

Malloc-Unterstützung – ALLOC_USE_MALLOC

> Wird diese Option angegeben, werden alle Zuweisungen mit malloc() vorgenommen und dementsprechend mit free() wieder freigegeben.

Diese Option ist für die Verwendung zusammen mit Electric Fence oder Purify gedacht, um Speicherprobleme erkennen zu können. Wenn Sie Electric Fence benutzen, sollten Sie auch ALLOC_DEBUG angeben, was allerdings nicht gilt, wenn Sie Purify benutzen, weil ALLOC_DEBUG alle nicht initialisierten Lesefehler verbergen würde, die Purify erkennen kann.

Pool-Debugging – POOL_DEBUG

> Mit dieser Option soll die Verwendung des falschen Pools bei der Datenzuweisung an ein Objekt aus einem anderen Pool erkannt werden.

Insbesondere die table_{set,add,merge}n-Routinen werden veranlasst, ihre Argumente auf Sicherheit für die apr_table_t hin zu überprüfen, in der sie platziert sind. Zurzeit funktioniert sie nur mit dem Multiprozessmodell von UNIX, möglicherweise wird sie aber noch erweitert.

Tabellen-Debugging – MAKE_TABLE_PROFILE

> Liefert Informationen zu `make_table()`-Aufrufen, bei denen möglicherweise die Tabellen zu klein geraten sind.

Hierfür ist ein neueres `gcc`-Programm erforderlich, das die Funktion `__builtin_return_address()` unterstützt. Die Ausgabe von `error_log` sieht dann ungefähr so aus:

```
table_push: apr_table_t created by 0x804d874 hit limit of 10
```

Mit `l *0x804d874` finden Sie die entsprechende Quelle. Sie zeigt an, dass eine mit einem Aufruf für diese Adresse allokierte `apr_table_t`-Tabelle möglicherweise zu klein initialisiert wurde.

Zuweisungsstatistik – ALLOC_STATS

> Mit dieser Option werden statistische Angaben zum Aufwand für die Speicherzuweisungen gesammelt.

Hierzu muss man wissen, wie `alloc.c` funktioniert.

10.4.2 Zulässige Kombinationen

Nicht alle aufgeführten Optionen können gleichzeitig aktiviert werden. Die folgende Tabelle zeigt die Kombinationsmöglichkeiten.

	ALLOC DEBUG	ALLOC USE MALLOC	POOL DEBUG	MAKE TABLE PROFILE	ALLOC STATS
ALLOC DEBUG	-	Nein	Ja	Ja	Ja
ALLOC USE MALLOC	Nein	-	Nein	Nein	Nein
POOL DEBUG	Ja	Nein	-	Ja	Ja
MAKE TABLE PROFILE	Ja	Nein	Ja	-	Ja
ALLOC STATS	Ja	Nein	Ja	Ja	-

Außerdem eignen sich die Debugging-Optionen nicht für Multithreading-Server. Wenn das Debugging mit diesen Optionen durchgeführt soll, muss der Server im Einzelprozessmodus gestartet werden.

10.4.3 Aktivieren der Debugging-Optionen

Die verschiedenen Optionen für das Debugging des Speichers werden mit der Header-Datei apr_general.h für die APR aktiviert. Für die gewünschten Optionen muss in dieser Datei die Kennzeichnung als Kommentar aufgehoben werden. Zurzeit sieht der entsprechende Code wie folgt aus (enthalten in `srclib/apr/include/apr_pools.h`):

```
/*
#define ALLOC_DEBUG
#define POOL_DEBUG
#define ALLOC_USE_MALLOC
#define MAKE_TABLE_PROFILE
#define ALLOC_STATS
*/

typedef struct ap_pool_t {
   union block_hdr *first;
   union block_hdr *last;
   struct cleanup *cleanups;
   struct process_chain *subprocesses;
   struct ap_pool_t *sub_pools;
   struct ap_pool_t *sub_next;
   struct ap_pool_t *sub_prev;
   struct ap_pool_t *parent;
   char *free_first_avail;
#ifdef ALLOC_USE_MALLOC
   void *allocation_list;
#endif
#ifdef POOL_DEBUG
   struct ap_pool_t *joined;
#endif
   int (*apr_abort)(int retcode);
   struct datastruct *prog_data;
} ap_pool_t;
```

Um das Debugging für Speicherzuweisungen zu aktivieren, entfernen Sie einfach die Kommentarzeichen aus dem Code und bauen den Server neu auf.

Hinweis

Um die Optionen nutzen zu können, muss der Server nach der Bearbeitung der Header-Datei neu kompiliert werden.

10.5 Apache 2.0 dokumentieren

Apache 2.0 verwendet Doxygen für die Dokumentation der APIs und der globalen Variablen im Code. Im folgenden werden die Grundlagen für das Dokumentieren mit Doxygen beschrieben.

10.5.1 Kurze Beschreibung

Ein Dokumentationsblock beginnt mit den Zeichen /**
und endet mit den Zeichen */.

Im Block werden mehrere Tags verwendet:

```
Beschreibung der Aufgabe dieser Funktion
@param Parametername Beschreibung
@return Beschreibung
@deffunc Signatur der Funktion
```

Das Tag `deffunc` ist nicht immer erforderlich. Doxygen besitzt keinen vollwertigen Parser, so dass jeder Prototyp, der ein Makro in der Deklaration des Rückgabewertes enthält, zu komplex für Scandoc ist. Diese Funktionen benötigen ein deffunc-Tag. Ein Beispiel mit > an Stelle von >:

```
/**
 * Rückgabe des letzten Elements von Pfadname
 * @param Pfadname Der Pfad zum letzten Element von
 * @return das letzte Element des Pfads
 * @tip Beispiele:
 * <pre>
 * "/foo/bar/gum" -&gt; "gum"
 * "/foo/bar/gum/"-&gt; ""
 * "gum"-&gt; "gum"
 * "wi\\n32\\stuff" -&gt; "stuff"
 * </pre>
 * @deffunc const char * ap_filename_of_pathname(const char *pathname)
 */
```

Fügen Sie am Anfang der Header-Datei immer Folgendes ein:

```
/**
 * @package Name des Bibliotheks-Header
 */
```

Doxygen benutzt für jedes Paket eine neue HTML-Datei. Die HTML-Dateien tragen die Bezeichnung {Name_des_Bibliotheks_Header}.html, wählen Sie deshalb prägnante Namen.

Weitere Informationen zum Thema finden Sie auf der Doxygen-Website (http://www.doxygen.org/).

10.6 Apache-2.0-Hook-Funktionen

Im Allgemeinen ist ein Hook eine Funktion, die der Apache an einem bestimmten Punkt während der Verarbeitung einer Anfrage aufruft. Module können Funktionen bereitstellen, die aufgerufen werden und angeben, wann sie im Verhältnis zu anderen Modulen aufgerufen werden.

10.6.1 Eine Hook-Funktion erstellen

Um einen neuen Hook einzurichten, müssen Sie vier Schritte durchführen:

Deklaration der Hook-Funktion

Benutzen Sie das Makro `AP_DECLARE_HOOK`, dem der Rückgabetyp der Hook-Funktion, der Name des Hooks und die Argumente übergeben werden. Gibt der Hook beispielsweise `int` zurück und übernimmt er `request_rec *` sowie einen `int`-Wert und wird er mit `do_something` aufgerufen, dann deklarieren Sie ihn wie folgt:

```
AP_DECLARE_HOOK(int, do_something, (request_rec *r, int n))
```

Das sollte in einem Header stehen, den Module einbinden, wenn sie den Hook benutzen möchten.

Anlegen der Hook-Struktur

Jede Quelldatei, die einen Hook exportiert, hat eine private Struktur, in der die Modulfunktionen aufgezeichnet werden, die der Hook benutzt. Sie wird folgendermaßen deklariert:

```
APR_HOOK_STRUCT(
    APR_HOOK_LINK(do_something)
    ...
)
```

Den Hook-Aufrufer implementieren

Die Quelldatei, die den Hook exportiert, muss eine Funktion implementieren, die den Hook aufruft. Zurzeit kann dies auf drei Arten geschehen. In allen Fällen heißt die aufrufende Funktion `ap_run_hookname()`.

Hooks mit dem Typ void

Hat der Rückgabewert eines Hooks den Typ `void`, dann werden alle Hooks aufgerufen und der Aufrufer wird wie folgt implementiert:

```
AP_IMPLEMENT_HOOK_VOID(do_something, (request_rec *r, int n), (r, n))
```

Das zweite und dritte Argument sind die Dummy-Argumentdeklaration und die Dummy-Argumente, wie sie beim Hook-Aufruf benutzt werden. Dieses Makro wird ungefähr wie folgt expandiert:

```
void ap_run_do_something(request_rec *r, int n)
{
   ...
   do_something(r, n);
}
```

Hooks mit einem Rückgabewert

Liefert der Hook einen Wert zurück, können beide so lange ausgeführt werden, bis der erste Hook etwas Interessantes tut, etwa so:

```
AP_IMPLEMENT_HOOK_RUN_FIRST(int, do_something, (request_rec *r, int n),
(r, n), DECLINED)
```

Der erste Hook, der *nicht* DECLINED zurückgibt, stoppt die Schleife und der Rückgabewert wird vom Hook-Aufrufer zurückgegeben. Beachten Sie, dass DECLINED die traditionelle Hook-Rückgabe des Apache ist, die so viel bedeutet wie »Ich habe nichts getan«, sie kann aber auch etwas anderes bedeuten, wenn Sie das möchten.

Alternativ können alle Hooks bis zum Auftreten eines Fehlers ausgeführt werden. Das läuft darauf hinaus, dass *zwei* Rückgabewerte zugelassen werden, von denen einer bedeutet, »Ich habe etwas getan und es war OK« und der andere »Ich habe nichts getan«. Die erste Funktion, die einen anderen Wert als diese beiden Werte zurückgibt, stoppt die Schleife und ihre Rückkehr ist der Rückgabewert. Deklarieren Sie wie folgt:

```
AP_IMPLEMENT_HOOK_RUN_ALL(int, do_something, (request_rec *r, int n), (r,
n), OK, DECLINED)
```

Es sei noch einmal daraufhingewiesen, dass OK und DECLINED die traditionellen Werte sind. Sie können verwenden, was Sie möchten.

Aufruf der Hook-Aufrufer

Rufen Sie den Hook-Aufrufer im Code zum entsprechenden Zeitpunkt wie folgt auf:

```
int n, ret;
request_rec *r;

ret=ap_run_do_something(r, n);
```

10.6.2 Den Hook einklinken

Ein Modul, das einen Hook-Aufruf erreichen möchte, muss zwei Dinge tun.

Die Hook-Funktion implementieren

Binden Sie den entsprechenden Header ein und definieren Sie eine statische Funktion mit dem richtigen Typ:

```
static int my_something_doer(request_rec *r, int n)
{
   ...
   return OK;
}
```

Eine Hook-Registrierungsfunktion hinzufügen

Während der Initialisierung ruft der Apache die in der Modulstruktur befindliche Hook-Registrierungsfunktion für jedes Modul auf:

```
static void my_register_hooks()
{
   ap_hook_do_something(my_something_doer, NULL, NULL, HOOK_MIDDLE);
}

mode MODULE_VAR_EXPORT my_module =
{
   ...
   my_register_hooks /* register hooks */
};
```

Die Reihenfolge der Hook-Aufrufe steuern

Im oben angeführten Beispiel wurden die drei Argumente in der Hook-Registrierungsfunktion, die die Aufrufreihenfolge steuern, nicht benutzt. Dies kann mit zwei Mechanismen geschehen. Bei der ersten, etwas groben Methode, können Sie ungefähr angeben, wo der Hook im Verhältnis zu anderen Modulen ausgeführt wird. Dies wird mit dem letzten Argument gesteuert. Drei Werte sind möglich: HOOK_FIRST, HOOK_MIDDLE und HOOK_LAST.

Alle Module, die einen bestimmten Wert verwenden, können im Verhältnis zueinander in jeder Reihenfolge ausgeführt werden, aber alle Module, die HOOK_FIRST verwenden, werden selbstverständlich vor Modulen mit HOOK_MIDDLE ausgeführt, die ihrerseits vor HOOK_LAST ausgeführt werden. Module, bei denen es nicht darauf ankommt, wann sie ausgeführt werden, sollten HOOK_MIDDLE benutzen (damit Varianten wie HOOK_FIRST-2 für einen etwas früheren Einstieg möglich sind. Ob das allerdings klug ist, bleibt fraglich.)

Beachten Sie, dass es noch zwei weitere Werte gibt (HOOK_REALLY_FIRST und HOOK_REALLY_LAST), die nur vom Hook-Exporteur benutzt werden sollten.

Die andere Methode lässt eine feinere Steuerung zu. Wenn ein Modul weiß, dass es vor (oder nach) anderen Modulen ausgeführt werden muss, dann können Sie diese mit Namen angeben. Das zweite (oder dritte) Argument ist ein mit NULL endendes String-Array, das die Namen von Modulen enthält, die vor (oder nach) dem aktuellen Modul ausgeführt werden müssen. Möchten Sie beispielsweise die Module mod_xyz.c und mod_abc.c ausführen, sieht der Hook folgendermaßen aus:

```
static void register_hooks()
{
```

```
static const char * const aszPre[] = { "mod_xyz.c", "mod_abc.c", NULL };

ap_hook_do_something(my_something_doer, aszPre, NULL, HOOK_MIDDLE);
}
```

Beachten Sie, dass die hierfür verwendete Sortierung stabil ist, so dass die mit `HOOK_ORDER` gesetzte Reihenfolge so weit wie möglich beibehalten wird.

10.7 Apache-1.3-Module für Apache 2.0 umwandeln

Dies ist ein erster Versuch, die Erfahrungen zusammenzufassen, die wir beim Versuch, das Modul `mod_mmap_static` für Apache 2.0 umzuwandeln, gesammelt haben. Ein Anspruch auf Vollständigkeit wird nicht erhoben und wahrscheinlich ist auch nicht alles korrekt, aber es ist ein Anfang.

10.7.1 Die einfacheren Änderungen ...

Bereinigungsroutinen

Diese Routinen müssen jetzt vom Typ `apr_status_t` sein und einen Wert diesen Typs zurückgeben. Normalerweise wird der Wert `APR_SUCCESS` zurückgegeben, es sei denn, es muss während der Bereinigung ein Fehler gemeldet werden. Beachten Sie aber, dass beim Melden eines Fehlers noch nicht der gesamte Code überprüft und entsprechend reagiert wird.

Initialisierungsroutinen

Die Initialisierungsroutinen sollten umbenannt werden, um deutlicher zu kennzeichnen, wo Sie sich im gesamten Prozess befinden. Daher wird eine kleine Änderung von `mmap_init` zu `mmap_post_config` vorgenommen. Die übergebenen Argumente wurden radikal verändert und sehen jetzt folgendermaßen aus:

- `apr_pool_t *p`
- `apr_pool_t *plog`
- `apr_pool_t *ptemp`
- `server_rec *s`

Datentypen

Viele Datentypen wurden in die APR verschoben. Das bedeutet, das bei einigen eine Namensveränderung vorgenommen wurde (siehe oben). Es folgt eine kurze Liste einiger Änderungen, die Sie wahrscheinlich vornehmen müssen.

- `pool` wird zu `apr_pool_t`
- `table` wird zu `apr_table_t`

10.7.2 Die schwierigeren Änderungen ...

Register-Hooks

Die neue Architektur verwendet eine Reihe von Hooks für Funktionsaufrufe. Sie müssen dem Modul über die neue Funktion `static void register_hooks(void)` hinzugefügt werden. Die Funktion ist ganz einfach, wenn Sie erst einmal verstanden haben, was geschehen muss. Jede Funktion, die in einer bestimmten Phase der Verarbeitung einer Anfrage aufgerufen werden muss, muss registriert werden, was für Handler nicht gilt. Es gibt eine Reihe von Phasen, in denen Funktionen hinzugefügt werden können, und für jede Phase können Sie sehr genau die relative Reihenfolge steuern, in der die Funktion aufgerufen wird.

Der folgende Code wurde dem Modul `mod_mmap_static` hinzugefügt:

```
static void register_hooks(void)
{
    static const char * const aszPre[]={ "http_core.c",NULL };
    ap_hook_post_config(mmap_post_config,NULL,NULL,HOOK_MIDDLE);
    ap_hook_translate_name(mmap_static_xlat,aszPre,NULL,HOOK_LAST);
};
```

Damit werden zwei aufzurufende Funktionen registriert, von denen eine in der `post_config`-Phase (die von nahezu jedem Modul benötigt wird) und eine in der `translate_name`-Phase aufgerufen wird. Beachten Sie, dass es zwar unterschiedliche Funktionsnamen gibt, das Format aber identisch ist. Wie sieht das Format aus?

```
ap_hook_Phasen_Name(Funktionsname, Vorgänger, Nachfolger, Position);
```

Drei Hook-Positionen werden definiert:

- HOOK_FIRST
- HOOK_MIDDLE
- HOOK_LAST

Für die Definition der Position benutzen Sie die Position und ändern sie dann mit den Vorgängern und Nachfolgern. Jeder der Modifizierer kann eine Liste von Funktionen sein, die entweder vor oder nach Ausführung der Funktion (Vorgänger oder Nachfolger) aufgerufen werden sollten.

Beim Modul `mod_mmap_static` blieb die `post_config`-Phase unberücksichtigt, aber bei `mmap_static_xlat` *muss* sie aufgerufen werden, nachdem das `core`-Modul die Namensumwandlung durchgeführt hat, daher die Verwendung von `aszPre` für die Definition eines Modifizierers für die Position HOOK_LAST.

Moduldefinition

Es gibt noch eine Reihe weiterer Phasen, die Sie bei der Moduldefinition berücksichtigen müssen. Die alte Definition sah folgendermaßen aus:

```
module MODULE_VAR_EXPORT module_name_module =
{
```

```
    STANDARD_MODULE_STUFF,
    /* Initialisierer */
    /* Erzeugen der Verzeichniskonfiguration */
    /* Verzeichnisvermischung -- die Vorgabe ist zu überschreiben */
    /* Serverkonfiguration */
    /* Vermischen der Serverkonfiguration */
    /* Befehls-Handler */
    /* Handler */
    /* Dateinamensumwandlung */
    /* check_user_id */
    /* Authentifizierungsüberprüfung */
    /* Zugriffsüberprüfung */
    /* type_checker */
    /* Aufräumen */
    /* Registrierungseinrichtung */
    /* Header-Parser */
    /* child_init */
    /* child_exit */
    /* Leseanforderung senden */
};
```

Die neue Struktur ist um einiges einfacher...

```
module MODULE_VAR_EXPORT module_name_module =
{
    STANDARD20_MODULE_STUFF,
    /* Erzeugen der Verzeichniskonfigurationsstrukturen */
    /* Vermischen der Verzeichniskonfigurationsstrukturen */
    /* Erzeugen der Serverkonfigurationsstrukturen */
    /* Vermischen der Serverkonfigurationsstrukturen*/
    /* Befehls-Handler */
    /* Handler */
    /* Registrieren der Hooks */
};
```

Einiges lässt sich direkt übertragen, anderes nicht. Eine Zusammenfassung dessen, was geschehen sollte, folgt weiter unten.

Die Phasen, die sich übertragen lassen:

/* Erzeugen der Verzeichniskonfiguration */

/* Erzeugen der Verzeichniskonfigurationsstrukturen */

/* Serverkonfiguration */

/* Erzeugen der Serverkonfigurationsstrukturen */

```
/* Verzeichnisvermischung */
/* Vermischen der Verzeichniskonfigurationsstrukturen */

/* Vermischen der Serverkonfiguration */
/* Vermischen der Serverkonfigurationsstrukturen */

/* Befehlstabelle */
/* Befehlstabelle apr_table_t */

/* Handler */
/* Handler */
```

Die verbleibenden alten Funktionen sollten als Hooks registriert werden. Bisher sind folgende Hook-Phasen definiert:

`ap_hook_post_config`

Hier werden die alten _init-Routinen registriert.

`ap_hook_http_method`

Die HTTP-Methode einer Anfrage ermitteln (herkömmlich)

`ap_hook_open_logs`

Öffnen angegebener Protokolle

`ap_hook_auth_checker`

Überprüfen, ob die Ressource eine Autorisierung benötigt

`ap_hook_access_checker`

Überprüfung auf Modul-spezifische Einschränkungen

`ap_hook_check_user_id`

Überprüfung der Benutzer-ID und des Passworts

`ap_hook_default_port`

Ermitteln des standardmäßigen Ports für den Server

`ap_hook_pre_connection`

Erforderliche Vorbereitungen unmittelbar vor der Verarbeitung, aber nach dem Akzeptieren

`ap_hook_process_connection`

Ausführen des richtigen Protokolls

ap_hook_child_init

Aufruf, sobald der Kindprozess gestartet ist

ap_hook_create_request

Erzeugt die Anfrage.

ap_hook_fixups

Letzte Möglichkeit für Änderungen vor dem Erzeugen von Inhalt

ap_hook_handler

Den Inhalt erzeugen

ap_hook_header_parser

Untersuchung der Header durch die Module, wird von den meisten Modulen nicht benutzt, weil sie hierfür post_read_request verwenden

ap_hook_insert_filter

Einfügen von Filtern in die Filterkette

ap_hook_log_transaction

Protokollinformationen zur Anfrage

ap_hook_optional_fn_retrieve

Ermitteln der als optional registrierten Funktionen

ap_hook_post_read_request

Wird nach dem Lesen der Anfrage vor weiteren Phasen aufgerufen

ap_hook_quick_handler

Wird von Cache-Modulen vor der Anfragebearbeitung aufgerufen

ap_hook_translate_name

Umwandlung des URI in einen Dateinamen

ap_hook_type_checker

Ermitteln und/oder Setzen des Dokumenttyps

10.8 Anfragebearbeitung durch den Apache 2.0

Zahlreiche Änderungen des Apache 2.0 betreffen die interne Anfrageverarbeitung. Modulentwickler müssen diese Änderungen kennen, damit sie die Vorteile dieser Optimierungen und Sicherheitserweiterungen nutzen können.

Die erste wichtige Änderung betrifft die Mechanismen für Unteranfragen und Umleitungen. Der Apache 1.3 besaß eine Reihe unterschiedlicher Codepfade für die Optimierung des Verhaltens bei Unteranfragen oder Umleitungen. Mit der Einführung von Patches für die Version 2.0 wurden diese Optimierungen (und das Serververhalten) infolge der Codeduplikation schnell unwirksam. Alle Codeduplikationen wurden wieder in die Funktion `ap_process_internal_request()` verlagert, um eine mangelnde Synchronisation zu verhindern.

Das bedeutet, dass viel vom vorhandenen Code »entoptimiert« wurde. Es ist das vorrangige Ziel des Apache-HTTP-Projekts, eine robuste und korrekte Implementierung des HTTP-Server-RFC zu realisieren. Zu den weiteren Zielen gehören die Sicherheit, Skalierbarkeit und Optimierung. Neue Methoden sollen den Server optimieren (über die Leistungen des Apache 1.3 hinaus), ohne anfälligen oder unsicheren Code.

10.8.1 Der Zyklus der Anfragebearbeitung

Alle Anfragen durchlaufen die Routine `ap_process_request_internal()` aus der Datei `request.c`, auch Unteranfragen und Umleitungen. Übergibt ein Modul generierte Anfragen nicht an diesen Code, dann muss sich der Entwickler vergegenwärtigen, dass das Modul durch zukünftige Veränderungen an der Anfragebearbeitung nicht mehr funktionieren kann.

Um Anfragen zu rationalisieren, kann der Entwickler die angebotenen Hooks nutzen, um den Zyklus früher zu verlassen oder um die Apache-Hooks zu umgehen, die irrelevant (und CPU-aufwändig) sind.

10.8.2 Die Phase der Anfrageanalyse

Entschlüsselung der URL

Der `parsed_uri`-Pfad der Anfrage wird nur einmal zu Beginn der internen Anfragebearbeitung entschlüsselt.

Dieser Schritt wird übergangen, wenn das Flag `proxyreq` gesetzt oder das Element `parsed_uri.path` nicht gesetzt ist. Das Modul hat keine weitere Kontrolle über diese einmalige Entschlüsselung, eine fehlgeschlagene oder mehrfache Entschlüsselung der URL wirkt sich auf die Sicherheit aus.

Entfernen von Parent- und This-Elementen aus dem URI

Alle /../- und /./-Elemente werden von `ap_getparents()` entfernt. Auf diese Weise wird dafür gesorgt, dass der Pfad (nahezu) absolut ist, bevor die Anfragebearbeitung fortgesetzt wird.

Dieser Schritt kann nicht ausgelassen werden.

Erster URL-Durchgang mittels ap_location_walk()

Jede Anfrage wird von der Funktion ap_location_walk() bearbeitet. Damit wird sichergestellt, dass die <Location>-Abschnitte konsistent für alle Anfragen wirksam werden. Handelt es sich um eine interne Umleitung oder um eine Unteranfrage, können einige oder alle Resultate von ap_location_walk-Aufrufen vorangegangener oder übergeordneter Anfragen genutzt werden, so dass dieser Schritt nach der Verarbeitung der eigentlichen Anfrage generell sehr effizient ist.

translate_name

In diesem Schritt können Module den Dateinamen ermitteln oder den angegebenen URI ändern. Das Modul mod_vhost_alias wandelt beispielsweise den Pfad des URI in den konfigurierten virtuellen Host um, das Modul mod_alias wandelt den Pfad in einen Alias-Pfad um und wenn die Anfrage an den Kernel zurückgegeben wird, wird die DocumentRoot der Ressource der Anfrage vorangestellt.

Verweigern alle Module diese Phase, wird der Fehlercode 500 an den Browser zurückgegeben und der Fehler »Umwandlung nicht möglich« automatisch protokolliert.

Hook: map_to_storage

Nachdem die Datei oder der korrekte URI ermittelt wurde, werden die entsprechenden Verzeichniskonfigurationen miteinander vermischt. Das Modul mod_proxy vergleicht und vermischt beispielsweise die entsprechenden <Proxy>-Abschnitte. Ist der URI nichts anderes als eine lokale (nicht Proxy-) TRACE-Anfrage, behandelt der Kernel die Anfrage und gibt DONE zurück. Antwortet kein Modul auf diesen Hook mit OK oder DONE, führt der Kernel den Dateinamen der Anfrage noch einmal für die Abschnitte <Directory> und <Files> aus. Handelt es sich bei dem Dateinamen der Anfrage nicht um einen absoluten, zulässigen Dateinamen, wird eine Note für die spätere Beendigung gesetzt.

Zweiter URL-Durchgang mittels ap_location_walk()

Jede Anfrage muss einen zweiten ap_location_walk()-Aufruf durchlaufen. Damit wird sichergestellt, dass eine umgewandelte Anfrage immer noch Gegenstand der konfigurierten <Location>-Abschnitte ist. Die Anfrage übernimmt wieder einige oder alle Resultate des oben angeführten location_walk-Aufrufs, so dass dieser Schritt fast immer sehr effizient ist, es sei denn, der umgewandelte URI ist einem grundsätzlich anderen Pfad oder virtuellem Host zugeordnet.

Hook: header_parser

Die Hauptanfrage bearbeitet dann die Client-Header. Damit werden die verbleibenden Schritte der Anfragebearbeitung vorbereitet, um die Client-Anfrage besser bedienen zu können.

10.8.3 Die Vorbereitungsphase

Hook: type_checker

Die Module haben eine Gelegenheit, den URI oder Dateinamen im Vergleich zur Zielressource zu testen und MIME-Informationen für die Anfrage zu setzen. Sowohl mod_mime als auch mod_mime_magic benutzen diese Phase für einen Vergleich des Dateinamens oder Inhalts mit der vom Administrator vorgenommenen Konfiguration und setzen den Inhaltstyp, die Sprache, den Zeichensatz und den Anfrage-Handler. Einige Module können zu diesem Zeitpunkt ihre Filter oder andere Parameter für die Anfragebearbeitung setzen.

Verweigern alle Module diese Phase, wird der Fehlercode 500 an den Browser zurückgegeben und der Fehler »Typen nicht gefunden« automatisch ins Fehlerprotokoll geschrieben.

Hook: Fixup-Phase

Viele Module werden in einigen der oben aufgeführten Phasen »beschnitten«. In der Fixup-Phase stellen die Module ihre Eigentümerschaft wieder her oder sorgen für die entsprechenden Werte in den Header-Feldern der Anfrage. Dies ist nicht unbedingt das sauberste Verfahren, oft aber die einzige Option.

10.8.4 Die Handler-Phase

Diese Phase ist *nicht* Bestandteil der Verarbeitung durch ap_process_request_internal(). Viele Module bereiten eine oder mehrere Unteranfragen vor dem Erzeugen von Inhalten vor. Nachdem der Kernel oder ein anderes Modul ap_process_request_internal() aufgerufen hat, wird ap_invoke_handler() aufgerufen, um die Anfrage zu erzeugen.

Hook: insert_filter

Module, die den Inhalt in irgendeiner Form umwandeln, können ihre Werte einfügen und vorhandene Filter überschreiben. Hat der Benutzer außerhalb der Reihenfolge einen etwas erweiterten Filter konfiguriert, kann das Modul dann die Reihenfolge nach Bedarf ändern. Es gibt keinen Ergebniscode, deshalb sollte den Aktionen in diesem Hook besser unterstellt werden, dass sie immer erfolgreich sind.

Hook: Handler

Abschließend hat das Modul die Möglichkeit, die Anfrage über den Handler-Hook zu bedienen. Beachten Sie, dass nicht jede vorbereitete Anfrage an den Handler-Hook gesendet wird. Viele Module wie zum Beispiel mod_autoindex erzeugen für einen angegebenen URI Unteranfragen, die niemals bedient werden, sondern nur für den Benutzer aufgeführt werden. Denken Sie daran, den erforderlichen Abbau der oben angeführten Hooks nicht in dieses Modul einzubinden, sondern Poolbereiningungen für den Anfragepool zu registrieren, um Ressourcen entsprechend freizugeben.

10.9 Wie Filter unter Apache 2.0 funktionieren

10.9.1 Filtertypen

Es gibt drei Grundtypen von Filtern (die sich jeweils in zwei Kategorien unterteilen lassen, worauf später noch eingegangen wird).

CONNECTION

Filter diesen Typs sind für die Dauer dieser Verbindung gültig. (AP_FTYPE_CONNECTION, AP_FTYPE_NETWORK)

PROTOCOL

Filter diesen Typs sind für die Dauer dieser Anfrage aus der Sicht des Clients gültig, was bedeutet, dass die Anfrage vom Versenden bis zum Eingang der Antwort gültig ist. (AP_FTYPE_PROTOCOL, AP_FTYPE_TRANSCODE)

RESOURCE

Filter diesen Typs sind für die Zeit gültig, in der dieser Inhalt für eine Anfrage verwendet wird. Bei einfachen Anfragen ist dies identisch mit dem Filter PROTOCOL, aber interne Umleitungen und Unteranfragen können den Inhalt verändern, ohne dass die Anfrage damit beendet ist. (AP_FTYPE_RESOURCE, AP_FTYPE_CONTENT_SET)

Die Unterscheidung zwischen einem Protokoll und einem Ressourcenfilter ist von Bedeutung. Ein Ressourcenfilter ist an eine bestimmte Ressource gebunden, er kann auch an Header-Informationen gebunden sein, die wichtige Bindung ist jedoch die an die Ressource. Wenn Sie einen Filter erstellen und wissen wollen, ob es sich um eine Ressource oder um ein Protokoll handelt, dann lautet die richtige Frage: »Kann dieser Filter verschoben werden, wenn die Anfrage zu einer anderen Ressource umgeleitet wird?« Lautet die Antwort ja, dann handelt es sich um einen Ressourcenfilter. Lautet sie nein, handelt es sich wahrscheinlich um ein Protokoll oder um einen Verbindungsfilter. Auf Verbindungsfilter wird hier nicht eingegangen, weil sie hinreichend verständlich sind. Die Definitionen können mit einigen Beispielen verdeutlicht werden:

byterange

Dieser Filter wurde so codiert, dass er für alle Anfragen eingefügt und entfernt werden kann, wenn er nicht verwendet wird. Da dieser Filter zu Beginn aller Anfragen aktiv ist, kann er bei einer Umleitung nicht entfernt werden, dementsprechend handelt es sich um einen Protokollfilter.

http_header

Dieser Filter schreibt eigentlich die Header für das Netzwerk. Er wird offensichtlich benötigt (außer im Sonderfall von mod_asis, worauf weiter unten noch eingegangen wird) und er ist somit ein Protokollfilter.

deflate

Der Administrator konfiguriert diesen Filter entsprechend der angeforderten Datei. Bei einer internen Umleitung von einer Autoindex-Seite zu einer `index.html`- Seite kann der `deflate`-Filter entsprechend der Konfiguration hinzugefügt oder entfernt werden, daher handelt es sich um einen Ressourcenfilter.

Die weitere Unterteilung der einzelnen Kategorien in zwei weitere Filtertypen dient ausschließlich der Anordnung. Wir könnten sie aufheben und nur einen Filtertyp zulassen, dann würde aber die Anordnung durcheinander geraten und es wären Eingriffe notwendig, um die Funktion zu gewährleisten. Zurzeit besitzen die RESOURCE-Filter nur einen Filtertyp, aber das sollte geändert werden.

10.9.2 Wie werden Filter eingefügt?

In der Theorie ist das eigentlich ganz einfach, der Code ist jedoch kompliziert. Zuerst einmal ist es wichtig, dass jeder sich klar macht, dass es drei Filterlisten für jede Anfrage gibt, die aber alle miteinander verkettet sind. Die erste Liste sind `r->output_filters`, dann folgen `r->proto_output_filters` und anschließend `r->connection->output_filters`. Sie entsprechen den RESOURCE-, PROTOCOL- und CONNECTION-Filtern. Vorher bestand das Problem darin, dass eine einfach verknüpfte Liste benutzt wurde, um einen Filter-Stack zu erzeugen. Begonnen wurde dabei mit der »korrekten« Position. War ein RESOURCE-Filter im Stack und ein CONNECTION-Filter wurde hinzugefügt, bedeutete das, dass der CONNECTION-Filter ignoriert wird. Das erscheint sinnvoll, weil der Verbindungsfilter am Anfang der `c->output_filter`-Liste eingefügt wird, während das Ende von `r->output_filter` auf den Filter zeigt, der normalerweise am Beginn von `c->output_filters` stand. Das ist offensichtlich falsch. Der neue Code für das Einfügen benutzt eine doppelt verknüpfte Liste. Das hat den Vorteil, dass ein eingefügter Filter niemals verloren geht. Leider gibt es noch ein anderes Problem.

Es besteht darin, dass es zwei unterschiedliche Fälle gibt, in denen wir Unteranfragen verwenden. Im ersten Fall werden weitere Daten in eine Antwort eingefügt. Im zweiten wird die vorhandene Antwort durch eine interne Umleitung ersetzt. Dies sind zwei unterschiedliche Situationen, die entsprechend behandelt werden müssen.

Im ersten Fall erzeugen wir die Unteranfrage aus einem Handler oder Filter heraus. Das bedeutet, dass der nächste Filter an die Funktion `make_sub_request` weitergereicht werden sollte und dass der letzte Ressourcenfilter der Unteranfrage auf den nächsten Filter der Hauptanfrage verweist. Das ist sinnvoll, wenn die Daten der Unteranfrage durch die gleichen Filter laufen müssen wie die Hauptanfrage. Eine grafische Darstellung kann das verdeutlichen:

```
Default_handler -> includes_filter -> byterange -> ...
```

Wenn der `include_filter` eine Unteranfrage erzeugt, sollen die Daten dieser Unteranfrage durch diesen Filter laufen, weil es sich nicht um SSI-Daten handeln kann. Daher nimmt die Unteranfrage folgende Ergänzung vor:

```
Default_handler -> includes_filter -/-> byterange -> ...
                                   /
Default_handler -> sub_request_core
```

Was geschieht, wenn die Unteranfrage SSI-Daten enthält? Das ist ganz einfach, der `includes_filter` ist ein Ressourcenfilter, daher wird er der Unteranfrage zwischen dem `Default_handler` und dem `sub_request_core`-Filter hinzugefügt.

Der zweite Fall für Unteranfragen liegt vor, wenn eine Unteranfrage zu einer richtigen Anfrage wird. Das geschieht immer dann, wenn eine Unteranfrage außerhalb eines Handlers oder Filters erzeugt wird und NULL als nächster Filter an die Funktion `make_sub_request` weitergegeben wird.

In diesem Fall sind die Ressourcenfilter nicht mehr sinnvoll, weil sich die Ressource geändert hat. Anstatt ganz von vorne zu beginnen, wird einfach auf den Anfang der Ressourcenfilter für die Unteranfrage am Beginn der Protokollfilter für die alte Anfrage verwiesen. Das bedeutet, dass keine Protokollfilter verloren gehen und die Daten auch nicht durch einen Filter geleitet werden, der nicht für sie vorgesehen ist.

Das Problem ist, dass jetzt eine doppelt verknüpfte Liste für die Filter-Stacks benutzt wird. Sie sollten aber beachten, dass es möglich ist, bei zwei Listen dieses Modell zu durchkreuzen. Wie wird mit dem vorherigen Filter umgegangen? Diese Frage ist schwer zu beantworten, weil es weder eine »richtige« Antwort noch eine gleichermaßen gültige Methode gibt. Ich habe untersucht, warum der Pointer verwendet wird. Der einzige Grund ist, das Hinzufügen neuer Server zu vereinfachen. Vor diesem Hintergrund habe ich die Lösung gewählt, den vorherigen Pointer immer auf die ursprüngliche Anfrage verweisen zu lassen.

Das führt zu einer etwas komplexeren Logik, funktioniert aber in allen Fällen. Meine Bedenken hinsichtlich der Verschiebung auf die Unteranfrage rühren daher, dass in den allgemeineren Fällen (wo einer Antwort mit der Unteranfrage Daten hinzugefügt werden) die Hauptfilterkette falsch wäre. Das scheint mir keine gute Idee zu sein.

10.9.3 Asis

`mod_asis` hat etwas von einem Hack, aber der Handler muss alle Filter mit Ausnahme des Verbindungsfilters entfernen und die Daten senden. Wenn Sie `mod_asis` benutzen, sind alle anderen außer Kraft gesetzt.

10.9.4 Erläuterungen

Zum Abschluss sei erwähnt, dass der Grund, warum dieser Code so schwer zu formulieren war, die Tatsache ist, dass er so stark manipuliert werden musste, damit er funktioniert. Die meisten der Manipulationen habe ich selbst vorgenommen, so dass die Schuld bei mir liegt. Aber jetzt, wo der Code richtig ist, habe ich damit begonnen, einige Hacks zu entfernen. Den meisten sollte aufgefallen sein, dass die Funktionen `reset_filters` und `add_required_filters` verschwunden sind. Diese haben auf Protokollebene Filter für Fehlerbedingungen eingefügt und seltsamerweise haben beide Funktionen nacheinander das Gleiche getan. Da jetzt keine Protokollfilter für Fehlersituationen mehr verloren gehen, sind diese Hacks entfernt worden. Die Filter `HTTP_HEADER`, `content-length` und `byterange` wurden in die `insert_filters`-Phase eingefügt, denn würden sie vorher eingefügt, dann käme es zu interessanten Interaktionen. Sie konnten jetzt alle so verschoben werden, dass sie mit den Filtern `HTTP_IN`, `CORE` und `CORE_IN` eingefügt werden. Auf diese Weise ist der Code leichter nachzuvollziehen.

10.10 Thread-Sicherheit unter Apache 2.0

Wird eines der MPMs unter Apache 2.0 benutzt, die Threading verwenden, dann ist es wichtig, dass jede vom Apache aufgerufene Funktion Thread-sicher ist. Beim Einbinden von Erweiterungen anderer Hersteller kann es schwierig werden, festzustellen, ob der Server am Ende Thread-sicher ist. Ein oberflächlicher Test gibt darüber keinen Aufschluss, da Probleme der Thread-Sicherheit zu subtilen Konkurrenzsituationen führen können, die nur bei sehr starker Serverauslastung in Erscheinung treten.

10.10.1 Globale und statische Variablen

Wenn Sie Ihre Module programmieren und dabei feststellen möchten, ob ein Modul oder eine Bibliothek eines anderen Herstellers Thread-sicher ist, müssen Sie einige allgemeine Dinge beachten.

Sie müssen sich zuerst klarmachen, dass in einem Thread-Modell jeder einzelne Thread seinen eigenen Programmzähler und Stack sowie eigene Register hat. Lokale Variablen befinden sich im Stack und bereiten keine Probleme. Aufpassen müssen Sie bei statischen und globalen Variablen. Prinzipiell ist es nicht unzulässig, statische oder globale Variablen zu benutzen. Manchmal sind tatsächlich alle Threads betroffen, aber im Allgemeinen müssen sie vermieden werden, wenn der Code Thread-sicher sein soll.

In einer Situation, in der eine Variable global und für alle Threads zugänglich sein muss, sollten Sie vorsichtig sein, wenn Sie diese aktualisieren. Handelt es sich beispielsweise um einen Zähler, der erhöht wird, dann müssen Sie ihn abgekoppelt erhöhen, um konkurrierende Zugriffe durch andere Threads zu vermeiden. Benutzen Sie hierfür einen Mutex (gegenseitiger Ausschluss). Blockieren Sie den Mutex, lesen Sie den aktuellen Wert, erhöhen Sie ihn, schreiben Sie ihn zurück und heben Sie anschließend die Blockade des Mutex auf. Jeder andere Thread, der den Wert verändern möchte, muss zuerst den Mutex überprüfen und ist bis zu dessen Freigabe blockiert.

Wenn Sie das APR verwenden, dann achten Sie auf die Funktionen `apr_atomic_*` und `apr_thread_mutex_*`.

10.10.2 errno

Diese allgemein gebräuchliche globale Variable speichert die Fehlernummer des zuletzt aufgetretenen Fehlers. Ruft ein Thread eine maschinenorientierte Funktion auf, die `errno` setzt, und die Variable wird anschließend von einem anderen Thread überprüft, dann gehen Fehlernummern von einem Thread an den anderen über. Um dieses Problem zu lösen, müssen Sie sicherstellen, dass das Modul oder die Bibliothek _REENTRANT definieren oder mit -D_REENTRANT kompiliert werden. Dadurch wird `errno` zu einer Thread-bezogenen Variablen und sollte für den Code transparent sein. Das kann ungefähr wie folgt geschehen:

```
#define errno (*(__errno_location()))
```

Beim Zugriff auf `errno` wird die Funktion `__errno_location()` aus der Bibliothek `libc` aufgerufen. Wird _REENTRANT gesetzt, müssen auch einige andere Funktionen in ihre `*_r`-Äquivalente umdefiniert werden; manchmal sind auch Änderungen der allgemeinen Makros gusw/putc in sicherere Funktionsaufrufe erforderlich. Überprüfen Sie die Dokumentation Ihrer `libc`-Bibliothek bezüglich der Einzelheiten. Anstatt oder zusätzlich zu _REENTRANT bewirken dies auch die Symbole _POSIX_C_SOURCE, _THREAD_SAFE, _SVID_SOURCE und _BSD_SOURCE.

10.10.3 Problematische Standardfunktionen

Funktionen müssen nicht nur Thread-sicher, sondern auch während das Ablaufs variabel sein. Die Funktion strtok() ist ein Beispiel dafür. Sie können sie zum ersten Mal mit dem Begrenzer aufrufen, den sich die Funktion merkt und bei jedem späteren Aufruf das nächste Element zurückgibt. Wird sie von mehreren Threads aufgerufen, führt das eindeutig zu Problemen. Die meisten Systeme verfügen über eine Version der Funktion mit dem Namen strtok_r(), der ein zusätzliches allokiertes char *-Argument übergeben wird, das die Funktion an Stelle des eigenen statischen Speichers für die Statusüberwachung verwendet. Wenn Sie das APR verwenden, können Sie apr_strtok() benutzen.

crypt() ist eine weitere Funktion, die nicht unbedingt ablaufvariant ist, so dass beim Aufruf dieser Funktion aus einer Bibliothek Vorsicht geboten ist. Bei einigen Systemen ist sie ablaufvariant, so dass sie nicht immer ein Problem darstellt. Verfügt Ihr System über crypt_r(), dann sollten Sie diese Funktion benutzen oder gegebenenfalls den Aufruf mit md5 ganz umgehen.

10.10.4 Verbreitete Bibliotheken anderer Hersteller

Die folgende Liste führt allgemein verbreitete Bibliotheken anderer Hersteller von Apache-Modulen auf. Anhand dieser Liste können Sie überprüfen, ob Ihr Modul eine möglicherweise unsichere Bibliothek mit Funktionen wie ldd(1) und nm(1) benutzt. Für PHP können Sie beispielsweise Folgendes ausprobieren:

```
% ldd libphp4.so
libsablot.so.0 => /usr/local/lib/libsablot.so.0 (0x401f6000)
libexpat.so.0 => /usr/lib/libexpat.so.0 (0x402da000)
libsnmp.so.0 => /usr/lib/libsnmp.so.0 (0x402f9000)
libpdf.so.1 => /usr/local/lib/libpdf.so.1 (0x40353000)
libz.so.1 => /usr/lib/libz.so.1 (0x403e2000)
libpng.so.2 => /usr/lib/libpng.so.2 (0x403f0000)
libmysqlclient.so.11 => /usr/lib/libmysqlclient.so.11 (0x40411000)
libming.so => /usr/lib/libming.so (0x40449000)
libm.so.6 => /lib/libm.so.6 (0x40487000)
libfreetype.so.6 => /usr/lib/libfreetype.so.6 (0x404a8000)
libjpeg.so.62 => /usr/lib/libjpeg.so.62 (0x404e7000)
libcrypt.so.1 => /lib/libcrypt.so.1 (0x40505000)
libssl.so.2 => /lib/libssl.so.2 (0x40532000)
libcrypto.so.2 => /lib/libcrypto.so.2 (0x40560000)
libresolv.so.2 => /lib/libresolv.so.2 (0x40624000)
libdl.so.2 => /lib/libdl.so.2 (0x40634000)
libnsl.so.1 => /lib/libnsl.so.1 (0x40637000)
libc.so.6 => /lib/libc.so.6 (0x4064b000)
/lib/ld-linux.so.2 => /lib/ld-linux.so.2 (0x80000000)
```

Neben diesen Bibliotheken müssen Sie auch alle statisch in das Modul eingebundenen Bibliotheken beachten. Mit nm(1) können Sie nach einzelnen Symbolen im Modul suchen.

10.10.5 Liste der Bibliotheken

Bitte senden Sie eine Nachricht an `dev@httpd.apache.org`, falls Ergänzungen oder Korrekturen an dieser Liste erforderlich sind.

Bibliothek	Version	Thread-sicher?	Anmerkungen
ASpell/PSpell		?	
Berkeley DB	3.x, 4.x	Ja	Seien Sie vorsichtig bei der gemeinsamen Nutzung einer Verbindung durch Threads.
bzip2		Ja	APIs auf höherer und unterer Ebene sind Thread-sicher. Auf höherer Ebene wird aber Thread-sicherer Zugriff auf errno benötigt.
cdb		?	
C-Client		Vielleicht	C-Client benutzt die Funktionen strtok() und gethostbyname(), die bei den meisten Implementierungen von C-Bibliotheken nicht Thread-sicher sind. Die statischen Daten von C-Client sollen von den Threads gemeinsam benutzt werden. Wenn strtok() und gethostbyname() unter Ihrem Betriebssystem Thread-sicher sind, ist C-Client vielleicht Thread-sicher.
cpdflib		?	
libcrypt		?	
Expat		Ja	Benötigt eine eigene Parser-Instanz pro Thread.
FreeTDS		?	
FreeType		?	
GD 1.8.x		?	
GD 2.0.x		?	
gdbm		Nein	Fehlerrückgabe über eine statische gdbm_error-Variable
ImageMagick	5.2.2	Ja	Die ImageMagick-Dokumentationen behaupten, es sei seit Version 5.2.2 Thread-sicher (siehe Change log).
Imlib2		?	
libjpeg	v6b	?	
libmysqlclient		Ja	Benutzen Sie die Variante mysqlclient_r der Bibliothek, um Thread-Sicherheit zu gewährleisten. Weitere Informationen finden Sie unter der Adresse http://www.mysql.com/doc/en/Threaded_clients.html
Ming	0.2a	?	
Net-SNMP	5.0.x	?	

Bibliothek	Version	Thread-sicher?	Anmerkungen
OpenLDAP	2.1.x	Ja	Benutzen Sie die Variante ldap_r der Bibliothek, um Thread-Sicherheit zu gewährleisten.
OpenSSL	0.9.6g	Ja	Erfordert eine saubere Verwendung von CRYPTO_num_locks, CRYPTO_set_locking_callback und CRYPTO_set_id_callback.
liboci8 (Oracle 8+)	8.x, 9.x	?	
pdflib	5.0.x	Ja	Die PDFLib-Dokumentationen behaupten, die Bibliothek sei Thread-sicher. In der Datei changes.txt steht, sie sei seit Version 1.91 partiell Thread-sicher: http://www.pdflib.com/products/pdflib/index.html.
libpng	1.0.x	?	
libpng	1.2.x	?	
libpq (PostgreSQL)	7.x	Ja	Benutzen Sie keine Verbindungen gemeinsam mit mehreren Threads und achten Sie auf crypt()-Aufrufe.
Sablotron	0.95	?	
zlib	1.1.4	Ja	Basiert auf den Thread-sicheren Funktionen zalloc und zfree. Standardmäßig werden die Funktionen calloc und free benutzt, die Thread-sicher sind.

Kapitel 11

Support und Fehlermeldungen

Die aktuellste Version dieser FAQs steht immer auf der Apache-Website unter der Adresse http://httpd.apache.org/docs-2.0/faq/ zur Verfügung. Sie können sich die FAQ-Übersicht auch anzeigen und ausdrucken lassen.

Da die Apache-Version 2.0 noch relativ neu ist, ist noch nicht absehbar, welche häufig gestellten Fragen zu beantworten sein werden. Sie werden ständig ergänzt, aber gleichzeitig sei auch auf die Apache-1.3 FAQs verwiesen (http://httpd.apache.org/docs/misc/FAQ.html), falls Sie hier keine Antworten finden.

11.1 Support

Was ist bei Problemen zu tun?
- »Warum kann ich nicht...? Warum funktioniert ... nicht?« Was bei Problemen zu tun ist
- Wer bietet Unterstützung?

11.1.1 Was bei Problemen zu tun ist

Wenn Sie Probleme mit der Apache-Server-Software haben, sollten Sie folgende Schritte durchführen:

Überprüfen Sie das Fehlerprotokoll!
Der Apache versucht beim Auftreten von Problemen Hilfestellungen zu bieten. In vielen Fällen stellt er mit einer oder mehreren Meldungen im Server-Fehlerprotokoll Einzelheiten zur Verfügung. Manchmal reichen diese Hinweise aus, um eine Diagnose zu stellen und das Problem zu beseitigen (beispielsweise bei Zugriffsberechtigungen für Dateien oder Ähnlichem). Das Fehlerprotokoll befindet sich standardmäßig in der Datei /usr/local/apache2/logs/error_log. Falls nicht, gibt Ihnen die Direktive ErrorLog aus den Konfigurationsdateien Auskunft über den Standort der Datei auf Ihrem Server.

Schauen Sie in den Antworten zu den häufig gestellten Fragen nach!
Die aktuellste Version finden Sie auf der Apache-Website (http://httpd.apache.org/docs-2.0/faq/).

Schauen Sie in der Apache-Fehlerdatenbank nach.
Die meisten Fehler, die der Apache Group mitgeteilt werden, werden in der Fehlerdatenbank aufgezeichnet (http://httpd.apache.org/bug_report.html). *Bitte* überprüfen Sie genau, ob Ihr Problem dort behandelt wird, ehe Sie es hinzufügen. Wurde bereits von anderer Seite über den Fehler berichtet, dann *verzichten Sie* auf eine weitere Mitteilung. Ist die Bearbeitung

der ursprünglichen Meldung noch nicht abgeschlossen, sollten Sie in regelmäßigen Abständen noch einmal nachschauen. Sie können sich auch an denjenigen wenden, der den Fehler ursprünglich gemeldet hat. Möglicherweise findet ein Informationsaustausch per E-Mail statt, der aus der Datenbank nicht ersichtlich ist.

Wenden Sie sich an ein Benutzerforum.

Die Apache-Gemeinde hat viele aktive Mitglieder, die bereit sind, ihr Wissen zu teilen. Der Beitritt zu dieser Gemeinde ist meist der beste und schnellste Weg, Antworten und Lösungen zu Fragen und Problemen zu erhalten.

User-Mailing-Liste (http://httpd.apache.org/userslist.html)

USENET-Newsgroups:

- comp.infosystems.www.servers.unix
  News: news:comp.infosystems.www.servers.unix
  Google: http://groups.google.com/groups?group=comp.infosystems.www.servers.unix

- comp.infosystems.www.servers.ms-windows
  News: news:comp.infosystems.www.servers.ms-windows
  Google: http://groups.google.com/groups?group=comp.infosystems.www.servers.ms-windows

- comp.infosystems.www.authoring.cgi
  News: news:comp.infosystems.www.authoring.cgi
  Google: http://groups.google.com/groups?group=comp.infosystems.www.authoring.cgi

Führt Sie das alles nicht weiter, dann übergeben Sie das Problem der Fehlerdatenbank.

Haben Sie die aufgeführten Schritte ausprobiert und keine Lösung gefunden, teilen Sie bitte den HTTPD-Entwicklern das Problem mit einem Fehlerbericht mit (http://httpd.apache.org/bug_report.html).

Führt das Problem zum Serverabsturz und zu einem Core-Dump, fügen Sie bitte eine Kopie des Dumps mit bei. Zum Beispiel:

```
# cd ServerRoot
# dbx httpdcore
  (dbx) where
```

(Ersetzen Sie die entsprechenden Verzeichnisse für Ihre `ServerRoot` und Ihre `httpd`- und `core`-Dateien. Möglicherweise müssen Sie `gdb` an Stelle von `dbx` verwenden.)

11.1.2 Wer bietet Unterstützung?

Bei mehreren Millionen Benutzern und nicht mehr als vierzig freiwilligen Entwicklern ist es nicht möglich, einen persönlichen Support für den Apache-Server anzubieten. Kostenlosen Support erhalten Sie durch die Teilnahme am User-Forum.

Professioneller, gewerblicher Support für den Apache wird von einer Reihe von Firmen angeboten (http://www.apache.org/info/support.cgi).

11.2 Kurz: Fehlermeldungen

Was bedeutet diese Fehlermeldung?

11.2.1 Invalid argument: core_output_filter: writing data to the network

- Invalid argument: core_output_filter: writing data to the network

Der Apache verwendet den Systemaufruf `sendfile`, um das Versenden von Antworten zu beschleunigen, wenn das Betriebssystem ihn zur Verfügung stellt. Bei einigen Systemen entdeckt der Apache leider das Vorhandensein von `sendfile` während des Kompilierens, auch wenn der Aufruf nicht korrekt funktioniert. Dies geschieht meist bei Verwendung von Netzwerk- oder nicht standardmäßigen Dateisystemen.

Auf dieses Problem verweisen die oben aufgeführten Fehlermeldungen in der Log-Datei sowie Antworten mit der Länge null für Dateien, deren Größe nicht gleich null ist. Das Problem tritt generell nur bei statischen Dateien auf, weil `sendfile` normalerweise nicht für dynamische Inhalte verwendet wird.

Das Problem kann durch Deaktivieren von `sendfile` mit der Direktive `EnableSendfile` für alle Teile des Servers behoben werden. (Bei ähnlichen Problemen siehe auch »*EnableMMAP*«, *Seite 347*.)

11.2.2 AcceptEx Failed

Wenn Sie Fehlermeldungen für `AcceptEx`-Systemaufrufe unter Windows erhalten, dann finden Sie Hinweise hierzu unter der `Win32DisableAcceptEx`-Direktive.

11.2.3 Premature end of script headers

Die meisten Probleme bei CGI-Skripten führen dazu, dass diese Meldung im Fehlerprotokoll erscheint und dem Browser ein `Internal Server Error` gemeldet wird. Hinweise zur Beseitigung dieses Problems finden Sie im *Abschnitt 5.2 »Dynamische Inhalte mit CGI«*.

Anhang A

Glossar

A.1 Glossar

Dieses Glossar erläutert die wichtigsten Begriffe für den Apache und das Web im Allgemeinen. Weitere Informationen zu den einzelnen Termini erreichen Sie über die Links.

A.1.1 Definitionen

.htaccess

Eine Konfigurationsdatei innerhalb der Web-Verzeichnisse, die für das Verzeichnis, in dem sie sich befindet, und für alle seine Unterverzeichnisse anzuwendende Direktiven enthält. Sie kann fast alle Arten von Direktiven enthalten, nicht nur Direktiven, die den Zugriff steuern.

Algorithmus

Eine eindeutige Formel oder ein Satz von Regeln zur Lösung eines Problems in einer endlichen Anzahl von Schritten.

APache eXtension Tool (apxs)

Ein Perl-Skript für das Kompilieren von Modulquellcode in Dynamic Shared Objects (DSOs) und für deren Installation im Apache-Webserver.

Authentifizierung

Die positive Identifikation einer Netzwerkentität wie zum Beispiel eines Servers, Clients oder Benutzers.

Certificate Authority (CA)

Ein vertrauenswürdiger Dritter, der Zertifikate für authentifizierte Netzwerkentitäten auf sichere Weise signiert. Andere Netzwerkentitäten können die Signatur überprüfen, um zu verifizieren, dass die CA den Überbringer des Zertifikats authentifiziert hat.

Certificate Signing Request (CSR)

Ein nicht signiertes Zertifikat für die Einreichung bei einer Certificate Authority, die es mit dem privaten Schlüssel ihres CA-*Zertifikats* signiert. Ist das CSR signiert, wird es zum echten Zertifikat.

CONNECT

Eine HTTP-Methode für Rohdaten über HTTP. Mit ihr können andere Protokolle wie zum Beispiel das SSL-Protokoll eingekapselt werden.

Common Gateway Interface (CGI)

Eine definierte Schnittstelle zwischen einem Webserver und einem externen Programm, die dem externen Programm die Bedienung von Anfragen erlaubt. Die Schnittstelle wurde ursprünglich von der NCSA definiert, daneben gibt es aber noch ein RFC-Projekt (siehe http://cgi-spec.golux.com/).

Digest

Ein Hash-Code einer Nachricht, mit dem überprüft werden kann, ob der Inhalt der Nachricht während der Übertragung verändert wurde.

Export-Crippled

Reduziertes Verschlüsselungsverfahren (mit geringerer Sicherheit), das den US-amerikanischen Export Administration Regulations (EAR) entspricht. Export-Crippled Verschlüsselungs-Software verwendet kleine Schlüssel. Die *verschlüsselten Texte* lassen sich meist mit entsprechenden Mitteln entschlüsseln.

Filter

Ein Verfahren, das auf zu sendende oder empfangene Daten angewendet wird. Eingabefilter verarbeiten vom Client empfangene Daten und Ausgabefilter vom Server an den Client zu versendende Daten. Der Ausgabefilter INCLUDES verarbeitet beispielsweise Dokumente für Server Side Includes.

Digitale Signatur

Ein verschlüsselter Textblock für die Verifizierung eines Zertifikats oder einer anderen Datei. Eine Certificate Authority erzeugt eine Signatur mit einem in ein Zertifikat eingebetteten Hash-Code des *öffentlichen Schlüssels* und verschlüsselt den Hash-Code anschließend mit dem *privaten Schlüssel*. Nur der öffentliche Schlüssel der CA kann die Signatur entschlüsseln und verifiziert so, dass die CA die Netzwerkentität authentifiziert hat, die das *Zertifikat* besitzt.

Direktive

Ein Konfigurationsbefehl, der einen oder mehrere Aspekte des Apache-Verhaltens steuert. Direktiven stehen in einer Konfigurationsdatei

Dynamic Shared Object (DSO)

Separat von der binären Datei httpd kompilierte Module, die bei Bedarf geladen werden können.

Handler

Eine interne Darstellung einer beim Aufruf einer Datei durchzuführenden Aktion. Im Allgemeinen besitzen Dateien implizite Handler, die auf dem Dateityp basieren. Normalerweise werden alle Dateien einfach vom Server bedient, bestimmte Dateitypen werden jedoch separat »behandelt«. Der Handler `cgi-script` ist beispielsweise für die Bearbeitung von Dateien als CGI-Skript vorgesehen.

Header

Der Teil der HTTP-Anfrage und -Antwort, der vor dem eigentlichen Inhalt gesendet wird und den Inhalt beschreibende Meta-Informationen enthält.

httpd.conf

Die Hauptkonfigurationsdatei des Apache. Sie befindet sich standardmäßig im Verzeichnis `/usr/local/apache2/conf/httpd.conf`, kann aber mit der Laufzeitkonfiguration oder der Konfiguration für das Kompilieren verschoben werden.

HTTPS

Das HyperText Transport Protocol (Secure) ist der standardmäßige verschlüsselte Kommunikationsmechanismus im World Wide Web. Im Prinzip handelt es sich um HTTP über SSL.

HyperText Transfer Protocol (HTTP)

Das standardmäßige Übertragungsprotokoll im World Wide Web. Der Apache implementiert die Version 1.1 des Protokolls, die als HTTP/1.1 bezeichnet und vom RFC2616 definiert wird.

Konfigurationsdatei

Eine Datei mit Direktiven, die die Konfiguration des Apache steuern.

Konfigurationsdirektive

Siehe: Direktive

Kontext

Ein Bereich in Konfigurationsdateien, in dem bestimmte Direktiven zulässig sind.

Methode

Im HTTP-Kontext eine in der Anfragezeile des Clients angegebene Aktion, die mit einer Ressource durchgeführt wird. Typische HTTP-Methoden sind `GET`, `POST` und `PUT`.

MIME-Typ

Eine Beschreibung des Inhaltstyps eines übertragenen Dokuments. Die Bezeichnung kommt daher, dass das Format von den Multipurpose Internet Mail Extensions entlehnt wurde. Es besteht aus einem übergeordneten und einem untergeordneten Typ, die durch einen Schrägstrich voneinander getrennt werden. Zum Beispiel: `text/html`, `image/gif` oder `application/octet-stream`. Der MIME-Typ wird im HTTP-Header `Content-Type` angegeben.

Modul

Ein selbstständiger Programmteil. Große Teile der Apache-Funktionalität sind in Modulen enthalten, die bei Bedarf eingebunden werden können. In die binäre Datei httpd kompilierte Module werden als *statische Module* und separat gespeicherte Module, die während der Laufzeit optional geladen werden können, als *dynamische Module* oder DSOs bezeichnet. Standardmäßig integrierte Module werden als *Basismodule* bezeichnet. Für den Apache-Server gibt es viele Module, die nicht Bestandteil des ausgelieferten Tarballs sind. Dies sind die Module von *Dritt- oder Fremdherstellern*.

Modul Magic Number (MMN)

Das Modul Magic Number ist eine im Apache-Quellcode definierte Konstante, die im Zusammenhang mit der binären Kompatibilität der Module steht. Sie wird geändert, wenn interne Apache-Strukturen, Funktionsaufrufe und andere signifikante Teile des API sich derart verändern, dass eine binäre Kompatibilität nicht mehr gewährleistet ist. Bei MMN-Änderungen müssen alle Module von Fremdherstellern mindestens neu kompiliert werden, manchmal müssen sie auch geringfügig verändert werden, damit sie mit der neuen Apache-Version funktionieren.

OpenSSL

Das Open-Source-Toolkit für SSL/TLS.

Passwortphrase

Das Wort oder die Phrase, die Dateien mit privaten Schlüsseln schützt. Sie verhindert eine Entschlüsselung durch nicht autorisierte Benutzer. Normalerweise handelt es sich nur um den geheimen Ent-/Verschlüsselungsschlüssel für Verschlüsselungsalgorithmen.

Privater Schlüssel

Der geheime Schlüssel in einem System mit Verschlüsselung mit Hilfe öffentlicher Schlüssel, mit dem eingehende Nachrichten entschlüsselt und ausgehende signiert werden.

Proxy

Ein zwischen Client und dem *Ursprungsserver* liegender Server. Er akzeptiert Client-Anfragen, übergibt diese Anfragen an den Ursprungsserver und liefert die Antwort des Ursprungsservers an den Client. Fordern mehrere Clients den gleichen Inhalt an, kann der Proxy diesen Inhalt aus dem Cache liefern, anstatt ihn jedes Mal erneut vom Ursprungsserver anzufordern, was die Antwortzeiten verkürzt.

Reguläre Ausdrücke (Regex)

Eine Möglichkeit zur Angabe eines Musters im Text – zum Beispiel für »alle Wörter, die mit dem Buchstaben A beginnen« oder »jede 10-stellige Telefonnummer« oder auch »jeden Satz, der zwei Kommata und nicht den Großbuchstaben Q« enthält. Reguläre Ausdrücke sind nützlich, weil über sie bestimmte Attribute für ausgewählte Mengen von Dateien oder Ressourcen flexibel angewendet werden können – zum Beispiel können alle .gif- und .jpg-Dateien aus einem Bilderverzeichnis mit dem Muster /images/.*(jpg|gif)$ angesprochen werden. Der Apache benutzt die Perl Compatible Regular Expressions der PCRE-Bibliothek.

Reversiver Proxy

Ein Proxy-Server, der dem Client wie ein *Ursprungsserver* erscheint. Er kann dem Lastausgleich dienen oder aus Sicherheitsgründen den tatsächlichen Ursprungsserver vor dem Client verbergen.

Secure Sockets Layer (SSL)

Ein Protokoll der Firma Netscape Communications Corporation für die allgemeine Authentifizierung und Verschlüsselung in TCP/IP-Netzwerken. Es wird hauptsächlich für *HTTPS* verwendet (HyperText Transfer Protocol (HTTP) über SSL).

Server Side Includes (SSIs)

Ein Verfahren zur Einbettung von Verarbeitungsdirektiven in HTML-Dateien.

SSLeay

Die ursprüngliche SSL/TLS-Implementierungsbibliothek von Eric A. Young

Session

Der allgemeine Kontext eines Kommunikationsaustauschs.

Symmetrische Verschlüsselung

Die Anwendung von *Verschlüsselungsalgorithmen* mit einem einzigen geheimen Schlüssel für die Ver- und Entschlüsselung.

Tarball

Die Zusammenstellung eines Pakets mit Dateien mit Hilfe des Programms `tar`. Die Apache-Distributionen werden mit `pkzip` in komprimierten `tar`-Archiven gespeichert.

Transport Layer Security (TLS)

Der Nachfolger des SSL-Protokolls von der Internet Engineering Task Force (IETF) für die allgemeine Authentifizierung und Verschlüsselung in TCP/IP-Netzwerken. TLS-Version 1 ist nahezu identisch mit SSL Version 3.

Umgebungsvariable

Von der Shell des Betriebssystems verwaltete benannte Variablen zum Speichern von Informationen und für die Kommunikation zwischen Programmen. Der Apache unterhält auch interne Variablen, auf die wie auf Umgebungsvariablen Bezug genommen wird, die aber in einer internen Apache-Struktur und nicht in der Shell-Umgebung gespeichert werden.

Uniform Resource Identifier (URI)

Eine kompakte Zeichenfolge zur Identifikation einer abstrakten oder physischen Ressource. Die Definition erfolgt im RFC2396. Im Web verwendete URIs werden allgemein als URLs bezeichnet.

Uniform Resource Locator (URL)

Name oder Adresse einer Ressource im Internet. Dies ist das gebräuchliche Synonym für den Uniform Resource Identifier. URLs bestehen normalerweise aus einem Schema wie `http` oder `https`, einem Hostnamen und einem Pfad, zum Beispiel: `http://httpd.apache.org/docs-2.1/glossary.html`.

Verschlüsselung mit öffentlichen Schlüsseln

Der Einsatz asymmetrischer Verschlüsselungssysteme, bei denen ein Schlüssel für die Verschlüsselung und ein anderer für die Entschlüsselung benutzt wird. Zwei zusammengehörige Schlüssel bilden ein Schlüsselpaar. Gebräuchlich ist auch die Bezeichnung »Asymmetrische Verschlüsselung«.

Verschlüsselungsalgorithmus

Ein Algorithmus oder System für die Datenverschlüsselung. Beispiele sind DES, IDEA, RC4 usw.

Virtuelles Hosting

Die Bedienung mehrerer Websites mit einer Apache-Instanz. Beim *IP-basierten virtuellen Hosting* werden die Websites über ihre IP-Adressen unterschieden, während beim *namensbasierten virtuellen Hosting* nur der Name für die Unterscheidung benutzt wird. Auf diese Weise können mehrere Sites unter der gleichen IP-Adresse untergebracht werden.

Voll qualifizierter Domänenname (FQDN)

Der eindeutige Name einer Netzwerkentität, bestehend aus einem Hostnamen und einem Domänennamen, der in eine IP-Adresse aufgelöst werden kann. Beispiel: `www` ist ein Hostname, `example.com` ein Domänenname und `www.example.com` ein voll qualifizierter Domänenname.

X.509

Ein Zertifikatschema, das von der International Telecommunication Union (ITU-T) empfohlen und für die SSL/TLS-Authentifizierung benutzt wird.

Zertifikat

Ein Datensatz für die Authentifizierung von Netzwerkentitäten wie Server oder Clients. Ein Zertifikat enthält X.509-Informationen über den Eigentümer (das Subjekt) und die signierende Certificate Authority (der Aussteller) sowie den öffentlichen Schlüssel und die Signatur des Ausstellers. Netzwerkentitäten verifizieren diese Signaturen mit den Zertifikaten des Ausstellers.

Zugriffskontrolle

Zugriffsbeschränkungen für Netzwerkbereiche. Im Apache-Kontext in der Regel die Zugriffsbeschränkung auf bestimmte *URLs*.

Öffentlicher Schlüssel

Der öffentlich verfügbare Schlüssel bei Verschlüsselung mit öffentlichen Schlüsseln, mit dem an den Eigentümer gebundene Nachrichten verschlüsselt und Signaturen des Eigentümers entschlüsselt werden.

Anhang B

Alphabetische Kurzreferenz der Direktiven

Die alphabetische Kurzreferenz der Direktiven zeigt die Verwendung, Voreinstellung, den Status und den Kontext aller Apache-Konfigurationsanweisungen. Für weitergehende Informationen schauen Sie bitte im Verzeichnis der Direktiven.

Die erste Spalte enthält den Namen der Direktive. In der zweiten Spalte befindet sich eine Kurzbeschreibung der Direktive. Die dritte Spalte zeigt die Voreinstellung der Direktive, sofern eine Voreinstellung existiert. Die vierte Spalte gibt das Modul an, in dem die Direktive enthalten ist. Die fünfte Spalte gibt den Kontext an, in dem die Direktive erlaubt ist:

s	Serverkonfiguration
v	Virtual Host
d	Verzeichnis
h	.htaccess

Die sechste Spalte enthält den Status der Direktive entsprechend der Legende:

Innerhalb der Apache-Konfiguration existieren zwei Direktivenarten. Die erste Direktivenart wird in einer XML-ähnlichen Syntax in spitzen Klammern notiert (ohne dass dies eine korrekte XML-Syntax ist!). Beispielsweise:

```
<Directory /usr/local/httpd/htdocs>

</Directory>
```

Diese Direktiven dienen als eine Art Container, die weitere Direktiven enthalten, die nicht in spitzen Klammern notiert werden, z.B.:

```
<Directory /usr/local/httpd/htdocs>
    Options Indexes FollowSymLinks
</Directory>
```

Aus diesem Grund wurde die alphabetische Referenz in zwei Tabellen aufgespalten. Die erste Tabelle enthält die Container-Direktiven, die ein schnelles Suchen innerhalb einer Container-Direktive ermöglicht. Die zweite Tabelle enthält sämtliche Direktiven. Es ist somit eine komplette alphabetische Liste aller Direktiven des Apache-Servers. Eine ausführliche

Anhang B
Alphabetische Kurzreferenz der Direktiven

Beschreibung der Direktive inklusive Beispiel finden Sie in dem jeweiligen entsprechenden Abschnitt des Moduls, in dem die Direktive enthalten ist.

Tabelle B.1: Alphabetische Kurzreferenz der Container-Direktiven

Direktive	Beschreibung	Modul	Kontext	Status
`<Directory Verzeichnispfad>` ... `</Directory>`	Umschließt eine Gruppe von Direktiven, die nur auf das genannte Verzeichnis des Dateisystems und Unterverzeichnisse angewendet werden.	Apache-Kernfunktion (core)	sv	C
`<DirectoryMatch regex>` ... `</DirectoryMatch>`	Umschließt eine Gruppe von Direktiven, die auf Verzeichnisse des Dateisystems und ihre Unterverzeichnisse abgebildet werden, die auf einen regulären Ausdruck passen.	Apache-Kernfunktion (core)	sv	C
`<Files Dateiname>` ... `</Files>`	Enthält Direktiven, die sich nur auf passende Dateinamen beziehen.	Apache-Kernfunktion (core)	svdh	C
`<FilesMatch regex>` ... `</FilesMatch>`	Enthält Direktiven, die für Dateinamen gelten, die auf einen regulären Ausdruck passen.	Apache-Kernfunktion (core)	svdh	C
`<IfDefine [!]Parametername>` ... `</IfDefine>`	Schließt Direktiven ein, die nur ausgeführt werden, wenn eine Testbedingung beim Start wahr ist.	Apache-Kernfunktion (core)	svdh	C
`<IfModule [!]Modulname>` ... `</IfModule>`	Schließt Direktiven ein, die abhängig vom Vorhandensein oder Fehlen eines speziellen Moduls ausgeführt werden.	Apache-Kernfunktion (core)	svdh	C
`<Limit Methode [Methode] ... >` ... `</Limit>`	Beschränkt die eingeschlossenen Zugriffskontrollen auf bestimmte HTTP-Methoden.	Apache-Kernfunktion (core)	svdh	C
`<LimitExcept Methode [Methode] ... >` ... `</LimitExcept>`	Beschränkt Zugriffskontrollen auf alle HTTP-Methoden außer den genannten.	Apache-Kernfunktion (core)	svdh	C
`<Location URL-Pfad|URL>` ... `</Location>`	Wendet die enthaltenen Direktiven nur auf die entsprechenden URLs an.	Apache-Kernfunktion (core)	sv	C
`<LocationMatch regex>` ... `</LocationMatch>`	Wendet die enthaltenen Direktiven nur auf URLs an, die auf reguläre Ausdrücke passen.	Apache-Kernfunktion (core)	sv	C

Alphabetische Kurzreferenz der Direktiven

Direktive	Beschreibung	Modul	Kontext	Status
`<Proxy URL> ...</Proxy>`	Container für Direktiven für Proxy-Ressourcen	mod_proxy	sv	E
`<ProxyMatch regex> ...</ProxyMatch>`	Container für Direktiven beim Vergleich regulärer Ausdrücke für Proxy-Ressourcen.	mod_proxy	sv	E
`<VirtualHost Adresse[:Port] [Adresse[:Port]] ...> ...</VirtualHost>`	Enthält Direktiven, die nur auf bestimmte Hostnamen oder IP-Adressen angewendet werden.	Apache-Kernfunktion (core)	s	C

Tabelle B.2: Alphabetische Kurzreferenz der Direktiven

Direktive	Beschreibung	Voreinstellung	Modul	Kontext	Status
`AcceptMutex Default|Methode`	Vom Apache verwendete Methode zur Serialisierung mehrerer Kindprozesse, die Anfragen an Netzwerk-Sockets entgegennehmen.	Default	Allgemeine Direktive der Apache-MPMs	s	M
`AcceptPathInfo On|Off|Default`	Ressourcen lassen angehängte Pfadangaben zu.	Default	Apache-Kernfunktion (core)	svdh	C
`AccessFileName Dateiname [Dateiname] ...`	Name der dezentralen Konfigurationsdateien.	.htaccess	Apache-Kernfunktion (core)	sv	C
`Action action-typ cgi-skript`	Aktiviert ein CGI-Skript für einen bestimmten Handler oder Inhaltstyp.		mod_actions	svdh	B
`AddAlt string datei [datei] ...`	Text, der an Stelle eines nach dem Dateinamen ausgewählten Icons alternativ für eine Datei angezeigt wird.		mod_autoindex	svdh	B
`AddAltByEncoding string MIME-Kodierung [MIME-Kodierung] ...`	Text, der an Stelle eines nach dem Dateinamen ausgewählten Icons für eine Datei angezeigt wird und der nach der MIME-Codierung ausgewählt wird.		mod_autoindex	svdh	B

Anhang B
Alphabetische Kurzreferenz der Direktiven

Direktive	Beschreibung	Voreinstellung	Modul	Kontext	Status
AddAltByType string MIME-Typ [MIME-Typ] ...	Text, der an Stelle eines Icons für eine Datei angezeigt wird und der nach der MIME-Codierung ausgewählt wird.		mod_autoindex	svdh	B
AddCharset charset Erweiterung [Erweiterung] ...	Ordnet der angegebenen Dateinamenerweiterung einen Zeichensatz zu.		mod_mime	svdh	B
AddDefaultCharset On|Off|Zeichencodierung	Standard-Zeichencodierung für Antworten ohne explizit angegebene Zeichencodierung	Off	Apache-Kernfunktion (core)	svdh	C
AddDescription string Datei [Datei] ...	Anzeige einer Dateibeschreibung		mod_autoindex	svdh	B
AddEncoding MIME-Kodierung Erweiterung [Erweiterung] ...	Ordnet der angegebenen Dateinamenerweiterung den genannten Kodierungstyp zu.		mod_mime	svdh	B
AddHandler Handler-Name Erweiterung [Erweiterung] ...	Ordnet die Dateinamenerweiterung dem angegebenen Handler zu.		mod_mime	svdh	B
AddIcon icon name [name] ...	Das für eine über den Namen ausgewählte Datei anzuzeigende Icon		mod_autoindex	svdh	B
AddIconByEncoding icon MIME-Kodierung [MIME-Kodierung] ...	Das für eine über den MIME-Typ ausgewählte Datei anzuzeigende Icon		mod_autoindex	svdh	B
AddIconByType icon MIME-Typ [MIME-Typ] ...	Das für eine über den MIME-Typ ausgewählte Datei anzuzeigende Icon.		mod_autoindex	svdh	B
AddInputFilter filter[;filter...] Erweiterung [Erweiterung] ...	Ordnet die Dateinamenerweiterung den Filtern zu, die die Client-Anfrage verarbeiten.		mod_mime	svdh	B

Alphabetische Kurzreferenz der Direktiven

Direktive	Beschreibung	Voreinstellung	Modul	Kontext	Status
AddLanguage MIME-Sprache Erweiterung [Erweiterung] ...	Ordnet der angegebenen Dateinamenerweiterung die angegebene Sprache zu.		mod_mime	svdh	B
AddModuleInfo Module-Name string	Zusätzliche Informationen zu den vom Server-Info-Handler angezeigten Informationen		mod_info	sv	E
AddOutputFilter filter[;filter...] Erweiterung [Erweiterung] ...	Zuweisung von Ausgabefiltern des Servers zu Dateinamenerweiterungen		Apache-Kernfunktion (core)	svdh	B
AddOutputFilterByType Filter[;Filter...] MIME-Typ [MIME-Typ] ...	Einen Ausgabefilter einem bestimmten MIME-Typ zuordnen.		Apache-Kernfunktion (core)	svdh	C
AddType MIME-Typ Erweiterung [Erweiterung] ...	Ordnet der angegebenen Dateinamenerweiterung den angegebenen Inhaltstyp zu.		mod_mime	svdh	B
Alias URL-Pfad | Dateipfad | Verzeichnispfad	Ordnet URLs Positionen im Dateisystem zu.		mod_alias	sv	B
AliasMatch Regulärer Ausdruck Dateipfad | Verzeichnispfad	Weist URLs mit regulären Ausdrücken Positionen im Dateisystem zu.		mod_alias	sv	B
Allow from all|host|env=env-variable [host|env=env-variable] ...	Gibt an, welche Hosts auf einen Serverbereich zugreifen dürfen.		mod_access	dh	B
AllowCONNECT port [port] ...	Ports, über die eine CONNECT-Verbindung über den Proxy hergestellt werden kann	443 563	mod_proxy	sv	E
AllowEncodedSlashes On|Off	Legt fest, ob codierte Pfadtrennzeichen in URLs durchgereicht werden dürfen.	Off	Apache-Kernfunktion (core)	sv	C

Anhang B
Alphabetische Kurzreferenz der Direktiven

Direktive	Beschreibung	Voreinstellung	Modul	Kontext	Status
AllowOverride All|None|Direktiven-Typ [Direktiven-Typ] ...	Direktiven-Typen, die in .htaccess-Dateien erlaubt sind.	All	Apache-Kernfunktion (core)	d	C
Anonymous user [user] ...	Gibt User-IDs an, die ohne Passwortüberprüfung zugreifen dürfen.		mod_auth_anon	dh	E
Anonymous_Authoritative On|Off	Legt fest, ob die fehlgeschlagene Anfrage an ein Authentifizierungsmodul einer niedrigeren Ebene weitergereicht wird.	Off	mod_auth_anon	dh	E
Anonymous_LogEmail On|Off	Schaltet die Protokollierung der Passwörter im Fehlerprotokoll ein oder aus.	On	mod_auth_anon	dh	E
Anonymous_MustGiveEmail On|Off	Legt fest, ob leere Passwörter zulässig sind.	On	mod_auth_anon	dh	E
Anonymous_NoUserID On|Off	Legt fest, ob das Feld für den Benutzernamen leer sein darf.	Off	mod_auth_anon	dh	E
Anonymous_VerifyEmail On|Off	Legt fest, ob überprüft werden soll, ob das Passwort eine korrekt formatierte E-Mail-Adresse ist.	Off	mod_auth_anon	dh	E
AssignUserID user-id group-id	Bindet einen virtuellen Host an eine User- und Group-ID.		MPM perchild	v	M
AuthAuthoritative On|Off	Gibt an, ob die Berechtigung und Authentifizierung an Module niedrigerer Ebene weitergereicht wird.	On	mod_auth	dh	B
AuthDBMAuthoritative On|Off	Legt fest, ob vom Authentifizierungsmodul nicht gefundene User-IDs an Module mit niedriger Priorität weitergereicht werden.	On	mod_auth_dbm	dh	E
AuthDBMGroupFile pfad	Gibt den Namen der Datenbankdatei mit der Liste der Benutzergruppen für die Authentifizierung an.		mod_auth_dbm	dh	E

Alphabetische Kurzreferenz der Direktiven

Direktive	Beschreibung	Voreinstellung	Modul	Kontext	Status
AuthDBMType default|SDBM|GDBM|NDBM|DB	Gibt den Typ der Datenbankdatei an, in der Passwörter gespeichert werden.	default	mod_auth_dbm	dh	E
AuthDBMUserFile pfad	Gibt den Namen der Datenbankdatei mit der Benutzerliste und den Passwörtern für die Authentifizierung an.		mod_auth_dbm	dh	E
AuthDigestAlgorithm MD5|MD5-sess	Steuert, welcher Algorithmus bei der Digest-Authentifizierung für die Berechnung der Hashwerte verwendet wird.	MD5	mod_auth_digest	dh	X
AuthDigestDomain URI [URI] ...	URIs mit gleichen Digest-Authentifizierungsdaten		mod_auth_digest	dh	X
AuthDigestFile Dateipfad	Standort der Textdatei mit der Benutzerliste und den verschlüsselten Passwörtern		mod_auth_digest	dh	X
AuthDigestGroupFile Dateipfad	Name der Textdatei mit der Gruppenliste		mod_auth_digest	dh	X
AuthDigestNonceLifetime Sekunden	Gültigkeitsdauer des Nonce-Wertes des Servers	300	mod_auth_digest	dh	X
AuthDigestQop none|auth|auth-int [auth|auth-int]	Definiert die Quality-of-Protection für den Authentifizierungsalgorithmus.	auth	mod_auth_digest	dh	X
AuthDigestShmemSize Größe	Definiert die Größe des Shared-Memory, das beim Serverstart für die Clients allokiert wird.	1000	mod_auth_digest	s	X
AuthGroupFile Dateipfad	Legt den Namen der Textdatei fest, die die Liste der Benutzergruppen für die Authentifizierung enthält.		mod_auth	dh	B
AuthLDAPAuthoritative on|off	Anderen Authentifizierungsmodulen die Benutzerüberprüfung verbieten, wenn diese Direktive fehlschlägt.	on	mod_auth_ldap	dh	X

685

Anhang B
Alphabetische Kurzreferenz der Direktiven

Direktive	Beschreibung	Voreinstellung	Modul	Kontext	Status
AuthLDAPBindDN distinguished-name	Optionaler DN für die Bindung an den LDAP-Server		mod_auth_ldap	dh	X
AuthLDAPBindPassword Passwort	Ein Passwort, das für den bindenden DN benutzt wird		mod_auth_ldap	dh	X
AuthLDAPCharsetConfig Dateipfad	Datei mit Zuweisungen von Zeichensätzen zu Sprachcodes		mod_auth_ldap	s	X
AuthLDAPCompareDNOnServer on|off	Vergleiche zwischen DNs erfolgen auf dem LDAP-Server.	on	mod_auth_ldap	dh	X
AuthLDAPDereferenceAliases never|searching|finding|always	Zeitpunkt der Dereferenzierung von Aliasen	Always	mod_auth_ldap	dh	X
AuthLDAPEnabled on|off	Deaktivierung der LDAP-Authentifizierung in einem Unterverzeichnis	on	mod_auth_ldap	dh	X
AuthLDAPFrontPageHack on|off	LDAP-Authentifizierung in Verbindung mit MS FrontPage	off	mod_auth_ldap	dh	X
AuthLDAPGroupAttribute Attribut	LDAP-Attribute zur Überprüfung der Gruppenmitgliedschaft		mod_auth_ldap	dh	X
AuthLDAPGroupAttributeIsDN on|off	Verwendung des Client-DN für die Überprüfung der Gruppenmitgliedschaft	on	mod_auth_ldap	dh	X
AuthLDAPRemoteUserIsDN on|off	Die Umgebungsvariable REMOTE_USER erhält den DN des Client-Benutzernamens als Wert.	off	mod_auth_ldap	dh	X
AuthLDAPUrl url	Die URL mit den LDAP-Suchparametern		mod_auth_ldap	dh	X
AuthName auth-Bereich	Autorisierungsbereich zur Verwendung in der HTTP-Authentifizierung		Apache-Kernfunktion (core)	dh	C
AuthType Basic|Digest	Art der Authentifizierung		Apache-Kernfunktion (core)	dh	C

Alphabetische Kurzreferenz der Direktiven

Direktive	Beschreibung	Voreinstellung	Modul	Kontext	Status
AuthUserFile Dateipfad	Gibt den Namen der Textdatei mit der Benutzerliste und den Passwörtern für die Authentifizierung an.		mod_auth	dh	B
BrowserMatch regex [!]env-variable[=value] [[!]env-variable[=value]] ...	Setzt Umgebungsvariablen in Abhängigkeit vom HTTP-Header User-Agent.		mod_setenvif	svdh	B
BrowserMatchNoCase regex [!]env-variable[=value] [[!]env-variable[=value]] ...	Setzt ohne Berücksichtigung der Groß- und Kleinschreibung Umgebungsvariablen in Abhängigkeit vom Anfrage-Header-User-Agent.		mod_setenvif	svdh	B
BS2000Account Account	Bestimmt den nicht-privilegierten Account auf BS2000-Maschinen		Allgemeine Direktive der Apache-MPMs	s	M
CacheDefaultExpire Sekunden	Die standardmäßige Zeitspanne für das Caching eines Dokuments, wenn keine Gültigkeitsdauer angegeben ist	3600	mod_cache	sv	X
CacheDirLength Anzahl	Die Anzahl der Zeichen eines Unterverzeichnisnamens	2	mod_disk_cache	sv	X
CacheDirLevels Anzahl	Die Anzahl der Unterverzeichnisebenen im Cache	3	mod_disk_cache	sv	X
CacheDisable URL	Deaktiviert das Caching für angegebene URLs.		mod_cache	sv	X
CacheEnable Cache-Typ URL	Aktiviert das Caching für bestimmte URLs mit dem angegebenen Speichermanager.		mod_cache	sv	X
CacheFile Dateipfad [Dateipfad] ...	Speichert beim Serverstart eine Reihe von Datei-Deskriptoren.		mod_file_cache	s	X

Anhang B
Alphabetische Kurzreferenz der Direktiven

Direktive	Beschreibung	Voreinstellung	Modul	Kontext	Status
CacheForceCompletion Prozent	Prozentual erreichter Mindestanteil des übertragenen Dokuments, nach dem der Server die Datei vollständig in den Cache lädt, auch wenn die Anfrage storniert wurde	60	mod_cache	sv	X
CacheIgnoreCacheControl On|Off	Die Client-Aufforderung, die Seite in den Cache zu stellen, bleibt unberücksichtigt.	Off	mod_cache	sv	X
CacheIgnoreNoLastMod On|Off	Fehlende Last-Modified-Header werden ignoriert.	Off	mod_cache	sv	X
CacheLastModifiedFactor Wert	Der Faktor für die Berechnung der Gültigkeitsdauer mittels des Last-Modified-Datums.	0.1	mod_cache	sv	X
CacheMaxExpire Sekunden	Die maximale Dauer für das Caching eines Dokuments in Sekunden	86400	mod_cache	sv	X
CacheMaxFileSize Bytes	Die maximale Größe (in Byte) eines zwischenzuspeichernden Dokuments	1000000	mod_disk_cache	sv	X
CacheMinFileSize Bytes	Die Mindestgröße für ein Dokument (Byte), das in den Zwischenspeicher gestellt wird.	1	mod_disk_cache	sv	X
CacheNegotiatedDocs On|Off	Erlaubt das Caching von Dateien durch Proxy-Server, die über die Content Negotiation ausgewählt wurden.	Off	mod_negotiation	sv	B
CacheRoot Verzeichnis	Das Verzeichnis, in dem die Cache-Dateien gespeichert werden		mod_disk_cache	sv	X
CacheSize KByte	Der maximal für den Cache benutzte Festplattenspeicher in KByte	1000000	mod_disk_cache	sv	X
CGIMapExtension CGI-Pfad .Endung	Technik zur Bestimmung des Interpreters für CGI-Skripte		Apache-Kernfunktion (core)	dh	C

Alphabetische Kurzreferenz der Direktiven

Direktive	Beschreibung	Voreinstellung	Modul	Kontext	Status
CharsetDefault Zeichensatz	Der Zeichensatz, in den die Umwandlung erfolgen soll		mod_charset_lite	svdh	X
CharsetOptions Option [Option] ...	Erlaubt die Konfiguration des Verhaltens der Zeichensatz-Übersetzung.	DebugLevel=0 NoImplicitAdd	mod_charset_lite	svdh	X
CharsetSourceEnc Zeichensatz	Der Ausgabezeichensatz		mod_charset_lite	svdh	X
CheckSpelling on|off	Aktiviert das Modul für die Rechtschreibprüfung.	Off	mod_speling	svdh	E
ChildPerUserID user-id group-id num-children	Angabe von User- und Group-ID für eine Reihe von Kindprozessen		MPM perchild	s	M
ContentDigest On|Off	Aktiviert die Generierung von Content-MD5-HTTP-Response-Headern.	Off	Apache-Kernfunktion (core)	svdh	C
CookieDomain Domain	Die Domäne, für die das Ablauf-Cookie gilt		mod_usertrack	svdh	E
CookieExpires Verfallsdatum	Verfallsdatum des Ablauf-Cookies		mod_usertrack	svdh	E
CookieLog Dateiname	Die Datei für die Protokollierung der Cookies		mod_log_config	sv	B
CookieName Name	Name des Ablauf-Cookies	Apache	mod_usertrack	svdh	E
CookieStyle Netscape|Cookie|Cookie2|RFC2109|RFC2965	Format des Cookie-Header-Feldes	Netscape	mod_usertrack	svdh	E
CookieTracking on|off	Aktiviert das Ablauf-Cookie.	off	mod_usertrack	svdh	E

Anhang B
Alphabetische Kurzreferenz der Direktiven

Direktive	Beschreibung	Voreinstellung	Modul	Kontext	Status
CoreDumpDirectory Verzeichnis	Verzeichnis, in das der Apache zu wechseln versucht, bevor er einen Hauptspeicherauszug erstellt		Allgemeine Direktive der Apache-MPMs	s	M
CustomLog file|pipe format|nickname [env=[!]environment-variable]	Dateiname und Format der Protokolldatei		mod_log_config	sv	B
Dav On|Off|provider-name	Aktiviert WebDAV-HTTP-Methoden.	Off	mod_dav	d	E
DavDepthInfinity on|off	Erlaubt Anfragen mit der HTTP-Methode PROPFIND.	off	mod_dav	svd	E
DavLockDB Dateipfad	Standort der Datenbank mit den DAV-Locks		mod_dav_fs	sv	E
DavMinTimeout Sekunden	Mindestzeitraum, über den der Server einen Lock einer DAV-Ressource aufrechthält.	0	mod_dav	svd	E
DefaultIcon Dateipfad	Das Icon, das angezeigt wird, wenn keine Einstellungen vorgenommen wurden		mod_autoindex	svdh	B
DefaultLanguage MIME-Sprache	Gibt eine Sprache für alle Dateien im angegebenen Bereich vor.			svdh	B
DefaultType MIME-Typ	MIME-Content-Typ, der gesendet wird, wenn der Server den Typ nicht auf andere Art ermitteln kann	text/plain	Apache-Kernfunktion (core)	svdh	C
DeflateBufferSize Bytes	Die von zlib auf einmal zu komprimierende Fragmentgröße	8096	mod_deflate	sv	E
DeflateCompressionLevel Wert	Der Komprimierungslevel		mod_deflate	sv	E
DeflateFilterNote [type] Name	Der Komprimierungskoeffizient wird zum Zweck der Protokollierung in einer "Note" hinterlegt.		mod_deflate	sv	E

Alphabetische Kurzreferenz der Direktiven

Direktive	Beschreibung	Voreinstellung	Modul	Kontext	Status
`DeflateMemLevel Wert`	Wie viel Speicher für die Komprimierung verwendet wird	9	`mod_deflate`	sv	E
`DeflateWindowSize Wert`	Fenstergröße für die zlib-Komprimierung	15	`mod_deflate`	sv	E
`Deny from all|host|env=env-variable [host|env=env-variable] ...`	Legt fest, welchen Hosts der Zugriff auf den Server verwehrt wird.		`mod_access`	dh	B
`<Directory Verzeichnispfad> ... </Directory>`	Umschließt eine Gruppe von Direktiven, die nur auf das genannte Verzeichnis des Dateisystems und Unterverzeichnisse angewendet werden.		Apache-Kernfunktion (core)	sv	C
`DirectoryIndex URL [URL] ...`	Liste der Ressourcen, die durchsucht werden, wenn der Client ein Verzeichnis anfordert	index.html	`mod_dir`	svdh	B
`<DirectoryMatch regex> ... </DirectoryMatch>`	Umschließt eine Gruppe von Direktiven, die auf Verzeichnisse des Dateisystems und ihre Unterverzeichnisse abgebildet werden, die auf einen regulären Ausdruck passen.		Apache-Kernfunktion (core)	sv	C
`DocumentRoot Verzeichnis`	Verzeichnis, das den Haupt-Dokumentenbaum bildet, der im Web sichtbar ist.	Linux, UNIX: /usr/local/ apache/ htdocs Windows: C:\ Programme\ Apache\htdocs	Apache-Kernfunktion (core)	sv	C
`EnableExceptionHook On|Off`	Aktiviert einen Hook, der nach einem Absturz noch Ausnahmefehler behandeln lassen kann.	Off	Allgemeine Direktive der Apache-MPMs	s	M

Anhang B
Alphabetische Kurzreferenz der Direktiven

Direktive	Beschreibung	Voreinstellung	Modul	Kontext	Status
EnableMMAP On|Off	Verwendet Memory-Mapping, um Dateien während der Auslieferung zu lesen.	On	Apache-Kernfunktion (core)	svdh	C
EnableSendfile On|Off	Verwendet die sendfile-Unterstützung des Kernels, um Dateien an den Client auszuliefern.	On	Apache-Kernfunktion (core)	svdh	C
ErrorDocument Fehlercode Dokument	Das, was der Server im Fehlerfall an den Client zurückgibt		Apache-Kernfunktion (core)	svdh	C
ErrorLog Dateiname|syslog[:facility]	Ablageort, an dem der Server Fehler protokolliert	Linux, UNIX: logs/error_log Windows: c:\Programme\Apache\logs\error.log	Apache-Kernfunktion (core)	sv	C
Example	Demonstrationsdirektive zur Veranschaulichung des Modul-API		mod_example	svdh	X
ExpiresActive On|Off	Aktiviert das Erzeugen von Expires-Headern.		mod_expires	svdh	E
ExpiresByType MIME-Type Sekunden	Konfiguration des Expires-Headers auf MIME des MIME-Typs		mod_expires	svdh	E
ExpiresDefault Sekunden	Standardalgorithmus für die Berechnung der Gültigkeitsdauer		mod_expires	svdh	E
ExtendedStatus On|Off	Aufzeichnung erweiterter Statusinformationen für jede Anfrage	Off	mod_status	s	B
ExtFilterDefine Filtername Parameter	Definition eines externen Filters		mod_ext_filter	s	E

Alphabetische Kurzreferenz der Direktiven

Direktive	Beschreibung	Voreinstellung	Modul	Kontext	Status
ExtFilterOptions Option [Option] ...	Konfigurieren von mod_ext_filter-Optionen	DebugLevel=0 NoLogStderr	mod_ext_filter	d	E
FileETag Komponente ...	Dateiattribute, die zur Erstellung des HTTP-Response-Headers ETag verwendet werden	INode MTime Size	Apache-Kern-funktion (core)	svdh	C
<Files Dateiname> ... </Files>	Enthält Direktiven, die sich nur auf passende Dateinamen beziehen.		Apache-Kern-funktion (core)	svdh	C
<FilesMatch regex> ... </FilesMatch>	Enthält Direktiven, die für Dateinamen gelten, die auf einen regulären Ausdruck passen.		Apache-Kern-funktion (core)	svdh	C
ForceLanguagePriority None|Prefer|Fallback [Prefer|Fallback]	Durchzuführende Aktion für den Fall, dass kein passendes Dokument gefunden wird	Prefer	mod_Negotiation	svdh	B
ForceType MIME-Type|None	Erzwingt die Auslieferung aller passenden Dateien mit dem angegebenen MIME-Content-Typ.		Apache-Kern-funktion (core)	dh	C
ForensicLog Dateiname|pipe	Setzt den Dateinamen des forensischen Protokolls.		mod_log_forensic	sv	E
Group Unix-Gruppe	Benutzergruppe, unter der der Server Anfragen beantwortet	#-1	Allgemeine Direktive der Apache-MPMs	s	M
Header set|append|add|unset|echo header [value [env=[!]variable]]	Konfiguration von HTTP-Antwort-Headern		mod_headers	svdh	E
HeaderName Dateiname	Name der Datei, die am Beginn der Indexliste eingefügt wird		mod_autoindex	svdh	B
HostnameLookups On|Off|Double	Aktiviert DNS-Lookups auf Client-IP-Adressen.	Off	Apache-Kern-funktion (core)	svd	C
IdentityCheck On|Off	Ermöglicht die Protokollierung der Identität des entfernten Anwenders nach RFC1413.	Off	Apache-Kern-funktion (core)	svd	C

Anhang B
Alphabetische Kurzreferenz der Direktiven

Direktive	Beschreibung	Voreinstellung	Modul	Kontext	Status
`<IfDefine [!]Parametername> ... </IfDefine>`	Schließt Direktiven ein, die nur ausgeführt werden, wenn eine Testbedingung beim Start wahr ist.		Apache-Kernfunktion (core)	svdh	C
`<IfModule [!]Modulname> ... </IfModule>`	Schließt Direktiven ein, die abhängig vom Vorhandensein oder Fehlen eines speziellen Moduls ausgeführt werden.		Apache-Kernfunktion (core)	svdh	C
`ImapBase map|referer|URL`	Vorbelegung des Parameterwertes für die Base-Anweisung	`http://servername/`	mod_imap	svdh	B
`ImapDefault error|nocontent|map|referer|URL`	Vorgegebene Aktion bei einem Image-Map-Aufruf mit Koordinaten, die nicht explizit zugewiesen sind	nocontent		svdh	B
`ImapMenu none|formatted|semiformatted|unformatted`	Durchzuführende Aktion beim Aufruf einer Image-Map-Datei ohne Angabe von Koordinaten		mod_imap	svdh	B
`Include Dateiname|Verzeichnis`	Fügt andere Konfigurationsdateien innerhalb der Server-Konfigurationsdatei ein.		Apache-Kernfunktion (core)	svd	C
`IndexIgnore file [file] ...`	Wird der Liste der beim Anzeigen eines Verzeichnisses mit zu verbergenden Dateien hinzugefügt.		mod_autoindex	svdh	B
`IndexOptions [+|-]option [[+|-]option] ...`	Verschiedene Einstellungen für die Verzeichnisindexierung		mod_autoindex	svdh	B
`IndexOrderDefault Ascending|Descending Name|Date|Size|Description`	Gibt die standardmäßige Sortierung eines Verzeichnisses an.	Ascending Name	mod_autoindex	svdh	B
`ISAPIAppendLogToErrors on|off`	Zeichnet HSE_APPEND_LOG_PARAMETER-Anforderungen von ISAPI-Erweiterungen im Fehlerprotokoll auf.	off	mod_isapi	svdh	B

Alphabetische Kurzreferenz der Direktiven

Direktive	Beschreibung	Voreinstellung	Modul	Kontext	Status
ISAPIAppendLogToQuery on|off	Zeichnet HSE_APPEND_LOG_PARAMETER-Anforderungen von ISAPI-Erweiterungen im Abfragefeld auf.	on	mod_isapi	svdh	B
ISAPICacheFile Dateipfad [Dateipfad] ...	ISAPI-DLL-Dateien werden beim Start geladen.		mod_isapi	sv	B
ISAPIFakeAsync on|off	Simulation einer asynchronen Unterstützung für ISAPI-Callbacks	off	mod_isapi	svdh	B
ISAPILogNotSupported on|off	Fehlermeldungen bei unbekannten ISAPI-Funktionen	off	mod_isapi	svdh	B
ISAPIReadAheadBuffer Größe	Die Größe des Read-Ahead-Puffers, der an ISAPI-Erweiterungen gesendet wird	49152	mod_isapi	svdh	B
KeepAlive On|Off	Aktiviert persistente HTTP-Verbindungen.	On	Apache-Kernfunktion (core)	sv	C
KeepAliveTimeout Sekunden	Zeitspanne, die der Server während persistenter Verbindungen auf nachfolgende Anfragen wartet	15	Apache-Kernfunktion (core)	sv	C
LanguagePriority MIME-Sprache [MIME-Sprache] ...	Auswählende Sprachvariante, falls der Client keine bevorzugte Sprache angibt		mod_negotiation	svdh	B
LDAPCacheEntries Wert	Maximale Anzahl der Einträge im primären LDAP-Cache	1024	mod_ldap	s	X
LDAPCacheTTL Sekunden	Der Zeitraum, über den ein Eintrag gültig bleibt	600	mod_ldap	s	X
LDAPOpCacheEntries Anzahl	Die Anzahl der Einträge für Vergleichsoperationen im Cache	1024	mod_ldap	s	X
LDAPOpCacheTTL Sekunden	Der Zeitraum, über den die Einträge im Operation-Cache gültig bleiben	600	mod_ldap	s	X

Anhang B
Alphabetische Kurzreferenz der Direktiven

Direktive	Beschreibung	Voreinstellung	Modul	Kontext	Status
LDAPSharedCacheFile Verzeichnispfad/Dateiname	Die Größe der drei gemeinsam genutzten Cache-Speicher in Byte		mod_ldap	s	X
LDAPSharedCacheSize Bytes	Die Größe der drei gemeinsam genutzten Cache-Speicher in Byte	102400	mod_ldap	s	X
LDAPTrustedCA Verzeichnispfad/Dateiname	Die Datei oder Datenbank mit dem Zertifikat der Zertifizierungsinstanz		mod_ldap	s	X
LDAPTrustedCAType Typ	Der Typ der CA-Datei		mod_ldap	s	X
<Limit Methode [Methode] ... </Limit>	Beschränkt die eingeschlossenen Zugriffskontrollen auf bestimmte HTTP-Methoden.		Apache-Kernfunktion (core)	svdh	C
<LimitExcept Methode [Methode] ... </LimitExcept>	Beschränkt Zugriffskontrollen auf alle HTTP-Methoden außer den genannten.		Apache-Kernfunktion (core)	svdh	C
LimitInternalRecursion Zahl [Zahl]	Bestimmt die maximale Anzahl interner Umleitungen und verschachtelter Unteranfragen.	10	Apache-Kernfunktion (core)	sv	C
LimitRequestBody Bytes	Begrenzt die Gesamtgröße des vom Client gesendeten HTTP-Request-Bodys.	0	Apache-Kernfunktion (core)	svdh	C
LimitRequestFields Anzahl	Begrenzt die Anzahl der HTTP-Request-Header, die vom Client entgegengenommen werden.	100	Apache-Kernfunktion (core)	s	C
LimitRequestFieldsize Bytes	Begrenzt die Länge des vom Client gesendeten HTTP-Request-Headers.		Apache-Kernfunktion (core)	s	C
LimitRequestLine Bytes	Begrenzt die Länge der vom Client entgegengenommenen HTTP-Anfragezeile.	8190	Apache-Kernfunktion (core)	s	C
LimitXMLRequestBody Bytes	Begrenzt die Größe eines XML-basierten Request-Bodys.	1000000	Apache-Kernfunktion (core)	svdh	C

Alphabetische Kurzreferenz der Direktiven

Direktive	Beschreibung	Voreinstellung	Modul	Kontext	Status
`Listen [IP-Addresse:]Port`	IP-Adressen und Ports, an denen der Server lauscht		Allgemeine Direktive der Apache-MPMs	s	M
`ListenBacklog Anzahl`	Maximale Länge der in der Warteschlange schwebenden Verbindungen		Allgemeine Direktive der Apache-MPMs	s	M
`LoadFile dateiname [dateiname] ...`	Einbinden der angegebenen Objektdatei oder Bibliothek		mod_so	s	E
`LoadModule Modul dateiname`	Bindet die Objektdatei oder Bibliothek ein und fügt sie der Liste der aktiven Module hinzu.		mod_so	s	E
`<Location URL-Pfad|URL> ... </Location>`	Wendet die enthaltenen Direktiven nur auf die entsprechenden URLs an.		Apache-Kernfunktion (core)	sv	C
`<LocationMatch regex> ... </LocationMatch>`	Wendet die enthaltenen Direktiven nur auf URLs an, die auf reguläre Ausdrücke passen.		Apache-Kernfunktion (core)	sv	C
`LockFile Dateiname`	Ablageort der Lock-Datei für die Serialisierung von entgegengenommenen Anfragen	UNIX, Linux: logs/accept.lock	Allgemeine Direktive der Apache-MPMs	s	M
`LogFormat format|nickname [nickname]`	Beschreibt das Format der Protokolldatei.	`"%h %l %u %t \"%r\" %>s %b`	"mod_log_config"	sv	B
`LogLevel Level`	Steuert die Ausführlichkeit des Fehlerprotokolls.	warn	Apache-Kernfunktion (core)	sv	C
`MaxClients Anzahl`	Maximale Anzahl der Kindprozesse, die zur Bedienung von Anfragen gestartet werden		Allgemeine Direktive der Apache-MPMs	s	M
`MaxKeepAliveRequests Anzahl`	Anzahl der Anfragen, die bei einer persistenten Verbindung zulässig sind	100	Apache-Kernfunktion (core)	sv	C

Anhang B
Alphabetische Kurzreferenz der Direktiven

Direktive	Beschreibung	Voreinstellung	Modul	Kontext	Status
MaxMemFree KBytes	Maximale Menge des Arbeitsspeichers, den die Haupt-Zuteilungsroutine verwalten darf, ohne free() aufzurufen	0	Allgemeine Direktive der Apache-MPMs	s	M
MaxRequestsPerChild Anzahl	Obergrenze für die Anzahl von Anfragen, die ein einzelner Kindprozess während seines Lebens bearbeitet	10000	Allgemeine Direktive der Apache-MPMs	s	M
MaxRequestsPerThread Anzahl	Die maximale Anzahl von Anfragen, die ein einzelner Thread während seiner Lebensdauer bedient	0	MPM beos	s	M
MaxSpareServers Anzahl	Maximale Anzahl der unbeschäftigten Kindprozesse des Servers	10	MPM prefork	s	M
MaxSpareThreads Anzahl	Maximale Anzahl unbeschäftigter Threads		Allgemeine Direktive der Apache-MPMs	s	M
MaxThreads Anzahl	Legt die maximale Anzahl der Worker-Threads fest	2048	Allgemeine Direktive der Apache-MPMs	s	M
MaxThreadsPerChild Anzahl	Maximale Anzahl von Threads pro Kindprozess	64	MPM perchild	s	M
MCacheMaxObjectCount Anzahl	Die maximale Anzahl von Objekten im Cache	1009	mod_mem_cache	s	X
MCacheMaxObjectSize Bytes	Die maximale Größe eines Dokuments im Cache (in Byte)	10000	mod_mem_cache	s	X
MCacheMaxStreamingBuffer Bytes	Maximaler Umfang temporär gepufferter Antworten. Umfangreichere Antworten werden nicht zwischengespeichert.	MCacheMax-StreamingBuffer kleiner 100000 oder MCacheMax ObjectSize	mod_mem_cache	s	X

Alphabetische Kurzreferenz der Direktiven

Direktive	Beschreibung	Voreinstellung	Modul	Kontext	Status
MCacheMinObjectSize Bytes	Die Mindestgröße eines zwischengespeicherten Dokuments (in Byte)	0	mod_mem_cache	s	X
MCacheRemovalAlgorithm LRU|GDSF	Der Algorithmus für die Auswahl aus dem Cache zu entfernender Objekte	GDSF	mod_mem_cache	s	X
MCacheSize KBytes	Der maximale Umfang, den die gespeicherten Daten im Speicher einnehmen sollen (in KByte)	100	mod_mem_cache	s	X
MetaDir Verzeichnis	Name des Verzeichnisses mit CERN-Meta-Informationen	.web	mod_cern_meta	svdh	E
MetaFiles on|off	Aktiviert die Verarbeitung der CERN-Metadateien.	off	mod_cern_meta	svdh	E
MetaSuffix suffix	Dateinamenerweiterung der Datei mit den CERN-Meta-Informationen	.meta	mod_cern_meta	svdh	E
MimeMagicFile Dateipfad	Aktiviert die MIME-Typbestimmung anhand des Inhalts mit Hilfe einer Magic-Datei.		mod_mime_magic	sv	E
MinSpareServers Anzahl	Minimale Anzahl der unbeschäftigten Kindprozesse des Servers	5	MPM prefork	s	M
MinSpareThreads Anzahl	Minimale Anzahl unbeschäftigter Threads, die zur Bedienung von Anfragespitzen zur Verfügung stehen		Allgemeine Direktive der Apache-MPMs	s	M
MMapFile Dateipfad [Dateipfad] ...	Bildet eine Reihe von Dateien beim Serverstart im Speicher ab.		mod_file_cache	s	X
ModMimeUsePathInfo On|Off	Weist mod_mime an, path_info-Komponenten als Bestandteil des Dateinamens zu betrachten.	Off	mod_mime	d	B
MultiviewsMatch Any|NegotiatedOnly|Filters|Handlers [Handlers|Filters]	Die Dateitypen, die bei MultiView-Suchen berücksichtigt werden.	Negotiated-Only	mod_mime	svdh	B

Anhang B
Alphabetische Kurzreferenz der Direktiven

Direktive	Beschreibung	Voreinstellung	Modul	Kontext	Status
NameVirtualHost Adresse[:Port]	Bestimmt eine IP-Adresse für den Betrieb namensbasierter virtueller Hosts.		Apache-Kernfunktion (core)	s	C
NoProxy host [host] ...	Hosts, Domänen oder Netzwerke, die direkt angesprochen werden		mod_proxy	sv	E
NumServers Anzahl	Gesamtzahl der gleichzeitig aktiven Kindprozesse	2	MPM perchild	s	M
NWSSLTrustedCerts filename [filename] ...	Liste weiterer Client-Zertifikate		mod_nw_ssl	s	B
Options [+|-]Option [[+|-]Option] ...	Definiert, welche Eigenschaften oder Funktionen in einem bestimmten Verzeichnis verfügbar sind.	All	Apache-Kernfunktion (core)	svdh	C
Order Reihenfolge	Legt die Voreinstellung und die Reihenfolge fest, in der Allow und Deny ausgewertet werden.	Deny,Allow	mod_access	dh	B
PassEnv env-variable [env-variable] ...	Übergibt Shell-Umgebungsvariablen.		mod_env	svdh	B
PidFile Dateiname	Datei, in der der Server die Prozess-ID des Daemons ablegt	Linux, UNIX: logs/ httpd.pid	Allgemeine Direktive der Apache-MPMs	s	M
ProtocolEcho On|Off	Schaltet das Echo ein oder aus.		mod_echo	sv	X
<Proxy URL> ...</Proxy>	Container für Direktiven für Proxy-Ressourcen		mod_proxy	sv	E
ProxyBadHeader IsError|Ignore|StartBody	Legt fest, wie fehlerhafte Header-Zeilen behandelt werden.	IsError	mod_proxy	sv	E
ProxyBlock *|word|host|domain [word|host|domain] ...	Wörter, Hosts oder Domänen werden für den Zugriff gesperrt.		mod_proxy	sv	E

Alphabetische Kurzreferenz der Direktiven

Direktive	Beschreibung	Voreinstellung	Modul	Kontext	Status
ProxyDomain Domain	Vorgegebener Domänenname für Proxy-Anfragen		mod_proxy	sv	E
ProxyErrorOverride On|Off	Fehlermeldungen werden vom Proxy überschrieben.	Off	mod_proxy	sv	E
ProxyIOBufferSize Bytes	Gibt die Größe für einen internen Puffer an.	8192	mod_proxy	sv	E
<ProxyMatch regex> ...</ProxyMatch>	Container für Direktiven beim Vergleich regulärer Ausdrücke für Proxy-Ressourcen		mod_proxy	sv	E
ProxyMaxForwards number	Maximale Anzahl der Proxies, über die eine Anfrage weitergeleitet werden kann	10	mod_proxy	sv	E
ProxyPass [path] !|url	Ordnet Server aus dem Netzwerk lokalen URLs zu.		mod_proxy	svd	E
ProxyPassReverse [Pfad] URL	Korrigiert die URL im HTTP-Antwort-Header eines internen Proxy-Servers.		mod_proxy	svd	E
ProxyPreserveHost On|Off	Verwendung der vom Client übermittelten HTTP-Host-Header für Proxy-Anfragen	Off	mod_proxy	sv	E
ProxyReceiveBufferSize Bytes	Netzwerkpuffergröße für HTTP- und FTP-Verbindungen	0	mod_proxy	sv	E
ProxyRemote name Remote-Server	Für bestimmte Anfragen wird ein Proxy aus dem Netzwerk in Anspruch genommen.		mod_proxy	sv	E
ProxyRemoteMatch Regex Remote-Server	Für bestimmte Anfragen, die über einen Vergleich regulärer Ausdrücke ermittelt werden, wird ein Proxy aus dem Netzwerk in Anspruch genommen.		mod_proxy	sv	E
ProxyRequests On|Off	Aktiviert das Proxy-Modul.	Off	mod_proxy	sv	E

Anhang B
Alphabetische Kurzreferenz der Direktiven

Direktive	Beschreibung	Voreinstellung	Modul	Kontext	Status
ProxyTimeout Sekunden	Zeitlimit für Proxy-Anfragen	300	mod_proxy	sv	E
ProxyVia On|Off|Full|Block	Informationen für Proxy-Anfragen im Via-Antwort-Header (HTTP/1.1)	Off	mod_proxy	sv	E
ReadmeName Dateiname	Der Name der Datei, die am Ende der Verzeichnisliste eingefügt wird		mod_autoindex	svdh	B
Redirect [status] URL URL	Sendet eine externe Umleitung, die vom Client eine andere URL anfordert.		mod_alias	svdh	B
RedirectMatch [Status] Regex URL	Übergibt eine externe Umleitung, die auf einer Übereinstimmung mit einem regulären Ausdruck für die aktuelle URL basiert.		mod_alias	svdh	B
RedirectPermanent URL URL	Übergibt eine externe permanente Umleitung und fordert den Client auf, eine andere URL zu wählen.		mod_alias	svdh	B
RedirectTemp URL URL	Übergibt eine externe temporäre Umleitung und fordert den Client auf, eine andere URL zu wählen.		mod_alias	svdh	B
RemoveCharset Erweiterung [Erweiterung] ...	Entfernt Zeichensatzzuweisungen für Dateinamenerweiterungen.		mod_mime	vdh	B
RemoveEncoding Erweiterung [Erweiterung] ...	Entfernt Zuweisungen für Inhaltscodierungen für Dateinamenerweiterungen.		mod_mime	vdh	B
RemoveHandler Erweiterung [Erweiterung] ...	Entfernt alle Handler-Zuweisungen für die angegebenen Dateinamenerweiterungen.		mod_mime	vdh	B
RemoveInputFilter Erweiterung [Erweiterung] ...	Entfernt Zuweisungen von Eingabefiltern für die angegebenen Dateinamenerweiterungen.		mod_mime	vdh	B
RemoveLanguage Erweiterung [Erweiterung] ...	Entfernt Sprachzuweisungen für die angegebenen Dateinamenerweiterungen.		mod_mime	vdh	B

Alphabetische Kurzreferenz der Direktiven

Direktive	Beschreibung	Voreinstellung	Modul	Kontext	Status
RemoveOutputFilter Erweiterung [Erweiterung] ...	Entfernt alle Ausgabefilterzuweisungen für die angegebenen Dateinamenerweiterungen.		mod_mime	vdh	B
RemoveType Erweiterung [Erweiterung] ...	Entfernt Inhaltstypzuweisungen für die angegebenen Dateinamenerweiterungen.		mod_mime	vdh	B
RequestHeader set|append|add|unset Headername [Wert]	Konfiguration von HTTP-Anfrage-Headern		mod_headers	svdh	E
Require Name [Name] ...	Wählt die authentifizierten Benutzer aus, die auf eine Ressource zugreifen können.		Apache-Kernfunktion (core)	dh	C
RewriteBase URL	Setzt die Basis-URL für den Verzeichniskontext.		mod_rewrite	dh	E
RewriteCond TestString Pattern	Definiert eine Bedingung, unter der eine Umschreibung stattfindet.		mod_rewrite	svdh	E
RewriteEngine on|off	Aktiviert oder deaktiviert die Rewriting Engine.	off	mod_rewrite	svdh	E
RewriteLock Dateipfad	Gibt den Namen der Sperrdatei für die Map-Synchronisation an.		mod_rewrite	s	E
RewriteLog Dateipfad	Gibt den Namen der Log-Datei für die Aktionen der Rewriting Engine an.		mod_rewrite	sv	E
RewriteLogLevel Level	Legt die Ausführlichkeit der Einträge der Rewriting Engine in die Log-Datei fest.	0	mod_rewrite	sv	E
RewriteMap Map-Name Map-Typ:Map-Quelle	Definiert eine Mapping-Funktion für die Schlüsselsuche.		mod_rewrite	sv	E
RewriteOptions Option	Setzt einige spezielle Optionen für die Rewriting Engine.	MaxRedirects=10	mod_rewrite	svdh	E

Anhang B
Alphabetische Kurzreferenz der Direktiven

Direktive	Beschreibung	Voreinstellung	Modul	Kontext	Status
RewriteRule Pattern Substitution	Definiert Regeln für die Rewriting Engine.		mod_rewrite	svdh	E
RLimitCPU Sekunden|max [Sekunden|max]	Begrenzt den CPU-Verbrauch von Prozessen, die von Apache-Kindprozessen gestartet wurden.		Apache-Kernfunktion (core)	svdh	C
RLimitMEM Bytes|max [Bytes|max]	Begrenzt den Speicherverbrauch von Prozessen, die von Apache-Kindprozessen gestartet wurden.		Apache-Kernfunktion (core)	svdh	C
RLimitNPROC Zahl|max [Zahl|max]	Begrenzt die Anzahl der Prozesse, die von Prozessen gestartet werden können, der ihrerseits von Apache-Kindprozessen gestartet wurden.		Apache-Kernfunktion (core)	svdh	C
Satisfy Any|All	Zusammenspiel von rechnerbasierter Zugriffskontrolle und Benutzerauthentifizierung	All	Apache-Kernfunktion (core)	dh	C
ScoreBoardFile Dateipfad	Ablageort der Datei, die zur Speicherung von Daten zur Koordinierung der Kindprozesse verwendet wird	Linux, UNIX: logs/apache_status	Allgemeine Direktive der Apache-MPMs	s	M
Script Methode CGI-Skript	Aktiviert ein CGI-Skript für eine bestimmte Anforderungsmethode.		mod_actions	svd	B
ScriptAlias URL Dateipfad|Verzeichnis	Ordnet einer URL eine Position im Dateisystem zu und kennzeichnet das Zielobjekt als CGI-Skript.		mod_alias	sv	B
ScriptAliasMatch Regex ScriptAlias URL Dateipfad|Verzeichnis	Ordnet eine URL mit Hilfe eines regulären Ausdrucks einer Position im Dateisystem zu und kennzeichnet das Zielobjekt als CGI-Skript.		mod_alias	sv	B
ScriptInterpreterSource Registry|Registry-Strict|Script	Methode zur Ermittlung des Interpreters von CGI-Skripten	Script	Apache-Kernfunktion (core)	svdh	C
ScriptLog Dateipfad	Standort der Fehlerprotokolldatei für CGI-Skripte		mod_cgi	sv	B

Alphabetische Kurzreferenz der Direktiven

Direktive	Beschreibung	Voreinstellung	Modul	Kontext	Status
ScriptLogBuffer Bytes	Maximaler Umfang der PUT- oder POST-Anfragen, die im Protokoll aufgezeichnet werden	1024	mod_cgi	sv	B
ScriptLogLength Bytes	Maximale Größe des CGI-Skript-Protokolls	10385760	mod_cgi	sv	B
ScriptSock Dateipfad	Der Name des Sockets für die Kommunikation mit dem CGI-Daemon	Linux, UNIX: logs/cgisock	mod_cgid	sv	B
SecureListen [IP-Addresse:] Port Certificate-Name [MUTUAL]	Aktiviert die SSL-Verschlüsselung für einen angegebenen Port.		mod_nw_ssl	s	B
SendBufferSize Bytes	Größe des TCP-Puffers	0	Allgemeine Direktive der Apache-MPMs	s	M
ServerAdmin E-Mail-Adresse	E-Mail-Adresse, die der Server in Fehlermeldungen einfügt, die an den Client gesendet werden		Apache-Kernfunktion (core)	sv	C
ServerAlias Hostname [Hostname] ...	Alternativer Name für einen Host, der verwendet wird, wenn Anfragen einem namensbasierten virtuellen Host zugeordnet werden		Apache-Kernfunktion (core)	v	C
ServerLimit Anzahl	Obergrenze für die konfigurierbare Anzahl von Prozessen		Allgemeine Direktive der Apache-MPMs	s	M
ServerName voll-qualifizierter-Domainname[:port]	Rechnername und Port, die der Server dazu verwendet, sich selbst zu identifizieren		Apache-Kernfunktion (core)	sv	C
ServerPath URL-Pfad	Veralteter URL-Pfad für einen namensbasierten virtuellen Host, auf den von einem inkompatiblen Browser zugegriffen wird		Apache-Kernfunktion (core)	v	C

Anhang B
Alphabetische Kurzreferenz der Direktiven

Direktive	Beschreibung	Voreinstellung	Modul	Kontext	Status
ServerRoot Verzeichnis	Basisverzeichnis der Serverinstallation	Linux, UNIX: /usr/local/apache Windows: c:\Programme\Apache	Apache-Kernfunktion (core)	s	C
ServerSignature On|Off|EMail	Konfiguriert die Fußzeile von servergenerierten Dokumenten.	Off	Apache-Kernfunktion (core)	svdh	C
ServerTokens Major|Minor|Min[imal]|Prod[uctOnly]|OS|Full	Konfiguriert den HTTP-Response-Header-Server.	Full	Apache-Kernfunktion (core)	s	C
SetEnv env-variable value	Setzt Umgebungsvariablen.		mod_env	svdh	B
SetEnvIf attribute regex [!]env-variable[=value] [[!]env-variable[=value]] ...	Setzt basierend auf Attributen der Anfrage Umgebungsvariablen.		mod_setenvif	svdh	B
SetEnvIfNoCase attribute regex [!]env-variable[=value] [[!]env-variable[=value]] ...	Setzt basierend auf Attributen Umgebungsvariablen, ohne dabei die Groß- und Kleinschreibung zu beachten.		mod_setenvif	svdh	B
SetHandler Handlername|None	Erzwingt die Verarbeitung aller passenden Dateien durch einen Handler.		Apache-Kernfunktion (core)	svdh	C
SetInputFilter Filter[;Filter...]	Bestimmt die Filter, die Client-Anfragen und POST-Eingaben verarbeiten.		Apache-Kernfunktion (core)	svdh	C
SetOutputFilter Filter[;Filter...]	Bestimmt die Filter, die Antworten des Servers verarbeiten.		Apache-Kernfunktion (core)	svdh	C

Alphabetische Kurzreferenz der Direktiven

Direktive	Beschreibung	Voreinstellung	Modul	Kontext	Status
SSIEndTag Zeichenfolge	Die Zeichenfolge, die ein Include-Element beendet	"-->"	mod_include	sv	B
SSIErrorMsg Fehlermeldung	Die Fehlermeldung, die bei einem SSI-Fehler angezeigt wird	"[an error occurred +"	mod_include	svdh	B
SSIStartTag Zeichenfolge	Die Zeichenfolge, mit der ein Include-Element beginnt	"<!--#"	mod_include	sv	B
SSITimeFormat Format	Konfiguration des Formats zur Anzeige von Datumswerten	"%A, %d-%b-%Y %H:%M:%S %Z"	"mod_include	svdh	B
SSIUndefinedEcho String	Die Zeichenfolge, die angezeigt wird, wenn der Inhalt einer nicht gesetzten Variablen mit der Anweisung echo ausgegeben werden soll.	"(none)"	mod_include	sv	B
SSLCACertificateFile Dateipfad	Verkettete PEM-Datei mit Zertifikaten der CAs für die Client-Authentifizierung		mod_ssl	sv	E
SSLCACertificatePath Verzeichnispfad	Gibt das Verzeichnis mit den PEM-Dateien der Zertifikate der CAs für die Client-Authentifizierung an.		mod_ssl	sv	E
SSLCARevocationFile Dateipfad	Verkettung der PEM-Dateien mit CA-Certificate-Revocation-Listen (CRLs) für die Client-Authentifizierung		mod_ssl	sv	E
SSLCARevocationPath Verzeichnispfad	Gibt das Verzeichnis der PEM-Dateien mit CA-Certificate-Revocation-Listen (CRLs) für die Client-Authentifizierung an.		mod_ssl	sv	E
SSLCertificateChainFile Dateipfad	PEM-Datei mit CA-Serverzertifikaten		mod_ssl	sv	E
SSLCertificateFile Dateipfad	X.509-Serverzertifikat im PEM-Format		mod_ssl	sv	E

Anhang B
Alphabetische Kurzreferenz der Direktiven

Direktive	Beschreibung	Voreinstellung	Modul	Kontext	Status
SSLCertificateKeyFile Dateipfad	Gibt die PEM-Datei mit dem privaten Schlüssel an.		mod_ssl	sv	E
SSLCipherSuite String	Auswahl der kryptografischen Algorithmen	ALL:!ADH:RC4 +RSA:+HIGH:+MEDIUM:+LOW:+SSLv2:+EXP	mod_ssl	svdh	E
SSLEngine on|off	Aktiviert das SSL/TLS-Protokoll.	off	mod_ssl	sv	E
SSLMutex Typ	Semaphor für den internen gegenseitigen Ausschluss von Operationen	none	mod_ssl	s	E
SSLOptions [+|-] Option ...	Konfiguriert verschiedene Optionen für SSL.		mod_ssl	svdh	E
SSLPassPhraseDialog Typ	Typ des Passphrasendialogs für verschlüsselte private Schlüssel	builtin	mod_ssl	s	E
SSLProtocol [+|-] Protokol ...	Aktiviert ein bestimmtes SSL-Protokoll.	all	mod_ssl	sv	E
SSLProxyCACertificateFile Dateipfad	Gibt das Verzeichnis mit den verketteten PEM-Dateien der Zertifikate der CAs für die Proxy-Server-Authentifizierung an.		mod_ssl	sv	E
SSLProxyCACertificatePath Verzeichnispfad	Verzeichnis mit den Zertifikaten der CAs für die Authentifizierung der Remote-Server		mod_ssl	sv	E
SSLProxyCARevocationFile Dateipfad	Verkettung der PEM-Dateien mit CA-Certificate-Revocation-Listen (CRLs) für die Remote-Server-Authentifizierung		mod_ssl	sv	E

Direktive	Beschreibung	Voreinstellung	Modul	Kontext	Status
SSLProxyCARevocationPath Verzeichnispfad	Gibt das Verzeichnis der PEM-Dateien mit CA-Certificate-Revocation-Listen (CRLs) an.		mod_ssl	sv	E
SSLProxyCipherSuite String	Auswahl der kryptografischen Algorithmen bei der Aushandlung des SSL-Proxy-Handshakes	ALL:!ADH:RC4+RSA:+HIGH:+MEDIUM:+LOW:+SSLv2:+EXP	mod_ssl	svdh	E
SSLProxyEngine on|off	Aktiviert das SSL/TLS-Protokoll.	off	mod_ssl	sv	E
SSLProxyMachineCertificateFile Dateiname	Verkettete PEM-Datei mit Zertifikaten der CAs für Proxy-Server-Clients		mod_ssl	s	E
SSLProxyMachineCertificatePath Verzeichnis	Gibt das Verzeichnis mit den PEM-Dateien der Zertifikate der CAs für die Client-Authentifizierung durch den Proxy an.		mod_ssl	s	E
SSLProxyProtocol [+|-] Protokoll ...	Aktiviert ein bestimmtes SSL-Protokoll.	all	mod_ssl	sv	E
SSLProxyVerify Stufe	Stufe der Zertifikatverifikation durch den Remote-Server	none	mod_ssl	svdh	E
SSLProxyVerifyDepth Anzahl	Maximale Anzahl der Zertifikate von CAs bei der Proxy-Server-Zertifikatverifikation	1	mod_ssl	svdh	E
SSLRandomSeed Kontext Quelle [Bytes]	Auswahl des Pseudo-Random-Number-Generators (PRNG) für die Zufallszahlen		mod_ssl	s	E
SSLRequire Ausdruck	Zugriff wird nur gewährt, wenn ein Boolescher Ausdruck erfüllt ist.		mod_ssl	dh	E
SSLRequireSSL	Der Zugriff wird verweigert, wenn SSL nicht für die HTTP-Anfrage benutzt wird.		mod_ssl	dh	E

Anhang B
Alphabetische Kurzreferenz der Direktiven

Direktive	Beschreibung	Voreinstellung	Modul	Kontext	Status
SSLSessionCache type	Typ des globalen und prozessübergreifenden SSL Session-Cache	none	mod_ssl	s	E
SSLSessionCacheTimeout Sekunden	Wie lange eine Session maximal im Session-Cache gespeichert wird (in Sekunden)	300	mod_ssl	sv	E
SSLVerifyClient Stufe	Legt die Stufe der Client-Zertifikatverifikation fest.	none	mod_ssl	svdh	E
SSLVerifyDepth Anzahl	Maximale Anzahl der Zertifikate von CAs bei der Client-Zertifikatverifikation	1	mod_ssl	svdh	E
StartServers Anzahl	Anzahl der Kindprozesse des Servers, die beim Start erstellt werden		Allgemeine Direktive der Apache-MPMs	s	M
StartThreads Anzahl	Anzahl der Threads, die beim Start erstellt werden		Allgemeine Direktive der Apache-MPMs	s	M
SuexecUserGroup User Group	Benutzer- und Gruppenrechte für CGI-Programme		mod_suexec	sv	E
ThreadLimit Anzahl	Bestimmt die Obergrenze der konfigurierbaren Anzahl von Threads pro Kindprozess.		Allgemeine Direktive der Apache-MPMs	s	M
ThreadsPerChild Anzahl	Anzahl der Threads, die mit jedem Kindprozess gestartet werden		Allgemeine Direktive der Apache-MPMs	s	M
ThreadStackSize Wert	Legt die Stackgröße für alle Threads fest.	65536	MPM Netware	s	M
TimeOut Sekunden	Zeitspanne, die der Server auf verschiedene Ereignisse wartet, bevor er die Anfrage abbricht	300	Apache-Kernfunktion (core)	s	C

Alphabetische Kurzreferenz der Direktiven

Direktive	Beschreibung	Voreinstellung	Modul	Kontext	Status
`TransferLog file|pipe`	Die Position der Protokolldatei		mod_log_config	sv	B
`TypesConfig Dateipfad`	Die Position der `mime.types`-Datei	Linux, UNIX: `conf/mime.types`	mod_mime	s	B
`UnsetEnv env-variable [env-variable] ...`	Löscht Umgebungsvariablen.		mod_env	svdh	B
`UseCanonicalName On|Off|DNS`	Bestimmt, wie der Server seinen eigenen Namen und Port ermittelt.	On	Apache-Kernfunktion (core)	svd	C
`User Unix-User-ID`	Die Benutzerkennung, unter der der Server Anfragen beantwortet	#-1	Allgemeine Direktive der Apache-MPMs	s	M
`UserDir Pfad`	Position des benutzerspezifischen Verzeichnisses	public_html	mod_userdir	sv	B
`VirtualDocumentRoot interpolated-directory|none`	Dynamische Konfiguration der Position der DocumentRoot für einen bestimmten virtuellen Host	none	mod_vhost_alias	sv	E
`VirtualDocumentRootIP interpolated-directory|none`	Dynamische Konfiguration der Position der DocumentRoot eines bestimmten virtuellen Hosts	none	mod_vhost_alias	sv	E
`<VirtualHost Adresse[:Port] [Adresse[:Port]] ...> ... </VirtualHost>`	Enthält Direktiven, die nur auf bestimmte Hostnamen oder IP-Adressen angewendet werden.		Apache-Kernfunktion (core)	s	C
`VirtualScriptAlias interpolated-directory|none`	Dynamische Konfiguration der Position des CGI-Verzeichnisses für einen bestimmten virtuellen Host	none	mod_vhost_alias	sv	E
`VirtualScriptAliasIP interpolated-directory|none`	Dynamische Konfiguration der Position des CGI-Verzeichnisses eines bestimmten virtuellen Hosts	none	mod_vhost_alias	sv	E

Anhang B
Alphabetische Kurzreferenz der Direktiven

Direktive	Beschreibung	Voreinstellung	Modul	Kontext	Status
Win32DisableAcceptEx	Für die Annahme von Netzwerkverbindungen wird accept() anstelle von AcceptEx() verwendet.		MPM winnt	s	M
XBitHack on|off|full	SSI-Direktiven in Dateien mit gesetztem Execute-Bit werden ausgewertet.	off	mod_Include	svdh	B

Anhang C

Apache-Lizenz

C.1 Apache-Lizenz Version 2.0

Apache-Lizenz

Version 2.0, Januar 2004

http://www.apache.org/licenses/

C.1.1 TERMS AND CONDITIONS FOR USE, REPRODUCTION, AND DISTRIBUTION

1. **Definitions.** "License" shall mean the terms and conditions for use, reproduction, and distribution as defined by Sections 1 through 9 of this document.

   "Licensor" shall mean the copyright owner or entity authorized by the copyright owner that is granting the License.

   "Legal Entity" shall mean the union of the acting entity and all other entities that control, are controlled by, or are under common control with that entity. For the purposes of this definition, "control" means (i) the power, direct or indirect, to cause the direction or management of such entity, whether by contract or otherwise, or (ii) ownership of fifty percent (50%) or more of the outstanding shares, or (iii) beneficial ownership of such entity.

   "You" (or "Your") shall mean an individual or Legal Entity exercising permissions granted by this License.

   "Source" form shall mean the preferred form for making modifications, including but not limited to software source code, documentation source, and configuration files.

   "Object" form shall mean any form resulting from mechanical transformation or translation of a Source form, including but not limited to compiled object code, generated documentation, and conversions to other media types.

   "Work" shall mean the work of authorship, whether in Source or Object form, made available under the License, as indicated by a copyright notice that is included in or attached to the work (an example is provided in the Appendix below).

   "Derivative Works" shall mean any work, whether in Source or Object form, that is based on (or derived from) the Work and for which the editorial revisions, annotations, elaborations, or other modifications represent, as a whole, an original work of authorship. For the purposes of this License, Derivative Works shall not include works that remain separable from, or merely link (or bind by name) to the interfaces of, the Work and Derivative Works thereof.

"Contribution" shall mean any work of authorship, including the original version of the Work and any modifications or additions to that Work or Derivative Works thereof, that is intentionally submitted to Licensor for inclusion in the Work by the copyright owner or by an individual or Legal Entity authorized to submit on behalf of the copyright owner. For the purposes of this definition, "submitted" means any form of electronic, verbal, or written communication sent to the Licensor or its representatives, including but not limited to communication on electronic mailing lists, source code control systems, and issue tracking systems that are managed by, or on behalf of, the Licensor for the purpose of discussing and improving the Work, but excluding communication that is conspicuously marked or otherwise designated in writing by the copyright owner as "Not a Contribution."

"Contributor" shall mean Licensor and any individual or Legal Entity on behalf of whom a Contribution has been received by Licensor and subsequently incorporated within the Work.

2. **Grant of Copyright License.** Subject to the terms and conditions of this License, each Contributor hereby grants to You a perpetual, worldwide, non-exclusive, no-charge, royalty-free, irrevocable copyright license to reproduce, prepare Derivative Works of, publicly display, publicly perform, sublicense, and distribute the Work and such Derivative Works in Source or Object form.

3. **Grant of Patent License.** Subject to the terms and conditions of this License, each Contributor hereby grants to You a perpetual, worldwide, non-exclusive, no-charge, royalty-free, irrevocable (except as stated in this section) patent license to make, have made, use, offer to sell, sell, import, and otherwise transfer the Work, where such license applies only to those patent claims licensable by such Contributor that are necessarily infringed by their Contribution(s) alone or by combination of their Contribution(s) with the Work to which such Contribution(s) was submitted. If You institute patent litigation against any entity (including a cross-claim or counterclaim in a lawsuit) alleging that the Work or a Contribution incorporated within the Work constitutes direct or contributory patent infringement, then any patent licenses granted to You under this License for that Work shall terminate as of the date such litigation is filed.

4. **Redistribution.** You may reproduce and distribute copies of the Work or Derivative Works thereof in any medium, with or without modifications, and in Source or Object form, provided that You meet the following conditions:

   1. You must give any other recipients of the Work or Derivative Works a copy of this License; and

   2. You must cause any modified files to carry prominent notices stating that You changed the files; and

   3. You must retain, in the Source form of any Derivative Works that You distribute, all copyright, patent, trademark, and attribution notices from the Source form of the Work, excluding those notices that do not pertain to any part of the Derivative Works; and

   4. If the Work includes a "NOTICE" text file as part of its distribution, then any Derivative Works that You distribute must include a readable copy of the attribution notices contained within such NOTICE file, excluding those notices that do not pertain to any part of the Derivative Works, in at least one of the following places: within a NOTICE text file distributed as part of the Derivative Works; within the Source form or documentation, if provided along with the Derivative Works; or, within a display generated by the Derivative

Works, if and wherever such third-party notices normally appear. The contents of the NOTICE file are for informational purposes only and do not modify the License. You may add Your own attribution notices within Derivative Works that You distribute, alongside or as an addendum to the NOTICE text from the Work, provided that such additional attribution notices cannot be construed as modifying the License.

You may add Your own copyright statement to Your modifications and may provide additional or different license terms and conditions for use, reproduction, or distribution of Your modifications, or for any such Derivative Works as a whole, provided Your use, reproduction, and distribution of the Work otherwise complies with the conditions stated in this License.

5. **Submission of Contributions.** Unless You explicitly state otherwise, any Contribution intentionally submitted for inclusion in the Work by You to the Licensor shall be under the terms and conditions of this License, without any additional terms or conditions. Notwithstanding the above, nothing herein shall supersede or modify the terms of any separate license agreement you may have executed with Licensor regarding such Contributions.

6. **Trademarks.** This License does not grant permission to use the trade names, trademarks, service marks, or product names of the Licensor, except as required for reasonable and customary use in describing the origin of the Work and reproducing the content of the NOTICE file.

7. **Disclaimer of Warranty.** Unless required by applicable law or agreed to in writing, Licensor provides the Work (and each Contributor provides its Contributions) on an "AS IS" BASIS, WITHOUT WARRANTIES OR CONDITIONS OF ANY KIND, either express or implied, including, without limitation, any warranties or conditions of TITLE, NON-INFRINGEMENT, MERCHANTABILITY, or FITNESS FOR A PARTICULAR PURPOSE. You are solely responsible for determining the appropriateness of using or redistributing the Work and assume any risks associated with Your exercise of permissions under this License.

8. **Limitation of Liability.** In no event and under no legal theory, whether in tort (including negligence), contract, or otherwise, unless required by applicable law (such as deliberate and grossly negligent acts) or agreed to in writing, shall any Contributor be liable to You for damages, including any direct, indirect, special, incidental, or consequential damages of any character arising as a result of this License or out of the use or inability to use the Work (including but not limited to damages for loss of goodwill, work stoppage, computer failure or malfunction, or any and all other commercial damages or losses), even if such Contributor has been advised of the possibility of such damages.

9. **Accepting Warranty or Additional Liability.** While redistributing the Work or Derivative Works thereof, You may choose to offer, and charge a fee for, acceptance of support, warranty, indemnity, or other liability obligations and/or rights consistent with this License. However, in accepting such obligations, You may act only on Your own behalf and on Your sole responsibility, not on behalf of any other Contributor, and only if You agree to indemnify, defend, and hold each Contributor harmless for any liability incurred by, or claims asserted against, such Contributor by reason of your accepting any such warranty or additional liability.

END OF TERMS AND CONDITIONS

APPENDIX: How to apply the Apache License to your work.

To apply the Apache License to your work, attach the following boilerplate notice, with the fields enclosed by brackets "[]" replaced with your own identifying information. (Don't include the brackets!) The text should be enclosed in the appropriate comment syntax for the file format. We also recommend that a file or class name and description of purpose be included on the same "printed page" as the copyright notice for easier identification within third-party archives.

```
Copyright [yyyy] [name of copyright owner] Licensed under the Apache
License, Version 2.0 (the "License"); you may not use this file except in
compliance with the License. You may obtain a copy of the License at http:/
/www.apache.org/licenses/LICENSE-2.0 Unless required by applicable law or
agreed to in writing, software distributed under the License is distri-
buted on an "AS IS" BASIS, WITHOUT WARRANTIES OR CONDITIONS OF ANY KIND,
either express or implied. See the License for the specific language
governing permissions and limitations under the License.
```

Stichwortverzeichnis

Symbole
%-Anweisungen 514
%-Codierung 410

Numerisch
2.048-Bit-Schlüssel 202
500 Internal Server Error 312
500 Server Error 80

A
ab 272
Ablauf-Cookie 620
Ablehung
    in Abhängigkeit von der
        verweisenden URL 143
Abschnitte
    vermischen 49
Abwärtskompatibilität 128
AcceptEx Failed 671
Accept-Language-Header 76
AcceptMutex 110, 379
AcceptPathInfo 338
accept-Serialisierung 108, 111
AccessFileName 44, 339
Action 407
AddAlt 438
AddAltByEncoding 438
AddAltByType 438
AddCharset 527
AddDefaultCharset 339
AddDescription 439
AddEncoding 528, 643
AddHandler 528
AddIcon 439
AddIconByEncoding 440
AddIconByType 440
AddInputFilter 529
AddLanguage 529
AddModuleInfo 505
AddOutputFilter 530

AddOutputFilterByType 340
AddType 530, 643
Adobe Acrobat Reader 323
Adressen
    Konfiguration 82
Aktualisierung
    automatische 136
alert bad certificate 202
Algorithmen
    kryptografische 177, 593
Algorithmus 673
Alias 409
AliasMatch 409
ALLOC_DEBUG 647
ALLOC_STATS 648
ALLOC_USE_MALLOC 647
Allow 215, 403
Allow-Anweisungen 405
AllowCONNECT 548
AllowEncodedSlashes 341
AllowOverride 44, 104, 229, 341
Anfrage 629
    bearbeiten 634
    Protokollierung 514
Anfrage- und Antwort-Header
    verändern 484
Anfrageanalyse 659
Anfragebearbeitung 659
Anonymous 417
Anonymous_Authoritative 418
Anonymous_LogEmail 418
Anonymous_MustGiveEmail 418
Anonymous_NoUserID 418
Anonymous_VerifyEmail 419
Antwort-Handler 634
Antwort-Header
    bedingte 88
ap_location_walk 660
Apache
    als Dienst ausführen 242
    als Konsolenanwendung ausführen 246

Anforderungen an
      das Betriebssystem 239
   anpassen 37
   für Microsoft Windows kompilieren 249
   starten 38
   testen 37
   unter Novell NetWare 254
Apache 2.0
   dokumentieren 650
APache eXtenSion Tool 277
APache eXtension Tool (apxs) 673
Apache für NetWare 255
   ausführen 256
   installieren 255
   kompilieren 260
   konfigurieren 258
Apache für Windows
   anpassen 241
   herunterladen 239
   installieren 240
Apache HTTP Server Control Interface 275
Apache Hypertext Transfer
   Protocol-Server 270
Apache Portable Runtime 293
Apache Portable Runtime Utilities 294
Apache Tutorials 234
Apache-2-Codedokumentation
   Automatisch erzeugte 627
Apache-API 26
Apache-Benchmark-Programm 272
apachectl 275
Apache-Dokumentationen 307
Apache-HTTPD-Tarball 31
Apache-Instanzen 615
Apache-Lizenz 713
Apache-Module
   Status 266
Apache-MPMs 333
   allgemeine Direktiven 379
Apache-Tuning 100
API 627
API-Modul 473
API-Phasen 559
APR 293
APU 294
apxs 277
Archivzugriffs-Multiplexer 127
Asis 664
AssignUserID 397
Audio-Formate 537
Auflösung von Hostnamen 303

Ausdruck
   boolescher 607
Ausdrücke
   reguläre 47, 676
Ausgabefilterzuweisung 535
Ausgabekomprimierung 464
Ausgabezeichensatz 459
AuthAuthoritative 414
AuthDBMAuthoritative 419
AuthDBMGroupFile 420
AuthDBMType 421
AuthDBMUserFile 421
AuthDigestAlgorithm 422
AuthDigestDomain 423
AuthDigestFile 423
AuthDigestGroupFile 423
AuthDigestNonceLifetime 424
AuthDigestQop 424
AuthDigestShmemSize 425
Authentifizierung 211, 231, 330, 414, 415, 673
Authentifizierungsalgorithmus 424, 593
Authentifizierungskonfiguration 636
Authentifizierungsphase 426
Authentifizierungsvariante
   spezielle 142
AuthGroupFile 415
AuthLDAPAuthoritative 432
AuthLDAPBindDN 432
AuthLDAPBindPassword 432
AuthLDAPCharsetConfig 432
AuthLDAPCompareDNOnServer 433
AuthLDAPDereferenceAliases 433
AuthLDAPEnabled 433
AuthLDAPFrontPageHack 433
AuthLDAPGroupAttribute 434
AuthLDAPGroupAttributeIsDN 434
AuthLDAPRemoteUserIsDN 434
AuthLDAPUrl 434
AuthName 342
AuthName-Direktive 213
AuthType 343
AuthType Digest-Authentifizierung 213
AuthUserFile 415
AuthUserFile-Direktive 213
autoconf 32
   Ausgabeoptionen 33
Autoindex
   Abfragerargumente 436
Autorisierung 211
Autorisierungsphase 427
Autorisierungsrichtlinien 425

B

Base 337
Basic-Authentifizierung 300
  Probleme 214
  über HTTPS 205
Basis 333
Basis-URL 563
Bedingungsausdrücke
  SSI 227
Beenden 39
Befehlstabellen 630
Beispielmodul
  kompilieren 473
Benutzer
  einschränken 234
  nicht registrierte 416
  zulassen 213
Benutzerauthentifizierung 628
  im DBM-Format 297
  mit DBM-Dateien 419
  mit Hilfe von Textdateien 413
Benutzergruppen
  Liste 420
Benutzer-Hosts
  virtuelle 124
Benutzerliste 421, 423
Benutzername 214, 415
Benutzerverzeichnisse 61
Benutzer-Webverzeichnisse 233
Benutzerwechsel
  vor Ausführung
    externer Programme 305
Benutzerzugriff
  anonymer 416
beos 393
Berechtigungen 98
Bereinigungsfunktionen 640
Bereinigungsroutinen 654
Bezeichner 86
Bibliotheken
  anderer Hersteller 666
Bilderdiebstahl 90
Binärdateien 266
Binde-Phase 426
Body 541
Boolescher Ausdrücke
  Optimierung 501
Bootvorgang 39
Browser
  Präferenzen 72

BrowserMatch 582
BrowserMatchNoCase 582
Browser-Protokollformat 516
BS2000Account 380
Build-System 25
Byte-Bereichsantworten 323
byterange 662

C

Cache 522
  überwachen 511
CacheDefaultExpire 449
CacheDirLength 469
CacheDisable 449
CacheEnable 449
CacheFile 483
CacheFile-Anweisung 483
CacheForceCompletion 450
CacheIgnoreCacheControl 450
CacheIgnoreNoLastMod 450
CacheLastModifiedFactor 451
CacheMaxExpire 451
CacheMaxFileSize 470
CacheMinFileSize 470
CacheNegotiatedDocs 542
CacheRoot 470
CacheSize 471
Cache-Speichermanager 469
Caching 79, 482, 545
  Dauer 451
  Proxy-Server 542
CBC 185
CERN-Metadateien 452
Certificate Authority 179, 181
Certificate Authority (CA) 673
Certificate Signing Request (CSR) 673
Certificate-Revocation-Listen 591
Certifikate Authority
  einrichten und benutzen 200
Certifikate Signing Request 198
CGI 65, 236
  einrichten 216
CGI-Beispiel 232
cgi-bin-Verzeichnis 153
CGI-Daemon
  externe 456
CGI-Debugging 454
CGIMapExtension 343
CGI-Module 221

CGI-Programm
    Gruppenrechte 615
    Pfad 219
CGI-Programmierung 217
CGI-Protokolldatei
    Format 454
cgi-script 91
CGI-Skript 65, 87, 412, 472, 614
    Anforderungsmethode 408
    Ausführung 407
CGI-Standardvariablen 86
CGI-Transaktion 220
CGI-Umgebung
    PATH_INFO 328
CGI-Umgebungsvariablen 453
CGI-Verzeichnis
    dynamische Konfiguration 624
    für jeden Benutzer 234
CharsetDefault 458
CharsetOptions 458
CharsetSourceEnc 459
CheckSpelling 587
ChildPerUserID 398
Cipher Block Chaining 185
Client-Authentifizierung
    für bestimmte URLs 190
    mit Zertifikaten 189
Client-Probleme 320
Clients
    Shared-Memory 425
Client-Zertifikate 189
CLR-Dateien 591
Cluster 615
Codebaum
    konfigurieren 32
common 54
Common Gateway Interface (CGI) 674
Common Log-Format 516
    mit virtuellem Host 516
Communicator 320
CompatEnvVars 598
Comprehensive Perl Archive Network 127
config-Element 494
configure 282
CONNECT 674
CONNECTION 662
Connection Refused 197
CONNECT-Verbindung 548
Containertypen 45
Content Negotiation 72, 105, 540
    transparente 75
Content-Cache 521
ContentDigest 343
Content-Encoding 540
Content-Language 540
Content-Language-Header 527
Content-Length 466, 541
Content-Type 541
Content-Type-Wechsel 324
CookieDomain 620
CookieExpires 620
Cookie-Flag 574
CookieLog 517
CookieName 621
Cookies
    Protokollierung 517
    Verfallsdatum 620
CookieStyle 621
CookieTracking 621
Core 82, 337, 338
Core Dump 208
CoreDumpDirectory 381
Core-Erweiterungen 25
CPAN 127
CRLF
    nachgestelltes 321
CSR 198
CustomLog 54, 517

D

Daemons
    einrichten 150
Data Encryption Standard 185
Datei nicht gefunden 63
Dateiberechtigungen 219
Dateibeschreibung
    Anzeige 439
Dateideskriptoren
    Obergrenzen 172
Dateien
    maximale Anzahl 325
    mit mehreren Erweiterungen 525
    verfolgen 640
Datei-Handler 325
Dateiname 335
Dateinamenerweiterungen
    angeforderter Dateien 524
Dateipfad 335
    mit UserDir setzen 233

Dateisystem 46
    Position von Dateien 51
Dateisystem-Container 46
Datentypen 654
Datenübertragung
    Algorithmus für 184
Dav 461
DAV-Anfragen
    Beispiel 460
DavDepthInfinity 462
DavLockDB 463
DavMinTimeout 462
DAV-Zugriffsmethoden
    Sicherheit 460
DBM 36
DBM-Datenbankdateien 419
dbmmanage 297
Debugging 99
Debugging-Optionen 647
    aktivieren 649
default VHosts 163
default-handler 91
DefaultIcon 441
DefaultLanguage 531
DefaultType 344
deflate 663
DeflateBufferSize 466
DeflateCompressionLevel 466
DeflateFilterNote 467
DeflateMemLevel 468
DeflateWindowSize 468
Demonstrationsdirektive 473
Denial-of-Service 174
Deny 215, 405
Deny-Anweisungen 405
DER-Format
    Zertifikat 202
DES 185
Deskriptor 325
Diffie-Hellman-Algorithmen
    anonyme 204
Digest 674
Digest-Authentifizierung 422
    Algorithmus 422
Digest-Funktion 185
Dimensionen 73
<Directory> 344
DirectoryIndex 468
<DirectoryMatch> 346
Direktive 674, 679

alphabetische Kurzreferenz 679
    Gültigkeitsbereiche 44
Distinguished Name 180
DN
    optionaler 432
DNS-Auflösung
    reversive 174
DNS-Lastverteilung 133
DNS-Probleme 173
DNS-Rundruf 132
DNS-Suche 152, 404
DocumentRoot 60, 347
    dynamische Konfiguration 624
    verschobene 118
Domänenname 403
Domänenname (FQDN)
    voll qualifizierter 678
downgrade-1.0 88
Doxygen 650
DSO 674
    Installations- und
        Konfigurationsoptionen 280
DSO-Bibliotheken 69
DSO-Compileroptionen 279
DSO-Eigenschaften 71
DSO-Mechanismus 70
DSO-Module 68
DSO-Unterstützung
    Überblick 68
Dynamic Shared Object 68, 674
DYNAMIC_MODULE_LIMIT 114

E

EBCDIC-Format
    Umwandlung 266
EBCDIC-Port 263
echo-Element 495
Echo-Service 471
EGD 607
Eingabedekomprimierung 465
Einwegfunktion 178
EnableExceptionHook 381
EnableMMAP 347
EnableSendfile 348
Entropy Gathering Daemon 607
errno 665
ErrorDocument 24, 81
ErrorDocument-Verzeichnis
    einrichten 308

ErrorLog 52, 350
Erweiterung 333, 335, 337
example 473
exec-Element 226, 495
Experimentell 333, 337
ExpiresActive 475
ExpiresByType 475
ExpiresDefault 476
Expires-Header 323
    erzeugen 475
Expires-HTTP-Header 474
ExportCertData 598
Export-Crippled 674
ExtendedStatus 614
ExtendedStatus On 108
Extern 334
ExtFilterDefine 479
ExtFilterOptions 481

F

Failed to generate temporary 512 bit
    RSA private key 195
FakeBasicAuth 599
FancyIndexing 442
Fehlerdatenbank 669
Fehlermeldungen 671
    Gestaltung 307
    individuelle 80
    unterschiedlichen Sprachen 311
Fehlerprotokoll 52, 669
Fehlerprotokolldatei
    für CGI-Skripte 455
Festplattenbedarf 30
FileETag 351
<Files> 352
<FilesMatch> 352
Filter 92, 476, 662, 674
    externe 88, 479
    überwachen 478
Filtertypen 662
Filterung 26
FIN_WAIT_2
    Zeitbegrenzung 317
FIN_WAIT_2-Zustand 315
Fixup-Phase 661
Fixups 629
flastmod-Element 496
Flusskontrolle 499
FollowSymLinks 104
ForceLanguagePriority 542
force-no-vary 88

force-response-1.0 89
ForceType 353
ForensicLog 520
Fragmentgröße
    zu komprimierende 466
FrontPage-Server 430
fsize-Element 496
FTP-Passwort
    Klartext 547
FTP-Proxy 546
FTP-Unterstützung 558
Fußzeile
    einbinden 225

G

GIF89A-Animationen 323
Global config 397
gone 410
Group 382
Grundkonfiguration 235
Gruppenliste 423
Gültigkeitsdauer 451
    Standardalgorithmus 476
gzip-only-text/html 89

H

Handler 91, 631, 661, 675
    Authentifizierung 636
Handler-Phase 661
Handler-Zuweisungen 534
Handshake-Folgeprotokoll 185
Hash-Datei 571
Hashfunktion 178
Hashtabelle 169
Hauptserver 147
    Adresse 175
Hauptserver-Adressmenge 169
Hauptserver-Kontext 148
Header 486, 675
header_parser 660
HeaderName 441
Header-Parsing 322
Hilfsprogramme 269
Hochleistungs-Webserver 262
Homepages
    virtuelle 153
Homepage-System 156
Hook
    einklinken 652
    Rückgabewert 652

Hook-Aufrufe
    Reihenfolge 653
Hook-Aufrufer 651
Hook-Funktion
    Deklaration 651
Hook-Funktionen 651
Hook-Positionen 655
Hook-Registrierungsfunktion 653
Hook-Struktur 651
Hosting
    IP-basiertes virtuelles 154, 161
    virtuelles 678
HostnameLookups 353
Hostnamen 550
    vorschriftsmäßige 118
Hosts
    ablehnen 141
    gemischte 162
    mehrere IP-Adressen 159
    namensbasierte 623
    virtuelle 49, 59, 139, 145
HPUX 262
.htaccess 336, 673
.htaccess-Datei 44, 217, 642
    Direktive 231
    Fehlersuche 232
    Passwortauthentifizierung 231
    Verzeichnis 230
htdigest 299
HTML-Ausgaben
    erzeugen 477
HTML-Empfehlungen 330
htpasswd 300
HTTP
    verzögerte Schließen 319
HTTP/1.1 321, 675
http_header 662
HTTP-Anfrage-Header 487
HTTP-Antwort-Header 486
HTTP-Basic-Authentifizierung 419, 425
    beschleunigt 509
httpd 270
httpd.conf 189, 675
httpd.conf-Beispiel 448
HTTPD-Prozesse 615
HTTP-Empfehlungen 329
HTTP-Kommunikation
    sichern 186

HTTPS 675
    I/O-Fehler 206
    mit starken Algorithmen 191
    Port 196
    testen 196
HTTPS-Verbindungen 204
HTTP-Unterstützung 558
HUP 42
Hyperlinks 78
HyperText Transfer Protocol 675

I

I/O-Protokollformat 521
Icon 440
Idea 185
IdentityCheck 354
<IfDefine> 45
IfDefine 354
<IfModule> 45, 355
IfModule 43
Image-Map-Datei 489
    Anweisungen 489
Image-Map-Verarbeitung
    Server-seitige 488
ImapBase 491
ImapDefault 492
imap-file 91
ImapMenu 492
Include 355
include-Element 497
Include-Variablen 498
Indexerstellung
    automatische 436
IndexIgnore 442
Indexoptionen
    inkrementelle 445
IndexOptions 442
IndexOrderDefault 446
Inhaltcodierungsfilter
    Implementierung 477
Inhalte
    dynamische mit CGI 216
    modifizieren 92
    statische 92
Inhaltscodierung 526
Inhalts-Handling 129
Inhaltsregeneration 135
Inhaltstyp 530
Inhaltstypzuweisungen 535

Initialisierungsroutinen 654
Inline-Bilder
    gesperrte 141
insert_filter 661
Installation 235
    testen 248
Installationsverzeichnisse
    Feineinstellung 284
Installieren 29, 36
Internet Explorer 320
Intervallsyntax
    alternative 474
Intranet-Proxy 548
Invalid argument 671
IP-Adressen 550
    partielle 404
    unterschiedliche 160
    vollständige 404
IPv6-Adressen 83, 404
IPv6-Anforderungen 83
IPv6-Subnets 404
IPv6-Unterstützung 26
ISAPIAppendLogToErrors 508
ISAPIAppendLogToQuery 508
ISAPICacheFile 508
ISAPI-Erweiterungen
    für Windows 505
ISAPIFakeAsync 508
ISAPILogNotSupported 509
ISAPI-Module 506
ISAPIReadAheadBuffer 509

J

JDK-1.2-Betas 324

K

KeepAlive 356
    deaktivieren 319
    unterbrochenes 321
KeepAliveTimeout 357
Kern-Funktionen 338
Klickfolge
    Protokollierung 619
Kompatibilität 334
    Browsern 148
Kompilieren 29, 107
Kompilierung 23
Komprimierung 463
    aktivieren 464
    Speicher 468

Komprimierungskoeffizient 467
Komprimierungslevel 466
Konfiguration 23
    auf Serverebene 646
Konfigurationsabschnitte 45
Konfigurationsdatei 43, 675
Konfigurationsdirektive 675
Konfigurationspool 637
Konfigurationsskript 282
Konfigurationsstrukturen
    auf Verzeichnisebene 642
Kontext 336, 675
Kontextinformationen 629
Kopf- und Fußzeile 310
Kryptografie
    asymmetrische 178

L

LanguagePriority 543
LanguagePriority-Direktive 76
Last-Modified-Header 450
Lastverteilung 132
Laufzeitkonfiguration 23, 103
LDAP 509
LDAP-Authentifizierung
    Deaktivierung 433
LDAP-Cache 510
LDAPCacheEntries 512
LDAPCacheTTL 512
LDAPOpCacheEntries 513
LDAPOpCacheTTL 513
LDAPSharedCacheSize 513
LDAPTrustedCA 513
LDAPTrustedCAType 513
LDAP-Verbindungs-Pooling 509
leader 394
level 541
Lightweight Directory Access Protocol 509
<Limit> 357
<LimitExcept> 358
LimitInternalRecursion 358
LimitRequest*-Direktiven 52
LimitRequestBody 359
LimitRequestFields 359
LimitRequestFieldSize 360
LimitRequestLine 360
LimitXMLRequestBody 361
lingering_close() 318
Listen 383
ListenBackLog 384

Listen-Direktive 84
LoadFile 586
LoadModule 43, 68, 587
<Location> 361
<LocationMatch> 363
LockFile 384
log_server_status 306
Log-Dateien 52, 59
    zerlegen 172
LogFormat 518
LogLevel 52, 363
logresolve 303
Lynx 324

M

MAC 184
Magic-Datei
    externe 537
    Format 537
make 36
MAKE_TABLE_PROFILE 648
Malloc-Unterstützung 647
map_to_storage 660
Mapfile-Beispiel 491
Massen-Hosting
    dynamisch konfiguriertes 621
    dynamisch konfiguriertes virtuelles 151
MaxClients 385
MaxKeepAliveRequests 364
MaxMemFree 385
MaxRequestsPerChild 385
MaxRequestsPerThread 393
MaxSpareServers 400
MaxSpareThreads 386
MaxThreads 395
MaxThreadsPerChild 398
MCacheMaxObjectCount 522
MCacheMaxObjectSize 522
MCacheMaxStreamingBuffer 523
MCacheMinObjectSize 523
MCacheRemovalAlgorithm 524
MD5-Digest-Methode 422
Medientypen 77
Memory-Mapping 482
Message Authentification Code 184
Message Digest 178, 184
Message-Digest-Algorithmus 593
MetaDir 452
MetaFiles 452
MetaSuffix 453

Methode 675
Microsoft Windows 239
Microsoft-Entwicklungsumgebung
    Einrichtung 251
Microsoft-FrontPage-Nutzer 425
mime.types-Datei 536
MimeMagicFile 539
MIME-Modul 642
MIME-Typ 134, 335, 537, 675
MIME-Typbestimmung 539
MIME-Typs
    Ermittlung 628
MinSpareServers 400
MinSpareThreads 387
Mirror
    dynamischer 130
    reversiver dynamischer 131
MMapFile 484
MMapFile-Anweisung 482
MM-Bibliothek 195
mod_access 403
mod_actions 407
mod_alias 60, 216, 408
mod_asis 412
mod_auth 413
mod_auth_anon 416
mod_auth_basic 211
mod_auth_dbm 28, 419
mod_auth_digest 27, 422
mod_auth_ldap 27, 425
    Microsoft 430
mod_authn_file 211
mod_authz_groupfile 211
mod_authz_host 211
mod_autoindex 28, 436
mod_cache 447
mod_cern_meta 452
mod_cgi 59, 216, 453
mod_cgid 456
mod_charset_lite 27, 457
mod_dav 27, 459
    Dateisystem-Provider 462
mod_dav_fs 462
mod_deflate 27, 463
mod_dir 468
mod_disk_cache 447, 469
mod_echo 471
mod_env 472
mod_example 473
mod_expires 474

mod_ext_filter 476
mod_ext_filter-Optionen 481
mod_file_cache 27, 481
mod_headers 27, 484
mod_imap 123, 488
mod_include 28, 493
mod_info 504
mod_isapi 505
mod_ldap 509
mod_log_config 53, 514
mod_log_forensic 519
mod_logio 521
mod_mem_cache 447, 521
mod_mime 43, 524
mod_mime_magic 537
mod_mmap_static 654
mod_negotiation 28, 72, 540
mod_nw_ssl 543
mod_proxy 27, 60, 544
mod_proxy_connect 557
mod_proxy_ftp 558
mod_proxy_http 558
mod_rewrite 59, 60, 116, 155, 559
mod_setenvif 53, 582
mod_so 43, 68, 585
mod_speling 60, 587
mod_ssl 27, 588
    Entwicklung des Moduls 193
    SSL-Algorithmen 204
    Supportkontakte 208
mod_status 108, 613
mod_suexec 614
mod_unique_id 615
mod_userdir 60, 618
mod_usertrack 619
mod_vhost_alias 60, 152, 621
ModMimeUsePathInfo 531
Modul 629, 676
Modul Magic Number 676
Modul-API 473
Modulbezeichner 334
Moduldefinition 655
Module 107
    Drittanbieter 25
    für Apache 2.0 umwandeln 654
    für Entwickler 291
    für Windows 585
    laden 585
    standardmäßig aktivierte 286
    standardmäßig deaktivierte 288
    von Fremdherstellern 292
Modulentwicklung
    Tutorials 627
Modul-Erweiterungen 27
MPM 85, 333, 337
    Auswahl 107
    auswählen 85
mpm_common 82
MPMs 292
MPM-Standardauswahl 85
MSIE 320
MSIE-Cookies
    Probleme mit 324
Multi-Processing-Module 84
Multi-Protokoll-Unterstützung 25
MultiViews 74, 542
MultiviewsMatch 532
MultiView-Suchen 532
Mutex
    globaler 597
Mutextypen 597
Mutual-failure 406

N

Namenskonventionen 78
NameVirtualHost 145, 365
NameVirtualHost-Direktive 167
Navigator 320
NCSA-Bild-Map 123
NCSA-Server 641
Netmask-Paar 404
Netscape has encountered bad data from the server 207
Netscape Navigator 320
netware 394
Netzwerkcode
    BSD-basierter 319
Neustart
    Unterbrechungsfreier 40
Neustarten 39, 42
no shared algorithmn 204
no-gzip 89
nokeepalive 89
Nonce-Wert 424
NoProxy 549
NumServers 398
NWSSLTrustedCerts 544

O

Objektdatei
  einbinden 586
OpenLDAP SDK 425
OpenSSL 198, 676
Operation-Caches 511
Operationen
  unteilbare 108
Options 366
  CGI-Ausführung erlauben 217
OptRenegotiate 599
Order 405
Order-Anweisung 406
os2 395
Override 336

P

PassEnv 472
Passphrase 600
  Apache-Start 201
Passwort 214, 415, 421, 432
  E-Mail-Adresse 419
  leer 418
  Protokollierung 418
Passwortdatei 214
  für die Digest-Authentifizierung 299
Passwortphrase 676
Passwortüberprüfung 417
PATH_INFO 328, 453
pchild 639
pconf 638
PEM-Datei
  verkettete 590
perchild 396
Perl
  CGI-Programme 221
permanent 410
permanent_pool 638
PID 616
PidFile 59, 388
POOL_DEBUG 647
Pool-Debugging 647
Pools 638
Ports
  Konfiguration 82
POST
  ohne Content-Length 324
prefer-language 89
prefork 399

Premature end of script headers 671
printenv-Element 497
PRNG 195, 606
PROTOCOL 662
ProtocolEcho 471
Protokollanpassungen 548
Protokolldatei
  Format 518
  Position 519
Protokolle
  in Pipes schreiben 58
  überwachen 67
Protokollformat 54
  angepasste 514, 521
  kombiniertes 56, 516
Protokoll-Handler 636
Protokollierung 236, 620, 629
  bedingte 57, 88
  forensische 519
  im Rotationsverfahren 304
  übertragenen Bytes 521
Protokollverhalten 90
Protokollwechsel 57
<Proxy> 49
Proxy 49, 551, 676
  ablehnen 142
  einfacher 545
  reversiver 62, 677
  Zugriff 546
Proxy-/Gateway-Server 544
ProxyBadHeader 551
ProxyBlock 552
ProxyDomain 552
ProxyErrorOverride 552
Proxy-Fehlermeldungen
  anpassen 312
ProxyIOBufferSize 553
<ProxyMatch> 49
ProxyMatch 553
ProxyMaxForwards 553
ProxyPass 553
ProxyPassReverse 554
ProxyPreserveHost 555
ProxyReceiveBufferSize 555
ProxyRemote 556
ProxyRemoteMatch 556
ProxyRequests 556
Proxy-Server 466
Proxy-Server-Authentifizierung 601
ProxyTimeout 557

ProxyVia 557
Proxy-Weiterverteilung 133
Prozesserzeugung 106
Prozess-IDs 616
Pseudo Random Number-Generator 195
Pseudo-Zufallszahl 606
ptemp 638
ptrans 639

Q

Qualität 541
Qualitätswerte 77
Quality-of-Protection 424
Quelldatei 334

R

r->pool 639
Race Conditions 42
Random-Text 571
ReadmeName 447
Rechtsschreibprüfung 587
Redirect 410
REDIRECT_ 81
redirect-carefully 89
RedirectMatch 411
RedirectPermanent 411
RedirectTemp 411
Referer-Protokollformat 516
Regex 335, 676
Register-Hooks 655
REMOTE_HOST 454
REMOTE_IDENT 454
REMOTE_USER 454
Remote-Server-Authentifizierung 602
RemoveCharset 533
RemoveEncoding 533
RemoveHandler 534
RemoveInputFilter 534
RemoveLanguage 535
RemoveOutputFilter 535
RemoveType 535
Repräsentationen 72
request_rec 631
RequestHeader 487
Require 368
Require valid-user 214
require-Direktiven 427
RESOURCE 662

Ressourcen 72, 325
    einschränken 52
Ressourcenpool 630, 631, 636
Ressourcenzuweisung 636
Restricted Files 213
Reverse-Proxies 545
Reversiver 677
RewriteBase 563
RewriteCond 564
RewriteCond-Direktiven 561
RewriteCond-Rückverweise 564
RewriteEngine 568
RewriteLock 569
RewriteLog 60, 569
RewriteLogLevel 570
RewriteMap 570
RewriteMap-Expansionen 565
RewriteOptions 573
RewriteRule 574
RewriteRule-Direktive 561, 574
RewriteRule-Rückverweise 564
Rewriting 143
Rewriting Engine 62, 568
    Optionen 573
    Regeln 574
    umschreiben 559
Rewriting-Engine
    externe 143
Rewriting-Programm
    externes 572
RLimit*-Direktiven 52
RLimitCPU 369
RLimitMEM 369
RLimitNPROC 370
Robots
    blockieren 140
rotatelogs 304
RSA DSI 185
RSA-Schlüssel
    öffentlichen 198
    private 198
Rückgabewerte 652
Rückverweise 562

S

Satisfy 370
Schlüssel
    konventionelle 178
    öffentliche 178

Öffentlicher 678
Privater 676
Schlüsselaustausch 184
Schlüsselaustausch-Algorithmus 593
Schlüsselaustauschmethode 184
Schlüsseldatei
    private 200
Schrägstrich 362, 409
    nachgestellter 118
Schreibfehler
    korrigieren 587
Scoreboard-Datei 113
ScoreBoardFile 42, 388
Script 408
SCRIPT_NAME 328
ScriptAlias 216, 412
ScriptAlias-Anweisung 65
ScriptAlias-Direktive 408
ScriptAliasMatch 412
ScriptInterpreterSource 371
ScriptLog 59, 455
ScriptLogBuffer 455
ScriptLogLength 456
ScriptSock 456
Search/Bind-Cache 511
Secure Sockets Layer 182, 588, 677
SecureListen 544
seeother 410
Seiten
    suchen 123
Seiten-Caching
    URI-Bereiche 447
Semaphor 597
send-as-is 91
send-as-is-Handler 412
SendBufferSize 389
Sendfile 105
Server
    virtuelle 646
Server Side Includes 64, 222
    aktivieren 493
    Beispiel 232
Server Side Includes (SSIs) 677
ServerAdmin 51, 372
Serveraktivitäten 613
ServerAlias 145, 372
Serverdateien
    schützen 66
Server-Fehlermeldungen
    international angepasste 307

Server-Gated-Cryptography-Programm 203
Server-Identität 51
server-info 91
Serverinformationen 504
Server-Kernel 641
Serverkonfiguration 51, 336, 504, 579
Serverleistung 613
ServerLimit 389
ServerName 51, 145, 148, 372
ServerPath 145, 149, 373
ServerPath-Direktive 165
ServerRoot 373
ServerRoot-Verzeichnisse
    Berechtigungen 64
ServerSignature 51, 374
Serverstatistik 613
server-status 92
ServerTokens 51, 374
Server-Variablen 565
Session 677
Set-Cookie-Header 323
set-Element 497
SetEnv 472
SetEnvIf 583
SetEnvIfNoCase 584
SetHandler 375
SetInputFilter 376
SetOutputFilter 376
SGML-Kommentare 494
Shared Libraries 69
Shared-Memory
    Serverstart 425
Shell-Umgebungsvariablen 472
Sicherheit 235
Sicherheitshinweise 63
Signatur
    digitale 179, 674
Sites
    unterschiedliche Ports 161
Sommerzeit 617
Sonderzeichen 562
Sortierung
    standardmäßige 446
Speicher
    allokieren 638
Speicherallokierung
    mit Pools 637
Speichermanager 447
Speicherzuordnungen 105

Stichwortverzeichnis

Speicherzuweisung
    Debugging 647
Sperrdatei 569
split-logfile 306
Sprach-/Ländercodes 330
Sprache 526
    Aushandlung 77
Sprach-Priorität 543
Sprachvariante
    auszuwählende 543
Sprachvariante(n) 540
Sprachzuweisungen 535
SSI 65, 236
    konfigurieren 222
    PATH_INFO 494
SSI-Direktiven 224
SSI-Elemente 494
SSIEndTag 501
SSIErrorMsg 502
SSI-Seiten 87, 472
SSIStartTag 502
SSI-Techniken
    weiterführende 226
SSITimeFormat 502
SSIUndefinedEcho 503
SSL 182
    LDAP-Support 425
    Optionen 598
SSL Alert-Protokoll 185
SSL Change Cipher Spec-Protokoll 185
SSL/TLS-Protokoll 596
SSL/TLS-Verschlüsselung 177
    (FAQs) 193
    starke 187
SSLCACertificateFile 590
SSLCACertificatePath 590
SSLCARevocationFile 591
SSLCARevocationPath 591
SSLCertificateChainFile 591
SSLCertificateFile 592
SSLCertificateKeyFile 592
SSLCipherSuite 593
SSLeay 677
SSLeay-Version 0.8 202
SSLEngine 596
SSL-Handshake-Protokoll 185
SSL-Hosts
    virtuelle 205
SSLMutex 195, 597
SSLOptions 598

SSLPassPhraseDialog 600
SSLProtocol 601
SSL-Protokoll 203, 601
SSL-Protokollfehler
    zufällige 203
SSL-Protokoll-Stack 185
SSLProxyCACertificateFile 601
SSLProxyCARevocationFile 602
SSLProxyCARevocationPath 602
SSLProxyCipherSuite 603
SSLProxyEngine 603
SSLProxyMachineCertificateFile 603
SSLProxyMachineCertificatePath 604
SSLProxyProtocol 604
SSLProxyVerify 604
SSLProxyVerifyDepth 605
SSLRandomSeed 606
SSL-Record-Protokoll 185
SSLRequire 607
SSLRequireSSL 610
SSL-Server
    starke Algorithmen 189
SSL-Serverzertifikat
    einrichten 198
SSL-Session 183
SSL-Session-Cache 610
SSLSessionCache 610
SSLSessionCacheTimeout 611
SSLv2 601
SSLv2-Server
    einrichten 188
SSLv3 601
SSL-Variablen 609
SSL-Verbindungen
    LDAP-Server 512
SSLVerifyClient 611
SSLVerifyDepth 612
SSL-Verschlüsselung
    NetWare 543
Stammverzeichnisse
    strukturierte 120
    umleiten 125
    verschieben 120
Standards 329
Standard-VHosts
    für einen Port 164
Standard-Vhosts
    für unterschiedliche Ports 164
Standard-Virtual-Host 148

Start
    langsamer 548
StartServers 390
StartThreads 390
Status 337
Statusdatei
    maschinenlesbare 614
Statusinformationen
    erweiterter 614
Status-Modul 613
StdEnvVars 598
stderr 325
STDIN 221
stdin 325
STDOUT 221
stdout 325
StrictRequire 599
strtok() 666
SubNet 549
Subnet-Einschränkungen 404
Subpools 640
Substitutionsanweisungen
    spezielle 576
Substitutionskombinationen 579
Suexec 36
suEXEC
    aktivieren 98
    Konfigurationsoptionen 96
suexec 305
suexec-Konfigurationsoptionen 295
suEXEC-Sicherheitsmodell 94
SuexecUserGroup 615
suEXEC-Wrapper 93
Support 669
Supportprogramme
    Optionen 295
suppress-error-charset 89
SymLinksIfOwnerMatch 104
Syntax 334
Systemeinstellungen
    schützen 66
Systemuhr 617

T
Tabellen-Debugging 648
Tarball 677
temp 410
Testbedingung 227
Textdokumente 266
ThreadLimit 391

threadpool 400
Thread-Sicherheit 665
ThreadsPerChild 391
ThreadStackSize 395
TimeOut 376
Tippfehler 587
TLS 430
TLSv1 601
Trace
    Analyse 114
TransferLog 519
translate_name 660
Transport Layer Security 677
type_checker 661
type-map 92
Type-Map-Datei 73
Type-Maps 540
TypesConfig 536

U
Umgebungsvariablen 32, 86, 87, 220, 296,
    472, 562, 588, 677
    Client-Anfrage 582
    Groß- und Kleinschreibung 582, 584
    nach URL-Teilen setzen 124
    setzen 86
Umleitung 81, 506, 659
    Client 619
    erweiterte 126
    externe 410, 411
    permanente 411
    temporäre 411
Unicode-Unterstützung 26
Uniform Resource Identifier 677
Uniform Resource Locator 678
UNIQUE_ID 615
UNIX-Threading 25
UnsetEnv 472
Unteranfragen 659
Upgrade 37
Upgrade von 1.3 23
URI 423, 541, 677
    absoluter 170
    Umwandlung 628
URL 335, 559, 587, 678
    Entschlüsselung 659
    umleiten 125
    vorschriftsmäßige 117
    zuordnen 60

URL-Layout 117
   homogenes 119
URL-Manipulationen 88, 116
   im Serverkontext 560
   im Verzeichniskontext 560
   zeitabhängige 128
URL-Pfad 335
URL-Umleitung 61, 408
UseCanonicalName 51, 377
UseCanonicalName DNS 152
USENET-Newsgroups 670
User 392
UserDir 618
UserDir-Direktive 233
User-IDs 397
   nicht gefundene 419
USR1 40

V

Variable
   globale 665
   statische 665
Variablensubstitution 498
Variante 73
Vary
   HTTP-Antwort-Header 76
Vary-Antwort-Header 325
Verbindungen
   dauerhafte 170
Verbindungsabbau
   schleichender 112
Verbindungszustände 319
Vergleichsphase 426
Verhandlungsalgorithmus 76
Verhandlungsmethoden 75
Verisign-Zertifikat
   installieren 202
Verschlüsselung 588, 678
   Symmetrische 677
Verschlüsselungsalgorithmus 188, 298, 593, 678
Verzeichnis 336
Verzeichnisindex 436, 468
Verzeichnisindexierung 442
Verzeichniskonfiguration 580
Verzeichnisnamen
   ermitteln 622
Verzeichnispfad 335

Verzeichnisse
   benutzerspezifische 618
Verzeichnisumleitungen 468
VHost-Konfigurationsdatei
   separate 157
VHosts 145
   Beispiele 157
   dynamische 152, 155
   gemischte namensbasierte und IP-basierte 163
   IP-basierte 146, 169
   namensbasierte 170
   namensbasierter 146
   Standardwerte 168
   Umwandlung 165
   Zuweisung 167, 169
VHost-Support
   IP-basierter 149
Virtual Host 336
VirtualDocumentRoot 624
VirtualDocumentRootIP 624
<VirtualHost> 145, 378
   Direktive 168
VirtualScriptAlias 624
VirtualScriptAliasIP 625
Voreinstellung 336

W

Wassenaar-Abkommen 194
Web Distributed Authoring and Versioning 459
Webbereich 46
Webbereichs-Container 47
Webcluster 119
WebDAV
   aktivieren 459
WebDAV-Funktionalität 459
Websites
   namensbasierte 158
Webverzeichnisse
   für Benutzer 233
Wildcards 77
   reguläre 47
Windows 9x 239
Windows NT 239
WindowsDisableAcceptEx 401
winnt 401
worker 401

X

X.509 678
X.509-Serverzertifikat 592
XBitHack 503
XBitHack-Direktive 223

Z

Zeichensatzbezeichnungen
　　unzulässige 457
Zeichensätze 526
　　automatische Konvertierung 457
Zeitformat 225
Zeitstempel 616

Zertifikat 179, 197, 678
　　PEM-verschlüsseltes 180
　　selbst signiert 181
Zertifikatketten 181
Zertifikatmanagement 182
zlib-Komprimierung
　　Fenstergröße 468
Zufallszahl 606, 616
Zugriffseinschränkungen 140, 403
Zugriffskontrolle 87, 211, 678
Zugriffsprotokoll 53, 56
Zugriffsrechte 628
Zuweisungsstatistik 648

Lars Eilebrecht,
Nikolaus Rath, Thomas Rohde

Apache Webserver

Installation, Konfiguration, Administration

- Versionen 2.0 und 1.3
- Alle Standardmodule mit Konfigurationsbeispielen
- Mit den Zusatzmodulen PHP, Perl, SSL sowie Tomcat

5. Auflage

Der Apache HTTP Server ist der meistverbreitete Webserver im Internet. Verfügbar für Linux und sonstige Unix-Derivate sowie für NetWare, Mac OS X, OS/390, OS/2, OpenVMS, BS2000 OSD, TPF, und Windows ist er die erste Wahl, wenn Sie einen leistungsfähigen, flexiblen und stabilen Webserver suchen.

Dieses Buch macht den ambitionierten Einsteiger ebenso wie den erfahrenen Administrator mit der Funktionsweise und Installation des Apache 2.0 und 1.3 vertraut, um Ihnen im Anschluss daran zu zeigen, wie Sie seine enormen Möglichkeiten ausschöpfen und so einen Webserver aufbauen, der genau Ihren Bedürfnissen entspricht.

In der fünften, aktualisierten und erweiterten Auflage behandelt der Autor nicht nur sämtliche Standardmodule der Apache-Versionen 2.0 und 1.3, sondern er erläutert ebenfalls deren Einsatz anhand zahlreicher Anwendungsbeispiele.

Zudem beschreibt er wichtige Zusatzmodule wie PHP, Perl und SSL und liefert wertvolle Informationen zu zentralen Themen wie z.B. CGI, Sicherheitsaspekten, Logfile-Analyse, Server-Side Includes, Webrobots, Content Negotiation und Suchsystemen. In der Neuauflage wird darüber hinaus die Jakarta Tomcat Servlet Engine und ihre Nutzung in Verbindung mit dem Apache Webserver erläutert.

Auf der CD:
- Apache Source- und Binary-Distributionen für alle Plattformen
- Zahlreiche Zusatzmodule
- Tools, RFCs, FAQs u.v.m.

Lars Eilebrecht ist Gründungsmitglied der Apache Software Foundation und seit 1997 aktiv am Apache Webserver-Projekt beteiligt.

inkl. CD-ROM

Probekapitel und Infos erhalten
Sie unter: www.mitp.de

ISBN 3-8266-1342-2